Maren Möhring
Fremdes Essen

Maren Möhring

Fremdes Essen

Die Geschichte der ausländischen
Gastronomie in der Bundesrepublik
Deutschland

Oldenbourg Verlag München 2012

Gedruckt mit Unterstützung der Alexander von Humboldt-Stiftung

Bibliografische Information der Deutschen Nationalbibliothek

Die Deutsche Nationalbibliothek verzeichnet diese Publikation in der Deutschen Nationalbibliografie; detaillierte bibliografische Daten sind im Internet über <http://dnb.d-nb.de> abrufbar.

© 2012 Oldenbourg Wissenschaftsverlag GmbH, München
Rosenheimer Straße 145, D-81671 München
Internet: oldenbourg.de

Das Werk einschließlich aller Abbildungen ist urheberrechtlich geschützt. Jede Verwertung außerhalb der Grenzen des Urheberrechtsgesetzes ist ohne Zustimmung des Verlages unzulässig und strafbar. Dies gilt insbesondere für Vervielfältigungen, Übersetzungen, Mikroverfilmungen und die Einspeicherung und Bearbeitung in elektronischen Systemen.

Umschlaggestaltung: hauser lacour, www.hauserlacour.de
Gedruckt auf säurefreiem, alterungsbeständigem Papier (chlorfrei gebleicht).
Satz: le-tex publishing services GmbH, Leipzig
Druck und Bindung: Memminger MedienCentrum, Memmingen

ISBN 978-3-11-048505-9
E-ISBN 978-3-486-71779-2

Inhaltsverzeichnis

Danksagung 9

1. Einleitung 11
   1.1 TransLokal. Kulinarische Transfers und die Globalisierung
       der Ernährung 17
   1.2 Eine andere Geschichte der Bundesrepublik.
       Migrationshistorische Perspektiven und migrantische
       Unternehmer in der Gastronomie 22
   1.3 Konsum und Ethnizität. Ein Forschungsdesiderat 28
   1.4 Der Konsumort. Die ausländische Gaststätte als sozialer,
       materieller und imaginärer Ort 35
   1.5 Anmerkungen zu den Quellen 42

2. Die ausländische Gastronomie in Deutschland
   Grundzüge ihrer historischen und regionalen Diffusion 49
   2.1 Zur Geschichte der ausländischen Gastronomie
       vor 1933 51
   2.2 ‚Rassifizierung' und ‚Eindeutschung'. Die Gastronomie
       im Nationalsozialismus 60
   2.3 Die ausländische Gastronomie in der Bundesrepublik 66
   2.3.1 Die sogenannten Gastarbeiterküchen 72
   2.3.2 Andere ausländische Küchen 100
   2.3.3 Die ausländische Gastronomie als Teil eines sich
         ausdifferenzierenden Gastgewerbes 115
   2.4 Die wachsende Popularität der ausländischen Gastronomie
       bei den bundesdeutschen Konsumenten 126
   2.4.1 Die Zunahme des Außer-Haus-Verzehrs und die wachsende
         Nachfrage nach ausländischen Küchen 128
   2.4.2 Die soziodemografische Struktur der Gäste in (ausländischen)
         Restaurants 137
   2.4.3 Überlegungen zum ‚Bedürfniswandel' auf dem Gebiet
         der Ernährung 149
   2.5 Zwischenbilanz 153

3. Die Bedürfnisprüfung
   Die rechtlichen und wirtschaftspolitischen Rahmenbedingungen
   migrantischer Gaststättengründungen in der Bundesrepublik 159
   3.1 Die Bedürfnisprüfung als gewerberechtliches und
       wirtschaftspolitisches Instrument 161

3.2 Die Bedürfnisprüfung in der bundesdeutschen
Verwaltungspraxis 174
3.2.1 ‚Übersetzung', ‚Überfremdung', fehlendes Bedürfnis.
Die Abwehr ausländischer Konkurrenz 175
3.2.2 Die Bedürfnisprüfung in Berlin 1973/74 und 1980.
Der gewerbe- und ausländerbehördliche Ermessensspielraum 185
3.3 Die Folgen der Bedürfnisprüfung 214
3.4 Zwischenbilanz 226

4. Das Pizzeria-Ristorante
Die Geschichte der italienischen Gastronomie in der Bundesrepublik 235
4.1 Die Migration aus Italien und die Etablierung
der italienischen Gastronomie 241
4.2 Pizzeria-Ristorante. Ein hybrider Gaststättentyp 248
4.3 Die Inszenierung von *italianità*. Raumgestaltung und *ethnic performance* in italienischen Lokalen 253
4.3.1 Transformationen des städtischen Raums durch italienische
Lokale 253
4.3.2 Innenraumgestaltung und Namensgebung 257
4.3.3 Bewirtung als *ethnic performance* 262
4.4 Die Speisekarte italienischer Restaurants.
Eine deutsch-italienische Küche? 270
4.5 Binnen- und Ausdifferenzierung der italienischen
Gastronomie 280
4.6 Spaghetti in der Bundesrepublik. Eine (filmische)
Produktbiografie 294
4.7 Zwischenbilanz 308

5. Vom Balkan-Grill zur griechischen Taverne
Südosteuropäische Gastronomie in der Bundesrepublik 313
5.1 Der Balkan-Grill 313
5.1.1 Die jugoslawische Migration und die ersten Balkan-Grills
in der Bundesrepublik 316
5.1.2 Der Balkan und seine Küche(n) 322
5.1.3 Erlebnisgastronomie in der frühen Bundesrepublik.
Scharf gewürzte Fleischgerichte vom Holzkohlengrill 328
5.1.4 Zur Nähe filmischer und gastronomischer Inszenierung.
Das Restaurant „Piroschka" in München 336
5.1.5 Vertraute Exotik. Der Balkan-Grill als Übergangsort 344
5.2 Die griechische Taverne als Nachfolgerin des Balkan-Grills? . 353
5.2.1 Griechische Migration und Gaststättengründungen
in der Bundesrepublik 355

5.2.2	Die griechischen Gaststätten für Arbeitsmigranten aus Griechenland in den 1960er und 70er Jahren	363
5.2.3	Die auf ein breiteres Publikum ausgerichteten griechischen Gaststätten der 1970er und 80er Jahre	369
5.2.4	Merkmale der griechischen Küche in Griechenland und der Bundesrepublik	376
5.3	Zwischenbilanz	379

6. Der Döner-Imbiss
Die türkische Gastronomie in der Bundesrepublik 385

6.1	Türkische Spezialitäten in der deutschen Kochbuchliteratur	387
6.2	Die türkische Migration in die Bundesrepublik	391
6.3	Die Lebensmittelbranche als Vorreiter der türkischen Ökonomie in der Bundesrepublik	395
6.4	Die türkische Gastronomie im städtischen Raum. Das Beispiel Berlin-Kreuzberg	403
6.5	Dönerkebab. Zur Geschichte eines der erfolgreichsten Fast-Food-Produkte der Bundesrepublik	421
6.5.1	Der Dönerkebab als translokales Konsumprodukt	422
6.5.2	Der Döner-Imbiss. Ein Konsumort im Wandel	432
6.5.3	„Bockwurst statt Döner". Die politische Dimension ethnisierter Speisen	443
6.6	Zwischenbilanz	452

7. Fazit 457

Anhang 471
   Abkürzungen 471
   Quellen- und Literaturverzeichnis 473
   Ungedruckte Quellen 473
   Diskografie 476
   Filmografie 476
   Gastronomische Zeitschriften 477
   Gedruckte Quellen und Literatur 477

Register 547
   Sachregister 547
   Ortsregister 553

Danksagung

Das vorliegende Buch ist die gekürzte Fassung meiner Habilitationsschrift, die im Januar 2010 von der Philosophischen Fakultät der Universität zu Köln angenommen wurde und 2012 mit dem Augsburger Wissenschaftspreis für Interkulturelle Studien ausgezeichnet wurde.

In den Jahren, in denen ich an diesem Projekt gearbeitet habe, erhielt ich vielfältige Unterstützung, für die ich mich hiermit herzlich bedanken möchte. An erster Stelle ist Margit Szöllösi-Janze zu nennen, die mir während meiner Zeit als Assistentin an ihrem Lehrstuhl stets genügend Raum für meine eigene Forschung gelassen und mir in allen Belangen, inhaltlicher wie organisatorischer Art, immer hilfreich zur Seite gestanden hat. Ihr wie den vier weiteren Gutachtern meiner Habilitationsschrift – Hans-Peter Ullmann, Norbert Finzsch, Jakob Tanner und Michael Bollig – danke ich für die gründliche Lektüre der Arbeit sowie für ihre Anregungen, die ich gerne aufgenommen habe.

Reisestipendien der Deutschen Geisteswissenschaftlichen Institute im Ausland haben mir 2007/08 Forschungsaufenthalte an den Deutschen Historischen Instituten in London und Rom sowie am Orient-Institut in Istanbul ermöglicht. Von der Diskussion meines Projekts in den dortigen Kolloquien sowie am DHI in Washington, wo ich dank eines Stipendium des Instituts und des National Endowment for the Humanities 2007 sechs Monate lang forschen konnte, hat die Arbeit sehr profitiert. Ein besonderer Dank gilt der Alexander von Humboldt-Stiftung, die mir 2008/09 einen fünfzehnmonatigen Forschungsaufenthalt an der Forschungsstelle für Sozial- und Wirtschaftsgeschichte der Universität Zürich finanziert hat, der für die Konzeption und Niederschrift der Arbeit von zentraler Bedeutung war. Meinen Gastgebern, Jakob Tanner und Martin Lengwiler, möchte ich für ihre freundliche Unterstützung danken. Ein Fellowship am Freiburg Institute for Advanced Studies (FRIAS) 2010/11 hat mir die Überarbeitung des Manuskripts für die Publikation ermöglicht.

Mit Hilfe eines großzügigen Druckkostenzuschusses der Alexander von Humboldt-Stiftung konnte die Studie beim Oldenbourg Verlag erscheinen. Den Lektorinnen Gabriele Jaroschka und Cordula Hubert möchte ich für die konstruktive Zusammenarbeit danken. Für das kritische Korrekturlesen, Lektorat und viele hilfreiche Vorschläge danke ich zudem Ulf Heidel.

Mein Dank gilt auch den Mitarbeiterinnen und Mitarbeitern der Archive und Bibliotheken, die ich aufgesucht habe. Stellvertretend seien hier das Rheinisch-Westfälische Wirtschaftsarchiv in Köln und insbesondere Christian Hillen genannt, der mich immer wieder auf interessantes und teilweise noch nicht erschlossenes Material aufmerksam gemacht hat, sowie das Stadtarchiv Flensburg, in dem ich über die üblichen Öffnungszeiten hinaus recherchieren konnte. Zu danken habe ich auch der Industrie- und Handelskammer Köln, die mir die Durchsicht noch nicht ans Wirtschaftsarchiv abgegebener Materialien ermöglicht hat. Uwe Spiekermann möchte ich für die Nutzung seiner Materialsammlung zur Ernährungsgeschichte danken.

Ein Projekt über italienische Eisdielen, das ich zusammen mit Silke Hensel angedacht hatte, war entscheidend für die Themenfindung und steht damit am Anfang dieser Studie. Auch im weiteren Verlauf habe ich wichtige Anregungen von Kollegen und Kolleginnen erhalten, die es mir ermöglichten, meine Forschungen in ihren Kolloquien und Workshops vorzustellen. Die Diskussionen an den Universitäten Basel, Bielefeld, Brüssel, Cambridge, Erfurt, Göttingen, der HU Berlin, in Lausanne, Leeds, Montréal, Münster, Oxford, Salzburg, St. Gallen und Wien haben zum Gelingen des Projekts entscheidend beigetragen. Zudem konnte ich mein Projekt in seinen verschiedenen Stadien immer wieder mit Freunden und Freundinnen diskutieren. Mein besonderer Dank gilt denjenigen, die das Manuskript in Teilen gelesen und hilfreich kommentiert haben: Eva Bischoff, Simone Derix, Pascal Eitler, Astrid Kusser, Ulrike Lindner, Inka Marter, Massimo Perinelli, Till van Rahden, Imke Schmincke, Eckhard Schumacher, Olaf Stieglitz, Heide Volkening und – last but not least – Michael Gamper.

1. Einleitung

„Mit ihnen kam ein bißchen Süden in den Norden: Knoblauch und Spaghetti, Valpolicella und Slibowitz, Sirtaki und Flamenco" – so hieß es 1975 in einem Artikel im Magazin *stern*, der sich mit den südeuropäischen Arbeitsmigranten befasste, die im Rahmen der bilateralen Anwerbeabkommen zwischen 1955 und 1973 in die Bundesrepublik gekommen waren.[1] Die Präsenz der sogenannten Gastarbeiter in Westdeutschland wird hier über landesspezifische Speisen, Getränke und Tänze artikuliert, die sie aus ihren Herkunftsländern mitgebracht und mit denen sie auch den Alltag nicht-migrantischer Bundesbürger verändert haben. Das Zitat macht deutlich, dass die Internationalisierung der Ernährung[2], die sich in der zweiten Hälfte des 20. Jahrhunderts (nicht nur) in der Bundesrepublik vollzogen hat, zu einem erheblichen Teil auf Migranten zurückgeht, die in den von ihnen betriebenen Lebensmittelgeschäften und Gaststätten zunächst meist ihre Landsleute, in zunehmendem Maße aber auch Deutsche mit Produkten aus Südeuropa versorgten. Heute gehören „Pizza, Cappuccino, Döner Kebap und Gyros [...] zur deutschen Eßkultur wie Bratwurst und Sauerkraut."[3] Diese Veränderungen des Speisezettels gehören zu den markanten, im Alltag deutlich spürbaren Transformationen, die durch die Anwesenheit und die ökonomischen Aktivitäten von Ausländern hierzulande bewirkt wurden. Trotzdem hat sich die bisherige Forschung kaum mit den (ess-)kulturellen Auswirkungen der Gegenwart von Millionen von Migranten in Deutschland beschäftigt – und dies, obwohl ihre Präsenz bis heute eine der zentralen soziokulturellen Differenzen zwischen West- und Ostdeutschland darstellt.[4] Die Internationalisierung der bundesdeutschen Ernährung ist in den Geschichtswissenschaften bisher nur am Rande und v.a. mit Blick auf

---

[1] Peter Grubbe/Hermann Sülberg: „Raus mit euch! Wir brauchen euch nicht mehr". In: Stern v. 13.2.1975, 70–80: 72. – Aus Gründen der leichteren Lesbarkeit wird im Folgenden das generische Maskulinum verwendet. Die Bezeichnung ‚Migrant' indiziert im Rahmen dieser Studie nicht den temporären Aufenthalt der betreffenden Personen, sondern die „displaced nature of these people" in der bundesdeutschen Gesellschaft (Çağlar, German Turks, 321, Anm. 1) und umfasst auch Menschen ‚mit Migrationshintergrund'.

[2] In der Ernährungsforschung wird Internationalisierung meist als Angleichung der Ernährungsgewohnheiten in verschiedenen Ländern und im Sinne einer wachsenden Bedeutung ausländischer, importierter Lebensmittel begriffen (vgl. Köhler, Internationalisierung, 12; dies., Kulturelle Vielfalt; Herrmann, Nahrungsmittelverbrauch). V.a. im Sinne der zweiten Bedeutung wird der Begriff ‚Internationalisierung' in dieser Arbeit verwendet.

[3] Iyidirli, Gastarbeiter, 8.

[4] Auf dieses Forschungsdesiderat weisen Jarausch/Geyer, Shattered Past, 219, nachdrücklich hin. Zur unterschiedlichen Bedeutung migrantischer Präsenz in West- und Ostdeutschland siehe Schildt, Ankunft, 60.

die Rolle der Lebensmittelindustrie thematisiert worden.[5] Die Bedeutung der von ausländischen Migranten betriebenen Restaurants und Imbisse hingegen blieb weitgehend ausgeblendet, obgleich dieses Segment zu den zugkräftigsten im Gastronomiesektor zählt und einen „regelrechten Strukturwandel"[6] der Branche bewirkt hat.

Die vorliegende Studie widmet sich erstmals ausführlich dem Phänomen der ausländischen Gastronomie und ihrer Funktion und Bedeutung für die bundesdeutsche Wirtschafts-, Sozial- und Kulturgeschichte. Der Schwerpunkt liegt dabei auf den sogenannten Gastarbeiterküchen, die bis heute das ausländische Gaststättengewerbe in der Bundesrepublik dominieren. Dies gilt insbesondere für die italienische, jugoslawische, griechische und türkische Küche, die aufgrund ihrer marktbeherrschenden Position[7] im Zentrum der Analyse stehen und deren Geschichte – mit je unterschiedlichen zeitlichen Gewichtungen – von den 1950er bis zu den 1990er Jahren nachzuzeichnen sein wird. Bei den untersuchten Gruppen von (in der Mehrzahl männlichen) Gastronomen handelte es sich also um Migranten sowohl aus E(W)G-Mitgliedsstaaten als auch aus sogenannten Drittstaaten, so dass der unterschiedliche ausländerrechtliche Status samt seiner Auswirkungen auf das ausländische Gaststättengewerbe in den Blick gerät. Zu den im Rahmen dieser Studie genauer untersuchten Orten zählen neben Berlin und Hamburg, die bereits vor 1945 über eine Vielzahl an ausländischen Gaststätten verfügten, Köln und München sowie die kleineren Städte Flensburg im Norden, Leverkusen im Westen und Konstanz im Süden der Republik. Die ausgewählten Städte bilden ein Sample, das regionale Differenzen im Hinblick auf die quantitativ jeweils dominierenden Ausländergruppen, die in den einzelnen Bundesländern gängige Verwaltungspraxis der Gewerbe- und Ausländerbehörden wie auf die kulinarischen Traditionen herauszuarbeiten erlaubt, so dass die Unterschiede beim Diffusionsprozess der ausländischen Gastronomie sowie differente Konsumgeografien eine angemessene Berücksichtigung finden.[8]

---

[5] Vgl. Wildt, Wohlstand.
[6] Şen, 1961 bis 1993, 26.
[7] 1992 waren unter den ca. 55 000 ausländischen Gastronomen etwa 18 000 Italiener, 14 000 Griechen, 8 000 Türken und 5 000 Jugoslawen (vgl. Loeffelholz/Gieseck/Buch, Ausländische Selbständige, 45).
[8] Während sich die Metropolen als „gastronomische[ ] Eldorados" (Schwendter, Arme essen, 35) charakterisieren lassen, erlauben die Mittelstädte aufgrund der größeren Überschaubarkeit ihrer gastronomischen Einrichtungen eine zuverlässigere Bestandsaufnahme der Ausbreitung ausländischer Gaststätten. Nach alter Begriffsbestimmung zählten nur Flensburg und Konstanz mit unter 100 000 Einwohnern zu den Mittelstädten; nach aktueller Definition fällt auch Leverkusen in diese Kategorie, die neuerdings Städte bis 250 000 Einwohner umfasst. Dass die bisherige Migrationsforschung kleinere Städte und ihre andersartigen Opportunitätsstrukturen stark vernachlässigt hat, betonen Glick-Schiller/Çağlar/Guldbrandsen, Jenseits der „Ethnischen Gruppe", 106 u. 111.

1. Einleitung

Für die Analyse der ‚Gastarbeiterküchen' ist entscheidend, dass sich seit den späten 1950er Jahren der über die Arbeitsmigranten erfolgte „Import von fremder Kultur" nach Deutschland und der „Export von [deutschen] Touristen in fremde Kulturen" fast zeitgleich vollzogen haben.[9] Die hauptsächlichen Herkunftsländer der Migranten deckten sich weitgehend mit den wichtigsten Urlaubsländern der Bundesbürger. Es sind demnach zwei unterschiedliche, aber in Wechselwirkung miteinander stehende Mobilitätsformen, nämlich Massenmigration und Massentourismus, die zu neuen (ess-)kulturellen Begegnungen in Westdeutschland wie im Ausland geführt haben. Für die Geschichte der ausländischen Gastronomie in der Bundesrepublik sind beide Bewegungen von zentraler Bedeutung und überlagern sich auch insofern, als sich das Essen in einem von Ausländern geführten Spezialitätenrestaurant als Substitut, aber auch als Anreiz für eine Reise interpretieren lässt und die Gäste eines solchen Lokals als gastronomische Touristen beschreibbar sind.[10] Nachkriegstourismus und Nachkriegsmigration griffen demnach in mehrfacher Hinsicht ineinander und prägten auf Angebots- wie Nachfrageseite die Geschichte der ausländischen Gastronomie. Gemeinsam bilden sie ein geeignetes Untersuchungsfeld, um zum einen der Frage nach Transfer- und Globalisierungsprozessen auf dem Gebiet der Ernährung nachzugehen und zum anderen eine Geschichte der Bundesrepublik aus transnationaler Perspektive zu schreiben.[11]

Im Zentrum der folgenden Überlegungen steht die Frage, wie in ausländischen Gaststätten ‚fremde' Speisen produziert, inszeniert und rezipiert wurden und wie sie die bundesdeutsche Esskultur transformiert haben. Die Ernährung stellt insofern ein ideales Untersuchungsgebiet dar, um sich mit der Herstellung von und dem Umgang mit kultureller Differenz[12] im Alltagsleben zu beschäftigen, als das Essen eine zentrale Rolle bei der Formation personaler, aber auch kollektiver Identitäten spielt. Wie kaum ein anderes Alltagsobjekt kann ein bestimmtes Nahrungsmittel zum „öffentliche[n] Identitätssymbol"[13] und Inbegriff einer nationalen Kultur stilisiert und damit auch zur Quelle rassistischer Stereotypisierung werden, wie die Bezeichnungen ‚Spaghetti-Fresser' oder ‚Krauts' zeigen.[14] Die besondere Bedeutung des Essens für die Identitätskonstruktion liegt darin begründet, dass die Nahrung in den eigenen

---

[9] Leggewie/Marquardt, Dolmetscher, 111.
[10] Vgl. Spang, World, 80; Zelinsky, You Are, 243.
[11] Vgl. Conrad, Doppelte Marginalisierung.
[12] Kulturelle Differenz soll hier nicht auf eine fixe Grenze zwischen vermeintlich homogenen Kulturen, sondern auf den machtförmigen Prozess der Grenzziehung selbst und deren Prekarität verweisen (vgl. Gupta/Ferguson, Beyond ‚Culture', 19). Diese Konzeptualisierung impliziert einen Kulturbegriff, der Kultur letztlich als „Praxis des Aushandelns kultureller Differenzen" (Bachmann-Medick, Cultural Turns, 250) fasst.
[13] Tolksdorf, Determinanten, 19.
[14] Vgl. Peckham, Consuming Nations, 172.

Körper aufgenommen und damit im materiellen Sinne ein Teil des eigenen Selbst wird.[15] Somit stellt die Esskultur eine „particularly powerful lens" dar, um Selbstverständigungsprozesse einer Gesellschaft oder einer sozialen Gruppe zu analysieren.[16] Gerade in der deutschen Nachkriegsgeschichte haben Hunger(erinnerungen) sowie die zunehmend bessere Versorgungssituation, in deren Folge sich im Westen die sogenannte Fresswelle entwickelte, eine nicht zu unterschätzende Rolle für die Formierung einer (neuen) nationalen Identität gespielt.[17] Die Beschäftigung mit Ernährung und kulinarischem Diskurs ist demnach nicht als „move away from the political sphere"[18] zu betrachten. Vielmehr bildet die Untersuchung der nationalen, aber auch ethnischen Markierung von Speisen im Kontext der zunehmenden Internationalisierung der Ernährung nach 1945 einen geeigneten Ausgangspunkt, um sich der (Neu-)Verhandlung kultureller Differenz in der Bundesrepublik zu nähern und damit einen Beitrag zu einer Genealogie sowohl bundesdeutscher Identität(en) als auch der politischen Kultur zu leisten, in der Fragen kultureller Zugehörigkeit eine eminente Rolle spielen. Den Versuchen nationaler Neuverortung in der Bundesrepublik nähert sich die Studie dabei über die Analyse von Transferprozessen, da diese die Komplexität und Ambivalenz von Selbst- und Fremdbeschreibungen sowie ihre Wechselwirkungen herauszuarbeiten erlauben.[19]

Die bundesdeutsche Ess- und Konsumkultur partizipierte in hohem Maße an internationalen Trends und rekurrierte, wie zu zeigen sein wird, auf transnational zirkulierende Bilder und Narrationen. Doch sollen über punktuelle Vergleiche mit anderen westlichen Ländern und mit der DDR auch (bundes-)deutsche Spezifika im Umgang mit ‚fremden' Speisen herausgearbeitet werden. Zu fragen ist in diesem Zusammenhang etwa, was der Konsum ausländischen Essens im Kontext der Neuordnung der bundesdeutschen Gesellschaft und ihrer Beziehungen zum ‚Anderen' nach Nationalsozialismus und Zweitem Weltkrieg bedeutet und auf welche Weise die Aneignung ausländischer Produkte zur Konstruktion einer bundesdeutschen Identität beigetragen hat. Indem die vorliegende Studie die ausländische Gastronomie als Linse nutzt, um die (Re-)Artikulationen kultureller Differenz in der westdeutschen Nachkriegsgesellschaft zu analysieren, möchte sie einen Beitrag zu der insbesondere von US-amerikanischen Historikern angestoßenen Debatte um

---

[15] „[I]ts substances may be said to become part of us" (Mintz, Changing Roles, 262).
[16] Jackson, Cultural Politics, 167. Grundlegend zur Bedeutung des Essens für menschliche Gruppenbildungsprozesse: Douglas, Standard Social Uses.
[17] Darauf hat für die DDR wie die BRD eindringlich Weinreb, Matters, hingewiesen.
[18] Weinreb, Tastes, 345.
[19] Zu transfergeschichtlichen Ansätzen in ihrem Verhältnis zur Komparatistik wie zur Verflechtungsgeschichte siehe Paulmann, Internationaler Vergleich; Middell, Kulturtransfer; Kocka, Comparison; Werner/Zimmermann, Vergleich.

„race after Hitler" leisten und nach den Ersetzungen, Umformulierungen und Bedeutungsverschiebungen von ‚Rasse' und Ethnizität nach 1945 fragen.[20] ‚Rassische', ethnische und kulturelle Differenz gilt es, als „ongoing, constitutive question in the nation's development" zu begreifen, dabei auch die komplexen Verknüpfungen zwischen biologischen und kulturellen Konzeptionen von Differenz zu beachten und auf diese Weise einen neuen Zugriff auf die Geschichte der Bundesrepublik zu entwickeln.[21] In diesem Sinne wird die Bundesrepublik zum einen als postfaschistische Gesellschaft zu thematisieren sein. Wie jedoch die Betonung von Globalisierungsprozessen nahelegt, soll die Geschichte der (alten) Bundesrepublik nicht nur als eine „Nachgeschichte des Nationalsozialismus", sondern zum anderen auch als problemorientierte „*Vorgeschichte* der [globalisierten] Gegenwart" betrachtet werden.[22] Anders als dies in der aktuellen Zeitgeschichtsforschung meist der Fall ist, werden diese beiden Perspektivierungen jedoch nicht im Sinne einer Periodisierung der bundesdeutschen Geschichte verstanden, die für die 1970er Jahren eine deutliche Zäsur, nämlich das Ende der Nachkriegszeit postuliert.[23] Vielmehr sollen sie als zwei gleichberechtigte Fragerichtungen etabliert werden, mit denen sich der Resonanzraum für die Verhandlungen kultureller Differenz in der gesamten Geschichte der Bundesrepublik abstecken lässt. Welcher Referenzpunkt zentral(er) ist, wird daher nicht vornehmlich temporal bestimmt, sondern vom jeweiligen Gegenstand und Kontext abhängen. Letztlich möchte die Studie damit einen Beitrag zur Erforschung von (Selbst-)Ethnisierungsprozessen in der Bundesrepublik in ihrer historischen und oftmals transnationalen Genese leisten und damit den skizzierten neuen Zugriff auf die bundesdeutsche Geschichte erproben.

Für die Frage nach dem Umgang mit kultureller Differenz ist für diese Untersuchung von Interesse, dass die Esskultur in besonderem Maße zur Symbolisierung multikulturellen Zusammenlebens bemüht wird, und zwar in Politik und Wissenschaft gleichermaßen. So konstatiert der britische Historiker Panikos Panayi: „Germany has become multicultural. An obvious manifestation of this consists of the change in the German diet."[24] Der Konnex, der zwischen ausländischer Gastronomie und Multikulturalismus hergestellt

---

[20] Vgl. Fehrenbach, Race; dies., Learning, 108. Welche Rolle Juden im Rahmen dieser Auseinandersetzungen zukam, untersucht Grossmann, Jews. Für die im Zusammenhang dieser Studie besonders relevante ‚Gastarbeiter'-Migration geht Chin, Guest Worker Question, den genannten Fragen nach.
[21] Chin/Fehrenbach, Introduction, 11 u. 13.
[22] So Jessen, Bewältigte Vergangenheit, 179, über den politischen und gesellschaftlichen Wandel in den 1970er Jahren.
[23] Vgl. Jarausch, Strukturwandel, 23; Doering-Manteuffel/Raphael, Boom.
[24] Panayi, Ethnic Minorities, 264. Von der bei einem Besuch in einem ausländischen Restaurant „mitgegessene[n] Multikulturalität" spricht Tschofen, Nahrungsforschung, 132f.

wird, muss dabei kein affirmativer sein. Wenn Heribert Prantl 2003 in der *Süddeutschen Zeitung* anmerkt: „Wäre der Umsatz der ausländischen Gaststätten ein Gradmesser für die Integration der Ausländer in Deutschland, es könnte kaum bessere Werte geben"[25], dann formuliert er seine Skepsis, aus der bundesdeutschen Begeisterung für ausländische Speisen weitergehende Schlussfolgerungen über das Zusammenleben von Deutschen und Nicht-Deutschen hierzulande ableiten zu können. Prantl weist damit zu Recht auf separierte Gesellschaftsbereiche hin, in denen sich die Beziehungen zum ‚Anderen' jeweils ganz unterschiedlich gestalten. Lässt sich für den Konsumsektor eine Proliferation kultureller Differenzen, deren erfolgreiche Vermarktung sowie eine recht breite Akzeptanz von Hybridität[26] beobachten, so kennt das Ausländerrecht keine derartigen Misch- und Übergangsformen, sondern verteilt rechtliche Positionen und damit auch soziale Chancen vornehmlich nach einem Kriterium, i.e. der Staatsangehörigkeit. Die vorliegende Studie möchte deshalb am Beispiel der ausländischen Gastronomie die Verhandlungen nationaler und kultureller Differenz auf kulinarischem Gebiet mit den ausländerrechtlichen Regulierungen der Gewerbetätigkeit von Nicht-Deutschen, die Inszenierungen von Fremdheit in ausländischen Gaststätten mit den wirtschaftspolitisch motivierten Exklusionsversuchen gegenüber ausländischen Restaurateuren in Beziehung setzen, um auf diese Weise ein möglichst komplexes Bild des Phänomens ‚ausländische Gastronomie' und seiner wirtschafts- und kulturhistorischen Bedeutung zu zeichnen – ein Bild, das von den engen und zugleich spannungsreichen Verflechtungen von Kultur und Ökonomie geprägt ist.

Die vorliegende Studie verknüpft migrations- und konsumhistorische Perspektiven, um die Geschichte der ausländischen Gastronomie in der Bundesrepublik im Hinblick auf die Anbieter- wie die Nachfrageseite zu beleuchten. Im Zentrum stehen dabei die ausländischen Gaststätten und damit konkrete Konsumorte, die als Knotenpunkte vielfältiger Transferbeziehungen konzeptualisiert werden. Transnationale Migrationsbewegungen wie auch die Internationalisierung des bundesdeutschen Nahrungskonsums lassen sich als zentrale Elemente einer sowohl sozioökonomisch als auch kulturell verstandenen Globalisierung[27] begreifen. Essgewohnheiten und Ernährungsstile sind

---

[25] Heribert Prantl: Reichtum im Gepäck. Geschichtslos, erinnerungslos: Die Crux unserer Ausländerpolitik. In: SZ v. 1.12.2003.

[26] Hybridität soll mit Bhabha nicht als Vermischung zweier in sich homogener Entitäten verstanden werden, sondern auf einen ‚Third Space' verweisen, der es erlaubt, das ‚Zwischen' als Irritation eben solcher Homogenisierungen und Totalisierungen zu betrachten, die kontinuierlich neue Übersetzungsvorgänge antreibt (vgl. Bhabha, Verortung, 56).

[27] Für ein solchermaßen multidimensionales Verständnis von Globalisierung siehe Pieterse, Globalization, 45. ‚Globalisierung' ist dabei sowohl als „Strukturbegriff" als auch als „geschichtlicher, kontingenter Prozess" zu verstehen (Breuer, Kulturelle Einbettung, 67).

niemals allein ökonomisch bestimmt, sondern folgen in hohem Maße kulturellen Traditionen und Normen. Kulturelle Faktoren sind damit ökonomischen in keiner Weise nachgeordnet; vielmehr sind sie mit diesen auf eine Weise verwoben, die eine eindeutige Gegenüberstellung von Kultur und Ökonomie unmöglich macht.[28] Beim globalen Austausch von Waren beispielsweise sind die ökonomischen von den semiotischen Implikationen dieser Transferprozesse nicht zu trennen.[29] Dennoch gehen Kultur und Ökonomie nicht ineinander auf; sie stellen – trotz bzw. in ihrer Verflochtenheit – differente Perspektivierungen dar, die nicht im Sinne einer großen Synthese addierbar sind, sondern auf eine grundsätzlich „disjunktive" (globale) Ordnung verweisen.[30]

1.1 TransLokal. Kulinarische Transfers und die Globalisierung der Ernährung

Wird Globalisierung auf dem Gebiet der Ernährung diskutiert, ist meist vom weltumspannenden Handel mit Nahrungsmitteln die Rede. Doch auch Technologien und Informationen zirkulieren weltweit immer schneller und treiben Globalisierungsprozesse auf dem Gebiet der Ernährung voran. Arjun Appadurai hat die verschiedenen Bereiche, in denen Globalisierungsvorgänge zu beobachten sind, mit den Konzepten der *ethnoscapes, mediascapes, ideoscapes, technoscapes* und *financscapes* zu systematisieren versucht. Diese *scapes*, die auf begrifflicher Ebene gängige Zentrum-Peripherie-Modelle hinterfragen, weisen untereinander Diskontinuitäten auf, überschneiden sich aber auch auf vielfältige Weise.[31] Am Beispiel des kulinarischen Transfers lässt sich die Kopplung dieser Bereiche exemplarisch aufzeigen: Die Globalisierung der Ernährung umfasst demnach Migration und Tourismus als Funktionen des *ethnoscapes*, die den *media-* und *ideoscapes* zuzurechnende massenmedial erfolgende Verbreitung kulinarischen Wissens, die verbesserten Transport-,

,Transnationalisierung' als (mindestens) zwei Nationen umfassender Transferprozess ist ein Vorgang mit geringerer Reichweite als ,Globalisierung' und fokussiert Räume jenseits der (zwischen-)staatlichen Ebene. Vgl. dazu Portes, Globalization; Osterhammel, Transnationale Gesellschaftsgeschichte, 473.

[28] So spricht Jonathan R. Zatlin in diesem Zusammenhang von einer „false binary" (Zatlin, Do we need a new economic history?). Zur Debatte um Kultur und Ökonomie bzw. Kultur- und Wirtschaftsgeschichte siehe auch die Diskussionsbeiträge in VSWG 94/2 (2007); Berghoff/Vogel, Wirtschaftsgeschichte; Tanner, „Kultur".

[29] Dass ökonomische Praktiken generell immer auch als signifikatorische Praktiken betrachtet werden müssen, betont Stäheli, Ökonomie, 309.

[30] Appadurai, Disjuncture, 296.

[31] Vgl. ebd. Zum *ethnoscape* als Terminus, der ältere, tendenziell ganzheitliche Konzepte wie *community* abzulösen trachtet, siehe ders., Global Ethnoscapes, 209.

Gefrier- und Verarbeitungstechniken (*technoscapes*) sowie die finanziellen Transfers (*finanscapes*), die – wie auch die Arbeitsrekrutierung – gerade bei den migrantischen Gastronomiebetrieben häufig transnationalen Charakter besitzen.[32] Sylvia Ferrero hat im Anschluss an Appadurai das Konzept der *foodscapes* entwickelt, um die globalen Wege von *ethnic food*, Speisepraktiken und ihre Dynamiken analytisch zu fassen.[33] Gerade *foodscapes*, so Ferrero, machen die Verflechtung der von Appadurai benannten *scapes* im Alltag sichtbar. Die Geschichte der Ernährung besitzt also in besonderem Maße das Potential, über anschauliche Fallstudien das Wechselspiel des Lokalen und Globalen in seiner Komplexität, Historizität und Alltagsrelevanz sichtbar zu machen.[34]

Der globale Transfer von Nahrungsmitteln, kulinarischem Wissen und Technologien weist eine lange und in weiten Strecken koloniale Tradition auf; Lebensmittel können in dieser Hinsicht als „the ur-commodity"[35] für ökonomische und kulturelle Globalisierungsprozesse angesehen werden. Sie gehörten zu den ersten global gehandelten Waren, und die Nahrungsmittelmärkte zählten zu den ersten global integrierten Märkten, die weit entfernte Regionen und Kulturen verknüpften. Während sich der internationale Handel mit Industrieprodukten bis ins 20. Jahrhundert hinein in weiten Teilen auf die westliche Welt beschränkt hat, ist der Nahrungsmittelmarkt seit Jahrhunderten Teil tatsächlich weltumspannender Netzwerke, wie die wegweisenden Studien von Fernand Braudel, Sidney Mintz und anderen gezeigt haben.[36] Nahrungsmitteltransfers stellen damit ein prägnantes Beispiel für mehrdimensionale, multilaterale und v.a. nicht allein vom sogenannten Zentrum in die Peripherien verlaufende Übertragungen dar.[37] Trotzdem sind die Neuerungen, die sich qua Transfer in kulinarischen Systemen auf je spezifische Weise vollzogen haben, zumindest in der deutschsprachigen Geschichtswissenschaft noch kaum untersucht worden.[38]

Die vorliegende Studie bearbeitet das genuin interdisziplinäre Forschungsfeld ‚Ernährung' in dezidiert historischer Perspektive, um heutigen Globalisierungsprozessen, die sich als ‚zweite Phase' der Globalisierung fassen lassen[39],

---

[32] Vgl. Möhring, Gastronomie, 84.
[33] Vgl. Ferrero, *Comida sin par*.
[34] Vgl. Möhring/Nützenadel, Einleitung; Warde, Eating Globally, 299. Vgl. auch Nützenadel/Trentmann, Food.
[35] Witt, Global Feminisms, 75.
[36] Braudel, Civilisation; Mintz, Süße Macht.
[37] „Indeed, the case of ethnic cuisine exemplifies countertendencies to the Westernization of the world [...] or its Americanization [...] This is precisely not a case of unidirectional export from the West" (Warde, Eating Globally, 311).
[38] Vgl. Osterhammel, Verwandlung, 336.
[39] Vgl. Nützenadel, Globalisierung. Zur ‚ersten Phase' der Globalisierung siehe Torp, Herausforderung.

die notwendige Tiefendimension zu verleihen. Der im Mittelpunkt der Untersuchung stehende Konsumort, die ausländische Gaststätte, lässt sich als Knotenpunkt derartiger kulinarischer Transfers analysieren. Sie stellt einen lokalen Ort des Nahrungsmittelkonsums dar, der von seiner grundsätzlichen Anlage her das Lokale transgrediert, konstituiert er sich doch gerade mittels grenzüberschreitender Transfers von Nahrungsmitteln, Rezepten, Technologien und Menschen. Migrantische und nicht-migrantische Betreiber, Angestellte und Gäste des Lokals partizipieren alle – wenn auch auf je unterschiedliche Weise – am transnationalen Raum der ausländischen Gaststätte.[40] Transnational im Sinne eines sich neu formierenden Sozialraums ist der ausländische Gastronomiebetrieb nicht allein wegen seines oftmals migrantischen Personals, sondern auch, weil hier Elemente (mindestens) zweier nationaler Essenstraditionen miteinander in Kontakt treten und dabei etwas grundsätzlich Neues entsteht. Dabei sind die jeweiligen Küchen nicht als in sich homogene Einheiten zu verstehen, die einen klaren territorialen Referenzpunkt besäßen; ein solchermaßen verräumlichtes Verständnis der (Ess-)Kultur kann die Brüche und Ambivalenzen in prekären Konstruktionen wie Nationalküchen nicht erfassen.

Anders als das bürgerliche Restaurant des 19. Jahrhunderts, das regionale Speisen als Teil einer – erst im Entstehen begriffenen – Nationalküche präsentierte und sich damit als Ort verstehen lässt, an dem die Nation konsumiert wurde, kann das ausländische Spezialitätenrestaurant als Ort gelten, an dem die Welt konsumiert wird, wie Laurier Turgeon und Madeleine Pastinelli pointiert angemerkt haben.[41] So bestechend diese Formulierung ist, so verfehlt wäre es doch, von einem historischen Ablösungsprozess zu sprechen, der die Verflechtungen zwischen ‚Nation' und ‚Welt' unterschlüge. Die Nationalküchen haben sich erst im internationalen Kontakt und in Konkurrenz zu anderen Staaten, aber auch in der Konfrontation mit Massenmigrationen aus dem Ausland herausgebildet und stellen damit ein Beispiel für die mittlerweile verstärkt untersuchte Bedeutung dar, die globalen Verflechtungen für Nationalisierungsprozesse zukommt.[42] Gerade das ausländische Speisen anbietende

---

[40] „They may occupy its spaces momentarily (during the consumption of a meal, for example) or for a lifetime (as members of ethnically defined transnational communities)" (Jackson/Crang/Dwyer, Introduction, 3).
[41] Turgeon/Pastinelli, „Eat", 247. Vgl. auch Cwiertka, Eating.
[42] Für diese neue Perspektive auf Nationalisierungsvorgänge siehe exemplarisch Conrad, Globalisierung. Zur Erfindung der Nationalküchen im Zuge des *nation building* im 19. Jahrhundert siehe Spiekermann, Europas Küchen, 42. In Deutschland hat sich eine Nationalküche v.a. in Abgrenzung zur international dominierenden französischen Küche herausgebildet, der gegenüber die deutsche Küche Einfachheit und Natürlichkeit für sich reklamierte. So wie im Zuge der Internationalisierung eine Angleichung der Essgewohnheiten in verschiedenen Ländern erfolgt und ausländische Gerichte zu einem festen

Lokal fungiert als bevorzugter Ort, um nationale Küchen immer wieder neu zu erfinden – in der Auseinandersetzung mit anderen nationalen, aber auch regionalen Ernährungstraditionen. Regionalisierung, Nationalisierung, Internationalisierung und Globalisierung stellen auch auf dem Gebiet der Kulinarik keine klar zu separierenden Prozesse dar; vielmehr handelt es sich um parallele und aufeinander bezogene Vorgänge. So lässt sich die in den letzten Jahrzehnten zu beobachtende Diversifizierung der in der bundesdeutschen Gastronomie gebotenen regionalen und nationalen Küchen auch als Antwort auf globale Standardisierungsvorgänge lesen, die unter dem Schlagwort „McDonaldisierung der Gesellschaft"[43] diskutiert werden. Während dieser Terminus v.a. die im Zuge von Globalisierungsprozessen zu beobachtenden weltweiten Homogenisierungstendenzen thematisiert, akzentuiert das Konzept der Glokalisierung ebenso Momente der Heterogenisierung und eröffnet damit einen weiterführenden Blick auf das komplexe Wechselspiel von Globalem und Lokalem.

Roland Robertson hat gezeigt, dass ‚das Lokale' und ‚das Globale' kein analytisches Gegensatzpaar bilden, sondern sich gegenseitig bedingen: Lokalität sei nicht das Gegenteil, sondern ein Aspekt von Globalität, und Globalität wiederum komme allein durch die Verflechtung verschiedener Lokalitäten zustande, die erst im Zuge der Globalisierung als solche erfunden würden.[44] Nimmt man die vielfach postulierte Relationalität von Globalem und Lokalem ernst, dann bedeutet das folglich zum einen, dass das Lokale nicht mehr als eine (widerständige) Enklave gegenüber dem homogenisierenden Globalen verstanden werden kann, und zum anderen, dass beide Begriffe eher Prozesse denn eng gefasste geografische Konzepte bezeichnen.[45]

An den Debatten über Glokalisierung sind zwei Aspekte besonders relevant für eine Analyse ausländischer Gaststätten in der Bundesrepublik. Das

---

Bestandteil der inländischen Küche werden, so gelangen bei der Ausbildung einer Nationalküche Speisen aus einer anderen Region desselben Landes in die heimische Küche und regionale Unterschiede schwächen sich ab (vgl. Lesniczak, Alte Landschaftsküchen, 347). Zum „Gastrochauvinismus" als Behauptung kulinarischer Überlegenheit siehe Rittersma, „Truffes", 82; einen zentralen Referenztext für die Analyse von Nationalküchen stellt Appadurai, How to Make, dar.

[43] Ritzer, McDonaldisierung.
[44] Robertson, Glocalization, 35, 30 u. 26.
[45] Vgl. ebd., 39; Dirlik, Place-Based Imagination, 15. Auf diese Weise wird nicht nur die Gegenüberstellung von (globaler) Homogenisierung und (lokaler) Heterogenisierung unterlaufen, sondern auch ein die Debatten begleitendes raumtheoretisches Problem adressiert, nämlich die Gegenüberstellung von (abstraktem) Raum und (konkretem) Ort, die es ebenfalls zu problematisieren gilt (vgl. dazu Massey, Global Sense, 238). Das bedeutet auch, dass das Lokale nicht als territorialisierte Einheit und das Globale als deterritorialisierende Kraft gedacht werden kann; Prozesse der De- und Reterritorialisierung finden sich vielmehr auf allen *spatial scales* (vgl. Berking, Raumtheoretische Paradoxien, 12).

ist zum einen der Fokus auf Vorgänge der Homo- und Heterogenisierung, der Hybridisierung bzw. der Übersetzung[46], die sich anhand der in einem ausländischen Spezialitätenrestaurant angebotenen Speisen untersuchen lässt. Zum anderen lenkt der Neologismus Glokalisierung die Aufmerksamkeit auf räumliche Transformationsprozesse im Zuge der Globalisierung. Die im Begriff der Glokalisierung implizierte „Maßstabs- und Ortsverflechtung" ist, so der Geograf Dietrich Soyez, in „kaum einem anderen Bereich unserer Alltagswelt so offensichtlich wie in der Gastronomie".[47] Die vielfältigen räumlichen Bezüge, die das ausländische Restaurant hinsichtlich seines Personals, der zubereiteten Nahrungsmittel und des zirkulierenden Wissens aufweist, definieren es letztlich als einen translokalen Ort.[48] ‚Translokal' verwende ich hier als übergreifende Bezeichnung für verschiedene, unterschiedlich in- und extensive räumliche Beziehungen, die den besagten Ort nicht zu einer abgeschlossenen Einheit machen, sondern ihn für zahlreiche (lokale, regionale, nationale und globale) Kontexte öffnen. Anstatt zwei *spatial scales*, das Globale und das Lokale, zu privilegieren, ermöglicht das Konzept der Translokalität, selektive Verknüpfungen auf verschiedenen räumlichen Ebenen zu konzeptualisieren. Der Begriff der *translocation*, wie er in den *postcolonial studies*[49] diskutiert wird, verweist konzeptuell auf die Durchquerung räumlicher Konstruktionen und lässt auch konkurrierende Raumvorstellungen und damit Machtkämpfe um Räume in den Blick geraten. Denn ungeachtet ihrer großen Beliebtheit bei vielen Konsumenten waren und sind ausländische Lokale und Läden – als sichtbare Embleme der Immigration und einer glokalisierten Kultur – in der Bundesrepublik keineswegs unumstritten, wie am Beispiel von Nachbarschaftskonflikten und politischen Debatten zu zeigen sein wird. Nicht zuletzt die Ermordung ausländischer Gewerbetreibender durch Neonazis in den Jahren 2000 bis 2006 hat dies drastisch vor Augen geführt.

---

[46] Zum Übersetzungsparadigma in den Kulturwissenschaften siehe Bachmann-Medick, Cultural Turns, 238–283.
[47] Soyez, ‚Kölscher Chinese', 31.
[48] Für eine genauere Diskussion der transnationalen bzw. translokalen Dimension ausländischer Gastronomiebetriebe siehe Möhring, TransLokal.
[49] Grundlegend zur postkolonialen Neuperspektivierung der Geschichtswissenschaft: Conrad/Randeria, Jenseits des Eurozentrismus.

1.2 Eine andere Geschichte der Bundesrepublik. Migrationshistorische Perspektiven und migrantische Unternehmer in der Gastronomie

Während die Historiografie der Globalisierung diese oftmals als eine auf unpersönlichen, unhintergehbaren Kräften beruhende Geschichte fasst, rückt die vorliegende Untersuchung die migrantischen Gastronomen, aber auch die Konsumenten als Akteure einer Internationalisierung der Ernährung in den Vordergrund.[50] Die von diesen geschaffenen neuen Angebote und Nachfragestrukturen werden als Movens der zu untersuchenden Globalisierungsprozesse zu thematisieren sein. Für die Angebotsseite spielte die (Arbeits-)Migration in die Bundesrepublik eine entscheidende Rolle, während auf Konsumentenseite der einsetzende Massentourismus das Interesse an ausländischen Speisen beförderte. Dieses „Wechselspiel" von Migration und Tourismus ist für die italienische Gastronomie bereits aufgezeigt worden[51], und auch für den Erfolg der jugoslawischen und griechischen Restaurants in den 1970er und 80er Jahren ist von einer Kopplung beider Faktoren auszugehen.[52] Darüber, welches Gewicht welchem der beiden Faktoren jeweils zukommt, herrscht in der Forschung Uneinigkeit.[53] Mit Jeffrey Pilcher bin ich der Ansicht, dass die Rolle von Migranten für den Ernährungswandel in einem Land nicht unterschätzt werden darf.[54] Je nach Migrantengruppe, angebotener Küche und Zielland gestaltete sich der Zusammenhang von Migrationsbewegung und Diffusion einer spezifischen Küche allerdings unterschiedlich. Der weiterhin offenen Forschungsfrage, welche Bedeutung die genannten Akteure und Prozesse für die

---

[50] Die Ebene handelnder Subjekte auch bei Untersuchungen zur Geschichte der Globalisierung zu berücksichtigen, fordert u. a. Grew, Food, 11.
[51] Richter, Reisen, 24.
[52] Vgl. Roether, Weltreise.
[53] Für Großbritannien hat Christopher P. Driver dargelegt, dass die Ausbreitung ausländischer Gaststätten direkt an Migrationsbewegungen gekoppelt gewesen, also den Migrationsmustern spezifischer Gruppen gefolgt sei. Für die Popularisierung südeuropäischen Küchen hebt Driver aber auch die Bedeutung des Auslandstourismus hervor, der im Falle der außereuropäischen Küchen keine Rolle gespielt habe (vgl. Driver, British, 88 u. 80). Siehe dazu auch Berghoff, Privilege, 167. Harvey Levenstein hingegen gesteht allein dem Tourismus und der internationalen Agrar- und Lebensmittelindustrie einen maßgeblichen Einfluss auf die Internationalisierung der Ernährung in den USA wie auch in der Bundesrepublik zu; Migrationsbewegungen hält er für nebensächlich (vgl. Levenstein, Food Habits, 472). Gerade im Falle des – auch von Levenstein angeführten – türkischen Gaststättengewerbes in der BRD halte ich den Konnex von Migration und Gastronomie jedoch für zentral.
[54] „[P]roletarian migrations have arguably done more to globalize eating habits than have multinational food corporations" (Pilcher, Food, 120).

1.2 Eine andere Geschichte der Bundesrepublik

Internationalisierung der Ernährung hatten (und haben), wird die vorliegende Untersuchung nachgehen.

Mit der Fokussierung von Migrationsbewegungen und kulinarischen Transferprozessen, die nationale Grenzen überschreiten, versucht die Studie zudem, mittels einer transnationalen Perspektive einen anderen Blick auf die nationale Geschichte zu werfen. Aus migrationshistorischer Sicht, gleichsam vom Rand her betrachtet, stellt sich die bundesdeutsche Geschichte in vielerlei Hinsicht anders dar. So muss etwa die These von der Liberalisierung der bundesdeutschen Gesellschaft in den 1960er und 70er Jahren[55] aus Sicht Nicht-Deutscher kritisch befragt werden. Denn trotz aller ökonomischen, sozialen und kulturellen Transformationen im Zuge des ‚Wirtschaftswunders' wie der nachfolgenden Jahrzehnte blieb die ‚ethnische Grundordnung' der bundesdeutschen Gesellschaft doch in großen Teilen unverändert. Die westdeutsche ‚Erfolgsbilanz' gilt es also deutlich zu relativieren, wenn es um den Status von Ausländern und die Kontinuität rassistischer Strukturen geht.[56]

Die bundesdeutsche wie die internationale Migrationsforschung hat in den letzten beiden Jahrzehnten einen deutlichen Schub erfahren und eine Vielzahl von Studien hervorgebracht, die hier nicht annäherungsweise gewürdigt werden können.[57] Die bis heute stark sozialwissenschaftlich orientierte Forschung zur Migration in die Bundesrepublik hat im Wesentlichen drei Phasen durchlaufen: War sie in den 1960er Jahren noch vornehmlich an arbeitsmarktpolitischen Fragen und statistischen Erhebungen im Zusammenhang mit der Arbeitsmigration interessiert, verschob sich im Zuge des in den 1970er Jahren verstärkt einsetzenden Familiennachzugs der Fokus auf die durch die Migration bewirkten Veränderungen des familiären Zusammenlebens wie auf die Problematik eines vermeintlichen Kulturkonflikts.[58] In den 1990er Jahren trat vermehrt die Beschäftigung mit den kulturellen Produktionen der nun im Land ansässigen Ausländer hinzu[59], und Fragen der Identifizierung wurden auf neue Art verhandelt, indem der (bi-)nationale Bezugsrahmen zunehmend durch einen transnationalen ersetzt wurde.[60] In diesem Zusammenhang hat

---

[55] Vgl. Herbert, Liberalisierung, 28.
[56] Als eine der „dunkle[n] Seiten" der bundesdeutschen Gesellschaftsgeschichte firmiert der Rassismus bei Schildt, Sozialgeschichte, 87, der andernorts von einer „Erfolgsgeschichte" der BRD (Schildt, Ankunft, 10) gesprochen hat.
[57] Ein zentrales Referenzwerk zur Migration in und nach Europa stellt aktuell Bade et al., Enzyklopädie Migration, dar. Vgl. auch Bade, Europa. Für einen Überblick über verschiedene Ansätze der Migrationsforschung siehe Parnreiter, Theorien; Portes/DeWind, Rethinking Migration.
[58] Vgl. Çağlar, Kultur-Konzept, 94f.
[59] Vgl. Kaya, German-Turkish Transnational Space, 484; Çağlar/Soysal, Introduction, 7ff.
[60] Vgl. Glick-Schiller/Basch/Blanc-Szanton, Transnationalismus; Pries, Transnationale Migration; Faist, Transnationalization.

auch der Terminus ‚Transmigration' Einzug in die internationalen Fachdiskurse der Sozial-, Geschichts- und Kulturwissenschaften gehalten, der die grenzüberschreitenden Bewegungen sowohl von Menschen als auch von Gütern und Ideen bezeichnet und Wanderung dabei nicht als einen einmaligen und begrenzten Übergang zwischen klar definierten Herkunfts- und Zielorten, sondern als Bewegung zwischen instabilen pluri-lokalen Sozialräumen versteht.[61]

Neben dieser Rekonzeptualisierung von Migrationsbewegungen sind für die vorliegende Studie zwei weitere Neuperspektivierungen von besonderem Interesse: Erstens beginnen einige Migrationsforscher, sich im Sinne der verschiedene Bewegungsformen umfassenden *mobility studies* neu auszurichten.[62] Für die Geschichte der Bundesrepublik bedeutet dies, die Arbeitsmigration unter anderem mit der Problematik von Vertreibung und Flucht infolge des Zweiten Weltkriegs, aber auch mit Phänomenen wie dem Massentourismus zu kontextualisieren – und damit am Beispiel von Mobilitätsformen, welche die Bundesrepublik transformiert haben, die skizzierte Perspektive einzunehmen, um sowohl die Nachwirkungen des Nationalsozialismus als auch die Entwicklungen im Zuge neuerer Globalisierungsprozesse fassen zu können. Auch wenn Migration und Tourismus im Hinblick auf ihre Dauer und die ihnen zugrunde liegenden Motivationen zu differenzieren sind, implizieren beide Mobilitätsformen doch einen oftmals transnationalen und reziproken Transfer von Menschen, Produkten und Bildern wie Narrationen, die, wie bereits angedeutet, für die Geschichte der ausländischen Gastronomie unbedingt gemeinsam zu analysieren sind.[63] „Heimatvorstellungen und der Rückkehrmythos" lassen sich neben den „Fremdheitserfahrungen" als Gründe für die Einbindung erzwungener Migrationsbewegungen wie Flucht und Vertreibung in die allgemeine Historiografie der Migration anführen.[64] Auf esskulturellem Gebiet sind dabei – wie zu zeigen sein wird – gegenüber den ostpreußischen und schlesischen Speisen Reaktionsmuster und Abwehrhaltungen der westdeutschen Bevölkerung zu beobachten, die wenige Jahre später im Zuge der Konfrontation mit den südeuropäischen Küchen der Arbeitsmigranten in ähnlicher Weise wieder zu Tage treten sollten. Vergleiche wie diese erlauben es, die (bundes-)deutschen Verhandlungen kultureller Differenz auf kulinarischem Gebiet historisch vertiefend und vergleichend zu thematisieren.

---

[61] Zum Transmigranten siehe Glick-Schiller/Basch/Blanc-Szanton, Immigrant; Scidà, Appartenenze.
[62] Vgl. Urry, Mobilities; Greenblatt, Cultural Mobility.
[63] Der Nexus von Migration und Tourismus ist ausformuliert in Holert/Terkessidis, Fliehkraft; Hall/Williams, Tourism. Auch die ‚touristischen' Erfahrungen deutscher Wehrmachtssoldaten im Ausland sind in diesem Zusammenhang zu berücksichtigen.
[64] Ohliger, Menschenrechtsverletzung.

1.2 Eine andere Geschichte der Bundesrepublik

Zweitens beginnt sich in der neueren Migrationsforschung das Konzept der „Autonomie der Migration" zu etablieren, das die Relation von Migration und ihrer „gesellschaftlichen und staatlichen Bearbeitung" fokussiert und dabei nicht die Migrationspolitik zum Ausgangspunkt nimmt, sondern diese (auch) als Antwort auf migrantische Praktiken rekonzeptualisiert.[65] Neben Migrationsmodellen, die mit einfachen Push- und Pull-Faktoren operieren, verabschiedet eine solche Perspektive die Ausrichtung am Integrationsimperativ, der öffentliche wie wissenschaftliche Debatten dominiert, und stellt diesem einen praxeologischen Ansatz gegenüber, der die „Beharrlichkeit der Migrationsbewegungen" und ihre Materialität in den Vordergrund rückt.[66] Auf diese Weise geraten migrantische Kämpfe, Alltagspraktiken und Überlebensstrategien in den Blick, die sich nicht darin erschöpfen, eine bloße Reaktion auf staatliche Reglementierungen zu sein, sondern vielmehr selbst ein Movens der Geschichte darstellen, indem sie Staaten, Gesellschaften und Kulturen zwingen, sich immer wieder neu zu organisieren.[67] Dies lässt sich z. B. für das Feld der Gewerbezulassung von Ausländern zeigen: So führte die rasche Zunahme migrantischer Betriebe v.a. im Gastronomiesektor dazu, dass existierende ausländer- und gewerberechtliche Einschränkungen permanent rejustiert oder ergänzt wurden und daher komplexe Wechselbeziehungen zwischen dem migrantischen Streben nach Selbständigkeit und den behördlichen Eingrenzungs- und Kanalisierungsversuchen zu beobachten sind.

Die bundesdeutsche Migrationsgeschichte hat sich bisher fast ausnahmslos den abhängig beschäftigten Arbeitsmigranten gewidmet[68] und dabei den in beachtlicher Zahl auftretenden migrantischen Unternehmern hierzulande noch nicht die ihnen gebührende Aufmerksamkeit zukommen lassen. Auch die wirtschaftshistorische Forschung zur Bundesrepublik hat sich mit dem Phänomen migrantischer Ökonomien kaum auseinandergesetzt[69], so dass eine dezidiert historische Perspektive, welche die bereits in der Zwischenkriegszeit

---

[65] Karakayalı/Tsianos, Movements, 13. Um das Verhältnis von Migration und ihrer Regulierung zu erfassen, arbeiten die Autoren mit dem Begriff des Migrationsregimes nach Giuseppe Sciortino: „It is rather a mix of implicit conceptual frames, generations of turf wars among bureaucracies and waves after waves of ‚quick fix' to emergencies, triggered by changing political constellations of actors. The notion of a migration regime allows for room for gaps, ambiguities and outright strains: the life of a regime is a result of continuous repair work through practices." (Sciortino, zit. nach ebd., 13f.)
[66] Bojadžijev/Karakayalı, Autonomie, 204 u. 209. Grundlegend zur sog. Autonomie der Migration auch Boutang, Europa.
[67] Vgl. Bojadžijev/Karakayalı, Autonomie, 207f.; Bojadžijev, Antirassistischer Widerstand.
[68] Exemplarisch zur Arbeitsmigration: Herbert, Geschichte; Schönwälder, Einwanderung; Hunn, „Nächstes Jahr"; Mattes, „Gastarbeiterinnen".
[69] Auch in neueren Überblickswerken wie Abelshauser, Deutsche Wirtschaftsgeschichte, tauchen Ausländer lediglich als abhängig Beschäftigte auf (vgl. ebd., 320). Siehe aber Jakob, Tagungsbericht.

zu beobachtende ‚Ethnisierung' etwa des Einzelhandels[70] einbezöge, die sich wandelnden rechtlichen und wirtschaftlichen Rahmenbedingungen berücksichtigte und damit problematischen Generalisierungen über das sogenannte *ethnic business* entgegenwirkte, noch aussteht. Unter einem *ethnic business* wird gemeinhin ein Unternehmen verstanden, das durch die Mitarbeit von Familienangehörigen, die Rekrutierung von Arbeitskräften und Kunden sowie die horizontale und vertikale Vernetzung innerhalb einer *ethnic community* charakterisiert ist.[71] Die sozialwissenschaftliche Forschung zur migrantischen Ökonomie – und diese ist bisher fast ausschließlich von sozialwissenschaftlicher Seite erforscht worden[72] – hat sich in der Bundesrepublik, wie das Phänomen selbst, im internationalen Vergleich erst verhältnismäßig spät in größerem Maßstab etablieren können. Während für die USA bereits seit den 1950er Jahren und für Großbritannien seit den frühen 1980er Jahren zahlreiche wissenschaftliche Studien über *ethnic businesses* vorliegen, waren es in Deutschland bis in die zweite Hälfte der 1990er Jahre hinein v.a. Ausländerbeauftragte und Sozialverwaltungen, die sich dem Phänomen widmeten.[73] Substantielle Untersuchungen zur türkischen Selbständigkeit in der Bundesrepublik hat insbesondere das Zentrum für Türkeistudien (ZfT) in Essen vorgelegt[74], und noch heute bildet die türkische Ökonomie, v.a. in Berlin und im Ruhrgebiet, den bevorzugten Gegenstand der deutschsprachigen Forschung. Erste Arbeiten zu den von Ausländern geführten gastronomischen Betrieben haben in den 1980er Jahren Hartmut Heller für Nürnberg, Klaus Balke für Gießen und Diet-

---

[70] Vgl. Haupt, Konsum, 156.
[71] So die Zusammenfassung bei Hillmann, Ethnisierung, 417. Von einem ‚ethnischen Gewerbe' ist zudem die Rede, wenn infolge beruflicher Spezialisierung eine Konzentration auf bestimmte Branchen auftritt (vgl. Simons, Ethnische Ökonomie, 86). In der anglophonen Forschung wird entsprechend zwischen drei Formen bzw. Aspekten des *ethnic business* unterschieden: 1. der *ethnic ownership economy*, die auf die ethnische Zugehörigkeit von Betreibern und Angestellten abhebt, 2. die *ethnic enclave economy*, die den Aspekt der lokalen Konzentration betont, und 3. die *ethnic-controlled economy*, welche die Konzentration auf eine bestimmte Branche benennt (vgl. Light/Gold, Ethnic Economies, 25). – Einen interessanten, aber weitgehend ausgeklammerten Bereich der Erforschung ethnischer bzw. sozialer Netzwerke stellt die organisierte Kriminalität etwa in Form der Mafia dar, die gerade im Gastronomiesektor eine nicht zu vernachlässigende Rolle spielt, in dieser Studie aber mangels verlässlichen Quellenmaterials ausgeblendet bleibt.
[72] Für einen aktuellen Überblick siehe Hillmann, Marginale Urbanität. Vgl. auch Korte, Ausländische Selbständige; Korte/Calisgan, Empirische Untersuchung; Pécoud, „Weltoffenheit"; Yavuzcan, Ethnische Ökonomie. An (sozial-)geografischen Arbeiten liegen vor: Pütz, Transkulturalität; Everts, Konsum.
[73] Vgl. Floeting/Reimann/Schuleri-Hartje, „Tante Emma", 3; Ward, Ethnic Communities, 1. Als frühes Beispiel aus der französischen Forschung sei Raulin, Mise en scène, angeführt.
[74] Erichsen/Şen, Hinwendung; ZfT, Türkische Unternehmensgründungen; ZfT, Ausländische Betriebe. Neben diesen Studien seien an frühen Untersuchungen noch genannt: Blaschke/Ersöz, Turkish Economy; Blaschke, Herkunft.

rich Wiebe für Kiel erstellt.[75] Es folgten Anfang der 1990er Jahre die ebenfalls sozialwissenschaftlichen Untersuchungen von Athina Stavrinoudi und Edith Pichler, die sich den griechischen bzw. italienischen Gewerbeaktivitäten in Berlin widmeten; um die Jahrtausendwende erschienen dann entsprechende Arbeiten von Felicitas Hillmann, Hedwig Rudolph und Tim Fallenbacher zur türkischen Gastronomie in Berlin bzw. Nürnberg sowie die Studie von Gregorios Panayotidis zur griechischen Gastronomie in Bremen und die Arbeiten von Mustafa Acar und Rauf Ceylan zu türkischen Kaffeehäusern in Hamburg bzw. Duisburg.[76] Eine umfassende Untersuchung ausländischer Gewerbeaktivitäten bundesweit, die auch arbeitsmarktpolitische und finanzwirtschaftliche Aspekte berücksichtigt, haben Hans Dietrich von Loeffelholz, Arne Gieseck und Holger Buch zu Beginn der 1990er Jahre durchgeführt.[77] In der jüngeren Forschung stehen die institutionellen Rahmenbedingungen ausländischer Selbständigkeit hierzulande im Zentrum, bilden diese doch das entscheidende Differenzkriterium gegenüber migrantischen Aktivitäten in den USA oder Großbritannien. Während in diesen Ländern die selbständige Erwerbstätigkeit von Ausländern unterstützt oder zumindest nicht verhindert wurde, sind in der Bundesrepublik migrantische Unternehmen oft trotz rechtlicher Hindernisse und nicht selten in halblegaler Form entstanden. In Kapitel 3 werden am Beispiel der nur noch im Falle von Ausländern angewandten sogenannten Bedürfnisprüfung im Gastgewerbe diese institutionellen Rahmenbedingungen ausführlich zu erörtern sein, bilden sie doch ein prägnantes Beispiel für eine nach Staatsangehörigkeit erfolgende Segmentierung der bundesdeutschen Wirtschaft. Migrantische Ökonomien in Deutschland besitzen also eine eigene Geschichte, die sich mit den Entwicklungsmodellen der anglophonen *ethnic-business*-Forschung nicht immer adäquat erfassen lässt.[78]

---

[75] Heller, Pizzabäcker; Balke, Untersuchungen; Wiebe, Sozialgeographische Aspekte; ders., Zur sozioökonomischen Bedeutung.
[76] Stavrinoudi, Struktur; Pichler, Italienische Migration; dies., Migration; Hillmann/Rudolph, Redistributing; Rudolph/Hillmann, Döner; Hillmann, Türkische Unternehmerinnen; Fallenbacher, Ethnic Business; Panayotidis, Griechen; Acar, Türkische Kaffeehäuser; Ceylan, Ethnische Kolonien.
[77] Loeffelholz/Gieseck/Buch, Ausländische Selbständige.
[78] Die vier hauptsächlich diskutierten Erklärungsmuster zum *ethnic business* sind 1. das Nischen-, 2. das Kultur- und 3. das Reaktionsmodell, die jeweils andere Faktoren ins Zentrum rücken, nämlich 1. die Ergänzungsfunktion der *ethnic (enclave) economy* im Hinblick auf das verfügbare Waren- und Dienstleistungsangebot, 2. spezifische kulturelle Traditionen, die bestimmte Gruppen angeblich zur Selbständigkeit prädestinieren, und 3. die diskriminierenden sozioökonomischen Rahmenbedingungen, die die Marginalisierten in die Selbständigkeit drängen. Externe Opportunitätsstrukturen und interne Gruppencharakteristika (wie soziale Netzwerke) kombiniert 4. das interaktive Modell (vgl. Waldinger/Aldrich/Ward, Opportunities) bzw. das Konzept ‚mixed embeddedness' (Kloosterman/Rath, Immigrant Entrepreneurs). Zum „distinct Anglo-American bias" der Forschungen

Darüber hinaus ist das Konzept ‚*ethnic business*' selbst keineswegs unproblematisch. Abgesehen davon, dass die Forschung über das sogenannte ethnische Gewerbe häufig mit einem statischen Konzept von Ethnizität operiert und Differenzen sowie Transformationsprozesse innerhalb der *imagined (ethnic) communities* ignoriert, bleiben deutsche Kleinbetriebe, die ähnliche Strukturen aufweisen, in der wissenschaftlichen wie öffentlichen Debatte ethnisch unmarkiert. In diesem Sinne ist Elisabeth Timm zuzustimmen, die *ethnic business* weniger als Analysebegriff denn als Beitrag zur Ethnisierung der entsprechenden Unternehmen begreift.[79] Daher wird in dieser Studie von ausländischer oder migrantischer Ökonomie gesprochen, um auf die Staatsangehörigkeit und den ‚Migrationshintergrund' der Betreiber zu verweisen, sie aber nicht auf eine bestimmte ethnische Identität festzulegen.[80] Denn letztlich ist die gesamte Debatte um das sogenannte ethnische Gewerbe selbst als Teil derjenigen Diskurse zu betrachten, die es im Rahmen einer Analyse ausländischer Gaststätten und der dort erfolgenden Artikulationen von Ethnizität zu untersuchen gilt. Selbstverständlich fungiert Ethnizität in migrantischen Betrieben in spezifischen Situationen und zu bestimmten Zeitpunkten als Ressource, die ökonomisch genutzt wird. Dies verdeutlichen nicht zuletzt die in den Kapiteln 4 bis 6 zu analysierenden *ethnic performances* der Gaststättenbetreiber und ihrer Angestellten. Diese Praktiken jedoch sind nicht über einen Rekurs auf vermeintlich feststehende ethnische Zugehörigkeiten erklärbar, sondern sollten als – bewusste und unbewusste – Strategien der Ethnisierung und Selbst-Ethnisierung zum Untersuchungsgegenstand gemacht werden.

1.3 Konsum und Ethnizität.
Ein Forschungsdesiderat

Angesichts der Tatsache, dass die „Begegnung mit dem Fremden [...] zu einem guten Teil über die Sphäre des Konsums" erfolgt[81], ist es erstaunlich, dass im

---

zum *ethnic business* v.a. in Form ihres impliziten Wirtschaftsliberalismus und ihrer Vernachlässigung der institutionellen Rahmenbedingungen siehe Engelen, ‚Breaking in', 203.
[79] Vgl. Timm, Kritik, 375.
[80] Besonders problematisch werden diese Zuschreibungen, wenn gemäß dem Kulturmodell von einer speziellen „kulturelle[n] Neigung zum Unternehmertum" z. B. bei Griechen ausgegangen wird (vgl. Schutkin, Berufliche Positionierung, 145) oder gar eine besondere „‚Basarmentalität'" als Erklärung für die selbständige Erwerbstätigkeit bestimmter nationaler Gruppen angeführt wird (so bei Wiebe, Zur sozioökonomischen Bedeutung, 325).
[81] Geyer/Hellmuth, „Konsum", XVIII. Zu den folgenden Ausführungen siehe auch Möhring, Ethnizität; einen detaillierteren Forschungsüberblick bietet dies., Neue Bücher. Für eine Geschichte der Begriffe ‚Konsum' und ‚Konsumgesellschaft' siehe Wyrwa, Consumption.

1.3 Konsum und Ethnizität

deutschsprachigen Raum bisher kaum Forschungsarbeiten zum Konnex von Ethnizität und Konsum vorliegen – und dies, obwohl es sich bei ‚Ethnizität' um eine soziale Strukturkategorie handelt, die zu den zentralen Differenzierungskriterien moderner Gesellschaften zählt. Ethnien definieren sich über eine gemeinsame Sprache, Religion und einen ähnlichen Habitus, aber auch über das Kriterium der gemeinsamen ‚Abstammung'. Trotz der Betonung kultureller Elemente bleibt somit ein Bezug zu dem nach 1945 diskreditierten biologisch-genetischen Rassebegriff erhalten, der bisher eine klare konzeptuelle Trennung von *race* und *ethnicity* – analog der Unterscheidung von *sex* und *gender* in der Geschlechterforschung – verhindert hat.[82] Doch auch die häufig synonyme Verwendung von ethnischer und kultureller Identität schützt nicht vor einer problematischen Naturalisierung, werden kulturelle Differenzen zwischen Ethnien doch häufig als objektiv gegebene Attribute verstanden. Eine geschichtswissenschaftliche Verwendung des Konzepts der Ethnizität sollte hingegen die veränderlichen und machtförmigen Klassifikationssysteme und sozialen Grenzziehungsprozesse untersuchen, die allererst zur Herstellung von ethnischen Identitäten führen. Diese sollen im Folgenden als Effekt historisch variabler Selbst- und Fremdzuschreibungen begriffen werden, „die ein spezifisches Ordnungsmodell zur Bestimmung des ‚Innen' und ‚Außen' kreieren".[83] In diesem Sinne ist Ethnizität – wie Klasse und Geschlecht – allein prozessual und relational zu fassen. V.a. ist Ethnizität in hohem Maße situativ bestimmt und stellt sich in Akten der Fremdzuschreibung, aber auch der Selbstdarstellung her – auch und gerade in den Alltagspraktiken des Konsums.[84]

Kleidung, Musik, Wohnstil und Ernährungsgewohnheiten sind in den modernen Konsumgesellschaften zu bevorzugten Medien der (Selbst-)Ethnisierung geworden. Insbesondere die mit einer bestimmten Gruppe assoziierte Küche, also die Art der Zutaten und ihrer Zubereitung wie auch die Mahlzeitenordnung, bildet einen integralen Bestandteil dessen, was unter Ethnizität gefasst wird.[85] Auf dem Feld des Konsums werden ethnische Identitäten nicht einfach nur affirmiert, sondern ethnisch-kulturelle Differenzen werden hier produziert, transformiert oder auch verwischt.[86] In seiner Funktion als „identity space" stellt der moderne Konsum eine Bühne für umfangreiche *ethnic*

---

[82] Vgl. Müller, Geschlecht, 121.
[83] Lentz, Ethnizität, 47.
[84] Situativ ist Ethnizität insofern, als je nach Kontext eine andere Identität in den Vordergrund tritt oder treten kann (vgl. Stayman/Deshpande, Situational Ethnicity, 362).
[85] So auch Klopfer, Padang Restaurants, 293, die *cuisine* als „prime element in the cluster of traits popularly understood as ethnicity" begreift. Für die genannte Definition derjenigen Elemente, die eine Küche ausmachen, siehe Goody, Cooking, 151.
[86] Auch in diesem Sinne ist Konsum als eine (andere) Form der Produktion zu verstehen. Eine solche Rekonzeptualisierung des Konsums hat maßgeblich de Certeau, Kunst, 13, angestrengt.

performances zur Verfügung[87], die implizit oder explizit am Körper ansetzen und eine Verknüpfung von Konsum- und Körpergeschichte nahelegen. *Ethnic performances* sind zudem mit Geschlechter- und Klassenperformanzen eng verwoben, die sich somit nicht getrennt voneinander verstehen lassen.[88] Ähnlich wie das in der Ethnomethodologie in den letzten Jahren diskutierte Modell des *doing difference*, das über eine simple Addition der verschiedenen Differenzierungskategorien hinauszugehen versucht[89], bietet auch das Konzept der Intersektionalität einen Zugang, der in theoretisch-systematischer Hinsicht die strukturelle Kopplung der genannten Kategorien wie deren Interferenzen und damit die Komplexität von Identifikationen erfassen möchte.[90] Die vorliegende Studie sucht diesen Ansätzen nicht nur auf theoretischer, sondern auch auf empirischer Ebene zu folgen. Doch impliziert die Frage nach den Verhandlungen ethnisch-kultureller Differenzen zwangsläufig, eine bestimmte Form der Identifizierung zu privilegieren und im Zuge dessen andere Kriterien gesellschaftlicher Klassifizierung tendenziell zu vernachlässigen.[91] Auch wenn die Verschränkung der zentralen Strukturkategorien an verschiedenen Beispielen aufgezeigt werden wird, ist ihre gleichgewichtige Berücksichtigung in der empirischen Untersuchung kaum leistbar.[92]

Eine Geschichte der Konsumgesellschaft ohne Berücksichtigung nationaler und ethnischer Kategorien ist „unvollständig", wie jüngst Christian Kleinschmidt betont hat.[93] Dennoch existieren nach wie vor kaum entsprechende

---

[87] „Consumption is about the creation of a life world, an identity space, an imagined existence." (Friedman, Consuming Desires, 158) Zum Konnex von Konsum und Identität siehe auch Teuteberg/Neumann/Wierlacher, Essen; Siegrist/Tanner/Veyrassat, Geschichte.

[88] Anders als der Begriff der Repräsentation vermag das Konzept der Performativität verschiedene Register – narrative Formen der Selbstbeschreibung, bildliche Darstellungen, körperliche Inszenierungen etc. – aufzurufen und schließt zudem von vornherein aus, Repräsentationen als bloße Widerspiegelungen zu verstehen. Zu performanztheoretischen Zugängen in der Geschichtswissenschaft siehe Martschukat/Patzold, Geschichtswissenschaft.

[89] Vgl. Müller, Geschlecht, 155 u. 180.

[90] Vgl. Axeli-Knapp, Intersectionality; Walgenbach et al., Gender; Degele/Winker, Intersektionalität.

[91] Auf diese Gefahr weist nachdrücklich Çağlar, Hyphenated Identities, 175, hin.

[92] Für die Untersuchung globaler Verknüpfungen hat Tomlinson dieses Problem auf den Punkt gebracht: „Taking multidimensionality seriously can actually be *too* demanding. The sheer scale and complexity of the empirical reality of global connectivity is something which defies attempts to encompass it: it is something we can only grasp by cutting into it in various ways. What this suggests is that we are pretty much bound to lose *some* of the complexity of globalization in any feasible account of it, but it doesn't follow that an account of one dimension – one way of slicing into globalization – has to be a ‚onedimensional' account." (Tomlinson, Globalization, 17)

[93] Explizit weist Kleinschmidt darauf hin, dass die „Entwicklung der Konsumgesellschaft" im Hinblick auf die „Esskultur: italienische Eisdielen, Pizzerien, China-Restaurants, Döner-

historische Studien. Während zur Geschichte des Kaiserreichs zumindest einige Arbeiten entstanden sind, die sich mit der Kategorie ‚Rasse' im Zusammenhang mit der Vermarktung von Kolonialwaren befassen[94], spielen ‚Rasse' und Ethnizität in den Forschungen zur deutschen Geschichte der zweiten Hälfte des 20. Jahrhunderts bisher nur eine marginale Rolle. Historische Arbeiten, die sich den ausländischen Küchen und ihrer Rezeption in Deutschland widmen, liegen bisher allein für die Diffusion der italienischen Küche und lediglich in Aufsatzform vor.[95] Angesichts der seit den frühen 1990er Jahren in Expansion begriffenen Konsumgeschichte, die sich mittlerweile einen zentralen Platz innerhalb der Geschichtswissenschaft erobert hat[96], ist dieser Befund erstaunlich. Dies gilt umso mehr, als sich die Konsumgeschichte unter anderem zur Aufgabe gemacht hat, die Bedeutung der sich in den 1950er Jahren entwickelnden Konsumgesellschaft für die Redemokratisierung und Integration der Bundesrepublik in die westliche Welt nach 1945 auszuloten.[97] Für Fragen der Demokratisierung und Pluralisierung qua Konsum drängt sich eine Analyse des Umgangs mit ‚fremden' Gütern und ihren Produzenten geradezu auf.

Ganz anders gestaltet sich die Situation in den USA, aber auch in Großbritannien, wo sich die Forschung relativ intensiv mit migrantischen respektive ethnische Grenzen überschreitenden Konsummustern befasst hat, auch in historischer Perspektive.[98] Insofern der Konnex von Ernährung und kultureller

---

Buden" bislang noch nicht „angemessen dargestellt" worden sei (Kleinschmidt, Konsumgesellschaft, 31). Ethnizität und Nation als „key vectors of identity creation" stärker in die Analyse von Konsumkulturen einzubeziehen, haben 2001 bereits Confino/Koshar, Régimes, 141, gefordert.

[94] Ciarlo, Consuming Race; Wolter, Vermarktung; Rischbieter, Mikro-Ökonomie.

[95] So ist es auch allein die italienische Gastronomie, die Erwähnung findet in Schildt/Siegfried, Deutsche Kulturgeschichte, 407f. Zur italienischen Küche in der BRD siehe Bernhard, Italia; ders., Pizza sul Reno; ders., Pizza am Rhein; stark auf Kochbücher fokussiert: Thoms, Sehnsucht; Schickel, Rezeption.

[96] „The emergence of a consumer-oriented society is becoming the narrative of the age." (Jarausch/Geyer, Shattered Past, 269) Für einen Überblick über die neuere Konsumforschung siehe Sedlmaier, Consumerism; Haupt/Torp, Konsumgesellschaft.

[97] Zum „Konsumbürger" als (entmilitarisiertem) „Zivilbürger" siehe Wildt, Konsumbürger, 282. Sheryl Kroen unterscheidet zwischen dem britischen Nachkriegskonzept eines „austere, self-abnegating consumer" und der Idee des „consumer-citizen" in Westdeutschland, einem Konsumenten also, der als „the basis for a stable and democratic political order on the front line of the Cold War" fungierte (Kroen, Negotiations, 263). Zu dem in der anglophonen Forschung entwickelten Konzept des *citizen consumer* siehe Cohen, Consumer's Republic; zum weiblichen „citizen-as-consumer" siehe Carter, German, 43; dies., Alice, 194.

[98] An historischen Studien seien exemplarisch nur diejenigen Untersuchungen genannt, die für diese Studie von besonderer Bedeutung waren: Gabaccia, We Are; Long, Culinary Tourism; Shortridge/Shortridge, Taste; Ray, Migrant's Table; Belasco/Scranton, Food Nati-

Identität bis heute vornehmlich einen Forschungsgegenstand der anglophonen, stark kulturanthropologisch ausgerichteten *food studies*[99] darstellt, hat sich der dort verwendete Begriff *ethnic food* mittlerweile – wie der Begriff des *ethnic business* – international durchgesetzt. Seine Bedeutung jedoch differiert von Untersuchung zu Untersuchung. Während Harvey Levenstein darunter „food originating with a foreign group" versteht und auch die Nestlé-Studie von 1993 unter *ethnic food* „Speisen, Zutaten zu Gerichten und Getränke aus anderen Ländern mit besonderer landsmannschaftlicher Prägung" fasst[100], wird *ethnic food* im französischen Kontext oftmals als Synonym für „produits exotiques" verwendet.[101] Im nordamerikanischen Kontext bezeichnet er meist die verschiedenen Küchen der einzelnen Einwanderergruppen – mit Ausnahme der hegemonialen Gruppen, die kaum jemals ethnisch markiert werden.[102] Der Terminus ‚*ethnic food*' kann also auf unterschiedliche Formen kultureller Differenz verweisen und besitzt im Deutschen kein gängiges Äquivalent. Hier ist meist – wie auch in dieser Studie – von ausländischen Speisen die Rede. Es wird also ein Begriff benutzt, der auf die Herkunft aus einem anderen Land verweist, ohne dabei explizit auf ethnisch-kulturelle Differenzen oder die geografische oder mentale Ferne des Landes Bezug zu nehmen. Unproblematisch ist diese Bezeichnung keineswegs, zumal wenn es sich um Speisen handelt, die erst in der Migration entstanden sind. Die Benennung korreliert damit, dass Migranten, auch wenn sie schon Jahre oder Jahrzehnte in der Bundesrepublik leben, tendenziell als Ausländer angesehen werden und daher die Differenz einheimisch/ausländisch eine höhere Wertigkeit besitzt als in ‚klassischen' Einwanderungsländern wie den USA, die Ethnizität bzw. die Vielfalt von Ethnizitäten als integralen Bestandteil der Nation begreifen. Diese unterschiedlichen Konfigurierungen nationaler und ethnischer Differenz in den verschiedenen Ländern, die unter anderem auf differente Kolonialvergangenheiten und andersartige Migrationsregime zurückzuführen sind, bedingen zum Teil nationalspezifische Umgangsweisen mit kultureller Differenz und

---

ons; Régnier, Exotisme. Die jüdische Küche wird einbezogen in Diner, Hungering; Panayi, Spicing Up Britain. Für Deutschland ist die Geschichte der jüdischen Küche und Gastronomie noch nicht entsprechend aufgearbeitet worden.

[99] Vgl. Watson/Caldwell, Cultural Politics; Counihan/Van Esterik, Food; Ferguson, Eating Orders.

[100] Levenstein, Paradox, 314, Anm. 16; Nestlé, Ethnic Food, 9.

[101] French Market for Ethnic Foods, 13. Als „cuisine of non-European origin" firmiert *ethnic food* bisweilen auch in britischen Marketing-Studien: „There is no official definition of ethnic food; Key Note has used it here to mean cuisine of non-European origin." (Ethnic Foods, 3)

[102] „Groups in control are never ethnicities" (Turgeon/Pastinelli, „Eat", 252). Van den Berghe, Ethnic Cuisine, 392f., weist darauf hin, dass Küchen nur durch den „interethnic contact" innerhalb eines multiethnischen Umfelds überhaupt als ethnisch wahrgenommen werden.

1.3 Konsum und Ethnizität

strukturieren maßgeblich die diskursiven und praktischen Interventionen auf dem Gebiet der *ethnic cuisine* respektive der ausländischen Küche.

Die Frage, was der Verzehr über die Einstellung der Verbraucher gegenüber ‚dem Anderen' aussagt, lässt sich nicht grundsätzlich, sondern nur für den jeweiligen Einzelfall annäherungsweise beantworten. Die in der anglophonen Forschung bisher angebotenen Interpretationen reichen von Ansichten, die den Konsum von *ethnic food* als Zeichen der Akzeptanz fremder Kultur verstehen[103], über die Meinung, dieser Konsum vermittle zumindest einen Sinn für kulturellen Relativismus, bis hin zur Kritik, dass es sich um eine neo-koloniale Form der ausbeuterischen Aneignung des Anderen handele.[104] Alle diese Momente lassen sich, wie zu zeigen sein wird, auch in der Bundesrepublik beim Umgang mit ‚fremden' Speisen finden. Die Analyse der sich historisch wandelnden Zuschreibungen an bestimmte Konsumorte, Konsumgüter und ihre Konsumenten kann neue Erkenntnisse über (inter-)kulturelle Verhandlungen im Alltagsleben liefern. Darüber hinaus ist aber auch ein Perspektivwechsel angezeigt, der nicht mehr allein nach den (Bedeutungen der) verschiedenen Aneignungsweisen ‚fremder' Speisen durch die Mehrheitsgesellschaft fragt, sondern die ausländische Gastronomie auch auf ihre Funktion hin untersucht, einen öffentlichen Raum von und für Migranten zu schaffen. Hier verspricht die enge Verzahnung von Konsum- und Migrationsgeschichte, ein vollständigeres Bild von der Bedeutung dieser Konsumorte zu liefern.

Kulturelle Differenz und Ethnizität zu den zentralen Analyserastern einer Konsumgeschichte der Bundesrepublik zu machen, bedeutet – wie auch im Falle der Geschichte des *ethnic business* – die Aufmerksamkeit nicht allein auf die hier lebenden Ausländer oder Menschen ‚mit Migrationshintergrund', sondern auch auf Deutsche und ihre Ethnizität(en) zu richten und dabei die zahlreichen Überschneidungen zwischen den imaginierten Gemeinschaften von Ethnie, Nation, aber auch Region im Auge zu behalten.[105] So lässt sich für die bundesdeutsche Konsumgeschichte der 1970er Jahre eine Parallele zwischen der ‚Wiederentdeckung' regionaler (deutscher) Küchen und dem Erfolg der ausländischen Gastronomie feststellen.[106] Die unterschiedlichen Grenzziehungen zwischen den einzelnen Küchen haben als (kulinarische)

---

[103] Kalcik, Ethnic Foodways, 61.
[104] Abrahams, Equal Opportunity, 23 u. 35. Von „culinary imperialism" sprechen u. a. Narayan, Eating Culture, 75; Heldke, Exotic Appetites, XVIff. Vgl. auch hooks, Eating.
[105] Auf die komplexen Wechselbeziehungen von Nationalisierung, Regionalisierung und Lokalisierung auf dem Gebiet des Konsums weisen Siegrist/Schramm, Regionalisierung, hin. Vgl. auch Bonß, Globalisierung. Als imaginierte Gemeinschaften sind die Sozialformationen Nation, Region und Ethnie nicht immer trennscharf voneinander abzugrenzen. Zum Konzept der *imagined communities* siehe Anderson, Erfindung.
[106] Zur „Wahlfreiheit in und zwischen ausländischen Spezialitäten-Restaurants" einerseits und der „prägende[n] Kraft von Regionalität" andererseits" siehe Barlösius/Neumann/

Diskurse und soziale Praktiken einen – bisher noch zu wenig beachteten – Anteil an der Konstruktion von Nation, Region, Ethnie und ihren Beziehungen untereinander. Alice Weinreb hat in diesem Zusammenhang auf die große Bedeutung hingewiesen, die in der Bundesrepublik den Küchen der ehemals deutschen Ostgebiete (weiterhin) zukam[107] und die es – gemeinsam mit dem zunehmenden Interesse an ausländischen Speisen – zu beachten gilt, wenn man die Entstehung einer bundesdeutschen Identität auf kulinarischem Gebiet analysiert. In der (bundes-)deutschen Konsumgeschichte wurden bisher v.a. der Konnex von Region und Konsum[108] sowie Amerikanisierungsprozesse erörtert. Dabei stellt die Forschung zur Amerikanisierung sicherlich dasjenige Terrain dar, auf dem bisher am ausführlichsten ausländischen Einflüssen auf die westdeutsche Konsumgesellschaft nachgegangen wurde.[109] Statt diesen zweifelsohne wichtigen Aspekt erneut in den Mittelpunkt zu rücken, verschiebt die vorliegende Studie die Perspektive auf parallel verlaufende transnationale Transfers wie die Italianisierung der bundesdeutschen (Ess-)Kultur[110] und fragt dabei auch nach den Interaktionen zwischen Amerikanisierung und Italianisierung. Indem grenzüberschreitende kulinarische Transfers seit den 1950er Jahren in den Blick genommen werden, geraten Ansätze einer Internationalisierung der Ernährung bereits in der frühen Bundesrepublik in den Fokus.[111] Die Aufmerksamkeit richtet sich dabei v.a. auf innereuropäische Transfers, wobei mit dem Import der türkischen, aber auch der sogenannten Balkanküchen stets die Frage nach den Grenzen Europas mit aufgerufen wurde.

Teuteberg, Leitgedanken, 17. Ausführlicher zu den strukturellen Ähnlichkeiten zwischen Internationalisierung und Regionalisierung der Gastronomie siehe Kap. 2.3.3.

[107] Weinreb, Tastes, 353, spricht von einem „project of culinary historical revisionism, offering imagined access to a no longer extant German nation".

[108] Vgl. Schramm, Konsum; Siegrist/Schramm, Regionalisierung.

[109] De Grazia, Irresistible Empire; Maase, Bravo Amerika; Lüdtke/Marßolek/von Saldern, Amerikanisierung; in vergleichender Perspektive: Jarausch/Siegrist, Amerikanisierung; für Westeuropa: Linke/Tanner, Attraktion. Keinen einseitigen Transfer, sondern die europäisch-amerikanische Annäherung sucht das Konzept der Westernisierung zu fassen (vgl. Doering-Manteuffel, Westernisierung, 313f.). Für eine über das Amerikanisierungsparadigma hinausgehende Untersuchung zum Konnex von Ethnizität und (jugendlichem) Lebensstil, Kleidung und Musik in den 1960er Jahren siehe Siegfried, Time, 355ff. Eine der ersten an den britischen *cultural studies* orientierten Analysen des Konsums migrantischer (Populär-)Kultur in Deutschland bietet der Sammelband von Mayer/Terkessidis, Globalkolorit.

[110] Vgl. Kaun, Italianisierung; Manning, Italiengeneration.

[111] Ähnlich verortet Faulstich, Einleitung, 8, den „Beginn der Globalisierung" bereits in den 1950er Jahren; auch er begreift die Ausrichtung allein auf Amerikanisierungsprozesse als zu eng. Ähnlich auch Brewer/Trentmann, Introduction, 2.

1.4 Der Konsumort. Die ausländische Gaststätte als sozialer, materieller und imaginärer Ort

Ausländische Gaststätten werden in dieser Studie als bedeutsame „Orte der Moderne" betrachtet, deren materielle, soziale und imaginäre Dimensionen es zu analysieren gilt.[112] Neben den produzierten, servierten und konsumierten ‚fremden' Speisen[113] sind damit auch die involvierten sozialen Akteure sowie die Bilder und Narrationen, die diese Konsumorte definieren, Gegenstand der Untersuchung. Durch den Fokus auf die Gastronomie steht der (semi-)öffentliche Konsum im Vordergrund, womit weniger die Funktion der Speisen als „agent of memory"[114] für die ausländischen Migranten als vielmehr die Produktion und Präsentation ‚fremder' Speisen (auch) für ein nicht-migrantisches Publikum in den Blick gerät. Damit bildet nicht die sogenannte Endoküche, also die „weitgehend nicht thematisierte, aber verwirklichte Küche des Alltags" den Gegenstand der Untersuchung; im Zentrum steht vielmehr die „nach außen gerichtete" und gerade in „Situationen des Zelebrierens von Identität realisierte" Exoküche.[115] Ein zentrales Merkmal dieser Exoküche stellen solche Speisen dar, die Außenstehende als ‚typische' Gerichte wahrnehmen und die zum Gegenstand expliziter Kommunikation geworden sind, i.e. die sogenannten Spezialitäten.[116] Ihre Bedeutung wird an der von den 1950er bis in die 1990er Jahre hinein gängigsten Bezeichnung für ausländische Speiselokale sichtbar: Das ausländische Spezialitätenrestaurant verweist bereits in seinem Namen darauf, dass es sowohl ‚typische' Gerichte einer Region oder eines Landes bietet als auch das Produkt einer Spezialisierung des Gaststättengewerbes darstellt. ‚Typische' Speisen und Getränke allein sind jedoch nach den Richtlinien der Zentralen und Internationalen Management- und Fachver-

---

[112] Geisthövel/Knoch, Orte. Zur Bedeutung des Restaurantbesuchs für eine Ethnografie der Moderne siehe Finkelstein, Dining Out. The Self, 188.
[113] Die Besonderheit der Gaststätte als Wirtschaftsbetrieb liegt in der Kombination aus Produktions- und Dienstleistungseinheit; die Speisen werden nicht nur hergestellt, sondern auch direkt an die Kunden distribuiert. Diese „eigentümliche Sonderstellung unter den deutschen Gewerben" ist bereits zu Beginn des 20. Jahrhunderts diskutiert worden (Gerhard Kessler: Schreiende Not [Sozialpolitische Fragen des Gastwirtsgewerbes]. In: Das Reich v. 30.6.1910, BArch R 8034 II/149, Bl. 22).
[114] Diner, Hungering, 8.
[115] Köstlin, Heimat, 153.
[116] Vgl. Gyr, Währschaft, 11. ‚Spezialität' als Abstraktum von lat. *specialis* bzw. *species* verweist auf eine bestimmte Art oder Gestalt und steht damit in enger Beziehung zum ‚Typischen', das sich von lat. *typus* (Figur, Bild, Muster) herleitet (vgl. Kluge. Etymologisches Wörterbuch der deutschen Sprache, bearb. v. Elmar Seebold, Berlin, 24., durchges. u. erw. Aufl., 2002, 864 u. 937). Dabei besitzt das Typische eine gewisse Prädisposition, sich in ein Stereotyp, also einen ‚erstarrten Typus', zu verwandeln – ein Prozess, der sich nicht nur im Falle kulinarischer Spezialitäten allenthalben beobachten lässt.

mittlung für Hotel- und Gaststättenpersonal (ZIHOGA) nicht ausreichend, um die Klassifizierung als ausländisches Spezialitätenrestaurant beanspruchen zu können; auch ein ‚typisches' Ambiente ist Voraussetzung für die genannte Rubrizierung.[117] In der DDR war für derartige Institutionen die Bezeichnung ‚Nationalitätengaststätte' üblich, die explizit auf das Angebot einer bestimmten Nationalküche verwies.[118]

Dieser Studie liegt bei der Definition ausländischer Gastronomiebetriebe ein weniger strenger Kriterienkatalog zugrunde. Wenn im Folgenden von diesen die Rede ist, dann sind Einrichtungen gemeint, die ausländische Speisen und Getränke servieren und auf dieses Angebot mit dem Namen der Gaststätte, mit entsprechenden Werbeanzeigen, auf ihren Speisekarten, Aushängen oder durch die Einordnung in die Rubrik ‚ausländische Spezialitäten' in Adressbüchern oder Gaststättenführern hinweisen.[119] Entscheidend für die Klassifizierung als ausländische Gaststätte ist nicht die Staatsangehörigkeit der Betreiber, sondern der Schwerpunkt des Sortiments. Neben Restaurants gehören auch Imbisse zu den untersuchten Konsumorten; reine Schanklokale bleiben jedoch weitgehend ausgeblendet.[120]

Die französische Bezeichnung ‚Restaurant', die in der zweiten Hälfte des 19. Jahrhunderts nach Deutschland gelangte und zunächst allein für das obere Segment der Gastronomie verwendet wurde, ist mittlerweile auch für weniger exquisite Speiselokale in Gebrauch und wird oft – so auch in dieser Studie – synonym mit ‚Gaststätte' verwendet.[121] Unter einem Restaurant wurde in Frankreich Mitte des 18. Jahrhunderts eine Lokalität verstanden, in der stärkende Kraftbrühen (*restaurants*) erhältlich waren.[122] Aus dieser entwickelte sich, nicht zuletzt forciert durch die gesellschaftlichen Umbrüche im Zuge der Fran-

---

[117] Vgl. Leung, Beyond Chinese, 113.
[118] Dies scheint die historisch ältere Benennung zu sein. So ist in Rauers, Kulturgeschichte, 1138 u. 1160, von „Nationalitätenrestaurants", „nationale[n] Restaurants" bzw. „nationale[n] und exotischen Restaurants" die Rede.
[119] Diese Definition lehnt sich an Wilbur Zelinskys klassische Bestimmung des *ethnic restaurant* an: „[A] self-consciously ethnic restaurant will show its colors in one of three places: in its name, in its inclusion under an ethnic heading in a special section of the telephone directory, or by listing the specialties of the house in a display ad" (Zelinsky, You Are, 246).
[120] Nach § 1 des bundesdeutschen Gaststättengesetzes (BGBl. I 1970 S. 465) betreibt derjenige eine Gaststätte, der im stehenden Gewerbe 1. Getränke zum Verzehr an Ort und Stelle verabreicht (Schankwirtschaft), 2. zubereitete Speisen zum Verzehr an Ort und Stelle (Speisewirtschaft) verabreicht oder 3. Gäste beherbergt (Beherbergungsbetrieb). Weder in der Forschung noch in der gastgewerblichen Praxis existiert eine einheitliche Definition der Gastronomie, des Gaststättengewerbes oder des Gastgewerbes; die Begriffe werden oft – wie auch in dieser Studie – synonym verwendet. Unter Gastronomie wird in jedem Fall die Wirtschaftsbranche verstanden und nicht (wie im französischen Kontext) die kulinarische Literatur, die nach den Gesetzen (*nomos*) des Magens (*gastro*) fragt.
[121] Vgl. Teuteberg, Rising Popularity, 281f.
[122] Vgl. Drouard, Geschichte, 32.

1.4 Der Konsumort

zösischen Revolution, ein neuer Konsumort, zu dem nicht nur separate Tische, sondern auch die individuelle Auswahl der Speisen à la carte gehörten.[123] Im Laufe des 19. Jahrhunderts etablierte sich diese französische respektive Pariser Institution auch in anderen Städten Europas[124] und stellt damit ein Transferprodukt dar, das die zukünftige Gastronomiegeschichte maßgeblich prägen sollte.

Im Gegensatz zum Restaurant zeichnet sich der Imbissbetrieb durch ein begrenztes Angebot an vornehmlich einfachen, vorgefertigten und daher wesentlich preiswerteren Speisen aus.[125] Ähnlich wie die Trennung von Speise- und Schanklokal oft mit einer schichtspezifischen Differenzierung der Kundschaft einhergeht, unterscheidet sich das Zielpublikum von Imbissen und Restaurants nach Sozialstatus, aber auch nach Alter. Um einen möglichst umfassenden Eindruck von der ausländischen Gastronomie in der Bundesrepublik zu geben und nicht nur eine bestimmte soziale Klientel in den Blick zu nehmen, berücksichtigt die vorliegende Studie unterschiedliche Typen von Speiselokalen, die vom gehobenen italienischen Restaurant bis zum Döner-Imbiss reichen. Verschiedene Gaststättentypen zu analysieren, hilft, die je spezifischen räumlichen Charakteristika dieser ‚Orte der Moderne' zu benennen, ihre Funktionen zu bestimmen und die erfolgenden sozialen Ein- und Ausschlüsse herauszuarbeiten. Auch wenn die existierende Literatur, v.a. die zahlreichen, oftmals für ein breites Publikum verfassten Abhandlungen über berühmte Gasthöfe und Restaurants[126], durchaus einige Einsichten bietet, ist die räumliche Dimension dieser Speiselokale doch bisher selten explizit behandelt worden.

Insgesamt ist der öffentliche Nahrungsmittelkonsum trotz der Bedeutung, die dem Gaststättengewerbe in wirtschaftlicher Hinsicht[127], aber auch bezüglich seiner sozialen und kulturellen Funktion zukommt[128], bisher weder von der Geschichtswissenschaft noch der Soziologie hinreichend erforscht worden. Die Soziologie hat v.a. die Bedeutung des Restaurantbesuchs als moderne

---

[123] Zur Entstehungsgeschichte des Restaurants siehe Spang, Invention. Zur nicht auf Europa beschränkten „Polygenesis dieser Form kommerzieller Verpflegung" siehe Osterhammel, Verwandlung, 342.
[124] Siehe Scholliers, Diffusion.
[125] Vgl. DEHOGA, Angebots- und Nachfrageveränderungen, 12.
[126] Für den deutschsprachigen Raum: Potthoff/Kossenhaschen, Kulturgeschichte; Rauers, Kulturgeschichte.
[127] Mitte der 1980er Jahre erfolgten zwar nur 1,6 % der Bruttowertschöpfung der gesamten bundesdeutschen Wirtschaft im Gaststättengewerbe; dafür aber waren fast 9 % aller Beschäftigten in dieser Branche tätig (vgl. Meyerhöfer, Struktur, 133). Zwischen 1950 und 1977 stieg die Zahl der Beschäftigten von 417 000 auf 738 000 und war damit in dieser Hinsicht mit der Bedeutung der Automobilindustrie vergleichbar (so Kramer et. al., Verbesserung, 17).
[128] Zur Gaststätte als „hervorragende[m] Paradigma gesamtkultureller Entwicklungen" siehe Mania, „Weißte was", 227.

Form der Unterhaltung diskutiert und das Restaurant zum Gegenstand einer Analyse gesellschaftlicher Differenzierungsprozesse gemacht.[129] Die historische Forschung hat sich dem Phänomen von verschiedenen Blickwinkeln her genähert. Meist ist der Außer-Haus-Verzehr als Teil einer allgemeinen Geschichte der Ernährung und des Nahrungsmittelkonsums erörtert worden.[130] Andere Untersuchungen haben sich spezifischer mit dem auswärtigen Essen beschäftigt, sei es in Form von Überblicksdarstellungen zum Gaststättengewerbe[131], sei es durch die Konzentration auf bestimmte Konsumorte wie das frühneuzeitliche Gasthaus[132] oder das moderne Drive-in.[133] Trotz der im deutschsprachigen Raum intensiven Beschäftigung der historischen Ernährungsforschung mit den Folgen der Industrialisierung[134] und grundlegender Studien zur Gemeinschaftsverpflegung in Kantinen[135] warten zahlreiche Aspekte des außerhäuslichen Nahrungskonsums noch auf ihre Bearbeitung. Dies gilt insbesondere für kommerzielle Verpflegungsstätten, die im Zuge der Industrialisierung und Urbanisierung erheblich an Bedeutung gewonnen haben.[136] Auch für den bisweilen als „Konsumrevolution" firmierenden Durchbruch des Massenkonsums in der Bundesrepublik[137] spielte der Außer-Haus-Verzehr eine zentrale Rolle, die es in dieser Studie herauszuarbeiten gilt. An Monografien zur bundesdeutschen Gastronomiegeschichte liegt lediglich die 1993 erschienene betriebswissenschaftlich-historische Studie von Albrecht Jenn[138] vor, die zwar ausführlich auf die Geschichte des Restaurantgewerbes

---

[129] Vgl. Finkelstein, Dining Out. A Sociology; Warde/Martens, Eating Out. Generell ist jedoch ein „almost total neglect by sociologists of dining out as an area of investigation" bis weit in die 1990er Jahre hinein zu konstatieren, so Wood, Dining Out, 10.

[130] Für Großbritannien: Oddy, Plain Fair; für Großbritannien und Frankreich: Mennell, All Manners; für die USA: Hooker, Food; für Australien: Symons, One Continuous Picnic.

[131] Für eine Geschichte der zentraleuropäischen Gastronomie siehe Schwendter, Arme essen; für die USA: Mariani, America; Pillsbury, Boarding House; für die englische Hauptstadt: Ehrman/Forsyth, London Eats Out.

[132] Kümin, Drinking Matters; ders./Tlusty, World; Rau/Schwerhoff, Gotteshaus. Zu dem bereits relativ dichten Netzwerk von Tavernen und Gasthöfen im Spätmittelalter siehe Peyer, Gastfreundschaft.

[133] Jakle/Sculle, Fast Food.

[134] Vgl. Teuteberg/Wiegelmann, Wandel; Teuteberg, Revolution. Für einen Überblick über die deutsche Ernährungsgeschichte siehe Teuteberg, Diet; für eine umfangreiche Abhandlung über Ernährung im 20. Jahrhundert siehe Spiekermann, Künstliche Kost; zu neuen Vertriebsformen u. a. im Lebensmittelhandel siehe ders., Basis.

[135] Tanner, Fabrikmahlzeit; Thoms, Anstaltskost.

[136] Vgl. Teuteberg, Problemfeld, 32. Dass eine „fundierte Analyse der Außer-Haus-Verpflegung im 20. Jahrhundert" noch ausstehe, betont auch Spiekermann, Rationalitäten, 214, Anm. 21.

[137] Reckendrees, Massenkonsumgesellschaft, 23.

[138] Jenn, Deutsche Gastronomie. Für eine Geschichte des Fast Foods u. a. in der BRD siehe Wagner, Fast schon Food.

1.4 Der Konsumort

und auch auf die ausländische Gastronomie hierzulande eingeht, in ihren historischen Passagen aber einige signifikante Fehler aufweist. So ist es keineswegs richtig, dass die in der Bundesrepublik gegründeten ausländischen Gaststätten „die ersten" ihrer Art waren.[139] Um dieses Missverständnis auszuräumen und auf migrations- wie konsumhistorische Kontinuitäten in der Gastronomiegeschichte hinzuweisen, wird in Kapitel 2 die Geschichte ausländischer Lokale seit Ende des 19. Jahrhunderts knapp skizziert werden.

Als im Alltag verankerte Begegnungsstätten von Menschen unterschiedlicher Herkunft, als „microspaces of intercultural encounter and exchange"[140], eignen sich von Migranten geführte Gaststätten in besonderem Maße, um nach den Beziehungen der sogenannten Mehrheitsgesellschaft zu hier lebenden Minderheiten und nach dem Umgang mit kultureller Differenz in Westdeutschland zu fragen.[141] Ausländische Gaststätten stellen soziale Orte dar, an denen – auf eine durchaus nicht unproblematische Art und Weise – der (kulinarische) Andere erkundet wird und die damit zum Ausgangspunkt kultureller Transformationsprozesse werden können.[142] Die Erforschung anderer Esskulturen ist dabei weniger auf Erkenntnis als vielmehr auf sinnliche Erfahrung anderer Welten ausgerichtet.[143] Die Erkundung erfolgt auf institutionalisiertem und in diesem Sinne weitgehend ‚sicherem' Terrain, auf dem vorgegebene Skripte, wie man sich bei einem Restaurantbesuch zu verhalten hat, die soziale Interaktion regulieren.[144] Dass es jedoch oftmals gerade die als anders empfundenen Verhaltensweisen migrantischer Gastronomen waren, die bei der nicht-migrantischen deutschen Bevölkerung dazu führten, an diesen Orten neue Kommunikationsmodi und Körpersprachen zu erproben, wird zu zeigen sein.

Es gilt, neben der sozialen Dimension der ausländischen Gaststätte auch ihre materiellen Eigenschaften detailliert herauszuarbeiten. Neben theoretischen Ansätzen, die der Konstruktion von Räumen nachgehen[145], sind damit auch die Forschungen auf dem Gebiet der *material culture* von besonderem Interesse. Angefangen bei den Küchenvorrichtungen, die für die Zubereitung

---

[139] Jenn, Deutsche Gastronomie, 75.
[140] Turgeon/Pastinelli, „Eat", 247.
[141] Von Migranten geführte Lebensmittelgeschäfte lassen sich ganz ähnlich als „Orte ‚alltagspraktischer Begegnungen' in multikulturell geprägten urbanen Gesellschaften" verstehen (Everts, Konsum, 13f.). Vgl. auch Fuchs, Indo-Pakistanische Lebensmittelgeschäfte.
[142] Die zentrale Rolle von „ethnic restaurants in cultural change" stellen Bell/Valentine, Consuming Geographies, 117, heraus.
[143] Vgl. Long, Culinary Tourism, 21.
[144] Zur Entstehung „moderner Orte" und der sie prägenden und durch sie geprägten „differenzierte[n] Verhaltensweisen" siehe Geisthövel et al., Erlebte Welten, 361.
[145] Für einen Überblick über Theoretisierungen des Raums siehe Dünne/Günzel, Raumtheorie; generell zum *spatial turn*: Bachmann-Medick, Cultural Turns, Kap. 6.

der Speisen notwendig sind, über die im Restaurant verwendeten Möbel und Wanddekorationen bis hin zum Geschirr hat man es mit einem ganzen Arsenal von Dingen zu tun, die an der Konstitution des Gastraumes als Konsum- und Erfahrungsraum mitwirken.[146] Die Namen(sschilder) der Gaststätten oder die in ausländischen Restaurants vielfach zur Anwendung kommenden Fotografien von Landschaften oder Sehenswürdigkeiten eines anderen Landes etablieren dabei Beziehungen zu anderen realen wie imaginären Orten. Wie die jüngere Tourismusforschung gezeigt hat, ist es gerade der Umschlag von Realem in Fiktion und vice versa, der das Kerngeschäft der Tourismusindustrie darstellt[147] und auch im ausländischen Restaurant als Zielort gastronomischer Touristen von außerordentlicher Bedeutung ist. Auch hier geht es darum, mittels einer spezifischen „architecture of desire" bestimmte Emotionen zu wecken, Begehren zu stimulieren und andere Welten erlebbar zu machen.[148] Es ist kaum jemals nur eine bestimmte Speise, die Gäste im Restaurant suchen: „Was die Leute wirklich wollen, sind nicht Güter, sondern befriedigendes Erleben."[149] Insbesondere ausländische Spezialitätenrestaurants, die ‚fremde' Speisen in ‚exotischem' Ambiente bieten, werden zur sogenannten Erlebnisgastronomie gerechnet.[150] Indem die ausländische Gaststätte dem Konsumenten nicht nur außergewöhnliche, teils unbekannte Speisen, sondern auch ‚fremdartige' Welten zur Verfügung stellt, partizipiert sie an der modernen Massenkultur, die sich durch die massenmediale Proliferation und Inszenierung fiktiver Welten

---

[146] Dass sich Erfahrungsräume nicht nur durch die in Symbolsystemen handelnden Menschen, sondern ebenso durch die Materialität der Dinge herstellen und daher die komplexen Interaktionen zwischen verschiedenen Aktanten in die Analyse einzubeziehen sind, betonen Tanner/Hunt, Psychologie, 760. Letztlich ist alles, womit sich die Ernährungsgeschichte beschäftigt, eng mit Objekten verwoben, sei es der Pflug, der Kühlwagen, der Herd oder die Gabel, so Schärer, Food, 13. Zu den theoretischen Prämissen der *material-culture*-Forschung siehe Tilley et al., Handbook, Teil I.

[147] „Kaum eine andere Tätigkeit verbindet imaginäre und reale Erfahrungen in vergleichbarer Weise", so Hennig, Reiselust, 48, über das Reisen. Es gehe dem Touristen v.a. um die Suche nach der „sinnliche[n] Erfahrung imaginärer Welten", so ders., Jenseits des Alltags, 47. Für einen Überblick über die historische Tourismusforschung siehe Pagenstecher, Neue Ansätze; Hachtmann, Tourismusgeschichte; ders., Tourismus-Geschichte. Sehr instruktiv zum Umschlag von Realität in Fiktion und Fiktion in Realität: Barthes, Mythen.

[148] Finkelstein, Dining Out. A Sociology, 3 u. 20; vgl. Edensor, Staging Tourism, 330.

[149] „Erleben wird durch Aktivität erlangt. Aktivitäten können gewöhnlich nur mit Hilfe von physischen Objekten oder mit Hilfe von Dienstleistungen anderer Menschen ausgeführt werden. Hier liegt das Bindeglied zwischen der Innenwelt des Menschen und der Außenwelt der wirtschaftlichen Aktivität." (Abbott, Qualität, 43f.)

[150] Vgl. Maier/Troeger-Weiss, Kulinarische Fremdenverkehrs- und Freizeitkultur, 234. Dass die „Gebrauchsbedeutung" von Nahrungsmitteln im Laufe der letzten Jahrzehnte abgenommen habe, aber ihre „Erlebnisbedeutungen" zugenommen hätten, ist eine der Thesen zur Erlebnisgesellschaft (vgl. Schulze, Erlebnis-Gesellschaft, 422), die allerdings einer genaueren historischen Überprüfung bedürfte.

1.4 Der Konsumort

auszeichnet.[151] Die massenkulturellen Imaginationen über ‚fremde' Speisen zirkulieren dabei häufig international und bilden damit – neben Migration und Tourismus – einen weiteren Motor für Prozesse der Globalisierung (nicht nur) der Ernährung.

Einen ‚Ort der Moderne' stellt die ausländische Gaststätte also auch insofern dar, als sie einen konstitutiven Bestandteil der modernen Massenkultur bildet, die nicht einem einzigen sozialen Milieu zuzuordnen, sondern durch Polyvalenz gekennzeichnet ist, „und zwar sowohl hinsichtlich ihrer Produzenten wie ihrer Adressaten".[152] Als massenkulturelle Institution soll das ausländische Restaurant in dieser Studie im Sinne von Michael Makropoulos' Theorie der Massenkultur verstanden werden. Makropoulos begreift die moderne Massenkultur als Vergesellschaftungstyp, der neue Formen von Subjektivität hervorbringt. Die Massenkultur macht artifizielle Wirklichkeiten und die Fiktionalisierung der Beziehungen des Menschen zur Welt und sich selbst zu einer alltäglichen Erfahrung. Im Gegensatz zu Jean Baudrillard betrachtet Makropoulos massenkulturelle Produkte nicht als Simulationen der Realität[153], sondern als gelebte fiktionale Welten, welche die Realität auf neue Weise aufschließen. Dies impliziert unter anderem die Erkenntnis, dass alles, auch der eigene Lebensstil, ganz anders sein könnte.[154] Nach Makropoulos sozialisiert die Massenkultur die Menschen damit auf eine Art und Weise, die zur Akzeptanz sowohl von Pluralität als auch von Kontingenz und ihrer Handhabung im Alltag führt.[155] Dieses Moment ließe sich als potentiell demokratische bzw. demokratisierende Dimension der Massen(konsum)kultur begreifen, die aller-

---

[151] In dieser Hinsicht ähneln sich nicht nur Restaurant- und Kino- bzw. Theaterbesuch, sondern auch die Produktion eines Films oder Theaterstücks und die Gestaltung des Esserlebnisses im Restaurant; in allen Fällen soll eine bestimmte Atmosphäre über Stimme, Geräusche und (bewegte) Bilder, im Restaurant aber verstärkt auch über Geruch und Geschmack kreiert werden. Vgl. Shelton, Theater, 523.

[152] Marßolek, Milieukultur, 79. Zur Geschichte der Massenkultur siehe Maase, Grenzenloses Vergnügen. Dass das Restaurant seit seiner Etablierung in Deutschland am Ende des 19. Jahrhunderts als zentraler Bestandteil moderner Freizeitgestaltung und einer „allgemeine[n] ‚Ausgehkultur'" fungiert hat, zeigt Drummer, Das sich ausbreitende Restaurant, 315 u. 312.

[153] Zu Baudrillards Begriff der Simulation bzw. des Simulakrums siehe Baudrillard, Simulacres.

[154] Makropoulos, Theorie, 10f., spricht von einer Generalisierung und Demokratisierung des (dichterischen) ‚Möglichkeitssinns' (Robert Musil) – wie trivialisiert und standardisiert die Ergebnisse auch ausfallen mögen. Dass seit der zweiten Hälfte des 20. Jahrhunderts immer mehr Menschen eine stets wachsende Zahl an unterschiedlichen Lebensentwürfen vor Augen haben, das alltägliche Leben daher stärker als bisher nicht vom Gegebenen, sondern von medial vermittelten Möglichkeiten angetrieben wird, betont auch Appadurai, Global Ethnoscapes, 197 u. 200.

[155] Dass massenkulturelle Güter grundsätzlich auf Wertpluralität abstellen, betont auch Schrage, Integration, 66.

1. Einleitung

dings nur um den Preis ihrer Einbindung in eine Normalisierungsgesellschaft zu haben ist.[156] Makropoulos greift den Tourismus als besonders aussagekräftiges Feld der Massenkultur heraus, um die Einübung des Individuums in den Umgang mit Andersartigkeit, Pluralität und Kontingenz zu erörtern.[157] Ebenso stellen m.E. ausländische Gaststätten entscheidende Orte der massenkulturellen Gewöhnung an das Fremde und damit zugleich seiner Normalisierung dar, zumal sie nicht das Verlassen des Wohnortes zur Voraussetzung haben und daher in noch höherem Maße zum Alltag der Bundesdeutschen gehören. An diesen zugleich realen und fiktionalen Konsumorten, so ließe sich mit Makropoulos argumentieren, konnten die deutschen Gäste zivile Formen des Kontakts und der Interaktion mit ‚dem Anderen' praktizieren – etwas, das sie nach 1945 definitiv (erneut) lernen mussten.

1.5 Anmerkungen zu den Quellen

Wie der Überblick über die Forschung gezeigt hat, fehlen für die Bundesrepublik auf vielen Gebieten Vorarbeiten, auf welche im Rahmen dieser Studie zurückgegriffen werden könnte. Der reichhaltigeren anglophonen Forschungsliteratur kommt eine wichtige Orientierungsfunktion zu, aber letztlich müssen die skizzierten Fragestellungen v.a. auf Basis des Quellenmaterials bearbeitet werden. Dies umfasst eine Vielzahl teils sehr heterogener Quellen, weil nur eine solche Bandbreite es ermöglicht, den sozialen, ökonomischen und kulturellen Aspekten des Themas gerecht zu werden. Da eine ausführliche Quellenkritik jeweils dann erfolgt, wenn ein bestimmter Quellenkorpus genauer analysiert wird, sollen im Folgenden die für diese Studie zentralen Quellengattungen nur knapp vorgestellt werden. Vorab sei angemerkt, dass zur Problemstellung dieser Arbeit keine klar umrissenen Aktenbestände existieren. Selbst bei einschlägigem Material wie den Gewerbeanträgen von Ausländern und den Konzessionsakten ist die Überlieferung für die einzelnen Städte des Samples unterschiedlich und erlaubt nur in seltenen Fällen direkte Vergleiche. Das in

---

[156] Makropoulos, Theorie, 15, bezieht sich hier auf Michel Foucaults Konzept der (nachdisziplinären) Normalisierungsgesellschaft. Dabei basiert die Normalisierungsgesellschaft für Makropoulos auf kommunikativer Vergesellschaftung, der es um die Herstellung von Anschlussfähigkeit zu tun ist, und dies unter Beibehaltung und nicht durch Beseitigung von Heterogenität und Komplexität (vgl. ebd., 112). Die Massenkultur stellt in dieser Perspektive „gerade nicht die problematische oder gar zweifelhafte kulturelle Form der modernen Demokratie" dar, „sondern ihre allgemeine kulturelle Voraussetzung" (ebd., 152).

[157] Der Massentourismus biete eine „Kultur des konkret Anders-Möglichen" (Jens Badura: Ambiente-Dienstleistungen. Sondierungen zu den Kollateralkosten touristischer Kulturen. In: dérive 23 (2006), 32–38, zit. nach Makropoulos, Theorie, 128).

1.5 Anmerkungen zu den Quellen

den Stadtarchiven von Flensburg, Leverkusen, Konstanz und München, dem Bayerischen Wirtschaftsarchiv in München, dem Landesarchiv Berlin, dem Staatsarchiv Hamburg und dem Rheinisch-Westfälischen Wirtschaftsarchiv in Köln gesichtete Material weist eklatante Lücken an jeweils unterschiedlichen Stellen auf, so dass keine umfassende und gleichmäßige Bearbeitung der einzelnen Fragestellungen für alle sieben Städte möglich ist. Positiv gewendet bedeutet dies, dass das Sample in seiner Gesamtheit eine breite Behandlung der Problemstellung erlaubt, ergänzen sich die Bestände – bei aller Vorsicht bezüglich der Übertragbarkeit der Ergebnisse – doch in einer Weise, die vielfältige Perspektiven und damit einen komplexen Zugang zum Thema eröffnet.[158]

Um die Geschichte der Gastronomie in der ersten Hälfte des 20. Jahrhunderts skizzieren zu können, wurde der Bestand „Gastwirtsgewerbe-Deutschland" im Bundesarchiv Berlin ausgewertet; auch die im Staatsarchiv Hamburg befindlichen Bestände des Medizinalkollegiums, des Schankkonzessionswesens und v.a. der Gewerbepolizei erwiesen sich für die Zeit bis 1945 als überaus ergiebig. Für die Debatten um die Bedürfnisprüfung und ihre Abschaffung sowie die Auseinandersetzungen um das neue Gaststättengesetz von 1970 inklusive des neu eingeführten Unterrichtsverfahrens für Gastwirte boten die entsprechenden Bestände im Bundesarchiv Koblenz sowie die juristische Fachliteratur reichliches Material, das zudem die gründliche Aufarbeitung der ausländerrechtlichen und wirtschaftspolitischen Rahmenbedingungen der Gewerbetätigkeit von Ausländern erlaubte. Um die Perspektive der Gewerkschaften mit einbeziehen zu können, wurden im Archiv der sozialen Demokratie in Bonn die Akten der Gewerkschaft Nahrung-Genuss-Gaststätten (NGG) gesichtet.

Um die Diffusion ausländischer Gaststätten zu rekonstruieren, wurden v.a. die Adressbücher der einzelnen Städte und, soweit zugänglich, die obligatorischen Unterrichtsverfahren für zukünftige Gastronomen, die seit 1970 von den Industrie- und Handelskammern (IHKs) durchgeführt werden,

---

[158] Sind die meisten der im Rahmen dieser Studie verhandelten ‚Fallgeschichten' in den sieben Städten des Samples angesiedelt, erlaubt der im Bayerischen Wirtschaftsarchiv vorhandene Löwenbräu-Bestand nicht nur, Aussagen zum Verhältnis von Brauerei und Gastronomie zu machen, sondern auch, zum Teil detaillierte Informationen über (ausländische) Gaststätten an anderen Orten einzubeziehen, da die Löwenbräu AG im gesamten Bundesgebiet agierte. Gezielte Stichproben wurden darüber hinaus im Institut für Stadtgeschichte in Frankfurt am Main durchgeführt, stellt Frankfurt doch neben den vier größten Städten des Samples einen weiteren zentralen Zielort ausländischer Migranten dar. Zudem ermöglichte die Zeitungsausschnittsammlung (Walter Kutsch) im Stadtarchiv Münster, eine weitere Stadt im (Nord-)Westen der Republik zumindest auf der Ebene von Presseberichten über die lokale Gastronomie einzubeziehen. Um die punktuellen Vergleiche mit der DDR nicht allein auf Literaturbasis zu bestreiten, wurden stichprobenartig für die Gaststättengeschichte relevante Bestände im Sächsischen Wirtschaftsarchiv in Leipzig, im Stadtarchiv Erfurt sowie im Landesarchiv Berlin gesichtet.

ausgewertet. Trotz der vielfach ungenauen und fehlenden Eintragungen sowie der Probleme, die sich unter anderem durch die Beibehaltung eines deutschen Gaststättennamens bei Restaurants mit ausländischer Küche ergeben, stellen Adressbücher eine unverzichtbare Quellengattung für die Kartierung der ausländischen Gastronomie dar.[159] Die Aufzeichnungen über das Unterrichtungsverfahren für Gastwirte erlaubt für einige Städte eine differenzierte Antwort auf die Frage, welchen Anteil die ausländische Gastronomie am Gaststättengewerbe besaß und welche ausländischen Küchen dominierten. So hat die Handelskammer Hamburg jährlich über die Teilnehmer, unterschieden nach ihrer nationalen Herkunft, Bericht erstattet; für Köln war es möglich, die noch nicht an das Rheinisch-Westfälischen Wirtschaftsarchiv abgegebenen Teilnehmerlisten der IHK Köln aus den Jahren 1973-1982 einzusehen und selbst auszuwerten. Nicht für alle Städte des Samples jedoch liegen entsprechende Daten vor. Prinzipiell steht die historische Forschung über ausländische Gewerbetreibende vor dem Problem, dass diese Gruppe in der Bundesrepublik generell nicht gesondert registriert wurde und damit kein ausreichendes Datenmaterial zur Verfügung steht.[160] Daher müssen die Informationen aus einer Vielzahl an lokalen, zu unterschiedlichen Zeitpunkten und zudem nach differenten Kriterien erhobenen Aufstellungen zusammengetragen werden. Folglich weist der zu skizzierende Überblick über die ausländische Gastronomie zum Teil erhebliche Lücken auf; er ist als eine erste Darstellung dieses Phänomens zu verstehen, dessen Aufarbeitung weitere regionale und lokale Studien erfordert. Doch auch wenn die Quellenbasis keine absoluten Angaben über die (wachsende) Zahl ausländischer Gaststätten erlaubt, lässt sich mit ihrer Hilfe dennoch ein recht zuverlässiger Überblick über die relative Entwicklung dieser Branche geben.

Stärker als die Materialien über das Unterrichtungsverfahren erlaubt eine weitere Quellengruppe einen genaueren Blick auf die potentiellen Gastronomen selbst: Die teilweise überlieferten Gewerbeanträge von Ausländern nennen nicht nur Staatsangehörigkeit, Geburtsdatum, Namen (und damit Geschlecht), sondern meist auch das Datum der Einreise in die Bundesrepublik und oft auch

---

[159] Zum einmaligen Quellenwert von Adressbüchern und Branchenverzeichnissen, insbesondere um die wachsende Diversität ökonomischer Aktivitäten nachzuzeichnen, sowie zu den Problemen der historisch und zwischen verschiedenen Verzeichnissen wechselnden Klassifizierungen siehe Shaw/Tipper, British Directories, bes. 50–54. Zur Problematik von „ethnically unclear surnames", die eine ethnische bzw. nationale Zuordnung von Gewerbetreibenden oft erschweren, siehe Gabaccia, We Are, 67.

[160] Auf die fehlenden Daten hat bereits Heller, Pizzabäcker, 150, hingewiesen: „Man könnte sie negativ interpretieren, weil sie mangelhaftes Wissen über unsere ausländischen Mitbürger bekunden, aber auch positiv, weil der Verzicht kommunaler Behörden, die Gewerbebetriebe von Deutschen und Ausländern getrennt aufzulisten, wie ein unbewußter Schritt zu integrativer Gleichbehandlung wirkt."

1.5 Anmerkungen zu den Quellen

die vor Antragstellung ausgeübte berufliche Tätigkeit. Zwei Bestände seien hier genannt, die nicht nur vereinzelte Gewerbeanträge, sondern relativ geschlossene Korpora enthalten und in dieser Studie daher einer gründlichen Analyse unterzogen werden: Erstens die im Landesarchiv Berlin erhaltenen Anträge von Nicht-EWG-Ausländern auf eine Gaststättenerlaubnis und die entsprechenden Stellungnahmen seitens des Senators für Wirtschaft aus den frühen 1970er Jahren und aus dem Jahre 1980, die den Umgang der Berliner Behörden mit Anträgen von Nicht-Deutschen zu skizzieren erlauben. Die Reaktionen seitens der IHKs und der Hotel- und Gaststättenverbände, die regelmäßig bei der Begutachtung der Anträge gehört wurden, lassen sich zweitens v.a. anhand der entsprechenden Bestände im Rheinisch-Westfälischen Wirtschaftsarchiv herausarbeiten, die Akten von ausländischen Antragstellern aus EWG-Ländern, v.a. Italien, enthalten. Aber auch die übrigen Archive besitzen teils umfängliches, teils vereinzeltes Material zu ausländischen Gastronomen und verfügen mitunter über sehr hilfreiche Sammlungen von Zeitungsartikeln zum lokalen Gaststättengewerbe.[161]

Auch wenn sich die archivierten Akten der Wirtschaftsbehörden und der IHKs gegen den Strich lesen lassen, um die migrantischen Gastronomen selbst zu Wort kommen zu lassen, ist diese Quellengattung doch grundsätzlich vom Blick der Behörden geprägt. Dem gegenüber erlauben die im Dokumentationszentrum und Museum über die Migration in Deutschland (DoMiD) in Köln und in der Forschungsstelle für Zeitgeschichte in Hamburg gesammelten Unterlagen und Interviews mit (unter anderem gastronomisch tätigen) Ausländern in der Bundesrepublik – auch wenn es sich um keine repräsentativen Erhebungen handelt –, migrantische Sichtweisen und Erfahrungen einzubeziehen. Neben einer Vielzahl publizierter Interviews von Migranten in der Bundesrepublik wurden zudem zahlreiche von hier lebenden Ausländern verfasste Erfahrungsberichte, aber auch Romane herangezogen, die insofern von besonderem Interesse sind, als hier Fragen von Ethnizität und kultureller Differenz oft schon wesentlich früher und differenzierter diskutiert wurden als in der allgemeinen öffentlichen Debatte. Auf eigene, systematisch durchgeführte *oral-history*-Interviews wurde verzichtet, hätte eine die einzelnen Städte und Migrantengruppen angemessen repräsentierende Auswahl doch eine eigenständige Arbeit dargestellt, die im Rahmen dieser Studie, die erstmals die vorhandenen Archivbestände sichtet, nicht noch zusätzlich zu leisten war.

Für die historische Analyse der Konsumentenseite stellen vom Statistischen

---

[161] Neben der Lokalpresse wurden die überregionalen Zeitungen *Frankfurter Allgemeine Zeitung*, *Frankfurter Rundschau*, *Süddeutsche Zeitung*, *die tageszeitung (taz)*, *jungle world*, *Die Welt* und *Die Zeit* herangezogen. Zeitungsartikel werden in den Anmerkungen vollständig zitiert und sind nur dann eigens im Quellen- und Literaturverzeichnis aufgeführt, wenn es sich um längere, oft zitierte Texte handelt.

Bundesamt durchgeführte Einkommens- und Verbrauchsstichproben sowie Umfragen von Meinungs- und Marktforschungsinstituten einen wichtigen Quellenbestand dar. Der private Verbrauch der Bundesbürger ist zwar kontinuierlich statistisch erfasst worden, erlaubt aber über den (stetig steigenden) Außer-Haus-Verzehr keine qualifizierten Aussagen. Genauere Befragungen zum Kantinen-, Restaurant- und Imbissbesuch setzten erst in den späten 1970er Jahren ein, nach den beliebtesten Küchen differenzierende Umfragen zum Außer-Haus-Verzehr wurden in größerem Umfang erst in den 1990er Jahren durchgeführt. Für die ersten Jahrzehnte der Bundesrepublik können daher kaum zuverlässige Aussagen über die Bekanntheit und Akzeptanz der ausländischen Gastronomie gemacht werden.

Um den Konsumort selbst in seiner materiellen, sozialen und imaginären Dimension zu untersuchen, wurden – neben den erwähnten Zeitungsartikeln zu einzelnen Gaststätten – insbesondere Bildquellen und Restaurantführer herangezogen. Fotografien von Gaststätten zeigen oft nicht nur die Innen- und Außengestaltung des Lokals, sondern mitunter auch Angestellte und Gäste[162]; Restaurantführer enthalten oft detaillierte Beschreibungen des Interieurs, der Gastwirte wie der gebotenen Speisen. Diese Textsorte gibt gerade aufgrund ihres wertenden Charakters detailliert Auskunft über zeitgenössische Normen, Wunschvorstellungen und Stereotype, die sich im Falle der ausländischen Gastronomie selten allein auf das beschriebene Lokal, sondern meist auf die jeweilige (Ess-)Kultur insgesamt beziehen. Neben verschiedenen Restaurant- und Reiseführern über einzelne Städte hat sich eine in Hamburg verlegte Reihe von Stadtführern als besonders ergiebig erwiesen. Die seit den 1960er Jahren regelmäßig neu aufgelegten Bände über Hamburg, Berlin, München und Köln ermöglichen eine wenn auch nicht repräsentative, so doch historisch übergreifende und komparative Analyse der Gaststättenszene in den genannten Städten.[163]

Einen weiteren zentralen Quellenbestand bilden Speisekarten[164], die nicht nur über das generelle Angebot an Gerichten, deren Bezeichnungen und Prei-

---

[162] Als besonders ergiebig hat sich in dieser Hinsicht die Fotografien- und Postkarten-Sammlung im Stadtarchiv München erwiesen (Sammlung Stadtbild/Gaststätten). Zur Fotografie als historischer Quelle siehe Jäger, Fotografie.

[163] Hamburg von 7 bis 7; Köln von 7 bis 7; Berlin von 7 bis 7; München von 7 bis 7. Ebenfalls sehr aufschlussreich war die Reihe literarischer Restaurantführer, die in den 1960er Jahren im Hatzfeld-Verlag in München erschienen sind: München wie es schreibt & isst; Hamburg wie es schreibt & isst; Berlin wie es schreibt & isst; Köln wie es schreibt & isst. Zusätzlich herangezogen wurden die entsprechenden Ausgaben über Stuttgart und Düsseldorf. Nur kursorisch gesichtet wurden Restaurantführer wie der Guide Michelin, erwiesen sich die knappen, arithmetisch ausgedrückten Geschmacksurteile doch als wenig ergiebig.

[164] Zur Geschichte der Speisekarte siehe Droste, Speise(n)folgen.

1.5 Anmerkungen zu den Quellen

se Auskunft geben, sondern teilweise auch die wichtigsten der verwendeten Zutaten nennen. Damit erlauben sie (vorsichtige) Aussagen sowohl über die hauptsächlich adressierte Klientel als auch über den allmählichen Einzug neuer Nahrungsmittel und Gewürze zumindest in die Restaurantküchen der Bundesrepublik. Leider ist diese Quellengattung nur vereinzelt in Stadt- oder Wirtschaftsarchiven überliefert. Eine umfangreiche Speisekartensammlung bietet jedoch die Menu Collection des Culinary Institute of America (CIA) in Poughkeepsie, New York. Zwar enthält diese Sammlung nur wenige Speisekarten aus bundesdeutschen Gaststätten, erlaubt aber dennoch punktuelle Vergleiche – so etwa zwischen den in italienischen Lokalen in der Bundesrepublik, den USA und Italien angebotenen Speisen – und damit internationale Kontextualisierungen.

Um die Imaginationen und Narrationen über ‚fremdes' Essen herauszuarbeiten, wurde zudem die zeitgenössische kulinarische Literatur in Form von Kochbüchern, kommentierten Rezeptsammlungen in (Haus-)Frauenzeitschriften und in Fachorganen wie *Die Küche* oder *Neue gastronomische Zeitschrift*[165] herangezogen. Mittels dieser Text- und Bildquellen lässt sich die Inszenierung ausländischer Speisen im historischen Verlauf nachzeichnen. Während sich Kochbücher als normative Quellengattung verstehen lassen, sind die in (Frauen-)Zeitschriften abgedruckten Rezepte möglicherweise der tatsächlichen Kochpraxis der Leser näher, so jedenfalls Stephen Mennell.[166] Im Rahmen dieser Studie interessieren diese Quellen, die für eine – noch zu schreibende – Geschichte der (Internationalisierung der) häuslichen Ernährung auszuwerten wären, v.a. als massenmedial verbreitete Informationen über ausländische Nahrungsmittel, Gerichte und Esskulturen. Um den Ansprüchen einer Transfergeschichte gerecht zu werden, wurde nicht nur die in der Bundesrepublik erschienene kulinarische Literatur gesichtet, sondern im Falle der italienischen und türkischen Küche auch auf Kochbücher, kulinarische Lexika und Bildquellen aus Italien und der Türkei zurückgegriffen. Neben der Biblioteca Nazionale in Rom mit ihren umfangreichen Beständen an Frauen- und gastronomischen Fachzeitschriften haben sich die Bibliotheken des Orient-Instituts bzw. des Instituts für Istanbul-Forschungen (Istanbul Araştırmaları Enstitüsü) in Istanbul als geeignete Fundorte für derartiges Material wie für (stadt-)historische Informationen über die Esskultur erwiesen.

Zu diesem Quellenkorpus, das für die Frage nach der Artikulation kultureller Differenz auf kulinarischem Gebiet von zentraler Bedeutung ist, zählen auch

---

[165] Für eine vollständige Aufstellung der gesichteten gastronomischen Fachjournale siehe Quellen- und Literaturverzeichnis/Gastronomische Zeitschriften.

[166] Mennell, All Manners, 233. Dennoch erlauben Kochbücher durchaus, die Proliferation von Ernährungswissen und kulinarischen Neuheiten historisch aufzuarbeiten (vgl. Thoms, Kochbücher, 16 u. 25).

Werbematerialien, Schlager und nicht zuletzt der Film. Wie skizziert, gehörte zum Esserlebnis im ausländischen Restaurant eine spezifische Inszenierung der Räume und eine entsprechende *ethnic performance* des Personals, die im Falle der ‚Gastarbeiterküchen' auf gängige Bilder eines südländischen Lebensstils zurückgriffen. Um sich diesen (touristischen) Projektionen zu nähern, bietet – neben Reiseführern – das in der frühen Bundesrepublik überaus populäre Genre des Urlaubsfilms einen privilegierten Zugang, erlauben gerade kommerziell erfolgreiche Spielfilme als „*Tagträume der Gesellschaft*"[167] doch Einblicke in Sehnsüchte, Erwartungen und damit in Dimensionen des gesellschaftlichen Lebens, die mittels anderer Quellen nur schwer zu erhalten sind.[168] Letztlich liegt dieser Studie also die Analyse eines Medienverbunds zugrunde. Denn es war das Zusammenwirken unterschiedlicher Massenmedien, das die Popularisierung ausländischer Küchen in der Bundesrepublik vorantrieb.

---

[167] Kracauer, Film, 309.
[168] Zum Film als historischer Quelle v.a. für eine Analyse von Wünschen und Begehren siehe Perinelli, Fluchtlinien; zum Film als generell unterschätztem Quellenmaterial der Zeitgeschichte siehe Lindenberger, Vergangenes Hören.

2. Die ausländische Gastronomie in Deutschland
Grundzüge ihrer historischen und regionalen Diffusion

Die Internationalisierung der Gastronomie wie der häuslichen Ernährung in Deutschland hat nicht erst nach 1945 eingesetzt; vielmehr ist die Geschichte des Gaststättengewerbes schon immer von zahlreichen kulinarischen Transfers gekennzeichnet gewesen. Wie bereits angedeutet, ging die für das Feld der Gastronomie entscheidende Innovation des Restaurants von Paris aus und hat sich im Laufe des 19. Jahrhunderts in den übrigen Regionen Europas ausgebreitet. Das Restaurant stellte insofern eine neue Institution dar, als es den zuvor in Gasthäusern üblichen *tâble d'hôte* ablöste, bei dem zu festgesetzten Zeiten ein bestimmtes Gericht mit den übrigen Gästen zusammen eingenommen wurde.[1] Die individuelle Wahl der Essenszeit und eines von der (allmählich eingeführten) Speisekarte ausgesuchten Gerichts sowie dessen Verzehr an einem separaten Tisch machen das Restaurant zu einer genuin modernen Einrichtung, die sich in Deutschland erst verhältnismäßig spät durchsetzte. Noch 1877 wurde es in Reiseberichten für notwendig erachtet, das „Pariser Restaurant à la carte" der deutschen Leserschaft zu erklären und deren Konsequenzen für den Gast zu erläutern: „In den Restaurants nach der Karte wird in der Küche Alles erst dann in Angriff genommen, wenn es von dem Gaste bestellt ist. Derselbe muß also darauf gefaßt sein, die nöthige Zeit warten zu müssen."[2] In Deutschland etablierten sich Restaurants, in denen à la carte bestellt wurde, erst seit den 1890er Jahren in größerem Stil, bis ihre Zahl kurz vor dem Ersten Weltkrieg einen ersten Höhepunkt erreichte.[3]

Zusammen mit dem Export des Restaurants vollendete die französische Küche im Laufe des 19. Jahrhunderts ihren Siegeszug über adlige Kreise hinaus und wurde in den meisten Ländern Europas zur allgemein gültigen Haute Cuisine.[4] Im Zuge dieser kulinarischen Bewegungen bildete sich eine inter-

---

[1] Vgl. Spang, Invention.
[2] Faucher, Vergleichende Culturbilder, 238f.
[3] Vgl. Drummer, Das sich ausbreitende Restaurant, 309. Zu den in einzelnen Städten (wie Hamburg) bereits um 1800 vorhandenen Restaurants siehe Rauers, Kulturgeschichte, 1165.
[4] Vgl. Trubek, Haute Cuisine. In Frankreich firmierte die sich aus der Haute Cuisine entwickelnde gehobene Restaurantküche als *grande cuisine*, die sich – aus ihrer Repräsentationsfunktion, die sie beim Adel innehatte, entlassen und in Warenform überführt – ganz der genussorientierten Speisegestaltung widmen und die Kochkunst eigenlogisch entfalten konnte (vgl. Barlösius, Eßgenuß, 123 u. 150).

nationale Hotel- und gehobene Restaurantküche aus, deren Entstehung eng mit dem Namen August Escoffier und seinem 1902 erschienenen Standardwerk *Guide culinaire* verbunden und bis heute stark französisch orientiert ist, aber auch diverse „Gerichte aus allen Ländern der Welt" amalgamiert hat.[5] Diese internationale Küche war insbesondere in den großen Städten und den Fremdenverkehrsregionen zu finden.

Im Zuge kolonialer Bestrebungen gelangten die europäischen Küchen auch in außereuropäische Regionen[6] und wurden wiederum von den dort vorgefundenen Küchen zumindest partiell beeinflusst. Bei kulinarischen Transfers handelt es sich im Grunde immer um wechselseitige und multilaterale Vermittlungsprozesse, die sich nicht allein auf den Einfluss der Metropole reduzieren lassen, sondern den Blick auch auf Gegenbewegungen und Einwirkungen von Seiten ‚subalterner' Regionen zu richten erlauben. Trotz der klaren Hierarchie der Küchen erfolgten Transfers in beide Richtungen, die unter anderem in den vor Ort zugänglichen Nahrungsmitteln begründet lagen, aber auch die andersartigen Geschmackswelten umfassen konnten.[7] Während der Einzug des Currys in die englische Küche bereits mehrfach Gegenstand journalistischer wie wissenschaftlicher Abhandlungen geworden ist[8], stehen vergleichbare Transferuntersuchungen in der deutschen (Kolonialismus-)Forschung noch aus.

Aus den Kolonien eingeführte Nahrungs- und Genussmittel zählten um 1900 noch zu den seltenen und teuren Konsumgütern, wurden im Laufe des 20. Jahrhunderts aber für (fast) alle Bevölkerungsschichten erschwinglich.[9] Wenn auch der Import ausländischer Nahrungsmittel und kulinarischen Wissens also kein Novum darstellte, lässt sich für das 20. Jahrhundert doch eine schichtenübergreifende Intensivierung und Beschleunigung der Transferprozesse beobachten.[10] Neue Technologien spielten in diesem Zusammenhang eine herausragende Rolle, wurde der Transport von Nahrungsmitteln über weite Distanzen doch maßgeblich durch neuartige Verkehrsmittel und Innovationen in der Kühltechnik befördert.[11] So haben sich die alltäglichen Koch- und Essgewohnheiten nicht zuletzt dadurch verändert, dass mittlerweile

---

[5] So die häufige Charakterisierung der internationalen Küche, etwa bei Herstatt, Weinrestaurant, 105. Vgl. auch Internationale Küche. In: NGZ 13/5 (1960), 22–23: 22.

[6] Zur europäischen Restaurantlandschaft in Bombay/Mumbai siehe Conlon, Dining Out, 103ff.

[7] Für den Einfluss der indonesisch-chinesischen auf die holländische Küche und ihre wechselseitige Beeinflussung im kolonialen Indonesien siehe van Otterlo, Chinese and Indonesian Restaurants, 157.

[8] Vgl. Collingham, Curry; Zlotnick, Domesticating Imperialism. In England verbreitete sich Curry zügig, wohingegen die Briten in Indien kaum Currys aßen, um sich nicht der Gefahr des *going native* auszusetzen (vgl. Narayan, Eating Cultures, 66).

[9] Vgl. Marshall, Food Availability, 335; Péhaut, Invasion, 463–468.

[10] Vgl. Cwiertka, Introduction, 9.

[11] Vgl. Waskow, Lebensmittel.

frisches Obst und Gemüse aus aller Welt preiswert per Flugzeug eingeflogen werden kann und sich die Verbreitung kulinarischen Wissens über die neuen Medien Radio, Fernsehen und Internet extrem beschleunigt hat. Doch nicht nur Waren, Informationen und Technologien bewegen sich seit dem 19. Jahrhundert zunehmend schneller von Land zu Land; auch immer mehr Menschen gingen auf die Reise – sei es temporär, in Form von Bildungs-, Geschäfts- oder Urlaubsreisen, sei es langfristig, in Form von Arbeitsmigration oder Flucht. Migration und Tourismus, aber auch militärische Operationen und Kriege sind für kulinarische Transfers von eminenter Bedeutung und haben die Gastronomie und Ernährung in Deutschland auf entscheidende Weise transformiert.

2.1 Zur Geschichte der ausländischen Gastronomie vor 1933

So wie sich die französische Küche einschließlich der Institution des Pariser Restaurants nicht zuletzt durch die Migration von Köchen, Küchenhilfen und Servicepersonal im europäischen Gastgewerbe im Laufe des 19. Jahrhunderts verbreitet hat[12], war auch die Diffusion anderer ausländischer Küchen zumeist an die Anwesenheit von Migranten aus den entsprechenden Ländern gekoppelt. Anders als im Falle des britischen Empires, Frankreichs oder der Niederlande zeichneten für die Internationalisierung der Gastronomie in Deutschland weniger Migranten aus den Kolonien als die Arbeitsmigranten (und Flüchtlinge) aus dem vornehmlich europäischen Ausland verantwortlich. Diese eröffneten in den großen Städten des Reiches Lokale, die sich zunächst an ihre Landsleute, v.a. an alleinstehende Männer, richteten, denen ihre gewohnte Kost geboten wurde.[13] Nur wenige Deutsche frequentierten diese ersten ausländischen Gaststätten. War die Arbeitsmigration um 1900 vornehmlich proletarisch geprägt, wurde in den deutschen Metropolen, allen voran in Berlin, doch auch ausländischen Diplomaten und Touristen aus aller Welt eine Reihe ‚fremder' Küchen geboten. Die wenigen ausländischen Gaststätten waren entsprechend

---

[12] Vor 1866 waren z. B. in der Brüsseler Gastronomie fast ausschließlich französische Arbeitskräfte tätig; dies galt insbesondere für Luxusrestaurants, während einfachere Gaststätten ihr Personal eher aus der Region rekrutierten, so dass sich in dieser Hinsicht von einem dualen Arbeitsmarkt sprechen lässt (vgl. Scholliers, Restaurant Personnel, 77 u. 81). Dass auch Flüchtlinge während bzw. nach der Französischen Revolution zur Verbreitung der französischen Küche in Europa beitrugen, betonen Potthoff/Kossenhaschen, Kulturgeschichte, 428.
[13] Neben Reisenden stellten unverheiratete oder von ihren Frauen getrennt lebende Männer die zentrale Konsumentengruppe in Gaststätten dar (vgl. Gottdiener, Consumption, 271).

ihrer Klientel sozial differenziert, und v.a. die sich an die Mittelschicht richtenden Lokale, die sich vielfach in den Zentren und nicht in den von Migranten hauptsächlich bewohnten Teilen der Stadt befanden, verzeichneten auch deutsche Gäste.

In den deutschen Städten existierten keine Stadtviertel, „die ausschließlich von Angehörigen eines fremden Volks bewohnt" wurden, „wie es zum Beispiel in London oder Neuyork der Fall" war. In diesen „Weltstädten par excellence" gebe es, so 1906 in der *Woche* zu lesen, umfangreiche Quartiere, wo „die Schilder der Gastwirtschaften und Kaufleute in der betreffenden Landessprache des Viertels abgefasst sind und die Fremden ganz wie zu Hause leben".[14] In London hatten sich bereits am Ende des 19. Jahrhunderts nicht nur irische, sondern auch italienische, deutsche, litauische und chinesische Siedlungscluster gebildet[15], und auch in US-amerikanischen Städten existierten zu diesem Zeitpunkt *Little Italys* und *Chinatowns*. Derartige „Zentralisationen des Ausländertums"[16] waren in Deutschland zu Beginn des 20. Jahrhunderts noch unbekannt, begannen sich aber in der Weimarer Republik abzuzeichnen. So konstatierte ein Autor der *Woche* 1922, dass vor dem Ersten Weltkrieg „die Ausländer in Berlin im wesentlichen eine fluktuierende Erscheinung" gewesen seien, sich nun aber in „große[n] Kolonien zu einem längeren, vielleicht dauernden Aufenthalt" niederließen. Es drohe eine „Überfremdung", die sich unter anderem darin äußere, dass „Ausländer an manchen Stellen und zu gewissen Stunden in einzelnen Straßen und Restaurants der Öffentlichkeit von Berlin bereits ihr Gepräge mehr oder weniger" aufdrückten[17] – eine die ausländerpolitischen Debatten in Deutschland bis in die Gegenwart hinein dominierende Sorge. Auch die Angst, Ausländer könnten Deutschen die Arbeitsplätze streitig machen, war bereits im Kaiserreich ein nicht selten vorgebrachtes Argument. So empörte sich 1911 ein Autor der *Staatsbürgerlichen Zeitung* über „das Zuströmen österreichischer Kellner, meistens Tschechen, die sich bei uns als ‚Wiener' aufspielen". Ihr spezielles Arbeitsgebiet würden „die sogenannten Wiener Cafés" bilden, „die beinahe ausschließlich im Besitze von österreichischen Juden" seien, die „mit Vorliebe ihre Landsleute" und „insbesondere ihre Stammesgenossen" einstellten. Anders als in Österreich, wo man nicht

---

[14] Walter Tiedemann: Die Italiener in Berlin. In: Die Woche 8/34 (1906), 1492–1495: 1492.
[15] Vgl. Sturm-Martin, Wahrnehmung, 67.
[16] Tiedemann, Italiener, 1492.
[17] D. Dominicus: Ausländer in Berlin. In: Die Woche 24/21 (1922), 501–502: 501. Über die Schmuckstraße in St. Pauli liegen aus den 1920er und 30er Jahren diverse Beschreibungen, auch fiktionaler Art, vor, in denen sie als „Chinesen-Gasse" oder „Chinesenviertel", aber nur selten als „Chinatown" bezeichnet wird (vgl. Amenda, Fremde, 114, v.a. Anm. 80f.). Zu den gewerbe- und ausländerpolitischen Gründen, die in Deutschland auch noch nach 1945 dazu führten, dass sich kaum den *Chinatowns* vergleichbare Siedlungscluster entwickelten, siehe Kap. 3.3.

"die Eingeborenen" zurücksetze und stattdessen "Fremde" anstelle, würden in Deutschland "die Ausländer mit offenen Armen" empfangen, und keine Fremdenpolizei kümmere sich darum, "ob die eigenen Landeskinder von der tschechischen Konkurrenz ruiniert und erdrückt" würden.[18]

Auch wenn um 1900 keine ausländischen Siedlungscluster in Berlin existierten, war es dennoch möglich, "die Angehörigen der Fremdenkolonie" in ihren Klubs und Restaurants zu treffen: "An derartigen Lokalen ist kein Mangel; es gibt österreichische, skandinavische, russische, polnische, italienische Restaurants, und in einigen Pensionaten kann man gar à la Nippon ganz ausgezeichnet speisen."[19] Lokale, die (auch) polnische Gerichte anboten, existierten auch im Ruhrgebiet, das die wichtigste Zielregion der Arbeitsmigration aus Polen im Westen Deutschlands darstellte.[20] Ansonsten blieben Gaststätten, die ausländische Speisen und Getränke offerierten, weitgehend auf wenige Großstädte beschränkt. So wiesen Hamburg und Berlin bereits zu Beginn des 20. Jahrhunderts ausländische, unter ihnen viele italienische Restaurants auf. Den Weg für die italienische Gastronomie ebneten oftmals die von Italienern betriebenen Eisdielen, die seit dem späten 19. Jahrhundert an vielen Orten in West- und Mitteleuropa eröffnet wurden.[21] Zu diesen gesellten sich italienische, ungarische und spanische, griechische und bisweilen auch südafrikanische Weinstuben, in denen zum Wein oft auch kleine Speisen gereicht wurden. Damit bildeten diese Lokale vielfach den Ausgangspunkt für die Etablierung eines ausländischen Spezialitätenlokals.[22]

Unter den deutschen Großstädten des Kaiserreichs und auch noch der Weimarer Republik stach – vielleicht mit Ausnahme Hamburgs – Berlin mit der Anzahl, Varietät und beinahe schon Alltäglichkeit ausländischer Spezialitätenrestaurants deutlich hervor. So heißt es in einem Artikel aus der *Münchner Illustrierten Presse* von 1927, der den Titel „Das Menü der Weltstadt" trägt:

„In Berlin, in Paris, in London kann man jetzt nach der Art fremder Völker essen. Es begann mit italienischen Restaurants, mit Wiener Küchen und amerikanischen Bars. Aber damit begnügt man sich jetzt nicht mehr. Heute kann man in Berlin im japanischen Restaurant speisen, sich die original-japanische Speisekarte vorlegen lassen und sich mit den üblichen Eß-Stäbchen ungeschickt benehmen. Daß man überall Münchner Bier bekommt, ist schon eine Selbstverständlichkeit."[23]

---

[18] Kellner-Elend. In: Staatsbürgerliche Zeitung v. 5.8.1911.
[19] Tiedemann, Italiener, 1492. Die Zahl russischer Restaurants in zentral- und westeuropäischen Städten nahm mit der Flüchtlingsbewegung infolge der Russischen Revolution enorm zu. Selten aber konnten sich diese Lokale bis in die zweite Hälfte des 20. Jahrhunderts halten.
[20] Seit den 1890er Jahren entstanden dort v.a. polnische Lebensmittel- und Bäckerläden (vgl. Kleßmann, Polnische Bergarbeiter, 133).
[21] Zur Geschichte der italienischen Gastronomie siehe Kap. 4.
[22] Faucher, Vergleichende Culturbilder, 40f.
[23] Menü der Weltstadt, 1046.

Auch wenn Berlin mit (mindestens) zwei japanischen Restaurants aufwarten konnte, blieben innerhalb Europas in den 1920er Jahren doch Paris und London die eigentlichen Bezugsgrößen, wenn es um „exotische Restaurants" ging.[24] Als etablierte Kolonialmetropolen hatten London und Paris bereits um 1900 eine beachtliche Zahl an Gaststätten mit ausländischer und auch außereuropäischer Küche aufzuweisen.[25] Anders als in Großbritannien verband sich in Frankreich die koloniale Küche insgesamt mehr mit den nationalen (und regionalen) Kochtraditionen Frankreichs, so dass Gerichte wie Couscous in die französische Küche eingegliedert und, im Sinne einer stärker auf Assimilation setzenden Kolonial- und Migrationspolitik, weniger als separate kulinarische Traditionen wahrgenommen wurden. Doch auch „English Taverns", italienische, spanische, russische und türkische Restaurants waren um 1900 in Paris zu finden, wo, wie es in Walther Gensels Reisebericht aus Paris heißt, „für alles und alle gesorgt" war: „Früher mussten die Fremden einfach mitthun, was die Pariser thaten, jetzt haben die Angehörigen fast jeder Nation ihr Restaurant, in dem sie ganz nach heimischer Art sich verpflegen können."[26]

Auch in London existierten vor dem Ersten Weltkrieg bereits diverse ausländische Spezialitätenrestaurants, darunter auch einige indische Restaurants, die von Diplomaten, Studenten, Kaufleuten und Touristen aus Indien, aber auch von (ehemaligen) britischen Kolonialbeamten aufgesucht wurden.[27] Über diese frühen indischen Restaurants wurde in der deutschen Fachpresse berichtet. So hob ein Artikel in *Kochkunst und Tafelwesen* aus dem Jahre 1912 den „kosmopolitische[n] Charakter Londons" hervor und nannte als Anlass für die Gründung des beschriebenen indischen Restaurants die „Anwesenheit von tausenden von Anglo-Indianern in der Themsestadt", die man in der „gewohnten Weise zu beköstigen" suche. Das abgedruckte Menü enthält mehrere Varianten von Curry, das der Autor als „Ragout" umschreibt, sowie die unvermeidliche indisch-englische Kreation „Mulligatawny Soup".[28] 1908 wurde

---

[24] Ebd. Zu den japanischen Restaurants in Berlin, die nach dem Einfall Japans in die Mandschurei 1931 zur Zielscheibe chinesischer Protestaktionen wurden, siehe Yü-Dembski, China, 128f.

[25] Die Bedeutung des Kolonialismus für die Etablierung ausländischer Spezialitätenlokale in den europäischen Metropolen betonen u. a. Pelto/Pelto, Diet, 517.

[26] Gensel, Paris, 57. Nach der Pariser Weltausstellung von 1867 und dem Erfolg deutscher und österreichischer Biere wurden in Paris auch erste Bierhäuser eröffnet (vgl. Paris, nebst einigen Routen, 27). Zur Weltausstellung von 1867 siehe Barth, Mensch.

[27] Laut Panayi, Impact, 183, gab es in Großbritannien vor 1945 lediglich vier indische Restaurants, von denen das „Salit-e-Hamid" in Holborn das erste war, das aber nur wenige Monate Bestand hatte, während das „Veeraswamy" in der Regent Street noch heute existiert. 1937 eröffnete dann in Oxford das „Taj Mahal" und 1938 in Manchester das „Kohinoor". Zur Geschichte der indischen Gastronomie in Großbritannien siehe auch Buettner, „Going for an Indian".

[28] E.F.: Ein indianisches Restaurant in London. In: Kochkunst und Tafelwesen 14 [1912], 288.

2.1 Zur Geschichte der ausländischen Gastronomie vor 1933

in London zudem das erste der allgemeinen Öffentlichkeit zugängliche chinesische Restaurant Europas, „Chang Choy's", in der Nähe des Piccadilly Circus eröffnet, das sich damit weit entfernt vom Limehouse-Distrikt befand, in dem sich die chinesischen Seeleute konzentrierten und wo bereits zahlreiche einfache chinesische Lokale existierten. Im „Chang Choy's" traf sich vornehmlich die chinesische Mittel- und Oberschicht, aber auch die einheimische Bevölkerung frequentierte dieses Lokal, das selbst für das damalige London eine Sensation darstellte.[29] Zum Essen in migrantisch geprägte Stadtteile auszugehen, galt für die meisten Briten auch noch im London der Zwischenkriegszeit als gewagt, wie die Schilderung eines Besuchs in Soho in einem Restaurantführer von 1924 verdeutlicht: „We went into the narrow streets of Soho, edging our way through a crowd of dark-faced Italians and gesticulating Frenchwomen. The hue of Soho never changes, nor does its smell of mingled garlic and fruits of southern lands."[30]

Als ähnlich abenteuerlich galt es zu dieser Zeit, in Hamburg-St. Pauli ein chinesisches Lokal aufzusuchen. In der Hansestadt als wichtiger Handelsmetropole hatten sich kurz nach dem Ersten Weltkrieg die ersten chinesischen Restaurants etabliert, die Seeleuten aus China vertraute Kost boten und Hamburg zum Zentrum der chinesischen Gastronomie in Deutschland werden ließen.[31] Nicht zuletzt die Inflation erleichterte es Ausländern mit Kapital in einer stabilen Währung, sich in Deutschland zu etablieren.[32] Nur äußerst selten zählten Deutsche zur Kundschaft dieser frühen chinesischen Gastronomie, die nicht mit Außenwerbung auf sich aufmerksam machte und über die es hieß, dass hier „die unglaublichsten chinesischen Gerichte" angeboten würden.[33] Zu den ersten Europäern, welche die chinesischen Gaststätten aufsuchten, gehörten

---

[29] Vgl. Amenda, Food. Bereits 1884 war ein chinesisches Restaurant als Teil einer Gesundheitsmesse in London zu sehen gewesen (vgl. Osterhammel, Verwandlung, 338). In den urbanen Zentren der USA gewannen chinesische Lokale seit Begin des 20. Jahrhunderts schnell an Zulauf; italienische Restaurants hatten sich dort bereits seit den 1890er Jahren zu etablieren begonnen (vgl. Hooker, Food, 324).

[30] *Diner Out*, zit. nach Williams, Historical Attitudes, 312. In Soho begannen sich nach 1848 v.a. aufgrund des Zustroms europäischer Migranten die ersten Restaurants Londons zu etablieren (vgl. Latham, Pleasure, 45). Nach dem Zweiten Weltkrieg wurde Soho zu einem der Hauptstandorte chinesischer Gaststätten.

[31] Vgl. Amenda, Fremde, 112f. Noch heute sieht die Handelskammer Hamburg die Stadt als „Brückenkopf Chinas in Europa" (Klaus Irler: Unsichtbare Nachbarn. In: taz v. 6.9.2006). Zur chinesischen Gastronomie in der Hansestadt nach 1945 siehe Kap. 2.3.2.

[32] Auch die relativ hohe Zahl chinesischer Studierender in der Weimarer Republik ist damit zu erklären (vgl. Amenda, Fremd-Wahrnehmung, 81).

[33] China in Groß-Hamburg. In: Hamburger Fremdenblatt v. 3.7.1925, zit. nach Amenda, Fremde, 118. Wie in Hamburg waren die chinesischen Restaurants auch in Rotterdam auf chinesische Seeleute ausgerichtet, und auch in New York frequentierten nur wenige Europäer die preiswerten chinesischen Gaststätten (vgl. Osthaus, Chinesen).

2. Die ausländische Gastronomie in Deutschland

Künstler, Studierende und Intellektuelle.[34] Wie Friedrich Rauers in seiner 1941 erschienenen *Kulturgeschichte der Gaststätte* herausstellt, verdankte Hamburg den zur See fahrenden Chinesen „Chinesenlokale eines anderen Typs", als man sie in Berlin vorfand, wo das berühmte „Tientsin" in der Kantstraße nicht nur die in Charlottenburg lebenden chinesischen Studierenden sowie andere Asiaten, sondern auch ein deutsches Publikum ansprach.[35] Von seiner Einrichtung her unterschied sich das „Tientsin", in dem deutsche Kellner im Frack bedienten, kaum von deutschen Restaurants.[36] Doch auch in Hamburg eröffnete mit dem 1921 im Stadtzentrum errichteten „Peking" ein Restaurant, das ein breiteres Publikum ansprach und in einem Touristenführer als erstes und einziges chinesisches Restaurant in Deutschland annonciert wurde.[37]

Abgesehen von den beschriebenen Ausnahmen in Hamburg und Berlin blieb der Einfluss außereuropäischer Küchen auf die Gastronomie in Deutschland bis in die zweite Hälfte des 20. Jahrhunderts hinein marginal. Das galt ebenso für die Küchen der übrigen Staaten Europas, die kaum oder keine Kolonien besaßen und insofern von Kommunikation und Migration zwischen Kolonie und Metropole kaum betroffen waren. Die kulinarischen Außeneinflüsse blieben in diesen Ländern fast ausschließlich auf europäische Küchen beschränkt, wobei die Frage, was als fremd wahrgenommen wurde, sowohl von der ethnisch-nationalen Zusammensetzung des betreffenden Landes als auch von den jeweils präferierten Modellen der In- und Exklusion von Untergruppen in das politische Gemeinwesen abhing. In Wien etwa galten die ungarische, die serbische oder die böhmische Küche kaum als fremde Küchen, stellten sie doch einen integralen Bestandteil der Habsburger ‚Vielvölkermonarchie' dar.[38]

Die skizzierte Internationalisierung der Gastronomie stieß, ähnlich wie

---

[34] So z. B. Kurt Tucholsky (vgl. Peter Panter: Auf der Reeperbahn nachts um halb eins. In: Vossische Zeitung v. 19.8.1927).

[35] Rauers, Kulturgeschichte, 1160. 1923 lebten in Berlin ca. 1000 Studierende aus China, unter denen sich auch einige Frauen befanden. Ab 1933 wurden dann im „Tientsin" und im „Taitung" Mittagstische organisiert, die ein Zusammenkommen chinesischer und deutscher Studierender ermöglichen sollten, bis 1941 die offiziellen Beziehungen zwischen China und Deutschland abbrachen (vgl. Yü-Dembski, China, 121f. u. 129). Von acht chinesischen Restaurants in Berlin, „in denen auch viele Deutsche verkehren", in den 1930er Jahren spricht Tseng Ching, Studienaufenthalt, 13.

[36] Vgl. Im chinesischen Restaurant. Herr Wen und seine Gäste. In: Berliner Tageblatt v. 5.6.1925, zit. nach Yü-Dembski, China, 122f.

[37] Vgl. Amenda, Fremde, 131.

[38] Nicht zuletzt die zahlreichen böhmischen Köchinnen, die in den städtischen Haushalten der Donau-Monarchie in großer Zahl angestellt waren, trugen zur Verbreitung böhmischer Gerichte bei. Auch in der heutigen gastronomischen Literatur wie in der Forschung schwankt die Einordnung der böhmischen Küche in Wien: Sie bezeichnet „einerseits eine Nationalküche, andererseits eine Regionalküche oder ein schwer abzugrenzendes traditionelles Qualitätsmerkmal", so Tschofen, Nahrungsforschung, 135f., Anm. 29.

2.1 Zur Geschichte der ausländischen Gastronomie vor 1933

heute, nicht nur auf Zustimmung. So erinnert sich der bereits zitierte Autor der *Münchner Illustrierten Presse* 1927 wehmütig an jene Zeiten, als „man noch weite Reisen machen mußte, um dann mit einem wirklich ausgezeichneten Hamburger Küken oder einer Stettiner Aalsuppe, oder einem Bayonner Schinken, einer Brüsseler Poularde, oder einer Marseiller Bouillabaisse belohnt zu werden". Weiter heißt es: „Die Internationalisierung des Essens macht erschreckende Fortschritte und der Geschmack der einzelnen Länder wird immer unausgesprochener. Wiener Schnitzel und Beefsteak regieren die Welt".[39] Die Feststellung, dass insbesondere die US-amerikanischen Einflüsse „der alten Pariser Kochkunst manchen Abbruch getan" hätten und dass heute ein jeder „schnell nur ein Beefsteak verschlingt und dazu ein Glas Eiswasser trinkt"[40], lässt an die aktuellen Debatten um Amerikanisierung und McDonaldisierung der Ernährung denken, auch wenn 1927 noch das Beefsteak (und das Wiener Schnitzel) den Platz des Hamburgers einnahmen. Dabei waren es in den 1920er Jahren wie auch heute weniger die konkreten Nahrungsmittel als vielmehr die rationalisierten Produktions- und Konsumtionsformen, welche die Kritiker auf den Plan riefen.

Bereits im ersten Drittel des 20. Jahrhunderts zeichneten sich viele ausländische Spezialitätenrestaurants nicht nur durch eine besondere Küche, sondern auch durch ein ‚exotisches' Ambiente aus, das einen nicht unwesentlichen Teil des Konsumerlebnisses darstellte. Für landestypisch erachtete Architekturelemente und folkloristisches Kunsthandwerk gehörten zu den zentralen Gestaltungsmitteln, die bereits auf den Kolonial- und Weltausstellungen des 19. Jahrhunderts zur Anwendung gekommen waren, um ausländische, aber auch regionale Küchen zu präsentieren.[41] Als Vorläufer lassen sich die bereits in der Frühen Neuzeit beliebten chinesischen, indischen oder türkischen Tee- und Kaffeehäuser anführen, die in ihrer Innengestaltung den europäischen Vorstellungen vom Orient entsprechende Stilelemente aufgriffen.[42] Die Cafés und Restaurants auf den Weltausstellungen wurden von den Regierungen und Unternehmen der beteiligten Staaten finanziell unterstützt, erwiesen sich doch gerade die gastronomischen Einrichtungen bei diesen Großereignissen als Publikumsmagnet. Der Besuch einer Kolonial- oder Weltausstellung bot

---

[39] Menü der Weltstadt, 1046. Zum vermutlich auf das *scaloppina milanese* zurückgehenden Wiener Schnitzel – auch das Wort ‚panieren' leitet sich vom italienischen ‚pane' für Brot ab – siehe Meleghy, Ungarisch kochen, 18.
[40] Menü der Weltstadt, 1046.
[41] Zur Präsentation der steirischen Küche auf der Weltausstellung in Wien 1873 siehe Baravalle, Steiermark.
[42] In England existierten im 18. Jahrhundert derartige Gasträume entweder in adligem Besitz oder als öffentliche, sich an die wohlhabende britische Bevölkerung richtende Lokale in London (vgl. Bickham, Eating, 80 u. 101). Zu den auch in Deutschland bereits in der Frühen Neuzeit beliebten türkischen Kaffeehäusern siehe Kap. 6.

zahlreichen Menschen, die sich eine Reise in ferne Länder nicht leisten konnten oder wollten, die risikolose Möglichkeit, andere Küchen kennenzulernen – wenn auch innerhalb eines Settings, das nationalistischen oder auch rassistischen Imperativen gehorchte.[43] Wie es für die Inszenierung ausländischer Spezialitätenlokale üblich werden sollte, rekurrierten die gastronomischen Abteilungen auf Welt- und Kolonialausstellungen kaum jemals auf die (politische) Gegenwart der betreffenden Regionen, sondern setzten auf eine touristische, oft stereotype Bilder, Narrationen und Mythen über die Region nutzende Präsentation. Die meisten Besucher konnte auf der Weltausstellung in Chicago 1893 das „Deutsche Dorf" verbuchen, dessen Attraktion in einem in einer mittelalterlichen Wasserburg untergebrachten Weinrestaurant und dem Angebot an Bier und Blasmusik bestand.[44] Diese Form der Inszenierung nationaler (und regionaler) Küchen lässt sich für Weltausstellungen, aber auch für Lebensmittelmessen bis in die Gegenwart hinein verfolgen, die gemeinsam als Medien der Verbreitung neuer Konsumgewohnheiten und insbesondere der Internationalisierung der Ernährung fungier(t)en.[45]

Ein aufgrund seines vielfältigen Angebots und seiner bis ins letzte Detail durchdachten Kommerzialisierung besonders prägnantes Beispiel für die Präsentation regionaler und ausländischer Spezialitäten stellte das „Haus Vaterland" in Berlin dar. Der große, bereits kurz vor dem Ersten Weltkrieg errichtete Gebäudekomplex an der heutigen Stresemannstraße am Potsdamer Platz beherbergte zunächst das „Café Piccadilly", seinerzeit das geräumigste Café Europas. Im Ersten Weltkrieg erfolgte die Umbenennung in „Haus Vaterland".[46] 1926 schließlich verpachtete die Ufa das Gebäude an ein Konsortium unter der Leitung des bekannten Hoteliers Kempinski, das den Komplex in ein Café für 2500 Gäste und einen weiteren, sich über vier Etagen erstreckenden Gastronomiebereich verwandelte[47], der aus einer Vielzahl an Einzelrestaurants bestand, die jeweils bestimmte ausländische oder regionale Spezialitäten servierten (Abb. 1) und oft mit landestypischen Rundpanoramen ausgestattet waren.

Das „Haus Vaterland" gehörte damit zu jenen „gigantischen Lokale[n]", die Siegfried Kracauer in seiner Studie über die Angestellten ausführlich zum Thema gemacht und als „Pläsierkasernen" kritisiert hat, welche „die zahllosen Li-

---

[43] Vgl. Wheaton, Expositions Universelles, 303. Siehe auch Wyss, Bilder.
[44] Vgl. Geppert, True Copies, 230; Unsere Weltausstellung. Eine Beschreibung der Columbischen Weltausstellung in Chicago, Chicago 1894, 344, zit. nach Wörner, Schlaraffenland, 131.
[45] So machte der „San Antonio Chili Stand" auf der Chicagoer Weltausstellung von 1893 erstmals mexikanisch-texanische Gerichte in den gesamten USA bekannt, bevor *chili* 1977 dann zum „state food of Texas" erklärt wurde (vgl. Gabaccia, We Are, 109).
[46] Vgl. Lummel, Erlebnisgastronomie, 196.
[47] Ebd., 196 u. 193.

2.1 Zur Geschichte der ausländischen Gastronomie vor 1933   59

Abbildung 1: Türkisches Café im „Haus Vaterland" (Postkarte), http://www.haus-vaterland-berlin.de/frameset/index.html (Innenaufnahmen) (12.3.2012), eig. Slg.

körstuben aus den Inflationsjahren" abgelöst hätten und in denen man nun „„für billiges Geld den Hauch der großen Welt verspüren'" könne.[48] In den Räumen, so heißt es weiter, „fließt der Rhein, glüht das goldene Horn, dehnt sich fern im Süden das schöne Spanien [...]. Das Vaterland umfaßt den ganzen Erdball."[49] Kracauer kommt zu dem Schluss, dass diese Art von Vergnügen und die Wiederbelebung der Panoramen des 19. Jahrhunderts mit der „Monotonie in den Betrieben" zusammenhingen. Die Begeisterung des Publikums, zu dem in hohem Maße die neue Schicht der Angestellten zählte, deutet Kracauer als Ausdruck einer Flucht vor dem grauen Alltag:

„Der genaue Gegenschlag gegen die Büromaschine aber ist die farbenprächtige Welt. Nicht die Welt, wie sie ist, sondern wie sie in den Schlagern erscheint. Eine Welt, die bis in den letzten Winkel hinein wie mit einem Vakuumreiniger vom Staub des Alltags gesäubert ist."[50]

Hier würde „das Vergnügen der Angestelltenheere" rationalisiert, die – im Sinne der Massenkultur – in ihrer Masse und als Masse versorgt würden: „[I]n den

---

[48] Kracauer, Angestellte, 285f.
[49] Ebd., 286f.
[50] Ebd., 287. Dass es sich bei der Inszenierung lediglich um die „Welt in ihrer romantischen Schönheit" handelte, verschweigt auch der 1928 zur Eröffnung des „Haus Vaterland" erstellte Werbeprospekt nicht (http://www.haus-vaterland-berlin.de/content/hv-heft/index.html [12.3.2012]).

gemeinten Lokalen ist die Masse bei sich selber zu Gast".[51] Kracauer kritisiert die zeitgenössische Massenkultur, ohne sie bzw. die Konsumenten derselben zu diffamieren. Das gelingt späteren (kultur-)kritischen Perspektiven auf das (exotisierende) Massenamüsement, das wie die ältere auch die aktuelle Erlebnisgastronomie und schließlich die Pauschalreise kennzeichnen sollte, oft weniger gut. So beharren die Forschungen zu Tourismus und Alltagsexotismen bei aller analytischen Schärfe vielfach nicht nur auf einem dem Konsum zugrunde liegenden Eskapismus, sondern letztlich auf der Manipulation der Massen, übersehen dabei aber das Moment einer durchaus ambivalenten, nicht eindeutig zu kanalisierenden Neugier wie auch die vielfältigen, nicht voraussehbaren Aneignungsweisen des Dargebotenen. Abwehr und Begehren liegen in der Perzeption des ‚exotischen' Anderen oft nahe beieinander. Darüber hinaus erweist sich das Fremde – das sollten die Ausführungen verdeutlichen – als überaus variable Kategorie, die indischen Tempeltanz wie bayerische Bierzeremonien umfassen konnte. Denn dem Konsum des Anderen kommt es zunächst einmal auf eine goutierbare kulturelle Differenz an, die sich auf das Ausland, auf Außereuropa, aber auch auf andere deutsche Regionen beziehen kann. Dieses Changieren des ‚Exotischen' bedeutet nicht, dass es keine gravierenden Unterschiede in der sozialen Positionierung dieser mannigfaltigen Anderen gibt. So wie die Definitionen und Grenzziehungen gegenüber dem Fremden sich historisch wandeln und je nach Ort (in territorialem wie funktionalem Sinne) unterscheiden, differieren auch die politischen Umsetzungen gesellschaftlicher Ein- und Ausschlüsse. In dieser Hinsicht stellte der Nationalsozialismus – trotz der vielfältigen Kontinuitätslinien im Hinblick auf Rassentheorien und Ausgrenzungsmechanismen – eine markante Zäsur dar.

2.2 ‚Rassifizierung' und ‚Eindeutschung'.
Die Gastronomie im Nationalsozialismus

Ab 1933 erfuhr das „Haus Vaterland" schwerwiegende Veränderungen: Als Erstes wurde das russische Lokal geschlossen, mit Kriegsbeginn 1939 dann auch das französische Bistro und die Wildwest-Bar.[52] Während das „Haus Vaterland" also zunehmend seinen internationalen Charakter einbüßte, verdeutlicht das 1933 im Central Hotel an der Friedrichstraße eröffnete „Haus der deutschen Heimat", wie die nationalsozialistische Variante der Erlebnisgastro-

---

[51] Kracauer, Angestellte, 286. Für eine Geschichte der Menschenmasse siehe Gamper, Masse lesen.
[52] Das „Haus Vaterland" wurde im Krieg schwer beschädigt; der endgültige Abriss erfolgte erst 1976 (vgl. Lummel, Erlebnisgastronomie, 195).

2.2 ‚Rassifizierung' und ‚Eindeutschung'   61

nomie aussehen sollte: In der Schwarzwaldstube, dem bayerischen Bierhof, der Heidelberger Studentenkneipe, der westfälischen und der schlesischen Stube, dem „Hansaraum", der ostfriesischen Fischerstube, dem Rheinland- und dem Deutschlandsaal sollten zu niedrigen Preisen regionale Spezialitäten in einem Ambiente serviert werden, das in seiner Innendekoration auf die jeweiligen Landschaften Bezug nahm.[53] Die deutschen Regionalküchen wurden auch auf den nationalen und internationalen Kochmessen, die in den 1930er Jahren in verschiedenen deutschen Städten organisiert wurden, zelebriert. So traten auf der im Rahmen der Jahresschau für das Gaststätten- und Beherbergungsgewerbe stattfindenden Veranstaltung „Küche der Welt" in Berlin 1936 nicht nur acht ausländische Mannschaften, nämlich ein österreichisches, französisches, italienisches, schweizerisches, japanisches, US-amerikanisches, spanisches und „ungarisch-slawisches" Team, aufeinander, sondern auch acht „deutsche Ländermannschaften".[54] Gefördert wurde also nicht nur der Wettbewerb, der „Kampf am Kochtopf", zwischen den Nationen, sondern auch derjenige zwischen den Regionen Deutschlands.[55]

Abgesehen von derartigen Kochwettbewerben, die explizit dazu dienten, andere Küchen kennenzulernen[56], und mit Ausnahme von Großstädten, in denen dem aus- wie inländischen Gast weiterhin eine Vielzahl an verschiedenen, wenn auch verstärkt deutschen Küchen geboten wurde, sollten in den einzelnen Regionen Deutschlands die für die jeweilige Region ‚typischen' Gaststätten gefördert werden. So formulierte der Leiter der Unterabteilung Gaststätten- und Beherbergungsgewerbe in der Wirtschaftskammer Schlesien, Erich Klemm, auf dem Ersten Großdeutschen Gaststättentag in Wien im September 1938:

„In der Neuschaffung von Galträumen muß aber der Charakter und das Wesen der Landschaft zum Ausdruck gebracht werden. Es wäre eine geschmacklose Nachäffung, wollte man in Niedersachsen oder im Rheinland eine Gaststätte erstellen, die den Charakter einer schle-

---

[53] Vgl. ebd., 203.
[54] Letztere bestanden aus einer rheinisch-westfälischen, hamburgisch-holsteinischen, thüringisch-sächsischen, bayerischen, berlinisch-brandenburgischen, schlesischen und ostpreußischen „Ländermannschaft", zu der sich noch die „Küche der deutschen Gastwirtsfrau" gesellte (Das Olympia der Köche. Die „Küche der Welt" entsteht am Kaiserdamm. In: B.Z. am Mittag v. 11.8.1936). Zudem wurde eine „Fischsonderküche" eingerichtet, um den Fischverzehr in Deutschland zu beleben („Die Küche der Welt". Zum ersten Male Internationale Kochkunstausstellung in Berlin. In: Germania v. 10.9.1936).
[55] Die goldene Marmite. Die siebte Internationale Kochkunst-Ausstellung in Frankfurt am Main – Kampf am Kochtopf. In: N.S.Z. Rheinfront v. 16.10.1937, BArch R 8034 II/155, Bl. 141. Zur Förderung regionaler Küchen im Nationalsozialismus siehe auch Weinreb, Tastes, 355.
[56] Die 1937 in Frankfurt am Main stattfindende Internationale Kochkunst-Ausstellung (IKA) etwa sollte Gastwirten die Möglichkeit bieten, „auch Gerichte anderer Nationen [zu] probieren, die sie sonst nur im fremden Land selbst probieren können" (Meister der Küche. In: Berliner Morgenpost v. 22.9.1937).

sischen Gebirgsbaude trägt [...]. Es gibt Städte, die z. B. weitab vom Rheinland gelegen sind, aber rheinische Winzerstuben aufweisen, oder wiederum Städte, die weitab vom Meer liegen und Lokale besitzen oder besaßen, die sich stolz ‚Hafenschenke' nennen. Ja, es geht sogar soweit [sic], daß auch exotische Bezeichnungen hergeholt werden, z. B. ‚Japanische Teestuben' oder sogar ‚Arabische Bierstuben'. Von derartigen Geschmacklosigkeiten müssen wir uns freihalten. Sowohl der Einheimische wie der Fremde, der aus anderen Gegenden des Reiches kommt, wollen sich bei uns gemütlich fühlen und Entspannung finden und der Reisende will außerdem auch in ihren Bauwerken und Wohnstätten die Landschaft erleben, in der er zu Gast ist."[57]

Abgesehen von der im touristischen Interesse erfolgenden Vermarktung der Region und ihrer (vermeintlichen) Eigenart, die heute wieder aktuell ist[58], speist sich die Ansprache Klemms aus der Vorstellung, dass bestimmte Küchen wie auch Architekturstile eine klare territoriale Bindung aufweisen und diese besondere Beachtung verdiene. Hybride Mischungen wie eine „Arabische Bierstube" lehnte er strikt ab. Daraus resultierte auch eine generelle Abwehr ausländischer kulinarischer Einflüsse, die nicht zuletzt im Rahmen der nationalsozialistischen Autarkiepolitik erfolgte.[59]

Das ernährungspolitische Ziel, wie es unter anderem auf dem Reichsparteitag 1936 verkündet wurde, bestand in der „Nahrungsfreiheit"[60] und machte die Ernährung zu einem zentralen Ort des ökonomischen, politischen und militärischen Machtkampfes. Um dem Autarkieziel näherzukommen, wurde dem „deutschen Haushalt" nahegelegt, „nach Möglichkeit nur deutsche Erzeugnisse zu verwenden", wie in einem bayerischen Kochbuch aus dem Jahre 1938 nachzulesen ist.[61] Eine solche Politik konnte auf bereits in der Weimarer Republik durchgeführte Kampagnen wie etwa den 1930 veranstalteten Schaufensterwettbewerb „Eßt deutsches Obst und Gemüse" in Hamburg rekurrieren, mit dem die vermeintliche „Bevorzugung der Auslandsprodukte" als „eine Absurdität" entlarvt und die deutschen Produkte unter anderem mit Slogans wie „Köfft du di Frucht, / Kööp dütsche in! / Smiet nich dien Geld / dat Utland hin" beworben wurden.[62] Diese Politisierung des Konsumverhaltens griffen die Nationalso-

---

[57] Klemm, Ausgestaltung, 158. Die Gaststätten sollten ihre „ursprünglich echte und schöne Form" wieder gewinnen, um als „Visitenkarte der Landschaft" zu fungieren, so Klemm, Wege, 428 u. 430.
[58] Zur „architektonischen Leitfunktion" des Dorfgasthauses, dessen „[r]egionaltypische Bauformen [...] den spezifischen Landschaftsraum repräsentieren" sollen, siehe Zillenbiller, Belebung, 44. Zur touristischen Vermarktung der Region im nationalsozialistischen Deutschland am Beispiel Sachsens siehe Schramm, Konsum, 112f.
[59] Zur Konsumlenkung im Nationalsozialismus und den Unvereinbarkeiten zwischen Konsumgesellschaft und Autarkiepolitik siehe Kleinschmidt, Konsumgesellschaft, 110ff.
[60] Berndt, Gebt mir Vier Jahre Zeit [106].
[61] Maria Hofmann: Bayerisches Kochbuch, 17., erw. Aufl., München 1938, zit. nach Fischer, Vom Essen, 182.
[62] „Eßt nur deutsches Obst und Gemüse". Starke Unterstützung durch amtliche Verbände. In: Hamburg. Correspondent v. 13.7.1930; Kauft hiesiges Obst und Gemüse. Eine Schaufens-

zialisten auf und ergänzten sie um die bekannten Boykottmaßnahmen gegen jüdische Geschäfte.

Wie die privaten Haushalte wurde auch die Gastronomie in die ernährungswirtschaftliche „Erzeugungsschlacht"[63] eingebunden. Die Gaststätten sollten zum einen der Losung „Kampf dem Verderb" ebenfalls Folge leisten, etwa durch eine Vereinfachung der Speisekarte, und zum anderen weitgehend heimische Produkte verwenden.[64] Neben einer stärker regionalen Verankerung implizierte das eine deutlich saisonale Ausrichtung der Küche. Während der „deutschen Obstzeit" etwa sollten in den Gaststätten nicht mehr „fortlaufend Bananen und Ananas" zum Nachtisch serviert werden.[65] Doch richtete sich die nationalsozialistische Politik – darin den nationalistischen Bestrebungen während des Ersten Weltkriegs folgend – auch gegen die Dominanz der französischen Küche im Gastgewerbe. Der seit den 1920er Jahren in Verlagen des Hugenberg-Konzerns beschäftigte Journalist und Schriftsteller Friedrich Hussong etwa polemisierte in seiner 1937 erschienenen Geschichte der Gastronomie *Der Tisch der Jahrhunderte* gegen die „leidige Ausländerei im deutschen Gaststättengewerbe" und propagierte eine „Nationalküche eigener Artung".[66] Diese Aussagen stehen im Zusammenhang mit seiner Kritik an den Auswirkungen des zunehmenden „Verkehr[s]" und der „internationale[n] Verflechtung", an Globalisierungsprozessen also, welche die Küche in Deutschland „immer weiter aller Züge beraubt" hätten, „in denen sich etwa ein deutsches Eigenwesen auf diesem Gebiete noch ausdrückte".[67] Um der ‚Eigenart' gegenüber dem ‚Fremdartigen' Geltung zu verschaffen, galt es zunächst einmal – wie bereits im Ersten Weltkrieg – die Speisekarten der Restaurants ‚einzudeutschen', also v.a. von französischen, aber auch englischen gastronomischen Fachausdrücken zu ‚reinigen'.[68] In einer Glosse zum Thema mokiert sich ein Autor darüber, dass im Restaurantwesen aus „dem simplen

---

terwerbung. In: Hamburg. Correspondent v. 3.10.1930; Verbindungsstelle Hamburg des Deutschen Landwirtschaftsrats: Ergebnis des Schaufensterwettbewerbs für deutsche Obst und Gemüse, 2.10.1930, StA HH Gen IX E 9.
[63] Berndt, Gebt mir Vier Jahre Zeit, [110].
[64] Kölner Gastwirtsmesse eröffnet. In: Kölnische Zeitung v. 9.9.1935; Vereinfachung der Speisekarte. In: Völkischer Beobachter v. 3.12.1936. Zur Aktion „Kampf dem Verderb" siehe Petersen, Gastwirte, 160ff.
[65] Gaststättengewerbe und Selbstversorgung. Der Gastwirt in der Front des Wiederaufbaues, 16.2.1933, BArch R 8034 II/154, Bl. 156.
[66] Hussong, Tisch, 141 u. 146.
[67] Vgl. ebd., 142.
[68] Glossen. Gleichschaltung der Getränkekarte. In: Nationalsozialistische Landpost v. 14.10.1933. Siehe auch Die künftige Speisekarte. Gegen „Ausländerei", für „Bindung an die Scholle". In: Frankfurter Zeitung v. 15.10.1936. Zudem wurden die Speisekarten im Hinblick auf ihr Format standardisiert: Auch das Speisekartenformat genormt. In: Berliner Lokaler Anzeiger v. 10.3.1937.

Truthähnchen" und „Kartoffeln, die sicherlich irgendwo in der Uckermark gewachsen" seien, „Mastpoulets" und „Pariser Kartoffeln" gemacht würden und, „damit sich kein Land benachteiligt" fühle, zum Abschluss des Essens „Russische Speise" serviert würde.[69] Derartige internationale Anklänge suchte die *Arbeitsgemeinschaft für Sprachreinheit im Gastgewerbe* zu bekämpfen und erarbeitete umfangreiche Listen mit in der Gastronomie gebräuchlichen ‚Fremdwörtern', die eingedeutscht oder aber ‚ausgemerzt' werden sollten.[70] Entsprechend war der *Deutschen Fleischerzeitung* im Juni 1937 zu entnehmen, dass das Entrecôte durch „das schöne Wort Doppelrumpfstück" ersetzt würde und das „Tartarbeefsteak" fortan als „Schabefleisch mit Ei" und „Hachée" als Hackfleisch firmieren sollten.[71] Vollständig ist dieses Programm in Friedenszeiten nicht umgesetzt worden, wollte man, gerade in hochklassigen Hotels und Restaurants, die (ausländischen) Gäste doch nicht verprellen. Das galt insbesondere für das Olympiajahr 1936, in dem selbst kleine und mittlere gastronomische Betriebe „bestimmte Nationalspeisen" aus den Herkunftsländern der zahlreichen ausländischen Besucher anboten und die Speisekarten mit fremdsprachlichen Erläuterungen oder Abbildungen der Speisen und Getränke versehen wurden[72] – eine Vorgehensweise, die Deutschland, so der von Hitler formulierte Wunsch, im Olympiajahr „zum gastlichsten Lande der Welt machen" sollte.[73]

Die Veränderungen im „Haus Vaterland", Friedrich Hussongs Ausführungen zur deutschen Küche und die Versuche, die Internationalität der Speisen wie der Speisebezeichnungen zurückzunehmen, machen deutlich, dass das kulinarische Feld ein durch und durch gesellschaftliches ist, auf dem während des Nationalsozialismus vehement der Kampf gegen Vermischung und Hybridisierung geführt wurde. Dabei korrelierten Formen der nationalistischen und rassistischen Exklusion mit Inklusionsversuchen wie dem Eintopfsonntag, der dazu beitragen sollte, nationale Vergemeinschaftung über soziale Grenzen hinweg herbeizuführen.[74]

---

[69] Schwere Kost. In: Der Angriff v. 10.12.1936.
[70] Zur Häufigkeit und Bedeutung puristischer Abwehrbewegungen in der deutschen Sprachgeschichte, auch lange vor dem Nationalsozialismus, siehe Munske, Fremdwörter.
[71] „Tartarbeefsteak" = Schabefleisch mit Ei. Fremdwörter sollen von der deutschen Speisekarte verschwinden. In: Deutsche Fleischerzeitung v. 28.6.1937. Auch die Betriebsbezeichnung „Café" wurde in den Adress- und Telefonbüchern zunehmend durch „Kaffeehaus" oder „Kaffeestube" ersetzt (vgl. die Akten im Bestand BArch R 8034 II/155, bes. Bl. 75).
[72] Fritz Dreesen: Olympia-Gäste und Gaststättengewerbe. In: Völkischer Beobachter v. 9.8.1936.
[73] Berlin erhält ein Gaststätten-Museum. In: Völkischer Beobachter v. 20.10.1936.
[74] Mit dem Eintopfsonntag sollte nicht nur der hohe Stand der deutschen Küche, sondern auch ein „Stück neues Deutschland" demonstriert werden (Die Gaststätte am nächsten Eintopfsonntag!, Zeitungsdienst des Reichsnährstandes Nr. 28 v. 5.2.1938, BArch R 8034 II/155, Bl. 161).

2.2 ‚Rassifizierung' und ‚Eindeutschung' 65

Für das Gastgewerbe brachte der Zweite Weltkrieg außer Engpässen bei der Belieferung mit Nahrungsmitteln und der Kontingentierung von Alkohol unter anderem die Einführung von zwei fleischfreien Tagen pro Woche, Reise- und Gaststättenkarten sowie einem markenfreien „Stammgericht", das (nicht-jüdische deutsche) Berufstätige, die Wehrmacht, aber auch Reisende günstig versorgen sollte.[75] Zudem konnten Gaststätten und insbesondere Gasthöfe von der Armee belegt werden. Gegen Ende des Krieges wurden im Osten des zusammenbrechenden Deutschen Reiches einige Lokale zu „Flüchtlingsgaststätten" erklärt, die auch nachts ankommende Trecks aufzunehmen hatten.[76]

Während jüdische Gastronomen größtenteils bereits vor Kriegsbeginn ihre Gaststätten hatten aufgeben müssen[77], sahen sich von Ausländern geführte Restaurants insbesondere seit Beginn des Zweiten Weltkriegs mit strengen Überwachungsmaßnahmen konfrontiert. Zwar wurden in den 1930er Jahren noch diverse chinesische Gaststätten in Hamburg eröffnet; diese gerieten jedoch verstärkt ins Visier der Zollfahndung, vermuteten die deutschen Behörden hier doch „Devisenschiebung".[78] Im Krieg nahmen die Razzien weiter zu und führten vielfach zur Verhaftung aller vorgefundenen Ausländer. So wurden die im Mai 1944 noch in Hamburg verbliebenen chinesischen Staatsangehörigen in der sogenannten „Chinesen-Aktion" unter Anklage der „Feindbegünstigung" ins Polizeigefängnis und dann ins „Arbeitserziehungslager" Wilhelmsburg gebracht; das kleine chinesische Viertel in St. Pauli war damit zerstört.[79] Allein die italienischen Verbündeten stießen im nationalsozialistischen Deutschland auf relativ günstige Bedingungen, um sich im Gastgewerbe selbständig zu betätigen. Während des Krieges allerdings gelangten ausländische Produkte, selbst aus Italien, nur noch schwer nach Deutschland, was die in der Gastronomie angebotene Varianz an Speisen und Getränken drastisch schmälerte. Auf der anderen Seite führte der Zweite Weltkrieg aber – wie alle Kriege – zumindest für die im Einsatz befindlichen

---

[75] Zur Bierkontingentierung siehe StAF, VIII C 417; zum „Stammgericht" siehe Anweisung des Leiters der Wirtschaftsgruppe Gaststätten- und Beherbergungsgewerbe über die Abgabe von Speisen in Gaststätten- und Beherbergungsbetrieben vom 20. April 1942. In: Zeitschrift für Volksernährung 17/9 (1942), 140–141; Das begehrte Stammgericht. In: Frankfurter Zeitung v. 6.8.1943. Die „Stammgerichte" stellten im Dezember 1939 und darüber hinaus einen Anteil von bis zu 80 % an den servierten Gerichten (vgl. Die Gaststätten. In: Berliner Börsenzeitung v. 7.12.1939). Zu den Beschwerden, dass ausländische Zwangsarbeiter an einem Tage mehrere „Stammessen" in einer Gaststätte verzehrt hätten, siehe Stammessen in erster Linie für deutsche Volksgenossen. In: Hakenkreuzbanner v. 15.3.1944. Zur Vernichtungspolitik qua Unterversorgung siehe Gerlach, Krieg.
[76] Vgl. etwa StAF VIII C 417; Flüchtlingsgaststätten. In: Hamburger Zeitung v. 22.3.1945.
[77] Vgl. Petersen, Gastwirte, 203.
[78] Vgl. Amenda, Fremd-Wahrnehmung, 86.
[79] Vgl. Yü-Dembski, Chinesenverfolgung; Amenda, „Chinesenaktion".

Truppen auch zu neuen Kontakten mit anderen Ländern und Küchen.[80] So lernte eine große Zahl deutscher Soldaten auf den Feldzügen der Wehrmacht nicht nur französische und russische, sondern auch jugoslawische und italienische Gerichte kennen, die viele nach Kriegsende erneut zu essen wünschten.

2.3 Die ausländische Gastronomie in der Bundesrepublik

Zu der im Zweiten Weltkrieg zerstörten oder beschädigten Infrastruktur zählten auch Hotels und Gaststätten. Nach Kriegsende stand nur noch etwa die Hälfte der vorherigen Betriebskapazität zur Verfügung.[81] Während in den süddeutschen Fremdenverkehrszentren etwa 60 % der gastgewerblich genutzten Gebäude stark beschädigt waren, ist für Städte wie Köln davon auszugehen, dass noch ein weit größerer Teil der Gaststätteninfrastruktur nicht mehr nutzbar war.[82] Die noch intakten Räumlichkeiten, v.a. wenn es sich um Gasthöfe oder Hotels handelte, waren zu großen Teilen mit Flüchtlingen oder Displaced Persons belegt, was keineswegs auf Freude bei den Besitzern und generell bei der Bevölkerung stieß, wie der Bericht über einen Gasthof in Hamburg von 1959 deutlich macht, in dem in sozialrassistischer Manier die „völlig zweckentfremdet[e]" Unterbringung von „Ausgewiesene[n], zeitweise asoziale[n] Elemente[n]" im Gasthaussaal moniert wird.[83] Andere Gasthöfe waren von den Besatzungsmächten beschlagnahmt; die Freigabe der letzten gastgewerblichen Betriebe erfolgte 1956.[84]

Wie in anderen Bereichen der Wirtschaft wurden in den ersten Nachkriegsjahren auch in der Gastronomie die gewerblichen Aktivitäten eher behelfsmäßig wieder aufgenommen. Konzessionen wurden erteilt, ohne dass

---

[80] Für die USA zeigt Inness, Dinner Roles, 92, dass nach dem Ersten Weltkrieg und mit den Auslandserfahrungen der zurückgekehrten Soldaten Kochbücher mit ausländischen Spezialitäten ausgefallener und risikofreudiger wurden.

[81] F. Kolb: Die Arbeitslage im Hotel- und Gaststättengewerbe. In: Die Küche 54/2 (1950), 30–31: 30.

[82] Vgl. Jenn, Deutsche Gastronomie, 62. Noch 1950 standen erst 50 % der vor dem Krieg vorhandenen Kölner Hotelkapazitäten zur Verfügung (vgl. Schildt, „Die kostbarsten Wochen", 71). Siehe auch die Listen der zerstörten, beschädigten und noch intakten Gaststätten in Köln: RWWA 1-176-6.

[83] Ludwig Uphoff: Ein Gasthof wurde wieder zu Leben erweckt. Heute feierliche Einweihung von „Stadt Hamburg". In: Bergedorfer Zeitung v. 30./31.5.1959, StAH 443-1 II BA Bergedorf II 37.00-3/7.

[84] Ab Mai 1956 konnte eine alliierte Belegung von Hotels und Gaststätten nur noch nach Abschluss eines Mietvertrags mit dem Eigentümer erfolgen (vgl. Freigabe aller Betriebe bis Mai 1956. In: NGZ 8/12 [1955], 10).

2.3 Die ausländische Gastronomie in der Bundesrepublik 67

alle gewerbepolizeilichen Auflagen erfüllt waren.[85] Ein solches Vorgehen war notwendig, um den gravierenden Problemen bei der Nahrungsmittelversorgung der Bevölkerung, zumal in den Ballungszentren, zu begegnen. Zu diesem Zwecke wurden auch neue Gaststättentypen entwickelt wie die beispielsweise in Berlin errichteten „Volksgaststätten", in denen Bedürftige zu reduzierten Preisen warme Mahlzeiten erhielten. An die „Volksgaststätten" wurde der Überschuss an nicht rationierten Lebensmitteln geliefert – ein Vorgehen, gegen das sich die Gastwirte-Innung Berlins bereits im November 1946 aussprach, bedeutete dies in ihren Augen doch eine Bevorzugung dieser Lokale.[86] In diesem Zusammenhang wies die Innung auch auf die Leistungen des Gastgewerbes hin, das 1946 in 6000 mittlerweile wieder eröffneten Lokalen Hunderttausende von Berlinern mit warmem Essen versorgt habe.[87] Die Verpflegung erfolgte dabei zum Teil am System der Lebensmittelrationierung vorbei. Insbesondere nach der Währungsreform gingen viele Gaststätten dazu über, ihre Mahlzeiten auch ohne Vorlage von Marken auszugeben.[88]

Prinzipiell sah sich das Gastgewerbe in den ersten Nachkriegsjahren zunächst einmal vor die Aufgabe gestellt, überhaupt eine Versorgung zu gewährleisten, und war allein wegen der Lebensmittelzuteilungen auf eine enge Zusammenarbeit mit den alliierten und später deutschen Behörden angewiesen. Zudem war die Gastronomie mit neuen Konsumentengruppen konfrontiert. Gerade die ausländischen Gäste und insbesondere diejenigen aus den USA stellten wichtige Devisenbringer dar. Eine ‚Amerikanisierung' war im bundesdeutschen Gastgewerbe nicht nur im Falle der Hotellerie zu beobachten, sondern vollzog sich auch im Bereich der Gaststätten.[89] So war in Lokalen, die von Angehörigen der US-amerikanischen Besatzungstruppen aufgesucht

---

[85] Gerade angesichts der nur schwer zu beschaffenden Baumaterialien war ein anderes Vorgehen kaum praktikabel. Doch auch noch Jahre nach Kriegsende waren viele der Mängel an den Gaststätten nicht behoben worden. Vgl. Niederschrift über eine am 11.10.1951 erfolgte Dienstbesprechung mit den Leitern der Bezirkswirtschaftsämter, Hansestadt Hamburg, Behörde für Wirtschaft und Verkehr/Amt für Wirtschaftsüberwachung, 23.10.1951, StAH 445-1 BA Altona, Ablief. 4.11.1999, lfd. Nr. 98/99 Paket 22, AZ: 70.80-2 Band 1.
[86] Die Innung forderte: „to distribute equally all surplus non-rationed foodstuffs (vegetables, coffe-ersatz [sic], vinegar, sacharin) delivered to Berlin, which have been distributed up to now exclusively to public restaurants (Volksgaststätten)". Dafür versprach die Innung „to give meals at reduced prices to indigent persons being in possession of special tickets by the Municipial Council for this purpose" (Gastwirte-Innung Berlin to the Allied Kommandatura Berlin, 15.11.1946, LAB B Rep. 010-02, Nr. 554).
[87] Vgl. ebd.
[88] Vgl. Protzner, Hungerwinter, 27.
[89] Die Abendkarte „fast aller Restaurants" sei „auch auf fremde Dinnergewohnheiten eingestellt", hieß es zumindest in einer Broschüre, die für Deutschland als Reiseziel warb (vgl. „Deutschland bittet zu Tisch", Anhang, BArch B 231/333).

wurden, Musik aus den USA zu hören.[90] Ähnliche Formen kulturellen Transfers fanden auch in den von britischen oder französischen Besatzungstruppen aufgesuchten Gaststätten statt.[91] Einige Lokale wurden von den Militärregierungen selbst betrieben, so etwa das französische Restaurant in der „Maison de France" am Kurfürstendamm in Berlin und das als „Le Paris" noch in den 1960er Jahren von einem französischen Gastronomen geführt wurde.[92] Auch nach dem Ende der Besatzungszeit fungierten die in der Bundesrepublik stationierten ausländischen Truppen nicht selten als wichtige Kundengruppe in ausländischen Gaststätten. So zählten Angehörige der französischen Garnison in Konstanz zu den ersten Gästen des 1970 gegründeten spanischen Lokals „Costa del Sol" und halfen ihm damit bei seiner Etablierung.[93]

In den ersten Nachkriegsjahren genossen die von Angehörigen der Besatzungsmächte besuchten Gaststätten und insbesondere Bars nicht den besten Ruf, vermuteten Öffentlichkeit wie Behörden hier doch ‚sittenwidrige' Aktivitäten. Das galt v.a. dann, wenn die Lokale hauptsächlich von afroamerikanischen GIs frequentiert wurden, wie Maria Höhn herausgestellt hat.[94] Über ein Lokal in der Frankfurter Innenstadt, die „Goethe-Betriebe", hieß es im Oktober 1952, dass hier „Dirnen" verkehren würden, „die es in der Hauptsache auf amerikanische Neger abgesehen" hätten. Darüber hinaus, so das Gewerbeamt der Stadt Frankfurt, würden Rauschgifthandel und „unerlaubte Glücksspiele getätigt". Gegen diese „untragbare Verunglimpfung" des „grössten Sohnes unserer Stadt" müsse entschieden eingeschritten werden.[95] Der Betreiber des Lokals, Alex Josephson, äußerte sich in diesem Namensstreit wie folgt: „Wenn man mit Argumenten kommt, ‚weil farbige Soldaten in meinem Lokal verkehren', so erachte ich dieses nicht als Grund, denn soviel mir bekannt ist, kannte Goethe keinen Rasse- und Religionshass."[96] Josephson, der jüdischen Glaubens und dem zwischen 1933 und 1945 die Existenzgrundlage entzogen worden war, hatte die „Goethe-Betriebe" 1945 übernommen, geriet aber bald in

---

[90] Vgl. Speckle, Schafkopf, 42.
[91] Für eine Liste mit 21 Gaststätten in Hamburg, die für die britische Besatzungsmacht als „in bounds" erklärt worden waren, siehe Kommando der Schutzpolizei Hamburg, 18.8.1945, betr.: Besuch von Gaststätten durch Angehörige der Besatzungstruppen, StAH Gen XVII 4.
[92] Vgl. Pol.präs. in Berlin, Abt. IV, 20.9.1950; BA Charlottenburg, Abt. Wirtschaft, 24.5.1966, LAB B Rep. 207, Nr. 6177.
[93] Vgl. Sie servierten die erste Paella-Pfanne in Konstanz. In: Südkurier v. 21.10.1995.
[94] Vgl. Höhn, GIs.
[95] Gewerbe- und Preisamt an die Stadtkanzlei Frankfurt, 27.10.1952, ISG Magistratsakten 7.563.
[96] Alex Josephson an den OB der Stadt Frankfurt, 19.6.1953, ISG Magistratsakten 7.563. Der letzte Teil seiner Aussage ist in den Akten mit Kugelschreiber unterstrichen und einem Fragezeichen versehen worden.

Zahlungsschwierigkeiten und blieb mit seinen Bemühungen um einen Kredit, trotz der Unterstützung jüdischer Organisationen, letztlich erfolglos.[97]

Eine deutliche Veränderung erfuhr die Speisegeografie Deutschlands schließlich durch den Zuzug von Millionen von Flüchtlingen und Vertriebenen während der Kriegs- und unmittelbaren Nachkriegszeit.[98] Die volkskundliche Forschung hat bereits in den 1950er Jahren begonnen, sich mit den Ernährungsweisen der Ost- und Westpreußen und den Veränderungen nach ihrer Ankunft in Westdeutschland zu beschäftigen.[99] Für viele der Flüchtlinge aus den ehemals deutschen Ostgebieten wurden bestimmte Nahrungsmittel und Gerichte zu „Heimatsymbolen"[100], mit deren Hilfe sie ihre regionale Identität aufrechtzuerhalten suchten. Hierbei handelte es sich insbesondere um solche Speisen, die bereits in den ehemals deutschen Ostgebieten durch Aufnahme in das gastronomische Angebot, also die gewerbliche Herstellung, „ihren privaten Küchen-Charakter verloren" und „einen gewissen Symbolwert" angenommen hatten, also nicht mehr primär der Endo-, sondern der Exoküche zuzurechnen waren, wie dies etwa für „Königsberger Fleck" oder Getränke wie das „Danziger Goldwasser" galt.[101] Gerade der öffentliche Verzehr in einer Gaststätte ist es, der einen demonstrativen Konsum ermöglicht und damit die Herstellung lokaler und ethnischer Identitäten erleichtert, indem er sie für andere sichtbar macht. In diesem Kontext sind auch die zahlreichen schlesischen, ostpreußischen oder sudetendeutschen Lokale zu betrachten, die im Nachkriegsdeutschland zu zentralen Anlaufstellen für Flüchtlinge aus den entsprechenden Regionen wurden. Zum einen boten aus dem Osten nach Westdeutschland gekommene Gastronomen vertraute Speisen wie „Königsberger Klopse", „Schlesisches Himmelreich" oder auch „Dresdner Stollen"

---

[97] Siehe die Unterstützungsschreiben der Jüdischen Gemeinde Frankfurt an den OB, 25.6.1953, der Arbeitsgemeinschaft Jüdischer Gewerbetreibender und Industrieller, Hauptgeschäftsstelle Düsseldorf, an die Herren Stadtverordneten der Stadt Frankfurt, 5.8.1955, sowie Josephsons Schilderungen über seine Verfolgung: Alex Josephson an den OB, 1.12.1955, ISG Magistratsakten 7.563.

[98] Dies wird besonders deutlich im Vergleich mit Frankreich, das durch historisch stabilere landschaftstypische Küchen charakterisiert ist (so Kutsch, Ethnic food, 34). Allerdings ist in diesem Zusammenhang auf die propagandistischen Bemühungen z. B. der 1923 gegründeten *Association des Gastronomes Régionalistes* zu verweisen, die massiv an einer Renaissance der Regionalküchen mitwirkte.

[99] Vgl. Bausinger/Braun/Schwedt, Neue Siedlungen; Leopold, Ostdeutsche Speisenamen.

[100] Tolksdorf, Essen, 344. Dass die auf Treffen der Vertriebenen(verbände) gereichten Speisen oftmals zu einem „Kultmahl zum Gedenken an die verlorene Heimat" wurden, betont Hanika, Volkskundliche Wandlungen, 99.

[101] Tolksdorf, Essen, 352f. Nur 22 % der befragten Haushalte hatten „Fleck" in ihrer alten Heimat noch selbst hergestellt, und auch bei den für typisch erachteten Backwaren handelte es sich häufig um Bäckereiprodukte, die erst durch den Verlust der Heimat zu „typischen ,eigenkulturellen' Gebäcken" geworden waren (ebd., 347 u. 354).

an.[102] Für diese Art von Spezialitätenlokalen wurde von den Behörden ein besonderes Bedürfnis anerkannt.[103] Zum anderen nahmen auch von Westdeutschen betriebene Gaststätten bestimmte im Osten übliche Getränke und Speisen in ihr Sortiment auf.[104] Meist handelte es sich dabei um einige wenige, seit längerem etablierte Regionalgerichte, die einem größeren Publikum bereits durch die Kochbuchliteratur vertraut waren.[105] In die Kochbücher der 1950er Jahre gingen – neben Rezepten für ausgewählte Gerichte anderer europäischer Nationen – ganz selbstverständlich auch Anleitungen für die Zubereitung von Speisen aus den Regionen der DDR und den ehemals deutschen Ostgebieten ein.[106] Diese Gerichte galten entweder weiterhin als deutsch oder aber als „sozusagen heimatlos".[107] Beide Fälle verdeutlichen die politische Dimension des kulinarischen Diskurses.

Was die häusliche Ernährung betraf, blieb der kulinarische Austausch zwischen Flüchtlings- und westdeutschen Familien in der unmittelbaren Nachkriegszeit eher marginal, obwohl aufgrund der beengten Wohnverhältnisse häufig am selben Herd gekocht wurde. Vehemente Differenzerfahrungen betrafen v.a. Nahrungstabus: Die Innereien, die einen integralen Bestandteil der ostpreußischen Kaldaunen-Gerichte darstellten, wurden z. B. von rheinländischen Schlachtern, bei denen die aus Ostpreußen Zugezogenen diese Zutaten zu kaufen suchten, als Hundenahrung und damit als für Menschen nicht essbar angesehen.[108] Auf der anderen Seite galten die rheinischen dicken Bohnen im Osten als Viehfutter, waren entsprechend als Pferde- oder Saubohnen bekannt und lösten zunächst Abwehr bei den ostpreußischen Flüchtlingen aus.[109] Es ist der Ekel, der als zugleich körperliche und psychische Reaktion ethnisch-

---

[102] So etwa im „Schlossbräustüble" in Ulm, das von zwei aus Schlesien stammenden Brüdern betrieben wurde (vgl. Schlossbräustüble/Ulm. In: Rast auf Reisen, 43).

[103] Zur Bedürfnisprüfung im Gastgewerbe siehe Kap. 3. Wenn ihre Zahl auch im Laufe der Jahrzehnte abnahm, existieren doch noch heute einige von ihnen, wie etwa das „Marjellchen" in Berlin-Charlottenburg, in dem „nach Großmutters Rezepten aus Ostpreußen, Pommern und Schlesien" gekocht wird (Essen in Berlin 86/87, 31).

[104] Vgl. Perlick, Ostdeutsches Brauchtumsleben, 165. Auch Fleischereien begannen, z. B. schlesische Wurstsorten anzubieten oder gar schlesische Gesellen zu beschäftigen, die Spezialitäten wie Knoblauchwurst herstellten, welche sich bald auch bei der einheimischen Bevölkerung großer Beliebtheit erfreuten (vgl. ebd., 163).

[105] Vgl. Schmeling, Werktags- und Sonntagskost. Bereits um 1900 enthielten überregionale Kochbücher Rezepte für „Königsberger Fleck" oder „Schlesisches Himmelreich" (vgl. Gehren, Küche, 586f.).

[106] Vgl. Harte, Gut essen. Das Kochbuch enthält Rubriken zu Thüringen, „Mecklenburg-Pommern-Ostpreußen", Schlesien und dem (1957 politisch und 1959 auch wirtschaftlich an die BRD angegliederten) Saarland sowie zu einigen europäischen Ländern. Siehe auch Das Leibgericht.

[107] „Deutschland bittet zu Tisch", Anhang, BArch B 231/333.

[108] Vgl. ebd., 349.

[109] Vgl. Schmeling, Werktags- und Sonntagskost, 103f. Zur verbreiteten Aversion gegenüber

regionale Grenzen sichtbar macht und festschreibt. Durch Gewöhnung jedoch kann, wie die allmähliche Verwendung dicker Bohnen in den ostpreußischen Familien im Rheinland zeigt, der inkorporierte Ekel verlernt und eine Überschreitung vormaliger kulinarischer Grenzen möglich werden.[110] Schließlich ist es dem auf starker Ambivalenz basierenden Ekel inhärent, sich häufig auf Gegenstände zu beziehen, die (wie Speisen) ,eigentlich' einem positiven Gebrauch zugedacht sind.[111] Die Wandelbarkeit sogar der Ekelempfindung gilt es herauszustellen, zumal angesichts des in der Migrationsforschung vielfach konstatierten „Geschmackskonservatismus", der ein beharrliches Festhalten an Vertrautem gerade in Bezug auf das Essen behauptet.[112] Sollte es tatsächlich einen solchen grundsätzlichen Beharrungswillen geben, erfährt er dadurch Unterstützung, dass Ernährungsgewohnheiten, wenn sie nicht gegen Gesetze verstoßen oder anderweitig von der aufnehmenden Gesellschaft als grob anstößig empfunden werden, kaum einem Anpassungszwang unterliegen.[113]

Nicht nur die in den ehemals deutschen Ostgebieten üblichen Speisen und Getränke hinterließen ihre Spuren in der bundesdeutschen Gastronomie. Auch einige der etwa 150 000 Displaced Persons, die nach Kriegsende nicht in ihre Heimatländer zurückkehrten, sondern als sogenannte heimatlose Ausländer in Deutschland blieben, sowie politische Flüchtlinge aus Südost- und Osteuropa eröffneten Lokale auf dem Gebiet der (späteren) BRD und DDR und boten dort nicht selten die Küche ihrer Herkunftsregion an. Besonderer Beliebtheit bei der deutschen Bevölkerung erfreuten sich neben tschechischen v.a. ungarische und jugoslawische Restaurants, die als sogenannte Balkan-Grills ab den 1950er Jahren in der Bundesrepublik Konjunktur hatten.[114] Hier fanden nicht nur ehemalige Wehrmachtssoldaten, sondern auch ausländische und deutsche Flüchtlinge die ihnen vertrauten oder vertraut gewordenen Speisen vor.

Die zweite große Migrationsbewegung, die nach den durch den Zweiten Weltkrieg ausgelösten Fluchtwellen die Ernährung und Gastronomie in der

---

dicken Bohnen in Ost-, Mittel- und Süddeutschland siehe bereits: Westfälisches Nationalgericht, 205.

[110] Vice versa könne sich auch der Westdeutsche „die Vorliebe des ostpreußischen Landsmannes zu eigen" machen und Kaldaunen nicht mehr verschmähen. Infolge derartiger Gewöhnungsprozesse müsse selbst „ein in Äthiopien beheimatetes Gericht" dem Esser „nicht mehr fremd" erscheinen, so Willi Koopmann: Kleiner Spezialitäten-Fahrplan. In: DG 8/39 (1955), 4.

[111] So Kolnai, Ekel, 20. Vgl. auch Menninghaus, Ekel.

[112] Der „Geschmackskonservatismus" beziehe sich insbesondere auf die Würzung von Speisen, so Tolksdorf, Essen, 357. Bereits zu Beginn des 20. Jahrhunderts hatte der Ernährungsphysiologe Max Rubner geäußert, dass „die wahre Fremde" dort beginne, „wo anders gegessen" werde, und dass oft eher die Muttersprache als die heimische Küche verlernt würde (Rubner, Wandlungen, 15f.).

[113] Dies stellt Braun, Sozio-kulturelle Probleme, 220, heraus.

[114] Siehe Kap. 5.1.

Bundesrepublik maßgeblich veränderte, bildete die ‚Gastarbeiter'-Migration zwischen 1955 und 1974. Es waren die süd(ost)europäischen Küchen der angeworbenen Arbeitsmigranten, die zum Boom des ausländischen Gastgewerbes seit den 1960er Jahren entscheidend beitrugen und bis heute diesen Gastronomiesektor dominieren. Im Folgenden soll die rasante Entwicklung der ausländischen Gastronomie zunächst in ihrer quantitativen Dimension skizziert werden, bevor dann auf die in der Bundesrepublik prominenten ausländischen Küchen eingegangen wird. Insofern die sogenannten Gastarbeiterküchen die ausländische Gastronomie hierzulande maßgeblich prägten und im Zentrum dieser Studie stehen, wird ihre Etablierung in der Bundesrepublik ausführlicher dargelegt werden, während die übrigen, nämlich west-, nord- und osteuropäischen sowie die außereuropäischen Küchen, nur kursorisch behandelt werden können.

2.3.1 Die sogenannten Gastarbeiterküchen

Trotz der skizzierten Kontinuitäten in der Geschichte der ausländischen Gastronomie setzte eine sich nicht nur auf Groß-, sondern auch auf Mittelstädte erstreckende Diffusion ausländischer Restaurants erst im Laufe der 1960er Jahre ein und verstärkte sich in den 1970er Jahren deutlich.[115] Anders als der Deutsche Hotel- und Gaststättenverband (DEHOGA) vermutete und hoffte, erreichte die Zahl ausländischer Restaurants aber auch 1980 nicht ihren Höchststand[116], sondern wuchs ab Mitte der 1980er Jahre nochmals rapide. Diese Entwicklung erfasste nun auch den ländlichen Raum, wo ausländische Pächter vielerorts dafür sorgten, dass das Gasthaussterben auf den Dörfern weniger drastisch ausfiel.[117] Keine andere Sparte der Gastronomie erlebte in den 1980er Jahren einen vergleichbaren Aufschwung.[118]

Der Erfolg der ausländischen Gastronomie ging v.a. auf Kosten der ‚ein-

---

[115] „Selbst in deutschen Mittelstädten haben sich Restaurants niedergelassen, die von Ausländern bewirtschaftet werden, mit dem Zweck, den Bundesdeutschen mit ihren verwöhnten Zungen fremden Feingeschmack auf den Tisch zu zaubern. Die Zahl solcher ‚Fremdküchen' ist aber in den deutschen Großstädten besonders in die Augen springend" („Fremde Küchen" kochen für deutsche Feinschmecker. In: NGZ 23/18 [1970], 12). Im Adressbuch der Stadt Köln von 1960 sind insgesamt nur elf und 1968 dann 14 ausländische Restaurants aufgeführt, deren Zahl 1973 aber auf beachtliche 62 gestiegen war (vgl. Greven's Adressbücher, Köln 1960, 1968 u. 1973).

[116] Zur Position des DEHOGA und seiner Sorge, dass die deutschen Betriebe u. a. durch den Kostendruck ausländischer Familienbetriebe gefährdet seien, siehe ebd., 114. Zum DEHOGA als Wirtschafts- wie Arbeitgeberverband siehe Voswinkel, Im Schatten, 101.

[117] Vgl. Heller, Kritik, 193. Wie im Falle der städtischen ‚Tante-Emma-Läden' hat sich hier eine ökonomische Nische für Ausländer aufgetan.

[118] Vgl. Jenn, Deutsche Gastronomie, 163; Gastgewerbe in Hamburg, 5.

2.3 Die ausländische Gastronomie in der Bundesrepublik 73

fachen' und ‚gutbürgerlichen' Restaurants mit deutscher Küche.[119] Dass in Westdeutschland seit den späten 1960er Jahren ein Verdrängungsprozess stattfand, konstatierte der Restaurantkritiker Klaus Besser bereits 1974, wenn er davon sprach, dass sich „zwei Angriffskeile gegen die deutsch-bürgerliche Küche" formiert hätten, nämlich zum einen die französische Nouvelle Cuisine und zum anderen „die Gastarbeiter, die die deutsche Gast-Wirtschaft mit Pizzas, Gambas, Balkan-Spießen und allerlei fremdartigem Getier attackierten".[120] In nationalen Kategorien wurde auch die Übernahme des „Union-Bräu" in München Ende der 1960er Jahre formuliert: „Jetzt ist der Balkan eingezogen"; das „alte ‚Deutsche Reich'" existiere nicht mehr, heißt es im Stadtführer *München von 7 bis 7*.[121] Bereits zu diesem Zeitpunkt war in einem Restaurantführer das Düsseldorfer „Sportrestaurant Mehl" als „eines der selten gewordenen ‚gutbürgerlichen Lokale'" und damit als aussterbender Betriebstyp vorgestellt worden.[122] Ähnliche Entwicklungen vollzogen sich auch in Österreich, wo die Zunahme ausländischer Gaststätten ebenfalls zu Lasten der klein- bis gutbürgerlichen Wiener Küche ging.[123] Die 1970 geäußerte Hoffnung der deutschen Gastronomiefachwelt, dass „die Heimischen doch mit der Tradition" so verwachsen und die „exotischen Genüsse" allzu „besonders geartet" seien, als dass sie sich längerfristig oder im Alltag durchsetzen könnten[124], sollte sich schnell als Trugschluss erweisen.

Hatte es 1975 schätzungsweise etwa 20 000 ausländische Gaststätten in der Bundesrepublik gegeben, verdoppelte sich diese Zahl binnen eines Jahrzehnts.[125] Bereits 1980 waren fast 25 % der Restaurants in bundesdeutschen Großstädten in ausländischer Hand.[126] Allerdings verteilten sich diese Betriebe regional recht ungleichmäßig. Während in Bremen Anfang der 1980er Jahre

---

[119] Vgl. Balke, Untersuchungen, 115; DEHOGA, Angebots- und Nachfrageveränderungen, 73 u. 77. Doch noch im Jahre 2004 boten rund 50 % der Gaststätten in der Bundesrepublik deutsche Küche an, wobei die Differenzen zwischen Ost und West sehr groß sind. Während in Ostdeutschland die deutsche Küche noch überwiegt, dominieren in den westdeutschen Metropolen die ausländischen Küchen (vgl. Armbruster/Koppa/Püschel, Fernweh, 94).
[120] Besser, nach Köln, 26.
[121] Union-Bräu. In: München von 7 bis 7, 1968, 178.
[122] Gutzmer, Sportrestaurant, 226.
[123] Vgl. Tschofen, Nahrungsforschung, 135. Ganz anders die Entwicklung in Frankreich, wo die ausländische Gastronomie weit weniger erfolgreich war und Restaurants mit französischer Küche zunächst nicht verdrängen konnte (vgl. Mennell, All Manners, 330). Erst in jüngster Zeit ist hier ein Wandel zu konstatieren.
[124] „Fremde Küchen" kochen für deutsche Feinschmecker. In: NGZ 23/18 (1970), 12.
[125] Vgl. Grimm, Gastgewerbe, 11. Für Gießen hat Susanne Köhler eine Zunahme des Anteils ausländischer Gaststätten von 3 % im Jahre 1960 auf 28 % im Jahre 1992 errechnet (vgl. Köhler, Kulturelle Vielfalt, 330).
[126] Vgl. Immer mehr Ausländer werden in deutschen Großstädten Gastwirt. In: FAZ v. 9.10.1980.

74   2. Die ausländische Gastronomie in Deutschland

etwa 20 % der Gaststätten von Ausländern betrieben wurden, lag ihr Anteil in München bei 25 %, was dem bundesweiten Durchschnitt entsprach, in Berlin knapp darüber bei 28 % und in Stuttgart sogar bei mehr als 40 %.[127] In einigen Stadtvierteln von Frankfurt, Stuttgart, Nürnberg und Berlin wurde bereits 1980 über die Hälfte der Lokale von Ausländer geführt.[128]

Auch wenn ausländische Gaststätten weder bundesweit noch auf Landes- oder kommunaler Ebene systematisch erfasst werden und die hohe Fluktuation ihre Registrierung zusätzlich erschwert, also keine verlässlichen statistischen Angaben vorliegen[129], erlaubt das obligatorische Unterrichtungsverfahren für Gastwirte, das von den IHKs durchgeführt wird, doch immerhin, die Entwicklung der ausländischen Gastronomie näherungsweise zu bestimmen. Über den Unterrichtungsnachweis, der mit dem neuen Gaststättengesetz vom Mai 1970 eingeführt wurde und im Volksmund auch unter der Bezeichnung ‚Bulettenschein' bekannt ist, sollen bei zukünftigen Gastronomen Grundkenntnisse v.a. auf dem Gebiet des Lebensmittelrechts sichergestellt werden.[130] Anders als die Gewerbeanträge von Nicht-EWG-Ausländern, von denen bis zu 50 % keine Befürwortung erfuhren, vermitteln die Unterrichtungsnachweise, die zumeist erst nach Genehmigung eines Antrags angestrebt wurden, insofern ein präziseres Bild, als sie über die an Ausländer erteilten Neukonzessionen näherungsweise Auskunft geben können.[131] Bis 1975 wurde die Zahl der Ausländer, die an den Unterrichtungsverfahren teilnahmen, von den IHKs nicht bundeseinheitlich registriert. Ab 1976 jedoch wurden diese vielfach gesondert erfasst. Deutliche Schwerpunkte ausländischer gastgewerblicher Aktivitäten zeichneten sich Mitte der 1970er Jahre v.a. in Baden-Württemberg, im Rhein-Main-Gebiet und in Nordrhein-Westfalen ab.[132] In Nordrhein-Westfalen wurden entsprechend von

---

[127] Vgl. Immer mehr Ausländer streben nach Selbständigkeit. In: FAZ v. 22.1.1983. 1986 erwirtschaftete die ausländische Individualgastronomie in der Bundesrepublik knapp 19 % des Umsatzes (vgl. Meyerhöfer, Struktur, 37, Tab. 7).
[128] Vgl. Balke, Untersuchungen, 89.
[129] Es lassen sich also nur, wie bereits Loeffelholz/Gieseck/Buch, Ausländische Selbständige, 58, herausgestellt haben, aus (unsystematischen) Einzelerhebungen abgeleitete Ergebnisse über die Struktur der ausländischen Gastronomie darlegen. Auch für die Entwicklung der deutschen Gastronomie insgesamt liegt lediglich fragmentarisches statistisches Material vor, dessen Auswertung durch die häufig wechselnden Klassifizierungen der einzelnen gastgewerblichen Einrichtungen noch zusätzlich erschwert wird.
[130] Vgl. Gaststättengesetz v. 5.5.1970 (BGBl. I S. 465), § 4 Abs. 1 Nr. 4; Unterrichtung im Gastgewerbe; Allgemeine Verwaltungsvorschrift über den Unterrichtungsnachweis im Gaststättengewerbe (Vvw Unterrichtungsnachweis). In: Bundesanzeiger Nr. 78 v. 27.4.1971, 1.
[131] Zwar wurde nicht jeder Teilnehmer später auch tatsächlich Gaststättenbetreiber; aber aufgrund der Zeit, die für die Unterrichtung aufgebracht werden musste, und der zu entrichtenden Gebühr können die Unterrichtungsnachweise als relativ verlässlicher Indikator der Entwicklung der ausländischen Gastronomie gelesen werden.
[132] Über 10 % ausländische Teilnehmer am Unterrichtungsverfahren verzeichneten 1976 die

2.3 Die ausländische Gastronomie in der Bundesrepublik

zahlreichen Kammern Unterrichtungen auch in anderen Sprachen angeboten, während diese in den übrigen Bundesländern meist konzentriert bei einer einzelnen Kammer stattfanden.[133] 1978 war bundesweit jeder zehnte, 1979 dann bereits jeder achte Teilnehmer am Unterrichtungsverfahren ausländischer Herkunft. Regional konzentrierten sich die ausländischen Bewerber weiterhin im Raum Frankfurt, wo bereits 1979 fast jeder dritte zukünftige Gastwirt aus dem Ausland stammte.[134] 1980 betrug der Ausländeranteil bei den Unterrichtungsverfahren dann bundesweit beinahe 16 % und stieg bis 1984 auf 17,4 %, wobei 56,7 % der ausländischen Teilnehmer aus EWG-Mitgliedsstaaten stammten.[135]

Die Zentren der ausländischen Gastronomie lagen in den Großstädten und den industriellen Ballungsgebieten der Bundesrepublik, wo sich auch die migrantische Bevölkerung konzentrierte, die sich von ihrer Anwerbung bis in die Gegenwart hinein v.a. in Städten mit über 100 000 Einwohnern und weit weniger in Kleinstädten und ländlichen Regionen niedergelassen hat.[136] Der Boom der ausländischen Gastronomie seit den 1960er Jahren verdankt sich v.a. dieser Migration aus Südeuropa (inklusive der Türkei). Im Folgenden sollen die zentralen Entstehungsbedingungen der Gaststättengründungen der Arbeitsmigranten skizziert werden, bevor in den Kapiteln 4 bis 6 dann die italienische, jugoslawische und griechische sowie die türkische Küche eine ausführliche Erörterung erfahren.

Für den Erfolg dieser sogenannten Gastarbeiterküchen erweist sich die Verflechtung zweier Mobilitätsformen, nämlich der Konnex von Migration und Tourismus, als besonders bedeutsam, stellten die Mittelmeerländer Italien, Spanien, Jugoslawien, Griechenland und die Türkei doch die ‚Hauptanwerbeländer' und zugleich – nach Österreich – die beliebtesten Reiseziele der

---

Kammern Karlsruhe, Baden-Baden, Schopfheim, Reutlingen, Ludwigsburg, Esslingen, Nürtingen und Ulm in Baden-Württemberg; Aschaffenburg, München und Nürnberg in Bayern; Bremen; Friedberg, Gießen, Hanau, Limburg und Offenbach in Hessen; Arnsberg, Bielefeld, Bonn, Krefeld, Neuss und Wuppertal in Nordrhein-Westfalen sowie Ludwigshafen und Mainz in Rheinland-Pfalz. Vgl. DIHT an die Industrie- und Handelskammern/Mitglieder des AK Gaststättenrecht, 25.5.1976, Anlage: Fünf Jahre Gaststättenunterrichtungen bei den Industrie- und Handelskammern – Ein Beitrag zum Schutz der Verbraucher, BArch B 102/256870.

[133] So war die IHK Stuttgart für Baden-Württemberg, die IHK München für Bayern und die IHK Frankfurt a.M. für Hessen zuständig.

[134] Vgl. Wirtekarussell dreht sich weiter. In: Bayerisch-Schwäbische Wirtschaft v. 15.8.1980; Ausländer zieht's hinter die Theke. Jeder achte Wirt spricht eine fremde Sprache. In: LA, 4.7.1980.

[135] 1986 verzeichnete Berlin mit 27,8 % und 1987 Hessen mit 32,2 % den höchsten Anteil an nicht-deutschen Teilnehmern bei den Unterrichtungsverfahren (vgl. Köhler, Internationalisierung, 24, Tab. 11).

[136] Noch zur Jahrtausendwende lebten 86 % der Griechen, 82 % der Italiener, 81 % der Jugoslawen und 77 % der Türken in Großstädten (vgl. Institut der deutschen Wirtschaft Köln, Ausländer, 52).

Bundesdeutschen dar. Während Italien bereits Anfang der 1960er Jahre mehr als 1,5 Millionen deutsche Touristen verzeichnen konnte, galt dies für Spanien erst Anfang der 1970er Jahre und für Jugoslawien erst ab Mitte der 1970er Jahre. Nach Griechenland und in die Türkei reiste zu diesem Zeitpunkt jährlich etwa eine halbe Million Deutsche.[137] 1969 stellten die Arbeitsmigranten aus Italien, mit dem die Bundesrepublik 1955 das erste Anwerbeabkommen geschlossen hatte, mit gut einer halben Million Personen den größten Anteil an ‚Gastarbeitern‘, gefolgt von den Jugoslawen mit 331 576, den Türken mit 322 421, den Griechen mit 271 313 und den Spaniern mit 206 895 Personen.[138] Seit Anfang der 1970er Jahre bildeten dann die türkischen Migranten die größte Gruppe unter den ‚Gastarbeitern‘ und überschritten 1974, im Jahr des Inkrafttretens des von der Bundesregierung verhängten Anwerbestopps[139], die Millionengrenze. Zu diesem Zeitpunkt lebten 707 771 Migranten aus Jugoslawien, 629 628 aus Italien, 406 394 aus Griechenland und 272 676 aus Spanien in der Bundesrepublik.[140] Mit der – erklärungsbedürftigen – Ausnahme der Spanier (und Portugiesen) sind die genannten Gruppen zugleich diejenigen, die das ausländische Gastgewerbe in der Bundesrepublik seit Jahrzehnten klar dominieren.

Im Gegensatz zur Entwicklung etwa der chinesischen Gastronomie in der Bundesrepublik, die größtenteils von professionellen Gastronomen vorangetrieben wurde, ist bei der Diffusion der Mittelmeerküchen von einer weit höheren Zahl migrantischer Restaurateure auszugehen, die keinerlei oder kaum berufliche Erfahrungen im Gastgewerbe besaßen und nicht mit der Absicht in die Bundesrepublik gekommen waren, sich in der Gastronomie selbständig zu machen. Vielmehr legen die Gewerbeanträge nahe, dass ein Großteil der Gaststättengründungen auf Arbeitsmigranten zurückging, die zuvor in anderen Berufen tätig gewesen waren, bevor sie in der Gastronomie eine Nische entdeckten, um sich selbständig zu machen. Viele allerdings hatten im Anschluss an ihre anderweitige Tätigkeit in der bundesdeutschen Wirtschaft als Kellner oder Geschäftsführer in der Gastronomie gearbeitet, bevor sie sich für die Selbständigkeit entschieden.[141] Insofern in Service und Küche beschäftig-

---

[137] Vgl. Balke, Untersuchungen, 92, Tab. 18. Mitte der 1980er Jahre erzielten die Reiseländer Griechenland, Portugal und Türkei (neben Großbritannien) mit jeweils über 20 % die höchsten Zuwachsraten beim Auslandstourismus; das in der Türkei ausgegebene Reisebudget der Bundesdeutschen erhöhte sich von 1984 auf 1985 gar um fast 78 % (vgl. G+J Branchenbild Nr. 19, 5).

[138] Vgl. Lederer, Migration, 47, Tab. 1.2.1. Die Anwerbeabkommen mit Griechenland und Spanien waren 1960, die Abkommen mit der Türkei 1961, mit Marokko 1963, mit Portugal 1964, mit Tunesien 1965 und mit Jugoslawien 1968 geschlossen worden.

[139] Zur (Vor-)Geschichte des Anwerbestopps siehe Herbert/Hunn, Gastarbeiter.

[140] Vgl. Lederer, Migration, 47, Tab. 1.2.1.

[141] Siehe die entsprechenden Ausführungen in den Kapiteln 4 bis 6 sowie Kap. 3.2.2, Tab. 2.

te Ausländer ein Charakteristikum des Gastgewerbes darstellen und für die Geschichte migrantischer Unternehmensgründungen auf diesem Sektor eine nicht zu vernachlässigende Rolle spielen, soll im Folgenden zuerst ein kurzer Blick auf diese spezifische Gruppe von Arbeitsmigranten geworfen werden, um danach die ‚Gastarbeiter' auch als neue Kunden des bundesdeutschen Gaststättengewerbes zu betrachten und schließlich ihre Betriebsgründungen in der Bundesrepublik zu thematisieren.

Ausländische Migranten als Arbeitskräfte und Gäste in der bundesdeutschen Gastronomie

Im Zuge der bundesdeutschen Anwerbepolitik kamen zwischen 1955 und 1974 Tausende von ausländischen Arbeitnehmern im Gastgewerbe zum Einsatz, anfangs jedoch noch kaum in ausländischen Spezialitätenrestaurants, sondern v.a. in Gaststätten mit deutscher und internationaler Küche sowie in Bars und Hotels. Nicht wenige der im Gastgewerbe beschäftigten Arbeitnehmer machten sich nach einigen Jahren abhängiger Erwerbstätigkeit im gastronomischen Sektor selbständig, und zwar besonders häufig – nicht zuletzt aufgrund der bundesdeutschen Verwaltungspraxis[142] – im Segment der ausländischen Gastronomie.

Das Hotel- und Gaststättengewerbe weist einige Besonderheiten auf, die es für Arbeitnehmer zu einem eher unattraktiven Berufsfeld machen. 1959 betrug das durchschnittliche Lohnniveau im Gastgewerbe lediglich 78,2 % des Gehalts aller Arbeitnehmer im Bundesgebiet.[143] In Verbindung mit den für das Familien- und Sozialleben wenig verträglichen Arbeitszeiten führte das zu einem erheblichen und permanenten Arbeitskräftemangel in der bundesdeutschen Gastronomiebranche.[144] So blieben im Frühjahr 1955 10 000 Arbeitsplätze im Gastgewerbe unbesetzt, und noch Mitte der 1970er Jahre, als fast alle Sparten der Wirtschaft hohe Arbeitslosenquoten aufwiesen, hielt die Nachfrage nach Fach- wie nach Hilfskräften in der Gastronomie weiter an.[145]

Seit den frühen 1950er Jahren hatten die Verbände des Hotel- und Gaststättengewerbes die Bundesregierung gedrängt, die Anwerbung ausländischer

---

[142] Siehe Kap. 3.2.
[143] Vgl. Die Lage im Hotel- und Gaststättengewerbe: Vorschläge der NGG zur Neuregelung der Lohn- und Arbeitsbedingungen [o.J.], 13, AdsD NGG 456. Noch in den 1990er Jahren gehörten die meisten Berufe des Gastgewerbes zum unteren Einkommensspektrum (vgl. Die Gewerkschaft Nahrung, Genuß, Gaststätten will die Realeinkommen sichern. In: FAZ v. 30.11.1993). Zur Tarifpolitik der Gewerkschaft siehe Buschak, Von Menschen, Kap. XXIII.
[144] Dass das Gastgewerbe auch im Hinblick auf die Arbeitszeitverkürzung den anderen Branchen mit deutlicher Verzögerung folgte, stellt Voswinkel, Im Schatten, 269, heraus. Vgl. auch [NGG-]Jahresbericht 1956/1959, 93.
[145] Der Mangel an Fachkräften. In: DG 8/18 (1955), 29; Trotz hoher Arbeitslosenzahlen: Gastgewerbe sucht Mitarbeiter! In: NGZ 28/9 (1975), 4.

Arbeitskräfte für die Gastronomie zu genehmigen.[146] Nach Abschluss des Anwerbeabkommens zwischen der Bundesrepublik und Italien im Dezember 1955 setzte schließlich eine umfangreiche Rekrutierung ausländischen Personals ein. 1962 waren bereits 17 000 ausländische Arbeitskräfte für eine Tätigkeit im bundesdeutschen Gastgewerbe angeworben worden.[147] Bis 1974 – hier schwanken die Angaben je nach zugrunde gelegter Statistik – stieg der Ausländeranteil in der Gastronomie auf fast 15 % bzw. gut 22 % an und lag damit höher als im Berg- und Straßenbau.[148] Auch in den 1980er und 90er Jahren bestand der relativ hohe Ausländeranteil im Gastgewerbe fort.[149] Dabei verteilten sich die Ausländer ungleichmäßig auf die verschiedenen Regionen: 1980 etwa wies Schleswig-Holstein mit nur 7 % ausländischen Arbeitnehmern im Gastgewerbe die niedrigste Quote auf; den höchsten Ausländeranteil verzeichneten mit 26 bzw. 27 % Berlin und Hessen.[150] Das größte Kontingent an ausländischem Personal im bundesdeutschen Hotel- und Gaststättengewerbe stellten bis 1968 italienische, ab 1969 dann jugoslawische Arbeitskräfte.[151] 1971 machten Italiener und Jugoslawen zusammen fast 74 % des ausländischen Personals in dieser Branche aus.[152] Arbeitskräfte aus den übrigen Anwerbeländern waren in weit geringerem, wenn auch im Laufe der 1970er Jahre in

---

[146] Vgl. Anwerbung ausländischer Arbeitskräfte. Was tut die Bundesregierung? In: NGZ 8/22 (1955), 18; Die Arbeitserlaubnis für Ausländer. Widerspruchsvolle Stellungnahme des Präsidenten der Bundesanstalt. In: DG 8/46 (1955), 6; Der Mangel an Arbeitskräften. Personalschwierigkeiten zwingen zur Beschränkung – Wird der Gast das rechte Verständnis haben? In: DG 8/35 (1955), 1–2.
[147] Vgl. Lage im Hotel- und Gaststättengewerbe, 10, AdsD NGG 456.
[148] Vgl. Balke, Untersuchungen, 51, Tab. 12, u. 67; DIHT-Stellungnahme zur Ausländerproblematik, Bonn, September 1982, 4, RWWA 822/60 W11 T.3 B-3 Bd. 2. Für die 1970er Jahre kommt Balke, Untersuchungen, 50, Tab. 11, auf Basis des Mikrozensus auf einen Ausländeranteil, der sich zwischen 14,5 und 15,8 % bewegt. Auf derselben Grundlage hatte Ursula Mehrländer für 1965 eine Ausländerquote im Gastgewerbe von 7,6 % und für 1967 von 8,6 % errechnet (vgl. Mehrländer, Beschäftigung, 18, Tab. 4). Die Angaben der Bundesanstalt für Arbeit hingegen, die auf den Zahlen sozialversicherungspflichtiger Arbeitnehmer basieren, liegen deutlich höher, nämlich für die 1970er Jahre bei gut 20 % (vgl. Sonderdruck aus *Amtliche Nachrichten der Bundesanstalt für Arbeit* 24 (1976), Nr. 3, Nürnberg, im März 1976, Tab. Nr. 9, AdsD NGG 148). Der Anteil der in der Gastronomie beschäftigten Ausländer im Verhältnis zu den insgesamt in der BRD arbeitenden Ausländern blieb in diesem Zeitraum relativ konstant; er betrug 1961 3,2 %, 1967 3,9 % und 1972: 3,7 % (vgl. Balke, Untersuchungen, 51, Tab. 12).
[149] Vgl. DIHT-Stellungnahme zur Ausländerproblematik; Hermann, Gastarbeiter, 1004.
[150] Vgl. Das Gastgewerbe in Zahlen, AdSD NGG 430. Der Frauenanteil lag bei den ausländischen Arbeitnehmern Mitte der 1980er Jahre mit 45 % signifikant niedriger als bei den deutschen Belegschaften in Hotels und Gaststätten (vgl. Heider, Lage, 229).
[151] Vgl. Balke, Untersuchungen, 49.
[152] Vgl. Tabellarische Aufstellung über ausländische Arbeitnehmer in der Nahrungs- und Genußmittelindustrie und im Hotel- und Gaststättengewerbe, AdsD NGG 140.

zunehmendem Maße vertreten.[153] Mit 35 % war der Anteil der Ausländer am Hilfspersonal besonders hoch. Anders als in anderen Branchen jedoch stellten ausländische Arbeitnehmer immerhin knapp 8 % des Fachpersonals im Gastgewerbe, wobei dies v.a. für die international ausgerichtete Hotellerie und weniger für die Gastronomie galt.[154] Konnte Fachpersonal wie etwa die Absolventen von Hotelfachschulen in geringer Zahl auch noch nach dem Anwerbestopp aus dem Ausland rekrutiert werden[155], bedeutete das Ende des ‚Gastarbeiter'-Systems im Jahre 1974 für das Hotel- und Gaststättengewerbe einen markanten Einschnitt, mit dem sich die Arbeitgeberseite nicht abfinden wollte. Die Bemühungen des DEHOGA, den Anwerbestopp aufzuheben oder eine zeitlich befristete Arbeitserlaubnis für Ausländer zu erwirken, stießen jedoch nicht nur bei der Bundesregierung[156], sondern auch bei der Gewerkschaft Nahrung-Genuss-Gaststätten auf Ablehnung.[157]

Der vermutlich größere Teil der ausländischen Belegschaften im bundesdeutschen Gastgewerbe ist nicht zum Zwecke einer Beschäftigung in Hotels oder Gaststätten angeworben worden. Viele der Angestellten waren für eine Tätigkeit in der Industrie rekrutiert worden und wechselten erst nach einer gewissen Zeit in die Gastronomiebranche. Zudem nutzten auch viele ausländische Studierende die sich hier bietenden Verdienstmöglichkeiten. V.a. wies das bundesdeutsche Gastgewerbe in zunehmendem Maße eine hohe Zahl illegal Beschäftigter auf, die selbstverständlich in keiner der zitierten Statistiken erfasst sind.[158] Entdeckte der Gewerbeaußendienst diese, wurden sie mitun-

---

[153] 1971 arbeiteten 17 033 Italiener, 24 030 Jugoslawen, 4017 Griechen, 4120 Spanier und 1098 Portugiesen im Hotel- und Gaststättengewerbe (vgl. Tabellarische Aufstellung über ausländische Arbeitnehmer, AdsD NGG 140). Während von den Jugoslawen und Italienern 5 % bzw. 4.2 % aller Arbeitnehmer im Gastgewerbe tätig waren, betrug die Quote für die griechischen und türkischen Arbeitskräfte nur 1,5 % bzw. 1,2 %, für die Spanier 2,2 % (vgl. Balke, Untersuchungen, 51, Tab. 12).
[154] Vgl. Heider, Lage, 230f.
[155] So versuchte die Senatsverwaltung für Arbeit und Soziales in Berlin, über zweisprachige Informationsbroschüren Abgänger italienischer Ausbildungsstätten für Hotel- und Gaststättenberufe zu erreichen; zudem wurden in der Zeitschrift *Incontri*, die sich an italienische Arbeitsmigranten im Bundesgebiet richtete, Anzeigen geschaltet, um Arbeitskräfte für das Berliner Gastgewerbe zu gewinnen (vgl. Sund, Arbeitskräftemangel, 4f.).
[156] Siehe die Verhandlungen des Deutschen Bundestages, 7. Wahlperiode, Anlagen zu den stenogr. Berichten, Bd. 191, Drucksache 7/2215 v. 10.6.1974; vgl. dazu auch Knortz, Diplomatische Tauschgeschäfte, 178.
[157] Vgl. Lage im Hotel- und Gaststättengewerbe, 10, AdsD NGG 456.
[158] Gerade im Rahmen des Familiennachzugs nachgereiste Ehefrauen, die mehrere Jahre auf eine Arbeitserlaubnis warten mussten, nahmen oft eine illegale Beschäftigung in der Gastronomie (oder privaten Haushalten) auf. Für portugiesische Migrantinnen betont dies Borges, Portugiesische Arbeitswanderer, 894.

ter in ihr Herkunftsland abgeschoben, und der Restaurantbetreiber musste mit dem Verlust seiner Konzession rechnen.[159]

Die ausländischen Migranten fungierten in der Gastronomie jedoch nicht nur als Arbeitskräfte, sondern stellten auch eine neue Gästeklientel dar. Gaststätten dienen nicht allein dazu, den Hunger oder den Durst zu stillen, sondern dienen auch als wichtige Kommunikationszentren. Gerade die ausländischen Arbeitsmigranten, die oftmals in beengten Wohnverhältnissen lebten, waren auf Orte angewiesen, an denen sie ihre Freizeit verbringen konnten. Zu Beginn der ‚Gastarbeiter'-Migration mangelte es in der Bundesrepublik an entsprechenden Einrichtungen. Viele der deutschen, aber auch der entstehenden ausländischen Restaurants waren den Migranten zu teuer.[160] In deutschen Gaststätten waren Ausländer zudem nicht immer willkommene Gäste; an der Eingangstür angebrachte Schilder mit der Aufschrift „Ausländer nicht erwünscht" oder „Keine Türken" stellten keine Seltenheit dar.[161] Das machen auch die Änderungen der Ausführungsvorschriften zum Gaststättengesetz 1984 in Berlin deutlich, nach denen die persönliche Unzuverlässigkeit eines Gastwirts fortan auch darin begründet liegen konnte, „daß er seine Befugnis, nach der Vertragsfreiheit Gästen den Besuch seiner Gaststätte zu untersagen, in der Weise mißbraucht, daß er willkürlich Personen lediglich wegen ihrer Hautfarbe, Rasse, Herkunft oder Nationalität vom Besuch seiner Gaststätte ausschließt".[162]

Insofern die hauptsächlich von Deutschen besuchten und betriebenen Gaststätten ausländischen Migranten also oft nur in eingeschränktem Maße zur Verfügung standen und sie immer wieder die Erfahrung räumlicher Ausgrenzung machen mussten[163], lag es nahe, Räume zu schaffen, die sich speziell an eine migrantische Klientel richteten. Das geschah in Form von sozialen Zentren für ‚Gastarbeiter', die von den Kommunen oder kirchlichen Trägern eingerichtet und in denen oft auch Speisen und Getränke aus den Herkunftsregionen angeboten wurden. V.a. aber schufen sich Migranten ihre eigenen Räume, sei es in Form von Vereinsgründungen, sei es in Form kommerzieller Gaststät-

---

[159] Vgl. Verlust der Konzession bei Beschäftigung von ausländischen Arbeitnehmern ohne Arbeitserlaubnis. In: Magazin der Großküchen und Kantinen 25/10 (1973), 528–529.
[160] Vgl. Dunkel/Stramaglia-Faggion, „Für 50 Mark", 210.
[161] Die Beispielen stammen aus: Rotter, Im Widerstreit, 97; John, Gesetze, 293.
[162] Verwaltungsvorschriften zur Änderung der Ausführungsvorschriften zum Gaststättengesetz und zur Gaststättenverordnung von Berlin vom 19.12.1984 (Dienstblatt des Senats von Berlin, Teil I Nr. 3, 23.1.1985, S. 40), zit. nach Fries, Bedeutung, 354, Anm. 144. Einmalige Zutrittsverbote konnten einen Widerruf der Erlaubnis jedoch nicht rechtfertigen (vgl. ebd., 356).
[163] Die „Ausgrenzung in Bezug auf Räume (Diskotheken, Cafes)" wird von Werner Schiffauer als konstante Erfahrung migrantischer Jugendlicher, die er 1982 in Berlin befragt hat, herausgestellt (Schiffauer, Opposition, 94; ausführlich dazu: ders., Gespräche).

ten. Das Anliegen, eine „Begegnungsstätte" für bestimmte Migrantengruppen zu schaffen, erleichterte es Ausländern, die zur selbständigen Erwerbstätigkeit berechtigende Aufenthaltserlaubnis zu erwirken und ein eigenes Lokal zu eröffnen.[164]

Gaststättengründungen durch ausländische Migranten – *ethnic business*?

Ähnlich wie die Flüchtlinge der Kriegs- und unmittelbaren Nachkriegszeit hielten auch viele der angeworbenen Arbeitsmigranten (zumindest anfangs) an der ihnen vertrauten Kost fest.[165] Bekannte Speisen zuzubereiten konnte helfen, ein Kontinuitätsgefühl herzustellen, das die durch die Migration bedingten biografischen Brüche zu überbrücken versprach. Das Kochen und Essen gewohnter Gerichte in der neuen Umgebung ist in diesem Sinne als Selbstversicherung zu verstehen, die zugleich auf die Sehnsucht nach dem verlassenen Zuhause antwortete – so diese denn vorhanden war. Häufig brachten sich Migranten die begehrten, aber in der Bundesrepublik anfangs nicht erhältlichen Nahrungsmittel von Reisen ins Herkunftsland mit oder ließen sie sich von Verwandten und Bekannten zuschicken.[166] Während diese Form der Versorgung besonders die Anfangsphase der ‚Gastarbeiter'-Migration prägte, veränderte sich mit dem Familiennachzug, der infolge des Anwerbestopps von 1973 nochmals beträchtlich an Fahrt aufnahm, die sozialstrukturelle Zusammensetzung der ausländischen Bevölkerung und mit dieser das vorherrschende Konsumverhalten. Nun wurden die gewünschten Lebensmittel auch in größerem Stil von ausländischen Gewerbetreibenden importiert, die damit eine ökonomische Nische besetzten und zunächst ihre Landsleute, zunehmend jedoch auch die nicht-migrantische deutsche Bevölkerung mit Produkten aus dem Süden versorgten.[167] Nicht nur

---

[164] Siehe etwa SfW, 15.8.1977, betr. Begegnungsstätte (mit Schankbetrieb) für jugoslawische Staatsangehörige, LAB B Rep. 010, Nr. 2233.

[165] Wenn auch die differierenden Ernährungsgewohnheiten von Deutschen und den verschiedenen Migrantengruppen seit Beginn der Anwerbepolitik thematisiert worden sind, so liegen umfangreichere soziologische und ernährungswissenschaftliche Untersuchungen erst seit Mitte der 1970er Jahre vor. Genannt seien: Narman, Türkische Arbeiter; Bolstorff-Bühler, Verzehrsgewohnheiten. Dies gilt auch für Untersuchungen über das allgemeine Konsum- und Freizeitverhalten der Arbeitsmigranten: Schildmeier, Freizeitmöglichkeiten; Hefner, Gastarbeiter. In die Auswertung der Einkommens- und Verbrauchsstichproben des Statistischen Bundesamtes wurden ausländische Haushalte erst im Jahre 1993 aufgenommen (vgl. Gedrich/Albrecht, Datenrecherche, 12).

[166] Vgl. Johansen, Sitten, 69.

[167] Auch für Großbritannien lässt sich zeigen, dass die Nachfrage nach national bzw. ethnisch markierten Gütern erst mit dem verstärkten Zuzug ausländischer Frauen und Kinder im Laufe der 1960er Jahre einsetzte (vgl. Blaschke et al., European Trends, 85). Die Produktions- und Distributionsseite dieses migrantischen Konsums ist wie dieser selbst für Deutschland noch nicht ausreichend erforscht. Für eine Diskussion der bisherigen

der ausländische Groß- und Einzelhandel, sondern auch ausländische Gaststätten erfüllten in dieser Hinsicht eine wichtige Versorgungsfunktion.

Die im Zuge der ‚Gastarbeiter'-Migration entstandenen ausländischen Lebensmittelgeschäfte, Imbisse und Restaurants werden in der sozialwissenschaftlichen Forschung häufig als *ethnic business* charakterisiert, also als Betriebe, die v.a. Landsleute (inklusive unbezahlter Familienangehöriger) beschäftigen, eine vornehmlich derselben Nationalität oder Ethnizität angehörende Klientel aufweisen und in Netzwerke eingebunden sind, zu denen insbesondere von Landsleuten geführte Zuliefererbetriebe gehören. Als ethnisch gilt ein Gewerbe also dann, wenn die Zugehörigkeit zu einer bestimmten ethnisch-nationalen Gruppe die sozioökonomischen Entscheidungen beeinflusst und ‚ethnische Solidarität' als eine maßgebliche Ressource fungiert.[168]

Für die ausländischen Gaststätten in der Bundesrepublik lässt sich jedoch festhalten, dass es sich hier um einen Bereich migrantischer Unternehmertätigkeit handelte, der sich schnell oder gar von Anfang an auch einem deutschen Publikum öffnete, also keineswegs vornehmlich eine Klientel aus Landsleuten ansprach.[169] Selbst wenn sich – wie für die ausländischen Lokale zu Beginn des 20. Jahrhunderts gezeigt – einige dieser Gaststättengründungen zunächst v.a. an Migranten aus dem entsprechenden Herkunftsland richteten, wurde früher oder später doch in den allermeisten Fällen ein wesentlich breiteres Publikum adressiert. Angesichts der Tatsache, dass sich viele Arbeitsmigranten einen Besuch in ausländischen Spezialitätenrestaurants nicht leisten konnten oder wollten, wäre der Boom, den die ausländische Gastronomie seit den 1960er Jahren erlebte, ohne eine Ausweitung der Kundschaft auf Deutsche, die an neuen kulinarischen Genüssen interessiert waren, nicht möglich gewesen.

Auch hinsichtlich der übrigen Charakteristika eines *ethnic business* bleibt zu fragen, ob sich nicht viele dieser vermeintlich spezifischen Merkmale ebenso in Kleingewerben finden lassen, die von Deutschen betrieben werden. Heißt es über ausländische Gaststätten, dass sie allein wegen der unbezahlten Mitarbeit von Verwandten ein überaus niedriges Preisniveau halten können, spielt doch auch in deutschen Geschäften und Restaurants die (ebenfalls oft unbezahlte) Tätigkeit von Familienmitgliedern, namentlich der Ehefrauen, eine zentrale Rolle.[170] Noch 1980 stellte die *Neue gastronomische Zeitschrift* fest, dass in kleinen Gaststätten in der Bundesrepublik fast ausschließlich auf mithelfende

---

Forschungsergebnisse und weitere Überlegungen im Hinblick auf türkische Lebensmittelgeschäfte siehe Kap. 6.3.

[168] Vgl. Hillmann, Ethnisierung, 417.
[169] Vgl. Goldberg/Şen, Türkische Unternehmer, 79. Mitte der 1990er Jahre bestand die Kundschaft der türkischen Gastronomie schätzungsweise zu 90 % aus Deutschen, so jedenfalls Iyidirli, Gastarbeiter, 9.
[170] Zur Bedeutung der mithelfenden Ehefrauen gerade in kleinen Betrieben siehe Niehuss, Familie, 265.

2.3 Die ausländische Gastronomie in der Bundesrepublik

Familienangehörige zurückgegriffen werde.[171] Welche Bedeutung dem Faktor ‚Ethnizität' für das Funktionieren dieser deutschen Betriebe zukommt, wird in der Forschung zum *ethnic business* – m. E. zu Unrecht – nicht diskutiert.[172]

Im Vergleich zu anderen ausländischen Gewerben wie auch zu deutschen Kleinbetrieben in der Gastronomie wies das ausländische Gaststättenwesen sogar einen relativ hohen Anteil an Beschäftigten auf, die nicht zur Familie der Betreiber gehörten. Allerdings waren die oftmals aus demselben Herkunftsland stammenden Angestellten vielfach von Verwandten oder Bekannten empfohlen worden.[173] Darüber hinaus begannen auch Migranten seit den 1980er Jahren in zunehmendem Maße, andere Formen der Betriebsorganisation zu erproben, z. B. mit Bekannten und Freunden zusammenzuarbeiten oder zusätzliches deutsches Küchenpersonal einzustellen, um den Geschmack der deutschen Klientel besser bedienen zu können.[174] Dabei sind es v.a. selbständig erwerbstätige Migrantinnen, die nur in geringem Maße auf familiäre oder ethnische Netzwerke zugreifen (können).[175]

Dennoch ist die Bedeutung verwandtschaftlicher Netzwerke nicht zu unterschätzen. Gerade bei der Finanzierung eines neuen Betriebs spielten diese oftmals eine wesentliche Rolle, nahmen Migranten doch weit seltener als deutsche Existenzgründer Bankkredite in Anspruch.[176] Die Banken halten sich bei der Kreditvergabe im Gastronomiesektor generell zurück; ihre Stelle nehmen seit vielen Jahrzehnten die Brauereien ein. Gerade in den Städten gehört eine Mehrzahl der gastgewerblichen Betriebe Brauereien, die ihre Gaststätten

---

[171] Vgl. Der gastgewerbliche Arbeitsmarkt. In: NGZ 33/6 (1980), 5. Dies galt auch noch 1985 (vgl. Gastgewerbe im Trend – Trends im Gastgewerbe. In: NGZ service manager 38/10 [1985], 110-114: 110). Zur Verflechtung von Betrieb und Familie als zentralem Charakteristikum mittelständischer Lebensform in der Bundesrepublik siehe Scheybani, Mittelstand, 144f. u. 149.

[172] Für Großbritannien und die USA benennen dieses Desiderat Barrett/Jones/McEvoy, Ethnic Minority Business, 804. Auch die verbreitete Annahme, dass in ausländischen (Familien-)Betrieben das Tarifrecht und gewerkschaftliche Forderungen „in der Regel nicht zum Tragen" kämen (Stavrinoudi, Struktur, 29), müsste anhand eines Vergleichs mit deutschen Klein(st)betrieben überprüft werden.

[173] So Blaschke/Ersöz, Turkish Economy, 41, über türkische Gaststätten in Berlin.

[174] Für das Beispiel eines deutschen Kochs in einem türkisch geführten Lokal siehe Pécoud, Cosmopolitanism.

[175] Mithelfende Familienangehörige finden sich in den von Migrantinnen geleiteten Geschäften und Lokalen kaum (vgl. Albers, Researching Self-employed Immigrant Women, 296). Geschlechtsspezifische, aber auch generationelle Unterschiede sind in diesem Zusammenhang also von entscheidender Bedeutung, so Hillmann, Türkische Unternehmerinnen. Zum geschlechtsspezifisch unterschiedlichen Zugang zu ‚ethnischen Ressourcen' siehe auch Erdem, Migrantinnen, 105.

[176] Zu den Problemen ausländischer Gewerbetreibender mit dem deutschen Bankensystem siehe Blaschke, Herkunft, 3. Insbesondere Türken griffen äußerst selten auf ‚Fremdkapital' zu.

verpachten und an diese Pacht die obligatorische Abnahme eines bestimmten Bierkontingents koppeln. In den frühen 1980er Jahren waren etwa 60–80 % aller gastronomischen Betriebe langfristig an Brauereien gebunden.[177] Die wirtschaftliche Abhängigkeit der Gastwirte von den Brauereien, die bereits zu Beginn des 20. Jahrhunderts Anlass zu heftiger Kritik gab, stellt einen bestimmenden Faktor in der Geschichte der Gastronomie in Deutschland dar.[178] Während die Brauereien gegenüber dem organisierten Handel (etwa im Hinblick auf den Flaschenbierpreis) immer wieder Zugeständnisse machen mussten, befanden sie sich gegenüber den einzelnen Gastronomen stets in einer überlegenen Verhandlungsposition.[179]

Auch ein Großteil der ausländischen Gastronomen in der Bundesrepublik nahm die Finanzierungshilfen von Brauereien in Anspruch.[180] Diese hatten zumindest immer dann, wenn sich keine geeigneten deutschen Pächter fanden, ein großes Interesse an der Verpachtung an Ausländer[181] und gerieten dadurch bisweilen mit den zuständigen Behörden in Konflikt, welche die Zahl der ausländischen Selbständigen möglichst gering zu halten suchten. Entgegen den ausländerpolitischen Richtlinien, die Migranten zwar als ‚Gastarbeiter', nicht aber als selbständig Erwerbstätige in der bundesdeutschen Wirtschaft vorsahen, vertraten die Brauereien, wenn es ihren Geschäftsinteressen entsprach, die Ansicht, dass es vom wirtschaftspolitischen Standpunkt her zu begrüßen sei, wenn Ausländer die in Deutschland erarbeiteten Ersparnisse wieder der

---

[177] Vgl. Schückhaus, Systematisierte Gastronomie, 8.
[178] Von einem „Krebsschaden unseres modernen volkswirtschaftlichen Lebens" war etwa 1909 in Reformen und Gastgewerbe. In: Reichsblatt v. 19.3.1909, die Rede. Bereits 1899 war aufgrund der häufig im Besitz der Großbrauereien befindlichen Realrechte das „empfindliche Abhängigkeitsverhältnis der Wirte von den Brauereien" moniert worden (Trefz, Ortsstatut, 20).
[179] Vgl. Marktstrategie zwischen Faß und Flasche. In: Ernährungswirtschaft Nr. 6 (1984), 6–7: 6.
[180] Dies hat für die griechischen Gastronomen in Berlin Stavrinoudi, Struktur, 21, gezeigt. Von den 95 im Dezember 1980 in Gießen betriebenen Gaststätten waren lediglich acht im Besitz der Betreiber, von denen sechs die deutsche und zwei eine ausländische Staatsangehörigkeit besaßen; 39 waren Pachtbetriebe von Brauereien oder Getränkevertrieben (vgl. Balke, Untersuchungen, 107).
[181] So erklärte die Schultheiss-Brauerei im Hinblick auf eine Schankwirtschaft am Kottbusser Damm in Berlin, dass sie für dieses Objekt keinen deutschen Pächter bekommen habe und nun an eine Jugoslawin verpachten wolle (vgl. BA Neukölln an SfW, 24.4.1975, LAB B Rep. 010, Nr. 2233). Dass die Brauereien allerdings meist nur solche Standorte an Ausländer verpachteten, die von Deutschen nicht mehr nachgefragt wurden oder an denen bereits mehrere deutsche Pächter gescheitert waren, betont Balke, Untersuchungen, 81; in ausländischen Gaststätten wurde im Durchschnitt nämlich weniger Bier konsumiert.

2.3 Die ausländische Gastronomie in der Bundesrepublik

deutschen Wirtschaft zuführten.[182] Boten die Brauereien mittels ihrer Kreditvergabe und häufig auch der Bereitstellung des Inventars vielen Gastronomen überhaupt erst die Möglichkeit, sich selbständig zu machen, führte die Abhängigkeit vom Geldgeber und die Verpflichtung, ein bestimmtes Kontingent an Bier abzunehmen, bei einigen Gaststättenbetreibern in eine Verschuldungsspirale, die nicht selten mit der Kündigung des Pachtvertrags durch die Brauereien und weitgehenden Pfändungen endete.[183]

Welches waren die hauptsächlichen Beweggründe für Migranten, sich selbständig zu machen und diesen Schritt im Gastronomiesektor zu wagen? Als zentrales Motiv für eine selbständige Erwerbstätigkeit wird in Umfragen unter Personen ‚mit Migrationshintergrund', die im deutschsprachigen Raum erst seit Mitte der 1980er Jahre durchgeführt worden sind, v.a. der Wunsch nach Autonomie und Unabhängigkeit angegeben. Einer körperlich weniger anstrengenden Arbeit nachzugehen, die eigene Kontrolle über den Arbeitstag zu besitzen und zumindest einigen Formen des institutionellen wie des alltäglichen Rassismus am (alten) Arbeitsplatz zu entgehen, spielten in diesem Zusammenhang eine nicht unwesentliche Rolle. Aber auch (drohende) Arbeitslosigkeit wurde immer wieder als wichtiger Faktor genannt.[184] So ist der Gründungsboom ausländischer Gaststätten in den 1970er Jahren nicht allein mit der wachsenden Zahl von Migranten wie auslandserfahrenen Bundesdeutschen, welche die Nachfrage nach ausländischen Speisen erhöhten, sondern auch mit der ökonomischen Rezession zu erklären, die zu Veränderungen auf der Angebotsseite führte. Gerade Migranten waren vom Strukturwandel der 1970er Jahre und der sich erhöhenden Arbeitslosigkeit überproportional stark betroffen[185] und suchten vermehrt einen Ausweg in der selbständigen

---

[182] So etwa die Löwenbräu-Brauerei gegenüber dem Bezirksamt Steglitz im Hinblick auf den Antrag auf Gaststättenerlaubnis seitens eines jugoslawischen Ehepaares (vgl. BA Steglitz, Prüfbericht Nr. 57, 11.3.1974, LAB B Rep. 010, Nr. 2235).

[183] Vgl. dazu die Akten im Bestand LBM. So trifft die hohe Fluktuation im Gaststättengewerbe denn auch v.a. für die Pachtbetriebe zu und ist damit nicht Ausdruck eines Strukturwandels, sondern Effekt der herrschenden Eigentumsverhältnisse, so Hunsdiek/Wittstock, Unternehmensfluktuation, 198.

[184] (Angst vor) Arbeitslosigkeit, der „Wunsch nach Unabhängigkeit" und die „Hoffnung auf bessere Einkommenschancen" stellen die am häufigsten genannten Gründe der vom ZfT befragten türkischen Unternehmer in Nordrhein-Westfalen dar (vgl. ZfT, Türkische Unternehmensgründungen, 53, Tab. 10; ebd., 116, Tab. A/9). Selbständigkeit kann demnach gleichzeitig aus der Not und dem Wunsch nach Selbstverwirklichung heraus entstehen und folgt oftmals einer Strategie, die man als „tolerable survival on my own terms" umschreiben könnte (Barrett/Jones/McEvoy, Ethnic Minority Business, 799). Der Sprung in die Selbständigkeit ist damit auch als individuelle Auseinandersetzung mit sozialer Ungleichheit zu verstehen (vgl. Juhasz, Weg).

[185] Vgl. Doering-Manteuffel/Raphael, Boom, 37. Dies hing u. a. mit ihrer schwerpunktmäßigen Beschäftigung im Baugewerbe und der Metall verarbeitenden Industrie zusammen (vgl. Herbert/Hunn, Beschäftigung, 786).

Erwerbstätigkeit. Zudem sahen sich die als ‚Gastarbeiter' ins Land gekommenen Migranten vor die Aufgabe gestellt, nach dem Anwerbestopp nicht nur sich selbst, sondern auch den im Rahmen des Familiennachzugs eintreffenden Angehörigen ein Auskommen zu sichern. In diesem Sinne fungierten von Migranten geschaffene Arbeitsplätze (nicht nur) in der Gastronomie auch als eine Art Schutzsystem für Verwandte und Bekannte mit einem schlechteren Aufenthaltsstatus.[186] Während die Bundesregierung in der Zeit nach dem Anwerbestopp wenig erfolgreiche Rückkehrprogramme für ‚Gastarbeiter' auflegte, verstetigten Migranten mit ihren eigenen Geschäften und Betrieben ihren Aufenthalt in der Bundesrepublik und wiesen damit die „Dispositionsmacht einer auf ‚Rückkehrförderung' ausgerichteten Migrationspolitik" in ihre Schranken.[187] Ein Faktor, der die Konkurrenzfähigkeit ausländischer Selbständiger mit Sicherheit erhöhte, ist die Bedeutung, die dem ökonomischen Überleben für den eigenen Verbleib in der Bundesrepublik zukam. Wurden Ausländer abhängig von der Sozialhilfe, drohte ihnen der Verlust der Arbeitserlaubnis.[188] Auch eine Ausweisung war nach dem Ausländergesetz von 1965 theoretisch möglich.[189] Diese Gefährdungen erhöhten die Marktaustrittsschwelle für Migranten erheblich, so dass sie im Vergleich zu deutschen Selbständigen oftmals wesentlich länger und bei niedrigerem Einkommen ihren Betrieb weiterführten.[190]

Wie geschildert, erlaubt die Quellenbasis nur näherungsweise eine historische Darstellung der Entwicklung migrantischer Selbständigkeit in der Bundesrepublik. Lag die Selbständigenquote bei Ausländern Anfang der 1970er Jahre schätzungsweise bei etwa 2 % und damit deutlich unter derjenigen der Deutschen, übersteigt sie diese seit Beginn des 21. Jahrhunderts: 2005 waren 11,8 % der Ausländer und nur 11,1 % der Deutschen selbständig erwerbstätig.[191] Anders als in den USA oder Großbritannien, aber ähnlich wie in Frankreich waren Migranten in der Bundesrepublik bis zur Jahrtausend-

---

[186] Diesen Aspekt betont Seidel-Pielen, Aufgespießt, 57.
[187] Von einem „‚Steuerungsverlust' des bundesdeutschen Staates" in diesem Zusammenhang spricht Oltmer, Einführung, 27. Dass die Rückkehrförderungsaktionen der Bundesregierung allerdings in einigen Sektoren (wie der Stahlbranche) durchaus Wirkung zeigten, stellt Motte, Gedrängte Freiwilligkeit, heraus.
[188] Die Arbeitserlaubnis von „Gastarbeitern" wurde in der Regel nur dann verlängert, wenn sie noch Anspruch auf Arbeitslosengeld besaßen (vgl. Herbert/Hunn, Beschäftigung, 787).
[189] Zu den unterschiedlichen politischen Ansichten in der frühen BRD, ob Sozialhilfe beziehende ausländische Arbeitnehmer abzuschieben seien oder nicht, siehe Rieker, Südländer, 254.
[190] So auch Balke, Untersuchungen, 95.
[191] Für 1973, als etwa 2,5 Millionen ausländische Erwerbstätige in der BRD beschäftigt waren, liegen Schätzungen von ca. 50 000 ausländischen Selbständigen vor (vgl. Wiebe, Zur sozioökonomischen Bedeutung, 319).

2.3 Die ausländische Gastronomie in der Bundesrepublik

wende im Hinblick auf selbständiges Unternehmertum unterrepräsentiert, was nicht zuletzt an den rechtlich-administrativen Rahmenbedingungen lag, die es Ausländern erschwerten und noch immer erschweren, sich in Deutschland selbständig zu machen.[192]

Die selbständigen Ausländer konzentrierten sich noch deutlicher als Deutsche auf die städtischen Ballungszentren des Bundesgebiets.[193] Im Hinblick auf die sektorale Struktur bestehen erhebliche Unterschiede im Vergleich mit den deutschen Selbständigen: 1980 befanden sich unter den etwa 232 000 Selbständigen im Gastgewerbe – mithelfende Familienangehörige eingeschlossen – ca. 20 000 Ausländer; damit lag ihr Anteil in diesem Tätigkeitsbereich bereits vor 30 Jahren weit über der branchenübergreifenden durchschnittlichen Selbständigenquote von Ausländern.[194] Das Gaststättengewerbe lässt sich daher als „der traditionelle Schwerpunkt ausländischer Selbständigkeit in der Bundesrepublik"[195] verstehen. Bis heute dominiert die Gastronomie bei migrantengeführten Unternehmen, gefolgt vom Lebensmitteleinzelhandel. Anfang der 1990er Jahre waren knapp 27 % der ausländischen Selbständigen im Gastgewerbe (und weitere 15 % im Einzelhandel) tätig, während sich deutsche Selbständige nur zu 6 % im Hotel- und Gaststättengewerbe engagierten.[196]

Stadtgeografisch betrachtet, befanden sich die meisten der von Migranten in den 1970er Jahren eröffneten Gastronomiebetriebe in den sanierungsbedürftigen Altstadtvierteln, Rotlichtdistrikten in der Innenstadt und/oder innenstadtnahen Quartieren – Stadtvierteln also, die zu diesem Zeitpunkt für deutsche Restaurantbesitzer wenig attraktiv waren. So wie die Migranten in den 1950er und 60er Jahren die oftmals schlecht bezahlten, gefährlichen und von deutschen Arbeitnehmern nicht mehr gewollten Arbeitsplätze eingenommen

---

[192] In den USA und Großbritannien, die insgesamt höhere Selbständigenquoten aufweisen, sind Migranten bzw. ethnische Minderheiten in dieser Gruppe deutlich überrepräsentiert (vgl. Pécoud, Cosmopolitanism, 2). Bereits 1977 hatte die Selbständigenrate unter den Asiaten in Großbritannien fast diejenige der weißen Briten erreicht; 1988 lag sie bei Letzteren bei 7 %, während die der südostasiatischen Bevölkerung 24 % betrug. In Frankreich hingegen wiesen die Einheimischen Ende der 1980er Jahre noch eine mit 18 % dreifach höhere Selbständigenquote als Migranten auf. Vgl. Blaschke et al., European Trends, 82 u. 100.
[193] Vgl. Burgbacher, Migrantenunternehmer, 7. Zu den unterschiedlichen Selbständigenquoten bei den einzelnen Nationalitäten siehe die entsprechenden Ausführungen in den Kapiteln 4 bis 6.
[194] Vgl. Gastgewerbe in Zahlen, AdSD NGG 430. In Österreich, das bis 2005 noch restriktivere Rahmenbedingungen für migrantische Unternehmensgründungen aufwies als die BRD, betrug der Anteil der Personen ‚mit Migrationshintergrund' an den Selbständigen 2001 im Durchschnitt aller Branchen 10 %, im Gastgewerbe jedoch bereits 16 % (vgl. Schmid et al., Entrepreneurship, 9, Tab. 2).
[195] Loeffelholz/Gieseck/Buch, Ausländische Selbständige, 57.
[196] Vgl. ebd., 54.

hatten, besetzten sie nun als Selbständige abermals die von Deutschen nicht mehr für lukrativ erachteten Nischen.[197] Wie die sozial- und wirtschaftswissenschaftliche, aber auch die alltagssprachliche Rede von der Nische deutlich macht, behandelt die Debatte um das *immigrant business* zumindest implizit immer auch die Frage des Raumes und seiner Besetzung durch Migranten.[198] Wenn sich die ausländische Gastronomie auch im Laufe der Zeit und je nach Migrantengruppe in unterschiedlichem Maße über die gesamte Stadt und damit auch über die von Deutschen dominierten Wohnviertel verteilte, also eine Bewegung hin zu einem potentiell größeren Kundenkreis vollzog, waren anfangs viele ausländische Lokale doch in Stadtquartieren lokalisiert, die sich kaum für ‚gutbürgerliche' Gaststätten eigneten. Hier erreichten die ausländischen Lokale jedoch eine neue Klientel: Studenten und dem linksalternativen Milieu zuzurechnende Menschen, die seit den späten 1960er Jahren verstärkt in besagte Stadtviertel zogen, sowie generell v.a. junge Leute, die nach einem Kneipenbesuch noch etwas essen wollten und die oftmals längeren Öffnungszeiten der ausländischen Gastronomie zu schätzen wussten.[199] Die ausländischen Imbisse, Restaurants, aber auch Lebensmittelgeschäfte sorgten vielfach für eine Revitalisierung der im Zuge der Suburbanisierung von der deutschen Bevölkerung verlassenen Stadtviertel[200] und veränderten bundesweit das Bild vieler Städte maßgeblich. Sie trugen zur alltäglich erfahrbaren Neukonfigurierung des städtischen Raums im Kontext von Globalisierung und transnationaler Migration bei. Seit den 1970er Jahren repräsentierten sie damit eine – keineswegs unumstrittene – neue Urbanität.

Die Dominanz der ‚Gastarbeiterküchen'. Konjunkturen und regionale Schwerpunkte

1992 existierten in der Bundesrepublik ca. 55 000 ausländische Restaurants, die 26 % aller gastronomischen Betriebe ausmachten. Von diesen wurden rund 18 000, also fast ein Drittel, von Italienern geführt.[201] Die italienische Gastronomie hatte, wenn auch regional unterschiedlich stark ausgeprägt, bereits in den Jahrzehnten zuvor das ausländische Gaststättengewerbe dominiert. Diese Position ist erst seit den 1980er Jahren durch die Zunahme türkischer und grie-

---

[197] Vgl. Ausländer als Unternehmer. In: Handelsblatt v. 8.5.1978. Ähnliches konstatieren für Südasiaten in Großbritannien Barrett/McEvoy, Evolution, 204.
[198] Ausführlicher wird dieser Aspekt am Beispiel der türkischen Ökonomie in der BRD in Kap. 6 behandelt.
[199] Dass migrantische Unternehmer nicht nur z. T. neue Produkte, sondern diese auch zu neuen Konditionen, nämlich spätabends oder auch nachts, anboten, betont auch Wilpert, Migranten, 46.
[200] Diese Beobachtung lässt sich ebenso für Großbritannien und Österreich machen. Vgl. Panayi, Spicing Up of English Provincial Life, 68f.; Mattl, Migration, 146.
[201] Vgl. Loeffelholz/Gieseck/Buch, Ausländische Selbständige, 45.

2.3 Die ausländische Gastronomie in der Bundesrepublik

chischer, vermehrt aber auch asiatischer Gaststätten in Frage gestellt worden.[202] Insgesamt handelte es sich in den frühen 1990er Jahren bei etwa 80 % aller ausländischen Gaststätten um italienische, türkische, griechische und (ex-)jugoslawische Restaurants und damit um Lokale, welche die sogenannten Gastarbeiterküchen anboten.[203]

Eine Ausnahme bildete in dieser Hinsicht die portugiesische und spanische Gastronomie, die in weit geringerem Maße vertreten war und ist, und zwar nicht nur in Deutschland, sondern auch in Großbritannien.[204] Lediglich in Hamburg stellten Portugiesen zu Beginn der 1980er Jahre 6–8 % der Bewerber aus Drittstaaten, die eine Gaststättenerlaubnis beantragten.[205] Diese Quote lag etwas höher als ihr Anteil an der ausländischen Bevölkerung der Stadt, in der sie von Mitte der 1970er bis Anfang der 1980er Jahre die drittgrößte Ausländergruppe bildeten.[206] Während in Köln Anfang der 1980er Jahre vermutlich nur ein einziges portugiesisches Restaurant existierte, sind in *Hamburg von 7 bis 7* für 1979 immerhin fünf Lokale mit portugiesischer Küche aufgeführt.[207] Verkehrten in den ersten portugiesischen Restaurants v.a. Migranten aus Portugal, gesellten sich bald auch einige Deutsche hinzu. Restaurantnamen wie „Algarve" und „Sangria" sowie die an Wochenenden auftretenden Gitarrenspieler deuten darauf hin, dass schließlich auch explizit ein deutsches Publikum angesprochen werden sollte.[208]

Auch die in anderen Städten bis zum Durchbruch der Tapas-Bars in den 1990er Jahren nur in verhältnismäßig geringer Zahl anzutreffenden spanischen Restaurants waren in Hamburg recht stark vertreten und existierten hier – in Restaurantführern oft zu einer Kategorie zusammengefasst – neben den süd-

---

[202] Vgl. Bernhard, Pizza am Rhein, 223.
[203] Vgl. Loeffelholz/Gieseck/Buch, Ausländische Selbständige, 59. Eine ganz ähnliche Struktur weist die österreichische bzw. Wienerische Gastronomielandschaft auf. Vgl. Tschofen, Nahrungsforschung, 135.
[204] Panayi, Impact, 196, konstatiert für Großbritannien eine „absence of Spanish restaurants", obwohl Spanien das wichtigste Reiseland britischer Touristen darstellt. Auch in den Niederlanden konnte die spanische Küche nie wirklich Fuß fassen (vgl. Otterloo, Foreign Immigrants, 132).
[205] Vgl. Handelskammer Hamburg [1981], 98; Handelskammer Hamburg [1982], 97.
[206] Anfang der 1980er Jahre besaßen 4,3 % der Ausländer in Hamburg die portugiesische Staatsangehörigkeit (vgl. Kreißig, Ausländerstatistik, 35). In den 1970er Jahren hatten jeweils mehr als 8000 Portugiesen in Hamburg gelebt, deren Zahl damit die der Spanier, aber auch der Italiener überstieg (vgl. Loll, Assimilation, 283, Tab. 1). Portugiesische Arbeiter konzentrierten sich in Hamburg, wo sie v.a. für die fischverarbeitende Industrie wie generell für Arbeiten im Hafen angeworben worden waren (vgl. Klimt, Transnationale Zugehörigkeit, 214). Dies erklärt auch den hohen Anteil von 8 % Portugiesen an der ausländischen Bevölkerung in Bremen (vgl. Schildmeier, Freizeitmöglichkeiten, 49).
[207] Vgl. Guezengar, Immigration, 132; Hamburg von 7 bis 7, 1979, 456.
[208] Vgl. Hamburg von 7 bis 7, 1979, 456; „Sangria" in der Langen Reihe nahe beim Hauptbahnhof. In: Hamburg von 7 bis 7, 1983/84, 110.

2. Die ausländische Gastronomie in Deutschland

amerikanischen Lokalen. In *Hamburg von 7 bis 7* sind 1979 allein 18 spanische respektive südamerikanische Restaurants aufgeführt, als deren Spezialität fast durchgängig Paella genannt wird.[209] Die relativ große Zahl an portugiesischen und spanischen Lokalen ist vermutlich auf länger zurückreichende Migrationstraditionen und generell auf die transnationalen Verflechtungen zurückzuführen, die aufgrund ihres ausgeprägten Seehandels zwischen der iberischen Halbinsel, Südamerika und Hamburg bestanden. Möglicherweise bot die norddeutsche Hafenstadt aber auch von ihrer Esskultur her einen besonders fruchtbaren Boden für dezidierte Fischküchen.[210] Dennoch muss es angesichts der Popularität gerade Spaniens als Urlaubsland verwundern, dass die spanische Gastronomie in keiner Weise an die Bedeutung anderer ‚Gastarbeiterküchen' heranreichen konnte.[211] Auch wenn die Zahl spanischer Arbeitsmigranten geringer als die Zahl der aus den übrigen südeuropäischen Staaten Angeworbenen war, gehörten die Spanier doch zusammen mit den Italienern zu den ältesten ‚Gastarbeiter'-Gruppen in der Bundesrepublik.[212] Zudem war die spanische Gastronomie, zumindest in Form der Bodega, vielen Deutschen lange vor den ersten eigenen Urlaubserfahrungen ein Begriff, und auch in den internationalen Kochbüchern war die spanische Küche im 20. Jahrhundert durchgängig präsent.[213] Trotzdem ergab eine 1993 durchgeführte Studie, dass nur 19 % der befragten Bundesbürger noch nie in einem italienischen Restaurant gegessen, aber 68 % noch nie ein spanisches Lokal aufgesucht hatten. Insgesamt 85 % der Interviewten gaben an, ihnen sei die spa-

---

[209] Vgl. Hamburg von 7 bis 7, 1979, 457. Paella ist eine der wenigen spanischen Speisen, die auch in einigen Restaurants mit deutscher und internationaler Küche angeboten wurden. Siehe etwa die Speisekarten vom „Klosterkeller" in Maulbronn, o.J. [1960er Jahre] und vom „Restaurant Giraffe" in Berlin, o.J. [1980er Jahre], eig. Slg.

[210] Zum regional sehr unterschiedlichen Fischkonsum in der Bundesrepublik siehe Gaebe, Räumliche Differenzierung, 27 u. 25, Tab. 7.

[211] Schließlich vermochte es das „El Toro" in Köln durchaus, „an andalusische Nächte zu erinnern" (El Toro. In: Köln von 7 bis 7, 1973, 156), und im „El Tablao Flamenco" in Leverkusen wurden „manche schönen Urlaubserinnerungen wieder wachgerufen" (El Tablao Flamenco serviert spanische Köstlichkeiten. In: LI v. 10.12.1980).

[212] Ende 1959 lebten nur 2150 Spanier in der BRD; nach Abschluss des Anwerbeabkommens im März 1960 stieg ihre Zahl bis Ende des Jahres auf 16 450 und bis Ende 1971 auf 270 350 (vgl. Romano-García, Spanische Minderheit, 470). Spanische Arbeitskräfte wurden auch explizit für die Gastronomie angeworben, siehe z. B.: Selbsthilfe. Personal aus Teneriffa. In: NGZ 13/10 (1960), 20–21.

[213] Allerdings waren Rezepte für spanische Gerichte in weit geringerer Zahl als z. B. für italienische Speisen zu finden. In Gööck, 100 raffinierte Gerichte, sind nur zwei Rezepte für spanische Spezialitäten abgedruckt, nämlich *gazpacho* (Nr. 33) und *zarzuela* (Nr. 99), aber immerhin sechs für italienische Gerichte. Ein Rezept für Paella ist abgedruckt in Gööck, Die 100 berühmtesten Rezepte, Rezept Nr. 60; mehrere Paella-Varianten werden vorgeschlagen in: Im Lande der Oliven. Ein Besuch im Süden Spaniens. In: NGZ 13/18 (1960), 83–89: 87f.

2.3 Die ausländische Gastronomie in der Bundesrepublik

nische (und auch die portugiesische) Küche wenig oder gar nicht vertraut.[214] Bereits Ende der 1970er Jahre hatte sich abgezeichnet, dass sich spanische Migranten, wenn sie sich selbständig machten, kaum in der Gastronomie engagierten, sondern eher im Südfrüchte- und Weinimport, der auf eine lange Tradition unter den Spaniern im Ausland zurückblicken kann.[215] Jedoch entschied sich überhaupt nur ein kleiner Teil der spanischen Arbeitsmigranten für die Selbständigkeit, vermutlich weil Spanier weit weniger als andere Ausländergruppen von Arbeitslosigkeit betroffen waren und häufiger auf dem regulären Arbeitsmarkt Aufstiegschancen wahrnehmen konnten.[216]

Unter den ‚Gastarbeiterküchen' waren es also allein die italienische, türkische, griechische und jugoslawische, die das bundesdeutsche Gaststättengewerbe maßgeblich prägten. Die klare Dominanz dieser vier Küchen ist in allen Städten des Samples feststellbar. Im Hinblick darauf, welche Küchen jeweils dominierten, sind jedoch deutliche regionale Differenzen auszumachen. Diese resultierten nicht zuletzt aus der räumlich differenten Verteilung der einzelnen Migrantengruppen im Bundesgebiet.

Im süddeutschen Raum, wo die Anwerbung von Arbeitsmigranten früher begonnen hatte, nahmen italienische Arbeitskräfte eine zentrale Position ein und galten hier noch lange über die erste Anwerbephase hinaus als Inbegriff der ausländischen ‚Gastarbeiter'.[217] Ihre Präsenz schlug sich auch gastronomisch nieder. So dominierte in München und Konstanz die italienische Küche lange Zeit eindeutig. München wies eine lange Tradition deutsch-italienischen Kulturaustausches, auch in kulinarischer Hinsicht, auf[218] und wurde in der Bundesrepublik erneut zu einem Vorposten der Italianisierung. Weit stärker als in anderen Städten adressierte die italienische Gastronomie in München zudem Touristen aus Italien, die (vor und nach 1945) die Stadt zu ihrem beliebtesten Reiseziel in Deutschland erwählten.[219] Die geografische Nähe zu Italien führte in den süddeutschen Städten außerdem zu einem frühzeitig einsetzenden Massentourismus nach Italien, der auf deutscher Seite die Nachfrage nach italienischen Speisen deutlich erhöhte. Neben der italienischen Gastronomie verfügte München über ein besonders großes Angebot an jugoslawischer Kü-

---

[214] Vgl. Grenzenloser Genuß, 56 u. 61f. Dass die spanische Küche in den letzten Jahren jedoch auf dem Feld der Haute Cuisine wegen ihrer „ehrgeizigen Köche" an Einfluss gewonnen habe, betont Wolfram Siebeck als „Opinion Leader" in Frick/Sigrist: Food Nations, 51.
[215] Vgl. Heller, Pizzabäcker, 153f.
[216] Vgl. Thränhardt, Einwandererkulturen, 33.
[217] Zum Vorherrschen italienischer (und jugoslawischer) Migranten in ganz Baden-Württemberg siehe Geiger, Zur Konzentration, 62.
[218] Schon die Wittelsbacher hatten Köche aus Mittel- und Norditalien beschäftigt; zudem stellte München seit Jahrhunderten einen zentralen Umschlagplatz für Waren aus Italien dar. Um 1900 besaß die Stadt bereits mehrere italienische Restaurants (siehe Kap. 4).
[219] Vgl. Ferretti, Viaggio, 527 u. 536.

che. In der bayerischen Landeshauptstadt stellten 1973 die mehr als 60 000 Jugoslawen, die amtlich registriert waren, die größte Ausländergruppe dar.[220] Doch bereits in den 1950er und frühen 60er Jahren, also noch vor Inkrafttreten des Anwerbeabkommens 1968, hatten sich viele Jugoslawen auf den Weg in die Bundesrepublik gemacht und sich zunächst besonders im süddeutschen Raum niedergelassen.[221] So ist für München bereits in den 1950er Jahren eine allmähliche, in den 1960er Jahren dann deutliche Zunahme an sogenannten Balkan-Restaurants zu verzeichnen, die schnell zur zweitgrößten Gruppe ausländischer Restaurants nach den italienischen Lokalen anwachsen sollten. Erst zu Beginn der 1990er Jahre wurden die jugoslawischen von den griechischen Gaststätten überrundet.[222]

In Konstanz, wo sich – mit Ausnahme einer bereits vor dem Zweiten Weltkrieg errichteten italienischen Eisdiele und einer spanischen Weinstube – ein ausländisches Gaststättenwesen erst nach 1945 entwickelte, eröffnete ein erster Balkan-Grill Ende der 1960er Jahre, der damit neben die wenigen Gaststätten mit italienischer und französischer Küche trat.[223] 1970 errichtete der Betreiber des Balkan-Grills eine weitere Dependance; zudem wurden das erste chinesische Restaurant der Stadt und das bis heute existierende spanische Lokal „Costa del Sol" eröffnet.[224] Im Laufe der 1970er Jahre erweiterte sich die Konstanzer Gaststättenlandschaft um zahlreiche italienische Gaststätten, um ein weiteres chinesisches, erstmals aber auch um ein griechisches Restaurant, das in den kommenden Jahren einigen Zuwachs erhielt.[225] Insofern 1982 nur

---

[220] Türkische Staatsangehörige bildeten mit gut 34 000 Personen die zweitgrößte und Österreicher mit knapp 32 000 Personen die drittgrößte Ausländergruppe der Stadt; mit knapp 29 000 Italienern und gut 26 000 Griechen stellten auch diese ‚Gastarbeiter'-Gruppen ein beachtliches Kontingent (vgl. 1875–1975. 100 Jahre Städtestatistik, 136, Tab. 0208). Auch noch 1982, als München einen Ausländeranteil von gut 17 % aufwies, bildeten die Jugoslawen mit 53 400 Personen und einem Anteil von 24 % an der ausländischen Bevölkerung die größte Migrantengruppe; die zweitgrößte Gruppe bildeten die 42 200 Türken (= 18,9 %), gefolgt von den 23 100 Italienern (= 10,4 %) und 20 800 Griechen (= 9,4 %) (vgl. Kreißig, Ausländerstatistik, 28).

[221] Vgl. Haberl, Abwanderung, 51 f. Zur jugoslawischen Migration in die BRD siehe Kap. 5.1.1.

[222] 1972 sind im Adressbuch der Stadt München 74 jugoslawische Restaurants aufgeführt, 1992 gar 132, deren Zahl allerdings durch die italienischen (317) und auch die griechischen (165) übertroffen wurde (vgl. Clotilde Salvatori, 354).

[223] Vgl. die Adressbücher der Stadt Konstanz, 1939, 1943, 1951, 1963/4, 1966 u. 1968/69. Zu den (u. a. italienische Küche bietenden) „Capri-Fischerstuben" siehe auch VARTA Führer, 476.

[224] Vgl. Adressbuch der Stadt Konstanz 1970. Zum Wandel des Restaurants „Hohenzoller" zum „China-Restaurant Hohenzoller" siehe Meschenmoser, „Proscht", 216. Das „Costa del Sol" wurde zum Treffpunkt der Studentenbewegung (vgl. Sie servierten die erste Paella-Pfanne in Konstanz. In: Südkurier v. 21.10.1995).

[225] Vgl. die Adressbücher der Stadt Konstanz, 1972, 1974, 1975, 1977 u. 1978/79; Meschenmoser, „Proscht", 224.

2.3 Die ausländische Gastronomie in der Bundesrepublik

200 Griechen in Konstanz lebten, ist davon auszugehen, dass sich diese Lokale offensichtlich nicht vorrangig an eine Klientel gleicher Herkunft richteten, sondern ausdrücklich ein breites, die deutsche Bevölkerung einschließendes Publikum adressierten. Im Gegensatz dazu korrespondierte die klare Dominanz der italienischen Küche durchaus mit der hohen Zahl italienischer Migranten in Konstanz, die noch in den 1980er Jahren die größte Gruppe unter den Ausländern bildeten.[226] 1983 wurde in Konstanz dann das erste argentinische Steakhaus und 1989 das Restaurant „Budapest" eröffnet; außerdem etablierten sich in den 1980er Jahren die ersten türkischen Lokale.[227] An der klaren Dominanz der italienischen Gastronomie konnten sie jedoch nichts ändern.[228]

Nordrhein-Westfalen wies eine andersartige Zusammensetzung der ‚Gastarbeiter'-Bevölkerung auf. Hier hatte die Anwerbung im Vergleich zum süddeutschen Raum erst etwas später eingesetzt, so dass nicht mehr die italienischen, sondern bald die türkischen Arbeitsmigranten den größten Teil der Ausländer stellten.[229] Hatten in den 1960er Jahren sowohl in Köln als auch in Leverkusen noch die italienischen Arbeitsmigranten dominiert, bildeten die Türken in Köln ab 1967 (und damit deutlich früher als im bundesweiten Durchschnitt) die größte Ausländergruppe der Stadt, und auch in Leverkusen überstieg ihre Zahl zu Beginn der 1980er Jahre diejenige aller anderen Migrantengruppen.[230] Gastronomisch machte sich die türkische Präsenz allerdings in beiden Städten erst in den (späten) 1980er Jahren bemerkbar.[231]

In Köln, das vor 1945 mit Ausnahme einiger italienischer Eisdielen keine nennenswerte ausländische Gastronomie besessen hatte[232], konnte sich in den

---

[226] Von den 1982 in Konstanz registrierten 231 200 Einwohnern besaßen 7400 die italienische Staatsangehörigkeit, die damit ein Drittel der ausländischen Bevölkerung stellten, gefolgt von 3700 Türken (=16,4 %), 2800 Jugoslawen (=12,6 %) und 200 Griechen (=1,1 %) (vgl. Kreißig, Ausländerstatistik, 25).

[227] Vgl. die Adressbücher der Stadt Konstanz 1983 u. 1989.

[228] Anfang der 1990er Jahre bildeten die Pizzerien inklusive der Pizza-Lieferservices in Konstanz die größte Gruppe unter den ausländischen Lokalen. Zu Beginn des 21. Jahrhunderts standen 29 italienischen Restaurants, v.a. Pizzerien, gerade einmal neun griechische Tavernen und fünf chinesische Restaurants gegenüber. Vgl. Adressbuch der Stadt Konstanz 1992/93 u. 2002/03.

[229] Vgl. Heisler, Immigration, 29.

[230] Die hohe Zahl türkischer Arbeitsmigranten in Köln ist v.a. auf ihre Beschäftigung in den Ford-Werken zurückzuführen (vgl. Muntermann, Ausländische Arbeitnehmer, 141). 1961 hatten die Italiener in Leverkusen die größte Ausländergruppe gebildet, gefolgt von den Niederländern (vgl. Opladener Geschichtsverein, Angekommen, 11 u. 25). 1982 waren dann von den 159 500 Einwohnern der Stadt 15 800 Ausländer, unter denen sich 3800 Türken, 3500 Italiener, 2900 Jugoslawen und 1700 Griechen befanden (vgl. Kreißig, Ausländerstatistik, 43).

[231] Vgl. z. B. Türkisches Restaurant „Göreme". In: LI v. 22.9.1987.

[232] Köln-Reiseführer aus den 1920er Jahren nennen keine ausländischen Restaurants (vgl.

ersten Nachkriegsjahrzehnten v.a. das italienische Gaststättenwesen etablieren und auch in den folgenden Jahrzehnten seine dominante Stellung verteidigen. Das belegt die Auswertung der in der IHK Köln aufbewahrten Listen über die Teilnahme an den Unterrichtungsverfahren für Gastwirte in den 1970er und frühen 80er Jahren. Von den 103 ausländischen Gastronomen, die 1977 am Unterrichtungsverfahren in Köln teilnahmen und bei denen es sich bei kaum einem Fünftel um Frauen handelte (bei den 1115 deutschen Teilnehmern bildeten Frauen eine knappe Mehrheit), besaß fast die Hälfte die italienische Staatsangehörigkeit. Die nächstgrößeren Gruppen bildeten die griechischen und jugoslawischen sowie die chinesischen Teilnehmer. Insgesamt stellten Ausländer 1977 allerdings weniger als 10 % der Teilnehmer am Unterrichtungsverfahren der IHK Köln, während in anderen Städten Nordrhein-Westfalens der Anteil von 10 % bereits im Jahr zuvor überschritten worden war.[233] In München betrug der Anteil ausländischer Teilnehmer am Unterrichtungsverfahren bereits 1975 über 20 %.[234]

In Leverkusen und Opladen (das bis 1974 eine eigenständige Kreisstadt und erst ab Januar 1975 Teil der neuen Stadt Leverkusen wurde) hatten vor 1945 keine ausländischen Gaststätten existiert. 1977 waren dann bereits 76 von den 445 und damit 17 % der konzessionierten Lokale in Leverkusen in ausländischer Hand.[235] Hatten in den 1970er Jahren, zumindest laut Adressbuch, griechische Lokale eine marktbeherrschende Position im ausländischen Gaststättengewerbe innegehabt[236], dominierte ab 1978 auch in Leverkusen die italienische Küche, erhielt aber Konkurrenz von den sich rasch ausbreitenden, meist unter jugoslawischer Leitung stehenden Restaurants mit Balkanspezialitäten und asiatischen Gaststätten.[237]

In Berlin, das im Gegensatz zu den kleineren Städten des Samples, aber auch im Vergleich zu Köln und München auf eine lange Tradition ausländischer Gastronomie zurückblicken konnte, waren Mitte der 1980er Jahre mindestens

---

etwa Wedderkop, Buch), und auch noch 1930 sind keinerlei ausländische Gaststätten im Adressbuch der Stadt verzeichnet.

[233] Siehe Anm. 131 in diesem Kapitel.
[234] Vgl. DIHT an IHKs/Mitglieder des AK Gaststättenrecht, 25.5.1976, Anlage, BArch B 102/256870.
[235] 1980 wurden 70 der 570, i.e. gut 12 %, der Gaststätten von Ausländern geführt (vgl. Hans Mai: Furcht vor zu vielen fremden Gastwirten. Leverkusener Gastronomen an getrennten Tischen. In: KR (Ausg. Leverkusen) v. 24.3.1977; Ausländer zieht's hinter die Theke. Jeder achte Wirt spricht eine fremde Sprache. In: LA v. 4.7.1980).
[236] Griechische Gaststätten stellten 1970 fast die Hälfte und 1974 über die Hälfte aller von Ausländern geleiteten Lokale (vgl. Adressbuch der Stadt Leverkusen 1970 u. 1974). Im Adressbuch der Kreisstadt Opladen sind 1970 drei griechische und zwei italienische Gastronomen genannt; 1974 sind fünf griechische, drei jugoslawische und zwei italienische Lokale aufgelistet.
[237] Vgl. Adressbuch der Stadt Leverkusen 1978 u. 1985.

2.3 Die ausländische Gastronomie in der Bundesrepublik

60 verschiedene nationale (und regionale) Küchen gastronomisch vertreten.[238] Ein vielfältiges Angebot an ausländischen Spezialitäten wurde in Berlin frühzeitig als nicht zu vernachlässigender Standortfaktor erkannt und fand auch bei den von den Gewerbeämtern durchgeführten Bedürfnisprüfungen Berücksichtigung. Insofern auf die von Drittstaaten-Ausländern in Berlin 1973/74 und 1980 eingereichten Gewerbeanträge in Kapitel 3.2.2 noch ausführlich eingegangen und die türkische Gastronomie in Kapitel 6 v.a. am Beispiel Berlins diskutiert wird, seien an dieser Stelle nur knapp einige Charakteristika der Berliner Gastronomie im Vergleich zu den anderen Städten angeführt. Anders als in Köln (und Hamburg) dominierten in Berlin unter den Drittstaaten-Ausländern, die sich in den 1970er Jahren in der Gastronomie selbständig zu machen suchten, klar die jugoslawischen Antragsteller.[239] 1980 übertraf dann die Zahl der Türken, die einen Gewerbeantrag für einen gastronomischen Betrieb stellten, diejenige der Jugoslawen – anders als in Köln, wo Ende der 1970er Jahre die türkischen Gastronomen noch immer eine eher untergeordnete Rolle spielten. Doch auch in Berlin nahmen die Italiener im ausländischen Gaststättengewerbe zu Beginn der 1980er Jahre eine marktbeherrschende Position ein: Die Berliner Hotel- und Gaststätteninnung ging 1983 von 650 italienischen, 170 jugoslawischen, 90 asiatischen und 130 anderen „Nationalitäten-Lokale[n]" aus[240], wobei sich unter Letzteren vermutlich v.a. türkische Gaststätten befanden. In Berlin, das erst ab 1964 eine aktive Anwerbepolitik betrieben hatte und daher zum Zielort besonders jugoslawischer und türkischer Arbeitsmigranten geworden war, sollte schließlich das Döner-Business seinen Hauptstandort finden.[241]

Große Handels- und Hafenstädte wie Hamburg zeichnen sich traditionell durch ein breites Angebot an ausländischen, darunter auch zahlreichen außereuropäischen Küchen aus. Bereits 1967 konnte der Stadtführer *Hamburg von 7 bis 7* feststellen, dass „unter den Restaurants der Stadt fast jede fremdländische Küche" zu finden sei.[242] Während 1984 in der hamburgischen Gastronomie 45

---

[238] Vgl. Essen in Berlin 87/88.
[239] Das *Gaststättenverzeichnis für Berlin-Besucher* führt für das Jahr 1970 denn auch insgesamt 15 Restaurants mit jugoslawischer Küche auf, während nur elf italienische, dafür aber 13 chinesische Restaurants aufgelistet sind. Auch wenn das *Gaststättenverzeichnis* nicht auf einer repräsentativen Auswahl basiert, vermittelt es doch einen Eindruck von der Popularität der einzelnen Küchen.
[240] Die deutsche Küche verschwindet aus Berlin. In: SZ v. 27.7.1983.
[241] Nachdem mit dem Mauerbau die Pendler aus Ost-Berlin als Arbeitskräfte weggefallen waren, suchte Berlin zunächst, Arbeitskräfte aus Westdeutschland anzuwerben, ab Mitte der 1960er dann aus dem Ausland. Zu diesem Zeitpunkt war das Arbeitskräftepotential Italiens, Griechenlands und Spaniens schon in hohem Maße abgeschöpft, so dass nach Berlin vornehmlich Türken und Jugoslawen kamen (vgl. Häußermann/Kapphan, Berlin, 73).
[242] Hamburg von 7 bis 7, 1967, 73.

Nationalitäten vertreten waren, konnte man 1986 in der Hansestadt bereits zwischen 53 verschiedenen Küchen wählen.²⁴³ Die Vielzahl und Vielfalt ausländischer Gaststätten wurden von der Stadt, die sich als „Tor zur Welt" verstand, wie in Berlin bereits frühzeitig als touristische Attraktion vermarktet.²⁴⁴ Das galt insbesondere für die außereuropäische Gastronomie und „kosmopolitische[ ] *hang-out[s]*" in St. Pauli.²⁴⁵ Zwar dominierte in Hamburg zumindest in den 1970er und frühen 80er Jahren – wie generell im Bundesgebiet – die italienische Küche; doch war ihre Vorrangstellung in der Hansestadt weit weniger deutlich ausgeprägt und wurde seit den 1980er Jahren durch die rapide Zunahme griechischer und türkischer Gaststätten zunehmend in Frage gestellt. Aus den Jahresberichten der Handelskammer ist ersichtlich, dass sich in Hamburg seit Mitte der 1970er Jahre unter den Nicht-EWG-Ausländern v.a. griechische, dicht gefolgt von jugoslawischen, türkischen und chinesischen Staatsangehörigen in der Gastronomie selbständig zu machen wünschten.²⁴⁶ 1980 lagen die 95 italie-

---

²⁴³ Der bundesdeutsche Gourmet liebt's exotisch. In: FR v. 8.7.1987. Die höchste Gaststättendichte weist bis heute der (nahe) am Hafen gelegene Bezirk Hamburg-Mitte auf (vgl. Hamburgische Landesbank, Treffpunkt Hamburg, 8). Waren 1980 nur 14,2 % der Neukonzessionen in Hamburg an Ausländer erteilt worden, so waren es 1989 bereits 35,2 % und 1995 gut 40 % (vgl. Loeffelholz/Gieseck/Buch, Ausländische Selbständige, 58; Handelskammer Hamburg [1995], 110).

²⁴⁴ Bereits 1950 hieß es in *Die Küche*: „Es ist kein Zufall, dass Hamburg, gastronomisch gesehen, immer ein führender Platz war. Diese Stadt war infolge ihrer Sonderstellung als eines der Tore der Welt eine Metropole, in der internationales Leben vielfältig ineinanderfloß, wie kaum in einer anderen europäischen Seestadt" (Hamburg gastronomisch gesehen! In: Die Küche 54/5 [1950], 76–79: 76). Auch wenn das hamburgische Gastgewerbe im Hinblick auf seinen Umsatz nur einen relativ unbedeutenden Wirtschaftszweig der Stadt darstellte, wurde es wegen seiner „Imagewirkung nach außen" doch für bedeutsam erachtet (vgl. Hamburgische Landesbank, Treffpunkt Hamburg, 5. Vgl. auch Handelskammer Hamburg [1974], 70). Zum Stadt-Marketing in Hamburg siehe Amenda/Grünen, „Tor zur Welt".

²⁴⁵ Ein Lokal wie das „Sahara" auf der Reeperbahn mit seiner „dichten Atmosphäre und jener Konzentration von hinreißenden bis ‚irren' Typen" finde man „nur in großen Hafenstädten und wirklichen Metropolen", hieß es 1970 in einem Stadtführer (Sahara. In: Hamburg von 7 bis 7, 1970, 320). Am „Oriental" begeisterte v.a. die „buntgemischte Gesellschaft aus aller Herren Länder" (Oriental. In: Hamburg von 7 bis 7, 1970, 319–320: 320).

²⁴⁶ 1977 stammten 20 der 100 Anträge von Nicht-EWG-Ausländern von Griechen, 18 von Jugoslawen und je 15 von türkischen und chinesischen Staatsangehörigen, als deren hauptsächliches Motiv die Handelskammer eine „bereits akute oder befürchtete Arbeitslosigkeit" ausmachte (vgl. Handelskammer Hamburg [1977], 101). Mit dem EG-Beitritt Griechenlands 1981 fielen die griechischen Antragsteller aus dieser Statistik heraus, so dass in den Jahren 1981 bis 1983 türkische Staatsangehörige mit 28 %, 40 % bzw. 30 % das Gros der Antragsteller bildeten (vgl. Handelskammer Hamburg [1981], 98; Handelskammer Hamburg [1982], 97; Handelskammer Hamburg [1983], 108). Hamburg gehört zu den wenigen Städten, die nicht nur die Zahl der Drittstaaten-Ausländer, die Anträge auf eine Gaststättenerlaubnis stellten, frühzeitig zu registrieren begannen, sondern bei ihren Erhebungen auch nach Nationalitäten unterschieden.

nischen Restaurants in Hamburg zwar noch deutlich vor den 67 griechischen Lokalen. Doch zeigt der Vergleich mit München, dass diese Dominanz quantitativ wie relativ bei weitem nicht das süddeutsche Ausmaß erreichte, standen in der bayerischen Landeshauptstadt den mehr als 300 italienischen Restaurants doch lediglich 50 griechische Lokale gegenüber.[247] Ende der 1980er Jahre hatte die griechische Gastronomie in Hamburg mit 337 Gaststätten die italienische Gastronomie, die mit ‚nur' 213 Restaurants vertreten war und damit lediglich den dritten Platz hinter der türkischen Gastronomie mit 214 Lokalen einnahm, längst als Marktführer abgelöst.[248]

Flensburg wies im Hinblick auf die ‚Gastarbeiterküchen' insofern eine ähnliche Struktur wie Hamburg auf, als in der nördlichsten Stadt der Bundesrepublik die italienische Gastronomie auch keine herausgehobene Position für sich beanspruchen konnte. Generell blieb die Zahl der von Ausländern betriebenen Restaurants in Flensburg – wie in Schleswig-Holstein insgesamt – gering. Unter den 160 zukünftigen Gastronomen, die zwischen Mai und Dezember 1975 am Unterrichtsverfahren der IHK Flensburg teilnahmen, befanden sich lediglich sechs Ausländer.[249] Von diesen stammten nur zwei aus EWG-Mitgliedsstaaten, was sich als weiteres Indiz für die geringe Bedeutung italienischer Gastronomen in Flensburg lesen lässt. Insgesamt genoss die Grenzstadt, wie die Zeitung der dänischen Minderheit, *Flensborg Avis*, 1975 herausstellte, nicht eben den Ruf, „eine Stadt der Feinschmecker- und Spezialitätenlokale zu sein".[250] Die niedrige Zahl ausländischer Gaststätten in Flensburg korrelierte dabei mit dem ebenfalls überaus geringen Ausländeranteil an der Bevölkerung, machte sich doch das Süd-Nord-Gefälle bei den Ausländerquoten in Flensburg besonders bemerkbar. 1970 betrug der Anteil der Ausländer in Flensburg erstmals mehr als 2 %, überschritt erst 1974 die 4 %- und 1981 die 5 %-Grenze, bis er Anfang der 1990er Jahre bei gut 7 % und damit nur noch um etwa ein Prozent unter dem Bundesdurchschnitt lag.[251] Bis 1974 stellten durchgängig die dänischen, danach die türkischen Staatsangehörigen die größte Gruppe unter

---

[247] Immer mehr Ausländer werden in deutschen Großstädten Gastwirt. In: FAZ v. 9.10.1980.
[248] Mehr ausländische Gaststätten. In: FAZ v. 12.11.1990.
[249] Vgl. DIHT an IHKs/Mitglieder des AK Gaststättenrecht, 25.5.1976, Anlage, BArch B 102/256870. Ein ähnliches Bild ergibt sich auch in den anderen Flächenstaaten mit niedrigem Ausländeranteil wie Rheinland-Pfalz, Niedersachsen oder dem Saarland (vgl. Loeffelholz/Gieseck/Buch, Ausländische Selbständige, 60).
[250] Aber auch in Flensburg, so hieß es in dem Artikel weiter, begannen sich die Ernährungsgewohnheiten langsam zu internationalisieren: „Ob durch die Erfahrungen bei Urlaubsreisen oder warum auch immer – Bewohner nördlicher Gegenden kommen offensichtlich mehr und mehr auf den Geschmack" (Im „Balkan-Grill" gibt's scharfe Sachen. In: Flensborg Avis v. 22.6.1975).
[251] Vgl. Ausländer in Flensburg nach Staatsangehörigkeiten von 1953 bis 1993. In: Flensburger Zahlenspiegel 1988-1993, 66. 1976 lag Flensburg mit einer Ausländerquote von 5,3 % deutlich hinter Kiel mit 15,9 % und Lübeck mit 17,2 %, aber noch vor Neumünster mit

2. Die ausländische Gastronomie in Deutschland

den Ausländern; die Bevölkerungszahlen beider Nationalitäten unterschieden sich jedoch nie wesentlich.[252] 1969 stieg zudem die Zahl der Migranten aus Griechenland stark an, die bis 1973 das größte Kontingent an Personen aus den Anwerbeländern und seitdem die drittgrößte Ausländergruppe stellten.[253] In den 1960er Jahren hatte Flensburg neben zwei italienischen Eisdielen lediglich ein chinesisches Restaurant besessen, das Anfang der 1970er Jahre um ein weiteres „China-Haus" ergänzt wurde.[254] Zu dieser Zeit eröffneten auch die erste Pizzeria der Stadt, die von einem Deutschen betrieben wurde, und der erste Balkan-Grill.[255] Ende der 1970er Jahre bzw. Anfang der 1980er Jahre begann sich dann, die türkische und griechische Präsenz in der Stadt auch gastronomisch auszuwirken.[256] Im Laufe der 1980er Jahre erweiterte sich die Flensburger Gaststättenlandschaft um eine Reihe zumeist als Pizzeria firmierender italienischer Lokale, aber auch um weitere asiatische Restaurants. V.a. aber nahm die Zahl der griechischen Tavernen stark zu; sie bildeten seit Mitte der 1980er Jahre die größte Gruppe ausländischer Gaststätten in Flensburg.[257]

Wie die Skizzen zu den ausgewählten Städten deutlich machen, etablierten sich die ausländischen Küchen an den einzelnen Orten zu unterschiedlichen Zeitpunkten und in unterschiedlichem Maße. Existierte in den Metropolen Berlin und Hamburg bereits zu Beginn des 20. Jahrhunderts eine Vielzahl ausländischer, auch außereuropäischer Küchen und konnte auch München zu diesem Zeitpunkt bereits mit einigen ausländischen, v.a. italienischen Restaurants aufwarten, verzeichneten die übrigen Städte erst nach 1945 eine

---

4,2 % (vgl. Ausländer in den Kreisen am 30.9.1976. In: Flensburger Zahlenspiegel 1977, 24).

[252] 1974 waren 1053 dänische und 1101 türkische Staatsangehörige in Flensburg registriert. Die größte quantitative Differenz zwischen beiden Gruppen bestand 1981, als den 1069 Dänen 1726 Türken gegenüberstanden. Vgl. Ausländer in Flensburg nach Staatsangehörigkeiten von 1953 bis 1993. In: Flensburger Zahlenspiegel 1988–1993, 66.

[253] Waren in den 1970er und 80er Jahren jährlich zwischen 386 und 945 Griechen in Flensburg gemeldet, die 1982 mehr als ein Zehntel aller Ausländer ausmachten, so waren es in demselben Zeitraum lediglich 153 bis 189 Jugoslawen und nur 60 bis 89 Italiener. Die jugoslawischen Migranten stellten 1982 nur 3,7 %, die italienischen Migranten gar nur 1,5 % aller in Flensburg lebenden Ausländer (vgl. Kreißig, Ausländerstatistik, 51).

[254] Vgl. Adressbuch der Stadt Flensburg 1958, 1966 und 1973/74.

[255] Vgl. Adressbuch der Stadt Flensburg 1973/74. Für 1977 weist das Adressbuch dann neben dem „Balkan-Grill" noch den „Dubrovnik-Grill", neben den zwei „China-Restaurants" noch einen weiteren „China-Imbiß" sowie eine zusätzliche Pizzeria auf. Vgl. Adressbuch der Stadt Flensburg 1977.

[256] Zwar führt das Adressbuch der Stadt erst 1982 ein erstes griechisches Restaurant auf; ein Abgleich der Einträge in den Adressbüchern mit den Anträgen auf Gewerbeerlaubnis für einen gastronomischen Betrieb legt aber nahe, dass die jeweilige Aufnahme ins Adressbuch bisweilen erst Jahre nach Gründung eines Lokals erfolgte.

[257] Vgl. die Adressbücher der Stadt Flensburg 1984, 1986 u. 1988. Ausführlicher zur griechischen Gastronomie in Flensburg (und den übrigen Orten des Samples) siehe Kap. 5.2.1.

nennenswerte ausländische Gastronomie. Wie auch bei vorangegangenen kulinarischen Innovationen gingen die Impulse zur Internationalisierung der Gastronomie im Nachkriegsdeutschland also von den Metropolen aus, von wo aus sich die Diffusion ausländischer Spezialitätenrestaurants über größere und mittlere Städte bis in den ländlichen Raum hinein fortsetzte.[258] Für die Bundesrepublik lassen sich zudem die einzelnen Städte übergreifende Konjunkturen bestimmter ausländischer Küchen ausmachen.

Die italienische Küche begann sich bereits in den 1950er Jahren zu etablieren und war in den 1960er Jahren oder spätestens zu Beginn der 1970er Jahre auch in den kleineren Städten des Samples angekommen, wobei sie in Norddeutschland weit weniger stark dominierte als im Süden der Republik. Diese unterschiedliche regionale Entwicklung schlug sich noch 1991 in einer von der Gesellschaft für Panel-Forschung (GPF) durchgeführten Befragung von 7420 Personen zu ihrem Außer-Haus-Konsum nieder, die nach den sogenannten Nielsen-Gebieten differenzierte.[259] So wurden in Hessen, Rheinland-Pfalz, dem Saarland (die gemeinsam das Nielsen-Gebiet IIIa bilden) und in Bayern (Nielsen-Gebiet IV) italienische Restaurants weit häufiger als in Hamburg, Bremen, Schleswig-Holstein und Niedersachsen (Nielsen-Gebiet I) frequentiert, wo sie bundesweit die geringste Bedeutung besaßen. Während auf italienische Lokale 1991 bundesweit fast 51 % aller Verzehrsfälle beim Restaurantbesuch entfielen, waren es im Nielsen-Gebiet IIIa und IV 62,6 % bzw. knapp 60 %, im Norden des Landes jedoch nicht einmal 34 %.[260]

Auch der Balkan-Grill, der sich mancherorts bereits kurz nach Kriegsende etabliert hatte, schaffte in den 1960er Jahren den Sprung in die kleineren Groß- und viele Mittelstädte. 1991 entfielen auf die jugoslawische Küche bundesweit (nur noch) 7,7 % aller Verzehrsfälle, wobei Nordrhein-Westfalen mit gut 11 % und Bayern mit unter 5 % die Extreme bildeten.[261] Erste Versuche mit der griechischen Küche fanden bereits in den 1960er Jahren nicht nur in den großen Städten des Samples, sondern auch in Leverkusen statt. Im Laufe der 1970er Jahre erhielten dann alle untersuchten Städte ihre ersten griechi-

---

[258] Um eine genaue Bestimmung des Diffusionsprozesses der ausländischen Gastronomie vornehmen und Polarisationstheorien wie die Theorie Zentraler Orte empirisch überprüfen zu können, wäre eine höhere Zahl an Lokalstudien, die auch ländliche Regionen einschlössen, notwendig. In dieser Hinsicht besteht noch großer Forschungsbedarf. Zum weder linear noch räumlich uniform verlaufenden Diffusionsprozess der bürgerlichen Küche in Deutschland siehe Lesniczak, Alte Landschaftsküchen, 346. Auch Lesniczak streicht insbesondere die Bedeutung Berlins und Hamburgs für Neuerungen auf dem Gebiet der Ernährung heraus (vgl. ebd., 351).
[259] Bei diesen handelt es sich um eine von der Firma ACNielsen für Marktforschung und Werbung entwickelte Aufteilung der Bundesrepublik in Regionen, die nach Kaufkraft und Konsumverhalten unterschieden werden.
[260] Vgl. Köhler, Internationalisierung, 30, Tab. 15.
[261] Vgl. ebd.

schen Spezialitätenlokale, die v.a. in Nord(west)deutschland die ausländische Gastronomielandschaft zunehmend prägen sollten. In Hamburg und Flensburg begann die griechische Gastronomie sogar, das ausländische Gaststättenwesen zu dominieren. Das bestätigt die GPF-Umfrage von 1991, der zufolge bundesweit knapp ein Fünftel aller Verzehrsfälle auf griechische Restaurants entfielen, in Norddeutschland (Nielsen-Gebiet I) sogar mehr als 27 %, während in Berlin nur bei jedem zehnten Restaurantbesuch ein griechisches Lokal gewählt wurde.[262] Die bedeutende Stellung der griechischen Küche in Norddeutschland stellt in dieser Hinsicht eine Besonderheit dar, war die italienische Küche in den übrigen Teilen des Bundesgebiets doch nach wie vor marktbeherrschend.

In der Entstehungsphase der griechischen Gastronomie in der Bundesrepublik hatte es sich bei vielen der Gaststätten um einfache Imbisse gehandelt, die erfolgreich Gyros verkauften, im Laufe der 1980er Jahre jedoch zunehmend von türkischen Schnellrestaurants und Imbissen verdrängt wurden.[263] In den 1990er Jahren wurde der Döner-Imbiss dann zum Inbegriff der türkischen Gastronomie hierzulande. Im Ausland steht er vielfach metonymisch für das ausländische Gaststättenwesen in der Bundesrepublik insgesamt.[264]

2.3.2 Andere ausländische Küchen

Neben den beschriebenen südeuropäischen Küchen existierte in der Bundesrepublik stets auch eine relativ große Zahl französischer Restaurants, die jedoch nur selten als ausländische Spezialitätenrestaurants kategorisiert wurden. Da diese Restaurants die international anerkannte Haute Cuisine boten, schienen sie den nach nationalen Herkunftskriterien unterscheidenden Klassifikationsschemata enthoben zu sein und wurden entsprechend nicht in Abgrenzung zu anderen ausländischen, sondern zu ‚einfachen' und ‚gutbürgerlichen' Gaststätten definiert: „Die feineren Lokale nach der französischen Art gelten nicht als ausländisch, sondern der gehobenen Lebensweise zugehörig."[265] Ähnliches galt für Restaurants mit schweizerischer Küche, die vielfach als eine „verfeinerte Kreuzung" der französischen und italienischen Küche wahrgenommen

---

[262] Vgl. ebd.
[263] Die Anfang der 1980er Jahre florierenden griechischen und türkischen Grill-Imbisse fielen ausländischen Beobachtern besonders auf, so etwa Guezengar, Immigration, 126.
[264] Ausführlich zur Symbolkraft des Dönerkebabs in den bundesdeutschen Debatten um Multikulturalismus siehe Kap. 6.5.3.
[265] Fischer, Vom Essen, 186. Ähnlich auch Zelinsky, der ebenso die japanische Küche zu dieser „different social category" zählt (Zelinsky, You Are, 249). Bei sog. ausländischen Spezialitätenwochen jedoch wurden oft auch „lukullische Genüsse aus Frankreich" geboten („Gaumenweide" wird bei uns groß geschrieben. In: NGZ 28/10 [1975], 14–15: 14, Bildunterschrift).

wurden und ebenfalls eher im Hochpreissegment angesiedelt waren.[266] Doch gab es auch unter den schweizerischen und französischen Restaurants solche, die stärker auf ‚landestypische' Ausstattung setzten und damit eine Strategie der (Selbst-)Ethnisierung verfolgten.[267] Während die französische Spitzengastronomie ethnisch weitgehend unmarkiert blieb, gab es durchaus französische Bistros, die an der bundesdeutschen Begeisterung für die Mittelmeerküchen partizipierten, und zwar nicht nur in Form einer vielfach französisch-italienischen Küche[268], sondern auch im Hinblick auf die Restaurantgestaltung.[269]

Eine große Zahl österreichischer Restaurants bot insbesondere München, wo Österreicher eine der größten Ausländergruppen bildeten.[270] Hier waren 1972 im Adressbuch der Stadt 34 Gaststätten mit österreichischer Küche verzeichnet, und auch in der Auswahl des Stadtführers *München von 7 bis 7* aus dem Jahre 1981 bilden die vier genannten Restaurants mit österreichischer Küche eine verhältnismäßig große Gruppe.[271] Auch die Schweizer Küche war in München – etwa im Vergleich zu Hamburg – weit verbreitet.[272] Darüber hinaus zeichnete sich die gastronomische Landschaft Münchens durch eine prominent vertretene Spitzengastronomie aus, zu der v.a. der Österreicher Eckart Witzigmann mit seinem 1971 gegründeten Restaurant „Tantris" und der 1978 eröffneten „Aubergine" maßgeblich beitrug.[273] Auch die ‚Gourmet-Tempel' andernorts standen häufig unter österreichischer, aber auch schweizerischer oder französischer Leitung.[274]

---

[266] Trude, Walliser Stuben, 53.
[267] Für die „Walliser Stuben" in Düsseldorf war eigens eine „malerische Bauernhütte" aus dem Wallis gekauft, zerlegt und an den Rhein verfrachtet worden, die mit „originellen Schweizer Utensilien" ausgestattet war (Trude, Walliser Stuben, 52). Im VARTA Führer, 580f., werden Schweizer Restaurants zum Teil unter der Rubrik ‚Restaurants mit fremdländischer Küche' aufgeführt (wie die „Chesa Rüegg" in München), zum Teil aber nicht dieser Kategorie zugeordnet (wie die „Walliser Stuben" in München).
[268] Vgl. Schütte, Bunte Bilder, 62; Café Latin-Ristorante. In: Hamburg von 7 bis 7, 1970, 178.
[269] „La Bonne Auberge" in München etwa war in „bunt dekorative[m] Bistro-Stil" eingerichtet, der an „die sanft samtige Midi-Sphäre" denken ließ (Salmony, Bonne Auberge, 51). Französische Bistros konnten auch an Orten wie Flensburg entstehen, in denen es an einer ausreichenden Kundschaft für französische Spitzengastronomie mangelte. Konstanz hingegen besaß mit dem „Restaurant français Coralle" von Max Weißhaupt bis Mitte der 1970er Jahre ein renommiertes französisches Lokal (vgl. Meschenmoser, „Proscht", 209).
[270] Anfang der 1980er Jahre stellten Österreicher 12,1 % aller Ausländer in München (vgl. Kreißig, Ausländerstatistik, 28).
[271] Vgl. Adressbuch der Stadt München 1972; München von 7 bis 7, 1981, 310.
[272] In Hamburg galten die „Walliser Stuben" Ende der 1960er Jahre als „Novität für Hamburg" (Hamburg von 7 bis 7, 1967, 121), und Anfang der 1980er Jahre wird das „Luzerner Fondue-Stübli" als „immer noch das einzige Schweizer Restaurant in Hamburg" bezeichnet (Hamburg von 7 bis 7, 1983/84, 260).
[273] Vgl. Baedekers Allianz-Reiseführer Deutschland, 190.
[274] So wurde auch das „Landhaus Dill" in Hamburg von einem Österreicher aufgebaut (Land-

2. Die ausländische Gastronomie in Deutschland

Wie die geografische Nähe zu Österreich in München für ein großes Angebot an österreichischen Gaststätten sorgte, waren die nordeuropäischen Küchen im Norden der Bundesrepublik weit stärker vertreten als im Süden. In Flensburg ist das besonders deutlich, existierte hier vor 1945 doch an ausländischen Küchen lediglich die dänische – die allerdings angesichts des großen dänischen Bevölkerungsanteils in Flensburg nur begrenzt zu den ausländischen Küchen gezählt werden kann.[275] Die Übergänge zwischen norddeutschen und dänischen Gerichten waren und sind, wie das für alle Grenzregionen gilt, fließend.[276] In jedem Falle wurde das gastronomische Angebot der Stadt nicht nur von Flensburgern inklusive der in der Stadt prominent vertretenen dänischen Minderheit, sondern auch von zahlreichen Touristen genutzt, deren mit Abstand größter Teil seit jeher aus dem benachbarten Dänemark kommt.[277]

Auch in Hamburg stellten dänische und generell skandinavische Gäste ein beträchtliches Kontingent an den Auslandsbesuchern der Stadt, die hier eine Vielzahl an skandinavischen Spezialitätenlokalen, darunter auch hochpreisige Gourmet-Restaurants, vorfanden.[278] In Berlin existierten 1955 ein dänisches

haus Dill. In: Hamburg von 7 bis 7, 1979, 120). Vgl. auch Jenn, Deutsche Gastronomie, 176.

[275] Das 1835 gegründete „Borgerforeningen" war in der ersten Hälfte des 20. Jahrhunderts gemeinsam mit dem „Flensborghus" zum Zentrum der dänischen Flensburger geworden und wurde nach 1945 als Gaststätte betrieben, in der neben gutbürgerlich-deutscher Küche auch dänische Spezialitäten serviert wurden (vgl. Adressbücher der Stadt Flensburg, 1952–1990/91; Baedekers Allianz-Reiseführer Deutschland, 116).

[276] Dabei artikulierte sich das durchaus konflikthafte deutsch-dänische Verhältnis auch über die Ernährung, sei es in Form des „nationale[n] Kampf[es]" zwischen Bier konsumierenden Deutschen und Punsch trinkenden Dänen zu Beginn des 20. Jahrhunderts, als der Grog als verbindendes „Neutrum" fungierte (Bode, Reform-Gasthäuser, 298), sei es in Form der kurz nach dem Zweiten Weltkrieg gebräuchlichen pejorativen Bezeichnung „Speckdäne" für Südschleswiger, die vermeintlich allein aufgrund der besseren Lebensmittelversorgung für einen Anschluss der Region an Dänemark votierten und deshalb als „Separatisten aus niederen Beweggründen" betrachtet wurden (Felbick, Schlagwörter, 504).

[277] Von den 10 696 im Jahre 1975 nach Flensburg reisenden Ausländern stammten 4128 aus Dänemark, gefolgt von 890 bzw. 645 Gästen aus Schweden und Norwegen; die viertgrößte Gruppe stellten, auch noch Anfang der 1980er Jahre, Touristen aus den Niederlanden (vgl. Fremdenverkehr. In: Flensburger Zahlenspiegel 1982, 143). Anfang der 1960er Jahre war der Anteil der Skandinavier an den ausländischen Gästen noch weit höher gewesen (vgl. Der Fremdenverkehr. In: Flensburger Zahlenspiegel 1962–1964, 103).

[278] Vgl. die Speisekarte des „Falck Hotel", das sich selbst als „Original dänisches Gourmet-Restaurant" bewarb, sowie das „Hotel Norge" mit „Kon-Tiki Grill" (Hamburg kulinarisch 1982, 88f. u. 10). Im Restaurant „København" wurde man Ende der 1960er Jahre von „Herrn Rasmussen, der so nett deutsch spricht, wie es nur Dänen zu eigen ist", bedient und konnte Panoramen Kopenhagens an den Wänden bewundern (Wördehoff, Danebrog, 43). Auch bei der Hannoveraner Messe war es Holger Rasmussen, der das dänische Restaurant „Tivoli" leitete (vgl. CIA 1-3218).

Restaurant namens „Kopenhagen" am Kurfürstendamm und zwei schwedische Gaststätten, das „Wiking" und „Zum alten Schweden".²⁷⁹ Nach Süden hin nahm die Zahl skandinavischer Restaurants tendenziell ab.²⁸⁰

Auch Gaststätten mit osteuropäischer Küche verteilten sich recht ungleichmäßig über die bundesdeutschen Städte und waren insgesamt nicht besonders stark vertreten. Wenn auch verschiedene osteuropäische Spezialitäten in schlesischen oder ostpreußischen (Vertriebenen-)Lokalen serviert wurden, traten etwa polnische Restaurants – bis heute – kaum in Erscheinung. Tschechische Lokale hingegen gab es in recht großer Zahl; auch sie dienten oftmals den Flüchtlingen aus der entsprechenden Region als Anlaufstelle und Begegnungsstätte.²⁸¹ Zudem existierten in den 1970er Jahren einige russische Spezialitätenrestaurants, etwa in Hamburg und Berlin, wo die russische Gastronomie auf eine lange Tradition zurückblicken konnte.²⁸² Im Stadtführer *Köln von 7 bis 7* aus dem Jahre 1973 hingegen sind die einzigen osteuropäischen Küchen, die genannt werden, die jugoslawische und die rumänische, also südosteuropäische Küchen.²⁸³ Diese waren, nicht zuletzt aufgrund der geografischen Nähe und der zahlreichen Flüchtlinge bzw. Migranten aus der Region, in München besonders stark vertreten.²⁸⁴

Trat in der Bundesrepublik die Bedeutung der osteuropäischen Gastronomie zugunsten der süd-, mittel- und westeuropäischen Küchen deutlich zurück, bot sich in der DDR genau das umgekehrte Bild. Auch wenn die ausländische Gastronomie in der DDR keine vergleichbare Dimension besaß, existierten in den großen Städten doch die sogenannten Nationalitätengaststätten, die Speisen aus den sozialistischen Nachbarstaaten servierten. Vor allem Ost-Berlin, aber auch Leipzig, Dresden und andere größere Städte besaßen Natio-

---

279 Vgl. Schropp's Reiseführer, 247.
280 Das Restaurant „Kopenhagen" in Mannheim machte einen dänischen Eindruck eher seiner Einrichtung als seiner Speisekarte wegen, wobei allerdings Fisch aus nördlichen Gewässern geboten wurde (vgl. Krüger/Rübesamen, Die besten Restaurants, 142). In Konstanz waren einige schwedische Spezialitäten in der „Schwedenschenke" auf der Mainau erhältlich (vgl. Schlemmer-Atlas, 1975, 355). Zu den „Finnenstuben" in Köln siehe Thoma, Reisen, 37.
281 Für die Beschreibung des Treffpunkts der „tschechische[n] Kolonie Düsseldorfs", die „hier andächtig Heimat genießt", siehe Neukirchen, Pilsner Urquell Brauereiausschank, 201.
282 Vgl. Hamburg von 7 bis 7, 1970, 432. Für West-Berlin weist das *Gaststättenverzeichnis für Berlin-Besucher* von 1970 zwei russische Restaurants auf. Mehrere „[g]ute russische Restaurants" hatte bereits ein 1927 publizierter Berlin-Reiseführer genannt (Szatmari, Buch von Berlin, 71).
283 Vgl. Köln von 7 bis 7, 1973, 276.
284 Bulgarische Restaurants wie das „Rila" oder die rumänische Spezialitäten servierenden „Hirtenstuben" bildeten einen integralen Bestandteil der Münchner Gastronomielandschaft (vgl. München von 7 bis 7, 1976, 77; ebd., 45–46). Im Restaurant „Klein-Bukarest" in München trafen sich noch bis in die 1980er Jahre hinein die „rumänischen Stammgäste" (Klein-Bukarest. In: München von 7 bis 7, 1981, 71).

nalitätengaststätten.²⁸⁵ Diese wurden von der dem Ministerium für Handel und Versorgung unterstehenden Handelsorganisation (HO) geplant, errichtet und betrieben. In Form kommunaler Zusammenarbeit wurden vom Magistrat von Berlin Fachkräfte aus den jeweiligen Herkunftsländern für eine Tätigkeit in der DDR angeworben und nach Ablauf weniger Jahre durch andere Arbeiter aus dem entsprechenden Land ersetzt.²⁸⁶ Wenn sich auch der Zusammenhang von ausländischer Gastronomie und Migration in der DDR, wo es keinen Raum für die Eigeninitiative migrantischer Restaurateure gab, anders darstellte als in der Bundesrepublik, wurde doch in beiden Ländern bevorzugt Personal aus dem entsprechenden Land engagiert, das für die Authentizität²⁸⁷ der Speisen bürgen sollte, und auch im Hinblick auf die ‚landestypische' Gestaltung der Galerie ähnelte die Nationalitätengaststätte ihrem westlichen Pendant durchaus.

Während sich generell die ausländische Gastronomie in der Bundesrepublik regional und abhängig von der Größe der Stadt zeitlich verschoben etablierte, sind die Unterschiede in der Diffusion ausländischer Küchen doch am markantesten, wenn es um die außereuropäische Gastronomie geht. Unter den zwischen 1955 und 1973 angeworbenen ‚Gastarbeitern' befanden sich kaum Nicht-Europäer. Das war politisch gewollt. Die Bundesregierung betrieb eine dezidierte Exklusionspolitik gegenüber außereuropäischen Arbeitsmigranten²⁸⁸, die als nur schwer in die deutsche Wirtschaft integrierbar betrachtet wurden. So ließ Helmuth Weicken von der Bundesanstalt für Arbeitsvermittlung und Arbeitslosenversicherung in Nürnberg 1961 verlauten:

„Dringend abzuraten ist von der häufig gewünschten Anwerbung in außereuropäischen Ländern. Es kann nämlich nicht übersehen werden, daß Menschen, die aus einem völlig fremden Kulturkreis kommen, nur unter besonderen Schwierigkeiten in das deutsche Arbeits- und allgemeine Lebensgefüge eingeordnet werden können."²⁸⁹

Eine Ausnahme bildeten in dieser Hinsicht lediglich die 1965 abgeschlossenen Anwerbeabkommen mit Tunesien und Marokko, die sich von den übrigen Anwerbeabkommen jedoch dadurch unterschieden, dass sie keinen Familiennachzug vorsahen.²⁹⁰ Insgesamt blieb die Zahl der angeworbenen

---

²⁸⁵ Vgl. Schnell informiert in Berlin, 13. Zur Gaststätte „Baikal" in Zwickau siehe SWA KG Zwickau, 233.
²⁸⁶ Zu den Planungen und der Umsetzung eines ungarischen Spezialitätenrestaurants in Berlin siehe den Bestand der Stadtverordnetenversammlung und des Magistrats von Berlin/ Stellvertreter des OBs für internationale Verbindungen zur kommunalen Zusammenarbeit Berlin – Budapest (Ungarn) aus den Jahren 1970–72, LAB C Rep. 122, Nr. 566.
²⁸⁷ Ausführlich wird das für die ausländische Gastronomie zentrale Konzept ‚Authentizität' in Kap. 4.5 behandelt.
²⁸⁸ Vgl. Schönwälder, Germany's Guestworkers.
²⁸⁹ Weicken, Anwerbung, 42f.
²⁹⁰ Dies hatte zunächst auch für türkische Arbeitnehmer gegolten, denen in der ursprüngli-

Arbeitskräfte aus Nordafrika verhältnismäßig gering[291] und schlug sich auch in der Gastronomie kaum nieder.[292]

Spielte also die ‚Gastarbeiter'-Migration für die Etablierung der außereuropäischen Gastronomie in der Bundesrepublik aus naheliegenden Gründen keine Rolle, waren es andere Migrationsmuster, die hier ins Gewicht fielen. Im Falle der chinesischen Gastronomie, die das Feld außereuropäischer Küchen hierzulande lange Zeit klar dominierte, haben wir es mit der gezielten Migration von (ausgebildeten) Gastronomen zu tun, die zwecks Eröffnung eines Restaurants in die Bundesrepublik kamen und von Anfang an ein vornehmlich deutsches Publikum adressierten. Nach Gründung der Volksrepublik China und der Chinesischen Republik Taiwan 1949 machten sich zahlreiche chinesische Flüchtlinge über die britische Kolonie Hongkong auf den Weg nach Großbritannien, wo in den 1950er Jahren eine erste bedeutende Welle chinesischer Restaurantgründungen einsetzte.[293] In der Bundesrepublik stieg die Zahl der hier als China-Restaurants firmierenden Lokale[294] erst Mitte der 1960er Jahre deutlich an. Zu diesem Zeitpunkt gestattete die Bundesregierung – weniger aus ökonomischen denn aus politischen Gründen – Köchen aus dem nicht-kommunistischen Taiwan die Einreise und Eröffnung eines China-Restaurants.[295] Seit den späten 1960er Jahren, als in Großbritannien bereits eine gewisse Sättigung des Marktes erreicht war, begannen viele (Hongkong-)Chinesen, (weitere) Restaurants auf dem Kontinent zu eröffnen. Im Zuge dieses Diffusionsprozesses ließen sich insbesondere Hongkong-Chinesen verstärkt in

---

chen Fassung des Anwerbeabkommens zudem nur ein maximal zweijähriger Aufenthalt in der BRD eingeräumt worden war. Diese diskriminierende Bestimmung musste aber auf Druck der Türkei fallengelassen werden. Vgl. Schönwälder, Zukunftsblindheit, 127.

[291] 1967 arbeiteten erst 763 Arbeitskräfte aus Tunesien in der Bundesrepublik, 1969 1556 und 1971 dann 10 921. Im Januar 1973 lebten 11 124 aus Tunesien und 15 261 aus Marokko stammende Migranten in der Bundesrepublik. Portugal hatte ursprünglich auch Arbeitsmigranten aus seinen Kolonien für die Anwerbung in die Bundesrepublik vorgesehen, was jedoch seitens der Bundesregierung keineswegs erwünscht war und verhindert wurde. Vgl. Schönwälder, Germany's Guestworkers, 262, Anm. 33 u. 36, u. 250.

[292] 1979 bewarb der Stadtführer *Hamburg von 7 bis 7* das Lokal „L'Auberge Tunisienne" als „[d]as erste tunesische Restaurant der Bundesrepublik", das mit „original-tunesischen" und französischen Spezialitäten aufwarten könne (Hamburg von 7 bis 7, 1979, 99).

[293] Vgl. Skeldon, Emigration. Allein London besaß in den 1960er Jahren zwischen 150 und 200 chinesische Restaurants (vgl. Kwee Choo, Chinese, 29). Zu den Restaurantgründungen von Hongkong-Chinesen in Großbritannien siehe auch Watson, Chinese, 181–213.

[294] Dass der Name „China-Restaurant" auf die BRD beschränkt blieb und nicht allein eine fremde Küche, sondern das gesamte Land für den deutschen Gast repräsentieren sollte, stellt Amenda, Fremde, 326 u. 340, heraus. In der DDR allerdings wurde diese Bezeichnung auch verwendet, und auch italienische Restaurants firmierten in der Bundesrepublik bisweilen als „Italien-Restaurant[s]" (Ristorante Italia. In: Berlin von 7 bis 7, 1977, 18).

[295] Vgl. Leung, Four-Course Peking Duck, 140.

West- und Norddeutschland sowie in Skandinavien nieder.[296] Noch heute stellt das Gastgewerbe den wichtigsten Tätigkeitsbereich chinesischer Migranten in Deutschland dar, waren hier doch um die Jahrtausendwende zwischen 100 000 und 150 000 Chinesen in etwa 13 000–14 000 Restaurants beschäftigt.[297]

Als größte Hafenstadt Deutschlands war Hamburg nicht nur ein wichtiger Stützpunkt der südamerikanischen Gastronomie[298], sondern hatte sich, wie geschildert, bereits in der Zwischenkriegszeit als Zentrum der chinesischen Gastronomie in Deutschland etabliert. Diese dominierte durchweg die außereuropäische Gastronomie der Hansestadt. Hatten 1950 nur etwa fünf chinesische Gaststätten existiert, konnte der Stadtführer *Hamburg von 7 bis 7* aus dem Jahre 1970 bereits 31 China-Restaurants empfehlen.[299] 1975 wurde die Zahl chinesischer Gaststätten in der Bundesrepublik von einer chinesischen Importfirma auf insgesamt 800 bis 1000 geschätzt, von denen etwa ein Zehntel in Hamburg angesiedelt war.[300] Die Hansestadt genoss den Ruf, besonders „echte Fremdgerichte" in seinen zahlreichen ausländischen Restaurants zu servieren, weil „in einer Hafenstadt mit unzähligen Kennern ausländischer Gerichte kein trügerisches ‚als-ob' unentdeckt bleiben würde", so die *Neue gastronomische Zeitschrift* 1970.[301] Ob sich die Zubereitungsweise ausländischer Speisen in Hamburg von derjenigen andernorts tatsächlich signifikant unterschied, ist schwer zu beurteilen. In jedem Falle setzte in Hamburg – anders als in den meisten deutschen Städten – frühzeitig eine regionale Spezialisierung der chinesischen Gastronomie ein. Abgesehen davon aber waren auch in Hamburg die in China-Restaurants für nicht-chinesische Gäste zubereiteten Speisen meist weniger scharf, die Gemüse länger gegart, die Saucen angedickt und Fisch- und Hühnerköpfe vor dem Servieren entfernt worden.[302] Zudem

---

[296] Vgl. Baxter/Raw, Fast food, 67. Zur weltweiten Diffusion der chinesischen Küche siehe Wu/Cheung, Globalization.

[297] Vgl. Leung, Beyond Chinese, 108. 1994 waren 61 % der Chinesen und 48 % der Chinesinnen in der Bundesrepublik im chinesischen Restaurantgewerbe tätig (vgl. Giese, New Chinese Migration, 168).

[298] Bereits in den 1960er Jahren wies Hamburg mit dem „Mesón Castellano" einen „Treffpunkt südamerikanischer Geschäftsleute" auf, der argentinisch-spanische Gerichte bot, sowie mit dem „Rincón Chileno" ein chilenisches Restaurant, in dem sich freitags die in Hamburg lebenden Südamerikaner zum Tanzen zu treffen pflegten (Hamburg von 7 bis 7, 1967, 130f.). Zu den v.a. argentinischen Steakhäusern, die in den 1970er Jahren Karriere machten, siehe Kap. 2.3.3.

[299] Vgl. Christiansen/Xiujing, Chinesische Restaurantbetreiber, 443; Hamburg von 7 bis 7, 1970, 430f.

[300] Vgl. Wird unsere Gastronomie überfremdet? In: NGZ 28/8 (1975), 4. In Hamburg leb(t)en auch die meisten Chinesen (vgl. Giese, New Chinese Migration, 161, Tab. 2).

[301] „Fremde Küchen" kochen für deutsche Feinschmecker. In: NGZ 23/18 (1970), 12.

[302] Vgl. Amenda, Fremde, 337; Leung, Beyond Chinese, 113.

2.3 Die ausländische Gastronomie in der Bundesrepublik   107

Abbildung 2: „China-Indi-Restaurant Shanghai", Köln, Postkarte, späte 1950er Jahre, eig. Slg.

wurden, wie generell in Europa und den USA, Mahlzeitenmenge und -format an westliche Gepflogenheiten angepasst.[303]
  Wiesen Hamburg und Berlin bereits vor 1945 mehrere chinesische Restaurants auf, etablierte sich die chinesische Gastronomie in Köln erst nach dem Zweiten Weltkrieg. Köln besaß 1950 zwei, Ende der 1950er Jahre vier oder fünf und 1964 dann acht China-Restaurants (Abb. 2).[304] Ihre Gründung ist unter anderem mit der Nähe Kölns zur Bundeshauptstadt Bonn zu erklären, bildeten Diplomatenfamilien und „Würdenträger aus Fernost" doch eine nicht unbedeutende Klientel.[305] Der eigentliche Boom der chinesischen Gastronomie in der Bundesrepublik aber setzte erst in den 1960er Jahren ein, wobei Flensburg be-

---

[303] Zum einen waren die einzelnen Portionen weit größer als in China üblich; zum anderen wurde die Suppe zu Beginn des Essens und nicht am Ende serviert.
[304] Vgl. Häßlin, Blick, [o.S.]. Im Kölner Adressbuch sind 1960 jedoch nur drei „China-Restaurants" aufgeführt (vgl. Greven's Adressbuch, Köln 1960); China-Restaurants. In: Der Spiegel v. 18.11.1964. Düsseldorf besaß 1964 zwölf und Berlin zehn chinesische Restaurants.
[305] Feldkirchen, Chinarestaurant, 56. Mit den Bonner Diplomaten erklärt auch Richter, Chinarestaurant Tai-Tung, 165, die Anwesenheit chinesischer Gäste im Kölner „Tai-Tung".

reits frühzeitig zwei chinesische Gaststätten aufweisen konnte. Generell war die chinesische Gastronomie in Nord(west)deutschland erfolgreicher.[306]

Mit Ausnahme der chinesischen Küche war es in den 1950er und 60er Jahren für außereuropäische Küchen noch schwer, sich in der Bundesrepublik zu etablieren. In Hamburg existierte jedoch bereits zu Beginn der 1950er Jahre ein indisches Restaurant, und in den 1960er und 70er Jahren wurden weitere Lokale eröffnet, die Eingang auch in die Restaurantführer der Stadt fanden.[307] Lokale wie die „Calcutta-Stuben" adressierten allerdings vornehmlich indische und deutsche Exportkaufleute und Seemänner.[308] Das erste indische Restaurant Münchens hingegen, das 1964 eröffnete „Taj Mahal", richtete sich an ein breiteres Publikum.[309] War das Angebot an ausländischen Küchen in München (im Vergleich zu Berlin oder Hamburg) in den 1950er Jahren noch begrenzt gewesen[310], vergrößerte und diversifizierte es sich in den 1960er Jahren zusehends und umfasste nun auch außereuropäische Küchen jenseits der chinesischen Gastronomie. Bei den Gästen des „Taj Mahal" handelte es sich, abgesehen von den nach „‚hot food' lechzenden Landsleuten des Inhabers", größtenteils um Briten, Nordamerikaner oder Holländer, die in München lebten oder die Stadt als Touristen besuchten. Sie standen ausländischen und speziell außereuropäischen Küchen scheinbar aufgeschlossener gegenüber, kannten sie diese doch bisweilen schon seit Jahrzehnten. Anders als in der Bundesrepublik war in London – wie der Rezensent des „Taj Mahal" feststellte – bereits in den 1960er Jahren „eine Straße noch gar keine richtige Straße", wenn sie „nicht mindestens ein Indian Restaurant aufweisen" konnte.[311] Dieser Unterschied in der Struktur der ausländischen Gastronomie in Großbritannien und der Bundesrepublik

---

[306] Entfielen knapp 14 % aller Verzehrsfälle Anfang der 1990er Jahre auf chinesische Gaststätten, wählten norddeutsche Konsumenten bei fast 23 % aller Gaststättenbesuche ein China-Restaurant. In Baden-Württemberg waren es gerade einmal 6,5 %, und auch Bayern lag mit knapp 10 % aller Verzehrsfälle unter dem Durchschnitt (vgl. Köhler, Internationalisierung, 30, Tab. 15).

[307] Vgl. Amenda, Fremde, 324.

[308] Vgl. Calcutta-Stuben. In: Hamburg von 7 bis 7, 1979, 94.

[309] Vgl. Stein, Taj Mahal, 218. Zu diesem Zeitpunkt konnten sich indische Restaurants im Bundesgebiet nur schwer halten; ein in Essen eröffnetes indisches Lokal etwa musste bereits nach kurzer Zeit wieder schließen (vgl. Rechtsanwalt N.N. an LBM, 18.6.1968, BWA LBM F002-2540).

[310] Neben chinesischer, italienischer und jugoslawischer Küche waren in München gegen Ende der 1950er noch schweizerische, spanische und ungarische Spezialitäten erhältlich (vgl. Hans-Joachim Etter: Bummel durch Münchener Hotels und Gaststätten. In: Die Küche 61/10 [1957], 221–222: 222).

[311] Ebd., 218. In Paris existierte Anfang der 1960er Jahre zwar bereits eine große Auswahl an ausländischen Restaurants; indische Lokale zählten jedoch nicht zu den beliebtesten: „There are fewer Chinese or Italian restaurants than in London, and no Indian ones despite the legacy of Pondicherry – French palates find curry rather coarse." (Time off in Paris, 42)

lässt sich zumindest partiell über die unterschiedlichen Migrationsgeschichten und -regime beider Länder erklären. So konnte sich beispielsweise eine ‚Balkangastronomie' mangels einer ausreichend großen Gruppe jugoslawischer Migranten im Vereinigten Königreich nicht entwickeln, wohingegen sich die indische Küche wesentlich früher und flächendeckender als in allen anderen europäischen Ländern etablierte.

Der Verweis des Restaurantkritikers auf London macht deutlich, dass nicht allein Reisen in das Herkunftsland einer bestimmten Küche, sondern auch solche nach Großbritannien (oder in die USA bzw. die Niederlande) deutsche Touristen oder Geschäftsleute mit bisher unbekannten Küchen vertraut machen konnten. So wie die chinesische hielt auch die indische Küche letztlich über den Umweg des Vereinigten Königreichs Einzug in Kontinentaleuropa.[312] Auch in diesem Fall erfolgte die Ausbreitung mitunter durch gezielte Zuwanderung indischer Gastronomen aus Großbritannien.[313] In die kleineren Städte des Samples gelangte die indische Gastronomie erst Ende der 1980er Jahre oder noch später. Während in Flensburg 1989 ein Restaurant mit indischer Küche eröffnet wurde, etablierte sich in Konstanz erst zu Beginn des 21. Jahrhunderts mit dem „Sitara" ein indisches Spezialitätenrestaurant.[314] Die in der Bundesrepublik gebotene indische Küche wurde vor allem hinsichtlich der Schärfe an europäische Essgewohnheiten angepasst.[315]

Seit den 1960er Jahren begann sich nach und nach auch die japanische Küche in der Bundesrepublik zu etablieren.[316] Hatte Berlin bereits in der Zwischenkriegszeit japanische Restaurants aufgewiesen, wurden nach dem Zweiten Weltkrieg v.a. Hamburg und Düsseldorf mit ihrer relativ großen japanischen Bevölkerung zu Zentren der japanischen Gastronomie.[317] In den japanischen

---

[312] Noch heute bildet London das Zentrum der indischen Gastronomie in Europa, und auch die Betreiber indischer Restaurants in der BRD beziehen ihre Zutaten oftmals aus London. Für Köln stellt dies Soyez, ‚Kölscher Chinese', 34, heraus.

[313] Ende 1977 etwa beantragte ein Inder, der bereits in Blackpool ein indisches Spezialitätenrestaurant betrieb, eine Genehmigung zur Eröffnung eines entsprechenden Lokals in Berlin-Charlottenburg. Vgl. SfW, 3.1.1978, LAB B Rep. 010, Nr. 2233.

[314] Vgl. Meschenmoser, „Proscht", 227. Die Stadt hätte ein solches allerdings bereits 1968 erhalten können; damals jedoch hatte das Ordnungsamt die Anfrage eines Inders abgewiesen (vgl. Amt f. öffentl. Ordnung/Schmitt an N.N., 4.9.1968, StaK S XI/311).

[315] Noch 1982 war in der Feinkost-Revue zu lesen: „Die indonesische und chinesische Küche wird die meisten deutschen Kunden begeistern. Anders ist es mit indischer Kost. Ostasiatisch essen heißt nicht scharf oder überwürzt essen, aber die original indische Küche ist oft so scharf, daß europäische Gaumen davor zurückschrecken. Warnen Sie also Ihre Kunden davor und lassen Sie sie solche Gerichte nur vorsichtig probieren oder in abgewandelter – europäisierter – Form nachkochen." (Heimann, Sojasauce, 42)

[316] Ende der 1960er Jahre entstand auch in der DDR auf Initiative eines HO-Wirtes in Suhl das dortige „Japanrestaurant Waffenschmied", das eine große (und teure) Ausnahme innerhalb der DDR-Gastronomie darstellte (vgl. Jenn, Deutsche Gastronomie, 227–230).

[317] Das „Kogetsu" in Hamburg adressierte in den 1960er Jahren vornehmlich Japaner, und

2. Die ausländische Gastronomie in Deutschland

Lokalen in der Bundesrepublik war man meist auf Fleisch spezialisiert, um „dem europäischen Geschmack" zu entsprechen, doch auch die – noch Ende der 1970er Jahre erklärungsbedürftigen – Sushi wurden serviert.[318] Roher Fisch erfreute sich aber erst in den 1980er Jahren, ausgehend von den USA, zunehmender Beliebtheit auch bei einer nicht-japanischen Kundschaft und verhalf der japanischen Küche in den 1990er Jahren schließlich zum endgültigen Durchbruch.[319]

Andere asiatische Küchen etablierten sich in der Bundesrepublik meist erst im Laufe der 1980er Jahre und v.a. in den 1990er Jahren. Ende der 1970er Jahre hatte in Berlin ein philippinisches Restaurant Einzug in die Gastronomie der Stadt gehalten, und in Hamburg waren bereits 1978 10 % der Drittstaaten-Antragsteller auf eine Gaststättenerlaubnis koreanischer Herkunft gewesen.[320] (Spätestens) 1980 erhielt Hamburg ein thailändisches und ein malaysisches Restaurant, und auch Leverkusen konnte bereits 1980 ein thailändisches Restaurant aufweisen, in dem es neben thailändischen Speisen auch internationale Spezialitäten sowie auf Wunsch deutsche Gerichte gab.[321] 1981 erhielt

---

potentiellen Gästen wurde entsprechend folgender Hinweis gegeben: „Wer hierher geht, sollte sich aber etwas auskennen und mit Stäbchen umgehen können" (Kogetsu. In: Hamburg von 7 bis 7, 1979, 37). Das „Kogetsu" firmierte als „Club-Restaurant" der „japanischen Kolonie", aber „europäische Freunde der japanischen Küche" waren „ebenso willkommen" (Hamburg von 7 bis 7, 1967, 105). Zu dieser Zeit richteten sich auch die japanischen Restaurants in den USA, die eine Vorreiterrolle bei der globalen Popularisierung der japanischen Küche spielen sollten, noch fast ausschließlich an eine japanische Kundschaft (vgl. Cwiertka, Ethnic, 247).

[318] Fuji-Japan Grill. In: Hamburg von 7 bis 7, 1979, 97.

[319] Die westliche Sushi-Begeisterung nahm ihren Ausgang in Kalifornien, setzte sich von dort an der US-amerikanischen Ostküste fort und erreichte schließlich auch Europa, wo in Paris 1984 die erste Sushi-Bar Europas eröffnete (vgl. Cwiertka, Ethnic, 256). 1997 existierten etwa 200 japanische Restaurants und Sushi-Bars in Deutschland. Anfangs noch ein exklusives Vergnügen, entwickelte sich das Essen von Sushi in den 1990er Jahren zu einem beliebten Snack breiterer Bevölkerungsschichten. Vgl. Katrin Longerich: Sushi – die Bratwurst Japans: Vom Nobel-Food für Kosmopoliten zum Snack für jedermann. In: Focus Nr. 22 v. 26.05.1997.

[320] Siehe die positive Stellungnahme zum Antrag einer Philippinerin: BA Charlottenburg an SfW, 4.10.1977, LAB B Rep. 010, Nr. 2240; vgl. Handelskammer Hamburg [1978], 108. Koreanische Restaurants wurden außerhalb der Metropolen oftmals erst in den frühen 1990er Jahren eröffnet, so etwa 1990 in Wiesbaden und 1993 in Münster (vgl. Delfs, Fremde Küchen; Spezialitäten aus Korea und Japan in Warsteiner Stuben. Restaurant eröffnet seine Pforten. In: Westfälische Nachrichten v. 27.10.1993).

[321] Vgl. Baan Thai. In: Hamburg von 7 bis 7, 1981, 35; Rasa Sayang. In: Ebd., 196. In den 1980er Jahren setzte der Thailand-Tourismus ein, der zur Entstehung einer europäisch-amerikanischen Variante der thailändischen Küche führte (vgl. Van Esterik, Marco Polo, 183).

München, 1983 Hamburg ein erstes vietnamesisches Spezialitätenlokal.[322] Die Gründung vietnamesischer Lokale geht nicht zuletzt auf die ca. 23 000 sogenannten *boat people* aus Vietnam zurück, die zwischen 1979 und 1982 in der Bundesrepublik aufgenommen wurden und z. T. in der Gastronomie ein Auskommen fanden.

Generell wuchs die Akzeptanz asiatischer Küchen im Laufe der 1990er Jahre. Während die seit langem etablierte chinesische Küche aufgrund ihres häufig standardisierten Angebots und des den Speisen oft in großer Menge zugesetzten Glutamats zunehmend in Verruf geriet, schienen andere asiatische Küchen, allen voran die japanische und die thailändische Küche, den Wunsch nach gesunder und leichter Kost zu erfüllen.[323] Auch für Vegetarier boten die asiatischen Küchen eine breite Palette an Gerichten.[324]

Gegenüber den verschiedenen fernöstlichen Küchen, die sich seit den 1980er Jahren einen Platz in der bundesdeutschen Gastronomie erobert haben, traten andere außereuropäische Küchen deutlich zurück. Die afrikanische Gastronomie etwa ist noch immer kaum vertreten.[325] Mag das zum einen dem mangelnden Angebot an migrantisch geführten Restaurants geschuldet sein, handelt es sich bei vielen Afrikanern in der Bundesrepublik doch um Asylbewerber oder Studierende, denen jegliche Form der Erwerbstätigkeit erschwert wird, so ist doch auch die Nachfrageseite nicht zu vernachlässigen. Eine Hypothese wäre, dass Afrika im populären Imaginären der Bundesrepublik so eng mit Unterernährung und Hungerkatastrophen assoziiert war und ist, dass das Lancieren eines exotistischen Begehrens auf kulinarischem – anders als etwa auf musikalischem – Gebiet nur schwierig zu bewerkstelligen ist.[326] Eine Ausnahme bildet hier, neben der tunesischen Küche, wohl allein die äthiopische Küche, die nicht nur aufgrund der geografischen Nähe, sondern auch wegen

---

[322] Vgl. Vietnam. In: München von 7 bis 7, 1981, 80; Dong Nai. In: Hamburg von 7 bis 7, 1983/84, 214.

[323] „Zum Asiaten geht man nicht mehr, um mit Glutamat angereicherte, vor Öl nur so triefende China-Pfanne zu essen. Heutzutage wird Nigri-Sushi mit Hotatigai, also roher Fisch mit rohem Gemüse, an einer schlichten Bar im Stehen verzehrt – und das nicht nur in Mitte." („Wir haben andere Soßen!" Döner ist out, Sushi ist in. In: jw v. 30.8.2006) Zu Beginn der 1970er Jahre war chinesisches Glutamat noch überaus positiv als „appetitanregend", „vitaminanreichernd" und „natürliche Nervennahrung" präsentiert worden (Emmery, Chinesische Küche, 14).

[324] Vgl. Goody, Food, 162. Zur zunehmenden Beliebtheit indischer Speisen nach den ersten BSE-Skandalen in Großbritannien siehe Panayi, Impact, 196.

[325] Afrikanische Küchen waren in 24 % der westdeutschen, aber nur in 4 % der ostdeutschen Städte erhältlich, die für den Nationalatlas 2006 untersucht wurden (vgl. Armbruster/Koppa/Püschel, Fernweh, 94).

[326] Zur Gleichsetzung des sub-saharischen Afrikas mit Hunger siehe Caplan, Feasts, 19. Zur Suche nach ‚authentischer' Kultur in Form von Musik oder Kleidung aus der ‚Dritten Welt' seitens der bundesdeutschen Linken siehe Poiger, Imperialismus, 169.

ihrer Struktur oftmals eher dem Nahen Osten zugerechnet wird.[327] Doch auch die Küchen dieser Region hatten es anfangs schwer, sich in der Bundesrepublik zu etablieren. Während sich Döner- und Falafel-Imbisse seit den späten 1970er bzw. 1980er Jahren an vielen Orten als überaus erfolgreich erwiesen[328], waren teure Restaurants, die sich auf die Küchen des Nahen Ostens spezialisierten, oftmals nicht überlebensfähig. Das Restaurant „Syria" in München etwa, das architektonisch „das Morgenland" herbeizauberte, scheiterte Anfang der 1960er Jahre, bot es seine Gerichte doch zu Preisen an, „die man höchstens in Paris hätte verlangen dürfen".[329] In Hamburg existierte seit den späten 1960er Jahre mit dem „Baghdad-Club" ein arabisches Restaurant, das seine Speisen in Büffetform darbot, und in der „Teestube Teheran" konnte man „persische Reis-Gerichte" essen; Alkohol wurde dort nicht ausgeschenkt.[330] Auch in Berlin und München war die persische Küche in den 1970er Jahren vertreten.[331] 1981 empfahl der Stadtführer *Hamburg von 7 bis 7* dann erstmals drei afghanische Lokale. Nach dem Militärputsch in Afghanistan 1978 hatte die Zahl der Afghanen besonders in Hamburg, aber auch in Nordrhein-Westfalen und Hessen, deutlich zugenommen.[332] Zudem nennt *Hamburg von 7 bis 7* zu Beginn der 1980er Jahre erstmals ein Restaurant, das karibische Küche anbot.[333] In München existierte bereits zu Beginn der 1970er Jahre ein Restaurant mit kreolischer Küche.[334]

Insgesamt betrachtet waren in den 1970er Jahren außer in Hamburg, München und Berlin nicht-fernöstliche außereuropäische Küchen kaum bis gar nicht vertreten. So führt der Stadtführer *Köln von 7 bis 7* aus dem Jahre 1973 neben einem indonesisches Restaurant, acht chinesischen und zwei japanischen Restaurants nur noch ein amerikanisches und zwei argentinische Steakhäuser auf.[335] Die Institution des Steakhauses, welche die südamerikanische Küche in der Bundesrepublik repräsentierte, war oftmals systemgastronomisch organisiert und (daher) verhältnismäßig weit verbreitet.[336] Die in den USA so überaus

---

[327] Vgl. Goody, Cooking, 167.
[328] Zu den Döner-Imbissen wie generell zur ‚orientalischen' Küche in der BRD siehe Kap. 6.
[329] Spelman, Steak-House, 42.
[330] Baghdad-Club. In: Hamburg von 7 bis 7, 1967, 76; Teestube Teheran. In: Hamburg von 7 bis 7, 1970, 161. Hamburg bildete eines der Zentren der iranischen Migration in der BRD. Generell waren Iraner in Westeuropa, wenn sie sich selbständig machten, jedoch eher im Einzelhandel als in der Gastronomie tätig (vgl. Yavuzcan, Ethnische Ökonomie, 203).
[331] Zum „Isfahan" siehe Berlin von 7 bis 7, 1977, 59; zum „Persepolis" siehe München von 7 bis 7, 1976, 27.
[332] Vgl. Hamburg von 7 bis 7, 1981, 599; Hamburger Restaurantlexikon 85/86, 316f.
[333] Betreiberin und Koch des „La créole" stammten aus Martinique.
[334] De Guadeloupe. In: München von 7 bis 7, 1972/73, 280; De Guadeloupe in München von 7 bis 7, 1976, 215.
[335] Vgl. Köln von 7 bis 7, 1973, 276f.
[336] Siehe Kap. 2.3.3.

2.3 Die ausländische Gastronomie in der Bundesrepublik

erfolgreiche mexikanische Küche[337] hielt in die bundesdeutsche Gastronomie erst mit Verzögerung Einzug. In München existierte seit den Olympischen Spielen in Mexiko 1968 eine „Gastronomica Mexicana Palenque".[338] 1972/73 nennt der Stadtführer *München von 7 bis 7* dann drei mexikanische Lokale; dasselbe gilt für Berlin 1977.[339]

Seit den 1990er Jahre haben sich außereuropäische Küchen dann auch jenseits der etablierten fernöstlichen Gastronomie sukzessive in der Bundesrepublik durchgesetzt. Während bis 1988 die Ausländer aus EWG-Mitgliedsstaaten, zu denen – mit Ausnahme der Türkei – mittlerweile alle Hauptanwerbeländer gehörten, noch die Mehrheit der ausländischen Teilnehmer am Unterrichtsverfahren gebildet hatten, stammte bereits 1989 der größere Teil aus den sogenannten Drittstaaten.[340] Die hegemoniale Stellung der ‚Gastarbeiterküchen' ist entsprechend in den letzten Jahren zunehmend in Frage gestellt worden.

Dennoch hat sich die Dominanz der sogenannten Gastarbeiterküchen auch über die Zäsur von 1989 und das durch sie markierte Ende der ‚alten Bundesrepublik' hinaus erhalten. Nach der Wiedervereinigung vollzog sich zunächst eine massive Ausbreitung der im Westen einschlägigen ausländischen Gastronomiebetriebe im Osten Deutschlands. Denn zu den westlich konnotierten Konsumprodukten, die in der ersten Zeit nach der Wende zu Verkaufsschlagern avancierten, gehörten auch die in der DDR kaum bekannten mediterranen, aber auch chinesischen Speisen, deren Genuss nun ‚nachgeholt' wurde.[341] Trotz der in den größeren Städten der DDR vorhandenen Nationalitätengaststätten, in denen die Küche osteuropäischer sozialistischer Staaten angeboten wurde, war die Internationalisierung der Gastronomie (wie insgesamt der Ernährung) in der DDR höchst marginal geblieben. Nach der Wende entstanden dann mit erstaunlicher Geschwindigkeit zunächst in Ost-

---

[337] Sie beherrscht zusammen mit der italienischen und chinesischen Küche den Gastronomiemarkt, wobei die italienische Küche im Nordosten und die mexikanische im Süden und Mittleren Westen dominiert; chinesische Lokale sind – trotz einer sehr unterschiedlichen Verteilung der chinesischen Bevölkerung in den USA – überall im Land zu finden (vgl. Zelinsky, You Are, 249).

[338] Vgl. München von 7 bis 7, 1970, 379.

[339] München von 7 bis 7, 1972/73, 355; Berlin von 7 bis 7, 1977, 398.

[340] 1988 hatte der Anteil der EG-Ausländer noch 52,9 % betragen, sank aber 1989 auf 44,2 % (vgl. Köhler, Internationalisierung, 23, Tab. 10). 1975 waren noch 43 der 68 Ausländer, die von Mai bis Dezember 1975 am Unterrichtsverfahren der IHK Köln teilnahmen, aus EG-Staaten und nur 25 aus Nicht-EG-Staaten gekommen (vgl. DIHT an IHKs/Mitglieder des AK Gaststättenrecht, 25.5.1976, Anlage, BArch B 102/256870).

[341] Vgl. Schwendter, Arme essen, 233. Von Wachstumsraten bei den Westprodukten von bis zu 30 % zu Beginn der 1990er Jahre berichtete das Handelsblatt (vgl. Wachstum wie nie zuvor. In: Handelsblatt v. 22.4.1991). Zum bald darauf einsetzenden ostdeutschen Interesse an sog. Ostprodukten siehe Gries, Geschmack; Berdal, Ostalgie, 491.

2. Die ausländische Gastronomie in Deutschland

Berlin, aber bald auch an vielen anderen Orten der ehemaligen DDR zunächst v.a. türkisch, dann auch vietnamesisch geführte Lebensmittelgeschäfte, Döner-Imbisse und Pizzerien, die in hohem Maße von Nicht-Italienern geleitet wurden.[342] Die türkische Gastronomie, die sich in Westdeutschland erst in den 1980er Jahren auf breiter Basis zu etablieren begonnen hatte, fand im Osten Deutschlands ein weites Betätigungsfeld vor. Auch wenn die Anfang der 1990er Jahre einsetzenden rassistischen Pogrome und Brandanschläge nicht wenige Ausländer davon abgehalten haben mögen, sich in Ostdeutschland selbständig zu machen, nahm das Angebot an ausländischen und von Migranten geführten Spezialitätenrestaurants dennoch rasch zu.[343] Darüber hinaus erhielten die vietnamesischen Vertragsarbeiter, die zur Zeit der Wende ein Drittel aller in der DDR lebenden Ausländer gestellt und im Zuge der marktwirtschaftlichen Ausrichtung der Betriebe ihre Arbeitsplätze verloren hatten, die Möglichkeit, in der Bundesrepublik zu bleiben, wenn sie für ihren Unterhalt selbst aufkommen konnten.[344] Vietnamesen in Ostdeutschland begannen daher nicht nur, im Reisegewerbe zu arbeiten oder stationär Textilien und Lebensmittel zu verkaufen, sondern engagierten sich zu großen Teilen auch in der Gastronomie.[345] Vielfach eröffneten sie keine vietnamesischen, sondern chinesische Restaurants, um mit Hilfe des Bekanntheitsgrades dieser Küche ein breiteres Publikum ansprechen zu können.[346]

Die neuen Migrationsbewegungen seit 1989, zu denen die Zuwanderung von etwa 190 000 jüdischen Kontingentsflüchtlingen und zahlreichen Aussiedlern aus der Sowjetunion ebenso zählen wie die vermehrte illegale Migration aus allen Teilen der Welt[347], haben sich auf der Ebene der Gastronomie bisher weit weniger als die ‚Gastarbeiter'-Migration niedergeschlagen – mit Ausnah-

---

[342] Vgl. Blaschke/Ersöz/Ackermann, Urban City Renewal, 16.
[343] Für Halle zeigen dies Glick-Schiller/Çağlar/Guldbrandsen, Jenseits der „Ethnischen Gruppe", 118, Anm. 11. Auch deutsche HO-Gaststättenleiter begannen, ausländische Spezialitäten (jenseits des bereits in der DDR vielerorts erhältlichen Borschtsch) in ihr Programm aufzunehmen. Zur „Italienischen Woche" in einem HO-Hotel 1990 siehe Felsenburg im Erzgebirge – ein HO-Hotel. In: NGZ service manager 43/4 (1990), 69–72. – Zur Zurückhaltung ausländischer Gewerbetreibender angesichts des zunehmenden offenen Rassismus in Deutschland siehe Hermann, Gastarbeiter, 1004.
[344] Vgl. Wilpert, Migration, 282: Im Dezember 1989 stellten die Vietnamesen in Ostdeutschland mit 60 607 Personen die größte Ausländergruppe, gefolgt von den knapp 52 000 polnischen Staatsangehörigen; anders als in Westdeutschland lebte in der DDR die Mehrheit der ausländischen Bevölkerung in kleineren Städten (vgl. Loeffelholz/Gieseck/Buch, Ausländische Selbständige, 115, Tab. 26, u. 114).
[345] Vgl. Quang, Wirtschaftliche Strukturen, 121, Tab. 2.
[346] Vgl. Leung, Beyond Chinese, 110.
[347] Zu diesen neuen Migrationsformen, die die ‚Gastarbeiter'-Migration abgelöst und die Herkunfts- wie Zielregionen verschoben haben, siehe Hillmann, Migration, 286. Vgl. auch Karakayalı, Gespenster.

me der hohen Zahl an illegal Beschäftigten, die gerade im Gaststättengewerbe zu finden sind. Vermutlich fehlt für die Etablierung der russischen oder polnischen Küche, die sich bisher nur vereinzelt vollzogen hat[348], ein Faktor, der für den Erfolg der Mittelmeerküchen von großer Bedeutung war, nämlich der Massentourismus in die betreffenden Gebiete. Möglicherweise erschienen die Küchen Osteuropas kurz nach dem Zusammenbruch der sozialistischen Staatenwelt als wenig attraktiv, hatten viele Westdeutsche doch eher Versorgungskrisen und Mangelwirtschaft denn hedonistische Esskulturen auf ihren *mental maps*[349] verzeichnet.

Grundsätzlich lässt sich festhalten, dass das Gros der ausländischen Spezialitätenrestaurants in der Bundesrepublik nicht zuletzt aufgrund einer moderaten Preispolitik erfolgreich war; allein die französische, schweizerische und skandinavische Küche, die ethnisch weitgehend unmarkiert blieb, konnte mit höheren bis sehr hohen Preisen operieren. Ausnahmen bildeten in dieser Hinsicht die italienische Küche, die es geschafft hat, sich vom Image der ‚Gastarbeiterküche' zu lösen und auch im Hochpreissegment zu etablieren, und die japanische Küche, die im Zuge des japanischen Wirtschaftsbooms der 1970er Jahre eine deutliche Aufwertung erfuhr und auf ein seitdem kontinuierlich steigendes Interesse bei den Konsumenten stößt.[350] Im Gegensatz zu den ‚Gastarbeitern' handelte es sich bei den in der Bundesrepublik lebenden Japanern vielfach um Diplomaten, Ingenieure oder andere Hochqualifizierte. Der soziale Status dieser Migrantengruppe wirkte sich nicht nur auf die Angebotsstruktur der japanischen Gastronomie hierzulande aus; er beeinflusste auch die Stellung der japanischen Küche innerhalb der kulinarischen Hierarchie. Die Verbreitung von Küchen und neuen Geschmackskulturen, v.a. aber ihre Bewertung ist demnach immer auch Teil gesellschaftlicher Machtkämpfe, die auf verschiedenen Terrains ausgetragen werden. Auch kulinarische Moden lassen sich zumindest partiell als Ausdruck sich verschiebender Machtverhältnisse lesen.

2.3.3 Die ausländische Gastronomie als Teil eines sich ausdifferenzierenden Gastgewerbes

Ordnet man die Etablierung der ausländischen Restaurants und Imbisse in die Nachkriegsgeschichte des bundesdeutschen Gaststättenwesens ein, ist sie nicht nur als Teil einer quantitativen Ausweitung des gastronomischen Sektors zu verstehen, sondern auch als Effekt einer fortschreitenden Ausdifferenzierung

---

[348] In Ostdeutschland allerdings sind nordosteuropäische Küchen in 41 % der Städte vertreten; im Westen gilt dies nur für 26 % der Städte (vgl. Armbruster/Koppa/Püschel, Fernweh, 94).
[349] Zum Konzept der *mental maps* siehe Schenk, Mental Maps.
[350] Vgl. Mennell, Culinary Culture, 463.

innerhalb der Branche. Hatte sich im Laufe der 1950er und 60er Jahre die Zahl der Kantinen, aber auch der Gasthöfe massiv gesteigert, waren es in den 1970er Jahren v.a. die Imbissbetriebe, die eine überaus starke Zunahme verzeichnen konnten. Auch die Zahl der Cafés und Eisdielen vermehrte sich in diesem Zeitraum erheblich, während der Zuwachs bei den Speise- und Schankwirtschaften weniger deutlich ausfiel. Dennoch stellten Letztere noch 1979 gut 80 % aller gastronomischen Betriebe.[351] Als zentrale und zukunftsträchtige Trends im Bereich der Speisewirtschaften machte der DEHOGA Anfang der 1980er Jahre zum einen Fast Food und zum anderen die Sortimentsspezialisierung aus. Abgesehen von den Fast-Food-Restaurants räumte der Verband allein solchen Speisegaststätten Expansionschancen ein, die sich auf eine bestimmte (z. B. ausländische) Küche verlegten oder aber sich auf ein bestimmtes Produkt konzentrierten (wie die Steakhäuser).[352] Den meisten einfachen und gutbürgerlichen Gaststätten hingegen wurde ein derartiges „eigenständiges Sortimentsprofil" abgesprochen.[353] Der DEHOGA ging zu Recht davon aus, dass die in den USA bereits vollzogene Polarisierung des Gastronomiesektors in Spezialitätenrestaurants auf der einen und Fast-Food-Lokale auf der anderen Seite auch auf die Bundesrepublik zukommen würde.[354] Zum einen würden „aufwendige Speisen in stilvoller Atmosphäre", zum anderen schnell zubereitete und preiswerte Mahlzeiten vermehrt nachgefragt werden.[355]

---

[351] Vgl. DEHOGA, Angebots- und Nachfrageveränderungen, 23, 25 u. 26, Tab. 2, u. 33, Tab. 6. Für einen Überblick über die in der Bundesrepublik erstellten Total- und Repräsentativerhebungen über das Gastgewerbe sowie Bundesstatistiken mit gastgewerblichem Bezug siehe Südfeld/Lachmuth, Wegweiser. Die Umsatzsteuerstatistiken sind insofern mit besonderer Vorsicht zu behandeln, als in der Regel nur etwa die Hälfte des Umsatzes in der Gastronomie – mit Ausnahme der Großbetriebe und der Systemgastronomie – regulär ausgewiesen wird, so Eggert, Schwarzgeldzahlungen, 89.

[352] Vgl. DEHOGA, Angebots- und Nachfrageveränderungen, 73 u. 77.

[353] Schillinger, Gastronomiemarke, 35.

[354] In den USA war und ist das Niedrigpreissegment einerseits von (Fast-Food-)Restaurantketten und andererseits von migrantengeführten Kleinbetrieben beherrscht, die jeweils unterschiedliche Techniken anwenden, um auf diesem Markt konkurrenzfähig zu bleiben (vgl. Bailey, Case Study, 215). Die Fast-Food-Ketten sparen v.a. über den Einsatz von ungelernten Teilzeitkräften Personalkosten und darüber, dass die einzelnen Angestellten Arbeitsverträge über unterschiedlich lange Arbeitszeiten besitzen und je nach Kundenfrequenz – gleichsam taylorisiert – „paßgenau über die Öffnungszeit verteilt" werden; unter den Teilzeitkräften dominieren im Fast Food-Bereich Ausländer, bei den geringfügig Beschäftigten Jugendliche, so Voswinkel, Im Schatten, 284f.

[355] Vgl. DEHOGA, Angebots- und Nachfrageveränderungen, 123; Bösken-Diebels, Gastronomie, 72. Vgl. auch Der Markt der Zukunft heißt Spezialisierung. In: Restaurant- und Hotelmanagement 6 (1979), 35–37.

Ethnic Food/Fast Food

Wie in Großbritannien waren es auch in der Bundesrepublik insbesondere US-amerikanische Unternehmen, die sich langfristig erfolgreich im Fast-Food-Segment etablierten.[356] Während kurz nach dem Zweiten Weltkrieg noch relativ häufig Spezialitäten aus den USA (und England) in der bundesdeutschen gastronomischen Fachpresse vorgestellt wurden[357], konzentrierten sich die kulinarischen Transfers aus den USA in den folgenden Jahrzehnten v.a. auf neue Küchentechnologien sowie rationalisierte Produktions- und Distributionsformen. Mit der Industrialisierung nicht nur der Nahrungsmittelproduktion, sondern auch der Zubereitung und der Ausgabe von Speisen war es zunehmend möglich, „any of the traditional work that previously went into meal preparation" auszuschalten.[358]

Auch wenn es angesichts der zahlreichen und multilateralen Transfers von Wissen und Technologien auf dem Gebiet der Nahrungsmitteldistribution und -konsumtion nicht richtig wäre, von einer einseitigen Amerikanisierung zu sprechen, entwickelte sich die Schnellgastronomie in den USA doch früher und in größerem Umfang.[359] Sie erreichte dort bereits in den 1920er Jahren ein Maß an Standardisierung, das sich in (West-)Deutschland erst in den 1970er Jahren durchsetzte.[360] Aus diesem Grund wurden die in Deutschland entstehenden „Schnellimbißinstitute" seit der Zwischenkriegszeit als (importierte) ‚amerikanische' Einrichtungen wahrgenommen[361], die als Chiffre für die Zukunft der Gastronomie fungierten. Im Hinblick auf Fast Food ist zwischen dem Amerikadiskurs der Zwischen- und der Nachkriegszeit demnach eine deutliche Kontinuität festzustellen. Kulinarische Transfers aus den Vereinigten Staaten produzierten in der Bundesrepublik ambivalente Reaktionen, und auch dezidierte Kritik an der Amerikanisierung der bundesdeutschen Gaststättenkultur wurde mitunter formuliert.[362]

Ende der 1960er Jahre errichtete Kentucky Fried Chicken in Frankfurt eine erste Filiale, konnte sich aber zunächst nicht durchsetzen.[363] 1971 eröffnete

---

[356] Für Großbritannien siehe Mennell, All Manners, 329.
[357] Vgl. Vorschlag für ein englisch-amerikanisches Silvester-Menü. In: Die Küche 54/12 (1950), 214–215.
[358] Oddy, Eating, 302.
[359] Vgl. Epple, „Automat".
[360] Vgl. Tolksdorf, Schnellimbiss, 127.
[361] Rauers, Kulturgeschichte, 1135.
[362] So wurde 1960 auf der Internationalen Kolonialwaren- und Feinkostausstellung (Ikofa) in Frankfurt ein aus den USA bezogenes Modell eines Drive-in-Restaurants vorgestellt, das in der Presse als „bedenkliche[s] Produkt einer seelenlos gewordenen, ganz auf Konserven ausgerichteten Gastlichkeit" beschrieben wurde (Schnellgaststätten an der Autobahn? Das erste Drive-in-Lokal auf der Ikofa. In: NGZ 13/21 (1960), 43).
[363] Kauf' jetzt, iß später. Hähnchen à la Colonel Sanders jetzt auch bei uns. In: FAZ v.

McDonald's einen ersten Betrieb in München und hatte anfangs ebenfalls mit den Besonderheiten des bundesdeutschen Marktes zu kämpfen.[364] In den 1970er Jahren war den Bundesdeutschen noch nicht allgemein bekannt, worum es sich bei einem Hamburger handelte, so dass sich die *Neue gastronomische Zeitschrift* noch 1975 bemüßigt sah, ihrer deutschen Leserschaft zu erklären, dass ein Hamburger aus „zwei Toast-Scheiben und einer Flachbulette und einem Stückchen Gurke" bestehe.[365] Im Laufe der 1970er und 80er Jahre verbreitete sich dieses kulinarische Wissen dann rasant, wobei McDonald's aufgrund seines frühzeitigen Markteintritts gegenüber Burger King und Wendy's enorme Wettbewerbsvorteile genoss und letztlich erreichte, dass die Bundesdeutschen den Hamburger mit dem Namen McDonald's verbanden.[366] Das Unternehmen expandierte in den späten 1970er und frühen 80er Jahren nach und nach auch in die kleineren Groß- und Mittelstädte. So erhielt Konstanz 1979, Flensburg 1980 und Leverkusen (spätestens) 1985 seine erste McDonald's-Verkaufsstätte.[367] Innerhalb von nur neun Jahren gelang es McDonald's Deutschland zum größten Gastronomieunternehmen des Landes aufzusteigen.[368]

Doch dominierten in der Bundesrepublik der 1980er Jahre keineswegs US-amerikanische Hamburger-Restaurants den Markt für schnelle Zwischenmahlzeiten. Deutsche und österreichische Unternehmen der System- und Handelsgastronomie[369] verfügten über eine weit größere Zahl an Verkaufs-

---

31.5.1968. Erst 1983 unternahm der Konzern einen zweiten Versuch mit Filialbetrieben im Großraum Köln (vgl. Schückhaus, Systematisierte Gastronomie, 82).

[364] Als erfolgreich erwies sich nicht nur die Aufnahme von Bier ins Sortiment, sondern auch die netzartige Expansionsstrategie, die sich zunächst auf den Münchner Raum konzentrierte, bis 1974 ein zweites Zentrum in Köln errichtet wurde (vgl. Schückhaus, Systematisierte Gastronomie, 76). Wie in den USA üblich, wählte das Unternehmen auch in der BRD zunächst Standorte in den Außenbezirken, die sich jedoch in der weit weniger auf das Autofahren ausgerichteten bundesdeutschen Gesellschaft als nicht geeignet erwiesen. Günstige Standorte für Fast-Food-Betriebe waren in der BRD lediglich in Form teurer Innenstadtlagen zu finden, was die Expansion der Hamburger-Ketten vor große Probleme stellte (vgl. ebd., 105 u. 96).

[365] Gastronomische Streiflichter aus New York. In: NGZ 28/10 (1975), 26–27: 26.

[366] Vgl. Schückhaus, Systematisierte Gastronomie, 77.

[367] Vgl. Adressbuch der Stadt Konstanz 1979; Adressbuch der Stadt Flensburg 1980; Adressbuch der Stadt Leverkusen 1985. Leverkusen besaß bereits 1970 ein Wimpy's, das noch 1978 im Adressbuch aufgeführt ist. 1986 nennt der DEHOGA eine zweite McDonald's-Filiale in Leverkusen-Opladen (vgl. DEHOGA, Verzeichnis).

[368] Vgl. Spies/Weiss, Is Germany's Traditional Restaurant a Dying Breed?, 84. Zum Fast-Food-Sektor in der Bundesrepublik siehe auch Fast Food in Europe, Kap. 1. Zur Geschichte des Hamburgers siehe Ozersky, Hamburger; für eine kritische Studie zum ‚Fast-Food-System' siehe Schlosser, Fast Food Nation.

[369] Unter Handelsgastronomie wird die von einem Handelsunternehmen als integraler Bestandteil betriebene Gastronomie verstanden, die sich in der Regel an die Öffnungszeiten

stellen. So existierten 1982 169 McDonald's-Filialen, 26 Burger-King- und 14 Wendy's-Verkaufsstätten, denen 359 Wienerwald-Gaststätten, 17 Block-House-Restaurants sowie 307 Nordsee- und 110 Kochlöffel-Filialen gegenüberstanden.[370] Die Systemgastronomie, die sich durch Mehrbetrieblichkeit und ein ausgearbeitetes Gastronomiekonzept, das meist in der Festlegung auf einen klaren Angebotsschwerpunkt (wie Hähnchen im Falle von Wienerwald) bestand, sich aber im Gegensatz zur Fast-Food-Gastronomie durch eine aufwändigere Ausstattung der Lokale, Tischservice, Mehrweggeschirr und entsprechend höhere Preise auszeichnete[371], konnte aufgrund des rationalisierten Betriebsablaufs und des zentralen Einkaufs dennoch relativ kostensparend agieren und daher gemeinsam mit den Fast-Food-Lokalen zu einer ernsthaften Konkurrenz für die Individualgastronomie werden.

Insbesondere die zahlreichen Wienerwald-Gaststätten prägten die Geschichte der bundesdeutschen Gastronomie in besonderem Maße. Bereits in den 1960er und frühen 70er Jahren hatte sich der 1955 in München von Friedrich Jahn aus Linz begründete „Wienerwald" über das gesamte Bundesgebiet, mit Schwerpunkten in Süddeutschland und dem Ruhrgebiet, ausgebreitet und war zum Symbol der „Nachkriegs-Geflügelwelle" geworden.[372] Die Wienerwald-Restaurants erhielten im Segment der Systemgastronomie seit den 1970er Jahren zunehmend von argentinischen (respektive brasilianischen) Steakhäusern Konkurrenz. So wie der Konsum eines Brathähnchens, das noch in der ersten Hälfte des 20. Jahrhunderts eine zu besonderen Anlässen verzehrte Speise gewesen war, nach 1945 aber zu einem Alltagsimbiss wurde, lässt sich auch das Steak als ‚sinkendes Kulturgut' betrachten, das sich seit den 1970er

---

der Handelsbetriebe zu halten hat, also Restaurants und Imbisse in Einkaufszentren, Lebensmittelläden und Kaufhäusern (vgl. Essen außer Haus 2000, 16).

[370] Hinzu kamen noch 172 bzw. 153 Kaufhof- respektive Karstadt-Speiselokale (vgl. DEHOGA, Angebots- und Nachfrageveränderungen, 110).

[371] Im Gegensatz zur Individualgastronomie, zu der „alle herkömmlichen, überwiegend von Einzelunternehmern geführten Gastronomiebetriebe" zählen, besteht die Systemgastronomie aus mindestens zwei Betrieben an unterschiedlichen Standorten, die sich aber in einheitlichem Besitz befinden oder über ein Franchise-Verhältnis miteinander verbunden sind und sich durch eine uniforme Gestaltung der Restaurants wie des Angebots auszeichnen (vgl. Schückhaus, Systematisierte Gastronomie, 25 u. 4f.; Reckert, Adoption, 78f.). Zur Systemgastronomie zählen damit neben Fast-Food-Lokalen auch gehobene gastronomische Systeme wie die Steakhaus-Ketten, die – im Verhältnis zum schmalen und flachen Sortiment der Fast-Food-Restaurants – um ein Kernprodukt herum erweiterte Sortimente aufweisen (vgl. Reckert, Adoption, 80, Übersicht 3.7).

[372] Zur „Nachkriegs-Geflügelwelle" als dem „kulinarische[n] Symbol einer Epoche" siehe Hemming, Hühner-Hugo, 182. Von 1955 bis 1969 baute Jahn 337 Filialen auf und vollzog damit die erfolgreichste Expansion in der deutschen Gastronomiegeschichte (vgl. Jenn, Deutsche Gastronomie, 85). „Wienerwald"-Filialen gab es außerdem in Österreich, der Schweiz, Belgien, den Niederlanden und den USA. Zum Pendant in der DDR, dem „Goldbroiler", siehe Poutrus, Erfindung.

Jahren für systemgastronomische Unternehmungen anbot.[373] Aufgrund ihres verhältnismäßig teuren Hauptprodukts konnten die Steakhäuser nicht in die kleineren Ortschaften des Bundesgebiets vordringen, waren aber in den Großstädten mit mehreren Filialbetrieben überaus präsent.[374]

Neben der bisweilen mit ausländischen Spezialitäten und einer entsprechenden Inneneinrichtung operierenden Systemgastronomie entstanden seit den 1970er Jahren zudem zahlreiche Imbisse, die ausländisches Fast Food anboten. In ihrer Abhandlung zur *Kultur der Imbißbude* von 1983 weisen Birgit Knop und Martin Schmitz auf dieses Phänomen hin: „Seit einiger Zeit gibt es den Trend zu internationalen Spezialitäten im Imbißgewerbe. ‚Griechische' oder ‚türkische' Imbißbuden sind in Berlin und im Ruhrgebiet längst keine Seltenheit mehr."[375] Ulrich Tolksdorf sieht hier „auf unterster kulinarischer Ebene" den „Trend des gehobenen Gaststättengewerbes zu ausländischen Spezialitäten" sich wiederholen.[376] Abgesehen von der Bedeutung, die Migranten als Angestellten im Fast-Food-Segment zukommt, ist eine Internationalisierung der Imbisskultur also auch im Hinblick auf das Speisesortiment zu beobachten. Die Trends hin zum Fast Food und zu ausländischen Spezialitäten wurden in Form des „Ethno Fast Food"[377] miteinander kombiniert. In den USA ermöglichten Restaurantketten wie das 1978 gegründete Taco Bell gerade solchen Konsumenten, die keine ausländischen Spezialitätenrestaurants aufsuchten, ein ‚gefahrloses' Experimentieren mit neuen Geschmacksrichtungen.[378] Ähnliches lässt sich auch in Bezug auf die Döner-Imbisse in der Bundesrepublik feststellen.[379]

Während Fast Food und ausländische Gastronomie also einerseits durchaus

---

[373] Vgl. Sturm, Schnellimbiß, 116. Zum Steak als ‚sinkendem Kulturgut' siehe Tanner, Was kommt auf den Tisch?, 24.

[374] Zum Boom der Steakhäuser siehe Ein Steakhaus-Jahrzehnt. In: food service 8/12 (1989), 29–30. Während sich das 1968 gegründete Block House als US-amerikanisches Steakhaus verstand und das auch in seinem Namen kundtat, setzten die Steakhaus-Ketten Churrasco und Maredo, die 1969 bzw. 1973 gegründet wurden, aber auch individuell betriebene Steakhäuser wie „El Rancho" in Leverkusen oder „La Pampa" in Hamburg auf südamerikanische Atmosphäre. Als ein „Treffpunkt für Steakliebhaber und Amerikafreunde" werden die Block-House-Lokale beschrieben (Hamburg von 7 bis 7, 1979, 93), das sich v.a. auf den Norden der Bundesrepublik konzentrierte, während sich Churrasco-Restaurants relativ gleichmäßig über das Bundesgebiet verteilten (vgl. DEHOGA, Verzeichnis). Zu den Vorläufern der Steakhausketten sind die „Porter Houses" zu zählen, in denen u. a. Porterhouse-Steaks serviert wurden (siehe die Ansichtskarte des „London Porter House" in Hamburg-St. Pauli, ca. 1908, St. Pauli-Archiv/Fotosammlung).

[375] Knop/Schmitz, Currywurst, 63.

[376] Tolksdorf, Schnellimbiss, 140.

[377] König, Geschichte, 181.

[378] Vgl. Kovacik, Eating Out, 196. Zum wachsenden Interesse an *ethnic fast food* in den USA seit den späten 1970er Jahren siehe Belasco, Ethnic Fast Foods.

[379] Siehe Kap. 6.5.1.

2.3 Die ausländische Gastronomie in der Bundesrepublik

wirksame Allianzen eingehen konnten, lassen sie sich andererseits als zwei unterschiedliche Wege der Ausdifferenzierung des gastronomischen Angebots verstehen. Dort, wo die Fast-Food-Ketten auf Einheitlichkeit und globale Wiedererkennbarkeit ihrer Filialen wie ihres Sortiments setzten, suchten die ausländischen Spezialitätenrestaurants, die mehrheitlich der Individualgastronomie zuzurechnen waren, nach Wegen, sich als Einzelunternehmen zu behaupten, und das hieß v.a., sich von anderen am Markt vorhandenen ähnlichen Betrieben abzusetzen. Dennoch verkennt die in der Literatur häufig vorgenommene Charakterisierung der Fast-Food-Lokale als Versuche „to remove us from this specific time and place" und des dort angebotenen Essens als „heimat- und somit identitätslos"[380], dass McDonald's, Burger King und andere sich zwar als universalistische Unternehmen präsentieren, aber ihre US-amerikanische Herkunft keineswegs verleugnen und entsprechend – gerade seitens ihrer Kritiker – auch wahrgenommen werden. Diese Lokale als gleichsam zeit- und ortlose Räume zu begreifen, übersieht zudem die Zugeständnisse, die sie im Zuge ihrer globalen Ausbreitung an die jeweiligen lokalen Gegebenheiten machen mussten, so dass sich ihre Filialen und das dort gebotene Essen keineswegs bis ins Detail gleichen.[381] Zudem reproduziert die Aufspaltung in ausländische Restaurants einerseits und Fast-Food-Lokale andererseits die ethnisch-nationale Markierung einiger Betriebsformen und deren Unsichtbarmachung im Falle anderer Restauranttypen.[382] Dennoch sind die Unternehmensstrategien selbstverständlich zu unterscheiden: universalistischer Anspruch, verbunden mit einer weitgehend einheitlichen, auf Wiedererkennbarkeit angelegten Gestaltung der dem Fast-Food-Bereich und der Systemgastronomie zuzurechnenden Betriebe einerseits und Individualität suggerierende Spezialitätenrestaurants andererseits, die eine ‚authentische' Küche aus einem bestimmten Land zu bieten versprechen. In diesem Sinne sind beide Arten der Gastronomie auch als Reaktion auf die jeweils andere Gastronomieform zu verstehen. Im Gegensatz zur internationalen Küche, die als ‚fast exterritorial' beschrieben wurde[383], wie zu den global agierenden

---

[380] Kraig, American Hot Dog Stand, 176; Trummer, „Schweinsbrat'n", 171.
[381] Unterschiedliche (Lebensmittel-)Gesetze und bestimmte Nahrungstabus erfordern lokale Anpassungen und führen zu Transformationen der Speisekarte. So werden in Israel in vielen McDonald's-Filialen die Big Macs ohne Käse serviert, in Indien sind vegetarische McNuggets und ein auf Hammelfleisch basierender Big Mac, der Maharaja Mac, erhältlich. In Deutschland ist vielfach Bier im Angebot, während in der Türkei Ayran serviert wird. Vgl. Vignali, McDonald's.
[382] Am Beispiel der Döner-Imbisse der 1990er Jahre, die sich zunehmend an US-amerikanischen Fast Food-Lokalen orientierten, wird eben diese Verknüpfung von Ent-Ethnisierung und Amerikanisierung zu diskutieren sein (siehe Kap. 6.5.2).
[383] Vgl. Seeberger, Hotel Vier Jahreszeiten, 231, der diese Kennzeichnung als etwas Positives versteht, das mit „Noblesse" und „Tradition" gepaart sei.

Fast-Food-Ketten schienen die ausländischen Spezialitätenrestaurants einem Bedürfnis nach Verortung, nach definierter und auch inszenierter Herkunft zu entsprechen. In dieser Hinsicht sind sie weniger als Gegentrend denn als Komplement der in den 1970er Jahren einsetzenden ‚Regionalwelle' zu verstehen, bei der auf ganz ähnliche Weise Ethnizität im Sinne einer neu zu entdeckenden Andersartigkeit vermarktet wurde.[384] Wer „der sogenannten ‚internationalen Küche' mit ihren Einheitsgerichten nichts abgewinnen" könne, werde „mit Erleichterung den Trend zur Kenntnis genommen haben, der sich seit einiger Zeit in Deutschlands Küchen abzeichnet: die Wiederentdeckung der regionalen Spezialitäten".[385] Beide Bewegungen, die Etablierung spezifischer Landesküchen wie die Regionalisierung der Ernährung, lassen sich somit als analoge Ausdifferenzierungen der Konsumgüterwelt verstehen, bei der im ersten Fall ferne Länder mit ihren jeweiligen Küchen und im zweiten Fall einzelne Regionen und vergangene Zeiten mit ihren ‚traditionellen' Gerichten re-inszeniert wurden. Re-Ethnisierung und Re-Historisierung wären dann als gemeinsame Antwort auf die Industrialisierung der Ernährung und ihre im Fast Food symbolisierte Beschleunigung und Ent-Ortung zu lesen.[386] Auch in Großbritannien lässt sich eine ähnliche Kopplung beobachten, die Allison James als „food nostalgia" bezeichnet hat.[387]

Ausländische und regionale Spezialitäten.
Nostalgischer Exotismus und exotistische Nostalgie

„Italienische, jugoslawische und chinesische Restaurants, altbergische und altdeutsche, französische, skandinavische oder eben ‚urige' wie in einem Nebenraum des Restaurants ‚Jägerhof' in Hitdorf", wo „wie – angeblich – vor 450 Jahren" mit den Fingern gegessen werde, waren in den 1970er Jahren auf dem Vormarsch, wie es in einem Zeitungsartikel über die zunehmende

---

[384] Vgl. Köstlin, Revitalisierung. Von einem „Gegentrend" (Tolksdorf, Schnellimbiss, 140) lässt sich nur insofern sprechen, als einige Verfechter der regionalen Küchen diese als Mittel gegen die „Invasion ausländischer Gerichte" betrachteten (so ein Ravensburger Landrat 1984, zit. nach Köstlin, Heimat, 148). Zur ‚Regionalwelle' siehe auch Rath, Reste, 238; Schramm, Konsum, 116. Regionalisierungstendenzen wie diese stellen keine neue Erscheinung dar. Regionale Spezialitäten sind bereits in den Kochbüchern des 19. Jahrhunderts zu finden, die damit dem Wunsch nach Abwechslung nachkamen (vgl. Schlegel-Matthies, Regionale Kostformen, 56).
[385] Die regionale Küche wird wiederentdeckt. In: NGZ 33/6 (1980), 38–39: 38.
[386] Vgl. Prahl/Setzwein, Soziologie, 268. Dass das Interesse für territorial gebundene Speisen eine neue Entwicklung ist, hätten die frühneuzeitlichen Eliten doch gerade diese Bindung abstreifen wollen, betont Montanari, Geography of Taste, 29.
[387] James, How British, 79.

Spezialisierung in der Gastronomie Leverkusens von 1979 hieß.[388] Kulinarische Zeitreisen und Mittelaltermärkte erfreuten sich großer Beliebtheit[389] und schlossen in der Art und Weise, wie Traditionen inszeniert wurden, an die regionale und ausländische Gastronomie an. Wie die *Neue gastronomische Zeitschrift* 1980 formulierte, galten regionale Spezialitäten seit einigen Jahren nicht mehr als „hausbacken", sondern als „gediegen und traditionsbewußt".[390] Die entsprechenden Gasthöfe waren mit gusseisernen Öfen, bäuerlichen Gerätschaften, Standuhren aus dem 18. und 19. Jahrhundert oder Zinnleuchtern ausgestattet, und die Speisekarte bot regionale Produkte und Gemüse der Saison.[391] Gaststätten mit regionalen Spezialitäten operierten entweder in der betreffenden Region selbst wie etwa das „Alt-Hamburger Bürgerhaus" in Hamburg[392]; oder sie boten ihre Spezialitäten an einem anderen Ort an und fungierten dann – ähnlich wie die ausländischen Gaststätten – (auch) als Treffpunkte für Migranten aus den entsprechenden Herkunftsregionen. So konnten Menschen aus Westfalen, die in Düsseldorf lebten, im „Pumpernickel" westfälische Spezialitäten essen, und Rheinländer, die in München wohnten, erhielten in der „Ewigen Lampe" rheinische Spezialitäten.[393] Derartige Lokale sprachen aber auch die einheimische Bevölkerung sowie Touristen aus aller Welt an. Zur Erhöhung der touristischen Attraktivität bemühten sich, wie gezeigt, gerade Großstädte um eine möglichst breite Palette an gastronomischen Angeboten; zunehmend erwiesen sich dabei auch Gaststätten mit der entsprechenden Regionalküche als wichtiger Faktor für die Außenwerbung einer Region.[394]

Doch welcher Art war die Region, die in derartigen Restaurants aufgerufen wurde? Zumeist war es eine bäuerliche Küche, die als ‚typische' Regionalküche firmierte.[395] Typisch wird eine Küche in dem Moment, in dem sie aus der Distanz betrachtet und in der Präsentation für Andere inszeniert, also von einer Endo- in eine Exoküche überführt wird. Die in den 1970er Jahren favorisierten Regionalküchen gaben sich bäuerlich-ländlich und wurden in Gaststätten ange-

---

[388] Bernd Sonnenberg: Zechen wie im Dreißigjährigen Krieg. Neue Attraktion in Hitdorf – Die Spezialitätenrestaurants sind groß im Kommen. In: KR (Ausg. Leverkusen) v. 17.11.1979.
[389] Siehe die Anzeige „Tafeln Sie wie im Mittelalter" des Restaurants „Hamborgher Kûcherie" im Hause Friesenhof (Anzeige. In: Hamburg von von 7 bis 7, 1983/84, 259). Für ein ähnliches Restaurant in London siehe 1970 Guide to London Restaurants, 48.
[390] Gasthof Leicht in Biebelried: Die Sehnsucht der Gäste nach dem ‚Altfränkischen'. In: NGZ 33/5 (1980), 8–14: 8.
[391] Vgl. ebd., 10 u. 12.
[392] Hamburg kulinarisch 1982, 13.
[393] Vgl. Arnold, Pumpernickel; Hollander, Ewige Lampe.
[394] Die Vermarktung der Region und, damit verbunden, der Vergangenheit hat sich seit dem 19. Jahrhundert immer auch an Touristen gerichtet. Vgl. Hodges, Food.
[395] Vgl. Tolksdorf, Heimat, 228.

boten, die im sogenannten rustikalen Stil der Zeit eingerichtet waren.[396] Allein in dieser Form der Küche und Restaurantgestaltung meinte man, Einfachheit, Tradition und spontane Geselligkeit (wieder) zu finden. Ähnliches galt für die ausländischen Spezialitätenrestaurants, die sich, zumindest wenn sie europäische Küchen anboten, ebenfalls an Bildern einer ländlich geprägten Vergangenheit orientierten, um Authentizität für ihre Speisen und ihr Interieur behaupten zu können. Der von Maria-Manuel Valagao im Zusammenhang mit der touristischen Vermarktung ländlicher Regionen konstatierte „rural exoticism" trifft also auf beide Gastronomietypen, die regionalen wie die ausländischen Spezialitätenrestaurants, zu.[397] Beide antworteten auf eine vielfach thematisierte Sehnsucht sowohl nach einer verlorenen Zeit[398] als auch nach ‚exotischen' Orten, nach einer fremd gewordenen ländlichen Kultur vor Ort wie nach einer fremden Kultur im Ausland – wobei auch im Falle der Letzteren eher ihre bäuerliche Vergangenheit denn möglicherweise urbane Gegenwart zu interessieren schien, wie in den Kapiteln 4 bis 6 zu zeigen sein wird. Gaststätten mit regionalen und ausländischen Spezialitäten partizipierten damit an einer in diversen Gesellschaftsbereichen betriebenen ‚invention of tradition', die nicht zufällig just zu Beginn der 1980er Jahre von Eric Hobsbawm und Terence Ringer zum Untersuchungsgegenstand gemacht wurde.[399] Hobsbawm und Ringer befassen sich mit der politisch motivierten, nationalistisch ausgerichteten Nostalgie am Ende des 19. Jahrhunderts, der ersten Phase der Globalisierung in der Moderne, zu einem Zeitpunkt, als Nostalgie im Zuge eines zweiten massiven Globalisierungsschubes gegen Ende des 20. Jahrhunderts zu einem weit diffuseren, alle Gesellschaftsbereiche umfassenden Phänomen geworden war.[400]

Die Restaurantszene vermittelte in Gaststätten mit Regional- oder ausländischer Landesküche das Gefühl der „Verfügbarkeit über die Kost aller Länder und Zeiten", und zwar in einem nostalgischen Modus, der etwa in alten Fotografien, welche die Restaurantwände schmückten, sein Symptom wie seinen Ausdruck fand.[401] In Umschreibungen wie „Nostalgische Trendkneipe"[402]

---

[396] „Die Tischplatten sind rund und klobig wie Mühlsteine, gewachsenes Holz aus Bäumen, deren mächtige Stämme man zu Scheiben geschnitten hat." (Pfeiffer, Wirtshaus, 199)
[397] Valagao, Reinvention, 35. „In Europe a dish is not considered authentically traditional unless its roots can be traced back to rural civilization." (Fischler, „McDonaldization", 544)
[398] „Je moderner die rheinische Städte werden, je mehr Hochhäuser in den Himmel schießen, desto inniger pflegt man die Erinnerung an das, was einmal war", so z. B. Ruhrberg, Brauerei, 178.
[399] Vgl. Hobsbawm/Ranger, Invention.
[400] Für eine Periodisierung des Nostalgie-Phänomens siehe Robertson, After Nostalgia? Nicht ohne Grund setzte also die erste ‚Regionalwelle' am Ende des 19. Jahrhunderts ein.
[401] Tolksdorf, Heimat, 227. Zur Fotografie als Symptom eines „libidinal historicism" siehe Jameson, Postmodernism, 66.
[402] „Henning's Wirtschaft" eröffnet heute. In: Westfälische Nachrichten extra v. 7.10.1986.

2.3 Die ausländische Gastronomie in der Bundesrepublik

wird das Moment der Erinnerung und Re-Inszenierung selbst thematisch. Auch in den ausländischen Spezialitätenrestaurants war es weniger der Urlaub als vielmehr die Urlaubs*erinnerung*, die zelebriert wurde. Das konnte gerade auf dem Feld der Ernährung so überzeugend gelingen, weil das Essen als sinnlich erfahrbares Medium, das den Geschmacks-, den Geruchs- und auch den Tastsinn anspricht, als ein besonders umfassender „agent of memory"[403] fungiert. Es scheint das Verlorene – die Heimat im Falle von Flüchtlingen und Migranten, die kollektive Vergangenheit im Falle kulinarischer Zeitreisen oder die individuelle Lebensgeschichte im Falle des in der Kindheit geliebten Leibgerichts – (wieder) präsent zu machen.[404] Diese Präsenz allerdings währt nur, solange der Essensakt anhält; vom Kochen und Speisen als ephemeren Phänomenen bleibt nur die Erinnerung.[405] Gerade in dieser Hinsicht lässt sich das auf regionale oder ausländische Küchen spezialisierte Gaststättenwesen als besondere Form der Erlebnisgastronomie beschreiben, für die es keine Rolle spielt, ob sich die evozierten Erinnerungen auf vergangene oder fiktive Erlebnisse beziehen; vielmehr machen Orte wie das ausländische Spezialitätenrestaurant auf die brüchigen Grenzen zwischen Fiktion und Realität aufmerksam. An diesem Umschlagspunkt manifestiert sich denn auch die Nähe von Erlebnisgastronomie und Film- bzw. Unterhaltungsindustrie.[406] Im Mittelpunkt steht die „Aneignung von Welten, die so nicht existiert haben".[407] Eben diese gelebten fiktionalen Welten sind es, die nach Michael Makropoulos die Existenz in einer modernen Massenkultur charakterisieren.[408]

Während der nostalgische Modus für das Funktionieren der regionalen und ausländischen Gastronomie von nicht zu unterschätzender Bedeutung ist, nehmen die zur gleichen Zeit expandierenden Fast-Food-Lokale nicht nur im gastronomischen Diskurs über die Moderne eine andere, meist entgegengesetzte Position ein. Die Spezialisierung auf Regional- und ausländische Landesküchen, die sich als Ethnisierungsstrategie verstehen lässt, stellt eine der möglichen Antworten auf die vielfach als ‚McDonaldisierung' firmierenden globalen Standardisierungsvorgänge dar – ohne selbst der Vereinheitlichung in Form eines ‚typisch' schwäbischen oder italienischen Restaurants zu entgehen.

---

[403] Diner, Hungering, 8.
[404] „Das Leibgericht ist eine vielleicht seltsame, aber intensive Verbindung mit der Frau, die uns geboren und unseren ersten Hunger in dieser Welt gestillt hat. Es ist köstliche Erinnerung und erinnernde Köstlichkeit." (Harte, Gut essen, 7) Vgl. auch Walker, Food.
[405] Dieser flüchtige Charakter ist es u. a., der die Kochkunst von anderen Künsten unterscheidet, so Gillespie, Gastrosophy, 23.
[406] Dieser Zusammenhang wird in der gastronomischen Fachliteratur selbst gesehen. So macht Flad, Dienstleistungsmanagement, 96, auf diese Parallelen im Zusammenhang mit dem *theming* in Restaurants aufmerksam.
[407] Köstlin, Heimat, 164.
[408] Vgl. Makropoulos, Theorie.

Beide Vorgänge, Ethnisierung wie McDonaldisierung, lassen sich als Effekte respektive Elemente von Globalisierungsprozessen auf dem Feld der Ernährung auffassen; hier eine allzu einfache Zuordnung von Homogenisierung einerseits und Heterogenisierung andererseits vorzunehmen, verstellt den Blick auf die Verwobenheit beider Prozesse. Auf Akzeptanz bei den Verbrauchern stießen beide Varianten der Ausdifferenzierung, mit denen das gastronomische Angebot seit den 1960er und insbesondere den 1970er Jahren erheblich erweitert wurde. Mittels neuer Technologien, neuer Formen der Betriebsführung, neuer Produkte und neuartiger Kombinationen aus vertrauten und noch unbekannten Elementen versuchten die Gastronomen, permanent Differenzen zu produzieren[409], um für den eigenen Betrieb eine Nische zu finden oder zu kreieren. Über eine Differenzierung nach Betriebstyp, Preis, Rangstufe des Lokals oder Herkunft der Küche sollten je spezifische Zielgruppen angesprochen oder spezifische Konsumsituationen ermöglicht werden.[410] Denn zunehmend begannen die Kunden, „für verschiedene Bedürfnisse unterschiedliche Lokale" zu frequentieren.[411] Wer aber waren nun die (ersten) Gäste in den ausländischen Spezialitätenrestaurants? Wie lassen sich die hauptsächlichen Konsumentengruppen charakterisieren? Und welche Motive bewegten sie zu einem Besuch?

2.4 Die wachsende Popularität der ausländischen Gastronomie bei den bundesdeutschen Konsumenten

Sind die Motive ausländischer Gastronomen, sich mit einem Restaurant oder Imbiss selbständig zu machen, hauptsächlich im Wunsch nach Unabhängigkeit und der Notwendigkeit zu suchen, sich ein Einkommen zu verschaffen, kann die Expansion ausländischer Gaststättenbetriebe seit den 1960er Jahren nicht allein über die Angebotsseite erklärt werden. Auch die Nachfrage sowohl nach gastronomischen Leistungen im Allgemeinen als auch nach ausländischen Speisen im Speziellen muss sich in den letzten 50 Jahren signifikant erhöht haben. Statistische Erhebungen und Umfragen über den Außer-Haus-Verzehr lassen diesen steigenden Bedarf erkennen.

Da die Nachfrage nach gastronomischen Leistungen nicht einheitlich oder gar integrativ statistisch erfasst worden ist, man es zudem mit hoch aggre-

---

[409] „Creating difference is the ultimate goal for caterers – it's what excites diners" (Dan Bignold: Undiscovered Countries. In: Caterer & Hotelkeeper 192/4299 [2003], 43–44: 43).
[410] Vgl. Angebotsdifferenzierung. In: NGZ service manager 38/12 (1985), 69.
[411] Jenn, Deutsche Gastronomie, 81.

2.4 Die wachsende Popularität der ausländischen Gastronomie

gierten und darüber hinaus inkonsistenten Daten zu tun hat, lassen sich die strukturellen Veränderungen des Konsum- und Konsumentenverhaltens nur lückenhaft darstellen.[412] Zudem ist in diesem Zusammenhang auch die statistische Perspektive auf den Außer-Haus-Verzehr zu hinterfragen. Statistische Erhebungen erfassen die soziokulturelle Praxis des auswärtigen Nahrungskonsums auf eine ganz bestimmte Weise, nämlich als quantifizierbare, monetär zu bestimmende Handlung, deren Marktförmigkeit nur im Hinblick auf die Ausgabe respektive den Ausgabenanteil zum Gegenstand wird. Darüber hinaus können über den Kauf- und Konsumakt, seine Funktion und die ihm zugeschriebenen, historisch veränderlichen Bedeutungen keine Aussagen gemacht werden. Die Evidenz der erhobenen Daten ist also eine äußerst eingeschränkte, zumal der in den meisten Stichproben gewählte Fokus auf Haushalte die oftmals deutlichen Unterschiede im Konsumverhalten der einzelnen Haushaltsmitglieder verwischt und auch die Frage danach ausblendet, wer über das disponible Einkommen verfügt.[413] Darüber hinaus stellt die Buchführung über die Nahrungsmittelausgaben, wie sie im Rahmen etwa der Einkommens- und Verbrauchsstichproben des Statistischen Bundesamtes erfolgt, einen Eingriff in die Lebensführung der Haushalte dar. Die Beobachtungssituation bewirkt Veränderungen des zu Beobachtenden, da sie eine Reflexion über das eigene Konsumverhalten anregt und zur Selbstdarstellung der Befragten bezüglich eines sehr persönlichen Verhaltens herausfordert.[414] Ähnliches gilt selbst für kurzfristige, nicht auf monatelanger Buchführung basierende Konsumentenbefragungen, die ebenfalls Anlass für Selbststilisierungen bieten und zudem als Verstärker für Praktiken fungieren können, die vom Gros der Bevölkerung als wünschenswert erachtet werden.[415] Über die mehr oder weniger repräsentativen Erhebungen, wie oft und wo die Bundesdeutschen essen gehen, werden Normalitätsstandards im Hinblick auf diese Praxis gesetzt, denen die Befragten aus unterschiedlichen und nicht ermittelten Gründen (nicht) nachkommen

---

[412] Vgl. Meyerhöfer, Struktur, 75. Zur Problematik, dass z. B. die Bringdienste in einigen Statistiken zur Außer-Haus-Verpflegung gerechnet, in anderen Statistiken jedoch als Anstaltskost ausgenommen werden und aufgrund dieser veränderten Erhebungssystematik keine Vergleichbarkeit zwischen verschiedenen Untersuchungen besteht, siehe Gedrich/Albrecht, Datenrecherche, 63. Dies erschwert insbesondere auch internationale Vergleiche, wie Anna, Cross-Cultural Differences, 234, betont.
[413] Siehe Meyer, Analyse, 235. Zur geschlechterhistorischen Blindheit vieler auf Haushaltsrechnungen basierender Studien siehe Hausen, Geschlecht, 100.
[414] Siehe dazu Tanner, Fabrikmahlzeit, 144f., der auf das „Bedürfnis nach geschönter Selbstdarstellung", aber auch auf den „Hang zur miserabilistischen Selbstdarstellung" hinweist. Vgl. auch Spiekermann, Haushaltsrechnungen; Pierenkemper, Rechnungsbuch.
[415] In diesem Zusammenhang sind nicht zuletzt die Massenmedien zu erwähnen, die den Restaurantbesuch popularisierten, indem sie den „Umfang der relevanten Umwelt" (Thiele-Wittig, Verbraucherverhalten, 137) vergrößerten und die Praxis des Essengehens damit in den Erwartungshorizont eines immer größeren Teils der Bevölkerung rückten.

wollen. Gerade die Marktforschung, die Daten über den Außer-Haus-Verzehr sammelt, um Orientierungshilfen für die kommerziellen Entscheidungen der Anbieterseite zu generieren, hat einen bedeutenden Anteil nicht nur an der Popularisierung, sondern auch an der Produktion neuer Konsumtrends. Seit den 1960er Jahren konzentriert sich die Marktforschung zunehmend auf die Eruierung sich erst verhalten abzeichnender Trends und damit auf die Erforschung zukünftiger Wünsche.[416] Allzu komplexe oder gar in sich widersprüchliche Ergebnisse sind für die praktisch ausgerichtete Marktforschung, welche die Anbieter mit ihren potentiellen Kunden verbindet, nicht sinnvoll, verringern sie doch ihre Brauchbarkeit.[417] Die historische Forschung hat erst in Ansätzen Umfragen auf ihren Quellenwert, sich wandelnde Analyseraster und Kategorisierungen sowie auf ihre gesamtgesellschaftliche Funktion hin untersucht.[418] Als Kreislauf von Wissen, der verschiedene Sektoren der Massenkultur miteinander in Verbindung setzt, wäre die Rolle der Marktforschung für den Nahrungsmittelkonsum wie generell die bundesdeutsche Konsumgesellschaft präziser zu bestimmen. Das scheint insofern ein besonders dringliches Desiderat, als die Konsumsoziologie und mit ihr das gesamte wissenschaftliche Instrumentarium der Konsumanalyse stark von der Sprache und den Strategien der Marktforschung geprägt ist.[419] Trotz dieser zu bedenkenden Probleme stellen die Erhebungen des Statistischen Bundesamtes wie der verschiedenen Marktforschungsinstitute einen zentralen Quellenbestand dar, um sich dem Konsumentenverhalten in der Bundesrepublik historisch zu nähern.

2.4.1 Die Zunahme des Außer-Haus-Verzehrs und die wachsende Nachfrage nach ausländischen Küchen

Während der Anteil des für Nahrungsmittel aufgewendeten Einkommens in der Bundesrepublik seit den 1950er Jahren kontinuierlich abgenommen hat, ist der Anteil der Ausgaben für gastronomische Leistungen in der zweiten Hälfte des 20. Jahrhunderts deutlich gestiegen. Im Zeitraum vom Ende der 1960er bis Ende der 1970er Jahre wuchsen die Ausgaben für die Außer-Haus-Verpflegung sogar schneller als die Einkünfte.[420] War vor dem Zweiten Weltkrieg in den

---

[416] Vgl. Brückweh/Schuck, Tagungsbericht.
[417] Vgl. Gofton, British Market-Research Data, 304.
[418] Vgl. Brückweh, Voice. Zur Demoskopie als Beobachtung zweiter Ordnung, die entscheidungsrelevante Erwartungen zu ermitteln sucht, siehe Kruke, Demoskopie. Zur professionellen Konsumentenbeobachtung in Deutschland von den 1930er bis 1960er Jahren siehe Conrad, Observer.
[419] Zur Rolle der (Soziologie der) kommerziellen Konsumforschung im Konsumgeschehen siehe Schrage, Soziologie, 11.
[420] Vgl. Reckendrees, Konsummuster, 43.

2.4 Die wachsende Popularität der ausländischen Gastronomie

meisten west- und nordeuropäischen Ländern noch die Hälfte der Ausgaben eines Haushalts für Nahrungs- und Genussmittel aufgewendet worden, sanken diese bis 1980 auf etwa ein Viertel des privaten Konsums.[421] Auch die in der ersten Hälfte des 20. Jahrhunderts noch gravierenden Unterschiede zwischen den Anteilen, die ein Arbeiter- und ein Beamtenhaushalt jeweils für Nahrungs- und Genussmittel ausgab[422], nahmen sukzessive ab, vergrößerte sich das disponible Einkommen bei den einkommensschwächeren Haushalten in der Bundesrepublik doch überproportional. In der Bundesrepublik lag der für Nahrungs- und Genussmittel aufgewendete Ausgabenanteil 1950 noch bei durchschnittlich 43 %, 1960 bei 38,6 % und 1970 nur noch bei etwas über 30 %, um Mitte der 1980er Jahre auf nur noch gut 22 % zu sinken.[423] Von diesen zwar relativ sinkenden, monetär aber steigenden Ausgaben für Nahrungs- und Genussmittel floss ein immer größerer Teil in die Gemeinschaftsverpflegung und die Gastronomie. War die Außer-Haus-Verpflegung vom Statistischen Bundesamt 1958 noch mit weniger als einem Prozent des gesamten privaten Konsums veranschlagt worden, machte sie 1960 bereits knapp 2 % der Ausgaben aus und stieg in den 1970er Jahren je nach Haushaltstyp auf durchschnittlich 2–4 %, wobei (vierköpfige) Arbeitnehmerhaushalte besonders hohe Ausgaben aufwiesen.[424] Nachfrageanalysen auf Basis der vom Statistischen Bundesamt durchgeführten Einkommens- und Verbrauchsstichproben, die ab 1973 den Außer-Haus-Verzehr gesondert und zunehmend differenziert erfassten, weisen für diesen Bereich 1978 einen Anteil von 21 % an allen Ausgaben für Nahrungs- und Genussmittel aus.[425] Mit Ausnahme kurzzeitiger Ausgabenrückgänge bei den gastronomischen Leistungen wie etwa 1984 und Anfang der 1990er Jahre, die auf die Konjunkturabhängigkeit gerade dieses Konsumbereichs hinweisen, ist die im Vergleich zum häuslichen Nahrungsmittelkonsum überwiegend einkommenselastischere Nachfrage beim Außer-Haus-Verzehr kontinuierlich angestiegen.[426] Zu Beginn des 21. Jahrhunderts betrug dieser schätzungsweise 25 %.[427]

---

[421] In Südeuropa und Irland hingegen wurden in den 1980er Jahren noch mehr als 25 % des Budgets für Nahrungs- und Genussmittel ausgegeben (vgl. Haupt, Konsum, 123).
[422] Vgl. Ergebnisse der amtlichen Erhebungen, 987.
[423] Vgl. Abelshauser, Wirtschaftsgeschichte der Bundesrepublik Deutschland, 131, Tab. 20; Meyerhöfer, Struktur, 59, Tab. 12.
[424] Vgl. Gedrich/Albrecht, Datenrecherche, 47; DGE, Ernährungsbericht 1980, 120f.
[425] Vgl. Schückhaus, Systematisierte Gastronomie, 71. Während die Umsätze im Lebensmitteleinzelhandel von 1963 auf 1973 um 85 % gestiegen waren, wuchsen die Umsätze beim Außer-Haus-Verzehr um 130 % (vgl. ebd., 78).
[426] Zwischen 1991 und 1998 sind zwar die Ausgaben pro Mahlzeit um 8,6 % gesunken, aber die Anzahl der auswärts konsumierten Mahlzeiten ist in diesem Zeitraum um 39 % gestiegen (vgl. Binder, Ernährungsverhalten, 71).
[427] Vgl. Jahrbuch „Außer-Haus-Markt" 2004/05, 5; G+J Branchenbild Nr. 38, 3; Filip/Wöhlken, Nachfrage, 58. In den USA war bereits 1948 schätzungsweise etwa ein Viertel

2. Die ausländische Gastronomie in Deutschland

Faktoren wie die zunehmende räumliche Trennung von Arbeits- und Wohnort, verkürzte Pausenzeiten in den Betrieben sowie die steigende weibliche Erwerbstätigenquote hatten die Nachfrage nach außerhäuslich angebotenen Mahlzeiten seit Ende des 19. Jahrhunderts deutlich ansteigen lassen, zumal in den größeren Städten.[428] Die Unternehmen, insbesondere die Großbetriebe, versuchten, diesen Bedarf über hauseigene Kantinen zu decken, die zunächst vielfach Eintopfgerichte, bald jedoch dem Restaurantessen ähnliche, also aus mehreren Komponenten zusammengesetzte Mahlzeiten anboten.[429] Dennoch gaben die Arbeiter und Angestellten den Großteil des für die Außer-Haus-Verpflegung verwendeten Geldes bereits in der ersten Hälfte des 20. Jahrhunderts in Gaststätten oder an Imbissständen aus.[430] Nach dem Zweiten Weltkrieg hatte die Gemeinschaftsverpflegung zwar hohe Zuwachsraten zu verzeichnen, versorgte aber bereits in den späten 1970er Jahren nur noch etwa ein gutes Viertel der mittags auswärts Essenden.[431] Auf individuelle Speisepräferenzen wie den zunehmenden Wunsch nach Snacks statt warmen Hauptmahlzeiten war die Gemeinschaftsverpflegung weit weniger gut eingestellt als die Betriebe der Individualgastronomie.[432]

Der Mangel an einem geeigneten Mittagsangebot wurde bereits zu Beginn der 1960er Jahre als „Verpflegungsproblem des kleinen Angestellten" diskutiert. Trotz der Vielzahl an Gaststätten in der Bundesrepublik herrsche doch ein Mangel an Konsumorten, die schnelle und preiswerte Gerichte servierten, so dass sich in Städten wie Hamburg, Düsseldorf oder Frankfurt „ein Millionenheer von Werktätigen" in den „tägliche[n] Wettlauf um die Mittagstische" begebe. Wenn der Angestellte nicht in „schlauchförmigen, penetrant nach Frittieröl riechenden Gelasse[n]" oder aber den „Freßabteilungen' der großen Kaufhäuser" essen wolle, stehe ihm nur eine kleine Anzahl an „moderne[n] Speiserestaurants mit Selbstbedienung", „im Fachjargon ‚Cafeterias' genannt", zur Verfügung, hieß es in einem 1962 im *Volkswirt* erschienenen Artikel.[433] Anders als in US-amerikanischen Großstädten, wo sich seit dem späten 19. Jahrhundert investitionsintensive Selbstbedienungsrestaurants flä-

---

der Ausgaben für die Außer-Haus-Verpflegung aufgewendet worden (vgl. Whyte, Human Relations, 5).
[428] Vgl. Teuteberg, Zum Problemfeld, 20.
[429] Vgl. Thoms, Essen, 240.
[430] Zur größeren Popularität unabhängiger Versorgungseinrichtungen in Berlin siehe Dehne, „Essen", 115.
[431] 1978 nahm etwa die Hälfte der westdeutschen Bevölkerung ihr Mittag- oder Abendessen außer Haus ein; von diesen besuchten über 90 % ein Restaurant oder einen Imbiss und nur ein Fünftel aß (auch) in einer Kantine (vgl. Gedrich/Albrecht, Datenrecherche, 48).
[432] Zur Entwicklung hin zu mehreren Zwischenmahlzeiten siehe Gastgewerbe im Trend – Trends im Gastgewerbe. In: NGZ service manager 38/10 (1985), 110–114: 110.
[433] Kübler, Speisung, 2485.

2.4 Die wachsende Popularität der ausländischen Gastronomie

chendeckend durchsetzten und als Lunch-Lokale für Angestellte fungierten[434], blieben in der Bundesrepublik als Familienbetriebe geführte Gaststätten auch für die mittägliche Verpflegung ein entscheidender Faktor. Mit speziellen Mittagstischen warben sie um Kunden.[435] Gerade die oftmals preiswerte(re)n ausländischen Restaurants konnten sich auch über das Mittagsgeschäft auf dem Markt behaupten: „Kaum irgendwo läßt sich so preiswert und gleichzeitig gut wie in chinesischen Gaststätten essen. Die Pizzerien sind für viele Büro-Angestellte zu einem beliebten Mittags-Lokal geworden", verkündete 1975 die *Neue gastronomische Zeitschrift*.[436]

Das eigentliche Geschäft jedoch machten die meisten ausländischen Restaurants abends, war ein Besuch zur Mittagszeit in diesen Lokalen doch auch noch in den 1970er Jahren eher die Ausnahme als die Regel.[437] Die ausländische Gastronomie reagierte damit nicht primär auf eine aus neuen Formen der Arbeitsorganisation erwachsene Nachfrage, sondern vielmehr auf den zentralen Stellenwert, den ein Restaurantbesuch im Rahmen der Freizeitaktivitäten der Bevölkerung einzunehmen begann. 1990 gaben 47 % der nach ihren Freizeitbeschäftigungen Befragten an, Kneipen oder Speiserestaurants zu besuchen; private Verabredungen nahmen mit 46 % nur den zweiten Platz ein.[438] 1957 hatten bei einer Umfrage des Allensbacher Instituts für Meinungsforschung nur 17 % der Männer und Frauen angegeben, dass sie am Wochenende bzw. in ihrer Freizeit ein Café, Restaurant oder Weinlokal besuchten.[439] Der entscheidende Durchbruch, der nicht nur den Imbiss-, sondern auch den Restaurantbesuch zur Normalität für breite Schichten der Bevölkerung werden ließ, scheint erst im Laufe der 1970er (und 1980er) Jahre erfolgt zu sein – und damit zu einem Zeitpunkt, der in der Konsumforschung generell als entscheidende Phase der Durchsetzung der Massenkonsumgesellschaft gilt.[440] 1980 unternahmen laut Ernährungsbericht 7,2 % der Bevölkerung ein- oder mehrmals pro Woche einen Restaurantbesuch, während 16,3 % einige Male im Monat und 21 % einmal im Monat ein Restaurant frequentierten. Noch mehr als die Hälfte der Befragten

---

[434] Vgl. Hooker, Food, 325.
[435] Vgl. Leser-Umfrage: Mittagstisch für Berufstätige (I). In: NGZ service manager 38/7 (1985), 5.
[436] Auch jugoslawische Gaststätten waren im Bereich der mittäglichen Verpflegung frühzeitig erfolgreich tätig. Siehe etwa: Ein Speiselokal mit gutem Service. In: Abendzeitung v. 29.9.1970; Pol.präs. in Berlin an SfW, 5.11.1973, LAB B Rep. 010, Nr. 1896/1, Bd. 3.
[437] Noch im Jahre 2000 verteilten sich die in deutschen Gaststätten eingenommenen Mahlzeiten relativ gleichmäßig auf das Mittag- und Abendessen, während die ausländischen Lokale zu 61 % am Abend aufgesucht wurden (vgl. Essen außer Haus 2000, 20, Abb. 13).
[438] Erlebnisfeld Gastronomie. In: NGZ 43/6 (1990), B 5.
[439] Vgl. Jahrbuch der öffentlichen Meinung 1958–1964, 387.
[440] Dass der Restaurantbesuch vom Ausnahme- zum Regelfall geworden sei, konstatierte der DEHOGA Anfang der 1980er Jahre (vgl. DEHOGA, Angebots- und Nachfrageveränderungen, 101).

gab allerdings an, selten oder nie zum Essen in eine Gaststätte zu gehen.[441] 1983 nahm jeder Haushalt durchschnittlich sieben, 1988 dann bereits acht Mahlzeiten im Monat außer Haus ein.[442] Während unter den auswärts konsumierten Essen 1983 die Hauptmahlzeiten zu 80 % in Restaurants eingenommen wurden, suchten die Konsumenten für kleinere Zwischenmahlzeiten vornehmlich Imbisse auf.[443] Seit den späten 1980er Jahren sind zudem Gerichte zum Mitnehmen sowie Lieferservices immer beliebter geworden – ein Trend, der sich in Großbritannien bereits in den späten 1970er Jahren abzeichnete.[444]

Wenn auch der Wunsch, ein Restaurant aufzusuchen, sehr verbreitet war und ist – einer Allensbach-Umfrage von 2003 zufolge gingen 85 % der Deutschen gerne zum Essen aus, während es 1975 ‚nur' 75 % gewesen waren[445] –, erfolgt die Umsetzung dieses Wunsches noch heute in unterschiedlichem Maße. Die meisten Deutschen gingen 2003 (mindestens) einmal im Monat im Restaurant essen, 27 % jedoch seltener und 16 % so gut wie nie.[446] Waren es im Westen Deutschlands 30 % der Bevölkerung, die mindestens zwei- bis dreimal im Monat zum Essen ausgingen, betrug dieser Anteil in Ostdeutschland nur 15 %.[447]

Die Zunahme des Außer-Haus-Verzehrs wird in der Forschung v.a. als Folge steigender Realeinkommen diskutiert.[448] Wie geschildert, haben sich zwischen 1950 und 1980 die unteren und mittleren Einkommen den höheren Gehältern angeglichen, was zu einer Zunahme des disponiblen Einkommens in allen Bevölkerungsschichten geführt hat. Zudem stiegen zwischen 1960 und 1989, wie Albrecht Jenn in seiner Studie *Die deutsche Gastronomie* anmerkt, die Löhne doppelt so schnell wie der Preis für ein Schnitzel.[449] Es waren jedoch nicht allein ökonomische Gründe, sondern auch soziodemografische und damit zusammenhängende soziokulturelle Veränderungen in der Bevölkerung, die sich auf den Gastronomiesektor auswirkten. Als zentraler Faktor in diesem Zusammenhang wird regelmäßig die Zunahme von kleinen und v.a. Einpersonenhaushalten genannt. Während Zweipersonenhaushalte 1978 5,3 %

---

[441] Vgl. DGE, Material zum Ernährungsbericht 1980, 117.
[442] Vgl. Gedrich/Albrecht, Datenrecherche, 49.
[443] Vgl. ebd., 80, Tab.11.
[444] Von 1975 bis 1984 ist der Anteil der *take-away*-Mahlzeiten in Großbritannien von 14 auf 27 % aller eingenommenen Mahlzeiten gestiegen (vgl. Oddy, Eating, 309). Dass im *take-away*-Segment in der Bundesrepublik die ausländische Gastronomie einen mehr als doppelt so hohen Anteil wie die deutsche Gastronomie hat, zeigt die Studie Essen außer Haus 2000, 37.
[445] Vgl. Italienische Küche – unschlagbar.
[446] Vgl. ebd. Auch in den Niederlanden hatten 1960 noch 84 % der Befragten angegeben, selten oder nie außer Haus zu essen; 1980 waren es nur noch 26 % (Bruhèze/Otterloo, Snacks, 318).
[447] Vgl. Italienische Küche – unschlagbar.
[448] Vgl. Wildner, Nachfrage, 82.
[449] Vgl. Jenn, Deutsche Gastronomie, 66.

2.4 Die wachsende Popularität der ausländischen Gastronomie

der privaten Ausgaben für die Außer-Haus-Verpflegung aufwendeten, waren es bei den Einpersonenhaushalten 5,9 % – im Vergleich zu 4,9 % bei der Gesamtbevölkerung.[450] Es ist Konsens in der Konsumforschung, dass die Singles, die als Berufstätige wenig(er) Zeit für die Selbstverpflegung haben, aber über ein relativ hohes Einkommen verfügen, zu den Hauptnutzern der Außer-Haus-Verpflegung gehören. 1979 nahmen fast 60 % der Singles werktags ihr Mittagessen außer Haus ein, während dies nur für 27 % der Gesamtheit galt.[451] Single-Männer nutzten die Außer-Haus-Verpflegung zu 64 %, Single-Frauen zu 51 %.[452] Der Einpersonenhaushalt als solcher stellt jedoch noch keine hinreichende Erklärung für die hohe Nachfrage nach Außer-Haus-Verpflegung dar. Vielmehr wäre in diesem Zusammenhang, über die soziodemografischen Faktoren hinaus, die Entstehung von ‚Single-Kulturen' zu betonen, in denen der Gaststättenbesuch eine zunehmend bedeutsame Funktion im Konsum- und Kommunikationsverhalten erhalten hat. Nicht nur der Zeitmangel an Werktagen einerseits und mehr persönliche Freizeit andererseits sowie das höhere Einkommen, sondern auch die neuen Formen kommerzieller Freizeitgestaltung haben (nicht nur bei Singles) eine steigende Nachfrage nach Fast Food wie nach aufwändigeren Formen der Außer-Haus-Verpflegung bewirkt. Darüber hinaus hat auch die steigende Mobilität der Bundesdeutschen zu einer verstärkten Nachfrage nach gastronomischen Leistungen geführt.[453]

Auswärts essen zu gehen, ist eine in ganz Europa überaus populäre Praxis, die eine nicht unwesentliche Dimension im Prozess der Internationalisierung der Ernährung – hier im Sinne einer länderübergreifenden Angleichung des Nahrungsmittelkonsums – ausmacht.[454] Auch der Trend zu ausländischen

---

[450] Vgl. Veränderte Verbrauchergewohnheiten beim Verzehr außer Haus (Teil 1). In: Ernährungswirtschaft Nr. 6 (1984), 19–22: 19. Hatte es 1950 nur 3,2 Millionen Single-Haushalte gegeben, so waren es 1982 bereits 7,9 Millionen; 1982 handelte es sich bei fast einem Drittel der bundesdeutschen Haushalte um Ein- oder Zweipersonenhaushalte (vgl. DEHOGA, Angebots- und Nachfrageveränderungen, 49, 67 u. 51).

[451] Vgl. Singles, 46, Tab. 1. Während in den USA der Single Ende der 1970er Jahre bereits eine etablierte sozioökonomische Größe darstellte, wurde er in der BRD „erst zögernd als spezifische Zielgruppe anerkannt" (ebd., 42).

[452] Nicht allein lebende Männer und Frauen nutzten die Außer-Haus-Verpflegung zu 38 bzw. 17 % (vgl. Singles, 46, Tab. 1). Lagen laut den Einkommens- und Verbrauchsstichproben von 1962/63 und 1978 die Ausgaben für die Außer-Haus-Verpflegung bei Frauen niedriger, so waren ihre Ausgaben für den häuslichen Nahrungsmittelkonsum entsprechend höher; mit zunehmendem Alter sank die Beteiligung an der Außer-Haus-Verpflegung bei beiden Geschlechtern (vgl. Filip/Wöhlken, Nachfrage, 57).

[453] Vgl. Rosenbauer, Darstellung, 165. Dass die Zuwachsraten in der Gastronomie nicht zuletzt dem Berufspendlertum und dem Fremdenverkehr zu verdanken seien, betont auch der Artikel: Die unrentablen Betriebe nicht am Leben erhalten. Probleme des Gaststättengewerbes. In: NGZ 32/8 (1979), 62–66: 63f.

[454] Vgl. Besch, Globalisierung, 17. Dennoch existieren im Hinblick auf die Häufigkeit des Außer-Haus-Verzehrs signifikante Unterschiede zwischen den einzelnen Ländern. Kon-

Spezialitäten in der Gastronomie (wie beim Verzehr zuhause) stellt ein in allen nord- und westeuropäischen sowie nordamerikanischen Staaten zu beobachtendes Phänomen dar, dessen Erforschung in der (west-)deutschen Konsum- und Marktforschung aber – etwa im Vergleich zur britischen – erst spät in Angriff genommen wurde.[455] Zu Beginn der 1980er Jahre wies der DE-HOGA darauf hin, dass unter den 18- bis 30-Jährigen fast 80 % ausländische Küchen bevorzugten, wenn sie auswärts essen gingen. 29 % derjenigen, die gern ausländische Spezialitätenrestaurants aufsuchten, schätzten die französische Küche am meisten, während 20 % die italienische Küche, 17 % asiatische Küchen und 13 % die sogenannte Balkanküche präferierten.[456] Diese Vorlieben sollten sich in den nächsten Jahren eindeutig hin zur italienischen Küche verschieben. Unter den tatsächlichen Restaurantbesuchen stand das Essen in einer italienischen Pizzeria bereits Anfang der 1980er Jahre an erster Stelle.[457] Auf die Gesamtbevölkerung bezogen, erfreuten sich jedoch deutsche respektive (gut-)bürgerliche Gaststätten noch immer großer Popularität. So bevorzugten einer Studie der Dortmunder Actien-Brauerei (DAB) zufolge 1979 noch 40 % aller Bundesdeutschen diese Gaststättenform, während nur 6 % ausländische Spezialitäten präferierten.[458] Noch 2003 nannten immerhin 38 % der im Rahmen einer Allensbach-Umfrage interviewten Deutschen über 16 Jahre als ihre Lieblingsküche die deutsche Küche.[459] Dass die einheimische Küche bis heute an erster Stelle steht, ist kein Spezifikum der Bundesrepublik. Vielmehr stellt ein Land wie Großbritannien, in dem ausländische Küchen in der Beliebtheitsskala vor der einheimischen Küche platziert sind, eine seltene Ausnahme dar.[460]

Über den Trend zu ausländischen Spezialitäten legte zu Beginn der 1990er

sumenten in Skandinavien essen generell weniger oft außer Haus als Westeuropäer, wobei in Schweden deutlich mehr Menschen im Restaurant essen als in Norwegen (vgl. Amilien, Rise, 185).

[455] In Großbritannien wie auch in den USA hat der Trend zu *ethnic food* früher als in den übrigen europäischen Ländern eingesetzt; 1997 zeichnete das Vereinigte Königreich für zwei Drittel des Umsatzes von insgesamt 924 Millionen Pfund auf dem europäischen *ethnic-food*-Lebensmittelmarkt verantwortlich (vgl. Basu, Immigrant Entrepreneurs, 149f.). Waren es Mitte der 1980er Jahre noch zu 90 % Angehörige der Minderheiten, die in Großbritannien *ethnic food* konsumierten, so waren sie 1993 nur noch für die Hälfte des Umsatzes verantwortlich (vgl. Panayi, Impact, 196).
[456] Vgl. DEHOGA, Angebots- und Nachfrageveränderungen, 101f.
[457] Vgl. ebd., 102; G+J Branchenbild Nr. 38, 5.
[458] Unter den 20- bis 29-Jährigen hingegen waren es bereits 15 %, die am liebsten ausländische Restaurants aufsuchten. Die deutsche Küche erfreute sich v.a. bei Männern und in den Bundesländern Hessen, Rheinland-Pfalz und Saarland großer Popularität. Vgl. DAB-Studie, 19, 31 u. 21.
[459] Im Westen waren es 37 % und im Osten 45 %, die diese Vorliebe äußerten (vgl. Italienische Küche – unschlagbar).
[460] Vgl. Frick/Sigrist, Food Nations, 5. Dass der hohe Stellenwert ausländischer Küchen mit

2.4 Die wachsende Popularität der ausländischen Gastronomie

Jahre Nestlé Deutschland erstmals eine eigene Studie vor, in der zum einen die Gastronomie als der „große Schrittmacher" und zentrale „Auslöser" des *ethnic-food*-Trends identifiziert und zum anderen der Besuch eines ausländischen Spezialitätenrestaurants (erneut) als Aktivität v.a. der jüngeren Bevölkerungsschichten ermittelt wurde.[461] Während 19 % der unter 35-Jährigen häufig ein ausländisches Spezialitätenrestaurant aufsuchten, galt dies nur für 5 % der über 55-Jährigen.[462] Auch der Kundenkreis von Fast-Food-Restaurants – und damit der zweiten Wachstumsbranche der Gastronomie seit den 1970er Jahren – wies einen deutlichen Schwerpunkt im Segment jugendlicher Konsumenten und junger Erwachsener auf.[463]

Eine ebenfalls 1993 publizierte Untersuchung zur internationalen Ess- und Trinkkultur in Deutschland interessierte sich stärker als für das Alter der Konsumenten für die Unterschiede zwischen Ost- und Westdeutschland. Die Studie kam zu dem – wenig verwunderlichen – Befund, dass im Westen sowohl die Bekanntheit verschiedener ausländischer Küchen als auch die Frequenz von Besuchen in ausländischen Spezialitätenrestaurants größer als in Ostdeutschland waren. Als die drei bekanntesten Küchen, die auch am häufigsten persönlich ausprobiert worden waren, nennt die von Gruner + Jahr initiierte Untersuchung die italienische, die griechische und die chinesische Küche.[464] In den alten Bundesländern hatten 87 % der Befragten bereits ein italienisches, 78 % ein griechisches und 73 % ein chinesisches Restaurant aufgesucht, während in den neuen Bundesländern zwar schon 65 % in einem chinesischen, aber erst 57 % respektive 50 % in einem italienischen bzw. griechischen Restaurant gegessen hatten. Dafür waren weit mehr Ostdeutsche bereits in böhmischen, un-

---

der britischen Selbsteinschätzung zusammenhängt, dass die einheimische Küche „dull" sei, ist dem Key Note Market Report Plus 2006, 68, zu entnehmen.

[461] Nestlé, Ethnic Food, 43 u. 30.

[462] Vgl. ebd., 29. Ein ähnliches Bild zeigt sich beim häuslichen Verzehr: Ausländische Speisen wurden im eigenen Haushalt von 14 % der unter 35-Jährigen sehr häufig und von 38 % gelegentlich konsumiert; bei den über 55-Jährigen waren es nur 4 % bzw. 19 % (vgl. ebd.). Auch in Großbritannien wurden *ethnic restaurants* v.a. von den jüngeren Altersgruppen aufgesucht, wie der *National Food Survey* von 1990 ergeben hat (vgl. Beardsworth/Keil, Sociology, 116).

[463] Vgl. G+J Branchenbild Nr. 38, 6. Eine Erhebung aus dem Jahre 2000 machte als Hauptkonsumentengruppe ausländischer Restaurants die 26- bis 35-Jährigen aus, während die Fast-Food-Restaurants auch von den noch jüngeren Altersgruppen besonders stark frequentiert wurden (vgl. Essen außer Haus 2000, 22, Abb. 14). Unter diesen sind es insbesondere Männer mit niedrigem Einkommen, die zu den Stammgästen der Fast-Food-Restaurants zählen (vgl. Rosenbauer, Darstellung, 167).

[464] Vgl. Grenzenloser Genuß, 34. Auch beim Kochen zuhause erfreuten sich ausländische Gerichte zunehmender Beliebtheit. So gaben 53 % der Befragten an, mindestens einmal im Monat italienisch zu kochen. Griechische bzw. chinesische Gerichte bereiteten nur 13 % bzw. 12 % der Befragten (öfter als) einmal monatlich zuhause zu (vgl. ebd., 56, 51 u. 41).

garischen, tschechischen und russischen Lokalen zu Gast gewesen. Auch im Hinblick auf die Popularität der einzelnen Küchen waren 1993 deutliche Differenzen auszumachen: Während im Westen die italienische Küche von 41 % der Befragten als Lieblingsküche genannt wurde, lag bei den Ostdeutschen die chinesische Küche mit 34 % vor der italienischen mit 29 %.[465] Jugoslawische Restaurants hatten zwar mehr als die Hälfte aller Befragten in Ost und West bereits selbst aufgesucht, aber nur 9 % schätzten die jugoslawische Küche am meisten. Die türkische Küche hatten 38 % und die spanische Küche gerade einmal 31 % persönlich kennengelernt.[466]

Während steigende Realeinkommen und sinkende Haushaltsgrößen den Außer-Haus-Verzehr insgesamt in die Höhe schnellen ließen, zeichneten für den Erfolg der ausländischen Gastronomie noch weitere Faktoren verantwortlich wie etwa die verhältnismäßig günstigen Preise in diesen Lokalen.[467] Diese finden in den meisten Restaurantkritiken und Gaststättenführern explizit Erwähnung, waren sie es doch, die breiteren Bevölkerungsschichten einen (häufigeren) Gaststättenbesuch allererst ermöglichten. Auch wenn der Preis zunehmend an Bedeutung für die Konsumentscheidung verloren haben mag, gab 1980 fast ein Viertel der in einer Umfrage interviewten Bundesdeutschen mit einem Monatseinkommen von weniger als 1500 DM an, aus Geldmangel keine gastronomischen Einrichtungen aufzusuchen.[468] Im Zuge der Ausdifferenzierung des gastronomischen Marktes wurden auch die niedrigen Einkommensgruppen zunehmend angesprochen; an sie wendet sich in besonderem Maße die steigende Zahl von Imbissen und Fast-Food-Restaurants, die durch Standardisierung und Rationalisierung niedrige Preise gewährleisten konnten.[469] Ausländische Gaststätten hielten ihre Preise dadurch niedrig, dass sie über den Einsatz mithelfender Familienangehöriger Personalkosten einsparten. Galt das auch für einen nicht zu vernachlässigenden Teil der

---

[465] Vgl. ebd., 36f. Die französische Küche war von 46 % der Befragten bereits persönlich ausprobiert worden, wurde aber nur von 8 % aller Deutschen als Lieblingsküche angeführt (vgl. ebd., 35).

[466] Nur 5 % bzw. 3 % gaben türkische oder spanische Lokale als ihre Lieblingsrestaurants an. Vgl. ebd., 36f.

[467] In den niedrigen Preisen sieht Driver, British, 176, den entscheidenden Grund für den Erfolg ausländischer Restaurants in Großbritannien. Auch dort bedienten *ethnic restaurants* vornehmlich „the less expensive end of the market" (Mennell, All Manners, 326).

[468] Bei den Einkommensgruppen, die zwischen 2000 und 2500 DM monatlich zur Verfügung hatten, gaben nur 12 % diese Antwort (vgl. Deshalb bleiben viele lieber zu Hause. In: NGZ 33/2 [1980], 5). Zum tendenziellen Bedeutungsverlust des Preises für Konsumentscheidungen siehe Steiner, Veränderung.

[469] Generalisierend von einem Gaststättenbesuch zu sprechen, verbietet sich demnach, ergeben sich doch, wenn man nach Restaurant-, Imbiss- und Kneipenbesuch differenziert, deutliche Unterschiede nicht nur hinsichtlich der Einkommensklassen, sondern auch nach Alter und Geschlecht.

2.4 Die wachsende Popularität der ausländischen Gastronomie 137

deutschen Gaststätten, trug der Umstand, dass viele ausländische Küchen mit wenig(er) Fleisch und insgesamt oftmals preiswerteren Zutaten auskamen, zusätzlich zu den verhältnismäßig günstigen Preisen in ausländischen Restaurants bei.[470] Auch wenn sich dadurch der potentielle Kundenkreis deutlich erweiterte, lassen sich – neben dem Alter – doch weitere sozialstrukturelle Charakteristika benennen, die das Gros der Besucher eines ausländischen Spezialitätenrestaurants auszeichneten.

2.4.2 Die soziodemografische Struktur der Gäste in (ausländischen) Restaurants

Abgesehen von der Haushaltsgröße und dem Alter hängt die Häufigkeit eines Besuchs im (ausländischen) Restaurant stark vom Wohnort ab. Der typische Restaurantbesucher war und ist – und dies gilt für alle europäischen und nordamerikanischen Länder – „definitely urban".[471] Bereits 1930 konstatierte der Physiologe Max Rubner, dass Neuerungen im Ernährungsverhalten wie die Zunahme des Außer-Haus-Verzehrs sich zuerst in den Großstädten durchsetzten; einer „ziemlich raschen Umstellung der Volksschichten in den Großstädten" stünden die konservativeren „Mittelstädter und Kleinstädter" gegenüber.[472] Als besonders wandlungsresistent galt und gilt noch heute die bäuerliche Bevölkerung. Die geringe Frequentierung von Restaurants in ländlichen Regionen wird also nicht allein auf das mangelnde Angebot oder das Einkommensgefälle zwischen Stadt und Land zurückgeführt, sondern in hohem Maße auch auf Mentalitätsunterschiede.[473] Noch heute wird in Haushalten von Landwirten am wenigsten Geld für den Außer-Haus-Verzehr ausgegeben, und auch die Verbreitung und Akzeptanz ausländischer Lebensmittel für die heimische Speisenzubereitung weist ein deutliches Stadt-Land-Gefälle auf.[474] Dasselbe gilt für Großbritannien: Während die Londoner Bevölkerung landesweit die höchste Besuchsfrequenz von Restaurants und insbesondere von ausländischen Spezialitätenrestaurants aufweist[475], erfreut sich das *English Public House* in der Provinz noch ungebrochener Beliebtheit. Aus diesem Grund warnt der Konsumsoziologe Alan Warde zu Recht davor, voreilig von einer umfassenden Internationalisierung der Ernährungsgewohnheiten zu sprechen, sei es doch

---

[470] Dies betont für die chinesische Küche: Goody, Food, 161.
[471] Amilien, Rise, 186. Für eine Diskussion des Restaurants als v.a. städtisches Phänomen siehe Bell/Valentine, Consuming Geographies.
[472] Rubner, Deutschlands Volksernährung, 61.
[473] So etwa in Gastgewerbe in Hamburg, 10. Vgl. auch Deutsch-Renner, Ernährungsgebräuche, 234; Braun, Sozio-kulturelle Probleme, 221.
[474] Vgl. Filip/Wöhlken, Nachfrage, 53; Michels, Lebensmittel, 144.
[475] Vgl. Beardsworth/Keil, Sociology, 117.

„dangerous to generalize too far about changing popular taste on the basis of the distinctive consumer behavior of the educated, metropolitan, salaried middle classes".[476]

Festzuhalten bleibt aber in jedem Falle, dass ein großstädtisches Umfeld für die Häufigkeit von Restaurantbesuchen von besonderer Relevanz ist. Aber auch weitere sozialstrukturelle Merkmale beeinflussen die Neigung, ein (ausländisches) Restaurant aufzusuchen. Alan Warde und Lydia Martens haben in ihrer Studie *Eating Out: Social Differentiation, Consumption and Pleasure* aus dem Jahre 2000 für Großbritannien herausgearbeitet, dass sich das Einkommen zwar noch immer deutlich auf die Nutzungshäufigkeit gastronomischer Einrichtungen auswirkt, aber gerade im Segment der ausländischen Gastronomie andere Faktoren ebenfalls von großer Bedeutung sind, allen voran der Bildungsgrad. Insbesondere Studierende haben bei der Durchsetzung der *ethnic cuisine* in Großbritannien eine zentrale Rolle gespielt.[477] Zwar liegen keine mit den im angloamerikanischen Bereich entstandenen Forschungsarbeiten vergleichbaren bundesdeutschen Untersuchungen über den Restaurantbesuch vor; doch deuten die hiesigen Umfragen und Erhebungen darauf hin, dass zahlreiche länderübergreifende Übereinstimmungen im Hinblick auf die vornehmlichen Trägerschichten dieser soziokulturellen Praxis existieren.

Generell suchen Mittel- und Oberschichtangehörige noch immer weit häufiger Gaststätten und insbesondere Restaurants auf. Zwar ist Stephen Mennells These, dass sich der Zusammenhang von Restaurantbesuch und Klassenzugehörigkeit respektive Einkommen in Frankreich und Großbritannien seit den 1960er Jahren gelockert habe[478], auch für die Bundesrepublik zuzustimmen. Dennoch ist keineswegs von einer klassen- oder schichtübergreifenden Homogenisierung des auswärtigen wie des heimischen Nahrungsmittelkonsums auszugehen.[479] Dabei gilt es allerdings, auch interne Differenzen z. B. innerhalb der Mittelschichten zu beachten. Denn gerade im Hinblick auf Restaurantbesuche unterscheiden sich Selbständige, Angestellte, Arbeitgeber und Geschäftsleute deutlich voneinander.[480] Doch nicht nur Beruf und Klassenzugehörigkeit las-

---

[476] Vgl. ebd., 310. Ähnlich für den Süden der USA: Zelinsky, Roving Palate, 51; Milbauer, Geography, 210.

[477] Vgl Warde/Martens, Eating Out. Ebenso für die USA: Belasco, Ethnic Fast Foods, 9.

[478] „Of course, eating out is still related to class and income, especially in Britain, but less so than it was. The social stratification of eating-places has become still more blurred in the late twentieth century." (Mennell, All Manners, 326)

[479] So hat eine Längsschnittanalyse der Lebensmittelpräferenzen unterschiedlicher sozialer Schichten in der Bundesrepublik für den Zeitraum von 1969 bis 1998 ergeben, dass die schichtspezifischen Vorlieben relativ konstant blieben (vgl. Papastefanou/Grund, Social Class Differences). Für Großbritannien zeigen dies Warde/Tomlinson, Taste, 253, für die Schweiz: Tanner, Lebensstandard, 116.

[480] Für Großbritannien haben das Warde/Tomlinson, Taste, 254, herausgestellt.

2.4 Die wachsende Popularität der ausländischen Gastronomie

sen sich mitunter schwer in Einklang bringen; auch Aspekte wie der Lebensstil sind zu berücksichtigen, will man das gastronomische Verhalten unterschiedlicher Gruppen analysieren.

Während Pierre Bourdieu in seiner Studie *Die feinen Unterschiede* die Frequenz des Restaurantbesuchs v.a. als Indikator der Klassenzugehörigkeit gelesen hat, betonen neuere Untersuchungen stärker andere „Differenzierungs- und Konfliktlinien" wie etwa unterschiedliche Lebensstile.[481] Denn über die Konsumwahl wird nicht allein die Klassenposition reproduziert, sondern es werden auch andere Aspekte der Identität affirmiert respektive performativ hergestellt. Wenn das Konzept des Lebensstils auch alles andere als unproblematisch ist und die Analyse von Einkommens- und Klassenstrukturen nicht ersetzen kann, bleibt doch festzuhalten, dass es nicht allein die Klassenzugehörigkeit ist, welche die Nachfrage nach (spezifischen) gastronomischen Leistungen bestimmt. Vielmehr drückt sich im Gaststättenbesuch wie in der Wahl eines bestimmten Lokals auch der Wunsch nach einer über die Klassen- oder Schichtzugehörigkeit hinausgehenden oder dieser gar zuwiderlaufenden Form der sozialen Selbstverortung aus.[482] Inwiefern sich diese Positionierungen über Klassifizierungsschemata wie die Sinus-Milieus[483] oder andere in der kommerziellen Marktforschung verwendete, oftmals psychologisierende Konsumententypisierungen adäquater erfassen lassen, ist eine offene Frage. Als Milieus, in denen der häufige Gaststättenbesuch eine große Rolle spielt, gelten in der Konsumforschung das hedonistische, das alternative sowie das „Aufsteiger"-Milieu.[484] Zu bedenken ist allerdings, dass Konsumenten zu unterschiedlichen Zeitpunkten verschiedenen Konsumentengruppen angehören und auch bei einem einzelnen Konsumakt mehrere Typen in sich vereinen können.[485] Zudem hängen

---

[481] Vgl. Bourdieu, Feine Unterschiede, 293; Müller, Sozialstruktur, 29. Zur Schichtbildung, die sich hauptsächlich über den Lebensstil äußere, als systematischer Ergänzung der über die Marktlage vermittelten Klassenzugehörigkeit siehe Spree, Knappheit, 176.

[482] Auf diese Distinktionsbedürfnisse zu reagieren und stärker zielgruppenorientierte Angebote zu entwickeln, hat der DEHOGA bereits zu Beginn der 1980er Jahre als zukunftsweisende Maxime ausgegeben (vgl. DEHOGA, Angebots- und Nachfrageveränderungen, 104).

[483] Das flexible Kaufverhalten hatte in den 1970er Jahren zu wachsender Unzufriedenheit mit der in der Konsumforschung gängigen Marktsegmentierung nach Berufsgruppen geführt. Die Sinus-Studie von 1979 ersetzte diese durch Milieus, die nach ihren hauptsächlichen Wertorientierungen differenziert wurden. In den 1970er Jahren setzte damit auch im Hinblick auf Nachfragetheorien eine Pluralisierung ein. Zu diesem Prozess siehe Hesse, Komplementarität.

[484] Vgl. Bösken-Diebels, Gastronomie, 71, Abb. 17. Während die Gruppe der „Traditionalisten" in einer Umfrage der Gesellschaft für Konsumforschung 1992 die (gut-)bürgerliche Küche bevorzugten, legten insbesondere die „Genießer" viel Wert auf ‚exotische' Lebensmittel (vgl. Tappeser et al., Suche, 8f.).

[485] Vgl. Ritzer/Ovadia, Process, 41.

Konsumentscheidungen oftmals nicht von der sozialen Position ab, sondern von der aktuellen Situation, in der sich der Konsumierende befindet. Dennoch erlaubt die Bestimmung der Hauptnutzergruppen ausländischer Lokale, Überlegungen über die Motive des Restaurantbesuchs und die mit diesem verbundenen Imaginationen anzustellen, die notwendigerweise hypothetischen Charakter haben.

Welche sozialen Gruppen waren und sind es, die sich besonders häufig für einen Besuch in einem ausländischen Spezialitätenrestaurant entscheiden? Und welche Funktionen kommen dieser soziokulturellen Praxis für ein bestimmtes Milieu zu? Wie bereits angedeutet, waren unter den deutschen Gästen in den ersten ausländischen Restaurants vor 1945 viele Künstler und Studierende. Auch nach 1945 konnten sich ausländische Gaststätten nicht nur in Großstädten, sondern auch in Universitätsstädten relativ zügig durchsetzen – nicht zuletzt auch wegen der ausländischen Universitätsangehörigen.[486] Studierende und Künstler verfügen selten über viel Geld, dafür aber über ein hohes kulturelles Kapital. Für Frankreich hat Bourdieu die Fraktionen der Mittelschicht „mit höchstem kulturellen und niedrigstem ökonomischen Kapital" als Kundenkreis der ausländischen Restaurants ausgemacht. Im „Bemühen um Originalität zu geringsten finanziellen Unkosten" würden gerade diese Kreise „zu kulinarischem Exotismus" verleitet.[487] Ausländische Lokale waren für die genannte Klientel so attraktiv, weil sie einen Distinktionsgewinn weniger über exklusive Preise denn über die mit diesem Konsumort verbundenen Konnotationen versprachen, zu denen unter anderem Weltläufigkeit und Aufgeschlossenheit zählten.[488] Die oftmals migrantischen Betreiber, die Gäste aus dem entsprechenden Herkunftsland, aber auch die übrigen „ausländische[n] Globetrotter"[489], die in diesen Lokalen anzutreffen waren, verliehen diesen Orten eine kosmopolitische(re) Atmosphäre. Trendbewusstsein konnte und kann den Besuch eines ausländischen Restaurants zusätzlich motivieren: „To be at the leading edge of modern capitalism is to eat fifteen different cuisines in any one week", hat Stuart Hall vor mehr als zehn Jahren angemerkt.[490] Der Konsum ausländischer Spezialitäten markiert also eine soziale Grenzzie-

---

[486] So Heller, Pizzabäcker, 157, über Erlangen. Dass viele der ersten indischen Restaurants in Großbritannien, die sich an eine nicht-asiatische Kundschaft richteten, in der Nähe von Universitäten eröffnet wurden, stellt Mohammed Rafiq, Asian Businesses, 314, heraus.
[487] Bourdieu, Feine Unterschiede, 288 u. 301. Vgl. auch ders., Ökonomisches Kapital.
[488] Vgl. Warde, Eating Globally, 310. Auch Prahl/Setzwein, Soziologie, 61, stellen fest: „[W]er möglichst viele ausländische Restaurants von innen kennt, signalisiert Weltoffenheit". Zudem konnte die „fremde Speise" schnell zum „Prunkstück in der Beutesammlung geistiger Errungenschaften" werden (Fischer, Vom Essen, 190).
[489] Gastlichkeit in „Onkel Toms Hütte". Bad Wildungens neue Gaststätte fällt aus dem Rahmen des Üblichen. In: DG 8/51 (1955), 9.
[490] Hall, The Global and the Local, 181.

2.4 Die wachsende Popularität der ausländischen Gastronomie 141

hung, die auch und gerade eine Bildungs- oder anderweitige kulturelle Elite heraushebenen kann.[491] Im ausländischen Spezialitätenrestaurant lässt sich ein breites kulinarisches Wissen demonstrieren, das – ob angelesen oder durch Auslandsreisen erworben – in jedem Fall einen hohen sozialen Status auszustellen hilft und sich zur Exklusion derer eignet, die nicht über dieses Wissen verfügen.[492] Aus diesem Grund hat Harvey Levenstein als Trägerschicht des Booms ausländischer Küchen „[t]he most-traveled, the best-read, the most discerning consumers" ausgemacht.[493]

Auch wenn mittlerweile ein Wandel insofern eingesetzt haben mag, als nicht mehr jede ausländische Küche als solche einen ausreichenden Distinktionsgewinn verschafft, galt das in den 1960er und 70er Jahren noch nicht. In diesen Jahrzehnten stellte der Besuch eines ausländischen Lokals noch eine Abweichung vom Herkömmlichen dar und stieß daher besonders bei jungen Leuten auf großes Interesse, die sich vom Ernährungsstil ihrer Eltern abgrenzen wollten. Die oftmals würzigere mediterrane Küche und das vielfach informellere Ambiente ausländischer Restaurants boten einen Raum, um mittels der eigenen Ernährungspraxis eine Differenz zum Lebensstil der älteren Generation zu markieren.[494] Gerade die ausländische Küche eignete sich, um die im heimischen Essen verkörperten hegemonialen Normen, zu denen nationale wie auch Mittelschicht-Werte zählten, herauszufordern. Warren Belasco hat für den Erfolg der *ethnic cuisine* in den USA unter anderem die gegenkulturellen Milieus der 1960er und 70er Jahre mit ihrem *appetite for change* verantwortlich gemacht.[495] Die eigene Ernährung wurde als „appealing medium of protest" (nicht nur) gegen die herkömmlichen Ernährungsgewohnheiten genutzt.[496] Ähnliches lässt sich auch für das links-alternative Milieu in der Bundesrepublik festhalten. Dritte-Welt-Gruppen, Wohngemeinschaften, K-Gruppen und andere politische Aktivisten praktizierten über ihre Formen des Konsums eine alltagsrelevante Gesellschaftskritik, die auch Kritik am Konsumieren bzw. dem ‚Konsumterror' einschloss.[497]

Es war kein Zufall, dass die Krise der bürgerlich-deutschen Küche mit den

---

[491] Vgl. James, How British, 81.
[492] Vgl. Warde, Eating Globally, 309. Für Geschäftsessen werde, so die DAB-Studie, das ausländische Spezialitätenrestaurant aufgrund seines „deutlichen Geltungsnutzen[s]" gewählt (DAB-Studie, 20).
[493] Levenstein, Paradox, 218f.
[494] Für viele junge Konsumenten wurde *ethnic food* geradezu zum Signum der Differenzierung ihrer Kindheit von ihrem Erwachsenenleben, wie für Großbritannien Ahmad Jamal, Acculturation, 16, zeigt. Zur prinzipiellen Bedeutung des Restaurantbesuchs im Zuge des „Abnabelungsprozeß von den Eltern" siehe Weichert, Ernährungs- und Mahlzeitenverhalten, 288.
[495] Vgl. Belasco, Appetite.
[496] Pilcher, Food Fads, 1491.
[497] Vgl. dazu Tanner, Lebensstandard.

antiautoritären Bewegungen der späten 1960er Jahre zusammenfiel, wie Dieter Richter zu Recht bemerkt hat. Was das deutsche Essen für die Gegenkultur symbolisierte, ist besonders eindrücklich dem Song *Deutscher Sonntag* von Franz-Josef Degenhardt aus dem Jahre 1965 zu entnehmen, in dem der Liedermacher die Spießigkeit, Borniertheit und nicht zuletzt auch faschistoiden Tendenzen der bundesdeutschen Gesellschaft im „Blubbern dicker Soßen" verkörpert sieht.[498] Während die besungene Kleinstadt am Sonntagmittag „mampft, daß Bratenschweiß aus Fenstern dampft", und durch die „fette Stille" nur „Gaumenschnalzen" und „Messer, die auf Knochen stoßen", zu hören sind, friert der Sänger „vor Gemütlichkeit".[499] Gezielt hat Degenhardt den sonntäglichen Braten ausgewählt, der in der deutschen Ernährungsordnung als Hauptmahlzeit und Feiertagsessen 1965 noch fest verankert war. Ein ‚gutes' Essen am Sonntag hatte für die Mehrheit der Bevölkerung Mitte der 1960er Jahre noch zuhause stattzufinden und nicht in einer Gaststätte.[500] Wenn sonntagmittags ein Restaurant aufgesucht wurde, dann war es noch im Jahre 2000 in 22,4 % der Fälle ein deutsches und nur in knapp 16 % der Fälle ein ausländisches Lokal; in der Woche hingegen wurden ausländische Restaurants stärker frequentiert als deutsche.[501] Das sonntägliche Mittagessen stellt damit eine besonders wandlungsresistente Mahlzeit dar[502], die sich aber gerade aufgrund ihrer Zentralität in der Mahlzeiten- und damit auch symbolischen Ordnung als Angriffsfläche für eine Gesellschaftskritik anbietet. Gegen den mit patriarchalen Strukturen und ‚bürgerlichem Mief' assoziierten, in der Familie konsumierten Sonntagsbraten entwickelte das links-alternative Milieu seit den 1960er Jahren ein „esskulturelle[s] Gegenprogramm", zu dem – neben vegetarischen Speisen und der Verwendung ökologisch angebauter Nahrungsmittel – auch das Interesse für ausländische Küchen zählte.[503] Wie in den USA war es in der Bundesrepublik nicht allein die Differenz markierende ungewohnte Schärfe ausländischer Speisen, sondern auch das ‚Pittoresk-Unbürgerliche' des Ambientes wie der Umgangsformen, das zur Attraktivität ausländischer Lokale

---

[498] Vgl. Richter, Reisen, 27.
[499] Der Song *Deutscher Sonntag* ist auf der LP *Spiel nicht mit den Schmuddelkindern* (1965) erschienen.
[500] Vgl. Haustein, Mangel, 74. Zur entlastenden Funktion des Restaurantbesuchs gerade für Frauen, die noch immer mehrheitlich für die Hausarbeit zuständig sind, siehe Warde/Martens, Sociological Approach, 139.
[501] Vgl. Essen außer Haus 2000, 19, Abb. 12.
[502] Dass es v.a. periphere Mahlzeiten wie die Zwischenmahlzeiten sind, die besonders empfänglich für Veränderungen (wie eine Internationalisierung) sind, stellen Djursaa/Kragh, Globalisation, 6, heraus. Auch Neuerungen wie industrielle Nahrungsmittel fanden zuerst bei der Zubereitung von Vor- und Nachspeisen Verwendung, wie Thiele-Wittig, Verbraucherverhalten, 132, am Beispiel von Puddingpulver und Suppenwürfeln zeigt.
[503] Lemke, Ethik, 362. Zur Beliebtheit italienischer, jugoslawischer und griechischer Restaurants bei der Neuen Linken siehe ausführlicher Kap. 4 u. 5.

maßgeblich beitrug.[504] Bürgerliche Benimmregeln schienen in ausländischen Restaurants eine geringere Rolle zu spielen, so dass viele Bundesdeutsche meinten, sich an diesen Orten zwangloser verhalten zu dürfen – eine Annahme, die auf einer durchaus problematischen, weil oftmals rassistische Traditionen fortschreibenden Wahrnehmung ‚der Anderen' und ihrer Verhaltensstandards basierte. Der verhassten Etikette, die beispielsweise auch französische (Luxus-)Restaurants charakterisierte, konnte man durch den Besuch in einer italienischen Pizzeria oder einer griechischen Taverne entgehen. Entsprechend wurden gerade diese Lokale – neben den neu entstehenden ‚Szene-Kneipen' – in linken und linksradikalen Publikationen beworben.[505] Sie stellten Orte dar, an denen die ‚Gegenkultur' ihren „ausschwärmenden kommunikativen und emotionalen Bedürfnissen" nachgehen konnte.[506] Zudem ließ sich über den Besuch in einem von Migranten betriebenen und aufgesuchten Konsumort die Distanz zur bundesdeutschen Mehrheitsgesellschaft demonstrieren.[507] Hier mochte auch der Grund dafür liegen, dass sich – wie es in der Restaurantkritik eines tschechischen Lokals in Düsseldorf aus den späten 1960er Jahren heißt – der als „Spießer" betrachtete Gast an solchen Orten nicht wohl fühlte, weil er „instinktiv" wittere, dass er hier „nicht zur Geltung" komme.[508] Der (zumindest seiner Selbstwahrnehmung nach) nicht nur kulinarisch, sondern auch politisch alternativ Denkende hingegen konnte in der Aneignung des anders gestalteten, oftmals die Straße mit einbeziehenden Gastraumes ausländischer Restaurants, in der Nachahmung eines ‚mediterranen Lebensstils' also, neue Formen von (öffentlicher) Kommunikation, Körperlichkeit und damit andere Arten der Selbstinszenierung erproben. In gewisser Weise wurden damit die kulturellen Ressourcen der Ausländer von einigen Bundesdeutschen genutzt, um sich vom Herkömmlichen abzugrenzen und neue Selbstentwürfe und -techniken zu entwickeln.[509] Dies galt auch für das häusliche Essen, das in Wohngemeinschaften nicht im familiären Rahmen, sondern zusammen mit

---

[504] Vgl. Belasco, Ethnic Fast Foods, 5.
[505] Für die in West-Berlin zwischen 1969 und 1972 erschienene Zeitschrift *agit 883* zeigt dies Lehmann, Erscheint donnerstags, 65.
[506] „Die ursprünglichen Treffpunkte waren oft (keineswegs ausschließlich) ausländische Lokale, die es mit dem bürgerlichen Verhaltenskodex deutscher Prägung nicht so ernst nahmen." (Dröge/Krämer-Badoni, Kneipe, 136) Zu den 1960er und 70er Jahren als Entstehungsphase einer neuen ‚gegenkulturellen' Subjektkultur, die sich u. a. durch die Hochschätzung emotionaler Expressivität auszeichnete, siehe Reckwitz, Hybrides Subjekt, Kap. 4.
[507] Dass die Besuche in den Lokalen der US-amerikanischen *Chinatowns* bereits am Ende des 19. Jahrhunderts dafür genutzt wurden, sich ein Rebellenimage zu geben, hat Barbas, „I'll Take Chop Suey", 672, herausgestellt.
[508] Neukirchen, Pilsner Urquell Brauereiausschank, 201.
[509] Zur Funktion der Aneignung der Güter einer anderen Gruppe, um die Unzufriedenheit mit der bestehenden Gesellschaft zu artikulieren, siehe McCracken, Culture, 135f.

den Mitbewohnern eingenommen wurde und oftmals aus ausländischen Gerichten bestand. So weiß Utz Jeggle vom „gewohnheitsmässige[n] Küchenexotismus des frühen Wohngemeinschaftslebens" zu berichten, „wo man stets Chili con Carne statt Kartoffelsalat bekam und wo man sich den Magen verrenkte, um seine unkonventionelle Art zu leben auch auf dieser Ebene garantiert zu wissen".[510]

Die ‚gegenkulturelle' Affinität zu ausländischen Küchen sollte jedoch nicht zu dem Fehlschluss verleiten, dass es ausschließlich oder auch nur hauptsächlich links-alternative Kreise waren, die zum Erfolg ausländischer Restaurants beitrugen. Die häufig niedrigen Preise in ausländischen Lokalen ermöglichten es auch und gerade Familien, einen – vormals oft als zu teuer empfundenen – gemeinsamen Restaurantbesuch (häufiger) zu unternehmen.[511] Zudem machte der vielfach als herzlicher und v.a. kinderfreundlicher erachtete Service in ausländischen Gaststätten einen Besuch für Familien attraktiv.[512] War dem Benimmführer *Einmaleins des guten Tons* von 1955 unter der Rubrik „Kinder im Lokal" zu entnehmen, dass es nicht für „die erzieherische Begabung der Eltern" spreche,

„wenn Kinder unter Schreien und Lachen dauernd zwischen den Tischen herumlaufen und dort ihre lärmenden Spiele veranstalten, wenn sie mit oft noch schmutzigen Schuhen auf Stühlen oder Bänken herumklettern, das Tischtuch beflecken, am Essen mäkeln, die Gespräche der Erwachsenen unterbrechen und immer wieder zum Aufbruch drängen"[513],

schienen diese Verhaltensweisen in vielen ausländischen Gaststätten weit weniger problematisch zu sein: „Die Mannschaft des ‚Il Bacco' stört sich nicht daran, wenn die Kleinen ein bißchen durch die Gegend toben", hieß es in einem Mitte der 1980er Jahre erschienenen Restaurantführer.[514] Insgesamt galt ‚der Südländer' als sehr kinderfreundlich.[515] Darüber hinaus erwiesen sich die Speisepräferenzen der Kinder als nicht zu vernachlässigender Faktor für den Erfolg insbesondere der italienischen Küche.[516] Auch wenn Kinder und Jugendliche erst wesentlich später als in den USA als eigene Konsumentengruppen entdeckt wurden, sollte ihr Einfluss auf die Entwicklung der Gastronomie in der Bundes-

---

[510] Jeggle, Essen, 183.
[511] Unter den regelmäßigen Restaurantbesuchern waren allerdings noch in den 1970er und 80er Jahren besonders viele Ledige und Verheiratete ohne Kinder (vgl. DEHOGA, Angebots- und Nachfrageveränderungen, 114; G+J-Marktforschung, wohnen + leben, 111).
[512] Vgl. Grimm, Gastgewerbe, 12; Balke, Untersuchungen, 83; Essen außer Haus 2000, 23.
[513] Oheim, Einmaleins, 294.
[514] Hamburger Restaurantlexikon 85/86, 230.
[515] „Der Südländer liebt die Kinder" und freue sich „an ihren lauten Spielen, an ihrem frischen, unbändigen Temperament", so Maturi, Arbeitsplatz, 104.
[516] Vgl. Köhler, Internationalisierung, 32, Tab. 16.

republik nicht unterschätzt werden.[517] Generell ist davon auszugehen, dass sich Restaurantbesuche selten auf eine individuelle Entscheidung zurückführen lassen, sondern die Wahl eines bestimmten Lokals oftmals das Resultat eines mehr oder weniger expliziten Aushandlungsprozesses darstellt – womit auch in dieser Hinsicht das Konzept der individuellen (freien) Konsumentenwahl kritisch zu hinterfragen wäre.[518]

Betrachtet man die geschlechtsspezifischen Differenzen bei Besuchen in (ausländischen) Gaststätten, gilt es zunächst festzuhalten, dass Frauen noch in den späten 1970er Jahren deutlich seltener als Männer gastronomische Einrichtungen aufsuchten. Während 24 % der im Rahmen der DAB-Studie von 1979 befragten Männer in der Regel einmal pro Woche in eine Gaststätte gingen, waren es bei den Frauen nur 11 %.[519] Ohne dass die Untersuchung hier differenzieren würde, ist davon auszugehen, dass gerade der Kneipenbesuch eine männlich dominierte Freizeitaktivität blieb. Generell waren erst im Laufe des 20. Jahrhunderts mehr und mehr gastronomische Einrichtungen auch für Frauen zugänglich geworden, ohne dass diese um ihren Ruf fürchten mussten.[520] 1969 hielten nur 27 % der Frauen und 31 % der Männer es für problemlos, wenn eine Frau abends allein ein Restaurant aufsuchte, und noch 1980 ging eine solche Freizeitaktivität nach Meinung zahlreicher Befragter damit einher, als Frau schief angesehen zu werden.[521] Die Sorge, als Frau in einem Restaurant nicht korrekt behandelt zu werden, ist ein Thema, das fast ausschließlich von weiblichen Restaurantkritikern aufgegriffen wurde. Mitte der 1960er Jahre empfahl eine Autorin das spanische Lokal „Madrid" in Hamburg unter anderem deshalb, weil es auch „alleinstehende Damen" wagen könnten, dort ein Abendessen einzunehmen: „Sie werden bestimmt respektvoll behandelt, was man nicht von vielen anderen Hamburger Lokalen sagen kann."[522] Noch zu Beginn der 1980er Jahre weist die Autorin einer Studie zur europäischen Arbeitsmigration darauf hin, dass in deutschen Gaststätten einer Frau ohne Herrenbegleitung mitunter noch immer der Eintritt verwehrt würde: „In einem italienischen, griechischen, jugoslawischen oder spanischen

---

[517] Dies betont auch Flad, Dienstleistungsmanagement, 146. Siehe auch Haley, Dining.
[518] Für eine Problematisierung dieses Konzepts siehe Warde/Martens, Sociological Approach.
[519] 18 % der Männer gaben an, sogar mehrmals pro Woche eine Gaststätte aufzusuchen. In Frankreich waren die geschlechtsspezifischen Unterschiede in dieser Hinsicht noch ausgeprägter als in der Bundesrepublik. Vgl. DAB-Studie, 4.
[520] Vgl. Hooker, Food, 325.
[521] 1969 waren 34 % der 16- bis 29-Jährigen, aber nur 20 % der Frauen über 60 der Meinung, gut allein oder mit einer Freundin abends ein Restaurant aufsuchen zu können; 37 % derjenigen mit höherer Schulbildung, aber nur 24 % derjenigen mit Volksschulbildung waren dieser Ansicht (vgl. Jahrbuch der öffentlichen Meinung 1968–1973, 151f.). Vgl. auch Deshalb bleiben viele lieber zu Hause. In: NGZ 33/2 (1980), 5.
[522] Bötticher, Flamenco flambiert, 47.

Restaurant aber kann sie sich auch am späteren Abend sicher fühlen. Sie wird mit Höflichkeit bewirtet."[523]

Noch heute wählen Frauen, wenn sie auswärts essen gehen, tendenziell häufiger als Männer ein ausländisches anstelle eines deutschen Lokals.[524] Während Frauen sich besonders für die italienische, französische und chinesische Küche begeistern können, besitzen die jugoslawische und türkische Küche mehr männliche Anhänger, was vermutlich mit der Fleischlastigkeit der beiden letztgenannten Küchen zusammenhängt.[525] Dass das Geschlecht in vielerlei Hinsicht die Konsumwahl im Bereich der Ernährung beeinflusst, ist oft betont worden.[526] Was hingegen noch weitgehend aussteht, sind Untersuchungen, die das Geschlecht nicht allein als „Differenzierungskriterium für empirische Daten" berücksichtigen, sondern die Herstellung von Geschlecht durch spezifische Ernährungspraktiken herausarbeiten.[527] Welche Rolle dabei dem Konsum ausländischer Spezialitäten zukommt, stellt eine noch gänzlich offene Forschungsfrage dar, die im Rahmen dieser Arbeit nur angerissen werden kann.[528]

Neben den Kategorien ‚Klasse und soziale Schicht', ‚Alter und Generation' sowie ‚Geschlecht' spielt beim Konsum ausländischer Speisen selbstredend ‚Ethnizität' eine besondere Rolle. Migranten v.a. aus den sogenannten Anwerbestaaten gehörten zu den ersten Kunden nicht nur des ausländischen Lebensmittelhandels, sondern auch der ausländischen Gastronomie. Dabei ist es jedoch nicht so, dass migrantische Konsumenten allein die Lokale ihrer Landsleute aufsuchten. Ohne dass dieses Thema für die Bundesrepublik erforscht wäre, lassen Interviews erkennen, dass das Interesse für (andere) ausländische Küchen selbstverständlich auch bei Migranten in der Bundesrepublik vorhanden war und ist. Türkische Migranten etwa, so ergaben Mitte der 1970er Jahre und in den frühen 1980er Jahren durchgeführte Umfragen, bevorzugten Pizzerias, wenn sie auswärts, nicht aber türkisch essen gingen.[529] Im Jahr 2000 in Köln befragte Türken gaben besonders häufig an, gerne chinesisch

---

[523] Breitenbach, Italiener, 119.
[524] Während Männer 53 % ihrer Ausgaben für Restaurantbesuche in deutschen Gaststätten tätigen, sind es bei Frauen nur 47 % (vgl. Essen außer Haus 2000, 22, Abb. 15).
[525] Vgl. Laufner, Gastronomie, 14. Zum Fleischverzehr als männlich konnotierter Praxis siehe Bourdieu, Feine Unterschiede, 309.
[526] Vgl. etwa Caplan et al., Studying Food Choice, 182.
[527] Dafür plädiert Setzwein, Ernährung, 63.
[528] Auch auf der Anbieterseite spielt Geschlecht eine zentrale Rolle. Zur Bedeutung von Geschlecht in den *ethnic performances* der Angestellten im ausländischen Restaurant siehe Kap. 4.3.3 (zum ‚flirtenden italienischen Kellner') und 5.1.3 und 5.1.4 (zur Sexualisierung der ‚feurigen' Frauen vom Balkan).
[529] Vgl. Bolstorff-Bühler, Verzehrsgewohnheiten, 163. Beliebt waren zudem Brathähnchen (vgl. Narman, Türkische Arbeiter, 139).

2.4 Die wachsende Popularität der ausländischen Gastronomie 147

essen zu gehen.[530] Wie bei den deutschen sind es auch bei den ausländischen Konsumenten v.a. die jüngeren Leute, die andere, für sie (zunächst) fremde Speisen ausprobieren und in ihre Ernährungsgewohnheiten integrieren.[531]

Als wichtige Konsumentengruppe – nicht nur der Gastronomie – sind Arbeitsmigranten sowie ihre Nachkommen erst spät, nämlich in den 1990er Jahren, in das Blickfeld der deutschen Marktforschung und Öffentlichkeit getreten. Die allgemein verbreitete, an das ‚Gastarbeiter'-Modell geknüpfte Annahme, die in die Bundesrepublik Gekommenen würden fast ihren gesamten Verdienst nach Hause schicken oder sparen, hat dazu geführt, dass ihr Kaufpotential lange Zeit unterschätzt worden ist.[532] Mittlerweile jedoch wird auch in Deutschland eine Segmentierung der Kundschaft nach Ethnizität vorgenommen und entsprechend ein *ethnic marketing* betrieben, das in den USA und anderen westeuropäischen Ländern (wie der Schweiz oder Großbritannien) bereits wesentlich früher zu einer Sortimentserweiterung in Warenhäusern und Supermärkten geführt hat.[533] Ethno-Marketing bedient jedoch nicht nur eine konkrete Nachfrage, sondern schreibt dem anvisierten Konsumenten auch eine bestimmte ethnische Zugehörigkeit zu, produziert also im Zuge der Produktvermarktung jene Ethnizität, auf die es zu antworten vorgibt.[534] Diese wechselseitigen Konstitutionsprozesse sind es, die den Konsum zu einem herausragenden Feld der Identitätskonstruktion machen; dabei bietet gerade der (semi-)öffentliche Raum der Gaststätte eine geeignete Bühne, um ethnische, aber auch andere soziale Identitäten nicht nur vor sich selbst, sondern auch vor den Augen anderer zu (re-)produzieren. Darüber hinaus spielt, wie in den folgenden Kapiteln zu zeigen sein wird, auch die mediale Repräsentation dieser Konsumpraxis gerade für Identitätskonstruktionen eine zentrale Rolle.

Zusammenfassend lässt sich festhalten, dass die Kundschaft ausländischer Spezialitätenrestaurants sich insofern von der Gästestruktur anderer gastronomischer Einrichtungen unterscheidet, als hier zum einen ein höherer Prozentsatz an migrantischen Gästen – oftmals, aber nicht ausschließlich

---

[530] Vgl. Overlöper, Keupstrassen-Kochbuch, [29f. u. 39].
[531] Auch in Japan z. B. nahmen nach 1945 zunächst die jüngeren Generationen eine Hinwendung zur europäischen Küche vor; die „alten Japaner" hingegen „blieben noch bei ihren Reisgerichten" (Japaner essen gerne europäisch, 14).
[532] Margarete Hefner konnte jedoch bereits 1978 zeigen, dass trotz hoher Spar- und Überweisungsquoten, insbesondere bei den in Wohnheimen Lebenden, die Arbeitsmigranten zahlreiche Neuanschaffungen tätigten und es sich bei der Annahme, sie würden v.a. gebrauchte Artikel kaufen, um ein Klischee handelte (vgl. Hefner, Gastarbeiter, 75, 80 u. 78).
[533] Für eine frühe Thematisierung des *ethnic marketing* in der Bundesrepublik siehe Margulies, Schöpferische Wege, 106.
[534] Vgl. Jamal, Retailing, 3.

aus dem entsprechenden Herkunftsland – und zum anderen zahlreiche Personen anzutreffen sind, die in den Adoptions- und Diffusionstheorien der Konsumforschung als „Innovatoren" bezeichnet werden.[535] Höhere Bildung, Experimentierfreude und Aufstiegsorientierung sind Eigenschaften, die diesen „Konsumpionieren", die als Erste neue Ernährungsformen ausprobieren und sie popularisieren, in besonderem Maße zugeschrieben werden.[536] Als „Innovatoren" lassen sich diese Kreise jedoch nur im Hinblick auf die bundesdeutsche Mehrheitsgesellschaft beschreiben, schließlich stellen die in ausländischen Spezialitätenrestaurant gebotenen Speisen für die Migranten aus der entsprechenden Region nur selten eine Neuheit dar. In diesem Sinne ließe sich der Adoptions- und Diffusionsprozess ausländischer Küchen auch als eine Anpassung der bundesdeutschen Mehrheit an migrantische Ernährungsformen konzeptualisieren.[537] Trotz der – in den Kapiteln 4 bis 6 im Einzelnen zu diskutierenden – grundsätzlichen Anpassung der ausländischen Küchen an deutsche Essgewohnheiten könnte die Problematik von Nachahmung und Angleichung auf diese Weise dynamischer gefasst werden. Damit würde den gängigen Narrativen einer von wenigen „Konsumpionieren" und der Lebensmittelindustrie forcierten Internationalisierung der Ernährung noch eine andere Erzählung zur Seite gestellt, die Migranten nicht allein als marginalisierte Gruppe in den Blick nimmt, sondern sie als Akteure begreift, die in kulinarischer Hinsicht Vorbildfunktion besitzen konnten.

Insgesamt ist das Essen – und das auswärts eingenommene Essen im Besonderen – seit den 1960er Jahren zu einer zunehmend bedeutsamen Arena geworden, um weniger materiellen Erfolg als vielmehr eine positive, lustvolle und sinnliche Haltung dem Leben gegenüber zu zelebrieren, die eine Orientierung an Gesundheit nicht ausschloss. Während Fleiß und Disziplin weiterhin zum „selbst perzipierten Heterostereotyp der Deutschen" gehörten[538], konnte der als mediterran wahrgenommene Lebensstil zumindest für Teile der jüngeren Generation zum Leitbild werden und zugleich als Instrument der Kritik am eigenen Land fungieren. Das ausländische Lokal wurde damit zu einem Konsumort, der den geeigneten Rahmen bot, um neue Bedürfnisse, Wertorientierungen und Subjektivitäten in der Öffentlichkeit zu zeigen.

---

[535] Zur Unterscheidung der „Adopterklassen" Innovatoren, frühe Annehmer, frühe Mehrheit, späte Mehrheit und späte Annehmer siehe Bösken-Diebels, Gastronomie, 81, Abb. 21.
[536] Hillmann, Modell, 242.
[537] Von einem „phénomène d'acculturation" auf Seiten der deutschen Bevölkerung spricht Guezengar, Immigration, 132.
[538] Marinescu/Kiefl, Unauffällige Fremde, 42.

2.4.3 Überlegungen zum ‚Bedürfniswandel' auf dem Gebiet der Ernährung

Der „Bedürfnis- und Wertewandel"[539] wird in den Sozial- wie Geschichtswissenschaften v.a. als zunehmende Orientierung am Konsum einerseits und an ‚postmateriellen' Werten wie Selbstverwirklichung, Partizipation und Genuss andererseits diskutiert. Nachdem die Kargheit der unmittelbaren Nachkriegsjahre in Westdeutschland überwunden war, verbesserte der wirtschaftliche Aufschwung die materielle Situation aller sozialen Schichten in einem zuvor unbekannten Ausmaß. Begleitet wurde diese Entwicklung, so die These vom postindustriellen Wertewandel, von einem soziokulturellen Transformationsprozess, der sich in den 1960er und 70er Jahren vollzogen habe. Erst zu diesem Zeitpunkt nahm „die Gesellschaft als Ganzes" die veränderten materiellen Verhältnisse wahr, handelte ihre Bedeutung aus und fand „allmählich Konventionen für ihre sprachliche und praktische Handhabung", wie Detlef Siegfried in seiner Studie über Jugendkultur, Politik und Konsum in der Bundesrepublik herausgestellt hat.[540]

Mit besagtem Wandel der Einstellungen und Werte haben sich die Sozialwissenschaften schon frühzeitig beschäftigt und ihn auf unterschiedliche Weise interpretiert. Während der US-amerikanische Soziologe Ronald Inglehart 1977 eine kontinuierliche, lineare Verschiebung hin zu ‚postmateriellen' Werten als positive Entwicklung charakterisierte, sprach die deutsche Meinungsforscherin Elisabeth Noelle-Neumann 1978 von einem Niedergang bürgerlicher Werte und Tugenden und einem beklagenswerten Trend zum Hedonismus.[541] Der deutsche Soziologe Helmut Klages ging davon aus, dass es v.a. junge Menschen und insbesondere die gut ausgebildeten unter ihnen waren, die diese Transformationen anstießen.[542] Diese Gruppe ist es auch, die laut den referierten Erhebungen auf Konsumentenseite für den Erfolg der ausländischen Gastronomie verantwortlich zeichnete. Zwar mag der Eindruck eines fundamentalen Einstellungswandels erst durch die Zunahme derartiger Umfragen zustande gekommen oder mindestens durch diese forciert worden sein; aber die erzielten Ergebnisse stellen doch ein interessantes Quellenmaterial dar, das sich unter As-

---

[539] Hockerts, Einführung, XI. „Bedürfniswandel bezeichnet eine nachhaltige oder vorübergehende Veränderung der Bedeutung eines oder mehrerer Elemente des Bedürfnissystems eines Konsumenten. Die Bedeutungsveränderung kann im Zeitablauf sowohl stetig als auch zu diskreten Zeitpunkten erfolgen." Bedürfnisse werden dabei als „Konkretisierung übergeordneter Werte auf der Ebene des Individuums" verstanden, so Kalle Becker, Bedürfniswandel, 33 u. 36.
[540] Siegfried, Time, 53.
[541] Inglehart, Silent Revolution; Noelle-Neumann, Werden wir alle Proletarier?
[542] Vgl. Klages/Kmieciak, Wertwandel; Klages, Traditionsbruch.

pekten der Selbstthematisierung gesellschaftlichen Wandels lesen lässt.⁵⁴³ Begriff bis Mitte der 1960er Jahre noch eine deutliche Mehrheit das Leben v. a. als Herausforderung und „Aufgabe", wurde in der zweiten Hälfte der 1960er Jahre das Leben mehrheitlich als „Genuss" aufgefasst, und die Annehmlichkeiten der Konsumgesellschaft wurden ohne Schuldgefühle wahrgenommen.⁵⁴⁴ Statt jedoch von einer Ablösung ‚traditioneller' Werte durch neue, ‚postmaterialistische' Normen auszugehen, spricht die Forschung mittlerweile eher von einer Fusionierung oder einem Nebeneinander unterschiedlicher Wertmuster.⁵⁴⁵

Prinzipiell sind die sozialwissenschaftlichen Theorien über den Bedürfnis- und Wertewandel als zeitgenössische Reflexionsversuche zu verstehen, die der zeithistorischen Forschung allenfalls als Denkanstoß dienen können, um soziokulturelle Transformationen in der Bundesrepublik zu beschreiben und zu erklären.⁵⁴⁶ Vielfach jedoch wird der Wertewandel in geschichtswissenschaftlichen Studien als historischer Sachverhalt postuliert, anstatt ihn – wie Pascal Eitler fordert – diskursanalytisch als Analysegegenstand zu begreifen.⁵⁴⁷ Schon zeitgenössisch wurde die Debatte um sich wandelnde Bedürfnisse als eine überaus „[d]iffuse Diskussion" wahrgenommen, die eine begriffliche Klarheit vermissen ließ.⁵⁴⁸ Trotzdem wird in der konsum- und ernährungshistorischen Forschung oftmals unkritisch auf den ‚Bedürfniswandel' als Erklärungsmuster rekurriert, um Veränderungen des Konsumverhaltens zu erklären; zugleich wird die sich wandelnde Ernährung als „Indikator für den Konsum- und Bedürfniswandel" herangezogen.⁵⁴⁹ Explikans und Explikandum wechseln also beständig ihre Rollen.⁵⁵⁰

Weite Teile der Forschung gehen davon aus, dass die 1970er Jahre eine bedeutsame Zäsur in der Ernährungs- und Konsumgeschichte darstellen. In diesem Jahrzehnt habe sich der Übergang zur Massenkonsumgesellschaft und damit einer Gesellschaft vollzogen, „in der eine Mehrheit der Bevölkerung Güter und Dienstleistungen nicht mehr ausschließlich zur Befriedigung lebensnotwendiger Bedürfnisse [...] nachfragt, sondern um das materiell gesicherte Leben annehmlicher zu machen".⁵⁵¹ Seit Ende des 19. Jahrhunderts habe sich

---

⁵⁴³ Zur Notwendigkeit, die Selbstverständigungsprozesse in der BRD weiter auszuloten, siehe Kießling/Rieger, Wandel.
⁵⁴⁴ Vgl. Siegfried, Time, 55.
⁵⁴⁵ „Wertsynthese" statt „Werteverfall" macht Hammes, Wertewandel, 140, aus.
⁵⁴⁶ Vgl. Doering-Manteuffel/Raphael, Boom.
⁵⁴⁷ Eitler, Körper.
⁵⁴⁸ Institut für Zukunftsforschung, Möglichkeiten, Anhang, I.
⁵⁴⁹ Haustein, Mangel, 72.
⁵⁵⁰ Vor derart reduktionistischen Zirkelschlüssen warnen Berger/Offe, Entwicklungsdynamik, 58. Es sei eine unbefriedigende Erklärung, das Wachstum des Dienstleistungssektors mit dem „wachsenden ‚Bedürfnis der Gesellschaft' nach solcher Produktion" zu erklären (ebd., 41).
⁵⁵¹ Reckendrees, Bundesdeutsche Massenkonsumgesellschaft, 18. Zum Durchbruch des

2.4 Die wachsende Popularität der ausländischen Gastronomie

dieser Prozess der Ablösung eines „primär ökonomisch bedingten Zwangsbedarfs" durch einen „soziokulturell gesteuerten Wahlbedarf" abzuzeichnen begonnen[552]; aber erst in der Bundesrepublik sei er zu einem Abschluss gekommen. Abgesehen davon, dass die Unterscheidung eines Zwangsbedarfs von einem soziokulturell bestimmten Bedarf insofern problematisch ist, als sie Kultur allein auf Seiten derjenigen sozialen Schichten verortet, die jenseits ökonomischer Zwänge operieren können[553], perpetuiert sie zugleich die ebenfalls problematische Differenzierung von lebensnotwendigen Grundbedürfnissen und diese übersteigenden (Luxus-)Bedürfnissen. Das Nahrungsbedürfnis jedoch umspannt den gesamten Bereich „vom ungerichteten, ungedeuteten Magendruck bis zum geformten, spezialisierten Bedürfnis nach Speisenfolgen einer bestimmten Geschmacksrichtung, die zu bestimmten Zeiten, in einer bestimmten Umgebung und unter bestimmten Speiseriten eingenommen werden".[554] Es gibt demnach kein rein natürliches Bedürfnis nach Nahrung, sondern immer nur „Bedürfnisse nach bestimmten Formen des Speisens".[555] Das auswärts eingenommene Essen als eine solche bestimmte Form des Speisens dient der Beseitigung des Magendrucks, befriedigt zugleich aber auch „soziale Kommunikationsbedürfnisse"[556] und lässt sich damit kaum sinnvoll den Grund- oder ‚Luxus'-Bedürfnissen zuordnen.

Definitionen des Bedürfniswandels als „Ausweitung und Verfeinerung der Bedürfnisstrukturen"[557] changieren vielfach zwischen der Fortschreibung der genannten Dichotomien und der (systemtheoretischen) Annahme einer zunehmenden Ausdifferenzierung der Gesellschaft, die auch die Bedürfnisse erfasst. Den Bedürfnis- und Wertewandel selbst als Analysegegenstand zu begreifen, würde nicht nur eine kritische Sichtung der theoretischen Modelle implizieren, mittels derer er seit den 1970er Jahren konzeptualisiert worden ist. Auch die Bedeutung, die den Bedürfnissen (und Werten) sowie ihrer Funktion für den gesellschaftlichen Wandel zeitgenössisch beigemessen wurde, müsste in einer solchen – in weiten Teilen noch ausstehenden – Untersuchung Berücksichtigung finden. So stand die Artikulation von (neuen) Bedürfnissen doch am Anfang etwa der neuen sozialen Bewegungen. Die von der bürgerlichen Gesell-

---

Massenkonsums als „major watershed in European social history between the middle and end of the twentieth century" siehe Kaelble, Social History, 75.

[552] Teuteberg, Zum Problemfeld, 1. Bourdieu, Feine Unterschiede, 289, spricht vom „Gegensatz zwischen dem aus Luxus (und Freizügigkeit) und dem aus Not(-wendigkeit) geborenen Geschmack".

[553] Vgl. Tanner, Fabrikmahlzeit, 155.

[554] Scherhorn, Bedürfnis, 66.

[555] Hillmann, Modell, 134.

[556] Gastgewerbe in Hamburg, 3. Die problematische Unterscheidung von Grund- und Luxusbedürfnissen wird im folgenden Kapitel noch eingehender zu erörtern sein.

[557] Tenbruck, Alltagsnormen, 294.

schaft und insbesondere der Werbung forcierten ‚falschen' Bedürfnisse waren ebenso Thema (nicht nur) linker Gesellschafts- und Konsumkritik, wie die Legitimation des eigenen politischen Handelns über Bedürfnisse erfolgte, die als grundlegende und menschliche verstanden wurden.[558]

Zudem gilt es, nicht allein die sich potentiell verändernden Inhalte von Bedürfnissen und Werten in den Blick zu nehmen, wie es die Rede vom Übergang zu ‚postmateriellen' Werten nahelegt, sondern auch ihre sich wandelnde Form. So wäre aus einer an Foucault orientierten normalisierungstheoretischen Perspektive zu fragen, ob inhaltliche Verschiebungen überhaupt das zentrale Moment des vielzitierten Wertewandels darstellten oder ob nicht vielmehr die Art und Weise der Normalisierung von Subjekten einem grundlegenden Wandel unterlag. Aus dieser Warte ließe sich der Bedürfnis- und Wertewandel als Ent-Normativierung verstehen, die keineswegs einen ‚Werteverfall', sondern den Übergang von einem protonormalistischen zu einem flexiblen Normalismus indiziert.[559] Statt den Wechsel von einer „konforme[n] Konsumgesellschaft" hin zu einer „individualisierte[n] Konsumentengesellschaft" zu konstatieren[560] und damit der Theorie einer zunehmenden Individualisierung zu folgen, die zumindest implizit modernisierungstheoretische Annahmen fortschreibt, ermöglicht eine normalismusgeschichtliche Sichtweise, das Subjekt weit radikaler zu historisieren und neue Subjektivierungsweisen in den Blick zu nehmen, die auch bzw. gerade am Körper ansetzen und insofern für eine Ernährungs- und Konsumgeschichte von besonderer Bedeutung sind. Gegenüber einer Fokussierung der sozialstatistisch erfassten und oftmals nur unzureichend verorteten Veränderungen von Werten und Bedürfnissen scheint eine Analyse von lokalen Konsumpraktiken, Körpertechniken und ihrem jeweiligen Wandel das vielversprechendere Vorhaben zu sein. Hier könnte die historische Konsumforschung produktiv ansetzen, um eine stärkere analytische Distanz zu den Bedürfniskonstruktionen der historischen Akteure zu gewinnen, das Bedürfnis also nicht als anthropologische Konstante,

---

[558] Dass die ‚68er' trotz bzw. mit ihrer Konsumkritik zu einer forcierten Durchsetzung der Konsumgesellschaft beitrugen, hat Siegfried, Time, herausgestellt. Malinowksi/Sedlmaier, „1968", 242, sprechen in diesem Zusammenhang von einer „*kommunikativen und konsumistischen Modernisierung*". Zum Bedürfnis als Leitbegriff der Herrschaftskritik seit dem ausgehenden 18. Jahrhundert siehe Kim-Wawrzinek, Bedürfnis, 462.

[559] Dieser Übergang setzte nach Jürgen Link bereits um 1900 ein, ohne dass allerdings der flexible Normalismus zum dominanten Paradigma wurde (vgl. Link, Versuch). Erst mit dem Ende der Disziplinargesellschaft in der zweiten Hälfte des 20. Jahrhunderts erfolgten die Abkehr von rigiden, quasi-natürlichen Normen und die Ausweitung des Normalitätsfeldes. Foucault selbst hat erst spät zwischen verschiedenen Arten von Normen und zwischen Normierung und Normalisierung unterschieden. In seiner Vorlesung vom 25.1.1978 differenziert er zwischen disziplinärer Normation/Normierung und sicherheitstechnologischer Normalisierung (vgl. Foucault, Geschichte, 90).

[560] Doering-Manteuffel, Langfristige Ursprünge, 322.

sondern als zu problematisierenden und zu historisierenden Gegenstand zu begreifen[561] und den Blick damit nicht auf das Bedürfnis als vermeintliches Movens, sondern auf die konkrete Praxis des (Nahrungs-)Konsums selbst zu richten.

2.5 Zwischenbilanz

Die historische Skizze der Entwicklung der ausländischen Gastronomie in Deutschland hat gezeigt, dass bereits seit dem späten 19. Jahrhundert zahlreiche Orte existierten, an denen fremde Speisen und Getränke einem breiteren Publikum offeriert wurden. Zum einen gab es von Migranten geführte Lokale, in denen Gerichte aus ihren jeweiligen Herkunftsregionen serviert wurden und die sich v.a. in den größeren Städten und Industriezentren, also an Orten mit einem relativ hohen Ausländeranteil etablierten. Anders als in den Kolonialmetropolen London und Paris waren aber im Gastgewerbe deutscher Städte zu Beginn des 20. Jahrhunderts – mit Ausnahme von Hamburg und Berlin – außereuropäische Küchen nicht vertreten, handelte es sich bei der ausländischen Bevölkerung doch fast ausschließlich um europäische Arbeitsmigranten und Exilanten. Zum anderen boten auch internationale Messen und Kolonialausstellungen Gelegenheit, fremdländische Speisen zu probieren, die meist in exotisierender Manier und entsprechendem Ambiente präsentiert wurden. Auf ganz ähnliche Weise inszenierten auch große Vergnügungszentren wie das „Haus Vaterland" in Berlin in den 1920er Jahren ausländische Speisen, die vor (gemalten) Kulissen mit ‚landestypischen' Motiven serviert wurden und als Frühform der Erlebnisgastronomie zu verstehen sind. Während des Nationalsozialismus hatten ausländische Gastronomen vielfach unter Repressionsmaßnahmen zu leiden. Im Rahmen der nach rassistischen Kriterien ausgerichteten Ernährungspolitik und der Autarkiebestrebungen des Regimes sollte eine „artgemäße" deutsche Küche die „Ausländerei" im Gastgewerbe beenden.

Während einige Displaced Persons, Flüchtlinge, aber auch italienische Eisdielenbesitzer bereits kurz nach Kriegsende ihre Lokale (wieder) eröffneten, setzte der wirkliche Boom ausländischer Gastronomie in der Bundesrepublik erst im Laufe der 1960er Jahre ein. Mit der Arbeitsmigration und dem Massentourismus kam Bewegung in die bundesdeutsche Gaststättenlandschaft, die sich ausgehend von den Großstädten über die Mittelstädte bis in die ländlichen

---

[561] Schrage, Verfügbarkeit, 97, arbeitet das Bedürfnis als zentrales Element der sich im 18. Jahrhundert etablierenden Konsumsemantik heraus und begreift es überzeugend als Effekt, nicht als Analyseinstrument des zu untersuchenden Konsumgeschehens.

Regionen hinein sukzessive internationalisierte. Neben Urlaubsreisen in die Herkunftsländer bestimmter ausländischer Küchen konnten dabei auch Besuche in Nachbarländern zu einer Bekanntschaft mit in der Bundesrepublik noch kaum vertretenen Küchen führen. V.a. in den 1970er Jahren, als ökonomische Rezession und Arbeitslosigkeit insbesondere die ausländischen Arbeitnehmer trafen, begann sich in vielen Städten eine migrantische Ökonomie zu etablieren, die zur Verstetigung des Aufenthalts vieler ‚Gastarbeiter' beitrug. Ausländer engagierten sich v.a. im (Lebensmittel-)Einzelhandel und in der Gastronomie, wobei ihre Läden und Lokale – wenn auch mit deutlichen Unterschieden zwischen den einzelnen Migrantengruppen – oftmals zunächst auf die eigenen Landsleute ausgerichtet waren, für die sie wichtige Kommunikationsfunktionen erfüllten, bevor sie bald aber auch eine nicht-migrantische deutsche Klientel ansprachen. Inwiefern die ausländischen gastronomischen Betriebe tatsächlich v.a. von (ehemaligen) ‚Gastarbeitern' gegründet wurden, stellt eine in der Forschung umstrittene Frage dar. Wie in den folgenden Kapiteln für die einzelnen Migrantengruppen noch genauer zu zeigen sein wird, gingen zahlreiche Gaststättengründungen auf Ausländer zurück, die ursprünglich für eine andere Tätigkeit in der bundesdeutschen Wirtschaft angeworben worden waren, vor ihrer Betriebsgründung aber zumeist berufliche Erfahrungen in der Gastronomiebranche sammelten. Doch auch professionelle Gastronomen, die gezielt zur Eröffnung eines Restaurants in die Bundesrepublik kamen, fanden sich unter den ersten ausländischen Gaststättenbetreibern. Dies galt insbesondere für diejenigen Gastronomen, die nicht aus einem der Anwerbeländer stammten. Die chinesischen Lokale beispielsweise, die sich in der Bundesrepublik zeitgleich mit den ‚Gastarbeiterküchen' etablierten, wurden ausnahmslos von professionellen Restaurateuren oder solchen mit langer Erfahrung im Gastgewerbe eröffnet. Dabei ist die Art und Weise der Bekanntmachung einer Küche, ob sie als Hausmannskost des ‚Gastarbeiters' oder aber als ein komplexes „soziokulturelles Regelwerk" durch professionelle Köche eingeführt wird, von großer Bedeutung dafür, an welcher Stelle ausländische Küchen in die kulinarische Hierarchie eines Landes integriert werden.[562]

Abgesehen von der chinesischen Gastronomie hatten es andere außereuropäische Küchen bis in die 1980er Jahre hinein schwer, sich in der Bundesrepublik durchzusetzen und blieben noch bis in die 1990er Jahre weitgehend auf die Metropolen beschränkt. Generell dominierte die italienische Küche das ausländische Gastgewerbe hierzulande, oft bis in die Gegenwart hinein. Lediglich im Norden der Bundesrepublik ist es der griechischen Gastronomie im Laufe der 1980er Jahre gelungen, die hegemoniale Stellung der italienischen Restaurants zu brechen. Hier finden sich auch weit mehr chinesische Gaststätten als

---

[562] Vgl. Barlösius, Nahrung, 143.

im Süden der Republik, deren ausländische Gastronomie bis in die 1990er Jahre hinein nicht nur stark italienisch, sondern auch deutlich jugoslawisch geprägt war.

Diese regionalen Differenzen bei der Diffusion ausländischer Küchen lassen sich unter anderem auf lokale Nahrungstraditionen zurückführen, wie das Beispiel der besonderen Akzeptanz der spanischen und portugiesischen Fischküche in Hamburg zeigt. Zwar schliffen sich die regionalen Differenzen im Ernährungsverhalten der Bundesbürger nach dem Zweiten Weltkrieg (weiter) ab, nicht zuletzt infolge des Zuzugs von Millionen von Flüchtlingen, so dass nicht mehr von zwei stabilen Nahrungssystemen, einem nordwestlichen und einem bayerisch(-österreichisch)en Block[563], gesprochen werden kann. Dennoch haben sich Elemente des Gegensatzes zwischen „norddeutsche[r] Fleisch-Gemüse-Kost" und „süddeutsche[r] Milch-Mehl-Kost" erhalten.[564] Diese regionalen Unterschiede resultieren auch aus grenzüberschreitenden, oftmals jahrhundertealten kulinarischen Austauschbewegungen. Während sich in Nordwestdeutschland der englische Einfluss auf die Küche bemerkbar machte, hat die französische Küche sich v.a. auf die badische Kochweise ausgewirkt, und Wiener Schnitzel und Gulasch wurden zuerst im östlichen Bayern in die heimische Küche integriert.[565] Die Voraussetzungen für die Akzeptanz und Übernahme bestimmter ausländischer Speisen unterschieden sich also in den einzelnen Regionen auch aufgrund ihrer jeweils andersartigen Geschichte kulinarischer Transfers.

Eine deutlichere Auswirkung auf die skizzierte räumliche Verteilung der ausländischen Küchen in der Bundesrepublik hatte aber die Präsenz einer entsprechenden ausländischen Bevölkerungsgruppe am Ort. Eine direkte Relation zwischen der Anzahl migrantisch geführter Gastronomiebetriebe und der lokalen migrantischen Bevölkerung existiert jedoch nicht. Dies gilt sowohl für die in dieser Hinsicht überrepräsentierten Küchen wie die griechische als auch für die in Relation zur Größe der jeweiligen Bevölkerung unterrepräsentierten Küchen wie die türkische. Einige, v.a. afrikanische Küchen haben trotz der wachsenden Zahl von Migranten aus Afrika bisher kaum Resonanz gefunden. Dasselbe gilt für die karibische Küche in Großbritannien oder die Küche Surinams in den Niederlanden.[566] Dieses Phänomen ist bereits seit langem zu beobachten: So haben zwar die deutsche und die italienische Küche im 19. Jahrhundert ihre Spuren in der britischen Gastronomie und Ernährungsweise hinterlassen,

---

[563] Vgl. Wiegelmann, Kartoffelspeisen, 88.
[564] Barlösius, Soziale und historische Aspekte 432.
[565] Vgl. Wiegelmann, Historische Grundlagen, 9, Karte 4; Lesniczak, Alte Landschaftsküchen, 198 u. 222.
[566] Vgl. Driver, British, 93; Otterloo, Foreign Immigrants, 139.

156   2. Die ausländische Gastronomie in Deutschland

nicht aber die irische oder die (ost-)jüdische Küche.[567] Auch in den USA hat sich die große Zahl irischer und (ost-)jüdischer Migranten kulinarisch kaum niedergeschlagen, während die italienische Küche die US-amerikanischen Ernährungsgewohnheiten massiv verändert hat.[568]

In der Bundesrepublik spielen in dieser Hinsicht ausländerrechtliche Regularien eine nicht zu vernachlässigende Rolle. Während italienischen und zeitweise auch Hongkong-chinesischen Restaurateuren als EG-Bürgern eine selbständige Erwerbstätigkeit hierzulande gestattet wurde, hatten es ‚Gastarbeiter' aus Ländern, die nicht der Europäischen Gemeinschaft angehörten, wesentlich schwerer, ein Lokal zu eröffnen. Bevor im folgenden Kapitel auf die ausländerrechtlichen Rahmenbedingungen einer Gaststättengründung von Nicht-Deutschen und damit auf einen wesentlichen Aspekt der Opportunitätsstrukturen hierzulande detailliert eingegangen wird, seien hier noch kurz die bisherigen Ergebnisse zur Nachfrageseite zusammengefasst.

Wie gezeigt, sind – abgesehen von minimalen Schwankungen – die Ausgaben der Haushalte für den Außer-Haus-Verzehr seit den 1950er Jahren kontinuierlich gestiegen. Die erhöhte berufliche und private Mobilität, veränderte Konsum- und Freizeitaktivitäten, unter denen dem Gaststättenbesuch eine zunehmend bedeutsame Rolle zukam, haben nicht nur die Frequenz von Restaurantbesuchen insgesamt anwachsen, sondern auch den Besuch in einem ausländischen Spezialitätenrestaurant oder Imbiss nach und nach zur Normalität für einen großen Teil der bundesdeutschen Bevölkerung werden lassen. Dabei waren es v.a. junge, urbane Konsumenten mit häufig hohen Bildungsabschlüssen, die nicht nur generell zu den bevorzugten Restaurantgästen zählten, sondern auch ausländische Gaststätten frühzeitig und besonders oft aufsuchten. Familien mit Kindern, aber auch Konsumenten, die sich der linksalternativen Szene zurechneten, präferierten vielfach ausländische Lokale, v.a. solche mit mediterraner Küche, in denen die bürgerliche Etikette eine geringere Rolle zu spielen schien. Die ausländischen Restaurants wurden damit zu einer Sphäre, in der nicht nur neue Speisen und Getränke kennengelernt wurden, sondern auch neue Formen der Kommunikation und eine andere Körperlichkeit erprobt werden konnten, unter anderem in Form einer (von rassistischen Klischees nicht unbedingt freien) Nachahmung andersartiger Ess-, Kultur- und Körpertechniken.

Der Besuch in einem ausländischen Spezialitätenrestaurant, aber auch das Kochen ‚fremder' Gerichte zuhause entwickelte sich in zunehmendem Maße zu einem zentralen Medium sozialer Distinktion[569], mit dem sich eine weltof-

---

[567] Vgl. Diane Kochilas: Foreign Fare. In: Restaurant Business 89/13 (1990), 176; NRA Data Shows Ethnic Restaurants Get 26 % of Market. In: Amusement Business 108/1 (1996), 16.
[568] Vgl. Diner, Hungering.
[569] Vgl. Möhring, Transnational Food Migration.

fene Haltung demonstrieren ließ. Im Nachkriegsdeutschland mag der Wille, kosmopolitisch und weltgewandt zu erscheinen und (wieder) Teil einer internationalen (Ess-)Kultur zu werden, besonders ausgeprägt gewesen sein.[570] Auch wenn mitnichten von einem allgemein vorherrschenden, „von Interesse und Toleranz getragene[n], kulturelle[n] und gesellschaftliche[n] Verständnis" in der Bundesrepublik[571] gesprochen werden kann, lässt sich aus konsumhistorischer Perspektive doch konstatieren, dass ein Großteil der Bevölkerung zumindest das „Flair des Internationalen" zu schätzen wusste, das zu einem „Leitmotiv der 1960er Jahre" nicht nur in der Produktkommunikation[572], sondern auch in der Gastronomie wurde. Dass in der Auslegung und Aneignung ‚des Internationalen' dabei rassistische Stereotype über bestimmte (Ess-)Kulturen perpetuiert wurden, wird bei der Analyse der Rezeption der italienischen, jugoslawischen, griechischen und türkischen Gastronomie im Einzelnen zu diskutieren sein.

Generell ist für die 1950er und auch noch die 1960er Jahre bundesweit von einem eher vorsichtigen Umgang mit fremden Küchen auszugehen. Viele ausländische Restaurants reagierten auf die Unerfahrenheit der bundesdeutschen Gäste, indem sie mit Speisekarten operierten, die neben ausländischen Gerichten auch einige deutsche oder aber der internationalen Küche zuzurechnende Speisen aufwiesen. Darüber hinaus wurden die ausländischen Spezialitäten an deutsche Essgewohnheiten angepasst, stellten also hybride Kreationen dar, wie in den Kapiteln 4 bis 6 im Einzelnen gezeigt werden wird. Das Paradox, dass etwa ein Kölner Balkan-Grill in den 1960er Jahren mit „zwar eingedeutschten", zugleich aber „unverfälschten Balkan-Spezialitäten"[573] aufwarten konnte, kennzeichnet die Geschichte der ausländischen Gastronomie nicht nur in der Bundesrepublik.

Wie erläutert, stellt die ausländische Gastronomie nur einen Teilbereich eines sich v.a. in den 1970er Jahren verstärkt ausdifferenzierenden Gastgewerbes dar. Ausländische Küchen und die Reaktivierung deutscher Regionalküchen lassen sich als strukturell ähnliche Formen der Spezialisierung verstehen, welche die geografische bzw. zeitliche Differenz nutzen, um eine Nische im gastronomischen Sektor zu finden.[574] Ausländische wie regionale Küchen bo-

---

[570] Zu den neuen kosmopolitischen Konsumentenidentitäten im Nachkriegsdeutschland, diskutiert am Beispiel der Rezeption von Coca-Cola, siehe Schutts, Born Again, 121–150. Die Werbung der frühen 1960er Jahre setzte ebenfalls auf den „Duft der weiten Welt" (zit. nach Poiger, Beauty, 69).
[571] Jenn, Deutsche Gastronomie, 72.
[572] Für Österreich betont das Kühschelm, Markenprodukte, 70.
[573] Forster, Balkan-Grill, 194.
[574] In der Art, wie eine geografische Differenz im Falle ausländischer Küchen bisweilen auch als zeitliche Differenz, nämlich letztlich als Entwicklungsgefälle konfiguriert wurde, sind durchaus aus der Kolonialzeit herrührende Muster zu entdecken, zu denen etwa die Schaffung eines „anachronistic space" gehörte (McClintock, Imperial Leather, 40).

ten sogenannte Spezialitäten, also Speisen, die aus der Endo- in die Exoküche übergegangen und von etwas Alltäglichem zu etwas Besonderem geworden waren. Als importiertes ausländisches oder wiederbelebtes (vergangenes) regionales Gericht kann eine Spezialität immer nur in der Fremde entstehen, sei sie geografisch oder zeitlich gefasst, und stellt damit ein besonderes „Amalgam aus Ernährung und Erinnerung"[575] dar. Beide Formen der Spezialitäten-Gastronomie boten ein Differenzerlebnis, das sich als inter- oder intrakulturelle Fremdheitserfahrung begreifen lässt. Im kulinarischen Diskurs wie in der Esspraxis ereignete sich damit zum einen eine Internationalisierung der Ernährung, die Weltoffenheit suggerieren konnte, und zum anderen eine Aneignung der verschiedenen deutschen Regionalküchen, die es den Bundesbürgern erlaubte, nach Nationalsozialismus und Zweitem Weltkrieg vermeintlich unbelastete Kontinuitäten zu (er)finden.

Regionale und ausländische Arten der Spezialität und der Spezialisierung profitierten seit den 1970er Jahren von einer Nachfrage, die sich mit standardisierter Massenproduktion allein nicht mehr zufrieden gab. In der ablehnenden Haltung gegenüber den Fertigprodukten der Lebensmittelindustrie drückten sich neuartige Verunsicherungen und Fortschrittsskepsis aus; hinzu kam die Suche nach Konsumprodukten, mittels derer sich ein bestimmter Lebensstil und soziale Distinktion artikulieren ließen. Wird diese veränderte Nachfrage oftmals unter dem Begriff des Bedürfnis- und Wertewandels diskutiert, müsste es einer historischen Studie gerade darum gehen, den Begriff des Bedürfnisses zu historisieren und dabei auch längerfristige Entwicklungen in den Blick zu nehmen. Der soziokulturelle Wandel der 1960er und 70er Jahre würde sich dann in eine Geschichte der Moderne einordnen lassen, die es erlauben würde, das Entstehen neuer Subjektivitätsformen und eines konsumistischen Weltverhältnisses genealogisch zurückzuverfolgen, dadurch den vermeintlichen Bruch mit Vorangegangenem zu relativieren und nicht zuletzt das Bedürfnis auf seine Legitimationsfunktion in den jeweiligen zeitgenössischen Auseinandersetzungen hin zu untersuchen. Das folgende Kapitel, in dem die ausländerrechtlichen und wirtschaftspolitischen Rahmenbedingungen migrantischer Gaststättengründungen dargelegt werden, soll einen Beitrag zu einer solchen Historisierung leisten und am Beispiel der im deutschen Gastgewerbe praktizierten sogenannten Bedürfnisprüfung nach der Funktion des Bedürfnisses in der Verwaltung gesellschaftlicher Ressourcen und Chancen fragen.

---

[575] Tanner, Italienische „Makkaroni-Esser", 484.

3. Die Bedürfnisprüfung
Die rechtlichen und wirtschaftspolitischen Rahmenbedingungen migrantischer Gaststättengründungen in der Bundesrepublik

Die Entwicklung der ausländischen Gastronomie in der Bundesrepublik ist im vorigen Kapitel v.a. über sozioökonomische und kulturelle Faktoren, die Arbeitsmigration und den zunehmenden Massentourismus, Einkommensentwicklung und neue Konsumpräferenzen erklärt worden, die zu veränderten Angebots- und Nachfragestrukturen geführt und die Diffusion ausländischer Gaststätten begünstigt haben. In diesem Kapitel sollen die ausländer- und gewerberechtlichen sowie die wirtschaftspolitischen Dimensionen und damit die Opportunitätsstruktur migrantischer Betriebsgründungen im Gastgewerbe beleuchtet werden. Insbesondere gilt es, die spezifischen Probleme herauszustellen, mit denen sich Nicht-Deutsche konfrontiert sahen, wenn sie sich selbständig machen wollten. Während z.B. in den USA als ‚klassischem' Einwanderungsland migrantische Selbständigkeit durch die Ideologie des freien Unternehmertums und den Mythos des *self-made man* unterstützt worden ist, hat das migrantische Gewerbe in Deutschland, das sich erst seit kurzem als Einwanderungsland versteht, eine gänzlich andere Geschichte.

Insbesondere der prekäre rechtliche Status von Migranten, aber auch die stark regulierte Ökonomie hat die Selbständigkeit von Ausländern in Deutschland erschwert. Für eine selbständige Erwerbstätigkeit benötigten diese eine (unbefristete) besondere Aufenthaltserlaubnis ohne einschränkende Auflagen. Die Arbeitsmigranten, die zwischen 1955 und 1974 nach Westdeutschland kamen, erhielten jedoch lediglich eine befristete Aufenthaltserlaubnis, die darüber hinaus in der Regel mit einem Sperrvermerk versehen war, der „[s]elbständige Erwerbstätigkeit oder vergleichbare unselbständige Erwerbstätigkeit" explizit versagte.[1] Diese Auflage, die zu den häufigsten Beschränkungen bei der Aufenthaltserlaubnis zählte, mussten Migranten löschen lassen, wenn sie einen Betrieb gründen wollten.[2] Die Entscheidung darüber lag im Ermessen der Ausländer-

---

[1] § 7 Abs. 3 AuslG. Dem ‚Gastarbeiter' war die Einreise nur zur Ausübung einer bestimmten, meist unselbständigen Tätigkeit gewährt worden; die Aufenthaltserlaubnis für eine andere Tätigkeit war ihm nur zu erteilen, wenn „an seinem Verbleib ein besonderes deutsches Interesse" bestand (Bereinigung der Verwaltungsvorschriften auf dem Gebiete des Ausländerwesens. RdErl. d. Innenministers v. 2.4.1957/I C 3/13-43.11.12 [Ministerialblatt für das Land Nordrhein-Westfalen, Ausg. A, 10/45 [1957], 913–927: 918]).

[2] Vgl. Çınar, Zur rechtlichen Situation, 175. Das Gleiche galt für die Eintragung von Ausländern in die Handwerksrolle.

3. Die Bedürfnisprüfung

behörde und folgte damit ausländerrechtlichen und migrationspolitischen Vorgaben.

Bei der Bearbeitung der Anträge waren die gewerbe- und ausländerrechtliche Seite unabhängig voneinander zu prüfen. Für ihre Entscheidungsfindung holte die Ausländerbehörde die Stellungnahme der zuständigen Gewerbebehörde ein, um zu erfahren, inwiefern für den geplanten Betrieb ein besonderes lokales Bedürfnis oder aber ein übergeordnetes wirtschaftliches Interesse vorlag. Diese sogenannte Bedürfnisprüfung, welche die Zulassung zu einem Beruf oder Gewerbe von einem volkswirtschaftlichen oder sonstigen öffentlichen Bedarf abhängig macht, ist ein zentrales und – da sie die Berufsfreiheit massiv einschränkt – heftig umstrittenes Instrument der gewerbe- und wirtschaftspolitischen Lenkung. Im Gastgewerbe besitzt die Bedürfnisprüfung eine lange Tradition, wurde aber nach 1945 zunächst in der amerikanisch besetzten Zone, sukzessive und spätestens mit dem einschlägigen Urteil des Bundesverfassungsgerichts von 1958 dann auch in den übrigen Teilen Deutschlands abgeschafft. Dieser Prozess wurde mit dem neuen Gaststättengesetz von 1970 endgültig besiegelt. Im Falle derjenigen ausländischen Antragsteller jedoch, die nicht zur Gruppe der rechtlich gleichgestellten EWG-Bürger zählten, fand die Bedürfnisprüfung weiterhin Anwendung. Das Bedürfnis wurde dabei – wie noch genauer auszuführen ist – nicht mehr nach dem Gaststättengesetz geprüft, sondern im Rahmen der im Ausländergesetz vorgesehenen Ermessensentscheidung mitberücksichtigt.[3] Diese ausländerrechtlich bedingte ungleiche Behandlung macht die Bedürfnisprüfung zu einem prägnanten Beispiel einer nach Nationalitäten differenzierenden Segmentierung der bundesdeutschen Ökonomie. Während die Migrationsforschung den Prozess der Unterschichtung durch angeworbene ‚Gastarbeiter' vielfach behandelt und zu Recht als ethnische Stratifikation der Gesellschaft charakterisiert hat[4], ist die allein noch im Falle von aus Drittstaaten stammenden Gastronomen in Anschlag gebrachte Bedürfnisprüfung bisher kaum als Instrument der Diskriminierung thematisiert worden.[5] Gerade in der (ersten) Expansionsphase der ausländischen Gastronomie in der Bundes-

---

[3] § 7 Abs. 3 AuslG. Maßgeblich für das Ausländer- und Aufenthaltsrecht in der Bundesrepublik waren die Ausländerpolizeiverordnung aus dem Jahre 1938, die für die Aufenthaltserlaubnis Befristungen sowie Auflagen vorsah, die auch nachträglich noch erfolgen konnten (AuslPVO v. 22.8.1938 [RGBl. I S. 1053]), und später das Ausländergesetz vom 28.4.1965 (BGBl. I S. 353).

[4] Der Begriff ‚Unterschichtung' wurde erstmals von Hans-Joachim Hoffmann-Nowotny verwendet, der eine Einwanderung als „unterschichtend" charakterisierte, „wenn die Einwanderer zum überwiegenden Teil in die untersten Positionen des sozialen Schichtsystems eintreten und eine neue soziale Schicht unter der Schichtstruktur des Einwandererkontextes bilden" (Hoffmann-Nowotny, Soziologie, 52). Zum Phänomen der Entstehung dualer Arbeitsmärkte in westlichen Industrienationen siehe Piore, Birds.

[5] Ein kurzer Hinweis findet sich bei Rudolph/Hillmann, How Turkish is the Donar kebab?, 141; etwas ausführlicher: Scholz, Räumliche Ausbreitung, 287.

republik in den 1960er und 70er Jahren, die im Folgenden im Zentrum stehen soll, implizierte dieses Verfahren jedoch eine massive Ungleichbehandlung eines großen Teils der ausländischen Gewerbetreibenden.

3.1 Die Bedürfnisprüfung als gewerberechtliches und wirtschaftspolitisches Instrument

Die auf Nicht-E(W)G-Ausländer beschränkte Bedürfnisprüfung stellt ein Spezifikum der bundesdeutschen Wirtschaftsgeschichte dar und soll im Folgenden zum einen in ihrer historischen Entwicklung vom Kaiserreich bis in die Gegenwart knapp dargestellt und zum anderen im Hinblick auf ihre konkrete verwaltungspraktische Umsetzung in der Bundesrepublik beleuchtet werden. Zuvor gilt es, in einem kurzen begriffsgeschichtlichen Exkurs den schillernden Begriff des Bedürfnisses zu umreißen, dessen zentrale Bedeutung für die Konsumgeschichte bereits im Zusammenhang mit dem für die 1960er und 70er Jahre in der Forschung vielfach konstatierten ‚Bedürfniswandel' angesprochen worden ist. Eine Analyse der Bedürfnisprüfung im Gastgewerbe ermöglicht einen weiteren, nämlich gewerberechtlich und wirtschaftspolitisch orientierten Blick auf das Phänomen gesellschaftlicher Bedürfnisse, ihre Artikulation und verwaltungspraktische Handhabung. Das Bedürfnis als zutiefst sozial und kulturell geprägtes Movens (auch) wirtschaftlicher Aktivitäten bietet dabei einen zentralen Zugang zur vielschichtigen Verflechtungsgeschichte von Kultur und Ökonomie.[6]

Beim Begriff des Bedürfnisses handelt es sich um einen „archimedischen Begriff", der wie kaum ein anderer die westliche Konsumgesellschaft in ihrem Kern trifft, sie aber auch über ihre eigenen Grenzen hinaustreibt.[7] Der Begriff ‚Bedürfnis' wird vielfach in eine subjektive Komponente, das Gefühl eines Mangels, und eine objektive Komponente, das Mittel zur Beseitigung des Mangels, unterteilt.[8] Der Bedürfnisbegriff vereint mehrere, z. T. widersprüchliche Bedeutungsdimensionen; er hat sich im Laufe des 18. Jahrhunderts im allgemeinen Sprachgebrauch durchgesetzt und dabei das Konzept der Notdurft ersetzt. Während die Kategorie der Notdurft eine deutlich moralische Dimension aufwies und an ein Mäßigkeitspostulat gekoppelt war, ist das Bedürfnis ein dynamisches Konzept, das auf beständige Erweiterung ausgerichtet und von der liberalen Nationalökonomie zum Motor ökonomischer und gesellschaft-

---

[6] Dass Bedürfnisse und ihre Veränderbarkeit den Zugang zur Frage nach den „kulturellen Bedingungen wirtschaftlicher Dynamik" eröffnen, hat Kocka, Einleitung, 17, herausgestellt.
[7] Szöllösi-Janze, Notdurft, 151.
[8] J[ohann] B[aptist] Müller: Bedürfnis I, 765.

licher Entwicklungen erklärt worden ist.[9] Das Bedürfnis bildet somit einen wesentlichen Teil einer grundsätzlich neuen Wirtschafts- und Gesellschaftsordnung wie eines neuen Menschenbildes und konnte entsprechend zu einem Zentralbegriff gerade auf den Gebieten der Psychologie und der Ökonomie werden. Begriffsgeschichtliche Studien haben in diesem Zusammenhang den Konnex von ‚Bedürfnis' und ‚Leben' herausgestellt: Mit der zunehmenden Entkopplung von Bedürfnisbefriedigung und moralischer Gefährdung konnte das Bedürfnis zunehmend zu einem gesundheitsfördernden, dem Gleichgewicht des Organismus dienenden Faktor und schließlich gar zum Synonym für ‚Leben' werden: „Leben heißt Bedürfnisse haben und befriedigen", so der Nationalökonom Joachim Tiburtius im Jahre 1914.[10] Das Bedürfnis – und das ist für eine konsumgeschichtliche Perspektive von zentraler Bedeutung – galt fortan als eine grundlegende Eigenschaft des Lebendigen, es wurde zu etwas Ursprünglichem und Elementarem erklärt[11], das sowohl der individuellen Entfaltung als auch der gesellschaftlichen Entwicklung zugrunde liege. Das Bedürfnis nimmt damit eine Schlüsselfunktion im Hinblick auf das Menschenbild wie die sozioökonomische Ordnung ein; ohne das Bedürfnis ist die in der Moderne auf die Bühne tretende Figur des Konsumenten nicht denkbar.

Im Laufe des 19. und 20. Jahrhunderts sind eine Vielzahl von Bedürfnistheorien entworfen und Systematisierungsversuche unternommen worden. Für eine Analyse der Bedürfnisprüfung bei Anträgen ausländischer Gastronomen ist dabei v.a. die bereits in frühen Bedürfnistheorien verbreitete (kultur-)relativistische Annahme von Bedeutung, nach der bestimmte soziale, ethnisch-kulturelle Gruppen je spezifische Bedürfnisse besäßen, die es zu berücksichtigen gelte. Diese Annahme impliziert einen Anspruch auf die Befriedigung auch (sub-)kulturspezifischer, nicht für die gesamte Gesellschaft gültiger Bedürfnisse und spielt bei der Überprüfung eventueller ‚migrantischer Bedarfsstrukturen' bei der Bedürfnisprüfung im Gastgewerbe eine nicht zu vernachlässigende Rolle. Der Ökonom Karl Knies hatte bereits 1853 die Unterschiedlichkeit verschiedener „Volksstämme" ins Feld geführt, um damit die (liberale) Auffassung einer sich objektiv und kontextfrei vollziehenden Bedürfnisdynamik zu widerlegen: „Die verschiedenen Volksstämme zeigen in der Tat keineswegs jene Homogenität in dem Menschen und dessen Strebungen, Leistungen, Bedürfnissen, welche die unerlässliche Voraussetzung mancher

---

[9] Vgl. Szöllösi-Janze, Notdurft, 159 u. 152.
[10] Joachim Tiburtius: Der Begriff des Bedürfnisses. In: Nationalökonomie und Statistik 103 (1914), 789, zit. nach Kim-Wawrzinek, Bedürfnis, 456.
[11] Vgl. Kim-Wawrzinek, Bedürfnis, 457. Zur oftmals biologischen Fundierung des Bedürfnisses siehe Murck, Voraussetzungen, 138.

abstrakten Fiktionen ist".[12] Auch Karl Bücher als einer der bedeutendsten Vertreter der Historischen Schule der Nationalökonomie unterscheidet in *Die Entstehung der Volkswirtschaft* aus dem Jahre 1893 zwischen Existenzbedarf, Kulturbedarf und Luxusbedarf und beharrt wenn nicht auf völkischen, so doch auf nationalen Eigentümlichkeiten und anderen kulturellen Spezifika auf dem Gebiet der Bedürfnisstrukturen. Der „Bedürfnis-Kreis des Menschen" ist, so Bücher, „nach dem Klima, der Landessitte, dem Kulturgrad, der gesellschaftlichen Stellung, der individuellen Lebensaufgabe und Lebensauffassung außerordentlich verschieden".[13] Die im deutschsprachigen Raum einflussreiche Bedürfnistheorie von Gerhard Scherhorn aus dem Jahre 1959 schließlich sieht „jede[n] Mensch[en], jede Menschengruppe und jede Kultur [...] durch ein oder mehrere dominierende Bedürfnisse" gekennzeichnet.[14] Scherhorn wählt dabei weniger eine gemeinsame Bedürfnisstruktur zum Ausgangspunkt, um gruppenspezifisches Verhalten zu erklären, sondern leitet vielmehr umgekehrt die gemeinsame Bedürfnisstruktur aus einem konformen Verhalten ab und koppelt das Bedürfnis damit explizit und untrennbar an gesellschaftliche bzw. kulturspezifische Normen.

Die Einsicht in die Vielzahl und prinzipielle Unbegrenztheit menschlicher Bedürfnisse hat früh zur Einführung des Kulturvergleichs in die Bedürfnis- und Bedarfsforschung geführt. Die unterschiedlichen Äußerungsformen der sogenannten Grundbedürfnisse, wie sie gerade im Bereich der Ernährung augenfällig sind, werden in diesem Zusammenhang besonders häufig als Beispiel herangezogen.[15] Was für die eine (nationale oder ethnische) Gruppe als Luxus gilt, wird von der anderen als dringliche Notwendigkeit betrachtet. So haben etwa italienische Migranten in der Bundesrepublik keine Kosten gescheut, um das für sie essentielle Olivenöl zu beschaffen.[16] Die zahlreiche Bedürfnistheorien strukturierende Unterscheidung von Notwendigkeit und Luxus verliert somit im Kulturvergleich schnell an Plausibilität.[17] Ob die kulturell bedingten Differenzen in der Bedürfnisstruktur sozialer Gruppen mit dem Klima, der Biologie oder aber gesellschaftlichen Rahmenbedingungen erklärt werden, hängt vom Entstehungszeitraum wie der politischen Ausrichtung der jeweiligen Bedürfnistheorien ab. Differente Bedürfnisse konnten als

---

[12] Karl Knies: Die politische Ökonomie vom Standpunkte der geschichtlichen Methode, Braunschweig 1853, 63, zit. nach Müller, ‚Bedürfnis', 481.
[13] Bücher, Entstehung, 339.
[14] Scherhorn, Bedürfnis, 65.
[15] „Jeder Mensch muß essen, aber das Nahrungsbedürfnis tritt im konkreten Fall als formiertes Bedürfnis auf, und die Formierung erfolgt in aller Regel in gruppenspezifischer Weise." (ebd., 91)
[16] Siehe Kap. 4.1.
[17] Bereits Bücher, Entstehung, 340, hatte darauf hingewiesen, dass nicht einmal der „Existenzbedarf" bei Arbeitern aus verschiedenen Ländern derselbe sei.

3. Die Bedürfnisprüfung

Produkte einer entwicklungsgeschichtlichen und/oder biologischen Hierarchie zwischen verschiedenen Gruppen und damit als tendenziell unveränderliche, Ungleichheit legitimierende Differenzen oder aber als Ausfluss historisch-spezifischer, letztlich kontingenter Faktoren und daher als extrem wandelbar betrachtet werden. Die Frage der Ungleichheit ist in jedem Falle eine, die in den Diskussionen über das Bedürfnis stets virulent ist; nicht zuletzt aus diesem Grund konnte das Bedürfnis immer wieder als Legitimationsfaktor politischen Handelns herangezogen werden.[18] Die Einforderung verwehrter Bedürfnisbefriedigung zielte dabei nicht immer auf eine Angleichung der Lebensverhältnisse diskriminierter Gruppen, sondern konnte sich ebenso auf das Festhalten an spezifischen Bedürfnissen richten, die für die übrige Gesellschaft kaum von Interesse waren. Bei der Bedürfnisprüfung im Gastgewerbe, so wird zu zeigen sein, wurde Migrantengruppen, sofern sie eine gewisse Größe erreicht hatten, ein Bedürfnis nach ‚ihren' Speisen eingeräumt und damit ein ökonomischer Bedarf an Gaststätten anerkannt, die ausländische Gerichte anboten.

„Das Auge des Gesetzes wacht über die Wirtschaften sorgsamer, als über jeden anderen gewerblichen Betrieb", hieß es 1902 im gastgewerblichen Fachorgan *Der norddeutsche Gastwirt*.[19] Die Gastronomie zählt in der Tat zu denjenigen Gewerben, die bis in die Gegenwart starken Regulierungen unterworfen sind. Um die modernen Zulassungsbeschränkungen in ihrer Genese und Problematik zu erfassen, ist insbesondere die im Zunftwesen vorgenommene Form der Bedürfnisprüfung von Interesse. Das in Deutschland vergleichsweise mächtige und langlebige Zunftwesen nutzte die Bedürfnisprüfung zum Schutze der Privatinteressen der bereits in einem bestimmten Gewerbe Tätigen, der *beati possidentes*. Die Zulassungspraxis richtete sich nach der Maßgabe, den sogenannten Nahrungsstand zu sichern, also qua Beschränkung der Konkurrenz den vorhandenen Gewerbebetrieben ein Auskommen zu gewährleisten.[20] Auch wenn das Gastgewerbe nur in einigen Städten im Südwesten Deutschlands zum zünftigen Gewerbe zählte, spielten Zulassungsbeschränkungen auch in den übrigen Regionen Deutschlands eine maßgebliche Rolle, nicht zuletzt aufgrund des Alkoholausschanks, der zu den verschiedensten Formen der Überwachung Anlass gab.

Als Vorläuferin der modernen Bedürfnisprüfung im Gastgewerbe gilt das 1811 in Preußen erlassene Gesetz über die polizeilichen Verhältnisse der Gewerbe, das die Erteilung einer Schankerlaubnis auf dem Land von der öffentlichen Nützlichkeit der Anlage abhängig machte.[21] Private Interessen

---

[18] Vgl. Kim-Wawrzinek, Bedürfnis, 449 u. 441.
[19] Krause: Konzessionsentscheide und Anderes. In: Der norddeutsche Gastwirt v. 19.4.1902.
[20] Vgl. Schmidt, Bedürfnisprüfung, 5f.
[21] Vgl. Schirmer, Rechtliche Behandlung, 4.

3.1 Das gewerberechtliche und wirtschaftspolitische Instrument 165

wie das Nahrungsprinzip sollten keine Rolle spielen; an ihre Stelle trat das sogenannte öffentliche Interesse.[22] Die Gewerbeordnung des Norddeutschen Bundes von 1869 enthielt schließlich einen Passus, der die Landesregierungen ermächtigte, aus Gründen der Gefahrenabwehr die Erlaubnis zum Ausschenken von Branntwein vom Nachweis eines Bedürfnisses abhängig zu machen.[23] Nach der Reichsgründung 1871 wurde die noch heute gültige Gewerbeordnung nach und nach im gesamten Reichsgebiet eingeführt.

Der erstarkenden Abstinenzbewegung reichten diese Maßnahmen nicht aus; sie hatte schon seit längerem für ein spezielles Schankstättengesetz plädiert, welches das Gastgewerbe separat und schärfer regulieren sollte. Aber erst nach dem Ersten Weltkrieg reagierte der Gesetzgeber auf die kritisierte Zunahme von „Likörstuben, Bars und Dielen", die als gesundheitliche und sittliche Gefahr wahrgenommen wurden.[24] Das 1923 in Kraft getretene Notgesetz[25] diente als Vorlage für das am 28. April 1930 erlassene Gaststättengesetz, das mit Einschränkungen bis zur Verabschiedung des bundesdeutschen Gaststättengesetzes von 1970 gültig blieb. Das Gaststättengesetz von 1930 hielt an der Bedürfnisprüfung fest: „Die Erlaubnis darf nur erteilt werden, wenn ein Bedürfnis vorliegt."[26] Bei Anerkennung eines Bedürfnisses konnte dem Antragsteller die Erlaubnis nur dann versagt werden, wenn seine persönliche Zuverlässigkeit nicht gewährleistet war, die Räumlichkeiten des Gastronomiebetriebs nicht den (bau-)polizeilichen Vorgaben entsprachen oder die Verwendung der Räume für eine Gaststätte dem öffentlichen Interesse widersprach.[27] Indem er die Möglichkeit einer Zulassungssperre einräumte, machte der Gesetzgeber das dem Gaststättengesetz zugrunde liegende Motiv deutlich, auf eine Beschränkung der Zahl der Gast- und v.a. der Schankstätten hinzuwirken, sollte doch „mit der richtigen Handhabung der Bedürfnisfrage ein Stück Alkoholpolitik betrieben" werden.[28]

---

[22] Eingriffe in die Gewerbefreiheit waren nur noch dann zulässig, wenn es sich um gewerbliche Betätigungsformen handelte, deren Ausübung eine Gefährdung der Allgemeinheit oder des Einzelnen darstellen konnte und die daher auf ein Mindestmaß beschränkt werden sollten. Vgl. Schmidt, Bedürfnisprüfung, 16 u. 13.

[23] GewO v. 21.6.1869 (BGBl. d. Norddt. Bundes S. 245). Dies galt auch für den Kleinhandel mit Branntwein.

[24] Siehe etwa den Auszug aus dem Protokoll des Bezirks 151 v. 5.6.1925, vom zweiten Direktor des Jugendamts an die Polizeibehörde zur gefälligen Kenntnisnahme übersandt am 7.10.1925, StAH Gen VIII O 12 (Teilordner A), Bl. 75, 2. Statistische Untersuchungen hingegen weisen auf eine reichsweite Abnahme der Gast- und Schankstätten von 343 808 im Jahre 1907 auf 259 118 im Jahre 1925 hin (vgl. Wegner, Bedürfnisfrage, 2).

[25] Notgesetz v. 24.2.1923 (RGBl. I S. 147).

[26] § 1 GastG v. 28.4.1930 (RGBl. I S. 146).

[27] § 2, Abs. 1 GastG v. 28.4.1930. Die ersten beiden Bestimmungen sind als persönliche raumbezogene Konzession auch in das aktuelle Gaststättengesetz von 1970 eingegangen.

[28] Schirmer, Rechtliche Behandlung, 44.

3. Die Bedürfnisprüfung

Dass es angesichts der Zusammensetzung der Erlaubnis erteilenden bzw. der von ihnen gutachtlich zu hörenden Instanzen zu komplizierten Interessensabwägungen und Lobbyismus kommen musste, liegt auf der Hand. Nach dem Gaststättengesetz von 1930 benannten die obersten Landesbehörden die für die Konzessionserteilung zuständigen Ämter, die wiederum die örtliche Polizei- und Gemeindebehörde zu hören hatten. Zudem konnten sie bestimmen, dass darüber hinaus auch der Gewerbeaufsichtsbeamte, das Wohlfahrtsamt, gemeinnützige Vereine und die gastgewerblichen Berufsvertretungen der Arbeitgeber und Arbeitnehmer auf Orts- oder Bezirksebene einzubeziehen seien.[29] Begründet wurde die Hinzuziehung der Berufsverbände – wie auch später in der Bundesrepublik – mit ihrer besonderen Marktkenntnis.[30]

Ein bei der Bedürfnisprüfung stets zu beachtendes Kriterium bestand darin, dass das Bedürfnis ein gegenwärtiges, also kein bloß vermutetes oder für die Zukunft erhofftes sein musste. Grundlage waren dabei die Rahmenbedingungen zum Zeitpunkt der Antragstellung.[31] Zu den in Rechnung zu stellenden gegenwärtigen Umständen, auf die sich die Bedürfnisprüfung zu richten hatte, zählten die folgenden:

„Art und örtliche Lage des Betriebs, für den die Erlaubnis beantragt wird; Zahl, Art, örtliche Lage und Entfernung der schon vorhandenen Gast- und Schankwirtschaften; soziale Schichtung, Lebensgewohnheiten und Dichtigkeit der Bevölkerung; Erfordernisse des Ortsverkehrs und Fremdenverkehrs."[32]

Der Hinweis auf die Zusammensetzung der Bevölkerung, zu der auch deren Einkommensverhältnisse zählten, und ihrer Lebensgewohnheiten macht deutlich, dass das Bedürfnis für die Errichtung einer Gast- oder Schankstätte nicht per se ein allgemeines sein musste, das die gesamte Bevölkerung teilte; vielmehr konnten auch besondere Bedürfnisse „einzelner Teile des Publikums" berücksichtigt werden.[33] Eine bestimmte notwendige Größe dieser Gruppen wurde

---

[29] Letztere waren, zusammen mit dem Jugendamt, immer zu konsultieren, wenn es sich um die Erlaubnis für einen Betrieb mit Ausschank geistiger Getränke handelte. Vgl. § 18, Abs. 18 u. § 19 GastG v. 28.4.1930.
[30] Diese seien im Hinblick auf die „Verhältnisse innerhalb des Gewerbes und die sich daraus ergebenden Anforderungen besonders sachkundig", so Michel, Gaststättengesetz, 210 (§ 19, II. 1. b).
[31] § 2 VO d. Reichswirtschaftsministers zur Ausführung d. Gaststättengesetzes v. 21.6.1930 (RGBl. I S. 191). Vgl. dazu Schirmer, Rechtliche Behandlung, 27f.
[32] § 3 VO d. Reichswirtschaftsministers zur Ausführung d. Gaststättengesetzes v. 21.6.1930 (RGBl. I S. 191). Bei der örtlichen Lage wurde u. a. berücksichtigt, ob sich die alkoholische Getränke anbietende Schankstätte in der Nähe von Krankenhäusern, Schulen oder Sportplätzen befand, was es zu vermeiden galt (vgl. bayVO v. 12.9.1931 [GVBl. 1931 251]).
[33] So bereits das Urteil des VGH Braunschweig v. 1.3.1905 (GewArch 5/247); vgl. Schirmer, Rechtliche Behandlung, 17.

3.1 Das gewerberechtliche und wirtschaftspolitische Instrument

nicht festgelegt; gerade im Falle von Kantinen in Fabriken oder Universitätsmensen war ein Bedürfnis auch bei einem relativ kleinen Interessentenkreis anzuerkennen.

Im nationalsozialistischen Deutschland wurde die Gewerbefreiheit zwar nie offiziell verabschiedet, aber faktisch durch die Suspendierung individueller Rechte im Zuge der „Gemeinwohlbindung" vollständig ausgehebelt.[34] Ein umfangreiches Konzessionswesen, das auch den Einzelhandel einschloss, ein allgemeiner Innungszwang sowie der Befähigungsnachweis im Handwerk wurden eingeführt, Zwangskartellierungen konnten durch den Reichswirtschaftsminister vorgenommen werden, und die Preise blieben auf dem Stand vom Oktober 1936 eingefroren.[35] Die Erlaubniserteilung im Gastgewerbe veränderte sich zum einen durch die neuen gutachtenden Instanzen. So waren nun die Deutsche Arbeitsfront sowie die Wirtschaftsgruppe Gaststätten- und Beherbergungsgewerbe bei der Prüfung des Bedürfnisses zu hören. Zudem hatte dem Antrag auf Erteilung einer Gaststättenerlaubnis eine Erklärung beizuliegen, dass der Antragsteller (k)ein Jude sei.[36] Zum anderen war seit Juli 1934 die persönliche Zuverlässigkeit des Antragstellers besonders eingehend zu prüfen.[37] Indem das Gaststättengesetz um die Kategorie der „soziale[n] Unzuverlässigkeit" ergänzt wurde, konnte als „notorisch asozial[ ]" klassifizierten Personen „von vornherein der Zugang zum Gast- und Schankgewerbe gesperrt werden", wie der von 1925 bis 1945 im Reichswirtschaftsministerium, von 1953 bis 1955 dann im Bundeswirtschaftsministerium tätige Elmar Michel herausstellte.[38] Der unbestimmte Rechtsbegriff der Unzuverlässigkeit wurde im Nationalsozialismus zu einem wichtigen Instrument, um die Entwicklung (nicht nur) im Gastgewerbe in die gewünschten wirtschafts- und gesellschaftspolitischen Bahnen zu lenken. Die Bedürfnisprüfung erfuhr nach 1933 also insofern eine bedeutsame Transformation, als sie zu einem expliziten Steuerungswerkzeug wurde, mit dem sich die „gesamtwirtschaftliche Ausrichtung der Gaststättenbetriebe" bewerkstelligen ließ, die „sowohl die persönliche

---

[34] Stolleis, Gemeinwohlformeln. Erklärtes volkswirtschaftliches Ziel war die „bestmögliche Bedarfsversorgung der Volksgemeinschaft" (Vleugels, Volkswirtschaft, 39).
[35] Vgl. Quante, Geistesgeschichtliche Grundlagen, 125–127.
[36] „[F]erner muß der Antrag die Erklärung des Antragstellers enthalten, ob er Jude oder nicht Jude ist (§ 5 der Ersten VO. zum Reichsbürgergesetz v. 14.11.1935)" (Preuß. Runderlaß d. Reichsministers d. Innern. In: Reichs-Gesundheitsblatt 17/13 [1942], 262–264: 263).
[37] Vgl. Gesetz zur Änderung der Gewerbeordnung vom 3.7.1934 (RGBl. I S. 566); Röhl, Durchbruch. Es war fortan auch möglich, bereits im Gastgewerbe tätige ‚unerwünschte Elemente' zu entfernen.
[38] Michel, Erlaubniswesen, 1187f. Im Bundesministerium für Wirtschaft war Michel als Leiter der Abteilung für Wirtschaftsförderung, Handwerk, Handel, Gewerbe und Technik tätig, bis er schließlich in die Industrie überwechselte.

Zusammensetzung des Gewerbes wie dessen räumliche Niederlassung" umfasste.[39]

Nach Kriegsende blieb das Gewerberecht, abgesehen von den während des Nationalsozialismus eingeführten explizit diskriminierenden Vorschriften, zunächst in Kraft. Gemäß dem Potsdamer Abkommen und dem Kontrollratsgesetz vom 20. September 1945 blieb deutsches Recht, sofern es sich nicht um ‚genuin nationalsozialistisches Recht' handelte, gültig.[40] Unbestritten war, dass das Gaststättengesetz weiterhin Geltung beanspruchen konnte. Die Bedürfnisprüfung wie auch die zahlreichen Zulassungsregelungen wurden vielfach – nicht nur seitens der zeitgenössischen Beobachter, sondern auch der heutigen Forschung – für die Vereinheitlichung der Bewirtschaftung und angesichts des Mangels an Rohstoffen und Waren als notwendig erachtet.[41] Diese zeitbedingt fortgeführten Eingriffe in die Gewerbefreiheit waren jedoch auch deutlich durch die Angst vor Konkurrenz motiviert, zumal die ersten Jahre nach Kriegsende zahlreiche Neugründungen, nicht zuletzt von Flüchtlingen, in allen Gewerben zu verzeichnen hatten. Zwischen diesen und den bereits längere Zeit bestehenden Betrieben entbrannte ein erbitterter Verteilungskampf, der allzu oft Ausdruck von „Überfremdungsängste[n] der einheimischen Wirtschaft" war[42] – Ängste, die im Zusammenhang mit den Gaststättengründungen von ausländischen Arbeitsmigranten in den 1960er und 70er Jahren abermals virulent werden sollten.

Angesichts der in der Zulassungspraxis immer wieder zu beobachtenden Bevorteilung der *beati possidentes* wie insgesamt der nur schleppend vor sich gehenden Liberalisierung der Wirtschaft führte die US-amerikanische Militärregierung im November 1948 die volle Gewerbefreiheit in den Ländern Bayern, Hessen und Württemberg-Baden ein. Für das Gastgewerbe bedeutete dies, dass der Ausschank alkoholfreier Getränke und auch Speiseeiswirtschaften generell erlaubnisfrei wurden und die Bedürfnisprüfung für alle Gaststätten entfiel. Hinsichtlich des Ausschanks alkoholischer Getränke gestaltete sich die Rechtslage in den einzelnen Ländern der US-amerikanisch besetzten Zone unterschiedlich.[43] Auf deutscher Seite regte sich heftige Kritik gegen diese neue, als „ufer-

---

[39] Michel, Erlaubniswesen, 1186f. Vgl. auch Schmidt, Bedürfnisprüfung, 251.
[40] Vgl. Boyer, Zwangswirtschaft, 66.
[41] Vgl. ebd., 11 u. 66.
[42] Dies zeigt Boyer (ebd., 54) für Bayern, wo sich – wie auch andernorts – alteingesessene Betriebsinhaber von den ins Land gekommenen Flüchtlingen massiv bedroht fühlten.
[43] In Hessen z. B. war allein der Ausschank von Branntwein noch zulassungsbedürftig (vgl. Michel/Kienzle, Gaststättengesetz, 19). In der Forschung ist der US-amerikanische Vorstoß unter anderem als Versuch interpretiert worden, angesichts der sich dem Ende zuneigenden Besatzungszeit noch möglichst weitreichende liberale Reformen in Deutschland auf den Weg zu bringen und insbesondere den starken Korporatismus einzudämmen: „German business must be freed from the intrigues, favoritism and prejudices of town councils,

los" empfundene Gewerbefreiheit.[44] Die Idee der gelenkten Bedarfswirtschaft, wie sie für das nationalsozialistische Deutschland charakteristisch gewesen war, lebte fort[45] und war einer der Gründe für den massiven Widerstand gegen die Gewerbefreiheitsdirektive von deutscher Seite, der schnell zu einer Verwässerung der Vorgaben in der Umsetzung führte.

In der britisch besetzten Zone ergingen keine vergleichbaren Direktiven, war die englische Politik doch durch ein weit geringeres Misstrauen sowohl gegenüber Gewerbebeschränkungen als auch Verbandsaktivitäten charakterisiert. Die verschiedenen Wirtschaftsverbände rekonstituierten sich recht zügig, wenn auch nun auf der Basis einer freiwilligen Mitgliedschaft.[46] In der französisch besetzten Zone sah man kaum Handlungsbedarf. Hier galt das bisherige deutsche Recht grundsätzlich fort; nicht einmal die Zwangsmitgliedschaft in den Handwerksinnungen wurde aufgehoben.[47] Im Gastgewerbe besaß Frankreich eine dem deutschen System mit seinen zahlreichen Gesetzen und Ausführungsbestimmungen ähnliche Regulierung, so dass es in dem unter französischer Kontrolle stehenden Gebieten nach 1945 zu keinen großen Veränderungen kam.[48] In der sowjetisch besetzten Zone nahm die Bedürfnisprüfung aufgrund des planwirtschaftlichen Vorgehens eine völlig andere Entwicklung, die hier ausgeblendet bleiben muss.[49]

Diese uneinheitliche Rechtssituation bezüglich der Bedürfnisprüfung umfasste also deren Abschaffung in der amerikanisch besetzten Zone, aber auch in denjenigen Teilen der britischen Besatzungszone, die sich neue Gewerbezulassungsgesetze gegeben hatten; in den übrigen Regionen jedoch blieb die Bedürfnisklausel des Gaststättengesetzes von 1930 in Kraft. Diese Differenzen

---

trade associations, chambers of commerce, combines and cartels." (Entwurf einer Erklärung für Bronson, undatiert [ca. Oktober 1947], zit. nach Boyer, Zwangswirtschaft, 153f.) Dieser Vorstoß ist im Kontext der US-amerikanischen Dekartellisierungspolitik zu sehen.

[44] Wo besteht die absolute Gewerbefreiheit? In Europa außer der amerikanischen Zone Westdeutschlands nirgends. In: AHGZ 6/1 (1951), 1.

[45] Hierzu zählte u. a. die „Vorstellung vom Versorgerstaat, der die Bedürfnisse definiert, aber auch erfüllt" (Wildt, Konsumbürger, 267).

[46] Vgl. Boyer, Zwangswirtschaft, 142f. Die britische Militärverwaltung griff auf deren Expertise gern zurück und praktizierte somit eine in zentralen Aspekten anders gelagerte Gewerbepolitik als die US-amerikanische Militärverwaltung, zumal in Großbritannien auch die Bedürfnisprüfung bekannt war.

[47] Quante, Geistesgeschichtliche Grundlagen, 131.

[48] Vgl. Wo besteht die absolute Gewerbefreiheit? In: AHGZ 6/1 (1951), 1.

[49] Die Bedarfslenkung in der späteren DDR implizierte zwar eine anders gelagerte Bedürfnis- und Bedarfstheorie, die an sich den Schwerpunkt nicht auf den einzelnen Betrieb legte, in der gastgewerblichen Praxis aber mitunter dennoch zu ähnlichen Überlegungen wie im Westen führte. So wurde auch in der DDR überprüft, inwieweit sich in der Nähe einer Gaststätte noch weitere gastronomische Betriebe befanden und inwiefern eine ausreichende Versorgung der Bevölkerung gegeben war. Siehe z. B. die Vorbereitungsunterlagen Gaststätte „Lindenvorwerk", KG Kreis Geithain, 1967/68, SWA U2-3875/2.

bestanden auch nach Ende der Besatzungszeit fort.[50] Dabei waren die „Rechtszersplitterung"[51] und die daraus resultierende Rechtsunsicherheit nicht allein auf dem Gebiet des Gaststättenwesens zu beobachten; vielmehr stellten sie ein typisches Kennzeichen der frühen Bundesrepublik dar. Im Gastgewerbe währte dieser Zustand bis zum neuen Gaststättengesetz von 1970, das die gaststättenrechtliche Bedürfnisprüfung im gesamten Bundesgebiet abschaffen sollte. Die Bedürfnisprüfung blieb aber auch in den ersten Nachkriegsjahrzehnten nicht unangefochten. Bereits mit Inkrafttreten des Grundgesetzes fand eine neuerliche Problematisierung statt, erachtete ein wachsender Teil der Juristen die Bedürfnisklausel des Gaststättengesetzes doch als mit dem Grundrecht auf freie Berufswahl[52] nicht vereinbar. Zu diesem Schluss kam auch das Bundesverwaltungsgericht in seinem Grundsatzurteil vom Dezember 1953.[53]

Mit Berufung auf die zum Schutze der Öffentlichkeit mögliche Einschränkung der im Grundgesetz verankerten Berufsfreiheit versuchten die Gastronomieverbände hingegen, die Bedürfnisprüfung in der Tradition der vorangegangenen Jahrzehnte als adäquates Mittel zum Schutz gegen den Alkoholmissbrauch, darüber hinaus aber auch als Mittel zur Verhinderung des „Unzuverlässigwerden[s] der Berufsausübenden" zu propagieren.[54] Die Prüfung der persönlichen Zuverlässigkeit im Gastgewerbe, die von keiner Seite in Frage gestellt wurde, sollte darüber hinaus das „Eindringen unzuverlässiger Elemente in einen Beruf verhindern"; die Bedürfnisprüfung würde bei den bereits bestehenden Gastwirtschaften die Gesetzestreue stärken, indem sie etwa einen – dem hohen Konkurrenzdruck geschuldeten – Ausschank an Jugendliche und Betrunkene zu unterbinden und damit die Zuverlässigkeit des Wirtes zu wahren helfe.[55] Aus diesem Grund habe auch der Gesetzgeber einen gewissen Konkurrenzschutz gewollt, so der Vorsitzende des nordrhein-westfä-

---

[50] Vgl. Für und wider die Gewerbefreiheit. In: Das Gasthaus 2/17 (1950), 1–2: 1.
[51] Reuss, Gewerbefreiheit, 44.
[52] GG Art. 12, Abs. 1. Bei dieser Verfassungsnorm handelt es sich um einen Schutz der Gewerbefreiheit, der individualrechtlich formuliert ist und nur eingeschränkt werden darf, wenn wichtige Gemeinschaftsgüter subjektive Zulassungsvoraussetzungen rechtfertigen (vgl. Ziekow, Befähigungsnachweise, 102f.).
[53] NJW 1954/525. Vgl. auch Freie Bahn für neue Gaststätten. Sensationelles Urteil: Bedürfnisfrage darf nicht geprüft werden. In: Handelsblatt v. 18.12.1953.
[54] Wilhelm Blotekamp: Ja und Nein zur Frage der Bedürfnisprüfung? In: DG 8/18 (1955), 6. Allerdings ließ sich mit einem durch die Zahl der Gaststätten bestimmten Alkoholkonsum kaum noch argumentieren, da sich der Konsum stark in die Privatwohnungen verlagert hatte: „Wer sich betrinken will, wird das tun, ohne Rücksicht darauf, ob viel oder wenig Gaststätten vorhanden sind; zumal sich ja jeder überall in Drogerien, Feinkost- und Spirituosengeschäften so viel Alkohol besorgen kann, wie er mag" – und zudem ja die bestehenden Gaststätten unbeschränkt ausschenken dürften (Sauer, Verfassungsmäßigkeit, 103f.).
[55] Blotekamp, Wilhelm: Ja und Nein zur Frage der Bedürfnisprüfung? In: DG 8/18 (1955), 6.

lischen Gaststättenverbandes.⁵⁶ Genau an diesem Umschlagspunkt von einer zulässigen (gewerbe-)polizeilichen zu einer wirtschaftspolitisch begründeten Einschränkung der Gewerbefreiheit schieden sich die Geister. Die dominante Auslegung innerhalb der bundesdeutschen Rechtswissenschaft wie auch der Wirtschaftsministerien und IHKs sah ökonomische Gesichtspunkte wie Konkurrenzschutz oder die Lebensfähigkeit eines Betriebs nicht als zulässige Kriterien an und erachtete die Bedürfnisprüfung damit für hinfällig.⁵⁷

Angesichts des durch die Gewerbefreiheitsdirektiven (und trotz aller Proteste gegen diese) veränderten wirtschaftspolitischen Klimas schien die Bedürfnisprüfung als zentrales Element der „gebundenen Wirtschaft"⁵⁸ immer weniger tragbar. Aus diesem Grund verlegte sich die gastgewerbliche Agitation zunehmend auf andere Formen der Zulassungsbeschränkung. Die Verbände kombinierten dabei oft ein generelles Bekenntnis zur Gewerbefreiheit – die mitunter in sozialdarwinistisch anmutendem Vokabular begrüßt wurde – mit der Forderung nach Beibehaltung insbesondere der Zuverlässigkeitsprüfung und des Sachkundenachweises.⁵⁹ Nachdem das Bundesverwaltungsgericht im Dezember 1954 sein Urteil über die Unvereinbarkeit von Grundgesetz und Bedürfnisprüfung nochmals bekräftigt hatte, v.a. aber nachdem das Bundesverfassungsgericht im sogenannten Apothekenurteil vom Juni 1958 seine Auffassung zur Berufsfreiheit dargelegt hatte, war ein Festhalten an der Bedürfnisprüfung nicht mehr möglich.⁶⁰ Für Deutsche fand sie fortan keine Anwendung mehr.

Diese in der Forschung lange vernachlässigten Debatten der 1950er Jahre um Gewerbefreiheit und Bedürfnisprüfung fanden vor dem Hintergrund statt, dass eine Vereinheitlichung der Rechtslage im Bundesgebiet durch ein neues Gaststättengesetz angestrebt wurde und somit Grundsatzentscheidungen über das Gastgewerbe in der Bundesrepublik zu treffen waren. Bei jeder Absage an Zulassungsbeschränkungen fürchteten die Gaststättenverbände – teilweise zu

---

⁵⁶ Alkohol-Ausschank ohne Schranken. In: DG 7/11 (1954), 6.
⁵⁷ Vgl. Sauer, Verfassungsmäßigkeit, 104.
⁵⁸ Boyer, Zwangswirtschaft, 271.
⁵⁹ Die Gewerbefreiheit impliziere „eine natürliche Auslese, bei welcher der Tüchtige sich durchsetzt und der Unfähige auf der Strecke bleibt". Die Zulassungspflicht aber diene nicht dem Schutz der Gewerbetreibenden, sondern öffentlichen Interessen; folglich dürften „Sachkunde und Zuverlässigkeitsprüfung" nicht beseitigt werden, heißt es im Tätigkeitsbericht d. Landesverbandes Gaststätten- und Hotelgewerbe Nordrheinwestfalen anläßl. d. Landesverbandstages 1948 am 12.10.1948 in Düsseldorf, RWWA 1-176-3, Bd. 1, Bl. 25, 7.
⁶⁰ BVerwGE 1954, Bd. 1/269; BVerfGE 1958, Bd. 7/377; Müller, Neues Gaststättenrecht, 242. So ist in der Novelle des Gaststättengesetzes vom August 1961 dem Paragrafen, der die Erlaubniserteilung vom Nachweis eines Bedürfnisses abhängig macht, eine Fußnote beigefügt, dass dieser „mit Art. 12, Abs. 1 Grundgesetz nicht vereinbar" sei (GastG v. 28.4.1930 [RGBl. I S. 146] in der Fassung des Gesetzes zur Änderung des GastG v. 4.8.1961 [BGBl. I S. 1171]).

Recht –, dass damit bereits Vorentscheidungen für das zukünftige Bundesgesetz getroffen würden.[61]

Letztlich fanden die gastgewerblichen Interessenverbände, obwohl sie frühzeitig versucht hatten, auf die Willensbildungsprozesse im Kontext der Gesetzesnovelle einzuwirken, kaum Gehör für ihre Forderungen. Anders als die Handwerkerschaft, die mit der neuen Handwerksordnung von 1953 Befähigungsnachweis und Meisterbrief erneut durchsetzen konnte und damit eine „bemerkenswerte Korrektur an der Generallinie der westdeutschen Wirtschaftspolitik" erzielte[62], gelang es den Vertretern des Gastgewerbes nicht, die mittlerweile kaum noch konsensfähige Bedürfnisprüfung oder aber einen Sach- und Fachkundenachweis gesetzlich zu verankern.[63] Das Gaststättengesetz vom 9. Mai 1970 sah lediglich eine lebensmittelrechtliche Unterrichtung aller Antragsteller vor, die von den IHKs durchzuführen war.[64] Trotz der Kritik der gastgewerblichen Interessenverbände, dass der Unterrichtungsnachweis eine Sachkundeprüfung nicht ersetzen könne, ist an der Regelung bis heute festgehalten worden. Auf die unter anderem vom Bundesgewerbeverband Imbissbetriebe erhobene Forderung, dass der deutschen Sprache nicht mächtige und Nicht-EWG-Ausländer vom Unterrichtungsverfahren – und damit von einer Betriebsaufnahme – auszuschließen seien[65], wurde reagiert, indem für diesen Personenkreis kostenpflichtig Dolmetscher engagiert werden.

Generell wurde im neuen Gaststättengesetz die Grundkonzeption des Gesetzes aus dem Jahre 1930 beibehalten, wenn sich auch der Fokus von der Bekämpfung des Alkoholmissbrauchs auf die Verhütung von Gefahren für Gäste, Beschäftigte und Nachbarschaft des Gaststättenbetriebs verlagerte.[66] An der persönlichen Zuverlässigkeit des Antragstellers wie an den baupolizeilichen

---

[61] Thema Bedürfnisprüfung. In: DG 8/28 (1955), 1.

[62] Tuchtfeldt, Gewerbefreiheit, 7. Zur „Renaissance jenes Sozialprotektionismus, der die deutsche Mittelstandspolitik seit dem Kaiserreich geprägt hatte", in den 1950er Jahren siehe Winkler, Stabilisierung, 193.

[63] Im Gegensatz zum Handwerk bildeten die Gastwirte weder eine historisch geschlossene Gruppe, noch erfüllten sie eine mit dem Handwerk vergleichbare Ausbildungsfunktion im Rahmen der Gesamtwirtschaft, was ihre Verhandlungsposition massiv schwächte, so Ziekow, Befähigungsnachweise, 110.

[64] § 4 Abs. 1 Nr. 4 GastG v. 5.5.1970 (BGBl. I S. 465). Auch die Hygienevorschriften inkl. Bundesseuchengesetz, das Fleischbeschaugesetz, das Milch- und das Getränkerecht, v.a. das Bier- und Weinrecht, sowie das Getränkeschankanlagenrecht sind im Rahmen der Unterrichtung zu behandeln (vgl. Allgemeine Verwaltungsvorschrift über den Unterrichtungsnachweis im Gaststättengewerbe. In: Bundesanzeiger v. 27.4.1971). Zur Entstehungsgeschichte des Unterrichtungsverfahrens siehe BArch B 102/219040.

[65] Bundesgewerbeverband Imbissbetriebe e.V., Hamburg, an das BMI, 15.7.1971, BArch B 102/256870, Bd. 2.

[66] Vgl. Michel/Kienzle, Gaststättengesetz, VII.

Vorschriften hinsichtlich der Räumlichkeiten wurde festgehalten.[67] Während die Notwendigkeit, für die Verabreichung von Speisen, Milch und anderen alkoholfreien Getränken im Rahmen eines Ladengeschäfts ohne Sitzgelegenheiten eine Erlaubnis zu besitzen, entfallen ist, bedürfen Speisewirtschaften seit 1970 bundesweit einer Erlaubnis.[68] Ein Bedürfnis darf bei der Erlaubniserteilung nicht mehr geprüft werden. Mit der Föderalismusreform 2006 schließlich ist die Zuständigkeit für das Gaststättenrecht an die Bundesländer übergeben worden. Das Bundesgaststättengesetz von 1970 gilt zwar als Bundesrecht fort, wird aber sukzessive durch Landesrecht abgelöst.

Mit dem Gaststättengesetz vom Mai 1970 wurde die in der Praxis bereits erfolgte Abschaffung der Bedürfnisprüfung gesetzlich festgeschrieben. Das galt auch für ausländische Antragsteller. Indirekt unterlagen Nicht-EWG-Ausländer, deren Aufenthaltserlaubnis mit der Auflage versehen war, dass selbständige Erwerbstätigkeit nicht gestattet sei, jedoch weiterhin einer Bedürfnisprüfung. Die Bedürfnisklausel des Gaststättengesetzes von 1930 durfte bei In- wie Ausländern nach 1970 zwar nicht mehr angewendet werden, doch bedeutete dies nicht, dass „Ausländer allgemein unter den gleichen Voraussetzungen wie Inländer Anspruch auf eine Gaststättenerlaubnis" hatten. Vielmehr war bei der Zulassung von Ausländern zur Gewerbeausübung nun darauf zu achten, „dass öffentliche, insbesondere sicherheitsmäßige und einwanderungspolitische Interessen des Bundes, der Länder oder der Gemeinden sowie die Belange der Wirtschaft oder der Allgemeinheit hierdurch nicht beeinträchtigt" würden. Die rechtlichen Möglichkeiten dazu boten „in erster Linie die aufenthaltsrechtlichen Vorschriften".[69] Voraussetzung für die Erteilung einer Gaststättenerlaubnis stellte, wie bereits angedeutet, die Aufhebung der ausländerrechtlichen Beschränkung durch die Ausländerbehörde dar. Das Verfahren zwischen Ausländer- und Gewerbebehörde war in einem solchen Fall gemäß dem *Gemeinsamen Erlass des Wirtschafts- und Innenministeriums über die Ausübung eines Gewerbes durch Ausländer und über die Zusammenarbeit der Gewerbebehörden mit den Ausländerbehörden* vom November 1970 durch-

---

[67] Vgl. § 4 GastG v. 5.5.1970. Die erforderliche Zuverlässigkeit impliziert seitdem, dass der Antragsteller kein Alkoholiker ist und nicht befürchten lässt, dass er „Unerfahrene, Leichtsinnige oder Willensschwache ausbeuten" oder „dem Alkoholmißbrauch, verbotenem Glücksspiel, der Hehlerei oder der Unsittlichkeit Vorschub leisten" wird. Der im Gaststättengesetz von 1930 noch genannte Aspekt der „Förderung der Völlerei" entfiel.
[68] § 2, Abs. 1 u. 3 GastG v. 5.5.1970. Zuvor waren Speisewirtschaften nur in Hamburg und Niedersachsen erlaubnisbedürftig gewesen. Vgl. VO des Niedersächsischen Staatsministeriums über Speisewirtschaften vom 4.9.1947 (Niedersächs. GVOBl 1947/83); hamburgische Verordnung über Speisewirtschaften v. 24.10.1946 (Hamburg. GVOBl 1946/115); Michel/Kienzle, Gaststättengesetz, 302.
[69] Mörtel/Metzner, Gaststättengesetz, 59.

zuführen.⁷⁰ Die Gewerbebehörde hatte zu prüfen, ob für die Leitung eines Gaststättenbetriebs durch einen ausländischen Staatsangehörigen „ein Bedürfnis" oder „ein sonstiges allgemeines wirtschaftliches Interesse" bestand.⁷¹ Die Ausländerbehörde entschied dann unter Berücksichtigung der gewerberechtlichen und wirtschaftspolitischen Beurteilung des Falles durch die zuständige Gewerbebehörde, ohne allerdings an deren Empfehlung gebunden zu sein.

3.2 Die Bedürfnisprüfung in der bundesdeutschen Verwaltungspraxis

Wie geschildert, gestaltete sich die rechtliche Situation bei der Bedürfnisprüfung im bundesdeutschen Gastgewerbe zunächst nach Besatzungszone, später nach Bundesland unterschiedlich. Im Folgenden soll nicht der Versuch unternommen werden, die Praxis der Bedürfnisprüfung in ihrer Gesamtheit zu beleuchten; vielmehr liegt der Fokus auf der Überprüfung eines Bedürfnisses im Falle ausländischer Antragsteller, die einen gastgewerblichen Betrieb zu eröffnen wünschten.

In den unmittelbaren Nachkriegsjahren bis weit in die 1950er Jahre hinein handelte es sich beim Gros der ausländischen Antragsteller um italienische Staatsangehörige, die zumeist ihre bereits in der Vorkriegszeit betriebenen Eisdielen weiterführen wollten. Das Bedürfnis wurde dabei im Hinblick auf die Verabreichung von Speiseeis wie den Ausschank alkoholfreier oder alkoholischer Getränke überprüft. In Köln beispielsweise wurden diese Gesuche sowohl bei italienischen als auch bei deutschen Antragstellern meist befürwortet, bei Neukonzessionen allerdings mit dem Hinweis auf die mangelnden Zuteilungen für Eis an neue Betriebe in den Jahren 1945 und 1946 zunächst zurückgestellt.⁷² Bei Anträgen von ehemaligen NSDAP-Mitgliedern musste nach Anerkennung des Bedürfnisses und der Erklärung, dass fachlich keine Bedenken bestünden, die Entscheidung des Entnazifizierungsausschusses abgewartet werden.⁷³ Zudem sollten bei der Übernahme eines Betriebs „zunächst die bombengeschädigten Mitglieder, die nicht Mitglieder der Partei waren", Berücksichtigung finden.⁷⁴ In anderen Fällen wurde ein Bedürfnis,

---

⁷⁰ Vgl. GABl. 1971/89.
⁷¹ Nr. 4.1.8.; Nr. 4.1.5 des Gemeinsamen Erlasses.
⁷² Vgl. Liste 20 v. 13.3.1946 u. Liste 32 v. 21.8.1946, RWWA 1-176-6.
⁷³ Siehe Liste 20 v. 13.3.1946, Liste 22 v. 10.4.1946 u. Liste 28 v. 26.2.1946, RWWA 1-176-6, Bd. 2. Zum Teil erhoben die Kölner Ortsausschüsse Einspruch gegen Konzessionserteilungen an Gastwirte, die vom Nationalsozialismus stark profitiert hatten (vgl. Gries, Rationen-Gesellschaft, 287).
⁷⁴ Mit dieser Begründung wurde ein Antrag zur Übernahme eines Café-Restaurants in Köln

3.2 Die Bedürfnisprüfung in der bundesdeutschen Verwaltungspraxis

insbesondere für den Getränkeausschank, mit Hinweis auf eine ausreichende Zahl in der Nähe befindlicher Gaststätten verneint.[75] Das geschah sowohl bei deutschen als auch italienischen Gesuchstellern und insbesondere bei Anträgen auf eine Neukonzession; die Fortführung bereits vor und im Krieg betriebener Gaststätten wurde in der Regel befürwortet. Diese Praxis lässt sich auch in den übrigen Regionen Deutschlands beobachten. Für die Prüfung des Bedürfnisses wurden, wie bereits vor 1945 üblich, meist die gastgewerblichen Berufsverbände angehört, zumindest in strittigen Fällen.[76]

3.2.1 ‚Übersetzung', ‚Überfremdung', fehlendes Bedürfnis. Die Abwehr ausländischer Konkurrenz

Mit der Gründung der Bundesrepublik, dem Inkrafttreten des Grundgesetzes und den abschlägigen Urteilen des Bundesverwaltungsgerichts über die Bedürfnisprüfung stellte sich auch die Frage nach der Verfassungsmäßigkeit der Bedürfnisprüfung im Falle ausländischer Antragsteller. Im Januar 1956 ging beim Bundesministerium für Wirtschaft eine Anfrage der Stadtverwaltung Ludwigshafen ein, ob die Bedürfnisprüfung bei italienischen Staatsangehörigen noch stattfinden dürfe. Einem in Ludwigshafen wohnhaften Italiener war die Erlaubnis zur Umwandlung seiner Eisdiele in ein Café mit Alkoholausschank aufgrund eines fehlenden Bedürfnisses verweigert worden. Dieser Entscheidung lag eine Mitteilung des Auswärtigen Amtes zugrunde, dass zurzeit kein Handels- oder Niederlassungsvertrag mit Italien bestehe, der eine Inländerbehandlung italienischer Staatsangehöriger impliziere. Kurz darauf war dann aber mitgeteilt worden, dass der deutsch-italienische Handelsvertrag aus dem Jahre 1925 zwar als suspendiert gelten könne, seine Bestimmungen aber in der Verwaltungspraxis anzuwenden seien.[77] Die Antwort des Wirtschaftsministeriums sah von einer grundsätzlichen Stellungnahme darüber

---

im Oktober 1946 abgelehnt (vgl. Liste 35 v. 23.10.1946, RWWA 1-176-6, Bd. 2). Auch die Genehmigung für zweite bzw. weitere Gaststättenbetriebe wurde versagt, „solange noch bombengeschädigte Gastwirte ohne Betrieb" waren (Liste 36 v. 27.11.1946, ebd.).
[75] Vgl. Liste 24 v. 8.5.1946, RWWA 1-176-6, Bd. 2.
[76] So zeigte sich der Hamburger Landesverband des Gaststätten- und Hotelgewerbes erfreut, dass er bei divergierenden Stellungnahmen als Sachverständiger geladen wurde (vgl. Landesverband des Gaststätten- und Hotelgewerbes der Hansestadt Hamburg/1. Vorsitzender Heinrich Onken an Oberregierungsrat Bruns/Amt für Wirtschaftsüberwachung, 14.2.1949, StAH Gen X R 20).
[77] Stadtverwaltung Ludwigshafen an BMWi, 6.1.1956, BArch B 102/43106, Bd. 1; Vermerk, 27.1.1956, betr.: Durchführung des Gaststättengesetzes, hier: Bedürfnisprüfung bei italienischen Staatsangehörigen, BArch B 102/43106, Bd. 1. Nach Art. 3 des deutsch-italienischen Handels- und Schifffahrtsvertrags v. 31.10.1925 (RGBl II S. 1021) galt wechselseitige Inländerbehandlung.

ab, inwieweit die Inländerbehandlung auch für solche Gewerbe gelte, „für die einschränkende Regelungen auf Grund der nur für Deutsche geltenden Vorschriften des Grundgesetzes außer Kraft getreten sind" – wie im Falle der gaststättenrechtlichen Vorschriften über die Bedürfnisprüfung. Bis zum Erlass eines Bundesgesetzes zur Änderung der Gewerbeordnung, so die Antwort, würde es vom Wirtschaftsministerium begrüßt, wenn Anträge von italienischen Staatsangehörigen nicht mit der Begründung eines mangelnden Bedürfnisses abgewiesen würden.[78]

Die unklare Rechtssituation führte in der Praxis zu divergierenden Vorgehensweisen. In einigen Fällen wurden Anträge italienischer Staatsangehöriger von den zur Stellungnahme aufgeforderten IHKs anstandslos befürwortet.[79] In anderen Fällen wurde entweder direkt mit dem Bedürfnis oder aber – um diesen problematischen Terminus zu vermeiden, wie es das Bundeswirtschaftsministerium empfohlen hatte – häufiger noch mit der ‚Übersetzung' oder ‚Überfremdung' des Gaststättenwesens argumentiert, um eine Ablehnung zu rechtfertigen.[80] Während unter ‚Übersetzung' generell die „Überfüllung" eines Gewerbezweiges verstanden wurde, die zu einem „übermäßig scharfen Wettbewerb" zwischen den einzelnen Unternehmen führe[81], wurde der Begriff der Überfremdung verwendet, wenn es um die spezifische Konkurrenz durch ausländische Gastronomen ging. Zu Beginn des 20. Jahrhunderts hatte noch die im engeren Sinne wirtschaftswissenschaftliche und handelspolitische Dimension des Terminus überwogen.[82] Bald jedoch machte der Begriff in einem stark erweiterten Sinne Karriere und begann spätestens in den 1960er Jahren – zunächst in der Schweiz, schnell aber auch in der Bundesrepublik –, eine zentrale Rolle in der Ausländerpolitik zu spielen, wo er eingesetzt wurde, um Forderungen nach Abschottung zu legitimieren.[83]

So wie das Konzept ‚Überfremdung' eine Norm im Hinblick auf die für üblich erachtete (ethnisch-nationale) Zusammensetzung eines Gewerbes

---

[78] Dr. Rother an Ministerium für Wirtschaft und Verkehr d. Landes Rheinland-Pfalz, betr.: Durchführung des Gesetzes, hier: Bedürfnisprüfung bei italienischen Staatsangehörigen, 27.1.1956, BArch B 102/43106, Bd. 1, 1f.

[79] Vgl. z. B. RWWA 1-477-1, Nr. 57 u. -2, Nr. 132, Nr. 184 u. Nr. 197.

[80] Entsprechend ging die IHK Köln Anfang der 1960er Jahre in ihren Stellungnahmen „im allgemeinen von dem Begriff der Übersetzung" aus, sollte doch die Bedürfnisfrage „möglichst nicht angeschnitten werden" (Ausführungsanweisung zur Ausländerpolizeiverordnung – Zulassung von Ausländern zur Ausübung eines selbständigen Gewerbes, 20.12.1962, RWWA 1-477-5).

[81] Der große Brockhaus, 16., vollst. überarb. Aufl. in 12 Bänden, Bd. 11, Wiesbaden 1957, 714.

[82] Vgl. Grüske/Rechtenwald, Wörterbuch, 620.

[83] Die Entwicklung von einem primär arbeitsmarktpolitischen zu einem ethnischen Überfremdungsbegriff Mitte der 1960er zeichnen für die Schweiz Misteli/Gisler, Überfremdung, nach. Vgl. auch Kury, Über Fremde reden.

oder einer Gesellschaft setzt, rekurriert auch die ‚Übersetzung' stets auf eine (implizit bleibende) Norm, nämlich auf ein quantitativ für vernünftig erachtetes Angebot, das erfahrungsgemäß nachgefragt wird. Die Bedarfs- und Bedürfnisforschung hat jedoch gezeigt, dass ein erhöhtes Angebot auch zu einer erhöhten Nachfrage führen kann, ebenso wie Werbemaßnahmen eine Verbrauchssteigerung bewirken können.[84] Das Bedürfnis ist in hohem Maße abhängig von den vorhandenen Möglichkeiten zu seiner Befriedigung, und neue Befriedigungswege implizieren Veränderungen auch des Bedürfnisses.[85] Gerade diese Dynamik der Bedürfnissteigerung ist es, die kontinuierlich die (älteren) Normen in Frage stellt – und damit den Maßstab zur Festlegung einer ‚Übersetzung'. Wie bei der Bedürfnisprüfung steht auch bei der Feststellung einer ‚Übersetzung' der gegenwärtige Zustand zur Diskussion, was eine Einbeziehung von zukünftigen Prozessen der Bedürfniserweiterung und Konsumsteigerung nur in geringem Maße zulässt.[86] Vor allem aber zielt das Konzept der Übersetzung auf den Schutz der bestehenden Betriebe vor neuer Konkurrenz und führt damit die zünftige Tradition der Wahrung des Nahrungsstandes fort. Im Verbund mit dem Argument der ‚Überfremdung' diente die Rede von der ‚Übersetzung' vornehmlich der Abwehr ausländischer Konkurrenten.

Ende der 1950er und Anfang der 1960er Jahre wurde das gesamte Kölner Gaststättengewerbe seitens der IHK als „weit übersetzt" eingestuft; das Eisdielengewerbe der Stadt galt als „im allgemeinen überfremdet und übersetzt".[87] Keine Bedenken erhob die IHK Köln jedoch, wenn es sich um die Übernahme eines bereits bestehenden Eiscafés durch einen Italiener handelte.[88] Auch in anderen Regionen verfuhren die Behörden bei Betriebsübernahmen recht großzügig. So wurde der Antrag eines Italieners auf Eröffnung einer Eisdiele in Konstanz 1963 vom gutachtenden Gaststättenverband zwar zunächst mit der Begründung abgelehnt, dass am Ort genügend Eiscafés vorhanden seien, die „den Ansprüchen der Bevölkerung in jeder Hinsicht vollauf gerecht" würden. Überhaupt sei das gesamte Gastgewerbe in der Bundesrepublik seiner Ansicht

---

[84] Vgl. Müller, Bedürfnis und Gesellschaft, 144.
[85] Vgl. Leonhäuser, Bedürfnis, 51; Scherhorn, Bedürfnis, 99.
[86] In der unmittelbaren Nachkriegszeit war explizit gefordert worden, dass bei der Bedürfnisprüfung „nicht allein von dem gegenwärtigen Stand der Dinge ausgegangen werden könne", schließlich dürften die aktuellen Verhältnisse nicht mit „denen einer normalen Zeit" verglichen werden (Erlaubniserteilung für zerstörte, inzwischen wieder aufgebaute Gaststättenbetriebe. In: Das Gasthaus 1/15 [1949], 4).
[87] Vgl. Dr. Rüther, Amt für öffentliche Ordnung, Köln-Ehrenfeld, 6.1.1960, RWWA 1-477-2; IHK Köln an das Amt für öffentliche Ordnung, Köln-Ehrenfeld, 31.5.1961, RWWA 1-477-3.
[88] Vgl. IHK Köln an das Amt für öffentliche Ordnung, Köln-Ehrenfeld, 31.5.1961, RWWA 1-477-3.

nach mit deutschen Staatsangehörigen „weit übersetzt", so dass sich die Zulassung von Ausländern „völlig erübrigt". Der Geschäftsführer des Gaststättenverbandes musste in der Folge jedoch, da es sich lediglich um die Weiterführung eines seit Jahrzehnten existierenden Gaststättenbetriebs handelte, seine Einwilligung zum Antrag des italienischen Staatsangehörigen geben.[89]

Die Einschätzungen der IHKs bzw. der gutachtenden Instanzen stellten lediglich Empfehlungen dar. Die letztgültige Entscheidung, ob ausländische Antragsteller die für die Betriebsgründung benötigte besondere Aufenthaltserlaubnis erhielten, lag bei der Ausländerbehörde. Das musste ein Italiener in Bamberg erfahren, der im Jahre 1960 versuchte, eine Eisdiele zu eröffnen. Nachdem ihm vom Gewerbeamt der Stadt zugesichert worden war, dass keinerlei Einwände bestünden, und er bereits 40 000 DM in Umbau und Einrichtung des Eiscafés investiert hatte, versagte ihm das Ausländeramt die benötigte Aufenthaltsbewilligung mit der Begründung, „daß man im Speiseeishandel wegen Übersetzung dieses Gewerbezweiges einen strengen Maßstab anlegen müsse".[90] Die Entscheidung des Ausländeramtes blieb jedoch nicht unangefochten. Der Italiener richtete einen Beschwerdebrief unter anderem an das bayerische Wirtschaftsministerium, in dem er den negativen Bescheid als sachfremd und „ausschließlich von Konkurrenzgedanken diktiert" bezeichnete. Zudem träfe ihn die Ablehnung umso schwerer, als er bereits in Breslau im Zuge der Kriegsereignisse eine 13 Jahre lang betriebene Eisdiele verloren habe. Ihm war die Entscheidung auch insofern unverständlich, als Bamberg mit 75 000 Einwohnern nur zwei Eisdielen, das wesentlich kleinere Coburg hingegen bereits vier italienische Eiscafés besitze und generell gerade „zahlreiche italienische Eisdielen in Deutschland neu eröffnet" würden. Er argumentierte also mit den aus der Geschichte der Bedürfnisprüfung bekannten Kriterien der Anzahl von Konkurrenzbetrieben und ihrem Verhältnis zur Einwohnerzahl des Ortes. Gemäß den aktuellen wirtschaftspolitischen Grundsätzen wollte er einen expliziten Konkurrenzschutz nicht mehr gelten lassen. Zudem führte der Antragsteller an, dass die von ihm vermittelten italienischen Fachkräfte problemlos „alle notwendigen Papiere bekommen" hätten. An ihm würde nun der den Behörden zugestandene Ermessensspielraum in einer „menschlich, fachlich und sachlich wohl kaum zu verantwortenden Weise" ausgenutzt.[91] Das bayerische Wirtschaftsministerium setzte sich für ihn ein und versuchte, das Innenministerium zu einem großzügigeren Verfahren zu bewegen – auch, weil der

---

[89] Verband des Hotel- und Gaststättengewerbes in Südbaden/Vorsitzender Sickelmann u. Geschäftsführung Hitschfeld an das Amt für öffentliche Ordnung/Gewerbeabt., 18.12.1963; Aktenvermerk auf der Rückseite v. 3.1.1964, StAK S XI/2955.
[90] N.N. an das BMWi, 3.6.1960, BArch B 102/141014.
[91] Ebd.

3.2 Die Bedürfnisprüfung in der bundesdeutschen Verwaltungspraxis

italienische Generalkonsul sich bereits eingeschaltet hatte.[92] Der italienische Antragsteller hatte sich nämlich, nachdem er auf lokaler Ebene sein Anliegen nicht hatte durchsetzen können, an die nächsthöheren Instanzen gewandt und Briefe nicht nur an das bayerische Innen- und Wirtschaftsministerium, sondern auch an das Bundeswirtschafts- und Bundesinnenministerium, den italienischen Generalkonsul in München, die italienische Botschaft in Bonn und die italienische Handelskammer in Frankfurt verfasst. Er argumentierte dabei mit erfolgten Betriebsgründungen anderer Italiener auf regionaler und nationaler Ebene und versuchte, die internationalen Beziehungen zwischen der Bundesrepublik und Italien zu seinen Gunsten ins Spiel zu bringen. Während das Ausländeramt in Bamberg eine lokale ‚Übersetzung' gegen den Antrag in Anschlag brachte, setzte der Antragsteller auf die – auch in ihrer Potentialität bereits wirkmächtigen – supra-lokalen räumlichen Verflechtungen, die eine italienische Eisdiele in Bamberg aufwies bzw. die der Antragsteller durch sein Handeln aktualisierte. Auch das ist ein Aspekt der Translokalität ausländischer Gastronomiebetriebe, die rechtlich in mehrfacher Hinsicht, nämlich sowohl im lokalen deutschen Kontext als auch in dem durch internationale Abkommen aufgespannten Feld, zu verorten sind. Das Beispiel des Bamberger Eismachers macht deutlich, dass die translokalen Alltagsräume von Migranten bereits um 1960 oft durch eine Vielfalt räumlicher Beziehungen und durch zwischenstaatliche Regulierungen charakterisiert waren, die neue, vielschichtige Aushandlungsräume entstehen ließen.

Soweit das vorliegende Material Generalisierungen zulässt, ist festzuhalten, dass es sich hier wohl um eine eher seltene Ablehnung eines italienischen Gaststättenbetreibers handelt, genossen Antragsteller aus EWG-Staaten doch eine bevorzugte Behandlung.[93] Eine allein im Falle der Gefährdung der öffentlichen Ordnung einzuschränkende volle Freizügigkeit mit unbeschränktem Arbeitsmarktzugang und arbeitserlaubnisfreier Beschäftigung erfuhren erst die Staatsangehörigen der EWG-Mitgliedsstaaten nach Inkrafttreten der entsprechenden Verordnung vom Oktober 1968.[94] In den 1960er Jahren, also zu Beginn der Expansionsphase der ausländischen Gastronomie, waren diese Regelungen jedoch noch nicht in deutsches Recht umgesetzt und be-

---

[92] Vermerk, betr.: Zulassung eines italienischen Staatsangehörigen zum Betrieb einer Eisdiele, 22.7.1960, BArch B 102/141014.
[93] Zu den verschiedenen Etappen in der Umsetzung der in den Römischen Verträgen projektierten Freizügigkeit im Hinblick auf italienische Migranten siehe Romero, Emigrazione.
[94] Vgl. Art. 48 des Vertrags über die Europäische Wirtschaftsgemeinschaft (BGBl. 1957 II S. 766). Zur Freizügigkeit der Arbeitnehmer innerhalb der EWG siehe auch EWG-VO Nr. 1612/68 v. 15.10.1968. In: Amtsblatt der Europ. Gemeinschaft Nr. L 257/1968; Miller, Völlige Freizügigkeit.

3. Die Bedürfnisprüfung

saßen damit keine unmittelbare nationale Gültigkeit.[95] Dennoch ist in der Praxis bereits vor 1970 eine verhältnismäßig ‚großzügige' Behandlung italienischer Staatsangehöriger zu beobachten. Im Zuge der Verwirklichung der Niederlassungsfreiheit und des freien Dienstleistungsverkehrs innerhalb der Europäischen Gemeinschaft musste die Beschränkung, dass Ausländern nur bei Nachweis eines Bedürfnisses eine Gaststättenerlaubnis erteilt wurde, bis April 1969 aufgehoben sein.[96] Mit Inkrafttreten der vollen Freizügigkeit innerhalb der EWG genossen die italienischen Staatsangehörigen dann einen klaren Vorteil gegenüber den übrigen Migrantengruppen, da sie fortan denselben rechtlichen Bestimmungen wie deutsche Existenzgründer unterlagen. Diese rechtliche Gleichstellung ist – neben der in Deutschland bereits seit dem späten 19. Jahrhundert etablierten Tradition italienischer Eiskonditoren – einer der Gründe für die besonders rasche und weitreichende Diffusion italienischer Gastronomiebetriebe in der Bundesrepublik.

Aber auch Nicht-Deutsche aus Ländern, mit denen zwischenstaatliche Verträge bestanden – Anfang der 1960er Jahre waren das die Türkei, Iran, Griechenland, die Dominikanische Republik, die USA und die Schweiz[97]

---

[95] Vgl. Niederschrift über das Ergebnis der ausländerrechtlichen Besprechungen [1967/68], StAK S XI/3116.

[96] So der Erlaß des Wirtschaftsministers über die Bedürfnisprüfung nach dem Gaststättengesetz bei Staatsangehörigen eines Mitgliedsstaates der Europäischen Wirtschaftsgemeinschaft v. 7.3.1969 Nr. 2110.1/12, der Bezug nimmt auf 68/367/EWG – Amtsblatt der Europ. Gem. v. 22.10.68 Nr. L 260/16. Vgl. auch Kahlert, Niederlassungsrecht, 9.

[97] Niederlassungsabkommen zwischen dem Deutschen Reich und der Türkischen Republik vom 12.1.1927 (RGBl. II S. 76 u. 454/BGBl. 1952 II S. 608); Freundschaftsvertrag zwischen dem Deutschen Reich und dem Kaiserreich Persien vom 17.2.1929 (RGBl. 1930 II S. 1002/BGBl. 1955 II S. 829); Niederlassungs- und Schiffahrtsvertrag zwischen der Bundesrepublik Deutschland und dem Königreich Griechenland vom 18.3.1960 (BGBl. 1962 II S. 1505); Freundschafts-, Handels- und Schiffahrtvertrag zwischen der Bundesrepublik Deutschland und der Dominikanischen Republik vom 23.12.1957 (BGBl. 1959 II S. 1468); Freundschafts-, Handels- und Schiffahrtsvertrag zwischen der Bundesrepublik Deutschland und den Vereinigten Staaten von Amerika vom 29.10.1954 (BGBl. 1956 II S. 487); Niederlassungsvertrag zwischen dem Deutschen Reich und der Schweiz vom 13.11.1909 (RGBl. 1911 S. 887) und Deutsch-schweizerische Vereinbarung über Niederlassungsfragen vom 19.12.1953 (GMBl. 1959 S. 22). Das Handelsabkommen zwischen dem Deutschen Reich und der Republik Portugal vom 20.3.1926 (RGBl. II S. 289) war zwar gekündigt, wurde aber weiter angewandt (siehe Gemeinsamer Erlaß des Wirtschaftsministeriums und Innenministeriums über die Ausübung eines Gewerbes durch Ausländer und über die Zusammenarbeit der Gewerbebehörden mit den Ausländerbehörden vom 19.11.1970 Nr. 2014/1062 u. Nr. III 685-2/3 [GABl. des Landes Baden-Württemberg 19/5 [1971], 89–129: 129]). 1970 folgte dann der deutsch-spanische Niederlassungsvertrag vom 23.4.1970 (BGBl. 1972 II S. 1041), und 1980 kamen noch zwischenstaatliche Verträge mit Indonesien, den Philippinen, Sri Lanka und Thailand hinzu (vgl. Erlaß über die Behandlung von Ausländerangelegenheiten [Ausländererlaß]. In: Amtsblatt für Berlin T. I 30/58 v. 8.10.1980, 7.5.3.2a).

3.2 Die Bedürfnisprüfung in der bundesdeutschen Verwaltungspraxis 181

– oder die dem Europäischen Niederlassungsabkommen von 1955 beigetreten waren[98], stießen bei Betriebsgründungen in der Regel auf weniger Widerstände als andere ausländische Antragsteller. Im Falle von Ausländern, die aus Ländern stammten, die nicht zur EWG gehörten und mit denen die Bundesrepublik keinen zwischenstaatlichen Vertrag abgeschlossen hatte, wurden Anträge explizit aufgrund eines fehlenden Bedürfnisses abgelehnt. So entschied die IHK Köln im Oktober 1963, dass für die Übernahme einer Imbissstube in Köln-Kalk durch einen Jordanier kein Bedürfnis bestehe.[99] Doch blieben auch diejenigen Ausländer, denen aufgrund zwischenstaatlicher Verträge eine gewerberechtliche Inländerbehandlung zugesichert wurde, letztlich der Ermessensentscheidung der Ausländerbehörde unterworfen, denn Inländerbehandlung galt grundsätzlich nicht auf dem Gebiet des Aufenthaltsrechts.[100] Das heißt, dass aufgrund der Niederlassungsverträge zwar gewerberechtliche Bedenken nicht ausgesprochen und keine gewerberechtlich legitimierten Bedürfnisprüfungen durchgeführt wurden, die Ausländer aber trotzdem keinen aufenthaltsrechtlich begründeten Anspruch auf eine bestimmte, nämlich die Selbständigkeit ermöglichende Erlaubnis besaßen. Diese Rechtsauffassung war allerdings durchaus umstritten. Im Laufe der 1960er und 70er Jahre kam es immer wieder zu Gerichtsverfahren, in denen Ausländer aufgrund zwischenstaatlicher Verträge zwischen ihren Herkunftsländern und der Bundesrepublik einen Rechtsanspruch auf eine auflagenfreie Aufenthaltserlaubnis einzuklagen versuchten. So legte ein Grieche, der 1969 eine Gaststätte in Nürnberg eröffnen wollte und die benötigte auflagenfreie Aufenthaltserlaubnis nicht erhielt, gegen den Entscheid Widerspruch ein. Letztendlich wurde er vom Bundesverwaltungsgericht darüber aufgeklärt, dass die eine selbständige Tätigkeit verbietende Auflage insbesondere bei ‚Gastarbeitern' gerechtfertigt sei, die im Vergleich zu den Staatsangehörigen aus EWG-Mitgliedsstaaten nicht dasselbe Maß an Freizügigkeit genössen. Der deutsch-griechische Niederlassungsvertrag impliziere keine so weitreichenden aufenthaltsrechtlichen Konsequenzen, hieß es im Urteil.[101] Dem Griechen sei die Einreise „zur Behebung des Mangels an inländischen Arbeitskräften

---

[98] BGBl. 1959 II S. 997. Neben den EWG-Staaten waren dem Abkommen Dänemark, Griechenland, Irland, Norwegen, Schweden, die Türkei und Großbritannien beigetreten.
[99] IHK Köln, Dr. Hagen, an das Amt f. öff. Ordnung, Köln-Ehrenfeld, 17.10.63, RWWA 1-477-6, Nr. 541.
[100] Vgl. Niederschrift über das Ergebnis der ausländerrechtlichen Besprechungen [1967/68], StAK S XI/3116.
[101] Urteil des BVerwG vom 18.12.1969 (GewArch 1970/113). Vgl. auch Beschluss des BVerwG vom 16.6.1970 (GewArch 1971/141); Urteil des BVerwG vom 20.8.1970 (GewArch 1971/19); Urteil des BVerwG vom 27.9.1978 (BVerwGE 56/254; DVBl. 1979/585). Zur restriktiven Auslegung der Niederlassungsverträge in der internationalen Rechtspraxis siehe Heilbronner, Ausländerrecht, A II 45, 37.

gestattet" worden; an einer selbständigen Tätigkeit seinerseits, „etwa als Inhaber eines Gaststättenbetriebes", hingegen bestehe „kein volkswirtschaftliches Interesse".[102] Die Gewerbefreiheit in der Bundesrepublik, die grundsätzlich auch für Ausländer galt[103], konnte also durch das Ausländergesetz massiven Einschränkungen unterworfen werden. Die aufenthaltsrechtliche Auflage, die eine selbständige Erwerbstätigkeit untersagte, betraf v.a. ‚Gastarbeiter' und diente als arbeitsmarkt- und wirtschaftspolitisches Instrument, um den Übergang eines unselbständigen ausländischen Arbeitnehmers in eine selbständige Gewerbetätigkeit zu verhindern.[104]

Abgesehen von den wirtschaftlichen Belangen der Bundesrepublik konnte v.a. die Gefährdung der öffentlichen Ordnung ins Feld geführt werden, um aufenthaltsrechtliche Einschränkungen zu legitimieren. Zwar werde diese „nicht ohne weiteres" durch den Betrieb einer Gaststätte durch einen Griechen beeinträchtigt, war gegenüber dem Kläger eingeräumt worden. Angesichts der „großen und ständig wachsenden Zahl griechischer Arbeitnehmer in der Bundesrepublik" könne diese Betätigung gar „im Gegenteil im wohlverstandenen Interesse liegen". Die Ausländerbehörde habe das auch keineswegs verkannt und in der Stadt Nürnberg den Betrieb von 40 griechischen Gaststätten erlaubt. Nun befürchte sie aber eine Gefährdung der öffentlichen Ordnung, wenn es noch weiteren griechischen Staatsangehörigen erlaubt würde, einen Gaststättenbetrieb zu eröffnen. Maßgebend für ihre Entscheidung sei nicht der „Konkurrenzschutz zugunsten der deutschen Betriebe und Berufsbewerber" gewesen, der sich nicht über die Wahrung der öffentlichen Ordnung rechtfertigen ließ. Legitimiert wurde der abschlägige Bescheid damit, dass „die von Ausländern betriebenen Gaststätten nicht mehr genügend behördlich beaufsichtigt werden könnten, wenn sich die von Griechen betriebenen Gaststätten vermehrten".[105] Die Begründung erfolgte also über die Gefährdung der öffentlichen Ordnung durch die mutmaßlich nicht ordnungsgemäße Führung der Gaststätte durch einen Ausländer. Die Versagung aufgrund eines fehlenden Bedürfnisses hingegen wäre nicht rechtmäßig gewesen, da Griechen aufgrund des zwischenstaatlichen Niederlassungsvertrags gewerberechtliche Inländerbehandlung zustand.

An Urteilen wie diesem orientierte sich die Verwaltungspraxis weitgehend.

---

[102] Urteil des BVerwG v. 18.12.1969 (GewArch 1970/113). In einem ähnlich gelagerten Fall wurde angemerkt, dass gerade angesichts des „anhaltenden Arbeitskräftemangels im Gaststättengewerbe" die Übernahme eines gastronomischen Betriebs durch einen Ausländer „eine weitere Belastung der ohnehin schon angespannten Arbeitskräftelage in dieser Branche" bedeute (LAB B Rep. 010, Nr. 2233).
[103] Vgl. Führich, Recht, 434.
[104] Vgl. Niederschrift über das Ergebnis der ausländerrechtlichen Besprechungen [1967/68], StAK S XI/3116.
[105] Urteil des BVerwG v. 18.12.1969 (GewArch 1970/113).

3.2 Die Bedürfnisprüfung in der bundesdeutschen Verwaltungspraxis 183

So begriffen die Gewerbeämter eine selbständige Erwerbstätigkeit von Nicht-EWG-Ausländern meist als den arbeitsmarktpolitischen Zielen der Bundesrepublik widersprechend. Ein Bedarf für die Ausübung selbständiger Tätigkeiten durch Ausländer, insbesondere in der Gastronomie, bestehe nicht, so z. B. das Gewerbeamt der Stadt Konstanz im September 1973. Das Gewerbeamt konkretisierte in seiner abschlägigen Entscheidung des Antrags einer Jugoslawin auf Gaststättenerlaubnis, dass bei der Führung einer Gaststätte durch einen Ausländer eine Beeinträchtigung von Sicherheit und Ordnung zu befürchten sei, „weil die ordnungsgemäße Führung durch Sprachschwierigkeiten und mangelnde Kenntnisse auf dem Gebiete der Lebensmittelhygiene nicht gewährleistet" werden könne.[106] Das Argument, ausländische Gaststättenbetriebe gefährdeten die öffentliche Sicherheit und Ordnung, wurde ebenfalls von den deutschen Gastronomieverbänden aufgegriffen, um die unliebsame Konkurrenz in ihre Schranken zu weisen. So ließ der Geschäftsführer des Verbandes des nordrheinischen Gaststätten- und Hotelgewerbes 1977 verlauten, dass die Gastronomie in Leverkusen „zwar nicht fest in fremder Hand" sei, die „hohe Zahl nicht-deutscher Betriebe" aber dennoch Anlass zu Befürchtungen gebe. Es sei nicht mehr gewährleistet, dass die Ordnungsbehörden der Stadt die Einhaltung deutscher Vorschriften und Gesetze in den Betrieben überwachen könnten. Das Ordnungsamt der Stadt Leverkusen hingegen zeigte sich diesen Äußerungen gegenüber reserviert und machte darauf aufmerksam, dass keinerlei Probleme bei der Kontrolle der Betriebe bestünden.[107] Wenn auch die Ordnungs- bzw. Gewerbeämter oftmals eng mit den gastgewerblichen Berufsvertretungen zusammenarbeiteten, deckten sich ihre Interessen keineswegs immer.

Das Gewerbeamt Konstanz argumentierte 1973 jedoch nicht allein mit einer Gefährdung der öffentlichen Sicherheit, sondern äußerte darüber hinaus explizit die Angst vor zunehmender ausländischer Konkurrenz. So heißt es in dem bereits zitierten Schreiben weiter, dass angesichts der „Übersetzung" des Konstanzer Gastgewerbes „außer Personen aus EWG-Staaten nicht auch andere Ausländer noch Berücksichtigung finden sollten".[108] Konnten italienische Staatsangehörige Anfang der 1970er Jahre problemlos Gaststättenbetriebe er-

---

[106] Vgl. Rechts- und Ordnungamt/Gewerbeabt. an das Landratsamt/Ausländeramt, 17.9.1973, StAK S XI/3117.
[107] Hans Mai: Furcht vor zu vielen fremden Gastwirten. Leverkusener Gastronomen an getrennten Tischen. In: KR (Ausg. Leverkusen) v. 24.3.1977. Dass sich aber die Gewerbe- und Ordnungsämter in Hamburg 1977 mangels Personal außer Stande sahen, „bei noch mehr Griechen und Türken für Reinlichkeit und Ordnung zu sorgen", ist dem Artikel „Die Lebensart gefällt mir". Wie aus einem Türken ein Hamburger Unternehmer wurde. In: Der Spiegel v. 12.9.1977, 87–88: 88, zu entnehmen.
[108] Rechts- und Ordnungsamt/Gewerbeabt. an das Landratsamt/Ausländeramt, 17.9.1973, StAK S XI/3117.

184   3. Die Bedürfnisprüfung

öffnen, lassen die Akten über Gewerbeanträge anderer Migrantengruppen die verbreitete Sorge erkennen, bei einer großzügigeren Handhabung dieser Anträge zahllose neue ausländische Gaststätten entstehen zu sehen. Ausdrücklich formuliert ist diese Angst in einem Schreiben des Stadtsyndikus von Pforzheim an das Rechtsamt der Stadt Konstanz vom Mai 1970, in dem es um die gerichtliche Auseinandersetzung im Zusammenhang mit dem Antrag eines Spaniers ging, der seit fast zehn Jahren in und bei Pforzheim gearbeitet hatte. Der Antragsteller war ein knappes Jahr als Betreuer in dem von der Caritas betriebenen „Centro" für (spanische) Arbeitsmigranten tätig gewesen, bevor ihm der Mietvertrag gekündigt worden war, und wollte nun ein spanisches Lokal eröffnen, das „in erster Linie den Bedürfnissen seiner spanischen Landsleute in Pforzheim dienen", „aber auch deutschen Gästen offen stehen" sollte.[109] Das zuständige Amt für öffentliche Ordnung hatte seinen Antrag abgelehnt, war aber vom Verwaltungsgericht Karlsruhe im März 1970 dazu verpflichtet worden, die notwendige Aufenthaltserlaubnis zur Eröffnung einer Gaststätte auszustellen. Gegen dieses Urteil, so der Stadtsyndikus, wolle man nun Berufung einlegen.[110] Denn: „Falls das Urteil rechtskräftig werden sollte, müssen wir damit rechnen, dass auch zahlreiche andere Gastarbeiter, die nicht EWG-Staatsangehörige sind, Anträge auf Errichtung eines selbständigen Gewerbebetriebs stellen werden."[111] Genau dieser Einschätzung hatte das Karlsruher Urteil widersprochen, würden die „Erfahrungen nach Herstellung der Freizügigkeit für Staatsangehörige der Mitgliedsstaaten der EWG" doch lehren, dass eine drastische Zunahme der Anzahl an ausländischen Gaststätten nicht zu erwarten sei: „[N]ur ein kleiner Teil der in Deutschland lebenden Italiener" würde eine selbständige Erwerbstätigkeit ausüben.[112]

---

[109] Rechtsamt Pforzheim/Stadtsyndikus Rauch an die Stadt Konstanz/Rechts- u. Ordnungsamt, 14.5.1970, Bezug: Urteil Verwaltungsgericht Karlsruhe v. 12.3.1970, StAK S XI/3117.

[110] Das Verwaltungsgericht Karlsruhe habe „in unzulässiger Weise sein Ermessen anstelle des Ermessens der Verwaltung gesetzt" und zudem verstoße das Karlsruher Urteil gegen den Erlass des Innenministers von Baden-Württemberg v. 2.8.1967 Nr. III 660-2/124 (GABl. 1967/393) wie gegen das Urteil des Verwaltungsgerichtshof Kassel v. 9.6.1965 (DVBl. 1966/646), in dem entschieden worden war: „Wenn die Beklagte der Auffassung war und ist, dass kein wirtschaftliches und arbeitspolitisches Interesse daran besteht, dass Ausländer im Bundesgebiet selbständig einen Gewerbebetrieb führen und damit den deutschen Gewerbetreibenden unerwünschte Konkurrenz machen, dass vielmehr nur an unselbständigen ausländischen Arbeitskräften im Bundesgebiet Bedarf herrscht, so hält sich diese Erwägung im Rahmen des behördlichen Ermessensspielraums."

[111] Rechtsamt Pforzheim/Stadtsyndikus Rauch an die Stadt Konstanz/Rechts- u. Ordnungsamt, 14.5.1970, StAK S XI/3117. Als der Beitritt Spaniens und Portugals zur Europäischen Gemeinschaft bevorstand, befürchtete der DEHOGA ganz ähnlich „eine neue Welle ausländischer Unternehmer" (zit. nach Der bundesdeutsche Gourmet liebt's exotisch. In: FR v. 8.7.1987).

[112] Urteil Verwaltungsgericht Karlsruhe v. 12.3.1970, zit. nach Rechtsamt Pforzheim/

3.2 Die Bedürfnisprüfung in der bundesdeutschen Verwaltungspraxis

Innerhalb des hier skizzierten ausländerrechtlichen und wirtschaftspolitischen Kontextes sind die jeweiligen Einzelfallentscheidungen der Gewerbe- und Ausländerbehörden in der Bundesrepublik zu verorten. Die bisher diskutierten ‚Fälle', die vornehmlich den Beständen des Stadtarchivs Konstanz, des Rheinisch-Westfälischen Wirtschaftsarchivs in Köln und des Bundesarchivs Koblenz entnommen sind, haben einen Einblick in die Verwaltungspraxis v.a. der späten 1950er bis frühen 1970er Jahre gegeben. Einen für die Analyse der Gewerbezulassungspraxis in den folgenden Jahren besonders ergiebigen Bestand besitzt das Landesarchiv Berlin. Der serielle Charakter der dortigen Aktensammlung zur „Erteilung oder Versagung der Aufenthaltserlaubnis zur selbständigen Gewerbeausübung durch Ausländer im Gastgewerbe" aus den Jahren 1973/74 und 1980 erlaubt es, die Logik der behördlichen Entscheidungspraxis genauer zu erfassen.[113] Die Analyse der Berliner Stichproben lässt zwar keine repräsentativen, statistisch aussagekräftigen Rückschlüsse zu, ermöglicht aber, die den Entscheidungen zugrunde liegenden Einstellungen herauszuarbeiten und dadurch einen Einblick in die Nutzung des Ermessensspielraums zumindest der West-Berliner Behörden zu geben.

3.2.2 Die Bedürfnisprüfung in Berlin 1973/74 und 1980. Der gewerbe- und ausländerbehördliche Ermessensspielraum

Für den Zeitraum August 1973 bis Juni 1974 liegen für West-Berlin insgesamt 100 Anträge auf Erteilung einer Gaststättenerlaubnis von Nicht-EWG-Ausländern vor, deren Aufenthaltspapiere selbständige Erwerbstätigkeit ausdrücklich untersagten oder nur die Führung eines bestimmten Gewerbebetriebs erlaubten. Italienische Staatsangehörige und politische Flüchtlinge, heimatlose Ausländer wie Asylberechtigte besaßen Aufenthaltspapiere, die keine dergleichen Einschränkungen aufwiesen, so dass ihre Gewerbeanträge nicht in den hier untersuchten Beständen erfasst sind. Das im Folgenden zu analysierende Quellenmaterial stellt damit lediglich einen Ausschnitt aller Anträge von Ausländern auf Erteilung einer Gaststättenerlaubnis dar, ist aber dennoch aussagekräftig, waren es doch gerade die als ‚Gastarbeiter' in die Bundesrepublik gekommenen Ausländer, welche die Gastronomielandschaft der Bundesrepu-

---

Stadtsyndikus Rauch an die Stadt Konstanz/Rechts- u. Ordnungsamt, 14.5.1970, StAK S XI/3117.

[113] Auf einer Gewerbereferentenbesprechung war im August 1973 beschlossen worden, alle Anträge ausländischer Staatsangehöriger auf selbständige Erwerbstätigkeit fortan mitzuzeichnen (siehe Protokoll der Referentenbesprechung der Abt. V am 24.8.1973, LAB B Rep. 010, Nr. 48).

3. Die Bedürfnisprüfung

Tabelle 1: Herkunftsland der Antragsteller 1973/74

	Antragsteller	davon Männer	davon Frauen
Jugoslawien	55	42	13
Griechenland	15	14	1
Türkei	8	8	0
Sonstiges Europa	3	2	1
China (inkl. Hongkong)	5	5	0
Sonstiges Außereuropa	14	11	3
Insgesamt	100	82	18

blik maßgeblich prägten. Neben den Anträgen auf Gaststättenerlaubnis von Nicht-EWG-Ausländern ist im Landesarchiv Berlin zudem eine Aktenserie zur Aufnahme selbständiger Erwerbstätigkeit von Ausländern aus den Jahren 1964 bis 1984 erhalten, die alle Gewerbebereiche umfasst, alphabetisch nach den Antragstellern sortiert, aber leider in mehrfacher Hinsicht unvollständig ist.[114] Daher lassen sich nur Tendenzwerte über den Anteil der Anträge auf Gaststättenerlaubnis im Verhältnis zu allen Gewerbeanträgen errechnen. Für die Jahre 1973 bzw. 1974 ergibt sich anhand des vorliegenden Materials, dass 70,7 % bzw. 73,3 % der Anträge solche auf Gaststättenerlaubnis waren. Für die Zeitspanne von 1964 bis 1981 liegt der Anteil der gastgewerblichen Anträge bei 63,4 %.[115] Dass Ausländer dazu neigten, sich insbesondere im Gastgewerbe selbständig machen zu wollen, wird auch in einem 1971 erstellten Bericht über die Ausländerbeschäftigung in Berlin explizit angemerkt.[116]

---

[114] LAB B Rep. 010, Nr. 2233–2240, Einzelangelegenheiten B, F, G, H, I-J, L, M, Sch-T. Die übrigen Buchstaben fehlen. Aus den Jahren 1982 bis 1984 liegen zudem nur so wenige Akten vor, dass keinerlei Vergleich mit den vorangegangenen Jahrgängen möglich ist. Die Anträge scheinen ab den frühen 1980er Jahren nicht mehr systematisch aufbewahrt worden zu sein, was vermutlich mit den neuen rechtlichen Rahmenbedingungen, die noch thematisiert werden, zu erklären ist.

[115] Vermutlich sind diese Anteilswerte zu hoch angesetzt, betraf Anfang der 1990er Jahre doch nur ein Sechstel der in Berlin erfolgten Gewerbeanmeldungen von Ausländern, also der tatsächlich genehmigten Betriebe, gastronomische Einrichtungen; auf den Handel hingegen entfiel ein Drittel (vgl. Sigrid Kneist: Im Kiez unverzichtbar und ein wichtiger Wirtschaftsfaktor. 10 000 Unternehmen von Ausländern in Berlin In: Der Tagesspiegel v. 17.9.1994). Bei der IHK Dortmund bezogen sich von den zwischen 1974 und 1988 eingereichten Anträgen rund 30 % auf das Gastgewerbe (vgl. ZfT, Ausländische Betriebe, 53).

[116] Bei Türken, Jugoslawen und Griechen sei die „Tendenz" festzustellen, ihre „Arbeitnehmertätigkeit aufzugeben" und dafür ein Gewerbe, „vor allem Gaststätten", zu betreiben. Die bundeseinheitliche „Vorbeugung" bestehe in diesem Fall darin, die Aufenthaltserlaubnis „*nur* mit Auflage des Verbots der Gewerbeausübung" zu erteilen (Senator für Inneres, Senatsvorlage, 6 [Herv. im Original]).

3.2 Die Bedürfnisprüfung in der bundesdeutschen Verwaltungspraxis

Von den 100 vorliegenden Anträgen aus den Jahren 1973/74 stammten über die Hälfte, nämlich 55 % von jugoslawischen, weitere 15 % von griechischen und 8 % von türkischen Staatsangehörigen (siehe Tab. 1).[117] Jugoslawen und Türken bildeten in West-Berlin die beiden dominanten Ausländergruppen; zusammen stellten sie fast 62 % aller ausländischen Arbeitnehmer der Stadt: Ende 1973 waren in Berlin 79 468 Türken und 30 548 Jugoslawen, aber nur 10 028 Griechen polizeilich gemeldet.[118] Die jugoslawischen, aber auch die griechischen Antragsteller waren also, gemessen an ihrem Anteil an der gesamten ausländischen Bevölkerung, deutlich über-, türkische Antragsteller hingegen unterrepräsentiert. Insgesamt 19 % der Anträge wurden von nicht aus Europa stammenden Ausländern gestellt, wobei chinesische Staatsangehörige bzw. Hongkong-Chinesen[119] mit fünf Anträgen und Indonesier, Tunesier und Jordanier mit je drei Anträgen am stärksten vertreten waren.[120] Insgesamt wurden also 83 % der Anträge von Migranten aus den sogenannten Anwerbeländern eingereicht. Dieser Personenkreis stellte in Berlin zwar nur 68 % aller Ausländer, dafür aber 84 % aller ausländischen Arbeitnehmer[121] und ist damit auch beim Versuch, eine selbständige Erwerbstätigkeit aufzunehmen, exakt repräsentiert.

Unter den Antragstellenden befanden sich insgesamt 18 Frauen, bei denen es sich größtenteils, nämlich in 13 Fällen, um Jugoslawinnen handelte (siehe Tab. 1). Während bei den jugoslawischen Antragstellern der Frauenanteil mit fast 24 % vergleichsweise hoch lag[122], wurde nur einer der 15 Anträge von griechi-

---

[117] Zwei weitere Anträge wurden von Spaniern und einer von einem Tschechen eingereicht.
[118] Vgl. Statistisches Jahrbuch Berlin 1974, 37; Hoffmeyer-Zlotnik, Gastarbeiter, 71, Tab. 7; Albert Hoppe: Ausländische Arbeitnehmer – unsere Mitbürger. In: Herz von Berlin. Informationen der Arbeiterwohlfahrt der Stadt Berlin, Nr. 4, April 1974, LAB B Rep. 010, Nr. 274.
[119] Konnten sich Hongkong-Chinesen bis zum Commonwealth Immigration Act von 1962 relativ problemlos überall in Großbritannien und in Europa niederlassen, so nahm ihre Zahl nach 1962, als das Vereinigte Königreich keine vollgültigen britischen Pässe mehr an diese Gruppe vergab, deutlich ab. Auch nach dem EWG-Beitritt Großbritanniens 1973 galten Hongkong-Chinesen damit nicht mehr automatisch als Angehörige eines Mitgliedsstaates. Siehe dazu den Fall eines Honkong-Chinesen, dem seitens der Berliner Behörden „nicht dieselben Privilegien" wie einem Staatsangehörigen eines EWG-Landes zugestanden wurden, obwohl er Inhaber eines britischen Passes war (vgl. SfI an SfW, 5.10.1973, LAB B Rep. 010, Nr. 1896/I, Bd. 3).
[120] Aus Jordanien stammte in den frühen 1970er Jahren ein Großteil der politischen Flüchtlinge in der Bundesrepublik, deren Zahl insgesamt noch sehr niedrig lag (vgl. Schönwälder, Germany's Guestworkers, 253). Zwei weitere Anträge wurden von israelischen Staatsangehörigen und je ein Antrag von einem Iraner, einem Kanadier und einer US-Amerikanerin eingereicht.
[121] Diese Zahlen stammen allerdings vom Juli 1971 (vgl. Senator für Inneres, Senatsvorlage, 2).
[122] 1971 machten Frauen bundesweit fast ein Drittel der Arbeitsmigranten aus Jugoslawien

3. Die Bedürfnisprüfung

Tabelle 2: Frühere Tätigkeiten der Antragsteller 1973/74

	In der Gastronomie		Andere
	52*		36
Geschäftsführer/ Mitinhaber	21	Arbeiter	27
Kellner	16	Angestellter	1
Küchenhilfe	9	Kaufmann	2
Koch/Küchenchef	7	Journalist	1
Zapfer	1	Student	5

* Zwei Antragsteller gaben mehr als eine frühere Funktion im Gastgewerbe an; bei zwölf Antragstellern fanden sich keine Angaben zu früheren Tätigkeiten.

schen Staatsangehörigen von einer Frau gestellt; die von Türken und Chinesen gestellten Anträge stammten allesamt von Männern.[123] Ein niedriger Frauenanteil ist bei den selbständig Erwerbstätigen, und zwar bei ausländischen wie deutschen Gewerbetreibenden, nicht nur im Gastgewerbe bis heute festzustellen. Eine 1990 vom ZfT durchgeführte Umfrage unter ausländischen Gewerbetreibenden in Nordrhein-Westfalen ergab einen Frauenanteil von nur 10,1 %, wobei dieser bei den jugoslawischen Staatsangehörigen 17,1 %, bei den türkischen 10,7 % und bei den griechischen und italienischen Staatsangehörigen nur 6,8 bzw. 6,6 % betrug.[124] Die Jugoslawen wiesen damit einen ähnlichen Frauenanteil wie deutsche Selbständige auf. Frauen spielen also durchaus auch als Inhaberinnen, v.a. aber als mithelfende Familienangehörige im Gastgewerbe (wie generell in kleinen und mittelständischen Familienbetrieben) eine wichtige Rolle.

Die durchschnittliche Aufenthaltsdauer der Ausländer bei der Antragstellung betrug acht Jahre und drei Monate und reichte dabei von einer zweimonatigen bis zu einer 15-jährigen Verweildauer in der Bundesrepublik.[125] Ein nicht unerheblicher Teil der Antragsteller besaß in der Bundesrepublik gewonnene berufliche Erfahrungen in der Gastronomie. So hatten von den 100 Antragstel-

aus, das zu diesem Zeitpunkt das einzige der Anwerbeländer war, das die Gleichstellung von Frauen institutionalisiert hatte und in dem zahlreiche Frauen erwerbstätig waren (vgl. Huth-Hildebrandt, Bild, 84f.). Zur Geschichte der weiblichen Migration aus Jugoslawien siehe Morokvašić, Jugoslawische Frauen.

[123] Bei den übrigen vier Frauen, die sich im Gastgewerbe selbständig machen wollten, handelte es sich um eine Indonesierin, eine US-Amerikanerin, eine Spanierin und eine israelische Staatsangehörige.

[124] Vgl. ZfT, Ausländische Betriebe, 55f. Zum unterproportionalen Anteil von Frauen an den türkischen Gewerbetreibenden im Berlin der 1990er Jahre siehe Hillmann, Look.

[125] Eine Ausnahme bildete der Kanadier, der quasi sofort nach seiner Einreise einen Antrag auf Erteilung einer Gaststättenerlaubnis stellte.

lern 52 bereits in einem Restaurant (oder Hotel) gearbeitet, oft mehrere Jahre lang (siehe Tab. 2). Der größte Teil von ihnen war zuvor als Geschäftsführer[126] bzw. Mitinhaber (21) und/oder als Kellner (16) tätig gewesen. Neun der Antragsteller hatten als Küchenhilfe, sieben als (Hilfs-)Koch bzw. Küchenchefin und einer als Zapfer bereits einschlägige Berufserfahrungen gesammelt. Von den 36 Antragstellern, die keine Vorerfahrung in der Gastronomie besaßen, hatten 27 als Arbeiter[127], einer als Angestellter, zwei als (selbständige) Kaufleute und einer als Journalist gearbeitet. Fünf Antragsteller waren zu Studienzwecken in die Bundesrepublik gekommen. Bei zwölf Anträgen finden sich keine Angaben über die vorherige Tätigkeit. Der hohe Anteil an europäischen Antragstellern, die als ‚Gastarbeiter' ins Land gekommen waren, und der ebenfalls hohe Anteil an Nicht-Europäern, die als Studierende in die Bundesrepublik gekommen waren, ist v.a. als Resultat der unterschiedlichen Einreisemöglichkeiten in die Bundesrepublik zu betrachten.

Unter den chinesischen, tunesischen und jugoslawischen Antragstellern befanden sich besonders viele, nämlich 60 bis 67%, die Berufserfahrungen in der Gastronomie besaßen.[128] Bei den griechischen Antragstellern waren es knapp 50%, die bereits zuvor im Gastgewerbe tätig gewesen waren, während von den acht türkischen Antragstellern lediglich zwei als Kellner bzw. Geschäftsführer in einem Restaurant gearbeitet hatten.[129] Diese Zahlen decken sich mit der skizzierten Zusammensetzung der ausländischen Arbeitnehmerschaft im bundesdeutschen Gastgewerbe.[130] Bei den Jugoslawen ist ein deutlicher Unterschied bei der Vorqualifikation zwischen Männern und

---

[126] Die Auflage, die einer selbständigen Erwerbstätigkeit vergleichbare unselbständige Tätigkeiten untersagte, verbot nicht die Arbeit als Geschäftsführer einer Gaststätte (vgl. Niederschrift über die 1. Arbeitstagung des Ministeriums für Wirtschaft, Mittelstand und Verkehr mit den Gewerberechtsreferenten und -sachbearbeitern der Regierungspräsidien sowie von Gemeinden und Verwaltungsgemeinschaften gemäß § 82 Abs. 2 und 3 LBO am 12.2.1974 in Stuttgart, StAK S XI/3117), wohingegen die Geschäftsführertätigkeit bei einer GmbH sowie das unselbständige Reisegewerbe als einer selbständigen Tätigkeit vergleichbare unselbständige Tätigkeiten galten (vgl. Hackler, Ausgewählte rechtliche Probleme, 44) wie auch die Funktion des Stellvertreters (vgl. 40. Tagung der Gewerbereferenten des Bundes u. der Länder im BMWi, 12.10.1976, BArch B 102/347302).

[127] Hier variieren die Angaben zwischen spezifizierten Bezeichnungen wie „Elektriker" bis hin zur allgemeinen Angabe „Arbeiter". Unter diesen könnten sich theoretisch auch noch Personen verbergen, die bereits in der Gastronomie tätig waren, finden sich unter den Antragstellern mit Berufserfahrung in der Gastronomie doch einige, bei denen die im Antragsformular gemachte Angabe auch „Arbeiter" lautet und über deren Berufserfahrung in der Gastronomie erst weitere Akteneinträge Auskunft geben.

[128] Die geringe Anzahl von chinesischen und tunesischen Antragstellern lässt das Ergebnis für diese beiden Gruppen allerdings als nicht besonders aussagekräftig erscheinen.

[129] Zwei der türkischen Antragsteller besaßen allerdings Berufserfahrungen als selbständige Kaufmänner.

[130] Siehe Kap. 2.3.1.

Frauen festzustellen. Von den männlichen Antragstellern besaßen nur 45,5 % Berufserfahrungen im Gastgewerbe, während die Jugoslawinnen zu fast 70 % bereits zuvor im gastronomischen Sektor tätig gewesen waren. Jugoslawischen Anwärtern auf eine Gaststättenerlaubnis kam zugute, dass die in Jugoslawien erworbenen Fachabschlüsse aufgrund zwischenstaatlicher Verträge und des dem deutschen ähnlichen Ausbildungssystems von den Behörden in der Regel anerkannt wurden.[131]

Bei der räumlichen Verteilung der beantragten Gaststätteneröffnungen ist die Konzentration auf die relativ innenstadtnahen Bezirke West-Berlins augenfällig. Von den 100 Anträgen entfielen die meisten auf die Bezirke Wilmersdorf (16) und Neukölln (13), Charlottenburg[132], Steglitz und Kreuzberg (je 10), gefolgt von Tempelhof (9), Reinickendorf (8) und Wedding (7), Schöneberg (6) und Tiergarten (5). Die wenigsten Anträge hingegen, nämlich je drei, wurden im Bezirk Spandau und Zehlendorf gestellt. Die größte Vielfalt im Hinblick auf die Staatsangehörigkeit der Antragsteller wiesen dabei die in Wilmersdorf und Charlottenburg eingegangenen Anträge auf, die acht bzw. fünf Nationalitäten umfassten. Als wesentlich homogener stellt sich hingegen das Antragsprofil in Tempelhof und Kreuzberg dar. Acht der neun dem Bezirksamt Tempelhof zur Begutachtung vorgelegten Anträge stammten von jugoslawischen Antragstellern, und in Kreuzberg waren es Anträge von türkischen, jugoslawischen und v.a. griechischen Staatsangehörigen, die in den Jahren 1973 bis 1974 eingereicht wurden. Diese drei Gruppen stellten in Kreuzberg auch den größten Anteil an der migrantischen Wohnbevölkerung.[133]

Die für eine Gaststätteneröffnung präferierten Stadtviertel bzw. Straßenzüge zeichneten sich nicht nur durch einen relativ regen Durchgangs- und Fremdenverkehr aus, wie dies insbesondere für die Gegend um den Kurfürstendamm galt, sondern wiesen größtenteils auch einen relativ hohen Anteil von Ausländern an der Wohnbevölkerung auf. Das galt insbesondere für die Bezirke Kreuzberg, Wedding und Tiergarten[134], also Stadtviertel, die nicht nur durch eine sanierungsbedürftige Bausubstanz, sondern auch eine einkommensschwache Bevölkerung charakterisiert waren. Der verstärkte Zuzug in diese Bezirke

---

[131] Für die Berufsabschlüsse von Türken galt das noch 1990 für nur 52,7 % der Diplome (vgl. ZfT, Ausländische Betriebe, 60f.).

[132] Als besonderer Konzentrationspunkt ausländischer Gastronomie ist die Bleibtreustraße in Charlottenburg auszumachen. Dort existierten im Mai 1974 laut Bezirksamt Charlottenburg 14 Lokale, unter denen sich zahlreiche ausländische Restaurants befanden (vgl. BA Charlottenburg an SfW, 22.5.1974, LAB B Rep. 010, Nr. 1896/II, Bd. 2).

[133] Vgl. Hoffmeyer-Zlotnik, Gastarbeiter, 59. Türken bildeten dabei Ende 1973 mit 66,7 % die größte Ausländergruppe in Kreuzberg (vgl. ebd., 75, Tab. 10).

[134] Hier lag der Ausländeranteil an der Gesamtbevölkerung Ende 1973 bei 19,7 %, 14,7 % und 13 %, gefolgt von Schöneberg mit 9,5 % und Charlottenburg mit 7,7 % (vgl. ebd., 75, Tab. 10).

3.2 Die Bedürfnisprüfung in der bundesdeutschen Verwaltungspraxis

und ihnen ähnliche Stadtviertel in anderen deutschen Großstädten wurde seit Mitte der 1960er Jahre als drohende ‚Ghettoisierung' wissenschaftlich wie tagespolitisch thematisiert und veranlasste die Bund-Länder-Kommission, 1975 in einigen Gemeinden Zuzugssperren zu verhängen.[135]

Beide Faktoren, ausländische Wohnbevölkerung wie Tourismus, spielten für die Bedürfnisprüfung, die auf der Ebene der Bezirke stattfand, eine zentrale Rolle. Die Anträge wurden dabei wie folgt bearbeitet: Die bei der Ausländerbehörde eingehenden Anträge von Migranten aus Drittstaaten, die um eine Aufhebung des Sperrvermerks ersuchten, wurden von diesem an den Senator bzw. die Senatsverwaltung für Wirtschaft[136] weitergeleitet und enthielten neben den Informationen zu den Antragstellern auch Hinweise darauf, in welchem Gebäude der geplante Gaststättenbetrieb eröffnet werden sollte und um welche Art von Lokal es sich handelte. Die Schreiben des Polizeipräsidenten schlossen mit der Bitte um Mitteilung, „ob an der Eröffnung dieses Gewerbebetriebs durch den Ausländer ein besonderes übergeordnetes wirtschaftliches Interesse bzw. ein örtliches Bedürfnis" bestehe. Die Senatsverwaltung für Wirtschaft prüfte das übergeordnete wirtschaftliche Interesse selbst, leitete aber die Anfrage an die (im Zuge der Amtshilfe) zuständigen Bezirksämter weiter, um deren Einschätzung hinsichtlich des örtlichen Bedürfnisses zu hören. Die letztgültige Stellungnahme gegenüber dem Polizeipräsidenten verfasste aber wiederum die Senatsverwaltung.

Die Bezirksämter bejahten *ein örtliches Bedürfnis* in der Regel dann, wenn das geplante Lokal als das erste seiner Art im Bezirk gelten konnte. So wurde der Antrag eines Türken, der als Geschäftsführer gearbeitet hatte und Anfang 1974 das Restaurant „Kervansaray" am Kottbusser Damm übernehmen wollte, befürwortet, handele es sich, so das Bezirksamt, doch um das einzige türkische Spezialitätenrestaurant in Neukölln.[137] Auch die Bedürfnisprüfung im Falle eines 1962 als Student nach Berlin gekommenen und mit einer Deutschen verheirateten Indonesiers, der in der Nähe des Kurfürstendamms ein Restaurant eröffnen wollte, verlief positiv. Das Bezirksamt Wilmersdorf stellte fest, dass

---

[135] Siehe dazu Kap. 6.4.
[136] Die Berliner Senatsverwaltung für Wirtschaft war 1955 aus der Zusammenlegung der Senatsverwaltung für Wirtschaft mit der Senatsverwaltung für Kreditwesen entstanden. Ihr Ziel lag in der Stärkung des Wirtschaftsstandortes Berlin, für den sie z. T. auch Aufgaben einer Landesbehörde (Landeskartellamt) übernahm. Die häufig wechselnden Aufgabenbereiche und Abteilungen der Wirtschaftsbehörde spiegeln sich auch in ihren wechselnden Bezeichnungen: Seit 1963 nannte sich die Wirtschaftsbehörde Senator für Wirtschaft, ab 1979 Senatsverwaltung für Wirtschaft und Verkehr, ab 1985 Senatsverwaltung für Wirtschaft und Arbeit und seit 1991 wieder Senatsverwaltung für Wirtschaft. In den Jahren 1965 bis 1975 war Karl König und 1975 bis 1981 Wolfgang Lüder Wirtschaftssenator Berlins.
[137] Vgl. LAB B Rep. 010, Nr. 1896/II, Bd. 2.

3. Die Bedürfnisprüfung

es im Verwaltungsbezirk bisher noch kein indonesisches Spezialitätenrestaurant gebe, allerdings mehrere chinesische Restaurants registriert seien. In der unmittelbaren Nähe des geplanten Lokals jedoch sei gar kein anderes Speiserestaurant vorhanden, das ausländische Gerichte anböte, so dass „im Hinblick auf die Lage und die Art des beabsichtigten Betriebes aus fremdenverkehrspolitischen Gründen ein besonderes örtliches Interesse" zu bejahen sei.[138] Im Interesse des Tourismusstandorts Berlin galt es, nicht nur eine ausreichende Anzahl an Gaststätten aufzubieten, sondern auch eine Vielfalt des Angebots zu gewährleisten. Zu der relativ konstanten Nachfrage der Wohnbevölkerung in einem Bezirk trat also im Falle touristischer Anziehungspunkte noch der variable Faktor des Reiseverkehrs hinzu.

Neben dem Tourismus war auch die Nachfrage der in einer bestimmten Gegend arbeitenden Bevölkerung in die Erwägungen einzubeziehen, wie das im Falle eines jugoslawischen Restaurants beim Rathaus Neukölln geschah, in dessen Nähe sich zwar bereits zwei ähnliche Betriebe befanden, das aber aufgrund seiner günstigen Preise von vielen Arbeitnehmern in der Mittagspause aufgesucht wurde. Nicht die Wohnbevölkerung, sondern die Verpflegung der in der Nähe arbeitenden Menschen war hier für die Bejahung eines örtlichen Bedürfnisses ausschlaggebend.[139] Das galt auch für ausländische Angestellte, wie das Beispiel eines im türkischen Generalkonsulat geplanten türkischen Spezialitätenrestaurants zeigt. Das Bezirksamt Wilmersdorf bestätigte dem türkischen Antragsteller, der bisher einen Imbiss in Frankfurt am Main betrieben hatte, dass ein besonderes örtliches Bedürfnis vorhanden sei.[140] Ebenso wurde bei geplanten Gaststätten an belebten Orten wie Hauptstraßen, Bahnhofs- und Vergnügungsvierteln ein örtliches Bedürfnis nur selten verneint.[141] Eine solchermaßen räumlich differenzierende Perspektive lässt sich für die gesamte Geschichte der Bedürfnisprüfung nachweisen und implizierte eine mehr oder weniger geplante Kontrolle über die Orte öffentlicher Geselligkeit in den Gemeinden.[142]

Wie bei der in der Vergangenheit nach dem Gaststättenrecht erfolgten Bedürfnisprüfung war es im Falle ausländischer Antragstellungen auf eine Gaststättenkonzession Aufgabe der Bezirksämter, die Zahl, Art, örtliche Lage und Entfernung der vorhandenen Gaststätten zum geplanten Betrieb zu ermitteln.

---

[138] Vgl. LAB B Rep. 010, Nr. 1896/II, Bd. 1.
[139] Vgl. LAB B Rep. 010, Nr. 1896/I, Bd. 3.
[140] Vgl. LAB B Rep. 010, Nr. 1896/II, Bd. 2.
[141] Vgl. LAB B Rep. 010, Nr. 1896/I, Bd. 3.
[142] Explizit ist das Kriterium der Publikumsfrequenz bereits in den *Grundzügen für die Handhabung der Bedürfnisfrage in der Stadt Hamburg, der Vorstadt St. Pauli und den Vororten bei der Konzessionierung des Ausschanks von Branntwein und des Kleinhandels mit Branntwein gemäß § 33 Abs. 3 ad a der Gewerbeordnung, § 4* von 1903 genannt (vgl. Olshausen, Handbuch, 29).

Ausschlaggebend war also nicht allein die Zahl gleichartiger Betriebe in einem Verwaltungsbezirk, sondern in der nächsten Umgebung. Auch in einem Verwaltungsbezirk wie Wilmersdorf, in dem es im November 1973 bereits acht Lokale gab, in denen jugoslawische Spezialitäten angeboten wurden, konnte ein weiteres jugoslawisches Restaurant eröffnen, weil in der unmittelbaren Nähe des geplanten Betriebs noch keines vorhanden war.[143]

Es war insbesondere die Betriebsart, die es vielen ausländischen Antragstellern ermöglichte, durch die Spezialisierung auf eine bestimmte Landesküche die Bewilligung für eine Betriebseröffnung zu erhalten. Ein Grieche beantragte im Mai 1974, eine Bierwirtschaft in der Zossener Straße zu übernehmen, in der er seit einiger Zeit als Koch tätig war und die er aufgrund seiner mehrjährigen Erfahrung als Besitzer eines Grillrestaurants in Griechenland in ein griechisches Spezialitätenrestaurant umwandeln wollte. Das Bezirksamt Kreuzberg befürwortete den Antrag mit dem Hinweis darauf, dass es in der Gegend zwar viele „Bierwirtschaften mit Imbiss" gebe, es sich bei diesen aber um Gaststätten mit deutscher und türkischer Küche handele und das geplante Lokal damit „das einzige mit einer speziellen griechischen Küche" sei. Das Restaurant erfreue sich zudem regen Zuspruchs, wobei sich die Gäste „gleichermaßen aus Deutschen und Griechen" zusammensetzten.[144] Die griechische Küche fungierte also als Distinktionsmerkmal gegenüber dem übrigen Angebot und antwortete auf ein Bedürfnis nach dieser spezifischen Küche sowohl von griechischer als auch von deutscher Seite. Für das Bezirksamt Kreuzberg standen damit weniger Berlin-Besucher im Vordergrund als vielmehr die deutsche sowie die griechische Bevölkerung der Stadt.

Auf der anderen Seite konnte eine zu geringe Anzahl von Migranten aus einem bestimmten Land zur Verneinung eines örtlichen Bedürfnisses führen. So wurde der Antrag auf Errichtung einer Schankwirtschaft für griechische Staatsangehörige im Wedding nicht allein aufgrund der großen Anzahl an „Konkurrenzlokalen", sondern auch deshalb abgelehnt, weil „in dieser Gegend überwiegend türkische und kaum griechische Staatsangehörige" wohnten.[145] Wie groß eine Migrantengruppe sein musste, um ein oder mehrere ‚eigene' Lokale für sich beanspruchen zu können, blieb unausgesprochen und lag im Ermessen der Behörden. So befand das Bezirksamt im Falle eines jugoslawischen Antragstellers, der das jugoslawische Spezialitätenrestaurant „Opatija" im Wedding übernehmen wollte, dass sich im Bezirk, in dem 4500 Jugoslawen lebten, bereits „11 bzw. 12 Gaststätten dieser Art" befänden, „das Bedürfnis der Ausländer sowohl als auch der deutschen Einwohnerschaft" damit „aus-

---

[143] Vgl. LAB B Rep. 010, Nr. 1896/I, Bd. 3.
[144] Vgl. LAB B Rep. 010, Nr. 1896/II, Bd. 2.
[145] Ebd. Vgl. auch den in den 1950er Jahren verwendeten Vordruck „Konkurrenzstellen-Nachweisung", LAB B Rep. 206, Nr. 3809, I, Bl. 12.

reichend gedeckt" und ein örtliches Bedürfnis demnach zu verneinen sei.[146] Hier wurde also mit Zahlen operiert, die den Eindruck erwecken sollten, dass eine ‚objektive' Entscheidung gefällt worden sei. Da aber keine Richtlinien existierten, die exakt vorgaben, für wie viele Ausländer jeweils eine Gaststätte mit ‚ihrer' Küche zur Verfügung stehen sollte, blieben die Ermessensentscheidungen letztlich willkürlich bzw. abhängig vom jeweiligen Sachbearbeiter.

Angesichts der zunehmenden Anzahl ausländischer Gaststättenbetriebe reichte es bereits in den 1970er Jahren kaum noch aus, einfach ein ausländisches Speiselokal betreiben zu wollen. Eine weitere Ausdifferenzierung und Spezialisierung auch der ausländischen Gastronomie wurde von den Genehmigungsbehörden, zumindest in den gastronomisch ausgewiesenen Bezirken, eingefordert. So erklärte das Bezirksamt Wilmersdorf angesichts des Antrags eines Jugoslawen, der im Frühjahr 1974 am Hohenzollerndamm eine Gaststätte übernehmen wollte, dass im Verwaltungsbezirk „64 Schank- oder Speisewirtschaften von ausländischen Staatsangehörigen betrieben" würden:

„Da diese Gaststätten, die ca. 12 % ausmachen, sich über den ganzen Bezirk verteilen, ist ein Grad an Sättigung erreicht, der es fast unmöglich macht, überhaupt noch ein besonderes örtliches Bedürfnis anzunehmen. Lediglich besondere Spezialitätenrestaurants in Bereichen, wo bisher keine Speisewirtschaften betrieben werden oder in unmittelbarer Kurfürstendammnähe lassen die Möglichkeit erkennen, als notwendig angesehen zu werden."

Ein besonderes örtliches Bedürfnis für ein jugoslawisches Restaurant sei am Hohenzollerndamm jedenfalls nicht festzustellen.[147] Einen Monat später musste das Bezirksamt jedoch einräumen, dass sich in der näheren Umgebung des geplanten Betriebs kein internationales Speiserestaurant befände und ein örtliches Bedürfnis doch anzuerkennen sei.[148]

Auch in anderen Fällen wurde ein Bedürfnis nicht auf Anhieb, sondern erst nach nochmaliger Überprüfung anerkannt. So hatte das Bezirksamt Reinickendorf für den Ortsteil Frohnau im März 1974 das Bedürfnis für ein jugoslawisches Speiserestaurant zunächst verneint und zudem Bedenken „in gaststättenrechtlicher Hinsicht" geäußert, da die geringen deutschen Sprachkenntnisse des Antragstellers für den eigenverantwortlichen Betrieb einer Gaststätte womöglich nicht ausreichen. Da das Gaststättenrecht keinerlei Hinweise auf sprachliche Mindestanforderungen enthielt, ist diese Anmerkung in den Akten handschriftlich mit Fragezeichen versehen und im Schreiben des Senators für Wirtschaft an den Polizeipräsidenten getilgt. Inhaltlich wurde die Aussage jedoch übernommen, indem die ablehnende Stellungnahme unter anderem mit unzureichenden Sprachkenntnissen begründet wurde, die es dem Antragsteller „kaum gestatten würden, gewerberechtliche Vorschriften

---

[146] LAB B Rep. 010, Nr. 1896/II, Bd. 2.
[147] Ebd.
[148] Vgl. ebd.

3.2 Die Bedürfnisprüfung in der bundesdeutschen Verwaltungspraxis

und ihre Bedeutung im Hinblick auf die Führung eines Gaststättenbetriebs zu verstehen". Da der Antragsteller jedoch weiterhin sein Interesse an der Übernahme des Betriebs bekundete, seinen gastgewerblichen Unterrichtungsnachweis vorlegte und v.a. von der Frohnauer Bevölkerung zahlreiche Bitten beim Bezirksamt eingingen, ihm die Erlaubnis zu erteilen, wurde sein Antrag letztlich doch befürwortet.[149] Dem jugoslawischen Antragsteller scheint es gelungen zu sein, Fürsprecher zu gewinnen, die ihr Bedürfnis aktiv bei der zuständigen Behörde anmeldeten. Die institutionalisierte und habitualisierte Form der Bedürfnisprüfung der Gewerbeabteilung der Bezirksämter erfuhr hier eine Korrektur durch die Interessensorganisation der Konsumenten. Das Bedürfnis, das ansonsten eine weitgehend abstrakte Größe darstellte und gemäß bestimmter Erfahrungswerte von der Behörde antizipiert wurde, fand hier eine konkrete Artikulation, die nicht zwangsläufig, aber in diesem Falle zu seiner Anerkennung führte.

Ein besonders vorsichtiger Umgang der Behörden lässt sich bei israelischen Staatsangehörigen beobachten. So war es im Falle eines in Polen geborenen Israeli der Ausländerbehörde anheim gestellt worden, ihren Ermessensspielraum im Sinne des Antragstellers zu nutzen. Auf Rückfrage an die Wirtschaftsbehörde, inwiefern ein übergeordnetes wirtschaftliches Interesse für die geplante Pension in Wilmersdorf vorliege, antwortete diese, dass sie ein solches „bei israelischen Staatsangehörigen nicht mehr prüft".[150] Zum einen gehörten diese neben Staatsangehörigen aus Kanada, den USA, Australien und Neuseeland zu einem bevorzugten Personenkreis, dem – anders als allen anderen Nicht-Europäern – die Arbeitsaufnahme in einem bundesdeutschen Betrieb sogar gestattet wurde, wenn es sich um ungelernte Arbeitskräfte handelte.[151] Zum anderen wurden die Anträge von jüdischen Opfern des Nationalsozialismus – und sei es allein aus Angst vor Interventionen seitens der Jüdischen Gemeinde oder übergeordneter Stellen – in weit höherem Maße der Ausländerbehörde mit der Empfehlung auf positive Beurteilung übergeben.[152]

Die offiziellen Richtlinien, wie sie im Runderlass des Bundesinnenministers vom April 1957, der sich auf das Bundesgesetz zur Entschädigung für Opfer nationalsozialistischer Verfolgung (BEG) von 1956 bezog, enthalten sind, sahen allerdings eine restriktive Handhabung auch im Falle der Anträge von

---

[149] LAB B Rep. 010, Nr. 1896/II, Bd. 1.
[150] SfW, Vermerk, 8.5.74, LAB B Rep. 010, Nr. 1896/II, Bd. 1.
[151] Allein dieser Personenkreis sollte laut den 1965 von der Innenministerkonferenz verabschiedeten *Grundsätzen der Ausländerpolitik* eine Aufenthaltsgenehmigung erhalten können (vgl. Schönwälder, Germany's Guestworkers, 249 u. 260, Anm. 5).
[152] Dieses Vorgehen jedoch blieb auch behördenintern nicht unkritisiert, könnten die Anträge israelischer Staatsangehöriger doch nicht als „Sonderfälle" behandelt werden, wolle man nicht gegen den Gleichheitsgrundsatz verstoßen (SfW, 15.2.1974, LAB B Rep. 010, Nr. 2239).

3. Die Bedürfnisprüfung

Verfolgten des nationalsozialistischen Regimes vor. So war die für eine selbständige Tätigkeit notwendige besondere Aufenthaltserlaubnis nur zu erteilen, „wenn der Antragsteller im Zeitpunkt der Verfolgung seinen Wohnsitz oder dauernden Aufenthalt im Reichsgebiet nach dem Stand vom 31.12.1937" hatte, zudem „aus einer selbständigen Erwerbstätigkeit verdrängt" worden sei und nun die „Wiederaufnahme einer gleichwertigen selbständigen Erwerbstätigkeit" plane.[153] D. h., nur bereits im nationalsozialistischen Deutschland als Gewerbetreibende tätige Personen konnten sich im Nachkriegsdeutschland auf das Recht berufen, einer selbständigen Erwerbstätigkeit nachgehen zu dürfen.

Abgesehen vom örtlichen Bedürfnis konnte, wie bereits angedeutet, auch *ein übergeordnetes wirtschaftliches Interesse* der jeweiligen Stadt zur Befürwortung eines Antrags führen. Die Grenzen zwischen den beiden Begründungen waren nicht immer scharf gezogen. Während die Faktoren Tourismus und starke Frequentierung bestimmter Straßenzüge bisweilen auch als Kriterium für ein besonderes örtliches Bedürfnis herangezogen wurden, konnten sie auch als Begründung für ein übergeordnetes wirtschaftliches Interesse fungieren. Notwendig war in diesem Zusammenhang, dass das Lokal ein höheres Investitionsvolumen und eine größere Zahl an Arbeitsplätzen aufwies und sich nach seiner Betriebsart, und zwar nicht nur im Hinblick auf die angebotenen Speisen, positiv abhob. Diese Feststellung wurde im Rahmen einer Betriebsbesichtigung vorgenommen, die bei Prüfung eines übergeordneten wirtschaftlichen Interesses routinemäßig erfolgte. Dabei wurde nicht nur das Lokal, sondern auch der Antragsteller in Augenschein genommen. So heißt es über eine in Königsberg geborene und seit sieben Jahren im Bundesgebiet ansässige US-Amerikanerin, die eine Pension in Wilmersdorf übernehmen wollte, dass sie „einen gepflegten Eindruck" machte und an ihrer fachlichen Qualifikation keinerlei Zweifel bestünden.[154] Lassen sich in Berlin nur relativ wenige Aussagen dieser Art in den Akten finden, ging die Durchleuchtung der ausländischen Antragsteller im Süden Deutschlands erheblich weiter. So verschaffte sich die Konstanzer Stadtverwaltung teilweise ausführliche Informationen über die wirtschaftliche und soziale Situation der Gesuchstellenden und schaltete zu diesem Zweck in den 1960er Jahren bisweilen sogar eine Fürsorgerin ein, die beim Antragsteller vorstellig wurde und ihn zu seinen persönlichen Lebensumständen befragte.[155] Bei den Berliner Ortsbesichtigun-

---

[153] § 27 des Bundesergänzungsgesetzes zur Entschädigung für Opfer der nationalsozialistischen Verfolgung (BEG) v. 18.9.1953 (BGBl. I S. 1387); Bereinigung der Verwaltungsvorschriften auf dem Gebiete des Ausländerwesens. RdErl. d. Innenministers v. 2.4.1957 (Ministerialblatt für das Land Nordrhein-Westfalen, Ausgabe A, 10/45 [1957], 917).
[154] LAB B Rep. 010, Nr. 1896/II, Bd. 1.
[155] Vgl. den Bericht der Fürsorgerin Adam vom 15.1.64, StAK S XI/2955. Auch an den vorhe-

gen der frühen 1970er Jahre hingegen wurde v.a. das Lokal in Augenschein genommen. So wurde im Falle eines nahe der Weddinger Markthalle gelegenen jugoslawischen Spezialitätenrestaurants mit 100 Plätzen und weiteren 60 Sitzgelegenheiten in einem Festsaal von der Wirtschaftsbehörde ein übergeordnetes wirtschaftliches Interesse attestiert und zudem von einer „Bereicherung" der Gastronomielandschaft gesprochen.[156] Mit einem Investitionsvolumen von 100 000 DM für den Kauf und 60 000 DM für die Renovierung sowie einem Personal von acht bis zehn Personen lag das Restaurant auch in dieser Hinsicht über dem Durchschnitt.[157] Die Bevorzugung geräumiger, umsatzstarker Gaststätten, die von ausgebildetem Fachpersonal betrieben und in denen daher meist höhere Preise verlangt wurden und die auch aufgrund unscharfer Kriterien wie Sauberkeit und gelungene Ausstattung der Räumlichkeiten, mithin aufgrund von Geschmacksurteilen eine positive Bewertung erfuhren, implizierte eine Form sozialer Differenzierung und ungleicher Behandlung, die sich in der Geschichte der Bedürfnisprüfung in Deutschland häufig finden lässt.[158]

Ablehnungen erfolgten besonders häufig, wenn es sich bei den gastronomischen Betrieben um Bierwirtschaften oder aber Imbisse handelte. Anders als bei Speisegaststätten konnte bei diesen grundsätzlich kein übergeordnetes wirtschaftliches Interesse geltend gemacht werden, da das Investitionsvolumen zu gering war, als dass es für die Berliner Wirtschaft von Interesse gewesen wäre. Doch auch der Nachweis eines örtlichen Bedürfnisses gestaltete sich in diesen Fällen schwierig. Im Falle eines Griechen, der sich seit elf Jahren in der BRD aufhielt, bisher als Schlosser und Kraftfahrer tätig gewesen war und 1973 einen

---

rigen Wohnorten der Antragsteller wurden Informationen zum Lebenswandel eingeholt (vgl. Polizei-Hauptmeister Ockenfels, Polizeirevier Ulm I, Bezirksdienst, Ulm, 4.4.1973, StAK S XI/2999). Zur Einschaltung von Detekteien seitens der Löwenbräu-Brauerei siehe Kap. 5.1.1.

[156] LAB B Rep. 010, Nr. 1896/II, Bd. 1. Noch 1990 gehörte eine Zahl von mehr als 100 Sitzplätzen zur Ausnahme im ausländischen Gastgewerbe. Einer Umfrage unter ausländischen Selbständigen in Nordrhein-Westfalen zufolge besaßen 63,3 % der befragten Gastronomen Gaststätten mit weniger als 60 und nur 11,9 % solche mit mehr als 100 Sitzplätzen. Mit jeweils gut 25 % überwogen die Lokale mit 20 bis 40 bzw. 41 bis 60 Plätzen (vgl. ZfT, Ausländische Betriebe, 89 u. 108, Abb. A1: Sitzplätze in der Gastronomie).

[157] LAB B Rep. 010, Nr. 1896/II, Bd. 1. Noch Ende der 1980er Jahre wiesen nicht einmal 12 % aller in einer Studie des ZfT befragten türkischen Betriebe ein Investitionsvolumen von (mindestens) 100 000 DM auf (vgl. ZfT, Türkische Unternehmensgründungen, 67). Das Investitionsvolumen ausländischer Existenzgründer war und ist tendenziell niedriger als dasjenige von Deutschen. Noch 2008 nannten die IHKs als aktuellen Richtwert für ein übergeordnetes wirtschaftliches Interesse eine Million Euro Investitionssumme und die Schaffung von zehn Arbeitsplätzen; mittlerweile wurden diese Werte auf 50 000 Euro und fünf Arbeitsplätze gesenkt.

[158] Für ein Hamburger Beispiel aus dem frühen 20. Jahrhundert siehe Olshausen, Handbuch, 30, Anm. 1.

3. Die Bedürfnisprüfung

Tabelle 3: Herkunftsländer der Antragsteller 1980

	Antragsteller	davon Männer	davon Frauen
Türkei	35 (8)*	31	4
Jugoslawien	31 (55)	20	11
Griechenland	9 (15)	6	3
Sonstiges Europa	4 (3)	2	2
China (inkl. Hongkong)	5 (5)	4	1
Sonstiges Außereuropa	10 (19)	10	0
Insgesamt	94 (100)	73	21

* In Klammern: Zahlen von 1973/74.

Schnellimbiss in Steglitz eröffnen wollte, verneinte das Bezirksamt ein öffentliches Bedürfnis. In der unmittelbaren Umgebung existiere bereits „eine Vielzahl von Speiserestaurants und Imbißgeschäften", und die Betreibung eines Imbissstandes sei für die Wirtschaft Berlins „in jeglicher Hinsicht bedeutungslos".[159]

Oftmals scheinen es nicht allein ökonomische Faktoren wie das geringe Investitionsvolumen gewesen zu sein, die eine ablehnende Haltung gegenüber der Betriebsform ‚Imbiss' hervorriefen. Die Nähe zum Reisegewerbe und damit zu einer für überkommen erachteten (mobilen) Form der Gewerbetätigkeit bedingte eine soziale Abwertung der Imbisse wie ihrer Betreiber. Diese waren der behördlichen Willkür in weit stärkerem Maße ausgesetzt als die Inhaber großer Restaurants. Selbst mit gastronomischer Vorerfahrung besaßen Imbissbetreiber kaum eine Chance auf eine befürwortende Stellungnahme. Ab Ende der 1970er Jahre begann sich in dieser Hinsicht jedoch ein deutlicher Wandel abzuzeichnen.

An Anträgen auf eine Gaststättenerlaubnis liegen für das Jahr 1980 lediglich Anträge aus den Monaten Januar bis Juli vor. Waren im Zeitraum von August 1973 bis Juni 1974 100 Anträge von Ausländern aus Drittstaaten auf Erteilung einer Gaststättenerlaubnis eingereicht worden, waren es in den ersten sieben Monaten des Jahres 1980 bereits 94.[160] Von den vorliegenden Anträgen

---

[159] Ebd. „Zeitungsstände und Würstchenbuden werden grundsätzlich nicht zugelassen", hieß es seitens des Senators für Wirtschaft, Vermerk, 31.10.1973, LAB B Rep. 010, Nr. 1896/I, Bd. 3.

[160] Wie auch andere Datenerhebungen zeigen, hat sich der Trend hin zur Selbständigkeit bei Migranten um 1980 nochmals erheblich verstärkt, nicht nur in der Bundesrepublik, sondern z. B. auch in Großbritannien (vgl. Blaschke et al., European Trends, 90). Im Jahre 1980 waren – legt man die bereits erwähnte unvollständige Aktenserie zur Aufnahme selbständiger Erwerbstätigkeit von Ausländern (LAB B Rep. 010, Nr. 2233–2240) zugrunde – 63 % aller Gewerbeanträge solche auf Gaststättenerlaubnis.

3.2 Die Bedürfnisprüfung in der bundesdeutschen Verwaltungspraxis

stammte ein gutes Drittel, nämlich 35, von türkischen Staatsangehörigen – eine deutliche Steigerung gegenüber den acht Gesuchen aus den Jahren 1973/74 (siehe Tab. 3). Die Türken verwiesen damit die jugoslawischen Antragsteller, die 1973/74 für mehr als die Hälfte aller Anträge, nun aber mit 31 Anträgen nur noch für ein Drittel der Gesuche verantwortlich zeichneten, auf den zweiten Platz. Die griechischen Staatsangehörigen reichten von Januar bis Juli 1980 neun Gesuche ein.[161] 16 % der Anträge wurden von Nicht-Europäern gestellt, unter denen abermals die chinesischen Staatsangehörigen bzw. Hongkong-Chinesen mit fünf Antragstellern die größte Gruppe bildeten.[162] Insgesamt 21 Anträge und damit 22,3 % der Anträge von Januar bis Juli 1980 wurden von Frauen gestellt, was eine Steigerung um 4 % im Vergleich zum Sample aus den Jahren 1973/74 bedeutet. Noch immer waren es jugoslawische Frauen, welche die meisten Anträge, nämlich elf, und damit über 35 % aller jugoslawischen Anträge einreichten.[163] Während 1973/74 nur eine Griechin und keine einzige Türkin einen Antrag gestellt hatte, gingen 1980 drei Anträge von griechischen und vier von türkischen Frauen ein, d. h. ein Drittel bzw. 11,4 % der Anträge aus den entsprechenden Ländern.[164]

Zur durchschnittlichen Aufenthaltsdauer bei der Antragstellung lassen sich für 1980 keine Angaben mehr machen, da die detaillierten Personalbögen, die 1973/74 noch benutzt worden waren, nicht mehr zum Einsatz kamen. Daher lässt sich auch über die berufliche Vorerfahrung der Antragstellenden nur in Ausnahmefällen etwas aussagen. 1980 wurde lediglich noch die Form der Einreise festgehalten. 73 der 94 Antragsteller waren als ‚Gastarbeiter' in die Bundesrepublik bzw. nach Berlin gekommen, eine Türkin war als selbständige Gewerbetreibende in der Flickschneiderei eingereist, eine andere war zu ihrem Ehemann und zwei Türken waren als Kinder zugezogen, fünf Antragsteller waren zu Studienzwecken eingereist, zwei als Touristinnen und vier als Asylsuchende.[165]

Räumlich konzentrierten sich die beantragten Gaststätteneröffnungen nach

---

[161] Ende 1979 lebten in Berlin 100 217 Türken, 30 542 Jugoslawen und nur 7019 Griechen (vgl. Statistisches Jahrbuch Berlin 1980, 36). Je ein weiterer Antrag wurde von einer Polin, einer Tschechin, einem Finnen und einem Spanier eingereicht.

[162] Zwei Anträge wurden von Iranern eingereicht und je einer von einem Iraker, einem Tunesier, einem US-Amerikaner, einem Japaner, einem Libanesen, einem Pakistani, einem Ägypter und einem Staatenlosen (mit arabischem Namen).

[163] Ende 1981 betrug der Frauenanteil bei jugoslawischen Staatsangehörigen in Berlin 50,5 %, während er bei Türken und Griechen bei nur 45,3 % und 42,9 % lag (vgl. Ausländer in Berlin [West], 38).

[164] Bei den übrigen drei Frauen, die eine Gaststätte eröffnen wollten, handelte es sich um eine Chinesin, eine Polin und eine Tschechin.

[165] Bei den Asylsuchenden handelte es sich um den Pakistani, einen der beiden Iraner, den Ägypter und den Staatenlosen. Sieben Anträge enthalten keine Angaben über die Form der Einreise.

3. Die Bedürfnisprüfung

Tabelle 4: *Räumliche Verteilung der geplanten Gaststätten in West-Berlin*

	1974/74	1980
Kreuzberg	10	22
Schöneberg	6	12
Wedding	7	9
Wilmersdorf	16	9
Tiergarten	5	6
Neukölln	13	6
Charlottenburg	10	5
Reinickendorf	8	5
Steglitz	10	5
Spandau	3	4
Tempelhof	9	3
Zehlendorf	3	1
Insgesamt	100	87*

* Sieben Anträge wurden für keinen bestimmten Bezirk gestellt

wie vor auf die innenstadtnahen Bezirke West-Berlins, wobei Kreuzberg nun mit 22 (und damit der im Vergleich zu 1973/74 mehr als doppelt so hohen Anzahl von Anträgen, trotz des nur sieben Monate umfassenden Samples) deutlich an der Spitze lag, gefolgt von Schöneberg mit 12 Anträgen (siehe Tab. 4). Auch für die Bezirke Wedding und Tiergarten mit neun bzw. sechs Anträgen lag die Zahl der Gesuche nach den ersten sieben Monaten des Jahres 1980 bereits höher als 1973/74. Soweit die beiden Quellenbestände tentative Vergleiche erlauben, ist auffällig, dass sich die Anzahl der Anträge in Wilmersdorf, das 1973/74 mit 16 Anträgen ganz vorne in der Rangliste gelegen hatte, 1980 auf neun und damit deutlich reduziert hatte. Es lässt sich insgesamt also von einer stärkeren Diffusion der von Nicht-EWG-Ausländern beantragten Gaststätten über den Berliner Raum, zugleich aber auch von einem verstärkten Konzentrationsprozess in Kreuzberg sprechen.[166]

Bei der Bearbeitung der Anträge lassen sich für das Jahr 1980 deutliche Veränderungen gegenüber den Jahren 1973/74 beobachten. Neue ausländerrechtliche Bestimmungen wie der sogenannte Verfestigungserlass von 1978

---

[166] Die größte Vielfalt im Hinblick auf die Staatsangehörigkeit der Antragsteller wies dabei erneut der Bezirk Wilmersdorf auf, in dem sechs unterschiedliche Nationalitäten repräsentiert waren. In Kreuzberg und im Wedding, aber auch in Steglitz handelte es sich bei (mehr als) der Hälfte der Antragsteller um türkische Staatsangehörige, während in Neukölln und Tiergarten die Hälfte der Antragsteller die jugoslawische Staatsangehörigkeit besaß.

3.2 Die Bedürfnisprüfung in der bundesdeutschen Verwaltungspraxis   201

verbesserten den prekären Aufenthaltsstatus von Nicht-EWG-Ausländern.[167] Diese besaßen, wenn sie sich seit mindestens acht Jahren legal in der Bundesrepublik aufhielten oder aber mit einem oder einer Deutschen verheiratet waren und seit einer (je nach Bundesland variierenden) mehrjährigen Frist im Bundesgebiet lebten, fortan ein Anrecht auf die Erteilung einer besonderen Aufenthaltserlaubnis, i.e. der Aufenthaltsberechtigung, und damit auf eine weitgehende rechtliche Gleichstellung mit deutschen Staatsangehörigen.[168] Noch bis in die 1970er Jahre hinein war eine solche Gleichstellung für ausländische Männer, die mit deutschen Frauen verheiratet waren, undenkbar gewesen, hatte man doch von der Frau im Prinzip den Verzug ins Ausland und die Aufgabe der deutschen Staatsbürgerschaft erwartet: „Grundsätzlich muß die Ehefrau dem Ehemann ins Ausland folgen" – so lautete der Grundsatz, der noch Ende der 1960er Jahre in ausländerrechtlichen Besprechungen vertreten wurde. Ein ausländischer Ehemann einer Deutschen war „wie alle anderen Ausländer zu behandeln"; ihm kamen „keine Besonderheiten, keine Bevorrechtigungen" zugute.[169] An der Wende zu den 1970er Jahren veränderten sich die Vorstellungen über die individuellen Rechte auch von Ausländern spürbar; dem staatlichen Zugriff wurden in zunehmendem Maße humanitäre Grundsätze entgegen gehalten.[170] Die ausländischen Ehemänner deutscher Frauen konnten fortan weitgehend problemlos unbefristete Aufenthaltsgenehmigungen erhalten.

Die ausländerrechtlichen Neuerungen von 1978 bedeuteten für die Verwaltungspraxis, dass bei Anträgen auf eine Gaststättenerlaubnis das Bedürfnis nicht mehr geprüft wurde. Die Umsetzung der Regelung erfolgte in den einzelnen Ländern allerdings zu unterschiedlichen Zeitpunkten. Während der Senator für Wirtschaft in Berlin bereits Ende 1979 darauf verwies, dass aufgrund der neuesten ausländerrechtlichen Bestimmungen bei den seit mindestens acht Jahren ansässigen Drittstaatenausländern eine Stellungnahme

---

[167] Siehe die Allgemeine Verwaltungsvorschrift zur Ausführung des Ausländergesetzes i.d. Fassung der Bekanntmachung vom 10.5.1977 (GMBl. S. 202) u. Bekanntmachung der Allgemeinen Verwaltungsvorschrift des Bundesministers des Innern zur Änderung der Allgemeinen Verwaltungsvorschrift zur Ausführung des Ausländergesetzes vom 26.7.1978 (Amtsblatt für Berlin 28/50 v. 4.8. 1978).

[168] Diese musste jedoch beantragt weden, und auch hier verfügten die Behörden über einen weiten Ermessensspielraum. Hatte 1968 nur etwa 1 % der über fünf Jahre in der BRD lebenden Ausländer eine unbefristete Aufenthaltserlaubnis besessen (vgl. Borris, Ausländische Arbeiter, 252), so waren 1980 57,4 % der Spanier, 41,3 % der Griechen, 31,1 % der Jugoslawen, 20,5 % der Portugiesen, aber lediglich 18,3 % der Türken im Besitz einer unbefristeten Arbeitserlaubnis oder einer Aufenthaltsberechtigung (vgl. Mehrländer, Situation, 566, Tab. 297).

[169] Niederschrift über das Ergebnis der ausländerrechtl. Besprechungen [1967/68], StAK S XI/3116.

[170] Vgl. Schönwälder, Zukunftsblindheit, 135.

entfallen könne, setzte sich in Nordrhein-Westfalen, Baden-Württemberg und Hamburg erst in den frühen 1980er Jahren ein deutlich liberalerer Umgang mit dem genannten Personenkreis durch.[171] Fortan war nur noch eine Stellungnahme der Wirtschaftsbehörde erforderlich, die darüber zu befinden hatte, ob die geplante Tätigkeit den gesamtwirtschaftlichen Belangen der jeweiligen Stadt schade oder nicht. Da sich viele der Arbeitsmigranten Anfang der 1980er Jahre bereits mehr als acht Jahre in der Bundesrepublik aufhielten – nämlich knapp 77 % der aus den ehemaligen Hauptanwerbeländern stammenden Ausländer[172] –, wurde bei einem Großteil der in Berlin eingegangenen Anträge nicht mehr die Bedürfnisfrage, sondern lediglich noch die sogenannte Schadensfrage erörtert.[173] Ein Schaden stand nur dann zu befürchten, wenn es den Antragstellenden an Zuverlässigkeit (oder im Handwerk an Fachkunde) mangelte.[174]

Bei Einreisenden aus Ostblockstaaten, die einen Antrag auf selbständige Erwerbstätigkeit stellten, wurde in Berlin oft schon nach lediglich zwei Jahren keine Bedürfnis-, sondern nur noch eine Schadensprüfung vorgenommen. Das wurde beispielsweise 1985, angesichts der politischen Ereignisse in Polen, für polnische Zuwanderer beschlossen, die vor Juni 1985 nach Berlin gekommen waren.[175] Dieselbe Regelung wurde 1990 für diejenigen Staatsangehörigen aus Ostblockstaaten festgelegt, die vor Dezember 1989 nach Berlin eingereist waren.[176] Für die später Zugewanderten galten diese Erleichterungen nicht; sie unterstanden den allgemeinen ausländer- und asylrechtlichen Bestimmungen.

---

[171] Vgl. SfW an Pol.präs. in Berlin, 19.11.1979, LAB B Rep. 010, Nr. 1897, Bd. 1; Korte, Ausländische Selbständige, 26 u. 1; Schuleri-Hartje, Ausländer, 62. Zur unterschiedlichen Verwaltungspraxis der Länder siehe auch Heilbronner, Ausländerrecht, B II 184, 125. Ab 1982 wurde in Nordrhein-Westfalen die Aufenthaltsberechtigung ohne jegliche Auflagen erteilt; allein in Bayern wurde sie weiterhin mit der Auflage versehen, dass eine selbständige Erwerbstätigkeit nicht gestattet sei (vgl. Schuleri-Hartje, Ausländer, 222 u. 215).

[172] Vgl. Mehrländer, Situation, 540, Tab. 286.

[173] Während die Bedürfnisprüfung als „große Frage" bezeichnet wird, firmiert die Schadensfrage als „kleine Frage".

[174] Vgl. Aufenthalt und Erwerbstätigkeit von ausländischen Staatsbürgern und Unternehmen in Deutschland. Merkblatt der BAO [Berliner Absatzorganisation] Berlin und der IHK Berlin, übersandt am 21.1.1993, 3.4.2.1. u. 3.4.2.2., LAB B Rep. 010, Nr. 2767.

[175] Der Senat von Berlin an den Vorsitzenden des Ausschusses für Ausländerfragen [etc.], 19.6.1985, betr.: Bericht über die Situation der Polen in Berlin, LAB B Rep. 010, Nr. 2767.

[176] Vgl. SfI an Landeseinwohneramt Berlin, 18.2.1990, betr.: Ausländerrechtliche Behandlung von Staatsangehörigen der Ostblockstaaten, LAB B Rep. 010, Nr. 2767. Zudem konnte bei osteuropäischen Unternehmen auch leichter ein übergeordnetes wirtschaftliches Interesse anerkannt werden, so z. B. wenn die Gewerbeerlaubnis potentiell zur Stabilisierung bestehender Wirtschaftsbeziehungen beitrug oder aber ‚besondere Kenntnisse' durch eine ehemalige Tätigkeit bei einem Staatshandelsunternehmen vorlagen (vgl. Aufenthalt und Erwerbstätigkeit von ausländischen Staatsbürgern und Unternehmen in Deutschland. Merkblatt der BAO, LAB B Rep. 010, Nr. 2767).

3.2 Die Bedürfnisprüfung in der bundesdeutschen Verwaltungspraxis

Aufgrund der ausländerrechtlichen Neuerungen wurden in Berlin zu Beginn der 1980er Jahre also nur noch wenige Bedürfnisprüfungen durchgeführt. Diese lassen im Vergleich zu den Bedürfnisprüfungen der frühen 1970er Jahre keine Veränderungen erkennen.[177] Antragsteller, bei denen lediglich noch die „Schadensfrage" geprüft wurde, durften mit einem positiven Bescheid rechnen, konnte die Eröffnung eines gastgewerblichen Betriebs doch der Berliner Wirtschaft kaum zum Nachteil geraten.[178] Auch viele der Antragsteller, die vor 1980 mit ihrem Gesuch erfolglos gewesen waren, erhielten 1980 und in den Folgejahren positive Bescheide.[179] Selbst mobile Imbisswagen, die, wie gezeigt, 1973/74 nur selten Gegenstand einer erfolgreichen Bedürfnisprüfung gewesen waren, wurden nun oft problemlos zugelassen. So erhielt eine Türkin, die als zuziehende Ehefrau 1969 in die BRD eingereist war und als Stationshilfe im Krankenhaus gearbeitet hatte, die Erlaubnis, vor Autokinos, Sport- und Marktplätzen einen Imbiss mit Getränkeausgabe zu betreiben.[180] Imbisse, für die ein Reisegewerbeschein beantragt wurde, konnten hingegen nicht unbedingt mit einer Befürwortung rechnen.[181] Mitunter wurde die Schadensfrage in diesen Fällen so ausgelegt, dass ein Schaden entstünde, wenn kein Bedürfnis für die geplante Tätigkeit anerkannt werden könne.[182] Der Antrag eines Türken hingegen, der auf Berliner Märkten einen mobilen Imbissstand betreiben wollte,

---

[177] So wurde ein besonderes örtliches Bedürfnis für einen Imbissbetrieb in Kreuzberg mit dem Bedarf an schnellen (Mittags-)Mahlzeiten für Arbeiter der nahe gelegenen Gewerbehöfe begründet (vgl. LAB B Rep. 010, Nr. 1897, Bd. 3) und das Bedürfnis für eine „literarische Teestube", die ein zu Studienzwecken eingereister Japaner in Wilmersdorf eröffnen wollte, vom Bezirksamt anerkannt, weil im Verwaltungsbezirk kein gleichartiger Betrieb existierte (vgl. LAB B Rep. 010, Nr. 1897, Bd. 2). Ein Chinese hingegen, der sich seit sieben Jahren in der Bundesrepublik aufhielt, in Schöneberg das Restaurant „Beck-Rimm" übernehmen und in ein chinesisches Spezialitätenrestaurant umwandeln wollte, erhielt keine befürwortende Stellungnahme, da sich in unmittelbarer wie mittelbarer Umgebung bereits zwei chinesische Restaurants befanden (vgl. LAB B Rep. 010, Nr. 1897, Bd. 3).

[178] 1987 heißt es entsprechend über das Verfahren zur Stellungnahme, dass beim stehenden Gewerbe ein Schaden „in der Regel nicht" anzunehmen sei (Vereinfachtes Verfahren bei der Stellungnahme zur selbständigen Erwerbstätigkeit von Ausländern, 3.9.87, LAB B Rep. 010, Nr. 2767).

[179] Dies lässt sich anhand der Aktenserie über die Aufnahme selbständiger Erwerbstätigkeit durch Ausländer (B Rep. 010, Nr. 2233–2240) aus den Jahren 1964 bis 1984 gut nachvollziehen.

[180] Vgl. LAB B Rep. 010, Nr. 1897, Bd. 2.

[181] So hieß es im Falle eines Türken, der in Berlin einen Imbissstand eröffnen wollte: „Zwar schadet die geplante Tätigkeit nicht den gesamtwirtschaftlichen Belangen Berlins, ein Bedürfnis kann ihr jedoch nicht beigemessen werden. Der Antrag auf Erteilung einer Aufenthaltserlaubnis zur Ausübung eines Gewerbes wird daher von uns nicht befürwortet." Vgl. LAB B Rep. 010, Nr. 1899, Bd. 2 (dort mehrere gleichartige Fälle).

[182] Vgl. ebd.

wurde befürwortet.[183] Diese uneinheitliche Praxis verdeutlicht die individuellen Entscheidungsspielräume der zuständigen Beamten.

Die ausländerrechtlichen Neuerungen von 1978 und ihre Auswirkungen auf die Antragsbearbeitung benötigten eine gewisse Zeit, bis sie Einzug in die Verwaltungsroutine hielten. Auf den Formularen des Polizeipräsidenten, deren historische Genese eine eigene Analyse wert wäre[184], waren hinsichtlich der geforderten Stellungnahme seitens der Wirtschaftsbehörde mitunter noch immer die Punkte „besonderes örtliches Bedürfnis" oder „übergeordnetes wirtschaftliches Interesse" angekreuzt, auch wenn die Antragstellenden sich mehr als acht Jahre in der Bundesrepublik aufhielten oder mit Deutschen verheiratet waren. Das musste dann nachträglich korrigiert werden. Auch wenn die handschriftlichen Nachbesserungen durchaus individuelle Eingriffe darstellten, dokumentieren die Formulare doch weniger die Sicht der Behördenmitarbeiter als die „Ordnungsprinzipien der Institution".[185] Aufenthaltsdauer und Familienstand wurden neben dem Namen des Antragstellers und seiner Staatsangehörigkeit zu den einzig relevanten Faktoren erklärt, hing von diesen doch der Aufenthaltsstatus ab, der für die Gewerbe- und Ausländerbehörde das entscheidende Merkmal eines jeden in der Bundesrepublik lebenden Ausländers darstellte. Im Formular verdichtet sich damit die machtförmige Klassifizierung der Individuen, die nur auf eine spezifische Weise im behördlichen Handeln vorkommen. Es ist dieser Filter, der es der Verwaltung ermöglicht, vom komplexen Einzelfall zu abstrahieren, mittels der selektiven Informationsverarbeitung Vergleichbarkeit herzustellen und auf diese Weise Entscheidungsabläufe zu standardisieren. Erst die im Formular materialisierte Serialität und Formalisierung der Problembearbeitung erlaubt die Objektivierung der Einzelfälle gemäß der ausländerrechtlichen Logik.[186] Gerade für die Kooperation zwischen verschiedenen Behörden ist dieses Vorgehen, das Anschlussoperationen erleichtert, von größter Bedeutung.[187]

Dass die vorgegebenen Felder auf den Formularen dennoch Entscheidungsspielräume für die Sachbearbeiter offenließen, zeigt sich unter anderem daran, dass im Zuge der ausländerrechtlichen Neuerungen zum Teil auch Anträge von der Wirtschaftsbehörde befürwortet wurden, die von Ausländern gestellt worden waren, die sich noch nicht ganz acht Jahre im Land aufhielten. Im Falle eines Türken etwa, der im Juli 1972 eingereist und im Februar 1980 einen Antrag

---

[183] Vgl. ebd.
[184] Für eine Geschichte des Formulars siehe Bernet, „Eintragen". Bernet hebt u. a. die massiven Normierungs- und Standardisierungsprozesse in der Dokumentationsweise im Laufe des 20. Jahrhunderts hervor.
[185] Ebd., 63.
[186] In diesem Sinne besitzt das Formular auch eine epistemische Funktion (vgl. ebd., 65).
[187] Die Herstellung von Ordnung in Organisationen, die mit Migration befasst sind, analysiert aus systemtheoretischer Sicht Bommes, Politische ‚Verwaltung'.

3.2 Die Bedürfnisprüfung in der bundesdeutschen Verwaltungspraxis

auf Errichtung eines Restaurants mit Tee- und Kaffeestube im Wedding stellte, betonte ein Mitarbeiter der Wirtschaftsbehörde, dass hier aufgrund der bald komplettierten acht Jahre eine positive Stellungnahme von der Wirtschafts- wie Ausländerbehörde zu vertreten sei.[188]

In Berlin wurden die Anträge auf Ausübung einer selbständigen Tätigkeit im Gastgewerbe, sofern sich die Ausländer seit mindestens acht Jahren in der BRD aufhielten, also regelmäßig befürwortet. Der Deutsche Industrie- und Handelstag (DIHT), der als Dachorganisation der IHKs fungiert, hingegen wandte sich in seiner „Stellungnahme zur Ausländerproblematik" vom September 1982 gegen eine solche „Fristenautomatik". Zwar seien die „Existenzgründungsmöglichkeiten" für „Integrationswillige" zu fördern; eine selbständige Erwerbstätigkeit dürfe jedoch kein Mittel der Integrationspolitik, sondern könne lediglich das „Ergebnis einer erreichten Integration" sein. Statt also alle Anträge, in denen die benötigte Aufenthaltsdauer nachgewiesen werden könne, zu befürworten, forderte der DIHT weiterhin Einzelfallentscheidungen, wie sie in der Vergangenheit üblich gewesen waren.[189] Der Ermessensspielraum der Behörden war mit den neuen ausländerrechtlichen Regelungen zwar kleiner geworden, aber trotzdem noch vorhanden, zumal die letztgültige Entscheidung noch immer bei der Ausländerbehörde lag, die sich zwar in der Regel an den Empfehlungen der Gewerbeämter orientierte, das aber nicht tun musste.

Welchen Ausgang die hier diskutierten Verfahren im Einzelnen nahmen, lässt sich anhand des zugänglichen Quellenmaterials nicht nachvollziehen.[190] Die endgültigen Entscheidungen, die von der Ausländerbehörde getroffen wurden, liegen für die analysierten Anträge nicht vor. Nach einer Erhebung des Jahres 1980 wurden lediglich 57 % der von Nicht-EWG-Ausländern für diverse Gewerbebereiche gestellten Anträge positiv beschieden.[191] In den 1970er Jahren lagen die Genehmigungsquoten noch darunter. In Köln etwa wurde 1973 nur 32 Anträgen auf einen selbständigen Gewerbebetrieb stattgegeben, wohingegen 67 Anträge abgelehnt wurden. 1974 wurden 58 Anträge positiv und 71 negativ beschieden, wobei sich die abgelehnten Anträge „hauptsächlich

---

[188] LAB B Rep. 010 Nr. 1897, Bd. 1.
[189] Vgl. DIHT-Stellungnahme zur Ausländerproblematik, Bonn, Sept. 1982, 30f., RWWA 822/60 W11 T.3 B-3 Bd. 2.
[190] Für eine nicht ganz unerhebliche Zahl von Anträgen lässt sich festhalten, dass sie sich als gegenstandslos erwiesen, und zwar meistens, weil kein Mietvertrag für die vorgesehenen Räumlichkeiten zustande gekommen war, keine Einigung über den Kaufpreis erzielt werden konnte oder der Besitzer der anvisierten Gewerberäume diese nicht mehr verkaufen wollte (vgl. die diversen Beispiele in LAB B Rep. 010, Nr. 1896/II, Bd. 2). Stellte sich heraus, dass der Antragsteller das Verfügungsrecht über die Räumlichkeiten nicht besaß, erübrigte sich eine weitere Bearbeitung des Antrags.
[191] Vgl. Bischoff/Teubner, Zwischen Einbürgerung und Rückkehr, 91. Die in den einzelnen Bundesländern erteilten Genehmigungen und Ablehnungen der Jahre 1980 bis 1983 sind aufgeführt in ZfT, Turkish Business Community, 14, Tab. 5.

auf Lebensmittelhandlungen, Gaststätten, Imbissstuben, Reisebüros, Schneidereien, Annahmestellen von Reinigungen oder das Reisegewerbe" bezogen.[192] Auch in dem Berliner *Bericht über die Probleme im Zusammenhang mit der Ausländerbeschäftigung* vom Juli 1971 wurde festgehalten, dass „die Mehrzahl der von Ausländern gestellten Anträge auf Eröffnung bzw. Übernahme einer Gaststätte abgelehnt" werden mussten, weil „dem betreffenden Betrieb nur eine untergeordnete Bedeutung" zukomme.[193] Auch von den Betroffenen wurden die gewerbe- bzw. ausländerrechtlichen Hürden als hoch und besonders schwerwiegendes Problem ihrer (geglückten oder missglückten) Existenzgründung betrachtet.[194] In Großbritannien existierten derartige Barrieren nicht.[195]

Grundsätzlich ist davon auszugehen, dass die Ausländerbehörde den Stellungnahmen der Bezirksämter folgte. Wurde ein örtliches Bedürfnis oder ein übergeordnetes wirtschaftliches Interesse anerkannt, erteilte die Ausländerbehörde in der Regel eine uneingeschränkte Aufenthaltserlaubnis.[196] Dennoch war es der Ausländerbehörde jederzeit möglich, entgegen der Stellungnahme der Gewerbebehörde zu entscheiden. Wie häufig dieser Fall eintrat, lässt sich auf der Basis des vorliegenden Quellenmaterials nicht beantworten.[197] Die Akten geben jedoch Auskunft über bisweilen auftretende Unstimmigkeiten zwischen Gewerbeamt und Ausländerpolizei. So war einem Tunesier 1974 die selbständige Gewerbeausübung von der Ausländerbehörde gestattet worden, obwohl das Bezirksamt Wedding weder ein örtliches Bedürfnis noch ein übergeordnetes wirtschaftliches Interesse für seinen Imbissbetrieb bejaht hatte. Da der Verdacht aufkam, dass „persönliche Interessen auch der hiesigen Sachbearbeiter" an der Genehmigung bestanden hatten, fragte der Polizeipräsident nochmals beim Bezirksamt nach, wie es sich in diesem Fall verhalten habe.[198] Es stellte sich heraus, dass ein Anruf beim Bezirksamt erfolgt war, bei dem sich der Anrufer als Sachbearbeiter der Ausländerpolizei ausgegeben und gefragt hatte, inwieweit das Bezirksamt bereit sei, ein besonderes örtliches Bedürfnis

---

[192] Verwaltungsbericht der Stadt Köln 1974, 53.
[193] Senator für Inneres, Senatsvorlage, 26.
[194] Noch 1990 berichteten 23,3 % der Türken, aber nur 8,6 % der Jugoslawen von Schwierigkeiten, einen Gewerbeschein zu erhalten (vgl. ZfT, Ausländische Betriebe, 75). Dass eine auflagenfreie Aufenthaltserlaubnis zu erwirken das größte Problem ausländischer Unternehmer darstellte, betont auch Burgbacher, Migrantenunternehmer, 46.
[195] Für indische Restaurantgründungen betont dies Panayi, Impact, 194.
[196] Vgl. SfW, Vermerk, 31.10.1973, LAB B Rep. 010, Nr. 1896/I, Bd. 3; ZfT, Ausländische Betriebe, 39.
[197] Dass dies angeblich „oft geschehen" sei, ist einem Vermerk über einen in Hamburg gestellten Gewerbeantrag aus dem Jahre 1989 zu entnehmen (vgl. BA Altona, Vermerk, 6.11.1989, StAH 445-1 BA Altona, Ablief. 4.11.99, lfd. Nr. 98/99 Paket 22, AZ: 70.80-2 Bd. 2).
[198] LAB B Rep. 010, Nr. 1896/II, Bd. 2.

für eine tunesische Imbissstube im Wedding anzuerkennen. Nachdem der Mitarbeiter gesagt hatte, ein solches könne nicht bejaht werden, erklärte der anonyme Anrufer, dass es sich um „einen dringenden Ausnahmefall" handele, der „kurzfristig entschieden" werden solle, weshalb er „diesen ungewöhnlichen Weg einer fernmündlichen Klärung" wähle. Die Senatsverwaltung für Wirtschaft habe seine Zustimmung bereits gegeben; zudem käme es im Bezirk Wedding doch gar nicht darauf an, „ob bei der Vielzahl der hier ansässigen Ausländer und den zahlreich bestehenden Strohmannverhältnissen auch noch ein Angehöriger des arabischen Volkes für seine Landsleute eine Imbißstube betreibe". Der Mitarbeiter des Bezirksamtes hatte daraufhin bemerkt, dass die endgültige Entscheidung bei der Ausländerbehörde liege und geäußert, dass, wäre der Fall so wichtig, „die Polizei doch bekanntlicherweise keine Bedenken [hätte], über den Kopf der Bezirke eigenmächtig zu entscheiden". Auch wenn er ein örtliches Bedürfnis nicht für gegeben erachte, müsse er sich der Entscheidung der Ausländerbehörde fügen. Seine Zustimmung habe er jedoch keineswegs gegeben, betonte der Mitarbeiter des Bezirksamtes. Der Sachbearbeiter der Ausländerbehörde habe eigenmächtig die notwendige Eintragung im Pass des Tunesiers vorgenommen.[199] Auch die Wirtschaftsbehörde stellte klar, dass sie lediglich erklärt habe, dass bei Vorliegen einer entsprechenden Aufenthaltserlaubnis ihrerseits keine Bedenken gegen die selbständige Tätigkeit des Tunesiers bestünden; eine befürwortende Stellungnahme habe sie aber nie abgegeben und könne sie in diesem Fall auch nicht abgeben.[200] Die relativ komplizierte Struktur der Erlaubniserteilung, in die mehrere Instanzen involviert waren, und insbesondere das Auseinanderfallen der Zuständigkeiten für die Bedürfnisprüfung und für die endgültige aufenthaltsrechtliche Entscheidung eröffneten mitunter also Spielräume, die keiner vollständigen Kontrolle unterlagen und ab und an eine ungewöhnliche, nicht ordnungsgemäße Abwicklung eines Verfahrens ermöglichten.[201] Das galt insbesondere für Großstädte, wo sich die Kooperation und Koordination zwischen den zuständigen Behörden vielfach schwieriger gestaltete als in Klein- und Mittelstädten.[202] Zudem expli-

---

[199] Der Tunesier hatte seinen Pass mit der Aufenthaltserlaubnis, die den Betrieb einer tunesischen Spezialitäten-Grillstube gestattete, der Wirtschaftsabteilung des Bezirksamtes Wedding vorgelegt und daraufhin ab Februar 1974 eine vorläufige, ab April dann eine endgültige Gewerbezulassung erhalten (vgl. ebd.).
[200] Vgl. ebd.
[201] Als weiterer Faktor sind in diesem Zusammenhang die Versuche von Seiten der organisierten Kriminalität zu nennen, die auf die Behörden einwirkte, um die Erteilung von Aufenthaltsgenehmigungen oder Konzessionen zu erreichen (vgl. Rebscher/Vahlenkamp, Organisierte Kriminalität, 126 u. 129).
[202] Dabei führten die unterschiedlichen Aufgaben der einzelnen Ämter nicht selten zu unterschiedlichen Auffassungen darüber, wie mit der ausländischen Klientel umzugehen sei. Die jeweilige Handlungsperspektive der einzelnen Behörde erwies sich aufgrund der strikten Arbeitsteilung oft als sehr begrenzt. Vgl. Schuleri-Hartje, Ausländer, 92 u. 169.

3. Die Bedürfnisprüfung

ziert das Beispiel die Hierarchien zwischen den beteiligten Behörden, konnte die Ausländerbehörde doch im Einzelfall die Einschätzungen der Bezirksämter ignorieren bzw. sich über diese hinwegsetzen; ab und an verzichtete die Ausländerbehörde sogar ganz darauf, die Wirtschaftsbehörde anzuhören.[203] Die Ausländerbehörde von einem positiven Bescheid zu überzeugen, stellte für die ausländischen Antragsteller daher die eigentliche Hürde dar.

Wurde ein örtliches Bedürfnis anerkannt, erteilte die Ausländerbehörde oftmals eine Aufenthaltserlaubnis, die nicht generell eine selbständige Tätigkeit zuließ, sondern auf die Ausübung eines spezifischen selbständigen Gewerbes in einem bestimmten Betrieb beschränkt war. Eine solche objektbezogene Eingrenzung wurde bisweilen vom Senator für Wirtschaft explizit erbeten.[204] Besaß ein Ausländer eine solche eingeschränkte Erlaubnis zur Bewirtschaftung einer bestimmten Gaststätte, dann erleichterte ihm oder ihr diese Genehmigung in keiner Weise, einen weiteren Gewerbebetrieb zu eröffnen. Ein Jugoslawe, der als Inhaber eines jugoslawischen Spezialitätenrestaurants in Spandau tätig war, beantragte 1974, einen weiteren Betrieb in Charlottenburg zu eröffnen. Mit Hinweis auf seine befristete Aufenthaltserlaubnis, die allein die Gewerbeausübung als Inhaber des bereits bestehenden Restaurants gestattete, nicht jedoch die „Erweiterung des Gewerbes sowie Einrichtung von Zweigstellen jeglicher Art", wurde ihm dieser Wunsch nach der negativ verlaufenen Bedürfnisprüfung durch das Bezirksamt Charlottenburg abgeschlagen.[205]

Abgesehen von diesen weiterhin einschränkenden Auflagen, die durch das Ausländerrecht ermöglicht wurden, stießen insbesondere die langen Wartezeiten bei den Antragstellenden auf Kritik. Bis die endgültige Entscheidung vorlag, konnten viele Monate vergehen, nach deren Ablauf mitunter die für die geplante Gaststätte ausgewählten Räumlichkeiten nicht mehr zu haben waren oder eine Arbeitsstelle als selbständig tätiger Geschäftsführer längst vergeben war.[206] Darüber hinaus wurde der weite Ermessensspielraum, den die Ausländerbe-

---

[203] Einige diesbezügliche Beschwerden sind in den Akten zu finden. So zeigte sich die Wirtschaftsbehörde mit der 1969 an ein jugoslawisches Ehepaar ergangenen Ablehnung seitens der Ausländerbehörde nicht einverstanden. Vgl. SfW, 16.12.1969, LAB B Rep. 010, Nr. 2237.

[204] Diese Regelung galt für Gaststätten wie Einzelhandelsgeschäfte gleichermaßen: „Wird eine Aufenthaltserlaubnis zur Gewerbeausübung erteilt, wird diese auf den genau angegebenen Geschäftsort beschränkt." (Protokoll der Referentenbesprechung der Abt. V am 5.10.1973, LAB B Rep. 010, Nr. 48) Noch im Berliner Ausländererlass vom April 1988 ist festgelegt, dass bei Entsprechung des Antrags die Auflage zur Aufenthaltserlaubnis mit dem beschränkenden Zusatz „Betrieb einer Gaststätte in … gestattet" zu versehen sei (Erlaß über die Behandlung von Ausländerangelegenheiten [Ausländererlaß] v. 25.4.1988 [Amtsblatt für Berlin 38/22 v. 11.5.1988, 7.5.3.1]).

[205] LAB B Rep. 010, Nr. 1896/II, Bd. 2.

[206] Vgl. LAB B Rep. 010, Nr. 1899, Bd. 2.

3.2 Die Bedürfnisprüfung in der bundesdeutschen Verwaltungspraxis

hörde besaß (und der auch die vorangehende Bedürfnisprüfung der Gewerbebehörde charakterisierte), auch grundsätzlich in Frage gestellt.[207]
Auch wenn bei der Bedürfnisprüfung nicht die Feststellung der ‚Tatsachen', sondern allein die Beurteilung der ‚richtig festgestellten Tatsachen' dem Ermessen überlassen ist, deutet doch bereits die Unbestimmtheit des Rechtsbegriffs des Bedürfnisses[208] an, dass hier stets ein „Element von Beliebigkeit"[209] mitschwingt. Das sogenannte öffentliche Interesse ist ein weiterer unbestimmter Rechtsbegriff, dessen Auslegung nicht nur auf Widerspruch der Antragsteller stieß, sondern auch innerhalb der Verwaltungsrechtslehre heftig umstritten war. Die Ausländerbehörde, die bei ihrer Ermessensentscheidung allein an das Willkürverbot und die Verhältnismäßigkeit gebunden war, legte fest, inwieweit ein öffentliches Interesse durch den zur Debatte stehenden Aufenthaltsstatus eines Ausländers berührt wurde. Nach dieser ‚Tatsachenfeststellung', die in der Regel mit Hilfe von Sachverständigen – in den hier diskutierten Fällen seitens des Gewerbeamtes und oft in Rücksprache mit den IHKs sowie den Gastronomieverbänden – erfolgte, musste das öffentliche Interesse mit dem Interesse des Betroffenen abgewogen werden. Der Ermessensspielraum der Behörde lag in der (teilweise nicht festgelegten) Benennung wie Abwägung der relevanten Interessen.[210] Umstritten war dabei insbesondere, inwieweit die ausländerrechtlich vertretene und auch den entsprechenden Urteilen des Bundesverwaltungsgerichts zum aufenthaltsrechtlichen Sperrvermerk zugrunde liegende Ansicht, es gebe ein öffentliches Interesse der Bundesrepublik, einen langfristigen Aufenthalt von Ausländern im Land möglichst zu verhindern, Gültigkeit beanspruchen konnte. Anfang der 1970er Jahre mehrten sich die Stimmen derjenigen Rechtswissenschaftler, die befanden, dass diese Ansicht einer als liberal deklarierten Ausländergesetzgebung widerspreche.[211]

---

[207] Als problematisch wurde v.a. erachtet, dass das Verwaltungshandeln der Ausländerbehörden nicht transparent war, dass Erlasse und Verwaltungsanordnungen oftmals nicht veröffentlicht und auch in den schriftlichen Bescheiden nicht angeführt wurden (vgl. Moser, Ausländerrecht, 57).

[208] Vgl. Schirmer, Rechtliche Behandlung, 79. Vor wie nach 1945 wurde die Frage, ob der Bedürfnisbegriff als Ermessensbegriff oder aber als unbestimmter Rechtsbegriff aufzufassen sei, erörtert, hing hiervon doch ab, ob eine Bedürfnisprüfung voller oder nur beschränkter Rechtskontrolle durch die Verwaltungsgerichte unterlag (vgl. Oberregierungsrat Dr. Rother an Ministerialdirektor Dr. Schiller/BMVBS, 18.12.1953, Anlage: Urteil Hamburger OVerwG v. 31.10.1953, 9, BArch B 102/43106, Bd. 1).

[209] Kim-Wawrzinek, Bedürfnis, 444.

[210] Vgl. Rittstieg, Grenzen, 114. Die weiten Ermessensspielräume trugen dem Ausländergesetz den „Ruf der Unberechenbarkeit" ein (Borris, Ausländische Arbeiter, 249).

[211] Dass ab etwa 1972/73 die Widersprüche in der Ausländerpolitik der Bundesregierung zunehmend kritisiert wurden und die Notwendigkeit betont wurde, den Aufenthalt von Ausländern in der BRD als einen permanenten zu verstehen, stellt u. a. Schönwälder, Germany's Guestworkers, 259, heraus.

Sie forderten eine verstärkte Berücksichtigung der von Ausländern für die bundesdeutsche Wirtschaft erbrachten Leistungen und ihrer hier eingegangenen menschlichen Bindungen, insbesondere nach langjährigem Aufenthalt in der Bundesrepublik, sowie eine (stärkere) Entkopplung der Fragen von Immigration und Sicherheit.[212] Im Zuge dessen geriet auch die grundsätzliche arbeitsmarkt- und wirtschaftspolitische Haltung, die Ausländer vorrangig auf das Feld unselbständiger Arbeit beschränken wollte, in die Kritik. Die freie Berufsentfaltung auch für Ausländer sowie die Frage, „warum der berufliche Wettbewerb im Bereich der unselbständigen Arbeit fast uneingeschränkt möglich, im Bereich selbständiger Tätigkeit eingeschränkt" werden sollte, standen zur Diskussion.[213] Zunehmend wurde die Möglichkeit zur Teilhabe an sozialer Mobilität auch für Arbeitsmigranten gefordert.[214]

Für konservative Juristen (und Politiker) hingegen gründete die Ausländergesetzgebung prinzipiell auf dem Vorrang der „eigenen" Interessen vor „Ausländer-Interessen".[215] Die Bundesrepublik sei kein Einwanderungsland, weswegen eine ständige Niederlassung von Ausländern in der Regel die Belange der Bundesrepublik beeinträchtige. Statt eine Begrenzung des Ermessensspielraums der Behörden zu fordern, waren die Vertreter dieser zweiten Position der Ansicht, dass die Verwaltung einen großen Spielraum benötige, damit das Ausländergesetz auch weiterhin als „Instrument zur Regulierung des Ausländerstroms" tauglich bleibe.[216]

Abgesehen von den zeitlich bedingten Veränderungen lassen sich auch deutliche regionale Differenzen im Hinblick auf die Umsetzung des Ausländerrechts feststellen. Während sich etwa Bremen und Niedersachsen in den frühen 1970er Jahren an der ausländerpolitischen Haltung der Bundesregierung orientierten, die es in ihrem *Aktionsprogramm zur Ausländerbeschäftigung* vom Juni 1973 aus „sozialen und humanitären Erwägungen" heraus ablehnte, den

---

[212] Vgl. Rittstieg, Grenzen, 115f. Kritisiert wurde in diesem Zusammenhang auch, dass in einigen Bundesländern – wie Berlin – noch immer die Behörden der Exekutivpolizei für die ausländerrechtlichen Entscheidungen zuständig waren; auf diese Weise würde der Eindruck entstehen, dass Ausländer generell eine Gefahr für die öffentliche Sicherheit und Ordnung darstellten (vgl. ebd., 118).
[213] Hackler, Ausgewählte rechtliche Probleme, 44.
[214] Dafür, dass die Aufenthaltsdauer eine Rolle bei der Chance, in eine selbständige Gewerbetätigkeit zu wechseln, spielen sollte, sprach sich auch das Verwaltungsgericht Karlsruhe in seinem bereits zitierten Urteil vom 12.3.1970 aus. Arbeitnehmern, die sich seit langer Zeit in Deutschland aufhielten, dürfe „nicht jede Möglichkeit zum sozialen und wirtschaftlichen Aufstieg [...] abgeschnitten" werden. In Einzelfällen dürfe den fremdenpolitischen Belangen nicht das Hauptgewicht beigemessen werden. Diese Position nahmen mehrheitlich auch die Vertreter der in der ‚Ausländerbetreuung' engagierten Wohlfahrtsverbände ein (vgl. Hunn, „Nächstes Jahr", 287).
[215] Rose, Ausländerrecht, 723.
[216] Ebd., 722f.

3.2 Die Bedürfnisprüfung in der bundesdeutschen Verwaltungspraxis

Aufenthalt der ausländischen Arbeitsmigranten „durch behördliche Eingriffe zwangsweise zu beenden"[217], nutzten Schleswig-Holstein, Baden-Württemberg und Bayern den Spielraum zur Begrenzung der Zahl wie der Aufenthaltsdauer von Migranten voll aus und sperrten sich entsprechend gegen Versuche zur stufenweisen Verfestigung des Aufenthaltsstatus von Ausländern aus Nicht-EWG-Staaten.[218] In Schleswig-Holstein und Bayern war zudem das (im Aktionsprogramm der Bundesregierung abgelehnte) Rotationsprinzip, das für Ausländer lediglich eine auf wenige Jahre befristete Erwerbstätigkeit in der Bundesrepublik vorsah, praktiziert worden.[219] Im Hinblick auf die selbständige Erwerbstätigkeit von Ausländern wurde jedoch, trotz einiger Liberalisierungen auf dem Gebiet der Ausländerpolitik, in allen Regionen Deutschlands ein restriktiver Kurs beibehalten. Noch 1989 wurde im Falle eines Inders, der in Hamburg-Altona eine Gaststätte leiten wollte, als „ermessenssteuernde Richtlinie" das Ziel genannt, „die nicht unbegrenzten Möglichkeiten selbständiger Erwerbstätigkeit außer den Deutschen weitgehend solchen Ausländern vorzubehalten, denen gegenüber die Bundesrepublik verpflichtet ist, die Ausübung einer selbständigen Erwerbstätigkeit zu gestatten oder zu erleichtern".[220]

Ebenso alt wie die Erörterung der Vorteile weiter Ermessensspielräume ist die Kritik an diesen. Immer wieder wurde die subjektive Komponente bei der Entscheidungsfindung bemängelt; beständig flössen persönliche Anschauungen in die Ermessensentscheidung mit ein.[221] Außerdem seien – und darauf bezog sich die Kritik an der Bedürfnisprüfung in der Nachkriegszeit mit ihrer Orientierung an den exakten Wissenschaften in besonderem Maße – die „notwendigen Messinstrumente" gar nicht vorhanden, um ein Bedürfnis einwandfrei feststellen zu können.[222] Die grundsätzliche Schwierigkeit der Bedürfnisprüfung bestand letztlich darin, dass ein Bedürfnis immer nur *ex post* zu bestimmen war, wenn nämlich die Reaktion der Konsumenten das Vorliegen eines Bedürfnisses bestätigte.[223]

Die von den Gewerbeämtern und Ausländerbehörden vorzunehmende Abwägung der sich entgegenstehenden Interessen – des Einzelinteresses der

---

[217] Arendt, Konsolidierung, 589.
[218] Vgl. Verstärkung des Rückwanderungsprinzips; Schildmeier, Freizeitmöglichkeiten, 51; Meier-Braun, „Freiwillige Rotation", 108.
[219] Vgl. Hunn, „Nächstes Jahr", 301.
[220] Vorlage vom 8.11.89, betr. Antrag des ind. StA N.N., StAH 445-1 BA Altona, Ablief. 4.11.99, lfd. Nr. 98/99 Paket 22, AZ: 70.80-2 Bd. 2.
[221] Jähnke, Bedürfnisprüfung, 15.
[222] Vgl. Fritz Marbach: Theorie des Mittelstandes, Bern 1942, 293, zit. nach Tuchtfeldt, Gewerbefreiheit, 165.
[223] So Tuchtfeldt, Gewerbefreiheit, 162. Aus diesem Grund tauchte bei der Bedürfnisprüfung auch immer wieder das Argument des langjährigen Bestehens einer Gaststätte auf, auch wenn dies kein zu berücksichtigendes Kriterium darstellte. Die Rentabilität eines Unternehmens schien die an sich unsichtbare Ursache, das Bedürfnis, sichtbar zu machen.

Antragsteller und des übergeordneten wirtschaftlichen Interesses der Gemeinde im Falle der Bedürfnisprüfung sowie des Einzelinteresses und des öffentlichen Interesses der Bundesrepublik im Falle des ausländerbehördlichen Ermessens – sollte idealiter zu einem im Sinne der Allgemeinheit vertretbaren Interessenausgleich führen.[224] Als besonders problematisch erwies sich in diesem Zusammenhang die verantwortliche Einschaltung der (gast-)gewerblichen Interessenverbände, die in Kaiserreich, Weimarer Republik und nationalsozialistischem Deutschland bereits an der Abwicklung der Gewerbeanträge in gutachtender Funktion beteiligt gewesen waren und das auch in der Bundesrepublik blieben. Die Bedeutung von Interessenverbänden in der deutschen Wirtschaft ist vielfach herausgestellt worden[225] und charakterisiert generell die kontinentaleuropäischen Marktwirtschaften im Gegensatz zu den Ökonomien angelsächsischer Prägung. Das korporatistische[226], eng koordinierte und hoch institutionalisierte Wirtschaftssystem der Bundesrepublik räumt den Verbänden einen weitgehenden Vertretungsanspruch für die von diesen repräsentierten Interessen ein und überträgt ihnen wichtige Vermittlungs- und Steuerungsleistungen.[227] Während in Berlin die IHK nur „in besonderen Fällen" befragt wurde[228], trat die Kölner IHK bei Bedürfnisprüfungen als zentraler Akteur auf. Neben den IHKs als Körperschaften des öffentlichen Rechts beanspruchten auch die freien Verbände wie der DEHOGA ein Mitspracherecht bei der Begutachtung von Gewerbeanträgen. Diese beiden Typen der Interessenorganisation, deren Anfänge in Deutschland im frühen 19. Jahrhundert liegen, konkurrierten bisweilen miteinander, ergänzten sich aber auch vielfach in ihrer Arbeit.[229] Im Falle der analysierten Bedürfnisprüfungen war der primäre Adressat der Interessenverbände die kommunale

---

[224] Im Falle der Bedürfnisprüfung fungierte dabei der jeweilige Leiter des Gewerbeamtes bzw. der Wirtschaftsbehörde als Vertreter des öffentlichen Interesses (vgl. BA Altona/Bezirkswirtschaftsamt, 17.5.54: Zulassungen nach dem Gaststätten- und nach dem Milchgesetz, StAH 445-1 BA Altona, Ablief. 4.11.99, lfd. Nr. 98/99 Paket 22, AZ: 70.80-2 Bd. 1).

[225] Für einen konzisen historischen Überblick siehe Ullmann, Interessenverbände; für eine kritische Einschätzung der Funktion der Verbände in der Bundesrepublik siehe auch Eschenburg, Herrschaft der Verbände?

[226] Zu den definitorischen Unklarheiten dieses zentralen Begriffs des ‚koordinierten Marktwirtschaftsmodells' siehe Nolan, „Varieties of Capitalism", 99.

[227] Vgl. Reutter, Organisierte Interessen.

[228] Vgl. Protokoll der Referentenbesprechung der Abteilung V am 24.8.1973, LAB B Rep. 010, Nr. 48.

[229] Die „Verkammerung" der deutschen Wirtschaft im 19. Jahrhundert hatte weitreichende Auswirkungen für die Ausbreitung korporatistischer Elemente, die zu einer engen personellen wie institutionellen Verflechtung der freien Verbände und der Kammern führte und darüber auch die staatsunabhängigen Interessenorganisationen in die Zusammenarbeit mit den staatlichen Instanzen einband (vgl. Abelshauser, Kulturkampf, 63).

3.2 Die Bedürfnisprüfung in der bundesdeutschen Verwaltungspraxis

Verwaltung, mit der in kooperativer Form eine Lösung auszuhandeln war.[230] Die staatlichen Entscheidungsträger waren dabei auf das Know-how und die Branchenkenntnis der Verbände und Kammern angewiesen und richteten im Großen und Ganzen ihre eigenen Stellungnahmen nach den eingegangenen Gutachten.

Die verantwortliche Einschaltung organisierter Interessenvertreter bei der Abwägung von Einzel- und öffentlichem Interesse muss nicht per se problematisch sein. Es kann in privatkapitalistisch organisierten Wirtschaftssystemen ganz im Gegenteil sogar notwendig sein, Vertreter von Partikularinteressen anzuhören, wenn über ein allgemeines Interesse zu befinden ist. Problematisch ist es jedoch, wenn bestimmte Partikularinteressen im Gegensatz zu anderen über deutlich mehr Macht verfügen. Das lässt sich mit Sicherheit für den Fall der in den IHKs organisierten Interessen der mittelständischen gewerblichen Wirtschaft[231] und den organisierten Interessen des (deutschen) Gastgewerbes im Verhältnis zu den nicht oder kaum organisierten Interessen der ausländischen Antragsteller (wie Konsumenten) konstatieren. Innerhalb der korporatistischen Struktur der deutschen Wirtschaft verfügen schwache Interessen wie diejenigen unterprivilegierter Minderheiten nur über eingeschränkte Artikulations- und Repräsentationsmöglichkeiten[232], zumal Ausländer auch in Kammern und Fachverbänden kaum vertreten sind.[233] Zwar wurde den Migranten in der Bundesrepublik ein Bedürfnis nach nationalspezifischer Kost zugestanden, der Bedarf an ausländischen Gaststätten allerdings von den Kölner wie auch den Berliner Behörden oftmals als ausreichend gedeckt betrachtet und die entsprechenden Anträge abgelehnt. Wie geschildert, suchten sich einige Antragsteller einen (deutschen) Rechtsbeistand, um ihre Interessen der Ausländerbehörde und mittelbar auch der Wirtschaftsbehörde gegenüber vertreten zu lassen. Von den Antragstellern selbst verfasste Beschwerdebriefe sind in den Akten fast gar nicht zu finden.[234] Die Rechtsanwälte versuchten unter

---

[230] Selbstverständlich stellte auch die politische Exekutive einen zentralen Adressaten dar, der z. B. bei den Beratungen über das neue Gaststättengesetz in den 1950er und 60er Jahren von den Gastronomieverbänden massiv agitiert wurde (siehe Kap. 3.1). Generell zu den Adressaten der Verbandspolitik: Sebaldt, Organisierter Pluralismus, 254ff.
[231] Zum „Kammerlobbyismus" und den IHKs als Stützpfeilern mittelständischer Interessenvertretung siehe Sebaldt/Straßner, Verbände, 222.
[232] Die Interessen von Minoritäten sind u. a. deshalb wenig durchsetzungsfähig, weil sie im Konfliktfall kaum mit Sanktionen drohen können, so Offe, Politische Herrschaft, 168f. Zur Kritik, dass in der BRD mächtige Interessen deutlich begünstigt würden, siehe auch Hockerts/Süß, Gesamtbetrachtung, 960.
[233] Vgl. Goldberg/Şen, Neuer Mittelstand?, 171. Zu den Interessenverbänden der italienischen Gastronomen siehe Kap. 4.5.
[234] Für Konstanz liegt der Brief einer Schweizerin vor, die als Nicht-EG-Bürgerin keine Konzession erhalten, aber zwischenzeitlich erfahren hatte, dass „in Konstanz eine jugoslawische Staatsbürgerin, also auch nicht aus einem EG-Staat stammend, die Gast-

anderem, ein öffentliches Interesse der migrantischen Bevölkerung geltend zu machen, deren (Partikular-)Interesse am Verkauf heimischer Produkte also im Namen eines allgemeinen Interesses Gehör zu verschaffen. Wie dargelegt, waren diese Revisionsbemühungen nur in seltenen Fällen erfolgreich.

3.3 Die Folgen der Bedürfnisprüfung

Welche Auswirkungen hatte nun die in den 1950er bis 1970er Jahren bei Ausländern regelmäßig und auch später noch bei rechtlich nicht gleichgestellten Ausländern durchgeführte Bedürfnisprüfung für die Entwicklung der Gastronomie in der Bundesrepublik? Es sind v.a. drei Konsequenzen, die im Folgenden kurz skizziert werden sollen: Erstens hat die Bedürfnisprüfung zur nationalen Spezialisierung respektive Ethnisierung der von Ausländern betriebenen Gaststätten beigetragen; zweitens stellt sie einen der Faktoren dar, der eine räumliche Konzentration ausländischer Betriebe in einem bestimmten Bezirk, wie sie etwa für die *Chinatowns* im angelsächsischen Bereich typisch ist, in der Bundesrepublik (zunächst) verhindert hat; drittens führten die restriktiven ausländerrechtlichen Rahmenbedingungen zur massiven Verbreitung sogenannter Strohmannverhältnisse.

Wie geschildert, verlief die Bedürfnisprüfung in der Regel immer dann erfolgreich, wenn in einem Stadtgebiet oder einer Gemeinde eine größere Anzahl von Migranten lebte, denen die ausländischen Antragsteller (vermeintlich) ihre Heimatküche boten, und/oder wenn sie eine ‚exotische' Nische innerhalb der gastronomischen Landschaft besetzten, von der die Behörden annahmen, dass sie von der deutschen Bevölkerung und Touristen goutiert würde. Die Befriedigung des Bedürfnisses nach einheimischer Kost bzw. nach einem vielfältigen kulinarischen Angebot und damit die Annahme, dass es ein den verschiedenen Konsumentengruppen zustehendes Recht auf die ‚eigene' Küche einerseits und ein Recht auf Abwechslung andererseits gebe, waren es, welche die Befürwortungen der kommunalen Verwaltungen legitimierten. In diesem Sinne lässt sich von einer behördlich geförderten Ausrichtung der ausländischen Gastronomen auf ihre jeweiligen Herkunftsküchen sprechen. Explizit heißt es in einem Aktenvermerk des Bezirksamtes Altona aus dem Jahre 1989 auf die Frage, wann ein

---

stättenkonzession erhalten hat" (StAK S XI/3693). Bei den größtenteils nicht von Geburt an deutschsprachigen Antragstellern hielt sicherlich die oftmals fehlende sprachliche Gewandtheit diese davon ab, selbst Beschwerdebriefe zu verfassen. Für die deutschsprachigen Flüchtlinge in der unmittelbaren Nachkriegszeit hat Boyer, Zwangswirtschaft, 105, gezeigt, dass diese oft besser als die Einheimischen mit dem Zulassungsrecht vertraut waren und in ihren selbstverfassten Eingaben bisweilen aus der Fachliteratur zitierten, um ihren Standpunkt zu untermauern.

Bedürfnis zu bejahen sei: „Dies ist nur der Fall, wenn es sich um eine landestypische Einrichtung für Angehörige eines Landes handelt (z. B. ein türkisches Restaurant/Geschäft in einem Bezirk mit einem hohen Anteil an türkischen Bewohnern)."[235] Wollten Ausländer sich im Gastgewerbe selbständig machen, waren sie also gut beraten, wenn sie eine „landestypische Einrichtung" projektierten.

Als zentrale Funktion einer solchen Einrichtung wurde dabei nicht allein das Angebot an (national-)spezifischen Getränken und Speisen erachtet, sondern ebenso der soziale Aspekt dieser Begegnungsstätten. Den Arbeitsmigranten wurde nämlich auch ein „Bedürfnis nach geselliger Zusammenkunft", nach einem „Lokal mit heimatlichem Charakter" zugestanden, könne man sie doch nicht einfach auf dem Bahnhof stehen lassen, wie es in dem bereits zitierten Urteil des Karlsruher Verwaltungsgerichts vom März 1970 heißt. Die „Menschenwürde und Persönlichkeitsrechte der Gastarbeiter" zu achten, implizierte nach dem Verständnis des Gerichts, dass ihnen „neben den deutschen Lokalen auch solche ihrer Landsleute offen stünden".[236] Ausländer stellten, so die sozialwissenschaftliche und sozialpolitische Literatur der 1970er Jahre, eine „typische gesellschaftliche Minderheit mit spezifischen sozialen Bedürfnissen und Problemen dar", deren „Bedürfnis nach sozialen Kontakten innerhalb der eigenen sozialen Gruppe (Nationalität)" Rechnung zu tragen war.[237]

Die skizzierte Auslegung des Bedürfnisbegriffs ist nicht nur im Kontext der ‚Gastarbeiter'-Migration zu finden, sondern prägte bereits die Einstellung gegenüber anderen Gruppen von Neuankömmlingen wie den Vertriebenen in den ersten Nachkriegsjahren. So konnte ein Schlesier, der seit 1937 ein Café in Köln betrieben hatte und dessen 1949 eingereichter Antrag auf Ausschank alkoholischer Getränke zunächst abgelehnt worden war, mit dem Nachweis, dass sein Café zur „Heimstatt der Schlesier in Köln" geworden sei, die gewünschte Erlaubnis doch erwirken. Das „Verlangen dieses Personenkreises" nach Verabreichung schlesischer „Heimatgetränke" wurde als berechtigtes Interesse anerkannt, sei es doch in den bereits bestehenden Schankwirtschaften nicht zu befriedigen.[238] Das Bedürfnis nach ‚landsmannschaftlichen' Begegnungsstätten leitete sich aber ebenso aus dem Wunsch nach heimatlicher Sprache ab: „Einzelne deutsche Stämme, wenn dieser Ausdruck erlaubt ist, haben in der Fremde ein

---

[235] BA Altona, Vermerk, 6.11.1989, StAH 445-1 BA Altona, Ablief. 4.11.99, lfd. Nr. 98/99 Paket 22, AZ: 70.80-2 Bd. 2.
[236] Zit. nach Rechtsamt Pforzheim/Stadtsyndikus Rauch an die Stadt Konstanz/Rechts- u. Ordnungsamt, 14.5.1970, StAK S XI/3117.
[237] Schildmeier, Freizeitmöglichkeiten, 114.
[238] Im Namen des deutschen Volkes! Verwaltungsstreitsache des Klägers gegen die Stadtverwaltung/Stadtausschuss, 28.3.1951, RWWA 1-176-3, Bd. 1, Bl. 47. Schlesier stellten zu diesem Zeitpunkt mit etwa 18 000 Personen die größte Vertriebenengruppe in Köln (vgl. Hillebrand, Migrantenpolitik, 90).

sehr starkes Bedürfnis für Zusammenschluß und gesellige Unterhaltung, wobei insbesondere die Mundart eine gemeinsame Linie bringt."[239] Die gemeinsame Sprache war auch im Falle migrantischer Gaststätten ein zentrales Argument, um ihre Existenz zu legitimieren.

Die Praxis, bestimmten sozialen Gruppen ‚ihre' Küche und ‚eigene' Begegnungsstätten zuzugestehen, weist eine lange, die gesamte Geschichte der modernen Bedürfnisprüfung begleitende Tradition auf, die selbst im Nationalsozialismus bisweilen zu einer Anerkennung spezifisch jüdischer Bedürfnisse auf dem Gebiet der Gastronomie führen konnte.[240] Die Konsequenz dieser Politik ist eine Ethnisierung der betreffenden Gruppen, die eine wirksame Artikulation von Bedürfnissen nur ermöglicht, wenn diese als gesonderte, einer bestimmten kulturellen Tradition zurechenbare Eigenart konstruiert werden.[241] Das Spektrum reicht hier historisch von einer klar rassistischen Ab- und Ausgrenzung bestimmter Gruppen im nationalsozialistischen Deutschland bis hin zu je nach politischer Konjunktur variierenden Formen eines multikulturellen Nebeneinanders, das keineswegs die Idee homogener ethnisch-kultureller Einheiten und damit rassistischer bzw. kulturalistischer In- und Exklusionsmuster verabschieden muss. In den frühen Integrationsdebatten wurde die „Förderung von Gastarbeiteroasen wie Türkenlokale, italienische Sportvereine etc."[242] denn auch nicht von allen kritiklos befürwortet, sondern mitunter als Hürde für eine weitergehende Eingliederung der Arbeitsmigranten betrachtet. Während etwa Staatssekretär Kattenstroth vom Bundesministerium für Arbeit sich 1969 gegen gesonderte Einrichtungen für ‚Gastarbeiter' aussprach, wollten das Innenministerium und das Auswärtige Amt die Arbeitsmigranten nur für die Zeit ihres Aufenthalts an die Bundesrepublik binden. Schließlich einigten sich die Bundesressorts auf die Formulierung, dass die staatlich unterstützten Betreuungsmaßnahmen nicht auf Assimilation abstellen, sondern die Migranten vielmehr „ihre nationale Eigenart bewahren" sollten, um wieder in ihre Herkunftsländer zurückkehren zu können.[243] Im Zuge dieser Richtlinien wur-

---

[239] Hoffmann, Standortfrage, 15.

[240] So entspreche es „dem Geiste der Nürnberger Gesetze, wenn die Juden eine eigene Gaststätte erhielten" (Zwei Konzessionsentscheidungen in Hannover. Eigene Gaststätten für Juden. In: Frankfurter Zeitung v. 1.3.1936). Eine solche Politik der Segregation stieß jedoch bereits Mitte der 1930er Jahre keineswegs durchgängig auf Zustimmung. Häufiger scheint der Versuch gewesen zu sein, mittels der Feststellung eines fehlenden Bedürfnisses jüdischen Gastronomen die Existenzgrundlage zu entziehen.

[241] Diese Konstruktion ist es wiederum, die eine wirksame Artikulation von Bedürfnissen ermöglicht, die nur als „spezielle einer bestimmten sozialen Gruppe" überhaupt organisierbar sind (Offe, Politische Herrschaft, 168f.).

[242] Staatssekretär Kattenstroth, zit. nach Hunn, „Nächstes Jahr", 282f.

[243] Zit. nach ebd., 283. Bereits zu diesem Zeitpunkt zeichnete sich ab, dass die von den Wohlfahrtsverbänden eingerichteten Freizeitheime kaum mehr als Treffpunkte dienten, sondern an ihre Stelle „offenbar die allenthalben entstandenen jugoslawischen, italieni-

de nicht nur der Bedarf an bestimmten Küchen, sondern auch an Gaststätten anerkannt, die „durch Landsleute betrieben" wurden.[244]

Für das Gastgewerbe bedeutete dieser Umgang mit kultureller Differenz, der „nationale Eigenart" betonte, dass ausländischen Antragstellern von den Behörden mehr oder weniger explizit die Nische der ausländischen Spezialitätenrestaurants zugewiesen wurde. Die Anträge von Ausländern, die eine Gaststätte mit deutscher bzw. nicht genau spezifizierter Küche eröffnen wollten, besaßen hingegen kaum eine Chance auf positive Beurteilung. Ein Jugoslawe beispielsweise, der 1969 eine zuvor von seinem Bruder betriebene Gaststätte in Reinickendorf übernehmen wollte, erfuhr, dass für ein jugoslawisches Spezialitätenrestaurant ein Bedürfnis vorhanden sei, nicht jedoch für eine „normale Schankwirtschaft".[245] Einem Iraner wurde 1974 die Anerkennung eines örtlichen Bedürfnisses in Aussicht gestellt, wenn er die von ihm anvisierte Gaststätte in Neukölln in ein persisches Spezialitätenrestaurant umwandeln würde.[246]

Auch wenn das Verfahren der Bedürfnisprüfung ‚landestypische' Gaststätten favorisierte, liegt hier nicht zwangsläufig eine nationale Festschreibung bzw. Ethnisierung der Person des Antragstellers vor. Das Gesuch einer Spanierin, die 1973 in Schöneberg eine Pizzeria übernehmen wollte, wurde beispielsweise ohne Probleme befürwortet.[247] Darüber hinaus schienen den Behörden auch (post-)koloniale Zuordnungen von Küche und Nationalität der Antragsteller plausibel; so wurde 1974 das Bedürfnis für einen Imbiss in Wilmersdorf, in dem ein Tunesier französische Spezialitäten anbieten wollte, anerkannt.[248] Das ehemalige Habsburgerreich wurde in dem Antrag einer Jugoslawin aufgerufen, die 1974 in Tempelhof das Lokal „Bauern-Stüb'l" zu übernehmen und dieses in ein Lokal für jugoslawische, ungarische und österreichische Spezialitäten zu transformieren wünschte.[249]

Trotz der behördlichen Akzeptanz ‚quer' laufender Verbindungen zwischen der Staatsangehörigkeit der Antragsteller und der anvisierten Küche machen die Aussagen der Gewerbebeamten deutlich, dass nicht allein die Erfolg versprechende Kopplung von Angebot und Nachfrage nach einer spezifischen

---

schen und türkischen usw. ‚Spezialitätenlokale' getreten" seien, „die vorzugsweise von den jeweils entsprechenden Nationalitätsangehörigen besucht würden" (so hieß es bei einer Besprechung im BMA im November 1971, zit. nach ebd., 292).
[244] Senator für Inneres, Senatsvorlage, 26.
[245] LAB B Rep. 010, Nr. 2233.
[246] Vgl. ebd.
[247] LAB B Rep. 010, Nr. 1896/II, Bd. 1. Auch im Falle eines Tschechen, der 1974 eine Gaststätte in Zehlendorf zu übernehmen und dort tschechische, aber auch italienische Spezialitäten anzubieten beabsichtigte, wurde das Bedürfnis bejaht (vgl. ebd.).
[248] LAB B Rep. 010, Nr. 1896/II, Bd. 2.
[249] Ebd. Zur häufigen Kombination dieser Küchen siehe Kap. 5.1.2.

(ausländischen) Küche in einem bestimmten Bezirk von Bedeutung war, sondern die jeweilige Staatsangehörigkeit der Antragsteller in die Bearbeitung der Gesuche immer wieder hineinspielte, und zwar nicht nur auf ausländerrechtlicher Ebene, sondern auch im Hinblick auf die projektierte Ausrichtung des Lokals. Ein Jugoslawe etwa, der 1980 Teilhaber einer Pizzeria in Schöneberg werden wollte, in der er bereits als Kellner tätig war, musste zunächst erfahren, dass für die Pizzeria kein örtliches Bedürfnis bestünde, und wurde dann zusätzlich noch darauf hingewiesen, dass auch der Errichtung eines jugoslawischen Spezialitätenrestaurants nicht zugestimmt werden könne.[250] Hiervon war im Antrag gar nicht die Rede gewesen. Wurde also einem Antragsteller bisweilen automatisch ‚seine' Herkunftsküche zugeordnet, konnte bisweilen auch auf eine solche Identifizierung der Person und der gastronomischen Ausrichtung des Lokals verzichtet werden. Während seit den 1990er Jahren zunehmend türkische Gewerbetreibende Pizzerias übernehmen und immer mehr deutsche Imbissbesitzer Dönerkebab anbieten, die Zuordnungen von Gastronom und Küche also immer variabler zu werden scheinen, bleibt für die 1970er Jahre festzuhalten, dass die behördliche Praxis bei der Gaststättenzulassung eine zu Markte getragene Identifizierung der Ausländer mit ihrer ‚eigenen' Küche zumindest nahelegte.[251]

Während die Bezirksämter die einzelnen Nationalküchen meist explizit benannten, lässt sich hier doch eine gewisse Uneinheitlichkeit gerade bei den ablehnenden Stellungnahmen beobachten. 1974 etwa erkannte das Bezirksamt Kreuzberg ein Bedürfnis für ein Restaurant mit griechischen Spezialitäten an, weil in der Nähe nur deutsche und türkische Gaststätten vorhanden seien; ein anderes Mal hingegen wurde die Übernahme eines griechischen Restaurants mit der Begründung abgelehnt, dass sich in näherer Umgebung bereits viele Lokale befänden, die „sich zum Teil schon auf südländische Küchenspezialitäten eingestellt" hätten.[252] Die Verwaltungsinstanzen operierten also mit einem uneinheitlichen Klassifizierungssystem. In den meisten Fällen wurden die Nationalküchen einzeln benannt und ihnen damit eine gewisse Eigenständigkeit zugestanden; in anderen Fällen ordnete man mehrere nicht näher spezifizierte Küchen der Rubrik ‚südländisch' zu, mit der Folge, dass ihnen kein eigenes Existenzrecht eingeräumt wurde. Wie geschildert, zogen die Gewerbeämter bei der Erwägung, ob ein Bedürfnis für ein indonesisches Restaurant bestünde,

---

[250] LAB B Rep. 010, Nr. 1897, Bd. 1.
[251] Für Großbritannien ist gezeigt worden, dass bestimmte Gruppen ausländischer Gastronomen sich bisweilen selbst für ‚quer' laufende Lösungen entschieden. So werden viele griechische und türkische Lokale von Iranern geführt, weil diese ‚ihre' Küche aufgrund der als notwendig erachteten Anpassungen an den englischen Geschmack und der damit einhergehenden ‚Verfälschungen' und ‚Verwässerungen' nicht in England anbieten wollen, so Harbottle, Fast Food/Spoiled Identity, 98.
[252] LAB B Rep. 010, Nr. 1896/II, Bd. 2.

die chinesischen Restaurants der näheren Umgebung in die Bedürfnisprüfung ein, d. h., oftmals wurden übergeordnete regionale Kategorien bemüht, um das für die Bedürfnisprüfung notwendige Vergleichsfeld aufzumachen. Noch allgemeiner fiel die Ablehnung eines Antrags einer Jugoslawin seitens des Bezirksamtes Steglitz aus, das 1974 kein Bedürfnis für ein „Speiselokal mit internationalem Charakter" anerkannte.[253]

Die Entscheidung darüber, welches Ausmaß und welche Art von kulinarischer Vielfalt – und für wen – erwünscht waren, blieb dem Ermessen der Behörden überlassen. Vervielfältigung musste dabei nicht zwangsläufig über eine nationale Ausdifferenzierung der gastronomischen Landschaft erfolgen, sondern konnte auch über andere Formen der Spezialisierung gewährleistet sein. Bei zwei Anträgen von Jugoslawen aus den Jahren 1973 und 1974 erkannte das Bezirksamt Neukölln ein Bedürfnis nur deshalb an, weil die Antragsteller sich neben jugoslawischen Spezialitäten auch für eine dezidierte Fischküche entschieden hatten.[254] Die von den Behörden beförderte Ausrichtung der von Ausländern betriebenen Gaststätten musste also nicht unbedingt in einer ethnisch-nationalen Spezialisierung bestehen.[255] In Bezirken, in denen wie etwa in Neukölln Anfang der 1970er Jahre bereits eine größere Zahl jugoslawischer Restaurants existierte, war vielmehr eine weitere Ausdifferenzierung der Produktpalette gefordert. Hatten die ersten ausländischen Spezialitätenrestaurants noch auf den Neuheitsfaktor setzen können, sahen sich zumindest die jugoslawischen, aber auch die griechischen und türkischen Gastronomen seit den 1970er Jahren mit der Situation konfrontiert, dass ihre Küchen keinen ausreichenden Distinktionswert mehr besaßen. In den meisten anderen Bezirken Berlins jedoch reichte die Festlegung auf eine bestimmte Nationalküche meist (noch) aus, um die Bedürfnisprüfung erfolgreich zu durchlaufen. Stellte also die nationale Ausdifferenzierung der gastronomischen Landschaft nicht die einzige Möglichkeit der Nischenbildung für ausländische Antragsteller dar, war sie doch mit Abstand die am stärksten verbreitete. Die Festlegung auf Landesspezialitäten, in den 1970er Jahren fast immer diejenigen des jeweiligen Herkunftslandes, ist demnach nicht ausschließlich dem Wunsch und Kalkül der Antragsteller geschuldet, sondern lässt sich auch als Effekt der aus den

---

[253] LAB B Rep. 010, Nr. 1896/II, Bd. 1.
[254] LAB B Rep. 010, Nr. 1896/I, Bd. 3; LAB B Rep. 010, Nr. 1896/II, Bd. 1.
[255] 1977 wurde die nationalspezifische Ausrichtung von einem Mitarbeiter des Bezirksamtes Neukölln sogar prinzipiell in Frage gestellt: „Wir vertreten den Standpunkt, dass der Umstand, dass Herr B. beabsichtigt [sic] ein jugoslawisches Spezialitätenrestaurant zu betreiben, für die Bedürfnisprüfung unmaßgeblich ist. Bedürfnisprüfungen können sich ausschließlich auf die beabsichtigte Betriebsart im Rahmen des Gaststättengesetzes (Bar, Diskothek, Schank- und Speisewirtschaften ohne besondere Betriebseigentümlichkeiten etc.) erstrecken und nicht auf die Spezialitäten einer Küche" (BA Neukölln an SfW, 23.2.1977, LAB B Rep. 010, Nr. 2233).

ausländerrechtlichen Rahmenbedingungen resultierenden Verwaltungspraxis beschreiben. Erfolg versprechend war es demnach, über die spezialisierte Ausrichtung der eigenen Gaststätte eine Nische auf dem Gastronomiemarkt zu besetzen und diese so dem Konkurrenzfeld der „gleichartigen" Betriebe zu entheben. Notwendig dafür waren „Betriebseigentümlichkeiten" oder eine „spezielle Besonderheit"; fehlten diese, hatten ausländische Antragsteller kaum eine Chance auf eine Genehmigung.[256]

Was aber ist unter einem „gleichartigen" Betrieb zu verstehen, und welche „Betriebseigentümlichkeiten" sind ‚eigen' genug, um als solche anerkannt zu werden? Letztlich steht hier die Frage der Art, der Gattung und der Variation im Raum, zugleich auch diejenige nach Durchschnittlichem und Besonderem. Die Behörden verhandelten also auf eine direkt und praktisch wirksame Art und Weise die Frage von Gleichartigkeit und Differenz. Die Varianten zu den ‚herkömmlichen' Gaststätten, die sich die ausländischen Antragsteller einfallen lassen mussten, basierten größtenteils auf kultureller Differenz als Distinktionsmerkmal, und die Behörden entschieden darüber, welche Formen kultureller Differenz nachgefragt wurden und welche Binnendifferenzierungen gegebenenfalls einzuziehen waren. Signifikant erscheinen dabei die kaum explizierten, aber stets mitschwingenden Bedeutungsdimensionen der jeweils verwendeten Kategorien kultureller Differenz: Die vage Bezeichnung ‚südländisch' etwa changierte zwischen einer exotistischen, touristische Assoziationen weckenden Bedeutungsebene und dem oftmals pejorativen Gebrauch, wenn es um aus dem Mittelmeerraum stammende (männliche) Arbeitsmigranten ging. In der Begutachtung der Anträge überkreuzten sich diese beiden Ebenen auf eine spezifische und für den Umgang mit kultureller Differenz in der Bundesrepublik typische Weise. Dominierte auf dem Gebiet der Gastronomie ein exotistischer Blick auf ‚fremde' Küchen, die als ‚Bereicherung' wahrgenommen wurden, war die Ebene der Zulassung zum Gastgewerbe von ausländer- und wirtschaftspolitischen Interessen der Bundesrepublik geprägt, die Migranten als potentielles Sicherheitsrisiko oder aber unerwünschte Konkurrenz klassifizierten.

Aufgrund des Wegfalls der Bedürfnisprüfung bei einer ständig zunehmenden Anzahl von Migranten, die seit mehr als acht Jahren in der Bundesrepublik lebten, ließ der behördliche Einfluss auf die Zahl und Art der von Ausländern betriebenen Gastronomiebetriebe seit den späten 1970er Jahren merklich nach. Die beschriebene ‚Ethnisierung' der Gastronomie galt jedoch weiterhin für erst jüngst, etwa im Zuge des Familiennachzugs eingereiste Ausländer aus Drittstaaten. Auch die im Dezember 1990 erlassene sogenannte Anwerbestoppausnahme-Verordnung, die „Spezialitätenköchen für die Beschäftigung

---

[256] Vgl. die folgenden Ablehnungen: LAB B Rep. 010, Nr. 1896/II, Bd. 1; LAB B Rep. 010, Nr. 1897, Bd. 2.

3.3 Die Folgen der Bedürfnisprüfung 221

in Spezialitätenrestaurants" eine auf drei Jahre begrenzte Erwerbstätigkeit in der Bundesrepublik ermöglicht, fordert nicht nur eine abgeschlossene Kochausbildung oder langjährige Berufserfahrung, sondern ist ausschließlich auf Staatsangehörige desjenigen Landes beschränkt, „auf dessen Küche das Restaurant spezialisiert" ist.[257] Ein professionell chinesisch kochender Inder würde also keine Genehmigung erhalten, wohl aber wenn er in einem indischen Spezialitätenrestaurant indisch kochen würde. In diesem Fall wird die ‚landestypische' Küche also direkt an die Person des Kochs gebunden; die nationale Markierung des angebotenen Essens muss sich mit derjenigen des Einreisewilligen decken.

Eine zweite Konsequenz der geschilderten Verwaltungspraxis bestand darin, dass eine Häufung bestimmter ausländischer Restaurants in einem Bezirk nur bis zu einem gewissen, von behördlicher Seite festgesetzten Grad geduldet wurde.[258] Für den städtischen Raum bedeutete dies, dass es zunächst nicht zu einer in der urbanen Infrastruktur unverkennbaren Konzentration bestimmter Ausländergruppen wie in britischen oder US-amerikanischen *Chinatowns* oder *Little Italys* kommen konnte.[259] Die Beschränkung der Gewerbegenehmigung auf eine bestimmte Gewerbeart und einen bestimmten Gewerbeort verhinderte darüber hinaus, dass die bereits selbständig erwerbstätigen Ausländer problemlos weitere Filialbetriebe gründen konnten; auf diese Weise sollte eine „unkontrollierte Gewerbetätigkeit durch Ausländer"[260] samt ihrer stadtgeografischen Konsequenzen verhindert werden. Die Entwicklung von sogenannten ethnischen Kolonien vollzog sich dennoch, aber mit einer im internationalen Vergleich erheblichen zeitlichen Verzögerung.

Die Bedürfnisprüfung, die gemeinsam mit der Zuzugssperre einen markanten Versuch darstellt, von staatlicher bzw. kommunaler Seite Einfluss auf die Ansiedlung von Migranten und ihrer Gewerbebetriebe zu nehmen, unterschied die bundesdeutsche Politik maßgeblich vom migrationspolitischen Vorgehen in den Marktwirtschaften angelsächsischer Prägung. In Großbritannien und

---

[257] § 4 VO über Ausnahmeregelungen für die Erteilung einer Arbeitserlaubnis an neueinreisende ausländische Arbeitnehmer (Anwerbestoppausnahme-VO) (ASAV) v. 21.12.1990 (BGBl. I S. 3012); ASAV v. 17.9.1998 (BGBl. I S. 2893). Die ZIHOGA fungierte dabei als zentrale Instanz innerhalb der Bundesanstalt für Arbeit und konnte ihre Vorschläge auch bei der Abfassung der Durchführungsanweisungen zur ASAV einbringen (vgl. ZIHOGA, Jahresbericht 1999, 19).

[258] Auch die (deutschen) gastronomischen Fachzeitschriften befanden, dass eine starke Konzentration ausländischer Gaststätten in „gewissen Stadtteilen" zu verhindern sei, und konstatierten, dass dies, „bei aller Liebe zu den Exoten", auch dem Wunsch der meisten Bürger entspreche (Wird unsere Gastronomie überfremdet? In: NGZ 28/8 (1975), 4).

[259] Dass *Chinatowns* auch in Großbritannien eine relativ neue Erscheinung darstellen, die in London (erst) in den 1950er Jahren auftrat, betont Baker, Branches, 299.

[260] IHK Köln/Dr. Hermann an das Amt f. öffentl. Ordnung Köln, 31.3.1976, RWWA 822/60 W124 T.3 B-3 Bd. 1.

den USA existieren zwar sogenannte *zoning laws*, die nur bestimmte Gebiete einer Stadt für gewerbliche Tätigkeit ausweisen. Die Einflussnahme auf die gewerbliche oder gar nationale Zusammensetzung dieser Gebiete, wie wir sie in Deutschland finden, ist dort jedoch unbekannt. Daher ist das *clustering*, i.e. die Konzentration ähnlicher Betriebe in einer Straße oder einem Viertel, ein häufig zu beobachtendes Phänomen. *Clustering* gewährleistet einerseits eine relativ gesicherte Kundenbasis, da die hohe Dichte an gleichartigen Restaurants oder Imbissen als Anziehungsfaktor fungiert; es führt andererseits aber auch zu einer sich beständig verschärfenden Wettbewerbssituation und einem erbitterten Preiskampf zwischen den existierenden und neu hinzukommenden Betrieben.[261] Seit den späten 1970er Jahren, die, wie ausgeführt, zu einer rechtlichen Besserstellung vieler Migranten und damit zum Wegfall der Bedürfnisprüfung führten, sind ähnliche Entwicklungen auch in der Bundesrepublik zu beobachten. Deutlich von einer migrantischen Ökonomie geprägte Straßenzüge lassen sich seitdem auch außerhalb der Metropolen finden. Dennoch stellt die ausländerrechtlich mitbestimmte räumliche Streuung migrantischer Unternehmen in der Bundesrepublik nicht zuletzt einen Grund dafür dar, dass sich die Modelle, Hypothesen und Ergebnisse der anglophonen *ethnic-business*-Forschung nicht ohne weiteres auf die deutschen Verhältnisse übertragen lassen. Konzepte wie die ‚Nischenökonomie', die (auch) einen deutlich räumlichen Index aufweisen, gilt es, mit Blick auf die wirtschafts- und stadtgeografisch anders gelagerte migrantische Ökonomie in der Bundesrepublik neu zu befragen.

Als dritte Konsequenz des behördlichen Umgangs mit Gewerbeanträgen von Ausländern sind die verschiedenen Strategien der Migranten zu nennen, sich trotz negativer Bescheide selbständig zu machen. Auch zu den Zeiten, als die Steuerungsversuche der deutschen Gewerbebehörden noch bei einem großen Teil der Ausländer griffen, wurden sie von diesen keineswegs kritiklos hingenommen. Abgesehen von den geschilderten Fällen, in denen Widerspruchsverfahren beim Verwaltungsgericht angestrengt wurden, halfen sich Ausländer, denen die Möglichkeit zur selbständigen Erwerbstätigkeit versagt worden war oder die sich keine Chancen auf eine Befürwortung ausrechneten, auch mit anderen Mitteln. Für diejenigen Migranten, die mit einem oder einer Deutschen verheiratet waren, gestaltete sich die Situation noch relativ einfach. Erhielt der ausländische Ehegatte keine Konzession, stellte die Erteilung einer Gaststättenerlaubnis für Deutsche (und EWG-Angehörige) normalerweise nur

---

[261] Am Beispiel zweier benachbarter Eisdielen am Strand hat der Ökonom Harold Hotelling beschrieben, wie Betriebe sich in unmittelbarer Nähe zueinander ansiedeln, um ihren Marktanteil zu maximieren. Zu diesem sog. Hotelling-Effekt siehe Hotelling, Stability. Zu den Vorteilen der räumlichen und ökonomischen Vernetzung in Form des *(industrial) clustering*, zumindest zu Beginn der Selbständigkeit, siehe Werbner, Metaphors, 674; Barrett/McEvoy, Evolution, 197.

eine Formalität dar; auch eine gemeinsame Bewirtschaftung des Gaststättenbetriebs war dann möglich. Für die Mehrheit der Migranten existierte diese Option jedoch nicht. Eine andere Möglichkeit, die rechtlichen Hürden einer Gaststätteneröffnung zu umgehen, bestand darin, kein Gewerbe anzumelden, sondern einen gemeinnützigen Verein zu gründen. Diesen Weg wählten insbesondere zahlreiche türkische Kaffeehausbetreiber, also solche Gastronomen, die weitgehend auf eine türkische Klientel ausgerichtet waren.[262] Bei Imbissen und Restaurants, die auch eine deutsche Kundschaft ansprechen sollten, war diese Form der Gewerbeausübung kaum möglich. Ein ebenfalls häufig gewählter Ausweg bestand in dem Arrangement, einen deutschen Konzessionsinhaber für die anvisierte Gaststätte zu suchen oder den deutschen Vorbesitzer oder Pächter offiziell die Konzession weiterhin wahrnehmen zu lassen, in der Gaststätte pro forma als Angestellter tätig zu werden, tatsächlich aber den Restaurationsbetrieb eigenständig zu führen.

Der Verdacht auf ‚Strohmänner' bzw. ‚Strohfrauen' kam den Behörden vielfach dann, wenn deutsche Staatsangehörige ein ausländisches Spezialitätenrestaurant zu betreiben beabsichtigten. Als 1974 eine Deutsche einen Antrag für eine Schank- und Speisewirtschaft im Wedding stellte, in der sie einen jugoslawischen Mittagstisch anbieten wollte, hatte ihr das Bezirksamt einen „vorsorglichen Hinweis wegen des Bestehens eines Strohmannverhältnisses" zukommen lassen. Die Antragstellerin hatte diesen Verdacht „energisch" zurückgewiesen und erklärt, dass es sich bei dem bei ihr tätig werdenden jugoslawischen Ehepaar lediglich um „Angestellte mit festem Arbeitsvertrag" handele. Erstaunen erregte daher der kurz darauf seitens des jugoslawischen Angestellten eingereichte Antrag auf eine Gaststättenerlaubnis für besagtes Lokal. Aufgrund der bereits existierenden neun jugoslawischen Lokale im Wedding und zwei weiterer, offiziell unter deutscher Leitung stehender jugoslawischer Gaststätten, bei denen „das Strohmannverhältnis bisher nicht nachgewiesen werden konnte", wurde der Antrag nicht befürwortet.[263]

Ausführlichere Informationen als die Anträge auf Gaststättenerlaubnis geben die vereinzelt überlieferten Akten über die Einleitung eines Strafverfahrens im Zusammenhang mit einem Strohmannverhältnis. So beobachte der Berliner Gewerbeaußendienst 1974 über einen längeren Zeitraum ein Lokal in Kreuzberg, nachdem der deutsche Gastwirt bereits 1970 im Zusammenhang mit einer vorigen Kneipe eines Strohmannverhältnisses überführt worden war. Bei einer Unterredung im August 1973, mit der er die erneute Erlaubnis zum Betrieb einer Gaststätte erwirkt hatte, hatte er angegeben, 1970 nur Pächter der Gaststätte gewesen zu sein, die sich im Besitz von Türken befunden habe, die ihn unter Druck gesetzt hätten. Nun jedoch sei er Eigentümer der neuen Gaststätte und

---

[262] Zu den türkischen Cafés in der Bundesrepublik siehe Kap. 6.4.
[263] LAB B Rep. 010, Nr. 1896/II, Bd. 1.

3. Die Bedürfnisprüfung

könne wirksam gegen derartige „Vorfälle" vorgehen. In seinem neuen Lokal würde er einen Türken als Zapfer beschäftigen, selbst aber die Geschäftsführung wahrnehmen. Der Gewerbeaußendienst kam zu dem Schluss, dass der deutsche Gastwirt abermals seine Gaststätte in Form eines Strohmannverhältnisses führe; die tatsächliche Leitung liege in den Händen nicht dazu berechtigter Ausländer, die sich „in kurzen Abständen" ablösten. So habe ein türkischer Staatsangehöriger von Ende März bis Mitte Juni 1974 das Lokal geführt, seit Anfang Juni sei nun ein weiterer Türke an der Gaststätte beteiligt, der aktuell mit einem dritten Türken, der seine Anteile erworben habe, zusammenarbeite. Im Zeitraum von Ende März bis Mitte August 1974 war nach den Ermittlungen des Gewerbeaußendienstes die Gaststätte nur unregelmäßig geöffnet gewesen und der deutsche Inhaber nicht angetroffen worden. Damit sah das Gewerbeamt die persönliche Zuverlässigkeit als nicht mehr gegeben an.[264]

Die Umstände, aufgrund derer Ermittlungen im Zusammenhang mit einem Strohmannverhältnis eingeleitet wurden, konnten unterschiedlicher Art sein. So war gegen eine Deutsche und ihren griechischen Verlobten, der in dem von ihr gepachteten Lokal als Zapfer tätig war, im Juni 1973 vom Schöffengericht Tiergarten ein Urteil wegen Verstoßes gegen das Ausländergesetz ergangen. Im November desselben Jahres wurden die beiden Angeklagten vom Landesgericht Berlin jedoch freigesprochen. Aufgrund der hohen Pacht hatte sich die Angeklagte für den Kauf eines anderen Lokals entschieden, an dem sich beide mit jeweils 6000 DM beteiligt hatten, weswegen sie zusammen im Kaufvertrag aufgeführt waren. Auch wenn diese finanzielle Beteiligung eine nicht erlaubte selbständige Tätigkeit als durchaus wahrscheinlich erscheinen lasse, so das Landesgericht, sei der Angeklagte doch „als eine Art mithelfendes Familienmitglied", nicht aber als selbständiger Gewerbetreibender anzusehen, zumal er ein monatliches Gehalt ausbezahlt bekomme.[265] Die ausländerrechtlich gesetzten Grenzen für die Erwerbstätigkeit von Nicht-Deutschen im Gastgewerbe waren also bisweilen unscharf gezogen. Ab wann von einer selbständigen Bewirtschaftung einer Gaststätte gesprochen werden konnte, ließ sich nicht immer zweifelsfrei ermitteln. Es war eine der Aufgaben des Gewerbeaußendienstes, verdächtige Gastronomen aufzusuchen und nach eventuellen Indizien zu suchen.

Profitierten die ausländischen Gastronomen insofern von einem Stroh-

---

[264] BA Kreuzberg, Abt. Wirtschaft, an N.N., 5.3.1975, betr.: Einleitung eines Verfahrens mit dem Ziele des Widerrufs der Schankerlaubnis, LAB B Rep. 010, Nr. 2235.
[265] Urteilsbegründung zur Aufhebung des Urteils des Schöffengerichts Tiergarten v. 6.6.1973 auf Berufungen der Angeklagten hin durch die 15. Große Strafkammer des Landgerichts Berlin in seiner Sitzung v. 13.11.1973 in der Strafsache gegen den Angestellten N.N. und die Gastwirtin N.N. wegen Vergehens gegen das Ausländergesetz, LAB B Rep. 020, Nr. 7973, Bd. 1.

3.3 Die Folgen der Bedürfnisprüfung

mannverhältnis, als sie der gewünschten Gewerbetätigkeit, wenn auch inoffiziell und illegal, nachgehen konnten, zogen insbesondere die vorgeschobenen deutschen (oder auch italienischen[266]) Konzessionsinhaber Nutzen aus diesem Arrangement. In den meisten Fällen waren sie am Umsatz beteiligt oder ließen sich einen festen monatlichen Betrag auszahlen.[267] Gerade in der Anfangszeit einer Betriebsgründung oder -übernahme stellten diese zusätzlichen Kosten eine enorme Belastung für die eigentlichen Betreiber dar. V.a. aber drohte den Ausländern bei Aufdeckung des Strohmannverhältnisses die Ausweisung, hatten sie doch gegen die Auflage ihrer Aufenthaltserlaubnis verstoßen.[268]

Mit dem zunehmenden Wegfall der Bedürfnisprüfung seit dem Ende der 1970er Jahre nahmen die Strohmannverhältnisse tendenziell ab. Diese Entwicklung ist in allen Ländern zu beobachten, die eine ähnliche oder, wie im Falle Österreichs, sogar noch restriktivere Ausländerpolitik im Hinblick auf eine selbständige Erwerbstätigkeit betrieben und diese dann lockerten. In Österreich blieb das Strohmannverhältnis bis zur Gewerbenovelle 2002, die den Erwerb eines Gewerbescheines für Drittstaatenangehörige erheblich erleichterte, ein überaus häufig zu beobachtendes Phänomen.[269]

Bisweilen wurde die Gefahr eines Strohmannverhältnisses sogar von Rechtsanwälten heraufbeschworen, um dem Gesuch ihrer ausländischen Mandanten Gehör zu verschaffen.[270] Auch wenn diese Passage vom Amt handschriftlich

---

[266] Für das Beispiel eines Italieners, der als sog. Strohmann für den jugoslawischen „Papalapa Balkan-Grill" in Berlin fungierte, siehe Pol.präs. in Berlin/Gewerbeaußendienst, 5.1.1976, LAB B Rep. 214, Nr. 494. Jeder Ausländer, der einen verfestigten Aufenthaltsstatus besaß, konnte im Prinzip als Strohmann engagiert werden.

[267] 300 DM monatlich erhielt z. B. eine Deutsche, unter deren Namen Konzession und Pachtvertrag für eine von einem Türken betriebene Gaststätte liefen (vgl. GewArch 1977/36). Dass in den 1970er Jahren Millionenbeträge an (v.a.) deutsche ‚Geschäftspartner' verschoben wurden, betont Seidel-Pielen, Aufgespießt, 52, der einerseits von Erpressungen durch Strohmänner zu berichten weiß, andererseits aber auch festhält, dass diese nach einem Konkurs mit den Schuldenforderungen konfrontiert waren.

[268] Vgl. Senator für Inneres, Senatsvorlage, 26. Zur „Rechtmäßigkeit der Ausweisung" im Falle eines griechischen Staatsangehörigen, der laut Urteil des OVG Münster vom 29.3.1976 mehrfach „wahrheitswidrig" vorgegeben hatte, lediglich als Angestellter in der von ihm selbständig betriebenen Gaststätte gearbeitet zu haben, siehe GewArch 1977/37.

[269] Vor 2002 benötigten Ausländer aus Drittstaaten, mit denen Österreich keine Staatsverträge abgeschlossen hatte, die rechtliche Gleichstellung mit den Einheimischen. Diese Regelung machte für einen Großteil den Erwerb eines Gewerbescheins unmöglich, so dass sie österreichische Staatsangehörige als offizielle Geschäftsführer gewinnen mussten. Seit dem Fremdenrechtspaket 2005 erhalten Drittstaatsangehörige, die seit mindestens fünf Jahren in Österreich niedergelassen sind, die rechtliche Stellung langfristig Aufenthaltsberechtigter, was u. a. den freien Zugang zu selbständiger wie unselbständiger Erwerbstätigkeit impliziert. Vgl. Schmid et al., Entrepreneurship, 19 u. 23.

[270] Rechtsanwalt N.N. an die Bezirksversammlung Altona/den Vorsitzenden des Wirtschafts-

mit dem Vermerk „unsachlich" versehen wurde, macht sie deutlich, wie üblich Strohmannverhältnisse im Gastgewerbe waren (und sind).[271] Der Versuch der Behörden, die selbständige Erwerbstätigkeit von Ausländern zu kontrollieren, nämlich starke Konzentrationen bestimmter ausländischer Gaststätten in einem Bezirk zu verhindern und generell die selbständige Gewerbeausübung von Nicht-Deutschen in möglichst engen Grenzen zu halten, wurde also oftmals unterlaufen. Migrantische Gastronomen entwickelten Gegenstrategien, mit denen sie – wenn auch unter Inkaufnahme des Straffälligwerdens und der Gefahr der Ausweisung – die behördlichen Reglementierungen umgingen. Neben der selbständigen Erwerbstätigkeit mit Hilfe eines einzelnen Strohmannes wurden auch Arrangements wie z. B. die Gründung einer Gesellschaft mit beschränkter Haftung getroffen[272], die dann für eine Vielzahl von wechselnden Gaststätten- und Ladenbetreibern als offiziell verantwortliche Instanz fungierte.

3.4 Zwischenbilanz

Die Bedürfnisprüfung im deutschen Gastgewerbe weist eine lange Geschichte auf, in der es immer wieder zu Überlappungen, aber auch zu Trennungsversuchen zwischen der wirtschaftspolitischen und der gewerbepolizeilichen Dimension der Bedürfnisprüfung gekommen ist. Historisch leitet sich die Bedürfnisprüfung sowohl aus der zünftigen Tradition der Konkurrenzregulierung als auch aus der polizeilichen Abwehr öffentlicher Gefährdung her. Die Konzentration auf die lokale Gesellschaft stellt dabei ein Charakteristikum der frühneuzeitlichen Regierungstätigkeit unter dem Vorzeichen der ‚guten Policey' dar, das auch bei der modernen Bedürfnisprüfung Gültigkeit behalten sollte. Kontinuierlich lässt sich die Bedürfnisprüfung seit etwa 1800 nachweisen. Das heißt, auf dieses normative, dabei aber „elastische" Mittel[273] wurde ab jenem Zeitpunkt in verstärktem Maße zurückgegriffen, als mit der zunehmenden Auflösung des Zunftzwangs und der Einführung der Gewerbe-

---

auschusses, 1.11.1989, StAH 445-1 BA Altona, Ablief. 4.11.99, lfd. Nr. 98/99 Paket 22, AZ: 70.80-2 Bd. 2.

[271] In der Fachliteratur zur Bedürfnisprüfung ist immer wieder die Frage erörtert worden, ab wann ein „‚unabweisbares' Bedürfnis" vorliege, das, wenn ihm nicht stattgegeben würde, die Betroffenen „zur Flucht in die Illegalität" treibe und damit die Beherrschung der Lage erschwere (Schmidt, Bedürfnisprüfung, 98). Das Bedürfnis seitens der ausländischen Antragsteller, selbständig erwerbstätig zu werden, spielte für die Bedürfnisprüfung jedoch nur in den seltensten Fällen eine Rolle – meist nur dann, wenn bei Versagung eine Inanspruchnahme von Sozialhilfe zu befürchten stand.

[272] Vgl. LAB B Rep. 010, Nr. 2236.

[273] Jähnke, Bedürfnisprüfung, 63.

freiheit andere Regularien des Konkurrenzschutzes außer Kraft gesetzt waren. In gewisser Weise substituierte die Bedürfnisprüfung die vorangegangenen Formen der Berücksichtigung des Bedarfs an einer bestimmten Zahl von Gewerbebetrieben und schrieb sich in diesem Sinne in die Tradition der ‚guten Policey' ein, deren Ziel in einer „zweckgerichteten Gestaltung gesellschaftlicher Verhältnisse" bestand, die eine optimierte Ausnutzung der Ressourcen herbeiführen sollte und diese unter anderem über Ortsbegehungen (und andere Formen der Informationsbeschaffung) zu gewährleisten suchte.[274] Die Bedürfnisprüfung ergänzte die Bedarfsfrage jedoch noch um den Aspekt des öffentlichen Interesses.[275]

Das Gaststättenwesen stellte eines derjenigen Gebiete dar, auf denen die Bedürfnisprüfung in der Praxis besondere Bedeutung erlangen sollte und zudem umfangreiche Erörterungen hervorrief. Letztlich lässt sich die bis in die 1950er Jahre hinein praktizierte Bedürfnisprüfung im Gastgewerbe in heutiger Terminologie als eine „kombinierte (Bedarfs- und) Interessenprüfung"[276] beschreiben, die zum einen nach dem lokalen Bedarf unter Heranziehung konstanter wie variabler Faktoren fragte, diesen nach seiner Feststellung jedoch mit dem öffentlichen Interesse z. B. an der Bekämpfung des Alkoholmissbrauchs abzuwägen hatte. Das Bedürfnis war demnach in zweifacher Hinsicht zu überprüfen und oszillierte zwischen der Bedeutung ‚(lokaler) Bedarf' und ‚(öffentliches) Interesse'.

Wird dem Bedürfnis als psychischer Verfasstheit vielfach der Bedarf als „materiales Komplement" zur Seite gestellt[277] und dieser als eigentlicher Gegenstand des sozioökonomischen Denkens benannt, lassen sich beide Begriffe doch niemals vollständig voneinander abkoppeln. Im Alltagsgebrauch wie im Falle der Bedürfnisprüfung werden sie sogar synonym verwendet. In der wirtschaftswissenschaftlichen Theoriebildung hingegen spielt der Bedarf de facto keine Rolle (mehr), sondern ist durch die tatsächliche Nachfrage auf dem Markt ersetzt worden. Für die Bedürfnisprüfung aber ist die skizzierte „Doppelstruktur des Bedürfnisbegriffs"[278] bis in die Gegenwart prägend. Die weitgehendste Auslegung des Begriffs im Sinne einer umfassenden Bedarfslenkung lässt sich sicherlich für die Zeit des Nationalsozialismus konstatieren. Zwischen 1933 und 1945 wurde die Bedürfnisprüfung zu einem expliziten wirtschafts- und gesellschaftspolitischen Steuerungsinstrument ausgestaltet, das auf Bestandssicherung gerichtet war und das öffentliche Interesse als ‚Gemeinwohl' der ‚rassisch' homogenen ‚Volksgemeinschaft' verstand. Zudem

---

[274] Hollenstein, „Gute Policey", 827 u. 253.
[275] Vgl. Jähnke, Bedürfnisprüfung, 67.
[276] Ebd., 19.
[277] Kim-Wawrzinek, Bedürfnis, 455.
[278] Jähnke, Bedürfnisprüfung, 76.

wurde – in Kombination mit der Überprüfung der persönlichen Zuverlässigkeit der Antragsteller – insbesondere das gefahrenabwehrende Moment der Bedürfnisprüfung herausgestrichen und die Gewerbefreiheit damit zwar nicht offiziell, aber faktisch verabschiedet.

Die zur Debatte stehende Vereinbarkeit von Bedürfnisprüfung und Gewerbefreiheit nahm nach 1945 zunächst die US-amerikanische Besatzungsmacht zum Anlass, die Bedürfnisprüfung in ihrer Zone gänzlich abzuschaffen. Mit Inkrafttreten des Grundgesetzes stellte sich dann die Frage nach der Vereinbarkeit der Bedürfnisprüfung mit dem Grundrecht auf freie Berufswahl, die schließlich mit dem Grundsatzurteil des Bundesverwaltungsgerichts von 1953 dahingehend beantwortet wurde, dass eine Bedürfnisprüfung nicht mehr zulässig sei. Sukzessive und nicht ohne erheblichen Widerstand seitens der Gastronomieverbände, aber auch einzelner Landesregierungen wurde daraufhin die Bedürfnisprüfung in den verschiedenen Ländern der Bundesrepublik abgeschafft. Bundeseinheitlich besiegelte das neue Gaststättengesetz vom Mai 1970 das Ende dieser Institution. Im Falle ausländischer Antragsteller aus Drittstaaten jedoch, die sich im Gastgewerbe selbständig machen wollten, bedienten sich die deutschen Behörden weiterhin der Bedürfnisprüfung. Diese erfolgte nach 1970 nicht mehr nach dem Gaststättenrecht, sondern war ausländerrechtlich legitimiert. Qua Bedürfnisprüfung wurde nun ermittelt, ob die selbständige Erwerbstätigkeit eines Ausländers im Interesse der Bundesrepublik lag oder diesem entgegenstand.

Die Bedürfnisprüfung im Falle ausländischer Antragsteller basierte auf der skizzierten Doppelstruktur des Bedürfnisbegriffs, die ihn zwischen ‚Bedarf' und ‚Interesse' oszillieren ließ. Der lokale Bedarf wurde in der bundesdeutschen Verwaltungspraxis anhand konstanter Faktoren wie der (migrantischen) Zusammensetzung der Einwohnerschaft eines Bezirkes und variabler Faktoren wie etwa der touristischen Frequentierung einer bestimmten Gegend ermittelt. Die Anerkennung eines migrantischen Bedürfnisses nach vertrauter Kost basierte dabei auf einem durchaus komplex verstandenen Nahrungsbedürfnis, das nicht als bloßes Hungergefühl, sondern als kulturelles Begehren nach bestimmten Speisen mit einem spezifischen Geschmack, nach besonderen Speiseformen und -riten sowie nach bestimmten Speiseorten begriffen wurde. Das Zugeständnis an ethnisch-kulturelle Gruppen, die jeweils ‚eigene' Küche auch in einer anderen Umgebung weiterhin pflegen zu dürfen, hebt die Bedeutung hervor, die Ernährungsgewohnheiten im Zusammenhang mit der Wahrnehmung von Ethnien und Kulturen zukommt. Ethnien und Kulturen werden je spezifische Ernährungsgewohnheiten zugeschrieben; andererseits werden sie über diese allererst definiert und voneinander abgegrenzt. Man hat es hier also mit einem Verweissystem zwischen Ernährungsweise und Ethnizität zu tun, das keinen fixierten oder fixierbaren Ursprung besitzt; vielmehr handelt es sich um voneinander abhängige, letztlich tautologisch aufeinander bezogene Konstrukte. In jedem Fall deutet das in der Verwaltungspraxis weitgehend anerkannte, im Alltag allerdings bisweilen angefochtene Bedürfnis von Ausländern nach ihrer ‚eigenen' Küche auf ein Bedürfnis- und damit auch Konsumentenmodell hin, in das Ethnizität als zentrales Strukturmoment eingeschrieben ist.[279]

Während die Bedarfs- bzw. Bedürfnisprüfung in der Bundesrepublik nach herkömmlichem Muster vollzogen wurde, erfolgte die Interessenabwägung im Rahmen der Zulassungsverfahren bei Ausländern mit veränderter Stoßrichtung. Generell wurde davon ausgegangen, dass eine selbständige Erwerbstätigkeit von Ausländern wirtschafts- und arbeitsmarktpolitisch nicht erwünscht war. Den „Bedürfnissen der inländischen Wirtschaft", an die bereits mit der Verordnung über ausländische Arbeitnehmer vom 23. Januar 1933 die Beschäftigungsgenehmigung gekoppelt gewesen war[280], genügten unselbständig erwerbstätige Arbeitsmigranten. Das Phänomen der Unterschichtung auf dem bundesdeutschen Arbeitsmarkt wurde demnach gewerbepolitisch unterstützt, indem ausländischen Arbeitskräften ein Ausweichen auf selbständige Formen der Erwerbstätigkeit erschwert wurde.

Abgesehen von den Fällen, in denen das öffentliche Interesse im Sinne einer Abwehr der Gefährdung der öffentlichen Sicherheit und Ordnung verstanden wurde, wenn also die ordnungsgemäße Bewirtschaftung einer Gaststätte aufgrund (unterstellter) fehlender Sprachkenntnisse in Zweifel stand, wurde das öffentliche Interesse in den untersuchten Fällen meist als ein wirtschaftliches definiert. Die Rede von der ‚Übersetzung' des Gewerbes, die ihre Herkunft aus dem Kontext des zünftigen Nahrungsprinzips und damit des Konkurrenzschutzes noch zu erkennen gibt, findet sich dabei vornehmlich in den 1950er und 60er Jahren. Durch die häufige Kopplung mit dem Begriff der Überfremdung wurde die ‚Übersetzung' dabei auf eine Weise ausgelegt, die sich v.a. gegen unerwünschte ausländische Konkurrenz richtete.

Dienten wirtschaftliche Argumente also vielfach als Begründung für eine Ablehnung, konnte die Feststellung eines übergeordneten wirtschaftlichen Interesses auch zur Genehmigung der für die selbständige Gewerbetätigkeit von Ausländern notwendigen besonderen Aufenthaltserlaubnis führen. Wie gezeigt, wurden viele als ‚überdurchschnittlich' klassifizierte Restaurants von der Berliner Wirtschaftsbehörde auf dieser Basis befürwortet. Das übergeordnete wirtschaftliche Interesse hing dabei vom Investitionsvolumen und der Personalstärke des Betriebs ab, bezeichnete aber auch einen nicht rein lokal begrenzten Bedarf, etwa wenn in diesem Kontext Berlins Rolle als Tourismusmetropole hervorgehoben oder von einer ‚Bereicherung' der gesamten Berliner

---

[279] Zur Einschreibung von Geschlecht in die Figur des Konsumenten siehe Brändli, Wünsche.
[280] 2. Abschnitt, § 3, Abs. 1 der VO über ausländische Arbeitnehmer vom 23.1.1933 (RGBl. I S. 26).

Gastronomielandschaft gesprochen wurde. Die Funktion der Bedürfnisprüfung bei ausländischen Antragstellern ist damit als eine wirtschaftslenkende zu beschreiben, die nur in Ausnahmefällen noch auf die Gefahrenabwehr abstellte.

Seit dem sogenannten Verfestigungserlass von 1978 begann sich die Bearbeitungspraxis ausländischer Anträge deutlich zu ändern. Antragsteller, die sich seit acht Jahren in der Bundesrepublik aufhielten oder aber mit einem oder einer Deutschen verheiratet waren und seit fünf Jahren im Bundesgebiet lebten, galten in rechtlicher Hinsicht als mit deutschen Staatsangehörigen weitgehend gleichgestellt. Aus diesem Grund mussten sie keine Bedürfnisprüfung mehr durchlaufen; lediglich die sogenannte Schadensfrage wurde noch geprüft, d. h., es musste nur noch bestätigt werden, dass kein gesamtwirtschaftlicher Schaden zu befürchten sei – was bei Gaststättenbetrieben in der Regel nicht zu erwarten war. Entsprechend wurden die Anträge der Ausländer, die über einen verfestigten Aufenthaltsstatus verfügten, fortan grundsätzlich befürwortet. Der (neuerliche) Boom ausländischer Gastronomiebetriebe in den 1980er Jahren und die nun zügige Entstehung einer migrantischen Ökonomie sind sicherlich auch mit dieser rechtlichen Besserstellung eines großen Teils der Migranten in Deutschland zu erklären.[281] Zudem führte die EWG-Mitgliedschaft Griechenlands ab Januar 1981 sowie Spaniens und Portugals ab Januar 1986 dazu, dass den ‚Gastarbeitern' aus diesen Staaten keine rechtlichen Hindernisse für eine selbständige Tätigkeit mehr im Wege standen.[282] Strohmannverhältnisse waren daher im Laufe der 1980er Jahre nicht mehr in demselben Maße anzutreffen. Das gilt nicht nur für die Gastronomie, sondern ebenso für andere Gewerbe; auch hier hat die Zahl ausländischer Selbständiger seit Beginn der 1980er und nochmals verstärkt in den 1990er Jahre deutlich und stärker als bei der deutschen Bevölkerung zugenommen.[283] Insbesondere die türkischen Staatsangehörigen – also gerade diejenigen, die (neben den jugoslawischen und nordafrikanischen Migranten) die einzigen aus einem ehemaligen Anwerbeland stammenden Ausländer waren, die nicht im Laufe der 1980er Jahre zur Europäischen Gemeinschaft hinzustießen – sind für diese expansive Dynamik verantwortlich.

Auch wenn im Gaststättengewerbe, anders als im Handwerk, kein Befähigungsnachweis oder Meisterbrief notwendig ist, die Markteintrittsschwelle

---

[281] So auch Blaschke/Ersöz, Turkish Economy, 40.
[282] Die rechtliche Situation für Staatsangehörige der zur Europäischen Freihandelsassoziation (EFTA) gehörenden Länder ist derjenigen von Personen aus EG-Ländern in der Tendenz angepasst.
[283] Vgl. Floeting/Reimann/Schuleri-Hartje, „Tante Emma", 1. Gingen 1981 12,3 % der Deutschen und nur 4,7 % der Ausländer einer selbständigen Erwerbstätigkeit nach, so waren es 1995 11,6 % resp. 8,5 % (vgl. Hillmann/Rudolph, Redistributing, 14, Tab. 3).

3.4 Zwischenbilanz

also verhältnismäßig niedrig liegt, behinderten die ausländerrechtlichen und wirtschaftspolitischen Rahmenbedingungen doch auch in der Gastronomie die Selbständigkeit von Migranten. Diese Strukturfaktoren sind bei einer stark institutionalisierten Ökonomie, wie sie die Bundesrepublik charakterisiert, weit stärker zu gewichten als die im Kontext der internationalen Debatten um das sogenannte *ethnic business* vielfach angeführten ethnisch-kulturellen Ressourcen der Migranten. Statt einer kulturalistischen Perspektive auf die ökonomische Tätigkeit von Ausländern ist im bundesdeutschen Fall ein genauer Blick auch auf die Aufnahmegesellschaft angezeigt, die mittels ihres nationalen Migrationsregimes die Gewerbetätigkeit von Ausländern stark reguliert und damit die ökonomischen Opportunitätsstrukturen maßgeblich mitbestimmt.

Aber auch in anderen europäischen Staaten, die sich nicht als Einwanderungsländer begriffen, erfolgte die Regulierung des Aufenthalts wie der beruflichen Selbständigkeit von Ausländern auf ähnlich restriktive Weise. In Österreich lagen entsprechend noch 2006 die Selbständigenquoten bei den beiden größten Migrantengruppen, Türken und Jugoslawen, lediglich bei 2 %.[284] In der Schweiz betrachtete das Bundesgesetz über Aufenthalt und Niederlassung der Ausländer (ANAG) aus dem Jahre 1931 – das 2005 durch das Bundesgesetz über die Ausländerinnen und Ausländer (AuG) ersetzt worden ist – den längerfristigen Aufenthalt von Ausländern im Land grundsätzlich als „unerwünscht".[285] Zwar wurden ausländische Arbeitskräfte nicht zuletzt im Schweizer Hotel- und Gaststättengewerbe dringend benötigt; eine selbständige Tätigkeit von Ausländern, für die wie in der Bundesrepublik eine Bewilligungspflicht bestand, ließ das ANAG aber nur in engen Grenzen zu.[286] Im Gastgewerbe ließ sich die Zahl von Selbständigen mittels der seit 1947 zulässigen, nicht allein gewerbepolizeilichen, sondern auch gewerbepolitischen Bedürfnisklausel einschränken. Wurde das Gaststättenwesen als durch eine „übermässige Konkurrenz in seiner Existenz bedroht" betrachtet, dann konnte die Betriebseröffnung und -führung vom Bedürfnis abhängig gemacht werden. Diese Bedürfnisprüfung war als gaststättenrechtliche Maßnahme allerdings bei schweizerischen wie ausländischen Antragstellern anzuwenden[287] und

---

[284] Der Anteil der Selbständigen mit österreichischer Staatsbürgerschaft ist fast doppelt so hoch wie derjenige von Ausländern; unter Letzteren dominieren auch in Österreich die westeuropäischen Staatsangehörigen, allen voran die Deutschen. Vgl. Schmid et al., Entrepreneurship, 10.
[285] Marti, Handels- und Gewerbefreiheit, 148.
[286] Vgl. ebd., 153 u. 181.
[287] Vgl. Schmid, Gastgewerblicher Fähigkeitsausweis, 11. Letztlich handelt es sich um eine doppelte Bedürfnisklausel, die den Kantonen die Befugnis erteilt, zum einen aus Gründen des Konkurrenzschutzes, zum anderen zur Bekämpfung des Alkoholmissbrauchs Bedürfnisnachweise zu fordern (vgl. Mangisch, Gastwirtschaftsgesetzgebung, 98). Die Be-

3. Die Bedürfnisprüfung

stellte insofern keine Sonderregelung für ausländische Migranten dar. Die unterschiedliche Funktion von Bedürfnisprüfungen nicht nur für verschiedene Wirtschaftsordnungen, sondern auch für Länder wie die Schweiz und die Bundesrepublik, die sich beide dem Modell eines „rheinischen Kapitalismus" zurechnen lassen[288], genauer zu bestimmen, stellt noch immer ein Forschungsdesiderat dar.

Die Untersuchung der Zulassung von Ausländern zum Gaststättengewerbe hat deutlich gemacht, dass die bundesdeutsche Wirtschaftsordnung, aber auch diejenige Österreichs und bedingt der Schweiz im Vergleich zu den (neo-)liberalen Marktwirtschaften Großbritannien und USA ein anderes Modell der In- und Exklusion favorisiert, und zwar eines, das insbesondere ausländische Minderheiten ausschließt.[289] Dennoch wäre es simplifizierend, eine einfache Gegenüberstellung migrantischer und deutscher Interessen vorzunehmen, waren und sind ‚die' deutschen (ebenso wie ‚die' migrantischen) Interessen doch keineswegs einheitlich. Die für die Geschichte der ‚Gastarbeiter'-Migration vielfach herausgestellte Spannung zwischen ausländer- und wirtschaftspolitischen Interessen[290] markiert eines der zentralen Konfliktfelder verschiedener gesellschaftlicher Gruppen im Umgang mit Migranten. Im Falle der selbständigen Erwerbstätigkeit von Ausländern jedoch reduzierte sich die Zahl der Befürworter auch in Wirtschaftskreisen erheblich, so dass die verfolgte restriktive Linie auf breite Zustimmung stieß. Zudem waren sich die beteiligten Seiten nicht nur darin einig, die Anwesenheit von Ausländern in der Bundesrepublik v.a. unter funktionalen Gesichtspunkten zu betrachten; sie teilten auch die Überzeugung, dass Wirtschaft wie Migration lenkbar seien.[291]

Auf diesem von verschiedenen Interessen beherrschten Terrain mussten die Migranten Wege finden, ihre eigenen Interessen wahrzunehmen. Nationale Spezialitätenküchen anzubieten und/oder sich einen Strohmann zu organisieren, gehörte zu den häufigsten Taktiken, die sie entwickelten, um die strukturellen Hindernisse zu umgehen. Gerichtliche Klagen gegen negative

---

dürfnisklausel wurde in den 1990er Jahren in den meisten Kantonen abgeschafft (vgl. Flad, Dienstleistungsmanagement, 21). Allerdings ist weiterhin ein Befähigungsausweis im Gastgewerbe vonnöten, der vielen Ausländern, die ihre Ausbildung nicht in der Schweiz absolviert haben, eine selbständige Erwerbstätigkeit deutlich erschwert.

[288] Vgl. dazu Kocka, Einleitung, 19f. Zum „Varieties of Capitalism"-Ansatz, der zwischen „liberal market economies" und „coordinated market economies" unterscheidet, siehe Hall/Soskice, Varieties of Capitalism.

[289] Zu den verschiedenen Arten der In- und Exklusion in „policy"- und marktorientierten Gesellschaften siehe Faist, Immigration, 232.

[290] Dass sich diese Konfliktkonstellation bereits mit der Anwerbung polnischer Saisonarbeiter in Preußen im späten 19. Jahrhundert etablierte und seitdem „jede Diskussion um die Beschäftigung ausländischer Arbeiter in Deutschland begleiten und bestimmen sollte", hat Herbert, Geschichte, 15, herausgestellt.

[291] Vgl. Herbert/Hunn, Beschäftigung, 809 u. 791.

Bescheide stellten eine weitere Strategie dar, die einige Migranten nutzten und mit der sie die Verwaltungsgerichte zu zunehmend wichtigen Entscheidungsinstanzen zwischen Klienten und Behörden machten.[292] Die ‚eigensinnige' Verfolgung persönlicher Ziele, die je nach Einzelfall mehr oder weniger erfolgreich verlief, gilt es festzuhalten; einen Ersatz für die rechtliche Gleichstellung konnte sie jedoch nicht bieten.

---

[292] Vgl. Schuleri-Hartje, Ausländer, 164.

4. Das Pizzeria-Ristorante
Die Geschichte der italienischen Gastronomie in der Bundesrepublik

Die italienische Küche hat als Wegbereiter für andere ausländische Küchen in Deutschland fungiert. Italienische Restaurants und v.a. von Italienern betriebene Eiscafés gehörten zu den ersten ausländischen Lokalen, die sich auch abseits der Metropolen etablierten. Bereits am Ende des 19. Jahrhunderts hatten italienische Eismacher in weiten Teilen Zentral- und Westeuropas Eiscafés eröffnet, denen andere italienische Gaststätten folgten. Wie in Kapitel 2.1 bereits kurz angedeutet, existierten in den Großstädten um 1900 zudem italienische Restaurants, deren Klientel – ähnlich wie in den USA oder Frankreich – zunächst v.a. aus alleinstehenden männlichen Arbeitsmigranten bestand.[1] Zu diesen gehörte die 1905 gegründete und bis heute existierende Trattoria „Cuneo" in Hamburg-St. Pauli, in der zu den italienischen Gerichten preiswerte Weine und Bier ausgeschenkt wurden. In Hamburg ansässige Italiener ebenso wie am Bau des Elbtunnels beteiligte italienische Arbeitsmigranten zählten zu den Gästen der Trattoria, zu denen sich aber auch recht schnell Deutsche gesellten.[2] Das galt noch weit mehr für die „feine[n] italienische[n] Restaurants mit entsprechenden Preisen" im Zentrum Berlins, die – anders als die preiswerten Trattorien im Norden Berlins, wo sich viele Italiener, vornehmlich Musikanten und ambulante Händler, angesiedelt hatten[3] – eine internationale Kundschaft aufwiesen. Auch München besaß bereits um 1900 mehrere italienische Gaststätten (Abb. 3).[4] Gemeinsam mit den im wilhelminischen Deutschland entstandenen italienischen Weinhandlungen lassen sich diese

---

[1] Zu den zahlreichen *boarding houses* und italienischen Lokalen, die am Ende des 19. Jahrhunderts in den großen Städten der USA italienische Kost anboten, siehe Gabaccia, We Are, 80. Auch in Paris entwickelten sich aus diesen preiswerten Unterkünften mit Verpflegung die ersten italienischen Restaurants (vgl. Taravella, Imprenditorialità, 63). In London hingegen existierten um 1900 kaum italienische Migrantenlokale, wohl aber in Soho einige italienische Restaurants, die eine britische und kosmopolitische Klientel adressierten (vgl. Panayi, Spicing Up of English Provincial Life, 74).
[2] Die aus Ligurien stammende Familie Cuneo hatte bereits einige Jahre zuvor in Altona einen Gemüseladen betrieben (vgl. Morandi, Italiener, 119; siehe auch Pini, Zu Gast, 166f.). Vor dem Ersten Weltkrieg sollen in Hamburg fünf von Italienern geführte Lokale existiert haben, die sich fast alle auf St. Pauli befanden (vgl. Koglin, Italien, 213).
[3] Die Trattorien kenne, so Tiedemann, Italiener, 1495, der Nicht-Italiener kaum. Vgl. auch De Bottazzi, Italiani.
[4] Nämlich das „Città di Firenze" (StAM, PkStb 02692), das „Wein-Restaurant al Bersagliere" (PkStb 02569) sowie die von einem Deutschen 1890 eröffnete, italienische und deutsch-österreichische Küche kombinierende „Osteria Bavaria" (siehe De Michielis, Osteria Italiana).

4. Das Pizzeria-Ristorante

Abbildung 3: Restaurant „Città die Firenze", München, im Jahr 1905.

unterschiedlichen Gaststättentypen als erste Ausprägungen einer italienischen Gastronomie verstehen, die den Grundstein für ihren späteren Erfolg in der Bundesrepublik legten.

Darüber hinaus war Deutschland bereits zu Beginn des 20. Jahrhunderts der Hauptimporteur italienischer Nahrungsmittel, wenn auch auf bescheidenem Niveau.[5] Zu Zeiten des Nationalsozialismus bzw. Faschismus und insbesondere während des Zweiten Weltkriegs gewann der deutsch-italienische Handel dann zunehmend an Bedeutung; Deutschland importierte Reis, Käse, Obst und Gemüse und versorgte Italien dafür unter anderem mit Stahl.[6] Waren bereits im 19. und frühen 20. Jahrhundert zahlreiche italienische Arbeitsmigranten nach Deutschland gekommen, um hier v.a. im Baugewerbe oder im Bergbau, als Stuckateure oder Terrazzoleger tätig zu werden, markierte das bilaterale Abkommen über die Anwerbung italienischer Arbeiter von 1937 den Beginn einer strikt staatlich geregelten Migration.[7] Zwischen 1938 und 1942 kamen im Rahmen dieses bilateralen Vertrags, der als Vorbild für das 1955 abgeschlossene Anwerbeabkommen zwischen Italien und der Bundesrepublik gelten kann,

---

[5] Vgl. Bernhard, Italia, 264.
[6] Vgl. Helstosky, Garlic, 122; Tatara, Power.
[7] Sogar die Lohntransfers nach Italien wurden zentral reguliert (vgl. Bologna, Kontinuität, 27). Zur italienischen Migration um 1900 siehe Del Fabbro, Transalpini.

etwa 500 000 Arbeitskräfte aus Italien nach Deutschland.[8] Auch wenn die 1930er und 40er Jahre für ausländische Gastronomen aufgrund der restriktiven Gewerbepolitik des nationalsozialistischen Deutschlands eine äußerst schwierige und nicht selten auch von Verfolgung geprägte Zeit waren[9], galt das für die verbündeten Italiener nicht in demselben Maße. Gleichwohl nutzten Gastronomieverbände sowie Einzelpersonen die Gelegenheit, um Maßnahmen gegen die ausländische Konkurrenz einzufordern. So klagte 1934 ein Konditor aus Frankfurt, dass die italienischen Eismacher „unseren Volksgenossen im Konditorei-Gewerbe die Haupt-Einnahmequelle während des Sommers" wegnähmen.[10] Mit Mutmaßungen, dass es sich bei der ausländischen Konkurrenz womöglich um Juden handele, „die eventuell nur unter italienischem Namen auftreten, um ihren Geschäften nachgehen zu können", wurde der Schutz des deutschen Konditorgewerbes eingefordert.[11] Dem Antwortschreiben des Frankfurter Verkehrs- und Wirtschaftsamtes jedoch ist zu entnehmen, dass die italienischen Eismacher, die bereits eine Genehmigung besaßen, an der Fortführung ihrer Geschäfte nicht gehindert werden konnten.[12] Die Presse berichtete zudem nicht unbedingt ablehnend über neu eröffnete italienische Eisdielen, wie ein Beispiel aus Köln zeigt:

„'Gelati! Gelati!' Wer Italien kennt, dem ist auch dieser Ruf nicht fremd. Dort wurde und wird die kalte Erfrischung in großer Mannigfaltigkeit dargeboten, und das italienische Eis hat sich auch allenthalben bei uns einen Verehrerkreis erworben. So ist es erklärlich, daß im Stadtgebiet Kölns immer neue Speiseeisläden aufgemacht werden."[13]

Vielerorts kamen italienische Eismacher sogar in den Genuss günstiger Kredite, um sich in Deutschland selbständig zu machen, so dass für die 1930er Jahre „ein regelrechter Boom" italienischer Eisdielen zu konstatieren ist.[14]

---

[8] Vgl. Bermani, Odyssee, 43. Zur Vorbildfunktion des Abkommens von 1937 für dasjenige von 1955 siehe Sala, „Fremdarbeiter"; Mantelli, Trasferimento, 173f.
[9] Zur „Chinesen-Aktion" in Hamburg im Mai 1944, der auch chinesische Gastronomen zum Opfer fielen, siehe Kap. 2.2; zur nationalsozialistischen (Gast-)Gewerbepolitik siehe Kap. 3.1.
[10] Willy Burgemeister an den OB der Stadt Frankfurt, 4.8.1934, betr.: „Ital. Eisdielen", ISG Magistratsakten 7.563.
[11] NSDAP/Gau Hessen-Nassau an den OB der Stadt Frankfurt, 12.4.1934, betr.: Genehmigung zur Eröffnung von Eissalons, ISG Magistratsakten 7.563. Ähnlich auch Burgemeister (siehe vorige Anm.): „Dazu sollen diese Mausefallenkrämer zum größten Teil noch Juden sein. – Tatsache ist, dass sie ausschließlich nur von Juden beliefert werden!"
[12] Lediglich bei Neuzulassungen könne man mittels einer besonders streng durchgeführten Bedürfnisprüfung lenkend eingreifen, insbesondere wenn die politische Zuverlässigkeit der Antragsteller in Frage stünde, so das Verkehrs- und Wirtschaftsamt der Stadt Frankfurt, 19.9.1934, betr.: Betrieb von Eisdielen durch Ausländer, ISG Magistratsakten 7.563.
[13] Italienisches Speiseeis – sehr beliebt. Neukonzessionen wurden an zwei Betriebe erteilt, o.J. [ca. 1941], RWWA 335-2-2.
[14] Overbeck/Osses, Eiskalte Leidenschaft, 85. Vgl. auch Bortoluzzi, Flusso migratorio, 241.

4. Das Pizzeria-Ristorante

Nach dem Zweiten Weltkrieg entwickelte sich Westdeutschland zu dem weltweit mit Abstand bevorzugten Zielland italienischer Eismacher. Hier waren die *gelatieri* in besonderem Maße willkommen: Von den Behörden wurden ihnen kaum bürokratische Hindernisse in den Weg gestellt, sondern vielfach Aufbauhilfen gewährt; die Bevölkerung begrüßte die italienischen Eismacher als Zeichen für die Rückkehr zur Normalität und bald auch für den erreichten Wohlstand.[15] Die einmalige Konjunkturlage im ‚Wirtschaftswunderland' bescherte den *gelatieri* bis in die 1970er Jahre hinein die weltweit höchsten Gewinne, und auch noch heute stellen die italienischen Eismacherfamilien in Deutschland die größte, wohlhabendste und einflussreichste Gruppe innerhalb der Branche dar.[16] Dabei trug die Popularität der italienischen Eisdielen, die sich nicht zuletzt dem einsetzenden Massentourismus nach Italien verdankte, zum Erfolg auch der italienischen Restaurants und Pizzerien bei, die seit den 1960er und verstärkt in den 1970er Jahren in großer Zahl in der Bundesrepublik gegründet wurden.

Hatte der Physiologe Max Rubner zu Beginn des 20. Jahrhunderts noch konstatiert, dass es „fast zu den Unmöglichkeiten – wenigstens bei der Masse des Volkes" – gehöre, einen Deutschen „auf italienische Kost einzugewöhnen"[17], so muss man festhalten, dass genau das in der zweiten Hälfte des 20. Jahrhunderts auf umfassende Weise geschehen ist. Italienische Speisen stehen bei Umfragen zum Lieblingsgericht der Deutschen seit Jahren an der Spitze, und auch auf dem Feld der Gastronomie stellt die italienische Küche die populärste dar, zumindest in den jüngeren Altersgruppen unter 40 Jahren.[18] Entsprechend haben sich italienische Gaststätten in der Bundesrepublik flächendeckend etabliert. Zu Beginn des 21. Jahrhunderts handelte es sich bei jeder zehnten Gaststätte in Deutschland um ein italienisches Lokal, und von den etwa 60 000 italienischen Restaurants weltweit befanden sich ungefähr 16 000, nämlich ca. 7000 Restaurants und 9000 Pizzerien, in Deutschland.[19] Christoph Wirtz

---

[15] Vgl. Campanale, Gelatieri, 50. Angesichts der Übernahme zahlreicher deutscher Cafés durch italienische Eismacher (siehe z. B. RWWA 1-477-2, -3 u. -6) wurde zwar mitunter von ‚Überfremdung' des Eisgewerbes gesprochen; von Restriktionen war allerdings fast ausschließlich der ambulante italienische Eishandel betroffen.

[16] In der Schweiz, wo das Eisgewerbe von Graubündnern dominiert wird, die im 19. Jahrhundert eine ähnliche Tradition wie die norditalienischen Eismacher ausbildeten, aber auch in Dänemark und Luxemburg waren die *gelatieri* weit weniger erfolgreich (vgl. Bovenkerk/Ruland, Belluno, 17).

[17] Max Rubner: Volksernährungsfragen, Leipzig 1908, 132, zit. nach Tanner, Italienische „Makkaroni-Esser", 475.

[18] Vgl. Laufner, Gastronomie, 13; Allensbacher Jahrbuch, 287. Zu den soziodemografischen Charakteristika der Gäste in ausländischen Spezialitätenrestaurants siehe Kap. 2.4.2.

[19] Vgl. Leicht et al., Bedeutung, 9; Wachter, Bella Italia, 19.

spricht sogar von 22 000 italienischen Gaststätten in der Bundesrepublik.[20] Trotz der Ungenauigkeit dieser auf Schätzungen basierenden Zahlen ist unbestritten, dass die Bundesrepublik im internationalen Vergleich ausgesprochen viele italienische Restaurants aufweist, auch wenn sich die italienische Küche – ähnlich der chinesischen – (fast) überall auf der Welt durchsetzen konnte. In den USA gehörten italienische respektive italo-amerikanische Gerichte bereits seit den 1930er Jahren zunehmend zum kulinarischen Mainstream, und auch in der Schweiz vollzog sich die Italianisierung der Ernährungsgewohnheiten früher als in Deutschland.[21] Hierzulande ist erst seit den 1950er Jahren „italienische Kulinarik" nach und nach zu einem „Teil des deutschen Lebens" geworden, zunächst allerdings nur des westdeutschen Lebens.[22]

Die italienische Eisdiele und die in der Bundesrepublik meist als Pizzeria-Ristorante firmierende Speisegaststätte mit italienischen Gerichten zählen heute nicht nur zum „Standardrepertoire in der deutschen Gastronomielandschaft"; Eismacher und Pizzabäcker sind darüber hinaus geradezu zu Synonymen für ‚den Italiener' geworden.[23] Aufgrund der Bedeutung, die *gelateria* und Pizzeria-Ristorante im gastronomischen Sektor besitzen, lässt sich von einer ‚Italianisierung' der (west-)deutschen Gastronomie sprechen. Diese erstreckte sich nicht nur auf die kommerzielle Speisenzubereitung, sondern auch auf den häuslichen Konsum. Für die Geschichte der (frühen) Bundesrepublik steht damit nicht mehr allein die viel diskutierte Amerikanisierung im Zentrum, geraten mit der Italianisierung doch auch andere Formen der Internationalisierung und damit die Pluralität parallel verlaufender (auch innereuropäischer) Transferprozesse in den Blick.[24]

Eisdiele und Pizzeria-Ristorante weisen zahlreiche gemeinsame Merkmale auf. So wurde in beiden Lokaltypen vornehmlich italienisches Personal beschäftigt, es wurden italienische Produkte verarbeitet, und die Ausstattung der Räumlichkeiten erfolgte nicht selten über ähnliche Dekorationselemente wie z. B. Werbeplakate der italienischen Fremdenverkehrszentralen. Die Betreiber beider Gaststättentypen nutzten also das mit ihrer italienischen Herkunft verbundene kulturelle Kapital, um sich auf dem bundesdeutschen Markt zu

---

[20] Christoph Wirtz: La deutsche vita. In: stern.de v. 6.5.2006, http://www.stern.de/lifestyle/lebensart/italienische-lokale-la-deutsche-vita-560614.html (27.2.2012).
[21] Zur Geschichte der italienischen Küche in den USA siehe Gabaccia, We Are; Levenstein, American Response; für die (deutschsprachige) Schweiz siehe Tanner, Italienische „Makkaroni-Esser"; Bernasconi, Speck; Bellofatto, „Buon appetito Svizzera!".
[22] Thränhardt, Einwandererkulturen, 17.
[23] Loeffelholz/Gieseck/Buch, Ausländische Selbständige, 45; vgl. Pichler, Artigiani, 221.
[24] Dabei lässt sich die Italianisierung der Ernährung auch als Versuch deuten, nicht nur wirtschaftlich oder politisch-militärisch, sondern auch kulinarisch „Anschluss an den Westen" zu finden (Bernhard, Pizza am Rhein, 212). Dieser Prozess setzte nach Bernhard, „Dolce Vita", 68, jedoch zunächst sehr zaghaft ein.

4. Das Pizzeria-Ristorante

etablieren.[25] Die beiden Konsumorte unterschieden sich aber nicht nur bei den angebotenen Speisen deutlich voneinander, sondern auch bezüglich des jeweils zugrunde liegenden Migrations- und Unternehmensmodells.[26] Die italienischen Eismacher, die größtenteils aus Norditalien, nämlich der Provinz Belluno und insbesondere dem Valle di Zoldi und dem Valle di Cadore stammten, konnten nicht nur auf eine lange Tradition der handwerklichen Eisherstellung zurückblicken, sondern kultivierten darüber hinaus ein temporäres Migrationsmuster.[27] Sie betrieben ihre Eisdielen im Zielland meist von März bis Oktober, um in der Winterpause in ihre Herkunftsregion zurückzukehren. Im Gegensatz dazu stammten sehr viele *pizzaioli* aus dem Süden Italiens und waren nur ausnahmsweise mit der Absicht in die Bundesrepublik gekommen, sich selbständig zu machen. Ein großer Teil der Inhaber von Pizzeria-Ristorantes war im Rahmen der ‚Gastarbeiter'-Anwerbung nach Westdeutschland migriert und hatte zuvor in Bergbau oder Industrie gearbeitet. Erst nach mehreren Jahren entschlossen sich einige dieser Arbeitsmigranten, das angesparte Kapital in einen gastronomischen Betrieb zu investieren – ein Schritt, der oftmals die Entscheidung implizierte, für immer oder zumindest einen längeren Zeitraum in der Bundesrepublik zu bleiben. Im Hinblick auf die regionale Herkunft, die berufliche Qualifikation sowie das dominante Migrationsmuster lassen sich also gravierende Differenzen zwischen den Gruppen der Eismacher und der italienischen Pizzeria-Betreiber beobachten.[28] Dennoch wäre es falsch, ein allzu einheitliches, idealtypisches Bild der jeweiligen Gastronomieformen zu zeichnen, lassen sich beide Betriebsarten doch nicht immer kategorisch voneinander trennen. Die „San Marco GmbH" etwa betrieb Anfang der 1990er Jahre in Leverkusen neben einem italienischen Eiscafé auch zwei italienische Restaurants, und in Recklinghausen vereinte das „Michelangelo" in den 1970er Jahren Eiscafé und Pizzeria in denselben Räumen.[29] Zudem fanden sich unter den italienischen Restaurantbetreibern auch professionelle Gastronomen, die vielfach – wie die Eismacher – aus Norditalien stammten und sich von den süditalienischen ‚Gastarbeitern' abzugrenzen suchten.

---

[25] Zum Italienbild als „strategische[m] Element italienischer Kleinunternehmer" siehe auch Galster, Italienbild.
[26] Zu dieser Gegenüberstellung siehe Storti, Imprese.
[27] Vgl. Bovenkerk/Ruland, Italienische Eismacher, 677.
[28] Ausführlicher dazu: Möhring, Staging.
[29] Vgl. Neues Speiserestaurant bietet internationale Küche. In: LI v. 9.1.1991; BWA LBM F002-2372.

4.1 Die Migration aus Italien und die Etablierung der italienischen Gastronomie

Das Einsetzen der massenhaften Zuwanderung infolge des deutsch-italienischen Anwerbeabkommens von 1955[30] bedeutete für die Geschichte der italienischen Migration insofern einen Einschnitt, als die Bundesregierung allein auf eine abhängige Beschäftigung von Ausländern in der bundesdeutschen Wirtschaft abstellte. Waren viele der italienischen Migranten, die vor diesem Zeitpunkt in Deutschland Arbeit gesucht hatten, einer selbständigen Erwerbstätigkeit etwa als ambulante Eishändler oder Handwerker nachgegangen, war in der Bundesrepublik nicht vorgesehen, dass die als ‚Gastarbeiter' angeworbenen Ausländer sich selbständig machten. Daher nahm der Anteil der Selbständigen unter den Italienern im Nachkriegsdeutschland zunächst einmal deutlich ab. Der Zuzug einer großen Zahl italienischer Migranten erzeugte jedoch bald eine wachsende Nachfrage nach italienischen Produkten des täglichen Lebens, v.a. Lebensmitteln. Denn auf ihre gewohnten Speisen verzichteten insbesondere italienische Migranten nur ungern. Bereits um 1900 hatten italienische Arbeiter vielfach darauf bestanden, dass in ihren Gemeinschaftsunterkünften oder an ihren Arbeitsplätzen ein italienischer Koch beschäftigt wurde[31], und auch das deutsch-italienische Abkommen über den Einsatz italienischer „Fremdarbeiter" im nationalsozialistischen Deutschland sah vor, dass die Lebensmittel aus Italien importiert und von italienischem Personal zubereitet würden. Da diese Abmachung nicht überall eingehalten wurde, kam es immer wieder zu Beschwerden und Protesten in Form von Essensverweigerungen oder Arbeitsniederlegungen.[32]

Auch die ab 1955 in die Bundesrepublik migrierten Italiener hielten meist an ihren heimischen Ernährungsweisen fest, war vielen das deutsche Essen doch zu schwer, zu wenig gewürzt und zu kartoffellastig.[33] In den Gemeinschaftsun-

---

[30] Dem Anwerbeabkommen mit der Bundesrepublik waren 1946 die bilateralen Verträge mit Frankreich und Belgien sowie 1948 mit der Schweiz vorausgegangen (vgl. Rieker, Italienische Arbeitswanderer, 670). Während in den Jahren 1936 bis 1945 fast 47 % aller italienischen Migranten nach Deutschland gegangen waren, wurde nach 1945 die Schweiz zum Hauptzielland der italienischen Auslandsmigration und blieb dies auch in den 1960er und 70er Jahren (vgl. Sori, Emigrazione, 271, Tab. 2).
[31] So bereitete ein italienischer Koch den beim Ausbau des Hamburger Hafens 1911 beschäftigten Italienern täglich „das nationale Mittagsbrot" zu (Viele ausländische Arbeiter. In: Hamburger Fremdenblatt v. 14.4.1911). Vgl. auch Wennemann, Arbeit, 152.
[32] Vgl. Bermani, Odyssee, 138.
[33] Vgl. Dunkel/Stramaglia-Faggion, „Für 50 Mark", 218. Zur herausragenden Rolle des Essens auch für italienische Migranten in den USA, die im Vergleich zu den irischen und jüdischen Einwanderern weit stärker an den ihnen vertrauten Speisen festhielten, siehe die Studie von Diner, Hungering. Zur großen Bedeutung des Essens für die Konstruktion ei-

terkünften wurde recht zügig auf die „starke autonome Tendenz bei den ausländischen Arbeitern" im Hinblick auf ihre Ernährung Rücksicht genommen:

> „Anders essen als in ihrer Heimat wollten sie keinesfalls, und so war es unerläßlich, sie, die zu Anfang fast nur Italiener waren, nach ihrem Belieben Spaghetti, Käse, Tomaten, Öl mischen, kochen und verzehren zu lassen und zu diesem Zwecke auch Küche und Kochtöpfe bereitzustellen."[34]

Größere Betriebe räumten bisweilen die Möglichkeit ein, dass ein Italiener auf eigene Rechnung eine Arbeiterkantine einrichtete.[35] Zudem scheuten die Migranten selbst keine Mühe, sich die für die eigene häusliche Küche essentiellen, aber in der Bundesrepublik zunächst nur schwer erhältlichen Nahrungsmittel wie Olivenöl oder bestimmte Käsesorten zu verschaffen. Für das mitunter nur in Apotheken zu erstehende Olivenöl waren viele Migranten bereit, trotz ihres geringen Verdienstes hohe Preise zu zahlen.[36] Was gemeinhin als zu teuer erscheinen mochte, stellte für viele ‚Gastarbeiter' ein lebensnotwendiges Nahrungsmittel dar – eine Beobachtung, die sich ähnlich in allen Einwanderungsländern machen lässt.[37] Auch die sogenannten Grundbedürfnisse erweisen sich damit als eine historisch und kulturell äußerst variable Größe.

Um die spezifischen Ernährungswünsche der italienischen Migranten zu befriedigen, entstanden nach und nach von Italienern betriebene Lebensmittelgeschäfte und Gaststätten, die italienische Speisen anboten. Auch wenn der Einzelhandel eine wichtige Branche italienischen Unternehmertums in der Bundesrepublik darstellt, tritt er – anders als im Falle des türkischen Lebensmittelhandels – doch deutlich hinter der Gastronomie zurück.[38] Während Eishandel und Baugewerbe zu den traditionsreichen Erwerbszweigen von Italienern in Deutschland zählten, etablierte sich die italienische Gastronomie in nennenswertem Umfang erst nach 1945. Sie stellt damit ein relativ rezentes Phänomen dar, das sich Globalisierungsprozessen der zweiten Hälfte des 20. Jahrhunderts verdankt.

---

ner italienischen Identität auch in der heutigen BRD siehe Martini, Italienische Migranten, 230.

[34] Uhlig, Ungeliebte Gäste, 19. Auch die indonesischen Migranten in den Niederlanden waren in ihren Unterkünften zunächst mit Kartoffeln und erst später mit Reis versorgt worden (vgl. Otterlo, Chinese and Indonesian Restaurants, 158).
[35] Vgl. Stadt Köln/Oberstadtdirektor an IHK Köln, 18.12.1962, RWWA 1-477-5.
[36] So ein 1960 nach Deutschland gekommener italienischer Arbeiter (FZH, Werkstatt der Erinnerung, Interview Nr. 720).
[37] Für Großbritannien siehe Carlson/Kipps/Thomson, Influences, 87.
[38] Zum türkischen Lebensmitteleinzelhandel siehe Kap. 6.3. Die italienischen Lebensmittelläden wurden zwar auch von italienischen Kunden aufgesucht – noch zu Beginn des 21. Jahrhunderts kauften 70 % der Italienerinnen in Deutschland häufig in italienischen Lebensmittelgeschäften ein (vgl. Schmid, Küche, 168) –, richteten sich aber schnell auch an einer (gut verdienenden) deutschen Klientel aus und etablierten sich als Feinkostgeschäfte.

4.1 Die Migration aus Italien und die Etablierung der italienischen Gastronomie

Der Prozentsatz italienischer Selbständiger im Gastgewerbe liegt weit über dem Durchschnitt nicht nur der in der Gastronomie selbständig tätigen deutschen Bevölkerung, sondern auch anderer Ausländergruppen.[39] Seit Jahrzehnten ist mehr als die Hälfte der italienischen Unternehmer in der Gastronomie tätig: 1978 engagierten sich die italienischen Unternehmer in Nürnberg zu 54 % in diesem Sektor, Mitte der 1980er Jahre waren in Gelsenkirchen von 73 befragten italienischen Unternehmern 53 im Restaurant-, Fast-Food- oder Eisgeschäft tätig, und für 2003 liegen Zahlen vor, die der Gastronomie bundesweit einen Anteil von 53 % an allen italienischen Gewerbeaktivitäten einräumen.[40] Eine ähnlich starke Konzentration auf die Gastronomie zeigen ansonsten nur noch die griechischen Selbständigen.[41] Während der eindeutige Schwerpunkt italienischer Unternehmeraktivitäten im Gaststättengewerbe unter anderem mit der skizzierten Tradition italienischer Gastronomie in Deutschland zusammenhängt, ist die hohe Selbständigenquote doch nicht zuletzt auch auf den privilegierten Rechtsstatus zurückzuführen, den Italiener in der Bundesrepublik genossen. Als Angehörige eines Mitgliedsstaates der Europäischen Gemeinschaft waren sie weit weniger mit rechtlichen und bürokratischen Hindernissen konfrontiert als andere Nicht-Deutsche. Das galt bereits für die späten 1950er und die 1960er Jahre, weil angesichts bilateraler Handelsabkommen und v.a. im Rahmen der schrittweisen Einführung der vollen Freizügigkeit innerhalb der EWG italienische Anträge auf eine selbständige Erwerbstätigkeit oftmals wohlwollender behandelt wurden.[42]

Für die ersten italienischen Lokale in der Bundesrepublik spielten die Arbeitsmigranten aus Italien, die sich vielfach einen Restaurantbesuch gar nicht leisten konnten oder wollten, als Kundschaft keine entscheidende Rolle.[43] Für

---

[39] Vgl. Storti, Imprese, 65. Seit 1974 stellen die Italiener den größten Anteil an den ausländischen Selbständigen in der Bundesrepublik (vgl. Loeffelholz/Gieseck/Buch, Ausländische Selbständige, 45). 1995 weisen sie eine Selbständigenquote von 14,6 % auf, die damit zwar unter dem EU-Durchschnitt von 15,1 %, aber über der deutschen und der durchschnittlichen Selbständigenquote von Ausländern von 11,3 % bzw. 8 % lag (vgl. Schutkin, Berufliche Positionierung, 142f.).
[40] Vgl. Heller, Pizzabäcker, 151; Blaschke et al., European Trends, 91; Leicht/Leiß/Fehrenbach, Social and Economic Characteristics, 301.
[41] Siehe Kap. 5.2.1.
[42] Dies bedeutet jedoch nicht, dass alle italienischen Staatsangehörigen, die in der frühen Bundesrepublik ein Unternehmen gründen wollten, eine entsprechende Erlaubnis erhielten.
[43] Eine Ausnahme bildeten besonders preiswerte italienische Lokale wie das „Trulli" in Berlin-Kreuzberg, das Ende der 1970er Jahre Pizza für 4 DM bot und in hohem Maße auch von italienischen Arbeitsmigranten aufgesucht wurde (vgl. Berlin von 7 bis 7, 1977, 95), sowie die in den 1960er und 70er Jahren entstandenen „Centri" und „Circoli", die von Wohlfahrtsverbänden oder aber von italienischen Migranten in Eigenregie geführt wurden, oft als nicht öffentliche und nicht kommerzielle Clubs organisiert waren und in Italien übliche

die Angebotsseite aber war die Nachkriegsmigration durchaus von Bedeutung. Zwar ist es richtig, die bei der deutschen Bevölkerung vielfach anzutreffende ‚romantische' Vorstellung, dass die italienischen Restaurants allesamt von ehemaligen Fließbandarbeitern gegründet worden seien, die ihren deutschen Gästen nun einfache und unverfälschte Hausmannskost böten, kritisch zu hinterfragen.[44] Zahlreiche italienische Lokale, insbesondere die *ristoranti* der gehobenen Kategorie, wurden von ausgebildeten Gastronomen eröffnet, die sich gezielt für eine Investition auf dem gastgewerblichen Markt Westdeutschlands entschieden oder denen sich nach einer kurzzeitigen anderweitigen Beschäftigung die Gelegenheit bot, in der Gastronomie tätig zu werden. Doch selbst die vom Istituto Fernando Santi im Auftrag des italienischen Ministers für Arbeit und Sozialversicherung 1983 erstellte soziologische Studie über die italienische Gastronomie in Berlin und der Region Frankfurt kam, obwohl sie nur Restaurants und keine Pizzerien in ihre Untersuchung einbezog, zu dem Ergebnis, dass lediglich 48 % der Betreiber eines *ristorante* und 44 % der Angestellten bereits in der Gastronomie gearbeitet hatten, bevor sie in die Bundesrepublik migrierten.[45]

Unter den Betreibern einfacher Pizza-Lokale dürfte der Prozentsatz ungelernter Italiener, die zuvor in bundesdeutschen Industrieunternehmen angestellt gewesen waren und dann nach einigen Jahren mit ihren Ersparnissen den Schritt in die Selbständigkeit wagten, noch weit höher gelegen haben.[46] Wie bereits einleitend skizziert, handelte es sich bei vielen dieser *pizzaioli* um Autodidakten. So äußerte ein Pizzeria-Inhaber in Frankfurt, der von Luca Storti im Rahmen seiner Studie über italienische Gastronomen und Eismacher zu den Anfängen seiner selbständigen Erwerbstätigkeit befragt wurde: „Io di pizza non ne capivo proprio niente" [„Ich wusste überhaupt nichts über Pizza"].[47] Auf Pizza verlegten sich italienische Arbeitsmigranten zum einen, weil dieses Gericht relativ einfach zuzubereiten war; zum anderen kam ein beträchtlicher Teil der italienischen Arbeitsmigranten aus Kampanien, der Heimat der (neapolitanischen) Pizza. Anders als die *gelatieri* stammte das Gros der italienischen ‚Gastarbeiter' aus dem Süden des Landes; neben Kampanien zählten Apulien, Kalabrien und v.a. Sizilien zu den hauptsächlichen Herkunftsregionen.[48] In

---

Formen des geselligen, kulturellen und politischen Zusammenschlusses in die Bundesrepublik transferierten.

[44] Darauf weist zu Recht Bernhard, Pizza sul Reno, 67, hin. Siehe auch Bernhard, „Dolce Vita".
[45] Vgl. Istituto Fernando Santi, Lavoro, 140, Tab. B. Nach Einschätzung eines italienischen Gastronomen in Berlin Mitte der 1990er Jahre besaßen nur etwa 50 % seiner Kollegen eine Fachausbildung (vgl. Pichler, Migration, Community-Formierung, 168f.).
[46] Für Berlin stellt dies Pichler, Migration, Community-Formierung, 166, heraus.
[47] Zit. nach Storti, Imprese, 95.
[48] Auch aus Sardinien und den Abbruzzen stammten viele v.a. der nach 1970 zugewanderten Italiener (vgl. Breitenbach, Italiener, 55). Zahlreiche Süditaliener waren, bevor sie ins

4.1 Die Migration aus Italien und die Etablierung der italienischen Gastronomie

ihrer in der zweiten Hälfte der 1970er Jahre durchgeführten Studie über die italienischen Selbständigen in Stuttgart hat Maria Luisa Gentileschi herausgestellt, dass von den 23 nach ihrer Herkunft befragten Gastronomen nur sechs aus Norditalien, aber 17 aus dem Süden des Landes stammten. Elf der süditalienischen Gaststättenbetreiber kamen aus Kampanien, von denen wiederum acht Neapel als ihre Herkunftsregion anführten. In den meisten Fällen hatten die Gastronomen zuvor zumindest einige Erfahrungen im Gaststättengewerbe gesammelt oder waren im ambulanten Getränke- und Lebensmittelhandel tätig gewesen.[49] In Leverkusen z. B. plante 1970 ein Sizilianer, der ausgebildeter Maurer war und mehrere Jahre in diesem Beruf in der Bundesrepublik gearbeitet hatte, die Eröffnung eines Lokals, nachdem er sich ein Jahr lang als Büffetier-Kellner verdingt hatte.[50] Andere Gaststättenbetreiber wurden, bevor sie das Lokal von einem Landsmann übernahmen, von diesem noch einige Zeit angelernt.[51] Der Schritt in die Selbständigkeit erfolgte also in der Regel erst, wenn ein Kontakt zu einem (italienischen) Gastronomen und damit ein Zugang zur gastgewerblichen Infrastruktur hergestellt waren.

In jedem Fall waren italienische – ebenso wie jugoslawische, griechische und türkische – Arbeitsmigranten an der Expansion der ausländischen Gastronomie in den späten 1960er und in den 1970er Jahren beteiligt.[52] Aufgrund beschränkter finanzieller Mittel, aber auch wegen mangelnder Fachkenntnisse eröffnete diese Gruppe von Gastronomen tendenziell einfachere Lokale, die eine relativ preiswerte Küche boten.[53] Gerade diesen günstigen Gaststätten

---

Ausland gingen, zuvor in den Norden Italiens migriert (zur italienischen Binnenmigration siehe Arru/Ramella, Italia).

[49] Vgl. Gentileschi, Lavoratori, 348. Gegenwärtig besitzen zwei Drittel der italienischen (wie auch der deutschen) Gastronomen Vorerfahrungen in ihrer Branche; bei den türkischen Gaststättenbetreibern ist es nur ein Drittel (vgl. Leicht/Leiß, Bedeutung der ausländischen Selbständigen, 90).

[50] Antrag auf Erteilung der Erlaubnis zum Betrieb einer Gaststätte v. 13.8.1969, StAL 320.2194.

[51] Vgl. Storti, Imprese, 95.

[52] Pichler, Artigiani, 214, Tab. 3, unterscheidet in Berlin zwischen mehreren Typen von italienischen Gastronomen: 1. den Pionieren, die bereits vor dem Zweiten Weltkrieg v.a. Osterien und Eiscafés eröffneten, 2. den Arbeitsmigranten, die seit den 1960er Jahren der Gaststättenform *Ristorante-Pizzeria* zum Durchbruch verhalfen, 3. den „Rebellen", die in den 1970er Jahren Lokale mit linkem Image gründeten, und 4. den „Postmodernen", die seit den 1980er Jahren „in"-Lokale wie *trattorie*, *enoteche* oder Spezialitätenläden eröffneten.

[53] Von den 24 von Gentileschi genauer untersuchten gastronomischen Betrieben ließen sich – abgesehen von einer Pension, einer Bar und zwei Bier- und Weinausschänken – vier bis fünf der Kategorie *ristorante* mit gehobener Küche und kosmopolitischer Kundschaft, sechs bis sieben der Kategorie der preiswerten *trattorie-pizzerie* und die übrigen der Kategorie der *trattoria di tipo medio* mit einer v.a. aus Arbeitern und Angestellten bestehenden Kundschaft zurechnen (vgl. Gentileschi, Lavoratori, 335).

hat die italienische Gastronomie ihre starke Ausbreitung zu verdanken.[54] V.a. junge Leute und Familien schätzten die Möglichkeit, hier preiswert und ohne große Rücksicht auf die Etikette essen gehen zu können.[55]

Die italienischen Restaurantbetreiber richteten sich von Anfang an auch bzw. vornehmlich an eine deutsche Klientel. Dies zeigt sich unter anderem darin, dass die italienischen Selbständigen in der Bundesrepublik – anders als die türkischen Unternehmer – ihre Lokale und Geschäfte nicht in sogenannten ethnischen Enklaven ansiedelten; vielmehr wiesen ihre Betriebe eine den deutschen Unternehmen ähnliche räumliche Verteilung auf. So finden sich italienische Lokale und Läden vielfach in Klein- und Mittelstädten und zeigen auch in den Großstädten ein disperses Verteilungsmuster.[56] Dieses räumliche Verhalten der italienischen Selbständigen, das auch die italienische Wohnbevölkerung charakterisiert[57], lässt sich als Indiz dafür lesen, dass die Nachfrage nach italienischen Speisen in der Bundesrepublik sich relativ rasch und gleichmäßig verbreitet hat. Dennoch verlief der Diffusionsprozess auch der italienischen Restaurants regional unterschiedlich schnell und intensiv. Zum einen verfügten Städte mit einem hohen Anteil an italienischen Arbeitsmigranten wie München, Köln oder auch Stuttgart bereits in den 1960er Jahren über eine (moderat) wachsende Zahl italienischer Gaststätten.[58] In Köln, wo 1961 gut 7000 Italiener lebten, die fast zwei Drittel der ausländischen Bevölkerung der Stadt stellten[59], eröffneten neben Pizzerien auch frühzeitig teurere italienische Restaurants. Diese konzentrierten sich v.a. am Rande des bahnhofsnahen Eigelsteinviertels, in dem viele Italiener lebten.[60] Wie bereits dargelegt, dominierte die italienische Gastronomie das ausländische Gastge-

---

[54] Dies gilt auch in der Schweiz, wo zumindest in Zürich die Zunahme der italienischen Gaststätten von 20 im Jahre 1945 auf 98 im Jahre 1990 v.a. auf die Pizzerien zurückzuführen ist, so Rudolf, Italienische Gastronomie, 180.
[55] „Sehr zivile Preise" und „großzügig bemessene Portionen" zeichneten etwa das „San Marino" am Savignyplatz in Berlin, unweit mehrerer Hochschulen, aus (Berlin von 7 bis 7, 1977, 15). Zur Beliebtheit der italienischen Küche bei jungen Menschen und Familien siehe auch Kap. 2.4.2.
[56] Vgl. Battente, Le capacità, 303.
[57] Für Köln siehe Breuer/Heins, Local Dimension, 328.
[58] Wie bereits angedeutet, konzentrierte sich der Großteil der italienischen Arbeitsmigranten auf Baden-Württemberg und Nordrhein-Westfalen, wo Anfang der 1960er Jahren fast 59 000 bzw. fast 31 000 italienische ‚Gastarbeiter' lebten (vgl. Weicken, Anwerbung, 19). 1986 stellten Köln und München mit über 20 000 und Frankfurt und Stuttgart mit fast 20 000 italienischen Einwohnern die Hauptzentren italienischer Präsenz in der Bundesrepublik dar (vgl. Pichler, „Pizza", 13); dies gilt bis heute.
[59] Vgl. Muntermann, Ausländische Arbeitnehmer, 141.
[60] Bereits Anfang der 1960er Jahre wurde das „Grand' Italia" eröffnet, das sich als Feinschmeckerlokal verstand und sich – für den Rezensenten unverständlich – in „der finstersten Gegend der Domstadt", am Hansaring, angesiedelt hatte; der Betreiber wurde zum „Ziehvater" zahlreicher italienischer Köche und Kellner, die sich später selbständig

4.1 Die Migration aus Italien und die Etablierung der italienischen Gastronomie 247

werbe im nahen Leverkusen hingegen erst seit den späten 1970er Jahren.[61] In West-Berlin, wo sich ebenfalls nur verhältnismäßig wenige italienische Migranten ansiedelten[62], existierten in den 1960er Jahren trotz der Größe der Stadt lediglich zehn bis zwanzig italienische Restaurants, die zum Teil noch aus der Vorkriegszeit stammten.[63] Selbst eine wesentlich kleinere Stadt wie Gießen besaß 1970 bereits 21 italienische Gaststätten.[64] In den 1970er Jahren allerdings konnte Berlin einen deutlichen Anstieg verzeichnen.[65] Dasselbe galt für Hamburg, das Anfang der 1960er Jahre nicht einmal 1500 Italiener zu seinen Bewohnern zählte und wo es die italienische Gastronomie bis in die späten 1970er Jahre hinein nicht leicht hatte, sich gegen die Vielzahl ausländischer Küchen durchzusetzen.[66] München hingegen, wo italienische Migration und Gastronomie bereits vor 1945 eine nicht unwichtige Rolle gespielt hatten, wurde nach 1955 erneut zu einem bevorzugten Ziel italienischer Arbeitsmigranten und verfügte in den 1960er Jahren bereits über doppelt so viele italienische Restaurants wie Berlin.[67] Zwischen 1967 und 1973 verdreifachte sich ihre Zahl auf 110, um sich bis Ende der 1970er Jahre nochmals zu verdoppeln.[68] Selbst in Flensburg mit seiner verschwindend geringen Zahl italienischer Migranten wurden in den 1970er Jahren zwei Pizzerien eröffnet.[69]

Anders als die italienischen Eiscafés konnten sich italienische Restaurants in den 1950er und 60er Jahren jedoch noch nicht flächendeckend etablieren. Vielmehr erweisen sich in dieser Hinsicht an allen untersuchten Orten die 1970er Jahre als das entscheidende Jahrzehnt. Die rapide Zunahme italienischer Speiselokale begann in den frühen 1970er Jahren, erfuhr zur Mitte des Jahrzehnts einen kurzen, der ökonomischen Rezession geschuldeten Rückgang, um sich

---

machten (Besser, Grand' Italia, 144; ders., nach Köln, 30). Zu diesen „Kultstätten der italienischen Küche" siehe auch Thoma, An Theken, 163.

[61] Siehe Kap. 2.3.1.

[62] Im Laufe der 1960er Jahre stieg die Zahl italienischer Staatsangehöriger in Berlin von 1364 auf gut 5000; sie konzentrierten sich v.a. in Charlottenburg und Schöneberg (vgl. Tamponi, Italiener, 12f.).

[63] Vgl. Simons, Ethnische Ökonomie, 89. 1939 war das bis heute existierende „Da Peppino" gegründet worden (vgl. Berlin von 7 bis 7, 1977, 36). Im Verzeichnis der Mitglieder der Berliner Gastwirte-Innung von 1949 sind insgesamt 15 Mitglieder mit italienischem Namen aufgeführt, die v.a. in den Bezirken Mitte, Charlottenburg und Wilmersdorf ansässig waren.

[64] Das erste italienische Restaurant hatte in Gießen 1958 eröffnet (vgl. Balke, Untersuchungen, 108).

[65] Vgl. Hillmann/Rudolph, Redistributing, 18. Zwischen 1970 und 1990 verzehnfachte sich ihre Zahl von 44 auf 467 (vgl. Thoms, Sehnsucht, 48, Tab. 1).

[66] Vgl. Weicken, Anwerbung, 20. Zur Struktur der ausländischen Gastronomie in Hamburg siehe Kap. 2.3.1.

[67] Seit 1966 wies das Münchner Adressbuch zudem eine eigene Rubrik ‚Pizzeria' auf.

[68] Vgl. Bernhard, Italia, 282.

[69] Siehe Kap. 2.3.1.

am Ende der 1970er Jahre umso schneller wieder zu erholen. Die vom Istituto Fernando Santi 1983 erstellte Studie nennt für das Jahr 1971 4258 italienische Restaurants (unter Ausschluss der Pizzerien) in der Bundesrepublik; 1972 existierten bereits 5051 Restaurants, deren Zahl 1977 auf 3610 sank, um 1978 dann 5454 zu erreichen. 1982 gab es laut der Studie 6044 italienische Restaurants in Westdeutschland, die von 4420 Pizzerien (und 3749 italienischen Eiscafés) komplettiert wurden.[70]

4.2 Pizzeria-Ristorante. Ein hybrider Gaststättentyp

Das Istituto Fernando Santi zählte Restaurants und Pizzerien getrennt und trug damit der wichtigen Unterscheidung Rechnung, die man in Italien zwischen diesen beiden gastronomischen Einrichtungen macht. Diese und weitere Differenzierungen zwischen den Speisegaststätten wurden in fast allen deutschen Italien-Reiseführern genau erläutert. Das *ristorante* wurde beispielsweise in Peter Klahns *Urlaub in Italien* von 1960 als „durchweg teuerste Kategorie unter den italienischen Speiselokalen", die *trattoria* als eine einfachere Gaststätte, die *osteria* als eine „[e]infache Schenke", in der man auch selbst mitgebrachte Speisen verzehren könne, und die *pizzeria* als ein „[b]illiges Restaurant süditalienischer Provenienz", in dem Pizza serviert werde, charakterisiert.[71] In der Bundesrepublik jedoch waren diese Abgrenzungen bei weitem nicht so klar.[72] Während zu Beginn des 20. Jahrhunderts die wenigen italienischen Gaststätten in Deutschland entweder als *ristoranti* oder als *trattorie* firmierten, entstand in der Bundesrepublik eine neue, hybride Form von italienischem Speiselokal, das Pizzeria-Ristorante, in dem neben Pasta- und wenig aufwändigen Fleischgerichten auch Pizza geboten wurde. Dieser Gaststättentyp, der nicht nur in Italien kaum bekannt war, sondern sich auch in anderen Ländern wie den USA nicht entwickelt hat[73], sollte zum Inbegriff der italienischen Gastronomie in der Bundesrepublik werden.

---

[70] Istituto Fernando Santi, Lavoro, 136, 137, Tab. 20 u. 138, Tab. 22.
[71] Klahn, Urlaub, 214. Noch heute wird in Italien zwischen der *trattoria* als Familienbetrieb, in dem die Frau in der Küche und der Mann im Gastraum tätig ist, und dem *ristorante* mit mehr und spezialisiertem Personal unterschieden (vgl. Ballarini, Trattoria, 7). Gemeinsam bilden die „cucina familiare delle trattorie" und die „cucina gastronomica dei ristoranti" die zentralen Referenzpunkte der italienischen Gastronomie (Ballarini, Locali, 14).
[72] Ich verwende den deutschen Begriff ‚Restaurant' daher sowohl für *ristoranti*, *pizzerie* wie auch das Pizzeria-Ristorante.
[73] Lediglich eines der italienischen Lokale, deren Speisekarten im CIA archiviert sind, nannte sich explizit „Restaurant & Pizzeria", hielt aber noch in der Verwendung des „&" die Differenz zwischen beiden Betriebsformen aufrecht. Siehe Restaurant & Pizzeria Luigi's, Jacksonville, NC, CIA 1-925.

Pizza war den Deutschen in der frühen Bundesrepublik zumeist noch unbekannt. Entsprechend hielten es auch die deutschen Italien-Reiseführer der 1950er Jahre für notwendig zu erläutern, worum es sich bei dieser Speise handelte, nämlich um einen im Ofen gebackenen „Teigfladen, gefüllt mit Tomaten, Sardellen, Käse und anderen Zutaten" respektive einen „Pfannkuchen aus Tomaten, Zwiebeln, Anchovis", der „mit neapolitanischem Käse bestreut" werde.[74] Auch eines der ersten italienischen Kochbücher der Nachkriegszeit, Hans Debeljaks *Italienische Küche* aus dem Jahre 1955, erkannte die Notwendigkeit, *pizza napoletana* als „Napoletanische Törtchen" der Leserschaft näherzubringen, während Vico Torriani in seiner Unterhaltungssendung *Hotel Victoria* singend erläuterte, dass „Pizza aus Napoli" nicht etwa „süßer Kuchen", sondern „eine salzige, ganz unbeschreiblich köstliche, echt neapolitanische Spezialität" sei.[75] In den Duden hielt die Pizza erst Mitte der 1960er Jahre Einzug und firmierte dort als „neapolitan[isches] Hefegebäck mit Tomaten, Käse und Sardellen".[76] Als pikantes Gebäck sorgte die Pizza bei deutschen Konsumenten zunächst für Verwunderung. Diese hatte Anna Seghers 1944 in ihrem Exilroman *Transit* anschaulich geschildert:

„Die Pizza ist doch ein sonderbares Gebäck. Rund und bunt wie eine Torte. Man erwartet etwas Süßes. Da beißt man auf Pfeffer. Man sieht sich das Ding näher an; da merkt man, dass es gar nicht mit Kirschen und Rosinen gespickt ist, sondern mit Paprika und Oliven. Man gewöhnt sich daran."[77]

Alois Wierlacher interpretiert die Pizza bei Seghers überzeugend als „Dingsymbol der Verfremdung des Vertrauten und des Vertrautwerdens mit Fremden", an das sich der Exilant erst gewöhnen müsse.[78]

Die vermutlich erste Pizza in der Bundesrepublik war in dem 1952 in Würzburg eröffneten „Sabbie di Capri" erhältlich. Sein Betreiber, Nicola di Camillo, hatte nach Kriegsende in Nürnberg als Küchenhilfe für die US Army gearbeitet, dort einen (wie er selbst) aus den Abruzzen stammenden Italo-Amerikaner kennengelernt, in dessen „Country Club" in Fürth er dann eine Beschäftigung

---

[74] Klahn, Urlaub, 214; Dominique Le Bourg/Jean Desternes: Italien (Nimm mich mit. Der Reisebegleiter von heute), Wien/München/Basel 1954, 14, zit. nach Kindler, Sehnsucht, 113. In den USA wurde Pizza im Zuge ihrer Verbreitung in den 1930er Jahren ähnlich übersetzt, nämlich als „inch-thick, potato pan-cake, sprinkled with Parmesan cheese and stewed tomatoes" (so in einem New Yorker Restaurantführer von 1930 zu lesen, zit. nach Gabaccia, We Are, 110).
[75] Debeljak, Italienische Küche, 25; Vico Torrianis Auftritt ist zu sehen im Dokumentarfilm *Pizza, Pasta und Amore*, R.: Christiane Mannini, BRD/Italien 2000.
[76] Duden. Rechtschreibung der deutschen Sprache und der Fremdwörter (Der Große Duden; 1), 16., erw. Aufl., neu bearb. v.d. Dudenredaktion unter Leitung v. Paul Grebe, Mannheim/Zürich 1967, 528. Der Duden von 1973 enthielt dann auch den Eintrag ‚Pizzeria'.
[77] Seghers, Transit, 8.
[78] Wierlacher, Vom Essen, 101.

fand. Hier machte er Bekanntschaft mit der Vorliebe vieler US-Soldaten für Pizza und andere italo-amerikanische Gerichte.[79] 1952 entschied er sich gemeinsam mit seiner deutschen Ehefrau, mit finanzieller Hilfe der Schwiegereltern in Würzburg eine italienische Gaststätte zu eröffnen.[80] Deutsche frequentierten das Lokal in den ersten Jahren kaum, konnten sich viele das Essen im Restaurant doch nicht leisten. Zu den ersten Gästen der Würzburger Pizzeria zählten daher v.a. US-amerikanische Besatzungssoldaten, denen Pizza oft schon seit den 1930er Jahren oder aber spätestens seit dem Zweiten Weltkrieg ein Begriff war.[81] Nach und nach nahmen sie auch ihre deutschen Bekannten mit ins „Sabbie di Capri" und fungierten damit als kulinarische Vermittler.[82] Hier überschnitten sich also Prozesse der Amerikanisierung und Italianisierung in der frühen Bundesrepublik. In Italien selbst wurde Pizza bis in die zweite Hälfte des 20. Jahrhunderts hinein vornehmlich in der Region Neapel hergestellt und verzehrt[83], und dort entstanden auch die ersten Prototypen der Pizzeria. Noch Mitte der 1950er Jahre existierten in Italien außerhalb von Neapel nur etwa zehn Pizzerien; erst im Zuge des Massentourismus der 1960er und 70er Jahre etablierten sie sich überall im Land.[84] Die italo-amerikanische Pizza-Variante mit ihrem dicken Teig und dem üppigen Belag unterschied sich dabei deutlich von den in Neapel üblichen *pizze*.[85] Im „Sabbie di Capri" wurde den GIs zwar das paradigmatische Gericht der italo-amerikanischen Küche, „Spa-

---

[79] Vgl. Gebhardt, Wie die Deutschen, 397; Rönneburg, Capri, 135f.
[80] Der Name „Sabbie di Capri", der auf die nahe gelegene Sanderstraße verweisen sollte (*sabbia* = Sand), war der verpachtenden Brauerei zu ungewöhnlich, so dass die Pizzeria zunächst weiterhin „Uffenheimer Braustüble" hieß (vgl. Gebhardt, Wie die Deutschen, 398).
[81] Vgl. Hooker, Food, 292; Inness, Dinner Roles, 98.
[82] Zu den US-amerikanischen Besatzungssoldaten als „Katalysatoren für einen Prozess allgemeiner kultureller Öffnung und Erweiterung", auch in kulinarischer Hinsicht, siehe Ritter, Kulturaustausch, 61.
[83] Es existierten aber in verschiedenen Regionen Italiens der Pizza ähnliche Teigspezialitäten, zu denen z. B. auch das toskanische Rosmarinbrot oder der ligurische, nur mit Öl und Salz gewürzte Teigfladen zu zählen sind (vgl. Wagner, Fast schon Food, 123).
[84] Vgl. Die Pizza als Weltkulturerbe?, 94. Auch das Wort ‚pizzeria' taucht in italienischen Wörterbüchern erst nach dem Ersten Weltkrieg auf, und noch 1947 wurde es von einem neapolitanischen Journalisten für ein nationales Publikum in Anführungszeichen verwendet, weil seine Bekanntheit nicht vorausgesetzt werden konnte (vgl. Dickie, Delizia!, 195).
[85] In den USA selbst wurde zwischen der in der Pfanne zubereiteten, üppig belegten *Chicago pizza* und der auch als *pizza napoletana* firmierenden *New York pizza* unterschieden (zu diesen transnationalen Transformationen der Pizza siehe Sanchez, Pizza connexion, 50–54). Die 1984 gegründete Associazione Verace Pizza Napoletana hat Richtlinien für die ‚authentische' neapolitanische Pizza formuliert, mit denen sie sich klar von den weltweit entstandenen ‚Abwandlungen' der Pizza abgrenzt (vgl. Die Pizza als Weltkulturerbe?, 91). Zur Geschichte der neapolitanischen Pizza siehe Porcaro, Sapore.

ghetti with meatballs", serviert, die Pizza jedoch mit einem eher dünnen Teig zubereitet, zudem anfangs behelfsmäßig im Gasbackofen.[86]

Als die Einkommen zu steigen begannen und der Italientourismus langsam in Schwung kam, suchten auch immer mehr Deutsche das „Sabbie di Capri" auf. Der 1956 erfolgte Ausbau eines Kellerraums zur „Blauen Grotte", einem Gipsnachbau der Hauptattraktion Capris mit einer Gondel als Theke, erwies sich als großer Erfolg.[87] Insbesondere dieser Kellerraum war bei den deutschen Gästen beliebt, die sich hier gerne für ein Rendezvous einfanden.[88] Gerade italienische Restaurants wurden in der Bundesrepublik zu bevorzugten Orten, um einen romantischen Abend zu zweit zu verbringen. Dasselbe galt für Großbritannien: „Italian restaurants always seem to me especially happy places. No wonder they are the scene of so many romances on our cinema and TV screens and, of course, in real life!"[89] Im Zuge der – von Eva Illouz herausgearbeiteten – zunehmenden Abhängigkeit der Liebe und der Paarbeziehung vom Warenkonsum avancierte das gemeinsame Abendessen in einem (italienischen) Restaurant zu einem Konsumakt, der als „symbolische[r] Ausdruck des Verliebtseins" begriffen wurde.[90] Entsprechend findet sich in Restaurantführern bei italienischen Lokalen häufig der Hinweis: „Besonders für Essen zu zweit geeignet".[91]

Doch nicht nur eine touristisch-romantische Kulisse wie die „Blaue Grotte" in Würzburg begeisterte die deutsche Kundschaft. Auch die Pizza gewann im Laufe der Zeit immer mehr Anhänger, wenn auch langsam. Noch 1961 war dem gastronomischen Fachjournal *Die Küche* zu entnehmen, dass die USA seit 1940 mit etwa 20 000 „Pizzabäckereien" aufwarten könne, eine ähnliche Entwicklung aber in der Bundesrepublik noch nicht absehbar sei. Wohl aber würde die Pizza, so die richtige Einschätzung des Autors, „auch bei uns heimisch werden": „Genau wie es Schaschlikbratereien gibt, so wird auch die Pizza sich bei uns einbürgern und ihre Freunde finden, sehr zur Freude aller Italienreisenden."[92] Aßen viele Deutsche ihre erste Pizza in einem italienischen Lokal in der Bun-

---

[86] Vgl. Gebhardt, Wie die Deutschen, 402; Die Pizzeria – die „Blaue Grotte". In: Main-Post v. 24.11.2006. Ausführlicher werden die bundesdeutschen Varianten der Pizza in Kap. 4.4 vorgestellt.
[87] Capri führte Mitte der 1950er Jahre die bundesdeutsche Wunschliste der Reiseziele an (vgl. Jahrbuch der öffentlichen Meinung 1957, 41); nicht zuletzt Rudi Schurickes *Capri-Fischer* aus den 1940er Jahren hatte zu dieser Popularität beigetragen.
[88] Vgl. Rönneburg, Capri, 139f.
[89] Fulton, Restaurant Dishes, 23.
[90] Honneth, Vorwort, XI. Vgl. Illouz, Konsum, 66f.
[91] Siehe z. B. Pinocchio. In: Berlin von 7 bis 7, 1977, 40. Aber auch spanische und andere ausländische Restaurants wurden zu beliebten Treffpunkten von Liebespaaren (vgl. Thoma, Reisen, 38).
[92] Christ. Mühlbacher: Die Neapeler Pizza erobert die Welt. In: Die Küche 65/1 (1961), 21. Empfohlen wurde die Pizza hier allerdings nicht als ‚vollwertige' Mahlzeit, sondern als Beigabe zum Cocktail.

4. Das Pizzeria-Ristorante

desrepublik (oder in Italien), verlagerte sich ein Großteil des Pizza-Konsums mit der Zeit auf die von der Lebensmittelindustrie entwickelte Tiefkühlpizza, die 1969 auf den westdeutschen Markt kam.[93]

Mit Ausnahme des „Sabbie di Capri" gab es in der Bundesrepublik zu Beginn der 1950er Jahre noch keine Pizzeria bzw. kein Pizzeria-Ristorante. Im Laufe der folgenden Jahrzehnte jedoch erkannten mehr und mehr Italiener, dass der Verkauf von Pizza ihnen, die qua nationaler Zugehörigkeit als Experten auf dem Gebiet der Pizzaproduktion galten, eine attraktive Marktnische bot. Als ethnisch-national konnotierter Arbeitsbereich bot die Pizzaherstellung Italienern eine einmalige, weitgehend nur ihrer Gruppe zur Verfügung stehende Option, die seit den späten 1960er Jahren in verstärktem Maße und zunächst mit Schwerpunkt in den Großstädten Süddeutschlands genutzt wurde. Bereits 1973 setzten die Pizzerien rund 100 Millionen DM um.[94] Dabei waren viele der ersten Pizza-Lokale äußerst bescheiden, servierten Pizza nur zum Mitnehmen oder verfügten lediglich über wenige Sitzplätze in einer kleinen Imbissstube.[95] Wenn das Lokal, in dem Pizza meist zusammen mit „italienische[r] Hausmannskost" oder aber in Kombination mit italienischen Kaffeespezialitäten angeboten wurde, genug Gewinn abwarf, verkauften die Betreiber es meist, um dann eine größere und teurere Gaststätte, i.e. ein Pizzeria-Ristorante, zu eröffnen.[96] Einige der autodidaktischen Restaurateure der Expansionsphase schafften es zudem nicht nur, überaus erfolgreich in der Pizza-Branche zu sein, sondern auch, mit der Zeit ihre Lokale im Hinblick auf das Angebot zu ‚verfeinern' und auf diese Weise für sich den sozialen Aufstieg zu verwirklichen.[97]

---

[93] Vgl. An der Pizza knabbern in Deutschland alle mit. In: NGZ 28/10 (1975), 6. Hatten die Bundesdeutschen Mitte der 1970er Jahre noch nicht einmal 6000 Tonnen Tiefkühlpizza pro Jahr konsumiert, so wurden im wiedervereinigten Deutschland bereits 100 000 Tonnen verzehrt (vgl. Die Deutschen lieben ihre Pizza über alles. In: Handelsblatt v. 4.1.1995).

[94] Fast jeder dritte Bundesbürger nahm Anfang der 1970er Jahre mindestens einmal im Jahr eine Pizza zu sich (vgl. An der Pizza knabbern in Deutschland alle mit. In: NGZ 28/10 [1975], 6).

[95] Entsprechend kam 1984 eine Gastronomiestudie zu dem Schluss, dass sich die „vielen Pizzerias in der Bundesrepublik" je nach Ausstattung auch den „Imbißbetrieben" zuordnen ließen (Der Markt der Großverbraucher, 12).

[96] Vgl. Via Veneto. In: Berlin von 7 bis 7, 1977, 41; Martini Café Espresso. In: Hamburg von 7 bis 7, 1967, 86; Storti, Imprese, 94. Weit seltener als im Falle der italienischen Eismacher wurden diese Betriebe an die Kinder weitergegeben. Stattdessen versuchen die Inhaber bis heute meist, das Geld profitabler anzulegen oder es in die Ausbildung ihrer Kinder zu investieren (vgl. Apitzsch, Esperienze, 105).

[97] So Pichler, Migration, Community-Formierung, 179, für die italienische Gastronomie in Berlin. Auch in Frankreich war in den 1980er Jahren ein solcher Prozess der Umgestaltung ehemals einfacher Pizzerien in ein (gehobenes) Restaurant zu beobachten (vgl. Gabellieri, Monde, 7).

4.3 Die Inszenierung von *italianità*. Raumgestaltung und *ethnic performance* in italienischen Lokalen

Die Etablierung italienischer Gaststättenbetriebe wirkte sich räumlich in mehrfacher Hinsicht aus. Zum einen wiesen diese Lokale bestimmte Interieurs auf und es fanden spezifische Formen der sprachlichen und nonverbalen Kommunikation in diesen Räumlichkeiten statt. Zum anderen kam es im Zuge der Ausbreitung italienischer (und anderer ausländischer) Gaststätten zu einer Veränderung des städtischen Raums und seiner Nutzung.

4.3.1 Transformationen des städtischen Raums durch italienische Lokale

Italienische Eismacher gehörten zu den ersten, die Sitzgelegenheiten vor der Tür schufen, ihren Gastraum also in den öffentlichen Raum hinein erweiterten und damit die Grenzen zwischen Innen und Außen durchlässiger gestalteten. Dieses neuartige *spacing*[98] übernahmen schnell auch italienische Gastronomen. In der „Pizzeria Napoli" an der Reeperbahn etwa konnte man 1970 bei schönem Wetter auch auf der Straße essen und sich dabei die „Gammler und Pflastermaler" anschauen[99] – ein Hinweis darauf, dass der längerfristige Aufenthalt auf der Straße damals noch mit nicht unbedingt wohlbeleumdeten, sondern eher marginalisierten Gruppen assoziiert wurde.

Mit der Ausnahme von Biergärten und Ausflugslokalen, die sich jedoch nur selten im Stadtzentrum befanden, war die sogenannte Außengastronomie in der Bundesrepublik bis in die 1980er Jahre hinein kaum verbreitet.[100] Anfangs war es vielen Deutschen sogar unangenehm, beim ‚Nichtstun' von Passanten gesehen zu werden. Im Zuge der Ausbreitung der ausländischen Gastronomie und nicht zuletzt des bundesdeutschen Massentourismus nach Südeuropa änderte sich diese Wahrnehmung jedoch sukzessive: „Urlaubsflair unter südlichen Gestaden: das heißt auch, an lauen Abenden vor den Restaurants im Freien sitzen zu können, auch lange nach Sonnenuntergang noch".[101] Insbesondere die

---

[98] *Spacing* definiert Löw, Raumsoziologie, 158, als eine Praxis, die mittels einer andersartigen Platzierung von Menschen, Gütern und Orten neue Räume schafft.
[99] Hamburg von 7 bis 7, 1970, 320.
[100] Vgl. Rönneburg, Jenseits von Planten und Blomen, 124f.
[101] Dies befand ein griechisches Gastronomenpaar, das 1980 nach Übernahme eines Lokals in Hamburg sofort eine Genehmigung für die Aufstellung von Tischen vor der Tür beantragte und diese im Laufe der Jahre noch häufig erweitern ließ (zit. nach Malottki, „Schöner", 109). Zur griechischen Gastronomie in der Bundesrepublik siehe Kap. 5.2.

in den deutschen Städten nach und nach angelegten Fußgängerzonen machten die Außengastronomie auch für nicht-migrantische Gaststättenbetreiber zunehmend attraktiv.[102] An diesen Orten ließ sich zumindest ansatzweise das Gefühl heraufbeschwören, auf einer Piazza zu sitzen.

Zwar war die Aufstellung von Tischen und Stühlen auf der Straße auch in Deutschland prinzipiell möglich, und zwar bereits zu Beginn des 20. Jahrhunderts.[103] Diese Praxis war (und ist) jedoch konzessionspflichtig; eine Erlaubnis des Tiefbauamtes und eine gutachtliche Anhörung der Verkehrspolizei waren notwendig, bevor der Betrieb auf der Straße aufgenommen werden konnte.[104] Zudem fielen Gebühren für diese das „übliche Maß des Allgemeingebrauchs öffentlicher Verkehrsfläche" überschreitende Nutzung des städtischen Raums an. Während es anfangs noch häufig zu Konflikten mit dem Tiefbauamt kam, wurde die Konzessionierungspraxis in den 1980er Jahren deutlich liberalisiert[105], und die Außengastronomie entwickelte sich zu einem festen Bestandteil des bundesdeutschen Stadtbildes.

Die Veränderungen des städtischen Raums durch italienische und generell ausländische Gaststätten stießen jedoch nicht durchgängig auf Zustimmung. Am Beispiel des „Eiscafé-Restaurants ‚Roma'" in Konstanz sollen im Folgenden die Probleme aufgezeigt werden, mit denen ein italienisches Lokal nach seiner Eröffnung konfrontiert sein konnte. Nicht Schießereien oder organisierte Kriminalität, die mitunter italienische Gaststätten ins Visier der Polizei geraten ließen[106], sondern weit alltäglichere Dinge waren es, die dem Betreiber des „Roma" Sorgen bereiteten und ihn schließlich zur Aufgabe des Lokals zwangen. Von 1965 an beschäftigte das „Roma" die Konstanzer Behörden über Jahre

---

[102] Zur Bedeutung der Neugestaltung städtischer Plätze für den „Aufschwung der Außengastronomie" siehe Springstubbe, Landgasthof, 17; zu der in den 1970er Jahren erfolgten Neudefinition der Innenstädte als Erholungsraum, in dem Gaststätten eine zentrale Rolle zukam, siehe Logemann, Einkaufsparadies, 117.

[103] Vgl. Restaurationsbetrieb auf Straßen und Plätzen. In: Küche und Keller 13/22 (1909), StAH Gen X R 8, Bl. 124.

[104] Vgl. 442-1 BA Hamburg-Mitte, Ablief. 1984/01, lfd. Nr. 321, AZ: 70.80-16.

[105] Vgl. Rönneburg, Jenseits von Planten und Blomen.

[106] Von einer Schießerei, an der auch der italienische Mitbetreiber der Milchbar „Capri" in Erkelenz beteiligt gewesen sein soll, ist in einer internen Korrespondenz der IHK Köln die Rede; die Anschuldigungen erwiesen sich später jedoch als haltlos (vgl. Dr. Eschweiler/IHK Regierungsbezirk Köln an IHK Köln, 29.3.1961; IHK Köln an das Amt f. öffentl. Ordnung Köln-Ehrenfeld, 31.5.1961, RWWA 1-477-3, Nr. 249). – Eine Bestandsaufnahme des Bundeskriminalamtes (BKA) über die organisierte Kriminalität in der BRD aus dem Jahre 1988, der eine Umfrage unter Experten des BKA und der Landeskriminalämter zugrunde liegt, nennt die Italiener an erster Stelle unter allen Nationalitäten, wobei sie im Norden der Republik kaum in Erscheinung träten, dafür aber im Süden deutlich dominierten. Eiscafés, Pizzerien und andere Gaststätten werden als zentrales, weil legales zweites Standbein der verschiedenen Mafia-Organisationen genannt. Vgl. Rebscher/Vahlenkamp, Organisierte Kriminalität, 113.

4.3 Die Inszenierung von *italianità*

hinweg. Mehrere, ausschließlich deutsche Nachbarn klagten über eine dauernde Störung ihrer Nachtruhe, die sogar zu gesundheitlichen Beeinträchtigungen führe, und erstatteten schließlich Strafanzeige.[107] Die „im Lokal verkehrenden Italiener" würden beim Verlassen desselben „überlaute Diskussionen auf dem Gehweg führen" oder die Gaststätte gar „singend verlassen". Hinzu komme ein lautes Zuschlagen der Autotüren und Motorengeheul.[108] Ein Nachbar berichtete von drei Italienern, die nachts auf der Straße ein Wettspiel durchgeführt hätten: „Es ging lebhaft zu wie am hellen Tag, wie es die Italiener an sich haben", ließ er die Behörden wissen.[109] Das als ‚typisch italienisch' wahrgenommene Verhalten und insbesondere die Art und Weise, wie hier der städtische Raum angeeignet wurde, wollten die Nachbarn nicht dulden.

Die Polizei reagierte auf die Beschwerden mit mehrfachen Phonmessungen, die für das „Roma" zur Auflage führten, die Fenster geschlossen zu halten und an der Eingangstür einen Filzvorhang anzubringen.[110] Obwohl der italienische Betreiber des Cafés alle Auflagen erfüllte, unternahmen die Nachbarn weiterhin auf eigene Initiative Messungen der Lautstärke und führten mehrere Unterschriftenaktionen gegen die Tanzerlaubnis des Lokals durch.[111] Diese wurde dem italienischen Betreiber schließlich entzogen, der sein Lokal daraufhin 1967 aufgeben musste.[112]

Die nächsten Pächter des Lokals, das nun als Tanzcafé „Europa" firmierte[113], eine deutsche Frau und ihr in Polen geborener staatenloser Mann, hatten mit ähnlichen Problemen zu kämpfen. Auch bei ihnen, so die Nachbarn, seien v.a. Ausländer zu Gast und es ginge weiterhin zu laut zu. Das „Ansehen" der Umgebung leide sehr unter „diesen Zuständen".[114] Die Sorge um den Ruf des ‚eigenen' Stadtviertels gründete sich auf zweierlei Faktoren: Zum einen richteten sich die Proteste der Nachbarn gegen die Tanzerlaubnis, also gegen ein Vergnügungslokal in ihrer Straße.[115] Zum anderen bedeutete die Präsenz von Ausländern in ihren Augen eine Störung sowohl des gewohnten Straßenbildes als

---

[107] N.N. an das Amt für öffentl. Ordnung Konstanz, 27.12.1965, StAK S XI/2955. Die Anzeige wurde von einer Nachbarin aufgegeben, die sich wegen „Insuffizienzerscheinungen der Kranzgefässe mit Neigung zu Blutdruckkrisen und Magenkoliken" in ärztlicher Behandlung befand und bei der „[o]hne normale Ruhe- und Schlafmöglichkeit [...] keine Gesundung zu erwarten" sei, wie es im beiliegenden Attest des Arztes heißt.
[108] Notiz v. 15.12.1966, StAK S XI/2955.
[109] N.N., 9.1.1967, StAK S XI/2955.
[110] Amt für öffentl. Ordnung Konstanz an N.N., 10.1.1966, StAK S XI/2955.
[111] Darüber hinaus vermuteten sie, dass es sich beim Café „Roma" um ein „verkapptes Absteigequartier" handelte (Nachricht an das Kriminalkommissariat Konstanz, 12.5.1966, StAK S XI/2955).
[112] Vgl. Anzeige über Aufgabe eines Gewerbebetriebs, 3.3.1967, StAK S XI/2955.
[113] Vgl. Anzeige über Beginn eines Gewerbebetriebs, 2.6.1967, StAK S XI/2955.
[114] N.N. an den OB, 1.8.1967, StAK S XI/2955.
[115] An das Amt für öffentl. Ordnung Konstanz, 26.6.67, StAK S XI/2955.

4. Das Pizzeria-Ristorante

auch des bisherigen Zusammenlebens. Lokale wie das „Roma"/„Europa" stellten die sichtbarsten bzw. oftmals einzig sichtbaren Treffpunkte von Ausländern im städtischen Leben dar und standen damit unter besonderer Beobachtung. Sind Gaststättenbetriebe generell zahlreichen Angriffen der Nachbarschaft ausgesetzt, gilt das in noch höherem Maße für ausländische Lokale.[116]

Der Streit um das „Roma" bietet für die historische Analyse einen geeigneten Ansatzpunkt, nicht nur um generell auf die Probleme zwischen Gaststätteninhabern und Anwohnern hinzuweisen, sondern auch um die divergierenden Interessen alter und neuer Nachbarn und damit konkurrierende Raumvorstellungen und -ansprüche herauszuarbeiten. Das Beispiel macht deutlich, dass ausländische Lokale, die sich – sei es über ihren Namen, ihr Interieur, ihr Personal oder ihre Gäste – als kulturell andersartig darstellten, in besonderem Maße mit (oftmals rassistischen) Abwehrreaktionen zu kämpfen hatten. Stärker noch als ihre Privatwohnungen wurden die Betriebe von Migranten als Indikatoren für einen Nachbarschaftswandel gewertet.[117] So war es auch im Falle des „Roma" nicht nur Nationalität oder Ethnizität, die zur Debatte stand, sondern, eng damit verbunden, die Sorge um den sozialen Status, der einem Stadtviertel zugeschrieben wurde. Die medialen Debatten über ‚Ausländer-Ghettos' nährten die Angst vor Stigmatisierung und Marginalisierung auch der dort ansässigen Deutschen. Anders als Berlin standen Klein- und Mittelstädte wie Konstanz nicht im Zentrum der Medienberichterstattung.[118] Doch auch hier gab es sanierungsbedürftige Altstädte, in die mehr und mehr Migranten zogen und deren sozialen Abstieg die lang ansässigen Bewohner fürchteten. Das „Roma" befand sich in der Hüetlinstraße im sogenannten Grenzviertel (d. h. nahe an der Schweizer Grenze). Dieser Straßenzug zählte zu den „problematische[n] Inseln der Rückständigkeit" in Konstanz, wie eine soziologische Studie von 1969 herausstellte, war aber in den 1960er Jahren noch nicht von der Abwanderung der alteingesessenen deutschen Bevölkerung geprägt, wohl aber durch die sukzessive Umwandlung in ein Vergnügungsviertel.[119] Die

---

[116] Selbstverständlich erstatteten Nachbarn auch gegen deutsche Gastronomen Anzeigen wegen Ruhestörung (vgl. z. B. LAB B Rep. 207, Nr. 6131). Generell stellen Probleme mit den Nachbarn einen nicht seltenen Grund für die Betriebsaufgabe in der Gastronomie dar (vgl. Hunsdiek/Wittstock, Unternehmensfluktuation, 149). Ohne dass die Aktenlage eine tatsächlich repräsentative Aussage erlauben würde, findet sich der Vorwurf der Ruhestörung im Falle ausländischer bzw. v.a. von Ausländern besuchter Gaststätten besonders häufig (für ähnliche Beschwerden in München siehe Bernhard, Italia, 275). Dies gilt für den Vorwurf mangelnder Hygiene bei Kontrollen des Gesundheitsamtes – soweit eine kursorische Aktendurchsicht diesen Schluss zulässt – jedoch nicht. Auch für Großbritannien kann Panayi, Impact, 194, keine Hinweise darauf entdecken, dass z. B. indische Restaurants öfter vom Gesundheitsamt kontrolliert worden wären.
[117] Für die USA: Oberle, Latino Business Landscapes, 161.
[118] Zu den Debatten um das ‚Türkenghetto' Kreuzberg siehe Kap. 6.4.
[119] Zapf, Rückständige Viertel, 177.

Sorge um einen Statusverlust des Stadtviertels durch den Zuzug von Migranten ist den Reaktionen der deutschen Nachbarn auf das „Roma" dennoch deutlich anzumerken.

Die geschilderte Auseinandersetzung zeigt, dass die Etablierung migrantischer Betriebe in der Bundesrepublik nicht ohne lokale Konflikte ablief und Aushandlungsprozesse nach sich zog, in denen es immer auch um die Frage ging, wer sich an welchem Ort und unter welchen rechtlichen und sozioökonomischen Bedingungen aufhalten durfte, wer welchen Ort besetzen und die Definitionsmacht über ihn erlangen konnte. Wie andere Globalisierungsvorgänge, so transformieren auch Migrationsbewegungen einen Ort und können daher – in den Worten Doreen Masseys – einen „sense of dislocation" auch bei denjenigen Menschen auslösen, die immer an demselben Ort bleiben, diesen und ihre Beziehung zu ihm aber durch transnationale Prozesse dauerhaft verändert finden.[120] Mit Hilfe von Netzwerkbildungen in Form von Unterschriftenaktionen suchten die alteingesessenen Konstanzer, das Grenzviertel in ihrem Sinne zu organisieren. Letztlich konnten sie jedoch den Zuzug von Migranten und die Etablierung weiterer ausländischer Gaststätten nicht verhindern.

4.3.2 Innenraumgestaltung und Namensgebung

Italienische Lokale und v.a. das Pizzeria-Ristorante der 1950er bis 1980er Jahre zeichneten sich durch oftmals recht stereotyp gestaltete Räumlichkeiten aus. Fischernetze und „Weinflaschenbatterien" gehörten nicht nur in der „Taverna Vecchia" in Berlin Ende der 1970er Jahre zur gängigen Dekoration.[121] Die Wände des „Pinocchio" in Berlin, einem von einem jungen Italiener aus Reggio Calabria zusammen mit seiner deutschen Ehefrau in den 1960er Jahren eröffneten Lokal, waren mit „Kupfergefäßen, Reihen von dunkelgrünen Weinflaschen, Maiskolben und prallen Salamis" geschmückt.[122] Außerdem gehörten häufig Bilder italienischer Landschaften und anderer Sehenswürdigkeiten des Landes zum Interieur. So schmückte im „La Grotta" in Hamburg ein großes „Schwarzweiß-Bild des Hafens von Napoli" die Räumlichkeiten.[123] Mit

---

[120] Dabei weist Massey auf die historischen Verflechtungen hin, die in diesem Zusammenhang nicht außer Acht gelassen werden dürfen: „The sense of dislocation which some feel at the sight of a once well-known local street now lined with a succession of cultural imports – the pizzeria, the kebab house, the branch of the Middle-Eastern bank – must have been felt for centuries, though from a very different point of view, by colonized peoples all over the world" (Massey, Global Sense, 233).
[121] Berlin von 7 bis 7, 1977, 93. Für eine kurze Fassung der folgenden Ausführungen siehe Möhring, Italienische Gastronomie.
[122] Stone, Pinocchio, 101.
[123] Hamburg von 7 bis 7, 1973, 154.

4. Das Pizzeria-Ristorante

einer maßstabsgetreuen Nachbildung der „Seufzerbrücke" konnte das „Canale Grande" in München-Nymphenburg aufwarten; der Anfang der 1980er Jahre unternommene Versuch, eine elf Meter lange Gondel im Kanal vor dem Lokal ankern zu lassen, scheiterte jedoch an der bayerischen Schlösser- und Seenverwaltung, die befand, eine venezianische Gondel passe nicht auf einen Münchner Kanal.[124] Im Hinblick auf die Innengestaltung ihrer Restaurants blieben ausländische Gastronomen, sofern sie die Hygiene- und Sicherheitsvorschriften einhielten, jedoch von behördlichen Eingriffen unbehelligt.

Besonderer Beliebtheit als Ausstattungsgegenstand erfreuten sich in den italienischen Gaststätten der 1950er bis 1970er Jahre mit Bast umflochtene Chiantiflaschen, die vielfach als Kerzenhalter fungierten. So setzte das „Rialto" in Düsseldorf neben einem „wandbeherrschende[n] Foto der Rialtobrücke" auf „Dröppelkerzen in Flaschen als Lichtspender".[125] Die Chiantiflasche war auch als Titelmotiv italienischer Kochbücher äußerst beliebt und ist in den Italienreisefilmen der frühen Bundesrepublik omnipräsent.[126] Als populäres Souvenir einer Italienreise[127] und als Ausstattungselement italienischer Restaurants verkörpert der Chianti in der Korbflasche jene Konvergenz touristischer und gastronomischer Erlebniswelten, die für den Erfolg der italienischen Gastronomie entscheidend war und sich nicht auf die Bundesrepublik beschränkte. Auch italienische Lokale in Paris nutzten „Italian travel posters" und „straw-covered bottles".[128] Verfolgt man die Genealogie dieser Interieurs weiter zurück, zeigt sich, dass die italo-amerikanischen Restaurants in den USA bereits um 1900 mit diesen Elementen arbeiteten, es sich also bei den in der zweiten Hälfte des 20. Jahrhunderts (wieder) verwendeten „red-checked tablecloths, red, green, and white flags, gondolas, leaning towers, and chianti bottles with candles" um „remnants of 1890 bohemian spaghetti joints" handelte[129], die transnational Karriere machten.

Die Zeichnungen, Fotografien oder Nachbildungen italienischer Städte, Bauwerke oder Landschaften repräsentierten die touristischen und auch migrantischen Orte der Sehnsucht. Sie verliehen ihnen eine bildliche oder plastische Anwesenheit, so dass sich vor Ort deutsche und italienische sowie reale und imaginäre Geografien überlagerten. Das italienische (und generell das

---

[124] Gabriele Staudinger: Das „Canale Grande" in Nymphenburg. In: Abendzeitung v. 8./.9.8.1970; Gastwirt ging mit Gondel baden. In: Münchner Merkur v. 13.8.1984.
[125] Retzlaff, Rialto, 131.
[126] Sie hat Auftritte z. B. in den Spielfilmproduktionen *Unter Palmen am Blauen Meer* (BRD 1957) und *Mandolinen und Mondschein* (BRD 1959) von Hans Deppe. Zu den Italienfilmen der 1950er und 60er Jahre sowie zu ihrer Bedeutung für die Popularisierung der italienischen Küche in der BRD siehe Kap. 4.6.
[127] Vgl. Peterich, Italien, 262.
[128] The Observer Guide to Hotels and Restaurants, 55.
[129] Belasco, Ethnic Fast Foods, 21.

ausländische) Spezialitätenrestaurant wurde dadurch zu einem fragmentierten und zugleich mehrfach kodierten Konsumort, der auch in seiner imaginären Dimension als translokal zu betrachten ist.

Einrichtung und Dekoration zielten darauf ab, eine ganz bestimmte Atmosphäre zu kreieren. Die Gäste sollten beim Besuch eines italienischen Lokals „Mittelmeerluft in der Nase" spüren und eine als typisch italienisch erachtete „gelassene Belebtheit" erfahren.[130] Dass es in Italien lustiger und lebhafter zugehe, gehörte zu den zeitgenössischen Fremd- und Selbstbildern, wie eine Passage aus dem Roman eines italienischen Arbeitsmigranten verdeutlicht:

> „Auch der Raum, in dem sie saßen, strahlte Langeweile und Gleichgültigkeit aus. Die Einrichtung erhob einen gewissen Anspruch auf Eleganz, dagegen fehlte die Stimmung der Bars in Rinos Heimat. Es fehlten das lebhafte Reden, die Handbewegungen, die lauten Zurufe, es fehlte die Stimmung."[131]

Was die italienischen Restaurants in der Bundesrepublik attraktiv machte, waren also nicht allein die außergewöhnlichen Speisen, sondern eine spezifische Stimmung und Atmosphäre. Wenn man mit Martina Löw davon ausgeht, dass es sich bei der Atmosphäre um „die in der Wahrnehmung realisierte Außenwirkung sozialer Güter und Menschen in ihrer räumlichen (An)Ordnung" handelt[132], dann wird die Bedeutung der Raumaufteilung, der Platzierung bestimmter Gegenstände im Lokal und der dort arbeitenden Menschen deutlich. Sie bilden einen integralen Bestandteil des Esserlebnisses, zu dem neben den visuellen und akustischen Reizen (etwa durch musikalische Untermalung) auch olfaktorische und taktile Momente gehören. Wie im Konsumgütermarketing generell hat auch beim Verkauf ausländischer Speisen im Restaurant die ‚Verpackung' der Leistung an Bedeutung gewonnen.[133] Wenn ein italienisches Spezialitätenrestaurant Mitte der 1980er Jahre eine Anzeige schaltete, die dem Gast versprach: „Wir bieten Ihnen typisch italienische Atmosphäre"[134], dann sind es nicht mehr die Speisen, die angepriesen werden, sondern ein spezifisches Ambiente, das nicht nur in zunehmendem Maße als Werbemittel

---

[130] Stone, Pinocchio, 99; Scholz, Weg, 27. Ähnliche Assoziationen hatten bereits die italienischen Eisdielen der 1950er und 60er Jahre geweckt: „In der Eisdiele herrschte für uns immer irgendwie eine fremdländische Atmosphäre. Sie vermittelte etwas vom Traum eines Urlaubs im warmen, sonnigen Süden" – so das Hamburger Ehepaar Petersen, zit. nach Stirken, Eisdiele, 10.
[131] Bertagnoli, Arrivederci, 70.
[132] Löw, Raumsoziologie, 272. Luhmann betrachtet die Atmosphäre als ein an Einzeldinge gebundenes Phänomen und als „‚Sichtbarkeit der Unsichtbarkeit des Raums'" (Luhmann, Kunst, 181). Dass „‚atmosphärische' Werte" im Laufe der 1970er immer stärker an Relevanz gewannen, betonen auch die Studien zum sog. Wertewandel (vgl. Die verunsicherte Generation, 20).
[133] Vgl. Flad, Dienstleistungsmanagement, 93.
[134] LA v. 19.12.1985.

eingesetzt wurde, sondern selbst zu einem beworbenen Konsumgut geworden ist. Durch die gezielte Verwendung von Einrichtungselementen, Farben und Formen ließ sich die gewünschte Atmosphäre, die bei den Gästen eine bestimmte Stimmung evozieren sollte, einigermaßen treffsicher herstellen; ohne sie vollständig determinieren zu können, konnten Restaurantbetreiber hier einen maßgeblichen Einfluss ausüben. Bestand das Ziel darin, „Mittelmeerluft" zu suggerieren und einen leichtlebigeren Lebensstil zu vermitteln, waren es letztlich Stimmungen, Gefühle und Emotionen, die vermarktet wurden und den Reiz (nicht nur) der italienischen Gaststätten ausmachten.[135] Der Besuch eines italienischen Restaurants versprach, am italienischen Lifestyle, wenn auch nur temporär, teilzuhaben, und antwortete damit auf die romantische Sehnsucht, (kurzzeitig) ein anderer zu werden:

> „[M]anchmal glaubst du sogar, dass du in diesem Restaurant mit jeder Minute wieder etwas mehr Römisches annimmst. Die Verwandlung ist auch bei den anderen Gästen deutlich bemerkbar und führt dazu, dass sich sonst ernste und geschäftstüchtige Männer beim Hinausgehen enthusiasmiert zuwinken und ihre Frauen auf die Marzellenstraße geleiten, als wäre es die römische Via Veneto. Du isst, du trinkst einen Schluck Wein, du bist jetzt angekommen im Süden".[136]

Der Konsum von Chianti oder Lambrusco konnte dank seiner berauschenden Wirkung einen solchen Transformationsprozess erheblich erleichtern.[137]

Wie bei der italienischen Eisdiele kam auch beim Pizzeria-Ristorante der Namensgebung des Lokals in dieser Hinsicht eine besondere Signalfunktion zu. Neben den häufig verwendeten Toponymen, die auf die Herkunftsregion der Gastronomen und/oder touristische Destinationen in Italien referierten[138], finden sich mitunter Restaurantnamen wie „La Pergola" oder „La Grotta", die generische Orte aufrufen und durch die Verwendung der italienischen Bezeichnung auf ‚den Süden' verwiesen. Einige, wenn auch weit weniger italienische Restaurants und dabei insbesondere Pizzeria-Ristorantes waren nach den Vornamen ihrer Betreiber benannt. Die extreme männliche Dominanz in der italienischen Gastronomie zeigt sich unter anderem darin, dass unter

---

[135] Von einer „commodification of emotions" in der Gastronomie spricht auch Finkelstein, Dining Out. A Sociology, 4.
[136] So Hanns-Josef Ortheil: Angekommen im Süden. In: KR v. 15.6.2004, einer Würdigung zum 35. Geburtstag des italienischen Restaurants „Luciano" in Köln. Dass Konsumakte ein „romantic longing to become an other" bedeuten können, hat u. a. Friedman, Consuming Desires, 158, herausgestellt.
[137] Dass auch für den Touristen und seine Sehnsüchte v.a. der Wein zum charismatischen Objekt wird, betont Rolshoven, „Wein, Weib und Gesang!", 139.
[138] Während Gaststättennamen in der Frühen Neuzeit angesichts fehlender Straßennamen vielfach auf ihren Standort („am Marktplatz" etc.) verwiesen, ließen die italienischen Restaurantnamen Städte, Straßen oder Bauwerke in der Imagination erstehen, die gerade nicht vor Ort zu finden waren.

4.3 Die Inszenierung von *italianità*   261

den Gaststättennamen weibliche Vornamen nur selten zu finden sind. Von den 33 im Restaurant- und Stadtführer *München von 7 bis 7* aus dem Jahre 1976 aufgeführten italienischen Lokalen waren 14 nach Orten in Italien benannt, acht trugen generische Bezeichnungen, vier waren nach mythologischen oder historischen Persönlichkeiten wie „Victoria" und „Michelangelo" oder nach zeitgenössischen Berühmtheiten wie „Belmondo" benannt, und nur drei Lokale trugen einfache Vornamen, die allesamt männlich waren.[139] Auch unter den 35 italienischen Lokalen, die in *Berlin von 7 bis 7* für das Jahr 1977 aufgeführt sind, trug kein einziges einen weiblichen Namen.[140] Die italienischen Restaurants in den USA hingegen waren – ähnlich wie in Italien – seltener nach Orten in Italien benannt, trugen dafür aber weit häufiger einen (durchaus auch weiblichen) Vornamen.[141]

In ihrer Untersuchung über *gender naming* bei ausländischen Restaurants in Arizona kommt Alleen Pace Nilsen zu dem Ergebnis, dass insbesondere italienische und irische Restaurants vornehmlich männliche Vornamen benutzen.[142] Insofern der Restaurantname Aufschluss über das angebotene Essen vermitteln soll, finden v.a. solche Namen Verwendung, die einer breiten Öffentlichkeit auch im Hinblick auf ihre nationale Herkunft bekannt sind oder sich sogar als „ethnic epithets"[143] verstehen lassen. Als Beispiele seien die „Pizzeria Da Giuseppe" in Konstanz oder „Bei Mario" in München genannt. Die Verwendung eines Vornamens zur Bezeichnung einer Gaststätte suggeriert Familiarität und Vertrautheit. In den meisten Fällen handelte es sich um eher einfache Lokale, in denen Etikette keine große Rolle spielte.[144] Doch auch einige italienische Restaurants der gehobenen Kategorie benutzten Vornamen, so etwa die Restaurants „Da Bruno" und „Mario" in Frankfurt, die beide 1950 ihren Betrieb aufnahmen.[145] Mario Gagliardi eröffnete sein „Ristorante Italiano" in den renovierten Räumen eines kriegsbeschädigten Hauses in Frankfurt und veran-

---

[139] I.e. „Bei Mario", „da Giovanni" und „da Rudolfo" (München von 7 bis 7, 1976, 311).
[140] Vgl. Berlin von 7 bis 7, 1977, 397.
[141] Dies gilt zumindest für die italienischen Restaurants, deren Speisekarten im CIA archiviert sind. Neben den eher seltenen Gaststättennamen wie „The Puglia", „Grotta Azzurra Inn" oder „Circus Maximus" finden sich viele Lokale, die Familiennamen wie „Catelli's" oder Vornamen wie „Dino's", „Agostino's" oder „Giovanni's", aber auch „Angelina's" oder „Francesca's" trugen. Auch in Italien selbst finden sich Ortsbezeichnungen wesentlich seltener und weit häufiger als in der BRD weibliche Vornamen wie „Ristorante ‚Cesarina'" oder „taverna Antonina Battaglia". Siehe CIA 3-338, 3-0289, 7-2757, 3-76A, 7-894, 3-196, 2-1173, 4-224, 3-175, 2-3033 u. 2-3036.
[142] Nilsen, From *Aunt Chilada's* to *Cactus Willy's*, 35.
[143] Allen, Personal Names.
[144] Die gilt auch für griechische und ungarische Lokale, die z. B. „bei Nikos" oder „Janós" hießen.
[145] Zum „Da Bruno" siehe Ristorante italiano „Da Bruno" in Frankfurt am Main. In: NGZ 13/2 (1960), 4–5.

staltete zu Werbezwecken ein Preisausschreiben, bei dem ein geeigneter Name für das Restaurant gesucht wurde. Unter den zahlreichen Einsendungen befanden sich zwei Personen, die sich nach Gagliardis Vornamen erkundigt hatten und „Mario" als Restaurantnamen vorschlugen; sie gewannen den Preis.[146] Es scheint, als würden die deutschen Gäste von einem italienischen Gastronomen, selbst wenn er ein gehobenes Restaurant betrieb, eine bestimmte persönliche Freundlichkeit und Wärme erwarten. ‚Zum Italiener' zu gehen, sei ein wenig, als besuche man einen Freund, verkündete die Zeitschrift *Brigitte* noch im Jahre 2006.[147] Die Bereitschaft, diesem Bild zu entsprechen, scheinen viele italienische Gastronomen besessen zu haben.

4.3.3 Bewirtung als *ethnic performance*

Wie bedeutsam Freundlichkeit und generell das persönliche Verhalten für die italienischen Restaurants – und zwar weitgehend unabhängig von Typ und Kategorie des gastronomischen Betriebs – waren, machen Restaurantkritiken deutlich, die oftmals ausführlicher als das Essen den Wirt selbst beschreiben. So erfährt man in einem Bericht über die ausländische Gastronomie in Köln aus dem Jahre 1970, dass es sich bei dem Inhaber des „Grand'Italia" um „ein Original" handele, der alle Bestellungen kommentiere, seinen Gästen sogar bisweilen applaudiere und sich angesichts der in der Bundesrepublik erfolgten Reduktion der italienischen Küche auf Pizza „tief bewegt" zeige. Die Räumlichkeiten des Lokals werden als „so verspielt wie der Hausherr" selbst beschrieben.[148] Der „Charme" des italienischen Gastronomen war regelmäßiger Gegenstand der Beschreibungen.[149] Über das ambitionierte italienische Restaurant „La Rusticana" in Hamburg hieß es 1981, dass sich hier „Renzo und Toni, die beiden Chefs, persönlich um die Gäste" kümmerten[150] – ein entscheidendes Differenzkriterium gegenüber deutschen Gaststätten der gehobenen Kategorie, in denen die Betreiber oftmals nicht präsent waren. Die persönliche Betreuung der Gäste durch den *padrone*[151] wurde in den meisten Restaurantkritiken besonders betont. Das galt auch für italienische Lokale z. B. in London. So hieß

---

[146] Vgl. „Mario". Ein Fall, von dem Sie wissen sollen. In: Das Gasthaus 2/23 (1950), 7.
[147] Typ-Beratung. Männer fragen Brigitte. In: Brigitte 5 (2006), 266.
[148] Thoma, Reisen, 35f.
[149] Besser, nach Köln, 30.
[150] Hamburg von 7 bis 7, 1981, 287.
[151] Das italienische Wort ‚padrone' bezeichnet allgemein einen Arbeitgeber. Im *Oxford Dictionary* findet sich das italienische Wort ‚padrone' bereits im 17. Jahrhundert, als es den „master of a trading-vessel" im Mittelmeer benannte, bevor es im 19. Jahrhundert die Bedeutung eines Arbeitgebers von Straßenmusikanten, bettelnden Kindern u. a. annahm (zit. nach Sponza, Italian ‚Penny Ice-men', 40, Anm. 7). Heute wird es v.a. im Zusammenhang mit der Mafia (‚der Pate') verwendet.

4.3 Die Inszenierung von *italianità*   263

es 1970 im *Guide to London Restaurants* über das „Ristorante Campana" in Marylebone, dass es sich hier um ein weiteres „personally supervised Italian restaurant" handele, in dem Rino Lizoni „his diners in true Italian style" willkommen heiße.[152] Diese persönliche Betreuung der Gäste scheint maßgeblich zur Attraktivität der italienischen Gaststätten beigetragen zu haben, zumal nach Ansicht vieler Restaurantkritiker der Service in deutschen Gaststätten bisweilen zu wünschen übrig ließ.[153]

Gilt generell, dass der Beruf des Gastwirts durch viele „personengebundene[], nichtübertragbare[] Fähigkeiten" gekennzeichnet ist, scheint die Persönlichkeit – oder das, was dafür gehalten wird –, im Falle ausländischer Gastronomen eine noch größere Rolle zu spielen.[154] Wirt und Angestellte fungierten als konstitutiver Teil der Inszenierung von *italianità*. Das bestätigt – unreflektiert – auch Albrecht Jenn in seiner 1993 erschienenen Studie zur Gastronomie in Deutschland, wenn er betont, dass ein deutscher Gastronom zwar die italienische Küche qua Kochbuch meistern, kaum aber „das Flair der spezifischen Gastlichkeit" herstellen könne.[155] Jenn suggeriert, dass Gastronomen aus Südeuropa ihre Spezialitätenrestaurants problemlos „über die Küche und die Gastfreundschaft ihrer Heimat" profilieren könnten und „die südliche Atmosphäre und die Herzlichkeit im Umgang mit den Gästen" gleichsam naturwüchsig entstünden; er spricht in diesem Zusammenhang von „Erlebnisgastronomie ohne große Überlegungen und Anstrengungen".[156] Auch wenn berechtigte Zweifel angebracht sind, ob nicht die meisten italienischen Gastronomen die ihnen zugeschriebenen Verhaltensweisen durchaus bewusst einsetzten, spielt es für den Effekt der *ethnic performance* letztlich keine Rolle, ob sie bewusst oder unbewusst erfolgte. Zentral war die spezifische oder zumindest für spezifisch erachtete Interaktion, die zwischen italienischem *padrone* oder Kellner und dem deutschen Gast stattfand. Der Restaurantbetreiber und der Kellner übernahmen wichtige Beratungs- bzw. Distributionsfunktionen innerhalb der – in der Gastronomie verhältnismäßig kurzen – Wertschöpfungskette vom Koch als Produzenten zum Kunden als

---

[152] 1970 Guide to London Restaurants, 38.
[153] „*Mariottis* Erfolg [...] gründet sich auch auf seinen Service. Die Deutschen werden ja von ihren Kellnern nicht gerade verwöhnt. ‚Kollege kommt gleich', oder ‚hier bedient ein anderer', oder ‚dies ist nicht mein Revier' – solche Antworten gibt es bei *Mariotti* nicht. Auch hören sich die Kellner eine Bestellung bis zu Ende an und sind noch nicht der deutschen Restaurant-Unsitte verfallen, schon fortzustürzen, wenn der Gast gerade zu einer Frage anhebt." (Besser, Grand'Italia, 144)
[154] Dröge/Krämer-Badoni, Kneipe, 248. Zur Bedeutung der Person des Wirts gerade in ausländischen Spezialitätenrestaurants siehe auch Schillinger, Gastronomiemarke, 36.
[155] Jenn, Deutsche Gastronomie, 234.
[156] Ebd., 163.

Konsumenten. Hierfür waren auch darstellerische Fähigkeiten vonnöten.[157] War der Wirt persönlich im Lokal anwesend, oblag ihm die Aufgabe, die Gäste über das Speiseangebot zu informieren und sie in ihrer Auswahl zu unterstützen, wie dies im Stuttgarter Restaurant „Santa Lucia" der Fall war:

> „Ein Wirt, der nicht nur mit Verbeugung an den Tischen vorbeigeht, sondern der sich mit südländischem Temperament und mit Grandezza an der Zusammenstellung des Menus beteiligt. Als müßten die Gerichte nicht den Geschmack des Gastes, vielmehr seinen eigenen befriedigen. Wer Eduardo [sic] die Wahl überläßt, wählt gut."[158]

Das Zitat macht zweierlei deutlich: Zum einen liefert es ein Beispiel dafür, dass zumindest die männlichen Betreiber italienischer Lokale in Restaurantkritiken fast immer und oftmals nur mit Vornamen genannt wurden.[159] Darüber hinaus zeigt das Zitat, dass dem italienischen Wirt die kulinarische Expertise ungefragt zugestanden wurde und der Gast sich dieser gern zu ergeben schien. Auch wenn es hier um einen Akt der Dienstleistung ging und der Restaurantbetreiber letztlich die Gäste zu bewirten hatte, implizierte sein Expertenstatus doch die Infragestellung eines klaren hierarchischen Machtgefälles zwischen Kundschaft und Wirt.[160] Das Fachwissen des *padrone*, das ihm qua seiner nationalen Herkunft umstandslos zugeschrieben wurde, konnte auch in den einfacheren Lokalen die mitunter bestehende soziale Ungleichheit zwischen Gast und Gastgeber wenn nicht ausgleichen, so doch auf eine Art verschieben, die neue Interaktionsformen ermöglichte. Diese waren auch deshalb nötig, weil viele italienische Gastronomen nicht perfekt Deutsch sprachen[161], was mitunter auch geschah, um den Erwartungen der Gäste nachzukommen. So hieß es über den bereits

---

[157] Diese wurden nur von den „Angestellten auf der Vorderbühne" erwartet, während das Küchenpersonal „hinter der Bühne nach technischen Maßstäben bewertet" wurde, so Goffman, Wir alle spielen Theater, 114. Zur Unterscheidung zwischen den Produzenten der Speisen auf der einen Seite und den „Zirkulationsagenten", den Kellnern und dem Geschäftsführer, auf der anderen Seite siehe Ehlich/Rehbein, Zur Konstitution, 219.
[158] Wiesen, Nach italienischer Weise, 23.
[159] Hingegen wird die Betreiberin des „Firenze" in München, Loredana Lana, in einer Restaurantkritik von 1965 mit vollem Namen eingeführt und firmiert im weiteren Verlauf unter der Beschreibung als „Frau Lana" oder „schwarzäugige Italienerin aus dem schönen Padua" (Cube, Das „Firenze", 76). Der Gebrauch (allein) des Vornamens findet sich fast durchgängig in Presseberichten über ‚Gastarbeiter' und ihre Lebensverhältnisse in der BRD, stellt also keine Besonderheit der Institution ‚Spezialitätenrestaurant' dar, sondern scheint eher eine ethnische Differenz zu markieren, die zudem geschlechtsspezifisch unterschiedlich gehandhabt wurde.
[160] Auch die durch unbekannte Speisebezeichnungen erzwungenen Nachfragen beim Wirt oder Kellner konterkarieren eine eindeutige Machtverteilung, wie Finkelstein, Dining Out. A Sociology, 63, betont.
[161] Im „Calabria" in München gab man sich „viel Mühe – zum Teil noch in radebrechendem Deutsch –, um die Gäste freundlich und gut zu bedienen sowie auf Wunsch auch zu beraten" (Christa Maria Kerler: Deftiges aus Italien. In: Münchner Merkur v. 28.6.1979).

4.3 Die Inszenierung von *italianità*

erwähnten Betreiber des „Santa Lucia", dass er zwar schon seit vielen Jahren in Stuttgart lebe, aber „von Jahr zu Jahr [...] gebrochener deutsch" spreche, hauptsächlich weil es „die Damen" so wünschten. Um die ‚italienische Atmosphäre' nicht zu stören, empfahl der Rezensent, doch ruhig das „Urlaubsitalienisch über die Zunge holpern" zu lassen.[162] Eine ironische Schilderung erfuhr diese Kommunikationspraxis bereits 1960 in einem Bericht in der *Welt*:

> „Zur Krönung der Genüsse kann der Gast mit dem Italienisch prunken, das er aus den Ferien im Süden mitgebracht hat, und seine Tischgenossen staunen ihn gebührend an. Denn auch hierbei geht's zu wie beim Servieren: Mit Eleganz erhascht der Ober den Sinn (der überdies schwäbisch gefärbten) Brocken, und mit Diskretion fügt er zart Antworten hinzu, die das Bild eines fließend auf Italienisch geführten ‚Dialogs' vollständig machen."[163]

Noch kritischer charakterisierte Ursula Krechel 1983 diese von vielen Deutschen implizit eingeforderte und von ihr als peinlich empfundene Form der Verständigung. So würden die Deutschen „ein paar verhunzte Sprachbrocken hervor[kramen]" und wären „beleidigt, wenn die Ausländer nicht nach diesen Sprachbrocken schnappen" würden.[164] Auch die Restaurantbeschreibungen und -kritiken arbeiteten im Falle italienischer Gaststätten vielfach mit italienischen Ausdrücken und bezeichneten die servierten Gerichte z. B. als „fantastico" oder die Einrichtungsgegenstände als „multo [sic] decorativo".[165] Abgesehen davon, dass die deutschen Gäste und Restaurantkritiker auf diese Weise ihre sprachlichen und interkulturellen Kompetenzen demonstrieren konnten, zeigt diese Kommunikationspraxis auch, dass das ausländische Spezialitätenrestaurant tatsächlich als ein touristischer Ort wahrgenommen wurde und entsprechende Rituale und Interaktionen herausforderte. Die Aktivierung touristischer Handlungsformen sollte vermutlich nicht allein der Herstellung der ersehnten Urlaubsatmosphäre dienen, sondern wohl auch die Unsicherheit auf dem anfangs noch fremden Terrain der ausländischen Gastronomie eindämmen. Während sich Verhaltenssicherheit vielfach durch soziale Homogenität herstellt[166] und entsprechend viele Gaststätten von Gästen aufgesucht werden, die derselben sozialen Schicht wie der Wirt angehören, konnte sich im Falle ausländischer Gaststätten die Fremdheitserfahrung oftmals durch die nicht nur ethnische, sondern auch soziale Differenz zwischen Restaurantbetreiber und Gast verdoppeln. Hier schienen touristische Verhaltensmuster, die massenmedial auch denjenigen, die nicht verreisten, nahegebracht wurden,

---

[162] Wiesen, Nach italienischer Weise, 23.
[163] Gerhard Mauz: Sie stehen auf den Bahnhöfen und sparen. Italienisches Leben in der Bundesrepublik (I). In: Die Welt v. 20.8.1960.
[164] Krechel, Es gibt keine weiße Hauptstadt mehr, 77. Krechel spricht hier über die Kommunikation in ausländischen Feinkostläden.
[165] Stone, Pinocchio, 100; Uecker, Gastmahl, 71.
[166] Vgl. Spree, Knappheit, 176.

4. Das Pizzeria-Ristorante

Abhilfe zu versprechen. Denn der Tourismus bildete eine etablierte Folie für den Umgang mit Fremden und half damit, Fremdheitserfahrungen in bekannte(re) Bahnen zu lenken und auf vertraute(re) Art zu bearbeiten. Während in der Forschung über chinesische (und auch indische) Restaurants in Großbritannien häufig verbale Rassismen wie etwa die abfällige Bezeichnung chinesischer Kellner als „chop suey" thematisiert werden[167], enthalten die Quellen zur italienischen Gastronomie in der Bundesrepublik kaum Hinweise dieser Art. In dem Spielfilm *Die Halbstarken* aus dem Jahre 1956[168] jedoch wird der italienische Eisdielenbesitzer provozierend als „Mr. Prego" und „Mr. Spaghetti" adressiert.[169] V.a. im Betrieb wie im Wohnumfeld waren Schimpfwörter wie „Spaghettifresser" für italienische Arbeitsmigranten durchaus verbreitet.[170] Die ritualisierte Restaurantkommunikation aber scheint zumindest im Falle italienischer Gaststätten einen gewissen Schutz vor verbalen und auch nicht-verbal geäußerten Rassismen geboten zu haben. In Imbissbetrieben war das, wie am Beispiel der türkischen Döner-Verkaufsstände zu zeigen sein wird, weit weniger der Fall.

Festzuhalten bleibt, dass die Betreiber und Angestellten eines italienischen Restaurants nicht nur die Produzenten und Lieferanten der Speisen, sondern einen Teil des Esserlebnisses und damit des konsumierten Produkts darstellten.[171] Die persönliche Begrüßung durch den ‚originellen' *padrone* gehörte ebenso zur erwarteten *ethnic performance* im italienischen Restaurant wie der gut gelaunte, flirtende und attraktive italienische Ober. Während es sich bei

---

[167] Zu den rassistischen und sexistischen Äußerungen in einem qua ethnologischer Feldforschung untersuchten chinesischen Restaurant in Großbritannien siehe Kay, Palace, 46 u. 61f. Auch von der Bestellung von Gerichten mit Hundefleisch und der Nachahmung eines mit chinesischem Akzent gesprochenen Englisch weiß die Autorin zu berichten (vgl. ebd., 50).

[168] R: Georg Tressler, BRD 1956.

[169] Peter O. Fischer lässt zudem in der 1980 verfassten fiktiven Rede zweier deutscher Frauen zeitgenössische Ressentiments anklingen: „Zugegeben, wenn die Pizza beim Italiener frisch aus dem Ofen kommt, das duftet schon ganz schön, aber weiß man denn, wie es bei denen in der Küche zugeht? Ich möchte nicht wissen, wie oft der sich die Hände wäscht. So schön sie singen können, dreckig sind sie doch, die Italiener. Ich hab' mal zufällig in die Küche geschaut bei dem, ein heilloses Durcheinander." (Fischer, Vom Essen, 188) Weit verbreitet mag auch die Angewohnheit gewesen sein, gerade ‚beim Italiener' die Rechnung immer besonders genau zu überprüfen.

[170] „‚Spaghettifresser' und ‚Kameltreiber' gehören zum gesicherten Arbeitsplatz-Vokabular" (Gastarbeiter. Per Moneta. In: Der Spiegel v. 7.10.1964, 44–58: 54). In einer von Betriebsräten in Frankfurt aufgestellten Liste mit den gebräuchlichsten Schimpfworten für Arbeitsmigranten stand „Spaghettifresser" nach „Schweine" an zweiter Stelle; diese Bezeichnungen hatten sich 39 % bzw. 34 % der befragten ausländischen Arbeitnehmer anhören müssen. Als „Itaker" und „Makkaronifresser" waren 28 % bzw. 27 % beschimpft worden (vgl. Borris, Ausländische Arbeiter, 214, Tab. 8).

[171] Vgl. Crang, Displacement, 56.

den italienischen Kellnern im „Canale Grande" in München um „durchweg muntere, zu Scherzen aufgelegte junge Burschen" handelte, „die ihre Gäste und ihre Arbeit nicht ernster nehmen als notwendig"[172], war der aufmerksame und charmante Service im „Grand'Italia" in Köln nicht zuletzt „Franco", dem Oberkellner aus Mailand, zu verdanken, der „sehr groß, schlank, elegant, gut erzogen" und daher „ein Wohlgefallen für die Damen aller Altersstufen" sei.[173] Das Flirten mit dem Servicepersonal, das in gleichgeschlechtlichen Gruppen vielfach zum Restaurantbesuch gehört[174], fand in italienischen Restaurants, in denen – im Gegensatz zur *gelateria* – mehr Männer als Frauen im Service tätig waren, vornehmlich zwischen italienischen Kellnern und weiblicher Kundschaft statt. Die latent sexualisierte Atmosphäre kam dabei nicht zuletzt über das medial verbreitete Bild des *Latin lover* zustande, das Italiener als besonders attraktive und in Liebesdingen versierte Männer erscheinen ließ.[175] Während sich Ähnliches auch etwa für griechische Kellner zeigen lässt, waren es in jugoslawischen und ungarischen (aber auch in asiatischen) Lokalen eher die dort tätigen Frauen, die mit sexualisierten Zuschreibungen konfrontiert waren.[176] Für diese Art der Restaurantkommunikation spielten nicht nur verbal geäußerte Komplimente bzw. Anzüglichkeiten eine wichtige Rolle, sondern auch Blicke, Bewegungen und gelegentliche Körperkontakte, also nonverbale Äußerungen, die den Raum auf der zwischenmenschlichen Ebene strukturierten.[177] Bieten die Sorge um das leibliche Wohlergehen und das Bedientwerden im Gastgewerbe grundsätzlich einen Ansatzpunkt für eine Sexualisierung der Interaktion, gilt das in besonderem Maße für die ausländische Gastronomie, die mit der Exotisierung des Esserlebnisses automatisch erotisch-sexuelle Konnotationen aufzurufen scheint.

Anders als Kellner und *padrone* blieben die Produzenten der Speisen, die Köche und das Küchenpersonal, für den Gast meist unsichtbar. Für die italienischen Restaurants lässt sich in dieser Hinsicht eine klare Geschlechtertrennung

---

[172] Canale Grande. Ein Hauch Venedig in Nymphenburg. In: Abendzeitung v. 6./7.11.1976.
[173] Besser, Grand'Italia, 145.
[174] Vgl. Finkelstein, Dining Out. A Sociology, 52.
[175] Dass es sich bei der Figur des *Latin lover* um ein international verbreitetes Stereotyp über Italiener handelt, betont Petersen, Italia-Germania, 210. Zu Italien als „Land der Amore" siehe auch Wöhler, Imagekonstruktion, 108.
[176] Siehe Kap. 5.1.3 und 5.1.4. Eine (offene) Sexualisierung des Servicepersonals findet dabei v.a. in einfacheren Gaststätten statt, während eine solche für Luxusrestaurants eher abträglich ist, so Beneder, Männerort Gasthaus?, 138.
[177] Zur Bedeutung der nonverbalen Kommunikation und der „Gefühlsarbeit" im Gastronomiegewerbe siehe Flad, Dienstleistungsmanagement, 182; zum Anblicken und Angeblicktwerden als vergeschlechtlichter und sexualisierter Handlung im Rahmen der Restaurantkommunikation siehe Crang, It's Showtime, 691. Dass der ‚Verkauf' von Gesten und einem Lächeln zum Kellnerberuf gehört, betont auch Sosteric, Subjectivity, 297–318.

insofern ausmachen, als Frauen – dem Muster in italienischen Eiscafés genau entgegengesetzt – vornehmlich hinter den Kulissen, in der Küche, tätig waren. Wenn es sich auch bei vielen Köchen in italienischen Lokalen und bei den *pizzaioli* fast durchgängig um Männer handelte, existierten auch zahlreiche, v.a. kleinere Speisegaststätten, in denen der Ehemann die Gäste betreute und die Ehefrau oder die Mutter in der Küche tätig waren. Eine solche Arbeitsaufteilung half, eine familiäre Atmosphäre herzustellen, und suggerierte, dass man im Lokal „wie ‚bei Mama'" speisen könne.[178] Belege dafür, dass in vielen italienischen Restaurants die italienische „Mamma"[179] kochte, gibt es nicht. Zudem handelte es sich bei einem Teil der kochenden Frauen in der italienischen Gastronomie gar nicht um Italienerinnen. Während der Service fast immer mit Italienern besetzt war[180], um mittels des für den Gast sichtbaren Personals die Vorstellung zu bestätigen, sich an einem Ort der *italianità* zu befinden, arbeiteten in der Küche von Beginn an auch Menschen anderer Nationalität, viele von ihnen illegal.[181] Außerdem waren in der Küche die oftmals deutschen Ehefrauen italienischer Wirte tätig. Anders als die italienischen Eismacher mit ihrem weitgehend endogamen Heiratsverhalten[182] scheinen italienische Restaurantbetreiber in beachtlicher Zahl mit deutschen Frauen verheiratet gewesen zu sein; das legen zumindest Restaurantkritiken, ergänzt um die wenigen Statistiken über binationale Ehen, nahe. Ende der 1960er Jahre waren 22 % der mit Ehefrau in der Bundesrepublik lebenden Italiener mit einer Deutschen verheiratet; bei den Jugoslawen waren es 13 %, während der entsprechende Anteil bei

---

[178] So angeblich in der „Casa del Pittore" in Frankfurt (Neues aus der Gastronomie. In: FNP v. 5.11.1982).
[179] Zur Verehrung der italienischen „Mamma", die ein Produkt der italienischen Einigungsbewegung darstellt, die den Müttern der patriotischen Helden zu massenmedialer Präsenz verhalf, siehe D'Amelia, Mamma.
[180] 65 % der vom Istituto Fernando Santi 1983 untersuchten italienischen Restaurants beschäftigten ausschließlich italienische Arbeitskräfte, 22 % hatten italienisches und anderes migrantisches Personal und nur 5 % beschäftigten neben Italienern auch Deutsche (weitere 5 % arbeiteten ohne Angestellte). Insgesamt war das Personal damit zu 80 % italienischer Nationalität. Vgl. Istituto Fernando Santi, Lavoro, 149, Tab. 10.
[181] Bereits zu Beginn der 1970er Jahre war etwa im „Bologna" in Berlin ein Türke als Küchenhilfe eingestellt worden, ohne über eine Arbeitserlaubnis zu verfügen (vgl. LAB B Rep. 020, Nr. 7973, Bd. 1). Er gehörte damit zu den (1971) schätzungsweise 10–15 000 illegalen Ausländern in Berlin, die mehrheitlich schwarz arbeiteten (vgl. Illegale ohne Chance. In: Berliner Morgenpost v. 27.7.1971). Zum „use of outgroup labour" als „turning point" in der Geschichte migrantischer Ökonomien siehe Kim, Beyond Co-ethnic Solidarity, 599. Dass die prekäre ökonomische Situation gerade vieler kleiner gastronomischer Betriebe eine illegale Beschäftigung mitunter zwingend erscheinen lässt, stellen Jones/Ram/Edwards, Ethnic Minority Business, heraus.
[182] Für Stuttgart hat Gentileschi, Lavoratori, 341, auf die niedrige Zahl binationaler Ehen bei den italienischen Eismachern hingewiesen. Zudem waren die meisten norditalienischen *gelatieri* mit Norditalienerinnen verheiratet.

den Spaniern nur bei 9 %, bei den Türken bei 7 % und bei den Griechen bei 6 % lag.[183] Bis 1980 sank die Rate bei den Italienern allerdings auf 11 %, was sich mit dem in den 1970er Jahren signifikant angewachsenen Frauenanteil bei den italienischen Migranten erklären lässt.[184]

Stellte eine deutsche Ehefrau bei der Überwindung bürokratischer Hürden eine große Hilfe für den italienischen Gastronomen dar, konnte sie zudem die Akzeptanz des gemeinsam betriebenen Lokals in der bundesdeutschen Gaststättenlandschaft erhöhen. Das galt auch für andere ausländische Unternehmer und ihre Integration in die westdeutsche Wirtschaft und Gesellschaft. Unter den selbständig erwerbstätigen Italienern waren besonders viele mit Deutschen verheiratet. So befanden sich unter den 15 Ehefrauen italienischer Restaurateure in Stuttgart, die von Gentileschi Ende der 1970er Jahre befragt wurden, sieben Italienerinnen, wobei es sich bei einer der Gattinnen um eine aus Bozen stammende deutschsprachige Frau handelte; sechs besaßen die deutsche und je eine die jugoslawische bzw. griechische Staatsangehörigkeit. Von den insgesamt 51 befragten italienischen Selbständigen in Stuttgart hatten 29 eine deutsche und 20 eine italienische Ehefrau.[185] Dass es sich bei vielen der deutschen Ehefrauen um Frauen aus Ostdeutschland oder den ehemaligen deutschen Ostgebieten handelte, erklärt Gentileschi mit der ähnlichen Erfahrung des Entwurzeltseins und der Migration an einen unbekannten Ort.[186] Der italienische Betreiber des „Fontana di Trevi" in Hamburg etwa war mit einer aus Schlesien stammenden Frau verheiratet, die sich zu „eine[r] begnadete[n] Spezialistin gutbürgerlicher italienischer Küche" entwickelte, wobei ihre Aussprache italienischer Speisenamen, des „ossoh buckow" und der „subba di pesche", den Gerichten einen, wie der Rezensent leicht süffisant anmerkt, „eigenartigen ostischen Reiz" verlieh.[187] Doch heirateten viele italienische Gastronomen auch am jeweiligen Ort geborene Frauen, mit denen sie sich dann selbständig machten.[188] Der unterstellten Authentizität des Lokals scheint die binationale Leitung eines solchen italienischen Restaurants keinen Abbruch getan zu haben. Auch wenn sich im Zeitalter

---

[183] Vgl. Klee, Nigger Europas, 124.
[184] Vgl. Mehrländer, Situation, 665. Lag der Frauenanteil unter den italienischen Migranten 1964 nur bei knapp 15 %, so war er 1970 auf 25 % und 1975 bereits auf 37 % gestiegen (vgl. Haug, Kettenmigration, 137, Tab. 1). Ende 2000 waren laut einer Umfrage der Ausländerbeauftragten in Niedersachsen 41 % der Italiener mit Deutschen verheiratet (vgl. Acar, Türkische Kaffeehäuser, 157, Tab. 3).
[185] Vgl. Gentileschi, Lavoratori, 338.
[186] Vgl. ebd., 359. Zum Fremdheitsgefühl vieler Deutscher in der (vermeintlich) ‚eigenen' Kultur, gerade wenn sie aus Vertriebenen- oder Flüchtlingsfamilien stammten, siehe auch Herzberg, Migration, 23.
[187] Uecker, Gastmahl, 71. In Hamburg waren 1965 bereits 198 deutsch-italienische Ehen geschlossen worden, was eine auffallend große Zahl im Vergleich zu anderen binationalen Ehen bedeutete (vgl. Koglin, Italien, 226).
[188] Siehe z. B. Die neue Pizzeria „Ischia" lädt ein. In: Abendzeitung v. 10.5.1968.

des Massenkonsums Prozesse der Authentifizierung tendenziell vom Produkt hin zu seinem Verkäufer verschoben haben[189], genügte der italienische Wirt als Garant der Originalität und Echtheit der servierten Speisen. Diese Funktion erfüllten neben dem übrigen italienischen Personal auch die unter den Gästen befindlichen Italiener, die qua ihrer Herkunft als kulinarische Experten auf Seiten der Kundschaft betrachtet wurden und nicht nur die Qualität des Essens zu gewährleisten, sondern dieses auch gleichsam mit ihrer Ethnizität zu versehen schienen.[190] Migrantische Betreiber und Gäste fungierten also gemeinsam als „‚bearers' of the cultural meaning attached to the ethnic food object".[191] Die Authentizität der gebotenen Küche wie des gesamten Esserlebnisses, die sich mit Erving Goffman und Dean MacCannell als „staged authenticity" beschreiben lässt[192], wurde demnach über mehrere Kanäle hergestellt, über die Handlungen des Personals, über die Anwesenheit von Gästen aus dem entsprechenden Herkunftsland, über die Einrichtung des Lokals, die musikalische Untermalung sowie die Restaurantwerbung. Alle diese Elemente verwiesen aufeinander und stützten – oder unterminierten – die Vorstellung, dass es sich um ein ‚original italienisches' Restaurant mit eben solcher Küche handelte. Was aber wurde in den italienischen Lokalen in der Bundesrepublik serviert? Was galt als authentische italienische Kost? Welche Gerichte dominierten? Und lässt sich – ähnlich wie im Falle der italo-amerikanischen Küche in den USA – von der Entstehung einer eigenständigen deutsch-italienischen Küche sprechen?

4.4 Die Speisekarte italienischer Restaurants. Eine deutsch-italienische Küche?

Wie in allen ausländischen Spezialitätenrestaurants erfolgte auch in den italienischen Lokalen in der Bundesrepublik neben der „landestypische[n] Ausrichtung des Speisen- und Getränkeangebotes" ebenso eine „Anpassung des Sortiments an deutsche Verzehrsgewohnheiten"; gerade in dieser Kombination beider Orientierungen bestand und besteht die „Konzeption" ausländischer Spezialitätenrestaurants.[193] Ein bereits angesprochenes Produkt

---

[189] Vgl. Gallini, Mass Exoticism, 219.
[190] Vgl. Bojadžijev, Fremde Töpfe, 303. Dies galt auch für andere ausländische Restaurants: „Die vielen Asiaten, die man hier trifft, sind die beste Empfehlung für dieses Restaurant", hieß es etwa 1967 über das „Asia-China" in Hamburg (Hamburg von 7 bis 7, 1967, 101).
[191] Jamal, Acculturation, 17.
[192] In Anlehnung an Goffman, Presentation, hat Dean MacCannell, Staged Authenticity, diesen zentralen Begriff in die Tourismusforschung eingeführt. Ausführlicher zur Frage der Authentizität: Kap. 4.5.
[193] Schillinger, Gastronomiemarke, 36.

dieser doppelten Ausrichtung stellte der Gaststättentyp des Pizzeria-Ristorante dar, der die in Italien üblichen Unterscheidungen zwischen verschiedenen Gaststättenformen durchkreuzte und als hybrides Gebilde den deutschen Erwartungen entsprach, dass ein italienisches Lokal in jedem Falle auch Pizza servieren müsse. Doch selbst *ristoranti* der gehobenen Kategorie sahen sich angesichts der Konsumentenwünsche veranlasst, Pizza ins Angebot aufzunehmen. In der „Martini-Osteria" etwa, einem „beliebte[n] Treff von Prominenz und Schickeria" in Hamburg-Pöseldorf, waren neben zwölf Sorten *pasta asciutta*, sieben Fisch- und 17 Fleischgerichten auch dreizehn verschiedene *pizze* erhältlich – wenn auch nur bis 18 Uhr.[194] Nur wenige italienische *ristoranti* entzogen sich der Publikumserwartung und boten, wie in Italien üblich, keine Pizza an.[195]

Betrachtet man die Pizza-Varianten, die in italienischen Lokalen in der Bundesrepublik serviert wurden, fällt auf, dass es einige wenige Sorten bzw. Beläge waren, die klar dominierten, nämlich Pizza mit Salami, mit Schinken und/oder Champignons. Aber auch Hackfleisch(-sauce) auf der „Pizza Bolognese" oder der „Pizza Barbaresca" wie auch ein Spiegelei auf der „Pizza Tonno" gehörten vielfach zum Sortiment.[196] Der Terminus ‚Pizza' wurde auf den Speisekarten nicht übersetzt, was sich zum einen auf die Schwierigkeit zurückführen lässt, für nur in einem bestimmten Land übliche Gerichte einen adäquaten Ausdruck in einer anderen Sprache zu finden.[197] Zum anderen wird den Speisen qua ausländischem Namen eine ‚exotische' Aura verliehen. Bereits das Lesen der Speisekarte ist dann als eine antizipierende Exkursion in eine fremde Esskultur zu verstehen. Ähnlich wie bei der Lektüre eines Reiseführers werden durch die Worte materielle Objekte heraufbeschworen und das zu Erwartende imaginär erkundet.[198]

So wie sich anhand der vorliegenden Speisekarten[199] die exakte Zuberei-

---

[194] Martini-Osteria. In: Hamburg von 7 bis 7, 1981, 128; Martini-Osteria, Hamburg, Speisekarte, o.J., CIA 1-2701.

[195] Das „da Luigi" in Hamburg z. B. führte weder Pizza noch Spaghetti (Hamburg von 7 bis 7, 1981, 259).

[196] Vgl. z. B. „Pizzeria Restaurante [sic] ‚Italia'", Bad Pyrmont, Speisekarte, o.J. [1970er Jahre], eig. Slg. In der „Martini-Osteria" wurde die „Pizza Siciliana" nicht nur mit Sardellen und Kapern, sondern auch mit Ei serviert (CIA 1-2701).

[197] Auf diese Problematik weist auch der Übersetzer eines gastronomischen Reiseführers über Italien hin: „The names of the culinary specialties have been left in the original Italian. A number of other words commonly used in speaking of Italian menus, which have no corresponding word or term in English have been explained the first time they occur in the text, after which the Italian word has been used." (Turismo gastronomico, 5)

[198] Zur Speisekarte als zugleich informativer und appellativer Textsorte siehe Mattheier, Essen, 250.

[199] Das Sample besteht aus den im CIA archivierten Speisekarten italienischer Restaurants in der Bundesrepublik (1), den USA (38) und Italien (21) sowie aus Speisekarten italienischer

tungsweise und Teigstärke der Pizza nicht bestimmen lässt, kann auch angesichts des auf deutschen Speisekarten unisono als „Käse" bezeichneten Pizza-Belags nicht mehr rekonstruiert werden, ob eines der Pizzeria-Ristorantes bereits in den 1960er oder 70er Jahren Mozzarella verwendete. In der „Taverna Italiana" in München jedenfalls, so wissen wir aus einer Restaurantkritik, wurde die Pizza ohne Mozzarella zubereitet.[200] Zum einen nämlich ließ sich frischer Mozzarella nur schwer über weite Distanzen transportieren, was auch bedeutete, dass er selbst in Norditalien erst im Laufe der ersten Nachkriegsjahrzehnte allgemeine Verbreitung fand.[201] Zum anderen war er weit teurer als der in der Bundesrepublik überall erhältliche Gouda oder Emmentaler. Als Vorspeise jedoch kam Mozzarella ab und an auf den Tisch.[202] In den USA hingegen wurden Ende der 1960er Jahre bereits zwei Milliarden *pizze* mit 100 Millionen Pfund Mozzarella (und 800 Millionen Pfund Tomaten) verzehrt.[203] Ähnlich wie in Nordamerika zeichnete sich auch die Pizza in der Bundesrepublik durch einen im Vergleich zur Pizza in Italien üppigen Belag aus. Stellt die Garnitur in Italien eher ein sekundäres Element dar, weil sich die Aufmerksamkeit auf den Teig richtet, ist es hierzulande und in den USA genau umgekehrt.[204] Auch aus diesem Grund hat die *pizza bianca* erst in jüngster Zeit Eingang auf die Speisekarte einiger italienischer Lokale in der Bundesrepublik gefunden. Zudem kamen neben Gouda auch noch andere Ersatzstoffe bei der Pizzaproduktion in der Bundesrepublik zum Einsatz; so wurden die *pizze* oftmals statt mit *salamino piccante* mit Plockwurst und Würstchen belegt, womit die „pizza alla tedesca" geboren war.[205]

Neben einer mehr oder weniger großen Auswahl an Pizza boten die meisten

Lokale, die entweder publiziert sind (13) oder sich in meinem Besitz befinden (2). Insgesamt handelt es sich also um 75 Speisekarten, von denen 19, die aus den 1960er und 70er Jahren stammen, einer eingehenderen Analyse unterzogen wurden, was sicherlich keine repräsentativen Aussagen, aber doch signifikante Aspekte herauszuarbeiten erlaubt.

[200] Vgl. Christa Maria Kerler: Schlemmen mit Pizza. In: Münchner Merkur v. 22.2.1979. Auch gastronomische Fachzeitschriften druckten Pizza-Rezepte, die ohne Mozzarella auskamen – dafür aber Schmalz für den Teig verwendeten (vgl. Christ. Mühlbacher: Die Neapeler Pizza erobert die Welt. In: Die Küche 65/1 [1961]).
[201] Vgl. Fadda, Mangiare, 25.
[202] So etwa in der „Martini-Osteria" (vgl. CIA 1-2701). Italienische Spezialitätenläden wie auch von Deutschen betriebene Feinkostgeschäfte boten spätestens seit den 1970er Jahren zumindest in den Großstädten frischen Mozzarella an (siehe Model, Gourmets Gaumenkitzel, 11).
[203] Vgl. Wagner, Fast schon Food, 128.
[204] Während sich die italienische Pizza auf das „élément structurant de la pizza, sa pâte", konzentriere, zeichne sich v.a. die *Chicago style pizza* durch eine besondere Wertschätzung des Belags aus. Diese US-amerikanische Pizza-Variante nähere sich dem kulinarischen Prinzips des *pie* an, der sich durch einen ausgesprochenen Synkretismus auszeichne, so Sanchez, Pizza connexion, 52.
[205] Besonders Rosario, der Betreiber der Pizzeria „Bologna" in Berlin, verdankte seiner „Pizza

4.4 Die Speisekarte italienischer Restaurants

italienischen Restaurants in der Bundesrepublik eine Vielzahl an Pasta-Variationen. Die meisten Lokale führten „Spaghetti (alla) Napoletana" respektive „Spaghetti al pomodoro (mit Tomatensauce)" ebenso wie „alle vongole". Auch „Spaghetti Carbonara" und „alla Bolognese" gehörten zum Standardrepertoire.[206] In Italien erfreuten sich die beiden erstgenannten Pasta-Varianten ebenfalls großer Beliebtheit, während eine Bolognese meist mit Fettucine oder Tagliatelle[207], selten jedoch mit Spaghetti serviert wurde. Pasta „al ragù" hatte in Italien in den 1950er Jahren ihre große Zeit gehabt.[208] In der Bundesrepublik wurde sie in den darauffolgenden Jahrzehnten zu einem Publikumserfolg, d.h., bei den im Pizzeria-Ristorante servierten Speisen handelte es sich v.a. um bereits etablierte und nicht unbedingt innovative Gerichte.[209] Spaghetti Bolognese konnten sich zudem vermutlich auch deshalb durchsetzen, weil sie eher dem deutschen Konzept eines Hauptgerichts entsprachen, das aus Fleisch und Sättigungsbeilage bestand.[210]

Generell war die Auswahl an Pasta-Sorten in Italien erheblich größer.[211] In der Bundesrepublik beschränkte sich das Angebot weitgehend auf Spaghetti, Tagliatelle, Tortellini, Lasagne, Ravioli und Cannelloni.[212] Während Restaurants in Italien fast ausschließlich für die Zubereitung von „Tortellini alla panna"

---

alla tedesca" den Titel „König der Pizza" (Tamponi, Italiener, 10). Vgl. dazu auch Pichler, Migration, Community-Formierung, 165.

[206] So im „Italia" in Bad Pyrmont, in der „Martini-Osteria" in Hamburg und im „Eboli" in München. „Spaghetti Bolognese" wurden hier als „Spaghetti mit Hackfleischsauce", „mit Fleischragout-Sauce" oder „mit Fleischsauce" übersetzt und bald auch in deutschen sowie in nicht-italienischen ausländischen Restaurants angeboten, so z.B. im Restaurant „Dalmatien" in München (vgl. Restaurant Dalmatien, München, Speisekarte, 1962, BWA LBM).

[207] So in der „taverna Antonina Battaglia" in Rom (vgl. CIA 2-3036) bzw. im „Ristorante ‚Cesarina'" und bei „Aldo" (vgl. CIA 2-3033 u. 2-3052).

[208] Vgl. Fadda, Mangiare, 25. Aber auch „spaghetti alle vongole" gehörten Mitte der 1950er Jahre zu den „piatti preferiti" Italiens (A Losanna Fiera Gastronomica, 22).

[209] Für Berlin hat auch Edith Pichler, Migration und ethnische Ökonomie, 111, herausgestellt, dass die italienischen Restaurants der 1960er Jahre nur die gängigsten Gerichte im Angebot hatten. Bestimmte Zutaten, die für eine gehobene Küche unverzichtbar waren – so erinnert sich ein italienischer Gastronom aus Berlin im Rückblick auf die 1960er und 70er Jahre –, waren auf dem Berliner Markt nicht oder nur schwer erhältlich; dazu gehörten frischer Salbei und Rosmarin, Radicchio, Artischocken, aber auch Auberginen und Zucchini (vgl. Pichler, Migration, Community-Formierung, 169).

[210] Für Großbritannien zeigt dies Mitchell, Food Acceptance, 82.

[211] Hier kamen auch Fettucine, Agnolotti, Bavettine, Trenette, Taglioni, Bombolotti, Bucatini und weitere Pasta-Sorten auf den Tisch.

[212] Italienische Lebensmittelimporteure jedoch hatten durchaus eine größere Auswahl an Teigwaren im Sortiment. Siehe die Warenliste des Frankfurter Import-Export-Geschäfts „Asimex", vermutlich aus den 1960er/70er Jahren (vgl. CIA 1-3755). Taglioni fanden in die italienische Gastronomie in der Bundesrepublik, wie es scheint, erst in den 1980er Jahren Eingang, so etwa in „ennio's restaurant" in Hamburg. Dies war zudem der einzige

Sahne verwendeten, basierte ein großer Teil der in der Bundesrepublik angebotenen Pasta-Saucen auf Sahne. In der Hamburger „Martini-Osteria" wurden außer „Tortellini alla panna" – die neben Spaghetti mit Hackfleisch- oder Tomatensauce das in italienischen Restaurants in Westdeutschland am häufigsten angebotene Gericht darstellten und bald als „deutsche Sünde"[213] kritisiert wurden – noch Tagliatelle mit Schinken, Champignons und Sahne angeboten.[214] Zudem wurde Carbonara in der Bundesrepublik meist mit Sahne zubereitet.[215] Ebenso stellt auch die Sahnebiskuit-Torte „Zuppa Romana" ein in München kreiertes und damit genuin deutsch-italienisches Gericht dar.[216] Mittels der großzügigen Verwendung von Sahne wie auch mit den großen Portionen Sauce, mit denen die Pasta serviert wurde, suchten italienische Gastronomen deutschen Essgewohnheiten zu entsprechen.[217] Viele deutsche Gäste aßen Pasta-Gerichte nicht als *primo piatto* eines umfangreicheren Menüs, sondern als Hauptgericht und erwarteten daher, dass sie von der servierten Portion satt würden.[218]

Doch auch Fisch- und Fleischgerichte wurden oft mit Sahne zubereitet und mit Soße in großen Mengen serviert, was spätestens seit den 1980er Jahren von Restaurantkritikern zunehmend bemängelt wurde. So schreibe „das Originalrezept nicht vor, die Medaillons in der Soße fast ertrinken zu lassen", hieß es 1982 über das Münchner Pizzeria-Ristorante „Bei Mario".[219] Eine Sauce, die das „dominante, überschwappende Merkmal" des Gerichts darstellte, galt späteren Kritikern der italienischen Gastronomie in der Bundesrepublik als deutsche (Un-)Sitte.[220] Bis in die 1990er Jahre hinein jedoch dominierte diese fetthaltige Küche zumindest in den Lokalen, die sich nicht der Spitzengastronomie verschrieben hatten. So wurde im „Italia" in Bad Pyrmont ein Steak „in delikater

---

Ort in der Hansestadt, an dem schwarze Tagliatelle serviert wurden (Hamburger Restaurantlexikon 85/86, 160f.).

[213] Rodolfo Dolce: Die stete Suche nach dem wahren echten Italiener. In: FR v. 2.3.2000.

[214] Vgl. Martini-Osteria, Hamburg, Speisekarte, o.J., CIA 1-2701.

[215] So waren z. B. im „Borsalino" in Hamburg Spaghetti mit Ei, Sahne und Speck erhältlich (Hamburger Restaurantlexikon 85/86, 115), während in Italien lediglich getrocknete Schweinebacke, Dotter und Pfeffer zur Carbonara gehören.

[216] Vgl. Peter, Kulturgeschichte, 159.

[217] Zur Soßenlastigkeit auch des in der BRD verkauften Dönerkebabs siehe Kap. 6.5.1.

[218] Die Sorge, das italienische Essen mache nicht satt, u. a. weil es keine gebundenen Saucen kenne, begleitete auch viele Italientouristen in den 1950er und 60er Jahren, wie sich eine Zeitzeugin in der ARD-Dokumentation „Mahlzeit Deutschland" (Teil 2: Vom Eisbein zur Pizza), gesendet am 20.7.2009, erinnert.

[219] Christa-Maria Kerler: Schade um den guten Namen. Bei Mario. In: Münchner Merkur v. 30.9.1982.

[220] Rodolfo Dolce: Die stete Suche nach dem wahren echten Italiener. In: FR v. 2.3.2000. Dass auch die amerikanisierten Versionen nicht nur der italienischen, sondern auch anderer *ethnic cuisines* deutlich fetthaltiger waren und sind, betont Diane Welland: Healthy Ethnic Cooking. In: Restaurants USA 11/7 (1991), 29–32.

Sahnesauce" serviert.[221] Mit dem „Cotoletta alla Milanese" bot die Speisekarte zudem auch ein den Deutschen seit langem bekanntes Gericht. Abgesehen vom Mailänder bzw. Wiener Schnitzel jedoch servierten die italienischen Restaurants – anders als die jugoslawischen oder ungarischen Lokale – kaum in Deutschland verbreitete Speisen.[222] Doch auch bestimmte in Italien häufig verzehrte Gerichte wurden in der Bundesrepublik nicht unbedingt angeboten. Das galt besonders für Fischgerichte. So bezeichnete es eine 1969 erschienene Kritik des bereits erwähnten italienischen Restaurants „Bei Mario" als eine „einmalige Novität", zumindest für München, dass hier „frische Meeresfrüchte", nämlich Calamares, Polpo und Scampi, auf den Tisch kämen.[223] Im „Grand'Italia" in Köln wurde die Fischsuppe noch in den späten 1960er Jahren zwar mit „mittelmeerischem Calmare", allerdings „aus Büchsen", zubereitet.[224]

Nicht nur durch das Ersetzen (Gouda statt Mozzarella) oder Hinzufügen von Zutaten (Sahne), sondern auch durch das gezielte Weglassen oder Reduzieren eines Inhaltsstoffes, v.a. eines Gewürzes – und damit gerade des *markers* einer bestimmten Küche –, wurde in der italienischen Gastronomie Rücksicht auf deutsche Essgewohnheiten genommen. Das galt besonders für den bis weit in die 1970er Jahre hinein wenig beliebten Knoblauch.[225] Noch 1979 äußerte der Restaurantkritiker Dieter Thoma: „Wenn ich mutig bin, esse ich besonders gern den ganzblättrigen Spinat mit Knoblauch, nach dessen Genuß drei Tage Einsamkeit gewährleistet oder mindestens empfehlenswert sind."[226] Dass die Küche im Hamburger „Hotel Atlantik" bereits Mitte der 1960er Jahre Knoblauch verwendete, wurde zeitgenössisch als Ausdruck einer überaus „liberal[en] und aufgeschlossen[en]" Haltung gewertet[227] und stellte eine alles andere als übli-

---

[221] Vgl. „Pizzeria Restaurante [sic] ‚Italia'", Bad Pyrmont, Speisekarte, o.J. [1970er Jahre], eig. Slg. Das Steak im „Italia" firmierte unter dem Namen „Bistecca Delicata" – einer wertenden Speisebezeichnung, die in der gehobenen Gastronomie als verpönt gilt, obliegt die Beurteilung des Gerichts doch dem Gast (vgl. Marti, Speisekarte, 87).
[222] Im „Firenze" in München allerdings kam in den 1960er Jahren auch eine Gulaschsuppe auf den Tisch (vgl. Cube, „Firenze", 78).
[223] Geheimtip für Gourmets. In: Münchner Merkur v. 13./14.12.1969. In Bayern konnten sich Gerichte mit Meeresfrüchten erst seit Mitte der 1970er Jahre nach und nach durchsetzen, wie Trummer, „Schweinsbrat'n", 169, am Beispiel Straubings herausstellt.
[224] Besser, Grand'Italia, 143.
[225] Bereits in Italien-Reiseberichten aus dem 19. Jahrhundert ist nachzulesen, dass der Knoblauch neben dem Olivenöl oftmals Abscheu erregte (vgl. Thoms, Sehnsucht, 27). Olivenöl wurde auch noch in den italienischen Kochbüchern, die in der frühen Bundesrepublik erschienen, eher in sparsamen Mengen oder aber mit Butter gemischt zur Anwendung empfohlen (vgl. Schickel, Rezeption, 48).
[226] Thoma, An Theken, 163.
[227] Wilm, Kosmopolitisch, 111. In den 1980er Jahren wurde dann verstärkt die gesundheitsfördernde Wirkung des Knoblauchs betont (vgl. Balkan Kochbuch, 10); in den um 2000 erschienenen italienischen Kochbüchern war für die Verwendung von Knoblauch dann keine Rechtfertigung mehr notwendig (vgl. Schickel, Rezeption, 50).

che Praxis in der bundesdeutschen Gastronomie dar. Gerade der Verzehr von Knoblauch war es, der bekanntlich die ‚Gastarbeiter' als distinkte Gruppe auswies, deren soziale Exklusion auch auf olfaktorischem Gebiet erfolgte. Denn der Geruch fungierte spätestens seit dem 18. Jahrhundert als zunehmend bedeutsamer „cultural code for the ‚other'"[228], und zwar im Hinblick auf Ethnizität und Klasse gleichermaßen. Während das (hegemoniale) Selbst die geruchlose Norm verkörperte, wurden Minderheiten über ihren (andersartigen) Körpergeruch, aber auch aufgrund ihrer ungewohnten Küchendüfte ausgegrenzt.[229]

Zudem kamen in der Bundesrepublik kaum jemals italienische Spezialitäten auf den Tisch, die potentiell Abscheu hätten erregen können, wie etwa bestimmte Innereien. So hatte zwar die „taverna Antonina Battaglia" in Rom „Zuppa di trippe" im Angebot, aber keines der untersuchten italienischen Restaurants in der Bundesrepublik.[230] In Lokalen, die sich primär an eine nicht-italienische Kundschaft richteten, wurden also Gerichte ausgewählt, von denen die Gastronomen annahmen, dass sie keinen Anstoß erregen würden. Das galt auch in den USA, wo in der Endoküche verbreitete Speisen ebenfalls nicht in der Gastronomie oder an anderen öffentlichen Orten wie z. B. bei *food festivals* zum Einsatz kamen.[231] Inwiefern die privat konsumierten Gerichte für die in Service und Küche tätigen Italiener oder aber für italienische Gäste auf Wunsch doch hergestellt wurden, lässt sich nur schwer feststellen. Anders als chinesische Gastronomen, die oft mit zwei verschiedenen, nämlich einer chinesischen und einer deutschen Speisekarte operierten und auf diesen durchaus unterschiedliche Gerichte annoncierten, existierten solche quasi-offiziellen Parallelküchen in italienischen Lokalen in der Bundesrepublik nicht. Spezielle Wünsche wurden hier dem Kellner mündlich angetragen.[232]

Bei den in der Bundesrepublik gebotenen italienischen Speisen handelte es sich also um eine in vielerlei Hinsicht modifizierte Küche, die sowohl der schwierigen Beschaffung mancher in Italien gängiger Zutaten als auch der Rücksichtnahme auf deutsche Essgewohnheiten und Geschmackspräferenzen geschuldet war – ein Vorgang, der sich in ähnlicher Weise bei der Einführung

---

[228] Skjelbred, Foreign, 314. Zum Geruch und Geschmack als „important means of cultural differentiation" siehe auch Classen/Howes/Synnott, Aroma, 105.

[229] In den USA z. B. trugen die von vielen Italienern oder Griechen bewohnten Stadtviertel abwertend gemeinte Namen wie „Garlictown" oder „Garlic Gulch" (Theodoratus, Changing Patterns, 90). Entsprechend reduzierten viele Migranten in den USA ihren Knoblauchkonsum, um Konflikte mit der neuen Umgebung zu vermeiden.

[230] Vgl. CIA 2-3036.

[231] Zwischen Endoküche und Exoküche, also „display foods, typically associated with Italians and presented for public sale and consumption", unterscheidet entsprechend auch Magliocco, Playing, 146.

[232] Überhaupt war es in italienischen Restaurants oftmals möglich, die Gerichte nach individuellem Wunsch zubereiten zu lassen, d. h., es wurde nicht starr nach einer ein für allemal feststehenden Karte gekocht. Vgl. Besser, Grand'Italia, 146.

neuer Küchen vermutlich überall auf der Welt beobachten lässt.[233] Das Ergebnis dieser Veränderungen war letztlich eine deutsch-italienische *crossover*-Küche, die v.a. auf Pasta und Pizza basierte und daher mit einem „simplified register"[234] arbeitete. In diesem Sinne lässt sich die italienische Gastronomie in der Bundesrepublik als eine „Ein- oder Zweigerichtsküche" charakterisieren, wie das oftmals bei im Ausland angebotenen (National-)Küchen der Fall ist.[235] Denn gerade das transnationale Setting des ausländischen Spezialitätenrestaurants scheint prädestiniert, einzelne, zuvor oft nur regional (z. B. in Süditalien) verbreitete Speisen herauszugreifen und sie zum Inbegriff einer Nationalküche zu stilisieren. Dass dieser Vorgang wiederum Rückwirkungen auf das Herkunftsland hat, zeigt das Beispiel der zunächst in den Touristenzentren, mittlerweile aber überall in Italien zu findenden Pizzerien deutlich, und auch die mittlerweile vorhandene Möglichkeit, in italienischen Bars Cappuccino bis Mitternacht zu bestellen, gehört zu den kulinarischen Rücktransfers infolge von Massenmigration und -tourismus.[236]

Die skizzierten Veränderungen der in italienischen Lokalen in Westdeutschland servierten Speisen, ihre Soßenlastigkeit und ihr hoher Fettgehalt sowie ihr Verkauf an einem neuen, hybriden Konsumort, dem Pizzeria-Ristorante, tat der Identifizierung dieser Küche als einer ‚italienischen' zunächst kaum Abbruch. Mary Douglas bietet hierfür folgende Erklärung: „Ethnic food is a cultural category, not a material thing. It can persist over fundamental material changes so long as the feeling of ethnic distinctness is valued."[237] Dieses Gefühl, etwas Andersartiges zu konsumieren und einer *italianità* teilhaftig zu werden, wurde in den italienischen Gaststätten über das Interieur, das Verhalten des Personals und die italienischen Sprachelemente auf der Speisekarte oder im Kundengespräch kultiviert. Die Inszenierung der *italianità* musste sich dabei im Rahmen der kulturellen Erwartungen bewegen, also einem in Deutschland tradierten und massenmedial produzierten Bild von Italien entsprechen. In den

---

[233] Bei der Integration westlicher Speisen in Japan macht Cwiertka, Domesticating, 66, ähnliche Modifikationen aus: So wurden den westlichen Gerichten japanische Zutaten hinzugefügt und vor dem Zweiten Weltkrieg statt Spaghetti japanische Nudeln gegessen, die überdies mit Sesamöl oder Sojasoße verarbeitet wurden. Zudem wurde meist das vorhandene japanische Essgeschirr benutzt, und auch bestimmte Zubereitungsarten wie das Backen wurden in Ermangelung eines Ofens in den meisten Haushalten durch das Dünsten ersetzt.

[234] C. Ferguson: „Foreign Talk" as the Name of a Simplified Register. In: International Journal of the Sociology of Language 28 (1981), 9–18, zit. nach Cohen/Avieli, Food, 765.

[235] Barlösius, Soziologie, 160. Dabei handelt es sich bei der Pizza, wie Sanchez, Pizza connexion, 164, herausstellt, im Grunde um ein „repas atypique", das die Regeln der italienischen Mahlzeitenfolge und -komposition, mit deren Sequentialität und Trennung der einzelnen Komponenten charakterisiert ist, durchbricht.

[236] Vgl. Michael Frank: Eine kleine Ess-Geschichte. Entdeckung der Pizza. In: SZ v. 2.8.2009.

[237] Douglas, Standard Social Uses, 30.

italienischen Gaststätten fand also auf mehreren Ebenen ein facettenreiches Ausbalancieren zwischen der Anpassung an lokale Gepflogenheiten und der Notwendigkeit statt, die Erkennbarkeit als italienisches Restaurant zu gewährleisten. *Crossover*-Qualitäten besaß damit nicht nur die Küche, sondern der Konsumort als Ganzes.

Dennoch sind die Konturen einer deutsch-italienischen im Vergleich zur italo-amerikanischen Küche weit weniger markant; eine tatsächliche Eigenständigkeit der deutsch-italienischen Küche lässt sich nur ansatzweise behaupten. Eine Erklärung für diese Differenz ist in dem unterschiedlichen Zeitpunkt zu suchen, an dem es zu einer Massenmigration aus Italien und in der Folge zur Ausbildung einer italienischen Gastronomie in beiden Ländern kam. Die Italiener, die am Ende des 19. Jahrhunderts in die USA auswanderten, veränderten ihr Ernährungsverhalten massiv, v.a. in Form des – ihnen nun erstmals möglichen – hohen Fleischkonsums.[238] Als italienische Migranten ab 1955 in die Bundesrepublik kamen, unterschied sich zwar der Lebensstandard insbesondere Süditaliens von demjenigen in Westdeutschland noch immer erheblich; aber eine ähnlich fundamentale Umstellung der gesamten Ernährungsgewohnheiten konnte dieser historisch später vollzogene Umgebungswechsel nicht mehr bewirken. Zudem waren Deutschland und Italien seit Jahrhunderten nicht nur durch Handelsbeziehungen, sondern auch durch touristische Reiseaktivitäten miteinander verbunden, die sich gastronomisch auswirkten.[239] Die Kenntnis der italienischen Küche mag daher in Deutschland (und noch viel mehr in der Schweiz) bereits zu Beginn des 20. Jahrhunderts eine größere gewesen sein.[240] Hierzu trug der in den 1950er Jahren einsetzende Italientourismus nochmals massiv bei; in seiner Folge war eine grundsätzliche Umstrukturierung der italienischen Küche nach deutschem Muster nicht mehr nötig bzw. gar nicht mehr erwünscht. Vielmehr begann mit der Nachkriegszeit eine Phase, in der kulinarische Andersartigkeit neu bewertet und das Kennenlernen anderer Küchen zu einem zunehmend bedeutsamen Ausweis (inter-)kultureller Kompetenz wurde.[241] Damit war auch die Bewahrung und Präsentation migrantischer Ernährungsweisen, sei es im privaten Bereich oder in der Gastronomie, weit weniger anstößig. Während in den USA um

---

[238] Vgl. Diner, Hungering, 53; Corti, Cibo, 363–378.

[239] Rauers, Kulturgeschichte, Teil 1, 596, behauptet gar, dass die „italienische Gasthausgeschichte [...] fast zu unserer deutschen Gasthausgeschichte" gehöre, „so viel sind die Deutschen über die Alpen nach Italien gezogen". So existierten in Italien bereits im 15. Jahrhundert deutsche Wirtshäuser.

[240] Eine vergleichende Analyse der Italianisierung der Ernährung in Deutschland und der Schweiz, aber auch in anderen Ländern könnte genaueren Aufschluss über Ähnlichkeiten und Differenzen liefern und die Konturen der spezifisch deutsch-italienischen Küche zu schärfen helfen.

[241] Vgl. Thoms, Sehnsucht, 32.

1900 noch weitreichende Versuche unternommen worden waren, die italienischen Migranten von ihrem als minderwertig betrachteten Pasta-Konsum abzubringen und sie auch auf dem Gebiet der Ernährung zur Assimilation zu bewegen[242], fand diese Politik nach 1945 kaum noch Anhänger, weder in den USA noch in Westdeutschland. Darüber hinaus fiel die Durchsetzung der italienischen Gastronomie in der Bundesrepublik mit der Popularisierung neuer ernährungswissenschaftlicher Theorien zusammen, in deren Zuge die sogenannte mediterrane Diät als cholesterinarme und auch aufgrund ihres hohen Verbrauchs an frischem Obst und Gemüse als gesundheitsfördernd erachtete Ernährungsweise propagiert wurde. Ancel und Margaret Keys' *Eat Well and Stay Well* aus dem Jahre 1959 erschien zwei Jahre später auf Deutsch[243] und beeinflusste – im Vergleich zu den USA zwar mit zeitlicher Verzögerung, aber dennoch nachhaltig – die Debatten um eine gesunde Ernährung in der Bundesrepublik der 1960er und 70er Jahre. In beiden Ländern verhalfen die neuen ernährungswissenschaftlichen Erkenntnisse insbesondere der italienischen Küche zu einem ausgesprochen positiven Image.[244] Dass die mediterrane Diät, eine Kreation von Ernährungsphysiologen und Journalisten, auf dem Stereotyp des „healthy other on the shores of the Mediterranean"[245] basiert, tat ihrer Durchschlagskraft keinen Abbruch – ganz im Gegenteil.

Zwar stehen detaillierte historische Studien über die Rolle des Ernährungswissens für den Wandel des Essverhaltens noch aus.[246] Doch lässt sich auch für diesen gesellschaftlichen Bereich von einer „Verwissenschaftlichung des Sozialen"[247] seit dem späten 19. Jahrhunderts sprechen, in deren Zuge den Ernährungswissenschaften eine zunehmend alltagsrelevante Orientierungsfunktion zukam. Auch wenn migrantische Küchen in den meisten Aufnahmeländern kein hohes Prestige besitzen, zeigt der Aufstieg der italienischen Küche, dass sich infolge veränderter Ernährungsnormen auch die kulturellen Zuschreibungen und Wertigkeiten fundamental verschieben können. Während die Anfänge einer neuen Perzeption der italienischen Küche in den USA bereits in der Zwischenkriegszeit auszumachen sind, bedeutete das für die Ende des 19. Jahrhunderts nach Nordamerika eingewanderten Italiener doch eine lange ‚Wartezeit', bis ‚ihre' Küche anerkannt wurde. Die italienischen Arbeitsmigranten, die in die Bundesrepublik kamen, hingegen erlebten recht bald eine Aufwertung der ihnen vertrauten Kost. Auch damit ist die unter-

---

[242] Vgl. Inness, Dinner Roles, 89.
[243] Keys/Keys, Gesunder Feinschmecker.
[244] Italien wurde in den Debatten um eine mediterrane Diät schnell zum Modellfall, so Vercelloni, Modernità, 978.
[245] Zubaida, National, Communal and Global Dimensions, 43.
[246] So Smith, Discourse, 329. Zur starken Stellung der Experten siehe Tanner, Ernährungswissenschaft, 102; zur Geschichte der gesunden Ernährung: Briesen, Gesundes Leben.
[247] Raphael, Verwissenschaftlichung.

schiedliche Entwicklung der italienischen Küche und ihrer Transformationen in den beiden Ländern zu erklären.

4.5 Binnen- und Ausdifferenzierung der italienischen Gastronomie

Auch wenn in der Bundesrepublik von Beginn an neben einfachen Pizzerien (wenige) Restaurants mit gehobener italienischer Küche existierten, kam es mit der zunehmenden Sättigung des bundesdeutschen Gastronomiemarktes und den sich verändernden Kundenansprüchen in den 1970er und verstärkt in den 80er Jahren zu einer weitreichenden und bis heute anhaltenden Ausdifferenzierung der italienischen Gastronomie. Zum einen eröffnete 1970 in München das erste Lokal der Restaurantkette „Pizza Hut", die das ikonische italienische Gericht systemgastronomisch standardisiert anbot und in den USA zu diesem Zeitpunkt bereits über mehrere Hundert Filialen verfügte.[248] Die Konversion der Pizza zu einem Fast-Food-Produkt erfolgte in der Bundesrepublik jedoch bei weitem nicht so vollständig wie in den USA; noch immer ist hierzulande die Pizzeria meist ein Familienrestaurant, das eher mit anderen einfachen Speisewirtschaften denn mit den großen Hamburger-Ketten konkurriert.[249] Dafür entstanden aber auch in deutschen Städten in den 1980er und 90er Jahren zahlreiche Selbstbedienungspizzerien sowie Lieferdienste, die Pizza zu den Kunden nach Hause bringen.[250]

Neben diesen preiswerten Alternativen expandierte zum anderen aber auch die gehobene italienische Gastronomie in diesem Zeitraum. Dass es sich bei den bis dahin in der Bundesrepublik „üblichen Spaghetti-Pizza-Küchen" oftmals nur um einen „müde[n] Abklatsch italienischer Spitzengastronomie" handelte[251], war nicht nur vielen italienischen Gastronomen bewusst, sondern wurde auch von Restaurantkritikern und den kulinarisch immer besser informierten deutschen Gästen zunehmend moniert. Viele Pizzeria-Ristorantes besaßen, wie gezeigt, nur eine begrenzte Speiseauswahl, die zudem überall recht ähnlich aus-

---

[248] Vgl. „Erste ‚Pizza-Hütte'". In: NGZ 23/17 (1970), 6. Zum 1958 in Wichita gegründeten Unternehmen Pizza Hut siehe Jakle/Sculle, Fast Food, Kap. 12.

[249] Dies betont zu Recht Wagner, Fast schon Food, 129f. Die FAZ prognostizierte 1980, dass die „eigenhändig geknetete und dekorierte Pizza der Italiener [...] vermutlich das einzige Schnell- und Billigfutter" sei, das „den souveränen Markt- und Organisationsstrategien der Amerikaner gewachsen" sei (Subkultur des Essens. In: FAZ v. 15.7.1980).

[250] Vgl. Pichler, Migration, Community-Formierung, 178; Köhler, Kulturelle Vielfalt, 332. Das Konstanzer Adressbuch führt erstmals 1992/93 Pizza-Lieferdienste auf.

[251] Ancona. In: München von 7 bis 7, 1976, 47; Hans-Otto Eglau: Der Chef war Gastarbeiter. In: Zeitmagazin v. 2.9.1983, 6–11: 11.

Abbildung 4: „Bei Mario", München, Adalbertstraße, Nov. 1974, StAM AGB Stb/„Gaststätten und Hotels".

fiel; sie orientierten sich an ihrem erfolgreichen Nachbarn und trugen damit zu einer weitgehend homogenisierten italienischen Gaststättenlandschaft in der Bundesrepublik bei, die sich nicht nur auf die Küche, sondern auch das Interieur und die Atmosphäre des Lokals erstreckte.

Gegen diese vielfach stereotype Gestaltung regte sich bereits in den frühen 1970er Jahren Kritik, insbesondere von professionellen Restaurantkritikern.[252] So ließ Klaus Besser seine Kölner Leser 1974 wissen, dass die mit Bast umflochtenen Chiantiflaschen, die zur Standardausstattung vieler italienischer Gaststätten gehörten, nur etwas für uninformierte Kreise seien: „Der Kenner verabscheut jene Karnevals-Korbflaschen mit dem Italien-Touristen-Look, denn er weiß, dass die guten *Chianti classici* in *Bordeaux-Flaschen* abgefüllt werden."[253] Dieses Wissen, über das nur ein bestimmter Teil der Restaurantbesucher verfügte, diente der sozialen Distinktion und trieb die Ausdifferenzierung der italienischen Gastronomie mit voran, die maßgeblich

---

[252] Eine ganz ähnliche Entwicklung ist bei den *curry houses* in Großbritannien zu beobachten, deren Gleichförmigkeit zunehmend Kritiker auf den Plan rief (vgl. Buettner, Chicken Tikka Masala, 210–212).

[253] Besser, nach Köln, 30.

über die Unterscheidung von ‚karnevalesker' bzw. touristischer Inszenierung und (vermeintlicher) Authentizität erfolgte. Dieser Prozess setzte in den 1970er Jahren ein, als die Beschreibungen italienischer Lokale zunehmend ironisch(er) wurden. Über das bereits mehrfach erwähnte Pizzeria-Ristorante „Bei Mario" in München (Abb. 4) war in der *Abendzeitung* 1976 zu lesen:

> „‚Bei Mario' in der Adalbertstraße sieht es ziemlich genauso italienisch aus, wie es der Gardasee- oder Adriaurlauber erwartet: Man sitzt an rotgedeckten, von Keramiklampen und anderen Lichtquellen (etwas zu hell) beschienenen Tischen in weinlaubähnlichen Nischen, schaut auf Zimmerpflanzen und Wandgemälde, die bella Italia verherrlichen, und auf Flaschen, Flaschen, Flaschen. Die flinken Kellner sehen allesamt so aus, als ob sie gleich zur Gitarre greifen, Funiculi-Funicula singen und die Gäste mit Weinlaub bekränzen wollten."[254]

Das noch heute existierende „Bei Mario" in der Adalbertstraße, Mario Gargiulos' drittes Lokal in München, macht zweierlei deutlich: zum einen, dass die spätestens seit Mitte der 1970er Jahre zunehmend als klischeehaft wahrgenommene Gestaltung italienischer Lokale in der Bundesrepublik sich nicht, wie dies bisweilen behauptet worden ist, auf solche Pizzeria-Ristorantes beschränkte, die von nicht ausgebildeten Gastronomen aus dem Mezzogiorno eröffnet wurden.[255] So stammte Mario Gargiulo zwar aus Sorrent, hatte aber bereits in Italien eine Fachausbildung als Koch absolviert. Zum anderen zeigt der Erfolg des Lokals, dass die meisten Gäste sich nicht von der (massen-)touristischen Vorstellungen entsprechenden Einrichtung abschrecken ließen, sondern ganz im Gegenteil diese Art von Lokal lange Zeit präferierten. So waren es vermutlich v.a. Restaurantkritiker und (nicht-professionelle) Connaisseurs, die gegen die oftmals standardisierte Kost in italienischen Restaurants rebellierten und sich begeistert zeigten, wenn sie „endlich einmal top-modernes Möbeldesign" zu sehen bekamen.[256] Flankiert von den in den 1970er Jahren gegründeten Fachzeitschriften wie *essen+trinken* (seit 1972) oder *Der Feinschmecker* (seit 1975) erfolgte jedoch eine zunehmende Popularisierung kulinarischen Wissens, welche die Kritik an der herkömmlichen italienischen Gastronomie in der Bundesrepublik wenn nicht zum Allgemeingut, so doch zum Repertoire derjenigen sozialen Schichten machte, die besonders häufig Restaurants aufsuchten.

Als Reaktion auf die wachsende Kritik begannen italienische Gastronomen, die über die nötigen Fachkenntnisse und finanziellen Ressourcen verfügten, ihre Speisekarten zu erweitern bzw. zu differenzieren, indem sie aufwändigere Gerichte, aber auch vermehrt regionale Spezialitäten anboten.[257] So eröffnete

---

[254] Bella Italia in Schwabing. In: Abendzeitung v. 4./5.12.1976.
[255] So Gentileschi, Lavoratori, 336.
[256] Anselmo. In: Berlin von 7 bis 7, 1977, 53.
[257] Ein ganz ähnlicher Prozess regionaler Differenzierung hat sich ebenfalls seit den 1970er Jahren in der indischen Gastronomie in Großbritannien vollzogen (vgl. Tönnies, Emulating the Empire, 62).

4.5 Binnen- und Ausdifferenzierung der italienischen Gastronomie 283

der aus dem Veneto stammende Luciano Falvini, nachdem er mit der von ihm 1969 übernommenen Pizzeria „Bella Napoli" in Köln genug Geld verdient hatte, sein „Ristorante ‚Luciano'", das eine ‚feinere' Restaurantküche bot.[258] Mit der zunehmenden Gewöhnung der deutschen Kundschaft an die italienische Küche kamen nun auch zuvor bewusst ausgelassene Speisen wie Kalbsbries, Nieren und Kutteln auf den Tisch.[259] Nicht mehr die potentielle Anstößigkeit bestimmter Gerichte schien die italienischen Gastronomen zu beschäftigen, sondern die Notwendigkeit, mit kulinarischen Neuheiten aufwarten zu können. Auf dem Gebiet der italienischen Gastronomie taten sich spätestens in den 1980er Jahren also neue Opportunitäten auf, die mittels neuer Unternehmensstrategien genutzt wurden.[260] Seitdem hat eine Polarisierung innerhalb dieses Sektors insofern stattgefunden, als zum einen einfache und preiswerte Pizzerien (sowie Fast-Food-Lokale) und zum anderen teure Restaurants mit exquisiter Küche am Markt bestehen können, während das im mittleren Segment angesiedelte Pizzeria-Ristorante zunehmend in Schwierigkeiten gerät – und hierin der bereits seit den 1970er Jahren bedrängten ‚gutbürgerlichen' deutschen Gaststätte nachzufolgen scheint.

Eine Konsumentengruppe, die für die Durchsetzung wie auch für die Ausdifferenzierung der italienischen Gastronomie in erheblichem Maße verantwortlich zeichnete und das Bild des italienischen Restaurants, das seinen Erfolg wesentlich dem Massentourismus nach Italien verdankt, noch um einige zentrale Aspekte zu erweitern half, war die Neue Linke, die spätere ‚Toskana-Fraktion'. Auf ihre Bedeutung für die Italianisierung der bundesdeutschen Ernährung ist bereits mehrfach hingewiesen worden. Patrick Bernhard hat beschrieben, wie der Traum vom Sozialismus italienischer Provenienz auf Olivenöl und Chianti projiziert worden ist, und Jens Petersen hat den Wandel des vormals ästhetisch geprägten Italienbildes zu einer sich im links-intellektuellen Milieu durchsetzenden Vorstellung, die stärker die „kulinarisch-lebensgenießerische[ ] Seite" Italiens herausstrich, geschildert.[261] Dieses Bild Italiens und der Italiener, das nicht mehr den ‚Badoglio-Verräter', sondern den Partisanen und Lebenskünstler fokussierte, trug, gemeinsam mit den touristischen Imaginationen über den Süden und den Südländer zur Popularität der italienischen Küche maßgeblich bei.[262] Wie in Kapitel 2.4.2 bereits skizziert, stellten italienische, aber auch andere ausländische Lokale gerade für die Neue

---

[258] Hanns-Josef Ortheil: Angekommen im Süden. In: KR v. 15.6.2004.
[259] Vgl. Marie-Anne Schlolaut: Coco's Kochkunst und die Promis. In: LA v. 30.8.2000.
[260] Vgl. Pichler, Migration, Community-Formierung, 170. Ähnliche Entwicklungen sind seit einigen Jahren in der griechischen Gastronomie zu beobachten (siehe Kap. 5.2.4).
[261] Vgl. Bernhard, La pizza, 71; Petersen, Deutschsprachiges Italienbild, 468.
[262] Zum Wandel des Italienbildes und der Bedeutung dieser Imaginationen, die gesellschaftliche Chancen und ökonomische Opportunitäten mitbestimmen, siehe Rieker/Sala, Italiani, 815.

Linke und alternative Kreise zentrale Foren dar, um neue Verhaltensweisen zu erproben. Hier waren beispielsweise Genussäußerungen und -bekundungen möglich, die in der bürgerlich-deutschen Esskultur nicht vorgesehen waren; hier herrschte ein anderes Regime der Körperlichkeit. Wie im Urlaub, der eine zeitweise Loslösung von der gewohnten Umgebung impliziert und es erlaubt, einige (deutsche) Verhaltensvorschriften zu lockern[263], war es auch im ausländischen Restaurant möglich, einmal ein anderes Benehmen an den Tag zu legen. Italien bzw. die italienische Gaststätte als ‚kleines Stück Italien' in der Bundesrepublik wurde dabei in besonderem Maße zur Projektionsfläche der Sehnsucht nach neuen körperlichen Erfahrungen, weil den Italienern ein anderer, ein ‚ursprünglicherer' Zugang zu sinnlichen Genüssen (nicht nur) auf kulinarischem Gebiet zugeschrieben wurde; sie galten als „viel lebendiger".[264] Dieser Aspekt war es gewesen, der die italienischen Gaststätten in den USA bereits zu Beginn des 20. Jahrhunderts zu beliebten Treffpunkten der Bohème hatte werden lassen. So wie die wohlhabende Bevölkerung die französische Küche in den USA popularisierte, sorgten Künstler und Intellektuelle während der *Progressive Era* für die Verbreitung der italienischen Küche.[265] Auch in der frühen Bundesrepublik waren es „vornehmlich Künstler – Musiker, Sänger, Schauspieler und Journalisten" –, die italienische Lokale aufsuchten.[266] In den 1970er Jahren gesellten sich den neuen sozialen Bewegungen zuzurechnende Gäste hinzu, und noch in den 1980er Jahren dienten die von Migranten geführten Restaurants der alternativen Szene als bevorzugte Treffpunkte, wie Josef Eckert und Mechthilde Kißler für die italienischen Lokale in der Kölner Südstadt herausgestellt haben.[267]

Für das links-intellektuelle und alternative Milieu verkörperte die italienische Küche eine neuartige Einfachheit und Informalität, die sie von der bis dahin dominanten französischen Haute Cuisine deutlich unterschied. Lässt sich das wachsende Desinteresse gegenüber der französischen Küche zum einen kulinarischer Eigengesetzlichkeit zuschreiben, dass nämlich nach einer langen Zeit der Marktdominanz einer bestimmten Küche neue Geschmacksrichtungen nachgefragt werden[268], sind kulinarische Moden doch immer

---

[263] So proklamierte der Verein der norditalienischen Pensions- und Hotelbesitzer ein „Auftauen der nordischen Verschlossenheit im Süden" (NGZ 13/12 [1960], 27).
[264] Schneider, Lenz, 69.
[265] Vgl. Gabaccia, We Are, 99. Für Australien schildert Symons, One Continuous Picnic, 121, dasselbe Phänomen.
[266] So Holzinger, Salvatore, 142, über das 1959 gegründete „Bei Salvatore" in Köln.
[267] Vgl. Eckert/Kißler, Südstadt, 270 u. 380. Die Autoren betonen, dass die deutschen Gäste das „ethnische Flair" für ihren eigenen Lebensstil nutzten; Multikulturalismus erschöpfe sich demnach nicht in Multiethnizität, sondern auch (sub-)kulturelle Faktoren seien für die untersuchten Verflechtungen und Transfers von Bedeutung.
[268] So wurde die etablierte Haute Cuisine in den 1970er Jahren von der Nouvelle Cuisine

4.5 Binnen- und Ausdifferenzierung der italienischen Gastronomie

auch mit anderen gesellschaftlichen Phänomenen und Transformationen verbunden. Der Geschmack für bestimmte Speisen hängt z. B. vom historisch-spezifischen Körperbild einer sozialen Gruppe ab, v.a. von den Vorstellungen über die Folgen, welche diese Nahrung für den eigenen Körper hat.[269] Darüber hinaus hat Dieter Richter gezeigt, dass der Wunsch nach kulinarischen Alternativen in den 1960er und 70er Jahren einen integralen Bestandteil der Suche nach politischen Alternativen darstellte.[270] Eine solche Kopplung von Politik und Kulinarik findet sich in einflussreichen Publikationen der sogenannten Gegenkultur wie dem 1979 im Berliner Rotbuch-Verlag erschienenen *Reisebuch Italien* von Ekkehart Krippendorff und Peter Kammerer, das als erster alternativer Reiseführer der Bundesrepublik gelten kann.[271] So wie der italienischen Variante des Marxismus, der im Reisebuch als fester Bestandteil der Kultur Italiens präsentiert wird, Vorbildcharakter zugesprochen wird, gilt den Autoren auch die toskanische Küche als nachahmenswerte, weil einfache, dabei aber variantenreiche Küche, deren Pasta-Gerichte, „wenn sie genuin sind, ohne ‚schwere' Soßen" auskämen.[272] Implizit wird hier sowohl der gutbürgerlichen deutschen Küche als auch der italienischen Restaurantküche in der Bundesrepublik mit ihren ebenfalls oft fetthaltigen Saucen eine simple und damit implizit zugleich ‚wahre' und ‚authentische' Landes- bzw. Regionalküche gegenübergestellt.[273] In der *cucina povera* verdichtete sich für die bundesdeutsche Linke das idealisierte toskanische Landleben. Das gängige Pizzeria-Ristorante konnte die Ansprüche dieser Konsumentengruppe kaum noch erfüllen. Statt Sahnesaucen und getrocknetem Oregano verlangte es dieses Publikum zunehmend nach frisch geriebenem Parmesan und frischem Basilikum. Auch auf kulinarischem Gebiet, in der alltäglichen Ernährungspraxis, ließ sich also Kritik an den herrschenden Verhältnissen äußern und darüber hinaus kulturelle Kompetenz demonstrieren. Selbst der bewusste Konsum des in Deutschland verpönten Knoblauchs konnte auf diese Weise zum Ausdruck des Protestverhaltens werden.[274] Das galt überdies für den Besuch bei einem für seine linke politische Haltung bekannten ‚Italiener', der in seinem Lokal Flugblätter vom Arbeitskampf in seinem Herkunftsland auslegte und – ähnlich

---

abgelöst. Paul Bocuse' Kochbuch *La cuisine du marché*, 1976 bei Flammarion in Paris erschienen, kam 1977 auf den deutschen Markt.
[269] Vgl. Bourdieu, Feine Unterschiede, 305; Barlösius, Soziologie, 115.
[270] Vgl. Richter, Reisen, 27.
[271] Kammerer/Krippendorff, Reisebuch. Zur Epoche machenden Wirkung dieses Reiseführers siehe Petersen, Deutschsprachiges Italienbild, 470.
[272] Kammerer/Krippendorff, Reisebuch, 66.
[273] Dass die „fette und schwere Küche [...] die Küche des arrivierten Bürgertums" sei, konstatiert auch Möckl, Große deutsche Küche, 52.
[274] Vgl. Thoms, Sehnsucht, 53.

wie die entsprechenden griechischen Tavernen – zum Treffpunkt politischer Aktivisten unterschiedlicher Nationalität wurde.[275]

Die über den Konsum artikulierte Abgrenzung galt nicht nur der bürgerlichen deutschen und der französischen Küche; die Verfechter italienischer Küche und Lebensart richteten ihre Kritik auch auf die standardisierten Konsumgüter der Lebensmittelindustrie. Die in Massenproduktion hergestellten, konservierten und tiefgefrorenen Nahrungsmittel und Fertiggerichte gerieten in den 1970er Jahren zunehmend in Verruf, weil sie zum einen als gesundheitsgefährdend und zum anderen als Inbegriff kapitalistischer Entfremdung betrachtet wurden.[276] ‚Traditionelle' Formen der Speisezubereitung erfuhren in der Folge eine Aufwertung. Neben dem häuslichen Kochen und dem Vollwertkost bietenden Restaurant[277] wurde auch das als Familienbetrieb geführte italienische (oder anderweitig ausländische) Lokal in der Nachbarschaft zu einem Ort, an dem viele Gäste den industriell hergestellten Produkten zu entgehen hofften. So äußerten italienische Gastronomen in Interviews regelmäßig: „Ich kenne keinen Dosenöffner und keinen Kühlschrank", wiesen also darauf hin, dass bei ihnen „nur frische Zutaten" verwendet würden und keine „vorgekochte[n] Portionen in Serienproduktion" auf den Tisch kämen.[278] Geschichten wie die folgende unterstrichen diesen Anspruch: So soll sich die Stuttgarter Lebensmittelpolizei bei einer Kontrolle des italienischen Restaurants „Santa Lucia" Mitte der 1960er Jahre überaus erstaunt gezeigt haben, als sie mittags nur leere Töpfe in der Küche vorfand. Der Betreiber des Restaurants antwortete daraufhin: „Bei mir wird jedes einzelne Essen frisch, original gekocht. Es gibt keine vorbereiteten Gerichte."[279] Die für das Kochen wie für den Verzehr der Speisen eingeräumte Zeit wurde gerade bei der hier fokussierten Konsumentengruppe zu einem besonders geschätzten Moment des Restauranterlebnisses. Insbesondere Konsumenten mit einem hohen Einkommen oder aber mit großem kulturellen Kapital neig(t)en dazu, statt auf massenproduzierte Waren auf individuell hergestellte Konsumgüter zurückzugreifen. Genau hier liegt, wie Saskia Sassen argumentiert, einer der Gründe für den anhaltenden Bedarf an migrantischen Arbeitskräften, die in

---

[275] Vgl. Sackstetter, Vogliamo tutto, 216.
[276] Dies galt ebenso in Großbritannien, Frankreich und den USA (vgl. Mennell, All Manners, 340; Belasco, Appetite).
[277] Als Neuerung der 1980er Jahre nennt Jenn, Deutsche Gastronomie, 168, das „Vollwert-Restaurant". Doch auch auf diesem Gebiet hatte die Lebensreformbewegung um 1900 bereits Vorarbeit geleistet. Zu den vegetarischen Restaurants des frühen 20. Jahrhunderts siehe exemplarisch Förster, Vegetarische Speisehäuser; Barlösius, Naturgemäße Lebensführung.
[278] Neues aus der Gastronomie. In: FNP v. 5.11.1982; Cube, „Firenze", 77.
[279] Von dieser Begebenheit berichtet Wiesen, Nach italienischer Weise, 24.

4.5 Binnen- und Ausdifferenzierung der italienischen Gastronomie

Form von Familienbetrieben kleine Restaurants, aber auch Lebensmittelläden führen.[280]

Die kulinarische Dominanz der italienischen Küche (nicht nur) in der Bundesrepublik lässt sich jedoch nicht allein mit ihrer handwerklichen Qualität oder ihrer vermeintlich gesundheitsfördernden Wirkung erklären, sind dies doch Charakteristika, die auch andere mediterrane Küchen aufweisen. Vielmehr ist es die „Entwicklung von Meinungsführerschaft" des beschriebenen links-alternativen Milieus auf dem Gebiet der kulinarischen Kommunikation, die der italienischen Gastronomie zum Durchbruch verhalf.[281] Für diese Konsumentengruppe verkörperte die italienische Küche Lebensgenuss, eine verloren gegangene Bodenständigkeit und nicht zuletzt etwas, das von zentraler Bedeutung für die Gegenkultur der 1970er Jahre war: Authentizität.

Die Suche nach Authentizität, die in den 1970er Jahren nicht nur das Gebiet der ausländischen Gastronomie prägte, sondern auch die vermeintliche Rückkehr zu regionalen deutschen Küchen zeitigte, ist dabei im Kontext von umfassenderen „politics of connoisseur-ship" zu betrachten, die als Mittel sozialer Distinktion fungierten.[282] In dem Moment, in dem sich die italienische Küche flächendeckend zu etablieren begann, wurde es für Gruppen mit hohem kulturellem Kapital zunehmend bedeutsamer, über die Fähigkeit, eine standardisierte Touristenküche (in Italien wie in der Bundesrepublik) von einer ‚authentischen' (oftmals regionalen) Küche zu unterscheiden, ihre Überlegenheit in Dingen des Geschmacks zu demonstrieren. Denn mit der allgemeinen Verbreitung italienischer Speisen reichte ihr Verzehr als solcher nicht mehr aus, um kulinarisches Wissen und Aufgeschlossenheit zu zeigen. Neue Differenzierungen waren vonnöten, um den eigenen privilegierten Zugang zum kulinarischen Anderen als etwas Exklusives aufrechterhalten zu können. Die Suche nach dem ‚authentischen' italienischen Gericht wie die Bedeutsamkeit der Fähigkeit, dieses identifizieren zu können, geben die Ähnlichkeiten des esskulturellen Wissens mit anderen Formen ästhetischer Kennerschaft zu erkennen. Wie bei der Gegenüberstellung von Kunst und Kitsch, die im „Spannungsfeld von Original und Reproduktion" angesiedelt ist, wobei der Kitsch den Anforderungen an Originalität nicht genügen kann[283], wird auch auf dem Feld der Gastronomie die standardisierte Küche vieler Pizzeria-Ristorantes negativ von der ‚authentischen' Landesküche geschieden: „Mißt man Mario an der italienischen Originalküche, mit der er auch wirbt, dann scheint auf

---

[280] Vgl. Sassen, New Employment Regimes.
[281] Burchard Bösche: Addio, bella Italia! In: tazmag v. 1./2.2.2003.
[282] Appadurai, Introduction, 44. Dass Authentizität auch in der Tourismusforschung seit Mitte der 1970er Jahre zunehmend thematisiert worden ist, stellt Vester, Authentizität, 122, heraus.
[283] Putz, Kitsch, 210 u. 212.

4. Das Pizzeria-Ristorante

dem Weg über den Brenner so manche gute Küchensitte verlorengegangen zu sein."[284] Die Kopie entspricht hier nicht den Vorstellungen, die sich die Restaurantkritikerin vom Original gemacht hat.

Insofern Authentizität keine einem Gegenstand inhärente Eigenschaft, sondern eine Behauptung darstellt, „that is made by or for someone, thing, or performance and either accepted or rejected by relevant others"[285], handelt es sich um eine historisch, kulturell und sozial überaus variable Kategorie, der eine zentrale Rolle in Auseinandersetzungen um kulturelle Hegemonie zukommt. Die Authentizität von Speisen, aber auch des Restaurantinterieurs wird von den Gastronomen und Gästen, den Massenmedien wie der Politik verhandelt und im Zuge dessen beständig neu definiert. Sie fungiert zudem als Label, unter dem Interessenverbände wie CIAO Italia, die Vereinigung italienischer Restaurateure im Ausland, ihre Ideen propagieren: „Die authentischen Merkmale der Küche verteidigen" lautet die Parole, mit der CIAO Italia seit seiner Gründung in Rom 1979 antritt. Im selben Geiste hat der Verband ein Gütesiegel („Ciao Italia – Ristoranti Italiani nel Mondo") entwickelt, mit dem weltweit diejenigen italienischen Gastronomen ausgezeichnet werden, welche „die echte, unverfälschte und ursprüngliche italienische Küche bieten".[286] Die 1983 gegründete deutsche Sektion hat v.a. dem von ihr missbilligten Pizzeria-Ristorante in der Bundesrepublik den Kampf angesagt. So verkündete der Präsident der Berliner Sektion, der Gastronom Massimo Mannozzi, 1983: „Vor allem in Deutschland sind in den letzten zwanzig Jahren diese hybriden Restaurants entstanden, die Pizza und Scampi machen [...] alles durcheinander, aber das ist nicht richtig, denn wenn sich etwas als *ristorante italiano* definiert, dann darf es keine Pizza haben."[287] Auch ein anderer Betreiber eines italienischen Restaurants in Berlin äußerte, dass *pizzeria* und *ristorante* „due cose ben distinte", zwei ganz unterschiedliche Dinge seien, und schrieb die Erfindung des Pizzeria-Ristorantes „tutti questi italiani improvvisati gastronomi" zu, also denjenigen Italienern, die keine gastronomische Fachausbildung besaßen, als sie sich mit einem Lokal selbständig machten.[288] Für CIAO Italia stellt das Pizzeria-Ristorante ein prägnantes Beispiel für einen misslungenen Transfer italienischer Küche und Esskultur in ein anderes Land dar.

Mit der Abgrenzung von ungelernten Pizzeria-Betreibern unternimmt

---

[284] Christa-Maria Kerler: Schade um den guten Namen. Bei Mario. In: Münchner Merkur v. 30.9.1982.

[285] Peterson, Search, 1086. Siehe auch Appadurai, Culinary Authenticity.

[286] Vincenzo Buonassisi: Introduzione. In: Ciao Italia news, Numero speciale: Ristoranti Italiani nel Mondo, Rom 1989, http://www.ciaonet.de/ciao-italia.html (25.10.2009).

[287] Zit. nach Istituto Fernando Santi, Lavoro, 184. Letztlich wird hier eine Art Reinheitsgebot formuliert. Zur Problematik einer solchen „purity of the categories" siehe Douglas, Deciphering, 76.

[288] Gabriele De Vigili, zit. nach Istituto Fernando Santi, Lavoro, 184.

4.5 Binnen- und Ausdifferenzierung der italienischen Gastronomie 289

CIAO Italia den Versuch, das eigene Metier aufzuwerten, und produziert dabei soziale Ausschlüsse, die zum einen Nicht-Italiener betreffen und sich zum anderen gegen Italiener richten, deren Ausbildung und deren Betriebe nicht den vom Verband diktierten Qualitäts- und Authentizitätskriterien genügen. Überdeterminiert sind diese Abgrenzungsbemühungen dadurch, dass es sich bei den kritisierten Betreibern der Pizzeria-Ristorantes, wie geschildert, oft um Migranten aus Süditalien handelt. So tendieren einige Gastronomen, aber auch Eismacher aus Norditalien dazu, den in Italien seit langem schwelenden Konflikt zwischen Nord- und Süditalienern auf die italienische Bevölkerung in der Bundesrepublik zu übertragen, wie das Beispiel eines Frankfurter *gelatiere* zeigt: „[N]oi siamo due etnie diverse" („Wir sind zwei verschiedene Ethnien").[289] Mittels dieser Strategie ließ sich eine Differenz zu den (süditalienischen) ‚Gastarbeitern' markieren, die in stärkerem Maße mit dem Rassismus der bundesdeutschen Gesellschaft konfrontiert waren.[290] Angesichts der nicht nur in Italien, sondern auch in der Bundesrepublik verbreiteten Meinung, dass Nord- und Süditalianer „unterschiedliche Grundcharaktere" aufwiesen und der Süditalianer „eine etwas andere Mentalität als sein nördlicher Landsmann" habe, sei er doch „eben mehr ein Südländer und daher auch impulsiver"[291], erstaunt es nicht, dass norditalienische Gastronomen, zumal wenn sie gehobene Küche boten, besonderen Wert darauf legten, nicht mit den gängigen Klischees über ‚den Südländer' belegt zu werden, zu denen unter anderem „naive[ ] Zutraulichkeit"[292] im Umgang mit anderen Menschen zählte. So heißt es etwa über den Betreiber der traditionsreichen „Osteria Italiana" in München, Giulio Salvatori: „Sein toskanisches Selbstbewusstsein verbot ihm jede Spielart plumper Vertraulichkeit. Eine gewisse Distanz war für ihn selbstverständlich." Lautstarke Auseinandersetzungen zwischen *padrone* und Personal, die in anderen italienischen Lokalen gern als südländische Spezialität verkauft würden, seien in der „Osteria" verpönt.[293] Eine ‚übertriebene' Zurschaustellung dessen, was sich deutsche Gäste unter südländischem Temperament vorstellten, wird hier als zugleich ethnisches und soziales Merkmal sichtbar. Die regionalen Differenzierungen innerhalb der italienischen Bevölkerung dienten der Ausformulierung spezifischer Ethnizitäten wie auch unterschiedlicher Schichtzugehörigkeiten bzw. überlagerten sich mit diesen. Anders als im Falle der *Little Italys* in den USA, in denen subnationale Differenzen sich

---

[289] Zit. nach Storti, Imprese, 162.
[290] Zu den soziokulturellen Abgrenzungsbemühungen vieler italienischer Gewerbetreibender gegen die Arbeitsmigranten aus Italien siehe Galster, Italienbild.
[291] Franzen, Gastarbeiter, 76; Weicken, Anwerbung, 26. Vgl. auch Prontera, Partire, v.a. Kap. 2; zur Ähnlichkeit der Bilder über Süditalianer in Deutschland und Norditalien siehe Sparschuh, Wahrnehmung.
[292] Sturm, Schnellimbiß, 115.
[293] De Michielis, Osteria Italiana, 17 u. 23.

4. Das Pizzeria-Ristorante

abschliffen und zuallererst ein italienisches Nationalgefühl entstand[294], ist für die Bundesrepublik weit weniger von derartigen Verschmelzungsprozessen auszugehen. Zwar unterlagen die italienischen Arbeitsmigranten auch hierzulande „kollektiv der Annahme, dass sie eine Gemeinschaft darstellen"[295], was organisatorisch dadurch unterstrichen wurde, dass die bundesdeutsche Ausländerpolitik allein national differenzierte und die für die ‚Betreuung' der Arbeitsmigranten zuständigen Wohlfahrtsverbände auf bestimmte Nationen spezialisiert waren.[296] Doch scheint der Assimilationsdruck nicht groß genug gewesen zu sein, um einen verstärkten Zusammenschluss der Italiener über regionale Differenzen hinweg zu bewirken. So wie sich einerseits nur Ansätze einer dezidiert deutsch-italienischen Küche ausbildeten, so entwickelte sich andererseits lediglich eine geringe ethnisch-soziale Kohäsion innerhalb der italienischen Bevölkerung in der Bundesrepublik. Von einer einheitlichen „ethnic message" der italienischen Gaststätten in der Bundesrepublik kann also nicht die Rede sein.[297] Während einige Gastronomen vermeintlich südländische Verhaltensweisen in ausgeprägter Form an den Tag legten, um ihr Lokal zu authentifizieren, mussten gerade Restaurantbetreiber teurerer Etablissements den Spagat leisten, zwar ein gewisses Maß an ‚italienischem Flair' zu bieten, aber bei der Inszenierung von *italianità* nicht zu folkloristisch zu verfahren, um den Anschluss an die internationale Gastronomie nicht zu verspielen.

Abgesehen von diesen innerhalb der Gruppe italienischer Gastronomen erfolgenden Abgrenzungsversuchen bemühten sich Interessenverbände wie CIAO Italia aber v.a., die sich auf dem Feld der italienischen Gastronomie engagierenden Nicht-Italiener in Schach zu halten. Wer nicht italienischer Herkunft war, konnte kein Verbandsmitglied werden, auch wenn sein Lokal einen italienischen Namen trug, italienische Speisen und Weine anbot und italienische Angestellte beschäftigte.[298] Die Aufzählung dieser Kriterien macht deutlich, wie schwierig sich die Klassifizierung eines Restaurants als ‚italienisch' (respektive ‚griechisch' oder ‚deutsch') gestaltet. In seiner klassischen, bereits eingangs zitierten Definition eines „self-consciously ethnic restaurant"

---

[294] Vgl. Viscusi, Futuro, 26.
[295] Glick-Schiller/Çağlar/Guldbrandsen, Jenseits der „Ethnischen Gruppe", 108.
[296] Vgl. Sala, Nation, 108f. u. 119.
[297] Dies hat für die griechischen Restaurants in Brüssel Moutsou, Ethnicity, 550, herausgestellt. Aus politischen Gründen gilt dies auch für die türkische bzw. kurdische Gastronomie in der BRD.
[298] „Vor allem muss man, um in unserem Verband aufgenommen zu werden, Italiener oder italienischer Herkunft sein. Das bedeutet, dass ein Deutscher, der ein Restaurant mit einem italienischen Namen hat, nicht unserem Verband angehören kann", so Angelo Gennaro, Besitzer eines italienischen Restaurants in Wiesbaden, der in den frühen 1980er Jahren Vize-Präsident von CIAO Italia in der BRD war, zit. nach Istituto Fernando Santi, Lavoro, 180.

hat Wilbur Zelinsky herausgestellt, dass ein solches Lokal sich entweder durch seinen Namen, seine Auflistung unter einer entsprechenden Rubrik in den Gelben Seiten oder durch die Anzeige seiner Spezialitäten zu einer bestimmten Küche bekennen müsse.[299] Zelinsky definiert ein *ethnic restaurant* also, ohne die Herkunft der Küche mit der Herkunft der Besitzer oder Angestellten des Lokals zu koppeln. Auf diese Weise vermeidet er eine Ethnisierung des Personals und gründet seine Klassifizierung allein auf der selbst vorgenommenen Kategorisierung der Restaurantbetreiber, die nach außen sichtbar gemacht wird.

Anders verfuhr der Verband CIAO Italia, der die Verknüpfung von italienischer Gastronomie und italienischen Betreibern zu erhalten und insbesondere seine Vorstellungen von einer ‚echten' italienischen Küche durchzusetzen suchte – ein Vorhaben, das sich angesichts der wachsenden Zahl von Nicht-Italienern auf diesem Gebiet als zunehmend schwierig erweisen sollte. Nicht nur viele Türken haben, v.a. in Ostdeutschland, in den 1990er Jahren Pizzerien eröffnet; auch zahlreiche aus dem arabischen Raum stammende Migranten haben Pizza-Lokale übernommen oder sich mit einem Lieferservice selbständig gemacht.[300] Dieser Prozess der Sukzession ist auch in den Niederlanden zu beobachten und hat in den USA bereits in den ersten Nachkriegsjahrzehnten zur Übernahme des *pizza business* durch griechische Migranten geführt.[301] Mittlerweile betreiben auch immer mehr Deutsche Restaurants mit italienischer Küche.[302] *Cross-cooking* geht hier oftmals mit weiteren Praktiken der Grenzüberschreitung einher, sei es im Hinblick auf die Gestaltung der Räumlichkeiten, sei es hinsichtlich der Übernahme bestimmter ethnisch kodierter Verhaltensweisen. Als besondere Art der *ethnic performance* ist dabei die Verkörperung einer anderen Ethnizität zu verstehen, die unentdeckt bleibt und damit als erfolgreiches *passing* zu charakterisieren ist. Der Schriftsteller Wladimir Kaminer beschreibt in seiner Erzählung *Geschäftstarnungen* ein italienisches Restaurant in Berlin, das von Griechen geführt wird, die an der Volkshochschule Italienisch-Kurse belegten, um den Kundenerwartungen besser entsprechen zu können.[303] Letztlich aber macht diese Praxis, die gängige ethnische Grenzen überschreitet, auch nur die Mechanismen einer ‚normalen' *ethnic performance* sichtbar, die – wie jeder Akt der Verkörperung – die Darstellung von etwas (anderem) ist, durch die sich das Selbst konstituiert.

Die mit den 1980er Jahren verstärkt einsetzende Übernahme italienischer

---

[299] Zelinsky, You Are, 246.
[300] Vgl. Soyez, ‚Kölscher Chinese', 32; Blaschke/Ersöz/Ackermann, Urban City Renewal, 16.
[301] Vgl. Otterloo, Foreign Immigrants, 137; Tangires, „Where's The Lamb?", 212.
[302] Vgl. Musikalischste Kantine, 188.
[303] Vgl. Kaminer, Geschäftstarnungen, 98. Dass iranische Imbissbetreiber in Großbritannien routinemäßig ‚als Türken' Kebabs u. a. verkaufen, stellt Caplan, Approaches, 14, heraus.

4. Das Pizzeria-Ristorante

Lokale durch Nicht-Italiener bewirkte bei den verbleibenden italienischen Gastronomen, wie Edith Pichler herausgestellt hat, eine ‚Reaktivierung ethnischer Ressourcen', die sie als „‚Italianisierung' italienischer Lokale" beschreibt.[304] Die italienischen Gastronomen nutzten nun abermals, wenn auch auf neue Weise, ihr spezifisches kulturelles Kapital, um sich gegenüber den von Nicht-Italienern geführten Pizzerien und Restaurants qua ‚Authentizität', einer ambitionierten Küche oder eines eigens organisierten (italienischen) Kulturprogramms positiv abzuheben.[305] In diesen Lokalen verschwanden – wie auch in der Nouvelle Cuisine – die schweren Saucen, und es standen oftmals regionale Gerichte statt standardisierter ‚gesamtitalienischer' Hausmannskost auf dem Programm. V.a. die toskanische Küche erwies sich als überaus erfolgreich, kann die Toskana doch insgesamt als Paradebeispiel für die gelungene Schaffung einer regionalen Identität gelten, die auch in der Bundesrepublik Wirkung zeigte.[306] Mit dem wachsenden Auslandstourismus waren die Kenntnis über und die Nachfrage nach regionalen Spezialitäten gestiegen, die deutsche Touristen in Italien kennengelernt hatten und für authentischer als die in der Bundesrepublik omnipräsenten Gerichte wie Spaghetti Bolognese befanden. Auch in Städten wie Leverkusen eröffneten nun Lokale, die ihr Sortiment auf bestimmte regionale Spezialitäten ausrichteten, wie etwa das „Cristallo", das 1990 mit apulischen Speisen auf den Markt trat.[307] Regionalisierung bedeutete angesichts der zunehmenden Gewöhnung der deutschen Konsumenten an die italienische Küche auch eine neuerliche ‚Exotisierung'[308], ähnlich wie im Falle der seit den 1970er Jahren revitalisierten deutschen Regionalküchen.

Die Hinwendung zu *(re)invented traditions*, die auch als Reaktion auf die Industrialisierung des Ernährungssektors zu lesen ist, wird besonders prominent von der 1986 angesichts der Eröffnung der ersten italienischen McDonald's-Filiale in Rom ins Leben gerufenen Slow-Food-Bewegung vertreten. Slow Food hat sich die Propagierung regionaler Küchen auf die Fahnen geschrieben und sucht damit an die lokale Unterschiedlichkeit der italienischen Koch- und Ess-

---

[304] Pichler, Migration, Community-Formierung, 254; dies., Migration und ethnische Ökonomie, 113.
[305] Vgl. dies., Migration und ethnische Ökonomie, 113f.
[306] Zur Toskana als erfolgreich vermarkteter Region siehe Trabalzi, Local Food Products, 72; zur Aktivierung der regionalen Küchen Italiens, v.a. in den touristischen Gebieten, siehe Pes, Invenzione. An einer Kodifizierung regionaler Gerichte hatte die *Associazione Cuochi Italia Settentrionale* bereits in den frühen 1960er Jahren gearbeitet (1. Congresso Nazionale degli Chefs e Cuochi d'Italia. In: Die Küche 67/7 [1963], 190–191: 190).
[307] Zahlreiche Spezialitäten aus der Küche Apuliens. In: LI v. 26.9.1990.
[308] Diese war insofern notwendig, als sich italienische Gerichte bereits in der Gemeinschaftsverpflegung, in Mensen und Kantinen durchgesetzt hatten. Siehe etwa die Vorschläge für den Wochenspeiseplan im *Magazin der Großküchen und Kantinen* aus dem Jahre 1973, die Eierravioli mit Fleischsoße (25/3 [1973], 159) oder Minestrone (25/8 [1973], 436) vorsahen.

4.5 Binnen- und Ausdifferenzierung der italienischen Gastronomie 293

gewohnheiten anzuschließen, die erst im Zuge des *nation-building* und insbesondere durch die kulinarischen Aktivitäten Pellegrino Artusis und seines einflussreichen Kochbuchs *La Scienza in Cucina e l'Arte di Mangiar Bene* von 1891 zu einer Nationalküche vereint worden waren.[309] Die Slow-Food-Bewegung, die ihren Anfang im Umfeld der kommunistischen Zeitung *Il Manifesto* bzw. deren gastronomischer Beilage *Gambero Rosso* nahm[310], versteht sich explizit als Antwort auf Globalisierungsvorgänge auf dem Gebiet der Ernährung und agiert mittlerweile selbst global.[311] Sie tritt für die Verwendung regionaler, auf umweltverträgliche und nachhaltige Weise angebauter Nahrungsmittel ein und hat sich jüngst auch dem Schutz der Biodiversität verschrieben. Eine deutsche Sektion der Konsumentenvereinigung wurde 1992 gegründet, und auch zahlreiche italienische Restaurants in der Bundesrepublik haben sich den Ideen von Slow Food angeschlossen.

Trotz dieser Veränderungen in Richtung auf eine stärkere Regionalisierung und Entschleunigung der Speisezubereitung darf nicht übersehen werden, dass noch in den 1990er Jahren und bis heute nach wie vor das Pizzeria-Ristorante mit seinem breiten Standardrepertoire dominiert, v.a. in den Klein- und Mittelstädten der Bundesrepublik.[312] Ebenso gehören Spaghetti Bolognese noch immer zu den beliebtesten (deutsch-)italienischen Speisen der Bundesbürger.[313] Wie die kleinen Stränge – so die wörtliche Übersetzung von Spaghetti[314] – zunehmend zu einem integralen Bestandteil der bundesdeutschen Ernährung wurden und welche neuen Koch- und Esstechniken von den deutschen Konsumenten angeeignet werden mussten, ist Thema des folgenden Abschnitts. Es geht mir dabei weniger um eine auf Vollständigkeit bedachte Produktbiografie dieser Pasta-Variante als vielmehr um die Rekonstruktion der zentralen Widerstände, Schwierigkeiten und Lernprozesse, die den Transfer italienischer Spaghetti nach Deutschland begleiteten.

---

[309] Artusis Schwerpunkt lag dabei auf den (Mittelschicht-)Küchen von Bologna und Florenz. Zur Bedeutung Artusis für die italienische Geschichte siehe Helstosky, Recipe. Generell zur Geschichte der italienischen Küche siehe Capatti/Montanari, Italian Cuisine.
[310] Vgl. Parasecoli, Postrevolutionary Chowhounds; Leitch, Slow Food, 448f.
[311] Vgl. Miele/Murdoch, Fast Food. Guthman, Fast Food, hingegen stellt die oftmals moralisch aufgeladene Dichotomie von Slow und Fast Food in Frage, indem sie auf die problematischen klassen- und geschlechtsspezifischen Implikationen (der Konsumpolitik) von Slow Food hinweist.
[312] Vgl. Feine Pizza aus dem Backsteinofen. In: LI v. 2.3.1988; Adressbuch der Stadt Konstanz 1990.
[313] 2002 standen beim Kantinenessen Spaghetti Bolognese nach Schnitzel (mit Pilzsauce und Pommes frites) an zweiter Stelle der Beliebtheitsskala (vgl. jw v. 5.4.2002).
[314] Vgl. Prezzolini, Spaghetti Dinner, 1.

4.6 Spaghetti in der Bundesrepublik. Eine (filmische) Produktbiografie

Im Sinne einer Produktbiografie sollen im Folgenden sowohl die materiellen Eigenschaften als auch die sich wandelnden Kodierungen italienischer Spaghetti in Deutschland skizziert werden.[315] Neben den warenspezifischen Charakteristika, welche die Hartweizenpasta aus Italien von der deutschen Eiernudel unterschieden und eine andersartige Zubereitung verlangten, wird v.a. der fachgerechten Zubereitung und dem gekonnten Verzehr von Spaghetti Aufmerksamkeit gewidmet werden. Denn es war nicht nur ein spezielles Nahrungsmittel, das sich seinen Ort in der bundesdeutschen Konsumgesellschaft erkämpfte, sondern auch eine neue Koch- und Esstechnik, die mit den Spaghetti Einzug in die hiesige Esskultur hielt. Auf der Grundlage von Kochbüchern und Reiseführern wird die Popularisierung dieser Kulturtechniken nachgezeichnet, bevor am Beispiel filmischer Quellen die performative Dimension von Konsumpraktiken in den Blick genommen wird. Statt also Herstellung und Distribution des Produkts zu fokussieren, konzentriert sich die folgende biografische Skizze weitgehend auf den Konsum von Spaghetti in der Bundesrepublik[316] sowie die massenmedial verbreiteten Bilder und Narrationen, welche die Pasta und ihren Verzehr mit sich wandelnden sozialen und kulturellen Bedeutungen versahen.

Die Geschichte der italienischen Pasta reicht weit zurück; bereits im Römischen Reich wurden aus einem Teig aus Wasser und Mehl *lagana*, die Vorläufer der heutigen Lasagne, hergestellt. Aber erst im Mittelalter entstand die Formenvielfalt der Pasta, die sie zu einer eigenständigen kulinarischen Kategorie machte. Außerdem setzte sich erst jetzt die Praxis durch, Pasta in Wasser, Brühe oder mitunter auch Milch zu kochen.[317] Seit dem 17. Jahrhundert konnten die Teigwaren dank mechanischer Pressen weit preiswerter als zuvor produziert werden und entwickelten sich so zu einem zentralen Bestandteil der Ernährung auch der unteren sozialen Schichten. Dieser Prozess ließ sich besonders in Neapel beobachten, wo es aufgrund politischer und ökonomischer Krisen in der Frühen Neuzeit immer wieder zu massiven Problemen mit der Lebensmittelversorgung kam. Seit dem 18. Jahrhundert waren die Neapolitaner dann auch über Italien hinaus als ‚Makkaroni-Esser' bekannt – ein Stereotyp, das medial immer weiter verfestigt wurde.[318]

---

[315] Vgl. Kopytoff, Cultural Biography.
[316] Dass zur Biografie eines Dings nicht nur sein Herstellungsprozess zählt, sondern v.a. auch seine Funktion im Alltag der Menschen, betont Dant, Material Culture, 143.
[317] Vgl. Capatti/Montanari, Italian Cuisine, 51.
[318] Vgl. ebd., 57.

Ausländische Touristen äußerten sich vielfach despektierlich über die italienische Pasta. Der deutsche Schriftsteller Johann Gottfried Seume etwa befand 1802, dass die Speise des gemeinen Mannes, „Makkaronen mit Oel", den Magen „zu Tode kleistern" würde.[319] Goethe hingegen wohnte auf seiner Italienreise der Herstellung verschiedener Pasta-Sorten bei und beschrieb „Maccaroni" interessiert als einen „zarte[n], stark durchgearbeitete[n], gekochte[n], in gewisse Gestalten gepreßte[n] Teig von feinem Mehle", der in Wasser gekocht und mit geriebenem Käse serviert würde.[320] Pasta mit Tomatensauce zu essen, setzte sich erst in den 1820er Jahren durch.[321] Dass gerade diese Zubereitungsform weltweite Verbreitung gefunden hat, ist unter anderem damit zu erklären, dass die benötigten Zutaten industriell in Massenproduktion herstellbar sind und sich problemlos auch über weite Strecken transportieren lassen. Tomatenmark bzw. Tomaten in der Dose und getrocknete Pasta sind „products that travel best".[322] Die hochwertige, teure italienische Pasta wurde dabei schon zu Goethes Zeiten „aus dem besten und schwersten Weizen, Grano forte genannt"[323], hergestellt. Insbesondere die Region um Neapel war für ihre Pasta-Produktion berühmt. In den 1930er Jahren begann der in Parma ansässige Konzern Barilla, Pasta herzustellen, und entwickelte sich im Laufe der folgenden Jahrzehnte zu einem der bedeutendsten Großkonzerne in dieser Branche.[324]

Zur selben Zeit prangerten die Futuristen, allen voran Filippo Tommaso Marinetti, den Spaghetti-Konsum der Italiener als kulturell rückständige und politisch schädliche Ernährungspraxis an, die es abzuschaffen gelte.[325] Mussolini ging zwar nicht ganz so weit, trat aber auch dafür ein, den Pasta-Verbrauch zugunsten des Reisverzehrs einzuschränken, um sich von Weizenimporten aus dem Ausland unabhängig zu machen.[326] Trotzdem blieb Pasta das Nationalgericht Italiens, das beispielsweise auf der Internationalen Kochkunst-Ausstellung in Frankfurt 1937 das Land repräsentierte.[327] Nach den mageren „anni del pane", den 1940er Jahren, in denen den italienischen Haushalten nicht einmal ausreichend Teigwaren zur Verfügung standen, setzte mit den 1950er Jahren der Triumphzug der *pasta asciutta* ein, die nun end-

---

[319] Seume, Spaziergang, 187.
[320] Goethe, Italienische Reise, 439.
[321] Vgl. Capatti/Montanari, Italian Cuisine, 55.
[322] Ebd., XVI.
[323] Goethe, Italienische Reise, 355.
[324] Vgl. Castagnoli/Scarpellini, Storia, 392.
[325] Am 28.12.1930 veröffentlichte Marinetti in der Turiner Tageszeitung *Gazzetta del Popolo* das *Manifest der futuristischen Küche*. Vgl. auch Marinetti, Cucina Futurista.
[326] Vgl. Dickie, Delizia!, 255; Helstosky, Garlic, 78f.
[327] Vgl. Die goldene Marmite. Die siebte Internationale Kochkunst-Ausstellung in Frankfurt am Main – Kampf am Kochtopf. In: N.S.Z. Rheinfront 16.10.1937, BArch R 8034 II/155, Bl. 141.

gültig zum gemeinsamen Nenner der Küche in ganz Italien wurde.[328] In der Folge entstanden zahlreiche Filme, die Spaghetti auf überaus positive Weise inszenierten und sie direkt mit der eigenen nationalen Identität koppelten, wie dies paradigmatisch in *Un Americano a Roma* der Fall ist, wo die dampfende Pasta gegenüber den eher unappetitlichen (vermeintlich) US-amerikanischen Speisen den Sieg davon trägt.[329] Eine ähnliche Konfrontation zweier entgegengesetzter Nahrungssysteme[330], nämlich des italienischen und deutschen, nimmt auch der Reiseleiter in dem Roman *Italienreise – Liebe inbegriffen* von Barbara Noack aus dem Jahre 1957 vor: „Sie wissen, daß Italien das Land des Weines und der Spaghettis [sic] ist, in dem Bier und Bockwurst seltener vorkommen als bei uns."[331] Der Begriff ‚Spaghetti' ist in den 1950er Jahren also auch in der Bundesrepublik bereits gang und gäbe – anders als z. B. die noch Ende der 1970er Jahre für erklärungsbedürftig erachteten Rigatoni.[332] Eingedeutscht wurden die Spaghetti insofern, als sie – wie das Zitat zeigt – oftmals nach deutschen Regeln dekliniert wurden.

Trotz ihrer Bekanntheit waren Spaghetti aus Hartweizen zunächst nur in Geschäften größerer Städte erhältlich. Das machte insbesondere italienischen Arbeitsmigranten zu schaffen, die zwar Spaghetti, „allerdings nur die von Birkel", kaufen konnten.[333] Bis weit in die 1960er Jahre hinein wurden in Deutschland fast ausnahmslos Eiernudeln verzehrt, die als gehalt- und damit wertvolleres Nahrungsmittel galten. Besonderes Missfallen erregten italienische Pastaproduzenten, wenn die Verpackung ihrer Produkte nicht sofort erkennen ließ, dass es sich ‚nur' um Hartweizengrieß-Spaghetti handelte. Die Umhüllung der Waren konnte so viel Aufmerksamkeit auf sich ziehen, weil sie im Zuge der Ausdehnung des Handels und des Aufschwungs der Produktkommunikation zusehends an Bedeutung gewonnen hatte, ist das Produkt

---

[328] Vgl. Barzini, Così mangiavamo, 44. Die Bezeichnung ‚pasta asciutta' umfasst alle ‚trockenen' Teigwaren, die nicht in der Suppe gekocht werden, und löste den Sammelbegriff ‚maccheruni' ab (vgl. Horváth, Italienische Spezialitäten, 10).

[329] R: Steno, Italien 1954. Der junge Italiener Nando Mericoni (Alberto Sordi) versucht verzweifelt, Amerikaner zu werden, indem er von ihm als amerikanisch erachtete Nahrungsmittel zu sich nimmt. Letztlich kann er jedoch den Spaghetti, die seine Mutter zubereitet hat, nicht widerstehen. Zur italienischen Küche im italienischen Film siehe Bremer, Brot.

[330] So auch die Interpretation von *Un Americano a Roma* von Lapertosa, Fame, 199.

[331] Noack, Italienreise, 9. Das Buch war in der BRD der auflagenstärkste Italien-Roman seiner Zeit.

[332] Rigatoni wurden 1979 in Baedekers Allianz-Reiseführer Italien, 325, als „kurze Makkaroni" umschrieben. In einem Kompendium für deutsche Soldaten in Italien aus dem Jahre 1942 waren auch Spaghetti noch als „eine Art der Makkaroni" übersetzt worden (Waetzoldt, Kamerad Italien, 32).

[333] So der italienische ‚Gastarbeiter' Salvatore Azzolina, zit. nach Ewers/Fleischmann/Grewe, Leonforte, 22.

doch im Laufe des 20. Jahrhunderts immer mehr zum „Medium seiner selbst" geworden.[334] Im Juni 1952 kam es bei einer Lebensmittelkontrolle in einem Münchner Feinkostgeschäft zur Beanstandung einer Verpackung, in der sich „eifreie ungefärbte Teigware" befand, die aber mit einer „große[n] bildliche[n] Darstellung eines Hahns" versehen war und daher als irreführend eingestuft wurde.[335] Grundlage für diese Beanstandung bildete die 1934 erlassene Teigwaren-Verordnung, die sich den Schutz der (deutschen) Eiernudel auf die Fahnen geschrieben hatte.[336] Auch andernorts wurden Pasta-Verpackungen „mit bildlichen Darstellungen von Eiern oder Vögeln", weil sie „auf einen Eigehalt" hinwiesen, missbilligt.[337] Den Importeuren italienischer Pasta wurde daraufhin zur Auflage gemacht, die beanstandete Abbildung des Hahns zu überkleben. Einer der betroffenen Lebensmittelimporteure gab zu bedenken, dass es sich bei der Darstellung nicht um einen speziellen „Qualitätshinweis", sondern um das Markenzeichen der Firma Emidio di Nola (mit Sitz in Gragnano in der Provinz Neapel) handele, deren Überkleben nicht ohne Schaden möglich wäre.[338] Daraufhin wurde ihm die Auflage erteilt, „unmittelbar unter der Schutzmarke einen Streifen mit großen Buchstaben ‚Ohne Eizusatz' anzubringen".[339] Der Hinweis des Importeurs, dass Hähne keine Eier legten und der Verbraucher daher gar nicht in die Irre geführt werde, zeigte keine Wirkung bei den zuständigen Behörden.[340] Diese sahen sich unter anderem dem Druck der deutschen Teigwarenhersteller ausgesetzt, die regelmäßig Beschwerde gegen die aus Italien eingeführte Pasta einlegten, die mitunter den in der Bundesrepublik geltenden lebensmittelrechtlichen Bestimmungen hinsichtlich Kennzeichnung und Verpackung nicht entsprach. Eine verschärfte Überwachung der italienischen Importe, die in den USA bereits üblich sei, forderte daher der Verband der deutschen Teigwaren-Industrie 1952. Auf Seiten der deutschen Nudelproduzenten hielt man daran fest, dass der „mengenmässige Eianteil in der Teigware [...] nicht nur für die ernährungsphysiologische, sondern auch für die materielle Wertigkeit derselben von ausserordentlicher

---

[334] Gries, Produkte als Medien, 90.
[335] Prof. Dr. Dr. W. Diemair/Universitäts-Institut für Lebensmittelchemie in Frankfurt a.M. an den Regierungsdirektor Prof. Dr. H. Gabel/BMI, 10.11.1952, BArch B 142/514.
[336] Vgl. Teigwaren-VO v. 12.11.1934 (RGBl. I S. 1181).
[337] Vgl. Städtisches Lebensmittel-Untersuchungsamt an das Städtische Gewerbe- u. Preisamt Frankfurt, 25.6.1952; Landwirtschaftliche Untersuchungs- u. Forschungsanstalt Bonn/Lebensmittelamt an das Ordnungsamt Bonn, 4.12.1952, BArch B 142/514.
[338] Import Export Asimex an das Ordnungsamt der Stadt Bonn, 27.11.1952 (Abschrift); Import Export Asimex an den Bonner Oberstadtdirektor, 13.1.1953, BArch B 142/514.
[339] Gewerbe- u. Preisamt der Stadt Frankfurt an das Ordnungsamt Bonn, 17.2.1953, BArch B 142/514.
[340] Import Export Asimex (Frankfurt) an den Bonner Oberstadtdirektor, 13.1.1953 (Abschrift), BArch B 142/514.

Bedeutung" sei.[341] Entsprechend fürchtete man die italienische Konkurrenz, die ein ‚minderwertiges' Produkt in bisweilen ‚täuschender' Verpackung und zudem zu hohen Preisen auf den Markt brachte – und damit auch noch zusehends Erfolg hatte.[342] Von italienischer Seite wiederum wurde ebenso die hohe Qualität der eigenen Produkte herausgestrichen. So werde die „Pasta Agnesi" ausschließlich aus dem – bereits von Goethe beschriebenen – „harten Weizen, der ein glasiges, bernsteinähnliches Aussehen" habe und allein „der richtige Grundstoff zur Herstellung der echten ‚Pasta'" sei, produziert.[343]

Während also oftmals erbitterte Auseinandersetzungen zwischen den deutschen Herstellern der für besonders nahrhaft erachteten Eiernudel und den italienischen Produzenten und Lieferanten von Hartweizenpasta die frühe Bundesrepublik charakterisierten[344], änderten sie nichts am sukzessiven Einzug der Spaghetti aus Hartweizengrieß in die bundesdeutschen Haushalte. Bereits Mitte der 1950er Jahre konstatierte eine Autorin der *Lebensmittel-Zeitung* einen „[s]teigerungsfähige[n] Teigwaren-Verzehr", den sie mit der Zunahme des Italientourismus in Verbindung brachte:

„Wenn die 2,3 Millionen deutsche Reisende, die im Jahre 1955 Italien besuchten, sonnengebräunt in die kühleren heimatlichen Gefilde zurückkehren, finden sie in der Regel ebenso wie vor 140 Jahren Johann Wolfgang von Goethe ein freundliches Wort der Erinnerung für die italienischen Nudelgerichte in mancherlei Form und Zubereitung, an die sich unter südlicher Sonne selbst unsere norddeutschen Küstenbewohner erstaunlich schnell gewöhnen."[345]

Lag der gesamte Teigwarenverbrauch in der Bundesrepublik in den 1950er Jahren nur bei gut 3,4 kg pro Kopf und Jahr, während er in Italien 25 kg betrug, stieg er bis 1972 auf immerhin 4,5 kg.[346] An (italienischer) Hartweizenpas-

---

[341] Der beim Innenministerium erfolgten Eingabe war der Auszug aus einem US-amerikanischen Fachjournal für Teigwaren vom August 1952 beigefügt, der über die steigenden Importe von Teigwaren aus Italien berichtete und als eines der Hauptprobleme die mitunter ‚betrügerische Verpackung' anprangerte (so würden gelb gefärbte Cellophan-Fenster die „graue Masse" im Innern verbergen), v.a. aber auch auf die Konkurrenz für US-amerikanische Hersteller verwies. Vgl. Verband der deutschen Teigwaren-Industrie an das BMI, 27.10.1952, betr.: Teigwaren-VO, BArch B 142/514.

[342] Vgl. Nahrungsmittelfabriken C.H. Knorr A.G. an das BMI, 21.5.1953, BArch B 142/514.

[343] Reklameblatt Pasta Agnesi, Oneglia, BArch B 142/1660.

[344] Zur Konkurrenz zwischen italienischen und schweizerischen Teigwarenherstellern im frühen 20. Jahrhundert siehe Tanner, Italienische „Makkaroni-Esser", v.a. 491f.

[345] Marianne Zaiser: Steigerungsfähiger Teigwaren-Verzehr. In: Lebensmittel-Zeitung v. 30.11.1956.

[346] Vgl. ebd.; Berekoven, Internationale Verbrauchsangleichung, 119, Tab. 2.1.3.4. Berekoven gibt allerdings zu bedenken, dass die ihm vorliegenden Daten keine gesicherten Aussagen zuließen; für 1973 ist denn auch wieder nur ein Verbrauch von 3,4 kg verzeichnet. Im europäischen Vergleich lag die BRD damit weit hinter dem Spitzenreiter Italien, aber auch hinter Frankreich, dafür aber deutlich vor England und den skandinavischen Ländern. Der Verbrauch wies zudem klare regionale Unterschiede auf; so verzehrten Arbeitnehmerhaushalte in Baden-Württemberg und Bayern 1969 fast doppelt so viele Teigwaren

4.6 Spaghetti in der Bundesrepublik

ta wurden 1980 pro Kopf 457 g, 1990 dann bereits 966 g eingeführt.[347] Für diese Italianisierung der häuslichen Ernährung zeichnete v.a. die Lebensmittelindustrie verantwortlich, die seit den späten 1950er Jahren italienisch anmutende und schnell zuzubereitende (Fertig-)Gerichte auf den Markt brachte. 1958 lancierte Maggi seine Dosenravioli und 1961 Kraft seine Spaghetti „Miracoli".[348] Diese bis heute überaus erfolgreichen Fertiggerichte, die auch in die Kochbuchliteratur eingingen[349], trugen zur Akzeptanz ausländischer Gerichte wesentlich bei, galten sie doch nicht nur als zeitsparende[350], sondern auch als unbedenkliche, hygienische Mahlzeit. Die industrielle Fertigung des Produkts lässt sich dabei als eine Art Neutralisierung verstehen, die dem Gericht seine Fremdheit zumindest ansatzweise nahm.[351] Zugleich wurde in der Werbung das touristische Image Italiens genutzt, um die Speisen mit südländischem Flair auszustatten.[352] Die Lebensmittelindustrie ist damit – neben den italienischen Gastronomen und den Massenmedien – als weiterer Akteur der Italianisierung der bundesdeutschen Ernährung zu betrachten, wobei sich in diesem Falle von einer „Selbst-Italianisierung"[353] sprechen lässt.

Nimmt man italienische Spaghetti-Gerichte in den Blick, geht es nicht allein um den Import von Hartweizenpasta, sondern auch um die Einführung neuer Koch- und Esstechniken. Denn, wie italienische Hersteller betonten, es genüge nicht, „die gute ‚Pasta' gefunden" zu haben; man müsse sie auch „fachgemäss zubereiten" können. Dafür war eine große Menge kochenden und gesalzenen Wassers notwendig, in das Spaghetti, „ohne sie zu brechen", zu geben waren. Fertig war die Pasta, „wenn sie die Härte einer nicht ganz reifen Frucht hat (,al dente' sagen die Italiener, das heisst ‚dass der Zahn sie noch fühlt')". Zu lange gekocht, würden die Spaghetti „nicht nur eine wenig appetitliche sondern

---

wie die entsprechenden Haushalte in Nordrhein-Westfalen (vgl. Wirtschaftsrechnungen, 595, Tab. 2).

[347] Köhler, Internationalisierung, 37, Tab. 18. Auch der Verbrauch von Produkten wie Olivenöl und Parmesankäse hat sich zwischen 1980 und 1990 verdreifacht (vgl. dies., Kulturelle Vielfalt, 333).

[348] Bereits im Herbst 1961 waren Dosenravioli mehr als 75% der von der Nürnberger Gesellschaft für Konsumforschung befragten bundesdeutschen Hausfrauen ein Begriff (vgl. Wildt, Wohlstand, 144).

[349] So sind in einem Rezept für „Spaghetti mit Kalbshirn" aus dem Jahre 1976 als Zutat „1 Paket Spaghetti-Gericht (mit Soße und Käse)" und für einen Ravioli-Auflauf „1/1 Dose Eier-Ravioli in Fleischsoße" angegeben (Ricci, Italienische Küche, 67 u. 73).

[350] Gerade Nudelgerichte galten nach dem Zweiten Weltkrieg als wie geschaffen für die „stets von Zeitnot bedrängte Hausfrau" (Kuyper, 50 Rezepte, 3).

[351] Zur Domestizierung ausländischer Nahrungsmittel durch die mechanisierte Produktion siehe Goody, Cooking, 166.

[352] „Köstlich wie in Italien. Mit Maggi-Eierravioli bringen Sie im Nu Ferienstimmung auf den Tisch", lautete ein 1959 von Maggi verwendeter Slogan (Quick v. 4.7.1959, Rückseite).

[353] Bernhard, Italia, 27, benutzt den Begriff „l'autoitalianizzazione". Vgl. auch Kaun, Italianisierung.

auch eine schwer verdauliche Masse bilden".[354] In Deutschland hingegen wurden Makkaroni und Spaghetti (wie die deutsche Eiernudel) traditionell weich gekocht, nachdem sie zuvor in mehrere Teile gebrochen worden waren.[355]

Die Zubereitung von Spaghetti „auf deutsche Art", die dann noch mit einer mit Mehl angedickten und aus Tomatenmark hergestellten Tomatensauce serviert wurden, führte bei italienischen Arbeitsmigranten, denen nach ihrer Ankunft in der Bundesrepublik zur Begrüßung eine vertraute Mahlzeit serviert werden sollte, meist nur zu einer „sehr verhaltene[n] Reaktion", wie sich Michael Weger, Angestellter bei der Deutschen Bundesbahn in Hamburg, an die Bemühungen seitens der DB-Betriebskantine erinnert.[356] Hier schien sich das seit den 1950er Jahren in Kochbüchern zunehmend verbreitete Wissen, dass italienische Pasta nicht zu lange gekocht werden dürfe, noch nicht durchgesetzt zu haben. In gastronomischen Fachzeitschriften hingegen war bereits 1950 die Anweisung erteilt worden, bei der Zubereitung von „Makkaroni-Platten" die Nudeln „nicht zu weich" zu kochen.[357] Anweisungen wie diese finden sich dann zuhauf in den seit den 1960er Jahren vermehrt auf den Markt kommenden Kochbüchern zur italienischen Küche.[358] So erklärt Marianne Piepenstock in ihrem Kochbuch *Italienische Küche* der Leserschaft, die langsam in den Topf gelegten „lange[n] Nudeln" etwa acht bis zehn Minuten zu kochen: „Sie dürfen nicht ganz weich sein, sondern sollten ‚al dente' = für den Zahn, gekocht werden. Dann schmecken sie besser".[359] In den 1980er Jahren heißt es dann

---

[354] Reklameblatt Pasta Agnesi, Oneglia, BArch B 142/1660.

[355] Vgl. Emmy Brauns Neues Kochbuch, 463; Kochbuch für den jüdischen Haushalt und Großbetrieb, 36. Dieses Vorgehen war auch in Großbritannien üblich: „Break the macaroni or spaghetti into short lengths", hieß es etwa in Hutchinson's Cookery Book, 400. Allerdings wurde hier noch folgender Hinweis gegeben: „Some people prefer spaghetti cooked in long pieces. To do this place the ends in boiling water and coil it as it softens."

[356] „Wir haben uns im Grunde von Anfang an, kann man ja sagen eigentlich, bei den aller ersten, die gekommen sind, schon bemüht, etwas Italienisches –. Aber das war natürlich etwas daneben. Vom Geschmack her daneben." (FZH, Werkstatt der Erinnerung, Interview Nr. 720)

[357] Eduard Bacher: Verschiedene Makkaroni-Platten. In: Die Küche 54/6 (1950), 99. Bereits 1913 war diese „allgemeine Regel" gastronomischen Fachleuten in Artikeln wie Etwas über Makkaroni. In: Kochkunst und Tafelwesen 15/9 (1913), 148–149: 149, nähergebracht worden.

[358] Auch wenn es bereits in der ersten Hälfte des 20. Jahrhunderts vereinzelt deutschsprachige Kochbücher über die italienische Küche gab (vgl. Hahne, Gute italienische Küche), so setzte die Spezialisierung der Kochbücher auf einzelne Nationalküchen in nennenswertem Umfang erst nach 1945 ein (für die USA zeigt dies Neuhaus, Manly Meals, 165). Unter diesen spezialisierten Kochbüchern, die in den BRD auf den Markt kamen, spielte die italienische Küche von Anfang an eine zentrale Rolle, und auch in internationalen Kochbüchern, die eine Vielzahl unterschiedlicher nationaler Spezialitäten vereinten, war die Präsenz italienischer Gerichte beachtlich.

[359] Piepenstock, Italienische Küche, 43.

Abbildung 5: Mollie. Aus: NGZ 23/20 (1970), 40.

„Mit dem Spaghetti-Essen habe ich immer Schwierigkeiten, deshalb stricke ich mir Knödel davon!"

in vielen Kochbüchern nur noch: „Die Spaghetti mit 1 EL Öl und 1 EL Salz in viel Wasser *al dente* kochen."[360] Eine Erläuterung, was es mit dieser Kochweise auf sich hat, scheint sich erübrigt zu haben. Bis es so weit kam, war jedoch ein längerer Lernprozess vonnöten, in dem nicht nur Rezeptsammlungen, sondern auch die in der Bundesrepublik tätigen italienischen Gastronomen eine zentrale Rolle spielten: „Seit es aber bei uns zahlreiche italienische Restaurants gibt, lernt man auch hier die Kunst kennen, Nudeln mit Biß, ‚al dente‘, zu kochen".[361]

Standen die fachgerecht zubereiteten Spaghetti auf dem Tisch, hieß es nun, sie auch auf italienische Weise zu verzehren, also sie nicht, wie in Deutschland bis weit in die 1960er Jahre hinein üblich, zu zerschneiden, sondern sie stattdessen kunstvoll um die Gabel zu wickeln und zum Mund zu führen. Für

---

[360] Lloyd-Davies, Italienische Küche, 15.
[361] Buonassisi, Nudel & Nudel, 9. Bisweilen sahen sich italienische Restaurantbetreiber allerdings dazu genötigt, ihre Pasta-Gerichte nicht ‚zu hart‘ und zudem nicht unbedingt frisch zubereitet zu servieren, mochten einige deutsche Gäste doch nicht so lange auf ihr Essen warten und bevorzugten daher bereits am Morgen vorgekochte Spaghetti (vgl. Rath, Reste, 235).

viele stellte diese neu zu erlernende Esstechnik „die reinste Tortur" dar.[362] Ein Cartoon aus der *Neuen gastronomischen Zeitschrift* von 1970 (Abb. 5) zeigt die Reaktion von „Mollie", die aus den Spaghetti Knödel strickt, sie also in eine deutsche Spezialität übersetzt, um sie leichter verzehren zu können. Während sie das Stricken problemlos beherrscht, stellt das ordnungsgemäße Spaghetti-Essen noch eine große Hürde dar. In jedem Falle bildete es einen viel diskutierten Gegenstand in der bundesdeutschen Presse, in Literatur und Film der 1950er und 60er Jahre.[363] In diesem Zeitraum lässt sich kaum ein bundesdeutscher Italien-Reiseführer finden, der nicht die korrekte Art des Spaghetti-Verzehrs aufgreift und diese Praxis als ein zentrales Feld der interkulturellen Kompetenzerprobung darstellt.[364] Die neue Esstechnik galt es unbedingt zu erlernen, wollte man im Ausland nicht als unkultivierter Deutscher erscheinen: „Spaghetti ‚trinkt' man, das heißt, man saugt sie ein. Die Dinger sind so lang – aber bitte, legen Sie das Messer weg! Wir wollen nicht auffallen."[365] Nicht (unangenehm) aufzufallen, scheint das erklärte Ziel nicht nur bundesdeutscher Reiseführer, sondern der Bundesrepublik insgesamt gewesen zu sein. Als Tourist im Ausland war man nicht nur Einzelperson, sondern „Vertreter seines Volkes", wie *Baedekers Allianz-Reiseführer Italien* seine Leser wissen ließ.[366] Die Außendarstellung des einzelnen Touristen wie generell der Bundesrepublik sollte durch Zurückhaltung und Bescheidenheit[367], durch Weltoffenheit und Kompetenz geprägt sein. Zu den vielfältigen Ratschlägen, die den Touristen in dieser Hinsicht erteilt wurden, zählte im Falle des Italienurlaubs fast immer auch eine detaillierte Anleitung zum korrekten Spaghetti-Essen. Das gehörte nach zeitgenössischem Verständnis zum notwendigen Verhaltensrepertoire von Italienreisenden[368], aber auch von Gästen im italienischen Restaurant in der Bundesrepublik. Reinhard Raffalt gab in seinem 1957 zuerst veröffentlichten und 1975 in fünfter Auflage erschienenen Reiseführer folgende hilfreiche Hinweise: „[E]rstens, wenig Nudeln auf die Gabel, zweitens: drehen, und drittens: ziehen, tirare, meine Herrschaften, tirare, tirahre [sic], ziehen, in

---

[362] Tagebucheintrag v. Frau L., geb. 1930, über ihren Venedigaufenthalt im Sept. 1953, zit. nach Andersen, Traum, 185f.
[363] Dasselbe Phänomen lässt sich auch in Großbritannien beobachten, wo die Kunst des Spaghetti-Essens in der Nachkriegszeit ebenfalls zum „most sought after social skill of the day" wurde (Hardyment, Slice of Life, 87).
[364] Ähnlich, wenn auch zeitlich später, wurde die Fähigkeit, asiatische Kost mit Stäbchen zu essen, zum Ausweis für Weltgewandtheit und Stil.
[365] Harold Theile: Italien ist kein Museum, hg. v. d. Europäischen Aktionsgemeinschaft, Bonn ca. 1955, zit. nach Schumann, Grenzübertritte, 35.
[366] Baedekers Allianz-Reiseführer Italien, 327.
[367] Vgl. Paulmann, Haltung; Derix, Bebilderte Politik, 48–60.
[368] Reiseführer sind als Quellen insofern interessant, als sie die „Verstehensansprüche der jeweiligen Zeit" präsentieren und einen „Referenzrahmen empfohlener Verhaltensmuster in der Fremde" zur Verfügung stellen, so Wierlacher, Verfehlte Alterität, 501.

die Höhe ziehen, damit die Spaghetti sich entwirren. Wenn man diesen Trick heraus hat, ist es eine Wonne, Spaghetti zu essen!"[369] Derartige Hilfestellungen lassen sich als „behutsam dosierte Hinführung zur leiblichen Erfahrung kultureller Differenz und Alterität"[370] verstehen, die sich nicht nur auf den ungewohnten Geschmack einer fremden Speise erstreckte, sondern auch auf unbekannte Esspraktiken, die bekannte Routinen durchbrachen und dadurch eine Fremdheitserfahrung provozierten. Schließlich sollten die Reiseführer interkulturelle Verhaltenssicherheit vermitteln; dazu zählte auch das Kennenlernen der italienischen Küche und Esskultur, „ohne allzuviel Lehrgeld zu zahlen".[371]

Während Italienreisende das Essen der Spaghetti durch eigene Anschauung im Urlaubsland erlernen konnten[372], blieb den anderen nur die Beschreibung in den Reiseführern – oder aber das Kino, das diese Praxis nicht allein narrativ erläuterte, sondern visuell vorführte. So wie das Medium Film Vorschläge bzw. Vorgaben lieferte, wie man sich anzuziehen oder sich zu bewegen habe[373], so popularisierte es auch auf dem Gebiet der Ernährung neue Konsumprodukte und -praktiken und erweiterte auf diese Weise den Erwartungs- und Erfahrungshorizont des Publikums. Gemeinsam mit Literatur und Presse ist der Film daher als zentraler Akteur bei der Durchsetzung der italienischen Küche in der Bundesrepublik zu nennen, hat doch die im Laufe der Nachkriegszeit immer umfangreicher werdende Berichterstattung über ausländische Speisen massiv zur Internationalisierung der bundesdeutschen Ernährungsgewohnheiten beigetragen. Als Teil dieses umfassenden Medienverbundes hat der Italienreisefilm den Prozess der Italianisierung medial antizipiert, flankiert, kommentiert, reflektiert – und schließlich auch persifliert.

In den 1950er und frühen 60er Jahren produzierte die westdeutsche Filmindustrie nicht nur eine Unmenge von Heimatfilmen, sondern auch zahlreiche Urlaubsfilme, die sich als Subgenre bzw. Fortführung des Heimatfilms verstehen lassen: „Aus den Vagabunden der Heimatfilme wurde der Tourist in den Ferienhotelfilmen."[374] Der Urlaubsfilm bot, wie der Heimatfilm, ein Forum, um bundesdeutsche Identitäten (neu) zu bestimmen. Besonders beliebt waren Ferienfilme mit Italienthematik, von denen in den 1950er und 60er Jahren eine kaum zu überschauende Anzahl gedreht wurde und die weniger dem Muster der klassischen Bildungsreise folgten als vielmehr eine ‚moderne' Vergnügungs-

---

[369] Raffalt, Reise, 54.
[370] Wierlacher, Verfehlte Alterität, 503.
[371] Klahn, Urlaub, 217 u. 214.
[372] Vgl. den Bericht von Hans-Karl B. aus Karlsruhe über seine Fahrradtour durch Italien im Jahre 1953, in: Siebenmorgen, Wenn bei Capri die rote Sonne ..., 121.
[373] Vgl. Haskell, Movies, 130.
[374] Uka, Modernisierung, 83.

reise in Szene setzten.³⁷⁵ Diese Filme bereiteten, ähnlich wie der Italienschlager, den Massentourismus nach Italien vor.³⁷⁶ Aus konsumhistorischer Perspektive betrachtet, schaffte das Medium ‚Italienfilm', indem es das Land visuell konsumierbar machte, einen Anreiz, selbst einmal nach Italien zu reisen oder italienische bzw. italianisierte Produkte zu erwerben. Über den Ferienfilm gelangte das ferne Italien in den eigenen Bildraum, und die im Film präsentierten Ansichten Italiens prägten das visuelle Repertoire über dieses Reiseland maßgeblich. Deutlicher als andere Medien lässt sich der Italienfilm dabei als ‚Tagtraum der Gesellschaft'³⁷⁷ verstehen, der den deutschen Arbeitsalltag mit gelöster Ferienstimmung, Nichtstun und *dolce vita* kontrastierte. Italien und seine Einwohner fungierten dabei als Gegenentwurf zum ‚Wirtschaftswunderland': „Die Südländer sind sich mehr als andere bewußt, daß sie nicht leben, um zu arbeiten, sondern arbeiten, um zu leben", lautete eine verbreitete Ansicht.³⁷⁸ Im Gegensatz zur Zeit des Nationalsozialismus, als in Italien weniger das *dolce far niente*, als vielmehr „das emsig schaffende italienische Volk" gesucht wurde³⁷⁹, interessierte in den ersten Nachkriegsjahrzehnten vornehmlich ein anderes, den Genüssen des Lebens aufgeschlossenes Italien.³⁸⁰

In den Italienreisefilmen finden sich häufig Szenen, die den Verzehr von Spaghetti durch deutsche Touristen zeigen. Zwar stellen die Italienreisefilme der 1950er und 60er Jahre keine *food movies* im engeren Sinne dar, d. h. Essen spielt hier keine zentrale Rolle für den Plot.³⁸¹ Dennoch finden sich in allen Urlaubsfilmen Essens- und hier v.a. Spaghetti-Szenen, die für die Strukturierung des Handlungsfeldes von Bedeutung sind.³⁸² Während man in Hollywoodfilmen der 1950er und frühen 60er Jahre den Schauspielern nur selten beim Essen zusehen kann – erst mit Abschaffung des Production Codes 1966, mit der ei-

---

³⁷⁵ Vgl. Theberath, Deutsche Italiensehnsucht. Zum Wandel des Italientourismus von der Bildungs- zur Vergnügungsreise siehe Pagenstecher, Arkadien, 178. Vgl. auch Manning, Italiengeneration.
³⁷⁶ Die Schwelle zum Massentourismus wurde nicht vor Beginn der 1960er Jahre überschritten; Tourismuswerbung und Ferienfilm gingen der realen Praxis damit voraus (vgl. Schildt, „Die kostbarsten Wochen", 78).
³⁷⁷ Zur Charakterisierung von Spielfilmen als „Tagträume der Gesellschaft" siehe Kracauer, Film, 309.
³⁷⁸ Maturi, Eingliederung, 123. Schon Goethe hatte in seiner *Italienischen Reise* davon gesprochen, „wie leicht dort [in Neapel] zu leben" sei, gab allerdings auch zu bedenken, dass wohl nur nach „nordische[r] Ansicht" ein jeder „für einen Müßiggänger" gehalten werde, „der sich nicht den ganzen Tag ängstlich abmüht" (Goethe, Italienische Reise, 434 u. 428).
³⁷⁹ Schmidt, Urlaub, Vorwort.
³⁸⁰ Vgl. Mandel, Wunschbilder, 139. Zu der seit den 1950er Jahren stärker gesellig orientierten, auf *dolce vita* und Sinnenfreude ausgerichteten Perspektive auf Italien siehe Pagenstecher, Bundesdeutscher Tourismus, 383–387.
³⁸¹ Zu der seit den 1970er Jahren kontinuierlichen Zunahme von Filmen, die Ess-Szenen ins Zentrum stellen, siehe Neumann, Filmische Darstellungen, 353.
³⁸² Diese Funktion von Essensszenen betont Ferry, Food, 62.

ne freizügigere Darstellung sexueller Handlungen möglich wurde, finden sich auch vermehrt Sequenzen, in denen tatsächlich Nahrung aufgenommen, gekaut und geschluckt wird[383] –, zeichnen sich viele der bundesdeutschen Italienfilme dadurch aus, dass sie den Verzehr von Spaghetti explizit in Wort und Bild verhandeln. Auffällig ist allerdings, dass fast ausschließlich Männer und Kinder beim Spaghetti-Essen gezeigt werden. Vermutlich fallen Frauen eher unter das Tabu, beim Akt des Essens allzu ‚freizügig' gezeigt zu werden. Die komplexe Verknüpfung von Essen und Sexualität, die beide auf jeweils eigene Art Körperöffnungen berühren und Körpergrenzen überschreiten (können), ist sicherlich einer der Gründe dafür, dass die Protagonistinnen der Italienfilme nur mit einem Weinglas, nicht aber einem Teller Spaghetti ausgestattet werden.[384] Ein weiterer Grund mag darin liegen, dass das Genre für seine Heldinnen meist eine romantische Begegnung mit einem (vornehmlich) italienischen Mann vorsieht, zu der ein Glas Wein bei Mandolinenmusik eher passt als eine große Portion dampfender Pasta.[385]

In den Italienreisefilmen der frühen Bundesrepublik ereignet sich der Akt des Spaghetti-Essens meist in einem Restaurant, in dem entweder im Kreis der vertrauten Reisegruppe, wie in *Italienreise – Liebe inbegriffen*[386], mit anderen unbekannten Gästen oder im Familien- oder Freundeskreis eine Mahlzeit eingenommen wird. In *Wenn der Vater mit dem Sohne*[387] mit Heinz Rühmann dominiert dabei ein sehr spielerischer Umgang mit den widerspenstigen Nudeln (Abb. 6), der traditionelle (deutsche) Benimmregeln bei Tische außer Kraft setzt und dadurch transgressive Wünsche artikulierbar macht. Es ist gerade das ‚fremde' Gericht, das auf ‚seltsame' Art und Weise gegessen wird, das ein Abweichen von den gängigen Verhaltensvorschriften ermöglicht; es scheint der Kontakt mit dem Ungewohnten zu sein, der zu einer Subversion der (familiären) Ordnung führt.[388]

Während die Protagonisten in den frühen Italienreisefilmen häufig noch mit den Spaghetti kämpfen, lässt sich der 1988 produzierte Film *Man spricht deutsh* von und mit Gerhard Polt als Indiz dafür lesen, dass die Kunst des Spaghetti-Essens mittlerweile in alle sozialen Schichten diffundiert ist.[389] Zum Allge-

---

[383] Vgl. Hediger, Vom Zuschauen, 159 u. 171.
[384] In italienischen Filmen der Zeit wie *Pane, amore e fantasia* (R: Luigi Comencini, Italien 1953) hingegen wurden Frauen beim Essen gezeigt, und zwar auf deutlich sexualisierte Weise.
[385] Ein prägnantes Filmbeispiel hierfür ist *Schick deine Frau nicht nach Italien* (R: Hans Grimm, BRD 1960). Siehe dazu ausführlicher Möhring, Working Girl.
[386] R: Wolfgang Becker, BRD 1958.
[387] R: Hans Quest, BRD 1955.
[388] Für eine genaue Analyse der Spaghetti-Szene in *Wenn der Vater mit dem Sohne* siehe Möhring, Spaghetti.
[389] R: Gerhard Polt, BRD 1988. Der gekonnte Verzehr von Schalentieren jedoch scheint noch

306   4. Das Pizzeria-Ristorante

Abbildung 6: Spaghetti-Szene aus: Wenn der Vater mit dem Sohne ... (R: Hans Quest, BRD 1955).

meingut ist im Laufe der Jahrzehnte zudem geworden, dass die Spaghetti auf italienische Art *al dente* zu kochen sind. Die Fixierung auf dieses kulinarische Wissen, das kulturelle Kompetenz und sozialen Status demonstrieren soll, das aber längst nicht mehr kann, wird von Polt an mehreren Stellen persifliert und zeigt, wie bestimmte Attribute einer Speise und ihrer Zubereitung im Laufe ihrer Biografie zu einer selbstverständlichen Norm werden und damit an Distinktionswert einbüßen.

Eine andere Art der Parodie wird in der sicherlich bekanntesten Spaghetti-Szene des bundesdeutschen Films geboten, nämlich in Loriots *Die Nudel*, einem Fernsehsketch aus dem Jahre 1976.[390] Vicco von Bülow spielt in dieser Szene einen aufgrund seiner „sauberen Weste" gerade zum Leiter einer Einkaufsabteilung beförderten Mann mittleren Alters, der seiner Begleitung (Evelyn Hamann) in einem italienischen Speiselokal eine Liebeserklärung macht. Während der gesamten Szene hängt ihm ein kleines Stück Spaghetti an Nase,

nicht zu den gängigen Alltagstechniken der Italienreisenden der 1980er Jahre gehört zu haben, wie die im Film ausgestellte Unsicherheit der deutschen Touristen angesichts der üppigen „Fischplatte Poseidon" zeigt.

[390] Loriot: Die Nudel oder die Frau als solche, BRD 1976.

Kinn, Stirn, später an der Hand und am Ende in seiner Espressotasse. Alle Versuche seiner Begleitung, ihn darauf aufmerksam zu machen, wischt er jedes Mal mit einem „Hildegard, sagen Sie jetzt nichts" vom Tisch. Die romantische Atmosphäre des gemeinsamen Abendessens und seine Liebeserklärung werden von dem kleinen Stück Pasta, das an seinem Körper entlang wandert, sabotiert.

Die Szene parodiert zum einen deutsche Vorurteile gegenüber einem vermeintlich weniger hygienischen Italien, wenn Loriot dem Kellner seine mit Lippenstift beschmierte Tasse mit den Worten „Das können Sie Ihren Gästen in Neapel anbieten" zurückgibt und dabei selbst auf peinliche Art von einer Nudel ‚beschmutzt' ist. Zum anderen wird hier ein Stück Nahrung auf eine Weise in Szene gesetzt, die dessen Dingcharakter zum Vorschein bringt und die Frage nach Reinheit und Unreinheit von Nahrung und v.a. auch des Speiseakts selbst aufwirft.

Während in *Wenn der Vater mit dem Sohne* das Spielen mit dem Essen als kindliches Vergnügen dargestellt wird, hat man es in *Die Nudel* mit einem unfreiwilligen und gerade deshalb weit komischeren Umgang mit Nahrung zu tun. Die kleine Nudel, die einfach haften bleibt, widersetzt sich ihrer eigentlichen Bestimmung, möglichst unauffällig im Mund zu verschwinden. Stattdessen bleibt sie auf halber Strecke kleben und macht auf diese Weise etwas sichtbar, das gemeinhin unsichtbar bleibt. Denn indem sie sich auf der Körperoberfläche Loriots bewegt, statt über den Mund möglichst zügig in den Magen zu gelangen, markiert sie das, was ansonsten eher kaschiert wird: den Körper bzw. die Körperoberfläche als Übergangsort, als Schwelle zwischen Innen und Außen. Auf die für die Nahrungsaufnahme notwendige, aber in ihrem Transgressionscharakter problematische und daher einer ausgeprägten kulturellen Normierung unterliegende Körperöffnung wie insgesamt auf die Körperlichkeit des Essensaktes aufmerksam zu machen, ist die Leistung der kleinen Nudel, die als ungewolltes Körperanhängsel etwas Ungehöriges und Obszönes verkörpert.

Die außerordentliche Wirkung der Nudel liegt in dieser Szene nicht in der Unkenntnis ihrer Handhabung, sondern in einer grundsätzlicheren Tücke des (Nahrungs-)Gegenstands begründet. Dabei ist es nicht die Länge der Spaghetti, die hier den Anlass für die Schwierigkeiten bildet; obstinat ist die Nudel eher aufgrund ihrer Schlüpfrigkeit, die ihr eine erstaunliche Haftungskraft verleiht. Es ist diese spezifische materielle Eigenschaft, die den Protagonisten mit der Dinglichkeit der Nudel konfrontiert – einer Dinglichkeit, die erst dann in Erscheinung tritt, wenn ein Objekt seinen Dienst verweigert.[391] Diese in den Vordergrund gerückte Dinglichkeit der Nudel ist es, die vergessen lässt, dass es sich um eine italienische Spezialität handelt; sie wird von Loriot nationaler und anderer Konnotationen entkleidet und als generische Nudel – so auch im Ti-

---

[391] „We begin to confront the thingness of objects when they stop working for us" (Brown, Thing Theory, 4).

tel des Sketchs – präsentiert, die daher auch ohne Soße auskommt. Dabei stellt die dingliche Gegenwart keine dem Stück Pasta inhärente Qualität dar, sondern entsteht durch eine nicht regulär funktionierende Subjekt-Objekt-Interaktion. Erst in dem Moment, in dem das „Alltägliche[ ] ins Absonderliche" umschlägt, werden die Handelnden (und Zuschauenden) der Dinglichkeit der Nudel gewahr.[392] Was in Loriots *Die Nudel* eindringlich vorgeführt wird, nämlich die Materialität und die Tücke des Dings, ist auch in den übrigen Spaghetti-Szenen zumindest der Tendenz nach angelegt. Denn die im Italienurlaub oder im italienischen Restaurant erfolgende Begegnung mit einer anderen (Ess-)Kultur ist zu erheblichen Teilen eine Begegnung mit einer fremden materiellen Kultur, mit Alltagsobjekten, die dem (kulinarischen) Reisenden alles andere als alltäglich erscheinen. Das Medium Film kann durch die Fokussierung auf die Materialität der Speisen und über die Brechung der gewöhnlichen Wahrnehmung dieses Nicht-Alltägliche wieder sichtbar machen.

4.7 Zwischenbilanz

Italienische Restaurants (und Eisdielen) gehören zu den sichtbarsten Zeichen italienischer Präsenz in der Bundesrepublik. Das deutsche Alltagsleben ist ohne italienische Gastronomie kaum noch vorstellbar.[393] So gilt die Bundesrepublik als „zweite Heimat" des italienischen Speiseeisgewerbes[394], und ‚der Italiener' ist „längst mehr als ein Restaurant": Er ist Symbol für einen anderen, geschätzten Lebensstil geworden.[395] Signalisierte die (Wieder-)Eröffnung der ersten Eisdielen in der Nachkriegszeit die langsame Normalisierung der Verhältnisse, wurde der Besuch in einem italienischen Lokal im Laufe der 1950er und verstärkt noch in den 60er Jahren zum Ausweis von Weltoffenheit und -gewandtheit, die zunächst Künstler und Intellektuelle, bald dann auch die Neue Linke und spätere „Toskana-Fraktion" über ihre Konsumpraktiken zu demonstrieren suchten. Auch wenn diese Konsumentengruppen für die Durchsetzung der italienischen Küche in der Bundesrepublik sicherlich eine große Rolle spielten, vereiteln Komplexität und Kontingenz der Ernährungsentscheidungen letztlich alle Versuche, eine einzige oder auch nur hauptsächliche Trägergruppe und darüber hinaus nur einen alle anderen Entwicklungen dominierenden Trend (wie die Italianisierung der Ernährung) zu

---

[392] Tischleder, Objekttücke, 63.
[393] Vgl. Leicht/Leiß/Fehrenbach, Social and Economic Characteristics, 305.
[394] Cinque generazioni di gelatieri in Austria. In: Uniteis Notizie 1/1 (1983), 11.
[395] Hanns-Josef Ortheil: Angekommen im Süden. In: KR v. 15.6.2004.

benennen.[396] In jedem Falle aber lässt sich beobachten, dass sich im Zuge des einsetzenden Massentourismus nach Italien die (nicht-migrantische) Kundenbasis italienischer Lokale erheblich erweiterte. Italienische Gaststättenbetreiber wurden nicht nur in den urbanen Zentren der Bundesrepublik, sondern auch in Kleinstädten und auf dem Land ansässig. Im Gegensatz zu vielen anderen migrantischen Unternehmen haben sich die italienischen Lokale also nicht in sogenannten ethnischen Enklaven angesiedelt, sondern zeigen ein ähnliches Muster (stadt-)geografischer Streuung wie deutsche Betriebe, was sich als Hinweis auf die frühzeitige und weitgehende Adressierung eines nicht-migrantischen, deutschen Publikums lesen lässt.

Um ihre starke Marktposition zu verteidigen, haben sich italienische Restaurantbetreiber in Berufsverbänden wie CIAO Italia zusammengeschlossen und bemühen sich, die italienische Küche/das italienische *ristorante* zu einem geschützten Markenzeichen zu machen. Diese Bestrebungen, die kulturelle Hegemonie italienischer Staatsangehöriger auf dem Gebiet der italienischen Gastronomie zu behaupten, haben sich angesichts der Zunahme nicht-italienischer Unternehmer auf diesem Feld wie generell konkurrierender Konsumorte deutlich intensiviert und müssen sich letztlich immer wieder der Frage stellen, was denn eigentlich ein italienisches Restaurant ausmacht. Die von CIAO Italia eingenommene Position wird dabei nicht nur gegenüber Nicht-Italienern vertreten, sondern richtet sich auch gegen Pizzeria-Ristorantes, die als in der Bundesrepublik entstandene Hybridform nicht den Kriterien entsprechen, die seitens des Verbandes an ein ‚authentisches' italienisches Restaurant gestellt werden. Im Gegensatz zu dem bereits 1969 gegründeten Verband UNITEIS, der Union der italienischen Speiseeishersteller in Deutschland, der über eine außerordentlich breite Mitgliederbasis bei den italienischen Eismachern verfügt, ist es CIAO Italia bisher nicht gelungen, eine ähnlich hohe Beitrittsrate unter den italienischen Gastronomen zu erzielen[397] – ein Indiz für die weit heterogenere Zusammensetzung dieser Gruppe, die kaum eine interne Kohäsion aufweist.

Für den Erfolg der italienischen Küche spielten ernährungswissenschaftliche Aussagen über ihren gesundheitlichen Wert eine sicherlich nicht zu vernachlässigende Rolle – konnte sich die *cucina italiana* doch als wesentliche Exponentin der sogenannten mediterranen Diät platzieren. Zudem hängt die relativ schnelle Akzeptanz italienischer Gerichte auch mit der bei allen Differenzen im Einzelnen doch ähnlichen Mahlzeitenstruktur deutscher und

---

[396] Vgl. dazu Warde, Consumption, 41, der zudem auf die insgesamt begrenzten Möglichkeiten hinweist, Konsumtheorien auf dem Feld der Ernährung empirisch zu überprüfen.

[397] Mitte der 1980er Jahre waren nur ca. 10–15 % der italienischen Restaurants in der BRD Mitglied in der deutschen Sektion von CIAO Italia (vgl. Istituto Fernando Santi, Emigrazione italiani, 29).

italienischer Menüs zusammen. Das Servieren der Speisen in aufeinander folgenden Gängen etwa hatten beide Küchen gemeinsam, und auch die Vorliebe für sogenannte Mischgerichte (wie Eintöpfe) verband italienische und deutsche Kochweisen.[398] Die Aneignung einer anderen Küche folgt demnach auch immer „immanent strukturell ernährungssystematischen Voraussetzungen".[399] Obwohl die italienische Küche der deutschen im Hinblick auf Speisezubereitung, -präsentation und -verzehr weit näher stand als beispielsweise die chinesische Küche, waren dennoch bestimmte Übersetzungsleistungen notwendig, die nicht nur unbekannte Speisebezeichnungen betrafen, sondern auch einzelne Koch- und Esstechniken. Den fachgerechten Verzehr von Spaghetti etwa mussten sich die Bundesbürger seit den 1950er Jahren in einem oftmals langwierigen und mühevollen Lernprozess aneignen. Zeitgenössische Filmproduktionen führen die Schwierigkeiten beim Transfer von Esstechniken plastisch vor Augen und bilden eine nahezu einmalige Quellengattung, um sich den materiellen und performativen Dimensionen von Konsumpraktiken historisch zu nähern. Dabei fungierten die italienischen Spaghetti als (Erfahrungs-)Medium zwischen den Kulturen, über das sich nationale (Tisch-)Ordnungen verhandeln ließen.

Für den Erfolg der italienischen Gastronomie waren jedoch vermutlich weder die Gemeinsamkeiten der italienischen und deutschen Küche noch die wissenschaftlich untermauerte positive Kodierung italienischer Speisen entscheidend. Zentral scheinen vielmehr die touristischen Narrationen und Bilder gewesen zu sein, die Italien, die italienische Küche und damit auch die italienischen Lokale in der Bundesrepublik zu Orten eines intensiven Genießens erklärten. Die italienische Gastronomie profitierte in hohem Maße von dem positiven Italienimage, das die Massenmedien produzierten und popularisierten. Die Apenninhalbinsel erschien als das Land des *dolce vita*, des ‚süßen Nichtstuns' und der Sinneslust. Italien und die Italiener repräsentierten „das zwar ‚Andere', nicht aber das problembehaftete ‚Fremde'".[400] Das gilt trotz der negativen Schlagzeilen, mit denen Italien seit den 1970er Jahren zusehends belegt wurde. Die drastischen Auswirkungen des Massentourismus an der Adriaküste, die ihr den Namen „Teutonengrill" eintrugen, und Italiens ökologische sowie politische Probleme wurden nun stärker thematisiert. Ein *Spiegel*-Titelbild vom Juli 1977, das eine Pistole auf einem Teller Spaghetti zeigte und auf die Schwierigkeiten des Landes mit politischer Gewalt wie auch organisierter Kriminalität verwies, ist zur Ikone dieses neuen, weit ambivalen-

---

[398] Zur Bedeutung des Mahlzeitenformats für die Charakterisierung einer Küche siehe Goode/Theophano/Curtis, Framework, 72.
[399] Tolksdorf, Grill, 115.
[400] Rieker, Italienische Arbeitswanderer, 673.

teren Italienbildes geworden[401], das – parallel zur Regionalisierung der Küche – nun deutlicher zwischen Nord- und Süditalien unterschied. In den 1950er und 60er Jahren jedoch – und vielfach auch darüber hinaus – wurde Italien, zumal in populären Publikumszeitschriften und Spielfilmproduktionen, vornehmlich als südliches Sehnsuchtsland präsentiert. Aufbauend auf diesem touristischen Bild haben es viele italienische Migranten in der Bundesrepublik geschafft, einen beachtlichen wirtschaftlichen Erfolg zu erzielen. Die Raumgestaltung in den italienischen Lokalen, aber auch die *ethnic performance* von Wirt und Servicepersonal trugen maßgeblich dazu bei, eine mediterrane (Urlaubs-)Atmosphäre zu schaffen. Die materielle und imaginäre Dimension der Konsumorte sowie die Körper- und Kommunikationspraktiken bildeten zentrale Elemente der Vermarktung der angebotenen Produkte, für welche die Gastronomen auf ihr spezifisches kulturelles Kapital zurückgriffen. Die ‚italienische Atmosphäre' lud deutsche Gäste ein, in der Nachahmung und Annäherung, etwa durch den gemeinsamen Vollzug von Speise- und Trinkritualen, einem Begehren Ausdruck zu verleihen, einmal – wenn auch nur temporär – ein anderer zu sein. Noch im Jahre 2006 hieß es in der Frauenzeitschrift Brigitte, ‚der Italiener' sei ein Freund, „den wir ein bisschen um seine Lässigkeit beneiden. Der uns das Gefühl gibt, nicht ganz so deutsch und steif, sondern Teil eines lockeren, mediterranen Ambientes zu sein".[402] Selbst- und Fremdwahrnehmungen werden hier nicht nur als einander entgegengesetzte Repräsentationen sichtbar, die wechselseitig aufeinander verweisen, sondern darüber hinaus als (stets prekäre) Produkte performativer Praktiken, die eine ausgeprägte körperliche Dimension besitzen. Der Wunsch, an der im Restaurant repräsentierten und dargestellten anderen Welt teilzuhaben, scheint mir dabei weniger von dem Begehren nach exakt benennbaren Emotionen, Erfahrungen und Erlebnissen getragen gewesen zu sein, die ‚den Italienern' zugeschrieben wurden wie etwa größere (Kinder-)Freundlichkeit, Herzlichkeit oder auch sexuelle Vitalität. Entscheidender war vielmehr die Annahme, dass ‚die Südländer' nicht nur womöglich andere Empfindungen hatten und diese auf andere Weise artikulierten, sondern dass ihnen grundsätzlich weit intensivere Gefühle zugetraut wurden. Bereits 1866 hatte der Autor eines Artikels in *Harper's New Monthly Magazine* angemerkt, dass die schnelle Art der Nahrungsaufnahme, wie sie für die USA typisch sei, letztlich nur eines bedeute: „We enjoy less than any other people".[403] Genuss implizierte also auch

---

[401] Auch in das kollektive Bildgedächtnis der Italiener hat sich das *Spiegel*-Titelbild eingebrannt, so Wolfgang Schieder: Gute und böse Leute. Deutsche und Italiener: die lange Tradition, sich misszuverstehen. In: SZ v. 7.7.2003. Zur politischen Gewalt in Italien in den 1970er Jahren siehe Tolomelli, Jenseits von „Spaghetti und Revolvern".
[402] Typ-Beratung. Männer fragen Brigitte. In: Brigitte 5 (2006), 266.
[403] Concerning Restaurants, 592.

ein anderes Zeitregime, das im Süden (oder auch im Orient) verortet wurde. Was am Anderen letztlich beneidet wurde, war sein Genießen:

„Wir unterstellen dem Anderen stets ein exzessives Genießen [...] [W]as uns wirklich bewegt in bezug auf den Anderen, ist die spezifische Weise, in der er/sie sein/ihr Genießen organisiert, ist gerade der Überschuß, der Exzeß, der zu diesem dazugehört (der Geruch ihrer Speisen, ihre ‚lärmenden' Gesänge und Tänze, ihre seltsamen Sitten, ihre Einstellung zur Arbeit [...])".[404]

Dass die Unterstellung eines anderen, als exzessiv erachteten Verhaltens nicht nur Begeisterung, sondern auch (nationalistisch-rassistische) Abwehrreaktionen hervorrufen konnte, ist am Beispiel des Konstanzer Lokals „Roma" gezeigt worden, um das sich ein jahrelanger Konflikt zwischen dem italienischen Wirt und den deutschen Nachbarn entspann. Denn Stereotype über ‚den Südländer' konnten schnell in Ressentiments umschlagen, gerade wenn es nicht um einen Restaurantbesuch, sondern um das alltägliche Zusammenleben in einem Stadtviertel ging. Die Geschichte der italienischen Gastronomie in der Bundesrepublik ist also keineswegs nur als harmonische, von Auseinandersetzungen freie Erfolgsgeschichte zu verstehen.

Innerhalb der Konsumsphäre jedoch lässt sich ‚der Süden', zu dessen Inbegriff Italien spätestens seit Goethes *Italienischer Reise* gerade für Deutsche geworden ist, als „Raum der Verheißung" charakterisieren, der auf den *mental maps* der Mittel- und Nordeuropäer eine „feste Größe" darstellt.[405] An der Konstruktion dieser imaginären Räume waren – bei aller Asymmetrie der Machtverhältnisse – auch ‚die Südländer' selbst beteiligt, und noch heute wird – bei allem historischen Wandel – auf Elemente dieser Vorstellungswelten gerade in der ausländischen Gastronomie bewusst zurückgegriffen. Die am Beispiel der italienischen Gastronomie ausführlich dargelegte Dimension der *ethnic performance*, der Exotisierung und Authentifizierung besitzt Gültigkeit also auch für die übrigen ausländischen Lokale, auf deren jeweils spezifische Inszenierungsformen in den entsprechenden Kapiteln einzugehen sein wird.

---

[404] Žižek, Genieße deine Nation wie Dich selbst!, 137.
[405] Baumeister, Diesseits von Afrika?, 33; Schenk/Winkler, Einleitung, 8.

5. Vom Balkan-Grill zur griechischen Taverne
Südosteuropäische Gastronomie in der Bundesrepublik

Neben der italienischen Eisdiele und dem Pizzeria-Ristorante zählte noch ein weiterer Gaststättentyp zu den Lokalen, die in der frühen Bundesrepublik die ausländische Gastronomielandschaft prägten: der sogenannte Balkan-Grill.

5.1 Der Balkan-Grill

Bereits in den 1950er Jahren ist vielerorts ein Balkan-Grill nachweisbar, bis er in den 1970er Jahren nicht mehr allein in den metropolitanen Regionen Westdeutschlands eine allgegenwärtige Erscheinung darstellte, sondern auch in ländlichere Regionen vorgedrungen war. In internationaler Perspektive ist der Erfolg dieses Gaststättentyps erstaunlich: In keinem anderen Land außerhalb Jugoslawiens selbst – und mit der signifikanten Ausnahme Österreichs – haben sich Restaurants mit einer hauptsächlich jugoslawischen, oft aber auch ungarischen und bisweilen bulgarischen oder rumänischen Küche derart flächendeckend durchsetzen können wie in der Bundesrepublik.[1] Hierzulande wurde die Balkanküche in ihrer Blütezeit von den 1950er Jahren bis in die 1970er Jahre hinein im Hinblick auf Beliebtheit und Ausbreitung lediglich von der italienischen Küche übertroffen. Kochbücher der 1960er Jahre weisen bereits darauf hin, dass die Leserschaft dieses oder jenes Gericht „vielleicht schon von Balkanrestaurants" her kenne.[2]

Auch Restaurants mit vorwiegend deutscher Küche begannen bereits in den 1950er Jahren, sogenannte Balkanspezialitäten in ihr Sortiment aufzunehmen. Spätestens in den 1960er Jahren gehörten Djuveć und Ćevapčići auf „abwechslungsreichen deutschen Speisekarten [...]" zur bekannten und oft

---

[1] Auch in der DDR gab es Balkan-Grills wie etwa die HO-Gaststätte „Balkan-Grill" in der Schönhauser Allee in Berlin (vgl. Rat des Stadtbezirks Prenzlauer Berg, Ratssitzung am 15.3.1984, Beschlußvorlage: Information zu Ergebnissen bei der Durchsetzung sozialistischer Preisdisziplin im Einzelhandel und in der Gastronomie, LAB C Rep. 134-02-02, Nr. 1314). Dass die jugoslawische Küche in den Niederlanden kaum von Interesse sei, betont Otterloo, Foreign Immigrants, 132; auch in Frankreich spielt sie keine Rolle (vgl. DAB-Studie, 32).

[2] Krüger, Spezialitäten, 279.

auch gewünschten Erscheinung".³ Zwar schien es vielen Autoren von Kochbüchern, Restaurant- und Reiseführern noch in den 1960er Jahren notwendig zu erklären, worum es sich bei Ćevapčići handelte, nämlich um „verschiedene Fleischsorten, gemahlen, gewürzt, in Röllchen geformt, auf Holzkohle" zubereitet⁴; ihr „Eingang in die internationale Küche" jedoch stand unumstößlich fest.⁵ 1970 war dann in einem Buch über *Die Küche in Deutschland* zu lesen, dass in „fast jedem Restaurant" in der Bundesrepublik Gerichte zu finden seien, die „klangvolle Namen" wie „Serbisches Reisfleisch", „Pußtafeuer" oder „Ungarische Rhapsodie" trügen, und die Diagnose lautete: „Der Geschmack hat sich jetzt mehr dem romantischen Balkan zugewandt."⁶

Der Erfolg des Balkan-Grills ist zu einem nicht unerheblichen Teil auf die große Zahl jugoslawischer Arbeitsmigranten in der Bundesrepublik zurückzuführen; Westdeutschland wurde in den 1960er und 70er Jahren mit Abstand zum wichtigsten Zielland jugoslawischer Arbeitskräfte.⁷ Nachdem die Bundesregierung bereits Anwerbeabkommen mit Italien, Griechenland, Spanien, der Türkei und Portugal geschlossen hatte, folgte 1968 die Vereinbarung zur Rekrutierung von Arbeitskräften aus Jugoslawien, die im Februar 1969 in Kraft trat.⁸ 1968 war im Zuge der sich erholenden Konjunktur in Westdeutschland der Bedarf an Arbeitskräften erneut gestiegen. Zudem hatten sich Jugoslawien und die Bundesrepublik seit 1967 wieder diplomatisch anzunähern begonnen, nachdem die jugoslawischen Wiedergutmachungsforderungen in den frühen 1960er Jahren zu erheblichen Missstimmungen geführt hatten.⁹

Neben der hohen Zahl jugoslawischer Migranten in der Bundesrepublik bildete, ähnlich wie im Falle der italienischen Gastronomie, der bundesdeutsche Tourismus nach Jugoslawien einen weiteren zentralen Faktor, der dem Balkan-

---

³ Forster, Balkan-Grill, 195. Auch in Kochbüchern der 1950er Jahre finden sich Gerichte wie „Balkanischer Eintopf" (Mostar/Mostar, Liebe, 250).
⁴ Schnapauff, Kulinarischer Orientexpress, 175. Als „gebratene Rindfleischröllchen" firmieren sie in Nagels Reiseführer Jugoslawien, 23.
⁵ Krüger, Spezialitäten, 278.
⁶ Hazelton, Küche, 58.
⁷ 1973 lebten nach Angaben der Zielländer von den insgesamt 860 000 jugoslawischen Migranten 535 000 in der Bundesrepublik und weitere 195 500 in Österreich, das damit an zweiter Stelle rangierte (vgl. Haberl, Abwanderung, 53 u. 276, Tab. 17).
⁸ Vgl. Deutsch-jugoslawische Vereinbarung über die Regelung der Vermittlung jugoslawischer Arbeitnehmer nach und ihrer Beschäftigung in der Bundesrepublik Deutschland vom Oktober 1968 (BGBl. 1969 II S. 1107). Mit Österreich hatte Jugoslawien bereits 1965 das erste Anwerbeabkommen eines sozialistischen Landes mit einem westlichen Staat geschlossen. Obwohl die Schweiz kein gesondertes Abkommen mit Jugoslawien unterzeichnete, wurde sie ebenfalls zu einem bevorzugten Zielland.
⁹ Verhandlungen zwischen Tito und Brandt führten 1973 zur Einigung über einen Milliardenkredit zu günstigen Konditionen, der Jugoslawien zu einem prägnanten Beispiel für die Strategie der ‚indirekten Wiedergutmachung' machte (vgl. Rüfner/Goschler, Ausgleich, 777–779).

Grill zum Erfolg verhalf. Den Touristen aus Westdeutschland, die Jugoslawien als ebenfalls mediterranes und zudem relativ preiswertes Urlaubsland entdeckten[10], war daran gelegen, „in gewissen Abständen Urlaubserinnerungen über den Magen zu tanken" – so der Philosoph Odo Marquard, der nicht nur seine Ferien oft in Jugoslawien verbrachte, sondern auch regelmäßig und mit großer Begeisterung jugoslawische Restaurants aufsuchte.[11] Im Sommer 1950 hatte sich Jugoslawien wieder dem internationalen Tourismus geöffnet[12] und wurde v.a. seit den späten 1960er Jahren zu einem beliebten Urlaubsland für Westdeutsche.[13]

Dennoch stellen die zahlreichen bundesdeutschen Touristen in Jugoslawien und die jugoslawischen Arbeitsmigranten in der Bundesrepublik noch keinen hinreichenden Grund für den außerordentlichen und frühen Erfolg des Balkan-Grills dar. In der Schweiz etwa, die eine im Verhältnis ähnlich große Zahl an jugoslawischen Arbeitsmigranten rekrutierte, führten jugoslawische Spezialitätenrestaurants vergleichsweise eine Schattenexistenz. Die besondere Attraktion der Balkanküche(n) in der Bundesrepublik muss demnach noch auf andere Ursachen zurückzuführen sein. Nicht zu unterschätzen ist der Umstand, dass der Balkan für Deutschland in vielerlei Hinsicht eine andere und zentralere Bedeutung als für die übrigen west- oder nordeuropäischen Staaten besaß. Das ehemalige Habsburgerreich, aber auch das 1938 durch den Anschluss Österreichs vergrößerte Deutschland grenzten direkt an die als Balkan zusammengefassten Regionen bzw. schlossen diese teilweise mit ein. Seit dem Untergang der Donaumonarchie im Ersten Weltkrieg wurde Südosteuropa für Österreich zu einer Projektionsfläche oftmals nostalgischer Erinnerungen an die einstige imperiale Größe. Diese Vorstellungswelt war auch in Deutschland durchaus präsent, wobei die sich auf den (süd-)osteuropäischen Raum richtende Nostalgie hier nach 1945 zusätzlich von der Erinnerung an die jüngst verlorenen Ostgebiete überlagert wurde. Ost- und Südosteuropa – und mit diesem der Balkan-Grill – fungierte, so die These, als ein insbesondere für Deutsche und Österreicher relevanter Imaginationsraum, der die historischen Bindungen beider Länder an diese Region zu wahren half, sie aber, wenn sie sich in einem Besuch im Balkan-Grill konkretisierten, auf eine politisch weniger anstößige Weise auszuagieren ermöglichte. Der Balkan-Grill, der die Landschaft und Kultur Südosteuropas

---

[10] Vgl. die Anzeige „Jugoslawien: Frühlings-Badefreuden". In: Neue Reisezeitung v. 8.4.1961, die mit einem „[n]eue[n] Touristenkurs: 1 DM = 150 Dinar" und besonders niedrigen Flugpreisen warb. Noch in den 1980er Jahren stellte Jugoslawien ein verhältnismäßig preiswertes Reiseland dar (vgl. G+J Branchenbild Nr. 19, 4).
[11] Leggewie/Marquardt, Dolmetscher, 111.
[12] Vgl. Jugoslawien will nicht hintanstehen! In: Das Gasthaus 2/15 (1950), 9.
[13] Vgl. Istrien – ein echtes Ferienparadies. Wie das Land zu einem beliebten Ziel des mitteleuropäischen Reiseverkehrs wurde. In: NGZ 23/13–14 (1970), 25–26; Dalmatienbuch, 27.

(wieder) aufleben zu lassen versuchte, bot die Gelegenheit, die Erinnerung an eine verlorene imperiale Größe und/oder die ehemalige Heimat auf unproblematischere Art zu binden. Als ein in der Freizeit aufgesuchter Ort innerhalb der – nicht zuletzt aufgrund der Diffusion ausländischer Gastronomiebetriebe – sich zunehmend pluralisierenden bundesdeutschen (Massen-)Kultur konnte der Balkan-Grill bestimmte reaktionäre oder auch revanchistische Tendenzen absorbieren, in folkloristische Bahnen lenken und bis zu einem gewissen Grad ‚neutralisieren'.[14] Das galt umso mehr, als sich die Balkan- und die mit ihr eng verknüpfte ‚Zigeunerromantik' bereits im späten 19. Jahrhundert in Oper und Operette etabliert hatten, also in der Massenkultur fest verankert waren. Die Revue- und Schlagerfilme der deutsch-österreichischen Schauspielerin ungarischer Herkunft Marika Rökk aus den 1930er bis 1950er Jahren, welche dieses bewährte Repertoire aktualisierten, allen voran *Die Csárdásfürstin* von 1950, feierten in Deutschland große Erfolge.[15]

5.1.1 Die jugoslawische Migration und die ersten Balkan-Grills in der Bundesrepublik

Die ersten Balkan-Grills Westdeutschlands entstanden bereits in den 1950er Jahren und damit vor Einsetzen der massenhaften Zuwanderung jugoslawischer Arbeitsmigranten. Viele dieser frühen Spezialitätenimbisse und -restaurants sind von Displaced Persons, ehemaligen Zwangsarbeitern[16], die nach Kriegsende in Deutschland blieben, oder politischen Flüchtlingen aus Jugoslawien eröffnet worden. Unter denjenigen, die Jugoslawien nach der Machtübernahme Titos verließen, befanden sich Angehörige nationaler Minderheiten sowie nicht wenige Kollaborateure, dem faschistischen Ustaša-Regime Nahestehende oder auch serbische Royalisten.[17] Die Betreiber der frühen Balkan-Grills versorgten zum einen ihre Landsleute, stießen zum anderen aber auch auf eine deutsche Kundschaft, die aus unterschiedlichen Gründen

---

[14] Dies hat Johannes von Moltke für den bundesdeutschen Heimatfilm gezeigt. Hier seien die vielfach „reactionary politics and values associated with expellees as a social group" absorbiert worden „into their crucial role as modernizers in the process of economic reconstruction" (Moltke, Location *Heimat*, 80).

[15] Die Csárdásfürstin, R: Georg Jacoby, BRD 1951. Auch die *Sissi*-Filme mit Romy Schneider popularisierten Elemente dieses Ungarnbildes.

[16] Aus Jugoslawien stammten 1941 knapp 109 000 der ausländischen Arbeitskräfte in Deutschland, die damit gut 5 % der gesamten zur Arbeit Zwangsrekrutierten ausmachten; 1943 stellten sie mit gut 114 000 Arbeitern nur noch etwas über 2 % der ausländischen Arbeitskräfte (vgl. Köllmann, Ausländische Arbeitnehmer, 51, Tab. 12).

[17] Vgl. Hadžić, Geschichte, 813. Die genauen Zahlen der aus politischen Gründen Migrierten sind nicht bekannt; für Deutschland wird von etwa 23 000 Jugoslawen in den ersten Nachkriegsjahren ausgegangen (vgl. Goeke, Transnationale Migrationen, 131).

mit der sogenannten Balkanküche vertraut war. Hierzu zählten Flüchtlinge aus den früheren deutschen Siedlungsgebieten in Osteuropa sowie ehemalige Wehrmachtssoldaten, die Balkanspezialitäten während ihres Kriegseinsatzes kennengelernt hatten. Das galt etwa für den Schriftsteller Heinz Oskar Wuttig, der Anfang der 1950er Jahre den Imbiss eines nach Kriegsende aus seiner Heimat geflohenen Jugoslawen frequentierte, der sich auf einem Ruinengrundstück an der Kantstraße in Berlin befand und aus dem sich später das Spezialitätenrestaurant „Bei Pero" entwickeln sollte:

> „In Peros Bude duftete es also köstlich, und auf einem kleinen Holzkohlengrill brutzelten braune wurstähnliche Gebilde. Nein, keine Bockwürste! Sondern echte serbische Raznjici und Cevapcici [sic], so wie ich sie während des Krieges in dem Land zwischen Drina und Morava lieben gelernt hatte."[18]

Neben den behelfsmäßigen Imbissen, die allerorts in den zerstörten Städten entstanden, wurden auch in den *DP-Camps* Kantinen eingerichtet, die oft ausländische Speisen anboten. Im Regierungslager für sogenannte heimatlose Ausländer in München-Feldmoching beispielsweise betrieb ein jugoslawisches Ehepaar in der ersten Jahreshälfte 1952 in der Baracke 12 das Restaurant „Jugoslawija", das in den Akten auch als „jugoslawische[ ] Kantine" firmierte und mit einem von Löwenbräu gestellten Leihinventar ausgestattet war.[19] Im Juli 1952 wurde das „Jugoslawija" von einer Frau übernommen, die es – der heterogenen nationalen Zusammensetzung des Regierungslagers möglicherweise stärker Rechnung tragend – in Restaurant „Europa" umbenannte.[20]

Als weiteres Beispiel für Gaststättengründungen durch Displaced Persons sei der 1914 im Herzogtum Bosnien geborene und im Zweiten Weltkrieg als Zwangsarbeiter in der Berliner Elektroindustrie tätige Matija Bratić genannt, der nach Kriegsende zunächst einen Kiosk und bald darauf die Imbissstube „Paprika-Eck" in Berlin betrieb. Er eröffnete im Laufe der 1960er Jahre mehrere „Balkan"-Lokale[21], die zu den ersten ihrer Art in Berlin gehörten. Damals war – anders als in München – an einen „Boom jugoslawischer Spezialitätenrestaurants" in Berlin „noch nicht zu denken" gewesen.[22]

---

[18] Wuttig, Bei Pero, 236. Ähnlich schilderte Luis Trenker, dass er „die Kochkunst der Balkanvölker" zunächst als Student und dann als Soldat im Ersten Weltkrieg kennengelernt hatte (Trenker, Bei Milan, 157).
[19] Abkommen LBM u. N.N. v. 19.12.1951, BWA LBM F002-3256.
[20] Vgl. Pachtvertrag zwischen dem Ehepaar u. LBM v. 25.1.1952; Pachtvertrag zwischen N.N. u. LBM v. 4.7.1952, BWA LBM F002-2423.
[21] Fragebogen für einen Antrag auf Erteilung einer Erlaubnis gemäß § 1 des Gaststättengesetzes v. 28.4.1930, 4.11.1969, LAB B Rep. 207, Nr. 6126; Löfgren, Balkan-Grill, 221f.
[22] Rechtsanwälte Karl-Heinz Schmitz/Eckard Lindemann an SfW, 8.11.1973, LAB B Rep. 010, Nr. 2233. Anfang der 1970er Jahre musste Bratić seine Lokale wegen erheblicher Schulden aufgeben (vgl. das entsprechende undatierte Schreiben an alle Bezirksämter Berlins, LAB B Rep. 207, Nr. 6126). Das Lokal wurde von einem Jugoslawen übernommen, der 1965 nach

318   5. Vom Balkan-Grill zur griechischen Taverne

Bereits 1969 stellten die mehr als 330 000 jugoslawischen Migranten dann nach den Italienern die zweitgrößte Ausländergruppe in der Bundesrepublik, überrundeten die 380 000 Italiener im September 1970 mit einer Zahl von mehr als 420 000, um von 1971 an jedoch von der immer stärker werdenden Gruppe türkischer Migranten überholt zu werden.[23] Die bereits Ende der 1960er Jahre hohe Zahl jugoslawischer Migranten macht deutlich, dass die Migration aus Jugoslawien keineswegs erst mit dem Inkrafttreten des Anwerbeabkommens 1969 einsetzte. Viele Jugoslawen hatten sich bereits in den frühen 1960er oder gar schon in den 1950er Jahren auf eigene Faust oder auf persönliche Rekrutierung hin auf den Weg nach Westdeutschland gemacht.[24] Die 55 Anträge auf eine Gaststättenerlaubnis, die 1973/74 von jugoslawischen Staatsangehörigen in Berlin eingereicht wurden, zeigen, dass mehr als die Hälfte der Antragsteller bereits vor 1968 in die Bundesrepublik bzw. nach Berlin gekommen war.[25] Von diesen hatte sich wiederum knapp die Hälfte für das Gaststättengewerbe rekrutieren lassen; andere waren mit einem Touristenvisum eingereist und hatten sich dann vor Ort Arbeit gesucht.[26] Bei den potentiellen Gaststättenbetreibern handelte es sich also größtenteils um eine Gruppe von Jugoslawen, die verhältnismäßig früh in die Bundesrepublik eingereist waren und sich bereits überdurchschnittlich lange im Land aufhielten.

Neben Berlin stellte auch der süddeutsche Raum einen Schwerpunkt nicht nur der jugoslawischen Migration, sondern auch der jugoslawischen Gastronomie dar. München und Stuttgart besaßen 1970 mit fast 33 000 bzw. gut 32 000 jugoslawischen Migranten bundesweit die größten jugoslawischen Bevölke-

---

Berlin gekommen war und seitdem als Koch in jugoslawischen Restaurants gearbeitet hatte (vgl. Rechtsanwälte Karl-Heinz Schmitz/Eckard Lindemann an den Senator für Wirtschaft, 8.11.1973, LAB B Rep. 010, Nr. 2233).

[23] Vgl. Lederer, Migration, 47, Tab. 1.2.1; Franzen, Gastarbeiter, 64. 1971 stammte mehr als die Hälfte aller jugoslawischen Migranten aus Kroatien (gut 38 %) und Bosnien-Herzegowina (knapp 24 %), womit beide Regionen klar überrepräsentiert waren; lediglich in Frankreich dominierte die Migration aus Serbien mit fast 68 % eindeutig (vgl. Haberl, Abwanderung, 278f., Tab. 18 u. 19).

[24] Die Mitte der 1950er Jahre einsetzende, zunächst noch sporadische Arbeitsmigration aus Jugoslawien war illegal; ab den 1960er Jahren wurde sie in Jugoslawien politisch totgeschwiegen, aber rechtlich toleriert, indem z. B. Visa mit längerer Laufzeit ausgestellt wurden (vgl. Haberl, Abwanderung, 51f.). Zur jugoslawischen ‚laissez-faire'-Haltung bis 1973 siehe auch Künne, Außenwanderung. Nur ca. 50 % der zwischen 1968 und 1973 in die BRD migrierten Jugoslawen sind von der jugoslawischen Arbeitsverwaltung vermittelt worden, etwa 40 % waren qua namentlicher Anforderung eingereist, und zwar im Zuge von Kettenmigrationen (vgl. ebd., 129 u. 133).

[25] Insgesamt jedoch nahm die Zahl jugoslawischer Arbeitnehmer in Berlin erst mit Abschluss des Anwerbeabkommens deutlich zu. Waren im Juni 1968 nur 1349 jugoslawische Beschäftigte in Berlin gemeldet, stieg ihre Zahl innerhalb von zwei Jahren auf 15 366. Vgl. Statistisches Jahrbuch Berlin 1970, 139.

[26] Vgl. Vermerk v. 19.9.1966 u. 25.2.1969, LAB B Rep. 010, Nr. 2235.

rungsgruppen.²⁷ Der „Blumenstrauß balkanesischer Kochkunst" in München wachse munter weiter, hieß es 1968 in einem Restaurantführer, weil inzwischen „jeder zweite Gastarbeiter" seine „eigene Lokalpflanze" beisteuere.²⁸ Während München und Stuttgart bereits in den 1950er Jahren Balkan-Grills aufwiesen²⁹, eröffneten in den kleineren Städten mit wenigen jugoslawischen Arbeitsmigranten die ersten Restaurants mit jugoslawischer Küche meist deutlich später, in Konstanz beispielsweise erst 1968.³⁰

Wie generell im Gaststättenwesen ist auch bei den Lokalen mit südosteuropäischer Küche eine große Fluktuation zu beobachten. Dies macht die Geschichte der Übernahmen des „Lehel Bierstüberl" in München deutlich: Anfang 1964 stellte ein 40-jähriger Kroate eine Anfrage an die Löwenbräu AG zwecks Übernahme des Lokals.³¹ Die Brauerei holte, wie immer in solchen Fällen, Erkundigungen über den potentiellen Pächter ein. Die beauftragte Auskunftei ließ Löwenbräu wissen, dass der Antragsteller und seine Ehefrau ein Kind hätten, er als Küchenchef, sie als Küchenhilfe tätig gewesen seien und beide als „tüchtig, fleissig und anständig" gälten.³² Das Ehepaar übernahm die Gaststätte im Juni 1964 und benannte sie in „Blaues Meer" um.³³ Im März 1966 wurde das Lokal an ein ungarisch-deutsches Ehepaar übergeben.³⁴ Die

---

[27] In Frankfurt und Berlin lebten zu diesem Zeitpunkt gut 24 000 bzw. fast 18 000 jugoslawische Migranten, in Hamburg hingegen nur knapp 11 000 und in Köln nur gut 9000 (vgl. Franzen, Gastarbeiter, 64). Im Januar 1973 wohnten fast 31 % aller in der BRD beschäftigten Jugoslawen in Baden-Württemberg, knapp 21 % in Nordrhein-Westfalen und knapp 20 % in Bayern. In Österreich konzentrierten sich die jugoslawischen Arbeitskräfte v.a. in Wien, wo im Februar 1975 fast 47 % von ihnen beschäftigt waren (vgl. Haberl, Abwanderung, 55).
[28] Milan. In: München von 7 bis 7, 1968, 149. Auch in Düsseldorf waren 1967 bereits mehrere „Balkanspezialisten auf dem Markt" (Koch, Dubrovnik, 145).
[29] Balkan-Grill im Stuttgarter Hindenburgbau. In: AHGZ 12/5 (1957), 3; zum bereits in den 1950er Jahren etablierten Restaurant „Bei Milan" in München siehe Kap. 5.1.2 und 5.1.3.
[30] Vgl. Adressbuch der Stadt Konstanz 1968.
[31] Er habe seit März 1962 im Parkhotel „Edelweiss" in München als Küchenchef gearbeitet und 20 000 DM gespart, mit denen er nun beabsichtige, sich selbständig zu machen, hieß es im Pachtantrag, eingegangen am 28.1.1964, BWA LBM F002-5000.
[32] Wys-Müller Auskunfteien an LBM, 2.6.1964, BWA LBM F002-5000. Derartige informelle Berichte von Auskunfteien sind zwar v.a. mit Blick auf die finanziellen Verhältnisse der Bewerber erstellt worden, geben aber – bei aller gebotenen quellenkritischen Vorsicht – zahlreiche zusätzliche Informationen über die potentiellen Gastronomen, die über andere Quellengattungen nur schwer zu ermitteln sind. V.a. bieten sie einen Einblick auch in die Wahrnehmung der ausländischen Antragsteller seitens ihrer Nachbarn, Arbeitskollegen und Arbeitgeber.
[33] Vgl. Pachtvertrag zwischen LBM u. N.N. v. 3.6.1964, BWA LBM F002-5000. Der Name „Blaues Meer" ist als Gaststättenname häufiger zu finden; ebenso üblich war „Blaue Adria" (Pol.präs. in Berlin an SfW, 24.10.73, LAB B Rep. 010, Nr. 1896/1, Bd. 3).
[34] Der ungarische Ehemann hatte sich nach dem Krieg in München niedergelassen. Er war gelernter Bäcker, hatte aber in den letzten Jahren als Gastwirt gearbeitet und gemeinsam

5. Vom Balkan-Grill zur griechischen Taverne

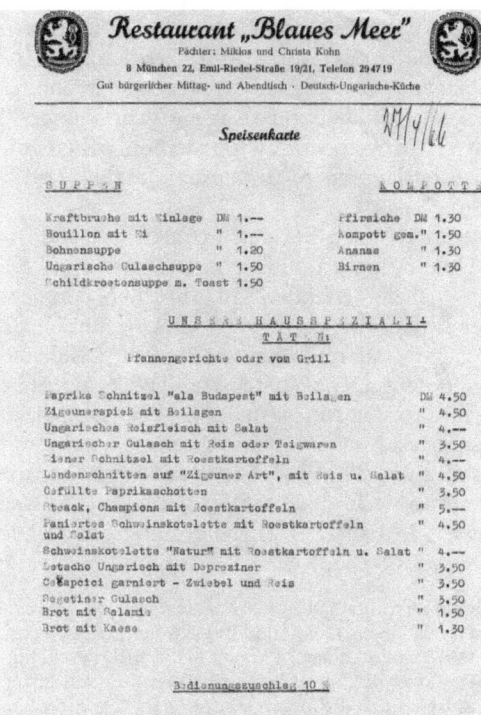

Abbildung 7: Speisekarte der Münchner Gaststätte „Blaues Meer", BWA LBM F002-5000.

Speisekarte des Restaurants „Blaues Meer" aus dieser Zeit weist einen „[g]ut bürgerliche[n] Mittags- und Abendtisch" sowie „Deutsch-Ungarische Küche" auf. Als „Hausspezialitäten" sind Paprikaschnitzel, Zigeunerspieß, Gulasch, gefüllte Paprikaschoten, aber auch Wiener Schnitzel und Ćevapčići genannt, also abermals eine Kombination aus Gerichten, die den Küchen des ehemaligen Habsburgerreiches zuzurechnen sind (Abb. 7). Im Mai 1968 übernahm dann ein jugoslawisch-deutsches Ehepaar das Restaurant, welches das Lokal aber bereits Ende 1969 aus unbekannten Gründen wieder aufgab.[35] Im Januar 1970 ging die Leitung schließlich an einen Jugoslawen über, der die Gaststätte

mit seiner Frau eine Bar in Hessen und danach das Restaurant „Stadt Athen" in Heidelberg betrieben. Vgl. Verständigung[serklärung] v. N.N. über Übernahme „Blaues Meer" durch N.N. ab 1.3.1966; Auskunft Wys-Müller v. 20.1.1966, BWA LBM F002-5000.

[35] Der jugoslawische Ehemann war vor der Übernahme als Alleinunterhalter in Augsburg tätig gewesen, während seine Frau zuvor als Köchin im „Wienerwald" gearbeitet hatte. Vgl. Pachtvormerkung v. 16.4.1968; Auskunft Dun & Bradstreet v. 17.4.1968, BWA LBM F002-5000.

nach seinem Vornamen in „Bei Milka" umbenannte. Er stellte insofern eine Ausnahme dar, als er das Lokal die gesamten 1970er Jahre hindurch betrieb.[36]
Die Geschichte des „Lehel Bierstüberl" respektive „Blauen Meeres" in den 1960er und 70er Jahren zeigt zweierlei: Erstens wird ersichtlich, dass die Gaststätten nicht allein an Landsleute übergeben wurden, sondern – im Sinne der historischen und kulinarischen Nähe von Deutschland, Österreich-Ungarn und Kroatien – ein Wechsel von (deutsch-)kroatischer zu ungarisch-deutscher Küche und vice versa die Betreiber im Hinblick auf die Küche wie die Gestaltung der Gasträume kaum vor Probleme stellte. Zweitens wird deutlich – wie bereits im Zusammenhang mit italienischen Restaurants in der Bundesrepublik diskutiert –, dass nicht wenige ausländische Spezialitätenrestaurants von binationalen Ehepaaren gegründet und geführt wurden. Auf diese Weise ließen sich ausländerrechtliche Restriktionen, die gerade Staatsangehörige aus den sogenannten Drittstaaten trafen, umgehen. Zudem brachten die Betreiber Kompetenzen in mindestens zwei Sprachen und Küchen mit, die es ihnen erleichterten, in Auswahl und Zubereitung der Speisen (auch) deutschen Geschmackspräferenzen entgegen zu kommen.

Abgesehen von binationalen Wirtepaaren befand sich unter den Betreibern der ersten Balkan-Grills in der Bundesrepublik auch eine nicht zu vernachlässigende Zahl deutscher Gastronomen. Sie verhalfen diesem Gaststättentyp vermutlich insofern mit zum Erfolg, als sie diesen Konsumort als einen nicht gänzlich fremden und v.a. als ‚sicheren' Ort popularisierten.[37] Ein in den 1950er Jahren in Stuttgart eröffneter Balkan-Grill war z. B. von einem deutschen Brüderpaar gegründet worden, das vor der Eröffnung des Lokals eine Studienreise unternommen hatte, um die gewünschte ‚Originaltreue' garantieren zu können.[38] In Berlin existierte mit Bodes Bauernstuben ein deutsches Unternehmen, unter dessen Leitung gleich mehrere „Balkan-Spezialitäten-Restaurants" standen, in denen ausschließlich jugoslawische Staatsangehörige mit gastronomischer Fachausbildung beschäftigt wurden. Eines dieser Restaurants trug den Namen „Pußta-Grill"[39] und lässt sich damit als Beleg für die oft fehlende Trennschärfe zwischen jugoslawischer und ungarischer Küche in

---

[36] Vgl. Erklärung v. 14.1.1970 über die Übernahme „Blaues Meer" durch N.N.; LBM an N.N., Gaststätte „Bei Milka", 20.4.1978: Erhöhung der Mindestpacht von 550 auf 650 DM wegen der „umfangreichen Investitionen in Ihrem Pachtlokal", BWA LBM F002-5000. (Für die 1980er Jahre liegen keine entsprechenden Akten der Löwenbräu AG mehr vor.)
[37] Denn schließlich mussten sich die Bundesdeutschen erst einmal an den neuen sozialen Status gewöhnen, den ausländische Selbständige besaßen, und Vertrauen in deren professionelle Kompetenz erwerben, wie Panayotidis, Griechen, 289f., betont.
[38] Balkan-Grill im Stuttgarter Hindenburgbau. In: AHGZ 12/5 (1957), 3.
[39] Bodes Bauernstuben GmbH & Co., Gaststättenbetriebs-KG, an Pol.präs. in Berlin/Ausländerbehörde, 23.3.1973, LAB B Rep. 010, Nr. 2237.

der Bundesrepublik heranziehen.[40] Während die Bezeichnung ‚Balkan-Grill' zumeist auf jugoslawische Restaurants hinwies, war für ungarische Gaststätten, sofern sie mit ihrem Namen überhaupt auf Grillspezialitäten referierten, die Bezeichnung ‚Pußta-Grill' gebräuchlich(er). Die Grenzen waren hier allerdings fließend. Kulinarische Landkarten, wie sie in Kochbüchern zu finden sind und die – ähnlich wie Reiseführer – (ess-)kulturell homogene Räume herstellen, schlagen Ungarn größtenteils und fraglos dem Balkan zu.[41] Auch im gewerberechtlichen Kontext wurden ‚Pußta-Grill' und ‚Balkan-Grill' als Betriebe gleicher Art behandelt.[42] Über den Namen ‚Pußta-Grill' ließ sich zum einen die neben Budapest und Balaton bekannteste (Ferien-)Region Ungarns aufrufen. Zum anderen markiert diese in den 1960er und 70er Jahren übliche Benennung den Versuch, am Boom der Balkan-Grills teilzuhaben, also aus ökonomischem Kalkül eher die mit dem Balkan assoziierte würzige Grillküche als die ‚alte' österreichisch-ungarische Küche herauszustreichen. Generell ist das seit den späten 1950er Jahren zu beobachtende deutsche Engagement in der südosteuropäischen Gastronomie jedenfalls als Hinweis auf die große Lukrativität des Balkan-Grills in den ersten Nachkriegsjahrzehnten einerseits und als Zeichen für die empfundene Nähe von Balkanküche und gutbürgerlicher (deutscher bzw. österreichischer) Küche andererseits zu lesen.

5.1.2 Der Balkan und seine Küche(n)

Gastronomisch gesehen ließen sich die Küchen des ehemaligen Habsburgerreiches und dem, was als Balkanküche firmierte, kaum strikt voneinander trennen. Das galt umso mehr, als im bundesdeutschen Balkan-Grill v.a. Jugoslawen und insbesondere Kroaten tätig waren, welche die historische Verbundenheit ihrer Herkunftsregion zu Österreich-Ungarn häufig auch kulinarisch betonten. Jugoslawische und v.a. kroatische Restaurantbesitzer

---

[40] Nicht zuletzt wegen des hohen Verbrauchs an tierischen Fetten ist die jugoslawische Küche eng mit der ungarischen verwandt, so Brădăţan, Cuisine, 46.
[41] Balkan Kochbuch, 6. Vgl. auch Schlemmer, Internationale Küche, 121ff. Für Karl Kaser gehört Ungarn zum südöstlichen Europa, jedoch nicht zum Balkan; er verweist aber selbst darauf, dass statt von Grenzen sinnvoller von „kulturellen Übergangszonen" zu sprechen sei (Kaser, Südosteuropäische Geschichte, 23).
[42] Ein deutsches Ehepaar, das 1973 in Berlin-Kreuzberg das Speiserestaurant „Pußta-Grill" errichtet hatte, befürchtete angesichts der bevorstehenden Eröffnung des „Adria-Grill" in der Nachbarschaft unmittelbare Konkurrenz und argumentierte in seinem Beschwerdeschreiben an das Bezirksamt auf Basis der Betriebsähnlichkeit, die seiner Ansicht nach im Rahmen der Bedürfnisprüfung zu einer Ablehnung des Antrags des jugoslawischen Gastronomen führen müsse. Vgl. N.N. an BA Kreuzberg, Abt. Wirtschaft, 21.3.1976, betr.: Bevorstehende Eröffnung eines jugoslawischen Restaurants in Berlin 61, LAB B Rep. 010, Nr. 2235.

servierten nicht selten eine Mischung aus jugoslawischen respektive kroatischen, ungarischen und österreichischen Speisen.⁴³ Auch wenn sie ihren Lokalen oftmals den Namen ‚Balkan-Grill' verliehen, bedeutete dies nicht, dass zwangsläufig eine Identifizierung mit dem Balkan stattfand. Vielmehr ist gerade bei kroatischen Restaurantbetreibern das Bemühen erkennbar, sich im Hinblick auf die Einrichtung wie die angebotene Küche wenn nicht als Teil Zentraleuropas, dann doch als Brücke zwischen Zentral- und Südosteuropa zu präsentieren.⁴⁴ In kulinarischer Hinsicht implizierte das eine nicht unerhebliche Sortimentsüberschneidung des Balkan-Grills mit ungarischen (und zum Teil auch tschechischen) Spezialitätenrestaurants, die in Deutschland auf eine längere Tradition zurückblicken konnten und die bereits in den 1920er Jahren etablierte Tradition, trotz neuer Staatsgrenzen weiterhin auch serbische, slowenische oder kroatische Gerichte zu servieren, nach dem Zweiten Weltkrieg fortsetzten.⁴⁵

Eine solche „österreichisch-ungarisch-kroatische Küche" bot beispielsweise das Restaurant „Bei Milan" in München, in dem neben „Fischgulasch nach Dalmatiner Art" auch „Szegediner Gulasch" sowie „Serbisches Reisfleisch" serviert wurden.⁴⁶ Der Betreiber des Lokals, der in Zagreb geborene Milan Psenićnik, hatte – so ist in einer 1965 von Luis Trenker verfassten Restaurantkritik zu erfahren – in Wien Handelswissenschaften und auch „praktische Gastronomie" studiert, bevor er kurz nach Kriegsende sein Lokal in München eröffnete, das er gemeinsam mit seiner bayerischen Ehefrau führte. Trenker bezeichnet Psenićnik als „ein[en] echte[n] Kroate[n]" und macht kein Hehl aus seiner Sympathie für den Wirt, die aus dieser ethnisch verstandenen Zugehörigkeit herrührte.⁴⁷ Er sieht im Restaurant „Bei Milan" den „Charme der ehemaligen Donaumonarchie eindrucksvoll in Erinnerung" gerufen⁴⁸, und seine Lobrede macht deutlich, dass die deutsche (hier: Südtiroler) Vorliebe für Balkan-Restaurants mitunter auch auf die mehr oder weniger lange zurückliegenden politischen Allianzen zwischen Deutschland respektive Österreich und Kroa-

---

⁴³ Vgl. LAB B Rep. 010, Nr. 1896/II, Bd. 2.
⁴⁴ Zur historisch wie aktuell zu beobachtenden Externalisierung ‚des Balkanischen', um ‚das Kroatische' (respektive ‚das Serbische' etc.) als europäisch zu markieren und von Orientalismen ‚rein' zu halten, siehe Todorova, Erfindung, 83.
⁴⁵ Auch die Kochbuchliteratur der BRD reaktivierte die sog. Wiener Küche der Donaumonarchie, so etwa Wechsberg, Küche – ein Kochbuch, das neben Rezepten für „Ungarisches Weißbrot" z. B. auch eines für „Serbischen Gemüsekaviar" enthält (ebd., 14 u. 65).
⁴⁶ Trenker, Bei Milan, 158f.
⁴⁷ „Wer das Volk der Kroaten schätzt, das jahrhundertelang gemeinsam mit den Siebenbürger Sachsen die von Prinz Eugen ins Leben gerufene k.u.k. Militärgrenze bewacht und damit Europa vor dem Einbruch der Ottomanen mitbeschützt hat, wird bei Milan jenen Paprika finden, der die Völker am besten verbindet: Freundliche Menschen, die gern gut essen und trinken." (Ebd., 159)
⁴⁸ Ebd., 158.

tien zurückzuführen ist. Indem Trenker die „Ottomanen" als gemeinsamen Feind heraufbeschwört, beruft er sich auf ein geteiltes (zentral)europäisches Erbe, das eine internationale ‚Völkerverständigung' auf Basis der Exklusion des orientalische(re)n Anderen gewährleistet. Dass jugoslawische Partisanen im Zweiten Weltkrieg gegen die Deutschen kämpften, findet in Restaurantkritiken hingegen kaum Erwähnung.[49]

Während in den Gewerbeanträgen der aus Jugoslawien stammenden Gastronomen (wie bei allen Antragstellern) grundsätzlich nur die Staatsangehörigkeit notiert wurde, machen die Ausführungen Trenkers deutlich, dass die regionale Herkunft bereits lange vor dem Auseinanderbrechen Jugoslawiens eine bedeutende Rolle für die Selbst- und Fremdwahrnehmung spielte. Restaurantnamen wie „Croatia" sowie explizite Verweise darauf, dass es sich bei einer Neueröffnung um ein kroatisches Restaurant handelte, lassen sich seit Entstehen dieser Lokale in der Bundesrepublik finden.[50] Auch andere Gaststättennamen, die über die Genrebezeichnung ‚Balkan-Grill' hinausgingen, nahmen regionale Zuordnungen vor, so etwa der „Makarska-Grill", der „Belgrad-Grill" oder der „Bosna-Grill" in Berlin, die Restaurants „Split", „Dubrovnik" oder „Adria" in Hamburg oder aber der „Zagrebgrill" in Leverkusen.[51] Doch auch der „Jugoslavija-Grill" war durchaus zu finden.[52]

Auch in Pachtanfragen und -anträgen, bei denen die Antragsteller ihre persönlichen Daten eintrugen, definierten sich viele nicht über ihre jugoslawische Staatsangehörigkeit, sondern über ihre engere ethnisch-nationale Herkunft aus einer der Teilrepubliken. In Jugoslawien wurde die Kategorie ‚Jugoslawe' erst mit dem dritten Nachkriegszensus 1961 eingeführt und war für diejenigen vorgesehen, die sich aus unterschiedlichen Gründen keiner der übrigen Kategorien

---

[49] Eine Ausnahme bildet Schlegel, Dein Djuwetsch, 62, der von der Anpassung der jugoslawischen Wirtsleute an die „wohlanständige[ ] Stadt" Stuttgart berichtet, dabei aber betont, dass sie doch noch so aussähen, „als ob sie in den Jahren des Partisanenkampfes das Schießeisen wohl zu gebrauchen verstanden".

[50] Kroatische Küche am Fideliopark. Gepflegte Atmosphäre im neuen „Croatia". In: Abendzeitung v. 29.9.1970.

[51] Vgl. Gaststättenverzeichnis; Hamburg von 7 bis 7, 1983/84, 725; „Neueröffnung! Zagrebgrill! Balkanspezialitäten". Anzeige in: KR (Ausg. Leverkusen) v. 21.6.1968; Anzeige. In: LA v. 6.11.1980. In Österreich bezeichnet „Bosna" zudem eine dem Hot Dog ähnliche, mit Zwiebeln, Petersilie und einer scharfen Gewürzmischung versehene Wurstspezialität (vgl. Pohl, Österreichische Küchensprache, 48), die vermutlich zuerst der aus Bulgarien stammende Zanko Todoroff in Salzburg kreierte und die so erfolgreich war, dass er einen eigenen kleinen Balkan-Grill eröffnen konnte.

[52] Vgl. Gaststättenverzeichnis; Hamburg von 7 bis 7, 1983/84, 725.

zuordnen konnten oder wollten.[53] 1961 waren das nicht einmal 2 % der Bevölkerung; 1981 gaben 5,4 % an, Jugoslawe oder Jugoslawin zu sein.[54]

Spielte die regionale Herkunft der Gaststättenbetreiber also für die Selbst- und Fremdwahrnehmung durchaus eine Rolle, gelang die Verbindung unterschiedlicher Regionalküchen zum Konglomerat einer der Wiener Küche mehr oder weniger nahe stehenden Balkanküche scheinbar problemlos. Dass diese Verknüpfung von den Gästen als stimmig empfunden wurde, hing nicht zuletzt damit zusammen, dass diese Küchen auf einen ohnehin imaginären Raum referierten, der zwar nach Westen, nicht jedoch nach Osten klar markierte Grenzen aufwies. Für das „Café Wien", das zusammen mit dem „Zigeuner-Keller" zum Gaststättenkomplex „Haus Wien" am Kurfürstendamm in Berlin gehörte, beschrieb der Schriftsteller Peter O. Chotjewitz diesen Sachverhalt Ende der 1960er Jahre wie folgt: Das „Café Wien" vermittele das Gefühl, „noch einmal einzutreten in eine schon immer imaginäre Welt, in der Städte wie Wien, Berlin, Laibach, Warschau, Prag und andere in einem Land liegen, das nicht in sich und nicht nach Osten begrenzt ist".[55] Diese Unklarheit der (ess-)kulturellen Grenzen ist aufs Engste verwoben mit der ebenfalls komplizierten Geschichte der Nationalstaatsbildung in dieser Region. Im Zuge des *nation-building* wurden, wie bereits angedeutet, überall in Europa Nationalküchen konstruiert, welche die einzelnen Regionalküchen eines Landes zu einer mehr oder minder homogenen Küche zu vereinen suchten. So unternahm etwa der ungarische Adel im 19. Jahrhundert erfolgreiche Anstrengungen, eine ungarische Nationalküche zu erfinden, die sich von der Wiener Hofküche abgrenzte. Dennoch blieben die entstehenden Nationalküchen überlagert von als imperial zu charakterisierenden ‚Groß-Küchen' – sei es die Wiener, sei es die osmanische Küche –, denen es weiterhin gelang, eine übergreifende Zusammengehörigkeit zu behaupten. Diese schlägt sich noch in den Restaurantführern der Nachkriegszeit nieder, die im Falle österreichischer, jugoslawischer, aber auch bulgarischer Gaststätten vielfach mit Mehrfachzuordnungen arbeiteten. So wurde das Münchner Restaurant „K.u.K. Monarchie" im Stadtführer *München von 7 bis 7* aus dem Jahre 1968 sowohl der Kategorie ‚böhmisch/tschechisch' als auch der Kategorie ‚österreichisch' zugerechnet.[56] Unter der Sammelrubrik ‚balkanesisch' firmierten unter anderem der v.a. bulgarische Spezialitäten anbietende „Donau-Grill" sowie das

---

[53] Vgl. Goeke, Transnationale Migrationen, 158. Zur Tabuisierung nationaler Konflikte im Jugoslawien Titos siehe Hösch, Geschichte, 92.
[54] Vgl. Goeke, Transnationale Migrationen, 158.
[55] Chotjewitz, Haus Wien, 97.
[56] Die ungarische Küche jedoch wurde gesondert registriert, selbst wenn etwa in der „Csárdás-Fürstin" in der Georgenstraße österreichisch-ungarische Plattenmusik zu hören war und zusätzlich deutsche Gerichte serviert wurden. Vgl. München von 7 bis 7, 1968, 275.

„Kolosseum", das ‚gutbürgerliche' Küche mit ‚Balkanspezialitäten' kombinierte.[57] Dass der Stadtführer die Rubrik ‚balkanesisch' mit dem Verweis „siehe auch jugoslawisch" versah[58], macht deutlich, welche zentrale Rolle gerade der jugoslawischen Küche in diesem Gastronomiesegment zukam, demonstriert in seiner Verweisstruktur aber auch die Unklarheit der kulinarischen Grenzen.

In der DDR-Gastronomie hingegen war diese Form der Mehrfachzuordnung unüblich. Hier firmierten die ausländischen Spezialitätenrestaurants als „Nationalitätengaststätten" und wurden entsprechend eindeutig(er) nach nationalstaatlicher Zugehörigkeit kategorisiert. Zudem verwiesen die in der DDR verwendeten Namen für Restaurants mit ausländischen Speisen nicht auf primär touristische Orte der entsprechenden Länder, sondern auf deren Hauptstädte, wie das 1953 in Ost-Berlin eröffnete „Haus Budapest" und die in den darauf folgenden Jahren errichteten Restaurants „Moskau" und „Sofia" deutlich machen.[59] Der westdeutsche Balkan-Grill hingegen referierte auf eine per se nicht exakt definierbare Region im Südosten Europas.

Anders als im allgemein-politischen Diskurs, in dem die früher als Balkan bezeichnete Region inzwischen meist als Südosteuropa tituliert wurde[60], hielt man auf kulinarischem Gebiet an der Bezeichnung ‚Balkan' beharrlich fest. Hier sollte, steht zu vermuten, weniger auf eine klar abgrenzbare Region verwiesen als vielmehr an eine (ess-)kulturelle Tradition angeknüpft werden, die sich über den Namen ‚Balkan' weit besser aufrufen ließ. Denn die Bezeichnung ‚Balkan' besitzt „eine emotionale Seite, die ein Begriff wie ‚Südosteuropa' nicht anzusprechen vermag".[61] Das Attribut ‚balkan(es)isch' besaß seine Überzeugungskraft nicht allein wegen seiner Verschwommenheit, sondern auch und in besonderem Maße aufgrund dieser „gefühlsmäßigen Komponente".[62] Denn Emotionen auszulösen, war das erklärte Ziel exotistischer Inszenierungen des Fremden, die ein Massenpublikum anziehen sollten. Was in einem Reisebericht aus dem Jahre 1941 festgehalten wurde, galt auch noch in den ersten Nachkriegsjahrzehnten: „[W]enn das Wort Balkan aufklingt, wird die Weite des Ostens wach, schlägt uns der Atem einer fernen, unbekannten Welt entgegen, auch heute noch."[63]

Das einzig Gemeinsame, das diejenigen Länder verbindet, die im deutschsprachigen Raum als Balkan firmier(t)en, ist laut Maria Todorova ihr osmanisches Erbe.[64] Zu Recht weist sie jedoch darauf hin, dass es unmög-

---

[57] Vgl. ebd., 327, 276 u. 142.
[58] Ebd., 327.
[59] Vgl. Jenn, Deutsche Gastronomie, 225; Schnell informiert in Berlin, 13.
[60] Zur Geschichte der Bezeichnung ‚Balkan' siehe Todorova, Erfindung; Mazower, Balkan.
[61] Kaser, Balkan, 34.
[62] Golczewski, Balkan, 269.
[63] Koch, Reise, 152.
[64] Vgl. Todorova, Erfindung, 30.

lich ist, osmanische (alternativ: islamische oder türkische) Elemente klar von ‚einheimischen' zu trennen.[65] Den Küchen der Region ist der osmanische Einfluss bei den Gerichten und Kochweisen noch immer deutlich anzumerken; neben Hammelfleischzubereitungen und gefüllten Gemüsen gehört auch Baklava zu den Spezialitäten vieler Balkanländer.[66] Auch die Namen der Speisen weisen auf ihre osmanische Herkunft hin. So schwingt etwa im serbokroatischen *ćevapčići* das türkische bzw. persische Wort *kebap* mit.[67] Insofern ist es nicht weiter verwunderlich, wenn in dem bereits erwähnten Balkan-Grill in Stuttgart 1957 nicht nur jugoslawische und ungarische Gerichte serviert wurden, sondern man auch „türkischen Mokka" reichte, den ein „junger Türke" direkt an den Tischen der Gäste zubereitete und der dann von einer „jungen Türkin" kredenzt wurde.[68] Auch sogenannte Balkan-Kochbücher kombinierten bulgarische Käsefladen, serbischen Kaviar, ungarische Kümmelsuppe und griechischen Kartoffelsalat mit türkischer Lammpfanne.[69] Wie selbstverständlich wurden denn auch im Balkan-Grill in der Nähe des Hamburger Hauptbahnhofs in den 1960er Jahren neben der „Csardasplatte" [sic] auf brennendem Schwert auch auf dem Holzkohlengrill zubereitete Ćevapčići sowie eine „Balkan"- und „Orient-Platte" serviert, und im Restaurant „Oriental" am Spielbudenplatz wurden 1970 Gerichte der „orientalischen und balkanesischen Küche" angeboten.[70] Die Bedeutung wie auch die Grenzen dessen, was als Balkan und Orient figurierte, blieben dabei (bewusst) unklar. Indiziert war weniger eine über aktuelle Staatsgrenzen formierte Region denn ein mythisches Gebiet, über das sich nur eines mit Sicherheit sagen ließ: dass es an der östlichen Peripherie Europas lag und sich damit zur Orientalisierung und Exotisierung anbot.

Auch wenn die an den Balkan geknüpften Imaginationen und Narrationen zahlreiche orientalistische Elemente aufweisen, lässt sich der Balkanismus vom Orientalismus doch insofern abgrenzen, als er „Unterschiede innerhalb eines Typus" und nicht wie der Orientalismus „Unterschiede zwischen (unterstellten)

---

[65] Vgl. Todorova, Erfindung, 233.
[66] Gerichte wie „Gefüllte Auberginen" firmierten in bundesdeutschen Kochbüchern als typische Spezialitäten des Balkans, so etwa bei Wolter, Spezialitäten, 96. Zu den Konflikten der Balkanländer untereinander im Hinblick auf einige der jeweils als Nationalgerichte reklamierten Speisen siehe Krăsteva-Blagoeva, Tasting, 26. Dort auch zu den internen Differenzen der Balkanküche(n).
[67] Vgl. Reindl-Kiel, Wesirfinger, 60, Anm. 10.
[68] Balkan-Grill im Stuttgarter Hindenburgbau. In: AHGZ 12/5 (1957), 3.
[69] Vgl. Balkan Kochbuch, 112, 12, 20, 39 u. 83.
[70] Vgl. Schnapauff, Kulinarischer Orientexpress, 175; Oriental. In: Hamburg von 7 bis 7, 1970, 319–320: 319. Auch der „Balkan-Grill" in der Brunnengasse in Wien bot „all sorts of exotic Balkan-Turk-Yugo-Romanian-Serb businesses right under one roof", wie es in Baker, *Esquire* Culinary Companion, 147, heißt.

Typen" annimmt.[71] Der Balkan wurde im (west-)europäischen Diskurs nicht als das unvollkommene Andere, sondern als das unvollkommene Eigene konstruiert und damit, wenn auch in einer marginalen Position, letztlich doch dem ‚europäischen Kulturraum' zugeschlagen.[72] Trotz dieser Zuordnung standen und stehen in den Diskursen über den Balkan immer auch die Grenzen Europas zur Debatte und damit letztlich die Kategorien des Vertrauten und des Fremden selbst. Entsprechend nahm die sogenannte Balkanküche einen peripheren Platz auf der kulinarischen Landkarte Europas ein. Indem ihre Spezialitäten von der wohlbekannten Wiener Küche bis zur ‚exotischen' türkischen Küche reichten, siedelte sie sich in einem Zwischenraum an, und möglicherweise war es gerade diese Zwischenstellung, diese spezifische Kombination von Vertrautem und Fremdem, die westdeutsche Konsumenten in den ersten Nachkriegsjahrzehnten besonders ansprach und den Balkan-Grill zu einem der erfolgreichsten ausländischen Gaststättentypen der jungen Bundesrepublik machte.

Berühmt war der Balkan-Grill v.a. für die großen Mengen an gegrilltem Fleisch, die hier zu relativ günstigen Preisen angeboten wurden. Angesichts der im Zweiten Weltkrieg und der unmittelbaren Nachkriegszeit herrschenden „Fleisch- und Fettknappheit"[73] erstaunt die Vorliebe für eine extrem fleischlastige Küche in den ersten Jahrzehnten nach Kriegsende nicht.

5.1.3 Erlebnisgastronomie in der frühen Bundesrepublik. Scharf gewürzte Fleischgerichte vom Holzkohlengrill

In kaum einem Restaurant mit Balkanspezialitäten fehlte der Holzkohlengrill, der oftmals den Mittelpunkt des Gastraumes bildete. Sei es in Form eines einfachen Rostes oder aber eines Grillapparats mit automatisch arbeitenden Drehspießen[74] – der für die Gäste sichtbare Grill stellte einen, wenn nicht *den* zentralen Ausstattungsgegenstand der Balkan-Restaurants dar. In den Anträgen auf Gaststättenerlaubnis bildete die Anschaffung eines Grills das

---

[71] Todorova, Erfindung, 38. Aus diesem Grund verdiene der Balkanismus eine eigene Analyse und sei mehr als „lediglich ein Unterbegriff des Orientalismus" (ebd., 23). Dennoch bestehen zahlreiche Überschneidungen zwischen den Begriffen ‚orientalisch' und ‚balkanisch', gerade auch im Hinblick auf negative Zuschreibungen wie Grausamkeit, Intrigenhaftigkeit und Instabilität, wie Golczewski, Balkan, 65, betont. Zum Orientalismus siehe Said, Orientalism.

[72] Die hauptsächlichen Differenzkriterien gegenüber Westeuropa stellten dabei die Religion und die für den Balkan als konstitutiv angesehene ‚Vermischung der Ethnien' dar. Jedoch bestand im Falle des Balkans kein Zweifel daran, dass er auch in rassentheoretischer Hinsicht der europäischen Seite zugeschlagen wurde. Vgl. Todorova, Erfindung, 37f.

[73] Was essen ihre Gäste am liebsten? In: Die Küche 54/12 (1950), 216–219: 219.

[74] Siehe z. B. den Kombinationsgrill „mit Holzkohlenbrand" und „Infra-Rot-Beheizung" im Balkan-Grill im Stuttgarter Hindenburgbau. In: AHGZ 12/5 (1957), 3.

5.1 Der Balkan-Grill 329

entscheidende Moment bei der Umwandlung einer Gaststätte ‚ohne besondere Betriebseigentümlichkeiten' in ein jugoslawisches Spezialitätenrestaurant.[75] Die Bezeichnung ‚Balkan-Grill' verspricht nicht nur, ähnlich wie das sogenannte China-Restaurant, das umfassende Erlebnis einer gesamten Region, sondern benennt explizit die Zentralität des Grillgeräts und einer spezifischen Zubereitungsweise der Speisen. Selbst wenn jugoslawische Gaststättenbetreiber ihren Lokalen nicht den Namen ‚Balkan-Grill' gaben, verzichteten sie doch nur selten auf den Zusatz ‚Grill' und benannten ihre Gaststätten „Adria-Grillstube", „YU-Grill" oder auch gleich: „Grillteller".[76] Mit dem Balkan-Grill setzte sich die Bezeichnung ‚Grill' endgültig im deutschen Gastgewerbe durch und verdrängte die zuvor gängige Bezeichnung ‚Rost'.[77]

Das Grillen hielt in der Bundesrepublik Einzug über zwei zu differenzierende, sich in den 1960er Jahren aber wechselseitig verstärkende Diffusionsprozesse: Es stellte nicht nur die präferierte Zubereitungsweise in der südosteuropäischen Gastronomie dar, sondern war auch durch die seit den späten 1950er Jahren aus den USA über Großbritannien nach Kontinentaleuropa gelangte Barbecue-Mode popularisiert worden, wobei private Grillgeräte in Westdeutschland erst seit Ende der 1960er Jahre verstärkt angeschafft wurden.[78]

Als zentrale Momente des Grillens benennt Ulrich Tolksdorf zum einen den Freizeitcharakter und zum anderen die gemeinsame Teilhabe der Essenden am Produktionsprozess.[79] Die Sichtbarkeit des Grillgeräts in vielen Restaurants ermöglichte es, nicht nur den Verzehr, sondern auch die Zubereitung der Speisen zu zelebrieren. Nicht Essen „auf die Schnelle" zu bieten, sondern „balkanisch als Kult"[80] war das Ziel des Balkan-Grills, der sich in diesem Sinne als frühe Form der Erlebnisgastronomie verstehen lässt. Bereits 1949 hatte der Autor eines in *Die Küche* erschienenen Artikels über „Grill- und Spießbraterei" festgestellt, dass das Rösten auf einem Grill auf den Betrachter „einen gewissen Reiz"

---

[75] Siehe etwa die Zusage einer jugoslawischen Antragstellerin 1974, dass sie, sobald ein positiver Bescheid für die Restaurantübernahme vorliege, einen Grill bestellen würde. Vgl. Rechtsanwalt N.N. an das BA Kreuzberg, Abt. Wirtschaft, 21.11.1974, LAB B Rep. 010, Nr. 2238.
[76] Antrag auf Erlaubnis zum Betrieb einer Gaststätte, 18.4.1969, StAK S XI/2950; SfW, 17.9.1979, LAB B Rep. 010, Nr. 2237; SfW, 20.1.1978, LAB B Rep. 010, Nr. 2233.
[77] Vgl. Tolksdorf, Schnellimbiss, 134.
[78] Im Dezember 1964 waren lediglich 12,1 % der Beamten- und Angestelltenhaushalte mit höherem Einkommen mit einem elektrischen Grill ausgestattet; Arbeitnehmerhaushalte mit mittlerem Einkommen verfügten sogar erst zu 2,6 % über einen Grill (vgl. Kleßmann, Zwei Staaten, 485). Zur Barbecue-Mode siehe Willi Koopmann: Kleiner Spezialitäten-Fahrplan. Amerikaner und Engländer brutzeln gern im Freien und nennen das „Barbecue". In: DG 8/38 (1955), 4.
[79] Vgl. Tolksdorf, Grill, 117 u. 126.
[80] So Schnapauff, Kulinarischer Orientexpress, 175, über einen „Balkan-Grill" in Hamburg.

ausübe und „romantische Vorstellungen" wachrufe.[81] Wie dem amerikanischen Barbecue, das „gepflegte Gastlichkeit mit primitiver Einfachheit zu verbinden und einen Schritt zurück zur Natur" zu tun erlaube, haftete dem Grillen von Fleisch generell etwas Rustikales, Ursprüngliches und Archaisches an.[82] Neben seinem öffentlichen Charakter machten diese Konnotationen das Grillen zu einer eindeutig männlich kodierten Tätigkeit.[83] Im Balkan-Restaurant war das Grillen darüber hinaus eingebunden in eine spezifische Lagerfeuer- und ‚Zigeunerromantik', die für einen zusätzlichen Schuss an Exotik sorgen sollte.

Grillapparat und Grillade standen bei einem Besuch in einem Restaurant mit Balkanspezialitäten im Mittelpunkt der Aufmerksamkeit, wie Restaurantkritiken aus den 1960er und 70er Jahren verdeutlichen. Über die „Hirtenstuben" in München hieß es 1976, dass hier die rumänischen Grillspezialitäten vom Koch „am riesigen Grill" vor den Augen der Gäste zubereitet würden.[84] In den Besprechungen anderer Balkan-Grills ist von „leckeren Sachen vom Holzkohlengrill", von dem bei „Romantiker[n]" besonders beliebten „Räuberfleisch", „am Spieß brennend serviert", die Rede[85] oder es wird, eher beiläufig, „irgendetwas Holzgegrilltes" empfohlen.[86] Ausführlicher fällt hingegen die 1967 verfasste Beschreibung der Spezialitäten des „Balkan-Grills" am Gürzenich in Köln aus:

„Und hier beginnt für den Experten das Elysium der Balkangenüsse. Hier nehmen Duft und Aroma wirklich farbige Dimensionen an: Die Hitze des Holzkohlenrosts strahlt so intensiv aus den gegrillten Steaks und Fleischportionen, die heiße Luft vermischt sich so vollkommen mit dem Würzgeruch, daß man glaubt, der Küchenchef habe ein Aroma von der Leuchtkraft orange-bläulichen Lichts erfunden. Als eine brennende Flamme steht der Duft über der Grillplatte, und die Vorstellung von der lodernden Flamme wird plötzlich konkreter, läßt man nicht nur Abwandlungen der poetischen Deutung und Klärung Raum, sondern beginnt wirk-

---

[81] C[ark] Friebel: Grill- und Spießbraterei. In: Die Küche 53/3 (1949), 39.
[82] Barbecue. In: Die Küche 67/8 (1963), 222.
[83] Das Kochen in der (abgeschlossenen) Küche galt und gilt demgegenüber als weibliche Tätigkeit. Zum Barbecue als männlichem Betätigungsfeld in den USA siehe Gilbert, Men. Einen (weiteren) Beleg für die männliche Kodierung des Grillens liefert Nilsen, From *Aunt Chilada's* to *Cactus Willy's*, 36: So findet sich bei den von ihr untersuchten Namen von Restaurants und Imbissen kein Beispiel, in dem der Namensteil ‚Grill' mit einem weiblichen Vornamen verbunden worden wäre. Dies gilt auch für den Balkan-Grill, der allerdings insgesamt überaus selten mit Vornamen, sondern, wenn überhaupt, mit geografischen Bezeichnungen verknüpft wurde.
[84] München von 7 bis 7, 1976, 45–46: 46.
[85] Kaltwasser, Balkan-Grill, 126; Koch, Dubrovnik, 146. Auch im englischsprachigen Raum waren derartige Speisebenennungen üblich. So finden sich bereits in einem Kochbuch zur ungarischen Küche aus den 1930er Jahren Speisebezeichnungen wie „robbers' meat" oder „gypsies' roast", welche die „romance of by-gone days" in sich trügen (Gundel, Hungarian Cookery Book, 9).
[86] Menge, Bukarest, 118.

lich zu essen: Auch im Umgang mit Gewürzen ist der Balkanküche offenbar die Flamme das Symbol."[87]

Das Speisen im Balkan-Grill wird hier als eine multisensorische, sogar synästhetische Erfahrung geschildert, für die alle Elemente der Speisezubereitung wie der Raumgestaltung von Bedeutung sind.

Eines der ersten und bekanntesten Restaurants in München, das Balkanspezialitäten servierte und in kaum einem in- oder ausländischen Gastronomie- oder Reiseführer der Stadt fehlte, stellte das bereits erwähnte und von den 1950er bis zu den 1980er Jahren stets gut besuchte „Bei Milan" in der Münchner City dar.[88] Das sich über zwei Etagen erstreckende Restaurant war zum einen wegen seiner „ausgezeichneten Küche" und zum anderen wegen seiner „gemütlichen Atmosphäre" beliebt; hier saß man angenehm „in fröhlich heiterem Balkanmilieu".[89] Die Einrichtung, die aus einem Kamin, Holzmöbeln und einer in Rot und Grün gehaltenen Tischdekoration bestand, verlieh dem Lokal ein gediegen-rustikales Aussehen. Ähnlich „farbenfroh dekorierte" Räume besaßen auch der „Jadran-Grill" in Hamburg und der „Balkan-Grill" am Gürzenich in Köln: „Handgeknüpfte Teppiche in den ungetrübten Farben des Midi, bemalte Tonteller und Krüge, lederne Trinkflaschen, der Kamin, dazu die Rundbogendurchbrüche der Wände, die warme Holzverkleidung und die künstliche Winkligkeit" gehörten zu den zentralen Einrichtungselementen, die einen Großteil der Balkan-Grills in der Bundesrepublik kennzeichneten.[90] Der bereits in den 1950er Jahren existente „Balkan-Grill" in Stuttgart erzielte das gewünschte rustikale Aussehen mittels einer Holzpergola an zwei Wänden des Gastraums, eines Wandfrieses mit „Balkan-Motiven" sowie eines zusätzlichen Wandschmucks aus Bastellern mit Früchten des Landes.[91]

Der erste, 1957 von einem Jugoslawen in Düsseldorf eröffnete Balkan-Grill zeichnete sich durch „Volksmusik vom Balkan fürs Ohr", „[w]arme Naturholztäfelung, derb bäuerlich gemusterte Tischtücher" und Girlanden aus Maiskolben, Pfefferschoten und Knoblauchknollen aus, die – so eine Rezensentin Ende der 1960er Jahre – zusammen „erfreuliche Sinneseindrücke" vermittelten und das Essen im Balkan-Grill zu einem „konzentrierten Urlaub"

---

[87] Forster, Balkan-Grill, 195f.
[88] „From midday to midnight you will never be a solitary guest at ‚Milan's'" (Where to Stay in Germany, 39). Vgl. auch VARTA Führer, 581.
[89] Baedekers Allianz-Reiseführer Deutschland, 191; Milan. In: München von 7 bis 7, 1976, 34.
[90] Forster, Balkan-Grill, 195. Zum „Jadran-Grill" siehe Hamburg von 7 bis 7, 1979, 36. Dieses folkloristische Moment prägt bis heute auch große Teile der Kochbuchliteratur, die Gerichte wie Ćevapčići gemeinsam mit Tonkrügen und geknüpften Teppichen abzubilden pflegen.
[91] Balkan-Grill im Stuttgarter Hindenburgbau. In: AHGZ 12/5 (1957), 3.

332   5. Vom Balkan-Grill zur griechischen Taverne

Abbildung 8: Das Bulgarische Restaurant „Rila" in München, 1971, StAM AGB Stb/„Gaststätten und Hotels".

machten.⁹² Das war das Ziel der meisten Balkan-Grills, die der Tourismuswerbung folgten und entsprechend versuchten, ihr Lokal – wie ihre Heimat – als einen Ort zu präsentieren, „wo sichs besser, leichter und schöner leben läßt".⁹³ Zum Bild Jugoslawiens wie generell des Balkans gehörte zudem die Vorstellung, dass „nirgendwo sonst [...] in Tracht, Sitte und Volkslied die alten Zeiten so ungebrochen" fortdauerten und dass das Reisen dorthin noch Romantik berge.⁹⁴ Das folkloristische Moment in Einrichtung, Musik und Speisen sollte diese Vorstellungen bedienen (Abb. 8). Entsprechend präsentierte sich ein Balkan-Grill nicht als großstädtischer Ort; was die Gäste in einem Restaurant mit Balkanspezialitäten erwarteten und was ihnen auch geboten wurde, war ein (westliches) Bild des Balkans, das seine Kultur als eine bäuerliche, etwas rückständige, zugleich aber überaus vitale zeichnete. In diesem Sinne fungierten der Balkan und mit ihm der Balkan-Grill als ein vermeintlich (noch) nicht

---

⁹² Kaltwasser, Balkan-Grill, 125f.
⁹³ Dalmatienbuch, 5. Dieses Moment ist bereits als zentrales Element auch italienischer Restaurants in der BRD herausgestellt worden.
⁹⁴ Noch in den 1980er Jahren behaupteten Reiseführer, dass man in Dalmatien „allenthalben" auf Dörfer treffe, „in denen sich das traditionelle Brauchtum beinahe unverändert erhalten" habe (Stanić, Dalmatien, 204).

entfremdeter Ort, auf den sich die Sehnsucht des ‚modernen Westens' richten konnte. In den Restaurantkritiken und gastronomischen Führern finden sich zahllose Beispiele eines solchermaßen nostalgischen und zugleich exotisierenden Blicks auf den Balkan(-Grill).[95] Die Kategorie ‚balkanesisch' etwa mit ihrer klanglichen Nähe zum Adjektiv ‚chinesisch' markierte die Balkanküche als etwas Fremdartiges.

Diese Andersartigkeit fand ihren Ausdruck kulinarisch in der für deutsche Verhältnisse ungewohnten Schärfe der südosteuropäischen Küchen, die sich aus dem reichlichen Gebrauch der zentralen Gewürze Paprika, Zwiebeln und Knoblauch ergab. Diese Gewürzpflanzen, die in den Balkan-Grills auch als Dekorationselemente fungierten, symbolisierten gleichsam die Quintessenz der Balkanküche (inklusive der ungarischen). Entsprechend ist in Restaurantkritiken zu lesen, dass man beim Besuch eines Balkan-Grills ein „Reich aus Zwiebeln und Paprika und fremdartigen, südlichen Düften" betrete.[96]

Paprika galt (und gilt) als „Nationalgewürz" v.a. Ungarns und in weiterem Sinne des gesamten Balkans, auch wenn die Paprikaschote erst mit Kolumbus nach Spanien und im Zuge der türkischen Besetzung im 16. Jahrhundert nach Südosteuropa gelangte.[97] Insofern einzelne regionale und nationale Küchen sich nicht nur aufgrund der hauptsächlich verwendeten Grundnahrungsmittel unterscheiden, sondern maßgeblich durch spezifische Würzungen charakterisiert sind[98], verdichtet sich in den zentralen Gewürzen gleichsam die Selbst- wie Fremdwahrnehmung einer Küche. Entsprechend nannten sich auch viele Gaststätten mit Balkanküche schlichtweg „Paprika" oder „Paprika-Grill".[99] Das zweite, ebenfalls ausgiebig in der ungarischen, aber auch jugoslawischen, bulgarischen und rumänischen Küche verwendete Gewürz, der Knoblauch, hingegen schaffte es nicht, zum Namensgeber für Gaststätten zu werden. Auch wurde er in vielen Balkan-Grills nur vorsichtig verwendet, war er doch in Deutschland lange Zeit „nicht so sehr gefragt".[100] So kam Knoblauch im „Dubrovnik" in Düsseldorf Ende der 1960er Jahre „nur in sehr, sehr vorsichtigen Prisen auf den Teller".[101] Auch die Kochbücher, Gastronomie- und

---

[95] Zum Konnex von Nostalgie und Exotismus siehe Kap. 2.3.3.
[96] Löfgren, Balkan-Grill, 221.
[97] Vgl. Erdei, Ungarisch kochen, 6.
[98] Vgl. Tolksdorf, Essen, 360.
[99] Ein Lokal namens „Paprika" in der Münchner Türkenstraße ist erwähnt in Where to Stay in Germany, 39; siehe auch den „Paprika-Grill" in der Berliner Fasanenstraße (vgl. Gaststättenverzeichnis).
[100] Forster, Balkan-Grill, 195. Siehe dazu auch Kap. 4.4.
[101] Dafür aber hänge er „in Zwiebelketten und Zwiebelbündeln an der Wand". Ähnlich sei es mit den Pfefferschoten: „Sie werden niemandem vorenthalten, der sie kennt und etwa in kleine Stücke geschnitten unter den Paprikareis mischen möchte. Auch sie schmücken in raschelnden Bündeln das Lokal" (Koch, Dubrovnik, 145).

Reiseführer der 1950er und 60er Jahre widmeten der vorsichtigen Annäherung an eine fremde Küche noch relativ viel Raum. In *Nagels Reiseführer Ungarn* von 1966 etwa wird zunächst mit dem Vorurteil aufgeräumt, dass in der ungarischen Küche „alles mit Paprika, stark wie Gift, gewürzt" sei; vielmehr gebe es „eine ganze Auswahl an Gerichten, die dem westlichen Geschmack entsprechen und die doch nach ungarischem Rezept zubereitet" seien.[102] Zwar besitze Paprika eine große „Kraft", aber ohne dabei „den Gaumen zu verbrennen oder Sodbrennen hervorzurufen", heißt es weiter. [103] Die Bekömmlichkeit unbekannter Speisen musste – deutlicher als das heute üblich ist – gesondert herausgestrichen werden. Von einer grundsätzlichen Gefährlichkeit fremder Speisen war aber kaum noch die Rede.[104] In gastronomischen und ernährungswissenschaftlichen Fachjournalen wurden ganz im Gegenteil der Vitaminreichtum der Paprika positiv vermerkt und entsprechende Rezepte abgedruckt[105], und auch Frauenzeitschriften wie *Constanze* respektive *Brigitte* veröffentlichten seit den späten 1950er Jahren und nochmals verstärkt in den 70er Jahren Rezepte für Paprikagerichte.[106] Bereits im Juni 1958 gaben 39 % der in Hessen befragten Hausfrauen an, Paprika häufiger im eigenen Haushalt zu verwenden. [107] Neben Paprika und Knoblauch trug auch die „männlichbeizende Würze der Zwiebel" zur Schärfe der Balkanküche bei, die für das deutsche Publikum das Charakteristische der südosteuropäischen Küchen ausmachte[108] und für die gewünschte Exotik sorgte. Diese wurde über kuli-

---

[102] Nagels Reiseführer Ungarn, 59.

[103] Ebd. Einige der ungarischen Würste jedoch seien nur „für robustere Mägen bestimmt" (ebd., 60). Eine Erklärung für die stärkere Würzung in der ungarischen Küche, nämlich die Verwendung von Schweineschmalz zur Speisezubereitung, liefern Pap/Székely/Vitéz, Budapest, 83.

[104] 1940 hatte es im Bericht über eine Balkanreise noch geheißen: „Entdeckungsfahrten auf den Speisekarten fremder Völker gehören zu den reizvollsten Dingen einer langen Reise. Aber sie sind nicht ungefährlich, weil der Geschmack anderer Zonen neben dem anders gearteten Material der Küche nicht nur Überraschungen ohne Zahl, sondern auch Hindernisse darbietet, die sich nicht im ersten Angriff nehmen lassen, ja oft sogar als uneingenommene Festungen am Rande der Reise liegen bleiben" (Koch, Reise, 33).

[105] Vgl. Paprika – ein Gewürz auch für die Diätküche. In: Magazin der Großküchen und Kantinen 22/8 (1970), 384–385; Vitaminreiche Gemüsesorten. In: Magazin der Großküchen und Kantinen 25/10 (1973), 524–525; Die richtige Anwendung des ungarischen Paprika. In: Magazin der Großküchen und Kantinen 22/10 (1973), 488–489.

[106] Vgl. Lochlin, Rugs, 48.

[107] Zwiebeln kamen auf 94 %, Pfeffer auf 77 %, Maggi-Gewürzsauce auf 75 % und Senf und Muskat auf 62 %; Knoblauch lag mit einem Anteil von 27 % recht weit hinten, wobei Curry nur in 9 % und Basilikum in 5 % der befragten Haushalte Verwendung fand (vgl. Jahrbuch der öffentlichen Meinung 1958–1964, 32).

[108] „Ich weiß, es gibt Leute, die Zwiebeln verachten und verabscheuen. Sie erscheinen ihnen unfein, ja ordinär. Zwiebelgeruch treibt sie in die Flucht. Was sind das für arme Menschen […]. Im Ernst, wie langweilig und wie fade wäre unser gedeckter Tisch, müssten wir auf

narische Ausdrücke wie „nach Zigeunerart" noch verbal verstärkt.[109] Zudem konnte der körperlich deutlich spürbare Verzehr scharf gewürzter Speisen das Fremdheitserlebnis verifizieren, es als eine reale Erfahrung beglaubigen.[110] Diese körperliche Dimension war es, die zugleich die Balkanküchen und mit ihnen die gewohnheitsmäßig Paprika- und Knoblauchgerichte verzehrenden Menschen mit Temperament assoziierte: „Auf dem Balkan haben die Frauen nicht nur Paprika im Blut, sondern v.a. mehrere Sorten Paprika in der Küche", hieß es 1957 im Kochbuch von Ingeborg Harte.[111] Negativ gewendet, wurde mit Paprika (im Blut) aber auch eine gewisse Zügellosigkeit verbunden. Diese paradoxen Semantisierungen sind kennzeichnend für den Blick auf ‚das Andere'. Dass dieser zudem eine sexuelle Komponente aufweist, legen Speisenamen wie „Schaschlik Scharfer Süden" nahe.[112]

Einen zusätzlichen Reiz neben der Schärfe der Küche und dem Folklorismus der Restaurantgestaltung übten auch der vermeintliche „Gestenreichtum" und die „Namen-Magie Südeuropas"[113] aus, die einige Gäste beim Besuch eines Balkan-Grills zu erleben hofften. Dass auch die serbokroatischen Bezeichnungen der Gerichte und Spezialitäten zum ‚exotischen Flair' des Balkan-Grills maßgeblich beitrugen, macht ein Rezensent des Kölner „Balkan-Grill" am Gürzenich deutlich, der Speisenamen wie „Raznjici", „Pljeskavica" oder „Hajducki Cevap" als „Musik in den Ohren" umschreibt, der es zu lauschen gelte.[114] Die Unkenntnis der fremden Sprache wurde dabei als Teil des Erlebnisses oder gar als besonders kurioses Moment des Restaurantbesuchs begriffen. Gegenüber der prosaischen Welt des Westens schien der Balkan mit seinen für die meisten Westeuropäer unverständlichen, aber als klangvoll empfundenen Sprachen ein Ort der primär nonverbalen Kommunikation, eben des

---

die männlich-beizende Würze der Zwiebel verzichten. Roh, gebraten, geschmort, gedünstet und gekocht ... ich bin ein Zwiebelmensch" (Wuttig, Bei Pero, 236). Vgl. auch Hier ist scharf Gewürztes Trumpf. In: Münchner Abendzeitung v. 18./19.9.1976.

[109] „Schweinsschnitzel nach Zigeunerart". In: Ernst Faseth: Die Küche der Nationen. Österreich. In: Die Küche 65/1 (1961), 14–15. Dirk Gabler hat in seiner Anfrage, ob die Verwendung der Bezeichnung ‚Zigeuner' in bestimmten Speisenamen nicht diskriminierend sei, von den Firmen Kraft, Knorr u. a. die Antwort erhalten, dass diese Zuschreibung positiv zu verstehen sei und mit einer ‚romantischen Identifikation' einhergehe. Dass die Küche, die tatsächlich mit den Kochgewohnheiten von Roma und Sinti assoziiert wird, eine ganz andere, eindeutig negativ besetzte ist, stellt der Autor zu Recht heraus: „Dabei werden dieselben Zigeuner, in deren Töpfen das Abenteuer brodeln soll, damit gebrandmarkt, daß ihre Speisen armselig, primitiv und ekelhaft seien" (Gabler, Geschmack, 125f.).

[110] Vgl. Schell, Gendered Feasts, 215.

[111] Harte, Gut essen, 170.

[112] Menge, Bukarest, 119. Zur Sexualisierung der Ungarin siehe auch Reber, Pista, 177f.; Koch, Dubrovnik, 144.

[113] Schnapauff, Kulinarischer Orientexpress, 173.

[114] Forster, Balkan-Grill, 196.

„Gestenreichtums" und der Magie zu sein, unterstrichen noch durch die häufig zu hörende ‚Zigeunermusik'. Aus diesem Grund schienen auch sprachliche Verständigungsschwierigkeiten zwischen Kellnern und Gästen weniger ins Gewicht zu fallen – dies allerdings auch, weil gerade die ersten jugoslawischen (v.a. kroatischen und slowenischen), aber auch ungarischen Restaurantbetreiber oftmals über Deutschkenntnisse verfügten.[115] Das vielfach mit Akzent und nicht fehlerfrei gesprochene Deutsch der Wirtsleute und ihrer Angestellten machte in den Augen einiger Gäste den Restaurantbesuch interessanter, weil er das Lokal authentifizierte und es noch ‚exotischer' (und erotischer) erscheinen ließ. Aus diesem Grund hielt das in ausländischen Gaststätten oft zu hörende gebrochene Deutsch mitunter auch Einzug in die Restaurantwerbung.

5.1.4 Zur Nähe filmischer und gastronomischer Inszenierung. Das Restaurant „Piroschka" in München

„Hier ist Gast der König noch
Großes Künstler ist sich Koch
Ober flitzt so schnell wie kann är
lustig fiedeln die Zigeinär
Ob mit Auto, Radl, Roß
Parkplatz ist wie Puszta groß
sei Gast bei mir, gleich wirst du seh'n
bei ‚Piroschka' ist Welt noch schön."

So warb eine handgeschriebene Karte für das Münchner Restaurant „Piroschka"[116], dessen Räumlichkeiten sich im Haus der Kunst befanden und das v.a. ungarische, aber auch österreichische Gerichte servierte. Das „Piroschka", das wie das Restaurant „Bei Milan" in kaum einem Gaststättenführer der 1960er und 70er Jahre fehlte, wurde 1975 im *Schlemmer-Atlas* als „ungarische Landgaststätte" annonciert, deren Atmosphäre „heiter und stimmungsvoll" sei.[117] Wie viele der ungarischen Restaurants in der Bundesrepublik war das „Piroschka" dem Gaststättentypus ‚Csárda' zugeordnet, der eigentlich eine einsame Schenke in der Puszta bezeichnete, aber im Laufe der Zeit zum Synonym für ein rustikales Wirtshaus geworden ist.[118] Der Name des Münchner Lokals

---

[115] Zur Nähe insbesondere slowenischer und kroatischer Jugoslawen zur deutschen Bevölkerung, die nicht zuletzt aus den historischen Bindungen an Österreich herrührte und sich z. T. auch in entsprechenden Sprachkenntnissen niederschlug, siehe Thränhardt, Einwandererkulturen, 33. In Slowenien wurde noch Anfang der 1980er Jahre Deutsch neben Englisch als wichtigste Fremdsprache gelehrt (vgl. Stanić, Dalmatien, 203).
[116] Baedekers Allianz-Reiseführer Deutschland, 191.
[117] Schlemmer-Atlas, 1975, 433. Vgl. auch VARTA Führer, 581.
[118] Vgl. Keilhauer, Ungarn, 412.

5.1 Der Balkan-Grill 337

Abbildung 9: Die Gaststätte „Piroschka" in München 1960, StAM Pk Stb/„Gaststätten und Hotels" 3884.

ging auf das Hörspiel respektive den 1954 erschienenen Roman *Ich denke oft an Piroschka* von Hugo Hartung zurück, der 1955 von Kurt Hoffmann verfilmt wurde.[119] Spielten die Medien und nicht zuletzt Spielfilme bei der Popularisierung ausländischer Küchen in der Bundesrepublik generell eine nicht zu vernachlässigende Rolle[120], gilt das in besonderem Maße für das Restaurant „Piroschka", das die Grenzen zwischen Spielfilmfiktion und Realität der ausländischen Gaststätte bewusst verwischte. Das Lokal wurde im Anschluss an den Erfolgsfilm *Ich denke oft an Piroschka* eröffnet, wobei der Architekt des Films, Ludwig Reiber, die Räume „folkloristisch stilgemäß" ausstattete (Abb. 9) und darüber hinaus die im Film tätigen Statisten als Servierkräfte verpflichtet wurden.[121] Obwohl als Filmfiguren Teil einer Fiktion, sollten sie nun in personam für die Authentizität des Lokals bürgen. Filmische Fiktion und Restaurant-Realität wurden also untrennbar miteinander verwoben; Fik-

---

[119] Ich denke oft an Piroschka, R: Kurt Hoffmann, BRD 1955.
[120] Zur Bedeutung der Italienreisefilme für die Popularisierung der italienischen Küche siehe Kap. 4.6. Dass die Namensgebung vieler Restaurants auf populäre Filme anspielt, wird in Kap. 5.2.3 am Beispiel „Sorbas" zu zeigen sein.
[121] Hartung, Ich denke oft an „Piroschka", 174.

tionalisierung und Authentifizierung stellten in diesem Sinne gleichwertige gastronomische Strategien dar. Authentizität sollte das Personal v.a. dadurch gewährleisten, dass es ein „drolliges" Deutsch sprach, wie Piroschka es in dem autobiografische Züge tragenden Roman von Hartung und im gleichnamigen Film tat:

> „Wer wissen will, wie meine richtige Piroschka einst gesprochen hat, braucht sich nur mit der hübschen Esther Bán, der Frau eines ungarischen Arztes, zu unterhalten, die ihn am Lokaleingang empfängt und mit tänzerischer Grazie zum Tisch geleitet. Sie spricht genau das drollige singende ,Deitsch', wie es das Pusztamädchen damals einem gewissen deutschen Austauschstudenten gegenüber gesprochen hat."[122]

Die Repräsentation des bzw. der Anderen erfolgt hier einzig innerhalb der Parameter des Autors. Er beschreibt Piroschka auf eine Weise, die sie nicht als eine des Deutschen kundige Mittlerin entwirft, sondern als eine (nicht nur) im Hinblick auf sprachliche Normen abweichende Gestalt, deren Exotik und Erotik in dieser Abweichung liegt.

Buch wie Film schildern die Liebesgeschichte zwischen dem deutschen Studenten Andreas, der in den 1920er Jahren seine Sommerferien in dem Puszta-Örtchen Hódmezővásárhelykutasipuszta verbringt, und der Tochter des dortigen Bahnhofsvorstehers. Piroschka, die in der Verfilmung von Liselotte Pulver dargestellt wird, ist als temperamentvolle und zugleich naturverbundene Siebzehnjährige gezeichnet, die Andreas das Leben in der Puszta zeigt und ihm ,das ungarische Lebensgefühl' näherzubringen versucht. Über den in Ungarn gängigen Frauennamen ,Piroschka', der übersetzt ,Rotkäppchen' heißt, wird Piroschkas Mädchenhaftigkeit unterstrichen. Zudem wird sie als ein „Bauernmädel" präsentiert, „das bezaubernd aussah: schmal, grazil, dunkeläugig, dunkelhaarig": eine „Provinztheater-Carmen".[123]

In *Ich denke oft an Piroschka*, und zwar im Film wie im Roman[124], werden alle aus Literatur und Tourismuswerbung geläufigen Ungarn-Topoi wie die Kutschfahrt durch die Weiten der Puszta, der Csárdás zur Musik der ,Zigeunerkapelle' und der fröhliche Weinkonsum im Dorfgasthof aufgerufen.[125]

---

[122] Ebd., 175.
[123] Hartung, Ich denke oft an Piroschka, 72. Spätestens mit dem Film wurde der Name ,Piroschka' dann zum „Synonym für die temperamentgeladene, sinnliche Ungarin", die der deutschen *ratio* die ungarische *emotio* entgegensetze, so Rásky, Piroschka, 340. In Berlin existierte ein jugoslawisches Spezialitätenrestaurant namens „Alo's Piroschka" (Gaststättenverzeichnis), und auch Nachtklubs und Bars trugen diesen Namen, so etwa die „Piroschka Bar" in Köln (Greven's Adressbuch der Stadt Köln 1965).
[124] Da es im Folgenden v.a. um die imaginäre Dimension des Restaurants „Piroschka" geht, werden beide Fassungen, Roman wie Film, zur Untermauerung der Thesen herangezogen und die medialen Unterschiede nur am Rande thematisiert.
[125] Im Filmprogramm „Ich denke oft an Piroschka", Union Theater, Burgau/Schwaben, o.J., ist vom „Weltstädtische[n] Budapest, Zauber des Plattensees, Idylle auf der Pußta" die

Dem Essen und Trinken kommt insgesamt eine zentrale Rolle zu, lässt sich der „ausgehungerte[ ] deutsche[ ] Inflationsstudent" im „Schlaraffenland zwischen Donau und Theiß" doch von seiner Gastgeberfamilie erst einmal gründlich „auffuttern".[126] Ungarn erscheint Andreas als Land der Erlösung aus den Nachkriegssorgen – und als solches mag es auch der Leserschaft 1954 erschienen sein. Durch die Datierung der Handlung auf die 1920er Jahre bleibt die jüngste deutsche Vergangenheit zwar auf der Textoberfläche ausgespart. Indirekt jedoch dienen der Erste Weltkrieg und seine verheerenden Folgen als Folie, um den 1954 noch gegenwärtigen Zweiten Weltkrieg und die Nachkriegsjahre zu thematisieren.[127] Angesichts der „Hundejahre" nach dem Krieg hat Andreas den Eindruck, mit der großzügigen Versorgung im gastfreundlichen Ungarn nun ein Leben „wie die Made im Speck" zu führen.[128] Ausführlich werden in Buch und Film denn auch die verschiedenen ungarischen Speisen und Getränke geschildert bzw. gezeigt. V.a. die Zubereitung eines „Gulyás" im Freien bildet einen der Höhepunkte der Handlung.[129] Andreas wird zum Kessel geführt und kostet die „brodelnde Masse": „Ich fühlte mein Inneres verbrennen – tiefer, immer tiefer...". Nach einiger Zeit jedoch und mit Hilfe von reichlich Rotwein gewöhnt Andreas sich an Temperatur und Schärfe der „Teufelssuppe" und lernt das von Männern zubereitete Gericht zu schätzen.[130] Was man in Wien Gulasch nenne und „mancherorts in deutschen Gasthäusern" erhalte, sei, erkennt Andreas, lediglich „'schäbiges Pörkölt'".[131] Der Roman lehrt seine Leserschaft

---

Rede. Bei dieser Reklame für den Film könnte es sich ebenso gut um Tourismuswerbung handeln; die Nähe von Urlaubsfilm und Tourismuswerbung wird hier besonders deutlich.

[126] Hartung, Ich denke oft an „Piroschka", 175; Hartung, Ich denke oft an Piroschka, 65.

[127] So schildert Andreas die Kriegsbegeisterung 1914 und die nachfolgende Ernüchterung: „Und dann das ewige Glockenläuten und ‚Wacht-am-Rhein'-Singen in den ersten Kriegswochen! Die Fahnen und Fackelzüge! Immerzu schulfrei. Später wurde das seltener [...] Am Schluß hörte es ganz auf. Am Schluß hörte alles auf" (Hartung, Ich denke oft an Piroschka, 95).

[128] Ebd., 96.

[129] Ebd., 108. Dass der „echte ungarische Gulyas auf freiem Feuer in der Puszta" zuzubereiten ist, stellen die Fotografien und Bildunterschriften in Stefan Fejér: Ungarischer Gulyas. In: Die Küche 59/9 (1955), 198–199: 199, heraus. Authentizität beanspruchte auch das Münchner Lokal „Piroschka", das mit einer sachgerechten Zubereitung eines „echten ‚Gulyas'" warb (Hartung, Ich denke oft an „Piroschka", 176).

[130] Hartung, Ich denke oft an Piroschka, 109. Zu der „den Rachen in Brand setzende[n] ungarische[n] Gulaschsuppe" im Düsseldorfer Restaurant „Zum Csikós", das in Günter Grass' Blechtrommel als „Zwiebelkeller" verewigt ist, siehe Neukirchen, Pilsner Urquell, 199; Ranft, Zum Csikós.

[131] Hartung, Ich denke oft an Piroschka, 110. Gulyás wurde gegen Ende des 18. Jahrhunderts als ungarisches Nationalgericht und in Abgrenzung zur österreichischen Hofküche propagiert. In Österreich wurden sowohl der Eintopf aus Sauerkraut und Fleisch als auch das in Ungarn als pörkölt bekannte Fleischgericht mit Paprika im 19. Jahrhundert übernommen; Letzteres wurde in Österreich als Gulasch popularisiert. Gulasch verbreitete sich

– ähnlich wie es ungarische Kochbücher bis heute tun – den Unterschied von *gulyás* und *pörkölt* und vermittelt damit kulinarisches Wissen.[132]

Wie bei jedem Touristen fand auch Andreas' Begegnung mit Ungarn zu einem nicht unerheblichen Teil über den Genuss der einheimischen Küche statt. Nicht allein das gesehene und besichtigte Ungarn, sondern „das spürbare, in seinen guten kulinarischen Gaben auch schmeckbare Ungarn" ist es, das eine so eindrückliche Wirkung auf den deutschen Studenten ausübt.[133] Eine zentrale Rolle nehmen in Buch und Film dabei nicht allein die Speisen mit ihrem ungewohnten Geschmack, sondern auch ihre Zubereitung und ihr Verzehr ein. Stets sind es gesellige Runden, in denen Andreas neue Gerichte kennenlernt; seine gesamte Reise steht unter dem – als ungarisches Lebensmotto präsentierten – Zeichen von „Tanzen, Trinken, Singen, Lustigsein". Begleitet von einem oft erheblichen Alkoholkonsum gehen diese Zusammenkünfte immer wieder in „ein richtiges Bacchanal" über, zu dem ‚wilde Zigeunermusik' gehört, durch welche die Tanzenden „in einen immer reißenderen, treibenderen Rhythmus gejagt" werden.[134] Diese ausgelassene Stimmung ist es, die im Ausland mit Ungarn assoziiert wurde und die man in ungarischen Spezialitätenrestaurants zu evozieren suchte. Bereits in der Werbebroschüre des „Haus Vaterland" aus dem Jahre 1928 hatte es über die ungarische Bauernschänke geheißen: „Hier rollt das Blut heißer in den Pulsen, hier sagt man mit rassigem Frohsinn immer wieder Ja zum Leben".[135]

Die für lebensvoller und leidenschaftlicher erachtete Kultur Ungarns (und des gesamten Balkans) fand ihre Symbolisierung in der für deutsche Verhältnisse scharfen Küche: „Der Begriff des Paprikas ist – vielleicht haben dazu manche Operettentexte nicht wenig beigetragen – mit feurigen Ungarn verbunden", hieß es 1960 in der *Neuen gastronomischen Zeitschrift*, die damit ein weiteres, Roman und Spielfilm ergänzendes Medium für die Ausprägung des deutschen Ungarnbildes benannte.[136] Zu diesem zählte auch das Temperament, das man von einer Ungarin erwartete. So ist Piroschka keineswegs zurückhaltend, sie möchte geküsst werden und sorgt letztlich für die erste (und letzte) Liebesnacht in der Bahndammböschung. Alle diese Assoziationen sollte auch ein Besuch im „Piroschka" in München aufrufen, der 1968 eine „perfekt inszenierte Operettengastronomie" attestiert wurde, „die in jeder Weise einen frohbeschwingten Abend verspricht, auch wenn die Zeit von Csárdásfürstin

---

auch im übrigen deutschsprachigen Raum, allerdings mit einem deutlichen Schwerpunkt in Süddeutschland, so Wiegelmann, Alltags- und Festspeisen, 206.
[132] Vgl. Erdei, Ungarisch kochen, 4; Krüger, Spezialitäten, 280.
[133] Hartung, Ich denke oft an Piroschka, 188.
[134] Ebd., 77 u. 111f.
[135] Werbeprospekt „Haus Vaterland", 1928, http://www.haus-vaterland-berlin.de/content/hv-heft/index.html (28.3.2012).
[136] Paprika gibt's nicht nur in „scharf". In: NGZ 13/4 (1960), 17.

und Zigeunerbaron längst dahin ist".[137] Entsprechend wusste Hartung über das Restaurant zu berichten, dass hier, zumindest zur Faschingszeit, „holde junge Weiblichkeit [...] oft recht ‚aktiv'"[138] sei – ein erotisches Versprechen, das durchaus zu einem Restaurantbesuch in ‚lebenslustigem' Ambiente animieren konnte. Auch der als Restaurantname gewählte verniedlichende weibliche Vorname suggerierte eine Nähe und Vertrautheit, die eine Kontaktaufnahme mit dem weiblichen Geschlecht zu erleichtern versprach, und zwar eine Annäherung an eine nicht-deutsche, ‚exotische' Frau.

Der Roman stellt deutlich heraus, dass Andreas explizit auf der Suche nach ‚dem Fremden' ist, und zwar in Gestalt einer Frau. Anders als seine ihn bis Budapest begleitenden deutschen Kommilitonen verweigert er sich dem Singen deutscher Lieder auf der Reise, ist er mit seinen Gedanken doch bereits „tief im Tropisch-Exotischen".[139] Auch wenn Andreas' Faszination durch das ‚Exotische' durchaus ironisch dargestellt wird und zugleich die in der Nachkriegszeit häufig betonte Idee der Völkerverständigung angesprochen sein mag, durchzieht den Roman und in geringerem Maße auch den Film ein deutlich exotistisch-kolonialistischer Zug. So wird Ungarn und allgemeiner das (süd-)östliche Europa als ein (weiblicher) Raum imaginiert, der sich nach deutscher Präsenz sehnt und allein in dieser seine Erfüllung zu finden scheint.[140]

Das koloniale Imaginäre, das sich in *Ich denke oft an Piroschka* artikuliert, verweist auf verschiedene historische Schichten, unter denen die österreichisch-ungarische Monarchie mit ihren binnenkolonialistischen Tendenzen[141] und die nationalsozialistische Expansionspolitik in Südosteuropa die zentralen Elemente bilden. Die Rahmenhandlung des Films wie der Titel *Ich denke oft an Piroschka* markieren die gesamte Handlung als Erinnerung des mittlerweile gealterten Mannes an seinen Aufenthalt in Ungarn in den 1920er Jahren.[142] Damit boten Film und Roman eine Folie, auf der sich die Erinnerung an jüngst verlorene deutsche Gebiete in Osteuropa, aber auch nostalgische Erinnerungen an die einstige Größe der k.u.k.-Monarchie in einer politisch weniger

---

[137] Piroschka Czarda. In: München von 7 bis 7, 1968, 153. Ähnlich auch die Charakterisierung der „Puszta Tenne" in München-Grünwald (vgl. ebd., 229).
[138] Hartung, Ich denke oft an „Piroschka", 173.
[139] Hartung, Ich denke oft an Piroschka, 11 u. 8.
[140] Vgl. Kopp, Östliches Traumland, 150. Wie in der Kolonialliteratur wird auch in *Ich denke oft an Piroschka* das vermeintliche Begehren der Kolonisierten als Liebesgeschichte zwischen einem (hier:) deutschen Mann und einer einheimischen Frau erzählt (vgl. Zantop, Colonial Fantasies).
[141] Vgl. Müller-Funk/Plener/Ruthner, Kakanien.
[142] Kopp kommt daher zu dem Schluss, dass der Film die Zuschauer nach Osteuropa mitnimmt und diese Region als kolonialen Raum aufzeigt, um sie dann „in Form eines östlichen Traumlandes in das Deutschland der Nachkriegszeit zurückzubringen" (Kopp, Östliches Traumland, 155). Zum Osten als „Ort deutscher kolonialer Errungenschaften" siehe auch Thum, Bild, 208.

342   5. Vom Balkan-Grill zur griechischen Taverne

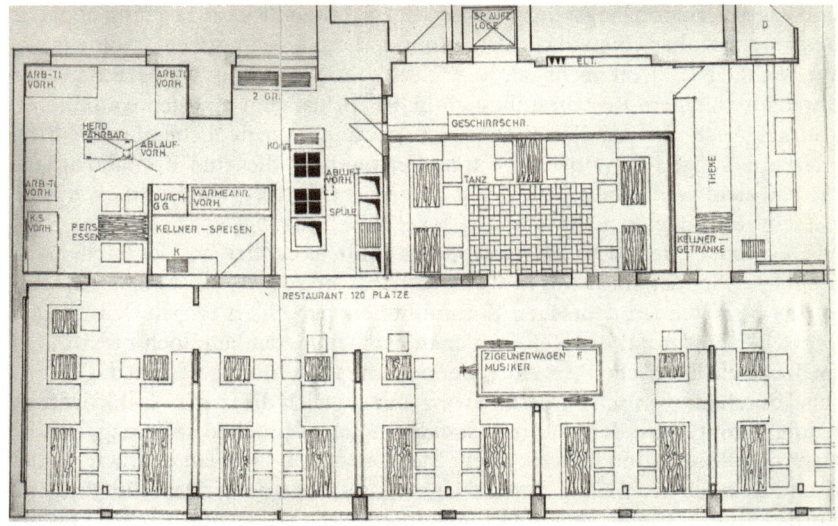

Abbildung 10: Grundriss des „Adriatic" in Essen 1968, BWA LBM F002-2540.

anstößigen Form in das kollektive Gedächtnis Nachkriegsdeutschlands und -österreichs einspeisen ließen.

Eine zentrale Rolle spielen in *Ich denke oft an Piroschka* die ‚Zigeuner', die im Roman durchweg als „bronzebraune", „dunkelhäutige" oder „schwarzbraune" Menschen beschrieben[143], damit als ‚rassisch' Andere markiert und im Film durch den Kamerablick als ethnologische Objekte präsentiert werden. Sie stehen weniger für die (gast-)freundlichen Seiten der Region als vielmehr für das Unberechenbare, das in der ‚Wildnis' des Balkans auf den Deutschen wartet. In jedem Falle stellen sie einen integralen Bestandteil des Bildrepertoires über (Süd-)Osteuropa dar. Das lässt sich auch für die ungarischen und jugoslawischen Restaurants in der Bundesrepublik zeigen, die ihre Gäste oftmals mit ‚Zigeunermusik' live vom Primas oder vom Band zu unterhalten suchten. Die ‚Zigeunermusiker' waren es, die im Balkan-Grill die Rolle der (noch) ‚exotisch(er)en Anderen' spielten und damit die übrigen Restaurantangestellten

---

[143] Hartung, Ich denke oft an Piroschka, 157, 82 u. 108. Wie in der Kolonialliteratur und -publizistik, so wird auch hier die dunkle Hautfarbe mit Schmutz assoziiert: „[S]eine schmutzverkrusteten Füße stampften im Csárdásrhythmus seines Instruments" (ebd., 11). Das Bild des ‚Zigeuners' verkörperte damit „das pure Gegenteil jener Zuschreibungen, die die deutsche Gesellschaft als Teile ihrer Identität betrachtete: Seßhaftigkeit, Christentum und weiße Hautfarbe als Sinnbild der moralischen Reinheit" (Margalit, Nachkriegsdeutsche, 31).

von dieser Aufgabe zumindest partiell entlasteten. Auf diese Weise war auch für eine Abstufung des Fremden, für eine breite Palette an Fremdheitsgraden gesorgt, die den Balkan-Grill zu einem Übergangsort machte, der in vielfältiger Weise zwischen Nähe und Ferne oszillierte. Diese Übergänglichkeit jedoch verweist zugleich auf den prekären Status der skizzierten Abgrenzungsprozesse. In dem Moment, in dem Piroschka (im Roman) als „Provinztheater-Carmen" bezeichnet wird, verschwimmt die vermeintlich klare Demarkationslinie zwischen Ungarin und ‚Zigeunerin'.[144] Als Carmen verkörpert Piroschka eine soziale und ethnische Uneindeutigkeit, die möglicherweise gerade ihre Attraktivität ausmacht.

Der ‚Zigeunermusik' wird in *Ich denke oft an Piroschka* eine besondere Wirkung zugeschrieben: „Es war eine schwärzliche, armselige Zigeunergeige – aber wie sie klang! Ich meinte, so etwas an Süße und Wohllaut noch nie gehört zu haben wie dieses endlose Lied."[145] Zum Klischee der ‚Zigeunermusik' in Europa geriet v.a. die ungarische Musik, die von Roma gespielt wurde.[146] Andreas erfährt durch das Geigenspiel eines ungarischen Primas „eine akustische Verzauberung"[147], die man sich auch in den Balkan-Restaurants der Bundesrepublik zur Vervollständigung des Esserlebnisses wünschte. Die ‚Zigeuner' stellten nach zeitgenössischem Verständnis noch immer den „Inbegriff von Freiheit" dar, und die qua Musik initiierte ‚Zigeunerromantik' konnte ihre Wirkung entfalten, indem sie als altbekannter Gegenentwurf zu den „Notwendigkeiten" des „starren bürgerlichen Alltags" fungierte.[148] Das vermeintliche Nomadentum der ‚Zigeuner' faszinierte aufgrund der scheinbaren Ungebundenheit, die im bürgerlichen Alltag allenfalls eine Reise mit sich brachte. In den Opern- und Operettentexten wurde seit dem späten 19. Jahrhundert genau dieses Klischee aufgegriffen, und insbesondere Georges Bizets *Carmen* sorgte für eine verbreitete Faszination für das ‚Zigeunerleben'.[149] Die ‚Zigeunerkapelle' gehörte seitdem zur transnationalen Vorstellungswelt, wenn es um Ungarn

---

[144] Hartung, Ich denke oft an Piroschka, 72
[145] Vgl. ebd., 10.
[146] Vgl. Hemetek, Musik, 151. Populär wurde die Roma-Musik in Ungarn im 17. Jahrhundert, um zu Beginn des 20. Jahrhunderts dann als die ungarische Volksmusik schlechthin zu gelten (vgl. Szabó, Roma, 118f.).
[147] Hartung, Ich denke oft an Piroschka, 31.
[148] Im Banne des Zigeunerbarons. In: Münchner Merkur v. 22.8.1963, zit. nach Seibert, Nach Auschwitz, 23. Dass literarische Idealisierungen ‚des Zigeuners' etwa in Form der ‚Zigeunerromantik' keinen Gegensatz zur Realität der Verfolgung bildeten, legt überzeugend Breger, Ortlosigkeit, 372, dar.
[149] Dass Prosper Mérimée, dessen Novelle *Carmen* von 1847 dem Opernlibretto von Bizets *Carmen* zugrunde liegt, mit der „Verknüpfung sozialer, ethnischer und romantischer Elemente, ihrer sexistischen Aufladung und dem Verständnis für die Versuchung wie der Warnung vor ihren Folgen" geradezu das „Muster des Zigeunerstereotyps" geschaffen habe, betont Hund, Romantischer Rassismus, 22.

oder den Balkan ging. Bereits in der ungarischen Bauernschänke im „Haus Vaterland" in Berlin war in den 1920er Jahren „Original-Zigeunermusik" zu hören gewesen, zu der „ungarische Czardasmädel die wilden heimischen Tänze" aufführten, und in London spielte gleich nach Ende des Zweiten Weltkriegs in Lokalen wie dem „Hungaria" oder der „Hungarian Csarda" abends wieder eine „Gipsy Band".[150] Die im „Piroschka" in München tätigen Musiker stellten laut Hartung nun „bestes, echtestes, heißestes Ungarn" dar; sie würden „kein ‚Repertoire'" spielen, „sondern musizieren, weil es ihnen selber Freude" mache.[151] Wie auch sonst im Sektor der ausländischen Gastronomie und in der Tourismusbranche durfte der kommerzielle Aspekt der Inszenierung nicht zu sehr ins Bewusstsein treten. Die ‚Zigeunerkapelle' gehörte zum Standardprogramm auch vieler jugoslawischer Gaststätten wie z. B. des 1968 geplanten Restaurants „Adriatic" in Essen (Abb. 10), und auch im „Jadran-Grill" in Hamburg wurde Ende der 1960er Jahre der „letzte Jugoslawien-Urlaub" wieder in Erinnerung gerufen, wenn der „obligatorische Zigeuner-Geiger" aufspielte.[152] Ein solcher zierte denn auch viele Rezeptsammlungen zur ungarischen und jugoslawischen Küche der 1960er Jahre (Abb. 11), und 1967 sorgte die Chansonnière Alexandra mit ihrem Hit *Zigeunerjunge* für eine Aktualisierung des Zigeunerstereotyps.[153]

5.1.5 Vertraute Exotik. Der Balkan-Grill als Übergangsort

Die Faszination des Balkan-Grills lag in Nachkriegsdeutschland und -österreich in der Vielfalt an Bildern und Narrationen begründet, die sich mit diesem Konsumort verbanden und von der nostalgischen Erinnerung an das untergegangene Habsburgerreich bis zum Andenken an die im Zweiten Weltkrieg verlorenen deutschen Gebiete im Osten Europas reichen konnten. Besaßen die auf den Balkan-Grill projizierten Vorstellungen in diesen beiden Fällen oftmals einen antikommunistischen Zug, trat ihnen spätestens ab den 1970er Jahren die nicht nur in linken Kreisen verbreitete Sympathie für das blockfreie Jugo-

---

[150] Werbeprospekt „Haus Vaterland", 1928, http://www.haus-vaterland-berlin.de/content/hv-heft/index.html (28.3.2012); Capper, Dining Out?, 94.
[151] Hartung, Ich denke oft an „Piroschka", 173.
[152] Hamburg von 7 bis 7, 1967, 105.
[153] Auch ihr Song *Sehnsucht (Das Lied der Taiga)* von 1968, in dem von der „Sehnsucht nach dem Spiel der Balalaika" und dem Wunsch, „die geliebte Taiga noch einmal zu sehen", die Rede ist, sind für eine Untersuchung des populären Imaginären über Osteuropa von Interesse. Vgl. auch Udo Jürgens *Spiel Zigan, spiel* von 1971 und Vico Torrianis *Du schwarzer Zigeuner* von 1953.

5.1 Der Balkan-Grill   345

Abbildung 11: Titelseite der Rubrik „Ungarn/Jugoslavien" aus dem Kochbuch Arne Krüger: Spezialitäten aus aller Welt. Das große Kochbuch der Nationalgerichte, Salzburg 1966, 275.

UNGARN
JUGOSLAVIEN

slawien Titos zur Seite.[154] Kontinuitäten in den Imaginationen über den Balkan wie im Falle der ‚Zigeunerromantik' und neue Perspektiven auf diesen Ort, die sich aus den veränderten politischen Rahmenbedingungen ergaben, verknüpften sich und trugen zu einer ambivalenten Mehrschichtigkeit des Bildes vom Balkan-Grill in der Bundesrepublik Deutschland (und Österreich) bei. Die unterschiedlichen Bedeutungen, die dieser Konsumort für verschiedene soziale Gruppen und Generationen besaß, artikulierten sich in einem massenkulturellen Setting, das durch Polysemie und Kontingenz gekennzeichnet war (und ist). Die im und über den Balkan-Grill zirkulierenden Bilder und Narrationen waren durchaus stereotyper und oft auch rassistischer Natur. Durch ihre massenkulturelle Einbettung, durch ihre Artikulation in einem durch Pluralität und Fiktionalität gekennzeichneten Modus jedoch wurden sie normalisierend absorbiert.[155] Diese (kommunikative) Einbindung bedeutet aber auch, dass ras-

---

[154] Jugoslawien war wegen seiner besonderen Stellung zwischen Ost und West möglicherweise gerade für Deutsche attraktiv. Zu der in Westeuropa insgesamt verbreiteten Sympathie für die Blockfreiheit Jugoslawiens siehe Goeke, Jugoslawische Arbeitswanderer, 735.

[155] Vgl. Makropoulos, Theorie.

sistische Repräsentationen definitiv zur Restaurant- und generell zur Massenkultur gehören.

Der Balkan-Grill stellte einen der Orte dar, an denen in der frühen Bundesrepublik das Leben in einer normalisierten Konsumgesellschaft erlernt werden konnte; er bot ein Experimentierfeld im Alltag, um neue Formen der Interaktion mit ‚dem Anderen' zu erproben. Anstatt ins Ausland reisen zu müssen, konnten die deutschen Gäste im Balkan-Grill einen imaginären Ort des Anderen in der eigenen Nachbarschaft besuchen, zumindest in den städtischen Regionen Westdeutschlands. In diesem Sinne war der (exotische) ‚scharfe Süden' innerhalb der Bundesrepublik situiert, wo er zunächst einen gesonderten, zunehmend aber ‚normalen' Teil dieser Gesellschaft bildete. Aufgrund seiner relativen Vertrautheit, die aus den beschriebenen historischen Verbindungen resultierte und sich auch kulinarisch auswirkte, erleichterte gerade der Balkan-Grill den Eintritt in diese ‚andere Welt' im eigenen Land und ließ ihn nicht zuletzt aus diesem Grund zu einem der populärsten ausländischen Gaststättentypen der frühen Bundesrepublik werden.

In den 1950er Jahren und auch noch zu Beginn der 60er Jahre, als ausländische Speisen noch keine weite Verbreitung im Nachkriegsdeutschland gefunden hatten, kam es dem Balkan-Grill zugute, dass viele seiner Spezialitäten bereits seit Längerem bekannt und auch in den häuslichen Speiseplan eingegangen waren.[156] Zudem servierten die meisten Balkan-Grills von Anfang an auch deutsche Gerichte und taten das noch in den 1980er Jahren.[157] Deutsche und ausländische Gerichte zu kombinieren, stellte zum einen eine generell verbreitete Strategie insbesondere der ersten ausländischen Restaurantbetreiber in der Bundesrepublik dar, um die Schwellenangst beim deutschen Publikum zu senken.[158] Zum anderen aber deutet sie auch auf eine spezifische Affinität zwischen den Küchen hin.

Omnipräsenz und Vermischung der Balkanküche mit der deutschen mögen der Grund dafür sein, dass auch Bundesbürger, die eigentlich keine ausländischen Spezialitätenrestaurants frequentierten, bisweilen doch einen Balkan-Grill aufsuchten.[159] Waren die Speisen dort auch schärfer gewürzt,

---

[156] „Überhaupt finden wir im heimatlichen Speisezettel so manches Rezept, das aus dem Balkan stammt, vom Paprikaschnitzel über Gulasch bis zur gefüllten Paprika." (Harte, Gut essen, 170) Von den „vertrauten Gerichte[n] des Balkans" ist in der Beschreibung des Münchner Lokals „Plitvice" die Rede (München von 7 bis 7, 1976, 35).

[157] „Wir empfehlen unsere Bar, unsere Getränke, unsere deutsche Küche sowie insbesondere unsere anerkannt bewährten jugoslawischen Nationalgerichte", so ein jugoslawischer Gaststättenbetreiber in Konstanz (N.N. an das Amt für öffentl. Ordnung Konstanz, 30.1.1970, StAK S XI/2950).

[158] Auch die etablierten ‚internationalen Gerichte' sollten dem „Nichtkenner" ein Ausweichen ermöglichen, so etwa im „Adria-Grill" in Köln (Köln von 7 bis 7, 1973, 120).

[159] „[D]as Ausprobieren eines neuen Restaurants, vielleicht sogar eines fremdländischen –

ähnelten sie im Hinblick auf die Mahlzeitenkomposition, die Speisenfolge sowie die Dominanz von Fleischgerichten doch den in Deutschland verbreiteten Esstraditionen. Entsprechend wurden in den Akten der Gewerbeämter allein Restaurants, die jugoslawische oder ungarische (aber auch tschechische, schweizerische oder österreichische) Spezialitäten anboten, bisweilen als ‚(gut-)bürgerlich' umschrieben. So wurde 1973 ein jugoslawisches Restaurant in Berlin mit der Begründung genehmigt, dass auf diese Weise auch den deutschen Anwohnern die Möglichkeit eröffnet würde, „ein gutbürgerliches Restaurant in ihrer Nähe aufsuchen zu können".[160] Auch das „Restaurant Rijeka" in München firmierte im Pachtvertrag mit Löwenbräu als „bürgerliche Speisegaststätte" wie auch das „Belgrad" in Köln, das als „bürgerliche[s] Restaurant mit jugoslawischer Küche" firmierte.[161]

Indem jugoslawische Restaurants bisweilen der (gut-)bürgerlichen Küche zugeschlagen wurden, erfuhren sie nicht nur eine Wertschätzung als ‚solide Hausmannskost', sondern indirekt auch eine ‚Eindeutschung', war die (gut-)bürgerliche Küche doch nicht nur in Abgrenzung zur adligen, sondern zugleich auch zur französischen Kochkunst entstanden und weist daher außer einer schichtspezifischen eine nationale Komponente auf.[162] Auch in dieser Hinsicht also bewegte sich die Balkanküche an der Grenze zwischen Einheimischem und Fremdländischem. Während das China-Restaurant, das an die Imagination einer exotisch-mysteriösen Traumwelt gekoppelt war, niemals zum Stammlokal werden konnte[163], stellte das für das jugoslawische respektive das von Jugoslawen betriebene Lokal keine Unmöglichkeit dar. Wie Hartmut Heller in seiner Analyse ausländischer Selbständiger in Nürnberg 1978 betont hat, gaben viele jugoslawische (aber auch griechische) Restaurantbetreiber ihren von Deutschen übernommenen Lokalen keine neuen Namen und führten die Gaststätten oftmals weiter wie zuvor, nahmen also weniger deutlich als italienische oder asiatische Gastronomen die Umwandlung in ein explizit

---

außer den einheimischen durften es unergründlicherweise nur die mit jugoslawischer Küche sein –, war undenkbar", so Andreas Bernard: Die Elastizität der Zunge. Der Lebenslauf des Menschen entsteht beim Essen – Plädoyer für eine Gastrografie. In: SZ v. 27./28.7.2002 über seine Kindheit und die Essgewohnheiten v.a. seines Vaters.

[160] BA Wedding an SfW, Wirtschaftsamt, 18.12.1973.

[161] Vgl. Pachtvertrag v. 4.4.1978 über das „Restaurant Rijeka", BWA LBM F002-5156; Köln von 7 bis 7, 1973, 122.

[162] Dass das Adjektiv ‚bürgerlich' im Zusammenhang mit der Charakterisierung einer Küche oftmals synonym mit ‚deutsch' verwendet wird, macht ein Artikel über die ausländische Gastronomie in Leverkusen deutlich, in dem es heißt, dass die ausländischen Gastronomen deutsch sprächen und „ausländisch (aber auch bürgerlich)" kochen würden (Winfried Gipp: Türken und Thais rühren im Kochtopf. Ein Jugoslawe fühlt sich als Rheinländer. In: LA v. 8.7.1980).

[163] Vgl. Wiesenberger, Mandarin, 101.

348   5. Vom Balkan-Grill zur griechischen Taverne

Abbildung 12: Die Gaststätte „Split in Altmünchen" 1972, StAM AGB Stb/„Gaststätten und Hotels".

ausländisches Spezialitätenrestaurant vor.[164] Auch die dieser Studie zugrunde liegenden Quellen vermitteln den Eindruck, dass insbesondere Jugoslawen „ganz normale Kneipen" ohne besondere Betriebseigentümlichkeiten führten[165] und ihre Lokale zudem nicht mehrheitlich von Landsleuten, sondern häufiger als alle anderen Migrantengruppen von deutschen Vorbesitzern übernahmen.[166]

[164] Vgl. Heller, Pizzabäcker, 156.
[165] So etwa Petar Bozinovic in Leverkusen, der zuvor im „Kroatia-Grill" Geschäftsführer gewesen war, bevor er sich mit einer nicht näher spezifizierten Gaststätte selbständig machte (vgl. Winfried Gipp: Türken und Thais rühren im Kochtopf. Ein Jugoslawe fühlt sich als Rheinländer. In: LA v. 8.7.1980).
[166] Von den 1973/74 als Übernahmen markierten Restaurants durch jugoslawische Gastronomen in Berlin wurden 17 von Landsleuten, zwölf von Deutschen und acht von nicht genauer bestimmten Vorbesitzern übernommen (für eine Analyse der in Berlin 1973/74 eingegangenen Gewerbeanträge von Drittstaatenausländern siehe Kap. 3.2.2). Ende der 1980er Jahre hatten knapp 48 % der Jugoslawen ihre Betriebe von Landsleuten und gut 39 % von Deutschen übernommen; bei den italienischen und türkischen Gewerbebetreibenden lagen die entsprechenden Zahlen bei fast 58 % und knapp 27 % bzw. knapp 24 % (vgl. ZfT, Ausländische Betriebe, 104, Tab. A5).

Auch ‚traditionelle' Brauhäuser und Vereinsgaststätten wurden häufig von jugoslawischen Pächtern betrieben. So übernahm Anfang der 1960er Jahre ein jugoslawisches Ehepaar die Löwenbräu-Gaststätte „Bürgerbräu" in München und benannte sie in „Dalmatien im Bürgerbräu" um.[167] Ab 1963 wurde das Lokal dann von einem jugoslawischen Geschäftsführer und einer deutschen Frau geführt, bevor das Pachtverhältnis in die Hände dieser und ihres deutschen Ehemannes überging.[168] Auch in der Gaststätte „Alt-München" entstand dank seines jugoslawischen Pächters ein hybrides, bayerisch-jugoslawisches Ambiente, das fortan den Namen „Split in Alt-München" trug. Die Inneneinrichtung eines kleinen Raumes des ansonsten „überwiegend altdeutsch" eingerichteten Lokals[169] kombinierte eine bronzene Münchner Skyline mit vermutlich jugoslawischen Wandteppichen (Abb. 12) und verwies somit auf die Überlagerung (mindestens) zweier imaginärer Räume an ein und demselben Ort. Auch in anderen Regionen Westdeutschlands wurden Brauhäuser von Jugoslawen übernommen.[170] Die Kombination von jugoslawischer und deutscher Küche kennzeichnete ebenso die z. B. in Berlin häufig von Jugoslawen geleiteten Vereinsgaststätten und Klubheime.[171]

Dass Jugoslawen weitgehend problemlos als Pächter von alteingesessenen Brauhäusern und Klubheimen fungieren konnten, scheint ein Indiz für die relative Nähe zu sein, die den Umgang zwischen der jugoslawischen und der (nicht-migrantischen) deutschen Bevölkerung in der Bundesrepublik charakterisierte. Auch ihre Freizeit verbrachten jugoslawische Migranten signifikant häufiger als andere ‚Gastarbeiter' mit Deutschen. So traf ein Stadtsoziologe, der 1973 eine Studie in Kreuzberg durchführte, in von Deutschen geführten Lokalen v.a. deutsche und – wenn es sich um ein nach der nationalen Herkunft gemischtes Publikum handelte – deutsche und jugoslawische (nicht

---

[167] Vgl. den Pachtvertrag vom 5.9.1960, die Änderungen im Juni 1961 sowie das Schreiben der LBM an N.N. v. 5.12.1962, BWA LBM F002-4520. Dort auch zu den vorangegangenen Pächtern, bei denen es sich ausnahmslos um deutsche Ehepaare gehandelt hatte, die in den Jahren 1929–1937, 1937–1954, 1954–1956 und 1956–1960 die Gaststätte betrieben hatten.
[168] Vgl. LBM an N.N. v. 10.10.1968, BWA LBM F002-4520.
[169] Split in Alt-München. In: München von 7 bis 7, 1968, 161.
[170] So etwa die Gaststätte „Zum Brauhaus" in Leverkusen, die nach ihrer Renovierung 1968 als „Zagreb-Grill" deutsche Speisen und „echte Balkan-Spezialitäten" anbot (Wiedereröffnet „Zum Brauhaus". „Zagreb-Grill". In: LA v. 22.6.1968).
[171] Zu den jugoslawischen Pächtern im Clubhaus des Spandauer Yacht-Clubs siehe LAB B Rep. 010, Nr. 2237; zur Bewirtschaftung eines weiteren Klubhauses durch einen Jugoslawen siehe Pol.präs. in Berlin an SfW, 5.11.1973, LAB B Rep. 010, Nr. 1891/I, Bd. 3. Jugoslawische Lokale waren zudem häufig mit einer Kegelbahn ausgestattet und entsprachen auch in dieser Hinsicht dem in der Bundesrepublik etablierten Geschmack (vgl. Kroatische Küche am Fidelipark. In: Abendzeitung v. 29.9.1970; Gewerbeantrag v. 15.5.1969, StAL 320.1684).

aber türkische) Gäste an.[172] Wie die Balkanküche galt auch die jugoslawische Bevölkerung in der Bundesrepublik generell als „integrationsfähig" und „gut akzeptiert".[173] So hätte die Erfahrung gezeigt, „daß die deutsche Umgebung gegenüber jugoslawischen Bürgern und ihren Familien generell eine positive Einstellung" habe; Jugoslawen kämen in allen Teilen der Bundesrepublik gut zurecht.[174] Sie würden „die wenigsten Schwierigkeiten mit Deutschen, die wenigsten Kontaktdefizite, die besten Deutschkenntnisse und die stärkste Identifikation mit den Deutschen" aufweisen.[175] Zudem lebten sie, wie die Italiener, weit weniger segregiert als andere Ausländergruppen.[176] Entsprechend waren Jugoslawen, zumindest bis in die 1990er Jahre hinein, in den öffentlichen Debatten um Migration und das sogenannte Ausländerproblem kaum sichtbar.[177]

Erklärungsversuche für die hohe Präsenz von Jugoslawen (und Italienern) in der Gastronomie heben meist darauf ab, dass sie von den Deutschen „eher als ‚Mitteleuropäer'" betrachtet würden, die im Hinblick auf „Verhaltensweisen und Auftreten (Etikette), das vor allem vom bedienenden Personal im Gaststättenwesen verlangt" werde, nicht allzu sehr von deutschen Normen abwichen. Sie könnten sich an diese schneller anpassen als etwa die Türken, die „durch ihre andersartige Kultur" und ihr Aussehen für viele Deutsche nur „schwer akzeptabel" seien.[178] Neben diesen kulturellen Wahrnehmungsmustern und Stereotypen ist zudem noch der bereits erwähnte hohe Prozentsatz an im Hotel- und Gaststättengewerbe ausgebildeten Jugoslawen unter den Arbeitsmigranten zu erwähnen, der sie für eine Tätigkeit in dieser Branche zusätzlich qualifizierte.[179]

---

[172] Vgl. Hoffmeyer-Zlotnik, Gastarbeiter, 147. Ausführlich zu dieser stadtsoziologischen Studie siehe Kap. 6.4.

[173] Morokvašić, Jugoslawische Frauen, 15. Jugoslawen „tend to be the best liked" unter den Ausländern in der Bundesrepublik, meint Ardagh, Germany, 240.

[174] So Jevtović, Jugoslawischer Standpunkt, 258.

[175] Zapf/Brachtl, Lebensqualität, 303.

[176] Vgl. Loll, Zur Assimilation, 285.

[177] Allerdings weisen einige Studien darauf hin, dass in Bezug auf die ‚Integriertheit' in die deutsche Gesellschaft große Differenzen zwischen Slowenen, Kroaten, Bosniern, Serben und Mazedoniern bestünden. Diese nehme nämlich in der genannten Reihenfolge deutlich ab, so Thränhardt, Einwandererkulturen, 33. Darüber hinaus existierten selbstverständlich auch negative, rassistische Bilder über Jugoslawen, die mitunter auch als „Balkanschlamper" (Schlegel, Dein Djuwetsch, 62) oder als gerissene und nicht vertrauenswürdige Geschäftsleute galten. Siehe dazu die von Ressentiments zeugenden Ausführungen des Ministerialrats Werner Gabel an den Direktor der Staatlichen Chemischen Untersuchungsanstalt, Dr. Drawe, 8.8.1953 (Abschrift), BArch B 189/10286, in denen es um seine negativen Erfahrungen mit „a) Ausländern und b) ‚wein'fabrizierenden Ausländern" – Jugoslawen und Griechen – geht.

[178] So Balke, Untersuchungen, 52.

[179] Zu den ausländischen Arbeitnehmern im bundesdeutschen Gaststättengewerbe siehe Kap. 2.3.1.

Gelang es Restaurants mit Balkanküche besser als anderen ausländischen Gaststätten, sich genau an der Grenze zwischen Vertrautem und Exotischem anzusiedeln und damit in der frühen Bundesrepublik zu einer der erfolgreichsten ausländischen Küchen zu avancieren, wirkte sich diese Nähe zur gutbürgerlichen, deutschen Küche seit den 1980er Jahren zunehmend nachteilig aus. Gegen Ende des 20. Jahrhunderts war der Balkan-Grill bei weitem nicht mehr ‚exotisch' genug, um noch auf ein maßgebliches Interesse bei der deutschen Kundschaft zu stoßen. Bei den jugoslawischen Restaurants habe man den Eindruck, so eine Studie von Gruner+Jahr aus den frühen 1990er Jahren, dass sie sich „in gewisser Weise überlebt" hätten, zwar noch vorhanden seien, „aber im Bewußtsein der Konsumenten nicht mehr so präsent sind wie z. B. ‚der Grieche' oder ‚der Türke'". Dieses Faktum wird in der Studie auf eine kulinarische Mode zurückgeführt, die mittlerweile deutlich ihren Zenit überschritten habe.[180] Der Balkan-Grill mag damit als Beispiel für das von David Bell beschriebene Fallenlassen von Küchen und Gaststättentypen dienen, sobald die „Geschmacksschaffenden die Abwärtsspirale des kulinarischen Kulturkapitals bemerken".[181]

Auch die Kundenstruktur des Balkan-Grills deutet auf seine geringen Zukunftsaussichten hin, hat die jugoslawische Küche doch nicht nur vornehmlich männliche, sondern darüber hinaus auch eher einkommensschwache und v.a. ältere Anhänger.[182] Auch andere von der älteren Generation frequentierte Gaststättentypen sind im Verfall begriffen, gehen ältere Menschen doch weit seltener aus als die jüngere Generation.[183] Zudem sind sie kaum noch kulinarische Trendsetter. Dass es unter den ‚Gastarbeiterküchen' die jugoslawische Küche ist, die am stärksten an Popularität eingebüßt hat, hängt zudem damit zusammen, dass die gebotene Küche spätestens seit den 1980er Jahren – ganz im Gegensatz zur italienischen Küche – als zu ‚fett' und schwer verdaulich gilt und somit zunehmend in Widerspruch zum zeitgenössischen Gesundheitsbewusstsein geraten ist.[184] V.a. aber ist der Hauch des Fremdartigen und Außergewöhnlichen mittlerweile vollkommen verschwunden: „Und denkt man bei Ćevapčići nicht schon lange an brave Schrebergarten-Grillfeste statt

---

[180] Grenzenloser Genuß, 33.
[181] Bell, All You Can Eat, 121.
[182] Vgl. Essen außer Haus 2000, 23; DAB-Studie, 32.
[183] Auch die Stehbierhalle und das chinesische Restaurant mit ihren tendenziell älteren Kunden haben keine Konjunktur mehr (vgl. dazu Bösken-Diebels, Gastronomie, 80, Anm. 38, u. 82).
[184] In den 1950er Jahren hatten die Grillspezialitäten noch als besonders geeignete Speisen gegolten, um gut zu essen, ohne dick zu werden (vgl. etwa Balkan-Grill im Stuttgarter Hindenburgbau. In: AHGZ 12/5 [1957], 3), und auch wenn Balkanspezialitäten in den 1960er Jahren bereits als eher „fett" umschrieben wurden, zeigte das noch kaum Auswirkungen auf ihre Wertschätzung (vgl. etwa Scholz, Weg, 26).

an eine pikante balkanische Lagerfeuerküche?", fragte etwa der Restaurantkritiker und Dozent an der *Università delle Scienze Gastronomiche*, Peter Peter, 2004 in der *Frankfurter Allgemeinen Sonntagszeitung*.[185]

Wer weiterhin große Mengen Fleisch zu relativ günstigen Preisen verzehren wollte, tat das seit den 1980er Jahren immer häufiger in griechischen Spezialitätenrestaurants, die sich schnell und flächendeckend in der Bundesrepublik ausbreiteten. Der Druck auf die Balkan-Grills hat sich seitdem verstärkt. Lediglich in Kleinstädten und ländlichen Regionen expandierte dieser Gaststättentyp im Jahrzehnt vor der Wiedervereinigung noch[186], war aber auch dort der zunehmenden Konkurrenz griechischer Gastronomen ausgesetzt. Bisweilen kam es zu direkten Sukzessionsprozessen, wie z. B. zu Beginn der 1980er Jahre in München: „Im Fenster zur Straße weisen die luftigen Segel der mykonesischen Windmühlen darauf hin, daß die Zeiten der ‚Csardas-Fürstin‘, die hier einstmals gastronomisch tonangebend war, vorbei sind".[187] Zwischen 1981 und 1985 meldeten in Berlin zwar noch 381 Jugoslawen gegenüber nur 285 Griechen einen Betrieb im Gastgewerbe an; bei den Abmeldungen allerdings standen den 305 Jugoslawen lediglich 192 Griechen gegenüber.[188] In München, das über Jahrzehnte eine der unangefochtenen Hochburgen der jugoslawischen Küche gewesen war, überstieg 1992 die Zahl griechischer Restaurants mit 165 Betrieben diejenige jugoslawischer Gaststätten bereits um 33.[189]

Als Reaktion auf die schwierigen Marktbedingungen transformierten viele Betreiber von Balkan-Grills ihre Lokale entweder in Steakhäuser oder aber in Restaurants mit einer eher unspezifischen mediterranen Küche, um auf diese Weise an Erfolg versprechenden gastronomischen Trends zu partizipieren.[190] Andere versuchten, mit der Umwandlung in ein Schnellrestaurant oder einen Imbiss mit einem breiten Angebot an internationalem Fast Food dem zunehmenden Druck auf dem Gastronomiemarkt zu begegnen; sie reagierten auf das sich verschlechternde Image der Balkanküche also damit, dass sie eine preiswertere Produktpalette anboten und sich in der niedrigklassigeren Gastronomie ansiedelten. Der Krieg in (Ex-)Jugoslawien zu Beginn der 1990er Jahre mag den Niedergang des Balkan-Grills noch zusätzlich beschleunigt haben. Hatte

---

[185] Peter Peter: Bye-bye, Balkan-Grill. In: Frankfurter Allgemeine Sonntagszeitung v. 18.1.2004.

[186] Auch in den Außenbezirken der Großstädte wurden noch in den 1980er Jahren neue jugoslawische Restaurants eröffnet wie z. B. das „Beograd" in Hamburg-Billstedt (vgl. Hamburger Restaurantlexikon 85/86, 100).

[187] Mykonos. In: München von 7 bis 7, 1981, 77.

[188] Vgl. Gitmez/Wilpert, Micro-society, 100, Tab. 5.1.

[189] Vgl. Clotilde Salvatori, 354.

[190] Vgl. Anzeige über die Neueröffnung des „Adria-Restaurants" in Leverkusen, das nicht nur Balkan- und internationale Küche bot, sondern sich bereits zu Beginn der 1980er Jahre auch als Steakhaus zu platzieren suchte (LA v. 3.9.1981).

1965 der Rezensent eines jugoslawischen Restaurants in Stuttgart nicht nur in der Größe der servierten Portionen ein Mittel internationaler Verständigung ausgemacht, sondern auch den „serbische[n] Grillteller" als „so etwas wie eine Versöhnung zwischen Mitteleuropa und Orient" gefeiert[191], ließ sich diese Idee ein Vierteljahrhundert später nur noch schwerlich aufrechterhalten.

5.2 Die griechische Taverne als Nachfolgerin des Balkan-Grills?

Seit den späten 1970er Jahren und insbesondere in der ersten Hälfte der 80er Jahre waren es v.a. die griechischen Restaurants, die nun von einer Klientel profitierten, die große (Fleisch-)Portionen zu günstigen Preisen verzehren wollte. Wie im Balkan-Grill zeichnete sich auch das Essen in griechischen Lokalen dadurch aus, dass es meist reichhaltig und nicht gerade fettarm war. Kulinarisch lässt sich von einer Ablösung des Balkan-Grills durch die griechische Taverne sprechen, die beim Speisesortiment wie bei einigen Elementen der Einrichtung die ‚Balkan-Tradition' fortsetzte. Von Amts wegen wurden Lokale mit griechischer Küche vielfach als „Balkan-Spezialitäten-Restaurants" klassifiziert und entsprechend in direkte Konkurrenz mit Balkan-Grills gestellt.[192] Auch in Griechenland war die Zugehörigkeit zum Balkan nicht umstritten; Abgrenzungen erfolgten hier vornehmlich gegenüber der Türkei.[193] Ein Unterschied in der Charakterisierung der jugoslawischen und der griechischen Küche bestand v.a. darin, dass für die griechische Küche ein stärkeres Hervortreten der „orientalische[n] Geschmacksrichtung" behauptet wurde.[194] In Kochbüchern wie Arne Krügers *Spezialitäten aus aller Welt* aus dem Jahre 1966 bilden zum einen Ungarn und Jugoslawien eine Ländergruppe (Abb. 11), während zum anderen die Nationalküchen Rumäniens, Bulgariens und Griechenlands zusammengefasst und einleitend mittels der Zeichnung einer osmanisch gekleideten Figur mit Schnabelschuhen repräsentiert werden (Abb. 13).[195] Aber der besondere Status

---

[191] Schlegel, Dein Djuwetsch, 62.
[192] So sah z. B. das Bezirksamt Kreuzberg im November 1976 im Falle eines geplanten jugoslawischen Restaurants kein örtliches Bedürfnis gegeben, weil sich in der Nähe bereits drei Gaststätten befänden, bei denen es sich um jugoslawische und griechische Spezialitäten-Restaurants handele, womit ein „ausreichendes Angebot an Balkan-Spezialitäten" vorhanden sei (vgl. BA Kreuzberg an SfW, 16.11.1976, LAB B Rep. 010, Nr. 2233).
[193] Vgl. Todorova, Erfindung, 71. Autoren wie George Hoffmann, Balkans, 9–11, jedoch zählen Griechenland, abgesehen von Thrakien und Mazedonien, nicht zum Balkan, sondern klassifizieren es als ein ‚Mittelmeerland'.
[194] Griechenland [Guide Bleu], 156.
[195] Krüger, Spezialitäten, 275–289 und 291–307.

354 5. Vom Balkan-Grill zur griechischen Taverne

Abbildung 13: Titelseite der Rubrik „Rumänien/Bulgarien/Griechenland" aus dem Kochbuch Arne Krüger: Spezialitäten aus aller Welt. Das große Kochbuch der Nationalgerichte, Salzburg 1966, 291.

RUMÄNIEN
BULGARIEN
GRIECHENLAND

als kapitalistisches, nicht dem Ostblock zugehöriges Land löste Griechenland in politischer Hinsicht aus der Balkanregion heraus, und im Zuge der Verhandlungen über Griechenlands Beitritt zur Europäischen Gemeinschaft veränderte sich die Wahrnehmung des Landes abermals. Griechenland nahm auf den westeuropäischen *mental maps* eine Sonderstellung ein, war seine Zugehörigkeit zu (West-)Europa doch weit weniger umstritten als im Falle der übrigen Balkanländer.[196] Auch die massenhafte Migration griechischer Arbeitnehmer nach Westeuropa trug zu engeren Verbindungen Griechenlands mit dem westlichen Europa bei.

[196] Nach dem Zweiten Weltkrieg galt Griechenland zunächst als ‚unsicherer' Kandidat; so wurden bei einer ausländerpolizeilichen Erfassung der „Angehörige[n] der Satelliten- und sonstiger Ostblockstaaten" in Berlin 1953 auch die 249 zwischen Juli 1950 und Januar 1953 gemeldeten griechischen Staatsangehörigen mitgezählt (vgl. Anlage zum Schreiben des Pol.präs. in Berlin, 28.2.1953, LAB B Rep. 004, Nr. 32). Späterhin jedoch wurde Griechenland, zumindest zu Zeiten demokratischer Regierung, als westeuropäischer Staat betrachtet.

5.2.1 Griechische Migration und Gaststättengründungen in der Bundesrepublik

Hatte die erste große Migrationswelle aus Griechenland in den 1880er bis 1920er Jahren vornehmlich den USA, aber auch Kanada und Australien gegolten, richteten sich die griechischen Wanderungsbewegungen nach dem Zweiten Weltkrieg vornehmlich auf andere europäische Staaten.[197] Während des Bürgerkriegs und in seiner Folge flohen viele Griechen, insbesondere ehemalige Partisanen, in verschiedene osteuropäische Länder.[198] Zu Beginn der 1950er Jahre setzte dann die Arbeitsmigration nach (Nord-)Westeuropa ein, die sich zunächst v.a. auf die Montanregionen Belgiens und Frankreichs erstreckte.[199] 1957 schloss Griechenland einen Anwerbevertrag mit Belgien, dem 1960 das Abkommen mit der Bundesrepublik Deutschland und 1966 mit den Niederlanden folgten.[200] Von den insgesamt ca. 760 000 Griechen, die zwischen 1955 und 1977 in andere europäische Staaten migrierten, gingen die meisten, nämlich 84 %, nach Westdeutschland.[201] Lebten 1961 ca. 42 000 Griechen in der Bundesrepublik, waren es 1967 bereits über 200 000. Die Rezession 1966/67 führte dazu, dass die Zahl griechischer Migranten in Westdeutschland 1968 kurzzeitig nur noch bei 130 000 lag, 1973 aber dann einen Höchstwert von 408 000 erreichte.[202] Der sprunghafte Anstieg zwischen 1968 und 1973 ist auf die Militärdiktatur in Griechenland zurückzuführen, die viele politisch aktive Griechen veranlasste, ins Ausland zu gehen. Mit der Herstellung demokratischer Verhältnisse im Heimatland begann ab 1974 eine starke Rückwanderung.[203] Erst in den 1990er Jahren nahm die Zahl der Griechen, die seit 1988 die volle Freizügigkeit innerhalb der Europäischen Gemeinschaft genossen, in der Bundesrepublik wieder zu.[204]

Waren die nach Übersee ausgewanderten Griechen v.a. im Süden des Landes und auf den Inseln beheimatet gewesen, stammten die in die Bundesrepublik

---

[197] Vgl. Skarpelis-Sperk, Griechische Diaspora, 196.
[198] Gut 1000 griechische Erwachsene und ebenso viele Kinder wurden 1949/50 in der DDR registriert (vgl. Lagaris, Griechische Flüchtlinge in Ost- und Südosteuropa, 609).
[199] Vgl. Geck, Griechische Arbeitsmigration, 25.
[200] Vgl. Vermeulen, Griechische Arbeitswanderer, 604; Stavrinoudi, Griechische Arbeitsmigration, 8.
[201] Statistisch betrachtet, war jeder Zehnte der zehn Millionen Griechen mindestens zeitweise in der Bundesrepublik (vgl. Gogos, Überblendungen, 822). Belgien bildete das Zielland von 4 %, die Schweiz von 2 % und Schweden und die Niederlande von je 1 % aller griechischen Migranten (vgl. Vermeulen, Griechische Arbeitswanderer, 604).
[202] Vgl. Panayotidis, Griechen, 89, Tab. 4.1.
[203] Vgl. ebd., 89 u. 127.
[204] 1988 lebten 274 800, 1996 dann bereits 363 000 Griechen in der Bundesrepublik (vgl. ebd., 89, Tab. 4.1.).

migrierten Griechen mehrheitlich aus Zentral- und Nordgriechenland.[205] Insbesondere aus den ärmsten Regionen, Makedonien und Thrakien, die erst 1923, nach Beendigung des griechisch-türkischen Krieges, endgültig dem griechischen Staat zugeschlagen worden waren und in denen sich das Gros der Flüchtlinge aus Kleinasien angesiedelt hatte, rekrutierten sich die griechischen ‚Gastarbeiter'. Viele stammten aus Flüchtlingsfamilien und entschieden sich – nicht zuletzt aufgrund der Krise der für die nordgriechische Ökonomie zentralen Tabakindustrie – für eine Arbeitsaufnahme im Ausland.[206] Auch Frauen partizipierten an dieser vornehmlich als Kettenmigration erfolgenden (temporären) Auswanderung und machten 1973 bereits mehr als ein Drittel der griechischen Arbeitnehmer in der Bundesrepublik aus.[207] Im Mai 1961 verzeichnete die bundesdeutsche Vermittlungsstelle in Saloniki die in der Geschichte der organisierten Anwerbung einmalige Frauenquote von 58 %.[208] Die wichtigsten Zielregionen der griechischen Migration nach Westdeutschland bildeten neben Nordrhein-Westfalen v.a. die Großstädte München, Hamburg und Stuttgart.[209] Hier entwickelte sich ab den 1970er Jahren nach und nach eine griechische Ökonomie, die zunächst vornehmlich aus Änderungsschneidereien und Lebensmittelgeschäften, aber auch aus fliegenden Händlern bestand[210], bevor sich seit den späten 1970er Jahren das Gros der griechischen Selbständigen für eine Tätigkeit in der Gastronomie entschied.

Hatte die Selbständigenquote bei Griechen in der Bundesrepublik 1974 nur bei 2,1 % gelegen, erreichte sie 1980 bereits 6,4 % und wuchs bis 1983 auf 10,8 % an. In der Folgezeit stagnierte sie und sank zeitweise sogar ab, stieg aber Anfang der 1990er Jahre auf über 11 %.[211] 1992 gab es in der Bundesrepublik etwa 23 000 griechische Selbständige, von denen 14 000 im Gastgewerbe

---

[205] Vgl. Kokot, Griechische Minderheit, 187; Heller, Komponenten, 12. 1961 stammten gut 43 % der offiziell vermittelten Arbeitskräfte aus Nord-Griechenland, 1962 waren es laut Erfahrungsbericht der Bundesanstalt bereits mehr als 52 %; per namentlicher Anwerbung gelangten 1960 nur 2,1 %, 1962 jedoch bereits fast 20 % und 1968 sogar 53,8 % der griechischen Arbeitskräfte in die Bundesrepublik (vgl. Panayotidis, Griechen, 115).
[206] Vgl. Rosskopp, Gastarbeiterwanderung, 96, 116 u. 161–163.
[207] Vgl. Kokot, Griechische Minderheit, 187.
[208] Vgl. Gogos, Überblendungen, 823. Dass viele Frauen die Arbeitsmigration als Chance begriffen, rigider familiärer und sozialer Kontrolle zu entgehen, macht folgende Aussage deutlich: „Wir waren ungefähr 300 junge Frauen und alle begeistert, dass wir weggehen konnten." (Kiki Pliaka, zit. nach Delidimitriou-Tsakmaki, Ewige Suche, 110)
[209] Vgl. Skarpelis-Sperk, Griechische Diaspora, 199.
[210] Für Köln siehe die griechischen Anträge auf einen Reisegewerbeschein in RWWA 1-477-5, Nr. 415; -6, Nr. 527.
[211] Vgl. Loeffelholz/Gieseck/Buch, Ausländische Selbständige, 46, Tab. 7. In Bayern erreichte die Selbständigenquote der Griechen 1995 gar 16 % (vgl. Schutkin, Berufliche Positionierung, 144). Auch in Griechenland selbst liegt die Selbständigenquote europaweit am höchsten (vgl. Yavuzcan, Ethnische Ökonomie, 95).

5.2 Die griechische Taverne als Nachfolgerin des Balkan-Grills? 357

tätig waren.[212] Bereits 1978 hat Hartmut Heller für Nürnberg festgestellt, dass mehr als die Hälfte der griechischen Selbständigen sich in der Gastronomie engagierten, und auch in den Niederlanden zeigt sich ein ähnliches Bild.[213] Entsprechend konnte Gregorios Panayotidis zu Beginn dieses Jahrtausends mit Blick auf die Gruppe der griechischen Selbständigen feststellen: „Das Profil der Erwerbs- und Berufsbedingungen der griechischen Bevölkerung ist hauptsächlich durch eine auf die Gastronomie konzentrierte Monokultur geprägt."[214] Diese Dominanz ist auch daran erkennbar, dass sich die Griechisch-Orthodoxe Metropolie von Deutschland speziell mit der Frage der „Gastronomenseelsorge" beschäftigt.[215]

Als ‚Gründerzeit' der griechischen Gastronomie in der Bundesrepublik lässt sich die Phase ab Mitte/Ende der 1970er Jahre bis Mitte der 80er Jahre bestimmen.[216] Ausländerrechtliche Erleichterungen ab den späten 1970er Jahren und schließlich der Beitritt Griechenlands zur EG 1981, mit dem dann endgültig alle Nebenbestimmungen zur Aufenthaltserlaubnis (wie das Verbot einer selbständigen Erwerbstätigkeit) wegfielen, ermöglichten es griechischen Staatsangehörigen, problemlos eine Gewerbeerlaubnis zu erhalten. Zwar war eine Übergangszeit bis 1988 vereinbart worden, während derer griechische Staatsangehörige keine Zugangsfreiheit zum Arbeitsmarkt der EG-Länder genossen. Für die bereits in EG-Staaten beschäftigten Griechen jedoch galt bereits ab 1981 die Gleichbehandlung mit inländischen Arbeitnehmern; zudem besaßen sie einen Rechtsanspruch auf eine für EG-Angehörige vorgesehene Aufenthaltserlaubnis und eine unbefristete Arbeitserlaubnis.[217] Doch nicht nur die bereits im Land befindlichen Griechen konnten sich jetzt ohne weiteres selbständig machen; auch eine Einreise aus Griechenland zum Zwecke der Unternehmensgründung in der Bundesrepublik war fortan möglich.[218]

---

[212] Vgl. Loeffelholz/Gieseck/Buch, Ausländische Selbständige, 48.
[213] Vgl. Heller, Pizzabäcker, 154. In den Niederlanden waren Ende der 1980er Jahre 60 % der griechischen Selbständigen in der Gastronomie und weitere 30 % im Einzelhandel tätig (vgl. Blaschke et al., European Trends, 97).
[214] Panayotidis, Griechen, 298.
[215] Vgl. Miron, Schwerpunkte, 203f.
[216] In Nürnberg waren 1978 41 % der griechischen Betriebe erst in jenem Jahr gegründet worden (vgl. Heller, Pizzabäcker, 152), und in Hannover stieg die Zahl griechischer Lokale zwischen 1978 und 1981 von 29 auf 76 (vgl. Balke, Untersuchungen, 94). Erst ab Mitte/Ende der 1980er Jahre ist unter griechischen Gastronomen zunehmend von ökonomischen Problemen oder einem Scheitern die Rede (vgl. Panayotidis, Griechen, 288).
[217] Vgl. Papastamkos, Erweiterung, 81. Auch in anderen EG-Staaten machte sich der Beitritt Griechenlands in erhöhten Selbständigenraten der griechischen Migranten bemerkbar. Zum Anstieg der Zahl griechischer Restaurants in Belgien ab 1981 siehe Moutsou, Ethnicity, 540.
[218] Vgl. SfW an die für Wirtschaft zuständige Abteilung des Bezirksamts von Berlin, nachrichtl. an die IHK zu Berlin und die Handwerkskammer Berlin, betr.: Ausländer-

5. Vom Balkan-Grill zur griechischen Taverne

Der Aufschwung der griechischen Gastronomie, der Ende der 1970er Jahre eingesetzt hatte, beschleunigte sich daher ab 1981 nochmals, so dass sich im Laufe der 1980er Jahre die Zahl griechischer Spezialitätenrestaurants in der Bundesrepublik verdreifachte.[219] Neben Neueröffnungen waren in diesem Zeitraum auch zahlreiche Filialbildungen bereits bestehender griechischer Restaurants zu verzeichnen.[220] Anfang der 1990er Jahre übertraf die Zahl der an Griechen vergebenen Neukonzessionen in vielen Städten des Bundesgebiets dann diejenige der Italienern (und anderen Ausländern) erteilten Erlaubnisse, so dass die Fachzeitschrift *food service* 1990 titeln konnte: „Griechen weit vorn".[221] In Hamburg z. B. gingen 1989 lediglich 15,9 % der Neukonzessionen an Italiener, jedoch 23,7 % an griechische Staatsangehörige.[222]

Wie bereits dargelegt, waren es in Berlin zu Beginn der 1970er Jahre die Jugoslawen, die von allen Nicht-EWG-Ausländern die meisten Konzessionsgesuche stellten (siehe Tab. 1, Kap. 3.2.2). Dafür hatte Berlin schon vor dem Zweiten Weltkrieg griechische Lokale besessen wie das Restaurant „Michaelidis", das neben dem „Café Bauer" als Treffpunkt für die griechischen Arbeitskräfte und Geschäftsleute fungierte, die vornehmlich in der Tabakindustrie tätig waren.[223] 1949 ist im Verzeichnis der Mitglieder der Berliner Gastwirte-Innung Gertrud Lazarides aufgeführt, die in Charlottenburg das Restaurant „Akropolis" betrieb.[224] Doch erst im Laufe der 1960er Jahre begann sich die Zahl griechischer Gaststätten langsam zu erhöhen; 1964 wurde z. B. die „Taverna Apostolis" eröffnet, in welcher der Schauspieler und Sänger Kostas Papanastasiou als Koch tätig war, bevor er 1972 das legendäre, bis heute existierende Restaurant „Terzo Mondo" in der Kantstraße (ab 1974 in der Grolmannstraße) übernahm.[225] Doch fragte sich Hans Scholz noch 1967 im literarischen Restaurantführer *Berlin wie es schreibt & isst*: „Ein griechisches Lokal fehlt. Oder

---

rechtlicher Status der griechischen Staatsangehörigen, LAB B Rep. 010, Nr. 2767; Die griechischen Arbeiter rechtlich gesehen. In: Informationsdienst zur Ausländerarbeit 2 (1982), 130.

[219] Vgl. Sölter, „Wohnzimmer", 106.
[220] Vgl. Stavrinoudi, Griechische Gewerbetreibende, 12.
[221] Griechen weit vorn. In: food service 9/9 (1990), 47–48.
[222] 1980 hatten in der Hansestadt noch die italienischen Gastronomen mit 138 Konzessionen überwogen, während an griechische Bewerber nur 129 Konzessionen erteilt worden waren (vgl. Köhler, Kulturelle Vielfalt, 330). In Nürnberg wurden 1991 57,2 % der Neukonzessionen an griechische und ‚nur' 36 % an italienische Gastronomen vergeben; in Bielefeld erhielten Italiener 1993 23,6 % der Neukonzessionen, Griechen hingegen 31,4 % (vgl. Loeffelholz/Gieseck/Buch, Ausländische Selbständige, 58, Tab. 12).
[223] Vgl. Stavrinoudi, Griechische Gewerbetreibende, 7. Zu den griechischen Beschäftigten in der Tabakindustrie siehe Leontopoulos, Geschichte, 10.
[224] Vgl. Verzeichnis der Mitglieder der Berliner Gastwirte-Innung 1949, Einträge Charlottenburg.
[225] Vgl. Beim Griechen, 44.

5.2 Die griechische Taverne als Nachfolgerin des Balkan-Grills? 359

sollte mir sein Vorhandensein bisher entgangen sein?"[226] Auch das *Gaststättenverzeichnis für Berlin-Besucher* von 1970 nennt nur ein einziges griechisches Restaurant, während elf italienische und fünfzehn jugoslawische Lokale empfohlen werden.[227]

In Köln waren 1974 unter den insgesamt 81 Ausländern, die am Unterrichtungsverfahren für Gastronomen teilnahmen, elf Jugoslawen und acht Griechen; den Großteil der zukünftigen Gastwirte stellten die 41 italienischen Teilnehmer.[228] Auffällig ist, dass sich unter den Teilnehmern in den 1970er Jahren auch viele deutsche Frauen mit griechischen Nachnamen befanden.[229] Aufgrund der bis 1981 bestehenden rechtlichen Schwierigkeiten, als Grieche eine Gewerbeerlaubnis zu erhalten, war die Anmeldung des Gewerbes durch die deutsche Ehefrau ein häufig gewählter Weg. Die 1968 in Leverkusen eröffnete „Zorbas-Grotte" z. B. wurde von einem griechisch-deutschen Ehepaar gegründet.[230] Unter den kleineren Städten des Samples hatte Leverkusen damit recht früh auch griechische Küche zu bieten, während sich in Konstanz erst Anfang der 1970er Jahre und in Flensburg erst mit der Wende zu den 1980er Jahre eine griechische Gastronomie etablierte. In der nördlichsten Stadt der Republik nahmen die griechischen Tavernen dafür aber in der Folgezeit umso schneller zu, so dass sie in der zweiten Hälfte der 1980er Jahre die größte Gruppe unter den ausländischen Gaststätten bildeten.

Während im Adressbuch der Stadt Flensburg von 1977 noch kein einziges griechisches Restaurant aufgeführt ist, nennt die Ausgabe von 1984 bereits neun griechische Lokale.[231] Viele dieser Gaststätten sind mit Sicherheit schon früher gegründet, aber – wenn überhaupt – erst einige Zeit nach Eröffnung ins

---

[226] Scholz, Weg, 26.
[227] Vgl. Gaststättenverzeichnis. Tatsächlich aber existierten bereits mehrere griechische Lokale, wobei Berlin noch 1975 erst fünf oder sechs griechische Restaurants aufwies (vgl. Stavrinoudi, Griechische Gewerbetreibende, 11).
[228] Eigene Auswertung der Teilnehmerlisten der von der IHK Köln durchgeführten Unterrichtungsverfahren für Gastwirte, IHK Köln 1974. Da in den IHK-Unterlagen nicht das Herkunftsland der Teilnehmenden vermerkt ist, bleiben die allein aufgrund der Namen von mir vorgenommenen nationalen Zuordnungen fraglich. Neben den drei genannten Gruppen hatten noch je drei vermutlich spanische und türkische Staatsangehörige am Unterrichtungsverfahren 1974 teilgenommen.
[229] Von den acht Frauen mit deutschem Vornamen und ausländischem Nachnamen, die 1974 am Unterrichtungsverfahren teilnahmen, trug der größte Teil griechische Nachnamen, gefolgt von Frauen mit türkischen Nachnamen. Auch 1975 hatte mehr als die Hälfte der mit Ausländern verheirateten deutschen Frauen, die den ‚Bullettenschein' erwerben wollten, einen vermutlich griechischen Ehemann (eigene Auswertung der Teilnehmerlisten der von der IHK Köln durchgeführten Unterrichtungsverfahren für Gastwirte, IHK Köln 1975).
[230] Siehe die Anzeige in: LA v. 22.6.1968.
[231] Vgl. Adressbuch der Stadt Flensburg 1984.

Adressbuch aufgenommen worden.[232] Im weiteren Verlauf der 1980er Jahre erweiterte sich das Angebot noch um fünf zusätzliche Tavernen[233], und außerdem wurde an der zentral gelegenen Schiffbrücke „Papa's Imbiss" errichtet, in dem bis spät in die Nacht Gyros-Pita erhältlich war – ein Erfolgsrezept nicht nur in Flensburg.[234] Fast alle der in den Adressbüchern der 1980er Jahre genannten Lokale existieren noch heute, wenn auch zum Teil an anderen Standorten. Diese geringe Fluktuation ist bemerkenswert und deutet auf die außerordentliche und anhaltende Popularität der griechischen Küche in der Grenzstadt hin. Die Dominanz der griechischen Gastronomie drückte sich u. a. darin aus, dass auch Vereinslokale, die – sofern sie ausländische Pächter hatten – andernorts mehrheitlich von Jugoslawen geführt wurden, in Flensburg oftmals unter griechischer Leitung standen.[235]

Die griechischen Gaststätten in Flensburg wurden fast ausnahmslos von Männern geleitet, die größtenteils, wie generell in der Bundesrepublik, aus den Regionen Thessalien und Makedonien kamen.[236] Für die griechischen Restaurantbetreiber in Berlin ist gezeigt worden, dass ein großer Teil von ihnen in ein engmaschiges soziales Netzwerk eingebunden war, das sich vielfach auf die gemeinsame regionale Herkunft stützte und die Existenzgründungen im Gaststättengewerbe erheblich erleichterte. Anfang der 1990er Jahre existierten

---

[232] So war für den 1984 erstmals im Adressbuch genannten „Akropolis-Grill" bereits im August 1981 ein Antrag gestellt worden (vgl. Ordnungsamt/Gewerbeangelegenheiten an die Polizeidirektion v. 19.11.1981, 27.8.1981 u. 12.8.1983, StAFL, V D 82). Darüber, ob die Anträge bewilligt wurden, geben die Akten keine Auskunft. Wahrscheinlich ist aber, dass die meisten der Gaststätten längst gegründet worden waren, bevor sie erstmals im Adressbuch auftauchten.

[233] Vgl. Ordnungsamt/Gewerbeangelegenheiten v. 8.8.1983 u. 7.3.1984, StAFL, V D 106; Ordnungsamt/Gewerbeangelegenheiten v. 10.12.1985; Adressbuch der Stadt Flensburg 1986 u. 1988.

[234] Bereits im Mai 1980 hatte der aus Thessaloniki stammende Namensgeber des Imbisses einen Antrag beim Ordnungsamt der Stadt Flensburg gestellt (vgl. Ordnungsamt/ Gewerbeangelegenheiten v. 22.5.1980, StAFL, V D 83). Zur Verbreitung des „Giros-Pitta Schnellimbiß" in vielen westdeutschen Großstädten siehe Schlumm, Neue Heimat, 94.

[235] Exemplarisch sei die 1987 erfolgte Übernahme des Vereinslokals „Tennis-Klause" in der Osterallee durch einen Griechen aus Westmakedonien genannt (vgl. Ordnungsamt/ Gewerbeangelegenheiten an das Gesundheitsamt: Anforderung einer Stellungnahme, 28.9.1987, StAFL, V D 85).

[236] Zwei der vorliegenden Gewerbeanträge wurden dabei von Männern aus Rodopi gestellt, einer an der Ägäis gelegenen Präfektur im Nordosten Griechenlands, nahe der türkischen Grenze, welche die einzige Präfektur Griechenlands darstellt, die eine muslimische Mehrheit aufweist. Auch 40,3 % der von Gregorios Panayotidis befragten Gastronomen in Bremen kamen aus Thessalien, wobei allein aus dem Nomos Trikala 35,1 % stammten (vgl. Panayotidis, Griechen, 294f. u. 288).

5.2 Die griechische Taverne als Nachfolgerin des Balkan-Grills? 361

Abbildung 14: Speisekarte der Gaststätte „Herrnhof" in München, August 1965, BWA LBM F002-5015.

in Berlin allein 16 griechische Restaurants, deren Inhaber alle aus dem Dorf Anixia bei Thessaloniki stammten.[237]

Auch wenn die griechische Küche in Süddeutschland nie dieselbe Bedeutung erlangte wie im Norden der Republik, konnte zumindest München doch schon in den 1960er Jahre erste griechische Lokale aufweisen. 1965 etwa übernahm ein aus Griechenland stammender Musikstudent die Gaststätte „Herrnhof" in der Nähe des Isartors, in der fortan musikalische Darbietungen stattfanden und seine Mutter als Köchin fungierte.[238] Das Lokal bot neben Wiener Schnitzel, Wurstsalat und „Karpfen blau" auch „[b]esondere griechische Spezialitäten" wie „Spiess a [sic] la Plaka", Oliven, Sardellen und „Gefühlte [sic] Paprikaschoten", aber auch „Spaghetti m[it] Hackfleischsauce". Die griechischen Speisen waren sowohl auf deutsch als auch auf griechisch annonciert (Abb. 14) und soll-

---

[237] Vgl. Simons, Ethnische Ökonomie, 94; ausführlich dazu: Stavrinoudi, Struktur. Auch die griechischen Großhändler in Berlin wiesen vielfach verwandtschaftliche Beziehungen zu den Gastronomen auf. Zum griechischen Lebensmittelhandel in Berlin siehe Spree-Athen, 42f.

[238] Vgl. Pachtvormerkung v. 18.6.1965, BWA LBM F002-5015.

362   5. Vom Balkan-Grill zur griechischen Taverne

Abbildung 15: Die Gaststätte „Mykonos" in München 1971, StAM AGB Stb/„Gaststätten und Hotels".

ten demnach wohl eine national gemischte Klientel ansprechen.[239] Wie bereits für die jugoslawischen Restaurants beschrieben, waren auch die griechischen Lokale oftmals in rustikalem Stil eingerichtet und wiesen allein mittels einzelner Dekorationselemente, v.a. griechischer Vasen – so etwa im Falle des Restaurants „Mykonos" (Abb. 15) –, auf die Küchenspezialitäten hin.

Während sich die griechischen Restaurants in Konstanz und Flensburg von Anfang an (auch) an einem deutschen Publikum orientierten, galt das nicht für die ersten griechischen Gaststätten in Berlin, Hamburg, München, Köln oder auch Leverkusen/Opladen. An Orten also, an denen griechische ‚Gastarbeiter' in größerer Zahl lebten, entstanden Lokale, die sich zunächst – wie das für andere migrantengeführte Lokale bereits zu Beginn des Jahrhunderts beschrieben worden ist – vornehmlich an ein griechisches Publikum wandten.

---

[239] 1967 musste das Lokal aufgrund von Zahlungsschwierigkeiten wieder aufgegeben werden (vgl. LBM an N.N., 29.6.1967, BWA LBM F002-5015).

5.2.2 Die griechischen Gaststätten für Arbeitsmigranten aus Griechenland in den 1960er und 70er Jahren

Zu den griechischen Lokalen, die sich primär an griechische Arbeitsmigranten richteten, zählte zum einen das *kafenion*, das (Männer-)Café, das in vielerlei Hinsicht mit den türkischen Kaffeehäusern vergleichbar war und auch heute noch mancherorts zu finden ist. Zum anderen entstanden griechische Lokale, die sich an Männer und Frauen gleichermaßen richteten. Das galt beispielsweise für die Mitte der 1960er Jahre in der Düsseldorfer Straße in Leverkusen (damals noch Opladen) betriebene griechische Gaststätte „Ellas", in der am Wochenende Tanzveranstaltungen stattfanden, die mehrheitlich von ausländischen, v.a. griechischen Gästen besucht wurden.[240] Die deutschen Stammgäste, die vor der Übernahme der Gaststätte „Zur Krone" durch einen griechischen Gastronomen dieses Lokal frequentiert hatten, wurden dort kaum noch gesehen. Vielmehr entwickelte sich das Lokal zu einem „Zentrum für Ausländer", insbesondere für griechische Migranten, in dem „auch ausländische Küche gekocht" würde, so dass sich die ‚Gastarbeiter' hier „‚zu Hause' fühlen" könnten, wie eine Fürsorgerin in ihrem Bericht vom August 1966 vermerkte.[241]

In der Nachbarschaft war die Gaststätte nicht besonders beliebt; so beklagte sich ein Anwohner im Juni 1967, dass hier jeden Samstag „bis durchschnittlich 2.00 Uhr nachts ein unbeschreibliches Singen und Lärmen zu hören" sei, „was nicht nur ein Einschlafen" verhindere, „sondern einen sogar aus dem Schlaf" reiße.[242] In den Folgejahren wurden immer wieder Überprüfungen von der Polizei durchgeführt, die den griechischen Wirt – und mit ihm noch weitere griechische Gastronomen – mehrfach der Nichteinhaltung der Sperrstunde überführte.[243] Anfang 1970 versuchte die Polizei mehrfach nachzuweisen, dass in dem Lokal zudem verbotene Glücksspiele stattfänden: „Des öfteren gaben griechische Familienangehörige der Polizeistation Opladen vertrauliche Hinweise, dass [...] in den hinteren Räumen um hohe Geldbeträge bis in die frühen Morgenstunden gespielt wurde." Die Sicherstellung eines Würfelspiels allein

---

[240] Oberkreisdirektor des Rhein-Wupper-Kreises/Kreisjugendamt an den Stadtdirektor von Opladen, 20.10.1966, StAL 50.3614.

[241] Selbst in den Vormittagsstunden sei das Lokal frequentiert, und auch die aufgestellten Spielautomaten würden ausgiebig genutzt. Vgl. ebd., Anlage: Bericht Kreisfürsorgerin v. 10.8.1966, StAL 50.3614.

[242] N.N. an das Ordnungsamt Opladen, 9.6.1967, betr.: Lokal „Zur Krone" Opladen, StAL 50.3614.

[243] Für Anzeigen, die andere griechische Gastronomen erhielten, siehe Oberkreisdirektor als Kreispolizeibehörde/Polizeistation Opladen: Übertretungsanzeige v. 19.1.1970, StAL 50.3496; Oberkreisdirektor als Kreispolizeibehörde/Polizeistation Opladen: Übertretungsanzeigen v. 10.5.1967, 5.6.1967 und 29.12.1967, StAL 50.3603.

aber begründete noch keine die Konzession in Frage stellende Unzuverlässigkeit des Wirts, wie die Stadtverwaltung Opladen im März 1970 befand.[244]

Viele der frühen griechischen Gaststätten stellten eine Mischung aus griechischem *kafenion* und deutscher Kneipe dar; sie zogen fast ausschließlich griechische Gäste an und boten meist nur eine beschränkte Auswahl an griechischen Gerichten. Daneben entstanden griechisch geführte Lokale, die sich fast ausnahmslos an deutsche Gäste richteten und sich von deutschen Gaststätten nur insofern unterschieden, als in ihnen auch Ouzo erhältlich war.[245] Diese Form der Übernahme deutscher Lokale, die ohne größere Umgestaltungen des Interieurs oder der Speise- und Getränkekarte vor sich ging, war, wie bereits geschildert, auch bei jugoslawischen Gastronomen nicht unbekannt. In den USA und Kanada ist dieses Muster im Falle griechischer Gastronomen dominant. Dort entdeckten griechische Migranten nach dem Zweiten Weltkrieg v.a. das *diner* als Erwerbsquelle und boten dort einheimische Gerichte – bisweilen unter Hinzufügung von Rosmarin, Oregano oder Zitronensaft – an.[246] Etwa 80 % der in den 1940er bis 60er Jahren betriebenen *diner* in den USA waren im Besitz von Menschen mit griechischem Hintergrund.[247] In Großbritannien liegt insofern eine ähnliche Entwicklung vor, als hier viele der *fish and chips shops* von griechischen Zyprioten geführt wurden und werden.[248] Von einem *ethnic business* lässt sich hier jedoch nicht sprechen; die traditionsreichen, aber eher bescheidenen *diners* und *fish and chips shops* boten gerade Migranten eine attraktive Möglichkeit, sich ohne allzu große finanzielle Investitionen selbständig zu machen.[249] In der Bundesrepublik jedoch hielten sich die griechisch geführten, aber nach Einrichtung und Angebot unspezifischen (deutschen) Gaststätten nicht lange; erfolgreicher waren hierzulande eindeutig die auf griechische Küche spezialisierten Lokale, die zunächst die griechische Bevölkerung, zunehmend aber auch deutsche Gäste ansprachen.

Als Beispiel für ein hauptsächlich auf griechische Migranten ausgerichtetes, aber nach und nach auch von einigen Deutschen besuchtes Lokal sei das „Spiti ton Ellinikon" („Haus Griechenland") in Köln angeführt. Über diese Gaststätte äußerte der Schriftsteller Hans Bender 1967, dass die Griechen hier „unter sich"

---

[244] Erst bei einer Verurteilung sei eine eventuelle Rücknahme der Erlaubnis zu erwägen (vgl. Stadtverwaltung der Kreisstadt Opladen/Der Stadtdirektor, 12.3.70, StAL 50.3434).
[245] Vgl. Panayotidis, Griechen, 281.
[246] Vgl. Theodoratus, Changing Patterns, 87.
[247] Vgl. Manzo, Pushcart, 215.
[248] Zumindest außerhalb von London, so Panayi, Impact, 198. Generell zur Geschichte der *fish and chips shops* siehe Walton, Fish and Chips.
[249] Vgl. Denker, World, 56. In der Bundesrepublik engagierten sich in den letzten Jahren mehr und mehr Griechen im Pizzageschäft (siehe den Bericht über den thessalonikischen Inhaber des „Pizza Pazza" in Leverkusen. In: LA v. 30./31.1.1999).

5.2 Die griechische Taverne als Nachfolgerin des Balkan-Grills?

seien.[250] Der Verfasser der Restaurantbeschreibung betont dabei gleich zu Beginn seines Textes v.a. die Veränderungen, die der Transfer eines griechischen Gaststättentyps in die Bundesrepublik mit sich brachte, und die daraus resultierende Hybridität des Ortes, die sich weder ganz dem Kölner ‚Hier' noch dem griechischen ‚Dort' zuschlagen lässt:

„Zu Hause stehen ihre Tische und Stühle unter dem freien Himmel [...]
Hier stehen ihre Tische und Stühle in einer Kneipe Kölner Bauart.
Unter einer ockerfarbenen, verräucherten Decke.
Unter Kupferlampen mit verstaubten Schirmen.
Unter einem zerrissenen Fischernetz.
Das Mobiliar ist deutsch: die Theke, die Barhocker, der Spielautomat, die elektrische Uhr, die Gemälde in Barockrahmen.
Doch wenn sie eintreten, die Griechen, wenn sie ihr Lokal füllen am Abend, ist es ein griechisches Lokal."[251]

Das ‚sie', mit dem der Autor ‚die Griechen' bezeichnet, ist zum einen als Form der Distanzierung zu lesen, als Ausdruck eines ethnografischen Blicks, der die Andersartigkeit der von ihm beobachteten Menschen und ihrer kulturellen Praktiken herausstellt. So wurden die griechischen Trinkgewohnheiten als different wahrgenommen: Griechen würden den Wein nur in kleinen Schlucken trinken, um angeheitert, jedoch nicht betrunken zu werden.[252] Darüber hinaus schreibt der Autor die Griechen als unveränderliche, durch die Migration nicht beeinflusste Wesen fest: „Sie bleiben sich gleich – dort und hier".[253]

Zum anderen aber lässt sich aus dieser Beschreibung auch ein Gefühl des Ausgeschlossenseins auf Seiten des Autors herauslesen, der im „Spiti ton Ellinikon" zu einer verschwindend kleinen Minderheit gehört – nur „zwei, drei, vier Deutsche sitzen unter den Griechen" – und nur dann in Kontakt zu den Griechen kommt, wenn er seine „fünfzig neugriechischen Wörter und auswendig gelernten Sätze" beim Aufgeben der Bestellung erprobt. Dann wird ihm von den Griechen auf Deutsch geantwortet und erzählt, „woher sie kommen, wie sie heißen". Sie sind es demnach, die das Gespräch initiieren.[254] Der deutsche Gast steht hier also keineswegs im Mittelpunkt, er wird (freundlich) geduldet, er kann eine Münze in die Musikbox einwerfen, um das Bouzouki-Lied, das der Taxifahrer bei seinem letzten Kreta-Urlaub sang, zu hören – aber danach ist der

---

[250] Bender, Haus Griechenland, 94.
[251] Ebd., 93.
[252] Ebd. Dass Wein „für den Griechen ganz selbstverständlich zum Essen" gehöre, allerdings verdünnt, weswegen Betrunkenheit „ein sehr seltenes Laster" sei, betont auch Schlemmer, Internationale Küche, 129.
[253] Bender, Haus Griechenland, 95.
[254] Ebd. Dass sich Deutsche in griechischen Lokalen unter Menschen bewegen, „die ihre Sprache verstehen und sie während ihrer Anwesenheit ‚qualifiziert' beobachten können", man es meist also mit „asymmetrischen Kommunikationschancen" zu tun hat, stellen Marinescu/Kiefl, Unauffällige Fremde, 39, heraus.

griechische Kellner an der Reihe, der den Abend mit seinem Lied beschließt.[255] Hier wird also – anders als im Falle der ‚Zigeunermusik' im Balkan-Grill – nicht vornehmlich musikalische Unterhaltung für den deutschen Gast geboten. Vielmehr dient die Musik der Unterhaltung aller im Lokal befindlichen Personen, Gästen wie Angestellten.

Die distanzierte Schilderung Benders reißt zwischen sich und ‚den Griechen' eine nur schwer zu überbrückende Kluft auf, die nicht nur der unterschiedlichen Nationalität, sondern auch dem differenten sozialen Status geschuldet ist. Der Schriftsteller trifft auf Griechen, bei denen es sich vornehmlich um Arbeiter handelt; er kennt Griechen nicht als Kollegen aus der Fabrik, sondern – wie die meisten Mittelschichtangehörigen – nur als „Komparsen" seines Jahresurlaubs.[256] Die Kluft zwischen Bender und ‚den Griechen' ist Ausdruck einer Unsicherheit, die viele Deutsche gegenüber migrantisch geprägten Lokalen empfanden. So erinnert sich der Betreiber des ersten griechischen Restaurants in Berlin daran, wie in der Anfangszeit Deutsche nur durch das Fenster geschaut, sich aber nicht in das Lokal hineingetraut hätten.[257] Zugleich weist diese Kluft auch den Wunsch der deutschen Gäste des „Spiti ton Ellinikon", das wiederzufinden, was sie „im letzten Sommer" in Griechenland erfahren hatten – die „Geselligkeit der Griechen, ihre Heiterkeit, ihre Tänze"[258] –, letztlich als uneinholbares Begehren aus. Der Wunsch nach Teilhabe, der Wunsch, durch Teilhabe möglicherweise ein anderer zu werden (im Griechenlandurlaub wie ‚Beim Griechen' in der Bundesrepublik), bleibt unerfüllt. Während die deutschen Gäste im „Spiti ton Ellinikon" nach einem Stück Griechenland, wie sie es im Urlaub erlebt haben, in Köln suchen, schaffen sich die griechischen Gäste mit dem Lokal ein Stück Vertrautheit, einen eigenen Raum, der ihnen – wie Bender meint – „ihr Estiatorio, ihr Kafenion, ihre Taverna", der ihnen „so vieles ersetzen" muss[259], jedoch niemals (wie) Griechenland sein kann. An dem hybriden Ort des „Haus Griechenland" treffen beide Gruppen mit ihren Wünschen und Sehnsüchten aufeinander. Für Bender werden die Griechen zur Projektionsfläche dessen, was er an der deutschen Gesellschaft vermisst, und er malt sich aus, welche Bedeutung die Gaststätte für die Migranten haben könnte. Der Name des Lokals, der an die Benennungen der Zentren für ausländische ‚Gastarbeiter' erinnert, stellt die Frage nach dem Zuhause. Diese Frage ist es, die in den Deutungen der ‚Gastarbeiter'-Migration insistiert. Ein beson-

---

[255] Bender, Haus Griechenland, 95.
[256] Marinescu/Kiefl, Unauffällige Fremde, 43.
[257] Vgl. Stavrinoudi, Griechische Gewerbetreibende, 9. Sie scheinen das ausländische Restaurant (zunächst) nicht dem „Geltungsbereich der eigenen Lebenswelt" (Wedemeyer, Kneipe, 110) zugerechnet zu haben.
[258] Bender, Haus Griechenland, 94f.
[259] Vgl. ebd., 94.

5.2 Die griechische Taverne als Nachfolgerin des Balkan-Grills? 367

ders populäres Beispiel für die oftmals melancholisch gefärbte Wahrnehmung vom Arbeitsmigranten stellt Udo Jürgens' Hit *Griechischer Wein* von 1974 dar, in dem das lyrische Ich eine griechische Gaststätte betritt:

„Da saßen Männer mit braunen Augen und mit schwarzem Haar,
und aus der Jukebox erklang Musik, die fremd und südlich war.
Als man mich sah, stand einer auf und lud mich ein.
Griechischer Wein ist so wie das Blut der Erde.
Komm', schenk dir ein und wenn ich dann traurig werde, liegt es daran,
daß ich immer träume von daheim; du mußt verzeih'n.
Griechischer Wein, und die altvertrauten Lieder.
Schenk' nochmal ein! Denn ich fühl' die Sehnsucht wieder;
in dieser Stadt werd' ich immer nur ein Fremder sein, und allein.
[...]
Sie sagten sich immer wieder: Irgendwann geht es zurück.
Und das Ersparte genügt zu Hause für ein kleines Glück.
Und bald denkt keiner mehr daran, wie es hier war."[260]

Mit dem Beharren auf der Rückkehr nach Griechenland, die sich im Falle vieler Arbeitsmigranten als Illusion erweisen sollte, ist das Hauptthema des Liedes angesprochen: das Heimweh. Sicherlich von vielen Migranten real empfunden, stellte es auch ein zentrales Moment der deutschen Beschäftigung mit dem Schicksal der ‚Gastarbeiter' dar. Die Betonung des Heimwehs ermöglichte dabei auf deutscher Seite ein gewisses Maß an Empathie, ohne aber die Arbeitsmigranten als gleichberechtigte und auf Dauer im Land lebende Mitbürger anerkennen zu müssen.[261] Das (imaginierte) Heimweh überlagerte sich im massenkulturellen Bereich – sei es im Schlager oder im ausländischen Spezialitätenlokal – dabei mit dem Fernweh der Deutschen, das sich vielfach auf die Herkunftsregionen der Arbeitsmigranten richtete. Das Motiv der Sehnsucht nach dem Süden schuf dabei die Möglichkeit der Identifizierung mit den (projizierten) migrantischen Wünschen, die in Udo Jürgens *Griechischem Wein* durch das migrantische Rollen-Ich artikuliert werden. Nicht Verständigung ist primäres Ziel derartiger Repräsentationen, sondern eine vielschichtige Überlagerung von (vermeintlichen) Wünschen, die zu einer Intensivierung der ausgelösten Gefühle beitragen sollte. Auf das ausländische Restaurant bezogen, fand damit eine unterschiedliche imaginäre Aufladung des gemeinsamen Konsumortes statt, die diese Gemeinsamkeit zugleich erzeugte und in Frage stellte.

Das Essen im „Spiti ton Ellinikon" war, wie in den meisten migrantischen Lokalen der frühen Bundesrepublik, eher einfacher Art: „Hammelfleisch und

---

[260] *Griechischer Wein* (1974), Musik: Udo Jürgens, Text: Michael Kunze.
[261] In Conny Froboess' *2 kleine Italiener* aus dem Jahre 1962 etwa werden die beiden von Heimweh geplagten Migranten schnell wieder dorthin ‚katapultiert', woher sie gekommen sind, so Bartetzko, „Wo meine Sonne scheint", 54.

Hühnchen, Gulasch und Frikadellen, Makrelen und Tintenfisch" waren erhältlich, dazu wurde „Salat Greek, aus Tomaten, Gurken, Oliven und Schafskäse" serviert, und keinem Gericht fehlte das „hellgelbe Olivenöl, und der Duft von Knoblauch und Rosmarin".[262] Auf der Getränkekarte fanden sich neben deutschem Bier auch Retsina und Ouzo. Während Retsina aufgrund seines harzigen, „für Wein völlig ungewohnten Geschmack[s]" nicht bei allen Deutschen auf Gegenliebe stieß[263], ließ sich der Ouzo scheinbar leichter in deutsche Trinkgewohnheiten integrieren. Was auf der Getränkekarte des „Haus Griechenland" jedoch fehlte, war der von Bender 1967 noch als türkisch bezeichnete Kaffee, der in Griechenland und in griechischen Lokalen im Ausland seit dem Zypernkonflikt 1974 nur noch als *kafé elléniko*, also griechischer Kaffee, bezeichnet wurde.[264]

Auch in den v.a. auf ein migrantisches Publikum ausgerichteten griechischen Lokalen in München war die Küche eher schlicht und dafür preiswert. So heißt es 1968 über die Gaststätte „Olympia" im Osten Münchens, dass man sich hier „mit Tischen und Stühlen auf Mindestansprüche beschränkt" habe, sich die Küche zwar „um einige Grade darüber" erhebe, „aber keinesfalls auf olympische Höhen". Der Verfasser der Restaurantkritik räumt allerdings ein, dass es „Göttermahlzeiten [...] auch im Vaterland der Götter" nicht mehr gebe und das „Olympia" insofern „nicht bessere oder schlechtere Möglichkeiten" böte „als die profane Form griechischer Küche" generell.[265] Und überhaupt biete das „Olympia" in der Münchner Gastronomielandschaft, „wo der übrige Balkan sonst in gastronomischem Überfluß vertreten" sei, eine der wenigen Gelegenheiten, die griechische Küche kennenzulernen.[266]

Wie die Beschreibungen des „Haus Griechenland" und des „Olympia" deutlich machen, suchten auch immer mehr Deutsche griechische Lokale auf. Zu dieser Entwicklung trug insbesondere der sich seit Mitte der 1970er Jahre verstärkende Griechenland-Tourismus bei.[267] Vorteilhaft mag für die griechischen Gastronomen zudem das insgesamt „freundliche Bild" gewesen sein, „das die Deutschen aus ihrer Kulturgeschichte heraus von Griechenland entwickelt ha-

---

[262] Bender, Haus Griechenland, 94. In Reiseführern findet sich auch die Bezeichnung „feta", die meist als „weißer, stark gesalzener Schafskäse" übersetzt wurde (Speich, Kreta, 52).
[263] Griechische Inseln, 450. Bereits Ende des 19. Jahrhunderts hatte es im Baedeker (Griechenland. Handbuch für Reisende, XXV) geheißen, der Retsina sei „mit einem Zusatz von Harz versehen, welcher dem Fremden anfangs stark widersteht".
[264] Vgl. Griechische Küche, 120; Theodoratus, Greek Immigrant Cuisine, 321. Bei Lüdecke, Griechische Küche, 19, ist noch 1977 von einem „türkischen Mokka" die Rede.
[265] München von 7 bis 7, 1968, 174–175: 174.
[266] Nur im Osten Münchens, wo sich die griechische Wohnbevölkerung der Stadt konzentrierte, gab es „eine ganze Reihe Gastwirtschaften ähnlichen Typs" (ebd., 175).
[267] Etwa eine halbe Million Deutsche reiste zu diesem Zeitpunkt jährlich nach Griechenland (vgl. Balke, Untersuchungen, 92, Tab. 18). Zwischen Ende der 1960er und Ende der 1970er hatte sich der Touristenstrom nach Griechenland dank der Charterflüge verdreifacht.

ben".²⁶⁸ Ähnlich wie die jugoslawischen Migranten, verfügten die in der Bundesrepublik lebenden Griechen zudem über relativ viele Kontakte zu Deutschen und galten ebenfalls als ‚integrationsfähig'.²⁶⁹

5.2.3 Die auf ein breiteres Publikum ausgerichteten griechischen Gaststätten der 1970er und 80er Jahre

Im Laufe der 1970er und 80er Jahre entstanden v.a. zwei Typen von griechischen Lokalen, die ihre Kundschaft über das Segment der griechischen Arbeitsmigranten hinaus ausdehnten: die eher schlicht eingerichtete „Taverna" und das üppig(er) „mit antiken Motiven ausgestattete Restaurant, das *Akropolis* oder *Athena, Parthenon* oder *Poseidon*" hieß und den Lokalen in den Touristikzentren Griechenlands glich.²⁷⁰ Wie zu zeigen sein wird, waren die Übergänge zwischen diesen beiden Gaststättentypen allerdings fließend. Gemeinsam profitierten sie von dem Mitte der 1970er Jahre einsetzenden „Griechenlandurlaubsboom".²⁷¹

Tavernen galten (und gelten) als „typisch griechische Lokale".²⁷² Eine solche Taverne wollte das 1969 in Hamburg eröffnete „Bei Niko" in der Rentzelstraße sein, ein Lokal, das sich dadurch auszeichnete, dass es „einfach, gemütlich und immer randvoll" war: „Wo viele Menschen sind, die sich wohlfühlen, entsteht Atmosphäre. Die gute griechische Hausmannskost, Retsina und griechische Musik tragen dazu bei", hieß es 1970 in *Hamburg von 7 bis 7*.²⁷³ Die Kundenstrategie der Tavernen sollte sich für die griechische Gastronomie in der Bundesrepublik insgesamt als erfolgreich erweisen: Eine gemütliche Atmosphäre, freundlicher Service und eine reichhaltige und zugleich günstige Küche²⁷⁴ waren die Ingredienzien, welche zumindest die deutschen Gäste von einem griechischen Lokal erwarteten. Die Taverne wurde dabei als Kom-

---

²⁶⁸ Franzen, Gastarbeiter, 79. Zu dem in Deutschland noch stärker als in anderen Ländern vertretenen positiven Griechenland-Bild siehe auch Marinescu/Kiefl, Unauffällige Fremde, 33.
²⁶⁹ Im Vergleich zu den Jugoslawen heirateten Griechen allerdings häufiger Landsleute (vgl. Vermeulen, Griechische Arbeitswanderer, 606).
²⁷⁰ Beim Griechen, 44.
²⁷¹ Balke, Untersuchungen, 91.
²⁷² Peterich/Rast, Griechenland, 392.
²⁷³ Zu diesem Zeitpunkt wies das Lokal noch bis zu „80 % Griechen" auf (Hamburg von 7 bis 7, 1970, 249) und stellte das einzige im Stadtführer angegebene griechische Restaurant dar.
²⁷⁴ Vgl. Altes Athen. In: Köln von 7 bis 7, 1973, 121.

bination aus Restaurant und Kneipe[275] besonders auch von jungen Leuten geschätzt.

In Hamburg konzentrierte sich das Gros der griechischen Gaststätten in den 1970er Jahren im Universitätsviertel, wo mit dem „Rigas Fereos" ein „Treffpunkt junger Leute", v.a. deutscher und griechischer Studierender, entstanden war, die „bei preiswerten griechischen Gerichten und griechischem Wein diskutieren und sich hier wohlfühlen".[276] Das „Rigas Fereos" trug den Namen eines 1789 hingerichteten griechischen Schriftstellers und Revolutionärs, der als einer der Wegbereiter der griechischen Unabhängigkeit von 1821 gilt. Das Lokal war einer der ersten „Kultgriechen", der „in der linken Szene beliebt" war. Hier gingen auch Hippies gerne essen, die gerade von einem ‚Insel-Hopping' in Griechenland zurückgekommen waren.[277] Diese Lokale adressierten also weniger die griechischen Arbeiter in der Bundesrepublik, sondern sprachen ein national gemischtes, wenn auch sozial mitunter durchaus homogenes, nämlich vornehmlich studentisches Publikum an.[278] Seit dem Obristenputsch in Griechenland im April 1967 fungierten griechische Lokale in der Bundesrepublik verstärkt auch als politische Treffpunkte, an denen man sich über die Situation des Landes austauschen oder den Exil-Widerstand gegen die Junta organisieren konnte.[279] Damit bildeten die Lokale einen integralen Bestandteil nicht nur der griechischen Ökonomie, sondern auch der migrantischen politisch-kulturellen Infrastruktur. Nicht wenige dieser Lokale wurden von griechischen Studierenden oder Akademikern betrieben, die auf diese Weise ihren Lebensunterhalt finanzierten[280], und auch als Angestellte spielte diese Gruppe eine, wie es scheint, weit größere Rolle als in anderen ausländischen Gaststätten. Dies lag nicht zuletzt an der großen Zahl griechischer Studierender und Intellektueller, die während der Militärdiktatur Griechenland verließen, um einer

---

[275] V.a. Menschen, die „locker sitzen wollen", würden griechische Tavernen aufsuchen, so der Wirt Triantafillos Apostolidis, zit. nach: Schmidt, „... laß uns", 14.

[276] Hamburg von 7 bis 7, 1973, 196. 1973 nennt der Stadtführer insgesamt vier griechische Lokale (vgl. ebd., 483). 1979 finden dann bereits 19 griechische Lokale Erwähnung (vgl. Hamburg von 7 bis 7, 1979, 455f.).

[277] Sölter, „Wohnzimmer", 107f.

[278] Zum „Athener Grill" in Berlin, der eine zentrale Anlaufstelle der Studentenbewegung darstellte, siehe Seidel-Pielen, Aufgespießt, 154.

[279] Dass Gaststätten wichtige Treffpunkte der griechischen (wie auch der deutschen) Linken darstellten, betont auch Thränhardt, Patterns, 23.

[280] Vgl. Stavrinoudi, Griechische Gewerbetreibende, 15. Siehe auch den Gewerbeantrag eines Griechen, der 1957 zum Studieren nach Berlin gekommen war, 1973 (offiziell) noch immer studierte und eine Gaststätte in Charlottenburg übernehmen wollte (vgl. Pol.präs. in Berlin an SfW, 18.9.1973, LAB B Rep. 010, Nr. 1896/1, Bd. 3), sowie den 1969 gestellten Antrag eines griechischen Doktoranden der Theaterwissenschaft, der ein literarisches Café in Berlin eröffnen wollte (Anfrage v. 30.9.1969, LAB B Rep. 010, Nr. 2235).

5.2 Die griechische Taverne als Nachfolgerin des Balkan-Grills? 371

Verhaftung und/oder dem Militärdienst zu entgehen.²⁸¹ Für viele griechische Akademiker ergab sich in der Bundesrepublik nicht die Möglichkeit, im erlernten Beruf zu arbeiten; eine Tätigkeit im Gastgewerbe stellte eine häufig gewählte Alternative dar.²⁸²

Die meisten Tavernen waren eher schlicht gestaltet und erinnerten noch an die ersten griechischen Migrantenlokale in der Bundesrepublik. Die Tavernen, die der linken Szene als Treffpunkt dienten, ähnelten den entsprechenden deutschen Gaststätten, die sich bei ihrer Suche nach alternativen Räumen auch an den migrantischen Treffpunkten orientierten, die andere Formen der Geselligkeit und (politischen) Kommunikation kannten.²⁸³ Vielfach schmückten hier Flugblätter und politische Plakate die Wände, und Musik- und andere Kulturveranstaltungen standen auf dem Programm. Das galt etwa für Lokale wie das „Terzo Mondo" in Berlin, das noch heute Kleinkunst bietet und in einem separaten Raum eine Galerie beheimatet.²⁸⁴ Während von einigen griechischen Gastronomen Anschluss an die Gegenwartskunst und -kultur gesucht wurde, setzten andere Tavernen eher auf leichter goutierbare Folklore. Dabei implizierte die Schlichtheit des Ambientes mit weiß gekalkten Wänden, an denen Schwarz-Weiß-Fotografien von griechischen Landschaften angebracht waren, zwar eine Abgrenzung von dem weiter unten zu besprechenden, mit Versatzstücken aus der Antike arbeitenden und klar(er) touristisch ausgerichteten zweiten Gaststättentypus. Doch wurden auch in der ‚einfachen' Taverne „gängige Klischees bedient", und zwar solche, „die mit Griechenland *Alexis Sorbas* verbinden".²⁸⁵

1946 war der Erfolgsroman des griechischen Autors Nikos Kazantzakis erschienen, der die Geschichte des jungen britisch-griechischen Autors Basil erzählt, der die Braunkohlenmine seines Vaters auf Kreta erbt. Vor seiner Einschiffung in Piräus lernt er den mazedonischen Arbeiter Alexis Sorbas kennen, den er als Leiter der Mine engagiert und der ihm im Folgenden seine sinnenfrohe Lebensphilosophie nahebringt.²⁸⁶ 1964 wurde der Roman mit Alan Bates als Basil und Anthony Quinn als Alexis Sorbas verfilmt. *Zorba the*

---

²⁸¹ Für politisch ‚Verdächtige' hatten die Obristen die Aussetzung des Militärdienstes während des Studiums aufgehoben (vgl. Lagaris, Griechische Flüchtlinge in West-, Mittel-, Nord- und Südeuropa, 614).
²⁸² Während Stavrinoudi, Griechische Gewerbetreibende, 10, betont, dass eine Tätigkeit in der Gastronomie von den Akademikern nicht als sozialer Abstieg, sondern als gelungene ökonomische Absicherung verstanden wurde, betont Panayotidis, Griechen, 287, eher ihre Schwierigkeiten, eine andere, der Ausbildung entsprechende Arbeit in der BRD zu finden.
²⁸³ Zu dieser Vorbildfunktion der Migranten für die deutsche Linke siehe Bojadžijev/Perinelli, Herausforderung.
²⁸⁴ Siehe Kostas Papanastasiou in: Ney, Sie haben mich zu einem Ausländer gemacht ..., 93.
²⁸⁵ Beim Griechen, 44.
²⁸⁶ Kazantzakis, Alexis Sorbas.

Greek gewann drei Oscars und wurde nicht zuletzt aufgrund der legendären Musik von Mikis Theodorakis zum „Kultfilm einer ganzen Generation".[287] Die *Illustrierte Film-Bühne* charakterisierte Alexis Sorbas für das deutsche Publikum als „Hans-Dampf-in-allen-Gassen" und als „einen trotz seiner ergrauten Haare immer noch vitalen, impulsiven, gewitzten Mazedonier", der Basil dazu verhilft, zu einem reifen Menschen zu werden.[288] Im Roman selbst wird Sorbas als „[e]in lebendiges Herz, eine warme Kehle, eine unverbrauchte große Seele" beschrieben, die nichts als das Leben in vollen Zügen auszukosten wünscht und sich selbst als „ein *freier* Mensch" begreift.[289] Sorbas' Charakter und seine Lebensweise finden ihren paradigmatischen Ausdruck in den berühmten Tanzszenen des Buches wie des Films. Als Erklärung für seine Tanzausbrüche gibt er überschäumende Freude oder aber Schmerz und Verzweiflung an.[290] Es ist die Körpersprache, der hier eine besondere Macht und Ursprünglichkeit eingeräumt wird, so dass der Schriftsteller Basil die Grenzen des gesprochenen und geschriebenen Wortes (und damit auch seines bisherigen Lebens) erkennen muss und Sorbas schließlich auffordert, ihm das Tanzen beizubringen. Der Tanz steht dabei – nicht unähnlich der ‚Zigeunermusik' in *Ich denke oft an Piroschka* – für ein Leben jenseits gesellschaftlicher Zwänge, das in *Alexis Sorbas* insbesondere mit einer männlich konnotierten Courage und Freiheit assoziiert wird. In seinem unbändigen Wunsch, frei von gesellschaftlichen Zwängen zu leben, sprach Sorbas nicht zuletzt die gerade aufblühende Hippiebewegung an.[291]

Diese Bilder eines ursprünglicheren, herberen und freieren Lebens, das neben Momenten der Verzweiflung auch Raum für ausgeprägte Glücksgefühle lässt, wurden zu den zentralen Elementen eines neuen, nicht mehr primär auf die Antike abstellenden Griechenlandbildes, an dessen transnationaler Formierung *Alexis Sorbas* maßgeblichen Anteil hatte. Einer neorealistischen Ästhetik nahekommende Schwarz-Weiß-Aufnahmen herber kretischer Landschaften ergänzten das Bild des heiteren, sonnigen Urlaubslandes um eine düstere Seite, die gerade Intellektuelle in den 1960er und 70er Jahren anzusprechen schien.[292] Das galt auch für die Vermarktung der griechischen Küche als einer

---

[287] Cover DVD 2005, Zorba the Greek, R: Michael Cacoyannis, Twentieth Century Fox 1964. Theodorakis gehörte auch zu den Künstlern und Intellektuellen, die Griechenland während der Militärdiktatur verlassen mussten (vgl. Lagaris, Griechische Flüchtlinge in West-, Mittel-, Nord- und Südeuropa, 613).
[288] Illustrierte Film-Bühne Nr. 7068: Alexis Sorbas (Zorba, The Greek), o.J.
[289] So in der deutschen Übersetzung aus dem Jahre 2005: Kazantzakis, Alexis Sorbas, 18 u. 20 (Herv. im Original).
[290] Vgl. ebd., 78 u. 80.
[291] Vgl. Willi Wottreng: Die Erfindung Griechenlands. In: NZZ am Sonntag v. 31.7.2011.
[292] Im Roman dient die Landschaft der poetischen Selbstreflexion: „Die kretische Landschaft glich einer guten Prosa: klar durchdacht, nüchtern, frei von Überladenheiten, kräftig und

5.2 Die griechische Taverne als Nachfolgerin des Balkan-Grills? 373

anspruchslosen, den einfachen Genüssen des Lebens zugewandten Kochkunst, die in *Alexis Sorbas* eine positive Schilderung erfahren: „Ich spürte wieder, was für ein einfaches und schlichtes Ding doch das Glück sein kann – ein Glas Wein, eine Kastanie, ein armseliges Kohlenbecken oder das Rauschen des Meeres." An anderer Stelle heißt es: „Meine hiesigen Freuden sind groß, denn sie sind sehr einfach. Sie bestehen aus den ewigen Elementen: reine Luft, Meer, Weizenbrot".[293]

Noch in weit höherem Maße als Piroschka diente Alexis Sorbas als Namensgeber für zahlreiche Gaststätten in der Bundesrepublik. Fast jede Stadt des Samples besaß ein griechisches Lokal, das nach ihm benannt war. In Berlin existierten sogar zwei Gaststätten dieses Namens, das „Zorbas" in der Zossener Straße und das „Alexis Sorbas" in der Winterfeldtstraße, und auch griechische Lebensmittel-Importgeschäfte griffen bisweilen auf diese Bezeichnung zurück.[294] Das Lokal in der Winterfeldtstraße widmete dem Namensgeber sogar ein großflächiges Wandgemälde, auf dem die Schlussszene des Films, in der Sorbas und Basil gemeinsam Sirtaki tanzen, dargestellt ist. Auch die „Taverne Sorbas" in Leverkusen wählte als zentralen Blickfang ihrer Werbeanzeige aus dem Jahre 1980 zwei am Meeresstrand miteinander Sirtaki tanzende Männer.[295] In ihrer griechischen Tracht jedoch entsprechen diese kaum dem Protagonistenpaar aus *Alexis Sorbas*, sondern repräsentieren in anonymverallgemeinerter und folkloristischer Form das Urlaubsland Griechenland.

Abgesehen davon, dass die für einen griechischen Lebensstil stehenden Figuren stets männlich sind – was auch für die Illustration von Renate Schwarz zu Hans Benders Bericht über das „Haus Griechenland" in Köln, also Repräsentationen von deutscher Seite gilt –, steht der Tanz im Zentrum dieser folkloristischen Griechenlandbilder. Entsprechend kam in den Tavernen (nicht nur) in der Bundesrepublik dem griechischen Tanz und griechischer Musik eine bedeutende Rolle zu. Das „Alexis Sorbas" in Hamburg etwa bot in den frühen 1980er Jahren neben „guter griechischer Hausmannskost" auch dreimal pro Woche griechische Gitarrenmusik.[296] Vorstellungen von griechischer Lebensfreude und Genussfähigkeit[297] waren für die deutschen Gäste eng

---

verhalten. Sie drückte das Wesentliche mit den einfachsten Mitteln aus [...] Was sie zu sagen hatte, das sagte sie mit einer gewissen männlichen Strenge." (Kazantzakis, Alexis Sorbas, 37)
[293] Ebd., 87 u. 98. Vgl. auch Filme wie *Never on Sunday* (Griechenland 1960, R: Jules Dassin) oder *My Big Fat Greek Wedding* (USA/Kanada 2002, R: Joel Zwick), die in den 1960er Jahren bzw. zur Jahrtausendwende zur weiteren Popularisierung der griechischen Küche beigetragen haben.
[294] Vgl. Beim Griechen, 45; Spree-Athen, 43.
[295] Anzeige. In: LA v. 30.8.1980.
[296] Hamburg von 7 bis 7, 1983/84, 149.
[297] Die Eigenschaften „lebensfroh", „genussfähig", „herzlich" und „freundlich" wurden nach

mit Musik und Tanz verbunden, wobei es der Sirtaki war, der weltweit zum Inbegriff des griechischen Volkstanzes wurde und auch diversen griechischen Gaststätten ihren Namen gab.[298] Beim Sirtaki handelt es sich um einen erstmals zur Filmmusik von Theodorakis für *Alexis Sorbas* choreografierten Tanz, der durch den Film zu weltweiter Berühmtheit gelangte. In der Bundesrepublik wurde damit, so Herbert Michel, das philhellenisch-altphilologisch geprägte Griechenlandbild um eine „sirtakiseelige[ ] folkloristische[ ] Hälfte" ergänzt, nämlich das „Tourismus-Folklore-Klischee vom Land des lebenslustigen Alexis Zorbas, wo die Bouzukia klingen".[299] Dieses Bild fand Eingang auch in die bundesdeutsche Schlagerproduktion. So popularisierte Rex Gildo 1975 mit seinem Hit *Der letzte Sirtaki* das mit *Alexis Sorbas* einsetzende folkloristische Interesse für Griechenland. Die griechische Gastronomie profitierte ohne Zweifel von der massenkulturellen Präsenz eines positiven Griechenland-Images, das auch deshalb so erfolgreich war, weil es sich auf ganz unterschiedliche Weise rezipieren ließ und das deutsche Publikum schichtübergreifend ansprach.

Noch eindeutiger als die griechische Taverne verdankte der zweite für die griechische Gastronomie in der Bundesrepublik prägende Gaststättentyp seinen Erfolg dem einsetzenden Massentourismus nach Griechenland. Vermehrt suchten seit den 1970er Jahren deutsche Gäste griechische Lokale auf, um „Urlauberinnerungen gastronomisch auf[zu]frischen" und „all die fernen Trauminseln wieder auf den Bildschirm der Erinnerungen" zu rufen – so etwa die „Erinnerung an ein gastfreundliches Haus, an bezaubernde kleine Taverne im Hafen von Piräus".[300] Gastfreundschaft gehörte, wie bereits für andere Balkanländer betont, zu den gängigen Klischees über Griechenland: „Griechische Gasterei und griechische Lust am gemeinsamen Schmausen bezeugt – wie könnte es anders sein – schon Homer", heißt es etwa in einem Kochbuch zur internationalen Küche von 1977.[301]

Die gewünschte Urlaubsatmosphäre sollten Einrichtungselemente wie Säulen oder Mäander, zudem Wandbilder mit Fischerbooten, mit Sirtaki tanzenden oder Bouzouki spielenden Männern in griechischer Tracht oder aber antike Motive und Fotografien griechischer Inseln oder Dorflandschaften evozieren.

„gastfreundlich" am häufigsten in einer Umfrage unter Münchner Studierenden im Wintersemester 1984/85 genannt, in der es um die Charakteristika ‚der Griechen' ging (vgl. Marinescu/Kiefl, Unauffällige Fremde, 42).

[298] Vgl. München von 7 bis 7, 1976, 311; Berlin von 7 bis 7, 1977, 396; Hamburg von 7 bis 7, 1981, 205; Adressbuch der Stadt Flensburg 1984; Adressbuch der Stadt Konstanz 1989.

[299] Michel, „Odysseus", 34.

[300] Costas. Griechische Taverne. In: München von 7 bis 7, 1968, 274; Lüdecke, Griechische Küche, 16.

[301] Schlemmer, Internationale Küche, 129. Bereits im Baedeker von 1883 hieß es: „Die mangelnden öffentlichen Einrichtungen zur Aufnahme von Fremden werden durch die schöne Sitte der Gastfreundschaft ersetzt." (Griechenland. Handbuch für Reisende, XIII)

5.2 Die griechische Taverne als Nachfolgerin des Balkan-Grills?

Diese Dekorationen wurden durchaus auch von den Betreibern der Restaurants selbst als ‚griechisch' empfunden[302] und entsprachen der in der Bundesrepublik verbreiteten Vorstellungswelt, die in Griechenland v.a. ein sonniges und kulturhistorisch bedeutsames Urlaubsland sah. Auch auf Speisekarten wurde auf diese Elemente rekurriert, und Zeichnungen antiker Säulen bildeten häufig die grafische Umrahmung von Werbeanzeigen.[303] Antike Überreste fungierten gleichsam als Logo, das den Warencharakter nicht nur der gebotenen gastronomischen Leistung, sondern auch der dargestellten Sehenswürdigkeit zu erkennen gibt. Ziel der solchermaßen eingesetzten Dekorationselemente war und ist es, qua einer leicht zu erfassenden, „optisch vermittelte[n] Andersartigkeit gegenüber dem eigenen Berufsalltag" in Sekundenschnelle Assoziationen an Urlaub und Erholung zu wecken.[304] Dabei war und ist bis heute eine gewisse „Tendenz zur Gleichförmigkeit" nicht nur auf der Speisekarte griechischer Restaurants, sondern „auch in Sachen Raumgestaltung" und Werbekampagnen zu beobachten.[305]

Einen zentralen Referenzpunkt stellte bei den Gaststätten des zweiten Typs insofern die Antike dar, als hier das kulturelle Kapital zu finden war, das ‚den Griechen' nicht nur in der Bundesrepublik zugeschrieben wurde.[306] Seitdem Griechenland um 1800, im Rückgriff auf die Renaissance, zum Ursprung der europäischen Zivilisation erklärt und damit vom Osmanischen Reich wie generell dem Orient separiert worden war, wurde das Land als etwas (scheinbar) Vertrautes begriffen. Mit Grundkenntnissen über die griechische Mythologie und antike Geschichte konnten die griechischen Gastronomen denn auch bei ihrer deutschen Kundschaft rechnen, und auf diese wurde gerade bei der Namensgebung der Restaurants ausgiebig rekurriert. So hießen die griechischen Gaststätten in der Bundesrepublik „Athene", „Poseidon", „Taverna Bacchus", „Taverna Hippokrates", „Sokrates", „Stoa", „Taverna Platon", „Akropolis" und „Olympia" oder – wenn sie nicht einen (meist auf den Wirt zurückgehenden) durchweg männlichen Namen wie „bei Niko" oder „Costas" trugen[307] – nach

---

[302] So Stavrinoudi, Griechische Gewerbetreibende, 12, Anm. 3.
[303] Hierbei handelte es sich um eine international gängige Symbolik. Siehe etwa Restaurant am Waagplatz. Speisekarte Griechische Woche, Salzburg, 1982, CIA 1-3173. Das Erkennungszeichen griechischer Imbisse und *diner* in den USA bildeten kleine blaue Papierbecher mit weißem Parthenon und Fries (vgl. Gabaccia, We Are, 116).
[304] Märker/Wagner, Bildungsreise, 15.
[305] Sölter, „Wohnzimmer", 105.
[306] Einer EMNID-Umfrage von 1977 zufolge fiel 51 % der Befragten zu Griechenland Urlaub, 26 % die Antike und 10 % die Akropolis ein (vgl. Marinescu/Kiefl, Unauffällige Fremde, 41).
[307] Wie die italienischen Restaurants, so setzten auch die griechischen Lokale auf ein ‚männliches' Image, das nicht allein mit der mehrheitlich männlichen Inhaberschaft zusammenhing. Vielmehr scheinen Männer das Charakteristische der griechischen (wie der italienischen) Nation in der allgemeinen Wahrnehmung besser zu repräsentieren.

den gebotenen Speisen und Getränken „Taverna Suvlaki" oder „Taverna Retzina". Auch eine Benennung nach den Herkunftsorten der Migranten und/oder bekannten Ferienzielen in Griechenland war, wie es bereits für die italienischen Restaurantnamen herausgestellt wurde, verbreitet: „Taverna Saloniki", „Taverna Kreta", „Taverna Corfu", „Mykonos" oder „Hellas" gehörten zu den am häufigsten verwendeten Namen, wobei sich im letzteren Falle – ähnlich wie bei den Namen „Akropolis" oder „Olympia" – Toponym und Referenz auf die Vergangenheit verbanden. Da den deutschen Gästen eine Vielzahl an griechischen mythologischen und historischen Figuren, Orten und Institutionen zumindest dem Namen nach bekannt war, wiesen griechische Gaststätten von Beginn an eine wesentlich höhere Namensvarianz auf als etwa die oft stereotyp „Taj Mahal" benannten ersten indischen Restaurants in der Bundesrepublik.

Während man in Griechenland antike Statuen und Säulen wie ihre Reproduktionen vornehmlich im Museum fand, avancierten diese in Gipsform zu beliebten Accessoires griechischer Restaurants in der Bundesrepublik.[308] So wartete die 1983 in Leverkusen eröffnete „(beinah original) griechische Taverne samt Pizzeria", die nach dem antiken Bildhauer „Fidias" benannt war, gleich am Eingang mit einer Statue des Götterboten Hermes auf, „und ein wenig weiter blickt Poseidon, Herrscher der Meere, in die Gewässer zu seinen Füßen". Im „Fidias", das ein „Stück Klein-Griechenland" und damit „eine Erinnerung vielleicht an schöne Urlaubstage in der Ägäis" bot, seien griechische Götter vom Olymp abgestiegen, „um die Bürger des Atomzeitalters an den Genüssen außerirdischer Festmahle teilhaben zu lassen", hieß es in einer Restaurantkritik, die zur Eröffnung des Lokals erschien.[309] 1985 wurde das „Fidias" dann zu einem Straßencafé ausgebaut[310], in dem Gyros-Pita erhältlich war und mit dem die Betreiber versuchten, am zunehmend lukrativen Fast-Food-Segment teilzuhaben.

5.2.4 Merkmale der griechischen Küche in Griechenland und der Bundesrepublik

Während griechische Lokale zu Beginn der 1970er Jahre trotz der überall „wie Pilze" aus dem Boden schießenden Spezialitätenrestaurants „noch sehr selten auf der Palette der fremdländischen Küchen" zu finden gewesen waren[311], konnte der Restaurantkritiker des „Fidias" 1983 bereits von „dem obligaten (Begrüßungs-)Ouzo" sprechen, den man – wie in vielen anderen griechischen

---

[308] Dies gilt auch für andere Länder wie z. B. Belgien (vgl. Moutsou, Ethnicity, 550).
[309] Heinz Schonauer: Hermes und Poseidon laden in die antike Taverne. Neues griechisches Lokal mit Ansprüchen. In: RP (Ausg. Leverkusen) v. 25.6.1983.
[310] Vgl. „Neueröffnung, Straßencafé Fidias" (Anzeige). In: RP (Ausg. Leverkusen) v. 7.6.1985.
[311] Lüdecke, Griechische Küche, 7.

5.2 Die griechische Taverne als Nachfolgerin des Balkan-Grills?

Restaurants – auch in Leverkusen reichte.[312] Anders als in Griechenland war es in der Bundesrepublik jedoch nur selten möglich, die Speisen direkt in der Küche auszuwählen.[313] Das mag zum einen an den andersartigen Räumlichkeiten, mit denen sich griechische Gastronomen hierzulande arrangieren mussten, gelegen haben; es könnte aber auch damit zusammenhängen, dass das in Griechenland übliche Warmhalten der Speisen auf dem Herd den deutschen Gästen als eine für ein Restaurant nicht angemessene Praxis erschien, erwartete man doch ein eigens frisch zubereitetes und heiß serviertes Gericht.[314] Das legen jedenfalls zeitgenössische Reiseführer nahe, die ihre Leserschaft darauf hinweisen, dass sie sich in Griechenland auf lauwarmes Essen einstellen müssten.[315] Wie in der italienischen Küche spielte auch in der griechischen Küche das Olivenöl eine große Rolle und war, wie die Reiseführer betonten, „in jedem Gericht reichlich zu finden". Für den Beginn einer Griechenlandreise bot sich daher „ein vorsichtiger Umgang mit den Speisen" an: „Für alle Fälle halte man Kohletabletten bereit."[316] Dennoch sei die griechische Küche „sicher bekömmlicher", als dies „oft behauptet" würde.[317] Nicht nur das Olivenöl, das in den 1950er Jahren wieder zu einem zentralen Exportartikel Griechenlands geworden war[318], fand in deutschen Restaurantkritiken über griechische Lokale wie in Reiseberichten deutscher Touristen aus Griechenland ausführliche Erwähnung. Auch anderen, für die Bundesdeutschen ungewöhnlichen Lebensmitteln und neuen Zubereitungsweisen wurde nicht nur mit Skepsis, sondern häufig auch mit Neugier begegnet.[319]

Während die südgriechische und insbesondere die Küche der Inseln (mit Ausnahme Kretas) verständlicherweise eine große Auswahl an Fischgerichten bietet, standen im Zentrum der in der Bundesrepublik erhältlichen griechischen Küche eindeutig Fleischgerichte. Diese Ausrichtung hing nicht zuletzt

---

[312] Heinz Schonauer: Hermes und Poseidon laden in die antike Taverne. In: RP (Ausg. Leverkusen) v. 25.6.1983.
[313] Vgl. Costas. Griechische Taverne. In: München von 7 bis 7, 1968, 274. In Griechenland sei es üblich, „ans Buffet zu gehen oder sogar dorthin, wo gekocht wird, um selbst zu sehen, was es an diesem Tag zu essen gibt", so Guanella, Kreta, 63. Dieses eigenständige Auswählen der Speisen in der Küche ersparte den Touristen in Griechenland „das mühselige Wörterbuchnachschlagen" (Die griechischen Inseln, 450).
[314] Dies war am Ende des 19. Jahrhunderts ja gerade die Innovation des Restaurants à la carte gewesen.
[315] Vgl. Speich, Kreta, 52; Guanella, Kreta, 64.
[316] Griechische Inseln, 450.
[317] Speich, Kreta, 51.
[318] Vgl. Erfolgreiche ausländische Nahrungsmittel-Exporteure auf der ANUGA 1959, LAB B Rep. 010-01, Nr. 407; Badischer Minister des Innern auf den Erlass v. 18.12.1951, betr.: Wiederanwendung deutsch-griechischer Verträge, BArch B 142/1660.
[319] Vgl. den Reisebericht von Frieda Herbst: Am Rande Europas. Eine Reise zu den griechischen Inseln [1961], StAFL, XII Hs 01922.

mit der Herkunft eines Großteils der griechischen Migranten aus dem Norden oder der Mitte Griechenlands zusammen – Regionen, die von den Bundesbürgern im Urlaub eher selten aufgesucht wurden.[320] Besonderer Beliebtheit erfreuten sich in der Bundesrepublik die aus Schweinefleisch hergestellten Gyrosgerichte, die auch im Straßenverkauf in Form der Gyros-Pita stark nachgefragt wurden.[321] Das „gepresste Fleisch am Spieß, das senkrecht vor einem Grill gebraten" wurde und „mit Zwiebelscheiben und viel Petersilie" angemacht wurde[322], musste jedoch spätestens in den 1990er Jahren dem Dönerkebab Platz machen, der ohne Schweinefleisch auskam und daher einen breiteren, auch muslimischen Kundenkreis ansprach.

Vermutlich war es die Fleischlastigkeit, die der griechischen Küche bis in die 1990er Jahre hinein zu einer größeren und regional übergreifenderen Beliebtheit – etwa im Vergleich zur spanischen und portugiesischen Fischküche – verhalf. Zudem ließ sich das griechische Essen gut mit Bier kombinieren, das auch die Griechen selbst gerne tranken.[323] Begleitet wurden die großen Fleischportionen dabei meist von Krautsalat, der nur im Norden Griechenlands und bei weitem nicht zu allen Mahlzeiten verzehrt wurde, sich in der Bundesrepublik aber zu einem unabdingbaren Bestandteil der in griechischen Lokalen erhältlichen Kost entwickelte. Das galt ebenso für das gerne zum Gyros genossene Tsatsiki, das in Griechenland selbst nicht als Beilage, sondern Vorspeise gegessen wird. Sein intensiver Knoblauchgeschmack führte in den 1980er Jahren nicht mehr zu Abwehrreaktionen, wie sie im Kontext der Balkan-Grills, aber auch der italienischen Restaurants in der frühen Bundesrepublik thematisiert wurden. Insgesamt war die Speiseauswahl in griechischen Lokalen in der Bundesrepublik in den 1970er und 80er Jahren oft begrenzt. Zu dieser Zeit handelte es sich eher um eine Ausnahme, wenn ein griechisches Restaurant versuchte, nicht nur Grillspezialitäten, sondern die „gesamte kulinarische Palette Griechenlands zu präsentieren".[324]

Mittlerweile jedoch sind Ansätze einer Neuorientierung respektive einer weiteren Ausdifferenzierung innerhalb der griechischen Gastronomie

---

[320] Dasselbe galt für die griechische Küche in den Niederlanden, wo ebenfalls vornehmlich große Portionen Grillfleisch serviert wurden (vgl. Otterloo, Foreign Immigrants, 138).
[321] Aufgrund der Popularität von Gyros brachte Maggi u. a. ein „Maggi Fix für Pfannengyros" heraus, und Dr. Oetker entwickelte das Fertiggericht „Schweinefleisch in Scheiben nach Gyros-Art" (Spree-Athen, 43).
[322] Speich, Kreta, 52, spricht in diesem Zusammenhang von *döner* oder *gíro*".
[323] Zur Begründung der griechischen Biertradition während der von 1832 bis 1862 dauernden Regentschaft König Ottos von Griechenland, der einen Münchner Braumeister nach Athen holte und das Reinheitsgebot für Bier einführte, siehe Guanella, Kreta, 68.
[324] Dies nahm die „Taverna Hippokrates" in Hamburg für sich in Anspruch, die Ende der 1970er Jahre bei Restaurantkritikern als eines der besten griechischen Lokale der Stadt galt (vgl. Hamburg von 7 bis 7, 1979, 80).

in Deutschland erkennbar. „Die Zeit des Tzazikis [sic], des Gyros oder des Biftekis geht allmählich zu Ende"[325], so dass neue kulinarische Konzepte und auch eine andere Ausgestaltung der Restaurants gefragt sind. Mochte sich die „verlebendigte Vergangenheit"[326], die im griechischen Spezialitätenlokal in Form einer Evokation der Antike bestimmenden Einfluss auf Einrichtung und Dekoration besaß, zunächst noch rentiert haben, engte sie den Spielraum doch zunehmend ein. Seit einigen Jahren sind in den Großstädten der Bundesrepublik neben die ‚klassische' Taverne und das antikisierende griechische Restaurant neue gastronomische Einrichtungen getreten. Zu den wichtigsten zählt die – in Griechenland häufig anzutreffende – Ouzeri, die sich in ihrer schlichten und/oder aktuellem Design verschriebenen Einrichtung von der Mehrzahl griechischer Lokale in Deutschland deutlich abzuheben versucht.[327] Die Ouzeri, in der zu Wein oder Ouzo *mezedes*, den *tapas* ähnliche kleine Appetithappen, serviert werden, weist mit ihrer Darreichung der Speisen auf vielen kleinen Tellern, von denen sich alle am Tisch Sitzenden bedienen, eher den in Griechenland üblichen Mahlzeitenaufbau auf.[328] Die griechischen Lokale in der Bundesrepublik hatten sich sowohl im Hinblick auf die Würzung der Speisen als auch deren Anrichtung auf einem einzigen großen Teller an deutsche Essgewohnheiten angepasst. Mittlerweile möchte aber auch eine wachsende Zahl der deutschen Gäste von „Riesenportionen" wegkommen und das Essen so serviert bekommen, wie sie es in Griechenland kennengelernt hat.[329] Wie im Falle der vermehrt auf regionale Küchen setzenden italienischen Gastronomie beginnen auch die griechischen Gastronomen, auf das zunehmende kulinarische Wissen ihrer deutschen Kundschaft zu reagieren und neue Nischen ausfindig zu machen.

5.3 Zwischenbilanz

Das im internationalen Vergleich große Interesse der Bundesdeutschen für südosteuropäische Küchen gründet sich auf mehrere Faktoren. Der Erfolg

---

[325] Panayotidis, Griechen, 294.
[326] Zur „animated past", die schwer auf allen griechischen Gastronomen laste, siehe Moutsou, Ethnicity, 549.
[327] Diese Entwicklung ist auch in anderen europäischen Ländern zu beobachten. Für die Ausdifferenzierung der griechischen Gastronomielandschaft in Brüssel und insbesondere die über die generische Bezeichnung ‚Ouzeri' vollzogene Distinktion siehe Moutsou, Ethnicity, 543.
[328] Auch das gemeinsame Essen von einer Platte war und ist in Griechenland nicht unüblich (vgl. Guanella, Kreta, 70).
[329] Panayotidis, Griechen, 297.

des Balkan-Grills, aber auch der griechischen Taverne hängt zum einen mit der sich stark auf Westdeutschland konzentrierenden Nachkriegsmigration aus Jugoslawien und Griechenland zusammen. Zum anderen stellten beide Herkunftsländer seit den 1970er Jahren zunehmend beliebte Urlaubsländer der Bundesdeutschen dar. Die bereits für die Popularisierung der italienischen Küche herausgestellte Bedeutung der Kopplung von Migration und Tourismus ist auch für die jugoslawische und griechische Gastronomie in der Bundesrepublik als maßgeblich zu veranschlagen.

Darüber hinaus jedoch sind es spezifische, sich von den Vorstellungswelten über Italien unterscheidende Imaginationen und Sehnsüchte, die sich auf den südosteuropäischen Raum richteten und insbesondere den Balkan-Grill zu einem der erfolgreichsten Gaststättentypen der frühen Bundesrepublik machten. Als „östliches Traumland"[330] der Bundesrepublik, aber auch Österreichs vereinte der Balkan – und mit ihm der Balkan-Grill – eine Vielzahl sich überlagernder Projektionen, die von den Erinnerungen an das vergangene Habsburgerreich bis zum Gedenken an die im Zweiten Weltkrieg verlorenen deutschen Ostgebiete reichen konnten und deutlich (binnen)kolonialistische Tendenzen enthielten. Bereits die Bezeichnung ‚Balkan-Grill' macht deutlich, dass hier kein klar bestimmtes Territorium, sondern eine immer schon imaginäre, sich nach Osten hin öffnende Region aufgerufen wurde, die sich – nicht zuletzt aufgrund ihres osmanischen Erbes – für Prozesse der Peripherisierung und Orientalisierung anbot.

Es wurde argumentiert, dass die politisch problematischen rassistischen und revanchistischen Wünsche, die sich auf diesen Raum erstreckten, in der massenkulturellen Institution des Spezialitätenrestaurants in folkloristische Bahnen gelenkt, auf diese Weise absorbiert und bis zu einem gewissen Grad neutralisiert wurden – was keineswegs bedeutet, dass die Interaktionen im Balkan-Grill frei von Rassismen gewesen wären. Ganz im Gegenteil bilden Abwertungen, aber auch (überaus ambivalente) Aufwertungen ‚des Anderen' einen Grundzug der meisten massenkulturellen Phänomene. Indem der mit Kunsthandwerk der Region ausgestattete Balkan-Grill die Küche, die Sprachen und die Musik Südosteuropas (wieder) aufleben ließ, ermöglichte er zunächst Vertriebenen, Flüchtlingen und ehemaligen Wehrmachtssoldaten, später dann auch der wachsenden Zahl von Touristen, Erinnerungen an ihren Aufenthalt im Südosten Europas aufzufrischen. Dass im Imaginationsraum ‚Balkan-Grill' nur bestimmte Elemente zugelassen waren und oftmals die Idealisierung einer vergangenen bäuerlichen Kultur betrieben wurde, unterschied ihn nicht kategorial von deutschen (Regional-)Gaststätten, die seit den 1970er Jahren auch verstärkt auf das nostalgische Moment setzten und eine einfache, ‚traditionelle'

---

[330] Kopp, Östliches Traumland.

Hausmannskost in entsprechendem Ambiente zu bieten versprachen.[331] Im Hinblick auf die würzigeren Speisen, insbesondere die reichliche Verwendung von Paprika und Knoblauch, die metonymisch für die Balkanküche standen, markierte der Balkan-Grill innerhalb der bundesdeutschen Gastronomielandschaft jedoch eine Differenz. Unterstrichen wurde diese noch durch die vielfach gebotene ‚Zigeunermusik', die zur Exotisierung des Ambientes und damit des Esserlebnisses beitrug. Wie oftmals in der Literatur und den Operettentexten seit dem späten 19. Jahrhundert wurden die ‚Zigeuner' auch im jugoslawischen und ungarischen Restaurant als „Wiedergänger unterdrückter Sehnsüchte"[332] eingesetzt. Als Figuren des Dritten übernahmen sie eine wichtige Funktion in dem von Jugoslawen respektive Ungarn und Deutschen aufgespannten Interaktionsfeld. Sie schmälerten zum einen die Distanz zwischen den übrigen Gruppen, beantworteten aber zugleich auch Wünsche nach größerer Alltagsferne und gesteigerter Exotik.

Um die mit einem Besuch in einem ausländischen Spezialitätenrestaurant verbundenen Interessen und Sehnsüchte näherungsweise erfassen zu können, ist eine Einbettung der Gastronomiebetriebe und der von ihnen vermittelten Esserlebnisse in die zeitgenössische Massenkultur von großer Bedeutung. Wie die Urlaubsreise wies auch die kulinarische Reise im Balkan-Grill oder in der griechischen Taverne stark fiktionale Züge auf, die in Verbindung mit literarischen, filmischen und anderen ästhetischen Vorstellungswelten analysiert werden müssen. Nicht nur im Falle derjenigen Gaststätten, die Namen wie „Piroschka" oder „Sorbas" trugen, bieten sich Interpretationen der gleichnamigen Romane und Filme an. Diese literarischen und filmischen Repräsentationen eines fremden Landes, seiner Menschen und seiner Küche waren auch für alle anderen Gaststätten des entsprechenden Segments von Bedeutung. Denn auch hier wurden nicht allein spezielle Speisen und Getränke, sondern ein gesamter Lebensstil (bzw. Bilder dieses Lebensstils) verkauft.

Das Feurige und Scharfe der ungarischen Küche wie insgesamt der Balkanküche versprach in *Ich denke oft an Piroschka* einen sinnlicheren, lustbetonteren Zugang zur Welt, der – wie bereits am Beispiel der Faszination für italienisches *dolce vita* demonstriert – in der Fremd- wie Selbstwahrnehmung nicht zu den Stärken der Bundesdeutschen zählte. Darüber hinaus hat die Analyse von *Ich denke oft an Piroschka* die These erhärtet, dass die deutschen Vorstellungswelten, die sich auf Ungarn und, weiter gefasst, auf Südosteuropa richteten, deutlich kolonialistische Züge aufweisen konnten und dabei den oder besser: die Andere umfassend sexualisierten. In diesem Sinne bietet *Ich denke oft an Piroschka* eine interessante Kontrastfolie zu den Italienreisefilmen, in denen Liebesverhältnisse zwischen deutschen Frauen und

---

[331] Siehe Kap. 2.3.3.
[332] Schieren, „Die melancholische Faszination", 54.

italienischen Männern angedeutet werden. Dem Balkan, der von deutschen Männern in kolonialer Manier auf- bzw. heimgesucht wird, scheint ein Italien gegenüberzustehen, das einen Projektionsraum v.a. für weibliche Konsum- und auch Autonomie-Wünsche darstellte.

Sinnenfreude, Geselligkeit und Gastfreundschaft waren das, was die Gäste nicht nur in ungarischen oder jugoslawischen Restaurants, sondern auch in griechischen Tavernen zu finden hofften. Anders als bei den Imaginationen, die sich mit dem Balkan-Grill verbanden, waren die Bilder vom einfachen, aber dennoch genussorientierten griechischen Lebensstil männlich geprägt. Statt der ‚rassigen' Ungarin oder Slawin mit ‚Paprika im Blut' stand hier im Zentrum der populärkulturellen Narrative und Bilder der stolze, etwas herbe, aber dennoch zu wahrer Freundschaft fähige Mann, der bei Wasser, Wein und Brot sein Glück fand und in seiner Strenge einen Kontrast auch zum (italienischen) *Latin lover* markierte. Nach dem Erfolg von *Alexis Sorbas* und der Filmmusik von Theodorakis rekurrierte die Werbung für griechische Gaststätten, sofern sie sich nicht mit Darstellungen antiker Überreste begnügte, auf männliche Figuren, meist Sirtaki tanzende Männer, während in Werbung und Folklore der Balkan-Grills vielfach auf Frauenfiguren zurückgegriffen wurde. Anders als *Ich denke oft an Piroschka* vermochte der knapp zehn Jahre später entstandene Film *Alexis Sorbas* zudem, eine heterogenere und auch intellektuelle(re) Klientel anzusprechen. Die zahlreichen Studierenden und Akademiker, die vor der Militärdiktatur in Griechenland nach Westdeutschland geflohen und oftmals im Gastgewerbe tätig waren, trugen dazu bei, dass viele griechische Tavernen zu Treffpunkten linker politischer Aktivisten und Intellektueller, und zwar aus Griechenland und der Bundesrepublik, wurden. Trotz der Begeisterung für das blockfreie Jugoslawien und den ‚Titoismus' konnten jugoslawische Restaurants keine vergleichbare Stellung in der linken Szene für sich beanspruchen.

Über die politischen Verortungen hinaus ist zudem zu fragen, inwiefern nicht auch generationelle Faktoren beim allmählichen Niedergang des Balkan-Grills eine Rolle spielten. Hatte die relative Nähe der Balkanspezialitäten zur gutbürgerlichen deutschen Küche zweifellos zum Erfolg des Balkan-Grills in der frühen Bundesrepublik beigetragen, war es die mangelnde Fremdheit, die für diesen Gaststättentyp in den 1980er Jahren zunehmend zum Problem wurde. Gerade die jüngere Generation, die bereits in ihrer Kindheit ausländische Speisen – sei es im Urlaub oder im Spezialitätenrestaurant am Wohnort – kennengelernt hatte[333], suchte nach neuen, ‚exotischeren' Geschmackserlebnissen, die der in die Jahre gekommene Balkan-Grill nicht mehr zu bieten vermochte. Die griechischen Lokale schafften es in höherem Maße, sich trotz ihrer fleischlastigen und eher fetthaltigen Speisen als eine zwar südöstliche,

---

[333] Auf diese generationellen Unterschiede macht Marjorie Coeyman: Ethnic Heads Uptown. In: Restaurant Business 96/18 (1997), 95–98, aufmerksam.

aber dennoch v.a. mediterrane Gastronomie zu präsentieren und damit zumindest teilweise am anhaltenden Trend zur Mittelmeerküche zu partizipieren. Das ist der jugoslawischen Küche in der Bundesrepublik – trotz im Grunde sehr ähnlicher Speisezutaten und esskultureller Voraussetzungen[334] – bisher nicht gelungen. Doch auch die griechischen Gaststätten sind spätestens seit den 1990er Jahren immer mehr unter Druck geraten, nicht zuletzt aufgrund der sich immer stärker etablierenden türkischen Gastronomie.

---

[334] Vgl. Brădăţan, Cuisine, 4.

6. Der Döner-Imbiss
Die türkische Gastronomie in der Bundesrepublik

Im Gegensatz zur italienischen, aber auch zur ungarischen Gastronomie kann das türkische Gaststättengewerbe in Deutschland auf keine kontinuierliche Tradition zurückblicken. Die osmanische Küche prägte zwar nachhaltig die unter der Herrschaft des Sultans stehenden Gebiete Südosteuropas[1], und es gelangten zahlreiche Nahrungsmittel wie Joghurt, Marzipan und diverse Gewürze aus den Gebieten des Osmanischen Reichs auch auf den übrigen europäischen Markt.[2] Dennoch hielt die türkische Ess- und Trinkkultur in Nord-, Mittel- und Westeuropa v.a. auf dem Gebiet des Kaffeekonsums Einzug. Im Zuge der frühneuzeitlichen ‚Türkenmode' wurden auch im deutschsprachigen Raum bei festlichen Anlässen, insbesondere bei Hofe, Tee und Kaffee in einem orientalisierten Ambiente eingenommen, zu dem auch das aus sogenannten Kammertürken (verschiedenster Herkunft) bestehende Servicepersonal zählte.[3] Derartige Turquerien erfreuten sich insbesondere im frühen 18. Jahrhundert großer Beliebtheit.[4] Im Vordergrund standen dabei die Kostümierung von Menschen und die Ausstattung der Innenräume *alla turca*.[5] Beide Elemente prägten auch viele der in Europa zeitgleich entstandenen türkischen Kaffeehäuser.

Das Kaffeehaus, wie es sich in der zweiten Hälfte des 16. Jahrhunderts von Mekka aus im Osmanischen Reich zu etablieren begann[6], wurde im späten 17. Jahrhundert auch in diversen europäischen Städten eingeführt. Oxford und London erhielten 1650 bzw. 1652 Kaffeehäuser, und südosteuropäische Städte wie Ohrid besaßen 1660 bereits mehrere dieser Einrichtungen.[7] Die im türkischen Stil errichteten Kaffeehäuser wurden teilweise von Migranten aus dem Nahen Osten betrieben. So ging einer der drei Kaffeeausschänke, die 1677 in Hamburg eröffnet wurden, auf einen Armenier und das 1697 in Würzburg errichtete Kaffeehaus auf Nikolaus Strauß, einen getauften Türken, zurück.[8] Die ausländischen Kaffeesieder servierten ihre Getränke oftmals in ihren jeweili-

---

[1] Siehe Kap. 5.1.2.
[2] Die für diese Produkte verwendeten Lehnwörter aus dem Arabischen wahren die Erinnerung an ihre Herkunft noch heute. Vgl. Heller, Nürnberger Restaurant, 270.
[3] Schnitzer, Kampf, 227.
[4] Vgl. Soyhut, Genealogy.
[5] Vgl. Mikosch, Serail, 241.
[6] Vgl. Hattox, Coffee, 77; Faroqhi, Kultur, 241. Zur enormen Bedeutung des Kaffees für die osmanische Alltagskultur im Allgemeinen siehe Kahve.
[7] Vgl. Desmet-Grégoire, Ausbreitung, 122; Jezernik, Paradise.
[8] Vgl. Heise, Kaffee, 169.

gen Trachten; aber auch die deutschen Kaffeewirte trugen vielfach türkisch, armenisch oder griechisch anmutende Gewänder, um ihr Produkt erfolgreicher abzusetzen.[9] Das galt oft noch für die Kaffeehäuser um 1900. So bereitete im „Café Stambul" in München ein „Türke in Nationalkostüm" den Kaffee, der in kleinen Tassen serviert wurde; Säulenbögen und Mobiliar „im maurischen Stil", bemalte Fenster, die für eine „magische Beleuchtung" sorgten, und nicht zuletzt Wasserpfeifen rundeten das Bild ab.[10] Während der Weimarer Republik wurde im türkischen Café im „Haus Vaterland" (Abb. 1, Kap. 2.1) in Berlin der Mokka von Kellnern mit türkischem Fez serviert; das war auch in sogenannten Mokkastuben nicht unüblich.

Dass sich die türkischen Cafés in den europäischen Städten dabei oftmals stark von ihren Vorbildern in der Türkei unterschieden, wird in den zahlreichen Reiseberichten aus dem 18. und 19. Jahrhundert deutlich, die sich von der Einfachheit vieler Kaffee- bzw. Teehäuser im Osmanischen Reich vielfach enttäuscht zeigten, entsprachen diese doch nur bedingt den in Europa zirkulierenden Imaginationen orientalischer Pracht: „[R]ien n'est plus simple qu'un café turc en Turquie", stellte der französische Schriftsteller Théophile Gautier 1888 fest; die türkischen Cafés „ne resemblent guère à l'idée qu'on s'en fait en France"[11] – und im übrigen Europa, ließe sich ergänzen. Denn trotz nationaler Unterschiede waren die europäischen Vorstellungen über das Osmanische Reich von ähnlichen Diskursen und Bildern geprägt, wie sie Edward W. Said unter dem Begriff des Orientalismus zusammengefasst und im kolonialen Kontext verortet hat. Als zentrale Elemente dieses Orient-Bildes nennt Said „exoticism, glamour, mystery, and promise".[12] Diese spielten für die Vermarktung osmanischer bzw. türkischer Produkte eine nicht zu unterschätzende Rolle. Sie begleiteten noch in der Bundesrepublik, wie im Zusammenhang mit dem Balkan-Grill bereits erläutert wurde, die gastronomische Darbietung türkischen Mokkas. So wie ‚der Balkan' auch nach Loslösung aus dem osmanischen Herrschaftsbereich in vielerlei Hinsicht weiterhin exotisiert und teilweise auch orientalisiert wurde, zirkulierten im populären Imaginären Europas auch nach Gründung des kemalistischen Staates und bis in die Gegenwart hinein Stereotype über die türkische Kultur, die an die frühneuzeitlichen und im 19. Jahrhundert noch weiterentwickelten Orientalismen anschlossen.

---

[9] Vgl. ebd., 170; Heller, Kritik, 193.
[10] StAM ZA 392 „Gaststätten und Hotels"/Stambul u. ZA 393 „Gaststätten und Hotels"/ Türkisch-arabisches Café.
[11] Gautier, Constantinople, 100 u. 109. Zu den unterschiedlichen Typen frühneuzeitlicher Kaffeehäuser im Nahen Osten und den auch dort vorhandenen luxuriösen Varianten siehe Hattox, Coffee, 81.
[12] Said, Orientalism, an Afterword, 45. Vgl. auch Said, Orientalism.

Anders als ‚der Balkan', der wie ausgeführt, eher das unvollkommene Eigene repräsentierte, firmierte ‚der Orient' dabei als das gänzlich Andere.

6.1 Türkische Spezialitäten in der deutschen Kochbuchliteratur

Waren bei den frühneuzeitlichen Turquerien ab und an auch türkische Speisen serviert worden, erfolgte eine über den Einzelanlass hinausgehende Beschäftigung mit der türkischen Küche erst im Rahmen der sogenannten internationalen Spezialitätenküche. Parallel zur Ausbildung der Nationalküchen, für die das Genre des Kochbuchs von zentraler Bedeutung war, entwickelte sich auch eine Kochbuchliteratur, die Speisen aus verschiedenen, als ‚(ess-)kulturell hochstehend' erachteten Ländern vereinte. In derartigen Spezialitäten-Kochbüchern, aber auch in gastronomischen Fachzeitschriften wurden türkische Speisen seit der Wende zum 20. Jahrhundert hin und wieder vorgestellt – und damit von dem Zeitpunkt an, als die westliche Esskultur sich zum Vorbild für das Osmanische Reich entwickelt hatte.[13] Die türkische Küche ging, wie auch die übrigen repräsentierten Küchen, in einer auf wenige Gerichte reduzierten Form in diese Literatur ein, so dass nur ein kleiner Ausschnitt aus den regional sehr unterschiedlichen Küchen des Osmanischen Reiches respektive der Türkei geboten wurde.[14] Im Zentrum standen dabei v.a. mit Pilaw servierte Hammelfleischgerichte und Kebabs. Wie der Italiener Makkaroni und der Deutsche Kartoffeln esse, verzehre der Türke „zu jeder Mahlzeit Pilaff", heißt es etwa in Julius Fehérs *Die internationale Küche* von ca. 1910.[15] Auch Wilhelmine von Gehrens hauswirtschaftliches Nachschlagewerk *Küche und Keller* von ca. 1905 enthält ein Rezept für Rindfleisch mit Reis, das unter dem Titel „Türkischer Reis" neben einem – als persisch annoncierten – Rezept für Pilaw abgedruckt ist.[16]

---

[13] Vgl. Samancı, Culinary Consumption Patterns, 161f. Seit den 1990er Jahren enthalten die Kochbücher in der Türkei zahlreiche ausländische Rezepte, und zwar v.a. im peripheren Dessertbereich (siehe etwa Eksem, Çokkültürlü İstanbul Mutfağı, 109). 1945 war dies noch nicht der Fall (siehe Halk için iktisatlı Yemek Kitabı).

[14] Für einen knappen Überblick über die historische Entwicklung der türkischen Küche und zu den gängigen Differenzierungen zwischen der Istanbuler Palastküche und der volkstümlichen anatolischen Küche, die nicht in die kanonische Kochbuchliteratur aufgenommen wurde, siehe Halıcı, Türkisches Kochbuch, 9–17 u. 27; für einen Überblick über die regionalen Differenzen sowie die Kochbuchliteratur in der Türkei allgemein siehe Koz, Yemek Kitabı.

[15] Fehér, Internationale Küche, 3.

[16] Gehren, Küche, 584. Dass die Türken „den Pilaff von den Persern übernommen" hätten, stellt auch J. Wiese: Exotische Kochkunst. In: Kochkunst und Tafelwesen 15/13 (1913), 211–213: 213, heraus.

Diese Gerichte machten noch in der Bundesrepublik das Gros der als türkisch oder orientalisch klassifizierten Speisen aus und fanden sich zum Teil auch auf deutschen Speisekarten unter der Rubrik „Internationale Spezialitäten".[17] Ebenso enthält das von Charlotte Respondek ca. 1958 herausgegebene Kochbuch *Internationale Spezialitätenküche* unter der Rubrik „Buntes Allerlei aus aller Welt" ein Rezept für „Türkisches Ragout (Hammelpilaff)", aber auch Rezepte für „Türkische Brautfinger" und „Türkisches Konfekt".[18] Signifikanterweise werden türkische (wie außereuropäische) Speisen jedoch nicht in dem Kapitel über „Festessen" genannt; hier herrschen französische und italienische sowie geografisch nicht spezifizierte Gerichte vor. Während Respondek die türkischen Rezepte zudem von den persischen, arabischen, aber auch armenischen Rezepten deutlich trennte und auch andernorts Schaschlikrezepte je nach Würzung als georgisch, russisch, orientalisch oder aber türkisch gekennzeichnet wurden[19], differenzierten viele gastronomische Fachzeitschriften nicht zwischen türkischen und anderen aus dem Nahen Osten stammenden Speisen, sondern ordneten diese der übergreifenden Bezeichnung ‚orientalisch' unter. Typisch hierfür waren Rezepte wie „Hammelragout orientalisch" mit mariniertem Hammelfleisch und „Eierfrüchten", wie Auberginen bis weit in die 1960er Jahre noch genannt wurden.[20] Mitunter finden sich auch auf eine Großregion spezialisierte Kochbücher, die türkische Gerichte unter die Kategorie ‚Balkan-Küche' subsumierten.[21] Anders als die italienische Küche, deren geografische Grenzen vermeintlich klar erschienen, ließ sich die türkische Küche von den Küchen des Balkans, des Kaukasus und Arabiens nicht einfach separieren, waren hier doch unlösbare Amalgamierungen entstanden. In der Kochbuchliteratur überkreuzten sich folglich nationale, (über)regionale und ethnische Kategorisierungen in vielfältiger und kaum systematisierbarer Weise.

Dass sich die westlichen Vorstellungen über die türkische Küche meist in „Sis-kebap [sic] mit Reis", türkischem Kaffee und Desserts, die „süßer als süß" sein mussten, erschöpften, kritisierte bereits Anfang der 1960er Jahre ein Autor der Fachzeitschrift *Die Küche*.[22] Allein auf die türkische Küche spezialisierte und in ihrer Ausführlichkeit deren Vielfalt eher repräsentierende Kochbücher

---

[17] Ein „Khebab am Spieß" mit Reis und Salat sowie „Pilaw à la turque" waren z. B. im „Hotel-Restaurant ‚Neue Post'" in Biessenhofen im Allgäu erhältlich (Speisekarte, o.J. [1950er Jahre], eig. Slg.).
[18] Respondek, Internationale Spezialitätenküche, 72f.
[19] Schaschliks: In: Die Küche 60/8 (1956), 187.
[20] Aloys Borcke: Eine kleine Oktober-Speisekarte mit Rezepten. In: Die Küche 54/10 (1950), 176–177: 177.
[21] Vgl. Balkan Kochbuch.
[22] I. Jänecke: Von „Sis-kebap" und türkischem Kaffee. In: Die Küche 67/1 (1963), 3–4: 3.

lassen sich in deutscher Sprache erst in den späten 1970er und v.a. 80er Jahren nachweisen[23], also deutlich später als auf die italienische Küche ausgerichtete Kochbücher. Stand in dieser Zeit die gegenwärtige türkische Nation klar im Zentrum der kulinarischen Selbstrepräsentation[24], hat sich seit den 1990er Jahren insofern eine Veränderung vollzogen, als sich die Gastronomie in der Türkei sowie aktuelle türkische Kochbücher zunehmend auf die osmanische bzw. die sogenannte Palastküche beziehen. Damit nehmen sie eine (Re-)Orientalisierung der türkischen Küche vor, die eine werbewirksame, auf Hedonismus setzende Exotisierung impliziert, und entwerfen dabei das Osmanische Reich als eine kosmopolitische Einheit mit großer Integrationskraft, die sich gerade auch in der Küche ausdrücke. Das Kosmopolitische wird als nationales Charakteristikum der osmanischen und nun auch türkischen Küche beansprucht, die damit prädestiniert scheint, einen zentralen Platz in der globalisierten Welt von heute einzunehmen.[25] Dieses Bild osmanischer Hoch- und Multikultur wird mittlerweile auch in höherpreisigen türkischen Restaurants in der Bundesrepublik kreiert, die einen „kulinarischen Abend" versprechen, wie ihn „die Sultane bevorzugten".[26] Zu einer grundsätzlichen Transformation des Türkei-Bildes in den deutschen Medien scheint dieser ‚osmanisierende' kulinarische Diskurs bisher allerdings noch kaum beigetragen zu haben.

Anders als etwa in Großbritannien erfreute sich Hammelfleisch in Deutschland keiner großen Beliebtheit, nicht zuletzt aufgrund des ihm zugeschriebenen „strengen Geschmack[s]".[27] Derartige Wertungen, die immer auch Grenzen des Essbaren markieren, durchziehen die Artikel in den gastronomischen Fachzeitschriften der frühen Bundesrepublik. Ab und an lassen sich explizite Abwertungen der besprochenen Kost finden: „Die folgenden orientalischen Gerichte bzw. Rezepte werden wohl kaum zur Bereicherung der abendländischen Küche beitragen. Für diesen Zweck müssten sie erst ausgearbeitet und

---

[23] So wurde das vom WDR 1984 aus Hörerinnenzuschriften zusammengestellte türkische Kochbuch als „das erste große Bildkochbuch der türkischen Küche in deutscher Sprache" beworben (siehe WDR Information, Köln, 4.10.1984, AdSD NGG 901). 1980 war bereits Ali Riza Kaya: *Die türkische Küche. Ali Riza Kaya stellt die typischen Originalrezepte seines Landes vor* in München erschienen. Noch 1988 wird die türkische Küche als unbekannte Küche annonciert: Schindler, Unbekannte türkische Küche.
[24] Vgl. z. B. das türkische Restaurant auf der New Yorker Weltausstellung 1964/65 (Turkish Restaurant/Turkish Pavilion, New York World's Fair [1964/65], Speisekarte, Jacob Rosenthal Menu Collection, CIA 4-219).
[25] Ausführlich dazu: Karaosmanõlu, Surviving the Global Market; dies., Eating the Past.
[26] So heißt es auf der Speisekarte des 2002 in Berlin von einem ausgebildeten Gastronomen eröffneten Restaurants „Baba Angora" [Papa Ankara], zit. nach Yumuşak/Hunger, Türkische Unternehmer, 143.
[27] Hammelfleisch in der Restaurationsküche. In: DG 8/8 (1955), 4; Fritz Dalichow: Hammelfleisch – von Feinschmeckern begehrt. In: DG 8/16 (1955), 4.

verfeinert werden."[28] Andere Autoren hingegen versuchten, den deutschen Konsumenten das unbeliebte Hammelfleisch schmackhaft zu machen, indem sie auf die Fertigkeiten der Köche im Nahen Osten hinwiesen, das Hammelfleisch so einzulegen und zu würzen, dass es seinen „strengen Geschmack" völlig verlöre.[29] Die türkischen Köche hätten mehr Zubereitungsarten für Hammelfleisch gefunden „als die ganze westliche Welt zusammengenommen".[30] Wenn es an anderer Stelle heißt, für die Zubereitung von Pilaw dürfe der Reis nicht wie bei süßen Reisspeisen „breiig" gekocht werden, würde dies „dem Orientalen" doch Ekel verursachen[31], dann wird der Ekel als Markierung einer kulinarisch-kulturellen Grenze auch ‚dem Orientalen' zugestanden. Diese relativierende Handhabung ging in den gastronomischen Fachjournalen einher mit dem Versuch, Neugier und Offenheit gegenüber andersartigen Küchen zu generieren. Die Zeitschriften und Kochbücher übernahmen dabei eine in mehrfacher Hinsicht vermittelnde Funktion, indem sie neben kulinarischem Wissen auch darüber hinausgehendes kulturelles Wissen an die Leserschaft weitergaben und damit die Untrennbarkeit dieser Wissensformen markierten. So wird in vielen Artikeln zur türkischen respektive orientalischen Küche darauf hingewiesen, dass Schweinefleisch in Koran (und Talmud) als „unrein" gelte und „für den Orientalen indiskutabel" sei.[32] Dieses Faktum wird zumeist kommentarlos erwähnt, v.a. in der frühen Bundesrepublik bisweilen aber auch als Manko beschrieben, könne sich aufgrund der Speisevorschriften in diesen Ländern doch keine internationale Küche nach europäischem Maßstab entfalten.[33] 1988 hingegen wird im Dr.-Oetker-Kochbuch *Die türkische Küche* betont, dass die „Einschränkungen der religiösen Vorschriften" in keiner Weise eine „Einseitigkeit der Ernährung" implizieren würden.[34]

---

[28] Als „Vergleich, zur Information und zur Inspiration" wollte der Autor sie dennoch verstanden wissen (O. E. Schäufelen: Die arabische Küche in der Ramadanzeit. In: Die Küche 67/4 [1963], 96–99 u. 102: 98).
[29] Fritz Dalichow: Hammelfleisch – von Feinschmeckern begehrt. In: DG 8/16 (1955), 4.
[30] I. Jänecke: Von „Sis-kebap" und türkischem Kaffee. In: Die Küche 67/1 (1963), 3–4: 3.
[31] Willi Koopmann: Eintopf kein kulinarisches Stiefkind. In: DG 8/27 (1955), 4.
[32] In Istanbul etwa existierten in den 1950er Jahren nur ein oder zwei Metzgerläden, die Schweinefleisch anboten, und auch nur wenige Restaurants, die diese Fleischsorte servierten. Bei diesen handelte es sich um „bevorzugt von Europäern frequentierte" Lokale (Fritz Dalichow: Hammelfleisch – von Feinschmeckern begehrt. In: DG 8/16 [1955], 4).
[33] „Der europäische Koch vermisst allerdings das Schweinefleisch in der Küche; weniger Schweinefleischgerichte an sich, als den schmackhaften Speck, das Rauchfleisch und den Schinken, den man in der internationalen Küche so vielseitig verwenden kann […]. Hinzu kommt vorläufig immer noch das Alkoholverbot. In Ermangelung der Zugabe von Wein oder Spirituosen erhalten jedoch viele Gerichte der internationalen, besonders der französischen Küche einen völlig anderen Geschmack" (O. E. Schäufelen: Die arabische Küche in der Ramadanzeit. In: Die Küche 67/4 [1963], 96–99 u. 102: 98).
[34] Gahmann, Türkische Küche, 5.

Gab es also einerseits seit dem späten 17. Jahrhundert im türkischen Stil errichtete und zum Teil auch von Wirten aus dem Osmanischen Reich betriebene Cafés im deutschsprachigen Raum und andererseits seit dem späten 19. Jahrhundert eine internationale Spezialitätenküche, zu der auch ausgewählte türkische Gerichte gehörten, hat sich eine türkische Gastronomie im eigentlichen Sinne, d. h. ein vornehmlich auf türkische Küche spezialisiertes Gaststättengewerbe, in Deutschland erst mit dem Zuzug türkischer Migranten seit den 1960er Jahren etabliert. Im Gegensatz zur italienischen ist es der türkischen Küche in Deutschland bis heute erst in Ansätzen gelungen, aus dem Bereich der Imbiss- und Schnellrestaurantkultur in das hochpreisige Restaurantsegment vorzudringen. Wie Donna Gabaccia und Jeffrey M. Pilcher in ihrem Vergleich der mexikanischen und italienischen Gastronomie in den USA gezeigt haben[35], hat es die italienische Küche auch dort frühzeitig geschafft, sich als Restaurantküche zu etablieren; die mexikanische Küche hingegen wurde v.a. als *street food* rezipiert und fand ihren Ort entsprechend innerhalb der US-amerikanischen Fast-Food-Kultur. Ähnliches lässt sich für die türkische Küche in der Bundesrepublik feststellen: Auch sie wird vornehmlich mit schnellen Imbissgerichten assoziiert, allen voran dem Dönerkebab, und nimmt innerhalb der kulinarischen Hierarchie ausländischer Küchen noch immer einen eher untergeordneten Platz ein. Die Reduktion der türkischen Küche auf ‚den Döner', v.a. aber sein durchschlagender Erfolg als deutsch-türkisches Fast Food sowie seine symbolische Bedeutung in politischen Auseinandersetzungen um Migration und Multikulturalismus werden am Ende dieses Kapitels ausführlich thematisiert.

6.2 Die türkische Migration in die Bundesrepublik

Sieht man von türkischen Diplomaten und Kaufleuten, aber auch den sogenannten Beutetürken, die im Zusammenhang mit den Türkenkriegen in den deutschsprachigen Raum verschleppt wurden[36], einmal ab, setzte eine nennenswerte Migration aus dem Osmanischen Reich erst mit der Intensivierung der Kontakte zwischen der Hohen Pforte und Preußen bzw. dem Deutschen Reich in der zweiten Hälfte des 19. Jahrhunderts ein. Deutschland wurde zu einem bevorzugten wirtschaftlichen und politischen Partner des Osmanischen

---

[35] Gabaccia/Pilcher, „Chili Queens".
[36] Bei diesen handelte es sich vornehmlich um Gefangene, oft Jugendliche, die von adligen Offizieren als ‚Souvenirs' bzw. ‚Trophäen' mitgebracht und meist getauft wurden, wodurch, so Hartmut Heller, ihr Anderssein ausgelöscht werden sollte (Heller, Suche, 174). Zu Türken in Berlin und Brandenburg im 15./16. Jahrhundert siehe Schwarz, Berlin.

Reichs und verfolgte mit groß angelegten Infrastrukturprojekten wie der Bagdadbahn macht- und kolonialpolitische Ziele im Einflussbereich des Sultans.[37] Türkische Auszubildende und Studierende kamen seitdem in beachtlicher Zahl ins Deutsche Reich, aber auch türkische Arbeiter, die v.a. in der Zigarettenindustrie tätig waren.[38] Mit der Waffenbrüderschaft im Ersten Weltkrieg sowie dem deutsch-türkischen Freundschaftsvertrag vom März 1924 wurden die engen Beziehungen fortgesetzt. Während des Nationalsozialismus nahm die Türkei eine größere Zahl deutscher Emigranten auf, die unter anderem für den Ausbau des türkischen Universitätswesens mit verantwortlich zeichneten.[39]

Die entscheidende Migrationswelle aus der Türkei, welche die türkische Bevölkerung in Deutschland zur größten außerhalb der Türkei machte und die einzige im kollektiven Gedächtnis beider Nationen fest verankerte Wanderungsbewegung darstellt, setzte mit dem Anwerbeabkommen zwischen der Bundesrepublik und dem türkischen Staat vom Oktober 1961 ein.[40] Lebten 1960 nicht einmal 3000 Türken in Westdeutschland[41], begann ihre Zahl nach Abschluss des Anwerbeabkommens schnell anzusteigen: 1970 umfasste die türkische Bevölkerung bereits fast eine halbe Million Personen, verdoppelte sich bis 1975 auf über eine Million und erreichte 1980 eine Zahl von knapp 1,5 Millionen.[42] Von 1971 an bildeten die türkischen Arbeitsmigranten die größte Gruppe unter den ausländischen ‚Gastarbeitern'. Regional konzentriert sich die türkische Bevölkerung bis heute auf die industriellen Ballungsgebiete insbesondere Nordrhein-Westfalens sowie generell auf die Großstädte. International betrachtet stellt die Bundesrepublik bei weitem das wichtigste Zielland der türkischen Nachkriegsmigration dar. So hielten sich 1978 85 % aller türkischen Arbeitsmigranten, die ins Ausland gegangen waren, in Deutschland auf.[43] Trotz der Anwerbeabkommen der Türkei mit weiteren Ländern wie Österreich 1964 und Frankreich 1966 ist die „annähernde Monopolstellung

---

[37] Vgl. Schöllgen, Instrument; MacMurray, Distant Ties.
[38] 1912 lebten allein in Berlin ca. 1350 aus dem Osmanischen Reich Migrierte (vgl. Özcan, Türkische Minderheit, 511).
[39] Vgl. Schwartz, Notgemeinschaft; Kubaseck/Seufert, Deutsche Wissenschaftler. Dass die türkische Regierung jedoch Maßnahmen gegen die im Land lebenden Juden duldete, zeigt Guttstadt, Türkei.
[40] Im Gegensatz zu den übrigen bereits abgeschlossenen Anwerbeabkommen enthielt dasjenige mit der Türkei, wie bereits angedeutet, ein striktes Rotationsgebot und erlaubte keinen Familiennachzug. Aufgrund des Protests der türkischen Regierung wurden die diskriminierenden Passagen in der Neufassung des türkisch-deutschen Anwerbevertrags dann gestrichen (vgl. Dunkel/Stramaglia-Faggion, „Für 50 Mark", 275).
[41] Vgl. Özcan, Türkische Minderheit, 513, der von 2495 Türken im Jahre 1960 spricht.
[42] ZfT, Konsumgewohnheiten, Anhang, Tab. 4.
[43] Vgl. Davis/Sherman Heyl, Turkish Women, 178.

Deutschlands in Sachen Anwerbung türkischer Arbeitskräfte"[44] bis heute erhalten geblieben.
Die türkische Migration in die Bundesrepublik wird oftmals in drei Phasen eingeteilt. Die erste Phase umfasst die Arbeitsmigration, die von 1961 bis zum Anwerbestopp vom November 1973 reichte, während die zweite Phase vornehmlich durch Familienzusammenführungen gekennzeichnet ist. So holten von den türkischen Arbeitsmigranten, die 1973 in der BRD lebten, 36 % ihre Ehefrauen erst zwischen 1974 und 1980 nach.[45] Als dritte Phase lassen sich zwei zeitgleiche Bewegungen ausmachen. Zum einen zeichnete sich die permanente Ansiedlung der bereits in der Bundesrepublik ansässigen Türken ab, so dass sich von einer „Phase der Niederlassung"[46] sprechen lässt. Zum anderen ist die Fluchtbewegung von kurdischen und anderen politisch Verfolgten kurz vor und nach dem Militärputsch in der Türkei 1980 sowie im Zuge der nachfolgenden militärischen Auseinandersetzungen in der vornehmlich kurdischen Osttürkei zu nennen. Familiennachzug und politisches Asyl stellten nach 1973 für Nicht-EG-Ausländer – abgesehen von der Aufnahme eines Studiums – die einzig legalen Wege zur Einreise in die Bundesrepublik dar. Über die Zahl an illegal eingereisten türkischen Staatsangehörigen liegen selbstredend keine genauen Angaben vor.[47]
Bei den türkischen Migranten in der Bundesrepublik handelt es sich um eine überaus heterogene Gruppe, die diverse Binnendifferenzierungen aufweist. Frauen waren, gerade in der ersten Phase der türkischen Migration, deutlich unterrepräsentiert und stellten nur etwa ein Viertel der Arbeitsmigranten aus der Türkei.[48] Regional gab es in dieser Hinsicht allerdings große Differenzen; so besaß Berlin 1973 mit über 40 % einen hohen Frauenanteil.[49] Wegen des großen Bedarfs an gering entlohnten weiblichen Arbeitskräften galt bei tür-

---

[44] Kreiser, Türkische Kolonien, 45.
[45] Zwischen 1972 und 1980 stieg v.a. die Zahl der nachziehenden Ehefrauen verheirateter Arbeitsmigranten massiv an. Dies galt nicht nur für türkische, sondern auch für spanische, portugiesische und jugoslawische Migranten. Hingegen hatten die griechischen und italienischen Arbeitnehmer bereits 1972 in großer Zahl mit ihren Ehepartnern im Bundesgebiet gelebt. Bis 1980 hatten je nach Nationalität 75–94 % aller verheirateten Arbeitnehmer ihre Ehegatten nachgeholt. Knapp 66 % aller ausländischen Arbeitnehmer hatten 1980 alle ihre Kinder nachgeholt, wobei dieser Anteil bei den türkischen und jugoslawischen Arbeitsmigranten niedriger lag. Vgl. Mehrländer, Situation, 312, 664f. u. 667.
[46] Özcan, Türkische Minderheit, 513–515.
[47] Schätzungen zufolge fanden Mitte der 1970er Jahre bis zu 40 % der Einreisen aus der Türkei per Touristenvisum statt, und etwa ein Fünftel der türkischen Bevölkerung hielt sich vermutlich illegal in der BRD auf (vgl. Martin, Unfinished Story, 29).
[48] Vgl. Davis/Sherman Heyl, Turkish Women, 183.
[49] Vgl. Gitmez/Wilpert, Micro-Society, 90.

kischen Frauen weder der regionale Verteilungsschlüssel noch das Prinzip der Wartezeit.[50]

Was die Herkunftsregionen in der Türkei betrifft, dominierten zu Beginn der Arbeitsmigration Ausreisende aus der West- und Zentraltürkei. Wie viele von diesen zuvor schon eine Binnenmigration innerhalb der Türkei vollzogen hatten, ist nicht mehr zu ermitteln. Nach 1970 migrierten deutlich mehr Menschen direkt aus den ländlichen Regionen Mittel- und Ostanatoliens in die Bundesrepublik. Diese besaßen oftmals effektivere Sozialnetzwerke und damit günstigere Voraussetzungen für Kettenmigration und Familiennachzug.[51] Entsprechend lassen sich nach der Herkunftsregion differenzierte Siedlungsschwerpunkte auch im Zielland ausmachen; so leben beispielsweise in der Region Mannheim zahlreiche Kurden aus der Erdbebenregion Erzurum, deren Auswanderung von der türkischen Regierung forciert worden war.[52] Generell ist festzuhalten, dass ein großer Teil der türkischen Arbeitsmigranten der kurdischen, armenischen oder alevitischen Minderheit angehörten. Die Erfahrung der Marginalisierung in der Türkei und die bereits dort etablierte „culture of coping" hat die Bereitschaft zur Migration ins Ausland in vielen Fällen erhöht.[53] Waren Kurden unter den zunächst v.a. aus der West- und Zentraltürkei Angeworbenen unterrepräsentiert, änderte sich das im Verlauf der Arbeitsmigration, die sich bereits früh mit einer politisch motivierten Fluchtmigration zu mischen begann[54] – womit die oben vorgenommene Phaseneinteilung der türkischen Migration als zu starr sichtbar wird. Die politisch motivierte Migration seit den späten 1970er Jahren wurde klar von Kurden dominiert[55], ohne dass hier eindeutige Zahlen vorlägen, denn ethnisch-kulturelle Zugehörigkeiten wurden von deutscher Seite nicht gesondert erfasst. Zum Teil hatten bestimmte ethnische oder politische Identifizierungen die Ausreise aus der Türkei mit motiviert; zum Teil erfolgte die Konstruktion subnationaler, aber auch die Herkunftsregionen übergreifender nationaler wie auch transnationaler Identitäten erst im Ausland.[56] Gerade transnationale Identitäten lassen sich nicht mehr erfassen, wenn Migration als „Einbahnstraße" begriffen wird, die

---

[50] Selbst Analphabetinnen wurden angeworben, während türkische Männer, die nicht lesen und schreiben konnten, von der Rekrutierung ausgeschlossen blieben. Vgl. Erdem/Mattes, Gendered Policies, 170 u. 173.
[51] Auch illegale Einwanderungen lassen sich am ehesten über funktionierende soziale Netzwerke organisieren (vgl. Wilpert, Use, 179f.).
[52] Vgl. ebd., 184.
[53] Ebd., 183.
[54] Vgl. Ammann, Kurden, 128.
[55] Vgl. Cohen/Sirkeci, Comparative Study, 154.
[56] Zur transnationalen, auf Europa fokussierten Identifizierung vieler türkischer Migranten im heutigen Deutschland siehe Kılıç, Second-Generation Turkish Immigrants, 176. Zum Ethno-Nationalismus der kemalistischen Türkei und den aktuellen Entwicklungen siehe den Sammelband von Kieser, Turkey.

mit Integration oder Remigration endet. Entsprechend konzeptualisiert die aktuelle Migrationsforschung die Bewegungen zwischen Türkei und Deutschland zunehmend als einen anhaltenden Prozess im Sinne von Transmigrationen.[57] Diese lassen vielfältige Formen transnationaler bzw. translokaler Räume entstehen[58], zu denen unter anderem ausländische Spezialitätengeschäfte und -restaurants gehören, die Knotenpunkte länderübergreifender Austauschbewegungen darstellen. Betrachtet man die Geschichte einzelner Akteure in der Lebensmittelbranche wie etwa Nemci Caliskans, der 1973 im Alter von zwölf Jahren mit seinen Eltern nach Berlin kam, Einzelhandelskaufmann lernte, ein Geschäft mit Wein und Spirituosen eröffnete, das er jedoch aufgeben musste, und der dann zurück nach Izmir ging, dort einen Imbiss und ein Restaurant aufbaute, bevor er nach Berlin zurückkehrte und in Charlottenburg ein Gemüse- und Feinkostgeschäft eröffnete[59], dann wird deutlich, dass Kategorien wie Migration und Remigration diese Form der Bewegung zwischen beiden Ländern kaum zu erfassen in der Lage sind.

6.3 Die Lebensmittelbranche als Vorreiter der türkischen Ökonomie in der Bundesrepublik

Die seit den 1960er Jahren schnell anwachsende türkische Bevölkerung in der Bundesrepublik ließ die Nachfrage nach spezifischen Gütern, insbesondere auf dem Nahrungsmittelsektor, stark ansteigen. Mit dem Anwerbestopp veränderte sich die demografische Zusammensetzung der türkischen Bevölkerung in Deutschland deutlich: Hatten in den 1960er Jahre noch allein eingereiste und erwerbstätige Türken das Bild bestimmt, bedeutete der mit dem Anwerbestopp verstärkt einsetzende Familiennachzug, dass sich die Struktur der türkischen Wohnbevölkerung von Alleinstehenden, die oftmals in Wohnheimen untergebracht waren, hin zu Familien verschob. Ist dieser Prozess tendenziell bei allen ausländischen Arbeitsmigranten zu beobachten, so in forcierter Form bei den türkischen Staatsangehörigen, die im Gegensatz etwa zu den italienischen keine Freizügigkeit genossen und daher den Weg des Familiennachzugs umfassender und nachhaltiger nutzten. Familien wiesen andere Konsummuster als Alleinstehende auf und ließen die Nachfrage nach türkischen Produkten ansteigen.

---

[57] Can, Familien, 131.
[58] Betigül Ercan Argun schlägt den Terminus ‚Deutschkei' vor, der einen neuartigen Zwischenraum bezeichnet (Argun, Turkey, 6).
[59] Yumuşak/Hunger, Türkische Unternehmer, 99.

Zudem wurde nach und nach weniger Geld in die Türkei transferiert und mehr am Ort konsumiert.[60]

Wie die übrigen ausländischen Migranten vermissten auch die türkischen ‚Gastarbeiter' viele der ihnen vertrauten, aber auf dem deutschen Markt nicht erhältlichen Obst- und Gemüsearten, aber auch Käsesorten und Würzmittel. Bestimmte Produkte wie Oliven konnten sie, zumindest in den Großstädten, in den wenigen bereits vorhandenen griechischen, italienischen oder auch spanischen Lebensmittelgeschäften einkaufen: „Viele Nahrungsmittel, die fester Bestandteil unserer Küche sind, wie Auberginen, Zucchinis, Schafskäse und Oliven, waren damals in Berlin nahezu unbekannt. Wir hatten Hochachtung vor jeder Olive. Es gab nur die mit einer Mandel oder Paprika gefüllten aus Spanien. Zu horrenden Preisen."[61] Boten insbesondere griechische Lebensmittelgeschäfte ein den türkischen Konsumgewohnheiten in weiten Teilen entsprechendes Sortiment, wurden sie im Zuge der sich in den 1970er Jahren verschärfenden Konflikte zwischen Griechenland und der Türkei doch immer seltener von türkischen Migranten frequentiert.[62]

Bei Produkten wie Joghurt, die auch in deutschen Geschäften angeboten wurden, überzeugten weder die industrielle Zubereitungsweise noch die als zu klein empfundenen Packungsgrößen die türkischen Konsumenten.[63] Die in der Türkei gebräuchlichen Sättigungsbeilagen wie etwa Bulgur waren in deutschen Geschäften nicht erhältlich. Die in Deutschland hingegen allgegenwärtige Kartoffel erfreute sich – wie bereits für die italienischen Migranten geschildert – bei vielen türkischen Migranten, zumindest in der Anfangszeit, keiner großen Beliebtheit. Der beim (häuslichen) Essen eher geringe Anpassungsdruck führte zur weitgehenden Beibehaltung der bekannten Ernährungsmuster. Dabei war das Festhalten an den gewohnten Ernährungsweisen, anders als bei den italienischen Migranten, bei vielen Türken auch religiös motiviert. Für die Muslime unter ihnen war der Einkauf von Fleischprodukten in deutschen Geschäften oder ein vorbehaltloses Essen in deutschen Gaststätten, Schul- oder Betriebskantinen sowie im Krankenhaus kaum möglich, konnten sie doch nicht sicher sein, dass kein Schweinefleisch oder andere Teile vom Schwein in den Produkten enthalten waren.[64] Auch wenn religiöse Bedenken subjektiv nicht mehr ausschlaggebend waren, wurde die Ablehnung von Schweinefleisch dennoch

---

[60] 1975–1978 betrug das Sparvolumen 45 % des Einkommens, 1981 noch 34 % und 1983 nur noch 23 % (vgl. ZfT, Türkische Unternehmensgründungen, 3).
[61] So Filiz Yüreklik, die 1964 als ‚Gastarbeiterin' nach Berlin gekommen war, zit. nach Seidel-Pielen, Unsere Türken, 88.
[62] Vgl. Ceylan, Ethnische Kolonien, 116..
[63] Vgl. Bolstorff-Bühler, Verzehrsgewohnheiten, 165; Karasan-Dirks, Geschichte, 142.
[64] So warf ein türkischer Migrant, dem bei der Ankunft in München ein Würstchen angeboten worden waren, dieses vorsichtshalber weg (siehe Interview 62 [„Metin"] v. 26.4.1995, DoMiD, Tonarchiv).

perpetuiert, und zwar in gleichsam säkularisierter Form als körperliche Reaktion[65], die mindestens ebenso effektiv wie ein religiöses Verbot Grenzen des Essbaren markiert und aufrechterhält.

Aufgrund ihrer Ablehnung von Schweinefleisch nutzten türkische Arbeitsmigranten Betriebskantinen und Mensen oft nur in geringem Maße. Eine Umfrage unter türkischen Arbeitern in Münster Ende der 1970er Jahre ergab, dass 91 % ihr Essen von zuhause selbst mitbrachten und nur 7 % in der Kantine aßen. Gerade in der Gemeinschaftsverpflegung stellte die Ablehnung von Schweinefleisch eine Herausforderung für die Kantinenleitungen dar, die oftmals erst auf Druck ‚von unten' reagierten. In Hannover wurde Anfang der 1980er Jahre auf Initiative eines türkischen Studenten in der dortigen Mensa ein schweinefleischfreies Gericht am Tag und eine besondere Kennzeichnung derjenigen Speisen eingeführt, die Schwein enthielten.[66] Andernorts wurde eine spezielle „Muslimen-Kost" angeboten, der aber vielfach mit Misstrauen begegnet wurde.[67] Denn für einige war es auch undenkbar, Speisen zu essen, die mit Pfannen, Töpfen oder Fetten in Berührung gekommen waren, die zuvor zum Kochen oder Braten von Schweinefleisch verwendet worden waren.[68]

Stellen religiöse Speisetabus, die Essbares und Nicht-Essbares voneinander scheiden, ein zentrales Element kultureller Grenzziehung dar, ist die Frage, welche Rolle sie für ein Individuum oder eine Gruppe spielen, immer nur im Einzelfall zu entscheiden. Einer ethnisch oder religiös bestimmten Gruppe wie ‚den muslimischen Türken' lässt sich nicht pauschal eine bestimmte Speisekultur zuschreiben, die sie unabänderlich und in ihrer Gesamtheit charakterisiert. So begannen nicht wenige Türken in der Bundesrepublik, Schweinefleischprodukte zu essen – oder hatten das bereits in der Türkei getan.[69] Dennoch spielte die Nachfrage nach Lamm-, Hammel- und Rindfleisch, das gemäß dem islamischen Recht hergestellt worden war, eine große Rolle für die Entstehung der türkischen Ökonomie im Ausland. Insofern deutsche Metzgereien die Nachfrage nach *helal*-Produkten kaum bedienen konnten, sind diese zu einem

---

[65] „Mein Magen akzeptiert es nicht; wenn ich so ein kleines Stück esse, hebt sich mir der Magen" (so eine nach ihrem Verhältnis zu Schweinefleisch befragte Türkin, zit. nach Karasan-Dirks, Geschichte, 138).
[66] Siehe den Brief Adnan Özerlers an das Studentenwerk Hannover vom 27.11.1981, in dem er die „tägliche Abgabe eines Gerichtes ohne Schweinefleisch für die Mitstudenten aus den islamischen Ländern" fordert. Für diese Informationen sowie eine Kopie des Briefes danke ich Adnan Özerler, Istanbul.
[67] Bolstorff-Bühler, Verzehrsgewohnheiten, 197.
[68] Vgl. Geiersbach, Gott auch in der Fremde dienen, 207f.
[69] Laut verschiedener Umfragen aus den 1970er und 80er Jahren traf dies auf etwa ein Viertel der Befragten zu (vgl. Karasan-Dirks, Geschichte, 141).

Katalysator für die türkischen Gewerbeaktivitäten insgesamt geworden und wurden auch von nicht-türkischen Muslimen nachgefragt.[70]

Die Entstehung einer türkischen Ökonomie setzte oftmals mit dem Verkauf von Tür zu Tür oder der Errichtung von Marktständen vor Wohnheimen und Arbeitsstellen der türkischen Arbeiter ein, wobei Reisegewerbescheine von den Behörden nur widerwillig vergeben wurden. Stellten türkische Metzgereien, Bäckereien und Lebensmittelgeschäfte in den 1960er Jahren noch eine Ausnahme dar, etablierten sie sich im Laufe der 1970er und 80er Jahren zunehmend. Hatte es 1970 in Berlin erst fünf türkische Lebensmittelläden gegeben, stieg ihre Zahl v.a. zwischen Mitte der 70er und Mitte der 80er Jahre rapide an und lag 1983 bereits bei etwa 150.[71] In kleineren Städten etablierten sich die entsprechenden Geschäfte oft erst in den späten 1980er Jahren.[72] Auch wenn deutsche Gewerbetreibende begannen, ihr Angebot nach und nach auf den neuen Kundenkreis auszurichten, erfolgte dieser Prozess doch eher zögerlich. Türkische Migranten konnten die sich bietende Nische daher erfolgreich besetzen. Die meisten Lebensmittelhändler und Gastronomen siedelten sich am Ort der Nachfrage an, also in Städten bzw. Stadtvierteln mit einem hohen Prozentsatz an türkischen Bewohnern. Die regionale Konzentration türkischer Gewerbeaktivitäten entsprach daher – und entspricht noch heute – derjenigen der türkischen Wohnbevölkerung in Deutschland.[73] So lassen sich regionale Schwerpunkte v.a. in Köln und Frankfurt am Main, allen voran aber in Berlin ausmachen, das unangefochten den Hauptstandort insbesondere der türkischen Gastronomie in Deutschland darstellt.[74]

Lebensmittelgeschäfte und Gaststätten bildeten die „Pionierbetriebe" des türkischen Unternehmertums. Sie haben nicht nur eine „Vorreiterrolle" für türkische Unternehmerkarrieren eingenommen, sondern stellen noch immer das Hauptbetätigungsfeld türkischer Selbständiger dar.[75] Zu Beginn dieses Jahrtausends war fast die Hälfte aller türkischen Gewerbetreibenden in Deutschland in der Lebensmittelbranche tätig; unter diesen bildeten wiederum

---

[70] Die vermutlich erste *helal*-Metzgerei in Berlin eröffnete 1968 (vgl. Gitmez/Wilpert, Micro-Society, 101). In den Niederlanden wurde diese Nische v.a. von marokkanischen Schlachtern besetzt (vgl. Pols, Search, 24).

[71] Vgl. Bolstorff-Bühler, Verzehrsgewohnheiten, 75; Gitmez/Wilpert, Micro-Society, 86 u. 101. Von den zehn 1979 in Kiel vorhandenen türkischen Lebensmittelgeschäften war keines älter als zehn Jahre; die meisten waren zwischen 1973 und 1979 eröffnet worden (vgl. Wiebe, Zur sozioökonomischen Bedeutung, 323, Tab. 2).

[72] 1989 wies dann aber auch eine Mittelstadt wie das nordrheinwestfälische Lünen fünf türkische Lebensmittelgeschäfte auf („Die Existenzgründung war ein kleines Risiko". In: WAZ-Lünen v. 2.6.1989).

[73] Für Dortmund zeigen dies Naegele et al., Suche, 55.

[74] Vgl. Floeting/Reimann/Schuleri-Hartje, „Tante Emma", 6.

[75] Aygün, Deutschtürkisches Konsumentenverhalten, 7; ZfT, Türkischer Lebensmittelmarkt, 51.

die Gastronomen mit über 50 % die größte Gruppe.[76] Trotz des nach wie vor deutlichen Schwerpunktes in der Lebensmittelbranche weist die türkische Ökonomie in der Bundesrepublik eine verhältnismäßig große Branchenvielfalt auf, konzentriert sich im Vergleich zum italienischen oder auch jugoslawischen Gewerbe weit weniger eindeutig im Gastronomiebereich und lässt seit den 1990er Jahren eine deutliche Tendenz zu Betriebseröffnungen außerhalb der sogenannten Nischenökonomie mit ihrer Ausrichtung auf die Bedürfnisse der ‚eigenen' Gruppe erkennen.[77] Auch wenn Türken 1995 unter den ausländischen Selbständigen nur einen Anteil von 12 % stellten und damit deutlich unterrepräsentiert waren, weisen sie seit Anfang der 1980er Jahre die größten Zuwachsraten unter den Selbständigen auf.[78] Deutschland stellt international einen der bedeutendsten Orte türkischer Gewerbeaktivitäten außerhalb der Türkei dar: Von den schätzungsweise 73 200 im Jahre 1999 in der Europäischen Union selbständig erwerbstätigen Türkischstämmigen vereinigte die Bundesrepublik etwa 75 % auf sich.[79] Beim Gros der türkischen Betriebe handelte es sich um Klein- und Kleinstunternehmen.[80] In diesen waren und sind mehrheitlich Landsleute beschäftigt[81] – eines der zentralen Kriterien, über die ein *ethnic business* definiert wird. Fraglich ist jedoch, ob es tatsächlich v.a. auf Ethnizität basierende oder nicht vielmehr verwandtschaftliche Bezie-

---

[76] Vgl. ZfT, Türkischer Lebensmittelmarkt, 52.
[77] Dies gilt insbesondere für die jüngere Generation, d. h. die Abwendung von der ‚Nischenökonomie' vollzieht sich u. a. auch über den Generationenwechsel (vgl. Roland Kirbach: Raus aus der Nische. Kebap-Bude und Gemüseladen ade: Immer mehr deutschtürkische Unternehmer arbeiten erfolgreich am Standort Deutschland. In: ZeitPunkte 2 [1999], 58–63: 60). Für eine Ausdifferenzierung des Nischenmodells in ethnische, ökonomische und lokale Nischen siehe Ceylan, Ethnische Kolonien, 59, der zugleich die Interferenz der verschiedenen Typen von Nischen betont.
[78] So hat sich im Zeitraum von 1977 bis 1992 die Zahl der türkischen Selbständigen von ca. 6000 auf ca. 30 000 verfünffacht; eine ähnliche Steigerung lässt sich seit den 1990er Jahren lediglich bei den Selbständigen aus ehemaligen Ostblockstaaten beobachten. Vgl. Loeffelholz/Gieseck/Buch, Ausländische Selbständige, 47.
[79] Vgl. ATIAD, Türkischstämmige Unternehmer, 17. Erhebungen des ZfT und der für türkische Arbeiter im Ausland zuständigen Stelle des türkischen Arbeitsministeriums, Yurtdışı İşçiler Hizmetleri Genel Müdürlüğü, zufolge existierten zu Beginn dieses Jahrtausends ca. 67 340 bzw. 73 100 türkische Unternehmen in Europa und Australien (ohne Schweden, Norwegen, Finnland), ca. 13 700 in arabischen Ländern und mehr als 500 in Zentralasien (vgl. Tapia, Transnational Migration, 69f.).
[80] Die türkische Unternehmensstruktur in Berlin im Jahre 1995 setzte sich zu 91 % aus Betrieben des Einzel- und Kleinhandels zusammen; nur 8 % der Betriebe ließen sich als mittlere und nur 1 % als große Betriebe klassifizieren (vgl. Hillmann/Rudolph, Redistributing, 96f.).
[81] Vgl. Naegele et al., Auf der Suche, 56. Internationaler als die Herkunft der Beschäftigten gestalten sich die vertikalen und horizontalen Vernetzungen der türkischen Gewerbetreibenden (vgl. ZfT, Türkische Unternehmensgründungen, 86; Yılmaz, Soziales Kapital, 161). Die Herkunft scheint bei den Beziehungen zu den Lieferanten eine eher untergeordnete Rolle zu spielen.

hungen sind, die in ausländischen Unternehmen eine zentrale Rolle spielen. Die Forschungen zum *ethnic business* wären also daraufhin zu überprüfen, ob dem ethnischen Netzwerk nicht Charakteristika und Leistungen, allen voran soziales Kapital, zugeschrieben werden, die im Grunde Verwandtschaftsbeziehungen eigen sind bzw. innerhalb dieser erbracht werden.[82] Gerade im Hinblick auf die große Bedeutung, die dem Familiennachzug für die türkische Migration in die Bundesrepublik zukam, liegt diese Interpretation nahe. Auch die häufige namentliche Anwerbung von ausländischen Arbeitskräften, die über bereits in Westdeutschland tätige türkische Arbeitnehmer erfolgte und letztlich zu ausgeprägten Kettenmigrationen führte, erstreckte sich v.a. auf die nahe Verwandtschaft der bereits in der Bundesrepublik ansässigen Türken.[83] Kettenmigration ist in diesem Sinne eher als „familial-verwandtschaftliche" denn als „ethnische Affiliation" zu beschreiben.[84]

Reagierten die neu errichteten türkischen Geschäfte und Gaststätten zunächst auf die Nachfrage seitens der türkischen Arbeitsmigranten, wurden sie nach und nach auch von der nicht-migrantischen deutschen Bevölkerung frequentiert – ein Vorgang, der auf ganz ähnliche Weise in allen Ländern mit migrantischen Ökonomien zu beobachten ist. Erfolgte die Nutzung der türkischen Geschäfte durch die deutsche Bevölkerung in den 1970er Jahren noch „relativ zaghaft" und kamen Deutsche nur „in geringer Zahl", hat sich der türkische Lebensmittelladen zur Jahrtausendwende zu einem von deutschen wie türkischen Bewohnern geschätzten Ort entwickelt, so dass 92,3 % der in der türkischen Lebensmittelbranche Tätigen im Jahre 2005 angaben, zu großen Teilen (auch) deutsche Kunden zu haben.[85]

Die Ausweitung der Kundschaft erfolgte zum einen, weil die türkischen Geschäfte oft als einzige Institutionen noch eine wohnortnahe Versorgungsfunktion übernahmen, und zum anderen, weil sich die Ernährungsgewohnheiten der deutschen Bevölkerung zu verändern begannen. Ihren langfristigen Erfolg haben die türkischen Betriebe in der Lebensmittelbranche damit auch den Transformationen der deutschen Konsumgewohnheiten zu verdanken, die sie z. T. mit angestoßen haben. In diesem Zusammenhang ist der bereits

---

[82] Informelle Hilfe suchten türkische Selbständige laut der 1989 publizierten Umfrage des ZfT fast ausschließlich im Verwandtenkreis, kooperative Beziehungen zu anderen türkischen Unternehmern bestanden nur ansatzweise (vgl. ZfT, Türkische Unternehmensgründungen, 83).
[83] Vgl. Kreiser, Türkische Kolonien, 44. Das wird 1973 auch im Spiegel bemerkt, der hinter den Kettenmigrationen (bedrohliche) „Sippen" vermutet (Die Türken kommen, 27). Zur Problematisierung des Konzepts der Kettenmigration siehe Krebber, Kettenwanderung, 45.
[84] So argumentieren überzeugend Nauck/Kohlmann, Verwandtschaft.
[85] Wiebe, Zur sozioökonomischen Bedeutung, 325; Hoffmeyer-Zlotnik, Gastarbeiter, 553; vgl. Aygün, Deutschtürkisches Konsumentenverhalten, 14.

6.3 Die Lebensmittelbranche als Vorreiter der türkischen Ökonomie 401

mehrfach thematisierte Auslandstourismus zu nennen, der sich seit den 1970er Jahren und verstärkt seit den 80er Jahren auch auf die Türkei gerichtet[86] und zu einem wachsenden Interesse und einer erhöhten Nachfrage nach türkischen Nahrungsmitteln auch auf deutscher Seite geführt hat. Wie die italienischen Kochbücher der 1970er Jahre wurden ab den 80er Jahren auch türkische Kochbücher mit dem Hinweis beworben, dass sie „unentbehrlich für alle" seien, „die an unvergessenen Urlaubstagen genossene Köstlichkeiten daheim nach Original-Rezepten nachkochen möchten".[87] Die erforderlichen Zutaten für die Zubereitung der türkischen Gerichte seien in Deutschland einfach zu besorgen, würden doch viele „Lebensmittelladen [sic] der türkischen Kolonie" zur Verfügung stehen.[88] Dabei resultierte der Erfolg des türkischen Lebensmittelhandels zum einen aus der (angenommenen) Qualität und Frische der Produkte, die – anders als in den Supermarktketten – täglich vom Großmarkt herangeschafft wurden.[89] Zum anderen sprach die spezifische Form der Warenpräsentation, die sich oftmals auf den Bürgersteig vor dem Geschäft erstreckte und damit als Blickfang fungierte, auch die deutsche Kundschaft zunehmend an. „Die Gemüseauslagen sind neuerdings von bunter Opulenz", hieß es im *Spiegel* im September 1973, und auch in den 1990er Jahren wussten die türkischen Lebensmittelläden, die das Stadtbild „schmücken und beleben", in den Augen der deutschen Betrachter noch einen „recht ‚orientalischen' Eindruck" oder eine ‚südliche Atmosphäre' zu evozieren.[90] Wie im Falle der Außengastronomie wurde der an den Laden angrenzende Gehweg in die eigene Raumgestaltung einbezogen und damit eine neue Kopplung von Innen- und Außenraum geschaffen. Darüber hinaus lernte es die deutsche Kundschaft zu schätzen, dass sie das nicht wie im Supermarkt verpackte Obst und Gemüse vor dem Kauf genau inspizieren, es sogar anfassen und damit dem Einkaufen nicht allein ein intensiveres visuelles, sondern auch ein stärker haptisches Moment hinzufügen konnte.

Massenmigration und Massentourismus bilden demnach für den Erfolg der türkischen Ökonomie in der Bundesrepublik zwei wesentliche Faktoren, wenn

---

[86] 1970 reisten 112 000 deutsche Touristen in die Türkei, 1985 waren es bereits 321 000 und 1990 dann über 1,1 Millionen. Im Jahr 2002 stellten die 3,5 Millionen Deutschen ein Viertel aller Touristen in der Türkei. Vgl. Yumuşak/Hunger, Türkische Unternehmer, 67 u. 69.
[87] So der Redaktionsleiter Hubert Knich im Vorwort des bereits erwähnten WDR-Kochbuchs, WDR Information, Köln, 4.10.1984, AdSD NGG 901. Auch das Dr.-Oetker-Kochbuch kommt im Vorwort auf die „schier unbegrenzte Vielfalt köstlicher Speisen" zu sprechen, mit der die Türkei „jeden Touristen" überrasche (Gahmann, Türkische Küche, 5).
[88] So in Türkische Küche, 4, zu lesen.
[89] Das nennt Bremm, Entwicklung, 176, als Grund dafür, dass auch viele Deutsche in türkischen Lebensmittelläden einkauf(t)en.
[90] Die Türken kommen, 24; Scholz, Türkische Wirtschaftsaktivitäten, 24 u. 26.

dieser auch im Vergleich zur italienischen Ökonomie mit deutlicher Verzögerung einsetzte. Dabei hat im Laufe der Zeit eine doppelte Bewegung, nämlich eine wechselseitige Anpassung der Konsumgewohnheiten stattgefunden: Während die Deutschen verstärkt ausländische Nahrungsmittel konsumieren, tendiert die sogenannte zweite und dritte Generation der Deutsch-Türken[91] immer weniger zu türkisch markierten Konsumgütern und Einkaufsgelegenheiten. So erledigten laut einer Umfrage von 1992 nur etwa 24 % der Türken ihre Einkäufe noch hauptsächlich in türkischen Geschäften.[92] Die Transformation der Konsumgewohnheiten in der Bundesrepublik hat die Angebotsstruktur auf dem Lebensmittelmarkt insofern verändert, als nicht mehr nur türkische Lebensmittelhändler, sondern zunehmend auch deutsche Einzelhändler und Supermarktketten sich auf die türkische Klientel einstellen und – in den frühen 1980er Jahren noch als „Türkensortimente" bezeichnete – türkische Waren anbieten. Aber ähnlich wie im Falle des italienischen Restaurants stellt sich auch hier die Frage, was denn eigentlich ,türkische' Waren sind. Entscheidend ist nicht der Herstellungsort, so der Verband der türkischen Nahrungsmittelimporteure in Europa (TÜRKIMPORT), werden doch fast die gesamten heute in der Bundesrepublik erhältlichen ,türkischen' Wurstwaren in Deutschland produziert.[93] Relevant seien vielmehr „das türkische Image des Produktes", die Verpackung und der „sog. türkische Geschmack" sowie die Frage, ob „die verkauften Produkte als türkische Waren deklariert und von den Kunden als solche akzeptiert werden".[94]

Konkurrenz erwuchs den türkischen Lebensmittelgeschäften nicht nur durch deutsche oder andere nicht-türkische Einzelhändler und Supermärkte, sondern auch durch türkische Supermarktketten wie Yimpaş oder Birlik, die

---

[91] Im Falle der sog. zweiten und v.a. der in der BRD geborenen dritten Generation ist es schwierig, von Migranten zu sprechen. Der Terminus ,Deutsch-Türke' soll den ,Migrationshintergrund' aufrufen, mittels des Bindestrichs auf einen Zwischenraum hinweisen und damit Translokalität auch auf der Ebene der Akteure sichtbar machen. Allerdings legt diese Umschreibung den Akzent in problematischer Weise weiterhin auf das Türkischsein, das als vorgängig und grundlegend erscheint. Auch ein Umstellen der Zugehörigkeitsbeschreibungen, wie dies in den USA üblich ist (Asian-American), löst das Problem nicht, führt aber zu einer anderen Akzentuierung, die als Indiz für einen differenten Umgang mit Migranten und Minderheiten in den USA gelesen werden kann (siehe dazu Palumbo-Liu, Asian/American).
[92] Vgl. Hermann, Gastarbeiter, 1003.
[93] Zur 1966 in Köln gegründeten und bis heute überaus erfolgreichen Firma Egetürk, die auf Wurst- und Schinkenprodukte spezialisiert ist, siehe u. a. Hans-Otto Eglau: Der Chef war Gastarbeiter. In: Zeitmagazin v. 2.9.1983, 6–11: 7. Die von Egetürk hergestellte Wurst wird auch in den türkischen Großstädten sehr gerne gegessen, obwohl sie um 80 % teurer ist als entsprechende türkische Produkte (vgl. Goldberg/Şen, Türkische Unternehmer, 63–84: 63).
[94] TÜRKIMPORT, zit. nach ZfT, Türkischer Lebensmittelmarkt, 49.

seit den 1990er Jahren versucht haben, sich auf dem deutschen Markt zu etablieren.[95] Damit gehe, so in einem Artikel in der *Frankfurter Rundschau* vom November 2000 zu lesen, die „Ära der Pioniere" zu Ende, eine „neue deutsch-türkische Ökonomie" halte Einzug und würde letztlich zum Verschwinden der türkischen – wie zuvor der deutschen – ‚Tante-Emma-Läden' führen.[96] Dieser Prozess zeichnet sich ab, ist aber noch lange nicht abgeschlossen. In jedem Fall jedoch ist aus einer ehemaligen ‚Nische' ein großes Geschäft geworden, das zunehmend finanzstarke Investoren anzieht.[97]

6.4 Die türkische Gastronomie im städtischen Raum. Das Beispiel Berlin-Kreuzberg

Zumindest implizit befasst sich die Debatte um das *immigrant business* immer auch mit dem Aspekt des Raumes und seiner Besetzung durch Migranten, der auch in der sozial- und wirtschaftswissenschaftlichen ebenso wie in der alltagssprachlichen Rede von der Nische zum Ausdruck kommt. In der deutschen Öffentlichkeit ist es dabei fast ausschließlich die türkische Ökonomie, der in stadtgeografischer und migrationspolitischer Hinsicht Aufmerksamkeit geschenkt wurde, und hier wiederum v.a. Berlin-Kreuzberg, auf das sich Presseberichte wie wissenschaftliche Untersuchungen konzentrieren. Auch die folgende Skizze über die türkische Gastronomie in Berlin fokussiert dieses Stadtviertel, lag und liegt hier doch ein deutlicher Schwerpunkt türkischer gastgewerblicher Aktivitäten. Darüber hinaus bietet dieser Bezirk aufgrund seiner wissenschaftlichen wie massenmedialen Präsenz die Möglichkeit, zum einen die stadträumlichen Auswirkungen migrantischer Ökonomien auf fundierterer Basis zu untersuchen und zum anderen die öffentliche Debatte um sogenannte ethnische Enklaven, in denen sich das türkische Gewerbe konzentriert, berücksichtigen zu können. Berlin-Kreuzberg ist geradezu zum Synonym türkischen Lebens in der Bundesrepublik (und darüber hinaus[98]) geworden und bildet entsprechend einen Kristallisationspunkt, an dem ver-

---

[95] Yimpaş wurde in den 1980er Jahren in Yozgat gegründet und hat Filialen u. a. in Frankfurt a.M., Lörrach, Heidelberg und Köln sowie in Belgien, aber auch in einigen asiatischen Städten eröffnet (vgl. Tapia, Transnational Migration, 74). Während Yimpaş-Deutschland 2002 Insolvenz anmelden musste, war Birlik 2003 mit zwölf Verkaufsstellen in Berlin vertreten. Zu Birlik siehe Pütz, Transkulturalität, 148.

[96] Pitt von Bebenburg: Heidebrot und Baklava. Das türkische Kaufhaus Adese in Kreuzberg: Alltagsszenen zur Debatte um die Leitkultur (Teil 1). In: FR v. 4.11.2000.

[97] Vgl. Everts, Konsum, 91.

[98] „Since the end of the 1970s Berlin is considered to be the centre of Turkish cultural life outside the home country" (Gitmez/Wilpert, Micro-Society, 111).

schiedene Diskursfäden paradigmatisch zusammenlaufen. Eine Beschäftigung mit Kreuzberg erlaubt es somit, die Geschichte der türkischen Gastronomie in einen breiteren migrationspolitischen Kontext einzubetten – und diese Kontextualisierungen wiederum zu problematisieren. Zum Vergleich werden jedoch auch Beispiele insbesondere aus Köln angeführt, um Ähnlichkeiten und Differenzen der lokalen Bedingungen herausarbeiten zu können.

Die räumliche Konzentration türkischer, aber auch anderer ausländischer Migranten in bestimmten Stadtvierteln ist kein Zufall. Zumeist handelt es sich bei migrantisch geprägten Wohngebieten um „Altstadtkerne im Zentrum oder industrieorientierte Altbauviertel mit hohen Arbeiteranteilen".[99] Lebten die ‚Gastarbeiter' bis weit in die 1960er Jahre hinein vielfach noch in separierten Sammelunterkünften, ganz im Sinne des arbeitsmarktpolitisch gewünschten Rotationsprinzips, veränderte sich die Verteilung der ausländischen Wohnbevölkerung spätestens mit dem Nachzug weiterer Familienmitglieder und dem Entschluss, länger oder dauerhaft in der Bundesrepublik zu bleiben. Da die Arbeitsmigranten für die Aufenthaltsbewilligung einen Wohnungsnachweis benötigten, waren sie bereit, für sanierungsbedürftige Altbauwohnungen im Stadtzentrum, die im Zuge der Suburbanisierung von der deutschen Bevölkerung verlassen worden waren, oft überhöhte Mieten zu zahlen.[100] Für Hausbesitzer stellte die Vermietung an Ausländer eine besonders lukrative Form der kurzfristigen Zwischennutzung dar, bei der auch Verbote gegen Überbelegung nicht beachtet wurden. Für die Migranten wiederum waren gerade Städte wie Berlin mit ausgedehnten Sanierungsgebieten attraktiv, da angesichts der Diskriminierung auf dem Wohnungsmarkt im Grunde nur dort Wohnraum für ausländische Paare und Familien zu beschaffen war.[101] Dass der Ausländeranteil in bestimmten Städten und Stadtvierteln schnell anstieg, wurde von der deutschen Öffentlichkeit alsbald registriert und zum Problem erklärt.

Mit der Titelüberschrift „Ghettos in Deutschland: Eine Million Türken" beschwor *Der Spiegel* bereits 1973 die Gefahr einer ethnischen Segregation in den Städten.[102] „Türken-Kolonien" gab es laut dem Nachrichtenmagazin in Berlin-Kreuzberg und im Wedding, wo manche Straßen „nur noch 20 Prozent deutsche Wohnbeteiligung" aufwiesen, sowie in Köln, „wo mittlerweile jeder siebente Altstadtbewohner Türke" sei, und in Frankfurt, wo allein im Bahnhofsviertel 4000 legal ansässige Türken lebten.[103] Diese Konzentrationen

---

[99] Institut der deutschen Wirtschaft Köln, Ausländer in Deutschland, 52.
[100] Vgl. Nebel-Dampf, Türkische Stadt, 151.
[101] Darüber hinaus besaß die Berlin-Zulage eine nicht geringe Anziehungskraft auf ausländische Arbeitskräfte.
[102] Titelblatt. Aus: Der Spiegel v. 30.7.1973.
[103] Die Türken kommen, 26.

türkischer Wohnbevölkerung wurden explizit mit US-amerikanischen *ghettos* verglichen und vielfach als gefährliche Orte gekennzeichnet. Schlagzeilen wie „Die Türken an der Spree leben wie im Ghetto", „Türken – die Neger von Berlin", „Die Nigger Europas", „Zustände wie in Amerika?" oder „Rassenkrawalle durch Türkenflut?" machen deutlich, dass als Referenzrahmen für die Interpretation der von Ausländern geprägten Viertel in der Bundesrepublik unumstritten die USA fungierten.[104] Darüber hinaus zeigt sich, dass Deutschland – als Schauplatz des größten im Namen der ‚Rasse' durchgeführten Massenmordes – nun als Ort ohne ‚Rassen' verstanden bzw. ‚Rasse' mit ‚Schwarzsein' identifiziert und externalisiert wurde. ‚Rassenkonflikte' und Fragen ethnischer Segregation wurden damit als – zumindest bis dato – US-amerikanisches Problem konzeptualisiert. Zudem wurden über die Apostrophierung der Türken als ‚Neger' potentielle ‚Rassenprobleme' als durch Migration bedingt, also von außen kommend konfiguriert. Die lange und komplexe Geschichte des Rassismus innerhalb Deutschlands blieb auf diese Weise ausgeblendet.[105] Das wird auch dadurch unterstrichen, dass die Bezeichnung ‚Ghetto' meist so verwendet wurde, als handele es sich um einen US-amerikanischen Terminus.[106] Nur vereinzelt wurde die Erinnerung an deutsche Verwendungsweisen des Begriffs, etwa im Kontext der nationalsozialistischen Ghettoisierung der jüdischen Bevölkerung, wachgerufen. So drängte Heinz Richter vom Deutschen Gewerkschaftsbund 1970 darauf, die Wohnbedingungen von Ausländern in der Bundesrepublik zu verbessern, um den Eindruck zu verhindern, „als ob die Ausländer in Ghettos unseligen Angedenkens wohnten"[107], und Günter Wallraff schrieb noch 1990, dass die „Türkenghettos [...] schon bald die neuen ‚Juden'-Ghettos in Deutschland" sein könnten, „‚Reservate' für eine sozial verachtete und ausgegliederte ethnisch-religiöse Minderheit".[108] Diese Perspektivierung des Phänomens wurde zumeist jedoch vom transatlantischen Vergleich überlagert; der internationale Referenzrahmen dominierte, und historische Kontextualisierungen blieben eher die Ausnahme. Dabei wurde

---

[104] Annamarie Doherr: Die Türken an der Spree leben wie im Ghetto. In: FR v. 8.1.1973; Kummer, Türken; Ernst Klee: Die Nigger Europas. Gastarbeiter werden sozial diskriminiert. In: FR v. 16.1.1971 (siehe auch Klees gleichnamiges Buch); Peter Conradi: Zustände wie in Amerika? Die Gastarbeiter müssen die Chance erhalten, ihre Identität zu bewahren. In: Die Zeit v. 2.11.1973; Otto Küpper: Rassenkrawalle durch Türkenflut? Experte warnt vor „Bürgerkriegs-Zuständen". In: Express v. 21.10.1981.
[105] Vgl. Levy, Review, 6.
[106] In der bundesdeutschen Öffentlichkeit begann der Begriff ‚Ghetto' insbesondere nach der Veröffentlichung von Elvis Presleys Song *In the Ghetto* von 1969 zu zirkulieren (vgl. Stehle, Narrating the Ghetto, 51).
[107] Heinz Richter: Probleme der Anwerbung und Betreuung ausländischer Arbeitnehmer aus der Sicht der Gewerkschaften. In: BArbBl. 1970, 251–255: 252, zit. nach Hunn, „Nächstes Jahr", 294.
[108] Wallraff, Vorwort, 13.

beim Vergleich mit den USA nur in den seltensten Fällen auf die markanten Unterschiede zwischen US-amerikanischen *ghettos* mit ihrer ausgeprägt urbanen Struktur und ihrer größtenteils nicht ausländischen Bevölkerung und dem Zusammenleben türkischer Migranten in Kreuzberg eingegangen.[109] Auch wenn die für Prozesse der ‚Ghettoisierung' typische räumliche Konzentration ökonomisch schwacher Bevölkerungsgruppen und insofern eine gewisse Polarisierung auch in deutschen Städten zu beobachten war (und ist), überstieg diese im Hinblick auf migrantische Bevölkerungsteile selten die Ebene einzelner Häuserblöcke, blieb also auf relativ kleine und nicht wirklich isolierte Wohneinheiten beschränkt.[110] Die ethnische Segregation war selbst in Stadtteilen, in denen der Anteil an türkischen Bewohnern weit über dem Durchschnitt lag, im internationalen Vergleich gering, haben in der Bundesrepublik doch nie Stadtteile existiert, in denen ausschließlich Türken lebten.[111]

1975 erließ die Bundesregierung für die als ‚überlastet' eingestuften Stadtgebiete eine Zuzugssperre, die 1976 aufgrund von verfassungsrechtlichen Bedenken aufgehoben, aber an diversen Orten dennoch in die Praxis umgesetzt wurde. In Berlin wurden ab 1977 (und formal bis 1990) Aufenthaltsgenehmigungen für Migranten nur noch mit der Auflage „Zuzug in die Bezirke Kreuzberg, Tiergarten, Wedding nicht gestattet" erteilt.[112] Mit der Zuzugssperre wurde eine fixe Grenze der ‚Zumutbarkeit', nämlich ein Ausländeranteil von 12 %, gesetzt und damit (protonormalistisch) versucht, bestimmte quantitative Relationen von einheimischer und ausländischer Bevölkerung administrativ festzulegen.[113] Dafür wurden die territorialen (Bezirks-)Grenzen forciert, um den auf diese Weise abgeschlossenen Raum beherrschbar zu machen und der unkontrollierten Zuwanderung, Ansiedlung und migrantischen Aneignung bestimmter Stadtviertel einen Riegel vorzuschieben. Ein Zuzug in die drei genannten Bezirke konnte jedoch weiterhin legal erfolgen, wenn er im Rahmen des Familiennachzugs zu bereits im Sperrbezirk lebenden Ausländern stattfand, eine Dienstwohnung oder eine Gemeinschaftsunterkunft bezogen wurde oder aber ein Zuzug erfolgte, um einen Gewerbebetrieb zu führen und den

---

[109] Eine Ausnahme bildete Geiger, Zur Konzentration, 70.
[110] Vgl. Heisler, Immigration, 35. Insbesondere die türkische, aber auch die in diesem Zusammenhang kaum thematisierte portugiesische Bevölkerung lebte in Häusern mit hohem Ausländeranteil (vgl. Mehrländer, Situation, 477).
[111] Vgl. Bremer, Ausgrenzungsprozesse, 223 u. 225. In der Bundesrepublik liegt eher eine klassenbasierte Segregation denn eine ethnische vor, so Castles/Miller, Age, 198.
[112] Zuzugsbeschränkungen waren bereits im August 1972 vom Bundesarbeitsministerium erwogen worden (vgl. Hunn, „Nächstes Jahr", 300).
[113] Zur Suggestion, es gebe eine natürliche Grenze im Hinblick auf einen ‚vertretbaren' Anteil an Migranten, siehe die Aussage des Beauftragten für Ausländerfragen der Regierung Schmidt, Heinz Kühn (SPD), der 1981 verkündete, bei einem Ausländeranteil, der zehn Prozent übersteige, werde „jedes Volk rebellisch" (Quick v. 15.1.1981, zit. nach Seidel-Pielen, Unsere Türken, 20f.).

zugehörigen Wohnraum zu beziehen.[114] Gewerbetreibende, zu deren Lokal, Geschäft oder Werkstatt eine Wohnung gehörte, konnten sich also weiterhin in Kreuzberg, Tiergarten sowie im Wedding legal niederlassen. Generell jedoch bedeutete die Zuzugssperre eine Aufhebung der Niederlassungsfreiheit für Migranten, die aber – ähnlich wie die nationalen Grenzkontrollen – vielfach auf illegalem Wege umgangen wurde.

Bei den Beschreibungen der sogenannten Ausländerviertel in der Bundesrepublik der 1970er und 80er Jahre ging es im Grunde immer nur um die sogenannten Türkenghettos; kaum jemals befassten sich derartige Schilderungen mit den ebenfalls zahlreich in Kreuzberg ansässigen jugoslawischen Migranten: „In vielen Bereichen können Türken in Westberlin schon von morgens bis abends unter sich leben, von der Geburt bis zum Tod, eine Stadt in der Stadt, alleingelassen von den Deutschen", hieß es 1982 in einem Artikel über türkische Gaststätten in Berlin, in dem aus „der finstersten Slum-Gegend Kreuzbergs" berichtet wurde und unter anderem zu erfahren ist, dass sich „das Getto" mit Lebensmitteln „selber versorgen" könne.[115] Zum massenmedial vermittelten Bild des Ghettos zählten neben heruntergekommenen Häuserfassaden also auch türkische Geschäfte und Gaststätten, die – als sichtbare Markierungen migrantischer Präsenz – als Neuerungen im Stadtbild wahrgenommen wurden und in die Ikonografie des ‚Ghettos' eingingen. Nicht zufällig beginnt der bereits zitierte *Spiegel*-Artikel über das ‚Türkenghetto' Kreuzberg mit der Beschreibung eines ehemals deutschen, nun türkischen Lokals:

„Die Kneipe am Kottbusser Tor war mal echt Kreuzberg, Ecklage, Berliner Kindl, Buletten, Sparverein im Hinterzimmer. Heute rotiert am Buffet der Hammelspieß senkrecht, der Kaffee ist süß und dickflüssig, aus der Musikbox leiert orientalischer Singsang [...]. Berlinisch ist da nur noch der Strohmann, den sich der türkische Inhaber aus gewerberechtlichen Gründen hält."[116]

Beschrieben wird hier die Ersetzung einer ‚echten' Kreuzberger Kneipe, die ihre Authentizität durch ‚typische' Getränke und Speisen und den sich im Hinterzimmer treffenden Verein bewiesen hatte. Das nachfolgende türkische Lokal unterscheidet sich sowohl im Hinblick auf die angebotene Produktpalette – Dönerkebab und (andersartiger) Kaffee ersetzen Bulette und Alkohol – als auch die Geräuschkulisse deutlich von seiner Vorgängerin. Auch wenn hier explizit nicht ‚das Deutsche' und ‚das Türkische' einander gegenübergestellt werden, sondern ‚das Berlinische' und ‚das Orientalische', ist die Szene doch auch national kodiert, und zwar nicht nur hinsichtlich der Staatsangehörigkeit des neuen Gaststätteninhabers, sondern auch über die Verweise auf das (deutsche) Ver-

---

[114] Vgl. Erlaß über die Behandlung von Ausländerangelegenheiten (Ausländererlaß) v. 25.4.1988 (Amtsblatt für Berlin 38/22 v. 11.5.1988, 7.6.3: Erlaubter Zuzug trotz Auflage).
[115] Glaser, Ein bisschen Harem, 150.
[116] Die Türken kommen, 24.

einswesen und die weit über Berlin hinaus genossenen ‚typischen' (deutschen) Speisen und Getränke.[117]

Das türkische Lokal, das eine deutsche (Eck-)Kneipe ablöst, ist ein wiederkehrender Topos in Beschreibungen, welche die Veränderungen des Stadtbildes durch die Nachkriegsmigration einfangen wollen. Während *Der Spiegel* im obigen Fall letztlich eine Geschichte der Verdrängung erzählt, die zu einem Verlust an ‚ursprünglicher' (oder zumindest zuvor präsenter) Lokalkultur führte, und das ‚Verkehrte' dieser Situation in dem senkrecht aufgestellten Bratspieß symbolisch zum Ausdruck bringt, heben andere Darstellungen weniger auf die Ersetzung eines Konsumortes als vielmehr seine Umnutzung ab. Berichte mit Titeln wie *Ein bisschen Harem, ein bisschen Schultheiß* zielen trotz ihrer orientalistischen Perspektive stärker auf eine Vermischung von Elementen ab, zu der auch häufig gehörte, dass die neuen Lokale die alten deutschen Namen beibehielten.[118] Vielfach unveränderte Fassaden mit Reklameschildern für „Königsbacher Pils" und Butzenscheiben ließen oftmals eine ‚deutsche' Kneipe vermuten.[119] Türkischsprachige Ankündigungen und Speisebezeichnungen wurden oft einfach im oder am Schaufenster über die alten Schriftzüge geschrieben oder diesen zur Seite gestellt. Diesen Prozess der Überschreibung hat Louis Wirth bereits 1927 in seinem Aufsatz *The Ghetto* für Chicago skizziert und ihn als Ausdruck einer fortlaufenden und wechselnden Inbesitznahme eines Gebiets gedeutet, die einem Stadtviertel immer wieder ein neues Gesicht verleihe.[120] Die Notwendigkeit, den deutschen Namen einer Gaststätte beizubehalten, war häufig einem Strohmannverhältnis geschuldet. In solchen Fällen wies lediglich ein „kaum sichtbare[r] Hinweis in türkischer Sprache an Fenster oder Tür" die Gaststätte „für den Ortsfremden" als türkisches Lokal aus.[121] Das Stehenlassen alter Schriftzüge deutet zudem darauf hin, dass die Gaststätte als ein Provisorium begriffen wurde, an dem man sich nicht die Mühe machte, die Spuren der Vorgängerin vollständig zu tilgen.[122] Man könnte die Überschreibung, welche die frühere Beschriftung noch zu erkennen gibt, jedoch auch als eine Art Palimpsest und damit als Praxis deuten, welche die historisch ältere

---

[117] Ganz ähnlich wurden die Veränderungen in Kreuzberg im *Stern* 1973 geschildert: „In den Kneipen riecht es nicht mehr nach Bulletten, sondern nach Hammelfett"; im Hinterzimmer befänden sich keine Sparvereine mehr, sondern „türkische Glücksspielklubs" (Kummer, Türken, 74).
[118] Glaser, Ein bisschen Harem.
[119] Dass dies durchaus typisch für türkische Lokale in Berlin sei, in denen lediglich der neben dem Zapfhahn aufgestellte Teekessel auf eine Umnutzung hindeute, betonen Augustin/Berger, Einwanderung, 76.
[120] Wirth, Ghetto, 69.
[121] So Hoffmeyer-Zlotnik, Gastarbeiter, 142.
[122] Vgl. Geiersbach, Warten, 173. Auch die lange Zeit provisorischen Moscheen befanden sich vielfach in ehemals deutschen Gewerberäumen, an die noch ein „halbabgeblätterter Schriftzug über der Eingangstür" erinnerte (ebd., 159).

Schicht bewahrt, sie im wörtlichen Sinne durchscheinen lässt und damit einen Ort schafft, der Altes und Neues materiell, symbolisch und imaginär verknüpft. Auf der Ebene der Gaststättennamen finden sich aber auch viele Beispiele, in denen die neu eröffneten Lokale mit neuen Namen versehen wurden, die sie nach außen auf Anhieb als türkische Restaurants oder Imbisse zu erkennen gaben. Das Sample an Gaststättennamen, das sich aus den im Landesarchiv Berlin aufbewahrten Anträgen auf eine Gewerbeerlaubnis, Akten des Gewerbeaußendienstes sowie aus Restaurantführern der Stadt speist, macht deutlich, dass ein Großteil der türkischen Lokalinhaber – ähnlich wie die italienischen, jugoslawischen und griechischen Gastronomen – Toponyme für ihre Gaststätten wählten. Restaurantnamen wie „Istanbul" und „Antalya" referieren auf bekannte (touristische) Orte und zugleich auf großstädtische Herkunftsregionen vieler Migranten, während „Bosporus" und „Topkapı" auf zentrale touristische Attraktionen der Türkei respektive Istanbuls verweisen.[123] Andere Gaststättennamen bezeichneten keinen genauen geografischen Ort, sondern eine gastgewerbliche Betriebsform. So trug ein 1974 zur Übernahme anstehendes Restaurant am Kottbusser Damm in Neukölln den Namen „Kervansaray".[124] Die Bezeichnung ‚Kervansaray', die in vielen Sprachen verstanden wird und sich damit für ein Restaurant im Ausland besonders eignet, ruft Bilder eines exotischen Ortes auf, eines Rastplatzes und damit eines Übergangsortes, an dem die Bewegung für einen Augenblick zum Stillstand kommt. Als derartige Transit-Orte können auch (einige) migrantengeführte Lokale begriffen werden.

Ebenso wie sich die Namensgebung der türkischen Gewerbetreibenden als Akte der Aneignung des Raums verstehen lassen, zeugen auch andere, in den Massenmedien verbreitete Bezeichnungen wie ‚Klein-Istanbul' für den Bezirk Kreuzberg von (einer Angst vor) migrantischen Aneignungen des städtischen Raumes. Die Benennung ‚Klein-Istanbul' rekurriert auf das Modell ethnischer Kolonien in Einwanderungsländern, das mehr oder weniger neutral die Ansiedlung einer Migrantengruppe an einem bestimmten Ort markiert. In einem Einwanderungsland wider Willen wie der Bundesrepublik scheint eine solche Umschreibung jedoch auf einen nicht legalen oder zumindest nicht erwünschten Prozess der Ansiedlung zu verweisen und kann zum Vehikel werden, um die Furcht vor einer ‚Enteignung' des zuvor als ‚deutsch' verstandenen Raumes, seiner Umbesetzung und Umnutzung durch Migranten auszudrücken. Zudem

---

[123] Gaststättenverzeichnis; LAB B Rep. 010, Nr. 1896/1. Nach dem eigenen Heimatort wurden viele Gaststätten benannt, so etwa das 1987 eröffnete Leverkusener Restaurant „Göreme" (vgl. „Neu: Türkisches Restaurant ‚Göreme'". In: LI v. 22.7.1987) oder das seit 30 Jahren in der Weidengasse in Köln befindliche „Bandırma Restaurant" (Son Haber. Wöchentliches Anzeigenblatt, Nr. 40, Juni 1984).
[124] Vgl. LAB B Rep. 010, Nr. 1896/II.

suggerieren Bezeichnungen wie ‚Klein-Istanbul' eine Homogenität und Abgeschlossenheit des besagten Stadtviertels, die im Falle Kreuzbergs die Vielfältigkeit des Bezirks auch, aber nicht nur im Hinblick auf die nationale Herkunft der Wohnbevölkerung ausblendet.

Diese knappe Darstellung einiger Diskursstränge zum Thema ‚Ghettoisierung' und ‚ethnische Enklaven', migrantischer Praktiken der Raumaneignung qua Namensgebung wie des Widerspruchs gegen diese Formen städtischer (Um-)Gestaltung sollten verdeutlichen, dass eine türkische Gaststätte in der Bundesrepublik in einen stets umkämpften Raum eingelassen ist, an dessen konkreter Ausformung das Lokal selbst wiederum beteiligt ist. Auf dieser Folie ist der folgende Abriss über das türkische Gaststättengewerbe in Berlin zu lesen, der einen Eindruck von den räumlichen Ausbreitungsmustern wie der Formenvielfalt der türkischen Gastronomie vermitteln soll, bevor sich der letzte Teil dieses Kapitels mit dem Döner-Imbiss als spezifischem Konsumort *en detail* auseinandersetzt.

Die Anfänge türkischer Gastronomie in Berlin wie in der Bundesrepublik insgesamt liegen weitgehend im Dunkeln. In Berlin gab es während der Weimarer Republik ein türkisches Lokal in der Kantstraße in Charlottenburg, das meist als das erste türkische Restaurant überhaupt angeführt wird und bis 1945 existierte.[125] Nach dem Zweiten Weltkrieg öffnete in der Kantstraße erneut eine türkische Gaststätte, nämlich das „Topkapı", das im *Gaststättenverzeichnis für Berlin-Besucher* aus dem Jahre 1970 als „Original türkisches Restaurant" beworben wird. Ganz in der Nähe, in der Knesebeckstraße, existierte noch ein zweites türkisches Restaurant, das „Istanbul", das in kaum einem Reise- und Restaurantführer fehlte.[126] Einzig das dritte unter der Rubrik „Türkische (orientalische) Küche" im *Gaststättenverzeichnis* aufgeführte Restaurant, das keinen Namen trägt, sondern lediglich als „Grillspezialitätenrestaurant" firmiert, befand sich in Kreuzberg.[127] Bei diesen vor der Etablierung der migrantischen Ökonomie in den 1970er Jahren eröffneten türkischen Gaststätten handelte es sich oft um Gründungen professioneller Gastronomen (oder von Akademikern und Freiberuflern), die für eine türkische, aber auch deutsche Klientel aus dem universitären, diplomatischen oder künstlerischen Bereich türkische Spezialitäten anbot.[128] Entsprechend wurden diese Gaststätten in Charlottenburg, in der Nähe des Savignyplatzes, und damit in einem der gastronomischen Zentren

---

[125] Gegründet von einem Herrn Uygun, der 1917 nach Berlin kam, so Seidel-Pielen, Unsere Türken, 8.
[126] Vgl. Gaststättenverzeichnis. Für eine Speisekarte des „Istanbul" siehe Berlin kulinarisch. Im *Schlemmer-Atlas* von 1975 wird als Spezialität des „Istanbul" Dönerkebab genannt, den es freitags und samstags gebe (vgl. Schlemmer-Atlas, 1975, 59).
[127] Gaststättenverzeichnis.
[128] So auch Gitmez/Wilpert, Micro-Society, 99, über die zwei bis drei türkischen Restaurants in Berlin vor 1965.

6.4 Die türkische Gastronomie im städtischen Raum

Berlins, eröffnet und nicht in den Stadtvierteln, in denen die meisten türkischen Migranten lebten bzw. zukünftig leben sollten. Diese tendenziell höherpreisigen türkischen Lokale existierten ausschließlich in den bundesdeutschen Metropolen. Mit dem 1983 gegründeten „Bizim" in der Weidengasse z. B. besaß Köln bis vor kurzem ein mit 17 Gault-Millau-Punkten ausgezeichnetes Restaurant der Spitzengastronomie.[129] In den 1990er Jahren begann sich die Zahl der türkischen Gaststätten insgesamt, aber auch derjenigen Restaurants mit gehobener Küche deutlich zu erhöhen.[130] In kleineren Städten sind derartige Lokale noch immer überaus selten zu finden. Hier war erst im Zuge der Arbeitsmigration seit den 1960er Jahren eine (eher einfache) türkische Gastronomiekultur entstanden, die vielfach bis heute vornehmlich auf eine türkische Kundschaft ausgerichtet blieb.[131] In besonderem Maße trifft das auf eine bestimmte gastgewerbliche Einrichtung zu, i.e. das türkische Kaffeehaus, das in dieser Hinsicht in keinerlei Kontinuität mit den eingangs beschriebenen türkischen Kaffeehäusern in Europa steht.

Türkische Cafés etablierten sich in den meisten bundesdeutschen Städten und Stadtgebieten mit großer türkischer Wohnbevölkerung schnell und überaus zahlreich.[132] Das war unter anderem deshalb möglich, weil sie oftmals in der Form von gemeinnützigen Vereinen angemeldet und geführt wurden (und werden). Auf diese Weise konnten die rechtlichen Hürden, welche die gewerbliche Selbständigkeit von Migranten stark einschränkten, auch ohne einen sogenannten Strohmann überwunden werden, erübrigte sich eine Gewerbeanmeldung im Falle einer Vereinsgründung doch gänzlich.[133] Die türkischen Cafés haben in der Bundesrepublik (wie in der Türkei) wichtige kommunikative Funktionen übernommen; sie dienen bis heute als Informationsbörse für Arbeitsstellen, Wohnungen, aufenthaltsrechtliche Fragen sowie der Vermittlung aller erdenklichen Dienste. Insbesondere von türkischen Männern der ersten Generation werden diese Orte als unerlässliche Bezugspunkte ihres Alltags empfunden.[134] Differenzierten sich die türkischen Cafés bereits recht früh nach den jeweiligen Herkunftsregionen, hat sich im Laufe der Jahre und verstärkt seit dem Putsch der türkischen Militärs 1980 das zu Beginn der

---

[129] Vgl. Biskup, Enis Akışık.
[130] Vgl. Ersöz, Türkische Ökonomie, 114.
[131] Vgl. Wiebe, Zur sozioökonomischen Bedeutung, 321.
[132] In Duisburg beispielsweise existieren heute etwa 150 türkische Cafés (vgl. Ceylan, Ethnische Kolonien, 184).
[133] Standen früher die ausländerrechtlichen Beschränkungen im Hinblick auf eine Gewerbetätigkeit im Vordergrund, so sind es heute eher steuerliche Gründe, die einige türkische Gastwirte weiterhin zu Vereinsgründungen animieren, entfällt auf diese Weise doch die Besteuerung alkoholischer Getränke (vgl. Ceylan, Ethnische Kolonien, 184).
[134] So jedenfalls Acar, Türkische Kaffeehäuser, 9, in seiner Studie über Kaffeehäuser in Hamburg.

türkischen Arbeitsmigration noch recht gemischte Publikum in den Cafés zunehmend nach politischen, ethnischen und religiösen Gesichtspunkten aufgespalten, so dass einer bestimmten Untergruppe vorbehaltene Kaffeehäuser entstanden.[135]

Das türkische Café, das nach Rauf Ceylan weniger ein konventionelles Lokal als ein weiteres Wohnzimmer in migrantisch geprägten Stadtteilen darstellt, mag in stärkerem Maße als die übrigen türkischen gastgewerblichen Einrichtungen als mehr oder weniger direkter Import aus der Türkei gelten.[136] Das in migrantisch geprägten Stadtteilen gelegene türkische Kaffeehaus hat sich gegenüber einem deutschen Publikum bisher nicht oder kaum geöffnet.[137] Es taucht daher in den Reise- und Gaststättenführern der Städte nicht auf. Wird es in der Presse oder wissenschaftlichen Untersuchungen behandelt, so meist als Beispiel für die vermeintliche Abschottung der türkischen Community.[138] Werden türkische Cafés in den Medien beschrieben, dann oft in Berichten über ‚das türkische Leben' in der Bundesrepublik, die mit Titeln wie *Eine Welt für sich* bereits einen exotisierenden Blick verraten. Oftmals wird dann die einfache Ausstattung der Cafés hervorgehoben: „[S]chlichte Tische, Neonlicht, an der fensterlosen Wand eine vergilbte Fototapete, sie zeigt einen Wasserfall", heißt es etwa über ein türkisches Café in der Wrangelstraße in Berlin-Kreuzberg. Dessen Atmosphäre versucht der Autor über die Beschreibung der Geräuschkulisse einzufangen, indem er schildert, dass sich orientalische Musik wie eine „Endlosschleife" über das rhythmische Knallen der Spielkarten lege.[139] In einem ebenfalls *Eine Welt für sich* betitelten Beitrag, der 1975 im *Merian*-Heft über Istanbul erschien, finden sich ganz ähnliche Beschreibungen, die eine lakonisch-lethargische Stimmung und einen andersartigen, fremden Lebensrhythmus heraufbeschwören. Hier werden Männer geschildert, die vor den Cafés „hocken" und sich bei „[l]anggezogene[n] Kadenzen türkischer Popmusik" und qualmenden Wasserpfeifen mit Würfelspielen die Zeit vertreiben. Solche Szenen wurden dann zum „Sinnbild" einer grundsätzlichen „Ergebenheit in ein

---

[135] Aus einer „Einrichtung mit heterogener Besucherstruktur" sind heute „viele Einrichtungen mit einer homogene(re)n Besucherstruktur" geworden (Ceylan, Ethnische Kolonien, 251).

[136] Dies trotz der Unterschiede, die sich zwischen den alkoholfreien Cafés der Türkei, den *şarapsız meyhaneleri*, und den bundesdeutschen Pendants herausgebildet haben, in denen Alkoholausschank, Glücksspiel und Prostitution keine Seltenheit darstellen (vgl. Ceylan, Ethnische Kolonien, 196 u. 253f.).

[137] Vgl. Hoffmeyer-Zlotnik, Gastarbeiter, 146; Biskup, Palaver.

[138] Dieses Bild ist so prägend geworden, dass sich auch die neuesten Studien zum türkischen Café an diesem abarbeiten (müssen). Als „Integrationshindernis" versteht Acar, Türkische Kaffeehäuser, 103, diese Orte, während Ceylan, Ethnische Kolonien, sie dezidiert nicht als geschlossene Räume betrachtet.

[139] Eckert, Welt, 31f.

6.4 Die türkische Gastronomie im städtischen Raum 413

Schicksal" stilisiert, „das Pracht und Verwesung wahllos verteilt".[140] Erschien die vermeintlich türkische Mentalität im Urlaub durchaus erstrebenswert, stellte sie in der Bundesrepublik ein Problem dar:

> „Leute aus dem Inneren Kleinasiens, die in ihrer Heimat den halben Tag im Kaffeehaus zusammensitzen, schwätzend, lebhaft gestikulierend, spielend, träumend, umgeben von ganz wenigen kargen Dingen, völlig außerhalb technischer Abläufe, an Disziplin zu gewöhnen, ist eine fast unlösbare Aufgabe."[141]

Die türkischen Cafés in der Bundesrepublik wurden von deutscher Seite, soweit sie denn überhaupt mediale Beachtung fanden, als gleichsam extraterritoriale Orte betrachtet, die klar türkisch definiert waren und mit dem Leben in der Bundesrepublik scheinbar nichts zu tun hatten. Anders stellte sich die Situation dar, wenn ein Antrag auf die Betreibung eines Kaffeehauses bei den Gewerbeämtern einging. In administrativer Hinsicht befanden sich die Kaffeehäuser mitten in Deutschland und mussten hier ihren Standort wie ihre Existenzberechtigung behaupten.[142] Von den 54 für Berlin vorliegenden Gewerbeanträgen türkischer Staatsangehöriger aus den Jahren 1968 bis 1982 bezogen sich jedoch nur zwei auf Kaffee- bzw. Teestuben; 33 Antragsteller ersuchten um die Inbetriebnahme einer Gaststätte und 19 beantragten die Errichtung eines Imbisses.[143] Die Anträge konzentrierten sich v.a. auf den Bezirk Kreuzberg, wo insgesamt 18 der geplanten gastronomischen Einrichtungen errichtet werden sollten. Kreuzberg wird daher im Mittelpunkt der folgenden Ausführungen zu den Verdichtungsräumen der türkischen Gastronomie in Berlin stehen. Im Laufe der 1970er Jahre ist die Anzahl an Gewerbeanträgen, die von türkischen Staatsangehörigen gestellt wurden, absolut und relativ massiv angestiegen, so dass die türkischen Gastronomen die zuvor zahlenmäßig dominierenden jugoslawischen Gastwirte ablösten und unter den Drittstaaten-Ausländern zur größten Gruppe im Berliner Gastgewerbe wurden (siehe Tab. 3, Kap. 3.2.2).

Die meisten der von türkischen Antragstellern in Kreuzberg anvisierten Gaststätten befanden sich in einem relativ klar abgrenzbaren Gebiet des Bezirks, nämlich in der Gegend um das Kottbusser Tor und den Görlitzer Bahnhof sowie insbesondere in der Oranienstraße. Die im Laufe der 1970er und 80er Jahre errichteten Lokale waren damit klar auf die türkische Wohnbe-

---

[140] Spiel, Nicht Orient, 7.
[141] Sturm, Muezzin, 41.
[142] In diesem Sinne erfolgreich war ein Türke, der im November 1977 einen türkischen „Kaffee- und Teesalon mit Imbissstube" in Berlin-Charlottenburg zu errichten versuchte und dieses Vorhaben damit begründete, seinen „türkischen Landsleuten eine Begegnungsstätte" schaffen zu wollen. Vgl. LAB B Rep. 010, Nr. 2235.
[143] Die mangelnde Repräsentativität dieses Samples (LAB B Rep. 010, Nr. 2233–2240, Einzelangelegenheiten B, F, G, H, I-J, L, M, Sch-T) ist bereits in 3.2.2, Anm. 114, diskutiert worden.

völkerung und weniger auf ein allgemeines Publikum ausgerichtet.[144] Bereits 1972 war für eine geplante Gaststätte in der Manteuffelstraße ein örtliches Bedürfnis vom Bezirksamt Kreuzberg mit Hinweis darauf verneint worden, dass sich im Bezirk bereits zwanzig Bierwirtschaften befänden, die „von Türken bzw. ihren deutschen Ehefrauen betrieben" würden; damit sah das Amt den „entsprechende[n] Bedarf gedeckt".[145] Der Antragsteller bemühte sich zwei Jahre später nochmals um die Erlaubnis zur selbständigen Erwerbstätigkeit im Gaststättengewerbe, und zwar in der Admiralstraße.[146] Das Bezirksamt führte daraufhin eine Überprüfung der Gegend durch und erstellte eine Liste mit den vor Ort vorhandenen Gastronomiebetrieben, die einen guten Eindruck von der gastronomischen Situation 1974 an der Oranienstraße vermittelt: Neben zwei Gaststätten „mit orientalischer Küche", angemeldet auf die deutschen Ehefrauen von Türken[147], boten auch zwei weitere Lokale, eines davon in deutscher Hand, deutsche und „orientalische" Küche an. Zudem gab es zwei Lokale, die jugoslawische Küche servierten, drei nicht näher spezifizierte, von Deutschen betriebene Imbisse sowie drei Bierwirtschaften, in denen nach Aussage des Bezirksamtes nur Türken verkehrten. Am Ende der Oranienstraße existierte zudem eine Gaststätte, in der nur deutsche Gerichte serviert wurden. Angesichts der „Vielzahl vorhandener Angebote an türkischen, jugoslawischen oder orientalischen gastronomischen Betrieben" wurde ein örtliches Bedürfnis für die geplante Gaststätte vom Bezirksamt Kreuzberg verneint.[148]

Die rasante Entwicklung der türkischen Ökonomie in Kreuzberg und insbesondere im Viertel um das Kottbusser Tor setzte sich auch in den 1980er Jahren fort. So verdoppelte sich die Zahl der beim Gewerbeamt Kreuzberg ge-

---

[144] 1981 existierten in der Oranienstraße vollständig von Türken bewohnte Häuser sowie Gebäudekomplexe, in denen bis zu 60 % der Mieterschaft türkisch waren (vgl. Scholz, Räumliche Ausbreitung, 293).
[145] LAB B Rep. 010, Nr. 2233.
[146] Vgl. ebd.
[147] Frauen mit deutschen Vornamen und türkischen Nachnamen finden sich recht häufig in den Akten und fungierten auch als Konzessionsinhaberinnen bei Gaststätten, die nicht von ihnen selbst oder ihren Ehemännern geführt wurden (vgl. ebd.). Diese Frauen scheinen durch ihre Heirat Teil der (deutsch-)türkischen Community geworden und damit auch Ansprechpartnerinnen für Gewerbepläne türkischer Staatsangehöriger gewesen zu sein, was nicht bedeuten muss, dass sie bei eventuellen Strohmannverhältnissen nicht auch bezahlt wurden.
[148] Zudem wurde im Prüfbericht festgehalten, dass das Umfeld der geplanten Gaststätte im Norden schnell durch die Mauer begrenzt würde und im Süden die Zahl der Jugoslawen diejenige der Türken übersteige (vgl. Anlage des BA Kreuzberg, LAB B Rep. 010, Nr. 2233). 1974 lebten 26 062 Türken und 5645 Jugoslawen in Kreuzberg, die damit 66,9 % bzw. 14,5 % der ausländischen Bevölkerung des Bezirks stellten. Der türkische Siedlungsschwerpunkt lag klar im Westen von SO 36, während im südlich davon gelegenen Teil des Bezirks unterdurchschnittlich viele Türken und überdurchschnittlich viele Jugoslawen lebten (vgl. Hoffmeyer-Zlotnik, Gastarbeiter, 80f.).

meldeten ausländischen Betriebe zwischen August 1981 und August 1984 von 473 auf 954, wobei die von türkischen Staatsangehörigen geführten Gewerbe eine überproportionale Steigerung verzeichneten. Sie stellten knapp die Hälfte aller ausländischen Betriebe im Bezirk, und zwar mit einem deutlichen Schwerpunkt auf dem Gebiet um das Kottbusser Tor, in dem ein Drittel der türkischen Gewerbebetriebe angesiedelt war.[149] Mit einem Anteil von 27,1 % dominierte dabei klar die Gastronomie, gefolgt vom Lebensmitteleinzelhandel mit einem Anteil von 12,7 %.[150] Für den Bezirk war es also eindeutig die „Ausweitung und Differenzierung des ausländischen Angebotes", die in den frühen 1980er Jahren zu einer positiven Bilanz im Dienstleistungsbereich führte.[151]

Ähnliche Entwicklungen lassen sich auch in anderen Städten beobachten, wo eine ebenfalls dichte türkische Infrastruktur entstand, wenn auch zum Teil etwas später als in Berlin-Kreuzberg. Anfang der 1980er Jahre, als die türkische Bevölkerung in Köln ca. 66 000 Personen umfasste und sich in den Gebieten nördlich der City, aber auch in den rechtsrheinisch gelegenen Stadtvierteln Mülheim und Kalk konzentrierte, existierten in der Keupstraße in Köln-Mühlheim neben vier italienisch und drei griechisch geführten Betrieben bereits 20 türkisch geleitete Geschäfte und Lokale. 37 % dieser ausländischen Gewerbe zählten zum Gastronomiesektor.[152] 2005 besaß die Keupstraße auf 200 Meter Länge vier Moscheen, drei türkische bzw. kurdische Restaurants, drei Döner-Imbisse, drei Kaffeehäuser, vier Reisebüros, die ausschließlich Flüge in die Türkei vermittelten, sowie drei von Türken betriebene Gemüseläden und Zeitungskioske sowie zwei Bäckereien; allein die Apotheke war in deutscher Hand.[153] Die Ablösung deutscher durch türkische Geschäfte, die hier in den 1970er Jahren einsetzte und in den 1990er Jahren noch nicht abgeschlossen war, wurde bereits 1978 mit der Gründung einer Interessengemeinschaft Keupstraße beantwortet, die sich der Agitation gegen neue ausländische Läden und Gaststätten verschrieb.[154] Auch im öffentlichen Diskurs herrschte ein negatives Bild der Keupstraße vor, welches durch eine von der Stadt Köln nicht zuletzt auf Initiative der Interessengemeinschaft erstellte Dokumentation über

---

[149] Vgl. Scholz, Räumliche Ausbreitung, 295. 1978 waren im Bezirk Kreuzberg erst 218 ausländische Gewerbetreibende gemeldet, von denen 86 aus EWG-Ländern und 132 aus anderen Staaten stammten (vgl. Bericht zur Lage der Ausländer in Berlin, Abgeordnetenhaus v. Berlin, Drucksache Nr. 7/1011 [9.5.1978]).
[150] Vgl. Scholz, Räumliche Ausbreitung, 297.
[151] Bestandsaufnahme und Analyse der Gewerbestruktur 1983 in Kreuzberg SO 36 (Strategiengebiet), Berichtsband, Forschungsstelle für den Handel (FfH), 1983, 42ff., zit. nach Bremm, Entwicklung, 173.
[152] Vgl. Guezengar, Immigration, 126 u. 128. Zur Konzentration türkischer Staatsangehöriger in Köln-Kalk und Köln-Meschenich siehe Friedrichs/Blasius, Sozialräumliche Integration.
[153] Vgl. Cohen/Sirkeci, Comparative Study, 155.
[154] Vgl. Bukow/Yildiz, Wandel, 166.

die Lage im Stadtviertel noch zementiert wurde – eine Dokumentation, die migrantische Perspektiven erst gar nicht einbezog.[155] Die Keupstraße blieb damit Teil eines typischen „Problemdiskurse[s]"[156], den eine andere, ebenfalls migrantisch geprägte Straße in Köln erfolgreich abwehren konnte: Die in der Nähe des Hauptbahnhofs befindliche und dadurch auch auswärtige Kundschaft anziehende Weidengasse hatte zwar Mitte der 1970er Jahre in der Presse bisweilen als „Bronx am Kölner Eigelstein" firmiert, schaffte es aber in der Folgezeit, sich mit ihren zahlreichen ausländischen Geschäften und Gaststätten als gelungenes Beispiel von „gemischtrassigem Leben"[157] und multikultureller Bereicherung zu präsentieren.

Die in weiten Teilen der Presse und Politik als Problemviertel konstruierten Stadtgebiete wie die Kölner Keupstraße oder der Berliner Bezirk Kreuzberg sind in regelmäßigen Abständen auch zum Gegenstand soziologischer (Fremd-)Beschreibungen geworden. Diese stellen insofern ein besonders interessantes Quellenmaterial dar, als sie – anders als die Gewerbeanträge in ihrer Potentialität – die tatsächlich realisierten Gastronomiestrukturen thematisieren und historisch-spezifische Interpretamente dieser Erscheinungen anbieten, welche die massenmedial verbreiteten Bilder und Narrationen zum Teil fortschreiben, diese mitunter aber auch in Frage stellen. Ein Jahr vor der erwähnten Begehung der Oranienstraße durch das Bezirksamt 1974, nämlich im Sommer 1973, unterzog der Berliner Soziologe Jürgen Hoffmeyer-Zlotnik sieben Straßen um die Oranienstraße herum einer teilnehmenden Beobachtung mit Blick insbesondere auch auf die Gewerbestruktur. Dabei kam er auf 30 türkisch beschilderte Geschäfte, obwohl nur 21 als solche beim Gewerbeamt gemeldet waren – ein Indiz für die hohe Zahl an Strohmannverhältnissen, die er auch bei den Gaststätten beobachtete.[158] Den höchsten Anteil an türkischen Gaststätten fand Hoffmeyer-Zlotnik in der Oranienstraße vor, in der von 19 Gaststätten sechs und damit 31,6% von Türken geführt wurden.[159] Mit Hilfe mehrerer Personen hat Hoffmeyer-Zlotnik zudem teilnehmende Beobachtungen in sechs deutschen, fünf türkischen und zwei weiteren ausländischen Gaststätten des

---

[155] Vgl. Ottersbach, Marginalisierung.
[156] Bukow/Yildiz, Wandel, 149.
[157] Spiegel, „Veedel", 19.
[158] Von den insgesamt zehn 1974 in der Oranienstraße existierenden türkischen Läden wurden nur vier mit einem auf den Inhaber ausgestellten Gewerbeschein geführt; bei dreien dieser Fälle war der türkische Inhaber mit einer deutschen Frau verheiratet (vgl. Hoffmeyer-Zlotnik, Gastarbeiter, 138f.). Noch Ende der 1980er Jahre besaßen nur 71,2% der befragten türkischen Unternehmer in Nordrhein-Westfalen eine Gewerbeerlaubnis auf ihren eigenen Namen (vgl. ZfT, Türkische Unternehmensgründungen, 51, Tab. 8).
[159] Vgl. Hoffmeyer-Zlotnik, Gastarbeiter, 140, Tab. 57. Im Baedeker von 1977 sind für Kreuzberg (nur) zwei dieser türkischen Gaststätten aufgeführt, nämlich das „Elif" in der Oranienstraße Nr. 11 und das „Ömür" in der Nr. 6 (vgl. Stadtführer, 9).

6.4 Die türkische Gastronomie im städtischen Raum

Untersuchungsgebiets durchgeführt[160] und kam zu dem Ergebnis, dass sich deutsche und türkische Lokale v.a. darin unterschieden, dass die türkischen Gaststätten in weit stärkerem Maße Orte der Kommunikation seien. Das war zum Teil sicherlich den beengten Wohnverhältnissen der Türken in Kreuzberg geschuldet.[161] Auch wenn prinzipiell deutsche wie ausländische Gäste die von ihren jeweiligen Landsleuten geführten Gaststätten frequentierten, wurden die türkisch betriebenen Lokale jedoch ab und an auch von Deutschen, die bevorzugt in Gruppen auftraten, besucht; zu einer Interaktion zwischen den Nationalitäten kam es jedoch nach Aussage Hoffmeyer-Zlotniks nicht.[162] Zur sozialen Zusammensetzung der Kundschaft merkt der Autor an, dass in den türkischen Gaststätten v.a. zur unteren Mittelschicht zählende Handwerker und Ladenbesitzer verkehrten, während kaum türkische Arbeiter, zumal wenn sie mit ihrer Familie in Berlin lebten, zu den Gästen gehörten. Die Beobachtungen ergaben zudem, dass die Bierzapfhähne in den türkischen Gaststätten fast immer stillgelegt worden waren und stattdessen Kaffee getrunken und Karten- und Brettspiele betrieben wurden. Die Nähe zum Gaststättentypus ‚türkisches Café' wird hier deutlich, zumal in den untersuchten türkischen Lokalen keine (türkischen) Frauen verkehrten. Bei den deutschen Gästen in türkischen Gaststätten habe es sich v.a. um Angetrunkene gehandelt, die von den türkischen Gästen vollkommen ignoriert worden seien. In den deutschen Gaststätten des beobachteten Gebietes ließ sich die Kundschaft überwiegend den unteren sozialen Schichten zurechnen. Während in drei der deutschen Lokale ausschließlich deutsche Gäste anzutreffen gewesen waren, fand sich in den anderen ein nach der nationalen Herkunft gemischtes Publikum ein, das in zwei Lokalen allerdings nicht aus Deutschen und Türken, sondern deutschen und jugoslawischen Gästen bestand[163] – ein weiteres Indiz für die wahrgenommene und praktizierte größere Nähe zwischen Jugoslawen und Deutschen. Nur in einer der deutschen Kneipen waren auch Türken angetroffen worden, bei denen es sich entweder um ‚assimilierte' junge Männer gehandelt habe, die hier zusammen mit Deutschen saßen, oder aber um einzelne türkische Gäste, die oftmals nur Getränke für den Verzehr zuhause oder außerhalb der Kneipe kauften.[164]

Diese soziologischen Beobachtungen vermitteln einen detaillierteren Ein-

---

[160] Dass Vorurteile über ‚messerstechende Türken' den Austausch einiger der Mitarbeiter, vorwiegend Studierende, notwendig machte, verheimlicht Hoffmeyer-Zlotnik, Gastarbeiter, 146, nicht. Deutlich wird damit, in welch hohem Maße wissenschaftliche Untersuchungen in die zeitgenössischen Diskurse verwoben und diese immer nur partiell in Frage zu stellen in der Lage sind.
[161] So jedenfalls Bremm, Entwicklung, 177.
[162] Vgl. Hoffmeyer-Zlotnik, Gastarbeiter, 148.
[163] Vgl. ebd., 146f.
[164] Vgl. ebd., 148.

blick in die Mitte der 1970er Jahre existierende gastronomische Szene um die Oranienstraße herum als es die Aufstellungen des Bezirksamtes vermögen, zumal auch die ansonsten in den Quellen nur schwer greifbaren Gäste thematisiert werden. Dennoch bleiben in beiden Begehungsberichten zentrale Kategorisierungen unklar. Die Studie von Hoffmeyer-Zlotnik differenziert zwischen Ausländern verschiedener Nationalitäten und legt dabei den Schwerpunkt auf „Ausländer türkischer Nationalität oder zumindest türkischer Abstammung".[165] Die „‚assimilierten' Türken" werden für Hoffmeyer-Zlotnik als solche dadurch erkennbar, dass sie „zusammen mit Deutschen auftraten und sich in ihrem Verhalten von diesen nicht unterschieden". Die für türkisch oder deutsch erachteten Verhaltensweisen werden jedoch nicht weiter ausgeführt, und auch die Frage, inwiefern das Konzept der Assimilation hier überhaupt zur Beschreibung taugt, wird von Hoffmeyer-Zlotnik nicht erörtert. Aus der vom Bezirksamt erstellten Liste der Gaststätten wiederum geht nicht hervor, was unter „orientalischer" Küche genau zu verstehen ist, zumal wenn diese bisweilen synonym mit türkischen Spezialitäten, andernorts jedoch als eigenständige Bezeichnung neben der türkischen (und jugoslawischen) Küche verwendet wird. Das Bezirksamt schien hier den ebenso vagen Einteilungen der Gaststättenführer und Kochbücher zu folgen. Hoffmeyer-Zlotnik nun definiert die von ihm als türkisch betrachteten Lokale als solche, die türkisch geführt, beschildert oder beschriftet sind, und kann dadurch auch die unter deutschem Namen angemeldeten Gaststätten als ‚türkische' untersuchen. Unklar bleibt jedoch, wie beispielsweise die Lokale, die von mit Türken verheirateten deutschen Frauen betrieben wurden, von ihm eingeordnet werden. Die Trennung von deutschen und türkischen Lokalen bei Hoffmeyer-Zlotnik nach tatsächlichen Betreibern und die administrative Trennung nach offiziell von deutschen oder aber von türkischen Inhabern geführten Gaststätten kann die Realität, nämlich die Überlagerung der Kategorien auf den Ebenen der angebotenen Küchen, der Angestellten, der Gäste, der Betreiber sowie der Gewerbescheininhaber, nicht ausreichend erfassen – und das nicht nur im Falle deutsch-türkischer Ehepaare, die gemeinsam eine Gaststätte führten.

Bei Gaststätten mit türkischer Küche, die unter dem Namen eines oder einer Deutschen angemeldet waren, handelte es sich oft um Lokale, die mittels eines Strohmannverhältnisses operierten und vom Bezirksamt bzw. dem Gewerbeaußendienst aufmerksam beobachtet wurden.[166] Trotz der mit einem Strohmannverhältnis verbundenen Risiken etablierte sich gerade in Stadtteilen wie Kreuzberg auf diese Weise eine überaus engmaschige, wenn auch stark fluktuierende migrantische Infrastruktur an den Behörden vorbei. Gemeinsam mit der sich etwa zeitgleich in Kreuzberg ansiedelnden alternativen und linksradi-

---

[165] Ebd., 59f.
[166] Siehe Kap. 3.3.

6.4 Die türkische Gastronomie im städtischen Raum

kalen Szene machten auch die Türken den Bezirk in vielerlei Hinsicht zu einem „Schauplatz der beständigen Weigerung seiner Bevölkerung, Erwartungen und Verfügungen von außen ohne weiteres nachzukommen" – und trugen damit zur Entstehung des „Mythos Kreuzberg" bei.[167]

Während sich die türkische Ökonomie in den schwerpunktmäßigen Siedlungsgebieten türkischer Migranten entwickelt hat, erschlossen bestimmte türkische Gewerbebetriebe – allen voran die Döner-Imbisse – im Laufe der 1980er Jahre erfolgreich auch andere Stadtteile und Kundengruppen. Die räumliche Ausbreitung der Döner-Verkaufsstellen, aber auch der türkischen Restaurants und Lebensmittelgeschäfte mit Dönerverkauf in Berlin in den späten 1980er Jahren lässt sich anhand einer Studie detailliert nachzeichnen, die im Rahmen eines von Fred Scholz geleiteten stadtgeografischen Geländepraktikums der Freien Universität Berlin im Februar 1990 entstanden ist. Zu diesem Zeitpunkt befanden sich in Kreuzberg insgesamt 129 und damit ein Fünftel aller türkischen Gaststätten und Lebensmittelgeschäfte Berlins. In Neukölln existierten Anfang 1990 116 derartige Betriebe (18,3 %), im Wedding 110 (17,4 %) und in Charlottenburg und Schöneberg jeweils 57 (9 %).[168] Diese räumliche Verteilung zeigt eine Fortsetzung der für 1980 aufgezeigten Standortverlagerung der (geplanten) Gaststätten von Nicht-EWG-Ausländern an, die sich von dem 1973/74 noch überaus prominenten Bezirk Wilmersdorf 1980 hin zu Bezirken wie dem Wedding bewegt hatte und in Kreuzberg nun einen deutlichen Schwerpunkt besaß (siehe Tab. 4, Kap. 3.2.2). Auch die bereits für die (geplante) ausländische Gastronomie 1980 beobachtete größere Diffusion über den gesamten Berliner Raum verstärkte sich im Laufe der 1980er Jahre noch, so dass 1990 auch ein Außenbezirk wie Spandau immerhin 41 türkische Betriebe der Lebensmittelbranche aufwies, in dieser Hinsicht allerdings eine Ausnahme darstellte.[169] In den Außenbezirken sind die meisten türkischen gastronomischen Einrichtungen erst Mitte bzw. Ende der 1980er Jahre eröffnet worden, v.a. an U-Bahn-Endstationen und in den lokalen Geschäftszentren; meist handelte es sich um Döner-Imbisse, während der türkische Lebensmitteleinzelhandel hier marginal blieb.[170]

Das Gros der 1990 von Scholz befragten türkischen Selbständigen in der Lebensmittelbranche war zuvor abhängig beschäftigt gewesen und lebte bereits

---

[167] Mandel, Zwangsjacke, 367; Lang, Mythos Kreuzberg.
[168] Die geringste Zahl an türkischen Gastronomiebetrieben und Lebensmittelläden wies Zehlendorf auf, nämlich lediglich 6 (0,9 %). Vgl. Scholz, Türkische Wirtschaftsaktivitäten, 10, Tab. 4.
[169] Vgl. ebd., 12. Zu den Außenbezirken hin ist eine deutliche Abnahme türkischer Wirtschaftsaktivitäten zu beobachten, wobei industrienahe Gebiete mit Ausländerwohnheimen wie Spandau, Reinickendorf und Steglitz durchaus *cluster* türkischer Betriebe aufwiesen (vgl. ebd., 42).
[170] Vgl. ebd., 13 u. 15f..

6. Der Döner-Imbiss

seit über zehn Jahren, viele sogar seit über 15 oder gar 20 Jahren in der Bundesrepublik.[171] Der Anteil an Frauen war – wie bereits für die Anträge türkischer Staatsangehöriger 1973/4 und 1980 gezeigt – noch immer niedrig.[172] Den wenigsten gehörten die von ihnen genutzten Gewerberäume, die sich meist in deutscher Hand befanden.[173] Döner-Schnellimbisse machten etwa die Hälfte der im Rahmen des Geländepraktikums registrierten Betriebe aus.[174] Abgesehen vom Bezirk Tiergarten stellte der Döner-Schnellimbiss 1990 damit die verbreitetste türkische Gastronomieform in Berlin dar, wobei sein Anteil in den ‚traditionell' türkischen Wohnvierteln relativ gesehen niedriger lag, existierte hier – v.a. in Kreuzberg, Neukölln und dem Wedding – doch eine breitere Palette an gastronomischen Einrichtungen, unter denen sich auch zahlreiche Restaurants mit großen Governmeinden befanden, die es in anderen Bezirken nicht gab.[175]

Auf die gesamten türkischen Wirtschaftsaktivitäten in Berlin bezogen, kamen die Döner-Verkaufsstellen im Jahre 1996 auf einen Anteil von fast 20 % und sind damit als zentrale Institution der türkischen Ökonomie anzusehen.[176] Im Jahre 2000 handelte es sich bei drei Vierteln der türkischen gastronomischen Einrichtungen in der Bundesrepublik – die Lebensmittelläden also nicht eingerechnet – um Imbissbetriebe; eine Studie aus dem Jahre 2005 kommt sogar auf 12 000–13 000 Schnellimbisse, die 90 % aller türkischen Gaststätten ausmachten.[177] Auch wenn der Wunsch (nicht nur) türkischer Unternehmer verständlich ist, dass die selektive Wahrnehmung deutscher Verbraucher sich verändern und die Öffentlichkeit endlich die Branchenvielfalt der türkischen Ökonomie registrieren möge, kann das kein Grund sein, sich mit dem Döner-Imbiss nicht intensiv auseinanderzusetzen und ihn sowohl in seiner Funktion

---

[171] Vgl. ebd., 54f. Eine Mitte der 1980er Jahre durchgeführte Untersuchung des türkischen Gewerbes im Wedding ergab, dass mehr als 41 % der Betriebsinhaber zuvor als Arbeiter in der BRD tätig gewesen waren; dies galt in besonders hohem Maße für die Betreiber von Gaststätten und Lebensmittelläden (vgl. Ibba, Türkisches Gewerbe, 32).

[172] Noch zu Beginn des 21. Jahrhunderts ist – so Stutzki, Dönerführer, 35 – nur von einem Frauenanteil von etwa 12 % im Döner-Verkauf auszugehen.

[173] Wenn es sich jedoch um Döner-Imbisse in Form von Containern oder einfachen Buden handelte, waren die Betreiber oft auch die Eigentümer der Verkaufsstände (vgl. Scholz, Türkische Wirtschaftsaktivitäten, 56).

[174] Registriert wurden insgesamt 311 Döner-Schnellimbisse (49,1 %), 221 Gemüseläden (34,8 %), 70 Restaurants mit Dönerverkauf (11,1 %), 20 weitere Restaurants (3,2 %) und 12 Gemüseläden mit Dönerverkauf (1,8 %) (vgl. Scholz, Türkische Wirtschaftsaktivitäten, 13, Tab. 5). Die Grenze zwischen Lebensmitteleinzelhandel und Gastronomie ist also fließend. Für ein Beispiel der Kopplung von „Imbisswirtschaft und Einzelhandel mit Lebensmitteln" in der Kölner Weidengasse siehe Wolfgang Klock: Rezepte von Tante Suleika. In: Rheinischer Merkur v. 16.4.1993.

[175] Vgl. Scholz, Türkische Wirtschaftsaktivitäten, 13f.

[176] Vgl. Hillmann/Rudolph, Redistributing, 19.

[177] Vgl. ZfT, Türkischer Lebensmittelmarkt, 50; Leicht et al., Bedeutung, 10.

als zentraler Konsumort der Bundesrepublik als auch hinsichtlich der dort servierten Mahlzeit, des Dönerkebabs und seiner translokalen Geschichte, einer genaueren Analyse zu unterziehen.

6.5 Dönerkebab. Zur Geschichte eines der erfolgreichsten Fast-Food-Produkte der Bundesrepublik

Gegen Ende der 1980er Jahre avancierte der Dönerkebab zum meist verkauften Imbissgericht der Bundesrepublik und wies höhere Verkaufszahlen auf als der Hamburger oder die Currywurst. 1997 wurden allein in Berlin täglich 25, im Osten Deutschlands 35 und im Westen Deutschlands 140 Tonnen Döner verkauft.[178] Die Erfolgsgeschichte des Dönerkebabs, die Anfang der 1970er Jahre begann, ist untrennbar mit dem im vorigen Abschnitt beschriebenen gastronomischen Kontext verbunden: Es waren türkische Imbisse in Berlin-Kreuzberg und -Neukölln, die Dönerkebab erstmals in ihr Sortiment aufnahmen.[179] Uneinigkeit herrscht bis heute darüber, welcher Imbissbetreiber als Erster auf die Idee kam, Dönerkebab als Fast Food zu verkaufen. Exemplarisch für die zahlreichen Ursprungsgeschichten seien die folgenden angeführt: „Mehmet Aygün war 16 Jahre alt, als er 1971 beim Aushelfen im Restaurant seines Onkels am Kottbusser Damm in Berlin auf die geniale Idee kam [...], das türkische Tellergericht namens Döner Kebab ins Brot zu klemmen und für Zwoofuffzich zu verkaufen", war 2001, zum 30. Geburtstag des Dönerkebabs, in der *Frankfurter Rundschau* zu lesen.[180] Eberhard Seidel-Pielen nennt in seiner Studie *Aufgespießt. Wie der Döner über die Deutschen kam* gleich mehrere Imbisse, die für sich beanspruchen, den Döner im Fladenbrot erfunden zu haben, und 2011 wurde Kadir Nurman auf der dem Dönerkebab gewidmeten Messe „Döga" dafür geehrt, den Dönerkebab erfunden zu haben.[181] An Ursprungsgeschichten mangelt es also nicht. Besitzen diese als Argument in den symbolischen Auseinandersetzungen um den Dönerkebab und seine differierenden Bedeutungen und damit auch für die historiografische Analyse

---

[178] Vgl. Hillmann/Rudolph, Redistributing, 19. Während Mitte der 1990er Jahre in Berlin und den neuen Bundesländern schätzungsweise für rund 920 Millionen DM Döner verkauft wurden, erzielte McDonald's hier nur einen Umsatz von rund 350 Millionen DM (vgl. Seidel-Pielen, Aufgespießt, 13).
[179] Eine Kurzversion der folgenden Ausführungen findet sich in Möhring, TransLokal.
[180] Wolfgang Kunath: Dreißig Jahre Döner-Drehen. In: FR v. 24.2.2001.
[181] Vgl. Seidel-Pielen, Aufgespießt, 41 u. 43; Martin Wittmann: Verdienen wie am Spieß. In: SZ v. 30.9.2011.

durchaus Relevanz, kann es einer translokalen Geschichtsschreibung nicht darum gehen, ‚den tatsächlichen Ursprung' oder ‚den Erfinder' eines Produkts wie des Dönerkebabs ausfindig zu machen. Zum einen vollziehen sich kulinarische Innovationen fast immer als kollektive Prozesse; zum anderen sollte es sich eine translokale Historiografie zur Aufgabe machen, die verschlungenen Wege transferierter Produkte, übermittelten Wissens und sich über Grenzen hinwegbewegender Menschen zu verfolgen. Demnach stehen also nicht *roots*, sondern *routes* auf der Agenda.[182]

6.5.1 Der Dönerkebab als translokales Konsumprodukt

Eine der zu verfolgenden Linien in der Geschichte des Dönerkebabs in der Bundesrepublik führt zum *döner kebap* in der Türkei. Bereits Mitte des 19. Jahrhunderts fand in Bursa der senkrecht aufgestellte und sich drehende Bratspieß Verwendung, dem der *döner kebap* seinen Namen verdankt, bedeutet *döner* doch ‚sich drehend'.[183] Es handelt sich damit, wie so oft bei Speisenamen, um eine deskriptive Bezeichnung.[184] Die am Drehspieß produzierte Variante des *kebap* etablierte sich im Verlauf des 19. Jahrhunderts dann auch in Istanbul und anderen Teilen des osmanischen Reichs[185] und wurde auch in deutschen Reiseberichten bereits zu Beginn des 20. Jahrhunderts ausführlich geschildert. So hieß es in dem Artikel *Die Küche im Orient*, der 1911 in der gastronomischen Fachzeitschrift *Kochkunst und Tafelwerk* erschien, dass einem beim Betreten eines Restaurants in Istanbul „gleich am Eingange, jedoch noch im Freien, zwei große aus Schwarzblech mit Messingbekleidung schön verzierte Bratenspieße" ins Auge fielen (Abb. 16):

„Der eine, ein höher auf einem Tische aufrechtstehender Spieß, der gewöhnlich vier aufeinanderliegende Holzkohlenfächer hat, wird Dönné-Mangal = Drehspieß genannt und gibt einen vorzüglichen Braten ab. Dazu werden von einigen Hammelkeulen die Knochen ausgelöst,

---

[182] Vgl. Clifford, Routes.
[183] Dönerkebab, türk. *döner kebap*, leitet sich her aus *döner* = „Dreh-" und *kebap*, der Kurzform von *şiş kebap* (*şiş* = Bratspieß; *kebap* von arab. kabāb = [Spieß-]Braten). Vgl. Duden. Das große Wörterbuch der deutschen Sprache in zehn Bänden, 3., völlig neu bearb. u. erw. Aufl., Bd. 2 u. 5, Mannheim et al. 1999, 844 u. 2086.
[184] Aus diesem Grund ist *döner kebap* auch kein schutzfähiger Begriff, wie eine Freiburger Firma erfahren musste, die sich als Inhaber der Marke „Döner Kebap A&K" verstand und von Döner-Herstellern und -Verkäufern Lizenzgebühren einziehen wollte (vgl. Recht auf Döner? Brief einer Freiburger Firma löst großen Ärger aus. In: Kölner Stadtanzeiger v. 22.7.1998).
[185] Vgl. Koçtürk, Türk halkının beslenme sorunu, 63. Zu den regionalen Varianten des *kebap*, die im Süden der Türkei tendenziell stärker gewürzt und in Zentralanatolien im *tandır*, einem in den Boden eingelassenen Ofen (einem Tonkrug), zubereitet werden, siehe Doğanbey, Turkish Culinary Culture, 134.

Abbildung 16: Dönerspieß vor einem Lokal in Istanbul, ca. 1910. Aus: Hugo Hügel: Die Küche im Orient. Einer kulinarische Plauderei. In: Kochkunst und Tafelwesen 13/1 (1911), 10–12: 10, Abb. 1.

Abb. 1. Dönne-Mangal.
Drehspieß am Eingang türkischer Restaurants zur Bereitung des beliebten Dönne-Kebab.

das Fleisch samt Fett in fingerdicke Scheiben geschnitten, geklopft und einige Stunden mit geriebenen Zwiebeln, Salz und Pfeffer mariniert. Dann wird das Fleisch auf den vor den Kohlenfächern befestigten Spieß gesteckt, jedoch so, daß es dicht aufeinanderliegt, die kleinen Stücke unten, die größeren Stücke oben, sodaß es nach oben immer breiter zuläuft."[186]

Die Zubereitung besteht noch heute darin, einige Zentimeter dicke Scheiben Fleisch, vornehmlich Hammel- oder Lammfleisch, das zuvor in einer speziellen Würzmarinade eingelegt worden ist, übereinander zu stecken und den so erstellten Fleischkegel senkrecht vor einem Holzkohlefeuer – seit längerem meist ersetzt durch ein elektrisches Grillgerät – aufzurichten. Der *döner kebap* rotiert, anders als das bei den übrigen Spießbratenvarianten der Fall ist, weder waagerecht noch permanent vor dem Feuer, sondern wird erst dann weiter gedreht, wenn die dem Ofen zugewandte Seite genügend gebraten ist. Aufgrund

[186] Hugo Hügel: Die Küche im Orient. Eine kulinarische Plauderei. In: Kochkunst und Tafelwesen 13/1 (1911), 10–12: 10.

der für die komplizierte Zubereitung notwendigen Kochutensilien und Bratvorrichtungen wird *döner kebap* kaum zuhause hergestellt; er hat sich vielmehr als typisches Restaurant- bzw. Imbissgericht etabliert.[187]

Handelt es sich beim *döner kebap* um eine in der Türkei schon seit mehr als 100 Jahren verbreitete Grillspezialität, war sie dort lange Zeit nur als Tellergericht bekannt. Der zitierte Bericht von 1911 etwa schildert, wie der Koch das Fleisch „von oben nach unten" abschnitt, um es dann „sofort auf warmem Teller dem Gaste servieren zu lassen".[188] Auch wenn im *kebap salonu* spätestens in den 1940er Jahren *döner kebap* als Fast Food erhältlich war[189], wurde er doch meist zusammen mit Reis und Gemüse auf einem Teller serviert.[190]

Die Kebab-Gerichte erregten bei den ausländischen Betrachtern großes Interesse, so dass kaum eine Reisebeschreibung über die Türkei (und den Nahen Osten insgesamt) ohne den Verweis auf die Zubereitung von Kebab auskam. Um den in der Bundesrepublik noch weitgehend unbekannten Anblick des am Spieß gebratenen Fleischkegels anschaulicher zu machen, wurde bisweilen mit interessanten Metaphern operiert. So umschrieb 1955 die Zeitschrift *Die deutsche Gaststätte* Kebab aufgrund seiner Schichtung als „überdimensionierten Baumkuchen".[191] Doch auch noch Mitte der 1970er Jahre, als die ersten Imbisse in Deutschland bereits Dönerkebab anboten, wurde in Reiseführern über die Türkei regelmäßig erklärt, worum es sich bei diesem Gericht handelte. Im *Merian*-Heft über Istanbul aus dem Jahre 1975 etwa wurde „ein *Döner Kebab* – dünne Streifen würzigen Hammelfleisches, von einem vor einer Holzkohlenkaskade sich drehenden senkrecht stehenden Spieß abgesäbelt", empfohlen und der Rat ausgesprochen, sich vor dem Bestellen den Spieß genau anzusehen „und es vielleicht lieber sein [zu] lassen, falls der Hammel zu sehr tropft".

Als Tellergericht war *döner kebap* auch in türkischen Restaurants in der Bundesrepublik erhältlich, und zwar bereits vor 1970. So bekam man etwa im Frankfurter Restaurant „Bosporus am Main" schon 1960 „spießfrisch" vom Fleischkegel abgeschnittene Streifen auf einem „mit Pilaf und Tomaten

---

[187] Entsprechend finden sich unter den in türkischen Kochbüchern aufgeführten Kebabgerichten kaum jemals Rezepte für *döner kebap*, so auch nicht in dem wohl verbreitetsten (bürgerlichen) Kochbuch, das in den 1970er Jahren erstmals publiziert wurde und mittlerweile in 21. Auflage erschienen ist, i.e. Candaş, Bereketli olsun.

[188] Hugo Hügel: Die Küche im Orient. In: Kochkunst und Tafelwesen 13/1 (1911), 10–12: 10.

[189] Als solches wurde er auch auf den Stadtdampfern in Istanbul angeboten, wie ein Kolumnist 1949 festhielt (vgl. Pamuk, Istanbul, 164).

[190] „Die Portionen, auf Tellern in der Größe unserer Frühstücksteller serviert, kommen unmittelbar vom Spieß, also sehr heiß, auf den Tisch. Sie werden zumeist mit einigen frischen, sehr scharfen, grünen oder rötlichen Paprikaschoten garniert, die man als erwünschte und notwendige Würze des Fleisches betrachtet. Außerdem isst man dazu kleine Stücke Brot, die man sich von einem großen Laib abbricht." (Fritz Dalichow: Hammelfleisch – von Feinschmeckern begehrt. In: DG 8/16 (1955), 4)

[191] Ebd.

vorbereiteten Teller" serviert. Der türkische Besitzer des Restaurants hatte sowohl den notwendigen „Vertikalbräter" wie auch den „Meisterkoch" für die Zubereitung des *döner kebap* aus der Türkei kommen lassen. Die „türkische Spießbratenschau mitten unter den Gästen" stellte damals eine „kulinarische Attraktion" dar.[192] Trotz des Bemühens um Authentizität, die sich dieses „alttürkische Restaurant" auf die Fahnen geschrieben hatte, wurde im „Bosporus am Main" statt des in der Türkei üblichen Lamm- oder Hammelfleisches ausschließlich Kalbfleisch verwendet, entsprach dies doch eher „[d]em europäischen Geschmack".[193]

Der Siegeszug des Dönerkebabs in der Bundesrepublik wurde jedoch nicht durch die Restaurantgastronomie eingeleitet, sondern von türkischen Imbissen in Berlin, die begannen, das vom Bratenkegel abgeschnittene Fleisch nicht mehr mit Reis und Gemüse auf einem Teller, sondern in einer Teigtasche, der *pide*, und damit auch zum Mitnehmen anzubieten. Von Berlin aus verbreitete sich der Dönerkebab dann in der restlichen Bundesrepublik, und zwar zunächst in Städten mit einem hohen migrantischen Bevölkerungsanteil; Anfang der 1980er Jahre war er dann in den meisten Universitätsstädten erhältlich, bevor er 1990 in Ostdeutschland und schließlich auch in der westdeutschen Provinz einen (neuerlichen) Boom erlebte.[194]

Der große Erfolg des Dönerkebabs in Deutschland hatte auch Rückwirkungen auf die Türkei, wo insbesondere in den touristischen Regionen mittlerweile zahlreiche Döner-Imbisse zu finden sind. In den Großstädten wie Istanbul hatte sich aber bereits in den 1970er Jahren eine Begeisterung für das Döner-Sandwich entwickelt. Inwiefern es sich hier um einen (Rück-)Transfer von der BRD in die Türkei handelte oder ob in der Türkei zeitgleich oder sogar früher *döner kebap* auch als Fast Food zum Mitnehmen entwickelt wurde, lässt sich nicht mit Bestimmtheit sagen. In jedem Falle gibt es auch in Istanbul einige Imbiss- bzw. *büfe*-Betreiber, die für sich in Anspruch nehmen, bereits in den späten 1960er Jahren *döner kebap* als *take-away*-Gericht auf der Straße verkauft zu haben.[195] Orhan Pamuk hingegen spricht von einer „döner sandwich"-Mode in Istanbul erst in den 1970er Jahren.[196] Sicher ist in jedem Fall, dass die neuartige Form, *döner kebap* zu verkaufen, sich sowohl in der Türkei als auch in der Bundesre-

---

[192] Döner Kebab. Türkischer Spießbraten am Holzkohlefeuer. In: NGZ 13/15 (1960), 26–28. Das „Bosporus am Main" war dem zitierten Artikel zufolge 1960 das einzige Restaurant Europas, das *döner kebap* servierte (vgl. ebd., 27).
[193] Ebd. Noch heute wird in Hotels und Restaurants in den Touristenregionen der Türkei kaum Lamm- oder Hammel-, sondern meist Kalbfleisch verwendet, da die mehrheitlich deutsche Klientel nach Ansicht der Hotelleitungen den Geschmack von Schaf nicht mag (vgl. Zubaida, Utility, 4).
[194] Vgl. Seidel-Pielen, Aufgespießt, 164f.
[195] Vgl. ebd., 38.
[196] Pamuk, Forbidden Fare, 50.

publik schnell verbreitet hat und dass es gerade im Hinblick auf kulinarische Innovationen sinnvoll ist, die transnationalen Vernetzungen in den Blick zu nehmen, die einen immer rascheren Austausch von Konsumprodukten zwischen zwei Ländern (und darüber hinaus) ermöglichen. So ist der Dönerkebab durch eine Vielzahl von Transfers und Rücktransfers entstanden, die zwischen verschiedenen Orten in der Türkei und (zunächst) Berlin stattfanden und ihn letztlich weniger als transnationales denn als translokales Produkt ausweisen.

Bei der Durchsetzung des Dönerkebabs in der Bundesrepublik spielten verschiedene lokale, aber auch überregionale Faktoren auf Produzenten- wie Konsumentenseite eine entscheidende Rolle. Zum einen ist hier die bereits mehrfach angesprochene steigende Arbeitslosigkeit in den 1970er Jahren zu nennen, die zu vermehrten Betriebsgründungen durch Migranten beitrug, konnten doch gerade kleinere gastronomische Betriebe wie der Döner-Schnellimbiss eine „Überlebensstrategie" in schwierigen Zeiten darstellen[197] – das zunächst allerdings nur in solchen Städten bzw. Stadtvierteln, die einen hohen Prozentsatz an Migranten und damit an potentiellen Kunden für türkische Speisen aufwiesen. Der Dönerkebab ist anfangs zwar primär für eine türkische Kundschaft angeboten, dann aber schnell auch für den sogenannten offenen Markt produziert worden. Daher orientierten sich die Döner-Hersteller auch an den lokalen Konsumgewohnheiten der nicht-türkischen Berliner, die wenn nicht für die Erfindung, so doch für den Erfolg des Dönerkebabs mitverantwortlich zeichnen. So reagierte ‚der Döner' als Fast Food zum Sofortverzehr im Stehen oder zum Mitnehmen auf die deutsche Vorliebe, schnell etwas auf der Straße zu essen, wie es für die traditionsreiche Kultur der Buletten-, Curry- und Bockwurststände (nicht nur) in Berlin typisch war und ist. Türkischen Essgewohnheiten entspricht das schnelle ‚Herunterschlingen' eines vollständigen Gerichts, bestehend aus Fleisch, Brot und Salat, weit weniger. Noch heute lässt sich beobachten, dass in türkischen Lokalen in der Bundesrepublik, die sowohl Dönerkebab im Straßenverkauf anbieten als auch über Restaurantplätze verfügen, die Laufkundschaft eher deutsch und die Restaurantgäste eher türkischer Herkunft sind.[198]

Vermutlich hat der Ort des Konsums, also der Imbiss mit seinen andersartigen Rahmenbedingungen im Vergleich zum Restaurant, dazu geführt, dass mehr und mehr nicht-türkische Bundesbürger Dönerkebab und dann auch andere türkische Gerichte konsumierten. Zum einen sind die Interaktionen zwischen Verkaufspersonal und Kundschaft in einem Imbiss sowohl sprachlich als auch zeitlich auf ein Minimum begrenzt, handelt es sich doch um einen recht

---

[197] So Filiz Yüreklik, die der Erfolg des Dönerverkaufs auf Straßenfesten in Kreuzberg ermutigte, 1975 einen Döner-Imbiss in der Wrangelstraße aufzumachen (zit. nach Seidel-Pielen, Aufgespießt, 48).
[198] Vgl. Baum, 30 Jahre Döner, 17.

6.5 Dönerkebab

schnell und mit wenigen Worten durchzuführenden Kaufakt. Das informelle Verkaufsgespräch folgt zudem einem im Wesentlichen immer gleichen Muster, das auf beiden Seiten nur geringe sprachliche Kompetenzen erfordert. Auch unter den Gästen ist Kommunikation nicht unbedingt vorgesehen. Anders als das Restaurant, das zugleich als „Konsum- und Kommunikationsraum" fungiert, beschränkt sich die Aufenthaltsdauer im Imbiss meist auf die reine Verzehrszeit.[199]

Zum anderen macht gerade die Alltäglichkeit eines Imbissbesuchs und die Kategorisierung des Gerichts als eher unbedeutende und preiswerte Zwischenmahlzeit das Ausprobieren neuer, fremdartiger Speisen wahrscheinlicher. Denn die Adoption eines neuen Gerichts erfolgt besonders leicht dort, wo es nicht zur Verdrängung einer fest etablierten Mahlzeit kommt, sondern wo die neue Speise als Zwischenmahlzeit integriert werden kann.[200] Auch die niedrigen Preise ermöglichen es einer größeren Gruppe von Konsumenten, ausländische Speisen auszuprobieren. Zudem ist das Imbissessen hinsichtlich des geforderten Ess-Stils weit weniger reglementiert als das Essen im Restaurant (oder die gemeinsame Mahlzeit zuhause) und erfordert daher kaum Kenntnisse über landesspezifische Essgebote, Essformen und -geräte. Besteck kommt bei der Imbisskost meist gar nicht zum Einsatz; vielmehr fungiert beim Dönerkebab – wie auch beim Hot Dog oder Hamburger – die Brothülle als Ersatz, lässt sich mit ihrer Hilfe doch das Fleischgericht zum Mund führen, ohne es direkt anfassen zu müssen.[201] Allerdings kommen auch hier meist noch zusätzliche Papiertaschen oder Servietten zum Einsatz. Diese einem Sandwich ähnlichen Speisen eignen sich wegen ihrer einfachen Handhabung gut für den (internationalen) Fast-Food-Markt. Aufgrund ihrer Nähe zu bereits seit langem eingeführten Snacks wie der Wurststulle im deutschen Kontext lassen sich derartige Produkte besonders schnell in die jeweiligen nationalen Fast-Food-Kulturen einfügen.[202] In Berlin, aber auch in anderen urbanen Regionen Deutschlands zählten kleine Zwischenmahlzeiten bereits in der ersten Hälfte des 20. Jahrhunderts zum Repertoire an gängigen Ernährungsweisen, so dass neuartige Snacks in der Bundesrepublik auf eingeübte Muster und damit relativ günstige Rezeptionsbedingungen stießen.[203]

---

[199] Im Hinblick auf die (fehlende) Kommunikation lässt sich der Imbiss auch als „Ort der Verweigerung" lesen (Baumann/Kimpel/Kniess, Schnellimbiss, 53).
[200] Vgl. Reckert, Adpotion, 182.
[201] Zudem ist es allererst das Brötchen, das den Snack zum Sofortverzehr wie zum Mitnehmen qualifiziert: „It was the bun that gave the hamburger its mobility; that allowed a person to eat it while walking or (more important) while driving", heißt es in Ozersky, Hamburger, 28. Dabei fungiert das Brot vielfach (lediglich) als Vehikel, um prestigeträchtigere Speisen wie Fleisch zum Mund zu führen.
[202] Für mexikanische Tacos in den USA zeigt dies Gabaccia, We Are, 167.
[203] Zu den Anfängen der Fast-Food-Kultur in Berlin siehe Allen, Hungrige Metropole.

6. Der Döner-Imbiss

Ein weiterer, nicht zu vernachlässigender Faktor für den Erfolg des Dönerkebabs bestand zudem in den langen Öffnungszeiten der meisten türkischen Imbisse. Mit dem Verkauf spätabends oder auch nachts erreichten die Döner-Imbisse eine vornehmlich junge (deutsche und ausländische) Klientel, die gerade in Stadtvierteln wie Kreuzberg dem Nachtleben nachging.[204] Auch diese Konsumentengruppe war nicht unwesentlich daran beteiligt, Berlin zur „Dönerkebab-Metropole Nummer eins" zu machen.[205]

Kam das am Imbiss verabreichte Gericht also in vielerlei Hinsicht deutschen Konsumgewohnheiten entgegen und senkte die auf das Notwendigste reduzierte Kommunikation möglicherweise die Eintrittsschwelle, wurde von den Döner-Herstellern auch bei der Zusammensetzung des Gerichts auf ‚den' deutschen Geschmack Rücksicht genommen. Bevor diese Dimension ausführlich erörtert wird, sei noch auf eine markante Differenz zum türkischen *döner kebap* hingewiesen, die weniger als Anpassung an deutsche Konsumgewohnheiten denn als Reaktion auf den immer stärker gewordenen Preiskampf zu verstehen ist: Einige Dönerspieße enthalten Anteile von Schweinefleisch, wie die Kontrollen der Landesämter für Lebensmittelsicherheit belegen.[206] Laut der seit Juli 1989 in Kraft getretenen *Festschreibung der Berliner Verkehrsauffassung für das Fleischerzeugnis Dönerkebap*, die seit Oktober 1991 bundesweit gilt, darf dieser jedoch nur Schaf- und/oder Rindfleisch enthalten; das schreiben auch die *Leitsätze für Fleisch und Fleischerzeugnisse* vor, die mittlerweile einen Eintrag zum Dönerkebab enthalten.[207] Nicht als Dönerkebab dürfen hingegen Döner bezeichnet werden, die aus Hühner- oder Putenfleisch hergestellt werden. Diese Variante, die seit den BSE-Krisen der 1990er Jahre, aber auch dank der sogenannten Gammelfleisch-Skandale der letzten Jahre eine immer

---

[204] Auch die Kneipen- und Rotlichtbezirke von Städten wie Hamburg, Frankfurt oder Köln weisen eine hohe Dichte an türkischen Imbissen und Schnellrestaurants auf. In Großbritannien haben die langen Öffnungszeiten am Abend und am Wochenende nicht unwesentlich zum Erfolg der *fish and chips shops*, aber auch der chinesischen Take-aways und der indischen Restaurants beigetragen, so Oddy, Eating, 303.

[205] Seidel-Pielen, Aufgespießt, 12.

[206] Das Bayerische Landesamt für Lebensmittelsicherheit etwa hat 2006 bei einem Kontrolldurchlauf in sechs von 72 Spießen Anteile von Schweinefleisch gefunden (vgl. Guido Kleinhubbert: Brühwurst vom Spieß. In: Der Spiegel v. 13.2.2006).

[207] Vgl. Festschreibung der Berliner Verkehrsauffassung für das Fleischerzeugnis Dönerkebap (1989), Ziffer 1; Leitsätze für Fleisch und Fleischerzeugnisse v. 27./28.11.1974, zuletzt geändert am 8.1.2008 (Beilage zum BAnz. Nr. 89 v. 18.6.2008, GMBl Nr. 23–25 S. 451ff. v. 19.6.2008); Dildei/Kirchhoff, Zum dreistufigen Bezeichnungsschema. Nach Inkrafttreten der Berliner Verkehrsauffassung mussten einige Hersteller von Pressdöner, der halb so teuer wie der höherwertige Döner war, die Produktion einstellen. Die seit Januar 1996 geltenden EU-Richtlinien sind nochmals um einiges strenger (vgl. Seidel-Pielen, Aufgespießt, 91 u. 94).

größere Verbreitung gefunden hat[208], firmiert als Tavuk Döner oder Chicken Döner. Anders als in der Türkei üblich, darf Dönerkebab in Deutschland auch bis zu 60 % Hackfleisch enthalten und fällt damit seit 1984 unter die deutsche Hackfleischverordnung.[209] Inwiefern die Verwendung von Hackfleisch deutschen Konsumgewohnheiten entgegenkam, darüber lässt sich streiten. Seidel-Pielen stellt in seiner Studie zum Dönerkebab die (provokante) Frage, ob der Döner „sich in Berlin erst zur überdimensionierten Bulette verwandeln" musste, „bevor er seinen Siegeszug antreten konnte". Da Hackfleisch eine stärkere Würzung ermögliche, seien die „auf Geschmacksverstärker abonnierten Berliner" leichter als Kunden zu gewinnen gewesen, so seine Vermutung.[210]

Eine Neuerung, die sich vornehmlich der deutschen Kundschaft verdankte, stellt die Beigabe von diversen Soßen zum Döner dar. Die Teigtasche, bei der es sich anfangs meist um eine aufgeschnittene *pide* und damit um eine in der Türkei nur an Festtagen, v.a. im Fastenmonat Ramadan gebackene Brotsorte handelte[211], wurde nicht nur mit Fleisch, sondern auch mit Salat sowie verschiedenen Soßen gefüllt. Die heute in Deutschland mit dem Döner erhältlichen Soßen gehören traditionellerweise nicht zur türkischen Küche; in der Türkei wird *döner kebap* allenfalls mit Joghurt versehen.[212] Diese Soßenlastigkeit ist als Reaktion auf deutsche Konsumpräferenzen zu verstehen, die auch für die großen Mengen an Spaghetti-Soße in italienischen Restaurants der Bundesrepublik ursächlich waren. Dasselbe Phänomen ist in Großbritannien zu beobachten, wo beispielsweise indische Gerichte mit viel Soße serviert werden, weil es die britische Kundschaft so gewöhnt ist.[213]

Der berühmte Döner ‚mit scharfer Soße' kann demnach als genuin deutschtürkische Erfindung gelten und markiert eine deutliche Differenz zwischen dem in Deutschland üblichen Dönerkebab und der in der Türkei gängigen Variante. Als der (zukünftige) deutsche Ehemann der türkischen Ich-Erzählerin in

---

[208] Zum „Gammelfleisch", das größtenteils an Döner- und Asia-Imbisse geliefert worden sei, siehe Sabine Beikler/Christian van Lessen: Appetit vergangen. Aus Angst vor dem Gammelfleisch machen jetzt viele Berliner einen Bogen um Döner-Läden. In: Tagesspiegel v. 3.9.2006. Dass insbesondere das „Döner-System" immer in Gefahr sei, Schlachtabfälle aufzunehmen, wird in Die Döner-Dröhnung. Nicht das Fleisch ist schuld am Lebensmittelskandal. In: FAZ v. 16.11.06, behauptet.
[209] Mehr als die Hälfte der in Berlin Ende der 1980er Jahre lebensmitteltechnisch untersuchten Dönerspieße wies einen zu hohen Anteil an Hackfleisch auf (vgl. Seidel-Pielen, Aufgespießt, 71).
[210] Ebd., 73. Der Hackfleisch-Döner jedenfalls firmiert auf der Dönerkebab-Messe „Döga" einfach als „Berliner Döner" (Martin Wittmann: Verdienen wie am Spieß. In: SZ v. 30.9.2011).
[211] Vgl. Langer, Ayran, 72. Seit einiger Zeit sind auch Varianten mit *yufka*, einem extrem dünnen Fladenbrot, erhältlich und werden als *dürüm döner*, also als gerollte Döner, verkauft.
[212] Vgl. Reindl-Kiel, Wesirfinger, 58.
[213] Vgl. Cook/Crang/Thorpe, Regions, 129.

6. Der Döner-Imbiss

Asli Sevindims Roman *Candlelight Döner* aus dem Jahre 2005 in einem türkischen Imbiss in Deutschland zum ersten Mal eine Portion Döner mit Joghurt serviert bekommt, ist er entsetzt: „Was soll denn das sein? Das ist doch kein Döner!" Er wird dann darüber aufgeklärt, dass das, was er als Döner kenne, eine Erfindung von Türken aus Deutschland sei, die zwar auch lecker, „aber nicht unser Original-Döner" sei.[214] Mittlerweile hat sich der Döner mit (scharfer) Soße jedoch auch in Teilen der Türkei etabliert, verlangen deutsche und deutsch-türkische Touristen doch die ihnen aus der Bundesrepublik vertraute Döner-Variante ebenso im Urlaub.[215]

Die (scharfe) Soße, die zu einem integralen Bestandteil des Dönerkebabs in Deutschland geworden ist, verweist auf den durch und durch hybriden Charakter des Produkts. Dieser schlägt sich unter anderem darin nieder, dass der Zusatz ‚mit scharfer Soße' bei der Bestellung häufig auch von Kunden, die ihr Gericht ansonsten in türkischer Sprache ordern, auf Deutsch formuliert wird, existiert doch bis heute im Türkischen kein Wort für ‚mit (scharfer) Soße'. Vice versa ist die Bezeichnung ‚Dönerkebab', anders als ältere Lehnwörter aus dem Arabischen, kaum verändert in den deutschen Wortschatz eingegangen. „Die Deutschen lernen auf diese Weise Türkisch, und die Türken lernen Deutsch", so die optimistische Deutung des Döner-Herstellers Mehmet Özkan.[216] Zwar schreibt sich der 1991 in den Duden aufgenommene Dönerkebab in einem Wort und weist am Ende statt eines ‚p' ein ‚b' auf[217]; dennoch bleibt die Bezeichnung deutlich als aus dem Türkischen übernommene Benennung erkennbar. Wie die Speisebezeichnungen ‚Spaghetti', ‚Pizza' oder ‚Cappuccino' wanderte sie mehr oder weniger unverändert ins Deutsche ein. Das Vokabular für Speisen und Getränke scheint sich – ähnlich wie Ortsnamen – linguistischen Homogenisierungen oftmals zu widersetzen.[218] Diese Widerständigkeit gegen eine die Herkunft auslöschende Übersetzung ist in den Forschungen zu *ethnic food* als Instrument der Authentisierung bestimmter Speisen und zugleich auch als Mittel gedeutet worden, ethnisch markierte Güter nicht dem ‚Willen zum Wissen' der Mehrheitsgesellschaft auszuliefern.[219]

Die in der Bundesrepublik gängige Abkürzung für ‚Dönerkebab', nämlich ‚Döner', privilegiert das adjektivisch verwendete *döner* statt des Fleischgerichts. Nicht das materielle Substrat, sondern die Art der Herstellung, das Sich-

---

[214] Sevindim, Candlelight Döner, 57f. Vgl. auch Akyün, Einmal Hans mit scharfer Soße.
[215] Vgl. ZfT, Döner, Kap. IV: Evolution des Deutschländer-Döners.
[216] „Man muß das Fleisch noch schmecken können". Döner-Hersteller Mehmet Özkan über den Siegeszug des türkischen Fast food – und die beste Methode, es zu essen. In: Frankfurter Allgemeine Sonntagszeitung v. 14.11.2004.
[217] Das ‚b' am Ende der Bezeichnung ‚Dönerkebab' ist vom türkischen *şiş kebabı* abgeleitet, stellt aber ohne das angehängte ‚ı' eine im Türkischen unmögliche Konstruktion dar.
[218] Vgl. Zubaida, National, Communal and Global Dimensions, 34.
[219] So z. B. Ferrero, *Comida Sin Par*, 204.

Drehen des Spießes, wird damit zum entscheidenden Aspekt – womit sich auch die Bedeutungshierarchie zwischen beiden Wortkomponenten (um)gedreht hat. Anders als in Deutschland wird in anderen deutschsprachigen Ländern wie Österreich und der (Deutsch-)Schweiz für *döner kebap* mehrheitlich die Abkürzung ‚Kebab' verwendet.[220] In Belgien und Großbritannien firmiert er oftmals unter dem Namen *pitta*, einer international gebräuchlicheren Bezeichnung.[221]

Trotz der genannten Umformulierungen ist der Döner bzw. der Dönerkebab also nicht umfänglich eingedeutscht worden; die Übersetzung ‚Drehspießbraten' beispielsweise hat sich nicht durchsetzen können.[222] Auch andere türkische Speisen wie *börek* sind nicht in übersetzter Form, etwa als „Strudelteigkrapfen", bekannt geworden, sondern haben ihren Namen beibehalten.[223] Fasst man die Problematik der Übersetzung breiter auf und nimmt nicht allein die sprachliche Ebene, sondern den gesamten Transfervorgang als einen räumlich wie zeitlich sich vollziehenden Prozess in den Blick[224], dann stellt sich zunächst die Frage, was eigentlich konkret übersetzt wird. Im Falle des Dönerkebabs geht es um eine bestimmte Speise, die in einen neuen Konsumkontext transferiert wird, sich im Prozess der Übersetzung transformiert, auch materiell, bzw. überhaupt erst in diesem Prozess zum Dönerkebab wird. Es geht also nicht allein oder auch nur primär um eine Umdeutung des Produkts in einem neuen kulturellen Umfeld, sondern um den Akt der Konstitution eines Produkts, das seine gesamte Existenz einem transnationalen bzw. translokalen, urbanen Entstehungskontext verdankt. Das ‚übersetzte' Produkt ist dabei nicht zu verstehen, wenn man an der Trennung von Ausgangs- und Zielkontext festhält. Vielmehr ist der Dönerkebab in einer Ökonomie des Zwischen anzusiedeln, die ein weitreichendes Netz zwischen Orten in der Türkei und in Deutschland spannt. Die permanenten Transfers von Rezepten, Zutaten, Grilltechniken und -geräten, von Personen und Bezeichnungen sowie Bedeutungen, die sich nicht nur zwischen der Türkei und der Bundesrepublik, sondern auch zwischen verschiedenen Hersteller- und Konsumentengruppen in einem Land abspielen,

---

[220] Mit scharfer Soße isst man Dönerkebab allerdings auch dort (vgl. Christof Moser: „Mit alles, scharf?" In: NZZ-Folio 6/2007).

[221] In Belgien ist die Bezeichnung *pide* durch *pizza* ersetzt worden, was eine Verschiebung hin zu „a more common name, which reflects internationalized fast food", indiziere, so Kesteloot/Mistiaen, Ethnic Minority Niche, 332. In den USA ist meist von *gyros* die Rede, also dem griechischen (Vorgänger-)Produkt.

[222] *Kebap* ist, gerade in den ersten Jahrzehnten der Bundesrepublik, auch oft als ‚Schaschlik' übersetzt worden, später dann u. a. als „Röstfleisch" (O. E. Schäufelen: Die arabische Küche in der Ramadanzeit. In: Die Küche 67/4 [1963], 96–99 u. 102: 96).

[223] Ebd., 97. Bei Bolstorff-Bühler, Verzehrsgewohnheiten, 153, heißt es explizit über den Börek: „Für diese Teigware gibt es keine deutsche Übersetzung."

[224] Vgl. Wagner-Egelhaaf, Verortungen, 761.

machen deutlich, dass Übersetzungen nicht nur (trans)nationale Kontexte tangieren, sondern auch innerhalb einer Gesellschaft stattfinden.

6.5.2 Der Döner-Imbiss. Ein Konsumort im Wandel

Übersetzt werden nicht allein die im engeren Sinne materiellen Komponenten einer Speise, sondern auch die Bilder und Narrationen, die mit einem Gericht verbunden sind. Wie Ayşe Çağlar gezeigt hat, wurde bei der Vermarktung des Dönerkebabs zunächst seine vermeintlich exotische Herkunft herausgestellt; der Döner wurde als türkische Spezialität für Deutsche beworben. Zu diesem Zwecke sei ein „folkloric discourse of Turkishness" in Anschlag gebracht worden, der stark auf orientalisierende Bilder abgehoben habe.[225] Materialisiert hat sich dieser Diskurs in der Inneneinrichtung zahlreicher Imbisse und stärker noch in den türkischen Restaurants, wobei die Übergänge zwischen Imbiss, Schnellrestaurant und Restaurant fließend waren und sind. Während es sich bei vielen Döner-Imbissen, gerade in den Randbezirken Berlins, um „halbmobile Container" handelte, existierten auch alle denkbaren Formen fest in ein Haus integrierter Imbissstuben, die ohne Sitzgelegenheiten oder nur mit Hockern ausgestattet waren, sowie solche, die zahlreiche Sitzplätze aufwiesen und Tischservice boten, also als (Schnell-)Restaurants bezeichnet werden können und sich auch selbst so nannten.[226] In der Bundesrepublik verwischten sich zudem die in der Türkei vielfach noch klaren Grenzen zwischen einem einfachen Speiselokal wie der *lokanta* und dem auf die Kebab-Herstellung spezialisierten *kebap salonu*.[227] Ganz ähnlich wie im Falle des italienischen Pizzeria-Ristorante kam es auch bei den türkischen Gaststätten in der Bundesrepublik zu einer Hybridisierung der aus der Türkei bekannten Gastronomietypen[228], nicht zuletzt auch hier aus dem Grund, dass die deutsche Kundschaft ein Erfolgsprodukt wie den Dönerkebab in allen türkischen Lokalen erwartete.

Die Orientalisierung türkischer Lokale

Die folkloristischen und orientalischen Inszenierungen in türkischen Lokalen richteten sich nicht allein an eine deutsche Kundschaft, sondern entsprachen

---

[225] Çağlar, McDoner, 217.
[226] Scholz, Türkische Wirtschaftsaktivitäten, 32f.
[227] Vgl. Pazarkaya, Türkische Esskultur, 70.
[228] Zu zwei in der Türkei sehr verbreiteten Gaststättentypen, der (auch Alkohol ausschenkenden) *meyhane* und der *lokanta*, deren Name sich aus dem Italienischen herleitet, siehe Zat, Meyhaneler; Arkan, Lokantalar, 220–223; Yılmaz, Boş vaktiniz var mı?; Bozis, İstanbul Lezzeti. 1994 gab es in Istanbul etwa 2000 *lokantalar*, 1000 *köfteci*, 1500 *kebapçı* sowie 800 *kafeterya* (vgl. Arkan, Lokantalar, 223).

durchaus auch den Wünschen der türkischen Betreiber und Gäste.[229] Gerade die Restaurants mit türkischer Küche adressierten – anders als etwa das Gros der griechischen Lokale – noch in den 1980er Jahren vornehmlich Landsleute, während die Schnellimbisse bereits einen hohen Prozentsatz an deutschen Kunden aufwiesen.[230] Doch begannen in diesem Jahrzehnt verstärkt auch die Restaurants, sich explizit an ein deutsches Publikum zu wenden. Prinzipiell zu unterscheiden sind die überaus zahlreichen, eher einfachen Gaststätten mit einer begrenzten Auswahl an Gerichten, die vornehmlich von (männlichen) Türken frequentiert wurden, und die teureren Lokale, die sich in die Tradition ausländischer Spezialitätenrestaurants einschrieben und die türkische Küche als orientalisches Erlebnis v.a. für eine nicht-türkische Klientel präsentierten. Tauchen türkische Gaststätten in Stadt- und Restaurantführern generell eher selten auf, finden sich doch bereits in den späten 1960er und frühen 70er Jahren vereinzelte Einträge, die sich auf türkische Lokale beziehen, die insbesondere „bei der türkischen Kolonie" beliebt seien, spätestens durch Aufnahme in den Stadtführer nun aber einem breiteren Publikum ans Herz gelegt wurden. Das galt etwa für das „Efes Izmir" in Hamburg, das 1967 in *Hamburg von 7 bis 7* als „[k]leines, intimes Restaurant mit dezenter Hintergrundmusik" beschrieben wird, in dem „auch deutsche Küche" serviert werde.[231] In Restaurantführern empfohlen wurden vornehmlich solche türkischen Lokale, die aufgrund ihrer Innenstadtlage über eine zumindest teilweise gemischte Kundschaft verfügten. Zu nennen wäre hier der „Orient Grill" am Alten Markt in Köln, der zu Beginn der 1970er Jahre eine kleine Auswahl an Gerichten, und zwar v.a. „Hammel in verschiedenen Spielarten", bot und das Essen mit türkischen Schlagern untermalte.[232] In Hamburg entstanden in Universitätsnähe mehrere türkische Lokale, die – ähnlich wie die griechischen Gaststätten in dieser Gegend – v.a. Studierende und generell junge Leute ansprachen, welche „die preiswerte anatolische Küche" etwa im „Anadolu" am Grindelberg zu schätzen wussten.[233] Diese Lokale firmierten wie ihre griechischen Pendants als „Tavernen".[234] Das „Café Bosporus" in der Neustadt hingegen bot etwas teurere türkische Speisen, die von einem im „Hilton" in London und im „Vier Jahreszeiten" in Hamburg

---

[229] Vgl. Bukow/Yildiz, Wandel, 162.
[230] Von den 1990 von Scholz befragten Gastronomen gaben 81 % der Schnellimbissbetreiber, aber nur 14 % der Restaurantbesitzer an, dass es sich bei über 75 % ihrer Kundschaft um Deutsche handele (vgl. Scholz, Türkische Wirtschaftsaktivitäten, 51).
[231] Hamburg von 7 bis 7, 1970, 179; Hamburg von 7 bis 7, 1967, 114.
[232] Köln von 7 bis 7, 1973, 108.
[233] Hamburg von 7 bis 7, 1981, 105.
[234] 1979 wurde z. B. das „At Nali" als „gemütliche türkische Taverne" empfohlen (Hamburg von 7 bis 7, 1979, 60–61: 60).

geschulten türkischen Koch zubereitet wurden und von Konzert- und Opernbesuchern noch nach der Vorstellung bestellt werden konnten.[235]

Neben einfachen Gaststätten, die „nicht gerade ein Märchentraum aus Tausendundeiner Nacht" waren[236], existierten zudem einige – wenn auch im Vergleich zu griechischen und italienischen Spezialitätenrestaurants nur in kleiner Zahl vorhandene – aufwändiger gestaltete „folkloristische Gaststätte[n] mit orientalischer Küche".[237] So bemühten sich höherpreisige türkische Restaurants vielfach, eine bis ins letzte Detail ausgearbeitete ‚orientalische' Atmosphäre zu kreieren. Neben „großen Messingkannen" und „antiken Pistolen", die im „Öz Samsun" in Berlin zur „osmanische[n] Innenausstattung" gehörten[238], kamen in solchen Lokalen – ähnlich wie in arabischen Restaurants, in denen die Gäste auf „flauschigen Kissen" an „niedrigen Tischen" saßen[239] – Sitzkissen und Ölbilder mit Basarszenen zum Einsatz. Das Servicepersonal trug vielfach türkisch respektive osmanisch anmutende Kleidung.[240] Es war der „Hauch orientalischen Zaubers", der in Restaurantführern wie in Reiseführern über die Türkei beschworen wurde.[241] In der türkischen Kulinarik zumindest im Ausland lebten diejenigen Elemente fort, die im öffentlichen Diskurs der kemalistischen Türkei marginalisiert worden waren. Hier wurde offensiv eine Orientalisierung der türkischen Küche betrieben, die – wie eingangs bereits angedeutet – seit den 1990er Jahren unter neuen Vorzeichen forciert wird.

Zu den orientalisierenden Inszenierungen gehörten oftmals Musikdarbietungen, fiel der Musik, dem Gesang und dem Tanz doch die wichtige Rolle zu, intensive Gefühle zu evozieren. So wie Musik stark an der Raumbildung mitwirkt[242], schaffen auch Körperbewegungen wie im Falle des Tanzes ein besonderes Raumgefühl, nicht nur für die aktiv Beteiligten, sondern auch für die Zuschauer, die auf diese Weise den Raum anders erfahren, ihn stärker als belebten, kommunikativen und die Menschen verbindenden Ort erleben können. Um das zu erreichen, wurden Bands, einzelne Sänger und v.a. Bauchtänzerinnen engagiert. Waren die Speiseräume des „Istanbul" in Berlin eher schlicht gehalten, befand sich in den dahinterliegenden Räumlichkeiten doch ein „in nahezu landesechter Manier als hübscher serail en miniature" ge-

---

[235] Hamburg von 7 bis 7, 1967, 78.
[236] Ankara. In: Berlin von 7 bis 7, 1979, 18.
[237] LAB Rep. 010. Nr. 1897, Bd. 3.
[238] Essen in Berlin 86/87, 80.
[239] Medded. In: Hamburg von 7 b is 7, 1983/84, 288.
[240] So wurde etwa im bereits erwähnten Restaurant „Bosporus am Main" bereits 1960 döner kebap von „[h]übsche[n] junge[n] Türkinnen", die in glänzende Stoffe gehüllt waren, serviert (Döner Kebab. In: NGZ 13/15 (1960), 26–28: 27 (Bildunterschrift)).
[241] Kurt Wilhelm Blohm: Städte und Stätten der Türkei. Ein Begleiter zu den Kunstwerken Istanbuls und Kleinasiens, Köln 1977, 269, zit. nach Struck, Türkei, 97.
[242] Vgl. Löw, Raumsoziologie, 195.

stalteter Nachtklub, „inklusive attraktiver Bauchtänzerin und Mokkaecke".[243] Die in diese Inszenierungen eingeflossenen (Männer-)Phantasien expliziert ein *Merian*-Autor, der 1975 die auf ein europäisches Publikum zugeschnittenen Hotelrestaurants in der Türkei beschreibt, in denen die Speisen und Getränke von „einer jungen Kellnerin in sogenannter alttürkischer Frauentracht mit gold- und silberbestickter kurzer Samtjacke und weiten Pluderhosen" an den Tisch gebracht wurden: „Ihre [der Kellnerin] Augen sind natürlich schwarz, ebenso die Haare, ihre Blicke heiß ... Der Springbrunnen plätschert, Sie träumen von Karl May oder stellen sich vor, Sie seien ein Pascha und dieses Mädchen eine Ihrer Sklavinnen."[244] Die Bilder und Narrationen sowie der für deutsche Orientalismen einschlägige Karl May, die hier (wie ironisch gebrochen auch immer) aufgerufen werden, verweisen auf koloniale Kontexte[245] und machen deutlich, wie stark das touristische Imaginäre von diesen geprägt war und ist. Dass gerade der Harem die europäische Phantasie beflügelte, machen nicht nur die zahlreichen bildlichen Darstellungen, sondern auch kulinarische Bezeichnungen wie „Orientalisches Haremsgericht" deutlich.[246]

Auch der Dönerkebab partizipierte zum Teil an diesen Inszenierungen und mutierte zu einem vermeintlich traditionsreichen und authentischen türkischen Gericht. Allerdings ließ der Imbiss mit seiner „Reduktionsarchitektur" im Verhältnis zum Restaurant nur wenig Raum für orientalisierende Stilelemente oder individuelle Ausgestaltungen.[247] Hier begnügte man sich meist mit einer Dekoration, die aus Artefakten der materiellen Kultur wie Kupfergefäßen und Messinglampen, Krummsäbeln oder Webteppichen, aber auch aus Lithografien mit historischen Szenen etwa aus dem alten Konstantinopel bestand. Zudem setzten viele Imbisse über ihre Einrichtung deutlich politische und/ oder religiöse Akzente. Zum Repertoire gehörten dann insbesondere Koran-Suren, Moschee- oder Minarettbilder, auf der anderen Seite Atatürk-Porträts oder aber kurdische Symbole.[248] Landschaftsfotos und Bilder der jeweils favorisierten (türkischen) Fußballclubs rundeten das Bild derjenigen Lokale ab, die v.a. einen Treffpunkt für die türkische Bevölkerung in der Bundesrepublik

---

[243] Berlin von 7 bis 7, 1979, 46. Auch Restaurants, die persische Küche boten, präsentierten gerne Bauchtänzerinnen (vgl. Bauchtänzerin und persische Klänge. In: RP [Ausg. Leverkusen] v. 14.10.1982).
[244] Taner, Von Schleier, Fez und Pluderhose, 52.
[245] Zum deutschen Orientalismus siehe Wokoeck, German Orientalism; Polaschegg, Der andere Orientalismus.
[246] Das Einmaleins der kleinen Pfiffigkeiten. In: Die Küche 54/7 (1955), 156.
[247] Baumann/Kimpel/Kniess, Schnellimbiss, 6. Trotz der unterschiedlichen Materialien, Werbezeichen und handwerklichen Fähigkeiten der Imbissbetreiber herrsche weitgehend „typologische Einfalt" (ebd., 56).
[248] Vgl. Scholz, Türkische Wirtschaftsaktivitäten, 34; Eckert, Welt, 31.

schaffen wollten.[249] Abgesehen von wenigen Ausnahmen zeichneten sich die meisten Döner-Imbisse durch eine eher nüchterne Präsentation aus, welche durch die in den meisten Fällen verwendete Neonröhre als (preiswerter) Lichtspender noch unterstrichen wurde. Aufgelockert wurde dieser Eindruck allerdings durch die auch in den Imbissen übliche musikalische Untermalung vom Band, die vielen deutschen Kommentatoren „viel zu laut" erschien. Zu den stereotypen Schilderungen gehörte auch der Mann hinter der Theke, der „voll[er] Inbrunst" ein Lied mitsang, das „mit Macht aus den Lautsprecherboxen" dröhne, und zwar „in allen vibrierenden orientalischen Halbtönen".[250] Wurde schon der italienische Restaurantbesitzer oder Kellner als singfreudiger Mensch dargestellt, wird in den Schilderungen türkischer Lokale noch eine zusätzliche Differenz über die als andersartig empfundene Musik markiert, die sich vom gewohnten Klangrepertoire durch ihre „Halbtöne", ihr ‚Vibrieren' oder vermeintliches ‚Leiern' unterschied.[251]

Eine weitere Auflockerung erfuhr die schlichte Gestaltung vieler Imbisse zudem durch die im Schaufenster ausgestellten Speisen und nicht zuletzt durch den deutlich sichtbaren Dönerspieß. Die Speisen warben auf diese Weise für sich selbst, ähnlich wie das für Waren in Selbstbedienungsläden und für die vor türkischen Lebensmittelläden auf der Straße präsentierten Früchte und Gemüse galt. Auch die Döner-Imbisse stellten damit eine engere Verbindung von Innenraum und Straße her und partizipierten auf diese Weise ebenfalls an der als ‚südländisch' empfundenen ‚Marktatmosphäre', die eine unmittelbare Bedürfnisbefriedigung suggerierte und bald auch die Konzeption einiger deutscher Selbstbedienungsrestaurants inspirieren sollte.[252] Aufgrund der bereits von außen sichtbaren Esswaren verzichteten die meisten Döner-Imbisse auf umfängliche schriftliche Zusätze; die Speisen wurden meist lediglich durch kurze Schriftzüge wie „ab DM 3 Döner Kebap", „Corbalar" [Suppen] und „Döner" angepriesen.[253] In gewissem Sinne fungierte in vielen Imbissen und Restaurants das Schaufenster also als ‚Speisekarte'.[254] Ebenfalls vor aller Augen vollzog

---

[249] Ähnlich gestaltete sich auch die Wanddekoration in den privaten Wohnungen (vgl. Çağlar, Zwei Leben, 247).
[250] Eckert, Welt, 30.
[251] Die Türken kommen, 24.
[252] Zum Typ des „Marktrestaurants", in dem die Speisen an verschiedenen Ständen vor den Augen der Gäste zubereitet werden, siehe Naumann, Kiosk, 129.
[253] Siehe die Abbildungen zweier Döner-Imbisse in Berlin um 1980, die abgedruckt sind in: Kunstamt Kreuzberg, morgens Deutschland, 228; Fiebig/Hofmann-Axhelm/Knödler-Bunte, Kreuzberger Mischung, 182.
[254] „Unser Schaufenster ist, nach alter türkischer Sitte in anatolischen Kleinstädten, unsere Speisekarte. Sie brauchen nicht hereinzukommen und Platz zu nehmen, zu bestellen und zu warten, was serviert wird, sondern sie sehen schon von draußen in den Töpfen am Schaufenster, ob ihnen unser Angebot munden wird." (Pazarkaya, Türkische Esskultur, 70)

sich auch – und das galt und gilt ebenso für die meisten deutschen Imbisse – die Zubereitung der Speisen, die „wie ein Schauspiel auf offener Bühne inszeniert" wurde.[255] Dem Kunden wird auf diese Weise ermöglicht, während des Herstellungsprozesses noch spezielle Wünsche zu äußern, steht er doch in direktem Kontakt zum Produzenten seiner Speise.[256] Dem Imbiss fehlt die für das Restaurant charakteristische Trennung von Gastraum und Küche, von vorderer und hinterer Bühne. Hier sind Produktions- und Konsumbereich meist nur durch eine Theke voneinander geschieden, die vielfach als zusätzliche Speiseauslage dient.

Es bleibt festzuhalten, dass die Döner-Verkaufsstellen der 1970er und 80er Jahre trotz einer gewissen, für den Imbiss typischen Kargheit nicht nur eine vergleichsweise auffällige Speisepräsentation betrieben, sondern, vornehmlich im Inneren, auch mit diversen folkloristischen Elementen angereichert waren. Die schmückenden Artefakte und Bilder markierten diese Lokale – gemeinsam mit dem Dönerspieß und den ausgestellten Speisen – als türkische Orte. In den 1990er Jahren begann sich dann jedoch ein deutlicher Wandel in der Gestaltung der Döner-Verkaufsstellen abzuzeichnen. Wie Çağlar herausgestellt hat, versuchten nun zahlreiche Imbissbetreiber, ein neues Image für den Döner zu kreieren. Die Verkaufsstellen wurden umgestaltet und umbenannt, erhielten Namen wie „McKebap" oder „Mister Kebap" und rekurrierten damit auf US-amerikanische Fast-Food-Vorbilder.[257]

Die Amerikanisierung des Döner-Imbisses

Während die Besitzer türkischer Restaurants oftmals an der Strategie der Authentifizierung und Ethnisierung festhielten, setzten die Imbissbetreiber zunehmend auf Amerikanisierung statt auf (orientalisierende) Folklorisierung. Çağlar interpretiert diesen Wandel als Versuch der türkischen Imbissbetreiber, ihren Ort in der bundesdeutschen Gesellschaft neu zu definieren[258], beispielsweise indem sie sich als (post-)moderne Unternehmer auf einem globalen Markt präsentierten und damit zugleich eine neue Form (deutsch-)türkischer Identität produzierten. War es den *dönerci* der 1970er und 80er Jahre qua der ihnen in der Bundesrepublik zugeschriebenen Ethnizität, die sie auch in den von ihnen gestalteten Imbissräumen inszenierten, gelungen, Dönerkebab als vermeintlich authentisches türkisches Fast Food in der Bundesrepublik zu verankern, wählten die Imbissbetreiber der 1990er Jahre vielfach einen anderen Weg, das Produkt (und sich selbst) zu präsentieren. Ihr Gegendiskurs

---

[255] Naumann, Kiosk, 129.
[256] Vgl. Tolksdorf, Schnellimbiss, 132.
[257] Vgl. Çağlar, McDoner, 219. Zum Hamburger als „lingua franca of fast food" siehe Ozersky, Hamburger, 41 u. 128.
[258] Vgl. Çağlar, McDoner, 221.

gegen Strategien der Selbst-Ethnisierung wie gegen die von der Kundschaft vorgenommene Exotisierung artikulierte sich über die Anlehnung an das US-amerikanische Fast-Food-Modell, das Teilhabe an einer hegemonialen und globalen Esskultur versprach. Der Image-Wandel der Döner-Imbisse ist zu einem nicht unerheblichen Teil über den Generationenwechsel zu erklären, der sich in der Suche nach neuen Ausdrucksformen seitens der Türken der sogenannten zweiten und dritten Generation manifestiert und der abermals deutlich macht, dass Übersetzungsvorgänge nicht allein zwischen unterschiedlichen Kulturen und Orten, sondern auch zwischen den Generationen und innerhalb derselben Gesellschaft vonstatten gehen.

Die in den letzten Jahren zu beobachtende ‚McDonaldisierung' der Döner-Imbisse, die parallel zur zunehmenden Ethnisierung der Speisekarte von McDonald's erfolgte, manifestiert sich auf verschiedenen Ebenen. Zum einen verweisen Imbissnamen wie „McDöner" (Würzburg), „Döner King Grill" (Lünen), „Best Kebap" (Rostock), „Best Döner" (Karlsruhe), „Happy Döner" (Köln), „Happy Döner Grill" (Werne), aber auch die zahlreichen mit „-Snack" gebildeten Namen wie „Döner Snack" (Köln, Mönchengladbach) auf den US-amerikanischen Referenzrahmen. Zweitens wird der Dönerkebab mitunter umbenannt und als „Dönerburger" verkauft. Drittens hat sich die Inneneinrichtung vieler Imbisse verändert, die nun oftmals kaum noch Verweise auf die Türkei enthält, sondern sich vielmehr durch eine allein auf Funktionalität und Hygiene setzende Gestaltung auszeichnet, die keine eindeutigen Ortsreferenzen mehr zulässt. Daneben existieren selbstverständlich aber auch weiterhin Imbisse, die sich türkische (Orts-)Namen wie „Antalya" (Berlin) oder „Taksim Döner Kebap Haus" (Darmstadt) geben.

Auch Verknüpfungen von US-amerikanischen und ‚orientalischen' Referenzen sind nicht selten. „McDöner – Orientalische Spezialitäten"[259] oder „Snack" in Kombination mit „Aladtin [sic] die Wunderlampe"[260] verweisen darauf, dass nicht unbedingt eine vollständige Ablösung ethnisierender Verkaufsstrategien stattfinden muss, sondern mitunter Amerikanisierung und Orientalisierung sich ergänzende Aspekte der neuen Döner-Vermarktung darstellen. Als spezifisches „Ethno Fast Food"[261] kann der Dönerkebab so einen eigenen Platz auf dem globalen Fast-Food-Markt beanspruchen.[262]

Zudem gilt es festzuhalten, dass nicht alle auf die Türkei verweisenden

---

[259] mazome.ma.funpic.de/xx.images/Doener/McDoener.jpg (26.2.2012).
[260] Naumann, Kiosk, 78, Abb. 82.
[261] König, Geschichte, 181.
[262] Gerade in den letzten Jahren sieht er sich allerdings zunehmend von Falafel, den auch bei Vegetariern beliebten frittierten Kichererbsenbällchen, bedrängt. Einige türkische Imbisse, v.a. in Berlin, reagieren mittlerweile auf den fleischlosen Trend und verkaufen *gözleme*, eine anatolische, dem Pfannkuchen ähnliche Spezialität.

Namen eine Ethnisierungs- oder Orientalisierungsstrategie indizieren müssen. Mittlerweile existieren, gerade in Berlin, zahlreiche Bars und Cafés, die türkische mit internationaler Küche verbinden und Hamburger servieren, die nach den Istanbuler Fußballclubs benannt sind. Den Betreibern und Besuchern geht es nicht um eine Selbstinszenierung, die auf Ethnizität basiert; vielmehr bildet hier Urbanität, die großstädtische Kultur Berlins und Istanbuls, den zentralen Referenzrahmen.[263] Lokale dieser Art haben Anteil an der Aufwertung der türkischen Küche und mit dieser (direkt oder indirekt) auch des Dönerkebabs. Insofern dieser noch in seiner amerikanisierten Variante lange Zeit nur als billiges, sättigendes *junk food* wahrgenommen wurde, forderte der Vorsitzende der Deutsch-Türkischen Wirtschaftsvereinigung im Jahre 2006, dass man von den italienischen Gastronomen lernen und den Döner „veredeln und ‚toskanisieren'" solle.[264] Mag dies auch zunehmend versucht werden, stellen gegenwärtig doch diejenigen türkischen Lokale die Mehrheit, die eine Italianisierung nur insofern vollzogen haben, als sie ihr Angebot noch um Pizza erweitert haben und damit den „successful international archetype of the Italian pizzeria"[265] imitierend vereinnahmt haben.

Die von vielen Döner-Imbissen in den 1990er Jahren vorgenommene Amerikanisierung ist keineswegs als eine vollständige Angleichung, sondern vielmehr als durchaus ironisch gebrochene Imitation des US-amerikanischen Vorbildes zu verstehen. Diese Verschiebung entsteht nicht allein dadurch, dass bisweilen lokale Versatzstücke in das Gesamtkonzept integriert werden, ohne zwangsläufig eine folkloristische Wirkung zu entfalten. Zudem lassen Namen wie „Happy Döner Grill" oder Werbesprüche wie „Döner macht schöner" die neuen Döner-Verkaufsstellen auch an der aktuellen Trash-Kultur der Bundesrepublik teilhaben.[266] Sie stellen somit eine lokalspezifische Antwort auf die globale Fast-Food-Kultur dar und definieren zugleich ihren Ort innerhalb der bundesdeutschen Populärkultur auf neuartige Weise. Gleichzeitig hat der sogenannte „Kanaksta"-Style, der sich als Ethnizitäten übergreifende Diaspora-Ästhetik[267] verstehen lässt, Einzug in den Mainstream gefunden

---

[263] Vgl. Çağlar, Constraining Metaphors, 609. Zu weiteren ‚trendigen' Fortschreibungen des Döner-Imbisses, etwa den Oriental Lounges, siehe Edith Kresta: Die mutigeren Deutschen. Selbständigkeit ist für Migranten oft der einzige Weg aus der Arbeitslosigkeit – aber ein Erfolgsrezept für Integration. In: taz v. 6.9.2006.
[264] Thomas Pampuch: Der Vermittler. In: taz v. 6.9.2006.
[265] Kesteloot/Mistiaen, Ethnic Minority Niche, 333, Anm. 7.
[266] Zum Döner als Element der gegenwärtigen Trash-Kultur siehe auch Spiekermann, Das Andere verdauen, 98.
[267] Bhachu, It's Hip, 40. Dass eine solche „‚Kanaken'-Identität [...] Minderheiten über ethnisierte Grenzen miteinander verbindet, andererseits wohlmeinende mehrheitsdeutsche Konstrukte vom ‚ausländischen Mitbürger' bis zur unterdrückten Migrantin zurückweist", betont El-Tayeb, Kanak Attak!, 315. Vgl. auch Göktürk/Gramling/Kaes, Transit, 427.

und wird nicht nur von (deutsch-)türkischen, sondern auch nicht-türkischen Jugendlichen (und Erwachsenen) adaptiert. Ein bekanntes Beispiel etwa wären Erkan & Stefan, die Klischees der migrantischen Jugendkultur in Deutschland aufgreifen und darüber hinaus – neben der Produktion von Musik-CDs mit Titeln wie *Planet Döner* – auch das sogenannte Dönertier, ein Stofftier in Form eines Dönerspießes, vermarkten.[268] Der Döner ist auf diese Weise zum Symbol für einen migrantisch geprägten, jugendlichen Lebensstil geworden.[269]

Der skizzierte Image-Wandel macht erstens deutlich, dass Herstellung und Konsum eines Produkts wie des Döners immer in die jeweils aktuellen Diskurse über ethnische, nationale und globalisierte Identitäten eingebunden sind. Zweitens zeigt das Beispiel, dass es nicht ausreicht, bei einer Analyse des Dönerkebabs nur zwei nationale Kontexte in den Blick zu nehmen. Der explizite Bezug auf die USA erfordert mindestens eine Triangulisierung der Untersuchungsperspektive und belegt damit abermals, dass man es äußerst selten mit bi-, sondern meist mit multilateralen Transfers und Übersetzungsvorgängen zu tun hat[270] – ein Befund, der umso mehr gilt, wenn man die vielfältigen Produktions- und Distributionsgeografien der einzelnen Nahrungsmittelkomponenten in die Analyse einbezieht. Zu fragen wäre angesichts der ausgeführten Verortungs- und Vermarktungsstrategien v.a., inwieweit nicht Europa als zusätzlicher Referenzrahmen zu berücksichtigen wäre.[271] Nicht nur Namen wie „Euro-Döner" (Darmstadt, Hamburg) oder „Euro-Snack" (Berlin) legen eine solche Perspektive nahe; auch die mittlerweile weit fortgeschrittene Europäisierung der Produktion und des Verkaufs von Dönerkebab erfordert eine über den deutsch-türkischen Rahmen hinausreichende Analyse.

Die Europäisierung der Produktion

Im Laufe der 1980er und bis weit in die 90er Jahre hinein etablierte sich eine umfangreiche Döner-Industrie, die ihren Schwerpunkt in der Bundesrepublik hat, wo im Jahre 2000 mehr als 100 Betriebe das für den Dönerkebab benötigte Fleisch und Brot produzierten.[272] Buken die Imbissbetreiber ihre

---

[268] Auf dem Musikmarkt lassen sich zahlreiche Anspielungen auf den Dönerkebab finden wie etwa die Band Ali & die Dönerboys mit ihrem Song *Döner oder was?!* aus dem Jahre 2005.

[269] Ein anderes Resultat dieser populärkulturellen Begeisterung für den Döner stellt das Döner-Quartett dar, das Döner-Imbisse in Berlin zum Thema hat und, analog zu den Angaben über Hubraum und Pferdestärken im klassischen Auto-Quartett, das Gründungsjahr der Imbisse und ihre Entfernung vom Zentrum Istanbuls nennt. Das Döner-Quartett wurde von Leif Hesse von der Fachhochschule für Medien und Design in Hannover entworfen.

[270] Vgl. Kaelble, Herausforderungen, 9.

[271] Dies fordert Fortier, Migrant Belongings, 160, für die Beschäftigung mit der italienischen Migration in Großbritannien ein.

[272] Vgl. Schmidt, Unternehmertum, 357.

6.5 Dönerkebab 441

pide früher meist noch selbst, existiert heute eine Vielzahl an (Groß-)Bäckereien, die vornehmlich von der Nachfrage der Restaurants und Imbisse lebt.[273] Darüber hinaus sind, v.a. in Berlin, zahlreiche und zum Teil große Döner-Produktionsbetriebe gegründet worden, die nicht selten auf ehemals kleine *helal*-Fleisch- oder Lebensmittelgeschäfte zurückgehen.[274] Ein Berliner Großbetrieb der Döner-Branche wurde von einem 1971 nach Deutschland migrierten Türken, Ahmet Basburg, aufgebaut, der in Istanbul Betriebswissenschaften studiert hatte, sein Studium in Berlin fortsetzte, um dann als angestellter Betriebsleiter in der Lebensmittelbranche tätig zu werden, und zwar, als Transmigrant, abwechselnd in der Türkei und in Berlin. 1981 siedelte er dann endgültig mit seiner Familie nach Berlin über und wurde dort im Lebensmittel- und Fleischgroßhandel tätig.[275] Ende der 1990er Jahre produzierte er mit Hilfe seiner 50 Angestellten und eines deutschen Meisters durchschnittlich acht, manchmal bis zu 20 Tonnen Fleischkegel am Tag.[276] Den schockgefrosteten Döner exportiert er in die Türkei, nach Dänemark, Österreich, Frankreich, aber auch nach Spanien und Italien, wo sich der Kebab – neben der chinesischen Küche – innerhalb einer ethnozentrischen Esskultur zur beliebtesten ausländischen Mahlzeit entwickelt hat.[277] Die massenhafte, industrielle Herstellung von Döner-Fleischkegeln kannte man weder in der Türkei noch in anderen Ländern; sie ist in der Bundesrepublik entstanden, wo sie sich zunächst auf regionaler Basis, v.a. in Berlin, aber auch an anderen Standorten des Bundesgebiets entwickelt hat. Die größten Betriebe der Branche begannen jedoch bald, den Döner überregional und international zu verkaufen und auch die Produktion teilweise ins Ausland zu verlagern. Remzi Kaplan beispielsweise, der zwei Döner-Fabriken und zwei Döner-Imbisse im Wedding

---

[273] Für die Errichtung einer Bäckerei ist ein nicht geringes Startkapital erforderlich, nämlich Mitte der 1990er Jahre etwa 600 000–700 000 DM, während ein schlüsselfertig zu beziehender Döner-Imbiss nur 100 000 DM kostete (vgl. Seidel-Pielen, Aufgespießt, 111). Da formal ein Meistertitel notwendig ist, werden oftmals deutsche Bäckermeister für die türkischen Bäckereien engagiert (vgl. Blaschke, Herkunft, 41).
[274] Vgl. Seidel-Pielen, Aufgespießt, 95 u. 98.
[275] Zu Ahmet Basburg siehe Yumuşak/Hunger, Türkische Unternehmer, 89.
[276] Der Dönerbusinessgeneral. Ahmet Basbug macht Fleischkegel für West und Ost nach den Regeln der Kunst und der Veterinärkontrolle. In: FR v. 12.11.1999.
[277] Vgl. Harley Spiller: Noodles at Chinese Pompeii. In: Flavor & Fortune 13/4 (2006), 34–35. Zur Ausgrenzung nicht-italienischer Gastronomiebetriebe siehe das in Lucca ausgesprochene Verbot der Neueröffnung ausländischer Restaurants in der Altstadt, das der Stadt den Vorwurf des „Gastro-Rassismus" eingebracht hat (Ariel David: Kein Döner für Toskaner. In: Spiegel Online v. 29.1.2009, http://www.spiegel.de/reise/aktuell/0,1518,604358,00.html [27.2.2012]; Lucca will nur noch Pasta. In: FAZ v. 30.1.2009). Zu der sich erst seit den 1980er Jahren langsam ausbreitenden ausländischen Gastronomie in Italien siehe Mudu, New Romans; Mingione/Quassoli, Participation.

besitzt, hat einen weiteren Produktionsbetrieb nicht nur in Hamburg, sondern auch in den Niederlanden eröffnet, von wo er das europäische Ausland beliefert. Das Unternehmen, das mit seinen 140 Angestellten seit 2007 der größte Döner-Produzent der EU ist, wurde erst 1991 gegründet und schaffte den Durchbruch mit der Belieferung der neu entstandenen Döner-Imbisse in Ost-Berlin.[278] Der Mauerfall bewirkte eine starke Expansion in der Döner-Branche, die sich aber Ende der 1990er Jahre deutlich abschwächte. Besaß Berlin laut türkischem Branchenverzeichnis 1996 noch 35 und 1997 noch 38 Döner-Produktionsbetriebe, waren es 1998 nur noch 19.[279] Verschärfte Lebensmittelrichtlinien der EU, aber auch der Absatzrückgang, nicht zuletzt aufgrund der BSE-Krisen, und die große Konkurrenz in der Branche zwangen immer mehr Döner-Produzenten und noch mehr Imbissbetreiber zur Aufgabe.[280] Dönerkebab wird von den Imbissen zum Teil unterhalb der Renditegrenze verkauft. Der Verein türkischer Dönerhersteller hat entsprechend schon einen „Genehmigungsstopp" für weitere Imbisse gefordert – und damit letztlich das Nahrungsprinzip in Anschlag gebracht.[281]

Auch wenn mittlerweile in anderen Ländern nicht nur zahlreiche Döner-Imbisse, sondern auch Döner-Produktionsstätten entstanden sind, die keine Filialbetriebe deutsch-türkischer Unternehmer darstellen[282], lässt sich das Döner-Business noch immer als stark deutsch-türkisch dominiert beschreiben. Der zum globalen Produkt avancierte Dönerkebab, der auch in China und Korea als Fast Food und im Falle Koreas von Vietnamesen verkauft wird, die vielfach in Ost-Berlin gelebt haben[283], bewahrt diese Prägung zum Teil auch im Ausland. So wurde der Döner in China im Herbst 2000 von einem chinesischen Geschäftsmann als „Deutscher Döner" eingeführt.[284]

Die Translokalität eines gewöhnlichen Konsumprodukts wie des Dönerkebabs lässt sich, wie das bereits für Spaghetti und Pizza herausgearbeitet wurde,

---

[278] Vgl. Yumuşak/Hunger, Türkische Unternehmer, 119.
[279] Vgl. Hillmann, Türkische Unternehmerinnen, 15, Tab. 4.
[280] 1995 war erstmals ein Rückgang des Umsatzes in der Döner-Branche um 10 % zu verzeichnen (vgl. Seidel-Pielen, Aufgespießt, 132).
[281] In Düsseldorf war Dönerkebab im Jahre 2006 für 1,99 Euro zu bekommen, obwohl die Renditegrenze 50 Cent höher lag (vgl. Guido Kleinhubbert: Brühwurst vom Spieß. In: Der Spiegel v. 13.2.2006). Zum Nahrungsprinzip siehe Kap. 3.1.
[282] Zu nennen wäre hier etwa die Schweiz, wo Dönerkebab erst Ende der 1990er Jahre zu einem Massenprodukt wurde. In Winterthur betreibt Zeynel Demir eine Döner-Fabrik, in der er mit 120 Angestellten täglich zwölf Tonnen Fleischkegel herstellt, mit denen er das gesamte Land beliefert. Vgl. Christof Moser: „Mit alles, scharf?" In: NZZ-Folio 6/2007.
[283] Diesen Hinweis verdanke ich Regina Mühlhauser.
[284] Vgl. Susann Sitzler: Oh, du schöner deutscher Döner! In China gilt Kebab als urdeutsche Spezialität. In: Die Zeit v. 1.12.2011. Ein prägnantes Beispiel für die Vermarktung des Dönerkebabs als lokales, nämlich Berliner Produkt ist der Imbiss „Berlin Döner", der im historischen Zentrum von Moskau existierte.

als Indiz dafür lesen, dass der Alltag in einer globalisierten bzw. glokalisierten Welt nicht allein dem Lokalen zugeschlagen werden kann. *Translocation* ist ein Vorgang, der alle Gesellschaftsbereiche und alle Gesellschaftsschichten betrifft. Gerade eine Glokalisierung von unten basiert auf translokalen Verflechtungen, die durch eine Vielzahl von Alltagspraktiken hergestellt und aufrechterhalten wird, seien es Praktiken des (kulinarischen) Wissensaustausches, des Transfers von Gütern oder, nicht zuletzt, der Migration. Die Durchquerung unterschiedlicher Räume produziert neuartige Konsumorte wie den Döner-Imbiss, welche die Raumordnung von Gesellschaften und Kulturen verändern. Diese Transformationsprozesse realer wie imaginärer GeografiBockwursten stoßen bisweilen auf beträchtlichen Widerstand. Während bisher eher eine Art Erfolgsgeschichte des Dönerkebabs erzählt wurde, darf nicht unerwähnt bleiben, dass der Döner keineswegs allein für eine geglückte interkulturelle Begegnung steht – was auch immer darunter zu verstehen wäre. Eine Neonazi-Parole wie „Bockwurst statt Döner", wie sie seit den (späten) 1990er Jahren unter deutschen Skinheads im Umlauf ist, macht deutlich, dass die durch transnationale Migration und glokalisierte Konsumkulturen veränderten Geografien bei einigen Gruppen auf massive Abwehr stoßen. Dabei geht es nicht allein um eine grundsätzliche Ablehnung ‚des Türkischen', sondern vielmehr um eine Abwehr der Hybridisierung ‚des Deutschen', die der Dönerkebab verkörpert. Ganz ähnlich betrachtet auch der französische Front National migrantische Küchen als Gefahr für die heimische (Ess-)Kultur.[285] Insofern die Ernährung einen integralen Bestandteil von (Sub-)Kulturen darstellt, kann sie auch zum direkten Austragungsort politischer Kämpfe werden.

6.5.3 „Bockwurst statt Döner". Die politische Dimension ethnisierter Speisen

Die rechtsradikale Parole „Bockwurst statt Döner" formuliert das Ziel, dass die vermeintlich originär deutsche Bockwurst den ‚fremden' Dönerkebab (wieder) ersetzen möge. Die Logik der Parole lässt lediglich ein Entweder-oder zu; beide Nahrungsmittel stehen für scheinbar klar definierte Selbst- und Fremdbilder, die sich ausschließen. Für derartige Repräsentationen stellen Speise(metapher)n ausdrucksstarke und machtvolle Mittel bereit. Indem sich jemand einer bestimmten Speisekultur zuordnet und ein bestimmtes Essverhalten befolgt, werden die jeweiligen Identitäten inszeniert und praktiziert; dabei können kulinarische Vorlieben und der niemals ausschließlich persönliche Geschmack eine zutiefst politische Dimension zu erkennen geben. Zugleich lassen sich politische Ziele über den Kampf gegen bestimmte (neue)

---

[285] Vgl. Probyn, Carnal Appetites, 25; Bahloul, „On Cabbages and Kings", 105, Anm. 6.

Speisen artikulieren. Das war und ist insbesondere der Fall bei ausländischen Gerichten, wie die Auseinandersetzungen um den Dönerkebab, aber auch um den Hamburger zeigen.

Fast zeitgleich mit den ersten Döner-Imbissen wurden in Westdeutschland und Berlin auch die ersten McDonald's-Filialen eröffnet.[286] Der Hamburger stieß bei vielen und insbesondere sich der Linken zurechnenden Gruppen auf vehemente Ablehnung, die sich vornehmlich aus ökologischen sowie antiamerikanischen Motiven speiste. Noch im Jahre 2007 wurden Proteste gegen die erste (mittlerweile errichtete) McDonald's-Filiale in Kreuzberg SO 36 organisiert, die sich als „eine Art Esskultur-Kampf" deuten lassen.[287] Ging es links-alternativen Gruppierungen – neben einer durchaus ressentimentgeladenen Abwehr ‚des' US-amerikanischen Lebensstils – v.a. um die schlechten Arbeitsbedingungen der Angestellten und die negativen Folgen für die Umwelt und weniger um eine grundsätzliche Ablehnung ausländischer Produkte, ist die von rechter Seite formulierte Abwehr ausländischer Speisen einem sich qua Konsum äußernden Ethnozentrismus geschuldet.[288] Dieser erachtet auch US-amerikanisches Fast Food als mit der deutschen Speisekultur nicht kompatibel und markiert damit den oftmals als global wahrgenommenen und nur selten ethnisch kodierten Hamburger als ‚fremdes' Produkt.[289] Die Reaktionen auf die Verbreitung des Hamburgers und des Dönerkebabs in der Bundesrepublik geben damit Aufschluss über die vielfältigen Formen der Aneignung oder Abwehr neuer und zudem ‚von außen' kommender Produkte und verweisen letztlich auf die Polyvalenz einer jeden Speise, die für unterschiedliche Konsumentengruppen eine jeweils andere symbolische Funktion besitzen. Festzuhalten bleibt in jedem Falle, dass der Erfolg des Hamburgers und des Dönerkebabs durchaus als eine Herausforderung der zuvor dominanten Imbisskultur empfunden wurde. Das machen selbst vermeintlich versöhnliche Äußerungen deutlich, die angesichts von 18 000 Tonnen Hamburgern und 37 000 Tonnen Bratwürsten, die im Bundesgebiet 1985 verzehrt wurden, zu

---

[286] Siehe Kap. 2.3.3.
[287] Marcel Rosenbach: Frittenalarm im Falafelkiez. In: Spiegel Online v. 18.5.2007, http://www.spiegel.de/politik/deutschland/0,1518,483535,00.html (28.3.2012).
[288] Vgl. Siknovics, Ethnozentrismus. Ob die Arbeitsbedingungen in den Kreuzberger Döner-Imbissen tatsächlich besser sind als bei McDonald's, ist allerdings anzuzweifeln. Entsprechend kommentiert ein Autor der Wochenzeitung *jungle world*: „Gegen die Konkurrenz der Onkelökonomie mutet McDonald's wie ein sozialdemokratischer Musterbetrieb an." (Melis Vardar: Ich werde es nicht hassen. Gegen Berlin, für McDonald's! In: jw v. 23.5.2007)
[289] Zum Kampf des Landesvorsitzenden der Republikaner in Nordrhein-Westfalen, Uwe Gollner, sowohl gegen den US-amerikanischen „Kulturimperialismus" in Form von McDonald's als auch gegen türkische Döner-Imbisse Mitte der 1990er Jahre siehe Seidel-Pielen, Aufgespießt, 143.

dem Schluss kommen, dass der Hamburger noch „keine Bedrohung unserer wurstbestimmten Kultur" darstelle.[290]

Die gegen den Döner in Stellung gebrachte Bockwurst hat ihren Einzug in deutschsprachige Gebiete erst mit der Ansiedlung französischer Hugenotten im 17. Jahrhundert gehalten; ihren Namen bekam sie vermutlich erst gegen Ende des 19. Jahrhunderts, als sie von einem Berliner Gastwirt zusammen mit Bockbier serviert wurde.[291] Trotz dieser Spuren verzweigter Reisen und vielfältiger Transfers ist die Hybridität der Bockwurst weit weniger offensichtlich als diejenige eines anderen Lieblingsgerichts der Deutschen und insbesondere der Berliner, nämlich der Currywurst. In West-Berlin wurden 1985 täglich etwa 200 000 Currywürste verzehrt, und auch für türkische Migranten stand die Currywurst für (ihre) Berliner Identität: „[I]ch hatte Heißhunger auf Currywurst mit Pommes. Ich habe gemerkt, ich gehöre nach Berlin."[292] Die mit Curry hergestellte Soße untergräbt den Glauben an einen autochthonen Ursprung der Currywurst von vornherein, zumal es sich bei dieser Wurstvariante um eine recht junge Erfindung handelt, die auf die US-amerikanische Besatzung Nachkriegsdeutschlands zurückgeht.[293] Dies mag ein Grund dafür sein, warum sich Neonazis, zumindest in ihren Parolen, an die Bockwurst halten – und warum Gruppen mit einer anderen politischen Agenda gerade auf die Currywurst setzen.[294]

Sicherlich ist die Parole „Bockwurst statt Döner" als radikale Reaktion auf eine als fremd wahrgenommene Speise aufzufassen, aber bei einer Analyse kulinarischer Transfers gilt es, auch verweigerte Transfers in die Betrachtung einzubeziehen.[295] Denn derartige Abwehrreaktionen sagen zum einen etwas über den als traditionell erachteten Geschmack aus und lenken zum anderen die Aufmerksamkeit auf Rassismen, die sich über bestimmte Speisen oder

---

[290] Harpprecht, Fast food, 394 u. 397.
[291] Vgl. Rüdiger, Currywurst, 20f.; http://www.luise-berlin.de/lexikon/frkr/s/skalitzer_strasse.htm (27.2.2012).
[292] So Filiz Yüreklik, zit. nach Seidel-Pielen, Unsere Türken, 90. Zu der genannten Verzehrsmenge siehe Harpprecht, Fast food, 394.
[293] Dieser Zusammenhang ist in Uwe Timms Novelle *Die Entdeckung der Currywurst* ausführlich geschildert. Während Timm die Erfindung der Currywurst einer Hamburgerin zuschreibt, beansprucht die aus Königsberg stammende Herta Heuwer, im September 1949 in Berlin die Currywurst kreiert zu haben (siehe dazu Rüdiger, Currywurst, 23ff.). Zur Geschichte des Currys siehe Collingham, Curry.
[294] 1999 hat der damalige innenpolitische Sprecher und heutige Bundesvorsitzende von Bündnis 90/Die Grünen, Cem Özdemir, ein Buch über Migrationspolitik und Multikulturalismus in Deutschland publiziert, dessen Titel *Currywurst und Döner* lautet. Siehe dazu Möhring, Döner Kebab.
[295] Vgl. Kaelble, Herausforderungen, 10. Alan Warde unterscheidet zwischen vier Formen, auf ‚fremdes' Essen zu reagieren, nämlich „rejection", „naturalization", „improvisation" und „‚authentic' replication" (vgl. Warde, Eating Globally).

auch die Art ihres Verzehrs artikulieren.[296] Dabei äußern sich diese Rassismen besonders häufig darin, dass ausländischen Speisen ein unangenehmer Geruch zugeschrieben wird. So war es neben Lärm und den „fremden Bräuchen auf dem Etagenklo" v.a. der „Geruch fremdartiger Küchengewürze", der in den 1970er Jahren laut Bezirksamt Kreuzberg als Grund angeführt wurde, warum Deutsche aus von Ausländern bewohnten Häusern auszögen.[297] Wie bereits für den ungewohnten Knoblauchgeruch geschildert, erregten auch „Hammelfettdünste" den Widerwillen einiger Teile der deutschen Bevölkerung.[298] Auf der anderen Seite befanden viele Türken, dass Schweinefleisch stinke.[299] Die Konfrontation mit einem unbekannten und als unangenehm wahrgenommenen Geruch kann deshalb eine solche Wirkmächtigkeit entfalten, weil man sich gegen Geruch nur schwerlich abschirmen kann, dringt er doch durch Wände und in alle Poren.

Nun geht es in der Parole „Bockwurst statt Döner" nicht um Gerüche, mögen diese beim Aufrufen der beiden Speisen auch durchaus mitgedacht sein. Vielmehr geht es um Konsumgeografien und -geschichten. Die Parole ist ohne historische Narrative, ohne die Biografien der Nahrungsmittel, nicht zu verstehen; man muss wissen, dass die Bockwurst vor dem Döner ‚hier' war. Dabei evoziert das Wort „statt" deutlich die Frage des Ortes, der Platzierung und Re-Platzierung und referiert damit auf eine Politik des Raumes, der es um die Aneignung sowohl realer als auch imaginärer Geografien geht. Die Parole propagiert jedoch keine Aneignung des Döners, sondern seine Ersetzung, gebe es doch keinen Ort für den Döner in Deutschland: „Wir sind hier nicht in Türkenland, die sollen das hier nicht verkaufen", äußerte ein 17-Jähriger bei seiner Verhaftung im Jahre 2005, nachdem er einen Döner-Imbiss im brandenburgischen Rheinsberg angezündet hatte.[300] Die Angriffe auf türkische Imbisse in Deutschland, die in den späten 1980er Jahren begannen[301] und 2005 mit der

---

[296] Dass der Konsum von Dönerkebab in rechtsradikalen Kreisen vielfach als Vaterlandsverrat betrachtet wird, bedeutet jedoch nicht, dass Neonazis keinen Dönerkebab essen. Sie tun es sehr wohl. Für ein ähnliches Beispiel siehe Richard Rodriguez: Mexican Food. Filling Loneliness of American Life. In: Los Angeles Times v. 24.7.1994: „A skinhead I know hates Mexicans – but loves tacos" (zit. nach Valle/Torres, Latino Metropolis, 90).
[297] Die Türken kommen, 28.
[298] Dass „Knoblauch- und Hammelfettdünste" in Deutschland „nicht so sehr gefragt" seien, betont Forster, Balkan-Grill, 194f.
[299] „[W]ir essen es nicht, es stinkt", so eine Türkin, zit. nach Karasan-Dirks, Geschichte, 139.
[300] Fiona Ehlers: Haxe mit Sauerkraut. Warum ein Türke in Brandenburg an seiner Döner-Bude verzweifelt. In: Der Spiegel v. 25.4.2005.
[301] In Großbritannien ist es zu vergleichbaren Überfällen auf asiatische Lebensmittelgeschäfte und Snack-Bars gekommen (vgl. Racial hatred rises to top of menu. In: Birmingham Post v. 23.9.1997). Mittlerweile sind auch in Deutschland Asia-Märkte zum Anschlagsziel Rechtsextremer geworden, so etwa im August 2008 in Dresden (vgl. Michael Bergmann: Weltoffen, bis es brennt. In: jw v. 2.10.2008).

6.5 Dönerkebab

Erschießung eines Dönerstandbesitzers in Nürnberg (und den Morden an acht weiteren ausländischen Gewerbetreibenden)[302] ihren Höhepunkt erreichten, stellen besonders gewalttätige Formen rassistischer (Raum-)Politik dar. Dabei weisen diese Überfälle und Morde auf die Bedeutung hin, die ausländischen Betrieben als sichtbaren, manchmal einzig sichtbaren Verkörperungen kultureller Differenz im öffentlichen Raum zukommt. Zum einen ist es diese Sichtbarkeit, die ausländische Gaststätten zu bevorzugten Zielen rassistischer Gewalt macht; zum anderen scheint auch der Akt der Inkorporation von etwas Fremdem beim Konsum ausländischer Speisen ein besonderes ‚Provokationspotential' zu besitzen.

Mag die in der Neonazi-Parole artikulierte Position extrem erscheinen, ist die zugrunde liegende Imagination eines zu bekämpfenden Verdrängungsprozesses ‚deutscher' durch ‚fremde' Speisen, also einer Art ausländischer Invasion, alles andere als unüblich im Kontext von Migration und kulinarischen Transfers.[303] Seit Anfang der 1980er Jahre ist in der deutschen Presse, wie ironisch gebrochen auch immer, von „Imbiss-Krieg(en) – Döner geht der Bockwurst an die Pelle" und über den Verdrängungswettbewerb zwischen Dönerkebab und Currywurst zu lesen.[304] Dass der Döner dem zuvor bei deutschen Konsumenten überaus populären griechischen Gyros, verkauft im *pita*-Sandwich, seinen Marktanteil abgenommen hat, findet in diesem Zusammenhang keine Erwähnung. Dabei hatten in den 1970er Jahren, abgesehen von den italienischen Pizza-Produzenten, griechische Migranten den *ethnic-fast-food*-Markt in der Bundesrepublik beherrscht.[305] Mitunter erinnern noch Schilder an türkischen Imbissen, die auch Gyros annoncieren, sowie die mitunter als Tsatsiki bezeichnete, dem Dönerkebab beigegebene Knoblauchsoße an diese bedeutsame Vorgeschichte.[306] Im Allgemeinen ist der Vorläufer des Dönerkebabs jedoch kaum noch als Imbissessen präsent; als Tellergericht in

---

[302] Unter den neun vom „Nationalsozialistischen Untergrund" ermordeten Ausländern waren acht türkischer und einer griechischer Herkunft. Zwei der Morde ereigneten sich in Dönerimbissen.

[303] Auch die ausführlich zitierte Studie von Hoffmeyer-Zlotnik verwendet den Begriff der (‚Gastarbeiter'-)Invasion durchgängig, um die Sukzessionsprozesse in Berlin-Kreuzberg zu beschreiben (vgl. Hoffmeyer-Zlotnik, Gastarbeiter, 43 u. 59). Zur Allgegenwärtigkeit dieser Vorstellungswelt, auch international, siehe Werbner, Metaphors, 671 u. 673.

[304] Doreen Mahlow: Imbiss-Krieg – Döner geht der Bockwurst an die Pelle. In: Bild (Berlin) v. 21.1.1995; Rolf Brockschmidt: Kebap und Köfte in Konkurrenz zur Currywurst. In: Der Tagesspiegel v. 28.10.1982 (zit. nach Seidel-Pielen, Aufgespießt, 13 u. 52).

[305] So ist auch die Bezeichnung ‚Gyros' bereits in den 1980er Jahren und damit deutlich vor dem ‚Dönerkebab' in den Duden aufgenommen worden.

[306] Vgl. Ferda Ataman: „Mach meinen Döner nicht an!", In: Spiegel Online v. 9.12.2006, http://www.spiegel.de/politik/deutschland/0,1518,453300,00.html (28.3.2012). Dass das heute in Griechenland erhältliche Fast Food in den letzten 150 Jahren aus Konstantinopel und Kleinasien importiert wurde und Gyros sich gar erst nach dem Zweiten Weltkrieg in

griechischen Restaurants findet er jedoch noch immer viele Liebhaber. Die Verdrängung eines migrantischen Gerichts durch ein anderes jedenfalls scheint die Öffentlichkeit kaum zu alarmieren.

Warum hat gerade der Dönerkebab eine derart hohe Symbolkraft entfalten können? Zum einen liegt es sicherlich an seiner weiten Verbreitung und allgemeinen Bekanntheit, die ihn für die Verwendung in einer Parole wie „Bockwurst statt Döner" prädestinieren. Bilden Döner-Imbisse vielerorts und gerade in ostdeutschen Kleinstädten häufig die „letzte Anlaufstelle"[307], überschreitet der Döner diese lokale Ebene, indem er mittlerweile im In- und Ausland als deutsches Nationalgericht und deutsche Erfolgsgeschichte reklamiert wird.[308] Ähnlich wie *chicken tikka masala* in Großbritannien ist ‚der Döner' aus der Gastronomieszene der Bundesrepublik nicht mehr wegzudenken.[309]

V.a. aber referiert der Döner dezidiert auf die (deutsch-)türkische Präsenz in Deutschland. Bereits in den 1970er Jahren wurden die Türken, wie die Diskussionen um ‚Ausländerghettos' bereits deutlich gemacht haben, von den übrigen Migrantengruppen abgetrennt und zu den ‚ausländischsten' Ausländern erklärt.[310] Spätestens in den 1990er Jahren waren sie dann zum „Synonym für ‚die Ausländer'" insgesamt geworden.[311] Dabei war es v.a. ihre Herkunft aus einem islamisch geprägten Land, die als Grund für eine vermeintlich größere „kulturelle Distanz"[312] genannt wurde und diese von den anderen ‚Gastarbeitergruppen' (mit Ausnahme der zahlenmäßig kaum ins Gewicht fallenden Marokkaner und Tunesier) unterschied. Im Zuge dieser Distanzierung wurden Türken immer seltener als Europäer betrachtet, auch wenn sie in statistischen Erhebungen lange Zeit als solche geführt wurden.[313] Hatte ‚der' Islam bereits in den 1970er und 80er Jahren als zentrales Differenzkriterium fungiert, wenn

---

Athen und anderen griechischen Städten etablierte, betonen Matalas/Yannakoulia, Greek Street Food Vending, 3 u. 6.

[307] Seidel-Pielen, Aufgespießt, 115.

[308] Als Berliner Nationalgericht wurde er bereits 1984 in einem Artikel in der *Welt am Sonntag* charakterisiert: „Dönerkebap – nun die vierte Nationalspeise der Berliner" (zit. nach Seidel-Pielen, Aufgespießt, 53).

[309] Zur symbolischen Bedeutung von *chicken tikka masala* in Großbritannien siehe Jackson, Cultural Politics.

[310] Bereits 1969 hatten Bingemer/Meistermann-Seeger/Neubert, Integration, 17, die Türken als das in der Wahrnehmung nicht-migrantischer Kölner „Fremdeste überhaupt" beschrieben. Dass der Arbeitsmigrant die „Grundfigur des Fremden" darstelle, betont Bös, Migration, 193.

[311] Özcan, Türkische Minderheit, 519.

[312] Wohnraumversorgung, 32.

[313] Vgl. etwa Berlin in Zahlen 1950; Statistisches Jahrbuch Berlin 1955ff. Auch im Statistischen Jahrbuch von 1935 firmierten türkische Staatsangehörige als Europäer, wobei gesondert angemerkt wurde, dass dabei auch diejenigen eingeschlossen seien, die aus dem asiatischen Teil der Türkei stammten (vgl. Statistisches Jahrbuch der Stadt Berlin 1935, 11).

6.5 Dönerkebab 449

auch eher im Sinne einer kulturellen denn einer explizit religiösen Differenz[314], verstärkte sich diese Tendenz in den 1990er Jahren weiter. Spätestens seit den Anschlägen auf das World Trade Center 2001 ist ‚der (fanatische) Muslim' zum beherrschenden Feindbild in westlichen (Identitäts-)Diskursen geworden und im Zuge dessen auch ‚der Türke' zunehmend islamisiert worden.[315]

Als allgegenwärtige Negativfolie eignen sich türkische Migranten (weniger türkische Migrantinnen) auch für die neonazistische Agitation in besonderer Weise, und gerade im Falle einer Parole wie „Bockwurst statt Döner" geraten islamische Normen in Form von Speisevorschriften in den Blick. Auch wenn das Schweinefleischverbot nicht immer eingehalten wird und längst nicht alle Dönerproduzenten geschächtetes Fleisch verwenden, ist diese Verknüpfung zumindest auf imaginärer Ebene dennoch präsent. Das scharfe Döner-Messer scheint in diesem Zusammenhang auch auf das Schächtmesser zu verweisen.[316] Angesichts der etablierten Verknüpfung von Fleisch und Männlichkeit ist es zudem kein Zufall, dass in der Parole „Bockwurst statt Döner" zwei Fleischgerichte gegeneinander in Stellung gebracht und der Döner nicht etwa durch Sauerkraut oder irgendein anderes (‚effeminiertes') Gemüse substituiert werden soll. Der Parole geht es demnach nicht allein um eine bestimmte nationale Konsumgeografie, sondern auch um die Artikulation von Männlichkeit(en). Insofern bei einer Gegenüberstellung zweier Speisen unbewusst und implizit fast immer eine gegengeschlechtliche Identifizierung vorgenommen und das eine Gericht als weiblich, das andere als männlich rezipiert wird[317], geht es hier (auch) um eine Auseinandersetzung darüber, welches der Produkte die männliche Position besetzen kann. Auf der Ebene des Produkts scheint die Bockwurst insofern eine explizitere Männlichkeit behaupten zu können, als sie mit ihrer klar abgegrenzten, kompakten Form und homogenen Oberfläche eindeutig phallische Eigenschaften besitzt.[318] Der Dönerkebab, der in einer Teigtasche und mit klein geschnittenem Fleisch serviert wird (in Letzterem der Currywurst ähnlich), kann Männlichkeit weniger aufgrund seiner Form denn wegen seiner männlich kodierten stärkeren Würzung beanspruchen.[319] Doch ist es v.a.

---

[314] Vgl. Çağlar/Soysal, Introduction, 10f.
[315] Vgl. Ramm, Muslim-Makers.
[316] Im Gegensatz zu anderen Bundesländern bestand in Berlin schon früh die Möglichkeit, nach Anmeldung im Schlachthof ein betäubungsloses Schlachten vorzunehmen (vgl. Bolstorff-Bühler, Verzehrsgewohnheiten, 195). Zu den z. T. antisemitischen und rassistischen Traditionen des Kampfes gegen das Schächten siehe Krauthammer, Schächtverbot; Lavi, Unequal Rites.
[317] Vgl. Rosenthal, Gender Benders.
[318] Zur phallischen Dimension des Würstchens, die der US-amerikanische Psychiater Leo Wollmann in einem Vergleich von Hamburger- und Hot-Dog-Konsumenten herausgestellt hat, siehe Wagner, Fast schon Food, 93.
[319] Zur Phantasie, dass „die stark gewürzten Speisen des Orients" den Grund für die „Potenz der türkischen Männer" darstellen, siehe Taner, Von Schlier, Fez und Pluderhose, 51.

seine Herstellungsweise, die Bilder von Ursprünglichkeit, Archaik und Männlichkeit aufruft. Rohes Fleisch an einem Spieß zu rösten und dabei mit einem scharfen Spezialmesser ausgerüstet zu sein, mit dessen Hilfe Stücke vom Fleischkegel abgetrennt werden, ist eine Tätigkeit, die klar männlich konnotiert ist. In allen Beschreibungen des Dönerkebabs wird dem Döner-Messer besondere Aufmerksamkeit gewidmet. Genealogisch wird dieses „60 cm lange altertümliche Spezialmesser" meist in Verbindung mit einer (archaischen) Waffe gebracht: „[D]amals mögen die türkischen Reiterkrieger die Lammfleischscheiben über das Schwert geschoben haben."[320] Mit dieser Form der Speisezubereitung, die Kebab zu „eine[r] urwüchsige[n] Fleischspeise" mache, „die aus der Frühzeit der nomadischen Turk-Völker stammt", ist auch eine spezifisch ‚urtümliche' Form von Männlichkeit verknüpft, die, zwar in modernisierter und zum Teil ironisierter Form, aber dennoch bis heute das Bild wenn nicht des Dönerkebabs, dann doch seines Produzenten begleitet.[321] Darüber hinaus handelt es sich beim Grillen im öffentlichen Raum im Gegensatz zum Kochen im häuslichen Bereich um eine prestigeträchtigere, ergo männlich kodierte Beschäftigung.[322] Der Dönerproduzent in der Bundesrepublik ist denn auch (fast) immer ein Mann – ebenso wie sein Pendant in der Döner-Werbung.

Die Reklame für den Dönerkebab arbeitet, außer mit Ab- und Nachbildungen des Fleischkegels selbst, mit einem überaus engen Repertoire an Bildtypen. Das häufigste und mittlerweile standardisierte Motiv zeigt einen Dönerspieß mit seitlich daneben platziertem *dönerci* (Abb. 17). Der Döner-Produzent ist dabei fast immer auf stereotype Weise durch die Attribute Kochmütze, Döner-Messer und Schnauzbart gekennzeichnet. Die ethnische (und zugleich geschlechtliche) Identität des *dönerci* wird durch den kaum jemals fehlenden Schnurrbart markiert, der sowohl zum Selbst- als auch zum Fremdbild zu gehören scheint und ein Standardzeichen der Bildsprache in der Bundesrepublik darstellt, wenn auf Fremdheit im Sinne von Ethnizität referiert werden soll. So wie in schriftlichen Schilderungen des türkischen Lebens in der BRD immer wieder vom „üppige[n] Schnurrbart der Männer" oder von Einzelpersonen mit „buschige[m] Prachtschnauzer" die Rede ist[323] und auch Günter Wallraff alias Ali nicht umhinkommt, sich auf dem Titelbild seiner Reportage *Ganz unten* nicht nur in zerschlissener Kleidung und mit einem Thyssen-Helm,

---

[320] Döner Kebab. In: NGZ 13/15 (1960), 26–28: 26.

[321] Neben historisch-exotisierenden Assoziationen ruft das Döner-Messer zugleich auch ältere wie zeitgenössische Diskurse auf, die besagen, dass das Messer bei türkischen Männern oft „locker sitzt, vor allem aus Eifersucht" (Sturm, Muezzin, 41). Zur Prominenz von Messerstechereien in Berichten über Türken siehe Adelson, Turkish Turn, 130.

[322] Siehe Kap. 5.1.3.

[323] Heinz Verfürth: Nachtschichten unter Tage für die Zukunft am Schwarzen Meer. In: Kölner Stadt-Anzeiger v. 7.9.1982; Eckert, Welt, 30.

Abbildung 17: Dönerci auf Dönerpapier

sondern auch mit Schnauzbart zu zeigen[324], bildet der schwarze und dichte Schnauzbart auch ein essentielles Attribut des Döner-Produzenten in der Werbung.[325] Dem Hinweis auf die Ethnizität des Produzenten kommt in der Werbung insofern eine große Bedeutung zu, als der Glaube an die besondere kulinarische Kompetenz, die aus der Herkunft eines Menschen hergeleitet wird, bedient werden soll. Eine Analyse des Werbematerials legt jedoch nahe, dass die (vermeintliche) Herkunft des *dönerci* allein nicht auszureichen scheint, um Dönerkebab erfolgreich zu vermarkten; auch das Geschlecht spielt aus den oben angeführten Gründen eine entscheidende Rolle.

Die männliche Kodierung des Dönerkebabs mag einer der Gründe dafür sein, warum eine neonazistische Raumpolitik, wie sie die Parole „Bockwurst statt Döner" entwirft, nicht die Aneignung, sondern die Verdrängung und Ersetzung des ‚fremden' Produkts vorsieht. Phantasien räumlicher (Rück-)Eroberung hat Anne McClintock, wenn auch in einem völlig anderen Zusammenhang, als Kampf unter Männern beschrieben, wohingegen Frauen und als weiblich kodierte Dinge nicht verdrängt, sondern angeeignet würden.[326] Damit sind nicht nur die angesprochenen Konsumprodukte und ihre Produzenten

---

[324] Wallraff, Ganz unten. Vgl. dazu Teraoka, Talking „Turk", 104.
[325] Der Bart lässt sich dabei weder eindeutig der Biologie noch der Kultur zuschlagen und ist ein prägnantes Beispiel für die Beziehung von „facialization and racialization" (Parker, Chinese Takeaway, 87).
[326] Siehe McClintocks Auseinandersetzung mit Frantz Fanon, der die „fantasy of territorial displacement", die der schwarze Mann gegenüber seinem weißen Herrn hege, mit der Phantasie, die weiße Frau in Besitz zu nehmen, kontrastiert, McClintock, „No Longer", 95.

geschlechtlich kodiert, sondern auch die Form, welche die Auseinandersetzung um die deutsche Konsumgeografie und -geschichte annimmt.

Welcher Art ist die von neonazistischer Seite in der Parole anvisierte Konsumgeografie? Sie basiert grundsätzlich auf der Idee, dass es eine natürliche Verbindung zwischen einem Ort und einer (Ess-)Kultur gibt oder geben sollte. Es ist genau dieses territoriale Verständnis einer klar abgegrenzten und in sich homogenen Kultur, das durch Prozesse der Globalisierung bzw. Glokalisierung zunehmend in Frage gestellt worden ist.[327] Neben der Abwehr globaler Migrationsbewegungen und ihrer Folgen könnte die Parole auch – und das wäre dann ihre spezifisch ostdeutsche Dimension – eine Reaktion darstellen auf ein Gefühl der Ortlosigkeit, das sich im Zuge der deutschen Wiedervereinigung und der mit ihr einhergehenden Abwertung der ehemaligen DDR eingestellt haben mag. Der erfahrenen Enteignung ostdeutscher Geschichte und des ostdeutschen Imaginären begegnet die Parole damit, das vermeintlich Eigene in Form kulinarischer Tradition herauszustellen, lässt sich die Bockwurst doch (vielleicht zusammen mit dem Goldbroiler) als *das* Emblem ostdeutscher Esskultur betrachten.[328] Die Forderung nach stärkerer Inklusion in das neue Deutschland artikuliert sich dabei über die rassistische Exklusion von Ausländern respektive Türken.[329] Statt eines als aufgezwungen erlebten multikulturellen nationalen Imaginären propagiert die Parole ein wiedervereinigtes Deutschland, das sich durch ethnische Homogenität auszeichnet. Der Ausländer oder genauer: der Türke wird auf diese Weise zu einer Figur des Dritten, über die Ost und West zusammenfinden können – die aber zugleich eine durchaus provokante Position innehat und die Ost-West-Differenz als problematische Binnenkonstruktion überschreitet und irritiert.

6.6 Zwischenbilanz

Wie gezeigt, hat die türkische Ess- und Trinkkultur in Deutschland zunächst vornehmlich über den Kaffeekonsum und die Eröffnung von Kaffeehäusern seit dem 17. Jahrhundert Einzug gehalten. Zwar waren bei den in der Frühen Neuzeit bei Hofe beliebten Turquerien auch türkische Speisen serviert worden; einen größeren Einfluss auf die Speisegewohnheiten gewannen sie jedoch nicht.

---

[327] Vgl. Gupta/Ferguson, Beyond ‚Culture', 10. Das Konzept natürlich-territorial verankerter Kulturen kann nur eine Vorstellung von Kulturkontakt hervorbringen, die in einem „clash of civilizations" (Samuel Huntington) besteht (vgl. dazu Pieterse, Globalization, 62).

[328] Zur Geschichte des Goldbroilers in der DDR siehe Poutrus, Erfindung.

[329] So gesehen hätte man es hier mit einem „displacement of the victim and perpetrator roles of eastern and western Germany" zu tun, die „upon a foreign body or a body made foreign for the purpose" ausagiert wird – so jedenfalls White, Turks, 763.

6.6 Zwischenbilanz

Erst mit den im 19. Jahrhundert aufkommenden internationalen Kochbüchern fanden auch Rezepte für das eine oder andere türkische bzw. ‚orientalische' Gericht eine größere Verbreitung. Derartige Rezepte lassen sich auch in der gastronomischen Fachpresse der 1950er und frühen 60er Jahre nachweisen, und auch einige wenige türkische Restaurants existierten zu diesem Zeitpunkt in Großstädten wie Berlin oder Frankfurt. Eine quantitativ relevante türkische Gastronomie entwickelte sich in der Bundesrepublik aber erst im Zuge der Arbeitsmigration aus der Türkei und insbesondere seit den 1970er Jahren, als viele Migranten aufgrund der sich verschlechternden Arbeitsmarktsituation nach neuen Möglichkeiten der Existenzsicherung suchten. Zusammen mit den Lebensmittelläden und den *helal*-Fleischereien nahmen türkische Restaurants und Imbisse eine Vorreiterrolle für die Entstehung der heute überaus vielfältigen türkischen Ökonomie in der Bundesrepublik ein. Diese entwickelte sich aufgrund der restriktiven Gewerbepolitik gegenüber Nicht-EWG-Ausländern oftmals an den Behörden vorbei, etwa über Strohmannverhältnisse oder auch fiktive GmbHs.

Hatten sich viele Lebensmittelgeschäfte und Gaststätten zunächst vornehmlich an eine türkische Kundschaft gerichtet und sich entsprechend in Städten und Stadtgebieten mit hoher türkischer Wohnbevölkerung angesiedelt, begannen bald auch Deutsche, die Läden, Lokale und v.a. die Imbisse zu frequentieren. Auch einige der höherpreisigen türkischen Restaurants, die sich bis in die Gegenwart auf die großen Städte beschränken, wiesen eine teils deutsche Kundschaft auf. Diese (wenigen) Lokale setzten oft in besonderem Maße auf ein ‚orientalisches' Ambiente, mit dem sich – etwa in Form von Bauchtanz-Darbietungen – eine Differenz gegenüber anderen ausländischen Gaststätten markieren ließ. Im Vergleich zum Balkan-Grill, von dem sie sich im Hinblick auf die gebotenen Speisen oft gar nicht sonderlich unterschieden, da die türkische Küche einen maßgeblichen Einfluss auf alle Balkanküchen ausgeübt hatte, konnten türkische Restaurants eine ‚exotischere' Nische besetzen. Die Inszenierungen fokussierten dabei auf Opulenz, Luxus und Erotik, konnten sich aber auf dem Feld östlicher Exotik nicht gegen die überaus erfolgreichen und weit verbreiteten China-Restaurants durchsetzen. Anders als die chinesische Gastronomie jedoch profitierte das türkische Gaststättengewerbe zusehends vom Tourismus der Bundesbürger. Wie für die Italianisierung der bundesdeutschen Esskultur spielten auch für den Erfolg türkischer Produkte, wenn auch in geringerem Maße, Urlaubserlebnisse eine nicht zu unterschätzende Rolle.

Anders als die italienische Küche jedoch konnte sich die türkische – ähnlich wie die jugoslawische und griechische – Küche bis heute nur vereinzelt im höherpreisigen Restaurantsegment etablieren. Der niedrige Status, der türkischen Migranten im Allgemeinen zugeschrieben wurde und wird, führte dazu, dass auch ‚ihre' Küche lediglich einen Platz am unteren Ende der kulinarischen Hierarchie beanspruchen kann. So besteht noch heute das Gros des türkischen

6. Der Döner-Imbiss

Gaststättengewerbes aus Döner-Imbissen, die mittlerweile bundesweit flächendeckend vertreten sind. Anders als das türkische Café, das in hohem Maße auf eine türkische (und männliche) Kundschaft ausgerichtet blieb, sind die Gäste von Döner-Imbissen sowohl im Hinblick auf ihre nationale als auch soziale Herkunft heterogen. Der Dönerkebab reüssierte auf dem sogenannten offenen Markt, wurde im Laufe der 1980er Jahre zum beliebtesten Fast Food in der Bundesrepublik und erlebte durch die Wiedervereinigung einen neuerlichen Boom v.a. in Ostdeutschland.

War der Döner in der Türkei vornehmlich als Tellergericht bekannt, begannen türkische Imbissbesitzer in Berlin-Kreuzberg in den frühen 1970er Jahren, ihn im Fladenbrot zu servieren, und reagierten damit auf die deutsche Vorliebe, schnell etwas (Warmes) auf der Straße zu verzehren. Berlin bot zum einen aufgrund seiner großen türkischen Bevölkerung und zum anderen wegen seiner ausgeprägten Imbisskultur und -tradition ideale Bedingungen für das neue Produkt. War der Dönerkebab anfangs noch als ‚fremdes' Imbissgericht in Lokalen vermarktet worden, die ihrer Dekoration folkloristische Elemente beifügten, um auf diese Weise nicht nur türkische Migranten anzusprechen, sondern auch den Exotismus deutscher Gäste zu bedienen, fand in den 1990er Jahren eine deutliche Transformation des Döner-Imbisses statt. Über eine ‚McDonaldisierung' des Interieurs und des Namens versuchten viele Imbissbetreiber, v.a. der sogenannten zweiten und dritten Generation, an der US-amerikanisch geprägten globalen Fast-Food-Kultur zu partizipieren und auf diese Weise auch ihren eigenen Ort innerhalb der Bundesrepublik neu zu bestimmen. Damit eigneten sie sich auch den städtischen Raum neu an und ließen sich nicht auf eine – als rückständig wahrgenommene – ‚Ghetto'-Existenz festschreiben.

Mittlerweile hat sich in der Bundesrepublik eine umfangreiche Döner-Industrie etabliert, die europaweit agiert und Dönerkebab als deutsch-türkisches Produkt vermarktet. Aufgrund seines großen Erfolgs, aber auch wegen seiner Kodierung als türkisches bzw. hybrides, deutsch-türkisches Produkt wird der Döner von ethnozentristischen und rechtsradikalen Konsumentenkreisen vehement abgelehnt. Eine Parole wie „Bockwurst statt Döner" entwirft eine Konsumgeografie, die keinen Platz für ‚fremde' Speisen lässt. Nicht ein multikulturelles Deutschland, sondern eine ethnisch homogene (Ess-)Kultur ist das Ziel neonazistischer Agitation und rassistischer Übergriffe auf ausländische Lokale. Wie in den Debatten um die sogenannten Türkenghettos finden auch hier auf verbaler wie körperlicher Ebene Auseinandersetzungen um den Raum statt – bisweilen mit tödlichen Konsequenzen. Dabei geht es sowohl um den konkreten Ort, der von Migranten durch die Eröffnung einer Gaststätte angeeignet wird, als auch um den imaginären Ort der Nation, deren Nationalkultur nicht nur Rechtsradikale, sondern auch Verfechter einer sogenannten Leitkultur bedroht sehen. Die Abwehr migrantischer Aneignungen des Raumes basiert meist auf einer „Ontologie verräumlichter kultureller Differenzen"[330], die zu eindeutigen Identifizierungen zwingt und Übergangsformen sowie (ambivalente) Mehrfachkodierungen des Raumes nicht sieht oder sehen will.

---

[330] Çağlar, Jenseits des Ghettos, 111.

7. Fazit

Die Geschichte der ausländischen Gastronomie in der Bundesrepublik Deutschland ist in dieser Studie aus migrations- und konsumhistorischer Sicht geschildert worden. Es konnte zum einen gezeigt werden, dass sich dank grenzüberschreitender Migrationsbewegungen – v.a. im Zuge der bundesdeutschen Anwerbung von ‚Gastarbeitern', des Familiennachzugs und der (späteren) Freizügigkeit innerhalb der Europäischen Gemeinschaft – neue Anbietergruppen auf dem Gastronomiemarkt etabliert haben. Zum anderen wurde dargelegt, dass sich Veränderungen auf Konsumentenseite vollzogen haben, die nicht nur die Nachfrage nach gastronomischen Leistungen, sondern insbesondere auch nach ausländischen Speisen und Getränken deutlich erhöhten. Nicht zuletzt der Massentourismus hat in diesem Zusammenhang eine zentrale Rolle gespielt, suchten doch viele Konsumenten in einem ausländischen Restaurant Urlaubserinnerungen wieder aufleben zu lassen. Insofern sich die Herkunftsländer der angeworbenen Arbeitsmigranten mit den hauptsächlichen Urlaubszielen der Bundesdeutschen deckten, kann die ausländische Gastronomie in der Bundesrepublik als „Spiegel der großen Urlaubs- und Migrationswellen"[1] gelten. Denn abgesehen von der französischen Küche als traditionsreicher Haute Cuisine und der global erfolgreichen chinesischen Küche haben sich andere europäische und außereuropäische Küchen längst nicht so flächendeckend im Bundesgebiet durchsetzen können wie die sogenannten Gastarbeiterküchen. Diese stießen auf eine frühzeitige und verhältnismäßig große Akzeptanz bei der bundesdeutschen Bevölkerung, da sie sich beim Mahlzeitenaufbau und der Mahlzeitenfolge nicht allzu sehr von den bekannten Ernährungsgewohnheiten unterschieden. War es in der frühen Bundesrepublik neben der italienischen vornehmlich die jugoslawische respektive die sogenannte Balkanküche, die sich aufgrund ihrer Nähe zur gutbürgerlichen (deutschen bzw. österreichischen) Küche durchsetzen konnte, erfreute sich seit den späten 1970er Jahren die griechische Gastronomie immer größerer Beliebtheit, vermochte aber allein in Norddeutschland die Hegemonie der italienischen Küche zu brechen. Im Fast-Food-Bereich war es v.a. der Dönerkebab, der den Markt in den 1980er Jahren eroberte und zum Symbol der türkischen Gastronomie in der Bundesrepublik wurde.[2]

Das ausländische Restaurant, das einen Knotenpunkt kulinarischer Transfers darstellt und in dem Menschen verschiedener Herkunft im Alltag

---

[1] Schmidt, „... laß uns", 14.
[2] Für eine Zusammenfassung der wichtigsten Ergebnisse der Einzelkapitel siehe die jeweilige Zwischenbilanz.

zusammenkommen und interagieren, bildet einen zentralen Teil der modernen Massenkultur. Diese diente dieser Studie als eines der Felder, auf dem der Konstruktion von Alterität nachgegangen wurde. Die Behördenpraxis im Bezug auf die Anträge von Drittstaaten-Ausländern, die sich im Gaststättengewerbe selbständig machen wollten, bezeichnet einen zweiten gesellschaftlichen Bereich, auf dem der administrative Umgang mit Nicht-Deutschen und die ethnisch-kulturellen Grenzziehungen im Rahmen der Bedürfnisprüfung herausgearbeitet wurden. Das Phänomen der ausländischen Gastronomie lässt sich in seiner Vielschichtigkeit und Komplexität nur verstehen, wenn beide gesellschaftlichen Felder gemeinsam in den Blick genommen werden.

Die im ausländischen Restaurant servierten Speisen signalisierten über ihren Geruch und Geschmack, aber auch über die speziellen Koch- und Esstechniken, mit denen sie zubereitet bzw. verzehrt wurden, Fremdheit und versprachen neue (körperliche) Erfahrungen. Kulturelle Differenz auf kulinarischem Gebiet umfasste also neben unbekannten Nahrungsmitteln, Menüfolgen und Speisepräsentationen auch neue, von den Bundesbürgern erst zu erlernende Kulturtechniken (wie die italienische Art des Spaghetti-Verzehrs), die den bundesdeutschen Alltag veränderten. Die materielle Einverleibung ‚des Fremden' macht die esskulturelle Begegnung dabei zu einer besonders intensiven und irreversiblen Interaktionsform, die aus diesem Grund auch zu vehementen Abwehrreaktionen führen konnte, die sich im Gefühl des Ekels oder – explizit politisch gewendet – als Zurückweisung kulinarischer Transfers („Bockwurst statt Döner") artikulierten. Doch erschöpfte sich die ökonomische, soziale und kulturelle Bedeutung der ausländischen Gaststätte als Konsumort nicht in der Bereitstellung ‚fremder' Speisen. Vielmehr wurde den Gästen auch eine ‚südländische' Atmosphäre vermittelt, zu der neben visuellen Verweisen auf touristische Orte auch die musikalische Untermalung mit Klängen aus der Region, v.a. aber auch eine spezifische *ethnic performance* zählte, die von den Betreibern und Angestellten erwartet wurde und das Esserlebnis authentifizieren sollte. Durch diese *ethnic performances* wurde eine kulturelle Differenz auch von den migrantischen Gastronomen markiert, Andersartigkeit in der Konfrontation mit deutschen Gästen (und ihrer *ethnic performance*) produziert und damit – bewusst oder unbewusst, ernsthaft oder spielerisch – eine Strategie der Selbst-Ethnisierung angewendet.

Für die italienischen Restaurantbetreiber ist gezeigt worden, wie sie bestimmte Elemente des nicht nur in der Bundesrepublik dominierenden, sondern in weiten Teilen transnationalen Italienbildes nutzten, um eine spezifische Nische auf dem gastronomischen Markt zu besetzen. Doch war die „ethnic message"[3] der *ristoranti* und Pizzeria-Ristorantes in keiner Weise

---

[3] Moutsou, Ethnicity, 550.

uniform. So suchten z. B. die bei CIAO Italia organisierten (oftmals norditalienischen) Restaurantbesitzer, sich von den (größtenteils süditalienischen) Betreibern einfacher Pizzeria-Ristorantes ethnisch-kulturell wie sozial zu distanzieren, und wiederholten in ihren (aus Sicht der Bundesdeutschen) ‚internen' Abgrenzungsprozessen gegen den Mezzogiorno die nordeuropäischen Grenzziehungen gegenüber ‚dem Süden'. In diesem Zusammenhang von – keineswegs homogenen, sondern nach regionaler und sozialer Herkunft sowie nach Geschlecht zu unterscheidenden – Strategien der migrantischen Gastronomen zu sprechen, soll nicht verdecken, dass ein rein instrumenteller Umgang mit Selbst- und Fremdbeschreibungen nicht möglich ist. Als zentrales Moment von Identitätskonstruktionen zeichnet sich Ethnizität (wie auch Geschlecht und Klasse) dadurch aus, dass sie nicht frei verfügbar ist; die Subjekte können ihre *ethnic performance* stets nur bis zu einem gewissen Grad kontrollieren. Zwar können sie lernen, wie und welche Elemente des Zeichensystems „eingesetzt', ‚gelesen' bzw. für Nichtzugehörige ‚lesbar' gemacht werden müssen", um eine bestimmte kulturelle Identität erfolgreich darzustellen[4]; doch gerade auf die Fremdbeschreibungen können die Akteure nur einen begrenzten Einfluss ausüben. Ethnizität markiert demnach ein umkämpftes Gebiet gesellschaftlicher Differenzierung und kann, je nach Situation, als verwertbare Ressource oder/und als Instrument der Diskriminierung fungieren.

Für Migranten bot der Ernährungssektor insofern ein attraktives Betätigungsfeld, als sie von ihrer Kundschaft als Experten für die Küchen und Lebensmittel ihrer jeweiligen Herkunftsländer akzeptiert wurden und in diesem Bereich somit auf ein spezifisches kulturelles Kapital zurückgreifen konnten. Hier taten sich ökonomische Chancen auf, die von Ausländern genutzt wurden, um für sich einen Platz in der bundesdeutschen Gesellschaft zu erringen. Diese Vermarktung kultureller Differenz führte aber zugleich zu einer oftmals einengenden Fixierung auf die eigene Herkunft. Nicht nur bestimmte Speisen, sondern auch Ethnizität zur Ware zu machen, konnte also einerseits neue Handlungsmöglichkeiten bereitstellen, andererseits aber auch bestehende Ungleichheiten verfestigen.[5]

Den aktiven Part der migrantischen Gastronomen und ihrer Angestellten bei den *ethnic performances* und der Exotisierung des Esserlebnisses im Restaurant zu betonen, soll nicht die oftmals rassistischen (und sexistischen) Projektionen und das bisweilen diskriminierende Verhalten der (deutschen) Konsumenten ausblenden, sondern auf die vielfältigen Wechselbeziehungen zwischen Ethnisierungs- und Selbst-Ethnisierungsprozessen hinweisen. Ein Mitwirken an der Aufrechterhaltung und eine effektive Vermarktung gängiger Klischees durch

---

[4] Zingerle, Identitätsbildung, 79.
[5] Die Vermarktung ethnisch-kultureller Differenz hat „the capacity *both* to enable *and* to disable" (Comaroff/Comaroff, Ethnicity, Inc., 139).

die ausländischen Gastronomen herauszustellen, muss keineswegs dazu führen, die Machtfrage zu vernachlässigen. Vielmehr sind die migrantischen *ethnic performances* als Teil dieser machtförmigen Aushandlung ethnischer (und anderer) Identitäten zu begreifen. Die *agency* der migrantischen Gastronomen zu betonen, bedeutet also nicht, die Grenzen ihres Spielraums außer Acht zu lassen. Wie gezeigt, wurden sie seitens der Behörden mehr oder weniger explizit dazu gedrängt, eine ethnisch-nationale Nische im Gaststättengewerbe zu besetzen. Eine „normale Schankwirtschaft"[6] zu führen, wurde ausländischen Wirten nur ausnahmsweise gestattet. Die Vermarktung kultureller Differenz erfolgte also nicht immer völlig freiwillig – aber auch nicht allein erzwungenermaßen.

Kulturalistisch-rassistische Stereotype sind dabei nicht nur als Nebenprodukt asymmetrischer politischer und ökonomischer Beziehungen zu verstehen, sondern bilden selbst ein konstitutives Element der Produktion derartiger Ungleichheiten.[7] Diesen Konnex von Ökonomie und Kultur gilt es gerade im Falle der ausländischen Gastronomie nicht aus den Augen zu verlieren; denn auch im Gaststättengewerbe geht der Aufstieg ins höherpreisige Segment vielfach mit einer Ent-Ethnisierung einher. Inwiefern sich die strategische Nutzung ethnisch-kultureller Ressourcen also als Vor- oder Nachteil migrantischer Gastronomen erwies, lässt sich nicht pauschal, sondern nur für den Einzelfall bestimmen. Auffällig ist jedoch, dass bestimmte Migrantengruppen wie die Spanier, denen sich in der Bundesrepublik relativ gute Berufs- und Aufstiegsmöglichkeiten boten, weit seltener den Weg in die selbständige Erwerbstätigkeit als Gastwirt einschlugen.

Neben den Italienern waren es zunächst v.a. jugoslawische und griechische Migranten, die sich als Gastronomen in der Bundesrepublik etablierten. Auch sie setzten in ihren Restaurants auf die Evozierung ‚des Südens'. Im Gegensatz zu den italienischen Lokalen aber verwiesen Balkan-Grill und griechische Taverne mit ihrer Küche, die auf – für deutsche Verhältnisse – scharf gewürztem Grillfleisch basierte, auf eine vermeintlich ‚wilde', wenig domestizierte Region im Südosten Europas, die seit dem 19. Jahrhundert als Balkan firmierte und aus westlicher Sicht stets die Frage nach der kulturellen Zugehörigkeit zu Europa aufwarf. Andererseits galten Teile von Jugoslawien, namentlich Kroatien und Slowenien sowie Ungarn, aufgrund ihrer historischen Verbindungen mit Österreich als Mitteleuropa verwandte Länder, deren Küche nicht zuletzt aus diesem Grund als gutbürgerlich auftreten und eingeordnet werden konnte – eine Zuschreibung, die anderen ausländischen Küchen kaum jemals zuteil wurde. Eben diese Klassifizierung, die in den 1950er und 60er Jahren den Erfolg des Balkan-Grills beförderte, führte in den 1980er Jahren jedoch zu seinem Niedergang. Die Ansichten darüber, wie fremd eine ausländische Küche sein musste,

---

[6] LAB B Rep. 010, Nr. 2233.
[7] Vgl. Kwon, Other Cold War, 61.

um eine spürbare Differenz zur einheimischen Küche zu markieren, bzw. was überhaupt noch als fremd wahrgenommen wurde, hatten sich deutlich verschoben. Hier zeigt sich, dass Gastronomie und Kulinarik als Teil der Massenkultur einer (kapitalistischen) Logik unterliegen, die in der endlosen Produktion von Differenzen besteht, die sich vermarkten und konsumieren lassen. Die normalisierende Absorption von Differenz in der Massenkultur impliziert dabei eine fortlaufende Aneignung und ein Heimischwerden, i.e. eine Nostrifizierung des Fremden, die – wie nicht nur das Beispiel des Balkan-Grills, sondern auch des Spaghetti-Konsums zeigt – zur vollständigen Ent-Exotisierung des ehemals Unbekannten führen können.

Stärker noch als der Balkanismus artikuliert der Orientalismus eine kulturelle Andersartigkeit, die von türkischen Gastronomen genutzt wurde, um ihre Küche auf dem bundesdeutschen Markt zu platzieren. Wie am Beispiel der Döner-Imbisse der 1990er Jahre gezeigt, waren (und sind) bei den türkischen *dönerci* und hier insbesondere bei der sogenannten zweiten und dritten Generation aber auch Strategien der Ent-Ethnisierung in Form der – meist nicht ethnisch markierten – Amerikanisierung zu beobachten, die eine Distanz gegenüber den (vermeintlich) eigenen Traditionen und eine Annäherung an das global erfolgreiche US-amerikanische Modell implizier(t)en. Durch derartige Adaptionen kam es auf dem Gebiet der kulinarischen Kultur zu folgenreichen Verschiebungen, welche die problematische Kopplung einer ethnisch-national definierten Küche und ihren Anbietern aufbrachen und diese als Effekt einer permanenten Zuschreibungspraxis und ihrer performativen Umsetzung sichtbar machten.

Betrachtet man den behördlichen Umgang mit ausländischen Antragstellern, die eine Gaststättenerlaubnis zu erwirken suchten, ist es hier zunächst einmal die nationale Differenz, die von zentraler Bedeutung war. Das Ausländerrecht als in diesem Zusammenhang maßgebliche Instanz operiert primär mit der Unterscheidung deutsch/nicht-deutsch, interessiert sich also v.a. für die Staatsangehörigkeit der Antragsteller. Zwischenstaatliche Verträge und die im Laufe des Untersuchungszeitraums immer wichtiger werdende Unterscheidung zwischen EWG- und Drittstaaten-Ausländern führten allerdings zu Binnendifferenzierungen in der Gruppe der Ausländer, die für die selbständige Tätigkeit in der Gastronomie entscheidend sein konnten. Die dominante Stellung der italienischen Restaurateure ist nicht zuletzt auf ihre rechtliche Privilegierung zurückzuführen, die ihnen als Staatsangehörigen eines Mitgliedslandes der Europäischen Gemeinschaft schon frühzeitig eine uneingeschränkte Gewerbetätigkeit in der Bundesrepublik erlaubte und unter anderem dazu führte, dass viele lukrative Standorte bereits von Italienern besetzt waren, als auch andere Ausländergruppen sich in der Gastronomie zu engagieren begannen. Zudem führte die Ausweitung der Europäischen Gemeinschaft mancherorts – und die lokalen Unterschiede sind hier von großer Bedeutung – zu einer strengeren

Handhabung von Anträgen, die von Drittstaaten-Ausländern eingereicht wurden. Die Inklusion einer wachsenden Zahl von Nationalitäten implizierte also oftmals eine schärfere Grenzziehung gegenüber den weiterhin Exkludierten.

Das für die Genehmigungspraxis der Behörden zentrale Kriterium des Bedürfnisses hat sich dabei als Konzept erwiesen, auf das die Gewerbeämter wie die ausländischen Antragsteller gleichermaßen zurückgriffen, um ihre jeweiligen Interessen durchzusetzen. Die Behörden erkannten das Bedürfnis nach einer spezifischen Küche seitens einer weniger national denn ethnisch-kulturell bestimmten Gruppe (erinnert sei an die schlesischen Vertriebenen und ihre Lokale) grundsätzlich an und partizipierten damit an der Erzeugung ethnischer Grenzziehungen. Das galt ebenso für die verschiedenen Migrantengruppen, die mit dem Verweis auf ein spezifisches, ihre Gruppe kennzeichnendes Bedürfnis (nach der ‚eigenen' Küche oder ‚eigenen' Begegnungsstätte) ihre unternehmerischen Pläne umzusetzen suchten. Der Rekurs auf ein ethnisch-kulturell definiertes Bedürfnis sollte den Fortbestand bestimmter Gruppen und ihrer (ess-)kulturellen Traditionen auch in der Öffentlichkeit gewährleisten, schrieb diese damit aber auch als spezifische Gruppen mit einer spezifischen Identität fest – zumal ein Bedürfnis nur ab einer bestimmten Anzahl von Migranten an einem Ort anerkannt wurde und somit lediglich ein Gruppen-, kein Individualrecht auf eine Gaststätte mit ‚eigener' Küche bestand.

Im Begriff des Bedürfnisses, der für die Konsumgeschichte im Allgemeinen und, wie hier gezeigt wurde, für die Bedürfnisprüfung in der Gastronomie im Besonderen von zentraler Bedeutung ist, verdichtet sich jene Verflechtung von Ökonomie und Kultur, die aufzuzeigen eines der Ziele dieser Studie war. Das Gewerbeamt rekurrierte in seinen ökonomischen Entscheidungen auf kulturell definierte Bedürfnislagen. Die skizzierte, weitgehend dem Ermessensspielraum der Beamten überlassene Konstruktion eines Vergleichsfeldes und insbesondere der in die Begutachtung der Anträge einzubeziehenden ‚Konkurrenzlokale' hat deutlich gemacht, dass nicht allein die Nationalküchen einzelner Länder ausschlaggebend waren. Auch andere räumliche Bezüge, die mit der Kategorie ‚Staatsangehörigkeit' nicht korrespondierten, wie ‚südländische Küchen' oder ‚Balkanspezialitäten' fungierten in der Behördenpraxis als relevante Bezugsgrößen. Nicht nur die Staatsangehörigkeit und ihr kulinarisches Komplement, die Nationalküche, sondern auch auf anderen kulturellen Konstrukten basierende *mental maps* besaßen demnach für die administrative Ebene entscheidungsrelevante Bedeutung. Ökonomische Sachlagen wurden im Falle der Bedürfnisprüfung also kulturell definiert; ökonomische und kulturelle Interpretationen der zu beurteilenden Situation, ökonomischer Bedarf und soziokulturelles Bedürfnis waren auf eine Weise miteinander verwoben, die eine klare Trennung von Ökonomie und Kultur nicht zulässt. Die Konsumgeschichte ist nicht zuletzt deshalb an der Schnittstelle von Wirtschafts- und Kulturgeschichte anzusiedeln, weil sie an zentraler Stelle mit der vielschichtigen

Kategorie des Bedürfnisses operiert. Das Bedürfnis gilt es aus geschichtswissenschaftlicher Sicht nicht als anthropologische Konstante zu affirmieren, sondern hinsichtlich seiner gesellschaftlichen Funktion in konkreten Interaktionen – sei es im Falle administrativer Praxis, sei es im Falle des ‚gegenkulturellen' Wunsches nach kulinarischen wie politischen Alternativen – zu untersuchen und dabei noch weit radikaler, als dies bisher geschehen ist, zu historisieren.

Festzuhalten bleibt, dass der administrative Umgang mit Ausländern, die sich selbständig machen wollten, in der Bundesrepublik ein überaus restriktiver war. Insofern (Drittstaaten-)Ausländer innerhalb eines politischen und gesellschaftlichen Umfeldes agierten, das ihre ökonomischen Aktivitäten weitgehend einzuschränken gewillt war, verwundert es nicht, dass sie nicht nur die ihnen eingeräumten legalen Spielräume nutzten, sondern in großer Zahl auch sogenannte Strohmänner engagierten, um selbständig tätig werden zu können. Auf diese Weise umgingen sie die ausländerrechtlichen Beschränkungen und unterliefen die Versuche zur Regulierung ihrer Gewerbeaktivitäten. Die ausländische Gastronomie in der Bundesrepublik entfaltete sich also zumindest partiell „im Schatten der Ausländerbehörde" und schuf auch in diesem Sinne, i.e. auf nicht offizielle Weise, transnationale Räume.[8] Damit bildet das ausländische Gaststättenwesen ein Feld, auf dem Migranten Aktivitäten entwickelten, auf welche die Behörden oftmals nur im Nachhinein reagieren konnten.[9] Die rechtliche Kategorisierung, die Deutsche und Ausländer voneinander schied, die Gruppe der Ausländer intern weiter ausdifferenzierte und über das Aufenthaltsrecht auch ihre ökonomischen Chancen festlegte, sollte Migration steuerbar machen, konnte aber sowohl den Zuzug in die Bundesrepublik als auch die ökonomische Mobilität von Migranten nur temporär bremsen. In diesem Sinne lässt sich von einer Verwaltung der Porosität, nicht aber von einer Schließung der nationalstaatlichen Grenze[10] – wie auch der Grenze zwischen unselbständiger und selbständiger Erwerbstätigkeit – sprechen.

Dennoch muss das Ausländerrecht als markantes Beispiel für illiberale Kontinuitäten in der Bundesrepublik gelten.[11] Die These von der Liberalisierung der bundesdeutschen Gesellschaft in den 1960er und 70er Jahren ist aus Sicht

---

[8] Zu dieser Charakterisierung des Transnationalismus siehe Osterhammel, Transnationale Gesellschaftsgeschichte, 473.
[9] Dieser Aspekt scheint mir von größerem Interesse zu sein als die gerade in der deutschsprachigen Forschung zum sog. *ethnic business* vorherrschende Frage, inwiefern die migrantischen Unternehmen als Indikatoren der Integration in die bundesdeutsche Gesellschaft gelesen werden können (vgl. u. a. Özcan/Seifert, Selbständigkeit; Loeffelholz/Gieseck/Buch, Ausländische Selbständige, 91 f.). Gegen den vorherrschenden Integrationsimperativ in der bundesdeutschen Politik und Wissenschaft richtet sich ein Konzept wie die ‚Autonomie der Migration'.
[10] Vgl. dazu Transit Migration Forschungsgruppe, Turbulente Ränder.
[11] Vgl. Möhring, Veränderungen.

Nicht-Deutscher also zu hinterfragen. Die nur bei Ausländern aus Drittstaaten angewandte Bedürfnisprüfung stellt zudem eine im internationalen Vergleich einmalige Praxis und damit ein bundesdeutsches Spezifikum dar. Dass die Analyse der ausländischen Gastronomie auch darüber hinaus neue Sichtweisen auf die Geschichte der Bundesrepublik ermöglicht hat und Fragen des soziokulturellen Wandels, des soziokönomischen ‚Strukturbruchs' der 1970er Jahre[12], der Internationalisierung der Bundesrepublik sowie der ‚Zivilisierung' der Bundesbürger qua Massenkonsum differenziert zu beantworten hilft, soll abschließend – und mit Blick auf weitere Forschungsdesiderata – zusammenfassend skizziert werden.

Als einer der Gründe für die Entstehung der migrantischen Ökonomie in der Bundesrepublik ist die Rezession der 1970er Jahre genannt worden, die viele arbeitslose oder von Arbeitslosigkeit bedrohte Migranten veranlasste, sich nach anderen Erwerbsmöglichkeiten umzusehen. Der Schritt in die Selbständigkeit als Gastwirt (oder Lebensmittelhändler) implizierte für diese Arbeitsmigranten zwar den Wechsel aus der Industrie in den Dienstleistungssektor, aber in einen konjunkturanfälligen und von hoher Fluktuation geprägten Bereich. Für die zukunftsträchtigen neuen Arbeitsplätze im tertiären Sektor besaßen Migranten, auch der sogenannten zweiten Generation, oftmals nicht die nötige Ausbildung.[13] Ihre Rolle im Prozess der Tertiarisierung ist also eine spezifische; als ‚Vorhut' können sie u. a. im Hinblick auf Prekarisierungsprozesse gelten, die es bei einer Beschäftigung mit dem sogenannten Strukturbruch genauer zu analysieren gilt. Denn so wie Migranten diejenigen waren, die am stärksten von der Krise fordistischer Produktion betroffen waren, so waren sie oftmals auch die ersten, die deregulierte, prekarisierte Arbeitsplätze einnahmen, dies aber durchaus auch in dynamischen Märkten.[14] Weitere Studien zum Ort und Beitrag von Migranten im bzw. zum sozioökonomischen Strukturwandel, zumal mit Blick auf unterschiedliche Branchen, sind deshalb unbedingt angezeigt.

Erhellend ist das Beispiel migrantischer Betriebe (nicht nur) im Gaststättensektor auch insofern, als es erlaubt, ökonomische Veränderungen gemeinsam mit soziokulturellen Transformationen zu untersuchen. So war es nicht zuletzt die im Stadtbild zunehmend sichtbare migrantische Ökonomie, die zu der – sich in der Bundesrepublik allerdings nur sehr langsam durchsetzenden Einsicht – beitrug, in einer Einwanderungsgesellschaft zu leben. Darüber hinaus konnte am Beispiel der ausländischen Gastronomie gezeigt werden, wie sich seit den 1950er und verstärkt den 60er Jahren Ernährungs- und damit Alltagspra-

---

[12] Vgl. Doering-Manteuffel/Raphael, Boom; Hobsbawm, Age. Von einer „weiche[n] Zäsur" spricht hingegen Jarausch, Strukturwandel, 123.
[13] Vgl. Hillmann/Sommer, Döner, 28. Für eine Kritik am Drei-Sektoren-Modell siehe Steiner, Siebziger Jahre.
[14] Vgl. Kloosterman/Rath, Veränderte Konturen, 99.

xen auch der Bundesbürger veränderten. Neben den angeführten strukturgeschichtlichen Erklärungsmustern (wie steigenden Einkommen) sind v.a. auch die Vorstellungen und Wünsche thematisiert worden, welche die Konsumenten mit dem Besuch eines ausländischen Lokals verbanden.[15] Diese imaginäre Ebene ist zentral, will man sich soziokulturellen Wandlungsprozessen und dem Übergang zur Massenkonsumgesellschaft nicht eindimensional annähern.

Bereits 1962 hat Ralf Dahrendorf auf die neue bundesdeutsche Orientierung an Lebensgenuss hingewiesen und ist damit zum viel zitierten Stichwortgeber für die Debatte um den sogenannten Bedürfnis- und Wertewandel der 1960er und 70er Jahre geworden.[16] Dieses Theorem gilt es nicht nur wegen des problematischen Bedürfnisbegriffs kritisch zu betrachten; auch die Frage nach der *longue durée* der beobachteten Transformationen stellt sich. Mit Schrages Modell eines konsumistischen Weltverhältnisses ließen sich die veränderten Subjektivitäten und Mentalitäten genealogisch weiter zurückverfolgen und die infrastrukturellen Voraussetzungen des empirisch registrierten Wertewandels benennen. Der Wertewandel wird dann als „*Effekt* jener Durchsetzung des Massenkonsums" sichtbar, die als Ergebnis früherer Entwicklungen begriffen werden sollte.[17] Der Zäsurcharakter der 1960er und 70er Jahre wird dadurch relativiert und die Geschichte der Gegenwart auf länger zurückliegende Entstehungsbedingungen bezogen.[18] Das war auch das Anliegen dieser Studie, die bestimmte Konsumentenhaltungen und Vorstellungswelten, die für die ausländische Gastronomie in der Bundesrepublik von Bedeutung waren, bereits in massenkulturellen Arrangements etwa der Weimarer Republik aufgezeigt hat. Ein weiteres zentrales Ziel der Untersuchung bestand darin, den soziokulturellen Wandel nicht losgelöst von der Präsenz Nicht-Deutscher in der Bundesrepublik zu analysieren. Vielmehr sind Migranten und die von ihnen geschaffenen neuen Konsumorte als Akteure und Faktoren eben dieses Wandels einbezogen worden. Migranten haben mit ihren (vermeintlich) anderen Lebensformen, Ernährungsweisen und Körperpraktiken nicht nur als Angriffsfläche, sondern auch als Vorbilder fungiert, und dies nicht nur für die Neue Linke, sondern auch für andere Konsumentengruppen, die sich auf der Suche nach Authentizität auf nicht-deutsche Referenzpunkte bezogen. Die für die Geschichte der Bundesrepublik immer wieder thematisierte Pluralisierung ist demnach auch der migrantischen Präsenz geschuldet und sollte stärker als bisher gemeinsam mit Internationalisierungsprozessen analysiert werden.

Auch andere Großnarrative der bundesdeutschen Geschichte sind aus mi-

---

[15] Dass Studien zur „Wahrnehmungs- und Mentalitätsgeschichte" der BRD noch immer ein Desiderat darstellen, betont Stöver, Bundesrepublik, 129.
[16] Vgl. Wolfrum, Geglückte Demokratie, 253.
[17] Schrage, Verfügbarkeit, 266.
[18] Vgl. ebd., 250.

grationshistorischer Perspektive zu problematisieren – nicht zuletzt aufgrund ihres oftmals teleologischen und normativen Charakters. Das gilt nicht nur für die These der Liberalisierung, sondern auch generell für das Narrativ einer Erfolgsgeschichte der Bundesrepublik, die wenig Raum für eine „ergebnisoffene Geschichte der Ambivalenzen"[19] lässt. Gerade Ambivalenzen aber waren es, die in dieser Studie herausgearbeitet wurden, welche die (mitunter durchaus verstörende) Präsenz des ‚Anderen' zum Ausgangspunkt genommen hat, um sich der Bundesrepublik und ihren Selbstverständigungsprozessen zu nähern.[20] V.a. im Bereich der Massen(konsum)kultur wurde den Alteritätserfahrungen der Bundesbürger nachgegangen. Ausländische Gaststätten haben dabei als Orte der massenkulturellen Gewöhnung an das Fremde fungiert und auf diese Weise zum Erlernen eines zivilen Umgangs mit ‚dem Anderen' beigetragen. Damit wird das der Konsumgesellschaft generell zugesprochene demokratisierende Potential[21] in paradigmatischer Form greifbar. Mit Makropoulos ist argumentiert worden, dass die Bundesbürger nicht zuletzt auf dem Feld der (kulinarischen) Massenkultur gelernt haben, mit Diversität und Polyvalenz umzugehen. Während im Nationalsozialismus auch auf dem Gebiet der Gastronomie der Kampf gegen ‚die Ausländerei', gegen Andersartigkeit und Heterogenität geführt wurde, zeichnete sich die bundesdeutsche Konsumkultur durch eine zunehmende Normalisierung ‚des Anderen' aus, der nicht (mehr) vernichtet, sondern absorbiert wurde. Makropoulos thematisiert spezifisch massenkulturelle Subjektivierungsweisen, also eine strukturelle Ebene, die sich mit derjenigen der politischen Debatten um Multikulturalismus nicht deckt. Mit Makropoulos davon auszugehen, dass die Subjekte qua Massenkultur eine Vielfalt anderer (fiktiver) Welten zu akzeptieren lernen und sich an die Handhabung von Polyvalenz und Kontingenz gewöhnen, bedeutet also nicht, dass es auf dem Feld der Esskultur nicht zu teils vehement geführten ‚Kulturkämpfen' kommen konnte. Das belegt nicht nur die verbreitete Aversion gegen Amerikanisierungstendenzen in der frühen Bundesrepublik, sondern auch die (nicht allein) neonazistische Ablehnung des Dönerkebabs und dessen, was er symbolisiert. Ist die Einverleibung ‚des Anderen' genau das, was Neonazis ablehnen, lässt sie sich auch von anderer Seite kritisieren, sagt die Akzeptanz ausländischer Speisen doch nur wenig über die Akzeptanz ‚des Anderen' jenseits der kulinarischen Sphäre aus. Gerade die Esskultur wird daher häufig als Beispiel für eine problematische Form des Multikulturalismus herangezogen, die Stanley Fish als „boutique multiculturalism" bezeichnet hat[22], i.e. als einen

---

[19] Rödder, „Modell Deutschland", 363.
[20] Für eine solche Perspektive, die das Fremde und Außergewöhnliche favorisiert, um die Bundesrepublik zu erklären, siehe Rahden, Reflections.
[21] Vgl. Wolfrum, Geglückte Demokratie, 13.
[22] Fish, Boutique Multiculturalism.

für andere gesellschaftliche Bereiche weitgehend folgenlosen Umgang mit ‚dem Anderen'. Nicht zuletzt aus diesem Grund war es unerlässlich, auch einen migrationshistorischen Zugang zum Thema zu wählen, um die gesellschaftliche Position von Ausländern sowie ihre *agency* in den Blick nehmen zu können. Denn die viel beschworene Zivilisierung der Bundesbürger ist nicht allein der Massenkultur und ihren spezifischen Subjektivierungsweisen anzurechnen, sondern auch der Präsenz von Migranten, die sich in die hegemonialen Diskurse und Praxen einmischten und auf diese Weise Veränderungen in Gang setzten.

Die Internationalisierung der Bundesrepublik, die meist mit Blick auf Handel und Außenpolitik diskutiert und erst für die 1970er und 80er Jahre angesetzt wird[23], ist in dieser Studie v.a. als ein sich auch innerhalb der bundesdeutschen Gesellschaft vollziehender Vorgang thematisiert worden, dessen Anfänge zudem bereits in den 1950er Jahren auszumachen sind. Dies gilt nicht nur für die sogenannte Amerikanisierung, sondern auch für die hier u. a. untersuchte Italianisierung. Bei der Internationalisierung auf kulinarischem Gebiet handelte es sich, gerade in der frühen Bundesrepublik, um eine „Angleichung an den internationalen Standard des Geschmacks" und damit um ein Bekenntnis, „endlich ‚dazugehören'" zu wollen.[24] Neben dieser ‚Verwestlichung', die ein weltoffenes, kosmopolitisches Selbstbild umfasste, blieben aber auch die Bezüge zu den verlorenen Ostgebieten und damit Kontinuitäten mit der deutschen Vergangenheit in der Esskultur präsent. Wie Weinreb betont hat, sind beide Aspekte zu berücksichtigen, wenn man die (kulinarischen) Strategien untersucht, mit denen die geographischen und kulturellen Grenzen der Nation nach 1945 neu verhandelt wurden.[25]

Der ernährungs- und konsumhistorische Blick auf den Umgang mit kultureller Differenz in der Bundesrepublik hat sich insofern als ergiebig erwiesen, als zum einen die alltägliche Begegnung mit Fremdem maßgeblich auf dem Gebiet des Konsums erfolgt. Zum anderen nimmt der Konsum in „modern narratives of selfhood and nationhood" einen zentralen Platz ein[26] und bietet damit einen privilegierten Zugang, um kulturelle Differenz, die sich als konstitutive und insistierende Frage in nationalen Selbstverständigungsprozessen verstehen lässt[27], zu adressieren. Für den Umgang mit Andersartigkeit in der Bundesrepublik hat sich sowohl der Blick auf deutsche Kontinuitäten als auch der Fokus auf transnationale (Re-)Konzeptualisierungen ethnisch-kultureller Differenz als fruchtbar erwiesen. Kontinuitäten, die von der Bundesrepublik in

---

[23] Vgl. Wolfrum, Bundesrepublik.
[24] So Harpprecht, Lust, 18.
[25] Vgl. Weinreb, Tastes, 355.
[26] Confino/Koshar, Régimes, 152.
[27] Vgl. Chin/Fehrenbach, Introduction, 11.

die Zeit vor 1945 zurückreichen, sind zum einen in der administrativen Praxis gegenüber Ausländern auszumachen, deren rechtlicher Status prekär blieb. Deutschsein war auch in der Bundesrepublik aufgrund des Ius Sanguinis an Abstammung gebunden, so dass Vorstellungen von Ethnizität und ‚Rasse' weiterhin nationale Ein- und Ausschlussmechanismen bestimmten – und damit auch die Grenzen des Demokratisierungsprojekts.[28] In der Bundesrepublik lebende Ausländer konnten die seit den 1960er Jahren zunehmenden politischen Partizipationsmöglichkeiten nur bedingt wahrnehmen; Kontinuitäten in die Zeit vor 1945 sind hier stärker zu gewichten als die vieldiskutierten Zäsuren der neuesten Zeitgeschichte.

Längerfristige Kontinuitäten lassen sich auch auf dem Gebiet der Massenkultur feststellen. Die Imaginationen und Narrationen über ‚den Südländer', ‚den Orientalen', ‚den Zigeuner' wie auch (binnen-)kolonialistische Perspektiven, die insbesondere für den Blick auf ‚den Balkan' herausgearbeitet wurden, sind historisch mitunter über Jahrhunderte hinweg zurückzuverfolgen. Diese in Kulinarik und Massenkultur gängigen Bilder besaßen – das haben die zahlreichen Vergleiche mit anderen europäischen Ländern und den USA gezeigt – oftmals einen transnationalen Charakter. Demnach sind nicht nur Migration und Tourismus als grenzüberschreitende Bewegungen zu nennen, welche die bundesdeutsche Gesellschaft nachhaltig prägten. Auch die Reformulierung kultureller Differenz in der Bundesrepublik erfolgte teils über nationale Grenzen hinweg und wird daher nur in transnationaler Perspektive in ihrer ganzen Tragweite begreiflich.

Am Beispiel des in den 1970er Jahren vorgenommenen Vergleichs zwischen Berlin-Kreuzberg und US-amerikanischen Ghettos konnte diese Dimension verdeutlicht werden. Von dem Augenblick an, als die Anwesenheit der ‚Gastarbeiter' sich als eine permanente zu erweisen begann und das Zusammenleben zu einem bedeutsamen Gegenstand der öffentlichen Debatte avancierte, wurde für die Interpretation dieser Situation auf Referenzpunkte jenseits der deutschen Grenzen zurückgegriffen. Die Existenz jüdischer Ghettos unter deutscher Bewachung wenige Jahrzehnte zuvor kam in diesem Zusammenhang nur selten zur Sprache; entscheidend war also weniger die eigene jüngste Vergangenheit als vielmehr das gegenwärtige US-amerikanische Modell. ‚Rasse' und ‚Rassenkonflikte' wurden auf diese Weise als externes Problem konfiguriert. Denn die Verwendung der Kategorie ‚Rasse', die während des Nationalsozialismus den Wert einer Person bestimmt hatte, war im Zuge der Redemokratisierung der Bundesrepublik zu einem Tabu geworden[29]

---

[28] Es waren zuerst migrantische Intellektuelle, die auf die Beschränkungen der bundesdeutschen Debatten um Demokratie (und nationale Identität) hingewiesen haben (vgl. Chin/Fehrenbach, German Democracy, 131).

[29] Eine Ausnahme bildeten in dieser Hinsicht Roma und Sinti, die von der bundesdeutschen

und, damit zusammenhängend, auch der Rassismus – was sich bis heute in der verbreiteten Begrifflichkeit ‚Fremdenfeindlichkeit' (statt Rassismus) niederschlägt. Indem ‚rassisch'-ethnische Differenzen in der Bundesrepublik als ein von außen eindringendes Problem konzipiert wurden, war es möglich, das Bild einer homogenen deutschen Nation aufrechtzuerhalten. Auch das ‚Gastarbeitersystem', das auf der strikten Trennung von deutschen Staatsbürgern und Ausländern basierte, erlaubte eine solche Externalisierung kultureller Differenz.

Neben diesen (bundes-)deutschen Besonderheiten in der Konzeptualisierung und dem Umgang mit kultureller Differenz, die nicht zuletzt auf das nationalsozialistische Erbe zurückzuführen sind, gilt es, auch die länderübergreifende Entwicklung eines gemeinsamen Repertoires an Wertungen und Verhaltensweisen, an relevanten Kategorien und ihrer inhaltlichen Füllung in den Blick zu nehmen – ein Prozess, der sich als Westernisierung fassen lässt. Dabei sollte sich der Blick nicht nur auf die großen europäischen Länder und die USA richten, sondern auch kleinere Staaten einbeziehen.[30] Zu untersuchen wäre in transnationaler Perspektive etwa die seit den 1970er Jahren zunehmende Bedeutung der Religion für die Formulierung von Differenz. In der Bundesrepublik hat das v.a. zu einer problematischen Wahrnehmung der hier lebenden türkischen Migranten geführt, die – anders als in den Jahrzehnten zuvor – kaum noch als Europäer, sondern zusehends als integrationsunwillige Angehörige einer vollkommen fremden (islamischen) Kultur begriffen wurden. Auf dem Gebiet der Ernährung waren es die religiös motivierten Speisetabus und andersartigen Schlachtpraktiken, auf die sich die Aufmerksamkeit im Zuge der fortschreitenden Kulturalisierung des ‚Ausländerproblems' richtete. ‚Kultur' ist dabei oftmals an die Stelle von ‚Rasse' getreten und übernimmt, sobald kulturelle Differenz essentialistisch gedacht wird, dieselben Funktionen.[31]

Eine Analyse der Gemeinsamkeiten, aber auch der Unterschiede in der Art und Weise, wie in verschiedenen Ländern kulturelle Differenzen konfiguriert, in der institutionellen wie der Alltagspraxis umgesetzt wurden und welche Rolle hier Pfadabhängigkeiten spielten, stellt nach wie vor ein Forschungsdesiderat dar. Es ist noch ein weiter Weg zu einer vergleichend und transferhistorisch angelegten Geschichte der „postwar politics of difference"[32], welche die unbefriedigende Auslagerung der Diskussionen um Ethnizität oder ‚Rasse' auf

---

Verwaltung weiterhin oft als ‚Zigeuner-Mischlinge' und damit ‚rassisch' kategorisiert wurden. Vgl. Möhring, Veränderungen, 181.

[30] Zudem sind in dieser Studie neben Westernisierungs- auch Orientalisierungsprozesse untersucht worden, deren Bedeutung für die Geschichte der BRD es herauszustellen gilt.
[31] Vgl. Balibar, „Neo-Rassismus". Exklusion erfolgt dann nicht mehr auf der Basis einer „Volksgemeinschaft", sondern über das Konzept „Wertegemeinschaft" (Levy, Review, 7).
[32] Chin/Fehrenbach, Introduction, 28.

geschichtswissenschaftliche Subdisziplinen wie die Migrationsgeschichte beenden würde. Denn die hauptsächlich in der Migrationsforschung erfolgende Beschäftigung mit diesen Fragen ist selbst Ausdruck des geschilderten Problemzusammenhangs. Dabei könnte eine systematische Einbeziehung des Umgangs mit kultureller Differenz der europäischen Zeitgeschichte wichtige Impulse geben.

In dieser Studie wurde die Ernährung als Untersuchungsfeld gewählt, um sich der Bedeutung ethnisch-kultureller Grenzziehungen für die bundesdeutsche Gesellschaft zu nähern. Damit sind auch sinnlich-körperliche und erfahrungshistorische Aspekte des Umgangs mit kultureller Differenz in den Blick geraten.[33] Kulinarische Transfers sind Bewegungen, die großen Genuss bescheren, aber ebenso starke Ängste auslösen können und sich somit als besonders intensive Begegnungen mit etwas Fremdem verstehen lassen. Die Untersuchung der auf kulinarischem Gebiet hergestellten alltäglichen Verbindungen, Aneignungen und Inkorporationen stellt eine notwendige Ergänzung der Analyse (explizit) politischer Debatten dar, die von derartigen Alltagserfahrungen – oftmals unerkannt – mitstrukturiert werden.

---

[33] Die Ernährungsgeschichte ermöglicht es nicht nur, der Frage nachzugehen, „how racialized economies are experienced and determined in sensual ways", sondern auch auf neuartige Weise über die „politics of the intimate, the corporeal, and the sensual" nachzudenken, so Bender/Pilcher, Radicalizing, 5 u.2.

Anhang

Abkürzungen

AfS	Archiv für Sozialgeschichte
AGEV	Arbeitsgemeinschaft Ernährungsverhalten
AHGZ	Allgemeine Hotel- und Gastronomiezeitung
AHR	American Historical Review
BA	Bezirksamt
BAnz	Bundesanzeiger
BArbBl.	Bundesarbeitsblatt
BArch	Bundesarchiv
BGBl.	Bundesgesetzblatt
BIVS	Berliner Institut für Vergleichende Sozialforschung
BMA(S)	Bundesministerium für Arbeit (und Sozialordnung)
BMI	Bundesministerium des Innern
BMJFG	Bundesministerium für Jugend, Familie und Gesundheit
BMVBS	Bundesministerium für Verkehr (Bau und Stadtentwicklung)
BMWi	Bundesministerium für Wirtschaft
BWA	Bayerisches Wirtschaftsarchiv
CIA	The Culinary Institute of America Menu Collections
DfK	Deutsche Zeitschrift für Kommunalwissenschaften
DG	Die Deutsche Gaststätte
DGE	Deutsche Gesellschaft für Ernährung
DIHT	Deutscher Industrie- und Handelstag
DoMiD	Dokumentationszentrum und Museum über die Migration in Deutschland e.V., Köln
DVBl	Deutsches Verwaltungsblatt
FAZ	Frankfurter Allgemeine Zeitung
FES	Friedrich-Ebert-Stiftung
FNP	Frankfurter Neue Presse
FR	Frankfurter Rundschau
FZH	Forschungsstelle für Zeitgeschichte in Hamburg
GABl	Gemeinsames Amtsblatt
GDI	Gottlieb-Duttweiler-Institut
GewArch	Gewerbearchiv
GG	Geschichte und Gesellschaft
GHI	German Historical Institute
G+J	Gruner+Jahr

GMBl	Gemeinsames Ministerialblatt
GSR	German Studies Review
GVBl	Gesetz- und Verordnungsblatt
GVOBl	Gesetz- und Verordnungsblatt
IJEBR	International Journal of Entrepreneurial Behaviour & Research
IMIS	Institut für Migrationsforschung und interkulturelle Studien, Universität Osnabrück
IMR	International Migration Review
IMS	Informationen zur modernen Stadtgeschichte
ISG	Institut für Stadtgeschichte, Frankfurt a.M.
JEMS	Journal of Ethnic and Migration Studies
jw	jungle world
JWG	Jahrbuch für Wirtschaftsgeschichte
JZ	JuristenZeitung
KR	Kölnische Rundschau
LA	Leverkusener Anzeiger
LAB	Landesarchiv Berlin
LBM	Löwenbräu München
LI	Lokale Informationen (Leverkusen)
MDR	Monatsschrift für Deutsches Recht
MPI	Max-Planck-Institut
NGG	Gewerkschaft Nahrung-Genuss-Gaststätten
NJW	Neue Juristische Wochenschrift
NGZ	Neue gastronomische Zeitschrift (1955)
NPL	Neue Politische Literatur
NZZ	Neue Zürcher Zeitung
OB	Oberbürgermeister
ÖZG	Österreichische Zeitschrift für Geschichtswissenschaften
ÖZVk	Österreichische Zeitschrift für Volkskunde
OVG	Oberverwaltungsgericht
PkStb	Postkarten-Sammlung in der Sammlung Stadtbild/Stadtarchiv München
Pol.präs.	Polizeipräsident
RGBl	Reichsgesetzblatt
RP	Rheinische Post
RWWA	Stiftung Rheinisch-Westfälisches Wirtschaftsarchiv zu Köln
SfI	Senator für Inneres
SfW	Senator für Wirtschaft/Senatsverwaltung für Wirtschaft
SfWK	Der Senator für Wirtschaft und Kredit
StAF	Stadtarchiv Flensburg
StAH	Staatsarchiv Hamburg
StAK	Stadtarchiv Konstanz

StAL	Stadtarchiv Leverkusen
StAM	Stadtarchiv München
StAMÜ	Stadtarchiv Münster
Stb	Stadtbild
SWA	Sächsisches Wirtschaftsarchiv, Leipzig
SZ	Süddeutsche Zeitung
taz	tageszeitung
VfZ	Vierteljahrshefte für Zeitgeschichte
VO	Verordnung
VSWG	Vierteljahrschrift für Sozial- und Wirtschaftsgeschichte
WAZ	Westdeutsche Allgemeine Zeitung
ZAR	Zeitschrift für Ausländerrecht und Ausländerpolitik
ZfT	Zentrum für Türkeistudien
ZRGG	Zeitschrift für Religions- und Geistesgeschichte

Quellen- und Literaturverzeichnis

Ungedruckte Quellen

Archiv der sozialen Demokratie (AdsD):
   NGG (Hauptverwaltung): 69, 85, 85A, 106, 131, 132, 133, 134, 135, 136, 137, 138, 139, 140, 148, 153, 430, 455, 456, 476, 901, 908, 1027
Bayerisches Wirtschaftsarchiv (BWA), München
   Löwenbräu AG (LBM): Speisekarten-Sammlung
   LBM F002: 2314, 2372, 2423, 2462, 2540, 2641, 2648, 2711, 2733, 2828, 2863, 2875, 2903, 2908 (I), 2939, 3157, 3163, 3236, 3256, 3402, 3583, 3665, 3864, 3884, 4079, 4520, 4525, 4538, 4541, 5000, 5015, 5040, 5043, 5052, 5064, 5084, 5117, 5150, 5154, 5156
Bundesarchiv Berlin-Lichterfelde (BArch)
   R 8034 II (Gastwirtsgewerbe-Deutschland): 149, 150, 151, 152, 153, 154, 155, 156
Bundesarchiv Koblenz (BArch)
   B 102: 22545, 22773, 43106, 126744, 141014, 141012, 219040, 256870, 345469, 347302, 369596
   B 142: 514, 1529, 1550, 1660, 2652, 2653, 2654, 2655, 4356, 4368, 4372
   B 149: 22374
   B 189: 10282, 10286, 10291
   B 231: 333, 436
The Culinary Institute of America (CIA)
   Menu Collections

Dokumentationszentrum und Museum über die Migration in Deutschland e.V. (DoMiD), Köln
   Schenkung Paolo Russo
   Tonarchiv
Forschungsstelle für Zeitgeschichte in Hamburg
   Werkstatt der Erinnerung: Interviews Nr. 664, 667, 682, 684, 685, 687, 703, 720
Industrie- und Handelskammer Köln
   Teilnehmerlisten/Unterrichtungsverfahren für Gastwirte (1973–1982)
Institut für Stadtgeschichte (ISG), Frankfurt a.M.
   Magistratsakten 7.563
   Sammlungen S 3 Ortsgeschichte: L 22.743, Q 14.270, R 11.362
Landesarchiv Berlin (LAB)
   A Rep. 225-01, Nr. 14.
   B Rep. 004: 32, 60, 420
   B Rep. 010: 48, 184, 274, 714, 900, 1399, 1867, 1868, 1896/I, 1896/II, 1897, 1898/I, 1898/II, 1899, 1941, 2013, 2233, 2234, 2235, 2236, 2237, 2238, 2239, 2240, 2767, 2301, 7800, 7801, 7802
   B Rep. 010-01: 407, 328
   B Rep. 010-02: 554, 616, 752, 883, 1012, 1030, 1177
   B Rep. 020: 7801, 7973 (Bd. 1), 7982, 7988, 8048
   B Rep. 203: 8649
   B Rep. 206: 3809, 7582, 7584, 7585, 7609, 7610, 7617, 7644, 7674, 7676
   B Rep. 207: 6122, 6124, 6125, 6126, 6127, 6128, 6131, 6139, 6152, 6172, 6177, 6196, 6199
   B Rep. 214: 494
   C Rep. 122: 531, 566, 579, 587
   C Rep. 151-08: 43
   C Rep. 501: 239, 240, 242, 243
Sächsisches Wirtschaftsarchiv (SWA), Leipzig
   KG Zwickau, 233: Gaststätte „Baikal", 1975–1990
   U2: Konsumgenossenschaft Leipzig eG, 3875/1-6, 4055
St. Pauli-Archiv, Hamburg
   Fotosammlung
Staatsarchiv Hamburg (StAH)
   352-3 Medizinalkollegium: II G 10
   352-6 Gesundheitsbehörde Abl. 1995, 521: 46.1/1 Bd. 1, 46.2 Bd. 3
   376-2 Gewerbepolizei: Gen V 5, Gen VII B 12, Gen VII C 1, Gen VIII O 12 (Teilordner A u. B), Gen IX E 9, Gen IX G 1, Gen X A 1 Bd. 1, Gen X B 1, Gen X B 7, Gen X C 7, Gen X D 7, Gen X F 6, Gen X P 3, Gen X Q 1, Gen X R 1, Gen X R 8, Gen X R 18, Gen X R 19, Gen X R 20, Gen XVII 4, Spz X B 2 Bd. 2, Spz X B 4, Spz X B 36, Spz X C 1, Spz X C 2, Spz X C 3
   376-4 Schankkonzessionswesen: 4, 5
   376-15 Gewerbekammer: E 8, F 8
   371-15 Gauwirtschaftskammer: 3, 5
   430-5 Magistrat Harburg-Wilhelmsburg: 1830-08, 1810-1

442-1 Bezirksamt Hamburg-Mitte, Ablieferung 1984/01, lfd. Nr. 321, AZ: 70.80-16
443-1 II Bezirksamt Bergedorf II 37.00-3/7
445-1 Bezirksamt Altona: Ablieferung 4.11.99, lfd. Nr. 98/99 Paket 22, AZ: 70.80-2, Bde. 1–2; Ablieferung 22.3.02, lfd. Nr. 30/02 Paket 69, AZ: 70.02-2.1, Bde. 1–3
K 4133, K 4134 (Zentralgewerbekartei)

Stadtarchiv Erfurt
5/424 B (Kossenhaschen-Betriebe/„Erfurter Hof")
1-5/34 (Rat der Stadt Erfurt, Handel und Versorgung): 3594, 5056, 5059, 5065

Stadtarchiv Flensburg (StAF)
II C 1121
V D: 82, 83, 84, 85, 93, 106
VI J 00001
VIII C 417
XII Hs 01922
XIII Dr 24a (Hotel und Gaststätten).
XIV Fot G 00290

Stadtarchiv Konstanz (StAK)
S XI: 2950, 2955, 2950, 2979, 2998, 2999, 3021, 3024, 3041, 3116, 3317, 3693

Stadtarchiv Leverkusen (StAL)
Konzessionsakten Opladen: 50.3421, 50.3488, 50.3516, 50.3520, 50.3589, 50.3603, 50.3614, 50.3628, 50.3646, 50.3660, 50.3664, 50.3762, 50.3772, 50.3776, 50.3680, 50.3690, 5180.10
Konzessionsakten Leverkusen: 320.1684, 320.1783, 320.1795, 320.1834, 320.1858, 320.1859, 320.1860, 320.1861, 320.1862, 320.1866, 320.1920, 320.1990, 320.1991, 320.2124, 320.2132, 320.2133, 320.2134, 320.2194, 320.2199, 320.2201, 320.2223, 320.3086
331.6917
5180.48
5180.69
5192.92

Stadtarchiv München (StAM)
ZA 372, 374, 382, 386, 389, 392, 393 („Gaststätten und Hotels")
Gewerbeamt 7/12a, Teil C: Ausländer
PkStb (Postkarten-Sammlung in der Sammlung Stadtbild)

Stadtarchiv Münster (StAMÜ)
Zeitungsausschnittsammlung Walter Kutsch, Bd. 19: Gastronomie (1953–1991)

Stiftung Rheinisch-Westfälisches Wirtschaftsarchiv zu Köln (RWWA)
Abt. 1: 176, 477
Abt. 331
Abt. 335
Abt. 822/60: W11 T.3 B-3 Bd. 2, W124 T.3 B-3 Bd. 1

Diskografie

2 kleine Italiener (1962), Musik: Christian Bruhn, Text: Georg Buschor, Gesang: Conny Froboess.

Capri-Fischer (1943/1949), Musik: Gerhard Winkler, Text: Ralph Maria Siegel, Gesang: Rudi Schuricke.

Deutscher Sonntag (1965), Musik, Text & Gesang: Franz-Josef Degenhardt.

Döner oder was?! (2005), Musik, Text & Gesang: Ali & die Dönerboys.

Du schwarzer Zigeuner (1953), Musik: Karel Vacek, Text: Fritz Löhner-Beda, Gesang: Vico Torriani.

Griechischer Wein (1974), Musik & Gesang: Udo Jürgens, Text: Michael Kunze.

Der letzte Sirtaki (1975), Musik: Ralph Siegel, Text: Günter Loose, Gesang: Rex Gildo.

Planet Döner (2000), Musik, Text & Gesang: Erkan & Stefan.

Sehnsucht (Das Lied der Taiga) (1968), Musik: Rudi Bauer, Text: Fred Weyrich, Gesang: Alexandra.

Spiel Zigan, spiel (1971), Musik & Gesang: Udo Jürgens, Text: Walter Brandin.

Zigeunerjunge (1968), Musik/Text: Hans Blum, Gesang: Alexandra.

Filmografie

Die Csárdásfürstin, Regie: Georg Jacoby, BRD 1951.

Die Halbstarken, Regie: Georg Tressler, BRD 1956.

Ich denke oft an Piroschka, Regie: Kurt Hoffmann, BRD 1955.

Italienreise – Liebe inbegriffen, Regie: Wolfgang Becker, BRD 1958.

Loriot: Die Nudel oder die Frau als solche, BRD 1976.

Mahlzeit Deutschland (Dokumentation), Teil 2: Vom Eisbein zur Pizza, ARD, 20.7.2009.

Man spricht Deutsh, Regie: Hanns Christian Müller, BRD 1988.

Mandolinen und Mondschein, Regie: Hans Deppe, BRD 1959.

My Big Fat Greek Wedding, Regie: Joel Zwick, USA/Kanada 2002.

Never on Sunday, Regie: Jules Dassin, Griechenland 1960.

Pane, amore e fantasia, Regie: Luigi Comencini, Italien 1953.

Pizza, Pasta und Amore, Dokumentarfilm von Christiane Mannini, BRD/Italien 2000.

Schick deine Frau nicht nach Italien, Regie: Hans Grimm, BRD 1960.

Sissi, Österreich 1955 / Sissi – Die junge Kaiserin, Österreich 1956 / Sissi – Schicksalsjahre einer Kaiserin, Österreich 1957, Regie: Ernst Marischka.

Unter Palmen am Blauen Meer, Regie: Hans Deppe, BRD 1957.

Wenn der Vater mit dem Sohne, Regie: Hans Quest, BRD 1955.

Zorba the Greek, Regie: Michael Cacoyannis, USA 1964.

Gastronomische Zeitschriften

Allgemeine Hotel- und Gastronomiezeitung (AHGZ)
Caterer & Hotelkeeper
Ciao Italia News
La Cucina Italiana
Die deutsche Gaststätte (DG)
Die Eisdiele / Die Eisdiele und Milchbar
Das Gasthaus
Die Gastronomie
Kochkunst und Tafelwesen
Die Küche
Magazin der Großküchen und Kantinen
Neue gastronomische Zeitung / Neue gastronomische Zeitschrift (NGZ) / NGZ service manager
Restaurant Business
Uniteis Notizie

Gedruckte Quellen und Literatur

1970 Guide to London Restaurants, by René and Paula (Portmans), London/New York 1970.

1875–1975. 100 Jahre Städtestatistik in München. Statistisches Handbuch der Landeshauptstadt München, München 1975.

A Losanna Fiera Gastronomica. In: Donne d'Italia 8/7 (1957), 22–23.

Abbott, Lawrence: Qualität und Wettbewerb. Ein Beitrag zur Wirtschaftstheorie, München/Berlin 1958.

Abelshauser, Werner: Deutsche Wirtschaftsgeschichte seit 1945, München 2004.

Abelshauser, Werner: Kulturkampf. Der deutsche Weg in die Neue Wirtschaft und die amerikanische Herausforderung (Kulturwissenschaftliche Interventionen; 4), Berlin 2003.

Abelshauser, Werner: Wirtschaftsgeschichte der Bundesrepublik Deutschland 1945–1980, Frankfurt a.M. 1983.

Aberle, Gerhard: Stehkneipen. Gespräche an der Theke, Frankfurt a.M. 1971.

Abrahams, Roger: Equal Opportunity Eating. A Structural Excursus on Things of the Mouth. In: Brown/Mussell, Ethnic and Regional Foodways, 19–36.

Abramson, Paul R./Ronald Inglehart: Value Change in Global Perspective, Ann Arbor 1995.

Acar, Mustafa: Türkische Kaffeehäuser in Deutschland. Ein Integrationshindernis für die Türken in der deutschen Gesellschaft, Saarbrücken 2007.

Adelson, Leslie A.: The Turkish Turn in Contemporary German Literature. Toward a New Critical Grammar of Migration, New York et al. 2005.

Akyün, Hatice: Einmal Hans mit scharfer Soße. Leben in zwei Welten, München 2005.

Albers, Heike: Researching Self-employed Immigrant Women in Hanover, Germany. In:

Mirjana Morokvašić/Umut Erel/Kyoko Shinozaki (Hg.): Crossing Borders and Shifting Boundaries (Technik und Kultur; 10), Opladen 2003, 285–298.

Allen, Irving Lewis: Personal Names that Became Ethnic Epithets. In: Names 31 (1983), 307–317.

Allen, Keith R.: Hungrige Metropole. Essen, Wohlfahrt und Kommerz in Berlin, Hamburg 2002.

Allensbacher Jahrbuch der Demoskopie 1998–2002, hg. v. Elisabeth Noelle-Neumann u. Renate Köcher, München 2002.

Amenda, Lars: „Chinesenaktion". Zur Rassenpolitik und Verfolgung im nationalsozialistischen Hamburg. In: Zeitschrift des Vereins für Hamburgische Geschichte 91 (2005), 103–132.

Amenda, Lars: Food and Otherness. Chinese Restaurants in West European Cities in the Twentieth Century. In: Food & History (erscheint 2010).

Amenda, Lars: Fremde – Hafen – Stadt. Chinesische Migration und ihre Wahrnehmung in Hamburg 1897–1972, München/Hamburg 2006.

Amenda, Lars: Fremd-Wahrnehmung und Eigen-Sinn. Das „Chinesenviertel" und chinesische Migration in Hamburg, 1910–1960. In: Eder, „Wir sind auch da!", 73–94.

Amenda, Lars/Sonja Grünen: „Tor zur Welt". Hamburg-Bilder und Hamburg-Werbung im 20. Jahrhundert, München/Hamburg 2008.

Amilien, Virginie: The Rise of Restaurants in Norway in the Twentieth Century. In: Jacobs/Scholliers, Eating Out, 179–193.

Ammann, Birgit: Kurden in Europa. Ethnizität und Diaspora (Kurdologie; 4), Münster 2001, zugl. Diss. FU Berlin 2000.

Amoretti, Giovanni Vittorio: In Germania, Rom 1939.

Anderson, Benedict: Die Erfindung der Nation. Zur Karriere eines folgenreichen Konzepts, Frankfurt a.M./New York 1988.

Anna, Saba: Cross-Cultural Differences in Food Choice. In: Frewer/Risvik/Schifferstein, Food, 233–246.

Andersen, Arne: Der Traum vom guten Leben. Alltags- und Konsumgeschichte vom Wirtschaftswunder bis heute, Frankfurt a.M./New York 1997.

Apitzsch, Ursula: Esperienze e differenze sociali in tre generazioni di migranti italiani: conseguenze della creazione di uno spazio transnazionale fra Italia e la Germania. In: Francesco Carchedi/Enrico Pugliese (Hg.): Andare, restare, tornare. Cinquant'anni di emigrazione italiana in Germania, Isernia 2006, 99–110.

Appadurai, Arjun: Disjuncture and Difference in the Global Cultural Economy. In: Mike Featherstone (Hg.): Global Culture. Nationalism, Globalization and Modernity (A Theory, Culture & Society Special Issue), London/Newbury Park/New Delhi 1990, 295–310.

Appadurai, Arjun: Global Ethnoscapes. Notes and Queries for a Transnational Anthropology. In: Richard G. Fox (Hg.): Recapturing Anthropology. Working in the Present, Santa Fe 1991, 191–210.

Appadurai, Arjun: How to Make a National Cuisine. Cookbooks in Contemporary India. In: Comparative Studies in Society and History 30/1 (1988), 3–24.

Appadurai, Arjun: Introduction. Commodities and the Politics of Value. In: Ders., Social Life, 3–63.

Appadurai, Arjun: On Culinary Authenticity. In: Anthropology Today 2/4 (1986), 25.

Appadurai, Arjun (Hg.): The Social Life of Things. Commodities in Cultural Perspective, Cambridge 1986.

Ardagh, John: Germany and the Germans. An Anatomy of Society Today, New York 1987.

Argun, Betigül Ercan: Turkey in Germany. The Transnational Sphere of Deutschkei, New York/London 2003.

Armbruster, Sylvia/Alexandra Koppa/Regina Püschel: Fernweh und Lebensart auf der Speisekarte. In: Nationalatlas Bundesrepublik Deutschland, Bd. 12: Leben in Deutschland, Heidelberg 2006, 94–95.

Arnold, Hans-Georg: Pumpernickel. Ein Hauch Westfalen. In: Düsseldorf wie es schreibt & isst, 61–63.

Arru, Angiolina/Franco Ramella (Hg.): L'Italia delle migrazioni interne. Donne, uomini, mobilità in età moderna e contemporanea, Rom 2003.

ATIAD (Hg.): Türkischstämmige Unternehmer in Deutschland und Europa 1961–2010. Die treibende Kraft [Düsseldorf, ca. 2000].

Augustin, Viktor/Hartwig Berger: Einwanderung und Alltagskultur. Die Forster Straße in Berlin-Kreuzberg, Berlin 1984.

Ausländer in Berlin (West) 1960 bis 1981, hg. v. Statist. Landesamt Berlin (Berliner Statistik: Sonderheft; 342), Berlin 1983.

Axeli-Knapp, Gudrun: Intersectionality – ein neues Paradigma feministischer Theorie? Zur transatlantischen Reise von „Race, Class, Gender". In: Feministische Studien 23/1 (2005), 68–81.

Aygün, Tanju: Deutschtürkisches Konsumentenverhalten. Eine empirische Untersuchung zur Einkaufsstättenwahl im Lebensmitteleinzelhandel, Köln 2005.

Bachmann-Medick, Doris: Cultural Turns. Neuorientierungen in den Kulturwissenschaften, Reinbek bei Hamburg 2006.

Bade, Klaus J.: Europa in Bewegung. Migration vom späten 18. Jahrhundert bis zur Gegenwart, München, durchges. Sonderausg., 2002.

Bade, Klaus J. et al (Hg.): Enzyklopädie Migration in Europa. Vom 17. Jahrhundert bis zur Gegenwart, Paderborn et al. 2007.

Bader, Louise: Rund um die Reistafel. Die Spezialitäten der berühmten Indonesischen Küche – und wie man sie auch bei uns richtig zubereiten kann, München, 15. Aufl., 1966.

Baedekers Allianz-Reiseführer Deutschland. Die Bundesrepublik, Stuttgart/Freiburg [ca. 1979/80].

Baedekers Allianz Reiseführer Italien, Stuttgart/Freiburg [1979].

Bahloul, Joelle: „On Cabbages and Kings". The Politics of Jewish Identity in Post-Colonial French Society and Cuisine. In: Grew, Food, 92–106.

Bailey, Thomas: A Case Study of Immigrants in the Restaurant Industry. In: Industrial Relations 24/2 (1985), 205–221.

Baker, Charles H.: The *Esquire* Culinary Companion, New York 1960.

Baker, Hugh D.R.: Branches All Over. The Hong Kong Chinese in the United Kingdom. In: Ronald Skeldon (Hg.): Reluctant Exiles? Migration from Hong Kong and the New Overseas Chinese, Armonk, NY et al. 1994, 291–307.

Balibar, Etienne: Gibt es einen „Neo-Rassismus"? In: Ders./Immanuel Wallerstein: Rasse, Klasse, Nation. Am-bivalente Identitäten, Hamburg 1990, 23–38.

Das Balkan Kochbuch. Mit Rezepten von pfefferscharf bis zuckersüß (burda-Kochbuch; 125), Offenburg 1981.

Balke, Klaus: Untersuchungen zu strukturellen Wandlungen im Restaurantgewerbe in der Bundesrepublik Deutschland unter bes. Berücksichtigung der räumlichen Auswirkungen in Gießen, unveröff. Diplomarbeit, Universität Gießen 1981.

Ballarini, Giovanni: Trattoria contro ristorante. In: Civiltà della tavola 191 (2008), 7.

Ballarini, Giovanni: I locali ibridi. In: Civiltà della tavola 189 (2007), 14.

Baravalle, Robert: Die Steiermark auf der Wiener Weltausstellung 1873. In: Blätter für Heimatkunde 48/1 (1974), 30–35.

Barbas, Samantha: „I'll Take Chop Suey". Restaurants as Agents of Culinary and Cultural Change. In: Journal of Popular Culture 36/4 (2003), 669–686.

Barlösius, Eva: Eßgenuß als eigenlogisches soziales Gestaltungsprinzip. Zur Soziologie des Essens und Trinkens, dargestellt am Beispiel der *grande cuisine* Frankreichs, Diss. Hannover 1988.

Barlösius, Eva: Nahrung als Kommunikationsmittel. Über die kulinarische Hierarchie als Abbild zwischenstaatlicher Machtdifferentiale. In: Hans-Peter Waldhoff (Hg.): Brücken zwischen Zivilisationen. Zur Zivilisierung ethnisch-kultureller Differenzen und Machtungleichheiten: Das türkisch-deutsche Beispiel (Zwischen Welten; 1), Frankfurt a.M. 1997, 137–151.

Barlösius, Eva: Naturgemäße Lebensführung. Zur Geschichte der Lebensreform um die Jahrhundertwende, Frankfurt a.M./New York 1997, zugl. Habil.-Schrift Bonn 1996.

Barlösius, Eva: Soziale und historische Aspekte der deutschen Küche. In: Stephen Mennell: Die Kultivierung des Appetits. Die Geschichte des Essens vom Mittelater bis heute, Frankfurt a.M. 1988, 423–444.

Barlösius, Eva: Soziologie des Essens. Eine sozial- und kulturwissenschaftliche Einführung in die Ernährungsforschung, Weinheim/München 1999, 156–164.

Barlösius, Eva/Gerhard Neumann/Hans Jürgen Teuteberg: Leitgedanken über die Zusammenhänge von Identität und kulinarischer Kultur im Europa der Regionen. In: Teuteberg/Neumann/Wierlacher, Essen, 13–23.

Barrett, Giles/Trevor P. Jones/David McEvoy: Ethnic Minority Business: Theoretical Discourse in Britain and North America. In: Urban Studies 33 (1996), 783–809.

Barrett, Giles A./David McEvoy: The Evolution of Manchester's Curry Mile. From Suburban Shopping Street to Ethnic Destination. In: Kaplan/Li, Landscapes, 193–207.

Bartetzko, Dieter: „Wo meine Sonne scheint". Caterina Valente, München 1998.

Barth, Volker: Mensch versus Welt. Die Pariser Weltausstellung von 1867, Darmstadt 2007.

Barthes, Roland: Mythen des Alltag, Frankfurt a.M. 1964.

Barzini, Stefania Aphel: Così mangiavamo. Cinquant'anni di storia italiana fra tavola e costume, Rom 2006.

Basu, Anuradha: Immigrant Entrepreneurs in the Food Sector: Breaking the Mould. In: Kershen, Food, 149–171.

Battente, Saverio: Le capacità imprenditoriali degli italiani emigrati in Germania nel secondo dopoguerra: un caso deviante. In: Memoria e Ricerca XIII/18 (2005), 123–134.

Baudrillard, Jean: Simulacres et simulations, Paris 1981.

Baum, Andreas: 30 Jahre Döner. In: Zitty 5 (2001), 16–20: 17.

Baumann, Wolfgang/Harald Kimpel/Friedrich Wilhelm Kniess: Schnellimbiss. Eine Reise durch die kulinarische Provinz. Mit Fotografien von Dieter Mayer-Gürr, Marburg 1980.

Baumeister, Martin: Diesseits von Afrika? Konzepte des europäischen Südens. In: Schenk/Winkler, Süden, 23–47.

Bausinger, Hermann/Markus Braun/Herbert Schwedt: Neue Siedlungen. Vokskundlich-soziologische Untersuchungen des Ludwig-Uhland-Instituts Tübingen, Stuttgart 1959.

Baxter, Sue/Geoff Raw: Fast Food, Fettered Work. Chinese Women in the Ethnic Catering Industry. In: Sallie Westwood/Parminder Bhachu (Hg.): Enterprising Women. Ethnicity, Economy, and Gender Relations, New York/London 1988, 58–75: 67.

Beardsworth, Alan/Teresa Keil: Sociology on the Menu. An Invitation to the Study of Food and Society, London/New York 1997.

Becker, Kalle: Bedürfnsiwandel. Eine Analyse der Auslöser und Konsequenzen sich wandelnder Konsumentenbedürfnisse am Beispiel des Ernährungsverhaltens, Bamberg 2006, zugl. Diss. St. Gallen 2006.

Beim Griechen um die Ecke. Griechische Restaurants in Berlin. In: Spree-Athen, 44–47.

Belasco, Warren J.: Appetite for Change. How the Counterculture Took on the Food Industry, 1966–1988, New York 1989.

Belasco, Warren J.: Ethnic Fast Foods. The Corporate Melting Pot. In: Food and Foodways 2 (1987), 1–30.

Belasco, Warren J./Philip Scranton (Hg.): Food Nations. Selling Taste in Consumer Societies, New York/London 2002.

Bell, David: All You Can Eat. In: Urbane Paradiese, 110–125.

Bell, David/Gill Valentine: Consuming Geographies. We Are Where We Eat, London/New York 1997.

Bellofatto, Sabina: „Buon appetito Svizzera!" Die Akkulturation der italienischen Küche in der Schweiz seit den 1960er Jahren im Spiegel der italienischen Migration, Lizentiatsarbeit, Univ. Zürich, 2007.

Bender, Daniel/Jeffrey M. Pilcher: Radicalizing the History of Food [Editors' Introduction]. In: Radical History Review 110 (2011), 1–7.

Bender, Hans: Haus Griechenland – Spiti ton Ellinikon. Unter Griechen sitzen. In: Köln wie es schreibt & isst, 93–95.

Beneder, Beatrix: Männerort Gasthaus? Öffentlichkeit als sexualisierter Raum (Politik der Geschlechterverhältnisse; 9), Frankfurt a.M./New York 1997.

Berdal, Daphne: Ostalgie und ostdeutsche Sehnsüchte nach einer erinnerten Vergangenheit. In: Hauschild/Warneken, Inspecting Germany, 476–495.

Berekoven, Ludwig: Der Dienstleistungsmarkt in der Bundesrepublik Deutschland, Göttingen 1983.

Berekoven, Ludwig: Internationale Verbrauchsangleichung. Eine Analyse europäischer Länder. Unter Mitarb. v. Peter Voigt, Wiesbaden 1978.

Berger, Johannes/Claus Offe: Die Entwicklungsdynamik des Dienstleistungssektors. In: Leviathan 1 (1980), 41–75.

Berghahn, Volker R./Vitols, Sigurt (Hg.): Gibt es einen deutschen Kapitalismus? Tradition und globale Perspektiven der sozialen Marktwirtschaft, Frankfurt a.M./New York 2006.

Berghe, Pierre L. van den: Ethnic cuisine: Culture in Nature. In: Ethnic and Racial Studies 7/3 (1984), 387–397.

Berghoff, Hartmut: From Privilege to Commodity? Modern Tourism and the Rise of the Consumer Society. In: Ders. et al., Making, 159–179.

Berghoff, Hartmut et al. (Hg.): The Making of Modern Tourism. The Cultural History of the British Experience, 1600–2000, Houndmills/New York 2002.

Berghoff, Hartmut/Jakob Vogel (Hg.): Wirtschaftsgeschichte als Kulturgeschichte. Dimensionen eines Perspektivenwechsels, Frankfurt a.M./New York 2004.

Berking, Helmuth (Hg.): Die Macht des Lokalen in einer Welt ohne Grenzen, Frankfurt a.M./New York 2006.

Berking, Helmuth: Raumtheoretische Paradoxien im Globalisierungsdiskurs. In: Ders., Macht, 7–22.

Berlin in Zahlen 1950, hg. v. Hauptamt für Statistik u. Wahlen von Groß-Berlin, Berlin (West) 1950.

Berlin kulinarisch. Die interessantesten Speisekarten der Weltstadt, ausgew. v. Dieter Wien, Hamburg 1982.

Berlin und seine Bauten. Teil VIII: Bauten für Handel und Gewerbe, Bd. B: Gastgewerbe, Berlin/München/Düsseldorf 1980.

Berlin von 7 bis 7, hg. v. Walter Stahl/Dieter Wien, Hamburg 1968–1984.

Berlin wie es schreibt & isst. 61 Betrachtungen Berliner Autoren über ihre Lieblingslokale, gesammelt u. hg. v. Marianne Steltzer, illustr. v. Hugo Günter Magnus. Mit Rezepten angereichert v. Ulrich Klever, München, o.J. [ca. 1967].

Bermani, Cesare: Odyssee in Deutschland. Die alltägliche Erfahrung der italienischen „Fremdarbeiter" im „Dritten Reich". In: Ders./Bologna/Mantelli, Proletarier, 37–252.

Bermani, Cesare/Sergio Bologna/Brunello Mantelli: Proletarier der „Achse". Sozialgeschichte der italienischen Fremdarbeit in NS-Deutschland 1937 bis 1943 (Schriften der Hamburger Stiftung für Sozialgeschichte des 20. Jahrhunderts), Berlin 1997.

Bernasconi, Carlo: Von ranzigem Speck zu den „taglierini al tartufo bianco". Einblicke in Pfannen und Töpfe der italienischen Küche in der Schweiz. In: Ernst Halter (Hg.): Das Jahrhundert der Italiener in der Schweiz, Zürich 2003, 174–183.

Berndt, Alfred Ingemar: Gebt mir Vier Jahre Zeit. Dokumente zum ersten Vierjahresplan des Führers, München 1938.

Bernet, Brigitta: „Eintragen und Ausfüllen". Der Fall des psychiatrischen Formulars. In: Sybille Brändli-Blumenbach/Barbara Lüthi/Gregor Spuhler (Hg.): „Ein schwieriger Fall". Historische Fallrekonstruktionen zu Medizin, Psychiatrie und Psychologie in der Neuzeit, Frankfurt a.M./New York (erscheint 2010), 59–88.

Bernhard, Patrick: „Dolce Vita", „Made in Italy" und Globalisierung. In: Janz/Sala, Dolce Vita?, 62–81.

Bernhard, Patrick: L'Italia nel piatto. Per una storia della cucina e della gastronomia italiana in Germania nel XX secolo. In: Corni/Dipper, Italiani, 263–287.

Bernhard, Patrick: La pizza sul Reno. Per una storia della cucina e della gastronomia italiana in Germania nel XX secolo. In: Memoria e Ricerca 23 (2006), 62–72.

Bernhard, Patrick: Pizza am Rhein. Zur Italianisierung der deutschen Küche und Gastronomie im 20. Jahrhundert. In: Jörg Calließ (Hg.): Die Geschichte des Erfolgsmodells BRD im internationalen Vergleich, Rehburg-Loccum 2006, 211–230.

Bertagnoli, Gianni: Arrivederci, Deutschland!, Stuttgart 1964.

Berthold, Will: Bar Ascona. Steaks mit Musik. In: München wie es schreibt & isst, 26–27.

Besch, Michael: Globalisierung und Regionalisierung in der Ernährung. Fast Food versus Slow Food. In: Gedrich/Oltersdorf, Ernährung, 9–29.

Besser, Klaus: Grand'Italia. Lachs, Lamm und Kirschen flambiert. In: Köln wie es schreibt & isst, 143–146.

Besser, Klaus: nach Köln des Essens wegen. In: Köln. Vierteljahrschrift für die Freunde der Stadt 2 (1974), 26–31.

Bhabha, Homi K.: Die Verortung der Kultur (Stauffenburg discussion; 5), Tübingen 2000.

Bhachu, Parminder: It's Hip to Be Asian. The Local and Global Networks of Asian Fashion Entrepreneurs in London. In: Jackson/Crang/Dwyer, Transnational Spaces, 40–59.

Bickham, Troy: Eating the Empire. Intersections of Food, Cookery and Imperialism in Eigteenth-Century Britain. In: Past and Present 198 (2008), 71–109.

Biesinger, Gerald: Wiener Stüberl. Gulasch über alles. In: Berlin wie es schreibt & isst, 102–104.

Binder, Ina: Ernährungsverhalten außer Haus in der Bundesrepublik Deutschland, München 2001, zugl. Diss. TU München 2000.

Bingemer, Karl/Edeltrud Meistermann-Seeger/Edgar Neubert (Hg.): Die Integration der Kölner Gastarbeiter. Im Auftrage der Sozialverwaltung der Stadt Köln u.d. Dt. Gesellschaft Sozialanalyt. Forschung Köln, Köln, Oktober 1969.

Bischoff, Detlef/Werner Teubner: Zwischen Einbürgerung und Rückkehr. Ausländerpolitik und Ausländerrecht der Bundesrepublik Deutschland, Berlin 1990.

Bischoff, Sebastian/Frank Oliver Sobich: Vom Gelehrtenvolk zur Gelben Gefahr. Deutsche Imaginationen über Chinesen bis 1919. In: iz3w. Zeitschrift zwischen Nord und Süd Nr. 305 (2008), 42–45.

Biskup, Harald: Enis Akışık. Restaurant Bizim. In: Ders./Pazarkaya/Rakoczy/Türemiş, Weidengasse, 100–101.

Biskup, Harald: Palaver und Spiele. Café Orient. In: Ders./Pazarkaya/Rakoczy/Türemiş, Weidengasse, 114–115.

Biskup, Harald/Yüksel Pazarkaya/Csaba Peter Rakoczy/Murat Türemiş (Hg.): Weidengasse. Eine deutsch-türkische Straße in Köln, Köln 2001.

Blaschke, Jochen: Herkunft und Geschäftsaufnahme türkischer Kleingewerbetreibender in Berlin (Reihe Forschungsmaterialien Migration; M 3), Berlin 1987.

Blaschke, Jochen/Ahmet Ersöz: The Turkish Economy in West Berlin. In: International Small Business Journal 4/3 (1985), 38–45.

Blaschke, Jochen/Ahmet Ersöz/Grit Ackermann: Urban City Renewal and Ethnic Entrepreneurs, Berlin 2000.

Blaschke, Jochen et al.: European Trends in Ethnic Business. In: Waldinger/Aldrich/Ward, Ethnic Entrepreneurs, 79–105.

Bloß, Horst et al.: Zur Arbeitsmarktsituation im Gaststätten- und Beherbergungsgewerbe (Beiträge zur Arbeitsmarkt- und Berufsforschung; 26), Nürnberg 1981.

Bocuse, Paul: La cuisine du marché, Paris 1976 (dt. Die neue Küche, Düsseldorf 1977).

Bode, W[ilhelm]: Reform-Gasthäuser in deutschen Dörfern. In: Das Land 10 (1901/02), 298–300.

Bös, Mathias: Migration als Problem offener Gesellschaften. Globalisierung und sozialer Wandel in Westeuropa und in Nordamerika, Opladen 1997.

Bösken-Diebels, Paul: Die Gastronomie als Absatzweg der deutschen Brauwirtschaft, Frankfurt a.M. et al. 1989.

Bötticher, Elisabeth: Flamenco flambiert. Madrid in Hamburg. In: Hamburg wie es schreibt & isst, 46–48.

Böttiger, Theodor: Kulinarische Streifzüge durch Hamburg. 47 Restaurants und 90 Rezepte ihrer Spezialitäten, Zürich et al. 1966.

Bojadžijev, Manuela: Antirassistischer Widerstand von Migrantinnen und Migranten in der Bundesrepublik. Fragen der Geschichtsschreibung. In: 1999. Zeitschrift für Sozialgeschichte des 20. und 21. Jahrhunderts 17/1 (2002), 125–152.

Bojadžijev, Manuela: Fremde Töpfe. Kulinarische Vorstellungen von Multikulturalismus. In: Mayer/Terkessidis, Globalkolorit, 303–312.

Bojadžijev, Manuela/Massimo Perinelli: Die Herausforderung der Migration. Migrantische Lebenswelten in der Bundesrepublik in den siebziger Jahren. In: Sven Reichardt/Detlef Siegfried (Hg.): Das alternative Milieu. Antibürgerlicher Lebensstil und linke Politik in der Bundesrepublik Deutschland und Europa 1968–1983, Göttingen 2010, 131–145.

Bojadžijev, Manuela/Serhat Karakayalı: Autonomie der Migration. 10 Thesen zu einer Methode. In: Transit Migration Forschungsgruppe, Turbulente Ränder, 203–209.

Bologna, Sergio: Kontinuität und Zäsur in der Geschichte der italienischen Migrationsarbeit. In: Bermani/Ders./Mantelli, Proletarier, 17–36.

Bolstorff-Bühler, Sabine: Verzehrsgewohnheiten türkischer Mitbürger in Berlin (West). Erhebungen und Empfehlungen als Integrationsbeitrag, Diss. Berlin 1983.

Bommes, Michael: Die politische ‚Verwaltung' von Migration in Gemeinden. In: Oltmer, Migration, 459–480.

Bommes, Michael/Albert Scherr: Der Gebrauchswert von Selbst- und Fremdethnisierung in Strukturen sozialer Ungleichheit. In: Prokla 21/2 (1991), 291–316.

Bonacker, Margit/Reinhard Häufele: Großstädtische Wohn- und Lebensverhältnisse von Arbeitsmigranten. Dargestellt am Beispiel Hamburgs, Hamburg, 2. Aufl., Okt. 1986.

Bonß, Wolfgang: Globalisierung, Regionalisierung, Glokalisierung. Zur Bedeutung des Regionalen in der modernisierten Moderne. In: Jahrbuch für Regionalgeschichte 25 (2007), 15–28.

Borges, Marcelo J.: Portugiesische Arbeitswanderer in West-, Mittel- und Nordeuropa seit den 1950er Jahren (Beispiele Frankreich und Deutschland). In: Bade et al., Enzyklopädie, 891–896.

Borris, Maria: Ausländische Arbeiter in einer Großstadt. Eine empirische Untersuchung am Beispiel Frankfurt. Unter Mitarb. v. Peter Raschke u. Gerhard Hofmann, Frankfurt a.M., 2. Aufl., 1974.

Bortoluzzi, Tiziana: Il flusso migratorio dei gelatieri bellunesi nell'area Mitteleuropa. In: Antoni Lazzarini/Ferruccio Vendramini (Hg.): La montagna veneta in età contemporanea. Storie e ambiente, uomini e risorse. Convegno di studio, Belluno, 26.–27.3.1989, Rom 1991, 229–243.

Bourdieu, Pierre: Die feinen Unterschiede. Kritik der gesellschaftlichen Urteilskraft, Frankfurt a.M. 1987 [Paris 1979].

Bourdieu, Pierre: Ökonomisches Kapital – Kulturelles Kapital – Soziales Kapital. In: Ders.: Die verborgenen Mechanismen der Macht (Schriften zu Politik & Kultur 1), Hamburg 1992, 49–79.

Boutang, Yann Moulier: Europa, Autonomie der Migration, Biopolitik. In: Marianne Pieper/Thomas Atzert/Serhat Karakayalı/Vassilis Tsianos (Hg.): Empire und die biopolitische Wende. Die internationale Diskussion im Anschluss an Hardt und Negri, Frankfurt a.M./New York 2007, 169–178.

Bovenkerk, Frank/Loes Ruland: Italienische Eismacher in Europa seit dem späten 19. Jahrhundert. In: Bade et al., Enzyklopädie, 675–678.

Bovenkerk, Frank/Loes Ruland: Von Belluno in die ganze Welt. Die Geschichte der italienischen Eismacher in Europa. In: Overbeck/Osses, Eiskalte Leidenschaft, 14–23.

Boyer, Christoph: Zwischen Zwangswirtschaft und Gewerbefreiheit. Handwerk in Bayern 1945–1949 (Studien zur Zeitgeschichte; 41), München 1992, zugl. Diss. München 1990.

Bozis, Sula: İstanbul Lezzeti. İstanbullu rumların mutfak kültürü (Tavik vakfı yurt yayınları; 110), İstanbul 2002.

Brădăţan, Cristina: Cuisine and Cultural Identity in Balkans. In: Anthropology of East Europe Review 21/1 (2003), 43–49.

Brändli, Sibylle: Der Supermarkt im Kopf. Konsumkultur und Wohlstand in der Schweiz nach 1945, Wien 2000.

Braudel, Fernand: Civilisation matérielle, économie e capitalisme (XVe–XVIII siècles), 3 Bde., Paris 1979.

Braun, Rudolf: Sozio-kulturelle Probleme der Eingliederung italienischer Arbeitskräfte in der Schweiz, Erlenbach/Zürich 1970.

Breger, Claudia: Ortlosigkeit des Fremden. „Zigeunerinnen" und „Zigeuner" in der deutschsprachigen Literatur um 1800 (Literatur – Kultur – Geschlecht: Große Reihe; 10), Köln 1998.

Breitenbach, Barbara von: Italiener und Spanier als Arbeitnehmer in der Bundesrepublik Deutschland. Eine vergleichende Untersuchung zur europäischen Arbeitsmigration (Entwicklung und Frieden: Materialien; 14), München/Mainz 1982.

Bremer, Peter: Ausgrenzungsprozesse und die Spaltung der Städte. Zur Lebenssituation von Migranten (Stadt, Raum und Gesellschaft; 11), Opladen 2000.

Bremer, Thomas: Vom Brot der frühen Jahre zur Küche der Jahrtausendwende. Über das Essen im italienischen Film und seine Rezepte. In: Zibaldone. Zeitschrift für italienische Kultur der Gegenwart 37 (2004), 62–77.

Bremm, Harald: Entwicklung der Einzelhandels- und Dienstleistungsbetriebe in den Jahren 1970–1983 in Kreuzberg SO 36. In: Fiebig/Hofmann-Axhelm/Knödler-Bunte, Kreuzberger Mischung, 171–180.

Breuer, Hermann/Frank Heins: The Local Dimension of Immigrant Communities in Germany. The Case of Italians in Cologne. In: Studi emigrazione XLII/158 (2005), 327–348.

Breuer, Markus: Die kulturelle Einbettung der wirtschaftlichen Globalisierung. Wie kann dem Globalisierungsbegriff Kontur gegeben werden?, Diss. St. Gallen 2005.

Brevier für motorisierte Lebenskünstler. Ein Wegweiser zu kultivierten gastlichen Stätten, Bd. I: Süddeutschland, Frankfurt a.M. 1956.

Brewer, John/Frank Trentmann (Hg.): Consuming Cultures, Global Perspectives. Historical Trajectories, Transnational Exchanges, Oxford/New York 2006.

Brewer, John/Frank Trentmann: Introduction. Space, Time and Value in Consuming Cultures. In: Dies., Consuming Cultures, 1–17.

Briesen, Detlef: Das gesunde Leben. Ernährung und Gesundheit seit dem 18. Jahrhundert, Frankfurt a.M. 2010..

Brown, Bill: Thing Theory. In: Critical Inquiry 28/1 (2001), 1–22.

Brown, Linda Keller /Kay Mussell (Hg.): Ethnic and Regional Foodways in the United States. The Performance of Group Identity, Knoxville 1984.

Brückweh, Kerstin (Hg.): The Voice of the Citizen Consumer. A History of Market Research, Consumer Movements, and the Political Public Sphere, New York 2011.

Brückweh, Kerstin/Carl Philipp Schuck: Tagungsbericht *Consumers in the Public Sphere – Conceptualising the Political Public in a Consumer Society*. 23.05.2008–24.05.2008, London (12.08.2008). In: H-Soz-u-Kult, http://hsozkult.geschichte.hu-berlin.de/tagungsberichte/id=2226 (3.3.2012).

Bruhèze, Adri Albert de la /Anneke H. van Otterloo: Snacks and Snack Culture in the Netherlands. In: Jacobs/Scholliers, Eating Out, 317–334.

Bücher, Karl: Die Entstehung der Volkswirtschaft. Vorträge und Aufsätze, 2. Sammlung, Tübingen, 7. Aufl., 1922.

Buettner, Elizabeth: Chicken Tikka Masala, Flock Wallpaper, and „Real" Homecooking. Assessing Britain's „Indian" Restaurant Traditions. In: Food & History 7/2 (2009), 203–229.

Buettner, Elizabeth: „Going for an Indian". South Asian Restaurants and the Limits of Multiculturalism in Britain. In: Journal of Modern History 80/4 (2008), 865–901.

Bukow, Wolf-Dietrich/Erol Yildiz: Der Wandel von Quartieren in der metropolitanen Gesellschaft am Beispiel Keupstraße in Köln oder: Eine verkannte Entwicklung. In: Helmut Karpe/Markus Ottersbach/Erol Yildiz (Hg.): Urbane Quartiere zwischen Zerfall und Erneuerung, Köln 2001, 145–182.

Buonassisi, Vincenzo: Nudel & Nudel. Die besten Rezepte Italiens für Spaghetti, Makkaroni, Lasagne, Cannelloni, Tagliatelle, Gnocchi, Tortellini. Dt. Bearb. v. Marion Morawek u. Herta Orlamünde, München/Wien/Zürich, 2. Aufl., 1982 [Il codice della pasta, Mailand 1973].

Burgbacher, Hans Gerwin: Migrantenunternehmer. Existenzgründung und -förderung am Beispiel Hamburgs (Wirtschaft: Forschung und Wissenschaft; 6), Münster 2004.

Burnett, John: Plenty and Want. A Social History of Food in England from 1815 to the Present Day, 3. Aufl., London 1990.

Buschak, Willy: Von Menschen, die wie Menschen leben wollten. Die Geschichte der Gewerkschaft Nahrung-Genuss-Gaststätten und ihrer Vorläufer, Köln 1985.

Caestecker, Frank: ‚Displaced Persons' (DPs) in Europa seit dem Ende des Zweiten Weltkriegs. In: Bade et al., Enzyklopädie, 529–535.

Çağlar, Ayse: Constraining Metaphors and the Transnationalisation of Spaces in Berlin. In: JEMS 27/4 (2001), 601–613.

Çağlar Ayşe: German Turks in Berlin. Social Exclusion and Strategies for Social Mobility. In: new community 21/3 (1995), 309–323.

Çağlar, Ayşe: Hyphenated Identities and the Limits of ‚Culture'. In: Tariq Modood/Pnina

Werbner (Hg.): The Politics of Multiculturalism in the New Europe. Racism, Identity and Community, London/New York 1997, 169–185.

Çağlar, Ayşe: Jenseits des Ghettos. Kreolisierung, Identität und räumliche Repräsentation der Deutsch-Türken in Berlin. In: Renate Amann/Barbara von Neumann-Cosel (Hg.): Berlin. Eine Stadt im Zeichen der Migration, Darmstadt 1997, 110–113.

Çağlar, Ayşe: Das Kultur-Konzept als Zwangsjacke in Studien zur Arbeitsmigration. In: ZfT 3/1 (1990), 93–105.

Çağlar, Ayşe: McDoner. Doner Kebap and the Social Positioning Struggle of German Turks. In: Janeen Arnold Costa/Gary J. Bamossy (Hg.): Marketing in a Multicultural World. Ethnicity, Nationalism, and Cultural Identity, Thousand Oaks/London/New Delhi 1995, 209–230.

Çağlar, Ayşe: Die zwei Leben eines Couchtisches. Die Deutsch-Türken und ihre Konsumpraktiken. In: Historische Anthropologie 6 (1998), 242–256.

Çağlar, Ayşe/Levent Soysal: Introduction. Turkish Migration to Germany – Forty Years After. In: New Perspectives on Turkey 28/29 (2003) (= special issue: Forty Years of Turkish Migration to Germany), 1–18.

Campanale, Laura: I gelatieri veneti in Germania. Un'indagine sociolinguistica. In: Altreitalia 33 (2006), 45–64.

Can, Halil: Familien in Bewegung, Ethnographie unterwegs. Migration in transnationalen Räumen zwischen Diaspora und Herkunftsland (Deutschland-Türkei). In: Wolf-Dietrich Bukow/Markus Otterbach/Elisabeth Tuider/Erol Yildiz (Hg.): Biographische Konstruktionen im multikulturellen Bildungsprozess. Individuelle Standortsicherung im globalisierten Alltag (Interkulturelle Studien; 18), Wiesbaden 2006, 115–134.

Candaş, Gönül: Bereketli olsun [Möge es opulent sein], 13. Aufl., Ankara 2000.

Capatti, Alberto/Massimo Montanari: Italian Cuisine. A Cultural History, New York 2003.

Caplan, Pat: Approaches to the Study of Food, Health and Identity. In: Dies. (Hg.): Food, Health, and Identity, London/New York, 1–31:

Caplan, Pat: Feasts, Fasts, Famine. Food for Thought. In: Dies.: Feasts, Fasts, Famine. Food for Thought. Professional Inaugural Lecture delivered at Goldsmiths' College, 21.5.1992, Oxford/Providence, RI 1994, 5–35.

Caplan, Pat (Hg.): Food, Health, and Identity, London/New York 1997.

Caplan, Pat/Anne Keane/Anna Willetts/Janice Williams: Studying Food Choice in Its Social and Cultural Contexts. Approaches from a Social Anthropological Perspective. In: Murcott, „The Nation's Diet", 168–182.

Capper, W. Bentley: Dining Out? (in London), London 1948.

Carlson, E./M. Kipps/J. Thomson: Influences on the Food Habits of Some Ethnic Minorities in the United Kingdom. In: Human Nutrition: Applied Nutrition 38A (1984), 85–98.

Carter, Erica: Alice in the Consumer Wonderland. West German Case Studies in Gender and Consumer Culture. In: Angela McRobbie/Mica Nava (Hg.): Gender and Generation, Houndmills 1984, 185–214:

Carter, Erica: How German Is She? Postwar West German Reconstruction and the Consuming Woman, Ann Arbor 1997.

Castagnoli, Adriana/Emanuela Scarpellini: Storia degli imprenditori italiani, Turin 2003.

Castles, Stephen/Mark J. Miller: The Age of Migration. International Population Movements in the Modern World, New York/London, 2. Aufl., 1998.

Certeau, Michel de: Kunst des Handelns, Berlin 1988.

Ceylan, Rauf: Ethnische Kolonien. Entstehung, Funktion und Wandel am Beispiel türkischer Moscheen und Cafés, Wiesbaden 2006.

Chin, Rita: The Guest Worker Question in Postwar Germany, Cambridge, MA 2007.

Chin, Rita/Heide Fehrenbach: German Democracy and the Question of Difference, 1945-1995. In: Chin et al., After the Nazi Racial State, 102-136.

Chin, Rita/Heide Fehrenbach: Introduction. What's Race Got to Do With It? Postwar German History in Context. In: Chin et al., After the Nazi Racial State, 1-29.

Chin, Rita et al.: After the Nazi Racial State. Difference and Democracy in Germany and Europe, Ann Arbor 2009.

Chotjewitz, Peter O.: Haus Wien. Eine Beschreibung. In: Berlin wie es schreibt & isst, 94-98.

Christiansen, Flemming/Liang Xiujing: Chinesische Restaurantbetreiber in den Niederlanden und in Deutschland seit dem Ende des Zweiten Weltkriegs. In: Bade et al., Enzyklopädie, 443-445.

Ciarlo, David: Consuming Race, Envisioning Empire. Colonialism and German Mass Culture, 1887-1914, Diss. Univ. of Wisconsin, Madison 2003.

Çınar, Safter: Zur rechtlichen Situation der Arbeitsmigranten. In: Kunstamt Kreuzberg (Hg.): morgens Deutschland, abends Türkei, Berlin 1981, 174-184.

Classen, Constance/David Howes/Anthony Synnott: Aroma. A Cultural History of Smell, London/New York 1994.

Clifford, James: Routes. Travel and Translation in the late Twentieth Century, Cambridge MA 1997.

Clotilde Salvatori, ehemalige Wirtin der Osteria Italiana, erzählt. In: Ulrike Zischka/Hans Ottomeyer/Susanne Bäumler (Hg.): Die anständige Lust. Von Esskultur und Tafelsitten, München 1993, 351-357.

Cobble, Dorothy Sue: Dishing It Out. Waitresses and Their Unions in the Twentieth Century, Urbana/Chicago 1991.

Cohen, Erik/Nir Avieli: Food in Tourism. Attraction and Impediment. In: Annals of Tourism Research 31/4 (2004), 755-778.

Cohen, Jeffrey/Ibrahim Sirkeci: A Comparative Study of Turkish and Mexican Transnational Migration Outcomes. Facilitating or Restricting Immigrant Integration? In: Henke, Crossing Over, 147-162.

Cohen, Lizabeth: A Consumer's Republic. The Politics of Mass Consumption in Post-war America, New York 2003.

Collingham, Lizzin: Curry. A Biography, London 2005.

Comaroff, John L./Jean Comaroff: Ethnicity, Inc., Chicago/London 2009.

Concerning Restaurants. In: Harper's New Monthly Magazine 32 (1866), 591-593.

Confino, Alon/Rudy Koshar: Régimes of Consumer Culture. New Narratives in Twentieth-Century German History. In: German History 19/2 (2001), 135-161.

Conlon, Frank F.: Dining Out in Bombay. In: Carol A. Breckenridge (Hg.): Consuming Modernity. Public Culture in a South Asian World, Minneapolis 1995, 90-127.

Conrad, Christoph: Observer les consommateurs. Études de marché et histoire de la consommation en Allemagne, des années 1930 aux années 1960. In: Le Mouvement Social 206 (2004), 17-39.

Conrad, Sebastian: Doppelte Marginalisierung. Plädoyer für eine transnationale Perspektive auf die deutsche Geschichte. In: GG 28 (2002), 145–169.

Conrad, Sebastian: Globalisierung und Nation im Deutschen Kaiserreich, München 2006.

Conrad, Sebastian/Shalini Randeria: Einleitung. Geteilte Geschichten – Europa in einer postkolonialen Welt. In: Dies. (Hg.): Jenseits des Eurozentrismus. Postkoloniale Perspektiven in den Geschichts- und Kulturwissenschaften, Frankfurt a. M./New York 2002, 9–49.

Cook, Ian/Philip Crang/Mark Thorpe: Regions to be Cheerful. Culinary Authenticity and Its Geographies. In: Ian Cook et al. (Hg.): Cultural Turns/Geographical Turns. Perspectives on Cultural Geography, Harlow et al. 2000, 109–139.

Corni, Gustavo/Christof Dipper (Hg.): Italiani in Germania tra Ottocento e Novecento. Spostamenti, rapporti, immagini, influenze (Annali dell'Istituto storico italo-germanico in Trento: Quaderni; 67), Bologna 2006.

Corti, Paola: Il cibo dell'emigrante. In: Risorgimento 44/2 (1992), 363–378.

Counihan, Carole/Penny Van Esterik : Food and Culture. A Reader, New York/London 1997.

Crang, Philip: Displacement, Consumption, and Identity. In: Environment and Planning A 28 (1996), 47–67.

Crang, Philip: It's Showtime. On the Workplace Geographies of Display in a Restaurant in Southeast England. In: Environment and Planning D 12 (1994), 675–704.

Cube, Monika von: Das „Firenze". In: München wie es schreibt & isst, 76–79.

Cullen, Peter: Time, Tastes and Technology. The Economic Evolution of Eating Out. In: British Food Journal 96/10 (1994), 4–9.

Cusack, Igor: African Cuisines. Recipes for Nation-Building? In: Journal of African Cultural Studies 13/2 (2000), 207–225.

Cwiertka, Katarzyna J.: Domesticating Western Food in Japan, a Comparative View. In: Harlan Walker (Hg.): Food on the Move. Proceedings of the Oxford Symposium on Food and Cookery 1996, London 1997, 64–74.

Cwiertka, Katarzyna J.: Eating the World: Restaurant Culture in Early Twentieth Century Japan. In: European Journal of East Asian Studies 2/1 (2003), 89–116.

Cwiertka, Katarzyna J.: From Ethnic to Hip. Circuits of Japanese Cuisine in Europe. In: Food and Foodways 13/4 (2005): 241–272

Cwiertka, Katarzyna J.: Introduction. In: Dies./Walraven, Asian Food, 1–15.

Cwiertka, Katarzyna J./Boudewijn Walraven (Hg.): Asian Food. The Global and the Local, Richmond 2002.

D'Amelia, Marina: La mamma, Bologna 2005.

Die DAB-Studie „Die Deutschen und ihre Gastronomie". Eine Meinungsbefragung in der Bundesrepublik Deutschland und in Frankreich. Im Auftrag der Dortmunder Actien-Brauerei durchgef. v. Sample-Institut Hamburg, Dortmund 1979.

Dalmatien und die Adria. Westliches Südslawien, Bosnien, Budapest, Istrien, Albanien, Korfu. Handbuch für Reisende, Leipzig 1929.

Dalmatienbuch. Erlebte Schönheit längs der jugoslawischen Adriaküste, Wien/München 1954.

Dant, Tim: Material Culture in the Social World. Values, Activities, Lifestyles, Buckingham/ Philadelphia 1999.

Daunton, Martin/Matthew Hilton (Hg.): The Politics of Consumption. Material Culture and Citizenship in Europe and America, Oxford/New York 2001.

Davis, F. James/Barbara Sherman Heyl: Turkish Women and Guestworker Migration to West Germany. In: Rita James Simon/Caroline B. Bretell: International Migration. The Female Experience, Totowa, NJ 1986, 178–196.

De Bottazzi, Giuseppe: Italiani in Germania. Als Italiener im Deutschland der Jahrhundertwende, Essen 1993.

De Michielis, Stefano: Osteria Italiana. Wo die Liebe zur italienischen Küche begann, München 1998.

Debeljak, Hans: Italienische Küche, München 1955.

Degele, Nina/Gabriele Winker (Hg.): Intersektionalität. Zur Analyse sozialer Ungleichheiten, Bielefeld 2009.

DEHOGA (Hg.): Angebots- und Nachfrageveränderungen im Gastgewerbe. Veränderte und differenzierte Betriebsformen als Antwort auf Konsumgewohnheiten (Gastgewerbliche Schriftenreihe; 50), Bonn-Bad Godesberg 1984.

DEHOGA (Hg.): Verzeichnis der in der Bundesrepublik Deutschland und Berlin (West) tätigen Restaurants, Bonn-Bad Godesberg 1986.

Dehne, Harald: „Das Essen wird also auch ‚ambulando' eingenommen." Das ‚belegte Brot' und andere schnelle Kostformen für Berliner Arbeiterinnen und ihre Kinder im Kaiserreich. In: Martin Schaffner (Hg.): Brot, Brei und was dazugehört. Über sozialen Sinn und physiologischen Wert der Nahrung, Zürich 1992.

Delfs, Stephanie: Fremde Küchen – eine Geschmackssache? Asiatische Restaurants in Wiesbaden, unveröff. Magisterarbeit, Univ. Mainz 2008.

Del Fabbro, René: Transalpini. Italienische Arbeitswanderung nach Süddeutschland im Kaiserreich 1870–1918 (Studien zur historischen Migrationsforschung; 2), Osnabrück 1996, zugl. Diss. Florenz 1993.

Delidimitriou-Tsakmaki, Eleni: Die ewige Suche nach Heimat, Athen 1994.

Delius, F.C.: Fontana di Trevi. Hier kocht der Chef. In: Berlin wie es schreibt & isst, 81–84.

Denker, Joel: The World on a Plate. A Tour through the History of America's Ethnic Cuisine, Boulder, CO 2003.

Derix, Simone: Bebilderte Politik. Staatsbesuche in der Bundesrepublik Deutschland 1949–1990, Göttingen 2009.

Desmet-Grégoire, Hélène: Die Ausbreitung des Kaffees bei den Gesellschaften des Vorderen Orients und des Mittelmeerraums. Übernahme und Herstellung von Gegenständen, Anpassung der Sitten. In: Daniela U. Ball (Hg.): Kaffee im Spiegel europäischer Trinksitten/Coffee in the Context of European Drinking Habits (Veröffentlichungen des Johann Jacobs Museums zur Kulturgeschichte des Kaffees; 2), Zürich 1991, 103–126.

Deutsch-Renner, Hans: Ernährungsgebräuche. Ursprung und Wandel, Wien 1947.

DGE (Hg.): Ernährungsbericht 1976, Frankfurt a.M. 1976

DGE (Hg.): Ernährungsbericht 1980, Frankfurt a.M. 1980.

DGE (Hg.): Material zum Ernährungsbericht 1980, Frankfurt a.M. 1980.

Dickie, John: Delizia! The Epic History of the Italians and Their Food, New York et al. 2008.

Dildei, C./H. Kirchhoff: Zum dreistufigen Bezeichnungsschema zur Beurteilung von Döner Kebap und dönerähnlichen Erzeugnissen: Kriterien zum Beurteilungsmerkmal „Grad der

Leitsatzkonformität" als Maßstab zur Abgrenzung der Produktgruppen „ALIUD" und „nach Döner Kebap Art". In: Journal für Verbraucherschutz und Lebensmittelsicherheit 2/4 (November 2007), 490–493.

Diner, Hasia R.: Hungering for America. Italian, Irish, and Jewish Foodways in the Age of Migration, Cambridge, MA 2001.

Dirlik, Arif: Place-Based Imagination. Globalism and the Politics of Place. In: Ders./Roxann Prazniak (Hg.): Places and Politics in an Age of Globalization, Lanham et al. 2001, 15–51.

Djursaa, Malene/Simon Ulrik Kragh: The Globalisation of Consumption Patterns (Working Paper/Dept. of Intercultural Communication and Management, Copenhagen Business School; 19), Frederiksberg 1997.

Doering-Manteuffel, Anselm: Langfristige Ursprünge und dauerhafte Auswirkungen. Zur historischen Einordnung der siebziger Jahre. In: Konrad H. Jarausch (Hg.): Das Ende der Zuversicht? Die siebziger Jahre als Geschichte, Göttingen 2008, 313–329.

Doering-Manteuffel, Anselm: Westernisierung. Politisch-ideeller und gesellschaftlicher Wandel in der Bundesrepublik bis zum Ende der 60er Jahre. In: Schildt, Dynamische Zeiten, 311–341.

Doering-Manteuffel, Anselm/Lutz Raphael: Nach dem Boom. Perspektiven auf die Zeitgeschichte seit 1970, Göttingen 2008.

Doğanbey, Nurettin: Turkish Culinary Culture. In: İlkinci Milletlerarası Yemek Kongresi. Türkiye 3.–10.9.1988/Second International Food Congress, Turkey, 3.–10.9.1988, organis. v. Feyzi Halıcı, Ankara 1989, 133–137.

Dominicus, D.: Ausländer in Berlin. In: Die Woche 24/21 (1922), 501–502.

Douglas, Mary: Deciphering a Meal. In: Daedalus. Journal of the American Academy of Arts and Sciences, Winter 1972, 61–81.

Douglas, Mary: Standard Social Uses of Food. Introduction. In: Dies. (Hg.): Food in the Social Order. Strategies of Food and Festivities in Three American Communities, New York 1984, 1–39.

Driver, Christopher P.: The British at Table, 1940–1980, London 1983.

Dröge, Franz/Thomas Krämer-Badoni: Die Kneipe. Zur Soziologie einer Kulturform oder „Zwei Halbe auf mich!", Frankfurt a.M. 1987.

Droste, Eugen: Speise(n)folgen und Speise(n)karten im historischen Kontext. In: Irmgard Bitsch (Hg.): Essen und Trinken in Mittelalter und Neuzeit. Vorträge eines interdisz. Symposions, Gießen, 10.–13.6.1987, Sigmaringen, 2., überarb. Aufl., 1990, 245–259.

Drouard, Alain: Geschichte der Köche in Frankreich (Studien zur Geschichte des Alltags; 26), Stuttgart 2008.

Drummer, Christian: Das sich ausbreitende Restaurant in deutschen Großstädten als Ausdruck bürgerlichen Repräsentationsstrebens 1870–1930. In: Teuteberg/Neumann/Wierlacher, Essen, 303–321.

Dülffer, Jost (Hg.): Köln in den 50er Jahren. Zwischen Tradition und Modernisierung (Veröffentlichungen des Kölnischen Geschichtsvereins; 44), Köln 2001.

Dünne, Jörg/Stephan Günzel (Hg.): Raumtheorie. Grundlagen texte aus Philosophie und Kulturwissenschaften, Frankfurt a.M 2006.

Düsseldorf wie es schreibt & isst. 68 Betrachtungen Düsseldorfer Autoren über ihre Lieblingslokale, gesammelt v. Fritz Wiesenberger, illustr. v. Charlotte Strech-Ballot. Mit Rezepten angereichert v. Ulrich Klever, München o.J. [ca. 1968].

Dunkel, Franziska/Gabriella Stramaglia-Faggion: „Für 50 Mark einen Italiener". Zur Geschichte der Gastarbeiter in München, hg. v. Kulturreferat der Landeshauptstadt München, München 2000.

Eckert, Guido: Eine Welt für sich. Auf Entdeckungstour durch die Berliner Wrangelstraße – eine türkische Insel in der deutschen Fremde. In: ZeitPunkte 2 (1999), 28–33.

Eckert, Josef/Mechtilde Kißler: Südstadt, wat es dat? Kulturelle und ethnische Pluralität in modernen urbanen Gesellschaften am Beispiel eines innerstädtischen Wohngebietes in Köln (PapyRossa-Hochschulschriften; 19), Köln 1997.

Edensor, Tim: Staging Tourism. Tourists as Performers. In: Annals of Tourism Research 27/2 (2000), 322–344.

Eder, Angelika (Hg.): „Wir sind auch da!" Über das Leben von und mit Migranten in europäischen Großstädten (Forum Zeitgeschichte; 14), München/Hamburg 2003.

Eggert, Tanja: Schwarzgeldzahlungen an Arbeitnehmer. Eine empirische Untersuchung am Beispiel des Gastgewerbes (Schriften der Hans-Böckler-Stiftung; 60), Baden-Baden 2005, zugl. Diss. Hamburg 2004.

Ehlich, Konrad/Jochen Rehbein: Zur Konstitution pragmatischer Einheiten in einer Institution: Das Speiserestaurant. In: Dieter Wunderlich (Hg.): Linguistische Pragmatik (Schwerpunkte: Linguistik u. Kommunikationswissenschaft; 12), Frankfurt a.M. 1972, 209–254.

Ehrman, Edwina/Hazel Forsyth: London Eats Out. 500 Years of Capital Dining, London 1999.

Eich, Hans/Hans Frevert: Bürger auf Zeit. Junge Ausländer unter uns, Baden-Baden 1967.

Eitler, Pascal: Körper – Kosmos – Kybernetik. Transformationen der Religion im „New Age" (Westdeutschland 1970–1990). In: Zeithistorische Forschungen/Online-Ausg. 4 (2007), H. 1+2, http://www.zeithistorische-forschungen.de/16126041-Eitler-2-2007 (27.2.2012).

El-Tayeb, Fatima: Kanak Attak! HipHop und (Anti-)Identitätsmodelle der „Zweiten Generation". In: Eder, „Wir sind auch da!", 313–326.

Elias, Norbert: Über den Prozess der Zivilisation. Soziogenetische und psychogenetische Untersuchungen, 2 Bde., 17. Aufl., Frankfurt a.M. 1992 [1939].

Emmery, Rose-Madeleine: Chinesische Küche. 160 Spezialitäten-Rezepte der fernöstlichen Kochkunst, München, 12. Aufl., 1972 [1965].

Emmy Brauns Neues Kochbuch mit e. Kochlehrbuch, neubearb. u. erg. v. Frida Schäffer u. Lehrerinnen d. Pfälz. Wirtschaftslehrerinnen-Seminars Speyer am Rhein, 18. Aufl., Grünstadt 1929.

Engelen, Ewald: ‚Breaking in' and ‚breaking out'. A Weberian Approach to Entrepreneurial Opportunities. In: JEMS 27/2 (2001), 203–223.

Engell, Lorenz: Will Hays – Otto Mühl: „The Big Swallow". Essen im Film – auf der Grenze zwischen Film und Leben. Eine Deutung der Abwesenheit. In: Vom Essen und Trinken. Darstellungen in der Kunst der Gegenwart. Katalog zur Ausstellung des Kunst- und Museumsvereins Wuppertal, 8.2.–31.3.1987, hg. v. Ursula Peters, Wuppertal 1987, 76–84.

Epple, Angelika: The „Automat". A History of Technological Transfer and the Process of Global Standardization in Modern Fast Food around 1900. In: Food & History 7/2 (2009), 97–118.

Epple, Angelika/Wierling, Dorothee (Hg.): Globale Waren (= WerkstattGeschichte 16/45 (2007)).

Erdei, Mari: Ungarisch kochen. Original-Rezepte, die leicht gelingen, und Interessantes über die ungarische Küche, München 1993.

Erdem, Esra: Migrantinnen in der ethnischen Ökonomie. Die Verortung affektiver und reproduktiver Arbeit. In: IFADE (Hg.): Insider – Outsider. Bilder, ethnisierte Räume und Partizipation im Migrationsprozess, Bielefeld 2005, 99–118

Erdem, Esra/Monika Mattes: Gendered Policies – Gendered Patterns. Female Labour Migration from Turkey to Germany from the 1960s to the 1990s. In: Rainer Ohliger/Karen Schönwälder/Triadafilos Triadafilopoulos (Hg.): European Encounters. Migrants, Migration and European Societies Since 1945, Aldershot 2003, 167–185.

Ergebnisse der amtlichen Erhebungen von Wirtschaftsrechnungen für Angestellte vom Jahre 1927/28. In: Soziale Praxis XXXIX/42 (1930), 986–987.

Erichsen, Regine/Faruk Şen: Hinwendungs zur Selbständigkeit bei Gastarbeitern mit bes. Berücksichtigung von Türken (International Migration for Employment/Working Paper), Genf, Juni 1987.

Ersöz, Ahmet: Türkische Ökonomie nach der Wende in Berlin. In: Renate Amann/Barbara von Neumann-Cosel (Hg.): Berlin. Eine Stadt im Zeichen der Migration, Darmstadt 1997, 114–116.

Eschenburg, Theodor: Herrschaft der Verbände? Stuttgart, 2. Aufl., 1963.

Essen außer Haus 2000, hg. v.d. Zentralen Markt- und Preisberichtstelle (ZMP) für Erzeugnisse der Land-, Forst- und Ernährungswirtschaft, in Zusammenarbeit mit der Centralen Marketinggesellschaft der deutschen Agrarwirtschaft (CMA), Bonn 2001.

Essen in Berlin 86/87, hg. v. Michael Krause u. Kay Strasser, Berlin 1985.

Essen in Berlin 87/88, hg. v. Michael Krause u. Kay Strasser, Berlin 1986.

Ethnic Foods. Key Note Report. An Industry Sector Overview, 3. Aufl., London 1988.

Everts, Jonathan: Konsum und Multikulturalität im Stadtteil. Eine sozialgeographische Analyse migrantengeführter Lebensmittelgeschäfte, Bielefeld 2008.

Ewers, Niko/Gerd Fleischmann/Annegret Grewe: Von Leonforte nach Bielefeld. Die Geschichte von Salvatore Azzolina, Gastarbeiter, Bielefeld 2000.

Fadda, Fiammenta Fadda: Dal mangiare in casa alle cene fuori casa. In: Accademia Italiana della Cucina (Hg.): 50 anni di cucina italiana. Atti del XVIII convegno internazionale sulla civiltà della tavola, 13.–15.6.2003 in Mailand, Mailand 2003, 21–27.

Faist, Thomas: Immigration, Integration, and the Welfare State. Germany and the USA in a Comparative Perspective. In: Rainer Bauböck/Agnes Heller/Aristide R. Zolberg (Hg.): The Challenge of Diversity. Integration and Pluralism in Societies of Immigration (Public Policy and Social Welfare; 21), Aldershot et al. 1996, 227–258.

Faist, Thomas: Transnationalization in International Migration. Implications for the Study of Citizenship and Culture. In: Ethnic and Racial Studies 23/2 (2000), 189–222.

Fallenbacher, Tim: Ethnic Business in Nürnberg. Fallstudie Dönerkebab. In: Mitteilungen der Fränkischen Geographischen Gesellschaft 48 (2001), 247–272.

Faroqhi, Suraiya: Kultur und Alltag im Osmanischen Reich. Vom Mittelalter bis zum Anfang des 20. Jahrhunderts, München 1995.

Faroqhi, Suraiya/Christoph K. Neumann (Hg.): The Illuminated Table, the Prosperous House. Food and Shelter in Ottoman Material Culture (Beiruter Texte und Studien; 73)(Türkische Welten; 4), Würzburg 2003.

Fast Food in Europe. Quick Service Catering in West Germany, United Kingdom, France, Italy, Spain, Netherlands and Belgium (Special Report; 2027), London, April 1990.

Faucher, Julius: Vergleichende Culturbilder aus den Vier Europäischen Millionenstädten (Berlin – Wien – Paris – London), Hannover 1877.

Faulstich, Werner: Einleitung. In: Ders., Kultur der fünfziger Jahre, 7–8.

Faulstich, Werner (Hg.): Die Kultur der fünfziger Jahre, München 2002.

Featherstone, Mike/Scott Lash/Roland Robertson (Hg.): Global Modernities, London/Thousand Oaks/New Delhi 1995.

Fehér, Julius (Hg.): Die internationale Küche für Gemüse und Früchte des In- und Auslandes, Berlin [ca. 1910].

Fehrenbach, Heide: Learning from America. Reconstructing ‚Race' in Postwar Germany. In: Alexander Stephan (Hg.): Americanization and Anti-Americanism. The German Encounter with American Culture after 1945, Oxford/New York 2005, 107–125.

Fehrenbach, Heide: Race After Hitler. Black Occupation Children in Postwar Germany and America, Princeton/Oxford 2005.

Felbick, Dieter: Schlagwörter der Nachkriegszeit 1945–1949, Berlin/New York 2003, zugl. Diss. Bonn 2003.

Feldkirchen, Toni: Chinarestaurant Tchang. West-östlicher Diwan. In: Köln wie es schreibt & ist, 55–57.

Ferguson, Priscilla: Eating Orders. Markets, Menus, and Meals. In: The Journal of Modern History 77 (2005), 679–700.

Ferrero, Sylvia: *Comida sin par*. Consumption of Mexican Food in Los Angeles. „Foodscapes" in a Transnational Consumer Society. In: Belasco/Scranton, Food Nations, 194–219.

Ferretti, Alessandra: Un viaggio lungo un secolo. Il turismo italiano in Germania. In: Corni/Dipper, Italiani, 521–544.

Ferry, Jane F.: Food in Film. A Culinary Performance of Communication, New York/London 2003

Fiebig, Karl-Heinz/Dieter Hofmann-Axhelm/Eberhard Knödler-Bunte (Hg.): Kreuzberger Mischung. Die innerstädtische Verflechtung von Architektur, Kultur und Gewerbe. Katalog zur Ausstellung in der Bewag-Halle zumBerichtsjahr 1984 der Internationalen Bauausstellung Berlin 1987, 16.9.–29.10.1984, Berlin 1984.

Filip, Jana/Egon Wöhlken, unter Mitarb. v. Christel Trautmann: Nachfrage nach Lebensmitteln in privaten Haushalten. Eine Auswertung der Einkommens- und Verbrauchsstichprobe 1978, Bd. 1: Analysergebnisse für Nahrungsmittel tierischer Herkunft und Nahrungsfette, Münster-Hiltrup 1984.

Filippini, Felice: Nicht ungefährlich, Südländer zu sein. In: Merian 13/5 (1960), 48–53.

Finkelstein, Joanne: Dining Out. A Sociology of Modern Manners, New York 1989.

Finkelstein, Joanne: Dining Out. The Self in Search of Civility. In: Studies in Symbolic Interaction. A Research Annual 6 (1985), 183–212.

Fischer, Peter O.: Vom Essen fremder Speisen. In: Kursbuch 62 (1980), 182–190.

Fischler, Claude: The „McDonaldization" of Culture. In: Flandrin/Montanari, Food, 530–547.

Fish, Stanley: Boutique Multiculturalism or, Why Liberals are Incapable of Thinking About Hate Speech. In: Critical Inquiry 23/2 (1997), 378–395.

Flad, Patrick Oliver: Dienstleistungsmanagement in der Gastronomie und Foodservice-Industrie. Prozessmanagement als Ansatz zur Leistungsoptimierung, Diss. St. Gallen 2001.

Flandrin, Jean-Louis/Massimo Montanari (Hg.): Food. A Culinary History from Antiquity to the Present, New York 1999.

Flensburger Zahlenspiegel, hg. v.d. Stadt Flensburg/Amt für Stadtentwicklung u. Statistik, Flensburg 1965ff.

Floeting, Holger/Bettina Reimann/Ulla Schuleri-Hartje: Von „Tante Emma" zu „Onkel Ali" – Entwicklung der Migrantenökonomie in den Stadtquartieren deutscher Großstädte. In: Aktuelle Information des Deutschen Instituts für Urbanistik, April 2005, 1–19.

Förster, Paul: Vegetarische Speisehäuser. In: Vegetarische Warte 34 (1901), 566–568.

Forster, Jürgen: Balkan-Grill am Gürzenich. Die Flamme als Symbol. In: Köln wie es schreibt & isst, 193–197.

Fortier, Anne-Marie: Migrant Belongings. Memory, Space, Identity, Oxford/New York 2000.

Foucault, Michel: Geschichte der Gouvernementalität I: Sicherheit, Territorium, Bevölkerung – Vorlesung am Collège de France, 1977–1978, hg. v. Michel Sennelart, Frankfurt a.M. 2004.

Franzen, Jürgen: Gastarbeiter – Raumrelevante Verhaltensweisen. Migrationsmodell und empirische Studie am Beispiel jugoslawischer Arbeitskräfte in Hannover, Hannover 1978.

The French Market for Ethnic Foods. Sector Report, London 1997.

Frevert, Ute/Heinz-Gerhard Haupt (Hg.): Der Mensch des 20. Jahrhunderts, Frankfurt a.M./New York 1999.

Frewer, Lynn J./Einar Risvik/Hendrik Schifferstein (Hg.): Food, People, and Society. A European Perspective of Consumers' Food Choices, Berlin/Heidelberg/New York 2001.

Frick, Karin/Stephan Sigrist: Food Nations. Die beliebtesten Landesküchen und deren Bedeutung für das Image einer Nation (GDI-Studie; 21), [Rüschlikon] 2005.

Friedman, Jonathan: Consuming Desires. Strategies of Selfhood and Appropriation. In: Cultural Anthropology 6/2 (1991), 154–163.

Friedrichs, Ernst: Das Gotenburger System und das Deutsche Gastwirtsgewerbe. Denkschrift über die von dem Herrn Reichskanzler veranstaltete Rundfrage, Berlin 1912.

Friedrichs, Jürgen/Jörg Blasius: Sozialräumliche Integration von Türken in zwei Kölner Wohngebieten. In: DfK 2001/I, 48–67

Fries, Michaela: Die Bedeutung von Artikel 5(f) der Rassendiskriminierungskonvention im deutschen Recht. Diskriminierung durch Private beim Zugang zu Gaststätten (Beiträge zum ausländischen öffentlichen Recht und Völkerrecht; 161), Berlin 2003.

Fuchs, Bernhard: Indo-Pakistanische Lebensmittelgeschäfte. Ethnische Strategien in der Ökonomie. In: ÖZV LII/101 (1998), 433–446.

Fuchs, H.-J.: Interesse I. In: Historisches Wörterbuch der Philosophie, hg. v. Joachim Ritter, Bd. 4, Basel/Stuttgart 1971, 479–485.

Führich, Ernst: Recht im Gastgewerbe, Tourismus und Betrieb. Gesetzessammlung mit Erläuterungen, München 1988.

Fulton, Margaret: Restaurant Dishes of the World, London 1983.

G+J Branchenbild Nr. 19: Auslandstourismus, Hamburg, Februar 1987.

G+J Branchenbild Nr. 38: Fast Food, System-Gastronomie/Snack und Imbiss, Hamburg, September 1987.

G+J-Marktforschung (Hg.): wohnen + leben. Marketinggerechte Strukturen der zentralen Lebensbereiche essen, trinken, wohnen, kommunizieren. Basisdaten/Codeplan, Hamburg 1978.

Gabaccia, Donna R.: We Are What We Eat. Ethnic Food and the Making of Americans, Cambridge, MA/London 1998.

Gabaccia, Donna R./Jeffrey M. Pilcher: „Chili Queens" and Checkered Tablecloths. Public Dining Cultures of Italians in New York City and Mexicans in San Antonio, Texas, 1870s–1940s. In: Radical History Review 110 (2011), 109–126.

Gabellieri, Rodolfo: Le monde fascinant de la Cuisine Italienne Traditionelle. Premiers plats, Tirrenia 1987.

Gabler, Dirk: Der Geschmack der Freiheit. Vom Igelbraten zum Zigeunerschnitzel. In: Hund, Zigeunerbilder, 124–136.

Gabriel, Yiannis: Working Lives in Catering, London/New York 1988.

Gaebe, Wolf: Die räumliche Differenzierung der Ernährungsformen in den Ländern der EWG. Ein Beitrag zur Geographie des Konsums (Kölner Forschungen zur Wirtschafts- und Sozialgeographie; V), Wiesbaden 1969.

Gahmann, Petra: Türkische Küche. Bielefeld 1988.

Gallini, Clara: Mass Exoticism. In: Iain Chambers/Lidia Curti (Hg.): The Post-Colonial Question: Common Skies, Divided Horizons, London/New York 1996, 212–220.

Galster, Sonia: Das Italienbild als strategisches Element italienischer Kleinunternehmer in Deutschland. In: Janz/Sala, Dolce Vita?, 257–276.

Gamper, Michael: Masse lesen, Masse schreiben. Eine Diskurs- und Imaginationsgeschichte der Menschenmenge 1765–1930, Paderborn/München 2007.

Das Gastgewerbe in Hamburg – Bedeutung und Entwicklung (Wirtschaftsanalysen; 1 [1981], hg. v.d. Hamburgischen Landesbank, Hamburg 1981.

Gaststättenverzeichnis für Berlin-Besucher, hg. v. Verkehrsamt Berlin, Berlin 1970.

Gautier, Théophile: Constantinople, Paris 1888.

Gebhardt, Johanna Angela: Wie die Deutschen zur Pizza kamen oder „Capri, die älteste Pizzeria Deutschlands und die Blaue Grotte". In: Frankenland 53/5 (2001), 397–402.

Geck, Hinrich-Matthias: Die griechische Arbeitsmigration. Eine Analyse ihrer Ursachen und Wirkungen (Materialien zur Arbeitsmigration und Ausländerbeschäftigung; 3), Königstein/Ts. 1979.

Gedrich, Kurt/Monika Albrecht: Datenrecherche der Entwicklung der Haushaltsausgaben für Ernährung in der zweiten Hälfte des 20. Jahrhunderts (Materialband; 3), Freising-Weihenstephan 2003.

Gedrich, Kurt/Ulrich Oltersdorf (Hg.): Ernährung und Raum. Regionale und ethnische Ernährungsweisen in Deutschland. 23. Wissenschaftliche Jahrestagung der Arbeitsgemeinschaft Ernährungsverhalten e.V. (AGEV), Freising/Weihenstephan, 11.–12.10.2001, Karlsruhe 2002.

Gehren, Wilhelmine von: Küche und Keller. Ein hauswirtschaftliches Nachschlagebuch, zugleich ein Ratgeber für eine vernunftgemässe Ernährung der Menschen auf Grundlage der neuesten wissenschaftlichen und praktischen Erfahrungen, Berlin [ca. 1905].

Geiersbach, Paul: Gott auch in der Fremde dienen. Mit einem Vorwort von Bahman Nirumand (Ein Türkenghetto in Deutschland; II), Berlin 1990.

Geiersbach, Paul: Warten bis die Züge wieder fahren. Mit einem Vorwort von Günter Wallraff (Ein Türkenghetto in Deutschland; I), Berlin 1990.

Geiger, Folkwin: Zur Konzentration von Gastarbeitern in alten Dorfkernen. Fallstudie aus dem Verdichtungsraum Stuttgart. In: Geographische Rundschau 27 (1975), 61–71.

Geisthövel, Alexa/Habbo Knoch: Orte der Moderne. Erfahrungswelten des 19. und 20. Jahrhunderts, Frankfurt a.M./New York 2005.

Geisthövel, Alexa/Uffa Jessen/Habbo Knoch/Daniel Morat: Erlebte Welten. Erfahrungsräume der Moderne. In: Geisthövel/Knoch, Orte, 355–368.

Gensel, Walther: Paris. Studien und Eindrücke. Mit fünfzehn Vollbildern und zahlreichen Skizzen von Alfred Sohn-Rethel, Leipzig 1900.

Gentileschi, Maria Luisa: I lavoratori italiani indipendenti a Stoccarda. In: Studi emigrazione XV/51 (1978), 325–359.

Geppert, Alexander C.T.: True Copies. Time and Space Travels at British Imperial Exhibitions, 1880–1930. In: Berghoff et al., Making, 223–248.

Gerlach, Christian: Krieg, Ernährung, Völkermord. Deutsche Vernichtungspolitik im Zweiten Weltkrieg, Zürich/München 2001.

Geschichtliche Grundbegriffe. Historisches Lexikon zur politisch-sozialen Sprache in Deutschland, hg. v. Otto Brunner, Werner Conze u. Reinhart Koselleck, Stuttgart 1972ff.

Geyer, Martin H./Eckhart Hellmuth: „Konsum konstruiert die Welt". Überlegungen zum Thema „Inszenierung und Konsum des Fremden". In: Hans-Peter Bayerdörfer/Eckhart Hellmuth (Hg.): Exotica. Konsum und Inszenierung des Fremden im 19. Jahrhundert (Kulturgeschichtliche Perspektiven; 1), Münster 2003, IX–XXVI.

Giddens, Anthony: Konsequenzen der Moderne, Frankfurt a.M. 1995.

Giese, Karsten: New Chinese Migration to Germany. Historical Consistencies and New Patterns of Diversification within a Globalized Migration Regime. In: International Migration 41/3 (2003), 155–183.

Gilbert, James: Men in the Middle. Searching for Masculinity in the 1950s, Chicago 2005.

Gillespie, Cailein H.: Gastrosophy and *Nouvelle Cuisine*. Entrepreneurial Fashion and Fiction. In: British Food Journal 96/10 (1994), 19–23.

Girtler, Roland: „Herrschaften wünschen zahlen". Die bunte Welt der Kellnerinnen und Kellner, Wien/Köln/Weimar 2008.

Gitmez, Ali/Czarina Wilpert: A Micro-society or an Ethnic Community? Social Organization and Ethnicity Amongst Turkish Migrants in Berlin. In: John Rex/Daniele Joly (Hg.): Immigrant Associations in Europe, Aldershot/Brookfield 1987, 86–125.

Glaser, Paul: Ein bisschen Harem, ein bisschen Schultheiß. In: Lusk/Ziesecke, Stadtfront, 149–150.

Glick-Schiller, Nina/Ayşe Çağlar/Thaddeus C. Guldbrandsen: Jenseits der „Ethnischen Gruppe" als Objekt des Wissens. Lokalität, Globalität und Inkorporationsmuster von Migranten. In: Berking, Macht, 105–144.

Glick-Schiller, Nina/Linda Basch/Cristina Blanc-Szanton: From Immigrant to Transmigrant. Theorizing Transnational Migration. In: Pries, Transnationale Migration, 121–140.

Glick-Schiller, Nina/Linda Basch/Cristina Blanc-Szanton: Transnationalismus. Ein neuer analytischer Rahmen zum Verständnis von Migration. In: Heinz Kleger (Hg.): Transnationale Staatsbürgerschaft, Frankfurt a.M./New York 1997, 81–107.

Goeke, Pascal: Jugoslawische Arbeitswanderer in West-, Mittel- und Nordeuropa seit dem Ende des Zweiten Weltkrieges. In: Bade et al., Enzyklopädie, 731–735.

Goeke, Pascal: Transnationale Migrationen. Post-jugoslawische Biografien in der Weltgesellschaft, Bielefeld 2007.

Göktürk, Deniz/David Gramling/Anton Kaes (Hg.): Transit. Nation and Migration 1955–2005, Berkeley/Los Angeles/London 2007.

Gööck, Roland: Die 100 berühmtesten Rezepte der Welt. Das Farbbild-Kochbuch der internationalen Spezialitäten, Künzelsau o.J. [1979].

Gööck, Roland: 100 raffinierte Gerichte aus aller Welt, Künzelsau 1977.

Goethe, Johann Wolfgang: Italienische Reise. Mit vierzig Zeichnungen des Autors, Bd. 1, hg. u. mit e. Nachwort vers. v. Christoph Michel, Frankfurt a.M., 2. Aufl., 1977 [1813/17].

Goffman, Erving: Wir alle spielen Theater. Die Selbstdarstellung im Alltag, München, 3. Aufl., 1976.

Gofton, Leslie: British Market-Research Data on Food. A Note on Their Use for the Academic Study of Food Choices. In: Murcott, „The Nation's Diet", 302–310.

Gogos, Manuel: Überblendungen. Deutsche Besatzung in Griechenland und die griechische Arbeitsmigration nach Deutschland. In: Projekt Migration, 822–823.

Golczewski, Mechthild: Der Balkan in deutschen und österreichischen Reise- und Erlebnisberichten, 1912–1918 (Quellen und Studien zur Geschichte des östlichen Europas; 16), Wiesbaden 1981.

Goldberg, Andreas/Şen, Faruk: Ein neuer Mittelstand? Unternehmensgründungen von ehemaligen türkischen Arbeitnehmern in der Bundesrepublik Deutschland. In: WSI Mitteilungen. Monatszeitschrift des Wirtschafts- und Sozialwissenschaftlichen Instituts des Deutschen Gewerkschaftsbundes 46/1 (1993), 163–173.

Goldberg, Andreas/Faruk Şen: Türkische Unternehmer in Deutschland. Wirtschaftliche Aktivitäten einer Einwanderungsgesellschaft in einem komplexen Wirtschaftssystem. In: Häußermann/Oswald, Zuwanderung, 63–84.

Goode, Judith/Janet Theophano/Karen Curtis: A Framework for the Analysis of Continuity and Change in Shared Sociocultural Rules for Food Use. The Italian-American Pattern. In: Brown/Mussell, Ethnic and Regional Foodways, 66–88.

Goody, Jack: Cooking, Cuisine and Class. A Study in Comparative Sociology, Cambridge 1982.

Goody, Jack: Food and Love. A Cultural History of East and West, London/New York 1998.

Gottdiener, Mark: The Consumption of Space and the Spaces of Consumption. In: Ders., New Forms, 265–285.

Gottdiener, Mark (Hg.): New Forms of Consumption. Consumers, Culture, and Commodification, London et al. 2000.

Grazia, Victoria de: Irresistible Empire. America's Advance Through Twentieth-Century Europe, Cambridge 2005.

Greenblatt, Stephen: Cultural Mobility. An Introduction. In: Ders. et al. (Hg.): Cultural Mobility. A Manifesto, Cambridge et al. 2010, 1–23.

Grenzenloser Genuß. Internationale Eß- und Trinkkultur in Deutschland, Hamburg, November 1993.

Grew, Raymond: Food and Global History. In: Ders., Food, 1–29.

Grew, Raymond (Hg.): Food in Global History, Boulder, CO/Oxford 1999.

Griechenland, Wien et al. 1978 [Grèce (Guide Bleu) 1977].

Griechenland. Handbuch für Reisende, Leipzig 1883.

Griechische Küche, griechischer Kaffee. In: Merian 36/6 (1983), 119–120.

Die griechischen Inseln. Ein Reisebegleiter zu den Inseln des Lichts: Kultur und Geschichte, hg. u. aus dem Griechisch. übertr. v. Evi Melas, Köln 1976.

Gries, Rainer: Der Geschmack der Heimat. Bausteine zu einer Mentalitätsgeschichte der Ostprodukte nach der Wende. In: Deutschland-Archiv 27/10 (1994), 1041–1058.

Gries, Rainer: Produkte als Medien. Kulturgeschichte der Produktkommunikation in der Bundesrepublik und der DDR, Leipzig 2003.

Gries, Rainer: Die Rationen-Gesellschaft. Versorgungskampf und Vergleichsmentalität: Leipzig, München und Köln nach dem Kriege, Münster 1991, zugl. Diss. Freiburg i.Br. 1991.

Griffiths, John: Tea. The Drink That Changed the World, London 2007.

Grimm, Horst Heinz: Das Gastgewerbe in der Bundesrepublik (dpa Hintergrund; Nr. 3245, 21.7.1987.

Grossmann, Atine: Jews, Germans, and Allies. Close Encounters in Occupied Germany, Princeton 2007.

Grüske, Karl-Dieter/Rechtenwald, Horst Claus: Wörterbuch der Wirtschaft, Stuttgart, 12., neu gestalt. u. erw. Aufl., 1995.

Guanella, Hanni: Kreta. Ein Reiseführer. Nach dem englischen Reiseführer „Crete" von John Bowman neu bearb. u. erw. v. Dr. Hanni Guanella, Zürich, 5. völlig überarb. Fassung, 1977.

Guezengar, Anne: Immigration et petits commerces etrabgers dans la ville de Cologne (R.F.A.). In: Marchands ambulants et commercants etrangers en France et en Allemagne Fédérale (Études Méditerranéennes; Fasc. 7), Poitiers: Centre interuniversitaire d'études méditerranéennes, Université de Poitiers, 1984, 115–134.

Gundel, Charles: Hungarian Cookery Book, übers. v. Catherine Dallas, 2. Aufl., London/Budapest 1937 [1935].

Gupta, Akhil/James Ferguson: Beyond ‚Culture'. Space, Identity, and the Politics of Difference. In: Cultural Anthropology 7/1 (1992), 6–23.

Guthman, Julie: Fast Food/Organic Food. Reflexive Tastes and the Making of ‚Yuppie Chow'. In. Social & Cultural Geography 4/1 (2003), 45–58.

Guttstadt, Corry: Die Türkei, die Juden und der Holocaust, Berlin 2008.

Gutzmer, Manfred: Sportrestaurant Mehl. Fußball am Tresen. In: Düsseldorf wie es schreibt & isst, 224–226.

Gyr, Ueli: Währschaft essen, symbolisch fooden. In: Magazin der Universität Zürich 1 (2002)/Bulletin der ETH Zürich Nr. 285 (April 2002), 9–11.

Haberl, Othmar Nikola: Die Abwanderung von Arbeitskräften aus Jugoslawien. Zur Problematik ihrer Auslandsbeschäftigung und Rückführung (Untersuchungen zur Gegenwartskunde Südosteuropas; 13), München 1978.

Hachtmann, Rüdiger: Tourismusgeschichte – ein Mauerblümchen mit Zukunft! Ein Forschungsüberblick, in: H-Soz-u-Kult 06.10.2011, http://hsozkult.geschichte.hu-berlin.de/forum/2011-10-001 (3.3.2012).

Hachtmann, Rüdiger: Tourismus-Geschichte, Göttingen 2007.

Hackler, Erhard: Ausgewählte rechtliche Probleme ausländischer Arbeitnehmer und Gewerbetreibender in der Bundesrepublik Deutschland. In: Heiner Geißler (Hg.): Ausländer in Deutschland. Für eine gemeinsame Zukunft, Bd. 1, München 1982, 36–59.

Hadžić, Senad: Die Geschichte der jugoslawischen Arbeitsmigration. In: Projekt Migration, 812–815.

Häßlin, Johann Jakob: Blick in rheinische Kochtöpfe. In: Köln. Vierteljahrschrift für die Freunde der Stadt 2 (1959), o.S.

Häußermann, Hartmut/Andreas Kapphan: Berlin. Von der geteilten zur gespaltenen Stadt? Sozialräumlicher Wandel seit 1990, Opladen 2000.

Häußermann, Hartmut/Ingrid Oswald (Hg.): Zuwanderung und Stadtentwicklung (Leviathan Sonderheft 17), Opladen 1997.

Hahne, Maria Gaeta: Die gute italienische Küche/La buona cucina italiana, Wien 1928.

Haley, Andrew P.: Dining in High Chairs. Children and the American Restaurant Industry, 1900–1950. In: Food & History 7/2 (2009), 69–94.

Halıcı. Nevin: Das türkische Kochbuch, Augsburg 1993.

Halk için iktisatlı Yemek Kitabı. Pasta ve Tatlılar, İstanbul 1945.

Hall, C. Michael/Allan M. Williams (Hg.): Tourism and Migration. New Relationships between Production and Consumption, Dordrecht/Boston/London 2002.

Hall, Peter A./David Soskice (Hg.): Varieties of Capitalism. The Institutional Foundations of Comparative Advantage, Oxford 2001.

Hall, Stuart: The Global and the Local. Globalization and Ethnicity. In: McClintock/Mufti/Shohat, Dangerous Liaisons, 173–187.

Hamburg kulinarisch 1982. Die interessantesten Speisekarten der Hansestadt, ausgew. v. Walter Stahl, Hamburg 1982.

Hamburg von 7 bis 7, hg. v. Walter Stahl/Dieter Wien, Hamburg 1966–1990.

Hamburg wie es schreibt & isst. 66 Betrachtungen Hamburger Autoren über ihre Lieblingslokale, gesammelt u. hg. v. Christian Ferber. Mit 70 Zeichnungen v. Renate Schwarz, München [ca. 1967].

Hamburger Restaurantlexikon 85/86, München 1985.

Hamburgische Landesbank (Hg.): Treffpunkt Hamburg. Gastgewerbe, Messen und Kongresse in der Hansestadt, Hamburg, Mai 1990.

Hammes, Yvonne: Wertewandel seit der Mitte des 20. Jahrhunderts in Deutschland. Auswirkungen des Wandels gesellschaftlicher und politischer Wertorientierungen auf die Demokratie, Frankfurt a.M. et al. 2002.

Handelskammer Hamburg (Hg.): Bericht über das Jahr 1974ff., Hamburg 1974ff.

Hanika, Josek: Volkskundliche Wandlungen durch Heimatverlust und Zwangswanderung (Schriftenreihe der Kommission für Volkskunde der Heimatvertriebenen im Verband der Vereine für Volkskunde; 1), Salzburg 1957.

Harbottle, Lynn: Fast Food/Spoiled Identity. Iranian Migrants in the British Catering Trade. In: Pat Caplan (Hg.): Food, Health, and Identity, London/New York 1997, 87–110.

Hardyment, Christina: Slice of Life. The British Way of Eating Since 1945, London 1995.

Harpprecht, Klaus: Fast food oder: Das schnelle Glück am Stand. Ein Plädoyer für Hamburger, „Heiße Hunde" und verwandte Produkte. In: Uwe Schultz (Hg.): Speisen, Schlemmen, Fasten. Eine Kulturgeschichte des Essens, Frankfurt a.M./Leipzig 1993, 386–402.

Harpprecht, Klaus: Die Lust zur Normalität. In: Magnum. Zeitschrift für das moderne Leben 29 (1960), 17-19.

Harte, Ingeborg: Gut essen ist mein Leibgericht. Eine kulinarische Landkarte von Ihrem EDE-KA-Kaufmann, Marbach 1957.

Hartung, Hugo: Ich denke oft an Piroschka. Ein heiterer Roman, Berlin 1959 [1954].

Hartung, Hugo: Ich denke oft an „Piroschka". In: München wie es schreibt & isst, 173-176.

Haskell, Molly: Movies and the Selling of Desire. In: Roger Rosenblatt (Hg.): Consuming Desires. Consumption, Culture, and the Pursuit of Happiness, Washington, DC/Covelo, CA 1999, 123-135.

Hattox, Ralph S.: Coffee and Coffeehouses. The Origins of a Social Beverage in the Medieval Near East, Seattle/London 1985.

Haug, Sonja: Kettenmigration am Beispiel italienischer Arbeitsmigranten in Deutschland 1955-2000. In: AfS 42 (2002), 123-143.

Haupt, Heinz-Gerhard: Konsum und Handel. Europa im 19. und 20. Jahrhundert, Göttingen 2003.

Haupt, Heinz-Gerhard/Cornelius Torp (Hg.): Die Konsumgesellschaft in Deutschland 1890-1990. Ein Handbuch, Frankfurt a.M./New York 2009.

Hauschild, Thomas/Bernd Jürgen Warneken (Hg.): Inspecting Germany. Internationale Deutschland-Ethnographie der Gegenwart (Forum Europäische Ethnologie; 1), Münster/Hamburg/London 2002.

Hausen, Karin: Geschlecht und Ökonomie. In: Gerold Ambrosius/Dietmar Petzina/Werner Plumpe (Hg.): Moderne Wirtschaftsgeschichte. Eine Einführung für Historiker und Ökonomen, München 1996, 89-103.

Haustein, Sabine: Vom Mangel zum Massenkonsum. Deutschland, Frankreich und Großbritannien im Vergleich 1945-1970, Frankfurt a.M./New York 2007.

Hazelton, Nika Standen: Die Küche in Deutschland, Amsterdam 1970.

Hediger, Vinzenz: Vom Zuschauen allein wird man nicht satt. Zur Darstellung von Essen und Trinken im Film. In: Felix Escher/Claus Buddeberg (Hg.): Essen und Trinken zwischen Ernährung, Kult und Kultur (Reihe Zürcher Hochschulforum; 34), Zürich 2003, 159-177.

Hefner, Margarete: Der Gastarbeiter als Konsument. Segmentspezifische Analyse des Konsumentenverhaltens ausländischer Arbeitnehmer in einer westdeutschen Großstadt, unter Mitarb. v. Manfred Schöler u. Klaus Grabicke, Göttingen 1978.

Heilbronner, Kay: Ausländerrecht. Ein Handbuch, Heidelberg 1984.

Heimann, Lilo: Sojasauce und Sambal sind die Renner. In: Feinkost-Revue 6/1982, 12-13 u. 42.

Heise, Ulla: Kaffee und Kaffeehaus. Eine Bohne macht Kulturgeschichte, Leipzig 1996.

Heisler, Barbara Schmitter: Immigration and German Cities. Exploring National Policies and Local Outcomes. In: German Politics and Society 16/4 (1998), 18-41.

Heldke, Lisa M.: Exotic Appetites. Ruminations of a Food Adventurer, New York/London 1993.

Heller, Hartmut: Auf der Suche nach Türken in Franken. Zur Historisierung aktueller Migrationsprozesse. In: Bayerische Blätter für Volkskunde NF 5/2 (2003), 160-178.

Heller, Hartmut: Kritik an Vorstellungen von der „frühen bodenständigen Hausmannskost".

Alte und junge Globalisierungstendenzen in der Nahrungslandschaft Franken. In: Gedrich/ Oltersdorf, Ernährung, 187–196.

Heller, Hartmut: Nicht nur Pizzabäcker und Eisverkäufer! Selbständige Gewerbetreibende aus den sog. Gastarbeiterländern in der Großstadt Nürnberg. In: Lernen in Deutschland. Zeitschrift für pädagogische Arbeit mit ausländischen Kindern und Jugendlichen 4 (1981), 149–158.

Heller, Hartmut: Das Nürnberger Restaurant „Alla Turca" – und was ihm vorausging: „Beutetürken" des 16./17. Jahrhunderts. In: Ders. (Hg.): Neue Heimat Deutschland. Aspekte der Zuwanderung, Akkulturation und emotionalen Bindung. Vierzehn Referate einer Tagung der Deutschen Akademie für Landeskunde, des Instituts für Länderkunde Leipzig u. des Zentralinstituts für Regionalforschung d. Friedrich-Alexander-Universität Erlangen-Nürnberg, 22.–24.6.2000 in Nürnberg (Erlanger Forschungen, Reihe A, Geisteswissenschaften; 95), Erlangen 2000, 265–274.

Heller, Wilfried: Komponenten räumlichen Verhaltens von Gastarbeitern in der Bundesrepublik Deutschland, mit besonderer Berücksichtigung von Griechen an ausgewählten Orten (Göttingen, Hannoversch Münden und Kassel). In: Berichte zur deutschen Landeskunde 53/1 (1979), 5–34.

Helstosky, Carol: Garlic and Oil. Politics and Food in Italy, Oxford 2004.

Helstosky, Carol: Recipe for the Nation. Reading Italian History through La scienza in cucina and La cucina futurista. In: Food & Foodways 11 (2003), 113–140.

Hemetek, Ursula: Musik im Leben der Roma. In: Mozes F. Heinschink/Dies. (f.d. Verein Romano Centro, Wien) (Hg.): Roma: das unbekannte Volk. Schicksal und Kultur, Wien/Köln/Weimar 1994, 150–170.

Hemming, Heinz: Hühner-Hugo. Ein ganz neues Höhlengefühl. In: Düsseldorf wie es schreibt & isst, 182–184.

Henke, Holger (Hg.): Crossing Over. Comparing Recent Migration in the United States and Europe, Lanham 2005.

Hennig, Christoph: Jenseits des Alltags. In: Voyage. Jahrbuch für Reise- und Tourismusforschung 1 (1997), 35–53.

Hennig, Christoph: Reiselust. Touristen, Tourismus und Urlaubskultur, Frankfurt a.M. 1997.

Herbert, Ulrich: Geschichte der Ausländerpolitik. Saisonarbeiter, Zwangsarbeiter, Gastarbeiter, Flüchtlinge, München 2001.

Herbert, Ulrich: Liberalisierung als Lernprozeß. Die Bundesrepublik in der deutschen Geschichte – eine Skizze. In: Ders. (Hg.): Wandlungsprozesse in Westdeutschland. Belastung, Integration, Liberalisierung 1945–1980 (Moderne Zeit; I), Göttingen 2002, 7–49.

Herbert, Ulrich/Karin Hunn: Beschäftigung, soziale Sicherung und soziale Integration von Ausländern. In: Hockerts, Bundesrepublik Deutschland, 781–810.

Herbert, Ulrich/Karin Hunn: Gastarbeiter und Gastarbeiterpolitik in der Bundesrepublik. Vom Beginn der offiziellen Anwerbung bis zum Anwerbestopp (1955–1973). In: Schildt, Dynamische Zeiten, 273–310.

Hermann, Helga: Vom Gastarbeiter zum Unternehmer. In: Arbeitgeber 24/44 (1992), 1000–1004.

Herrmann, Roland: Gleicht sich der Nahrungsmittelverbrauch international an? Ein Messkonzept und empirische Ergebnisse für ausgewählte OECD-Länder. In: Jahrbuch der Absatz- und Verbrauchsforschung 40/4 (1994), 371–390.

Herstatt, Iwan-D.: Weinrestaurant Hugo Wolff. Lieblingsspeisen großer Männer. In: Köln wie es schreibt & isst, 105–107.

Herzberg, Heidrun: Migration – aus Liebe? Zum Verhältnis von Biographie und Migration am Beispiel deutscher Frauen auf Kreta, Bremen 1999.

Hesse, Jan-Otmar: Komplementarität in der Konsumgesellschaft. Geschichte eines wirtschaftstheoretischen Konzepts. In: JWG 2 (2007), 147–167.

Hillebrand, Randolf: Migrantenpolitik der Stadt Köln 1950–1961. Vertriebene und Flüchtlinge versus Evakuierte. In: Dülffer, Köln, 89–99.

Hillmann, Felicitas: Ethnisierung oder Internationalisierung? Ethnische Ökonomien als Schnittpunkte von Migrationssystem und Arbeitsmarkt in Berlin. In: Prokla 30/3 (2000), 415–432.

Hillmann, Felicitas: A Look at the ‚Hidden Side'. Turkish Women in Berlin's Ethnic Labour Market. In: International Journal of Urban and Regional Research 23/2 (1999), 267–282.

Hillmann, Felicitas (Hg.): Marginale Urbanität. Migrantisches Unternehmertum und Stadtentwicklung, Bielefeld 2011.

Hillmann, Felicitas: Migration als räumliche Definitionsmacht? Beiträge zu einer neuen Geographie der Migration in Europa (Erdkundliches Wissen; 141), Stuttgart 2007.

Hillmann, Felicitas: Türkische Unternehmerinnen und Beschäftigte im Berliner ethnischen Gewerbe (WZB Discussion Paper FS I 98–107), Berlin 1998.

Hillmann, Felicitas/Hedwig Rudolph: Redistributing the Cake? Ethnicisation Processes in the Berlin Food Sector (WZB Discussion Paper FS I 95–102), Berlin 1997.

Hillmann, Felicitas/Elena Sommer: Döner und Bulette revisited oder: was man über migrantische Ökonomien genau wissen kann. In: Hillmann, Marginale Urbanität, 23–86.

Hillmann, Karl-Heinz: Ein Modell des homo sociologicus und seine Relevanz für die Analyse des Konsumentenverhaltens in der modernen Wohlstandgesellschaft. Ein Beitrag zur Fundierung der Konsumsoziologie, Diss. FU Berlin 1970.

Hobsbawm, Eric: The Age of Extremes. A History of the World, 1914–1991, London 1994.

Hobsbawm, Eric/Terence Ranger (Hg.): The Invention of Tradition, Cambridge et al. 1984.

Hockerts, Hans Günter (Hg.): Bundesrepublik Deutschland 1966–1974. Eine Zeit vielfältigen Aufbruchs (Geschichte der Sozialpolitik in Deutschland seit 1945; 5), Baden-Baden 2006.

Hockerts, Hans Günter: Einführung. In: Ders. (Hg.): Koordinaten deutscher Geschichte in der Epoche des Ost-West-Konflikts, München 2004, VII–XV.

Hockerts, Hans Günter/Winfried Süß: Gesamtbetrachtung: Die sozialpolitische Bilanz der Reformära. In: Hockerts, Bundesrepublik Deutschland, 943–962.

Hodges, Matt: Food, Time, and Heritage Tourism in Languedoc, France. In: History and Anthropology 12/2 (2001), 179–212.

Höhn, Maria: GIs and Fräuleins. The German-American Encounter in 1950s West Germany, Chapel Hill 2002.

Hösch, Edgar: Geschichte des Balkans (Beck Wissen; 2356), München 2004.

Hoffmann, George: The Balkans in Transition, Princeton 1963.

Hoffmann, M[oritz]: Die Standorfrage beim Aufbau von Hotels und Gaststätten, Frankfurt a.M. 1949.

Hoffmann-Nowotny, Hans-Joachim: Soziologie des Fremdarbeiterproblems. Eine theoretische und empirische Analyse am Beispiel der Schweiz, Stuttgart 1973.

Hoffmeyer-Zlotnik, Jürgen: Gastarbeiter im Sanierungsgebiet. Das Beispiel Berlin-Kreuzberg (Beiträge zur Stadtforschung; 1), Hamburg 1977.

Holert, Tom/Mark Terkessidis: Fliehkraft. Gesellschaft in Bewegung – von Migranten und Touristen, Köln 2006.

Hollander, Jürgen von: Ewige Lampe. In: München wie es schreibt & isst, 67–69.

Hollenstein, André: „Gute Policey" und lokale Gesellschaft im Staat des Ancien Régime. Das Falbeispiel der Markgrafschaft Baden(-Durlach), Bd. 1, Tübingen 2003, zugl. Habil.-Schrift Bern 2000/2001.

Holzinger, Gisela: Salvatore. Paradies aus dem Süden. In: Köln wie es schreibt &b isst, 141–142.

Honneth, Axel: Vorwort. In: Illouz, Konsum, VII–XXI.

Hooker, Richard J.: Food and Drink in America. A History, Indianapolis/New York 1981.

hooks, bell: Eating the Other. In: Dies.: Black Looks: Race and Representation, Boston 1992, 21–39.

Horváth, Maria: Italienische Spezialitäten. Eine charmante Einführung in die italienische Küche, München 1970.

Hotelling, Harold: Stability in Competition. In: Economic Journal 39 (1929), 41–57.

Hund, Wulf D.: Romantischer Rassismus. Zur Funktion des Zigeunerstereotyps. In: Ders., Zigeunerbilder, 9–30.

Hund, Wulf D. (Hg.): Zigeunerbilder. Schnittmuster rassistischer Ideologie, Duisburg 2000.

Hunn, Karin: „Nächstes Jahr kehren wir zurück ...". Die Geschichte der türkischen „Gastarbeiter" in der Bundesrepublik, Göttingen 2005.

Hunsdiek, Detlef/Matthias Wittstock: Unternehmensfluktuation, Fluktuationsursachen sowie der sich abzeichnende Strukturwandel im Hotel- und Gaststättengewerbe in Nordrhein-Westfalen (Beiträge zur Mittelstandsforschung; 94), Göttingen 1983.

Hussong, Friedrich: Der Tisch der Jahrhunderte, Berlin 1937.

Hutchinson's Cookery Book de Luxe, hg. v. Mildred Maddocks Bentley [London, gedr. i.d. USA, 1945].

Huth-Hildebrandt, Christine: Das Bild von der Migrantin. Auf den Spuren eines Konstrukts, Frankfurt a.M. 2002, zugl. Diss. Marburg 2001.

Ibba, Bernhard: Das türkische Gewerbe im Wedding (Occasional Paper, Institut für Geographische Wissenschaften der FU Berlin; H. 4), Berlin 1988.

Illouz, Eva: Der Konsum der Romantik. Liebe und die kulturellen Widersprüche des Kapitalismus, Frankfurt a.M./New York 2003.

Im Lichte des Halbmonds. Das Abendland und der türkische Orient: Katalog zur Ausstellung, Staatliche Kunstsammlungen, Albertinum, 20.8.–12.11.1995, u. in der Kunst- und Ausstellungshalle der Bundesrepublik Deutschland Bonn, 15.12.1995–17.3.1996, hg. v.d. Staatlichen Kunstsammlungen Dresden u.d. Kunst- und Ausstellungshalle der Bundesrepublik Deutschland Bonn, Leipzig 1995.

Inglehart, Ronald: The Silent Revolution. Changing Values and Political Styles Among Western Publics, Princeton 1977.

Inness, Sherrie A.: Dinner Roles. American Women and Culinary Culture, Iowa City 2001.

Institut der deutschen Wirtschaft Köln (Hg.): Ausländer in Deutschland. Daten und Fakten von A–Z (Dossier; 19), Köln 2000.

Institut für Zukunftsforschung: Möglichkeiten und Grenzen der Bestimmung und Bewertung gesellschaftlicher Bedürfnislagen, Berlin 1975.

Istituto Fernando Santi: Emigrazione italiani e settore emergenti. La gastronomia in Germania e la piccola imprenditorialità in Francia. Indagine svolta per conto del Ministero del Lavoro e della Previdenza Sociale, Rom 1985.

Istituto Fernando Santi: Lavoro italiano in Germania. Aspetti e problemi dell'occupazione italiana in Germania Federale nel settore automobilistico e in quello gastronomico. Indagine svolta per conto del Ministerio del Lavoro e della Previdenza Sociale, Rom 1983.

Italienische Küche – unschlagbar. Die Deutschen gehen gern auswärts essen. In: Allensbacher Bericht Nr. 13/2003, http://www.ifd-allensbach.de/news/prd_0313.html (Allensbacher Archiv, IfD-Umfrage 7043) (27.2.2012).

Iyidirli, Ahmet: Vom Gastarbeiter zum Unternehmer. Türkische Selbständige in Deutschland. In: Dialog der Kulturen 2 (1995), 7–9.

Jackson, Peter: A Cultural Politics of Curry. The Transnational Spaces of Contemporary Commodity Culture. In: Lindner et al., Hybrid Cultures, 167–185.

Jackson, Peter/Philip Crang/Claire Dwyer: Introduction: the Spaces of Transnationality. In: Dies. (Hg.): Transnational Spaces, London/New York 2004, 1–23.

Jacobs, Marc/Peter Scholliers (Hg.): Eating Out in Europe. Picnics, Gourmet Dining and Snacks since the Late Eighteenth Century, Oxford/New York 2003.

Jäger, Jens: Fotografie und Geschichte, Frankfurt a.M./New York 2009.

Jähnke, Burkhard: Bedürfnisprüfung und Berufsfreiheit. Versuch einer Systematisierung, Diss. iur. Bonn 1971.

Jahrbuch „Außer-Haus-Markt" 2004/05: Deutschland und Europa, Frankfurt a.M. [2006].

Jahrbuch der öffentlichen Meinung 1957, hg. v. Elisabeth Noelle u. Erich Peter Neumann, Allensbach/Bonn 1957.

Jahrbuch der öffentlichen Meinung 1958–1964, hg. v. Elisabeth Noelle u. Erich Peter Neumann, Allensbach 1965.

Jahrbuch der öffentlichen Meinung 1968–1973, hg. v. Elisabeth Noelle u. Erich Peter Neumann, Allensbach/Bonn 1974.

Jahresbericht 1956/1959, hg. v. NGG/Ortsverwaltung Berlin, Berlin 1960.

Jakle, John A./Keith A. Sculle: Fast Food. Roadside Restaurants in the Automobile Age, Baltimore/London 1999.

Jakob, Mark: Tagungsbericht *Unternehmer und Migration. 34. Symposium der Gesellschaft für Unternehmensgeschichte*. 06.10.2011–07.10.2011, Frankfurt am Main, in: H-Soz-u-Kult, 08.11.2011, http://hsozkult.geschichte.hu-berlin.de/tagungsberichte/id=3879 (3.3.2012).

Jamal, Ahmad: Acculturation. The Symbolism of Ethnic Eating among Contemporary British Consumers. In: British Food Journal 98/10 (1996), 12–26.

Jamal, Ahmad: Retailing in a Multicultural World. The Interplay of Retailing, Ethnic Identity and Consumption. In: Journal of Retailing and Consumer Services 10 (2003), 1–11.

James, Allison: How British Is British Food? In: Caplan, Food, 71–86.

Jameson, Frederic: Postmodernism, or The Cultural Logic of Late Capitalism. In: new left review 146 (1984), 53–92.

Janz, Oliver/Roberto Sala (Hg.): Dolce Vita? Das Bild der italienischen Migranten in Deutschland, Frankfurt a.M./New York 2011.

Japaner essen gerne europäisch. In: Deutsche Gaststätten- und Hotel-Rundschau, Juni 1959, 13–14.

Jarausch, Konrad H. (Hg.): Das Ende der Zuversicht? Die siebziger Jahre als Geschichte, Göttingen 2008.

Jarausch, Konrad H.: Verkannter Strukturwandel. Die siebziger Jahre als Vorgeschichte der Probleme der Gegenwart. In: Ders., Ende, 9–26.

Jarausch, Konrad/Hannes Siegrist (Hg.): Amerikanisierung und Sowjetisierung in Deutschland 1945–1970, Frankfurt a.M./New York 1997.

Jarausch, Konrad R./Michael Geyer: Shattered Past. Reconstructing German Histories, Princeton/Oxford 2003.

Jeggle, Utz: Essen in Südwestdeutschland. Kostproben der schwäbischen Küche. In: Schweizerisches Archiv für Volkskunde 82/3–4 (1986), 167–186.

Jenn, Albrecht: Die deutsche Gastronomie. Eine historische und betriebswirtschaftliche Betrachtung, Frankfurt a.M. 1993.

Jessen, Ralph: Bewältigte Vergangenheit – blockierte Zukunft? Ein prospektiver Blick auf die bundesrepublikanische Gesellschaft am Ende der Nachkriegszeit. In: Jarausch, Ende, 177–195.

Jevtović, Vojislav: Der jugoslawische Standpunkt. In: Johannes C. Papalekas (Hg.): Strukturwandel des Ausländerproblems. Trends – Modelle – Perspektiven, Bochum 1986, 248–260.

Jezernik, Božidar: Where Paradise Was But a Sip of Hellish Brew Away. A Story of Coffee in the Balkans. In: Ethnologia Balkanica 5 (2001), 193–206.

Johansen, Ulla: Die guten Sitten beim Essen und Trinken. Bericht von einem Feldforschungspraktikum über Gastfreundschaft, Konsumtionsnormen und Wirtschaftsdenken im Wandel bei türkischen Gastarbeitern. In: Sociologus 23 (1973), 41–70.

John, Barbara: Gesetze gegen Diskriminierung. In: Klaus Barwig et al. (Hg.): Vom Ausländer zum Bürger. Problemanzeigen im Ausländer-, Asyl- und Staatsangehörigkeitsrecht. Festschrift für Fritz Franz und Gert Müller, Baden-Baden 1994, 293–298.

Jones, Trevor/Monder Ram/Paul Edwards: Ethnic Minority Business and the Employment of Illegal Immigrants. In. Entrepreneurship & Regional Development 18/2 (2006), 133–150.

Juhasz, Anne: Der Weg in die selbständige Erwerbstätigkeit: aus der (alten) Unsicherheit in neue Unsicherheiten? In: Karl-Siegbert Rehberg (Hg.): Soziale Ungleichheit, kulturelle Unterschiede. Verhandlungen des 32. Kongresses der Deutschen Gesellschaft für Soziologie in München, Frankfurt a.M./New York 2006, 4562–4571.

Kaelble, Hartmut: Herausforderungen an die Transfergeschichte. In: Comparativ 16/3 (2006), 7–12.

Kaelble, Hartmut: Social History. In: Mary Fulbrook (Hg.): Europe since 1945 (The Short Oxford History of Europe), Oxford 2001, 53–94.

Kahlert, Helmut Peter: Niederlassungsrecht, Bedürfnisprüfung und Art. 12 GG. Probleme bei der Rechtsangleichung der Berufsregelungen in den sechs EWG-Staaten, Diss. Münster 1970.

Kahve. In: Tarih ve Toplum 2/12 (1984), 369–374.

Kalcik, Susan: Ethnic Foodways in America: Symbol and Performance of Identity. In: Brown/Mussell, Ethnic and Regional Foodways, 37–65.

Kaltwasser, Gerda: Balkan-Grill. Paprika in sieben Sprachen. In: Düsseldorf wie es schreibt & isst, 125–126.

Kaminer, Wladimir: Geschäftstarnungen. In: Ders.: Russendisko, München 2003, 97–99.

Kammerer, Peter/Ekkehart Krippendorff: Reisebuch Italien. Über das Lesen von Landschaften und Städten, Berlin 1979.

Kaplan, David H./Wei Li (Hg.): Landscapes of the Ethnic Economy, Lanham et al. 2006.

Karakayalı, Serhat: Gespenster der Migration. Zur Genealogie illegaler Einwanderung in der Bundesrepublik Deutschland, Bielefeld 2008.

Karakayalı, Serhat/Vassilis Tsianos: Movements that Matter. Eine Einleitung. In: Transit Migration Forschungsgruppe, Turbulente Ränder, 2007, 7–17.

Karaosmanōlu, Defne: Eating the Past. Multiple Spaces, Multiple Times: Performing „Ottomanness" in Istanbul. In: International Journal of Cultural Studies 12/4 (2009), 339–358.

Karaosmanōlu, Defne: Surviving the Global Market. Turkish Cuisine „Under Construction". In: Food, Culture, and Society 10/3 (2007), 425–448.

Karasan-Dirks, Sabine: Die Geschichte der Fatma Hanım in Köln, Göttingen 1983.

Kaser, Karl: Der Balkan. Toleranz, Großzügigkeit und liebenswerte Menschen. In: Beiträge zur historischen Sozialkunde 31 (2001), 34–38.

Kaser, Karl: Südosteuropäische Geschichte und Geschichtswissenschaft, Wien/Köln/Weimar, 2. völlig neu bearb. u. aktualis. Aufl., 2002.

Kaun, Julia: Die Italianisierung der Warenwelt – Exotik für den Alltag oder vertrauensbildende Maßnahme? In: Christian Hillen (Hg.): „Mit Gott". Zum Verhältnis von Vertrauen und Wirtschaftsgeschichte (Schriften zur rheinisch-westfälischen Wirtschaftsgeschichte; 46), Köln 2007, 135–159

Kay, Chung Yuen: At the Palace. Work, Ethnicity and Gender in a Chinese Restaurant, (Studies in Sexual Politics; 3), Manchester 1985.

Kaya, Ali Riza: Die türkische Küche. Ali Riza Kaya stellt die typischen Originalrezepte seines Landes vor, München 1980.

Kaya, Ayhan: German-Turkish Transnational Space. A Separate Space of Their Own. In: GSR 30/3 (2007), 483–502.

Kazantzakis, Nikos: Alexis Sorbas. Abenteuer auf Kreta. Aus d. Neugriech. v. Alexander Steinmetz, Köln 2008 [Athen 1946].

Keilhauer, Anneliese: Ungarn. Kultur und Kunst im Land der Magyaren, Köln 1990.

Kershen, Anne J. (Hg.): Food in the Migrant Experience, Aldershot et al. 2002.

Kesteloot, Christian/Pascale Mistiaen: From Ethnic Minority Niche to Assimilation. Turkish Restaurants in Brussels. In: Area 29/4 (1997), 325–334.

Key Note Market Report Plus 2006: „Restaurants", 21. Aufl., Sept. 2006.

Keys, Ancel and Margaret: Der gesunde Feinschmecker, Stuttgart 1961 [Eat Well and Stay Well, Garden City, NY 1959].

Kieser, Hans-Lukas Kieser (Hg.): Turkey beyond Nationalism. Towards Post-nationalist Identities? (International Library of Twentieth Century History; 8), London 2006.

Kılıç, Zeynep: Second-Generation Turkish Immigrants in the United States and Germany. Dilemmas of Cultural Identity. In: Henke, Crossing Over, 163–181.

Kim, Dae Young: Beyond Co-ethnic Solidarity. Mexican and Ecuadorean Employment in Korean-owned Businesses in New York City. In: Ethnic and Racial Studies 22/3 (1999), 581–605.

Kim-Wawrzinek, Utta: Bedürfnis. In: Geschichtliche Grundbegriffe, Bd. 1, 440–466.

Kißling, Friedrich/Bernhard Rieger (Hg.): Mit dem Wandel leben. Tradition, Neuorientierung und Transformation in der Bundesrepublik der 50er und 60er Jahre (erscheint 2010).

Klages, Helmut: Traditionsbruch als Herausforderung. Perspektiven der Wertewandelsgesellschaft, Frankfurt a.M. 1993.

Klages, Helmut/Kmieciak, Peter (Hg.): Wertwandel und gesellschaftlicher Wandel, Frankfurt a.M. 1979.

Klahn, Peter: Urlaub in Italien. Ein Reiseführer für Menschen von heute, Gütersloh 1960.

Klee, Ernst: Die Nigger Europas. Zur Lage der Gastarbeiter – Eine Dokumentation, Düsseldorf 1971.

Kleinschmidt, Christian: Konsumgesellschaft, Göttingen 2008.

Klemm, Erich: Die Ausgestaltung der Gaststätten im Geiste der Zeit. In: Ringer, Erster Großdeutscher Gaststättentag, 156–160.

Klemm, Erich: Wege zur Verschönerung der deutschen Gaststätten. In: Ringer, Erster Großdeutscher Gaststättentag, 425–435.

Kleßmann, Christoph: Polnische Bergarbeiter im Ruhrgebiet 1870–1945. Soziale Integration und nationale Subkultur einer Minderheit in der deutschen Industriegesellschaft (Kritische Studien zur Geschichtswissenschaft; 30), Göttingen 1978.

Kleßmann, Christoph: Zwei Staaten, eine Nation. Deutsche Geschichte 1955–1970, Bonn, 2. überarb. u. erw. Aufl., 1997.

Klimt, Andrea: Transnationale Zugehörigkeit. Portugiesen in Hamburg. In: Eder, „Wir sind auch da!", 211–232.

Kloosterman, Robert C./Jan Rath: Immigrant Entrepreneurs in Advanced Economies. Mixed Embeddedness Further Explored. In: JEMS 27/2 (2001), 189–202.

Kloosterman, Robert C./Jan Rath: Veränderte Konturen migrantischen Unternehmertums. In: Hillmann, Marginale Urbanität, 87–117.

Klopfer, Lisa: Padang Restaurants: Creating „Ethnic" Cuisine in Indonesia. In: Food and Foodways 5/3 (1993), 293–304.

Knop, Birgit/Martin Schmitz: Currywurst mit Fritten. Von der Kultur der Imbißbude, Zürich 1983.

Knortz, Heike: Diplomatische Tauschgeschäfte. „Gastarbeiter" in der westdeutschen Diplomatie und Beschäftigungspolitik 1953–1973, Köln/Wien/Weimar 2008.

Koch, Herbert: Dubrovnik. Mit heißer Zunge. In: Düsseldorf wie es schreibt & isst, 144–146.

Koch, Lutz: Reise durch den Balkan. 20.000 Kilometer Autofahrt durch Ungarn, Rumänien, Bulgarien, die Türkei, Griechenland, Albanien und Jugoslawien, Berlin 1941.

Kochbuch für den jüdischen Haushalt und Großbetrieb, Ausgabe B, hg. v. Jüdischen Frauenbund, Berlin/Amsterdam, verbess. Aufl., 1937.

Kocka, Jürgen: Comparison and Beyond. In: History and Theory 42 (2003), 39–44.

Kocka, Jürgen: Einleitung. In: Berghahn/Vitols, Gibt es einen deutschen Kapitalismus?, 9–21.

Koçtürk, Osman N.: Türk halkının beslenme sorunu, Ankara 1969.

Köhler, Susanne: Internationalisierung der Verzehrsgewohnheiten in ausgewählten europäischen Ländern (Abschlußbericht zum Forschungsvorhaben der DFG (Postdoktorandenprogramm: Ko 1296/1-1), Frankfurt a.M. 1993.

Köhler, Susanne: Kulturelle Vielfalt in der Ernährung. Die zunehmende Bedeutung ausländischer Kost in der BR Deutschland. In: Agrarwirtschaft 42/8-9 (1994), 328-336.

Köllmann, Wolfgang: Ausländische Arbeitnehmer in Deutschland vor dem Beginn der Gastarbeiterzuwanderung. In: Integration ausländischer Mitarbeiter. Referate und Diskussionsbeiträge der 8. öffentl. Vortragsveranstaltung der Gesellschaft für Unternehmensgeschichte e.V. am 25. Mai 1983 in Köln, hg. v. Hans Pohl (Zeitschrift für Unternehmensgeschichte; Beiheft 32), Wiesbaden 1984, 5-54.

Köln von 7 bis 7, hg. v. Walter Stahl/Dieter Wien, Hamburg 1973 u. 1976.

Köln wie es schreibt & isst. 58 Betrachtungen Kölner Autoren über ihre Lieblingslokale. Gesammelt u. hg. v. Peter Fuchs, illustr. v. Renate Schwarz. Mit Rezepten angereichert v. Ulrich Klever, München 1967.

König, Wolfgang: Geschichte der Konsumgesellschaft (VSWG: Beihefte; 154), Stuttgart 2000.

Köstlin, Konrad: Heimat geht durch den Magen. Oder: Das Maultaschensyndrom – Soul-Food in der Moderne. In: Beiträge zur Volkskunde in Baden-Württemberg 4 (1991), 147-164.

Köstlin, Konrad: Die Revitalisierung regionaler Kost. In: Niilo Valonen (Hg.): Ethnologische Nahrungsforschung. Vorträge des zweiten Internationalen Symposiums für ethnologische Nahrungsforschung (Kansatieeinen Arkisto; 26), Helsinki August 1973, Helsinki 1975, 159-166.

Koglin, Michael: Italien in Hamburg, hg. v. d. ZEIT-Stiftung, Hamburg 2004.

Kokot, Waltraud: Die griechische Minderheit. In: Schmalz-Jacobsen/Hansen, Ethnische Minderheiten, 178-191.

Kolnai, Aurel: Ekel, Hochmut, Haß. Zur Phänomenologie feindlicher Gefühle, Frankfurt a.M. 2007.

Kopp, Kristin: Ein östliches Traumland im westdeutschen Heimatfilm. Kurt Hoffmanns „Ich denke oft an Piroschka". In: Thum, Traumland, 138-156.

Kopytoff, Igor: The Cultural Biography of Things. Commoditization as Process. In: Appadurai, Social Life, 64-91.

Korte, Hermann: Ausländische Selbständige in der Bundesrepublik Deutschland. Pilotstudie im Auftrag des Instituts für Arbeitsmarkt- und Berufsforschung, Bochum, Januar 1985.

Korte, Hermann/Kazim Calisgan: Eine empirische Untersuchung über ausländische Selbständige in Gelsenkirchen, Bochum: Ruhr-Universität, Abt. Sozialwissenschaft/Institut für Arbeitssoziologie und Arbeitspolitik, Januar 1989.

Kovacik, Charles: Eating Out in South Carolina's Cities. The Last Fity Years. In: Shortridge/Shortridge, Taste, 187-199.

Koz, M. Sabri: Yemek Kitabı. Tarik-Halkbilimi-Edebiyat, İstanbul: Kasım, 2002.

Kracauer, Siegfried: Die Angestellten. Aus dem neusten Deutschland [1929]. In: Ders.: Schriften I, hg. v. Karsten Witte, Frankfurt a.M. 1978, 205-304.

Kracauer, Siegfried: Film und Gesellschaft [1927] [Die kleinen Ladenmädchen gehen ins Kino]. In: Ders.: Werke, Bd. 6.1: Kleine Schriften zum Film 1921-1927, hg. v. Inka Mülder-Bach, Frankfurt a.M. 2004, 308-322.

Kraig, Bruce: The American Hot Dog Stand. In: Walker, Public Eating, 174-177.

Kramer, Andreas et. al: Verbesserung der Arbeitsbedingungen in Hotels und Gaststätten. Integrierter Zwischenbericht aus einem Branchenprojekt (Humanisierung des Arbeitslebens; 24), Frankfurt a.M./New York 1982.

Krăsteva-Blagoeva, Evgenija: Tasting the Balkans. Food and Identity. In: Ethnologia Balkanica 12 (2008), 25–36.

Krauthammer, Pascal: Das Schächtverbot in der Schweiz, 1854–2000. Die Schächtfrage zwischen Tierschutz, Politik und Fremdenfeindlichkeit (Zürcher Studien zur Rechtsgeschichte; 42), Zürich 2000, zugl. Diss. Zürich 2000.

Krebber, Jochen: Kettenwanderung als migrationshistorisches Paradigma. Überprüfbares Konzept oder metaphorischer Bezugspunkt? In: ÖZG 19/1 (2008), 43–59.

Krechel, Ursula: Es gibt keine weiße Hauptstadt mehr. In: Ingeborg Drewitz (Hg.): Wortmeldungen. Ein deutsches Lesebuch, Berlin 1983, 69–81.

Kreiser, Klaus: Die türkischen Kolonien in Bamberg und Colmar – ein deutsch-französischer Vergleich sozialer Netzwerke von Migranten im interkulturellen Kontext. Unter Mitarb. v. Gaby Straßburger, Horst Unbehaun u. Yalçın-Heckmann (Online-Schriftenreihe Turkologie und Türkeikunde des Lehrstuhls für Türkische Sprache, Geschichte und Kultur der Universität Bamberg; 1), [1996].

Kreißig, Gerald: Ausländerstatistik 1982. Anteil der Ausländer in den kreisfreien Städten und Kreisen (Reihe H: DST-Beiträge zur Statistik und Stadtforschung; 26), Köln 1983.

Kroen, Sheryl: Negotiations with the American Way. The Consumer and the Social Contract in Post-war Europe. In: Brewer/Trentman, Consuming Cultures, 251–277.

Krüger, Arne: Spezialitäten aus aller Welt. Das große Kochbuch der Nationalgerichte, Salzburg: Andreas & Andreas/München 1966.

Krüger, Arne/Hans E. Rübesamen: Die besten Restaurants Deutschlands. Der Feinschmecker-Führer 1979/80, München 1979.

Kruke, Anja: Demoskopie in der Bundesrepublik Deutschland. Meinungsforschung. Parteien und Medien 1949–1990 (Beiträge zur Geschichte des Parlementarismus und der politischen Parteien; 149), Düsseldorf 2007.

Kubaseck, Christopher/Günter Seufert (Hg.): Deutsche Wissenschaftler im türkischen Exil. Die Wissenschaftsmigration in die Türkei 1933–1945 (Istanbuler Texte und Studien; 12), Würzburg 2008.

Kübler, Gerd: Die Speisung der Millionen. Das Verpflegungsproblem des kleinen Angestellten. In: Der Volkswirt v. 23.11.1962, 2484–2486.

Kühschelm, Oliver: Markenprodukte in der Nachkriegszeit. Wahrzeichen det Konsumkultur am Übergang zur Wohlstandsgesellschaft. In: Breuss, Sinalco-Epoche, 60–71.

Kümin, Beat: Drinking Matters. Public Houses and Social Exchange in Early Modern Central Europe, Houndmills 2007.

Kümin, Beat/B. Ann Tlusty (Hg.): The World of the Tavern. Public Houses in Early Modern Europe, Aldershot et al. 2002.

Künne, Wilfried: Die Außenwanderung jugoslawischer Arbeitskräfte. Ein Beitrag zur Analyse internationaler Arbeitskräftewanderungen (Materialien zur Arbeitsmigration und Ausländerbeschäftigung; 2), Königstein/Ts. 1978, zugl. Diss. Hamburg 1978.

Kummer, Jochen: Türken – die Neger von Berlin. Wie aus dem Stadtteil Kreuzberg durch Fehlplanungen ein Slum wird. In: Stern v. 18.10.1973.

Kunstamt Kreuzberg (Hg.): morgens Deutschland, abends Türkei, Berlin 1981.

Kury, Patrick: Über Fremde reden. Überfremdungsdiskurs und Ausgrenzung in der Schweiz 1900–1945 (Veröffentlichungen des Archivs für Zeitgeschichte des Instituts für Geschichte der ETH Zürich; 4), Zürich 2003.

Kutsch, Thomas: Ethnic food, cuisines régionales, gruppen- und landschaftstypische Küchen. Essen als Teil der sozialen Identität. In: Weggemann, Alte Landschaftsküchen, 29–37.

Kuyper, Ben J.: 50 Rezepte Pasta, Nockerln, Spaghetti, Ravioli, Freiburg 1970.

Kwee Choo, Ng: The Chinese in London, London et al. 1968.

Kwon, Heonik: The Other Cold War, New York 2010.

Lagaris, Theodoros: Griechische Flüchtlinge in Ost- und Südosteuropa seit dem Bürgerkrieg 1946–1949. In: Bade et al., Enzyklopädie, 608–612.

Lagaris, Theodoros: Griechische Flüchtlinge in West-, Mittel-, Nord- und Südeuropa während der Militärdiktatur 1967–1974. In: Bade et al., Enzyklopädie, 612–615.

Lang, Barbara: Mythos Kreuzberg. Ethnographie eines Stadtteils (1961–1995), Frankfurt a.M. et al. 1998, zugl. Diss. HU Berlin 1996.

Langer, Norbert: Ayran, Kebab und Frauennabel. In: Merian 28/2 (1975), 72–73.

Lapertosa, Viviana: Dalla fame all'abbondanza. Gli italiani e il cibo nel cinema dal dopoguerra a oggi, Turin 2002.

Latham, Jean: The Pleasure of Your Company, London 1972.

Laufner, Wolfgang: Die Gastronomie in Dortmund. Erste Ergebnisse einer empirischen Angebots- und Nachfrageanalyse, Dortmund, 2. Aufl., Sept. 1994.

Lavi, Shai: Unequal Rites. Jews, Muslims and the History of Ritual Slaughter in Germany. In: Jose Brunner/Ders. (Hg.): Juden und Muslime in Deutschland. Recht, Religion, Identität, Göttingen 2009, 164–184.

Lederer, Harald W.: Migration und Integration in Zahlen. Ein Handbuch (Forum Migration. Mitteilungen der Beauftragten der Bundesregierung für Ausländerfragen; 4), Bamberg 1997.

Leggewie, Claus/Odo Marquardt: Das sind die geborenen Dolmetscher. Ein Gespräch mit Odo Marquardt. In: Claus Leggewie: Multi Kulti. Spielregeln für die Vielvölkerrepublik, 2. Aufl., Berlin 1999, 110–119.

Lehmann, Thomas-Dietrich: Erscheint donnerstags mit Kleinanzeigen. Auf den Spuren einer linken Infrastruktur. In: rotaprint 25 (Hg.): agit 883. Revolte Underground in Westberlin 1969–1972, Berlin 2006, 61–70.

Das Leibgericht. Die Lieblingsspeisen der Deutschen, ihre Gaumengelüste, Magenfreuden und Schmankerln mit Kochanweisungen, Bräuchen und Gewohnheiten. Gesammelt v.d. Dt. Buch-Gemeinschaft, ausgew., zus.gest. u. geordnet v. Hans W. Fischer, Berlin/Darmstadt 1955.

Leicht, René et al.: Die Bedeutung der ethnischen Ökonomie in Deutschland. Push- und Pullfaktoren für Unternehmensgründungen ausländischer und ausländischstämmiger Mitbürger. Studie im Auftrag des BMW (Kurzfassung), hg. v. Institut für Mittelstandsforschung, Univ. Mannheim, April 2005.

Leicht, René/Markus Leiß, unter Mitarb. v. Kerstin Hermes: Bedeutung der ausländischen Selbständigen für den Arbeitsmarkt und den sektoralen Strukturwandel. Expertise für das Bundesamt für Migration und Flüchtlinge, Univ. Mannheim/Institut für Mittelstandsforschung, April 2006.

Leicht, René /Markus Leiß/Silke Fehrenbach: Social and Economic Characteristics of Self-employed Italians in Germany. In: Studi emigrazione XLII/158 (2005), 285–307.

Leitch, Alison: Slow Food and the Politics of Pork Fat.. Italian Food and European Identity. In: ethnos 68/4 (2003), 437–462.

Lemke, Harald: Ethik des Essens. Eine Einführung in die Gastrosophie, Berlin 2007.

Lentz, Astrid: Ethnizität und Macht. Ethnische Differenzierung als Struktur und Prozeß sozialer Schließung im Kapitalismus, Köln 1995.

Leonhäuser, Ingrid-Ute: Bedürfnis, Bedarf, Normen und Standards. Ansätze für eine bedarfsorientierte Verbraucherpolitik (Beiträge zur Ökonomie von Haushalt und Verbrauch; Heft 20), Berlin 1988, zugl. Diss. Gießen 1986.

Leontopoulos, Konstantinos: Zur Geschichte der griechischen Kolonie in Berlin. In: Spree-Athen, 10–15.

Leopold, Werner F.: Ostdeutsche Speisenamen in Westdeutschland. In: Rheinisch-westfälische Zeitschrift für Volkskunde 9/1–2 (1962), 56–76.

Lesniczak, Peter: Alte Landschaftsküchen im Sog der Modernisierung. Studien zu einer Ernährungsgeographie Deutschlands zwischen 1860 und 1930 (Studien zur Geschichte des Alltags; 21), Stuttgart 2003.

Leung, Maggi W.H.: Beyond Chinese, beyond Food. Unpacking the Chinese Catering Business in Germany. In: Entrepreneurship and Regional Development 15/2 (2003), 103–118.

Leung, Maggi W.H.: From Four-Course Peking Duck to Take-away Singapore Rice. An Inquiry into the Dynamics of the Ethnic Chinese Catering Business in Germany. In: IJEBR 8/1–2 (2002), 134–147.

Levenstein, Harvey A.: The American Response to Italian Food, 1880–1930. In: Carole M. Counihan (Hg.): Food in the USA. A Reader, New York/London 2002, 75–90.

Levenstein, Harvey: The Food Habits of European Immigrants to America. In: Teuteberg/Neumann/Wierlacher, Essen, 465–472.

Levenstein, Harvey A.: Paradox of Plenty. A Social History of Eating in Modern America, New York/Oxford 1993.

Levy, Daniel: Review of Chin, Rita; Fehrenbach, Heide; Eley, Geoff; Grossmann, Atina, *After the Nazi Racial State: Difference and Democracy in Germany and Europe* (Juli 2011). In: H-German, H-Net Reviews, http://www.h-net.org/reviews/showrev.php?id=32553 (4.3.2012).

Light, Ivan/Steven J. Gold: Ethnic Economies, San Diego et al. 2000.

Lindenberger, Thomas: Vergangenes Hören und Sehen. Zeitgeschichte und ihre Herausforderung durch die audiovisuellen Medien. In: Zeithistorische Forschungen 1/1 (2004), 72–85.

Lindner, Ulrike et al. (Hg.): Hybrid Cultures – Nervous States. Britain and Germany in a (Post-)Colonial World. Amsterdam/New York 2010.

Link, Jürgen: Versuch über den Normalismus. Wie Normalität produziert wird, Opladen 1997.

Linke, Angelika/Jakob Tanner (Hg.): Attraktion und Abwehr. Die Amerikanisierung der Alltagskultur in Europa (Alltag & Kultur; 11), Köln 2006.

Lloyd-Davies, Victoria: Italienische Küche. 100 Rezepte, Stuttgart 1985 [London 1983].

Lochlin, Jennifer A.: From Rugs to Riches. Housework, Consumption and Modernity in Germany, Oxford/New York 1999.

Loeffelholz, Hans Dietrich von/Arne Gieseck/Holger Buch: Ausländische Selbständige in der Bundesrepublik Deutschland unter besonderer Berücksichtigung von Entwicklungsperspektiven in den neuen Bundesländern (Schriftenreihe des Rheinisch-Westfälischen Instituts für Wirtschaftsforschung Essen; N.F. 56), Berlin 1994.

Löfgren, Svante: Balkangrill Kolo. Ein Reich aus Zwiebeln und Paprika. In: Berlin wie es schreibt & isst, 221–224.

Löw, Martina: Raumsoziologie, Frankfurt a.M. 2001.

Logemann, Jan: Einkaufsparadies und „Gute Stube". Fußgängerzonen in westdeutschen Innenstädten der 1950er bis 1970er Jahre. In: Adelheid von Saldern (Hg.): Stadt und Kommunikation i bundesrepublikanischen Umbruchzeiten (Beiträge zur Kommunikationsgeschichte; 17), Stuttgart 2006, 103–122.

Lokalgeschichte Ottensen. Geschichte und Geschichten von Restaurants, Kneipen, Tanzhäusern und Cafés, hg. v. Stadtteilarchiv Ottensen, Hamburg 2005.

Loll, Bernd-Uwe: Zur Assimilation von Ausländern in Hamburg und Stuttgart. In: Hamburg in Zahlen 9 (1982), 281–291:

Long, Lucy M.: Culinary Tourism. A Folkloristic Perspective on Eating and Otherness. In: Dies., Culinary Tourism, 20–50.

Long, Lucy M. (Hg.): Culinary Tourism, Lexington 2004.

Lu, Shun/Gary Alan Fine: The Presentation of Ethnic Authenticity. Chinese Food as a Social Accomplishment. In: The Sociological Quarterly 36/3, 535–553.

Lüdecke, Barbara: Griechische Küche. 280 Rezepte der kulinarischen Spezialitäten Griechenlands, München, 8. Aufl., 1979 [1970].

Lüdtke, Alf/Inge Marßolek/Adelheid von Saldern (Hg.): Amerikanisierung. Traum und Alptraum im Deutschland des 20. Jahrhunderts, Stuttgart 1996.

Luhmann, Niklas: Kunst der Gesellschaft, Frankfurt a.M., 2. Aufl., 1998.

Lummel, Peter: Erlebnisgastronomie um 1900. Das „Haus Vaterland" in Berlin. In: Herbert May/Andrea Schilz (Hg.): Gasthäuser. Geschichte und Kultur (Arbeit und Leben auf dem Lande; 9), Petersberg 2004, 193–206.

Lusk, Irene/Christiane Zieseke (Hg.): Stadtfront. Berlin West Berlin, Berlin 1982.

Lysaght, Patricia (Hg.): Food and the Traveller. Migration, Immigration, Tourism and Ethnic Food. Proceedings of the 11th Conference of the International Commission for Ethnological Food Research, Zypern, 8.–14.6.1996, Nikosia 1998.

Maase, Kaspar: Bravo Amerika. Erkundungen zur Jugendkultur der Bundesrepublik in den fünfziger Jahren, Hamburg 1992.

Maase, Kaspar: Grenzenloses Vergnügen. Der Aufstieg der Massenkultur 1850–1970, Frankfurt a.M. 1997.

MacCannell, Dean: Staged Authenticity. Arrangements of Social Space in Tourist Settings. In: American Journal of Sociology 79 (1973), 589–603.

MacMurray, Jonathan S: Distant Ties. Germany, the Ottoman Empire, and the Construction of the Baghdad Railway, Westport, CN 2001.

Märker, Peter/Monika Wagner: Bildungsreise und Reisebild. Einführende Bemerkungen zum Verhältnis von Reisen und Sehen. In: Mit dem Auge des Touristen. Zur Geschichte des Reisebildes. Eine Ausstellung des Kunsthist. Instituts der Univ. Tübingen i.d. Kunsthalle Tübingen v. 22.8. bis 20.9.1981, Tübingen 1981, 7–18.

Magliocco, Sabina: Playing with Food: The Negotiation of Identity in the Ethnic Display Event by Italian Americans in Clinton, Indiana. In: Shortridge/Shortridge, Taste, 145–161.

Maier, Jörg/Gabi Troeger-Weiss: Kulinarische Fremdenverkehrs- und Freizeitkultur. Freizeittrends und Lebensstile in der Bundesrepublik Deutschland. In: Wierlacher/Neumann/Teuteberg, Kulturthema, 227–241.

Makropoulos, Michael: Theorie der Massenkultur, München 2008.

Malinowksi, Stephan/Alexander Sedlmaier: „1968" als Katalysator der Konsumgesellschaft. Performative Regelverstöße, kommerzielle Adaptionen und ihre gegenseitige Durchdringung. In: GG 32 (2006), 238–267.

Malottki, Gaby von: „Schöner ist's draußen". Das Restaurant Kypros. In: Lokalgeschichte Ottensen, 109–110.

Mandel, Birgit: Wunschbilder werden wahr gemacht. Aneignung von Urlaubswelt durch Fotosouvenirs am Beispiel deutscher Italientouristen der 50er und 60er Jahre, Frankfurt a.M u. a. 1996, zugl. Diss. Hildesheim 1995.

Mandel, Ruth: Die ethnische Zwangsjacke. Der Platz der Türken in Deutschland. In: Hauschild/Warneken, Inspecting Germany, 362–377.

Mangisch, Marcel: Die Gastwirtschaftsgesetzgebung der Kantone im Verhältnis zur Handels- und Gewerbefreiheit (Abhandlungen zum schweizerischen Recht, Neue Folge), Bern 1982.

Mania, Thomas: „Weißte was – 'nen Schnaps?" Die Gaststätte als Kommunikationszentrum: Theorie und Praxis am Beispiel eines Dortmunder Wohnquartiers (Internationale Hochschulschriften; 233), Münster et al. 1997, zugl. Diss. Münster 1995.

Manning, Till: Die Italiengeneration. Stilbildung durch Massentourismus in den 1950er und 1960er Jahren (Göttinger Studien zur Generationsforschung; 5), Göttingen 2011, zugl. Diss. Göttingen 2009.

Mantelli, Brunello: Il trasferimento di manodopera italiana nel Terzo Reich, 1938–1943. Un'emigrazione gestita dallo Stato. In: Corni/Dipper, Italiani, 143–174.

Manzo, Joseph T.: From Pushcart to Modular Restaurant: The Diner on the Landscape. In: Shortridge/Shortridge, Taste, 215–225.

Margalit, Gilad: Die Nachkriegsdeutschen und „ihre Zigeuner". Die Behandlung der Sinti und Roma im Schatten von Auschwitz (Reihe Dokumente – Texte – Materialien des Zentrums für Antisemitismusforschung der TU Berlin; 36), Berlin 2001.

Margulies, Walter P.: Schöpferische Wege zur Marktsegmentierung. In: Der Markenartikel 3 (1969), 104–107.

Mariani, John: America Eats Out. An Illustrated History of Restaurants, Taverns, Coffee Shops, Speakeasies, and Other Establishments That Have Fed Us for 350 Years, New York 1991.

Marinescu, Marina/Walter Kiefl: Unauffällige Fremde. Zur geringen Prägnanz des ethnischen Stereotyps der Griechen in der Bundesrepublik Deutschland. In: Zeitschrift für Volkskunde 1 (1987), 32–46.

Marinetti, Filippo Tommaso [e Fillìa]: La cucina futurista, Mailand 2007 [1932].

Der Markt der Großverbraucher unter bes. Berücksichtigung der Molkereierzeugnisse. Neue Angebotsformen im Essen außer Haus, CMA MaFo-Briefe, Kennziffer 512, Bonn 1984.

Marshall, David: Food Availability and the European Consumer. In: Frewer/Risvik/Schifferstein, Food, 317–338.

Marßolek, Inge: Milieukultur und modernes Freizeitverhalten 1920 bis 1950. In: Detlef Schmiechen-Ackermann (Hg.): Anpassung, Verweigerung, Widerstand. Soziale Milieus,

Politische Kultur und der Widerstand gegen den Nationalsozialismus in Deutschland im regionalen Vergleich (Schriften der Gedenkstätte Deutscher Widerstand, Reihe A: Analysen und Darstellungen; 3), Berlin 1997, 77–93.

Marti, Bruno: Die Speisekarte. Eine Fachtextsorte und ihre Ausprägungen in England und der Schweiz, unveröff. Lizentiatsarbeit, Univ. Zürich 2005/06.

Marti, Max Bernhard: Die Handels- und Gewerbefreiheit der Ausländer in der Schweiz, Diss. Bern 1963.

Martin, Philip L.: The Unfinished Story. Turkish Labour Migration to Western Europe, with Special Reference to the Federal Republic of Germany, Genf 1991.

Martini, Claudia: Italienische Migranten in Deutschland. Transnationale Diskurse, Berlin 2001.

Martschukat, Jürgen/Steffen Patzold (Hg.): Geschichtswissenschaft und „performative turn". Ritual, Inszenierung und Performanz vom Mittelalter bis zur Neuzeit (Norm und Struktur; 19), Köln/Weimar/Wien 2003.

Massey, Doreen: A Global Sense of Place. In: Ann Gray/Jim McGuigan (Hg.): Studying Culture: An Introductory Reader, London et al. 1997, 232–240.

Matalas, Antonia-Leda/Mary Yannakoulia: Greek Street Food Vending. An Old Habit Turned New. In: Artemis P. Simopoulos/Ramesh V. Bhat (Hg.): Street Foods (World Review of Nutrition and Dietetics; 86), Basel et al. 2000, 1–24.

Mattes, Monika: „Gastarbeiterinnen" in der Bundesrepublik. Anwerbepolitik, Migration und Geschlecht in den 50er bis 70er Jahren, Frankfurt a.M./New York 2005.

Mattl, Sylvia: Migration und Gastronomie. In: Hakan Gürses/Cornelia Kogoj/Dies. (Hg.): Gastarbeijteri. 40 Jahre Arbeitsmigration, Wien 2004, 146–148.

Maturi, Giacomo: Arbeitsplatz: Deutschland. Wie man südländische Gastarbeiter verstehen lernt, Mainz 1964.

Maturi, Giacomo: Die Eingliederung der südländischen Arbeitskräfte und ihre besonderen Anpassungsschwierigkeiten. In: Ausländische Arbeitskräfte in Deutschland, hg. v. Hessischen Institut für Betriebswirtschaft e.V., Düsseldorf 1961, 121–131.

Mayer, Ruth/Mark Terkessidis (Hg.): Globalkolorit: Multikulturalismus und Populärkultur, St. Andrä-Wördern 1998.

Mazower, Mark: Der Balkan, Berlin 2002.

McClintock, Anne: Imperial Leather. Race, Gender and Sexuality in the Colonial Contest, New York/London 1995.

McClintock, Anne: „No Longer in a Future Heaven". Gender, Race, and Nationalism. In: Dies./Mufti/Shohat, Dangerous Liaisons, 89–112.

McClintock, Anne/Aamir Mufti/Ella Shohat (Hg.): Dangerous Liaisons. Gender, Nation, and Postcolonial Perspectives (Cultural Politics; 11), Minneapolis 1997.

McCracken, Grant: Culture and Consumption. New Approaches to the Symbolic Character of Consumer Goods and Actvities, Bloomington/Indianapolis 1988.

Mehrländer, Ursula: Beschäftigung ausländischer Arbeitnehmer in der Bundesrepublik Deutschland unter spezieller Berücksichtigung von Nordrhein-Westfalen (Forschungsberichte des Landes Nordrhein-Westfalen; 2073), Köln/Opladen 1969.

Mehrländer, Ursula (Hg.): Situation der ausländischen Arbeitnehmer und ihrer Familienangehörigen in der Bundesrepublik Deutschland: Repräsentativuntersuchung '80. Forschungsbericht im Auftrag des BMAS, Bonn, Juli 1981.

Meier-Braun, Karl-Heinz: „Freiwillige Rotation". Ausländerpolitik am Beispiel der baden-württembergischen Landesregierung, München 1979, zugl. Diss. Tübingen 1979.

Meleghy, Peter: Ungarisch kochen. Gerichte und ihre Geschichte, Göttingen 2006.

Menge, Wolfgang: Bukarest. Was wissen Sie vom Balkan? In: Berlin wie es schreibt & isst, 115–119.

Mennell, Stephen: All Manners of Food. Eating and Taste in England and France from the Middle Ages to the Present, Urbana, 2. Aufl., 1996.

Mennell, Stephen: The Culinary Culture of Europe Overseas. In: Teuteberg/Neumann/Wierlacher, Essen, 459–464.

Menninghaus, Winfried: Ekel. Theorie und Geschichte einer starken Empfindung, Frankfurt a.M. 1999.

Das Menü der Weltstadt. In: Münchner Illustrierte Presse 35 (1927), 1046.

Meschenmoser, Rainer: „Proscht und en Guete!" Eine Auswahl ehemaliger und bestehender Gaststätten in Konstanz. In: Delphin-Kreis (Hg.): Das DelphinBuch 9, Konstanz 2008, 190–246.

Meyer, Hertje: Analyse der Nachfrage nach Nahrungs- und Genussmitteln in der Bundesrepublik Deutschland auf der Basis der Einkommens- und Verbrauchsstichproben von 1962/63 und 1969, Hannover 1978.

Meyerhöfer, Walter: Struktur und Wettbewerbsverhältnisse im Gastgewerbe in der Bundesrepublik Deutschland. Konsequenzen und Perspektiven für die kleinen und mittleren Unternehmen (ifo-Studien zu Handels- und Dienstleistungsfragen; 33), München 1987.

Michel, Elmar: Das Erlaubniswesen im Gast- und Schankstättengewerbe. In: Die Deutsche Volkswirtschaft 6/34 (1937), 1186–1190.

Michel, Elmar: Das Gaststättengesetz vom 28. April 1930 u. die wichtigsten Reichs- und landesrechtlichen Ausführungs- und Nebenbestimmungen, 2., neubearb. u. erw. Aufl., Berlin 1935.

Michel, Elmar/Werner Kienzle: Das Gaststättengesetz. Kommentar, Köln u.a, 5., neu bearb. Aufl., 1971.

Michel, Herbert: „Odysseus im wüsten Land". Eine Studie zur literarischen Verarbeitung des Identitätsproblems in der griechischen Migrantenliteratur, Köln 1992.

Michels, Paul: Lebensmittel und Raum. Zwischen „local food" und „global food". In: Gedrich/Oltersdorf, Ernährung, 141–156.

Middell, Matthias: Kulturtransfer und Historische Komparatistik – Thesen zu ihrem Verhältnis. In: Ders.: Kulturtransfer und Vergleich, Leipzig 2000 (=Comparativ 10/1 (2001)), 7–41.

Miele, Mara/Jonathan Murdoch: Fast Food/Slow Food. Standardizing and Differentiating Cultures of Food. In: Reidar Almås/Geoffrey Lawrence (Hg.): Globalization, Localization and Sustainable Livelihoods, Aldershot 2003, 25–41.

Mikosch, Elisabeth: Ein Serail für die Hochzeit des Prinzen. Turquerien bei den Hochzeitsfestlichkeiten in Dresden im Jahre 1719. In: Im Lichte des Halbmonds, 235–243.

Milbauer, John A.: The Geography of Food in Eastern Oklahoma. A Small Restaurant Study. In: Shortridge/Shortridge, Taste, 201–213.

Miller, Rudolf: Völlige Freizügigkeit der Arbeitskräfte in der Europäischen Gemeinschaft. In: BArbBl 19/21–22 (1968), 590–594.

Mingione, Enzo/Fabio Quassoli: The Participation of Immigrants in the Underground Economy in Italy. In: Russell King/Gabriella Lazaridis/Charalambos Tsardanidis (Hg.): Eldorado or Fortress? Migration in Southern Europe, Houndmills: MacMillan/New York 2000, 29–56.

Model, Rainer: Gourmets Gaumenkitzel. In: Köln. Vierteljahrschrift für die Freunde der Stadt 3 (1977), 8–14.

Quang, Đào Minh: Wirtschaftliche Strukturen in der Gruppe der ehemaligen Vertragsarbeiter/innen in Deutschland. In: Karin Weiss/Mike Dennis (Hg.): Erfolg in der Nische? Die Vietnamesen in der DDR und in Ostdeutschland (Studien zu Migration und Minderheiten; 13), Münster 2005, 119–126.

Mintz, Sidney W.: The Changing Roles of Food in the Study of Consumption. In: Brewer/Porter, Consumption, 261–273:

Mintz, Sidney W.: Die süße Macht. Kulturgeschichte des Zuckers, Frankfurt a.M./New York 1987.

Miritz, Tillmann: Geschichte des Gewerberechts von 1869 bis zur Gegenwart unter besonderer Berücksichtigung des Kaiserreichs und der Weimarer Republik, Diss. Erlangen-Nürnberg 1983.

Miron, Radu Constantin: Schwerpunkte pastoraler Arbeit der Griechisch-Orthodoxen Metropolie von Deutschland (G.O.M.). In: Anastasios Kallis (Hg.): Dienst am Volk Gottes. Leben und Wirken der Griechisch-Orthodoxen Metropolie von Deutschland – Exarchat von Zentraleuropa, Herten 1992, 191–205.

Misteli, Roland/Gisler, Andreas: Überfremdung. Karriere und Diffusion eines fremdenfeindlichen Deutungsmusters, unveröff. Lizentiatsarbeit, Univ. Zürich 1995.

Mitchell, Janet: Food Acceptance and Acculturation. In: Journal of Foodservice 17/2 (2006), 77–83.

Möckl, Karl: Die große deutsche Küche. Formen des Eßverhaltens seit den siebziger Jahren. In: Vom Hungerwinter zum kulinarischen Schlaraffenland. Aspekte einer Kulturgeschichte des Essens in der Bundesrepublik Deutschland (Beiträge zur Wirtschafts- und Spzialgeschichte; 35), Wiesbaden 1987, 49–64.

Möhring, Maren: *Döner Kebab* and West German Consumer (Multi)Cultures. In: Lindner et al., Hybrid Cultures, 151–165.

Möhring, Maren: Ethnizität und Konsum. In: Haupt/Torp, Handbuch, 172–189.

Möhring, Maren: Gastronomie in Bewegung. Migration, kulinarischer Transfer und die Internationalisierung der Ernährung in der Bundesrepublik Deutschland. In: Comparativ 17/3 (2007), 68–85.

Möhring, Maren: Die italienische Gastronomie in der bundesdeutschen Wahrnehmung. In: Janz/Sala, Dolce Vita?, 153–176.

Möhring, Maren: Neue Bücher für den Einkaufszettel. Die Nationalisierung und Ethnisierung des Konsums. In: NPL 46 (2011), S. 5–35.

Möhring, Maren: Spaghetti im Film. Medialisierung und Italianisierung des Nahrungskonsums in der Bundesrepublik Deutschland. In: Oliver Kühschelm/Franz X. Eder/Hannes Siegrist (Hg.): Konsum und Nation. Zur Geschichte nationalisierender Inszenierungen in der Produktkommunikation, Bielefeld 2012, 255–277.

Möhring, Maren: Staging and Consuming the Italian Lifestyle. The *Gelateria* and the *Pizzeria-Ristorante* in Post-war Germany. In: Food & History 7/2 (2009), 181–202.

Möhring, Maren: TransLokal. Ausländische Gaststätten in der Bundesrepublik Deutschland. In: traverse 14/3 (2007), 85–96.

Möhring, Maren: Transnational Food Migration and the Internationalization of Food Consumption. Ethnic Cuisine in West Germany. In: Nützenadel/Trentmann, Food, 129–150.

Möhring, Maren: Veränderungen der bundesdeutschen (Ess-)Kultur durch Migration und Tourismus. Das Beispiel der ausländischen Gastronomie. In: Kießling/Rieger, Wandel, 157–183.

Möhring, Maren: Working Girl Not Working. Liebe, Freizeit und Konsum in Italienfilmen der frühen Bundesrepublik. In: Sabine Biebl/Verena Mund/Heide Volkening (Hg.): Working Girls. Zur Ökonomie von Liebe und Arbeit, Berlin 2007, 249–274.

Möhring, Maren/Alexander Nützenadel: Einleitung. In: Comparativ 17/3 (2007), 7–11.

Mörtel, Georg/Metzner, Richard: Gaststättengesetz. Kommentar, München, 4. neubearb. Aufl., 1988.

Moltke, Johannes von: Location *Heimat*. Tracking Refugee Images, from DEFA to the *Heimatfilm*. In: John E. Davidson/Sabine Hake (Hg.): Take Two. Fifties Cinema in Divided Germany (Film Europe: German Cinema in an International Context; 4), New York 2007, 74–90.

Montanari, Armando (Hg.): Food and Environment. Geographies of Taste, Rom 2002

Montanari, Massimo: From the Geography of Taste to the Taste for Geography. In: Montanari, Food, 29–32.

Morandi, Elia: Italiener in Hamburg seit dem Kaiserreich. Zur Geschichte einer ethnischen Gruppe in einer deutschen Großstadt. In: Eder, „Wir sind auch da!", 115–135.

Morokvašić, Mirjana: Jugoslawische Frauen. Die Emigration – und danach, Basel/Frankfurt a.M. 1987.

Moser, Jürgen: Ausländerrecht, Arbeitserlaubnisrecht und Behördenpraxis. In: Die Bundesrepublik ist (k)ein Einwanderungsland. Dokumentation des Kongresses der Sozialdemokratischen Wählerinitiative am 14./15.11.1981 in Berlin; Memorandum, Referate, Thesenpapiere, Berlin 1982, 56–59.

Mostar, Katinka und Herrmann: Was gleich nach der Liebe kommt. Katherlieschens Kochbuch, Hamburg 1956.

Motte, Jan: Gedrängte Freiwilligkeit. Arbeitsmigration, Betriebspolitik und Rückkehrförderung 1983/84. In: Ders./Rainer Ohliger/Anne von Oswald (Hg.): 50 Jahre Bundesrepublik – 50 Jahre Einwanderung. Nachkriegsgeschichte als Migrationsgeschichte, Frankfurt a.M./New York 1999, 165–183.

Moutsou, Christina: When Ethnicity Matters. The Shifting Image of Greek Restaurants in Brussels. In: Ton Dekker/John Helsloot/Carla Wijers (Hg.): Roots & Rituals. The Construction of Ethnic Identities. Selected Papers of the 6th SIEF Conference on „Roots & Rituals", Amsterdam, 20.–25.4.1998, Amsterdam 2000, 539–552.

Mudu, Pierpaolo: The New Romans. Ethnic Economic Activities in Rome. In: Kaplan/Li, Landscapes, 165–176.

Müller, Hans-Peter: Sozialstruktur und Lebensstile. Der neuere theoretische Diskurs über soziale Ungleichheit, Frankfurt a.M. 1992.

Müller, Johann Baptist: ‚Bedürfnis', ‚Bedarf' und ‚Bedürfnissteigerung' im ökonomischen Bereich. In: Geschichtliche Grundbegriffe, Bd. 1, 467–489.

Müller, Johann Baptist: Bedürfnis und Gesellschaft. Bedürfnis als Grundkategorie im Liberalismus, Konservatismus und Sozialismus (Stuttgarter Beiträge zur Geschichte und Politik; 6), Stuttgart 1971.

Müller, Lothar: Das neue Gaststättenrecht. In: GewArch 16/11 (1970), 241-244.

Müller, Marion: Geschlecht und Ethnie. Historischer Bedeutungswandel, interaktive Konstruktion und Interferenzen, Wiesbaden 2003.

Müller-Funk, Wolfgang/Peter Plener/Clemens Ruthner (Hg.): Kakanien revisited. Das Eigene und das Fremde (in) der österreichisch-ungarischen Monarchie, Tübingen/Basel 2002.

München von 7 bis 7, hg. v. Walter Stahl/Dieter Wien, Hamburg 1968-1981.

München wie es schreibt & isst. 65 Betrachtungen Münchner Autoren über ihre Lieblingslokale, gesammelt u. hg. v. Georg von Hatzfeld u. Rainer Wallraf. Mit 68 Zeichnungen von Wigg Scharl, München o.J. [ca. 1966].

Munske, Horst Haider: Fremdwörter in deutscher Sprachgeschichte: Integration oder Stigmatisierung? In: Gerhard Stickel (Hg.): Neues und Fremdes im deutschen Wortschatz. Aktueller lexikalischer Wandel (Jahrbuch des Instituts für Deutsche Sprache; 2000), Berlin/New York 2001.

Muntermann, Natalie: Ausländische Arbeitnehmer in Köln 1955-1966. Vom „Gastarbeiter" zum Einwanderer. In: Dülffer, Köln, 139-158.

Murck, Manfred: Voraussetzungen und Methoden planungsrelevanter Bedürfnisforschung. In: Herbert Stachowiak (Hg.): Bedürfnisse, Werte und Normen im Wandel, Bd. II: Methoden und Analysen, München et al. 1982, 131-162.

Murcott, Anne (Hg.): „The Nation's Diet". The Social Science of Food Choice, London/New York 1998.

Die musikalischste Kantine und die showerlichsten Gäste: „Maca-Ronni". In: Geert Zebothsen: Szene Deutschland. Wo was los ist – und wer dahintersteckt, Hamburg/Zürich 1987. Zebothsen, Szene, 187-191.

Naegele, Gerhard et al.: Auf der Suche nach neuen Märkten. Demografischer Wandel im Ruhrgebiet, hg. v. Projekt Ruhr, Essen, Juni 2005.

Nagels Reiseführer Jugoslawien, 2. verbess. Aufl., Genf et al. 1958.

Nagels Reiseführer Ungarn, Genf et al. 1966.

Narayan, Uma: Eating Cultures. Incorporation, Identity and Indian Food. In: Social Identities 1/1 (1995), 63-86.

Narman, Halil: Türkische Arbeiter in Münster. Ein Beitrag zum Problem der temporären Akkulturation (Beiträge zur Volkskultur in Nordwestdeutschland; 10), Münster 1978.

Nauck, Bernhard/Annette Kohlmann: Verwandtschaft als soziales Kapital – Netzwerkbeziehungen in türkischen Migrantenfamilien. In: Michael Wagner/Yvonne Schütze (Hg.): Verwandtschaft. Sozialwissenschaftliche Beiträge zu einem vernachlässigten Thema (Der Mensch als soziales und personales Wesen; 14), Stuttgart 1998, 203-235.

Naumann, Elisabeth: Kiosk. Entdeckungen an einem alltäglichen Ort: Vom Lustpavillon zum kleinen Konsumtempel, Marburg 2003.

Nebel-Dampf, Angelika: Eine türkische Stadt. In: Lusk/Zieseke, Stadtfront, 151-152.

Nestlé Deutschland AG (Hg.), Ethnic Food. Die neue Dynamik im Lebensmittelmarkt, Frankfurt a.M. 1993.

Neuhaus, Jessamyn: Manly Meals and Mom's Home Cooking: Cookbooks and Gender in Modern America, Baltimore 2003.

Neukirchen, Alfons: Pilsner Urquell Brauereiausschank. Der Nachbar könnte Schwejk sein. In: Düsseldorf wie es schreibt & isst, 198–201.

Neumann, Gerhard: Filmische Darstellungen des Essens. In: Teuteberg/Ders./Wierlacher, Essen, 343–366.

Ney, Norbert (Hg.): Sie haben mich zu einem Ausländer gemacht ... ich bin einer geworden. Ausländer schreiben vom Leben bei uns, Reinbek bei Hamburg 1984.

Niehuss, Merith: Familie, Frau und Gesellschaft. Studien zur Strukturgeschichte der Familie in Westdeutschland 1945–1960 (Schriftenreihe der Hist. Kommission bei der Bayer. Akad. der Wissenschaften; 65), Göttingen 2001.

Nilsen, Alleen Pace: From Aunt Chilada's to Cactus Willy's: Gender Naming in the Marketing of Food in Arizona. In: Names 43/1 (1995), 29–52.

Noack, Barbara: Italienreise – Liebe inbegriffen. Ein Roman, in dem es munter zugeht, Berlin 1957.

Noelle-Neumann, Elisabeth: Werden wir alle Proletarier? Wertewandel in unserer Gesellschaft (Texte und Thesen; 102), Zürich 1978.

Nolan, Mary: „Varieties of Capitalism" und Versionen der Amerikanisierung. In: Berghahn/Vitols, Gibt es einen deutschen Kapitalismus?, 96–110.

Nützenadel, Alexander: Globalisierung und transnationale Geschichte. In: H-Soz-u-Kult, 23.02.2005, http://hsozkult.geschichte.hu-berlin.de/forum/id=583&type=diskussionen (12.2.2012).

Nützenadel, Alexander/Frank Trentmann (Hg.): Food and Globalization. Consumption, Markets and Politics in the Modern World, Oxford/New York 2008.

Oberle, Alex: Latino Business Landscapes and the Hispanic Ethnic Economies. In: Kaplan/Li, Landscapes, 149–163.

The Observer Guide to Hotels and Restaurants, London 1964.

Oddy, Derek J.: Eating Without Effort. The Rise of the Fast-food Industry in Twentieth-Century Britain. In: Jacobs/Scholliers, Eating Out, 301–315.

Oddy, Derek J.: From Plain Fair to Fusion Food. British Diet from the 1880s to the 1990s, Woodbridge 2003.

Özcan, Ertekin: Die türkische Minderheit. In: Schmalz-Jacobsen/Hansen, Ethnische Minderheiten, 511–528.

Özcan, Veysel/Wolfgang Seifert: Selbständigkeit von Immigranten in Deutschland – Ausgrenzung oder Weg in die Integration? In: Soziale Welt 51/3 (2000), 289–302.

Özdemir, Cem: Currywurst und Döner – Integration in Deutschland, Bergisch Gladbach 1999.

Offe, Claus: Politische Herrschaft und Klassenstrukturen. Zur Analyse spätkapitalistischer Gesellschaftssysteme. In: Gisela Kress/Dieter Senghaas (Hg.): Politikwissenschaft. Eine Einführung in ihre Probleme, Frankfurt a.M., 3. Aufl., 1971, 155–189.

Oheim, Gertrud: Einmaleins des guten Tons, Gütersloh 1955.

Ohliger, Rainer: Menschenrechtsverletzung oder Migration? Zum historischen Ort von Flucht und Vertreibung der Deutschen nach 1945. In: Zeithistorische Forschungen 2/3 (2005), http://www.zeithistorische-forschungen.de/site/40208471/default.aspx (27.2.2012).

Olshausen, A.: Handbuch des Gast- und Schankwirtschaftsgewerbes, enthaltend die sämtlichen in der Stadt Hamburg für das Gast- und Schankwirtschaftsgewerbe und den Kleinhandel mit Branntwein oder Spiritus geltenden Bestimmungen, nebst einem Anhang enthaltend die für den Kleinhandel mit Bier und für das Gewerbe der Speisewirte geltenden Vorschriften, Hamburg 1903.

Oltmer, Jochen: Einführung: Steuerung und Verwaltung von Migration in Deutschland seit dem späten 19. Jahrhundert. In: Ders., Migration, 9–56.

Oltmer, Jochen (Hg.): Migration steuern und verwalten. Deutschland vom späten 19. Jahrhundert bis zur Gegenwart (IMIS-Schriften; 12), Göttingen 2003.

Opladener Geschichtsverein (Hg.): Angekommen in Leverkusen. Migration in unsere Stadt. Begleittexte zur Ausstellung i.d. Villa Römer v. 5.11.2005 bis 2.4.2006, Leverkusen 2005.

Osterhammel, Jürgen: Transnationale Gesellschaftsgeschichte. Erweiterung oder Alternative? In: GG 27 (2001), 464–479.

Osterhammel, Jürgen: Die Verwandlung der Welt. Eine Geschichte des 19. Jahrhunderts, München 2009.

Osterhammel, Jürgen/Niels P. Petersson: Geschichte der Globalisierung. Dimensionen, Prozesse, Epochen, München, 2., durchges. Aufl., 2004.

Osthaus, F.E.: Die Chinesen in Neuyork. In: Die weite Welt 22 (1902/03), 1045–1048.

Otterlo, Anneke H. van: Chinese and Indonesian Restaurants and the Taste for Exotic Food in the Netherlands. In: Cwiertka/Walraven, Asian Food, 153–166.

Otterloo, Anneke H. van: Foreign Immigrants and the Dutch at the Table, 1945–1985. Bridging or Widening the Gap? In: The Netherlands Journal of Sociology/Sociologia Neerlandica 23/2 (1987), 126–143.

Ottersbach, Markus: Die Marginalisierung städtischer Quartiere in Deutschland als theoretische und praktische Herausforderung. In: Aus Politik und Zeitgeschichte B 28 (2003), http://www.bpb.de/popup/popup_druckversion.html? guid =73T0TH (27.2.2012).

Overbeck, Anne/Dietmar Osses (Hg.): Eiskalte Leidenschaft. Italienische Eismacher im Ruhrgebiet. Katalog zur Ausstellung im LWL-Industriemuseum Zeche Hannover in Bochum, Essen 2009.

Overlöper, Ellen: Das Keupstrassen-Kochbuch, Köln 2000.

Ozersky, Josh: The Hamburger. A History (Icons of America Series), New Haven/London 2008.

Pagenstecher, Cord: Arkadien, Dolce Vita und Teutonengrill. Tourismuswerbung und das Italienbild der Deutschen. In: Gerhard Paul (Hg.). das Jahrhundert der Bilder, Bd. 2: 1949 bis heute, Göttingen 2008, 178–185.

Pagenstecher, Cord: Der bundesdeutsche Tourismus. Ansätze zu einer visual history: Urlaubsprospekte, Reiseführer, Fotoalben 1950–1990 (Studien zur Zeitgeschichte; 34), Hamburg 2003.

Pagenstecher, Cord: Neue Ansätze für die Tourismusgeschichte. Ein Literaturbericht. In: AfS 38 (1998), 591–619.

Palumbo-Liu, David: Asian/American. Historical Crossings of a Racial Frontier, Stanford 1999.

Pamuk, Orhan: Forbidden Fare. When Street Food Came to Istanbul. In: The New Yorker v. 16.7.2007.

Pamuk, Orhan: Istanbul. Erinnerungen an eine Stadt, München 2003.

Panayi, Panikos: Ethnic Minorities in Nineteenth and Twentieth Century Germany. Jews, Gypsies, Poles, Turks and Others, Harlow 2000.

Panayi, Panikos: The Impact of Immigrant Food Upon England. In: Jochen Oltmer (Hg.): Migrationsforschung und Interkulturelle Studien. Zehn Jahre IMIS (Schriften des Instituts für Migrationsforschung und interkulturelle Studien (IMIS) der Universität Osnabrück; 11), Osnabrück 2002, 179–202.

Panayi, Panikos: Spicing Up Britain. The Multicultural History of British Food, London 2008.

Panayi, Panikos: The Spicing Up of English Provincial Life. The History of Curry in Leicester. In: Kershen, Food, 42–75.

Panayotidis, Gregorios: Griechen in Bremen. Bildung, Arbeit und soziale Integration einer ausländischen Bevölkerungsgruppe (Agenda Politik; 24), Münster 2001.

Pap, Miklós/László Székely/András Vitéz (Hg.): Budapest. Ein Reiseführer durch die ungarische Hauptstadt, Budapest, 2., verbess. Aufl., 1965.

Papastamkos, Georgios: Die Erweiterung der EG-Freizügigkeit auf griechische Arbeitnehmer (Tübinger Schriften zum internationalen und europäischen Recht; 9), Berlin 1983.

Papastefanou, Georgios/Thomas Grund: Social Class Differences in Food and Drinking Expenditures. Change and Stabilities in West-Germany 1969 to 2003. Vortrag auf der 7. European Sociological Association Conference in Torun, 9.–12.9.2005 (draft version), http://www.sifo.no/files/papastefanou.pdf (27.2.2012).

Parasecoli, Fabio: Postrevolutionary Chowhounds. Food, Globalization, and the Italian Left. In: Gastronomica 3/3 (2003), 29–39.

Paris, nebst einigen Routen durch das nördliche Frankreich. Handbuch für Reisende, Leipzig 1909.

Parker, David: The Chinese Takeaway and the Diasporic Habitus. Space, Time and Power Geometries. In: Barnor Hesse (Hg.): Un/Settled Multiculturalisms. Diasporas, Entanglements, ‚Transruptions', London/New York 2000, 73–95.

Parnreiter, Christof: Theorien und Forschungsansätze zu Migration. In: Karl Husa/Ders./Irene Stacher (Hg.): Internationale Migration. Die globale Herausforderung des 21. Jahrhunderts? (Historische Sozialkunde; 17: Internat. Entwicklung) (Journal für Entwicklungspolitik: Ergänzungsbd.; 9), Frankfurt a.M./Wien 2000, 25–52.

Paulmann, Johannes: Die Haltung der Zurückhaltung. Auswärtige Selbstdarstellungen nach 1945 und die Suche nach einem erneuerten Selbstverständnis in der Bundesrepublik, Bremen 2006.

Paulmann, Johannes: Internationaler Vergleich und interkultureller Transfer. Zwei Forschungsansätze zur europäischen Geschichte des 18. bis 20. Jahrhunderts. In: HZ 267 (1998), 649–685.

Pazarkaya, Yüksel: Türkische Esskultur. Bäckerei Pak und Restaurant Bandırma. In: Biskup/Ders./Rakoczy/ Türemiş, Weidengasse, 70–71.

Peckham, Shannan: Consuming Nations. In: Sian Griffith/Jennifer Wallace (Hg.): Consuming Passions. Food in the Age of Anxiety, Manchester 1998.

Pécoud, Antoine: Cosmopolitanism and Business: Entrepreneurship and Identity among German-Turks in Berlin (Discussion Paper WPTC-2K-05), Berlin 2000.

Pécoud, Antoine: „Weltoffenheit schafft Jobs". Turkish Entrepreneurship and Multiculturalism in Berlin (Discussion Paper WPTC-01-19), Berlin 2001.

Péhaut, Yves: The Invasion of Foreign Food. In: Flandrin/Montanari, Food, 457–470.

Pelto, Gretel H./Pertti J. Pelto: Diet and Delocalization. Dietary Changes since 1750. In: Journal of Interdisciplinary History XIV/2 (1983), 507–528.

Perinelli, Massimo: Fluchtlinien des Neorealismus. Der organlose Körper der italienischen Nachkriegszeit, 1943–1949, Bielefeld 2009.

Perlick, Alfons: Ostdeutsches Brauchtumsleben in Nordrhein-Westfalen. In: Jahrbuch für Volkskunde der Heimatvertriebenen 1 (1955), 150–170.

Pes, Luca: L'invenzione della cucina veneziana. Consumi, turismo e identità cittadina. In: Memoria e Ricerca 23 (2006), 47–61.

Peter, Peter: Kulturgeschichte der italienischen Küche, München, 2. Aufl., 2007.

Peterich, Eckart: Italien. Ein Führer, Bd. 1: Oberitalien, Toskana, Umbrien, München, neue durchges. Aufl., 1968 [1958].

Peterich, Eckart/Josef Rast: Griechenland. Kleiner Führer, Olten/Freiburg i.Br., 11. Aufl., 1974.

Petersen, Jens: Das deutschsprachige Italienbild nach 1945. In: Quellen und Forschungen aus italienischen Archiven und Bibliotheken, hg. v. DHI Rom, Bd. 76, Tübingen 1996, 455–495.

Petersen, Jens: Italia-Germania. Percezioni, stereotipi, pregiudizi, immagini d'inimicizia. In: Ders. (Hg.): L'emigrazione tra Italia e Germania (Società e cultura; 2), Manduria/Bari/Rom 1993, 199–219.

Petersen, Thomas Peter: Gastwirte im Nationalsozialismus 1933–1939. Der Reichsverband des deutschen Gaststättengewerbes e.V. (REV) und seine Nachfolgerin, die Wirtschaftsgruppe Gaststätten- und Beherbergungsgewerbe (WGB), Ortsgruppe Süderbrarup, Bad Kleinen 1997.

Peterson, Richard A.: In Search of Authenticity. In: Journal of Management Studies 42/5 (2005), 1083–1098.

Peyer, Hans-Conrad: Von der Gastfreundschaft zum Gasthaus. Studien zur Gastlichkeit im Mittelalter (MGH-Schriften; 31), Hannover 1987.

Pfeiffer, Oscar Herbert: Wirtshaus im Spessart. Verstädterte Mühlenromantik. In: Köln wie es schreibt & isst, 198–201.

Pichler, Edith: Artigiani ed esercenti indipendenti in Germania. Il caso di Berlino. In: Corni/Dipper, Italiani, 201–221.

Pichler, Edith: Italienische Migration und Kleingewerbe. Entwicklung und Chancen kleiner und mittlerer Betriebe in der Bundesrepublik Deutschland (Arbeitsheft des BIVS), Berlin 1992.

Pichler, Edith: Migration, Community-Formierung und ethnische Ökonomie. Die italienischen Gewerbetreibenden in Berlin (Beiträge zur vergleichenden Sozialforschung), Berlin 1997.

Pichler, Edith: Migration und ethnische Ökonomie. Das italienische Gewerbe in Berlin. In: Häußermann/Oswald, Zuwanderung, 106–120.

Pichler, Edith: „Pizza alla tedesca". Ein Literaturbericht zur Geschichte der italienischen Migration nach Deutschland. In: Ethnizität & Migration 2/6 (1991), 5–25.

Piepenstock, Marianne: Italienische Küche. 300 italienische Spezialitäten zum Selbermachen, München 1975 [1963].

Pierenkemper, Toni: Das Rechnungsbuch der Hausfrau – und was wir daraus lernen können.

Zur Verwendbarkeit privater Haushaltsrechnungen in der historischen Wirtschafts- und Sozialforschung. In: GG 14 (1998), 38–63.

Pieterse, Jan Nederveen: Globalization as Hybridization. In: Featherstone/Lash/Robertson, Global Modernities, 45–68.

Pilcher, Jeffrey M.: Food Fads. In: Kenneth F. Kiple/Kriemhild Connie Ornelas (Hg.): The Cambridge World History of Food, Bd. 2, Cambridge 2000, 1486–1495.

Pilcher, Jeffrey M.: Food in World History, New York/London 2006.

Pillsbury, Richard: From Boarding House to Bistro. The American Restaurant Then and Now, Boston 1990.

Pini, Udo: Zu Gast im alten Hamburg. Erinnerungen an Hotels, Gaststätten, Ausflugslokale, Ballhäuser, Kneipen, Cafés und Varietés, München 1987.

Piore, Michael J.: Birds of passage. Migrant labor and industrial societies, Cambridge 1979.

Die Pizza als Weltkulturerbe? Interview mit Antonio Pace, Präsident der *Associazione Verace Pizza Napoletana*. In: Voyage 5 (2002), 89–95.

Pohl, Heinz Dieter: Die österreichische Küchensprache. Ein Lexikon der typisch österreichischen kulinarischen Besonderheiten (mit sprachwissenschaftlichen Erläuterungen) (Studia Interdisciplinaria nipontana; 11), Wien 2007.

Poiger, Uta G.: Beauty, Business and German International Relations. In: WerkstattGeschichte 16/45 (2007), 53–73.

Poiger, Uta G.: Imperialism and Consumption. Two Tropes in West German Radicalism. In: Axel Schildt/Detlef Siegfried (Hg.): Between Marx and Coca-Cola. Youth Cultures in Changing European Societies, 1960–1980, Oxford/New York 2006, 161–172.

Polaschegg, Andrea: Der andere Orientalismus. Regeln deutsch-morgenländischer Imagination im 19. Jahrhundert (Quellen und Forschungen zur Literatur- und Kulturgeschichte; 35), Berlin 2005, zugl. Diss. HU Berlin 2003.

Pols, Bram: In Search of the Muslim Consumer. Islamic Butchers in the Netherlands. In: ISIM Neswletter 1 (1998), 24.

Porcaro, Giuseppe: Sapore di Napoli. Storia della pizza napoletana, Neapel 1985.

Portes, Alejandro: Globalization from Below. The Rise of Transnational Communities (WPTC-98-01), Princeton 1997.

Portes, Alejandro/Josh DeWind (Hg.): Rethinking Migration. New Theoretical and Empirical Perspectives, New York/Oxford 2007.

Potthoff, Ossip D./Georg Kossenhaschen: Kulturgeschichte der deutschen Gaststätte, umfassend Deutschland, Österreich, Schweiz und Deutschböhmen, Berlin 1932.

Poutrus, Patrice G.: Die Erfindung des Goldbroilers. Über den Zusammenhang zwischen Herrschaftssicherung und Konsumentwicklung in der DDR, Köln/Weimar/Wien 2002.

Prahl, Hans-Werner/Martina Setzwein: Soziologie der Ernährung, Opladen 1999.

Prezzolini, Giuseppe: Spaghetti Dinner. A History of Spaghetti Eating and Cooking, New York 1955.

Pries, Ludger (Hg.): Transnationale Migration (Soziale Welt, Sonderbd.; 12), Baden-Baden 1997.

Prinz, Michael (Hg.): Der lange Weg in den Überfluss. Anfänge und Entwicklung der Konsumgesellschaft seit der Vormoderne, Paderborn et al. 2003.

Probyn, Elspeth: Carnal Appetites. FoodSexIdentities, New York/London 2000.

Projekt Migration, hg. v. Kölnischen Kunstverein, DoMiT, dem Institut für Kulturanthropologie u. Europäische Ethnologie der Johann Wolfgang Goethe-Universität Frankfurt a.M. u. dem Institut für Theorie der Gestaltung und Kunst, HGK Zürich, Köln 2006.

Prontera, Grazia: Partire, tornare, restare? L'esperienza migratoria dei lavoratori italiani nella Repubblica Federale Tedesca nel socondo dopoguerra, Mailand 2009.

Protzner, Wolfgang: Vom Hungerwinter bis zum Beginn der „Freßwelle". In: Ders. (Hg.): Vom Hungerwinter zum kulinarischen Schlaraffenland (Beiträge zur Wirtschafts- und Sozialgeschichte; 35), Stuttgart 1987, 11–30.

Pütz, Robert: Transkulturalität als Praxis. Unternehmer türkischer Herkunft in Berlin, Bielefeld 2004.

Putz, Claudia: Kitsch. Phänomenologie eines dynamischen Kulturprinzips (Bochumer Beiträge zur Semiotik: 36), Bochum 1994.

Quante, Christoph: Die geistesgeschichtlichen Grundlagen und die Entwicklung der Gewerbefreiheit in Deutschland, Diss. Münster 1984.

Raffalt, Reinhard: Eine Reise nach Neapel ... e parlare italiano. Ein Sprachkurs durch Italien, München, 5., durchges. Aufl., 1975.

Rafiq, Mohammed: Asian Businesses in Bradford, West Yorkshire. A Study of Ethnic Entrepreneurship in Retailing, Manufacturing and the Service Industries, Ph.D. thesis, Univ. of Bradford, 1988.

Rahden, Till van: Reflections. Clumsy Democrats: Moral Passions in the Federal Republic. In: German History 29/3 (2011), 485–504.

Ramm, Christoph: The Muslim-Makers. How Germany ‚Islamizes' Turkish Immigrants. In: Interventions. International Journal of Postcolonial Studies 12/2 (2010), 172–181.

Ranft, Ferdinand: Zum Csikós. Blechtrommel-Erinnerungen. In: Düsseldorf wie es schreibt & isst, 90–93.

Raphael, Lutz: Die Verwissenschaftlichung des Sozialen als methodische und konzeptionelle Herausforderung für eine Sozialgeschichte des 20. Jahrhunderts. In: GG 22 (1996), 165–193.

Rásky, Béla: Piroschka und ihr ‚Schwager'. Zur Geschichte wechselseitiger Fremdbilder zwischen Österreich und Ungarn. In: Müller-Funk/Plener/Ruthner, Kakanien, 331–347.

Rast auf Reisen. Ein Führer zu 300 der schönsten Hotels und Gaststätten in Deutschland, hg. v. Bertelsmann Verlag, Gütersloh, 7., neue, erw. u. überarb. Aufl., 1957.

Rath, Claus-Dieter: Reste der Tafelrunde. Das Abenteuer der Esskultur, Reinbek bei Hamburg 1984.

Rau, Susanne/Gerd Schwerhoff (Hg.): Zwischen Gotteshaus und Taverne. Öffentliche Räume in Spätmittelalter und Früher Neuzeit (Norm und Struktur; 21), Köln/Weimar/Wien 2004.

Rauers, Friedrich: Kulturgeschichte der Gaststätte (Schriftenreihe der Hermann Esser Forschungsgemeinschaft für Fremdenverkehr; 2), Teil 2, Berlin 1941.

Ray, Krishnendu: The Migrant's Table. Meals and Memories in Bengali-American Households, Philadelphia 2004.

Reber, Ursula: Pista und Puszta. Eine kleine Imagologie der kakanischen Nationalitäten bei Doderer. In: Müller-Funk/Plener/Ruthner, Kakanien, 172–185.

Rebscher, Erich/Werner Vahlenkamp: Organisierte Kriminalität in der Bundesrepublik Deutschland. Bestandsaufnahme, Entwicklungstendenzen und Bekämpfung aus der Sicht der Polizeipraxis, Wiesbaden 1988.

Reckendrees, Alfred: Die bundesdeutsche Massenkonsumgesellschaft. Einführende Bemerkungen. In: JWG 2 (2007), 17–27.

Reckendrees, Alfred: Konsummuster im Wandel. Haushaltsbudgets und Privater Verbrauch in der Bundesrepublik 1952–98. In: JWG 2 (2007), 29–61.

Reckert, Gerald: Zur Adoption neuer Speisen und Verzehrsformen. Die Einführung von fast food in der Bundesrepublik Deutschland, Diss. München 1986.

Reckwitz, Andreas: Das hybride Subjekt. Eine Theorie der Subjektkulturen von der bürgerlichen Moderne zur Postmoderne, Göttingen 2006.

Régnier, Faustine: L'exotisme culinaire. Essai sur les saveurs de l'Autre, Paris 2004.

Reindl-Kiel, Hedda: Wesirfinger und Frauenschenkel: Zur Sozialgeschichte der türkischen Küche. In: Archiv für Kulturgeschichte 77/1 (1995), 57–84.

Reinhardt, Dirk/Uwe Spiekermann/Ulrike Thoms (Hg.): Neue Wege der Ernährungsgeschichte. Kochbücher, Haushaltsrechnungen, Konsumvereinsberichte und Autobiographien in der Diskussion (Europäische Hochschulschriften, Reihe III: Geschichte u. ihre Hilfswissenschaften; 586), Frankfurt a.M. et al. 1993.

Respondek, Charlotte: Internationale Spezialitäten-Küche. Rezept-Brevier aus aller Welt, Berlin [ca. 1958].

Retzlaff, Jürgen: Rialto. In: Düsseldorf wie es schreibt & isst, 130–131.

Reuss, Wilhelm: Die Gewerbefreiheit. Eine kritische Studie über deutsche und amerikanische Auffassungen zur Neuregelung, mit Text-Abdruck der wichtigsten US-Direktiven und der deutschen Gesetzesvorlagen, Stuttgart 1949.

Reutter, Werner: Organisierte Interessen in Deutschland. Entwicklungstendenzen, Strukturveränderngen und Zukunftsperspektiven. In: Aus Politik und Zeitgeschichte B 26-27/2000, http://www.bpb.de/publikationen/ DUH5YS,1,0,Organisierte_Interessen_in_Deutschland.html (27.2.2012).

Ricci, Maria: Italienische Küche, Köln 1976.

Richter, Dieter: Reisen und Schmecken. Wie die Deutschen gelernt haben, italienisch zu essen. In: Voyage 5 (2002), 17–29.

Richter, Horst: Chinarestaurant Tai-Tung. Ein Ikebana à la Lukull. In: Köln wie es schreibt & isst, 163–166.

Rieker, Yvonne: Italienische Arbeitswanderer in West-, Mittel- und Nordeuropa seit dem Ende des Zweiten Weltkriegs. In: Bade et al., Enzyklopädie, 668–675.

Rieker, Yvonne: Südländer, Ostagenten oder Westeuropäer? Die Politik der Bundesregierung und das Bild der italienischen Gastarbeiter 1955–1970. In: AfS 40 (2000), 231–258.

Rieker, Yvonne/Roberto Sala: Italiani in Germania. Tra avvicinamento e disagio. In: Studi Emigrazione XLII/160 (2005), 806–821.

Rischbieter, Laura Julia: Mikro-Ökonomie der Globalisierung. Kaffee, Kaufleute und Konsumenten im Kaiserreich 1870–1914, Köln 2011, zugl. Diss. HU Berlin 2010.

Ringer, Alfred (Hg.): Erster Großdeutscher Gaststättentag Wien, 27.–29. September 1938. Ansprachen und Vorträge. Im Auftrage des Leiters der Wirtschaftsgruppe Gaststätten- und Beherbergungsgewerbe, Berlin/Wien/Leipzig 1939.

Ritter, Rüdiger: Kulturaustausch am Kneipentresen. Zu Prozessen der Amerikanisierung in Bremerhaven in den ersten beiden Nachkriegsjahrzehnten. In: WerkstattGeschichte 16/46 (2007), 55–64.

Rittersma, Rengenier C.: „Ces pitoyables truffes d'Italie". Die französisch-italienische Rivalität auf dem europäischen Trüffelmarkt seit 1700. Zu einer Geschichte des Gastrochauvinismus und des Terroirs. In: ÖZG 21/2 (2010), 81–104.

Rittstieg, Helmut: Grenzen ausländerbehördlichen Ermessens. In: Juristenzeitung 26 (1971), 113–118.

Ritzer, George: McDonaldisierung der Gesellschaft, Frankfurt a.M. 1997.

Ritzer, George/Seth Ovadia: The Process of McDonaldization Is Not Uniform, nor Are Its Settings, Consumers, or the Consumption of Its Goods and Services. In: Gottdiener, New Forms, 33–49.

Robertson, Roland: After Nostalgia? Nostalgia and the Phases of Globalization. In: Bryan S. Turner (Hg.): Theories of Modernity and Postmodernity, London/Newbury Park/New Delhi 1990, 45–61.

Robertson, Roland: Glocalization. Time-Space and Homogeneity-Heterogeneity. In: Featherstone/Lash/Ders., Global Modernities, 25–44.

Rödder, Andreas: Das „Modell Deutschland" zwischen Erfolgs- und Verfallsdiagnose. In: VfZ 54/3 (2006), 345–363.

Röhl, Kurt: Der Durchbruch des Zuverlässigkeitsgrundsatzes im nationalsozialistischen Wirtschaftsrecht. In: Deutsches Gemein- und Wirtschaftsrecht 2 (1937), 252–260.

Rönneburg, Carola: Capri in der Elefantengasse. Deutschlands erste Pizzeria mit Marmortafel. In: Dies., Grazie mille!, 135–141.

Rönneburg, Carola: Grazie mille! Wie die Italiener unser Leben verschönert haben, Freiburg i.Br. 2005.

Rönneburg, Carola: Jenseits von Planten und Blomen. Die Eroberung des öffentlichen Raums. In: Dies., Grazie mille!, 124–130.

Rolshoven, Johanna: „Wein, Weib und Gesang!" Kulinarische Reisebilder als Sehnsuchtsträger im Medium Werbung. In: Christoph Köck (Hg.): Reisebilder. Produktion und Reproduktion touristischer Wahrnehmung (Münchner Beiträge zur Volkskunde; 29), Münster et al. 2001, 135–150.

Romano-García, Manuel: Die spanische Minderheit. In: Schmalz-Jacobsen/Hansen, Ethnische Minderheiten, 468–481.

Romero, Federico: L'emigrazione italiana negli anni '60 e il mercato comune europeo. In: Jens Petersen (Hg.): L'emigrazione tra Italia e Germania (Società e cultura; 2), Manduria/Bari/Rom 1993, 117–137.

Rose, Hans-Joachim: Ausländerrecht in Grenzen oder grenzenloses Ausländerrecht? In: Juristenzeitung 26 (1971), 721–725.

Rosenbauer, Jörg: Darstellung und Analyse des Außer-Haus-Verzehrs in der Bundesrepublik. In: Hauswirtschaft und Wissenschaft 37/4 (1989), 164–169.

Rosenthal, Jack: Gender Benders. In: Paul Eschholz/Alfred Rosa/Virginia Clark (Hg.): Language Awareness, New York, 5. Aufl., 1990, 303–305.

Rosskopp, Robert: Gastarbeiterwanderung, eine Extremform geographischer Mobilität. Eine wirtschafts- und sozialgeographische Analyse der Ansiedlung, Mobilität und Auswanderungsmotivation griechischer Gastarbeiter in der Bundesrepublik Deutschland, unter bes. Berücksichtigung der Stadt Troisdorf/Rheinland und der drei ostmakedonischen „Nomoi" Drama, Kavala und Serres, Diss. Bonn 1979.

Rotter, Erich: Im Widerstreit der Meinungen. In: Eich/Frevert, Bürger, 90–103.

Rubner, Max: Deutschlands Volksernährung. Zeitgemäße Betrachtungen, Berlin 1930.

Rubner, Max: Wandlungen in der Volksernährung, Leipzig 1913.

Rudolf, Susanne: Italienische Gastronomie. Eine Untersuchung zum Begriff „Ethnic Business" in Zürich, unveröff. Lizentiatsarbeit, Univ. Zürich 2000.

Rudolph, Hedwig/Felicitas Hillmann: Döner contra Boulette − Döner und Boulette. Berliner türkischer Herkunft als Arbeitskräfte und Unternehmer im Nahrungsgütersektor. In: Häußermann/Oswald, Zuwanderung, 85−105.

Rudolph, Hedwig/Felicitas Hillmann: How Turkish is the Donar kebab? Turks in Berlin's Food Sector. In: Scottish Geographical Magazine 114/3 (1998), 138−147.

Rüdiger, Gerd: Currywurst. Ein anderer Führer durch Berlin, Berlin 1995.

Rüfner, Wolfgang/Constantin Goschler: Ausgleich von Kriegs- und Diktaturfolgen, soziales Entschädigungsrecht. In: Hockerts, Bundesrepublik Deutschland, 755−780.

Ruhrberg, Karl: Brauerei zum Schiffchen. Neues Schiffchen auf altem Kurs. In: Düsseldorf wie es schreibt & isst, 178−181.

Sackstetter, Susanne: Vogliamo tutto − wir wollen alles. Italiensehnsucht der deutschen Linken. In: Siebenmorgen, Wenn bei Capri die rote Sonne..., 125−129.

Said, Edward W.: Orientalism, an Afterword. In: Raritan 14/3 (1995), 32−59.

Said, Edward W.: Orientalism. Western Conceptions of the Orient, London et al. 1995.

Sala, Roberto: Die Nation in der Fremde. Zuwanderer in der Bundesrepublik Deutschland und nationale Herkunft aus Italien. In: IMIS-Beiträge 29 (2006), 99−122.

Sala, Roberto: Vom „Fremdarbeiter" zum „Gastarbeiter". Die Anwerbung italienischer Arbeitskräfte für die deutsche Wirtschaft (1938−1973). In: VfZ 55/1 (2007), 93−120.

Salmony, George: La Bonne Auberge. In: München wie es schreibt & isst, 50−53.

Samancı, Özge: Culinary Consumption Patterns of the Ottoman Elite during the First Half of the Nineteenth Century. In: Faroqhi/Neumann, Illuminated Table, 161−184.

Sanchez, Sylvie: Pizza connexion. Une séduction transculturelle, Paris 2007.

Sassen, Saskia: New Employment Regimes in Cities: the Impact on Immigrant Workers. In: new community 22/4 (1996), 579−594.

Sauer, Kurt: Die Verfassungsmäßigkeit der Bedürfnisprüfung nach dem Gaststättengesetz vom 28.4.1930, Diss. Köln 1955.

Schärer, Martin. R.: Food and Material Culture − a Museological Approach. In: Alexander Fenton/Ders. (Hg.): Food and Material Culture. Proceedings of the Fourth Symposium of the International Commission for the Research into European Food History, East Lothian 1998.

Schell, Heather: Gendered Feasts. A Feminist Reflects on Dining in New Orleans. In: Sherrie A. Inness (Hg.): Pilaf, Pozole, and Pad Thai. American Women and Ethnic Food, Amherst 2001, 199−221.

Schenk, Frithjof Benjamin: Mental Maps. Die Konstruktion von geographischen Räumen in Europa seit der Aufklärung. In: GG 28 (2002), 493−514.

Schenk, Frithjof Benjamin/Martina Winkler (Hg.): Der Süden. Neue Perspektiven auf eine europäische Geschichtsregion, Frankfurt a.M./New York 2007.

Schenk, Frithjof Benjamin/Martina Winkler: Einleitung. In: Dies., Süden, 7−20.

Schenk, Lis: Nippon-Kann. Reiko-San bereitet Sukiyaki. In: Düsseldorf wie es schreibt & isst, 209−212.

Scherhorn, Gerhard: Bedürfnis und Bedarf. Sozialökonomische Grundbegriffe im Lichte der neueren Anthropologie (Beiträge zur Verhaltensforschung; 1), Berlin 1959.

Scheybani, Abdolreza: Vom Mittelstand zur Mittelschicht? Handwerk und Kleinhandel in der Gesellschaft der frühen Bundesrepublik Deutschland. In: AfS 35 (1995), 131–195.

Schickel, Marion: Rezeption der italienischen Küche in Deutschland, unveröff. Magisterarbeit, Univ. Leipzig 2008.

Schieren, Mona Annette: „Die melancholische Faszination der fremden Rasse". Otto Muellers Zigeunerbilder in der Rezeption. In: Hund, Zigeunerbilder, 51–65.

Schiffauer, Werner: Gespräche mit türkischen Jugendlichen. In: Christian Buettner/Aurel Ende (Hg.): Kinderleben in Geschichte und Gegenwart, Weinheim 1985, 159–180.

Schiffauer, Werner: Opposition und Identifikation – zur Dynamik des „Fußfassens". Von der „Gastarbeit" zur Partizipation in der Zivilgesellschaft. In: Jan Motte/Rainer Ohliger (Hg.): Geschichte und Gedächtnis in der Einwanderungsgesellschaft. Migration zwischen historischer Rekonstruktion und Erinnerungspolitik, Essen 2004, 89–98.

Schildmeier, Angelika: Freizeitmöglichkeiten ausländischer Arbeitnehmer (Schriftenreihe des BMJFG; 114), Stuttgart et al. 1978.

Schildt, Axel: Ankunft im Westen. Ein Essay zur Erfolgsgeschichte der Bundesrepublik, Frankfurt a.M. 1999.

Schildt, Axel (Hg.): Dynamische Zeiten. Die 60er Jahre in den beiden deutschen Gesellschaften (Hamburger Beiträge zur Sozial- und Zeitgeschichte; 37), Hamburg 2000.

Schildt, Axel: „Die kostbarsten Wochen des Jahres". Urlaubstourismus der Westdeutschen (1945–1970). In: Hasso Spode (Hg.): Goldstrand und Teutonengrill. Kultur- und Sozialgeschichte des Tourismus in Deutschland 1945 bis 1989 (Berichte und Materialien; 15), Berlin 1996, 69–85.

Schildt, Axel: Sozialgeschichte der Bundesrepublik Deutschland bis 1989/90 (Enzyklopädie deutscher Geschichte; 80), München 2007.

Schildt, Axel/Detlef Siegfried: Deutsche Kulturgeschichte. Die Bundesrepublik – 1945 bis zur Gegenwart, Bonn 2009.

Schillinger, Tobias: Die Gastronomiemarke, Diss. Erlangen-Nürnberg 1992.

Schindler, Hedwig: Die unbekannte türkische Küche, München 1988.

Schirmer, Hans: Die rechtliche Behandlung der Bedürfnisfrage im Wirtschaftskonzessionswesen, Dresden 1934, zugl. Diss. Halle-Wittenberg 1934.

Schlegel, Heinrich: Dein Djuwetsch ist schon immer da. In: Stuttgart wie es schreibt & isst, 61–63.

Schlegel-Matthies, Kirsten: Regionale Kostformen im Spiegel alter Kochbücher. In: Weggemann, Alte Landschaftsküchen, 54–57.

Schlemmer, Evelyn: Internationale Küche, Herrsching 1977.

Schlemmer-Atlas. Der Wegweiser zu mehr als 1800 Restaurants (und Hotels) in der Bundesrepublik Deutschland, Frankfurt/Wien/Zürich 1975.

Schlosser, Eric: Fast Food Nation. The Dark Side of the all-American Meal, Boston 2001.

Schlumm, Hans-Bernhard: Eine neue Heimat in der Fremde. Die Entwicklungen der griechischen Gastarbeiter-Nationalität zur Einwanderungsminorität in der Bundesrepublik, Frankfurt a.M. 1987.

Schmalz-Jacobsen, Cornelia/Georg Hansen (Hg.): Ethnische Minderheiten in der Bundesrepublik Deutschland. Ein Lexikon, München 1995.

Schmeling, Hans-Georg: Werktags- und Sonntagskost nach Vetreibung, Flucht und Neueingliederung. In: Rheinisch-westfälische Zeitschrift für Volkskunde 14 (1967), 90–109.

Schmid, Brigitte: Küche und ethnische Identität. Ernährungsweisen zugewanderter italienischer, griechischer und türkischer Frauen und ihre Veränderungen. In: Teuteberg, Revolution, 162–174.

Schmid, Franz Urs: Der gastgewerbliche Fähigkeitsausweis in der Schweiz. Verfassungsvorgaben, Verfassungswirklichkeit und Handlungsbedarf des Gesetzgebers, Bern: Diss. 1994.

Schmid, Kurt et al.: Entrepreneurship von Personen mit Migrationshintergrund: Endbericht. Studie im Auftrag des AMS (Arbeitsmarktservice) Österreich, Dez. 2006.

Schmidt, Dorothea: Unternehmertum und Ethnizität – ein seltsames Paar. In: Prokla. Zeitschrift für kritische Sozialwissenschaft 30/3 (2000), 335–362.

Schmidt, E. W.: Urlaub in Italien, Berlin 1939.

Schmidt, Ekkehart: „... laß uns zum Griechen gehen!" Auf den EG-Beitritt folgte ein Selbständigen-Boom im Gastgewerbe. In: Ausländer in Deutschland 2 (1994), 14–15

Schmidt, Franz Robert: Die Bedürfnisprüfung als Instrument der Wirtschaftslenkung und der Gesellschaftsgestaltung (Varia Iuris Publici; 48)(Instrumente und Methoden staatlicher Wirtschaftsförderung; Heft 3), Hamburg/Frankfurt a.M./Berlin 1968, zugl. Diss. Hamburg 1968.

Schnapauff, Ulrich: Kulinarischer Orientexpress. Balkan-Grill. In: Hamburg wie es schreibt & isst, 173–175.

Schneider, Peter: Lenz. Eine Erzählung, Berlin 1978 [1973].

Schnell informiert in Berlin. Hauptstadt der DDR, Karl-Marx-Stadt 1967.

Schnitzer, Claudia: Zwischen Kampf und Spiel. Orientrezeption im höfischen Fest. In: Im Lichte des Halbmonds, 227–234.

Schöllgen, Gregor: Instrument deutscher Weltmachtpolitik. Die Bagdadbahn im Zeitalter des Imperialismus. In: Jürgen Franzke (Hg.): Bagdadbahn und Hedjazbahn. Deutsche Eisenbahngeschichte im Vorderen Orient, Nürnberg 2003, 108–111.

Schönwälder, Karen: Einwanderung und ethnische Pluralität. Politische Entscheidungen und öffentliche Debatten in Großbritannien und der Bundesrepublik von den 1950er bis zu den 1970er Jahren, Essen 2001.

Schönwälder, Karen: Why Germany's Guestworkers Were Largely Europeans. The Selective Principles of Post-war Labour Recruitment Policy. In: Ethnic and Racial Studies 27/2 (2004), 248–265.

Schönwälder, Karen: Zukunftsblindheit oder Steuerungsversagen? Zur Ausländerpolitik der Bundesregierungen der 1960er und frühen 1970er Jahre. In: Oltmer, Migration, 123–144.

Scholliers, Peter: The Diffusion of the Restaurant Culture in the 19th Century. Brussels as Uncommon or Typical Case? In: Food & History (erscheint 2010).

Scholliers, Peter: Restaurant Personnel in Brussels and the Diffusion of Eating Culture, 1850–1900. In: Derek J. Oddy/Lydia Petranovà (Hg.): The Diffusion of Food Culture in Europe from the Late Eigteenth Century to the Present Day. Eigth Symposium of the International Commission for Research into European Food History (ICREFH), Prag, 30.9.–5.10.2003, Prag 2005, 73–84.

Scholz, Fred: Räumliche Ausbreitung türkischer Wirtschaftsaktivitäten in Berlin (Ein Beitrag zur Integrationsfrage der Türken). In: Burkhard Hofmeister et al. (Hg.): Berlin. Beiträge zur Geographie eines Großstadtraumes, Berlin 1985, 275–317.

Scholz, Fred: Türkische Wirtschaftsaktivitäten in Berlin (West): Schnellimbisse, Restaurants, Gemüseläden. Eine empirische Studie zur Frage nach den Integrationsmöglichkeiten türkischer Selbständiger (Occasional Paper/Institut für Geographische Wissenschaften der FU Berlin; H. 5), Berlin 1990.

Scholz, Hans: Der Weg zu Peppino. In: Berlin wie es schreibt & isst, 20–28.

Schrage, Dominik: Integration durch Attraktion. Konsumismus als massenkulturelles Weltverhältnis. In: Mittelweg 36 12/6 (2003/04), 57–86.

Schrage, Dominik: Soziologie der kommerziellen Konsumforschung. In: Ders./Markus R. Friederici (Hg.): Zwischen Methodenpluralismus und Datenhandel. Zur Soziologie der kommerziellen Konsumforschung, Wiesbaden 2008, 11–27.

Schrage, Dominik: Die Verfügbarkeit der Dinge. Eine historische Soziologie des Konsums, Frankfurt a.M./New York 2009.

Schramm, Manuel: Konsum und regionale Identität in Sachsen 1880–2000. Die Regionalisierung von Konsumgütern im Spannungsfeld von Nationalisierung und Globalisierung, Stuttgart 2003.

Schropp's Reiseführer von Berlin, Berlin 1955.

Schückhaus, Ulrich: Die systematisierte Gastronomie. Ein Vergleich der Entwicklung in den USA und in der Bundesrepublik Deutschland (Sonderhefte der Mitteilungen des Instituts für Handelsforschung an der Universität zu Köln; 34), Göttingen 1987.

Schütte, Herbert: Bunte Bilder und Leute. Café Latin. In: Hamburg wie es schreibt & isst, 136–138.

Schuleri-Hartje, Ulla-Kristina: Ausländer und Verwaltung. Untersuchungen zum Fortbildungsbedarf in Behörden (Materialien und Berichte/Robert Bosch Stiftung; 16: Förderungsgebiet Bildung und Erziehung), Stuttgart 1985.

Schulze, Gerhard: Die Erlebnis-Gesellschaft. Kultursoziologie der Gegenwart, Frankfurt a.M./New York, 2. Aufl., 2005.

Schumann, Kerstin: Grenzübertritte – das „deutsche" Mittelmeer. In: Endlich Urlaub! Die Deutschen reisen. Begleitbuch zur Ausstellung im Haus der Geschichte der Bundesrepublik Deutschland, Bonn, 6.6.–13.10.1996, hg. v.d. Stiftung Haus der Geschichte der Bundesrepublik Deutschland, Köln 1996, 33–42.

Schutkin, Andreas: Die berufliche Positionierung ausländischer Erwerbspersonen in Bayern. Zu den Auswirkungen der Arbeitsmigration in der Zeit von 1955–1973 auf die heutigen Arbeitsmarktstrukturen, Diss. Regensburg 2000.

Schutts, Jeff R.: Born Again in the Gospel of Refreshment? Coca-Colonization and the Re-Making of Post-war German Identity. In: David Crew (Hg.): Consuming Germany in the Cold War, Oxford/New York 2003, 121–150.

Schwartz, Philipp: Notgemeinschaft. Zur Emigration deutscher Wissenschaftler nach 1933 in die Türkei. Mit e. Einl. v. Detlev Peukert, Marburg 1995.

Schwarz, Klaus: 15. ve 16. Yüzyılda Berlin, Brandenburg ve Türkler. In: Tarih ve Toplum 9/49 (1988), 24–29 u. 9/50 (1988), 99–104.

Schwendter, Rolf: Arme essen, Reiche speisen. Neuere Sozialgeschichte der zentraleuropäischen Gastronomie, Wien 1995.

Scidà, Giuseppe: Le appartenenze molteplici. Il caso dei transmigranti. In: Gabriele Pollini/ Patrizia Venturelli Christensen (Hg.): Migrazioni e appartenenze molteplici. Gli immigrati cinesi, filippini, ghanesi, ex yugoslavi, marocchini, senegalesi e tunisini in Italia, Mailand 2002, 71–102.

Sebaldt, Martin: Organisierter Pluralismus. Kräftefeld, Selbstverständnis und politische Arbeit deutscher Interessengruppen, Opladen 1997.

Sebaldt, Martin/Alexander Straßner: Verbände in der Bundesrepublik Deutschland. Eine Einführung, Wiesbaden 2004.

Sedlmaier, Alexander: Consumerism – cui bono? Neuere Studien zu Theorie, Geschichte und Kultur des Konsums. In: NPL 50 (2005), 249–273.

Seeberger, Kurt: Hotel Vier Jahreszeiten. In: München wie es schreibt & isst, 229–231.

Seghers, Anna: Transit, Konstanz 1948 [1944].

Seibert, Wolfgang: Nach Auschwitz wird alles besser. Die Roma und Sinti in Deutschland, Hamburg: Libertäre Assoziation, 1984.

Seidel-Pielen, Eberhard: Aufgespießt. Wie der Döner über die Deutschen kam, Hamburg 1996.

Seidel-Pielen, Eberhard: Unsere Türken. Annäherungen an ein gespaltenes Verhältnis, Berlin 1995.

Şen, Faruk: 1961 bis 1993: Eine kurze Geschichte der Türken in Deutschland. In: Claus Leggewie/Zafer Şenocak (Hg.): Deutsche Türken/Türk Alamlar. Das Ende der Geduld/Sabrın sonu, Reinbek bei Hamburg 1993, 17–36.

Senator für Inneres: Senatsvorlage (Entwurf), 19.7.1971: Bericht über die Probleme im Zusammenhang mit der Ausländerbeschäftigung und dem illegalen Aufenthalt von Ausländern in Berlin (West) nach dem Stand v. 1.7.1971, LAB B Rep. 004, Nr. 420.

Serres, Michel: Der Parasit. Frankfurt a.M. 1987.

Setzwein, Monika: Ernährung – Körper – Geschlecht (Forschung Soziologie; 199), Wiesbaden 2004.

Seume, Johann Gottfried: Spaziergang nach Syrakus im Jahre 1802. Erster Theil: Von Leipzig nach Syrakus, 3., sehr verm. Aufl., [Leipzig], 1811.

Sevindim, Asli: Candlelight Döner. Geschichten über meine deutsch-türkische Familie, Berlin 2005.

Shaw, Gareth/Allison Tipper: British Directories. A Bibliography and Guide to Directories published in England and Wales (1850–1950) and Scotland (1773–1950), London, 2. Aufl., 1997.

Shelton, Allen: A Theater for Eating, Looking, and Thinking. The Restaurant as Symbolic Space. In: Sociological Spectrum 10 (1990), 507–526.

Shortridge, Barbara G./James R. Shortridge (Hg.): The Taste of American Place. A Reader on Regional and Ethnic Food, Lanham et al. 1998.

Siebenmorgen, Harald (Hg.): Wenn bei Capri die rote Sonne ... Die Italiensehnsucht der Deutschen im 20. Jahrhundert. Katalog zur Ausstellung des Badischen Landesmuseums Karlsruhe, 31.5.–14.9.1997, bearb. v. Gabriele Kindler, Karlsruhe 1997.

Siegfried, Detlef: Time is on My Side. Konsum und Politik in der westdeutschen Jugendkultur der 60er Jahre, Göttingen 2006.

Siegrist, Hannes/Michael Schramm (Hg.): Regionalisierung europäischer Konsumkulturen im 20. Jahrhundert (Leipziger Studien zur Erforschung von regionenbezogenen Identifikationsprozessen; 9), Leipzig 2003.

Siegrist, Hannes/Jakob Tanner/Béatrice Veyrassat (Hg.): Geschichte der Konsumgesellschaft. Märkte, Kultur und Identität (15.-20. Jahrhundert), Zürich 1997.

Siknovics, Rudolf: Ethnozentrismus und Konsumentenverhalten, Wiesbaden 1999, zugl. Diss. Wien 1998.

Simons, Katja: Ethnische Ökonomie in Berlin – Einblicke in das türkische, griechische, italienische und russische Gewerbe. In: Andreas Kapphan (Hg.): Paris – Berlin, Formen und Folgen der Migration (Cahiers; 14), Berlin 1999, 85–103.

Die Singles – Marktmacht einer Minderheit. In: Absatzwirtschaft 22/7 (1979), 42–50.

Skarpelis-Sperk, Sigrid: Die griechische Diaspora in Deutschland. In: Evangelos Konstantinou (Hg.): Griechische Migration in Europa. Geschichte und Gegenwart (Philhellenische Studien; 8), Frankfurt a.M. et al. 2000, 195–204.

Skeldon, Ronald (Hg.): Emigration from Hong Kong. Tendencies and Impacts, Hong Kong 1995.

Skjelbred, Ann Helene Bolstad: The Foreign in the Domestic. Garlic and Olive Oil between Taste and Health. In: Lysaght, Food, 311–318.

Smith, David: The Discourse of Scientific Knowledge of Nutrition and Dietary Change in the Twentieth Century. In: Murcott, „The Nation's Diet", 311–331.

Sölter, Susanne: Das „Wohnzimmer" zwischen Orient und Okzident. Hintergründiges über griechische Tavernen. In: Lokalgeschichte Ottensen, 105–108.

Sori, Ercole: L'emigrazione italiana in Europa tra Ottocento e Novecento. Note e riflessioni. In: Studi Emigrazione XXXVIII/142 (2001), 259–295.

Sosteric, Mike: Subjectivity and the Labour Process. A Case Study in the Restaurant Industry. In: Work, Employment & Society 10/2 (1996), 297–318.

Soyez, Dietrich: Der ‚Kölsche Chinese' und andere hybride. Kölner Restaurants als Bühnen von Glokalisierungsprozessen. In: Kölner Geographische Arbeiten 82 (2004), 29–35.

Soyhut, Mustafa: The Genealogy of the ‚Other'. The Turks, Islam and Europe: From the Renaissance to the Enlightenment. In: Edgeir Benum/Alf Johansson/Jan-Erik Smilden/Alf Storrud (Hg.): Are We Captives of History? Historical Essays on Turkey and Europe, Oslo 2007, 31–70.

Soysal, Levent: Kultur als Fiktion. Forschen über (türkische) Migration nach Berlin, Deutschland, Europa. In: Hauschild/Warneken, Inspecting Germany, 340–361.

Spang, Rebecca: All the World's a Restaurant. On the Gastronomics of Tourism and Travel. In: Grew, Food, 79–91

Spang, Rebecca L.: The Invention of the Restaurant. Paris and Modern Gastronomic Culture (Harvard Historical Studies; 135), Cambridge, MA 2000.

Sparschuh, Olga: Die Wahrnehmung von Arbeitsmigranten aus dem „Mezzogiorno" in deutschen und norditalienischen Großstädten. In: Janz/Sala, Dolce Vita?, 95–115.

Speckle, Birgit: Schafkopf und Musikbox. Einblicke in unterfränkische Dorfwirtshäuser 1950–1970. Begleitbuch zur gleichnamigen Wanderausstellung des Bezirks Unterfranken, Würzburg 2003.

Speich, Richard: Kreta. Kunst- und Reiseführer, 3., völlig neubarb. Aufl., Stuttgart et al. 1977 [1973].

Spelman, Franz: Das Steak-House Bazaar. In: München wie es schreibt & isst, 36–43.

Spiegel, Rudolf: Überall ist „Veedel". In: Merian 32/12 (1979), 19–24.

Spiekermann, Uwe: Das Andere verdauen. Begegnungen von Ernährungskulturen. In: Ders./ Gesa U. Schönberger (Hg.): Ernährung in Grenzsituationen, Berlin et al. 2002, 89–105.

Spiekermann, Uwe: Basis der Konsumgesellschaft. Entstehung und Entwicklung des modernen Kleinhandels in Deutschland, 1850–1914 (Schriftenreihe zur Zeitschrift für Unternehmensgeschichte; 3), München 1999, zugl. Diss. Münster 1996.

Spiekermann, Uwe: Europas Küchen. Eine Annäherung. In: Mitteilungen des Internationalen Arbeitskreises für Kulturforschung des Essens 5 (2000), 31–47.

Spiekermann, Uwe: Haushaltsrechnungen als Quellen der Ernährungsgeschichte. Überblick und methodischer Problemaufriß. In: Reinhardt/Ders./Thoms, Neue Wege, 51–85.

Spiekermann, Uwe: Künstliche Kost. Die Genese der modernen Ernährung in der Wissens- und Konsumgesellschaft Deutschland 1880–2000, unveröff. Habil.-Schrift Göttingen 2008.

Spiekermann, Uwe: Rationalitäten im Widerstreit. Die Bildung von Präferenzen am Beispiel des deutschen Lebensmittelmarktes im 20. Jahrhundert. In: Berghoff/Vogel, Wirtschaftsgeschichte, 195–217.

Spiel, Hilde: Nicht Orient, nicht Okzident: Eine Welt für sich. In: Merian 28/2 (1975), 7–10.

Spies, Rupert/Gretel Weiss: Is Germany's Traditional Restaurant a Dying Breed? In: Cornell Hotel and Administration Quarterly, Juni 1998, 82–89.

Sponza, Lucio: Italian ‚Penny Ice-Men' in Victorian London. In: Kershen, Food, 17–41.

Spree, Reinhard: Knappheit und differentieller Konsum während des ersten Drittels des 20. Jahrhunderts in Deutschland. In: Hansjörg Siegenthaler (Hg.): Ressourcenverknappung als Problem der Wirtschaftsgeschichte (Schriften des Vereins für Socialpolitik, Gesellschaft für Wirtschafts- und Sozialwissenschaften; N.F., 192), Berlin 1990, 171–221.

Spree-Athen. Griechen leben in Berlin, hg. v. der Ausländerbeauftragten des Senats von Berlin, Berlin 1997.

Springstubbe, Burkhart: Vom Landgasthof zur Location. Kulturgeschichtliche Betrachtungen zum Gastgewerbe in Ottensen. In: Lokalgeschichte Ottensen, 8–22.

Stäheli, Urs: Ökonomie. Die Grenzen des Ökonomischen. In: Stephan Moebius/Andreas Reckwitz (Hg.): Poststrukturalistische Sozialwissenschaften, Frankfurt a.M. 2008, 295–311.

Stanić, Michael: Dalmatien. Die adriatische Küste von Istrien bis Montenegro. Zürich/ München 1984.

Statistisches Jahrbuch der Stadt Berlin 1935, Berlin 1935.

Statistisches Jahrbuch Berlin, hg. v. Statistischen Landesamt Berlin, Berlin 1955ff.

Stavrinoudi, Athina: Die griechische Arbeitsmigration in die Bundesrepublik Deutschland (Arbeitsheft des BIVS), Berlin 1992.

Stavrinoudi, Athina: Griechische Gewerbetreibende in Berlin. Entstehung, Entwicklung und internationale Vernetzung einer ethnischen Ökonomie (Arbeitsheft des BIVS), Berlin 1992.

Stavrinoudi, Athina: Struktur und Entwicklung des Gastgewerbes und Lebensmittelhandels in der Bundesrepublik Deutschland (Arbeitsheft des BIVS), Berlin 1992.

Stayman, Douglas M./Rohit Deshpande: Situational Ethnicity and Consumer Behavior. In: Journal of Consumer Research 16/3 (1989), 361–371.

Stehle, Maria: Narrating the Ghetto, Narrating Europe: From Berlin, Kreuzberg, to the *Banlieues* of Paris. In: Westminster Papers in Communication and Culture 3/3 (2006), 48-70.

Stein, Hans: Taj Mahal. Indisches Restaurant. In: München wie es schreibt & isst, 216-218.

Steiner, André: Die siebziger Jahre als Kristallisationspunkt des wirtschaftlichen Strukturwandels in West und Ost? In: Jarausch, Ende, 29-48.

Steiner, André: Die Veränderung der Verbraucherpreise und der private Verbrauch. In: JWG 2 (2007), 89-115.

Stirken, Angela: Eisdiele. „Komm mit nach Italien ...!", Bonn 1998.

Stöver, Bernd: Die Bundesrepublik Deutschland (Kontroversen um die Geschichte), Darmstadt 2002.

Stolleis, Michael: Gemeinwohlformeln im nationalsozialistischen Recht (Abhandlungen zur rechtswissenschaftlichen Grundlagenforschung; 15), Berlin 1974, zugl. Habil.-Schr. iur. München 1973.

Stone, Michael: Pinocchio. Mehr als Spaghetti. In: Berlin wie es schreibt & isst, 99-101.

Storti, Luca: Imprese per la gola. Una ricerca sugli imprenditori della gastronomia italiana in Germania (Studi economici e sociali Carocci; 4), Rom 2007.

Struck, Ernst: Die Türkei der Reiseliteratur. Geographische Anmerkungen zum Türkeibild deutscher Touristen. In: Herbert Popp (Hg.): Das Bild der Mittelmeerländer in der Reiseführer-Literatur. Eine Vortragsreihe im Sommersemester 1993 (Passauer Mittelmeerstudien; H. 2), Passau 1994, 93-111.

Sturm, Vilma: Der Muezzin und Frau Schmitz. In: Eich/Frevert, Bürger, 37-42.

Sturm, Vilma: Schnellimbiß. Windstoß in die wohltemperierten Räume. In: Köln wie es schreibt & isst, 112-119.

Sturm-Martin, Imke: Wahrnehmung ethnisierter urbaner Räume in Großbritannien seit dem Zweiten Weltkrieg. In: IMS 2 (2007), 66-82.

Stuttgart wie es schreibt & isst. 59 Betrachtungen Stuttgarter Autoren über ihre Lieblingslokale, gesammelt u. hg. v. Annemarie Hassenkamp u. Georg Böse. Mit 66 Zeichnungen v. Lilo Rasch-Nägele, München 1965.

Stutzki, Ralf: Dönerführer Ruhrpott. Die besten Buden im Revier, Frankfurt a.M. 2001.

Südfeld, Erwin/Kurt Lachmuth: Wegweiser zu Statistiken über das Gastgewerbe. In: Wirtschaft und Statistik 6 (1984), 477-484.

Sund, Olaf: Arbeitskräftemangel in Berliner Hotels und Gaststätten. Programm zu seiner Beseitigung (Kommunalpolitischer Beitrag; XIII/9), hg. v. Presse- u. Informationsamt des Landes Berlin, Berlin 1978.

Symons, Michael: One Continuous Picnic. A History of Eating in Australia, Adelaide 1982.

Szabó, György: Die Roma in Ungarn. Ein Beitrag zur Sozialgeschichte einer Minderheit in Ost- und Mitteleuropa (Studien zur Tsiganologie und Folkloristik; 5), Frankfurt a.M. et al. 1991, zugl. Diss. Bremen 1990.

Szatmari, Eugen: Das Buch von Berlin (Was nicht im Baedeker steht; I), München 1927.

Szöllösi-Janze, Margit: Notdurft – Bedürfnis. Historische Dimensionen eines Begriffswandels. In: Prinz, Langer Weg, 151-172.

Tamponi, Mario: Italiener in Berlin. Alle Wege führen nach Rom – manche von Rom nach Berlin, Berlin 1991.

Taner, Haldun: Von Schleier, Fez und Pluderhose. In: Merian 28/2 (1975), 51-54.

Tangires, Helen: „Where's The Lamb?" Greek-Americans in the Restaurant Business in the U.S.A. In: Lysaght, Food, 207–218.

Tanner, Jakob: Ernährungswissenschaft, Esskultur und Gesundheitsideologie. Erfahrungen, Konzepte und Strategien in der Schweiz im 20. Jahrhundert. In: Martin Schaffner (Hg.): Brot, Brei und was dazugehört. Über sozialen Sinn und physiologischen Wert der Nahrung, Zürich 1992, 85–103.

Tanner, Jakob: Fabrikmahlzeit. Ernährungswissenschaft, Industriearbeit und Volksernährung in der Schweiz, 1890–1950, Zürich 1999, zugl. Habil.-Schr. Zürich 1995.

Tanner, Jakob: Italienische „Makkaroni-Esser" in der Schweiz. Migration von Arbeitskräften und kulinarische Traditionen. In: Teuteberg/Neumann/Wierlacher, Essen, 473–497.

Tanner, Jakob: „Kultur" in den Wirtschaftswissenschaften und kulturwissenschaftliche Interpretationen ökonomischen Handelns. In: Friedrich Jaeger et al., (Hg.): Handbuch der Kulturwissenschaften, Bd. 3: Themen und Tendenzen, Stuttgart/Weimar 2004, 195–224.

Tanner, Jakob: Lebensstandard, Konsumkultur und American Way of Life seit 1945. In: Walter Leimgruber/Werner Fischer (Hg.): „Goldene Jahre". Zur Geschichte der Schweiz seit 1945, Zürich 1999, 101–131.

Tanner, Jakob: Was kommt auf den Tisch? Überlegungen und Fakten zur Zusammensetzung der Ernährung aus historischer Sicht. In: Historicum. Zeitschrift für Geschichte, Sommer 1995, 20–25.

Tanner, Jakob/Lynn Hunt: Psychologie, Ethnologie, historische Anthropologie. In: Hans-Jürgen Goertz (Hg.): Geschichte, ein Grundkurs, Reinbek bei Hamburg 2007, 737–765.

Tapia, Stéphane de: Transnational Migration and Entrepreneurship of Migrants. Between Turkey, Europe, and the Turkic World. In: Christiane Harzig/Danielle Juteau (Hg.): The Social Construction of Diversity. Recasting the Master Narrative of Industrial Nations, New York/Oxford 2003, 65–82.

Tappeser, Beatrix et al.: Auf der Suche nach einer nachhaltigen Entwicklung im Bedürfnisfeld Ernährung (Globalisierung in der Speisekammer; 1), Freiburg i.Br. 1999.

Taravella, Luigi: L'imprenditorialità dei piacentini nella regione parigina. In: Salvatore Palidda (Hg.): L'imprendito-rialità italiana e italo-francese nella circoscrizione consolare. Prospettive di sviluppo degli scambi economici italo-francesi, Paris 1992, 53–64.

Tatara, Giuseppe: Power and Trade. Italy and Germany in the Thirties. In: VSWG 78/4 (1991), 457–500.

Tenbruck, Friedrich H.: Alltagsnormen und Lebensgefühle in der Bundesrepublik. In: Richard Löwenthal/Hans-Peter Schwarz (Hg.): Die zweite Republik. 25 Jahre Bundesrepublik Deutschland – eine Bilanz, Stuttgart-Degerloch 1974, 289–310.

Teraoka, Arlene Akiko: Talking „Turk". On Narrative Strategies and Cultural Stereotypes. In: New German Critique 46 (1989), 104–128.

Teuteberg, Hans Jürgen: The Diet as an Object of Historical Analysis in Germany. In: Ders. (Hg.): European Food History. A Research Review, Leicester/London/New York 1992, 109–128.

Teuteberg, Hans Jürgen (Hg.): Die Revolution am Esstisch. Neue Studien zur Nahrungskultur im 19./20. Jahrhundert (Studien zur Geschichte des Alltags; 23), Stuttgart 2004.

Teuteberg, Hans Jürgen: The Rising Popularity of Dining Out in German Restaurants in the Aftermath of Modern Urbanization. In: Jacobs/Scholliers, Eating Out, 281–299.

Teuteberg, Hans Jürgen: Zum Problemfeld Urbanisierung und Ernährung im 19. Jahrhundert.

In: Ders. (Hg.): Durchbruch zum modernen Massenkonsum. Lebensmittelmärkte und Lebensmittelqualität im Städtewachstum des Industriezeitalters (Studien zur Geschichte des Alltags; 8), Münster 1987, 1–36.

Teuteberg, Hans Jürgen/Gerhard Neumann/Alois Wierlacher (Hg.): Essen und kulturelle Identität. Europäische Perspektiven (Kulturthema Essen; 2), Berlin 1997.

Teuteberg, Hans Jürgen/Günter Wiegelmann: Der Wandel der Nahrungsgewohnheiten unter dem Einfluß der Industrialisierung, Göttingen 1972.

Theberath, Alexandra: Deutsche Italiensehnsucht in den Spielfilmen der 50er- und frühen 60er Jahre. Unveröff. Magisterarbeit, Univ. zu Köln 2003.

Theodoratus, Robert J.: The Changing Patterns of Greek Foodways in America. In: Alan Davidson (Hg.): Food in Motion. The Migration of Foodstuffs and Cokery Techniques. Proceedings of the Oxford Symposium 1983, London 1983, Bd. II, 87–104.

Theodoratus, Robert J.: Greek Immigrant Cuisine in America. Continuity and Change. In: Alexander Fenton/Trfeor M. Owen (Hg.): Food in Perspective. Proceedings of the Third International Conference on Ethnological Food Research, Cardiff 1977, Edinburgh 1981, 313–323.

Thiele-Wittig, Maria: Verbraucherverhalten und Nachfrage nach Nahrungsmitteln, Diss. Göttingen 1969.

Thoma, Dieter: Reisen geht durch den Magen. In: Köln. Vierteljahrschrift für die Freunde der Stadt 1 (1970), 34–40.

Thoma, Dieter: An Theken und Tischen. Kulinarische Weltreise durch die Domstadt. In: Merian 32/12 (1979), 162–165.

Thoms, Ulrike: Anstaltskost im Rationalisierungsprozeß. Die Ernährung in Krankenhäusern und Gefängnissen im 18. und 19. Jahrhundert (Medizin, Gesellschaft und Geschichte: Beiheft; 23), Stuttgart 2005.

Thoms, Ulrike: Essen in der Arbeitswelt. Kantinen in Deutschland von 1850 bis heute. In: Der Bürger im Staat 52/4 (2002), 238–242.

Thoms, Ulrike: Kochbücher und Haushaltslehren als ernährungshistorische Quellen. Möglichkeiten und Grenzen eines methodischen Zugriffs. In: Reinhardt/Spiekermann/Dies., Neue Wege, 9–50.

Thoms, Ulrike: Sehnsucht nach dem guten Leben. Italienische Küche in Deutschland. In: Ruth-E. Mohrmann (Hg.): Essen und Trinken in der Moderne (Beiträge zur Volkskultur in Nordwestdeutschland; 108), Münster et al. 2006, 23–61.

Thränhardt, Dietrich: Einwandererkulturen und soziales Kapital. Eine komparative Analyse der Zuwanderungsnationalitäten und Bundesländer. In: Ders. (Hg.): Texte zu Migration und Integration in Deutschland (Interkulturelle Studien; 30), Münster 1999, 6–44.

Thränhardt, Dietrich: Patterns of Organization among Different Ethnic Minorities. In: New German Critique 46 (1989), 10–26.

Thum, Gregor: Das Bild vom „deutschen Osten" und die Zäsuren des 20. Jahrhunderts. In: Ders., Traumland, 181–211.

Thum, Gregor (Hg.): Traumland Osten. Die Bilder vom östlichen Europa im 20. Jahrhundert, Göttingen 2006.

Tiedemann, Walter: Die Italiener in Berlin. In: Die Woche 8/34 (1906), 1492–1495.

Tilley, Christopher et al. (Hg.): Handbook of Material Culture, London/Thousand Oaks/New Delhi 2006.

Time off in Paris. The Observer Guide to Hotels and Restaurants, London 1964.

Timm, Elisabeth: Kritik der „ethnischen Ökonomie". In: Prokla 30/3 (2000), 363–376.

Timm, Uwe: Die Entdeckung der Currywurst, München, 10. Aufl., 2006.

Tischleder, Bärbel: Objekttücke, Sachzwänge und die fremde Welt amerikanischer Dinge. Zur Dingtheorie und Literatur. In: Zeitschrift für Kulturwissenschaften 1 (2007), 61–71.

Todorova, Maria N.: Die Erfindung des Balkans. Europas bequemes Vorurteil, Darmstadt 1999 [Imagining the Balkans, Oxford 1997].

Tönnies, Merle: Emulating the Empire, Demonstrating Difference or Expressin Equality? In: Journal for the Study of British Cultures 8/1 (2001), 57–71.

Tolksdorf, Ulrich: Essen und Trinken in alter und neuer Heimat. In: Jahrbuch für ostdeutsche Volkskunde 21 (1978), 341–364.

Tolksdorf, Ulrich: Ethnische und regionale Determinanten im Ernährungsverhalten. In: Wolfgang Kappus et al. (Hg.): Möglichkeiten und Grenzen der Veränderung des Ernährungsverhaltens, 3. wiss. Arbeitstagung der AGEV, Göttingen 1981, 14–21.

Tolksdorf, Ulrich: Grill und Grillen oder: Die Kochkunst der mittleren Distanz. Ein Beschreibungsversuch. In: Kieler Blätter zur Volkskunde V (1973), 113–133.

Tolksdorf, Ulrich: Heimat und Identität. Zu folkloristischen Tendenzen im Ernährungsverhalten. In: Edith Hörandner/Hans Lunzer (Hg.): Folklorismus. Vorträge der 1. Internationalen Arbeitstagung des Vereins „Volkskultur um den Neusiedlersee" in Neusiedl/See 1978 (Neusiedler Konfrontationen; I), Neusiedl/See 1982, 223–153.

Tolksdorf, Ulrich: Der Schnellimbiss und The World of Ronald McDonald's. In: Kieler Blätter zur Volkskunde 13 (1981), 117–162.

Tolomelli, Marica: Jenseits von „Spaghetti und Revolvern". Italienische Verhältnisse in den 1970er Jahren. In: GG 35 (2009), 429–457.

Tomlinson, John: Globalization and Culture, Chicago 1999.

Torp, Cornelius: Die Herausforderung der Globalisierung. Wirtschaft und Politik in Deutschland 1860–1914 (Kritische Studien zur Geschichtswissenschaft; 168), Göttingen 2005.

Trabalzi, Ferrucio: Local Food Products, Architecture, and Territorial Identity. In: Jamie Horwirtz/Paulette Singley (Hg.): Eating Architecture, Cambridge, MA 2004, 71–88.

Transit Migration Forschungsgruppe (Hg.): Turbulente Ränder. Neue Perspektiven auf Migration an den Grenzen Europas, Bielefeld, 2. Aufl., 2007.

Trefz, Fritz: Ortsstatut und Bedürfnisfrage im Münchener Wirtsgewerbe, Stuttgart 1899, zugl. Diss. München.

Trenker, Luis: Bei Milan. In: München wie es schreibt & isst, 157–159.

Trubek, Amy B.: Haute Cuisine. How the French Invented the Culinary Profession, Philadelphia 2000.

Trude, Charlotte: Walliser Stuben. Original-Sennhütte mit Klimaanlage. In: Düsseldorf wie es schreibt & isst, 52–56.

Trummer, Manuel: „Schweinsbrat'n" oder „Balkanplatte". Zur Entwicklung der ausländischen Gastronomieszene in Straubing. In: Straubinger Brauereien und Wirtshäuser. Sonderausstellung Gäubodenmuseum Straubing, 10.7.–13.10.2002 (Katalog des Gäubodenmuseums Straubing; 29), Straubing 2002, 163–172.

Tschofen, Bernhard: Nahrungsforschung und Multikultur. Eine Wiener Skizze. In: ÖZV 96 (1993), 125–143.

Tseng Ching, M.: Mein siebenjähriger Studienaufenthalt in Deutschland. In: Ostasiatische Rundschau 20/1 (1939), 13–16.

Tuchtfeldt, Egon: Gewerbefreiheit als wirtschaftspolitisches Problem (Volkswirtschaftliche Schriften; Heft 18), Berlin 1955, zugl. Habil.-Schrift Hamburg 1955.

Die Türken kommen – rette sich, wer kann. In: Der Spiegel v. 3.9.1973, 24–34.

Turgeon, Laurier/Madeleine Pastinelli: „Eat the World": Postcolonial Encounters in Quebec City's Ethnic Restaurants. In: Journal of American Folklore 115/456 (2002), 247–268.

Turismo gastronomico/Gastronomic Tourism. Italian-English Edition, trad. a cura dell'ENIT, a cura del centro italiano sviluppo turismo, Mailand 1955.

Uecker, Wolf: Gastmahl bei Duilo [sic]. Fontana di Trevi. In: Hamburg wie es schreibt & isst, 70–72.

Uhlig, Otto: Die ungeliebten Gäste. Ausländische Arbeitnehmer in Deutschland, München 1974.

Uka, Walter: Modernisierung im Wiederaufbau oder Restauration? Der bundesdeutsche Film der fünfziger Jahre. In: Faulstich, Kultur der fünfziger Jahre, 71–89.

Ullmann, Hans-Peter: Interessenverbände in Deutschland, Frankfurt a.M. 1988.

Unterrichtung im Gastgewerbe – Merksätze der Industrie- u. Handelskammern, hg. v. DIHT, 7. Aufl., 1975.

Urbane Paradiese. Zur Kulturgeschichte modernen Vergnügens, zusammengestellt von Regina Bittner. Lesebuch anläßlich der Ausstellung „Paradiese der Moderne", Stiftung Bauhaus Dessau, 22.6.–14.10.2001 (Edition Bauhaus; 8), Frankfurt a.M./New York 2001.

Urry, John: Mobilities and Social Theory. In: Bryan S. Turner (Hg.): The New Blackwell Companion to Social Theory, Malden/Oxford 2009, 477–495.

Valagao, Maria-Manuel: The Reinvention of Food Traditions and New Uses of the Countryside. In: Montanari, Food, 33–46.

Valle, Victor M./Rodolfo D. Torres: Latino Metropolis, Minneapolis/London 2000.

Van Esterik, Penny: From Marco Polo to McDomald's. Thai Cuisine in Transition. In: Food and Foodways 5/2 (1992), 177–193.

VARTA Führer. Ausgewählte Hotels und Restaurants in der Bundesrepublik Deutschland und West-Berlin, Ausgabe 1971/72, bearb. v. Walter Dierks u. Gerhard Haaß, Stuttgart 1971.

Vercelloni, Luca: La modernità alimentare. In: Alberto Capatti/Alberto De Bernardi/Angelo Varni (Hg.): Storia d'Italia (Annali; 13: L'alimentazione), Turin 1998, 949–1005.

Vermeulen, Hans: Griechische Arbeitswanderer in West-, Mittel- und Nordeuropa seit den 1950er Jahren (Beispiele Deutschland und die Niederlande). In: Bade et al., Enzyklopädie, 604–608.

Verstärkung des Rückwanderungsprinzips, hg. v. Ministerium für Arbeit, Gesundheit und Sozialordnung des Landes Baden-Württemberg, o.O. 1975.

Die verunsicherte Generation. Jugend und Wertewandel. Ein Bericht des SINUS-Instituts i. A. des BMJFG, Opladen 1983.

Verwaltungsbericht der Stadt Köln 1974, bearb. u. hg. v. Statist. Amt der Stadt Köln, Köln 1975.

Verzeichnis der Mitglieder der Berliner Gastwirte-Innung 1949, Berlin 1949.

Vester, Heinz-Günter: Authentizität. In: Heinz Hahn/H. Jürgen Kagelmann (Hg.): Tourismuspsychologie und Tourismussoziologie. Ein Handbuch zur Tourismuswissenschaft, München 1993, 122-124.

Vignali, Claudio: McDonald's: „Think Global, Act Local?" - The Marketing Mix. In: British Food Journal 103/2 (2001), 97-111.

Viscusi, Robert: Il futuro dell'italianità. il Commonwealth italiano. In: Altreitalia 10 (1993), 25-32.

Vleugels, Wilhelm: Die Volkswirtschaft als politische Ökonomik und die formale Wirtschaftstheorie, Stuttgart 1936.

Voswinkel, Stephan: Im Schatten des Fordismus. Industrielle Beziehungen in der Bauwirtschaft und im Gastgewerbe Deutschlands und Frankreichs (Schriftenreihe Industrielle Beziehungen; 10), München/Mering 1996.

Wachter, Richard: Bella Italia. In: Hessische Gastronomie. Fachmagazin für die Hotellerie und Gastronomie 12 (2003), 18-22.

Waetzoldt, Wilhelm: Kamerad Italien, Rom 1942.

Wagner, Christoph: Fast schon Food. Die Geschichte des schnellen Essens, Bergisch-Gladbach 2001.

Wagner-Egelhaaf, Martina: Verortungen. Räume und Orte in der transkulturellen Theoriedebatte und in der neuen türkisch-deutschen Literatur. In: Hartmut Böhme (Hg.): Topographien der Literatur. Deutsche Literatur im transnationalen Kontext (Germanistische Symposien: Berichtbände; XXVII), Stuttgart/Weimar 2005, 745-768.

Waldinger, Roger/Howard Aldrich/Robin Ward (Hg.): Ethnic Entrepreneurs. Immigrant Business in Industrial Societies, Newbury Park/London/New Delhi 1990.

Waldinger, Roger/Howard Aldrich/Robin Ward: Opportunities, Group Characteristics, and Strategies. In: Dies., Ethnic Entrepreneurs, 13-48.

Walgenbach, Katharina et al. (Hg.): Gender als interdependente Kategorie. Neue Perspektiven auf Intersektionalität, Diversität und Heterogenität, Opladen 2007.

Walker, Harlan (Hg.): Food and Memory. Proceedings of the Oxford Symposium on Food & Cookery 2000, Totnes 2001.

Walker, Harlan (Hg.): Public Eating. Proceedings of the Oxford Symposium on Food and Cookery 1991, London 1992.

Wallraff, Günter: Vorwort. In: Geiersbach, Warten, 11-14.

Walton, John K.: Fish and Chips and the British Working Class, 1870-1940, Leicester 1992.

Ward, Robin: Ethnic Communities and Ethnic Business. An Overview. In: New Community. Journal of the Commission for Racial Equality 11/1-2 (1983), 1-9.

Warde, Alan: Consumption, Food and Taste. Culinary Antinomies and Commodity Culture, London 1997.

Warde, Alan: Eating Globally: Cultural Flows and the Spread of Ethnic Restaurants. In: Don Kalb et al. (Hg.): The Ends of Globalization. Bringing Society Back, Lanham 2000, 299-316.

Warde, Alan/Lydia Martens: Eating Out. Social Differentiation, Consumption and Pleasure, Cambridge 2000.

Warde, Alan/Lydia Martens: A Sociological Approach to Food Choice. The Case of Eating Out. In: Murcott, „The Nation's Diet", 129-144.

Warde, Alan/Mark Tomlinson: Taste among the Middle Classes, 1968-88. In: Tim Butler/

Mike Savage (Hg.): Social Change and the Middle Classes, London/Bristol, PA 1995, 241–256.

Waskow, Frank: Lebensmittel auf Reisen. Nahrungsmitteltransporte und die Globalisierung der Ernährung. In: Voyage 5 (2002), 160–170.

Watson, James L.: The Chinese. Hong Kong Villlagers in the British Catering Trade. In: Ders. (Hg.): Between Two Cultures. Migrants and Minorities in Britain, Oxford 1977.

Wechsberg, Joseph: Die Küche im Wiener Kaiserreich, Amsterdam 1971.

Wedderkop, H.v.: Das Buch von Köln. Düsseldorf/Bonn (Was nicht im „Baedeker" steht; V), München 1928.

Wedemeyer, Georg: Kneipe & politische Kultur, Pfaffenweiler 1990, zugl. Diss. Bremen 1989.

Weggemann, Sigrid (Hg.): Alte Landschaftsküchen in neuer wissenschaftlichen Bewertung (Schriftenreihe der AG Ernährungsverhalten e.V.; 7)(Ernährungs-Umschau 37 (1990), Beiheft), Frankfurt a.M 1990.

Wegner, C.H.: Die Bedürfnisfrage im Gast- und Schankgewerbe. Eine statistische Betrachtung zum Schankstättengesetz, Berlin 1929.

Weichert, Imke: Zum Ernährungs- und Mahlzeitenverhalten in Deutschland seit der Wiedervereinigung. Historischer Kontext und empirische Untersuchungen in Erfurt und Göttingen, Diss. Hamburg 1999.

Weicken, Helmuth: Anwerbung und Vermittlung italenischer, spanischer und griechischer Arbeitskräfte im Rahmen bilateraler Anwerbevereinbarungen. In: Ausländische Arbeitskräfte in Deutschland, hg. v. Hessischen Institut für Betriebswirtschaft e.V., Düsseldorf 1961, 9–43.

Weinreb, Alice Autumn: Matters of Taste. The Politics of Food an Hunger in Divided Germany 1945–1971, Diss. Univ. of Michigan 2009.

Weinreb, Alice [Autumn]: The Tastes of Home. Cooking the Lost Heimat in West Germany in the 1950s and 1960s. In: GSR 34/2 (2011), 345–364.

Wennemann, Adolf: Arbeit im Norden. Italiener im Rheinland und Westfalen des späten 19. und frühen 20. Jahrhunderts (Schriften des Instituts für Migrationsforschung und Interkulturelle Studien (IMIS) der Universität Osnabrück; 2), Osnabrück 1997, zugl. Diss. Osnabrück 1995.

Werbner, Pnina: Metaphors of Spatiality and Networks in the Plural City. A Critique of the Ethnic Enclave Economy Debate. In: Sociology 35/3 (2001), 671–693.

Werner, Michael/Bénédicte Zimmermann: Vergleich, Transfer, Verflechtung. Der Ansatz der *Histoire croisée* und die Herausforderung des Transnationalen. In: GG 28 (2002), 607–636.

Das westfälische Nationalgericht: Dicke Bohnen mit Speck. In: Zeitschrift für Volksernährung 9 (1934), 205.

Wheaton, Barbara: Expositions Universelles. In: Walker, Public Eating, 301–305.

Where to Stay in Germany. A Guide to 300 of her Finest Hotels and Restaurants, übers. v. Moira Laue u. Heribert Rück, Gütersloh 1958 [Rast auf Reisen, 1957].

White, Jenny B.: Turks in the New Germany. In: American Anthropologist 99/4 (1997), 754–769.

Whyte, William Foote: Human Relations in the Restaurant Industry, New York/Toronto/London 1948.

Wiebe, Dietrich: Sozialgeographische Aspekte ausländischer Gewerbetätigkeiten in Kiel. In: Zeitschrift für Wrtschaftsgeographie 26 (1982), 69–78.

Wiebe, Dietrich: Zur sozioökonomischen Bedeutung der türkischen Gewerbetreibenden in der Bundesrepublik Deutschland. In: Hans-Jürgen Brandt/Claus-Peter Haase (Hg.): Begegnung mit Türken, Begegnung mit dem Islam. Ein Arbeitsbuch, Hamburg 1984, 319–326.

Wiegelmann, Günter: Alltags- und Festspeisen in Mitteleuropa. Innovationen, Strukturen und Regionen vom späten Mittelalter bis zum 20. Jahrhundert (Münsteraner Schriften zur Volkskunde/Europäische Ethnologie; 11), Münster, 2., erw. Aufl., 2006.

Wiegelmann, Günter: Historische Grundlagen der regionalen Kostunterschiede in Mitteleuropa. In: Weggemann, Alte Landschaftsküchen, 4–15.

Wiegelmann, Günter: Kartoffelspeisen des 19. Jahrhunderts in Norddeutschland. In: Helmut Ottenjann/Karl-Heinz Ziessow (Hg.): Die Kartoffel. Geschichte und Zukunft einer Kulturpflanze (Arbeit und Leben auf dem Lande; 1), Cloppenburg 1992, 79–88.

Wierlacher, Alois: Verfehlte Alterität. Zum Diskurs deutschsprachiger Reiseführer über fremde Speisen. In: Teuteberg/Neuman/Ders., Essen, 498–509.

Wierlacher, Alois: Vom Essen in der deutschen Literatur, Stuttgart et al. 1987.

Wierlacher, Alois/Gerhard Neumann/Hans Jürgen Teuteberg (Hg.): Kulturthema Essen. Ansichten und Problemfelder (Kulturthema Essen; 1), Berlin 1993.

Wiesen, Fred: Nach italienischer Weise. In: Stuttgart wie es schreibt & isst, 22–25.

Wiesenberger, Fritz: Mandarin. Glück am Aquarium. In: Düsseldorf wie es schreibt& isst, 99–102.

Wildner, Susanne: Die Nachfrage nach Nahrungsmitteln in Deutschland unter besonderer Berücksichtigung von Gesundheitsinformationen, Bergen/Dumme 2000, zugl. Diss. Kiel 2000.

Wildt, Michael: Konsumbürger. Das Politische als Optionsfreiheit und Distinktion. In: Manfred Hettling/Bernd Ulrich (Hg.): Bürgertum nach 1945, Hamburg 2005, 255–283.

Wildt, Michael: Vom kleinen Wohlstand. Eine Konsumgeschichte der fünfziger Jahre, Frankfurt a.M. 1996.

Williams, Anne: Historical Attitudes to Women in Restaurants. In: Walker, Public Eating, 311–314.

Wilpert, Czarina: Migranten als Existenzgründer. Regeneration des Unternehmertums durch Einwanderung. In: Zukunft der Arbeit IV: Arbeit und Migration. Dokumentation der vierten Tagung der Heinrich-Böll-Stiftung in der Reihe „Zukunft der Arbeit", Berlin, 10./11.11.2000 (Dokumentationen der Heinrich-Böll-Stiftung; 16), hg. v. d. Heinrich-Böll-Stiftung, Berlin 2001, 45–54.

Wilpert, Czarina: Migration and Informal Work in the New Berlin. New Forms of Work or New Sources of Labour? In: JEMS 24/2 (1998), 269–294.

Wilpert, Czarina: The Use of Social Networks in Turkish Migration to Germany. In: Mary M. Kritz/Lin Leam Lim/Hania Zlotnik (Hg.): International Migration Systems. A Global Approach, Oxord 1992, 177–189.

Winkler, Heinrich August: Stabilisierung durch Schrumpfung. Der gewerbliche Mittelstand in der Bundesrepublik. In: Werner Conze/M. Rainer Lepsius (Hg.): Sozialgeschichte der Bundesrepublik Deutschland. Beiträge zum Kontinuitätsproblem (Industrielle Welt; 34), Stuttgart 1983, 187–209:

Wirth, Louis: The Ghetto. In: The American Journal of Sociology 33/1 (1927), 57–71.

Wirtschaftsrechnungen. Regionale Aspekte der Aufwendungen für Nahrungs- und Genußmittel. In: Wirtschaft und Statistik 10 (1972), 594–597.

Witt, Doris: Global Feminisms and Food. A Review Essay. In: Meridians. Feminism, Race, Transnationalism 1/2 (2001), 73-93.

Wöhler, Karlheinz: Imagekonstruktion fremder Räume. In: Voyage 2 (1998), 97-114.

Wördehoff, Bernhard: Unter dem Danebrog. Restaurant Kobnhavn. In: Hamburg wie es schreibt & isst, 42-45.

Wörner, Martin: Schlaraffenland Weltausstellung. In: Urbane Paradiese, 126-135.

Wohnraumversorgung von Ausländern und Entballung überlasteter Gebiete durch städtebauliche Massnahmen, hg. v. Regierenden Bürgermeister von Berlin, Berlin: Senatskanzlei/Planungsleitstelle, November 1980.

Wokoeck, Ursula: German Orientalism. The Study of the Middle East and Islam from 1800 to 1945, London 2009.

Wolfrum, Edgar: Die Bundesrepublik Deutschland 1949-1990 (Handbuch der deutschen Geschichte; 23), Stuttgart 2005.

Wolfrum, Edgar: Die geglückte Demokratie. Geschichte der Bundesrepublik Deutschland von ihren Anfängen bis zur Gegenwart, München 2007.

Wolter, Annette: Spezialitäten aus Europas Küchen. Feinschmecker-Rezepte aus 23 Ländern, München o.J.

Wolter, Stefanie: Die Vermarktung des Fremden. Exotismus und die Anfänge des Massenkonsums, Frankfurt a.M./New York 2005.

Wood, Roy C.: Dining Out on Sociological Neglect. In: British Food Journal 96/10 (1994), 10-14.

Wu, David Y.H./Sidney C.H. Cheung (Hg.): The Globalization of Chinese Food, Richmond 2002.

Wuttig, Heinz Oskar: Bei Pero. Ein Zwiebelmensch. In: Berlin wie es schreibt & isst, 235-237.

Wyrwa, Ulrich: Consumption, Konsum, Konsumgesellschaft. Ein Beitrag zur Begriffsgeschichte. In: Hannes Siegrist/Hartmut Kaelble/Jürgen Kocka (Hg.): Europäische Konsumgeschichte. Zur Gesellschafts- und Kulturgeschichte des Konsums (18. bis 20. Jahrhundert), Frankfurt a.M./New York 1997, 747-762.

Wyss, Beat: Bilder der Globalisierung. Die Weltausstellung von Paris 1889, Berlin 2010.

Yavuzcan, Ismail H.: Ethnische Ökonomie. Zur Ausformung ethnischen Unternehmertums von Türken und Iranern in personalen Beziehungen (Studien zur Migrationsforschung; 3), Hamburg 2003, zugl. Diss. Köln 2003.

Yılmaz, Fikret: Boş vaktiniz var mı? Veya 16. yüzyılda Anadolu'da şarap, eğlence ve suç. In: Tarih ve Toplum. Yeni Yaklaşımlar 1 (2005), 11-49.

Yılmaz, Sevim: Soziales Kapital. Die wirtschaftliche und gesellschaftliche Situation türkischstämmiger Unternehmer in Nordrhein-Westfalen, Essen 2008.

Yü-Dembski, Dagmar: China in Berlin 1918-1933. Von chinesischem Alltag und deutscher Chinabegeisterung. In: Kuo Heng-yü (Hg.): Berlin und China. Dreihundert Jahre wechselvolle Beziehungen, Berlin 1987, 117-130.

Yü-Dembski, Dagmar: Chinesenverfolgung im Nationalsozialismus. Ein weiteres Kapitel verdrängter Geschichte. In: Bürgerrechte & Polizei/CILIP 58 (1997), http://www.cilip.de/ausgabe/58/china.htm (27.2.2012).

Yumuşak, Ali/Lutz Hunger: Türkische Unternehmer in Deutschland/Almanya'daki Türk Girişimci. Erfolgsgeschichten, die Mut machen/Örnek alınacak başarı öyküleri, Berlin 2003.

Zantop, Susanne: Colonial Fantasies. Conquest, Family, and Nation in Precolonial Germany, 1770–1870, Durham 1997.

Zapf, Katrin: Rückständige Viertel. Eine soziologische Analyse der städtebaulichen Sanierung in der Bundesrepublik, Frankfurt a.M. 1969.

Zapf, Wolfgang/Wolfgang Brachtl: Die Lebensqualität der Gastarbeiter. In: Wolfgang Glatzer/ Wolfgang Zapf (Hg.): Lebensqualität in der Bundesrepublik. Objektive Lebensbedingungen und subjektives Wohlbefinden (Mikroanalytische Grundlagen der Gesellschaftspolitik; 10), Frankfurt a.M./New York 1984, 286–306.

Zat, Vefa: Meyhaneler. In: İstanbul Ansiklopedisi [hg. v. Reşad Ekrem Koçu], İstanbul 1994, Bd. 5, 434–438.

Zatlin, Jonathan R.: Do we need a new economic history of Germany? (12.7.2007). In: H-net, http://h-net.msu.edu/cgi-bin/logbrowse.pl?trx=vx&list=H-German&month =0707&week=b&msg=XxccPpu/KQarPTQ07AHDYA&user=&pw= (4.3.2012).

Zelinsky, Wilbur: The Roving Palate. North America's Ethnic Restaurant Cuisines. In: Geoforum 16/1 (1985), 51–72.

Zelinsky, Wilbur: You Are Where You Eat. In: Shortridge/Shortridge, Taste, 243–250.

ZfT (Hg.): Ausländische Betriebe in Nordrhein-Westfalen. Eine vergleichende Untersuchung zur unternehmerischen Selbständigkeit von Türken, Italienern, Griechen und Jugoslawen, Opladen 1991.

ZfT (Hg.): Döner, ein etabliertes Produkt auf dem deutschen Markt, Essen, Nov. 2006.

ZfT (Hg.): Konsumgewohnheiten und wirtschaftliche Situation der türkischen Bevölkerung in der Bundesrepublik Deutschland, Essen, Sept. 1992.

ZfT: Der türkische Lebensmittelmarkt in Europa. Die wirtschaftliche Dimension des türkischen Lebensmittelmarktes am Beispiel Deutschlands. In: Die Brücke 19/2 (2000), 49–52.

ZfT (Hg.): Türkische Unternehmensgründungen. Von der Nische zum Markt? Ergebnisse der MAGS-Unersuchung bei türkischen Selbständigen in Dortmund, Duisburg und Essen (Studien und Arbeiten des ZfT; 5), Opladen 1989.

ZfT (Hg.): The Turkish Business Community in FRG and Its Impact on the FRG-Turkish Relations, Bonn, Mai 1989.

Ziekow, Jan: Befähigungsnachweise im Gewerberecht als Verfassungsproblem. In: Jörg Peter/ Kay-Uwe Rhein (Hg.): Wirtschaft und Recht. Rahmenbedingungen wirtschaftlicher Betätigung, Grenzen der Wirtschaftslenkung, Wirtschaftliche Betätigung der öffentlichen Hand, Zukunft staatlicher Monopole (29. Tagung der wissenschaftlichen Mitarbeiter der Fachrichtung Öffentliches Recht 1989), Osnabrück 1989, 99–115.

ZIHOGA: Jahresbericht 1999, Bonn 1999.

Zillenbiller, Erwin: Belebung regionaler Küchen in Dorfgasthäusern. In: Weggemann, Alte Landschaftsküchen, 43–47.

Zingerle, Arnold: Identitätsbildung bei Tische. Theoretische Vorüberlegungen aus kultursoziologischer Sicht. In: Teuteberg/Neumann/Wierlacher, Essen, 69–86.

Žižek, Slavoj: Genieße deine Nation wie Dich selbst! Der Andere und das Böse – Vom Begehren des ethnischen „Dings". In: Joseph Vogl (Hg.): Gemeinschaften. Positionen zu einer Philosophie des Politischen, Frankfurt a.M. 1994, 133–164.

Zlotnick, Susan: Domesticating Imperialism. Curry and Cookbooks in Victorian England. In: Frontiers XVI/2–3 (1996), 51–68.

Zubaida, Sami: National, Communal and Global Dimensions in Middle Eastern Food Cultures. In: Ders./Richard Tapper (Hg.): A Taste of Thyme. Culinary Cultures of the Middle East, London et al. 2000, 33–41.

Zubaida, Sami: Utility and Symbol in Public Eating. In: Walker, Public Eating, 1–5.

Register

Sachregister

Amerikanisierung 57, 67, 117, 121, 239, 250, 437–439, 461, 466f.
Anwerbeabkommen 11, 76–78, 81, 90, 92, 104, 236, 241, 314, 318, 355, 392
Anwerbestopp 76, 79, 81, 86, 220, 393, 395
Arbeitskräftemangel im Gastgewerbe 77, 182
Arbeitsmigration 51, 153, *siehe auch* Migration
Assimilation 54, 216, 279, 290, 417f.
Asylsuchende 111, 185, 199, 393
Ausländerbehörde 160, 173f., 178f., 181f., 185, 195, 204–209, 211, 213, 354, 463
Ausländergesetz von 1965 86, 160, 182
Ausländerpolitik 52, 54, 84, 86, 176, 195, 209–211, 220f., 232, 290
Ausländerpolizeiverordnung von 1938 160
Ausländerrecht 87, 156, 158–160, 173, 181f., 185, 201, 203f., 206–210, 214, 218, 220, 222, 224, 228, 230f., 321, 357, 411, 461, 463, 468
Außengastronomie 143, 253f., 401
Authentifizierung 270, 289, 312, 338, 437, 458
Authentizität 104, 111, 121, 124, 269f., 282, 287f., 292, 309, 336–339, 407, 425, 430, 435, 437, 445, 465

Baklava 327
Balkanismus 327, 461
Balkanküche 92, 94, 134, 157, 313–315, 317, 322, 325–328, 330f., 333–335, 346f., 349, 351–353, 381f., 388, 453, 457, 462, *siehe auch* Paprika, Baklava
Balkan-Grill 71, 92, 94, 98f., 157, 313–353, 378, 380–382, 386, 453, 460f.
Bankkredit 69, 83
Beefsteak 57, 64
Befähigungsnachweis 167, 171, 230f., *siehe auch* Sachkundenachweis

Begegnungsstätte/Treffpunkt Gaststätte 80f., 92, 103, 106, 120, 123, 143, 215f., 256, 284, 286, 358, 363, 370f., 382, 395, 411, 413, 417, 435, 458, 462
Besatzungsmächte 66–68, 168, 170, 228, 250, 445
Bierwirtschaft 54, 61, 193, 197, 319, 351, 414
Bistro 60, 101
Bockwurst 296, 426, 443, 445–449, 451f., 454, 458
Bodega *siehe* Weinstube
Börek 431
Borschtsch 114
Boykott 63
Brathähnchen 119, 146, *siehe auch* Goldbroiler
Brauerei 83–85, 196, 250, 317, 319, 347, 349
Burger King 118f., 121

Cappuccino 11, 277, 430
Ćevapčići 313f., 317, 320, 327, 331, 351
Chianti 258, 260, 281, 283
Chili 144
Chili con carne 58
Chinatown 52, 65, 143, 214, 221
China-Restaurant 55f., 65, 92, 95, 98, 105–108, 112, 114, 122, 131, 135, 154, 203, 219, 266, 270, 329, 347, 351, 453
CIAO Italia 288–291, 309f., 459
Clustering 222, 419
Couscous 54
Curry 50, 54, 108, 281, 334, 445
Currywurst 421, 426, 445, 447, 449

Deutscher Hotel- und Gaststättenverband (DEHOGA) 72, 79, 116, 118, 131, 134, 139, 184, 212
Deutscher Industrie- und Handelstag (DIHT) 205

Differenz, kulturelle 60, 217, 220, 447, 449, 458–460, 467–470
Diffusion ausländischer Gaststätten 72, 76, 99, 104–106, 109, 113, 121, 148, 155, 159, 180, 200, 246, 253, 313, 316, 410, 419
Diffusionstheorien der Konsumforschung 148
Diner 364, 375
Displaced Person (DP) 66, 71, 153, 185, 255, 316f.
Distinktion 139–141, 156, 158, 193, 219, 281, 287, 306, 379
Dönerkebab 11, 100, 218, 378, 391, 407, 410, 421–452, 454, 457f., 466
Döner-Imbiss 100, 112, 114, 120f., 257, 266, 385–455, 461
Dorfgasthof 62, 72, 338
Drive-In 117

Ehe, binationale 201, 222, 250, 257, 268f., 319–321, 323, 359, 371, 414, 416, 418
Einkommens- und Verbrauchsstichproben 81, 127, 129, 133
Eintopf 64, 130, 310, 314, 339
Eisdiele, italienische 53, 92f., 98, 153, 174f., 177–179, 235, 237–240, 243, 245, 247f., 254, 259f., 267f., 308, 313
Ekel 70f., 390, 458
Endoküche 69, 123, 158, 276
Enklave, ethnische 246, 309, 403f., 410, *siehe auch* Ghetto
Erlebnisgastronomie 60f., 125, 153, 263, 329
Ernährung, häusliche 49, 70, 129, 133, 135, 143, 239, 242, 286, 299, 346, 396
Ernährungsforschung 152
Ernährungswandel 400, 402, 464
Ernährungswissenschaften 81, 279, 297, 309f., 334
Erster Weltkrieg *siehe* Weltkrieg/Erster
Essstäbchen 53, 109, 122, 302
ethnic business 82f., 222, 231, 364, 399f., 463
ethnic fast food 120, 438, 447, *siehe auch* Fast Food
ethnic food 134f., 141, 270, 277, 430
ethnic marketing 147
ethnic performance 146, 263, 266, 291, 311f., 458–460

Ethnisierung, auch Selbstethnisierung 101, 121, 125f., 214, 216f., 220, 291, 437–439, 458–460
Exoküche 69, 123, 158, 276
Exotisierung 292, 312, 381, 412, 438, 450, 459, 461
Exotismus 54, 57, 60, 62, 73, 111, 122, 124, 140, 144, 153, 214, 220, 267, 271, 326–328, 330, 333–336, 338, 341, 346f., 351, 381f., 386, 409, 432, 453f.

Falafel 112, 438
Familienangehörige, mithelfende 82f., 87, 136, 188, 224
Familiennachzug 79, 81, 86, 104, 220, 392–395, 400, 404, 406, 457
Fast Food 116–122, 125, 135f., 243, 280, 283, 293, 352, 376, 391, 421, 424–427, 431, 437–439, 442, 444, 447, 454, 457, *siehe auch* ethnic fast food
Fertiggericht 286, 299, 378
Fischküche 57, 61, 90, 103, 106, 155, 219, 271, 274f., 306, 323, 368, 377f., 383, *siehe auch* Sushi
fish and chips shop 364, 428
Fluktuation im Gaststättengewerbe 74, 85, 319, 360, 418, 464
Folklorismus 57, 290, 316, 331f., 335, 337, 371, 373f., 380, 382, 432, 434, 437, 439, 454

Gastarbeiterküche 72, 75, 89, 91, 97, 113, 115, 154, 351, 457
Gastlichkeit 64, 117, 263, 330, 339, 373f., 382
Gaststättengesetz von 1930 165f., 168f., 173
Gaststättengesetz von 1970 74, 160, 165, 170–173, 228
Gaststättenverband 65, 67, 95, 167, 170–172, 175, 177f., 183, 209, 212f., 228, 237, 247, 358, *siehe auch* Deutscher Hotel- und Gaststättenverband (DEHOGA)
Gegenkultur 141–144, 285, 287, 463
Gemeinschaftsverpflegung 129f., 292, 397
Generation 83, 141, 146–148, 345, 351, 372, 382, 399, 411, 438
– zweite/dritte 402, 438, 454, 461, 464

Sachregister 549

Geruch 125, 266, 276, 312, 317, 330, 368, 446, 458
Geschmack 50, 57, 72, 83, 97, 110, 120, 125, 151, 218, 228, 264, 276, 284f., 287, 300, 303, 314, 334, 340, 349, 351, 353, 382, 389f., 402, 425, 428f., 443, 445, 458, 467
Geschmackskonservatismus 71, 276, 321
Gesundheit 148, 162, 275, 279, 286f., 351
Gewerbeamt 183
Gewerbefreiheit 165, 167–171, 182, 227f.
Gewerbepolizei 67, 79, 171, 223f., 226, 231, 409, 418
Gewerkschaft Nahrung-Genuss-Gaststätten (NGG) 79
Gewürze, scharfe Würzung 71, 106, 109, 141f., 241, 275, 314, 322, 324, 330f., 333–335, 339f., 346, 379, 381, 385, 388, 390, 396, 422–424, 429–431, 446, 449, 460
Ghetto 191, 256, 404–408, 410, 448, 454, 468, 470, siehe auch Enklave, ethnische
Globalisierung der Ernährung 63, 88, 124, 126, 242, 257, 293, 389, 440, 443, 452
Glokalisierung 443, 452
Goldbroiler 119, 452, siehe auch Brathähnchen
grande cuisine 49
Grundbedürfnis 151, 163, 242
Gulasch 155, 275, 320, 339f., 346, 368
Gyros 11, 100, 360, 376, 378f., 447

Hamburger 118, 280, 421, 427, 437, 439, 444, 449
Handelsgastronomie 118
Harem 435
Haus Vaterland 58–60, 64, 153, 340, 344, 386
Haute Cuisine 49, 91, 100f., 274, 280, 284, 411, 457
Hierarchie, kulinarische 50, 115, 154, 453
Hot Dog 324, 427
Hunger 111, 125, 339
Hybridität 62, 64, 157, 271, 277, 288, 309, 349, 365f., 430, 432, 443, 445, 454

Individualgastronomie 74, 119, 121, 130
Industrialisierung (der Ernährung und der Nahrungsmittelproduktion) 117, 122, 292, 441

Industrie- und Handelskammer (IHK) 74, 171, 176, 178, 197, 205, 209, 212f.
- Handelskammer Hamburg 55, 96
- IHK Berlin 212
- IHK Flensburg 97
- IHK Frankfurt am Main 75
- IHK Köln 94, 113, 176f., 181, 212, 254, 359
- IHK München 75
- IHK Stuttgart 75
Integration, Integrationspolitik 205, 216, 350, 369, 412, 463, 469
Interkulturalität 158, 443
Internationalisierung der Ernährung 11, 49, 51, 56–58, 99, 113, 120, 133, 137, 142, 148, 154, 158, 239, 303, 467
invention of tradition 124, 292
Investitionsvolumen 196f., 229
Italianisierung 239, 250, 278, 292, 299, 303, 308, 439, 453, 467
italianità 263, 268, 277, 290

Kaffeehaus 57, 64, 205, 223, 363f., 366, 385f., 391, 411–413, 415, 417, 452
Kantine 130, 167, 242, 292f., 300, 317, 396f.
Kapital 55, 83
- kulturelles 140, 239, 286f., 292, 311, 351, 375, 459
- ökonomisches 140, 240, 441
- soziales 400
Kentucky Fried Chicken 117
Kettenmigration 318, 356, 394, 400, siehe auch Migration
Knoblauch 11, 55, 275f., 285, 331, 333–335, 368, 378, 381, 446f.
Kochlöffel-Schnellrestaurant 119
Königsberger Fleck 69–71
Kolonialismus 50–52, 54, 56, 117, 153, 157, 217, 341, 380–382, 386, 392, 435, 468
- Kolonialausstellung siehe Weltausstellung
- Kolonialismusforschung 50
- Kolonialliteratur 341f.
Kompetenz, (inter-)kulturelle 265, 278, 285, 302f., 306, 321
Konsum, demonstrativer 69, 143, 157, 308
Konsumforschung 134, 139, 150, 152, 299, 462

Konsumgeografie 69, 446, 449, 452, 454
Konsumkritik 141, 152
Kredit 237, 314
Kriminalität, organisierte 207, 254, 310, siehe auch Mafia
Küche 57, siehe auch Fischküche
- äthiopische 111
- anatolische 387, 433
- apulische 292
- arabische 112
- außereuropäische 54, 56, 72, 95, 98, 105, 108, 111–113, 154, 457
- böhmische 56, 135, 325
- bulgarische 103, 158, 313, 325, 333, 383, siehe auch Balkanküche
- chinesische 50, 108f., 111, 113, 135–137, 146, 310, 441, 457
- dänische 102f.
- deutsche/(gut)bürgerliche 61, 64, 73, 77, 88, 90, 99f., 102, 110, 116, 134, 139, 141, 153, 193, 235, 269, 275, 283, 285f., 302, 309f., 313, 320–322, 325f., 346f., 349, 351, 382, 408, 414, 433, 457, 460
- deutsch-italienische 270, 274, 277f., 290, 293
- englische 50, 54
- französische 49, 51, 54, 63, 66, 73, 92, 101, 105, 115, 134, 136, 146, 155, 217, 284, 286, 347, 368, 388, 390, 457
- griechische 91, 99f., 135, 155, 158, 193, 218, 233, 353–383, 453, 455, siehe auch Gyros, Tsatsiki
- holländische 50
- indische 54, 108f., 111, 158, 429, 455, siehe auch Curry
- indonesische 50, 109, 112, 155, 192, 218
- internationale 50, 77, 90, 121f., 157, 314, 352, 374, 387f., 390f., 439
- italienische 53f., 66, 90–94, 96, 99–101, 108, 113, 115, 134–136, 144, 146, 154f., 158, 217, 233, 235–313, 337, 351, 377, 379f., 383, 388f., 391, 453, 455, 457, siehe auch Chianti, Pasta, Pizza, Ravioli
- italo-amerikanische 239, 250, 270, 278
- japanische 53, 100, 109–112, 115, 158, siehe auch Sushi
- jüdische 156
- jugoslawische 66, 91f., 95, 99, 108, 136, 146, 158, 193, 217, 219, 233, 313, 319, 321, 326f., 333, 344, 346f., 349, 351, 383, 414, 418, 453, 455, siehe auch Balkanküche, Balkan-Grill, Ćevapčići
- karibische 112, 155
- koreanische 110
- kreolische 112
- kroatische 321, 323
- malaysische 110
- mexikanische 58, 113, 391
- neapolitanische 249
- österreichische 53, 73, 101, 158, 217, 233, 235, 312, 322f., 325, 328, 336, 339, 347, 383, 455, 457, siehe auch Wiener Schnitzel
- osteuropäische 103, 113, 115
- ostpreußische 69–71, 158, siehe auch Königsberger Fleck
- persische 112, 387, 435
- philippinische 110
- polnische 53, 115
- portugiesische 89, 91
- rheinische 123
- rumänische 103, 158, 313, 333, 383, siehe auch Balkanküche
- russische 53f., 66, 103, 115, 136, 158, siehe auch Borschtsch
- schlesische 61, 69–71, 215
- schwedische 103
- schweizerische 100f., 108, 115, 347
- serbische 56, 158, 323, 383, siehe auch Balkanküche
- skandinavische 53, 102, 115
- slowenische 323
- spanische 54, 89–91, 106, 108, 136, 158, siehe auch Tapas, Paella
- steirische 57
- südamerikanische 90, 106, 112
- südeuropäische, mediterrane 72, 76, 100f., 115, 141, 156, 218, 287, 352, 383, 462
- syrische 112
- thailändische 110f.
- toskanische 285, 292
- tschechische 103, 136, 158, 217, 233, 325, 347, 383, siehe auch Küche/böhmische
- türkische 54, 75, 91, 136, 146, 158, 193, 233, 328, 383, 387–391, 401, 410, 418, 421, 426, 429, 431, 433f., 439, 452f., 455,

Sachregister

siehe auch Baklava, Börek, Dönerkebab, Döner-Imbiss
- tunesische 105, 111, 158, 207, 233, *siehe auch* Couscous
- ungarische 56, 108, 136, 158, 217, 233, 320–323, 325, 327, 330, 333f., 344, 347, 381, 383, *siehe auch* Balkanküche, Gulasch
- vietnamesische 111, 114
- westfälische 61, 123

Kulturkonflikt 452

Lebensmittelgeschäft/Lebensmittelhandel 11, 53, 72, 81f., 87f., 114, 118, 129, 146, 154, 173, 206, 242, 245, 265, 272, 287, 356, 395f., 398, 400–403, 407, 415f., 419f., 436, 441, 446, 453, 464
Lebensmittelindustrie 148, 158, 252, 286, 299
Lebensmittelrecht 74, 172, 297, 428f., 442
Lebensstil 139, 141, 143, 148, 158, 260, 284, 308, 373, 381f., 440, 444
Liberalisierung 168, 211, 254, 463, 466
Lieferservice 132, 291, *siehe auch* take-away
Links-alternatives Milieu 88, 111, 139, 141f., 144, 156, 283–285, 287, 308, 370f., 382, 419, 444, 465
Little Italy 52, 221, 289

Mafia 254, 262, *siehe auch* Kriminalität, organisierte
Mahlzeit 129, 131f., 142, 203, 251, 441
- Mahlzeitenordnung 151, 277, 309f., 347, 457
- Zwischenmahlzeit 130, 142, 427
Marginalisierung 148, 253, 256, 328, 394
Marktforschung 99, 128, 134, 139, 147
Massenkonsum 131, 150, 270, 464–466
Massenkultur 59f., 125, 128, 316, 345f., 367, 374, 380f., 458, 461, 465–468
Massenmedien 51, 127, 265, 268, 277, 288, 294, 299, 302–304, 310, 337, 403, 407, 416
McDonaldisierung 57, 125f., 438, 454
McDonald's 118f., 121, 292, 421, 438, 444
Mensa 167, 292, 397
mental map 115, 312, 354, 462
Migration 51, 54, 56, 72, 75, 81f., 88, 105, 109, 114, 145, 153, 159, 215, 232, 236, 240f., 244, 277f., 314, 316, 318, 350, 354–356, 365, 380, 391–395, 400f., 405, 408, 411f., 440, 443, 447, 453, 457, 468
- Migrationsforschung 160, 470
- Migrationspolitik 173, 403f., 445, *siehe auch* Ausländerpolitik
- Migrationsregime 109, 231
Multikulturalismus 100, 216, 284, 389, 391, 416, 445, 452, 454, 466

Nationalitätengaststätte 103f., 113, 326
Nationalküche, Nationalgericht 56, 63f., 95, 124f., 193, 218f., 232, 277, 293, 295, 300, 325, 327, 333, 339, 353, 387, 448, 462
Nationalsozialismus 60, 62, 64f., 153, 158, 167–169, 174, 195f., 212, 216, 227, 236f., 241, 304, 341, 392, 405, 466, 468f.
Neonazi 443, 445–447, 449, 451f., 454, 466
Netzwerk, soziales 82f., 360, 394, 400
Nordsee-Schnellrestaurant 119
Nouvelle Cuisine 73, 284, 292

Olivenöl 163, 242, 250, 275, 283, 295, 299, 368, 377
Opportunität 156, 159, 231, 283
Orientalismus 323f., 327, 380, 385f., 389, 408, 432–435, 437–439, 461
Osteria 235, 245, 271, 289
Ouzo 364, 368, 376, 379

Paella 90, 92
Paprika 317, 320, 323, 333–335, 339f., 346, 361, 381f., 396, 424
Pasta 271, 273f., 277, 279, 285, 293–301, 305, 307f., 312, *siehe auch* Spaghetti
Pizza 11, 73, 244, 248–252, 262, 266, 271f., 277, 280, 288, 364, 430, 439, 442, 447
Pizza Hut 280
Pizzeria 98, 114, 131, 134, 143, 146, 217f., 238–240, 244–248, 250–254, 257, 260f., 271–274, 277, 280, 282f., 285, 287–289, 291–293, 309, 313, 376, 432, 439, 458f.

Rasse/Rassifizierung 80, 156, 227, 328, 342, 405, 451, 468–470
Rassismus 58, 60, 64, 66, 68, 85, 114, 123, 143, 153, 157, 216, 256, 266, 289, 312,

335, 345f., 350, 380, 405, 441, 445–447, 449, 452, 454, 459f., 468f.
Ravioli 273, 292, 299
Regionalküche 56f., 61, 69, 95, 122–125, 157f., 282, 285, 287, 292, 311, 325, 333, 379, 387
Reisegewerbe 114, 189, 198, 203, 206, 241, 245, 398
Retsina 368f.

Sachkundenachweis 171f., *siehe auch* Befähigungsnachweis
Sauerkraut 339, 449
Selbständigenquote 86f., 231, 243, 356f., 399
Selbstbedienung 130, 280, 436
Sexualisierung 146, 266f., 305, 311, 335, 341, 343, 435, 453, 459
Sirtaki 11, 373f., 382
Slow Food 292f.
Spaghetti 11, 242, 251, 271, 273f., 277, 280, 293–296, 298–308, 310, 361, 429f., 442, 458, 461
- Bolognese 273, 292f.
- Carbonara 273f.
Speisekarte, Getränkekarte 49, 53, 63f., 90, 102f., 121, 123, 157, 248, 261, 271f., 275–277, 282, 313, 320, 334, 364, 368, 375, 388f., 410, 436, 438
Speisetabu 70, 121, 390, 397, 449, 469
Spezialität (Begriff) 158
Spezialitätenrestaurant (Begriff) 70
Sprachkenntnisse 102, 194, 213, 229, 264f., 321, 335f., 338, 350, 365, 377, 427
Steakhaus 93, 106, 112, 116, 119f., 352
Stereotyp 58, 148, 157, 225, 257, 279, 281, 312, 343–345, 350, 386, 436, 450
Strohmann 207, 214, 223–226, 230, 232, 411, 414, 416, 418, 453, 463
Sushi 110f.
Systemgastronomie 112, 118–121

Taco Bell 120
take-away 132, 425, 428, 455, *siehe auch* Lieferservice
Tapas 89, 379
Taverne 98, 100, 143, 286, 353, 359f., 366, 369, 371, 373f., 376, 379–382, 433, 460
Teestube 57, 62, 112, 203, 205, 386, 413

Tourismus 51, 75f., 91, 108, 115, 123, 153, 159, 191–193, 196, 214, 229, 238, 250f., 260, 266, 277, 282f., 302, 304, 309f., 314f., 365f., 368f., 371, 374–377, 380f., 401, 430, 435, 453, 457, 468
- Tourismusforschung 270, 287
Tradition, esskulturelle 54, 122–124, 155, 286, 300, 323, 326, 347, 353, 365, 368, 378–380, 396, 426, 428f., 445, 452, 454, 457, 462
Translokalität 179, 259, 402, 421f., 426, 431, 442f.
Transmigration 395, 441
Trattoria 235, 245, 248
Tsatsiki 378f., 447

Überfremdung 52, 168, 175–177, 229, 238
UNITEIS 309
Unterrichtsverfahren für Gastwirte 74, 94, 97, 113, 172, 195, 359

Vegetarier 111, 121, 142, 286, 438
Verfestigungserlass von 1978 200, 204, 230
Vertriebene 66, 69–71, 81, 103, 125, 153, 155, 168, 213, 215, 269, 317, 380, 462
Volksgaststätte 67

Weinstube 53, 58, 62, 90, 92, 131, 235
Weltausstellung 57f., 153
Weltkrieg
- Erster 49, 52, 54f., 58, 63, 66, 235, 250, 299, 317, 392
- Zweiter 55, 65f., 71, 92, 102, 107, 109, 117, 128, 130, 155, 158, 175, 236, 238, 245, 250, 277, 317, 323f., 328, 339, 344, 354f., 358, 364, 380, 410, 447
Wendy's 118f.
Westernisierung 469
Wiener Schnitzel 57, 155, 275, 320, 361
Wienerwald 119
Wimpy's 118
Wissen, kulinarisches 50f., 118, 141, 264, 270, 279–282, 287, 300, 306, 340, 379, 390, 422, 427, 451, 459

Zentrale und Internationale Management- und Fachvermittlung für Hotel- und Gaststättenpersonal (ZIHOGA) 221

Zigeunermusik 336, 338, 340, 342–344, 366, 372, 381
Zulassungsbeschränkung 164f., 168–171, 213

Zweiter Weltkrieg *siehe* Weltkrieg/Zweiter

Ortsregister

Äthiopien 71, 344
Afghanistan 112
Athen 378, 447
Augsburg 320
Australien 195, 355

Bad Pyrmont 274
Bamberg 178f.
Bayonne 57
Belgien 119, 241, 355, 403, 431
Berlin 52–54, 56, 58, 61, 67f., 70, 74f., 78–80, 84, 94–96, 98–100, 102–104, 107–110, 112, 130, 143, 153, 185–188, 190f., 193, 196, 200, 202f., 205f., 210, 212f., 219, 229f., 235, 244–247, 252, 256f., 261, 268, 272f., 288, 313, 317–319, 321f., 324–326, 338, 344, 347–349, 352–354, 358–362, 366, 370f., 373, 386, 389, 393, 395f., 398, 403–421, 425–429, 432, 434, 436, 438–442, 444f., 447, 449, 453f., 468
Bielefeld 358
Blackpool 109
Bologna 293
Bonn 107, 179
Bremen 73f., 89, 210
Breslau 178
Brüssel 57, 290, 379
Budapest 322, 341
Bulgarien 324, 353
Bursa 422

China 55f., 105, 107, 442
Coburg 178

Dänemark 181, 238, 441
Darmstadt 438, 440
DDR 70f., 103–105, 109, 113f., 119, 169, 313, 326, 355, 452

Dominikanische Republik 180
Dresden 103, 446
Düsseldorf 73, 101, 103, 107, 109, 123, 130, 143, 258, 319, 331, 333, 339, 442
Duisburg 411

Erkelenz 254
Essen 108, 344

Finnland 399
Flensburg 97f., 100–102, 107, 109, 118, 247, 359f., 362
Florenz 293
Frankfurt am Main 61, 68, 74f., 117, 130, 179, 192, 237, 244, 246, 261, 289, 295, 319, 398, 403f., 424, 428, 453
Frankreich 51, 54, 69, 73, 86f., 100, 138, 145, 169, 235, 241, 252, 286, 299, 318, 355, 392, 441
Freiburg 422
Fürth 249

Gelsenkirchen 243
Gießen 73f., 247, 356
Griechenland 75f., 95, 98, 180f., 230, 314, 353–357, 361, 366–370, 372–380, 382, 396, 447
Großbritannien 51, 54, 81, 83, 86–89, 105, 108f., 111, 117, 122, 132, 134–138, 140f., 147, 155, 169, 181, 187, 198, 206, 218, 221, 232, 242, 251, 256, 266, 282, 286, 291, 299f., 302, 329, 364, 378, 389, 428f., 431, 440, 446, 448

Hamburg 53, 55–57, 66, 68, 89f., 95–103, 105–112, 123, 130, 145, 153, 173, 175, 183, 192, 197, 206, 211, 214, 235, 237, 241, 247, 257, 259, 262, 269, 271, 273–275, 300, 319, 324, 327, 331, 344, 352,

554 Register

356, 358, 362, 369f., 373, 385, 411, 428, 433f., 440, 442
Hannover 102, 357, 397, 440
Heidelberg 403
Hongkong 105, 187, 199

Indien 54
Indonesien 50, 180
Iran 180
Irland 129, 181
Israel 121, 195
Istanbul 390, 409f., 412, 422, 424f., 432, 435, 439–441, 447
Italien 75f., 78, 91, 95, 175, 179, 236, 243f., 248–250, 252, 261, 272–279, 282, 284, 287, 289, 296–299, 302–304, 307, 309–311, 314, 380, 382, 441, 458
Izmir 395

Japan 53f., 147, 277
Jordanien 187
Jugoslawien 75f., 313–316, 318, 324f., 332, 344f., 352f., 380, 382, 460

Kanada 195, 355, 364
Karlsruhe 184, 210, 215, 303, 438
Kassel 184
Kiel 27, 97, 398
Köln 66, 72, 89f., 93–95, 103, 107, 109, 112, 117, 146, 174, 177, 185, 205, 213, 215, 237, 246, 260, 262, 267, 281, 283f., 319, 330f., 335, 346f., 359, 362, 364–366, 373, 398, 402, 404, 409, 411, 415f., 420, 428, 433, 438
Königsberg 69, 196, 445
Konstanz 68, 91–93, 101, 103, 109, 118, 177, 183–185, 196, 213, 254, 256, 280, 312, 319, 346, 359, 362
Kopenhagen 102
Korea 442

Laibach (Ljubljana) 325
Leipzig 103, 348, 352
Leverkusen 90, 93f., 99, 110, 118, 123, 183, 240, 245, 247, 324, 347, 349, 359, 362–364, 373, 376f., 409
Lörrach 403
London 52–55, 57, 105, 108f., 123, 137, 153, 221, 235, 262, 344, 364, 385, 433
Ludwigshafen 175

Lünen 438
Luxemburg 238

Manchester 54
Mannheim 103, 394
Marokko 76, 104f.
Marseille 57
Martinique 112
Mexiko 113
Mönchengladbach 438
Moskau 442
München 74, 91f., 94, 97f., 101–103, 108, 111–113, 118, 123, 179, 235, 246f., 258, 261, 264, 267, 272–275, 280, 282, 297, 317–319, 323, 325, 330f., 333, 336, 339f., 344, 346f., 349, 352, 356, 361f., 368, 386, 396
Münster 110, 397

Neapel 245, 250, 294f., 297, 304, 307
Neuseeland 195
New York 52, 55, 389
Niederlande 51, 102, 109, 119, 132, 155, 242, 291, 313, 355, 357, 378, 398, 442
Norwegen 102, 133, 181
Nürnberg 74, 181f., 249, 347, 357f., 447

Österreich 52, 73, 75, 87f., 102, 119, 157, 225, 231f., 313–315, 319, 321–324, 336, 345, 380, 392, 431, 441, 460
Ohrid 385
Oxford 54, 385

Paris 53f., 108, 110, 112, 153, 235, 258, 284
Pforzheim 184
Philippinen 180
Polen 53, 195, 202, 255
Portugal 76, 89, 105, 180, 184, 230, 314
Prag 325

Recklinghausen 240
Rom 273, 276, 292
Rostock 438
Rotterdam 55
Rumänien 353

Schweden 102, 133, 181, 355
Schweiz 119, 138, 147, 176, 180, 231f., 238f., 241, 246, 278, 314, 355, 431, 442

Spanien 75f., 89f., 95, 180, 184, 230, 314, 333, 441
Sri Lanka 180
Stettin 57
Stuttgart 74, 246, 264f., 268f., 286, 318f., 321, 324, 327, 331, 353, 356

Taiwan 105
Thailand 180
Thessaloniki 356, 360f.
Türkei 75f., 104, 113, 180f., 314, 353, 389, 392–396, 399, 401, 409, 412, 415, 422, 424–426, 429–432, 434f., 438, 441, 448, 453f.
Tunesien 76, 104f.

Ungarn 321f., 333f., 338–341, 343f., 353, 381, 460

USA 58, 67f., 83, 86f., 107, 109f., 113, 116f., 119f., 129, 133f., 138, 141f., 147, 156, 159, 180, 195, 222, 232, 235, 239, 241, 248–250, 258, 261, 272, 276, 278–280, 284, 286, 289, 291, 297, 300, 329f., 355, 364, 375, 391, 402, 405f., 440, 468

Vietnam 111

Warschau 325
Werne 438
Wien 56, 89, 319, 323, 325, 327
Wiesbaden 110
Würzburg 249–251, 385, 438

Zagreb 323
Zürich 246

www.ingramcontent.com/pod-product-compliance
Lightning Source LLC
Chambersburg PA
CBHW030513230426
43665CB00010B/602